Europäische Erinnerungsorte 2

Pim den Boer, Heinz Duchhardt, Georg Kreis,
Wolfgang Schmale (Hrsg.)

Europäische Erinnerungsorte 2

Das Haus Europa

Oldenbourg Verlag München 2012

Bibliographische Information der Deutschen Nationalbibliothek

Die Deutsche Nationalbibliothek verzeichnet diese Publikation in der Deutschen Nationalbibliografie; detaillierte bibliografische Daten sind im Internet über http://dnb.d-nb.de abrufbar.

© 2012 Oldenbourg Wissenschaftsverlag GmbH, München
Rosenheimer Straße 145, D-81671 München
Internet: oldenbourg-verlag.de

Umschlaggestaltung: hauser lacour
Umschlagbild: Curt Stenvert, Europa-Vision 3000 – Ein Kontinent ohne Grenzen, © VG Bild-Kunst 2011
Satz: le-tex publishing services GmbH, Leipzig
Druck und Bindung: Memminger MedienCentrum, Memmingen

Dieses Papier ist alterungsbeständig nach DIN/ISO 9706

ISBN   978-3-486-70419-8
e-ISBN 978-3-486-70421-1

Inhaltsverzeichnis

Einleitung

Nationale Erinnerungsorte, transnationale, binational-bilaterale („geteilte"), regionale, lokale, epochenspezifische, geistlich-religiöse beherrschen seit Jahren nicht nur die Forschungslandschaft, sondern treffen zugleich auf ein ausgeprägtes Publikumsinteresse. Eine große deutsche Partei überlegt, ein Programm für Sozialdemokratische Erinnerungsorte aufzulegen, die Erinnerungsorte untergegangener Staaten wie der DDR sind untersucht worden, das Konzept wird auch auf koloniale und postkoloniale Kontexte und auf asiatische Gesellschaften ohne kolonialen Hintergrund übertragen, kaum ein Sammelband erscheint mehr ohne einen Abschnitt „Erinnerungsorte" – die lawinenartig anwachsende Erinnerungsforschung ist zu dem Bestseller schlechthin in der für breitere Kreise ausgelegten publizistisch-populärwissenschaftlichen Buchproduktion geworden.

Denn es war und ist eine Lawine, die Pierre Nora Mitte der 1980er Jahre mit seinem dann auf sieben Bände angeschwollenen Werk *Lieux de mémoire* lostrat. Für ihre Dimension war das Zusammentreffen gleich mehrerer *turns* in den Geisteswissenschaften verantwortlich: die generelle Hinwendung zu kulturalistischen Fragestellungen, das neue Gewicht, das die Gedächtnisforschung *in genere* gewann, nicht zuletzt die – schon etwas ältere – Mentalitätsgeschichte, vor allem in ihrer Variante, wie Gesellschaften über ihr eigenes Werden und ihre Signaturen nachdenken.

Während die anderen *turns* in der Geschichtswissenschaft in den letzten Jahrzehnten doch meist nur eine begrenzte Wirkung und Ausstrahlung und oft eine noch mehr begrenzte Halbwertzeit hatten, ist die Erinnerungsforschung – um nur auf sie kurz einzugehen – offensichtlich ein Phänomen, dessen Dauer und Lebendigkeit nicht absehbar ist. Es hat auf der einen Seite etwas damit zu tun, dass die Naturwissenschaften und die Medizin sich seit geraumer Zeit mit dem Vorgang und dem Selektieren des Erinnerns beschäftigen, aber zum anderen auch damit, dass hier ein Forschungsfeld erschlossen wurde, das auf Identitätsbildungen und Mentalitätswandlungen zielt, also auf Phänomene, die jenseits der herkömmlichen, mehr oder weniger subtilen Erforschung historischer Vorgänge liegen. Es mag hinzukommen, dass Erinnerungsforschung in der Regel den mühsamen Weg in die Archive überflüssig macht, weil hier auf andere Quellen als Protokolle, Korrespondenzen oder ungedruckte Memoranden zurückgegriffen werden kann.

Am Institut für Europäische Geschichte ist seit den ausgehenden 1990er Jahren intensiv über eine Fruchtbarmachung des Nora'schen Grundgedankens auch für die europäische Ebene nachgedacht worden – Überlegungen, die im Jahr 2000 zu einer internationalen Konferenz in der Villa Vigoni führten, deren Ergebnisse im *Jahrbuch für Europäische Geschichte* von 2002 dokumentiert wurden. Sie führte zu ersten Bemühungen, eine über die Bordmittel des Mainzer Instituts hinausgehende Basis für ein umfassendes Unternehmen zu schaffen. Anderer Projekte wegen trat das Vorhaben danach eine Zeitlang zurück, um seit 2007 erneut aufgegriffen zu werden und nun einer der Schwerpunkte der Institutspolitik zu werden.

Dabei war es allen Beteiligten von der ersten Stunde an klar, auf welch dünnes Eis man sich begab. Schon das Konzept Noras war ja auf zum Teil sehr grundsätzliche Kritik gestoßen, die sich unter anderem an seiner begrifflichen Unschärfe, seiner Tendenz zur Vereinheitlichung und Kanonisierung und seinen national orientierten mythenbildenden Nebenwirkungen entzündet hatte. Und dann auch noch seine Ausdehnung auf ein europäisches Terrain, was Fragen geradezu provozieren musste: Ist es ein Vorhaben, um dem Europäisierungsprozess eine ex-post-historische Legitimität zu verleihen? Ein Unternehmen, um die von Brüssel immer wieder beklagte unzureichende Identifizierung der Bürger mit der EU zu beheben?

Ein Projekt, das sich in die Brüsseler Bemühungen einordnet, mittels der verschiedenen Rahmenprogramme das Zusammengehörigkeitsgefühl der Europäer zu befördern?

Von alledem ist das vorliegende Referenzwerk weit entfernt – erkennbar nicht zuletzt daran, dass kein einziger Euro der europäischen Rahmenprogramme zu seiner Realisierung geflossen ist. Die größtmögliche wissenschaftliche Freiheit war das *Credo*, unter dem die Verantwortlichen antraten und dem sie sich bis zum Ende verpflichtet fühlten.

Über europäische Gemeinsamkeiten und symbolische Orte, an und in denen sich Europa konstituiert, wird seit den Zeiten nachgedacht, als die Formel „Europa" in den Mittelpunkt von Reflexionen von Intellektuellen und politischer Bestrebungen gerückt ist. Und entscheidend war von der ersten Stunde an das Bedauern, dass es daran in eklatanter Weise mangele. Wolfgang Schmale hat 1997 die Frage aufgeworfen, ob „Europa" – im Sinn des politischen Europa – am Ende an seinem Mythendefizit scheitern werde, aber ähnliche Stimmen lassen sich bis weit in die Geschichte zurückverfolgen. So hat etwa Johann Gottfried Herder in seinem Essay *Über Denkmale der Vorwelt* aus dem Jahr 1792 den Mangel an europäischen Gründungsmythen und kollektiver „Erinnerungsorte" beklagt und geäußert: „Kein Europäisches Band vermag die Völker zu binden, wie z. B. die Indier an ihren Ganga, an ihre heiligen Örter und Pagoden gebunden sind". Die Kleinteiligkeit des Kontinents, das enge Nebeneinander von Kulturen und Gesellschaften sehr unterschiedlicher Art, die Beobachtung, dass ein Charakteristikum dieses Kontinents der Wettbewerb und die Konkurrenz waren, mögen Gründe gewesen sein, die es zu breit akzeptierten symbolischen Orten – wenigstens auf den ersten Blick – nicht kommen ließen.

Der zweite Blick freilich belehrt eines Besseren. Es gibt durchaus so etwas wie Gedächtnisorte mit einer europäischen Relevanz, also symbolische Orte, die für den ganzen Kontinent oder doch große Teile von ihm von Belang waren in dem Sinn, dass man in ihnen etwas Gemeinsam-Verbindendes sah, etwas, das für das Konstrukt einer europäischen Identität als wesentlich angesehen wurde. Allerdings war das fast immer eine Frage der sozialen Stellung, also der Schichtenzugehörigkeit: Dass die Universität etwas spezifisch Europäisches ist, ist in der Regel allenfalls den Absolventen dieser Einrichtung bekannt; dass bestimmte literarische Werke eine europäische Resonanz und eine europäische Ausstrahlung hatten, weiß nur derjenige, der überhaupt eine Beziehung zur Literatur hat.

Denn die Rezeption spielt bei der Konstruktion europäischer Erinnerungsorte eine maßgebliche Rolle. Man kann viele theoretische Entwürfe, die in den zurückliegenden Jahren in Hülle und Fülle das Licht des Tages erblickt haben, gegeneinander stellen und gegeneinander abwägen: am Ende hat bei einem europäischen Zugriff die (europäische) Rezeption den Ausschlag zu geben. Man kann diese Rezeption auch mit gängigeren Schlagworten fassen, etwa dem Transfer oder der kulturellen Interferenz – gemeint ist aber immer das Gleiche: an dem Raum geht kein Weg vorbei, einem tatsächlichen oder imaginierten oder imaginären Raum, in dem Erinnerung aus der Geschichte heraus produziert wird. Und man wird noch einen Schritt weiter gehen können: Symbolische Orte in einem bestimmten Raum konstituieren Bezugspunkte in der Raumvorstellung einer Gemeinschaft. Insofern sagt ein symbolischer Ort in der Raumeinheit Europa auch immer zugleich etwas über das Selbstverständnis Europas und der Europäer aus, und insofern kann ein Referenzwerk zu „Europäischen Erinnerungsorten" dann am Ende wirklich einen Beitrag zu einem spezifischen Zusammengehörigkeitsgefühl der „Europäer" leisten – oder zumindest dazu anregen, darüber weiter nachzudenken, was diesen Kontinent und seine Einzelteile miteinander verbindet.

Die Aktualität diktiert zwar nicht die großen Linien der historischen Forschung, aber es spricht auch nichts dagegen, dass sich Historiker in ihren Fragestellungen von aktuellen

Entwicklungen beeinflussen, vielleicht gar inspirieren lassen. Nach den Kräften zu fragen, die dem Kontinent wenigstens tendenziell ein gewisses – gegenüber anderen Kontinenten distinktes – Maß an Gemeinsamkeit verliehen, ist weder abwegig noch diskriminierend. Die zahlreichen im Verlauf der letzten zwei Dekaden erschienenen „Europäischen Geschichten" oder Europäischen Rechts-, Kultur- oder Sozialgeschichten, mögen sie auch in manchen Fällen noch unbefriedigend bleiben und sich im Additiven erschöpfen, beleuchten das ebenso wie die vielen juristischen Untersuchungen, die auf die Vereinbarkeit von Gemeinschafts- und nationalem Recht abheben. Insofern war auch der Gedanke keineswegs obsolet, nach den symbolischen „Orten" – immer in einem weiten Verständnis gemeint – zu fragen, die in Europa oder doch in weiten Teilen des Kontinents gemeinsam, obschon häufig mit unterschiedlichen Akzentuierungen, erinnert wurden bzw. werden.

Die Thematik liegt insofern seit Längerem sozusagen in der Luft, und es war an der Zeit, frühere Bedenken über Bord zu werfen, die u. a. in der vermeintlichen Inhomogenität des Kontinents und in einer noch nicht ausgereiften Theorie gründeten. Ein Kenner der Materie und einer der Herausgeber der *Deutschen Erinnerungsorte*, Etienne François, hat noch vor kurzem in seinem Beitrag zur Kocka-Festschrift (*Transnationale Geschichte*, 2006) den Bedenken gegen eine Inangriffnahme eines „europäischen" Projekts so viel Gewicht beigemessen, dass bis heute alle Experten die Hände davon gelassen haben.

Am Beginn des ganzen Vorhabens stand – selbstverständlich – die Frage einer präzisen Definition von „Erinnerungsort", auch im Sinn einer möglichen Übertragbarkeit jener Umschreibungen, die Nora und andere geliefert hatten, auf das Vorhaben der „Europäischen Erinnerungsorte". Am Ende erwies sich, dass sie nur höchst bedingt zu nutzen waren. Anders formuliert: Es musste ein eigener Zugang gefunden werden. Es erwies sich zudem im Verlauf dieser Vorüberlegungen, dass eine Umschreibung vonnöten war, die nicht zu abstrakt war und manches verstellte, die aber praktikabel war.

Es bestand rasch Einmütigkeit, dass europäische Erinnerungsorte solche Phänomene sein sollten, denen bereits in der Zeit ihrer Genese das Bewusstsein der Zeitgenossen innewohnte, europäisch dimensioniert zu sein. Die Beteiligten und die Zeitgenossen der Kahlenbergschlacht 1683 wussten genau, dass dies eine europäische Schicksalsstunde gewesen war, und dies ganz unabhängig davon, ob sie in den habsburgischen Erblanden, in Sachsen, in Polen oder in Frankreich zuhause waren. Die Menschen des ausgehenden 18. Jahrhunderts empfanden und erlebten die „Europäizität" der Aufklärung oder des Klassizismus, was ihr Gefühl evozierte oder verstärkte, ein und derselben Kultur und Kulturgemeinschaft anzugehören.

Zweites Kriterium war, dass ein solches Phänomen europäisch vermittelt worden war. Goethes „Faust" war ein literarisches Ereignis, das rasch auch in die anderen europäischen Nationen und Kulturen ausstrahlte, also über Rezensionen, Übersetzungen und sonstige Adaptionen, auch in anderen kulturellen Bereichen, zu einem Gemeingut der intellektuellen Elite Europas wurde. Es mussten also europäische – transnationale – Vermittler und Vermittlungswege gegeben sein, um aus einem mehr oder weniger spektakulären Ereignis einen „europäischen" Erinnerungsort zu machen. Anders als bei den Werken zu nationalen Erinnerungsorten kam dem Moment der Kommunikation und der Rezeption – nun aber im Sinn von europäischer Rezeption verstanden – somit eine Schlüsselstellung zu. Das war auch eine der entscheidenden Vorgaben für die Autoren.

Ein drittes Kriterium war, solche Erinnerungsorte zu finden, die nicht nur für die westliche Hälfte des Kontinents von Belang waren, sondern auch in den östlichen Teil ausstrahlten. Hier galt es, nach wie vor bestehende Einseitigkeiten der historischen Forschung zu korrigieren. Um bei dem eben genannten Beispiel aus dem literarischen Bereich zu bleiben, so wurde bewusst neben Goethe und Shakespeare auch noch ein russischer Schriftsteller ausgewählt, dem eine europäische Ausstrahlung eignete. Oder es wurde mit dem Lemma „Antemurale christianitatis" ein Schlagwort ausgewählt, das vor allem für den ostmitteleuropäisch-südosteuropäischen Raum von Relevanz war – und vielleicht noch ist.

Europäische Erinnerungsorte, das wurde aus diesen Vorüberlegungen rasch evident, sind nur als Konstrukte vorstellbar, die einen breiten rezeptionsgeschichtlichen Ansatz mit dem verbinden, was das Wesen dieses Konstrukts ausmacht: ein Punkt im Ablauf der Geschichte, an dem sich positiv oder negativ besetzte Erinnerung breiterer, nicht nur elitärer Schichten kristallin verfestigt und eine Idee von etwas Gemeinsamem – einem gemeinsamen Erbe – entstehen lässt. Das rezeptionsgeschichtliche Potential kann unterschiedlich sein, das Erinnerungs-Potential kann unterschiedlich sein – sich vor diesem Hintergrund für die „überzeugenden" Lemmata zu entscheiden, war die eigentliche Herausforderung.

Aus diesen methodischen Vorüberlegungen erwuchs das Konzept eines dreibändigen Referenzwerks, das von einem europäischen Herausgeberkollektiv verantwortet wird und mit einer Zahl von rd. 140 Essays wohl die verlegerische Grenze eines Buchprojekts streift. In einem ersten Band werden, in der Regel ausgehend von den meist sehr pauschalen Aussagen in den europäischen Grunddokumenten von der Menschenrechtskonvention von 1950 bis zum Verfassungsvertrag von 2009, jene Kräfte behandelt, die in den Augen der Politiker die Physiognomie Europas ausmachten. Sie wurden systematisiert und in drei thematische Zusammenhänge aufgeteilt, von denen dem des „gemeinsamen Erbes" sicher die zentrale Rolle zukommt. Hier werden die großen geistigen Kräfte behandelt, die Europa zu dem machten, was es heute ist, also etwa die Antike, das Christentum, das Judentum, nicht zu vergessen die arabisch-islamischen Einflüsse, aber auch geistige Bewegungen europäischen Charakters wie der Humanismus und die Aufklärung. In anderen Abschnitten werden die Grundfreiheiten, die Kriegserfahrung und die damit einhergehende Friedenssehnsucht sowie generell der Raum Europa behandelt.

Am „spannendsten" unter der Fragestellung „europäischer" Erinnerungsorte ist der zweite Band, der in seiner Gliederung den ersten dupliziert und dessen abstrakte Lemmata nun mit Fallbeispielen illustriert – Fallbeispiele, bei denen das Moment europäischer Zäsurhaftigkeit, europäischer Ausstrahlung und Kommunikation und europäischen Erinnerns in besonderer Weise gegeben sein sollten. Angesichts der Fülle denkbarer Fallbeispiele musste hier das Moment der repräsentativen Auswahl zum Zuge kommen. Wir wollen das an den im Abschnitt „Kriegserfahrung/Friedenssehnsucht" versammelten Lemmata demonstrieren.

Die Kriege gegen Minderheiten werden anhand der Stichworte „1348" und „Bartholomäusnacht" exemplifiziert, beides Ereignisse von europäischer Relevanz (1348 und die Pest mit der Konsequenz der Flucht der mitteleuropäischen Juden nach Ostmitteleuropa) und Ausstrahlung, im Fall der Bartholomäusnacht zudem ein wahrhaft europäisches Kommunikations- und Medienereignis. Die beiden Stichworte finden ihre Ergänzung in dem Lemma „Auschwitz", in dem die gesamte Shoa als zentrales Ereignis des 20. Jahrhunderts gebündelt wird. Von den Schlachten mit einer gesamteuropäischen Relevanz und einer europäischen Erinnerungsdimension wurden die Kahlenbergschlacht, die Leipziger Völkerschlacht 1813 und Mesolunghi ausgewählt, zudem Verdun und Coventry als zwei Chiffren, die für die neue Dimension des Krieges und für eine weit über die beteiligten Nationen hinausgehende „Betroffenheitskultur" stehen. „Soldatenfriedhöfe" symbolisieren die Instrumentalisierung des Krieges als gewollte – nicht spontan entstandene – Erinnerungsorte. Als große Versuche, den Frieden dauerhaft zu organisieren, wurden der Westfälische Friede, die Pariser Vorortverträge und die KSZE herausgegriffen, Versuche, die einhergingen mit einer intensiven philosophisch-theoretischen Diskussion über den Frieden – hierfür steht Kants „Ewiger Friede". Wie sehr die Kriege des 20. Jahrhunderts auch zu einer Herausforderung für Künstler im weitesten Sinn wurden, wird durch eine Analyse des Erinnerungsort-Charakters von Picassos „Guernica"-Gemälde veranschaulicht.

Schon diese Auflistung mag erkennen lassen, dass auch ganz andere Lemmata hätten ausgewählt werden können – etwa der Wiener Kongress oder die Schlacht von Lepanto, die Kreuzzüge oder Hugo Grotius, Romain Rollands Antikriegsschriften oder die Haager Schiedskonferenzen an der Wende vom 19. zum 20. Jahrhundert. Hier waren Entscheidungen zu treffen, weil das Gesamtspektrum aller Konstrukte von europäischen Erinnerungsorten ohnehin nicht erfasst werden konnte. Insofern – aber dieses Risiko geht jedes Unternehmen dieser Art ein – wird mit Bestimmtheit jeder Rezensent, der das Werk zu besprechen hat, auf Lemmata verweisen, die leider unberücksichtigt geblieben seien.

Das Werk wird abgeschlossen durch einen dritten Band, der dem Themenkreis „Europa und die Welt" gewidmet ist. In ihm geht es freilich nicht primär um die „Exporte" von Europäischem nach Außereuropa – ein Bereich, in dem die Gefahr der Negierung der „schwarzen Seiten" dieses Vorgangs besonders groß sind –, sondern im Sinn des modernen Forschungsansatzes des „entanglement" eher um Phänomene, die in dieser oder jener Form nach Europa „zurückgekehrt" sind. Europa exportierte, um den Ansatz nur in einem Beispiel zu verdeutlichen, im 19. und 20. Jahrhundert nicht nur seine Musik in die anderen Kontinente, sondern erlebt jetzt, wie diese Musik – durch chinesische Musiker, durch japanische Dirigenten, durch interpretatorische Ansätze, die in den jeweiligen fremden Musikkulturen gründen – wieder modifiziert nach Europa zurückkehrt.

Zwischen dem nach vielen Vorüberlegungen und etlichen Workshops mit einem ad-hoc-Beirat – in unterschiedlicher Dauer waren das Pim den Boer (Amsterdam), Heinz Duchhardt (Mainz), Peter Funke (Münster), Andreas Gotzmann (Erfurt), Beatrice Heuser (heute Reading, GB), Georg Kreis (Basel), Jan Kusber (Mainz), Malgorzata Morawiec (Mainz), Elisabeth Oy-Marra (Mainz), Susanne Popp (Augsburg), Wolfgang Schmale (Wien), Bernd Schneidmüller (Heidelberg), Martin Zierold (Gießen) – entworfenen Konzept der ersten beiden Bände und seiner Umsetzung klafft eine Lücke, die sich der Tatsache schuldet, dass trotz eines langen Vorlaufs und etlicher Erinnerungen nicht alle Autoren ihre Manuskripte eingeliefert haben. Die meisten Autoren haben Gründe ins Feld geführt, die einen termingemäßen Abschluss verhinderten. Da die Erfahrung lehrt, dass auch ein längeres Zuwarten die Situation nicht entscheidend verändert, haben die Herausgeber einen Schlussstrich gezogen und die Redaktionsarbeiten für beendet erklärt. Das verlangten auch die Verlagsplanungen und letztlich auch die Fairness gegenüber jenen Autorinnen und Autoren, die pünktlich, viele sogar überpünktlich geliefert hatten.

Unter den nicht gelieferten Manuskripten befinden sich einige, deren Fehlen besonders schmerzlich ist, etwa ein erbetener Beitrag zum Lemma „Souveränität" und ein Beitrag zum *Jus Publicum Europaeum* im ersten Band oder Beiträge zur Donau als einem europäischen Fluss oder zu den Vereinen und der Versammlungsfreiheit im zweiten Band. Diese Lücken sind bedauerlich, aber da es in den „Europäischen Erinnerungsorten" nicht darum geht, einen verbindlichen „Kanon" zu entwerfen und der Konstruktion von Band 2 ohnehin etwas Spielerisches innewohnt, wird man das vertreten können. Es ist jedenfalls – anders als bei den französischen *Lieux de mémoire* Pierre Noras, die sich am Ende auf sieben Bände auswuchsen – nicht daran gedacht, Folgebände nachzuschieben und im Licht des öffentlichen Diskurses die Palette der „Erinnerungsorte" ständig zu erweitern. Die drei Bände unseres Unternehmens präsentieren nicht etwas, was abgeschlossen und in Stein gemeißelt ist, sie wollen vielmehr anregen, über weitere Lemmata nachzudenken, denen die Dignität eines europäischen Erinnerungsorts eignen könnte.

Dem Werk liegt ein weiter „Orts"-Begriff zugrunde, weil zwar versucht wird, viele Phänomene und Entwicklungen von einem Punkt her zu verstehen, aber kein Weg daran vorbei führte, auch die Spezifika Europas in seinem eigenen Selbstverständnis im Vergleich zu anderen Kontinenten herauszuarbeiten, die eine gewisse Systematik erfordern und deswegen das Konzept von „Erinnerungsorten" etwas modifizieren. Ein solches Unternehmen, um es zu wiederholen, ist ein Wagnis, und auch die Tatsache, dass ein sehr internationaler Kreis von Mitarbeitern – aus Deutschland, Frankreich und Großbritannien, aus Österreich, Italien, der Schweiz und Griechenland, aus Polen, Tschechien und den Niederlanden, nicht zuletzt aus den USA und Israel – gewonnen wurde, ist kein Garant dafür, dass die öffentliche Resonanz uneingeschränkt positiv ausfällt. Erhofft wird, und dies abseits allen politischen Kalküls, dass das Werk auf seine Weise dazu beiträgt, das Bewusstsein von der relativen kulturellen Einheit des Kontinents zu stärken und davon, dass der Europäisierungsprozess nicht etwas künstlich Aufoktroyiertes ist, sondern ein gewachsenes Konstrukt, das in den gemeinsamen „Erinnerungsorten" gut gegründet ist.

Es ist den Herausgebern ein Bedürfnis, am Ende eines langen Vorbereitungsprozesses Dank auszusprechen: Dem eben genannten ad-hoc-Beirat, den vielen Dutzenden Autoren, die sich in den meisten Fällen an die (terminlichen und umfangmäßigen) Vorgaben gehalten und sich um viel Originalität bemüht haben, den Übersetzerinnen, den Mainzer Mitarbeiterinnen, die die eigentliche Last der Manuskriptvorbereitung trugen, nicht zuletzt dem Oldenbourg Verlag, der von den ersten Gesprächen an das Vorhaben begeistert aufgriff und mit viel Engagement betreute; die Herren Christian Kreuzer und Martin Rethmeier sowie Sabine Walther und Cordula Hubert, die die Last der Endredaktion trugen, sollen hier namentlich erwähnt werden. Wir übergeben die ersten beiden Bände – und in absehbarer Zeit dann auch den dritten – dem Publikum und damit auch der Kritik in der Hoffnung, der historischen Forschung einen Dienst erwiesen und zugleich einen Beitrag zur europäischen Identitätssuche und -pflege geleistet zu haben.

Pim den Boer   Heinz Duchhardt   Georg Kreis   Wolfgang Schmale

1. Mythen

Michael Wintle
Der Stier

Eine auf einem Stier sitzende junge Frau mit einer EU-Flagge in der Nähe ist ein Bild, das uns aus Zeitungskarikaturen heute durchaus bekannt ist: Es steht symbolisch für Europa beziehungsweise die Europäische Union (Abb. 1). Die junge Frau, Europa, und der Stier sind die Hauptfiguren in einem griechischen Mythos, der den Titel „Der Raub der Europa" oder „Die Entführung der Europa" trägt: Dieser erlaubt Karikaturisten, den Stier und/oder die junge Frau für die Darstellung der Europäische Union oder den europäischen Kontinent als Ganzes heranzuziehen. Für die meisten von uns ist dies leicht zu verstehen: Der Mythos ist ein Signifikant (Bezeichner) für Europa; er bewirkt, dass wir an das Signifikat (Bezeichnete), die EU oder den europäischen Kontinent, denken, genauso wie wir vielleicht an einen König oder den Islam denken, wenn wir eine Krone oder eine Mondsichel sehen. Aber es sind nicht nur Karikaturisten der Gegenwart, die sich des Mythos bedient haben, um damit Europa zu beschreiben: Andere haben es auch schon getan, nicht zuletzt die Nationalsozialisten, die damit ihre Pläne zur Neuordnung Europas veranschaulichten. Einige Personen, wie zum Beispiel der Schweizer Philosoph Denis de Rougemont, der sich zeitlebens der europäischen Integration verpflichtet gefühlt hat, haben argumentiert, dass die Geschichte von Europa und dem Stier der Gründungsmythos Europas ist: Sie erklärt den Ursprung der europäischen Zivilisation, genauso wie die Geschichte von Romulus und Remus in der römischen Mythologie die Gründung der Stadt Rom erklärt.

Abbildung 1: Horst Haitzinger, Die Reise nach Maastricht, cartoon 1992. H. Haitzinger, Neurosen. München, 1994..

Abbildung 2: Paolo Veronese, Der Raub der Europa, ca. 1580. Venedig, Palazzo Ducale.

Aber ist die Geschichte von Europa und dem Stier ein europäischer Erinnerungsort? Ja, insofern die Geschichte Ideen von und über Europa vermittelt. So ist sie auch nicht einfach nur ein beschreibendes Kennzeichen, sondern beinhaltet und verbreitet Auffassungen und Urteile über den europäischen Kontinent, die wir hier im Folgenden besprechen werden. Dies ist eine durchaus komplexe Herausforderung: Steht der Mythos „Der Raub der Europa", um nur ein Beispiel zu nennen, für Verführung, Vergewaltigung und Sex? Bedeutet das, dass der europäische Kontinent mit solchen Verhaltenspraktiken in Verbindung gebracht und erinnert wird? Sicher nicht. Dieser Beitrag stellt den Mythos dem Leser kurz vor. Er geht dann der Frage nach, wer die Geschichte über die Jahrhunderte erzählt hat (in der Hauptsache Künstler) und wer sie wie aufgenommen und interpretiert hat? Zu guter Letzt untersucht der Essay, welche Werte mit der bildlichen Darstellung – des europäischen Kontinents anhand eines altgriechischen Mythos – verknüpft wurden beziehungsweise heute noch verknüpft werden.

Die Legende

Schon zurzeit von Homer und Hesiod (um 800 v. Chr.) verwies die Literatur des antiken Griechenland – und später des antiken Rom – regelmäßig auf den Mythos „Der Raub der Europa". Die Geschichte ist wie folgt: Europa, Tochter des Königs Agenor von Tyros in Phönizien (dem heutigen Libanon) und Enkelin des Meeresgottes Poseidon, war eine Prinzessin, die einen halbgöttlichen Status genoss. Zeus, König der Götter, sah aus seinem Olymp hinab, verliebte sich in die Prinzessin und beschloss, sie zu entführen. Er nahm die Gestalt eines großen, weißen Stiers an, beauftragte Hermes, seinen Boten und zugleich Schutzgott der Reisenden, eine Herde Ochsen dorthin zu treiben, wo sich die Angebetete befand, und entstieg dann genau dort dem Meer, wo Europa und ihre Begleiterinnen verweilten (Abb. 2).

Europa war von dem ansehnlichen Wesen, das männliche Sexualität verkörperte, tief beeindruckt. Trotz ihrer Angst und der Warnung ihrer Gefährtinnen kletterte sie schließlich auf das Tier. Daraufhin erhob sich der Stier, stürmte ins Meer und schwamm mit Europa auf dem Rücken von Asien weg zur Insel Kreta, wo er seine menschliche Gestalt wieder annahm und mit Europa mindestens drei Kinder zeugte. Unter diesen befanden sich die späteren Richter von Hades (Rhadamanthys und Minos, die das berühmte Labyrinth auf Kreta bauten). In der Zwischenzeit beauftragte König Agenor seine Söhne, seine entführte Tochter zu suchen; hierbei entdeckten einige von ihnen Orte entlang des Mittelmeers und des Schwarzen Meers, einer gründete Karthago und Prinz Cadmus – nachdem er Rhodos, Thrakien und Delphi besucht hatte – die bedeutende Stadt Theben. Was dies hinsichtlich des Gründungsmythos bedeutet, ist unverkennbar: Durch die durch Zeus bedingte Entführung wurde die Seele Europas von Asien nach Europa gebracht, genauer gesagt von der Prinzessin Europa nach Kreta und dem Prinzen Cadmus nach Theben, beides Wiegen der griechischen Zivilisation. Asien, Heimat der großen Zivilisationen des Altertums, wie zum Beispiel der Meder und der Perser, und zugleich Ausgangspunkt einer Migration, die von dem König der Götter selbst gesegnet und ermöglicht wurde, ist somit Keimzelle der europäischen Zivilisation. Dies wurde von keinem klarer ausgedrückt als von dem aus der sizilianischen Stadt Syrakus stammenden Griechen Moschos, der zusammen mit anderen bukolischen Dichtern des 2. Jahrhunderts v. Chr. (Theokrit, Bion von Smyrna) der sogenannten Alexandrinischen Schule zugeordnet wird. Tatsächlich war Moschos der Erste, der die Prinzessin Europa direkt mit dem Kontinent Europa in Verbindung brachte. In seiner zweiten Idylle, die den Titel „Europa" trägt, hat die Prinzessin am Vorabend ihrer Entführung einen Traum: „Es schien ihr, als stritten sich zwei Erdteile um sie, Asien und der gegenüberliegende [Europa], beide in der Gestalt von Frauen". Darüber hinaus erwähnt Moschos in der Idylle noch Libya, Europas Großmutter väterlicherseits und der altgriechische Name für Afrika. Neben dem Einfluss Asiens unterstrich er somit auch die Einwirkung, die das alte Ägypten auf die Entstehung Europas ausübte. Der Mythos „Der Raub der Europa" und seine Aufbereitung in der Literatur geht auf das panhellenische Zeitalter zurück, erreichte aber erst mit der lateinischen Dichtung unter Kaiser Augustus am Anfang des römischen Zeitalters, also kurz vor der Geburt Jesus Christi, seinen Höhepunkt: Die heute bekannte Form der Legende ist vor allem auf Ovid und Horaz zurückzuführen.

Der Europa-Mythos durch die Jahrhunderte

Der Mythos „Der Raub der Europa" war ein Geschenk an alle Künstler: Mit Sex, Gewalt, einer Entführung, dramatischer Szenerie, der Kraft einer Legende und dem Kontrast zwischen einer Schönen und einem Biest beinhaltet er alles, was ein überzeugendes Kunstwerk ausmacht. Fast genauso alt wie die erste schriftliche Überlieferung ist die älteste bildliche Darstellung des Mythos. Hierbei handelt es sich um eine auf einer böotischen Vase aus dem 7. Jahrhundert v. Chr. abgebildete Metope, Vorläuferin eines daraufhin bald weit verbreiteten Dekorationsmotivs (Abb. 3). Gerade in der etruskischen und kretischen Kultur fand der Mythos seinen Weg in die Kunst, auf dem Rücken der Eroberungen Alexanders des

Abbildung 3: Terracotta-Statue, Boetien, ca. 400 v. Ch. Amsterdam, Allard Pierson Museum, Inv.-Nr. 1005.

Großen sogar bis nach Afghanistan. Im Mittelalter jedoch verlor der Mythos an visueller Präsenz, was darauf zurückzuführen ist, dass die Ikonographie in dieser Zeit vor allem von den christlichen Kirchen dominiert wurde und sich deutlich von allen heidnischen Einflüssen entfernte. Mit dem Aufblühen der Renaissance in Italien aber erfuhren die Texte griechischer und römischer Dichter wieder größere Beachtung: Schon bald wurde der Mythos „Der Raub der Europa" mehr als in den tausend Jahren zuvor in Bild und Text verarbeitet. Dürer, Tizian (Abb. 4) und Veronese (Abb. 2) haben neben vielen anderen Künstlern das Motiv wegen seines dramatischen Potentials, das sich zudem mit der Schilderung von Schönheit, Leidenschaft, Liebeserlebnis und Erotik verbinden ließ, gerne interpretiert. Seine Popularität blieb durch die frühe Neuzeit hindurch bis ins 18. Jahrhundert hinein bestehen, verlor dann aber als ein Motiv, das künstlerisch als zu steril erachtet wurde, rasch an Bedeutung. Im 19. Jahrhundert jedoch verhalfen die Romantik, die Mystik und Schönheit zum zentralen Thema der Kunst machte, und der Neoklassizismus dem Mythos noch einmal zu neuem Leben. Im 20. Jahrhundert, genauer gesagt seit den 1880er Jahren, gewann die politische Karikatur, bedingt durch die Massenverbreitung von Druckmedien, an Geltung. Hierauf wurde die Geschichte von Europa und dem Stier zunehmend als Aufhänger für politische Kommentare und humoristische, manchmal auch tragische Darstellungen des europäischen Kontinents verwendet; früher wie heute ermöglicht gerade diese Legende Karikaturisten, ihre persönliche Meinung zu einem aktuellen Ereignis zum Ausdruck zu bringen. Während der Mythos in Malerei, Skulptur, anderen Formen der sogenannten „schönen Künste" sowie den angewandten Künsten noch immer Verwendung findet, ist offensichtlich, dass das Motiv seit gut hundert Jahren von Zeitungen und Zeitschriften dominiert wird.

Abbildung 4: Tizian, Der Raub der Europa, 1559-1562. Boston, Isabella Stewart Gardner Museum.

Themen in der Darstellung des Europa-Mythos

Wie aus dem bisher Gesagten hervorgeht, bot die Legende von Europa und dem Stier seit ihrer Entstehung in der Antike und insbesondere seit der Renaissance ein Motiv, das in den schönen und angewandten Künsten immer wieder gerne verarbeitet wurde. Seine generell weite Verbreitung und große Popularität unter Malern und Schriftstellern kann auf die Qualität der Legende zurückgeführt werden: Als ein klassischer Mythos stellte sie die Hilflosigkeit des Menschen in einer von Göttern beherrschten Welt, die Macht des Schicksals und die Tragödie nobler Emotionen in den Vordergrund, ließ zugleich aber auch Platz für den Ausdruck von Humor. Welche anderen Qualitäten hat die Legende, dass sie sich seit Jahrhunderten einer solchen Beliebtheit erfreut und heute zu einem der meist interpretierten Motive in der westlichen Kunst zählt?

Zunächst wird die Legende – seit ihrer Entstehung in der Antike bis heute – von Künstlern sicher deshalb gerne aufgegriffen, weil sie den Stoff für willkommene Ablenkung und attraktive Dekorationen bietet. Nicht umsonst ist sie als Motiv seit mehr als 2700 Jahren auf Keramikgefäßen zu finden. Kurz gefasst erlaubt das Motiv, spärlich gekleidete oder sogar nackte Frauen, muskulöse Tiere, ländliche Szenen und eindrucksvolle Meerespanoramen zu

21

Abbildung 5: Charles Sykes, Europa and the Bull, Bronze, ca. 1920. Oxford Ashmolean Museum, Inv.-Nr. 1953.73.1

schildern. Bis heute bietet die Legende ein Motiv, das ganz einfach als „gutes Motiv" immer wieder gerne benutzt wird.

Ein weiterer Anreiz für Künstler, von dem Motiv Gebrauch zu machen, besteht darin, dass es dazu einlädt, natürliche Schönheit darzustellen. In der Tat ist die ästhetische Qualität, mit der der Europa-Mythos über die Jahrtausende hinweg wiedergegeben worden ist, einzigartig. Herausragende Beispiele hierfür sind Paolo Veroneses um 1570 datierte Auslegung der Legende (Abb. 2), heute in der National Gallery in London, und Claude Gellée le Lorrains Version von 1667, heute in der Royal Collection in London.

Aber auch das dramatische Potential des Motivs bewegt Künstler dazu, sich mit dem Motiv auseinanderzusetzen und neben natürlicher Schönheit und erotischem Liebeserlebnis das Drama, ja die Brutalität der Entführung zu schildern. Andere wiederum fühlen sich von der Dynamik, die der durch das Meer stürmende Stier zum Ausdruck bringt, angesprochen. Das Kunstwerk, das dies vielleicht am besten widerspiegelt, ist Tizians um 1560–1562 datierte Interpretation der Legende (Abb. 4), heute im Isabella Stewart Gardner Museum in Boston.

Zu guter Letzt sei erwähnt, was gerade Graphikkünstler, aber auch Bildhauer veranlasst, sich regelmäßig mit dem Motiv von Europa und dem Stier zu befassen: Es ist die Möglichkeit, romantische Gefühle – Leidenschaft, Sinnlust und Sex – darzustellen. Ein überzeugendes Beispiel hierfür ist eine kleine, nur 20 cm hohe auf einen Holzsockel montierte Bronzefigur

Abbildung 6: Iacopo Palma di Giovane, Allegorie der Liga von Cambrai, 1590-1595. Venedig, Palazzo Ducale.

von Charles Sykes (Abb. 5), der im Jahr 1911 das Logo – „The Spirit of Ecstasy" (Der Geist der Ekstase) – für Rolls Royce entwarf. Tatsächlich kann man sich kaum einen direkteren Ausdruck sexueller Leidenschaft vorstellen. Interessanterweise gibt es mehrere Objekte dieser Art, die uns bereits seit Anfang des 20. Jahrhunderts begleiten.

Dies sind also die Gründe, die Künstler dazu bewogen beziehungsweise heute noch bewegen, sich immer wieder mit dem Motiv von Europa und dem Stier zu beschäftigen: Der historisch-rituelle Hintergrund des Mythos; die Möglichkeit, attraktive Dekorationen zu schaffen; die Möglichkeit, natürliche Schönheit sowie Drama, Liebeserlebnis, Leidenschaft und Sex darzustellen; und nicht zuletzt die Möglichkeit, durch das Motiv Humor und Kritik zum Ausdruck bringen zu können. Wie viele dieser Eigenschaften haben sich auf den europäischen Kontinent übertragen? Bevor wir dieser Frage nachgehen, gilt es eine andere Frage zu klären: Wann wurde der Europa-Mythos zuerst mit dem Kontinent Europa in Verbindung gebracht?

Abbildung 7: Patrick MacDowell, Skulptur, Albert Memorial, London 1876. Photo des Autors.

Die Assoziation von Prinzessin Europa und dem Kontinent Europa

In seiner ursprünglichen Form brachte der Europa-Mythos wahrscheinlich die Rivalität zwischen dem vereinten Griechenland und Troja, den gegenüberliegenden Seiten der Ägäis, später zwischen den Griechen und den Persern und – als logische Folgerung – zwischen Europa und Asien zum Ausdruck. Dichter des Altertums wie Moschos und Horaz verbanden Prinzessin Europa explizit mit dem Kontinent Europa, eine Assoziation, die sogar im Mittelalter noch gelegentlich anzutreffen war. Seit der Renaissance war die Verknüpfung von europäischem Kontinent und dem Europa-Mythos dann weit verbreitet. Ein Beispiel hierfür ist ein berühmtes Gemälde: Jacopo Palma il Giovanes um 1590 datierte „Allegorie des Krieges gegen die Liga von Cambrai" (Abb. 6), heute im Palazzo Ducale in Venedig. Es verbindet ganz deutlich die auf dem Stier reitende Europa mit den in der Liga von Cambrai gegen die Republik Venedig vereinten Militärmächten Europas: das Heilige Römische Reich, das Königreich Frankreich, den Kirchenstaat, verschiedene italienische Stadtstaaten, sowie die Königreiche Aragon, England und Ungarn. Von dieser Zeit an wurden der Mythos und der Kontinent mühelos miteinander in Verbindung gebracht; in der Praxis wurde manchmal nur der Stier abgebildet, um Europa in seinen geographischen Dimensionen zu beschreiben. Trotzdem konnte die Legende natürlich auch *ohne* Bezug zum europäischen Kontinent dargestellt werden. Wurde aber ein geographischer Bezug gewünscht und ausgedrückt, dann wurde er sofort erkannt und verstanden. Schon bald war der Stier eins der Zeichen, das für den Kontinent Europa stand. Mit Beginn des 19. Jahrhunderts wurde die Legende dann ganz allgemein als Symbol für den europäischen Kontinent eingesetzt. Eine der imposantesten öffentlichen Darstellungen der vier Kontinente ist das Albert Memorial in London, das 1876 fertig gestellt wurde und Prinz Albert von Sachsen-Coburg und Gotha, den 15 Jahre zuvor verstorbenen Ehemann von Königin Victoria, ehrt. Am Fuß des riesigen Denkmals befinden sich vier aus Marmor gearbeitete Skulpturengruppen, die – anhand von völkerkundlicher Figuren und die Kontinente repräsentierender Tiere – die vier Kontinente darstellen. Alles deutet darauf hin, dass die in der Komposition zum Tragen kommende Symbolik sorgfältig durchdacht, ja von einem speziell dafür eingesetzten Gremium erarbeitet wurde. Europa (Abb. 7) wird von einer Gruppe nobler junger Frauen verkörpert, die verschiedene Tugenden personifizieren und um einen gewaltigen Stier platziert sind. Die von Patrick MacDowell geschaffene Skulptur unterstreicht, dass die Legende ganz eindeutig für den Kontinent Europa steht.

Heute wird die bildliche Darstellung sowohl für die EU-Institutionen als auch für den europäischen Kontinent als Ganzes eingesetzt. Der Zusammenhang ist geradezu standardisiert worden: Erwähnt sei lediglich die im Jahr 1996 immer wieder sichtbare Darstellung der Fußball-Europameisterschaft als ein nach Luft schnappender Stier. Man könnte zahlreiche andere Beispiele nennen, was darauf hinweist, welchen hohen Wiedererkennungswert das Bild von Europa und dem Stier heute als Zeichen für den europäischen Kontinents hat.

Der Einfluss des Europa-Mythos auf Europa

Seit über 2000 Jahren ist der Europa-Mythos das erkennbare Gesicht Europas: Tatsächlich vergeht kaum ein Tag, ohne dass man einer humoristischen Karikatur in einer Zeitung begegnet, die sich des Mythos bedient, um die Europäische Union darzustellen oder aber diese zu kritisieren (Abb. 1). Wenn dieser Mythos zudem ein Erinnerungsort ist, dann stellt sich die Frage, welche Werte er beinhaltet? Für *welche Art* von Erinnerung, Ort oder Symbol steht der Mythos „Der Raub der Europa"? Und welche Eigenschaften sind aufgrund der Assoziation des europäischen Kontinents mit diesem Mythos über die Jahrhunderte auf den europäischen Kontinent übertragen worden? Grob können sie in drei Kategorien eingeordnet werden: Adel, Technologie und Krieg.

Prinzessin Europa war die Tochter eines Königs, die Braut von Zeus und selbst eine Halbgöttin: Eigenschaften, die von hoher Würde zeugen. Nichtsdestoweniger wird sie in der ursprünglichen Geschichte als das Opfer einer Vergewaltigung beschrieben. Wann gelang es ihr, dieses Stigma abzuschütteln und die Attribute von königlicher Erscheinung, Souveränität und Überlegenheit anzunehmen? Dieser Wandel – vom tragischen Opfer eines Sexualverbrechens zur königlichen Hoheit – vollzog sich in der Renaissance. Ein gutes Beispiel hierfür ist ein Wandgemälde von Hans Mont, das der Künstler im späten 16. Jahrhundert in der Kaiserhalle von Schloss Bučovice in Südmähren (dem heutigen Tschechien) schuf (Abb. 8). Die junge Frau, auf dem Rücken eines Stiers dargestellt, ist ganz eindeutig als Europa zu erkennen. Sowohl der Hintergrund als auch ihr triumphales Auftreten weisen aber darauf hin,

Abbildung 8: Hans Mont/Iacopo Strada, Europa auf dem Stier, Schloss Bucovice, ca. 1580. Josef Polišenský, The tragic triangle, Praha 1991, Tafel 1.

dass sie zugleich den Kontinent Europa repräsentiert. Dieses Fresko zeigt auf vortreffliche Art und Weise, wie sich in der späten Renaissance eine Vielzahl von Bildtraditionen zu einer innovativen Bildsprache vereinte.

Im 17. und 18. Jahrhundert entwickelte sich diese Bildsprache weiter, bis der Zusammenfluss der Bildtraditionen im 19. Jahrhundert mit der Darstellung der Europa als Teil des Albert Memorials in London (Abb. 7) seinen Abschluss fand: Hier reitet sie gekrönt als Königin – begleitet von ihren Gefährtinnen oder Hofdamen, die den Sieg, die Künste, das Wissen und den Handel personifizieren – ihrem ruhmvollen Schicksal entgegen. Dieser Wandel erlaubte es, die Legende zunehmend dafür zu nutzen, den Adel des europäischen Kontinents und dessen gesellschaftlichen Vormachtstellung in den Vordergrund zu stellen.

Eine weitere Eigenschaft, die von der Legende auf den europäischen Kontinent übertragen wurde, geht auf deren Assoziation mit Drama, Energie und Geschwindigkeit zurück, wie sie zum Beispiel Tizian in seinem Gemälde zum Ausdruck brachte (Abb. 4). Hierbei wurde der Mythos „Der Raub der Europa" insbesondere mit Bewegung, Schnelligkeit und Transport in Verbindung gebracht: Europa ist ein Kontinent, auf dem das Reisen leicht und weit verbreitet ist, der schnell agiert und reagiert und der für bedeutende Entwicklungen im Bereich des Transports und anderer Technologien steht. Nicht umsonst sind bildliche Darstellungen eines Stiers an Bahnhöfen (Gare de Cornavin, Genf), Gebäuden von Reedereien (P&O, London), Einkaufszentren (Lijnbaan, Rotterdam) und vielen Hotels anzufinden: Er kennzeichnet das Europa des 20. Jahrhunderts als einen technologisch herausragenden Kontinent beziehungsweise eine Region des modernen Reisens und Transports.

Darüber hinaus wird der europäische Kontinent gerne mit militärischer Stärke in Verbindung gebracht, eine Eigenschaft, die von einigen Darstellungen von Europa und dem Stier gestützt werden. Traditionell beinhalteten Personifizierungen des Kontinents Waffen, Rüstungen und Pferde, die kriegerische Kraft zum Ausdruck bringen sollten oder aber den Stier zeigen. Im 20. Jahrhundert verschmolzen diese Bildtraditionen zu einer Bildsprache, die im Zweiten Weltkrieg von besonderer Bedeutung sein sollte. Nachdem sich der Faschismus in den 1920er und 1930er Jahren zuerst in Italien und dann auch in anderen Teilen Europas durchgesetzt hatte, gewann der Mythos zunehmend an Popularität in der Kunst, was darauf zurückzuführen war, dass sich die Faschisten dem Europa-Mythos mit großem Interesse annahmen. So kann man sich auch nicht der unangenehmen Tatsache entziehen, dass gerade auch die Nationalsozialisten in Deutschland eine besondere Vorliebe für den Mythos „Der Raub der Europa" hegten und dessen Umsetzung in den bildenden Künsten förderten. Zum Tag der deutschen Kunst, der 1937 in München stattfand, wurden Europa und der Stier dann auch großformatig in die aufwendigen, diese Veranstaltung umrahmenden Dekorationen, integriert. Das gleiche gilt für den Europäischen Jugendkongress, der im Jahr 1942 in Wien stattfand: Auch hier wurden Europa und der Stier in die die Veranstaltung umrahmenden Dekorationen integriert, zudem auf Medaillen und Requisiten verewigt. Des Weiteren nutzte die NS-Propaganda den Europa-Mythos im Bildungsbereich. Beispiel hierfür sind zwei von den Nationalsozialisten in Auftrag gegebene Kunstwerke: Das Wandgemälde „Europa auf dem Stier", das Werner Peiner im Jahre 1937 in der von ihm geleiteten Hermann-Göring-Meisterschule für Malerei in Kronenburg schuf, und das fast lebensgroße Ölgemälde gleichen Titels, das Josef Pieper 1939 malte und im Haus der Deutschen Kunst in München ausstellte. Beide Werke bauen explizit auf der NS-Propaganda auf: Sie verdeutlichen Werte wie Rassenreinheit, Fruchtbarkeit und körperliche Stärke, ziehen zudem ein Vergleich zwischen altgriechischen und modernen deutschen Sportlern und Kriegern. Die von den Nationalsozialisten alle zwei Wochen in den besetzten Gebieten in verschiedenen Sprachen publizierte Zeitschrift „Signal", die vor allem von deutschen Soldaten, aber auch Zivilisten gelesen wurde, zeichnete sich durch einen Titelkopf aus, der Europa und den Stier als Logo integrierte. Dieses sollte für den durch Nazideutschland vereinten und wieder erstarkten europäischen Kontinent stehen. Der König der Götter, Zeus, wurde hier mit seiner unwiderstehlichen physischen und sexuellen Stärke den Nationalsozialisten gleichgesetzt. Unbestritten ist, dass der Nationalsozialismus eine katastrophale, zugleich aber prägende Zeit für Europa war. Wie der kurze Einblick in die NS-Propaganda zeigt, verlor der Mythos von Europa und dem Stier selbst unter den Nationalsozialisten nicht an Bedeutung; vielmehr diente er ihnen dazu, ihre Pläne zur Neuordnung Europas zu kommunizieren.

Der von den Nationalsozialisten betriebene Missbrauch, auch die Ereignisse des Zweiten Weltkriegs und die darauf folgende Teilung Europas, haben Einstellung gegenüber und Verweis auf den Europa-Mythos nachhaltig verändert. Während Künstler sich noch immer gerne mit dem Motiv befassen, war es doch lange schwierig, einen Bezug zwischen dem Mythos und dem zerstörten, dann zerteilten europäischen Kontinent herzustellen. Vor diesem Hintergrund verwundert es nicht, dass der Mythos in der Nachkriegszeit zum Bezeichner eines Kontinents wurde, der von Tragödie und brutaler Zerstörung geprägt war. Tatsächlich stellen nur wenige Karikaturen, die Europa und den Stier zeigen, den europäischen Kontinent positiv dar.

Dieser negative Ansatz spiegelt sich in zwei Ansätzen wider. Der eine stellt die Tragödie Europas im 20. Jahrhundert – die beiden Weltkriege, den Holocaust und die Teilung Europas – auf visuell schmerzhafte Art und Weise dar; sowohl der Stier als auch seine nackte Reiterin sehen erbärmlich, wenn nicht sogar gebrochen aus. Der zweite Ansatz geht darauf zurück, dass der Rassenwahn der Nationalsozialisten sich auch durch skeptischen Humor in politischen Karikaturen ausdrückte (Abb. 1). Im übertragenen Sinn kann Satire folglich den gleichen Effekt wie Tragödie haben. In Bezug auf die Politik der EU bedeutet dies, dass der „europäische Heißluftballon" immer dann angestochen wird, wenn er vor lauter pro-europäischen Stimmen zu hoch fliegt. Hierbei ist es die Aufgabe von Europa und dem Stier, den „Heißluftballon" auf dem Boden der Realitäten zu halten und vor dem Hintergrund der Geschichte Europas im 20. Jahrhundert darauf aufmerksam zu machen, dass es eine Narrheit ist, Europa zu hoch zu loben. Während die meisten bildlichen und schriftlichen Darstellungen offizieller Art, insbesondere der EU, einen sehr selbstbewussten, wenn nicht sogar positiv überzogenen Eindruck von Europa vermitteln, sind Künstler und gerade Karikaturisten eher skeptisch und ziehen es vor, derartige Behauptungen mit Hilfe von Europa und dem Stier unter Kontrolle zu halten. Die Legende scheint sich dafür bestens zu eignen, hat sie doch die große mystische Qualität von Mehrwertigkeit, welche es erlaubt, sogar diametral entgegengesetzte Ideologien zu zügeln. Ohne Frage ist der Mythos „Der Raub der Europa" eines der aussagekräftigsten und zugleich vielseitigsten Motive in der westlichen Kunst.

Fazit

Wenn man die Legende von Europa und dem Stier als einen europäischen Erinnerungsort betrachtet, wird deutlich, dass die Beziehung zwischen der Halbgöttin Europa und dem Kontinent Europa komplex und durchaus tückisch ist. Von Künstlern ist sie wegen ihrer Stärke als Mythos, ihrer dekorativen Qualitäten, Möglichkeit, der verschiedene Formen von Schönheit darzustellen, ihrem Drama, ihrer Dynamik und ihrer Auseinandersetzung mit Liebeserlebnis und Sex immer wieder gerne als Motiv ausgelegt worden. In den letzten Jahrzehnten ist die Legende zudem wegen ihrer humoristischen Seite gerne neu interpretiert worden. Insbesondere seit dem 16. Jahrhundert besteht ein enger Bezug zwischen der Prinzessin Europa und dem Kontinent Europa, obwohl viele, wenn nicht sogar die meisten Darstellungen des Mythos zunächst wenig oder gar nichts mit dem Kontinent zu tun hatten. Nichtsdestoweniger wurden bestimmte Inhalte und Werte, die mit dem Erinnerungsort in Verbindung gebracht wurden, über Europa und den Stier auf den europäischen Kontinent übertragen: Adel und königliche Erscheinung; Dynamik, Reise und Transport sowie technologischer Fortschritt; und kriegerische Kraft, die von den Nationalisten vereinnahmt und missbraucht wurde. Die im 20. Jahrhundert in Europa begangenen Schandtaten haben Künstler, insbesondere Karikaturisten, dazu bewegt, überzogene Äußerungen und Ambitionen seitens der EU anhand einer pathetischen oder satirischen Auslegung des Europa-Mythos zu kritisieren. Dem stehen gegenüber die offiziellen Darstellungen des Mythos, die die europäische Zivilisation und deren Errungenschaften rühmen. In der Tat hat der Mythos „Der Raub der Europa" dazu beigetragen, den Eindruck, den die Menschheit vom europäischen Kontinent hat, zu prägen: Während der Wandel der Europa in eine Königin sich bereits in der Spätrenaissance vollzog, ist sie spätestens seit dem 20. Jahrhundert generell als solche bekannt.

Übersetzung: Uta Protz

Literaturhinweise

Christian DE BARTILLAT/Alain ROBA, Métamorphoses d'Europe: trente siècles d'iconographie. Paris 2000.

Eric BUSSIÈRE (Hrsg.), Europa: the European idea and identity, from ancient Greece to the 21st century. Antwerpen 2001.

Peter H. GOMMERS, Europe – what's in a name? Leuven 2001.

Heinz R. HANKE, Die Entführung der Europa: eine ikonographische Untersuchung. Köln 1963.

Barbara MUNDT (Hrsg.), Die Verführung der Europa. Berlin 1988.

Luisa PASSERINI, Il mito d'Europa: radici antiche per nuovi simboli. Florenz 2002.

Rémy POIGNAULT/Françoise LECOCQ/Odile WATTEL-DE CROIZANT (Hrsg.), D'Europe à l'Europe II: mythe et identité du XIXe siècle à nos jours. Tours 2000.

Denis DE ROUGEMONT, The meaning of Europe. London 1965.

Siegfried SALZMANN (Hrsg.), Mythos Europa: Europa und der Stier im Zeitalter der industriellen Zivilisation. Hamburg 1988.

Michael J. WINTLE, The image of Europe: visualizing Europe in cartography and iconography throughout the ages. Cambridge 2009.

Eva ZAHN, Europa und der Stier. Würzburg 1983.

Joachim Berger
Herkules

In der Online-Enzyklopädie „Wikipedia" werden Herakles und Herkules in über 25 europäischen Sprachen porträtiert. An der Erstellung und Fortschreibung dieser kollektiven Einträge sind mehrere hundert Personen beteiligt; die Zahl der jährlichen Zugriffe dürfte in die Hunderttausende gehen. Zweifellos ist Herakles/Herkules ein besonders augenfälliges Beispiel, wie europäische Gesellschaften bis ins frühe 21. Jahrhundert hinein antike Heldenmythen rezipiert, angeeignet und umgeformt haben. Ist der antike Held damit auch ein europäischer Erinnerungsort? Es wird sich zeigen, dass es vor allem ein spezifischer Aspekt des Mythos war, der in einer bestimmten Periode, zwischen Renaissance und Spätbarock, von einer distinkten Erinnerungsgemeinde – den europäischen Fürstenhöfen – besonders häufig evoziert und zum Gemeinplatz wurde. Dieser Topos fungierte als Referenzpunkt für bestimmte, geschichtlich verstandene Wertvorstellungen – als Erinnerungstopos.

Der antike Erinnerungskern und seine Varianten

Der Halbgott Herakles (römisch Herkules), Sohn des Zeus und der Alkmene, ist der Archetyp des antiken, mythischen Helden. Sein Erinnerungskern speist sich aus unterschiedlichen Quellen, weist zahlreiche Varianten auf und ist schon in der Antike mehrfachen Wandlungen unterworfen. Narrativer Kern sind Herakles' zehn, schließlich zwölf sprichwörtliche Heldentaten, die er als Auflage des tyrannischen Königs Eurystheus verrichtet. Sie tauchen seit dem 7. Jahrhundert v. Chr. in der Vasenmalerei auf.

Die frühe bildliche Überlieferung betont die Stärke und Tapferkeit des Helden. Damit unterscheidet sie sich kaum von der Darstellung anderer archaischer Helden. Sie wird durch literarische, philosophische und historische Texte unterfüttert, differenziert und zum Teil auch konterkariert. Bis zum 5. Jahrhundert v. Chr. arbeiten antike Autoren (unter anderem Pindar, Bacchylides, Euripides und Prodikos) Herakles' Vorbildhaftigkeit heraus: Der Halbgott vollbringt seine Taten zum Wohl der Menschheit, an deren Veredelung er mitarbeitet. Dadurch erlangt er Unsterblichkeit. Zeus vermählt ihn im Olymp mit Hebe, der ewigen Jugend. Herakles nimmt sein menschliches Schicksal an und meistert es trotz aller Mühen und Leiden. Sein Weg lädt zur Empathie ein.

Unter und neben diesem Idealbild eines humanen Halbgottes leben, insbesondere in bildlichen Darstellungen, archaische Konnotationen des Heldenmythos weiter: Herakles erscheint als stark, grausam, leidenschaftlich und anfechtbar. Seine Taten, unter anderem der Mord an seiner ersten Frau Megara und den gemeinsamen Kindern, atmen eine Hybris, die den meisten antiken Helden eigen ist: Maßlosigkeit, Vermessenheit und Selbstvergessenheit. Der Ruhmesdrang des Helden, in dessen Gewalttätigkeit sich Gut und Böse vermengen, zieht immer Leid nach sich – für andere, aber auch für den Heros selbst. Bei Euripides drückt sich Herakles' Wahnsinn zugleich als Verletzlichkeit aus. Im römischen Kaiserreich werden die Tugenden akzentuiert, die zur Empathie einladen. Seneca etwa verleiht dem Herakles/ Herkules, der seinen eigenen Tod ohne Angst überwindet, die Tugend der *Constantia*. Die Sophisten des 5. Jahrhunderts laden die zwölf Heldentaten mit einer moralischen Qualität auf: Herkules geht den steinigen Pfad der Tugend aus freien Stücken. Die widersprüchlichen

Züge des Heros, seit der Antike ein Charakteristikum jeder Heldenverehrung, bleiben jedoch präsent.

Schon früh wurde der Heros auf Monarchen bezogen. So forderte Isokrates König Philipp von Makedonien auf, dem Halbgott nachzueifern und damit selbst zum Vorbild zu werden. Alexander der Große erschien auf Münzen in Gestalt des Herakles. Die römischen Kaiser nahmen diese Identifikation auf; Galerius Valerius Maximianus gab sich sogar den Beinamen „Herculius". Parallelen zwischen Monarch und Halbgott waren leicht zu ziehen: Beide sind von göttlicher Abstammung beziehungsweise Sendung, wirken in der Welt als Menschen und werden nach ihrem heldenhaften Tod unter die Götter aufgenommen.

Christliche und humanistische Aneignungen

An die tugendhaften Züge des Helden in der antiken Philosophie konnten christliche Aneignungen des Mythos in der Spätantike anknüpfen. Das Mittelalter „moralisierte" und „christianisierte" den Herakles-/Herkules-Stoff, wobei die antiken Formen und Attribute zunehmend überformt wurden. Seit dem 10. Jahrhundert wurde der Halbgott des Öfteren mit dem biblischen Samson (Simson) verglichen oder (bei Dante) mit David. Der „Ovide Moralisé", im 14. und 15. Jahrhundert in zahlreichen, auch illustrierten Varianten überliefert, stellt den antiken Held nicht nur als Allegorie der Tugend vor. Er setzt ihn auch direkt mit Christus gleich. Mit den Eigenschaften Stärke, Mut und – christlich gewendeter – Tugendhaftigkeit konnte Herkules seit dem 13. Jahrhundert zum Vorbild des Ritters erkoren werden, am wirkungsvollsten in Raoul le Fèvres weitverbreitetem „Recueil des histoires de Troyes" (1464). Diese christlich-ritterliche Aneignung schlug eine Brücke zur antiken Herrscherikonographie – der Fürst als erster Ritter seines Landes war wie dafür gemacht, sich die Haut des christianisierten und moralisch-charakterlich ‚eindeutig' gemachten Helden anzuziehen. So war der Titelheld in Pietro di Bassis „Le fatiche di Ercole" (1475) gleichermaßen in Philosophie, Grammatik und Astronomie beschlagen, wie er körperlich stark, kultiviert und galant war – das Gegenbild des maßlosen, brutalen und erdverbundenen Kraftprotzes mit der Löwenhaut.

Die Humanisten waren bemüht, die Widersprüche des Helden aufzulösen und allegorisch schlüssig zu deuten. Bei Francesco Petrarca wurde Herkules zum Idealbild eines Fürsten, in dem sich Tatkraft und Kriegserfolg mit Bildung und Weisheit verbanden. Coluccio Salutati versuchte, die Tugenden des Helden mit seiner Maßlosigkeit oder gar seiner blinden Raserei in Einklang zu bringen, indem er die Wahl zwischen Tugend und Laster als Metapher für das gesamte Leben des Herkules – Läuterung durch Anfechtung – interpretierte. Die schwachen Momente des Helden – zum Beispiel seine Knechtschaft bei der lydischen Königin Omphale, der Herakles in Frauenkleidern Magddienste leisten musste – werden nun in Klugheit und Maßhaltung umgewertet. Ähnliche formale und motivische Ausgleichsbestrebungen zwischen Stärke, Tugend und Hybris zeigen sich in den bildenden Künsten. Seit der zweiten Hälfte des 15. Jahrhunderts wurden die antiken Götter wieder in antike Formen gekleidet. Eine als ‚klassisch' verstandene Formsprache bot Darstellungsmodi für die verschiedenen Haltungen des Helden zwischen Furor und Kontemplation.

Herkules personifizierte das Herrscherideal eines tugendlichen, weisen und starken Fürsten als christlichem Helden. Aus der Antike hatte sich das herrscherkritische Gegenstück zu den positiven Tugenden erhalten: Der unberechenbare Furor des Halbgottes, der stets an der Schwelle zur Bestialität stand, sein maßloser Ehrgeiz und seine Ignoranz irdischer Gesetze – diese Hybris erinnerte und mahnte den Fürsten, seine von Gott verliehene Macht nicht zu missbrauchen. In seinem irdischen Tun war der Held beziehungsweise Fürst trotz seiner Bestimmung noch Mensch und stand noch nicht auf derselben Stufe wie die Götter. Seine Vergötterung konnte erst die Nachwelt bewirken; sie war kein Automatismus. Herkules' Stärke konnte sich sowohl wohltätig als auch grausam auswirken. Es oblag dem Fürsten, der tugendhaften der beiden Naturen Ausdruck zu verleihen und sich so seine eigene Apotheose zu sichern. Deshalb war in allen künstlerischen Gattungen das Motiv besonders populär, das die Wahl des jungen Halbgottes zwischen dem Weg der Tugend und des Lasters zeigt. Es geht auf den antiken Autor Prodikos von Keos zurück. Dieser Herkules stellte ein selbstreflexives Moment innerhalb der höfischen Sphäre dar.

Funktionen des Erinnerungstopos „Herkules"

In der frühen Neuzeit wurden Fürsten in mehreren Varianten, die bereits in der Antike nachweisbar waren, mit dem antiken Halbgott Herkules gleichgesetzt:

1. Bestimmte Attribute des Herkules werden in Darstellungen des Fürsten, in seinem Wappen oder in seinen Gebäuden und Gärten zitiert oder angedeutet.
2. Herkules tritt (anstelle des Fürsten) als Personifikation fürstlicher Herrschaft auf.
3. Herkules gesellt sich seinem Fürsten als Begleiter zu, berät ihn oder leiht ihm seine Stärke und Tugenden.
4. (Am eindeutigsten:) Herkules erscheint im Gewand des Fürsten, zum Teil mit dessen Gesichtszügen.

In diesen Varianten wurde Herkules seit dem späten 15. Jahrhundert zu einem europaweit verbreiteten Erinnerungstopos. Erstens ließ sich durch ihn eine personalisierte Vorgeschichte des landeseigenen Herrschergeschlechts konstruieren. Seit dem späten Mittelalter leiteten sich ganze Dynastien vom „Geschlecht" des Herkules ab. Auf Annius di Viterbos (Giovanni Nanni de Viterbe) Serie von „Unveröffentlichten antiken Schriftstellern" (1498) gingen zwei Zweige dieser Ableitung zurück: Der „Libysche Hercules" war der zehnte gallische König, damit der Vorfahre der Herrscher Frankreichs, Spaniens und Italiens, während der „Alemannische Hercules" der elfte König Deutschlands und damit Ahnherr der deutschen Monarchen war. Der jeweils regierende Monarch konnte in die Gestalt des antiken Helden schlüpfen und die Tugend und Stärke seines Vorfahren aufnehmen. Die Anrufung des Herkules sollte an eine ‚heroische' Vergangenheit erinnern, die allen Adressaten gemeinsam sei. Zweitens erinnerte der Topos an die (Gefahr der) Hybris – der Herrscher möge gedenken, dass er die Anlage zum willkürlichen Urteil, ja zur blinden Raserei in sich trage. Sein antiker Vorfahr mahnte den aktuellen Herrscher, sich seiner Fallhöhe bewusst zu bleiben.

Dieses Herrscherbild wurde von Räten, Gelehrten und Künstlern konstruiert. Es sollte dem Fürsten selbst, Mitgliedern anderer Hofgesellschaften, aber auch den Untertanen des eigenen Territoriums vermittelt werden. Möglicherweise nahm ein Teil der Fürsten, die Herkules-Darstellungen in Verbindung mit ihrer Person entweder beauftragten oder diese wohlwollend entgegennahmen, die Ambivalenz des Helden und das ermahnende Moment nicht wahr. Funktional gesehen stellte aber der kanonische ikonographische Fundus samt der antik-klassischen Formsprache den Rezipienten zumindest die Möglichkeit bereit, dieses kritische Potential zu aktivieren.

Dynastische, nationale und konfessionelle Varianten

Von Italien aus setze ein europaweiter Prozess der Adaption und Umformung des Herkules-Mythos und seiner topischen Verwendung ein. Zuallererst schreiben sich die italienischen Stadtstaaten die antiken Heroen auf ihre Fahnen. In zahlreichen Kommunen ist seit dem 13. Jahrhundert ein Bedürfnis zu greifen, ihre korporativen Rechte historisch-mythologisch zu legitimieren. Die Stadt Florenz erhob Herkules als denjenigen, der Tyrannen tötet und die (kommunalen) Freiheiten sichert, im 14. Jahrhundert zu ihrem Patron. Die Medici, unterstützt von den Florentiner Neuplatonikern um Marsilio Ficino, konnten sich diese Tradition mühelos aneignen und auf ihre Dynastie übertragen. Konkurrierend bezogen sich unter anderem die Fürsten von Este in Ferrara auf den Helden.

Außerhalb Italiens setzt sich der Bezug auf Herkules und sein Geschlecht in Burgund (bei Karl I., dem Kühnen) sowie in Ungarn unter Matthias Corvinus fort. Auch in England wird er unter Heinrich VII. aufgenommen und später auf Heinrich VIII. übertragen. Frankreich folgte in der ersten Hälfte des 16. Jahrhunderts mit Franz I., Heinrich II. und Heinrich III. Am Ende des 16. Jahrhunderts wurde Heinrich IV., der letzte französische König, der sein Heer selbst im Felde führte, konsequent als „Gallischer Hercules" gefeiert. Beim Einzug in Lyon 1595 erscheint Herkules, das zentrale Thema des *Entrée*, als Ahnherr des Hauses Navarra, um eine Verbindung zum „Hércule Gaulois" zu konstruieren. Heinrichs Sohn Ludwig XIII. konnte auf diesen – auf Lucian zurückgehenden – Gestus aufbauen. Er war nicht nur mit Stärke, Ausdauer und Gerechtigkeit, sondern auch mit einer weiteren barocken Tugend verbunden: Herkules überwindet die feindlichen Völker nicht mit Gewalt, sondern fesselt sie durch seine Beredsamkeit.

Im Heiligen Römischen Reich war der Ehrenname bereits dem Wittelsbacher Kurfürsten Friedrich I. von der Pfalz verliehen worden. Daran schloss Kaiser Maximilian I. an, der sich als „Hercules Germanicus" bezeichnen ließ. Die Gleichsetzung mit dem antiken Helden folgte auch bei ihm nicht allein dem Zeitgeist oder einer antikisierenden Mode, sondern drückte konkrete politische Ansprüche aus. Die Erneuerung des Ritterideals ist unter Maximilian durch den Bezug auf den edlen, starken und unwiderstehlichen Herkules befördert worden.

Vom 16. bis ins frühe 18. Jahrhundert konkurrierten zahlreiche Fürstenhöfe im Alten Reich regelrecht darum, Herkules für ihre Dynastie zu vereinnahmen. Die bayerischen Wittelsbacher standen ihren Pfälzer Vettern in nichts nach: Die Herzöge von Bayern beauftragten Johannes Turmair (Aventinus), in seiner Geschichte des bayerischen Herzogtums (von 1521) Herkules zum ersten Fürsten Bayerns zu erheben. Das Bildprogramm der Landshuter Residenz aus den 1540er Jahren unterstrich diesen Anspruch. Die Pfälzer Linie zog ab 1556 mit dem Figurenzyklus am Heidelberger Schloss nach, der Kurfürst Ottheinrich zum „Hercules Palatinus" erhob. In Kursachsen führte Christian II. den Titel „Hercules Saxonicus". Das Haus Württemberg folgte ein Jahrhundert später; 1689 wurde Herzog Friedrich Karl als „Hercules Wirtembergicus" gefeiert.

Die Hochzeit, in der sich Fürsten mit Herkules gleichsetzten, liegt im letzten Drittel des 17. und im ersten Drittel des 18. Jahrhunderts. Die Selbstdarstellung der deutschen Höfe bewegte sich zwischen den Polen Wien und Paris/Versailles. Die Habsburger hatten schon im 16. Jahrhundert einen Aspekt des Mythos auf ihr gesamtes Reich bezogen, das über die traditionell mit den Säulen des Herkules bei Gibraltar beziehungsweise Cádiz begrenzte Welt hinausgehen sollte („plus ultra" als Wahlspruch Karls V.). Unter Kaiser Karl VI. erreichte die Herkules-Herrscherikonographie einen letzten Höhepunkt. Die europäischen Nachbarn reagierten auf das habsburgische Selbstbewusstsein nach dem Westfälischen Frieden. Ludwig XIV. von Frankreich ließ sich wie seine Vorfahren zum „Hercules Gallicus" stilisieren. Noch unter Ludwig XV. schuf François Lemoyne in Versailles die großflächige *Apothéose d'Hercule*. Auch Karl XII. von Schweden eignete sich den Mythos an.

Herkules war als einziger der archaischen Heroen nicht lokal gebunden, sondern galt bereits in der Antike als panhellenischer Held, der für Frieden und Freiheit aller Griechen gekämpft habe. Dieses einigende Potential des Helden ließ sich in der frühen Neuzeit aktivieren, insbesondere in Krisenzeiten, wenn die Zeitgenossen nationale oder konfessionelle Spaltungen fürchteten bzw. beklagten: Maximilian I. versuchte um 1500, dem Reich durch einen allgemeinen Landfrieden und eine Reform seiner Institutionen zu Rechtssicherheit, klareren Entscheidungsprozessen und einer effektiveren Türkenabwehr zu verhelfen. Heinrich IV. wurde nicht zuletzt deshalb zum „Hercules Gallicus" stilisiert, weil er das von Religionskriegen zerrissene Königreich beruhigen sollte. Gustav II. Adolf von Schweden erschien 1630 auf einem Flugblatt der protestantischen Kriegspartei als „Schwedischer Hercules". Der König tritt als Knecht Gottes und *miles christianus* auf, der mit der Kraft des Halbgottes die Christenheit von der Tyrannei befreit.

Der Anspruch der allgemeingültigen Vorbildhaftigkeit des Herkules ließ sich auf das kirchlich-religiöse Feld übertragen. So wurde das Bild eines nationalen Helden, der sein Vaterland von innerer Zerrissenheit und Fremdbestimmung befreit, auf die Reformatoren Martin Luther (als „Hercules Germanicus") und Huldrych Zwingli (als „Hercules Helveticus") appliziert. Die Gegenseite schwieg nicht: Während Bischof Franz Wilhelm von Osnabrück 1630 konfessionsneutral als „Christianus Hercules" gefeiert wurde, siegte der Gründer des Jesuitenordens Ignatius von Loyola in einem Huldigungsgedicht (1654) als Herkules über die Hydra (die Reformation). Neu waren an diesen Darstellungen, dass sie nicht nur ein Identifikationspotential für Fürsten innerhalb der höfischen Sphäre abriefen, sondern einer weiteren Verbreitung des Mythos zuarbeiteten.

Erinnerungsträger

Die Adaptionen des Herkules-Mythos in den Künsten der Frühen Neuzeit gehen in die Tausende. Dies gilt nicht nur für Malerei und Skulptur, sondern auch für das Kunstgewerbe und schließlich für Oper, Singspiel, Operette, Kantate, Lied, Tanz und Ballett. Weitere Medien machten den Herkules-Mythos aus dem innerhöfischen Kontext heraus für breitere Rezipientenschichten verfügbar. Im 16. Jahrhundert tauchen an den Fürstenhöfen Frankreichs, Englands und im Reich in den Festen, Turnieren und Einzügen sowie den zu diesen Anlässen entstandenen ephemeren Kunstwerken zunehmend mythologische Anspielungen oder gar Personifikationen antiker Gottheiten auf. Ihren Ausgang nahm diese Adaption antiker Mythen in den italienischen Fürstentümern Mailand, Ferrara oder Mantua. Der französische Königshof, an dem seit Katharina von Medici zahlreiche Schlüsselpositionen in italienischer Hand waren, entwickelte eine besonders ausgeprägte und anhaltende Tradition der Herkulesikonographie. Die Habsburger schlossen etwas zeitversetzt zu den Valois auf. Besonders bei den Einzügen von Monarchen war Herkules im 16. Jahrhundert eine feste Größe im mythologischen Personal. Diese Einzüge wirkten in die Breite, da sie im Gegensatz zu den zugangsbeschränkten höfischen Turnieren alle Stände als Zuschauer einbanden. Ab der Jahrhundertmitte verkleideten sich die Fürsten zunehmend selbst als antike Götter. Die höfischen Feste inszenieren ein ereignishaftes Gedenken an die ruhmvolle Vergangenheit und die Reinkarnation des mythischen Heros in Gestalt des aktuellen Monarchen. Die Feste wurden häufig in aufwendigen Kupferstichwerken beschrieben, um anderen Höfen diese Statusmanifestationen mitzuteilen.

Unter den Herkules-Darstellungen mit überregionaler Wirkung ragt das Monument hervor, das Landgraf Karl von Hessen-Kassel 1717 auf dem Karlsberg errichten ließ. Die riesige Skulptur war eine Nachschöpfung des „Hercules Farnese", den Karl 1699 in Rom persönlich in Augenschein genommen hatte. Der Koloss war nicht nur weithin sichtbar und entwickelte sich zum Wahrzeichen von Stadt und Residenz, sondern wurde auch durch zahlreiche Druckschriften verbreitet. Die meisten anderen Dynastien nutzten ein breiteres Medienspektrum: Herkules hatte seinen Platz in Huldigungsschriften und auf Münzen, bei Schießfesten und Feuerwerken sowie in der höfischen Architektur (zum Beispiel am Dresdner Zwinger) und der Gartenkunst.

Abnutzungen und Neuerfindungen

Herkules wurde bis zum frühen 18. Jahrhundert, ausgehend vom höfischen Kontext, zu einem in den vielfältigsten Kontexten und Medien verbreiteten Topos, der emblematisch mit Geschichte und gegenwärtigem Ruhm von Land und Dynastie verschmolz. Dabei veränderte und verdünnte sich die Aussagekraft. Herkules vermochte nicht mehr alle Tugenden, die in das Herrscherideal eingingen, in sich zu vereinen. Die Medien, die Herkules eine Bühne boten, hatten sich im 17. Jahrhundert mit der Aufnahme neuer Festformen und künstlerischer Gattungen (Oper und Ballett) noch erweitert. Doch der Variantenreichtum der Herkulesdarstellungen nahm insgesamt ab. Ähnliche Abnutzungserscheinungen wie in der Malerei und Gartenkunst zeigen sich in der Prosa des Spätbarocks. Auf den Hoftheatern war der Herkules-Topos zwar weiterhin populär. Stoff- und motivgeschichtlich wird er allerdings kaum weiterentwickelt; Wirkung entfaltet er nun vor allem durch die neuen sinnlichen Angebote der Theater- und Opernmaschinerie, der aufwendigen Kostüme, dramatischen Interludien und der zahlreichen Nebenfiguren. Mit der vielfältigen Aneignung des Herkules-Topos wurden kaum mehr spezifische Werte verbunden.

Seit dem späten 18. Jahrhundert war der Herkules-Stoff „vollends zum frei flottierenden, durch keine ernsthaften politischen, religiösen, ethischen etc. Realismus-Vorgaben mehr bestimmten und daher auch frei kombinierbaren Stoff geworden" (Kray). In der französischen Revolution zeigt sich jedoch, dass die politischen Eliten immer noch exklusive Aneignungsrechte beanspruchten. Erstaunlicherweise wurde Herkules mit seiner jahrhundertelangen dynastischen Aneignungsgeschichte nicht als Symbol des Ancien Régime entsorgt. Der Mythos öffnete sich vielmehr überständischen Identifikationen: Jacques Louis David schlug 1793 dem Nationalkonvent vor, eine Kolossalstatue zu errichten, die das französische Volk repräsentieren sollte – mit den Attributen des Herkules. Der Held verkörperte nun wieder, wie im 15. Jahrhundert die florentinische Stadtrepublik, ein Kollektiv. Davids Entwurf eignete darüber hinaus ein herrschaftskritisches Moment: Es war das Volk selbst, das die Republik vor Uneinigkeit und Parteiengeist schützen sollte. David sah die Spannung zwischen Tugend und Hybris nicht mehr im Helden selbst verankert, sondern setzte das tugendhafte Volk (Herkules) den maßlosen zentrifugalen Kräften in den Provinzen und im Nationalkonvent gegenüber. Der Held verlor dabei ein zentrales Merkmal des bisherigen Erinnerungstopos: Herkules wurde weder eindeutig auf einen antiken Halbgott bezogen noch mit einer (elitär angeeigneten) französischen Geschichte verbunden, sondern stand als Gigant des Volkes allein in der Gegenwart.

Herkules als europäischer Erinnerungsort?

Die europäische Karriere des Herkules war – unter anderem – durch ein ‚gefühltes' Legitimitätsdefizit in den politischen Körperschaften ermöglicht worden, die seit dem 16. Jahrhundert „verstaatlicht" wurden und für die Identifikation zwischen Herrscher und Staat auf einen Mythenvorrat zurückgriffen. Dieser war einerseits auf die eigene Dynastie zuzuschneiden, andererseits musste er europaweit verständlich und verfügbar sein. Im Verlauf der Frühen Neuzeit verselbständigte sich die Aneignung der Heldenmythen in den Künsten in dem Maß, wie sich die Medien (Buchdruck, Kupferstich, Holzschnitt) und Formen (Flugblätter, höfische Festbeschreibungen, Musiktheater/Oper, Turnier, Festaufzug/*Entrée*, Feuerwerke, Ballette etc.) auffächerten.

Herkules – als Held zwischen Tugend und Hybris – kann also als ein europäischer Erinnerungstopos vor allem in der Frühen Neuzeit aufgefasst werden – in bestimmten Phasen, Regionen und Rezipientenschichten. Die Abnutzungserscheinungen sind Teil des Phänomens: Das herrscherkritische Moment der Hybris ging mehr und mehr verloren; Tugendhaftigkeit wurde auf körperliche Stärke reduziert. Der frühneuzeitliche europäische Erinnerungstopos „Herkules" war im Wesentlichen ein Elitenphänomen. Der erwünschte Rezipientenkreis war zwar nicht ständisch eingegrenzt, sondern universal: Der jeweilige Fürst sollte allen Zeitgenossen, sowohl den anderen europäischen Fürsten und Monarchen als auch den Adligen und Untertanen des eigenen Herrschaftsbereichs als Herkules vorgestellt werden. Relevant war der Topos wohl in erster Linie für die Funktionseliten. Wie die Herrschersymbolik in Schichten außerhalb der höfisch-staatlichen und der gelehrten Eliten wahrgenommen wurde, wissen wir im Prinzip nicht. Umso weniger ist bekannt, ob die Erinnerungsgemeinde des Herkules-Topos eine europäische in dem Sinn war, dass sich die einzelnen Erinnerungsträger in den verschiedenen (vor allem höfischen) Gesellschaften bewusst waren, auf denselben Topos (in unterschiedlichen Varianten) zu rekurrieren.

Im Verlauf des 19. Jahrhunderts wurde Herkules zwar gelegentlich noch im Bereich der Herrschersymbolik eingesetzt, doch der Topos hatte dort seine ambivalente Spannung vollends verloren. Am wenigsten vielleicht noch in der ‚hohen' Literatur: Prosa und Drama haben Herkules' kämpferische Stärke bis ins 20. Jahrhundert immer wieder als Moment angeführt, das den Helden in die Isolation treiben könne. Einsamkeit und Vereinzelung des Herkules werden beispielsweise in Archibald MacLeishs „Herakles" (1967) oder Ezra Pounds „Frauen von Trachis" (1954) thematisiert. In der Regel ist Herkules jedoch seit dem vergangenen Jahrhundert auf den physischen Aspekt reduziert worden und in dieser Hinsicht zu einer unbestimmbaren Projektionsfläche mutiert. Herkules wird zum Vorfahr moderner Superhelden (Tarzan, Superman), die unverkennbar Züge des antiken Heros tragen und teilweise auch an das Archaisch-Brutale des griechischen Herakles anknüpfen. Mit diesen modernen Helden sind weitere Entgrenzungen des Topos im Bereich der populären Kultur angedeutet: Herkules wird zur globalen, keineswegs mehr europäisch bestimmbaren Ikone. Symptome dieser Entwicklung sind etwa die italienischen Herkules-Sandalenfilme der 1950er und 1960er Jahre, die zahlreichen Comic-Adaptionen des Helden bis hin zum Disney-Film „Hercules" aus dem Jahr 1997.

Auch im frühen 21. Jahrhundert ist Herkules in verschiedenen europäischen Gesellschaften als Synonym für Kraft, Stärke und Ausdauer präsent (man vergleiche die zahlreichen maschinellen Erzeugnisse mit diesem Etikett). Und die „Herkules-Aufgabe" dient, gerade in der Sphäre der Politik, immer noch dazu, eine schier übermenschliche Herausforderung zu kennzeichnen. Besonders US-Präsident Barack Obama wurde bei seinem Amtsantritt häufig mit diesem Topos bedacht. Doch weder die Widersprüchlichkeit noch die Allgegenwärtigkeit und schon gar nicht die herrscherkritische Funktion des Topos in seiner frühneuzeitlichen Zuspitzung reichen bis in die Moderne hinein.

Man muss wohl keine empirischen Untersuchungen durchführen, um behaupten zu können, dass Herkules heute keine Orientierungsfunktion mehr besitzt, sei es eine nationale oder europäische. Der Topos in der spezifischen Konnotation der (ersten Hälfte der) Frühen Neuzeit ist in heutigen europäischen Gesellschaften weder präsent noch gegenwartsbezogen relevant – höchstens Karikaturisten würden Nicolas Sarkozy als Heros zwischen Tugend und Hybris porträtieren oder Angela Merkel als kongeniale Minerva einkleiden. Doch Erinnerungsorte vergangener Epochen sind auch dann aufschlussreich, wenn sie verschüttete Traditionen bergen, die heute nicht mehr aktualisiert werden können und sollen. Faszinierend sind insbesondere der Verschleißprozess des Herkules-Topos in der zweiten Hälfte der Frühen Neuzeit und seine Trivialisierung im 19. und 20. Jahrhundert. Herkules vermag zudem daran zu erinnern, dass bestimmte Erinnerungstopoi zwar in verschiedenen europäischen Kulturen präsent sind, dass sich darunter aber sehr unterschiedliche Wertvorstellungen verbergen können, die nicht notwendigerweise als gemeinsam und/oder als spezifisch europäisch zu verstehen sind.

Literaturhinweise

Joachim BERGER, Herkules - Held zwischen Tugend und Hybris. Ein europäischer Erinnerungsort der frühen Neuzeit?, in: Irene DINGEL/Matthias SCHNETTGER (Hrsg.), Auf dem Weg nach Europa. Deutungen, Visionen, Wirklichkeiten. Göttingen 2010, S. 79–106.

Dieter BLUME, Mythos und Widerspruch. 1. Herkules oder die Ambivalenz des Helden, in: Herbert BECK (Hrsg.), Natur und Antike in der Renaissance. Frankfurt a.M. 1985, S. 131–139, 166–168.

Lynn A. HUNT, Hercules and the radical image in the French Revolution, in: Representations 1 (1983), S. 95–117.

Ralph KRAY/Stephan OETTERMANN, Herakles, Herkules, Bd. 1: Metamorphosen des Heros in ihrer medialen Vielfalt; Bd. 2: Medienhistorischer Aufriß: Repertorium zur intermedialen Stoff- und Motivgeschichte. Basel u. a. 1994.

Wanda LÖWE, Herkules – Die Biographie eines Helden, in: Christiane LUKATIS/Hans OTTOMEYER (Hrsg.), Herkules. Tugendheld und Herrscherideal. Das Herkules-Monument in Kassel-Wilhelmshöhe. Eurasburg 1997, S. 9–22.

Stephen ORGEL, The Example of Hercules, in: Walther KILLY (Hrsg.), Mythographie der frühen Neuzeit. Ihre Anwendung in den Künsten. Wiesbaden 1984, S. 25–47.

Erwin PANOFSKY, Hercules am Scheidewege und andere antike Bildstoffe in der neueren Kunst. Leipzig/Berlin 1930 (ND Berlin 1997).

Jean SEZNEC, Das Fortleben der antiken Götter. Die mythologische Tradition im Humanismus und in der Kunst der Renaissance. München 1990 (engl. Originalausgabe London 1940).

Rainer VOLLKOMMER, Herakles. Die Geburt eines Vorbildes und sein Fortbestehen bis in die Neuzeit, in: Idea 6 (1987), S. 7–29.

Gerhard Binder
Aeneas

Vom World Wide Web zurück zu Homer

Aeneas – weit über 1,5 Millionen Einträge laufen im World Wide Web unter diesem Namen: vom Workshop über das Ärztenetz bis zur Liste männlicher Vornamen und zum Hotel auf der Mittelmeerinsel. Oft ist ein direkter Bezug zu jenem Mann zu erkennen, der einst auf göttlichen Befehl hin aus dem brennenden Troja auszog, um nach langen Irrfahrten irgendwo im Westen ein neues Troja zu gründen, das später Rom heißen sollte.

Seit eh und je ist die Bucht von Neapel eine viel besuchte Touristenregion: Dort setzte Aeneas zuerst seinen Fuß auf italischen Boden. Am Capo Miseno soll er seinen Trompeter Misenus bestattet haben, vom Monte Miseno geht der Blick bis hinauf nach Gaeta, das seinen Namen nach Caieta, der Amme des Aeneas, trägt. Eine besondere Attraktion stellt die im nahen Cumae gezeigte, Jahrhunderte alte „Höhle der Sibylle" dar, die riesige Behausung jener geheimnisvollen Apollopriesterin, die Aeneas bei seinem Gang durch die Unterwelt begleitete.

Wir gehen einen Schritt zurück: Vor einem guten Vierteljahrhundert erschien Christa Wolfs Roman „Kassandra" (1983). In der Konfrontation mit Kassandra wird Aeneas – hochaktuell – Teil einer zeitbedingten und doch auch zeitlosen Auseinandersetzung über Pazifismus und Feminismus. Kassandra am Schluss zu Aeneas: „Einen Helden kann ich nicht lieben. Deine Verwandlung in ein Standbild will ich nicht erleben".

Zweihundert Jahre zuvor schuf Henry Purcell jene „Ode for St. Cecilia's Day – Dido and Aeneas", die bis heute weltweit das Publikum in den Konzertsälen begeistert: „Wann, schöne Königin, werde ich erhört werden, geschlagen mit Liebespein und herrscherlichen Sorgen?", singt Aeneas, und Karthagos Königin Dido antwortet ihm: „Das Schicksal verbietet, was Ihr begehrt".

Ein weiterer Schritt zurück führt uns ins Mittelalter: Am Anfang einer der wirkmächtigsten Dichtungen Europas trifft der Dichter in der Vorhölle auf einen anderen, der von sich sagt: „Ich wurde noch geboren unter Iulius Caesar und lebte in Rom unter dem Herrscher Augustus zur Zeit der heidnischen Götter. Als Dichter sang ich von Aeneas, dem Sohn des Anchises, dem Frommen, der zu uns von Troia kam, als das stolze Ilion in Asche versunken war". Dante, Dichter der „Divina Commedia" (1321), trifft Vergil, den Dichter der „Aeneis", und erwählt sich den Römer, der ihm Inbegriff menschlicher Weisheit ist, zum Führer durch das Inferno seines Gedichts.

Von all diesen geographischen, literarischen, musikalischen oder virtuellen Punkten aus führt die Spur zurück zur „Aeneis", zu Vergils Epos in gut 10 000 Versen, in dem der Mythos von Aeneas seine gleichsam gültige Ausformung erhielt und durch das der Sohn aus einem orientalischen Königshaus erst zur europäischen Heldengestalt werden konnte. Aber literarisch beginnt die Geschichte vom Trojanerhelden Aeneas in der homerischen „Ilias", dem ältesten poetischen Großtext, der seit seiner Entstehung vor etwa 2750 Jahren alle europäisch geprägten Kulturen und Literaturen stark beeinflusst hat.

Gegen Ende der „Ilias" trifft der Trojaner Aeneas auf Achilleus, den tapfersten der Griechen. Eine beleidigende Rede des „göttlichen Achilleus" veranlasst Aeneas, seine eigene Herkunft aus dem Geschlecht der Götter in einer Genealogie vorzutragen – von Zeus über Dardanos bis zu den Eltern Aphrodite und Anchises. Der drohenden Niederlage

Abbildung 1: Tabula Iliaca (1. Jahrhundert n. Chr., nach älteren griechischen Vorbildern): Aeneas mit Anchises und Ascanius beim Verlassen Trojas. Die Namen: oben „Anchises", unten von links nach rechts „Askanios", „Aeneas", „Hermes" (als Reisebegleiter). Nach Franz Bömer, Rom und Troia. Baden-Baden 1951, S. 17.

gegen Achilleus entgeht Aeneas durch die Hilfe des Gottes Poseidon. Der Rettung geht eine prophetische Rede des Poseidon in der Versammlung der Götter voraus (Ilias 20, 293–308): Aeneas soll nicht sterben, denn ihm und seinen Nachkommen steht eine große Zukunft bevor; das Geschlecht des trojanischen Königs Priamos wird untergehen, die Nachkommen des Dardanos aber sollen im nordwestlichen Kleinasien herrschen. Dieser auch als „homerische Aeneis" bezeichnete „Ilias"-Abschnitt (Ilias 20, 79–339) enthält bereits wesentliche Elemente, die das spätere Bild des Aeneas im Epos Vergils prägen: göttliche Abstammung, Verheißung einer machtvollen Zukunft. Dazu treten andere Wesenszüge: Aeneas erscheint als tapferer Held (wenn auch nicht so stark wie Hektor), er ist gottesfürchtig, den unsterblichen Göttern lieb und wert, weil er ihnen gefällige Opfer bringt.

Von Homer zu Vergil – von Troja nach Rom

In der nachhomerischen Überlieferung kommen weitere Elemente hinzu: Aeneas flieht aus dem brennenden Troja. Er rettet dabei seinen alten Vater Anchises und seinen Sohn Ascanius, er beweist damit, wie es später in Vergils „Aeneis" heißen wird, *pietas* (Liebe und Verantwortung gegenüber den ihm Anbefohlenen); er rettet auch die Penaten aus dem Vesta-Tempel, jene das Weiterleben Trojas und später die Existenz Roms garantierenden Idole, und

40

beweist damit *religio*. Diese Eigenschaften wurden schon früh bildlich dargestellt, besonders in der Dreiergruppe, die Aeneas zeigt, der auf seiner Schulter den greisen Vater Anchises mit den heiligen Idolen trägt und an der Rechten den jungen Ascanius führt (Abb. 1 und 2). An die Stelle der Herrschaft der Aeneaden in Kleinasien tritt die ungewisse Fahrt gen Westen.

In dieser Form wurde der Mythos von Aeneas etwa seit der Mitte des 6. Jahrhunderts bei den Etruskern bekannt und gelangte schließlich nach Rom, das sich Aeneas zum mythischen Stammvater erkor. Seit dem späten 4. Jahrhundert wurden die alten Elemente von Historikern des griechischen Unteritalien durch weiteren Sagenstoff angereichert, der aus uns unbekannter Tradition geschöpft oder aber erfunden wurde; ihnen folgten ab Mitte des 3. Jahrhunderts die ersten epischen Dichter Roms. Vor allem den „Irrfahrten" des Aeneas und seiner Trojaner galt das Interesse der Schriftsteller, zunehmend aber auch der Anbindung des Mythos an die Anfänge Roms und der Einbindung in dessen politische Interessen im Mittelmeerraum und in religiöse Traditionen. Dabei wurde anfänglich der große zeitliche Abstand zwischen dem Untergang des homerischen Troja (angeblich im späten 12. Jahrhundert) und der Gründung Roms (Mitte des 8. Jahrhundert) nicht als Problem empfunden. Im Epos „Bellum Punicum" des Gnaeus Naevius wird gegen Ende des 3. Jahrhunderts dem Aeneasmythos bereits eine symbolkräftige Vorbildfunktion zugewiesen: Ein Mythenkonstrukt – der Aufenthalt des Aeneas bei Königin Dido in Karthago (wohl ohne die aus Vergil bekannte Liebesaffäre) – verankerte den ersten Konflikt zwischen Rom und Karthago um die Insel Sizilien auf der höheren Ebene des Mythos.

Ihre endgültige und gleichsam gültige Gestalt hat die Aeneassage in Vergils epischer Dichtung erhalten: Erst durch Vergils „Aeneis" wird Aeneas eine europäische Heldengestalt. Das Epos beginnt mit einem Proömium, das Inhalt und Ziel der Erzählung andeutet (Aeneis 1, 1–7): „Von Krieg singe ich und dem Helden, der als erster von Troias Küste durch Schicksalsspruch, ein Flüchtling, nach Italien kam und zum Gestade Laviniums: Weithin wurde er über Länder und Meere getrieben durch der Götter Gewalt wegen des unversöhnlichen Zorns der grausamen Iuno und erlitt auch viel durch Krieg, bis er endlich seine Stadt gründen und seine Götter nach Latium bringen konnte; daraus gingen hervor das Latinergeschlecht, die Väter von Alba Longa und die Mauern des hochragenden Rom".

Im nachfolgenden Anruf der Musen um Beistand wird Aeneas bereits als der Held bezeichnet, dessen Wesen durch den facettenreichen Begriff *pietas* geprägt ist. Die Erzählung wird eröffnet durch einen von Juno veranlassten Seesturm, der die Trojaner während ihrer Irrfahrten nach Karthago verschlägt, wo sie von Königin Dido freundlich aufgenommen werden. Ein merkwürdiges Zusammenspiel der Gegnerinnen Juno und Venus führt dazu, dass sich Dido rasend in Aeneas verliebt. Auf Bitten der Königin erzählt Aeneas bei einem Bankett vom Untergang Trojas und von den Irrfahrten auf dem Weg zu dem ihnen verheißenen Land im Westen. Im Auftrag Jupiters muss Mercurius den trojanischen Helden, der Didos Liebe erwidert, an seinen Auftrag – den Bau eines neuen Troja in Italien – erinnern. Und Aeneas zögert nicht, dem göttlichen Befehl zu folgen und Karthago zu verlassen. Die tief verletzte Königin tötet sich in ihrer Verzweiflung. Über Sizilien gelangen die Trojaner bei Neapel an die Westküste Italiens. Nach der Landung in Cumae steigt Aeneas mit Hilfe der Sibylle in die Unterwelt hinab; er begegnet dort im Elysium seinem Vater Anchises und erhält von ihm eine Vorausschau auf das Ziel seiner Mission: Rom und die Helden seiner Geschichte. Danach beginnt die Erzählung von den Ereignissen an der Tibermündung in Latium. Latinus, der König der Region, ist auf die Ankunft des Aeneas durch Orakel vorbereitet; er bietet dem Fremden die Heirat mit seiner Tochter Lavinia an, die eigentlich dem italischen Fürstensohn Turnus versprochen war. Am Tiber entwickeln sich erbitterte Massen- und Einzelkämpfe mit wechselndem Erfolg. Der Streit soll schließlich durch einen Zweikampf entschieden werden. Noch einmal greift Juno ein, um das Abkommen zu hintertreiben; es kommt zu einer letzten

Abbildung 2: Tabula Iliaca, Beschriftung: „Aeneas mit seinen Angehörigen bei der Abfahrt nach Hesperien", rechts davon „Anchises und die heiligen Idole", unten links „Misenos" (Trompeter des Aeneas). Nach Franz Bömer, Rom und Troia. Baden-Baden 1951, S.17.

Schlacht. Nach Junos Einlenken im Gespräch mit Jupiter, der über die Erfüllung des Fatums wacht, stehen sich Turnus und Aeneas zum Duell gegenüber: Aeneas tötet Turnus.

Was kennzeichnet den Aeneas des augusteischen Dichters Vergil? Einzelne Züge lassen sich als Entfaltungen seines höchsten Wesensmerkmals *pietas* verstehen: *pietas* ist Ehrfurcht, Achtung, Liebe zu Vater, Gattin und Sohn; *pietas* ist Gehorsam, Verantwortungsbewusstsein, Zuverlässigkeit, Mäßigung, aber auch Zweifel, Sorge, Schwanken und Zaudern; *pietas* schließt gelegentliche Rachegedanken und Augenblicke unkontrollierter Wut nicht aus. Beiwörter weisen des Öfteren auf eine bestimmte Nuance einer Handlung oder Stimmung des Aeneas hin. Vor Dido rühmt Ilioneus, der Wortführer der Trojaner, an seinem König Gerechtigkeit, Frömmigkeit, Erfahrung im Kampf (Aeneis 1, 544f.). Zentrale Aspekte seiner Persönlichkeit kommen in der Selbstvorstellung des Helden gegenüber seiner als Jägerin auftretenden Mutter Venus zum Ausdruck (Aeneis 1, 378–380): „ich bin der ehrfürchtige Aeneas"; „ich führe die dem Feind entrissenen Penaten auf meinem Schiff mit mir"; „ich stamme von Iuppiter, dem Allerhöchsten".

In der „Ilias" erscheint Aeneas als homerischer Held – ein Typus wie Hektor oder Achilleus. Auch in der „Aeneis" tritt Aeneas, um seine im Fatum vorgezeichnete Mission zu erfüllen, in vielen Szenen wie ein homerischer Held in Erscheinung – kraftvoll, leidenschaftlich, tapfer, kämpferisch. Aber anders als ein Achill oder Odysseus oder sein italischer Gegner Turnus strebt er in der Bewährung seiner männlichen Tatkraft (*virtus*) nicht nach individuellem Ruhm. Es ist ihm verwehrt, sein Leben frei zu gestalten; denn jede seiner Handlungen, vor allem jedes Zögern und Widerstreben bis hin zum Vergessen des Auftrags in der Liebe zu Dido, wird daran gemessen, ob sie mit dem Inhalt des Fatums konform ist. Das Menschsein des Aeneas hat daher meist etwas Programmatisches an sich, was aber Ängste, Zorn, Irrtum, Schuldigwerden nicht ausschließt. Aeneas lebt nicht, um sich selbst, sondern um das neue Troja auf italischem Boden zu verwirklichen; sein Schicksal ist daher nie nur persönliches Schicksal, sondern immer zugleich oder sogar in erster Linie Roms Schicksal.

Vergils Aeneas und sein Nachfahre Augustus

Vermutlich war es anfangs ein eitles Spiel der römischen Gesellschaft: Ein paar Dutzend Familien Roms gefielen sich darin, ihren Stammbaum auf Trojaner zurückzuführen, die Aeneas aus Troja begleitet hatten. Aus solchen Bekundungen des Familienstolzes wurde politischer Ernst, als C. Julius Caesar im Jahr 69 v. Chr. öffentlich in einer feierlichen Totenrede für eine Linie seiner Familie göttlichen Ursprung reklamierte: Die Julier stammen über Ascanius, den Sohn des Aeneas, von der Göttin Venus ab, die ihrerseits eine Tochter Jupiters ist. Diese Konstruktion konnte nur „funktionieren", weil Ascanius in römischer Tradition auch den Namen Julus trug (in Troja noch Ilos, nach dem Gründer der Stadt Ilion/Troja). Die Julier huldigten der göttlichen Urahnin Venus in Gestalt der Familiengöttin Venus Genetrix, der Caesar im Jahr 46 v. Chr. auf dem neu erbauten Forum Julium einen prächtigen Tempel weihte. Die Adoption des C. Octavius durch Caesar fügte den späteren Kaiser Augustus in die Genealogie der Julier ein; Caesars Vergöttlichung als Divus Julius machte Augustus zum Sohn der neuen Gottheit. Damit wurde der griechisch-trojanische Mythos von Aeneas, der Jahrhunderte lang dem ganzen Römervolk als Ursprungsmythos gehört hatte, zum Ursprungsmythos einer römischen Familie und zu einem Träger ihres Herrschaftsanspruchs.

In Kenntnis des reichen vorliegenden Materials schuf Vergil zwischen 29 und 19 v. Chr. sein „Aeneas"-Epos. Die sogenannte Julier-Genealogie war darin ein tragendes Element. Als zweite genealogische Konstruktion trat die Dardaner-Genealogie hinzu, die besagt, dass Aeneas bei seiner Ankunft an der Tibermündung nicht als Eroberer in ein fremdes Land kommt, sondern in die Urheimat der Trojaner, ins Ursprungsland seines Urahnen Dardanus, zurückkehrt, der einst aus Etrurien auszog und nach Troja gelangte. Wenn Aeneas, um seinen Auftrag zu erfüllen, einen Krieg gegen den Widersacher Turnus und dessen göttliche Helferin Juno führen „muss", so geschieht dies in einem – nach römischer Vorstellung – „gerechten Krieg" (*bellum iustum*).

Was für den Dardanusnachkommen Aeneas gilt, muss in gleicher Weise für den gelten, auf dessen Herrschaft hin die ganze von Aeneas in Gang gesetzte Geschichte zielt: Augustus, der Julier, wird von Vergil vielfältig typologisch auf seinen mythischen Ahnherrn bezogen. So erscheint sein Sieg bei Actium gegen den Rivalen Antonius und die Ägypterin Kleopatra als Sieg in einem *bellum iustum*, aus dem der Prinzipat des Augustus hervorgeht, den Vergils Epos als Höhepunkt der römischen Geschichte feiert. In einer typisch römisch-historisierenden Weise hat Vergil damit dem Mythos vom Trojanerhelden Aeneas eine Funktion zugewiesen, die in alten Kulturen dem Mythos als einer höheren Wahrheit generell zukam: Der Mythos verankert die aktuelle Herrschaftsordnung in einer entfernten Vergangenheit, die dem geschichtlichen Wandel entzogen ist. Augustus erscheint somit nicht nur als der letzte Nachkomme des Aeneas, sondern zugleich als *neuer* Aeneas.

Dies bedeutet allerdings nicht, dass generell Wesenszüge des vergilischen Aeneas auf den Princeps Augustus übertragen werden dürfen oder umgekehrt das offizielle Bild des Kaisers nach dem des Aeneas geformt wäre. Gleichwohl konnte die Sage von Aeneas in der neuen Herrschaftsordnung des Prinzipats ideologische Wirkung entfalten.

Zudem mochten Leser der „Aeneis" in augusteischer Zeit manche der dem Aeneas zuge-sprochenen Tugenden als Appell an den Herrscher empfinden, dem Idealbild des mythischen Ahnherrn zu entsprechen. Zentrale Herrschertugenden schmückten einen goldenen Ehren-schild, den Senat und Volk von Rom schon im Jahr 27 v. Chr. dem soeben gekürten Princeps widmeten: Tatkraft (*virtus*), Milde (*clementia*), Gerechtigkeit (*iustitia*), Pflichterfüllung (*pie-tas*).

Aeneas auf dem Weg zum europäischen Helden

Altertum

Der Trojaner Aeneas lebt in den europäischen Kulturen und Literaturen fast ausschließlich in der von Vergil geschaffenen Heldengestalt fort.

Schon um die Mitte des 1. Jahrhunderts n. Chr. bemühten sich Philologen um die kor-rekte Überlieferung des „Aeneis"-Textes und seine Auslegung. Das Weiterleben des Aeneas wurde jedoch vor allem durch den Umstand befördert, dass die „Aeneis" sehr bald nach ih-rem Erscheinen Grundlage schulischen Unterrichts und Studiums wurde und dies über viele Jahrhunderte hin blieb; sie löste in dieser Funktion die „Annales" des Ennius ab: Nunmehr wurden nationale Werte über die „Aeneis" vermittelt, erlernten junge Römer an „Aeneis"-Texten das Lesen, die Grammatik, die Metrik; auf einer höheren Stufe wurden an Trojas Untergang, an der unglücklichen Liebe und den Leiden des Helden Aeneas rhetorische Fer-tigkeiten geübt. Aus der Wende vom 4. zum 5. Jahrhundert sind uns in Vergil-Handschriften wertvolle bildliche Darstellungen der Aeneassage überliefert. Inhaltlich blieb die „Aeneis" bis in die Spätantike Basistext für die Idee der *Roma aeterna* und wurde in dieser Funktion erst durch den Niedergang des Imperium Romanum entbehrlich.

Entschieden gefördert wurde die „Europäisierung" der Heldengestalt durch ihre christ-liche Rezeption, die anfänglich allerdings überwiegend negativ war. Zwar gab es „neutrale" Versuche, die Ankunft des Aeneas in Italien zeitlich in den Ablauf der Weltgeschichte ein-zuordnen; auch die vom jungen Augustinus bewunderten Irrfahrten des Aeneas oder seine über Didos tragischen Tod vergossenen Tränen bedeuteten keine Kritik am Trojanerhelden, sondern das Eingeständnis einer Jugendsünde gegenüber der einst verkannten Größe Gottes. Dagegen wurden einige Wesenszüge und Verhaltensweisen des vergilischen Aeneas mitunter heftig kritisiert. Die ihm zugeschriebene *pietas* wurde mit seiner gelegentlichen Grausamkeit konfrontiert und seine – bei Vergil nur prophezeite – Erhebung in den Götterhimmel als Sub-limierung einer Flucht aus dem Kampfgeschehen gedeutet.

Die mit dem Untergang des Imperium Romanum entfallene Funktion der „Aeneis" als rö-misches Nationalepos hatte nicht den Verzicht auf den Gehalt des Gedichts und die Beispiel-haftigkeit seines Helden zur Folge. Vielmehr wurde die „Aeneis" durch allegorische Deutung ihres Textes auf eine weit höhere Ebene transponiert: Das Epos von Aeneas wurde Spiegel des menschlichen Lebens und seiner Entwicklungsphasen. Nach Ansätzen im 4./5. Jahrhundert hat sich zuerst Fulgentius im späten 5. Jahrhundert dieser Methode konsequent bedient: Das erste Drittel der „Aeneis" veranschaulicht demnach die natürliche Begabung des Aeneas, das zweite dessen Ausbildung, das dritte das glückliche Gelingen seiner Mission. Das heißt: Ver-gils Held schreitet kontinuierlich fort zur Vollendung und bildet darin den Fortschritt des stoischen Weisen ab. Zu welchen Merkwürdigkeiten der unvermeidliche allegorische „Sys-temzwang" oft führt, zeigt die Deutung der Dido-Episode im 4. Buch der „Aeneis": Eine mentale Verwirrung (= der Seesturm) treibt den noch ungefestigten Aeneas in Didos Arme, bis der Verstand (= der Gott Mercurius) ihn zur Besinnung bringt; die Flamme der Liebe sinkt in Asche zusammen (= in Didos Tod auf dem Scheiterhaufen).

Mittelalter

Die „Aeneis"-Deutung des Fulgentius bedeutete eine philosophische Funktionalisierung der vergilischen Aeneassage, die in Bildung und Erziehung des Mittelalters die Möglichkeit eröffnete, das Potential des alten Mythos vor allem für die ethische Unterweisung zu retten. Daneben wurde der Aeneasstoff vermehrt Gegenstand mittelalterlicher Erzählliteratur. In den Klosterschulen wurde die lateinische Sprache weiterhin auf der Grundlage von Vergils Werken vermittelt: Der Bedarf an Vergiltexten führte zu einer seit dem 9. Jahrhundert anschwellenden, bis heute nicht vollständig aufgearbeiteten Masse an Handschriften. Die sogenannte Karolingische Renaissance war so nachhaltig von Vergils Werk geprägt, dass man die Epoche als „Vergilzeitalter" (aetas Vergiliana) bezeichnen konnte. In der Hofdichtung wurde der Herrscher, Karl der Große, mit Aeneas parallelisiert, ein Verfahren, das an Vergils Aeneas-Augustus-Typologie erinnert.

Die mittellateinische Epik (12./13. Jahrhundert) ist reich an Bearbeitungen des Trojastoffes allgemein und an Dichtungen über einzelne Episoden der Sage, die Aeneas zum Mittelpunkt haben, besonders seine Liebe zu Dido oder das Ringen des Helden um die Königstochter Lavinia. Zum Teil parallel zu dieser Literatur in lateinischer Sprache, zum Teil in Abhängigkeit von ihr entwickelte sich etwa seit der Mitte des 12. Jahrhunderts eine reiche romanhafte Aeneasliteratur in den Nationalsprachen. Die besonders durch Vermittlung der Klöster noch immer weit verbreitete Kenntnis der lateinischen Sprache, vor allem aber die sich schnell ausbreitende volkssprachige Literatur sorgte für die Verbreitung der Taten des antiken Helden Aeneas über ganz Europa. Seine Geschichte gewann an besonderer Attraktivität durch ihre Versetzung in das höfische Milieu und Leben der Zeit. Selbst in die Vagantenlyrik der „Carmina Burana" haben sich Dido und Aeneas in Wort und Miniatur verirrt. Episch lebte die Aeneassage durch lateinische Dichtungen der Renaissance wieder auf, in denen Humanisten die vermeintlich unvollständige „Aeneis" ergänzten (zum Beispiel Maffeo Vegio mit dem 13. „Aeneis"-Buch, 1428 in Pavia erschienen).

Auf den Spuren der Allegorese des Fulgentius bewegt sich Bernardus Silvestris in seinem um 1200 verfassten „Aeneis"-Kommentar. Ihm folgt im 15. Jahrhundert Cristoforo Landino, der in den Irrfahrten des Aeneas den Weg des Menschen erkennt, der in körperlicher Leidenschaft verhaftet ist und über politisches Handeln zum Wohl der Gemeinschaft endlich zur Kontemplation des Philosophen gelangt.

Auf der Schwelle zur Neuzeit stehen die ersten Drucke des Vergiltextes (Rom und Straßburg 1469, Paris 1470–1472, Venedig 1501), von denen eine erneute Welle der Beschäftigung mit der „Aeneis" und ihrem Helden ausging. Die Vermittlung in ein breiteres Publikum wurde durch zahlreiche illustrierte Editionen gefördert: Mit der Vergilausgabe Sebastian Brants (Straßburg 1502), die 136 Holzschnitte enthielt, setzte eine bis heute anhaltende Tradition illustrierter Druckausgaben ein.

Neuzeit

Neue Impulse erhielt die Verbreitung der Aeneassage durch die ersten Übertragungen der „Aeneis" in die Nationalsprachen. Die weitere Rezeption des Epos verengte sich thematisch im Lauf der Jahrhunderte. Zumindest literarisch dominierte in den Nationalliteraturen die

Liebesaffäre zwischen Dido und Aeneas; dies gilt auch für die zahlreichen neulateinischen Dramatisierungen. Die Malerei seit dem frühen 16. Jahrhundert ist thematisch offener, aber auch hier steht das Dido-Aeneas-Drama im Vordergrund. Für die Musik gilt dies ebenso: Zahlreiche Komponisten schufen seit dem 17. Jahrhundert opernhafte Werke mit Titeln wie „Didone abbandonata", oft nach dem Libretto von Pietro Metastasio (zum Beispiel Domenico Scarlatti und Joseph Haydn); durchgesetzt hat sich Henry Purcells „Dido and Aeneas" von 1689 nach dem Text von Nahum Tate. Die zwischen 1856 und 1858 entstandene zweiteilige Oper „Les Troyens" von Hector Berlioz folgt eng der „Aeneis": Untergang Trojas und Flucht des Aeneas – Aeneas in Karthago.

An der Wende zum 18. Jahrhundert trat der Römer Vergil in Deutschland für lange Zeit in den Schatten Homers. Mit dem ästhetischen Paradigmenwechsel, eingefangen in dem Wort von „der edlen Einfalt und der stillen Größe", ging auch eine Abwertung der römischen Dichtung, insbesondere der jahrhundertelangen Hochschätzung Vergils einher. Im Historismus des 19. und beginnenden 20. Jahrhunderts konnte man in der „Aeneis" schließlich nur noch schwächliche bis peinliche Imitation und Adaption der homerischen Epen erkennen. Diese Umwertung traf auch Vergils Heldengestalt Aeneas. In einer seinerzeit populären Schriftenreihe kam der Historiker Otto Seeck („Kaiser Augustus", 1902) zu folgendem Urteil: „Aeneas soll ein gewaltiger Held sein, steht aber jeder Gefahr mit hilflosem Gewinsel gegenüber und vermag keinen einzigen Entschluß zu fassen oder gar ins Werk zu setzen, ohne daß irgendein Gott ihm die Hand führte. Nichts, was im ganzen Epos geschieht, ist freie menschliche That, sondern gleich der Hauptperson werden auch alle Nebenfiguren wie an Drähten hin- und hergeschoben, die Jupiter, Juno oder Venus in den Fingern halten".

Auch das nicht ganz romanisierte England erlebte einen ähnlichen Wandel in der Wertschätzung Vergils; die romanischen Länder blieben davon ebenfalls nicht unberührt, doch reichte die Entfremdung von Vergil nirgends so tief wie in Deutschland.

Zur Jahrhundertwende deutete Sigmund Freud in „Die Traumdeutung" (1900) Aeneas als Verkörperung des historischen Fortschritts unter den Aspekten von Gesetz, Ordnung und Verantwortung, die göttliche Gegenspielerin Juno hingegen als Präfiguration der später aus dem Ersten Weltkrieg hervorgehenden reaktionären Kräfte (Aeneis 7, 312: „Kann ich den Himmel nicht umstimmen, werde ich die Mächte der Unterwelt in Bewegung setzen"). Die eigentliche Gegenbewegung zugunsten Vergils wurde durch wissenschaftliche Literatur der ersten beiden Jahrzehnte des 20. Jahrhunderts eingeleitet (Richard Heinze, Eduard Norden). Eine Neubewertung des Dichters und seines Helden blieb indessen den mitunter hymnischen Äußerungen hoch angesehener Schriftsteller, Literaturwissenschaftler und Kulturkritiker zum 2000. Geburtstag Vergils im Jahr 1930 vorbehalten. Vergil und sein Werk wurden zum Träger einer kulturellen Programmatik erkoren, die sich – christlich geprägt – in Theodor Haeckers Buchtitel „Vergil, Vater des Abendlandes" (1931) verdichtete. Während der Dichter selbst als *anima naturaliter Christiana* vereinnahmt wurde, geriet Vergils Held in solcher nicht auf Deutschland beschränkten Funktionalisierung des Epikers zu einer überrömisch-übernationalen Integrationsfigur. Für sich genommen wird man solchen zeitgebundenen Versuchen ihre je eigene, subjektive Berechtigung zuerkennen; im italienischen und deutschen Kontext der zwanziger und dreißiger Jahre konnten sie allerdings negativen Entwicklungen Vorschub leisten. In Italien wurde Mussolinis Faschismus als Wiedererstehen des augusteischen Prinzipats gefeiert; die wissenschaftliche und vor allem die fachdidaktische Literatur der Jahre des Dritten Reichs zog die „Aeneis" und ihre Hauptgestalt hingegen in den Sog der „völkischen Erneuerung", die mit Erscheinungen parallelisiert wurde, für die man schon früher das Schlagwort „augusteische Erneuerung" geprägt hatte: Vergil wurde zum „Erzieher seines Volkes", und die sogenannte Heldenschau des 6. „Aeneis"-Buches erwies den bedingungslosen Herrschaftsanspruch als römisches (und übertragen: deutsches)

Privileg. Angehörige des an sich elitären George-Kreises, die gleichzeitig der nationalsozialistischen Massenbewegung huldigten, sahen in Aeneas die Führerpersönlichkeit, den großen Einzelnen, dessen Vergangenheit auch die „einer Gemeinschaft sei, in die er hineingeboren"; Aeneas erfülle demnach seine Mission als „Glied und Vertreter seines Volkes" (Hans Oppermann, 1937).

Aeneas 1945 und danach?

Vergil soll auf dem Sterbebett den Wunsch geäußert haben, die unvollendete „Aeneis" zu verbrennen. Hätte er sich gegen Augustus und seine Freunde durchgesetzt, gäbe es keinen europäischen Helden Aeneas. In Hermann Brochs zwischen 1937 und 1945 entstandener Romandichtung „Der Tod des Vergil" bilden Krankheit und Sterben des Dichters den engen biographischen Rahmen für die Reflexionen des Sterbenden über den Auftrag des Dichters. In den Jahren der Hitlerdiktatur und des Zweiten Weltkriegs wird Vergil für Broch zum Inbegriff des Dichters an einer Epochenwende, die kategorisch die Absage an eine ästhetisch verstandene Kunst zugunsten einer der Lebensbewältigung dienlichen Kunst fordert: Den sterbenden Vergil beschäftigt die Antinomie des Schönen und des Nützlichen. Die – unentschiedene – Antwort des Dichters bestand darin, dass er sein Werk und damit seinen Aeneas den Überlebenden schenkte.

Die dem Dichter Vergil und der „Aeneis" um das Jahr 1930 zugewiesene „gesamteuropäische" Funktion wurde am 16. Oktober 1944 von Thomas Stearns Eliot vor dem Hintergrund des noch andauernden Zweiten Weltkriegs in dem Vortrag „What is a classic?" aufgegriffen. Der in seinen Grundfesten erschütterte Kontinent suchte nach Leitlinien für ein neues Europa. Eliot sieht in Vergil „das Bewußtsein Roms und die mächtigste Stimme im Chor der lateinischen Sprache" und misst Vergils sprachlicher und stilistischer Reife und dem aus seinem Werk sprechenden Geschichtsbewusstsein eine auch für ein neues Europa norm gebende Funktion zu. Diese erkennt er auch in Aeneas und anderen Gestalten des Epos, deren „Kultiviertheit der Sitten" ihm „an ihrer Zeit gemessen, sowohl römisch wie europäisch" erscheint. Eliots Plädoyer gipfelt in dem Bekenntnis: „Our classic, the classic of all Europe, is Virgil". Zugleich lassen die Flüchtlingsströme bei Kriegsende den aus dem untergehenden Troja nach dem Westen fliehenden Aeneas zur literarischen Identifikationsfigur werden. Eliot selbst ging diesen Schritt allerdings erst 1951: In einem Radiovortrag deutete er den Aeneas der Irrfahrten als „the original Displaced Person" und sah in ihm den Prototyp eines christlichen Helden.

Sechzig Jahre nach T.S. Eliot, im Zeitalter der Globalisierung und – damit einhergehend – des wachsenden Strebens nach individueller Verwirklichung und abnehmender Neigung, dauerhafte Verantwortung zu übernehmen und feste Bindungen einzugehen, wären moderne, glaubwürdige und verlässliche Leitbilder durchaus gefragt. Aber ein angestaubter Held Aeneas lädt weder den Kontinent noch einen einzelnen Europäer am Anfang des 21. Jahrhunderts zu Orientierung oder gar Identifikation ein. Welche Gesellschaft sollte in Zeiten von Banken-, Wirtschafts- und Euro-Krise die exemplarische Gestalt eines widersprüchlichen Helden ansprechen, die den Wandel vom homerischen Helden zur italischen Herrscherfigur bestehen musste und göttlichem Befehl gehorchend auf die Erfüllung persönlichen Glücks verzichtete, um die Grundlagen für ein Weltreich zu legen? Welche Motivation könnte von den schier endlosen Leiden und Enttäuschungen eines Aeneas oder aus dem menschlichen Versagen gegenüber Dido ausgehen? Kann die innere Zerrissenheit eines Helden Orientierung geben, der keinen Gefallen am Krieg findet und ihn doch führen muss? Oder ein *pius Aeneas*, dem Wut und Rachegefühle fremd sein sollten und der seiner *pietas* in dem Augenblick gerecht wird, da er den Gegner Turnus in einer Aufwallung des Zorns tötet?

Ein moderner Leser, der sich angeregt und in der Lage sieht, dem komplexen poetischen Text eines der größten Gedichte der europäischen Literatur als Suchender nahezutreten, wird sich auf Fragen dieser Art mit Gewinn einlassen, aber eine Vorbildfunktion des Dichters und seines Helden, wie sie noch Bewunderer im 20. Jahrhundert formulieren zu können meinten, ausschließen. Vergil und sein Epos sind in dieser Hinsicht obsolet geworden – auch und gerade in einer unangemessenen christlich-hymnischen Verbrämung oder Verfremdung. Das Epos von Aeneas fristet trotz vieler moderner Übersetzungen jetzt überwiegend ein Dasein in Regalen und Computern von Gelehrten: Einer täglich wachsenden wissenschaftlichen Literatur steht die Erkenntnis gegenüber, dass sich die Spuren der „Aeneis" und ihres Helden – in moderner Literatur des 19. und 20. Jahrhunderts noch häufig greifbar – mehr und mehr verlieren. Der Titel eines neueren Aufsatzes sagt es so: „Das Abendland braucht keinen Vater mehr: Vergils *Aeneis* auf dem Weg in die Vergessenheit" (Schmitzer).

Literaturhinweise

Gerhard Binder, Der brauchbare Held: Aeneas. Stationen der Funktionalisierung eines Ursprungsmythos, in: Hans-Jürgen Horn/Hermann Walter (Hrsg.), Die Allegorese des antiken Mythos. Wiesbaden 1997, S. 311–330.

Gerhard Binder (Hrsg.), Dido und Aeneas. Vergils Dido-Drama und Aspekte seiner Rezeption. Trier 2000.

Reinhold F. Glei, Der Vater der Dinge. Interpretationen zur poetischen, literarischen und kulturellen Dimension des Krieges bei Vergil. Trier 1991.

Andrew Laird, Aeneis, in: Der Neue Pauly. Supplemente Bd. 7 (Rezeption der antiken Literatur). Suttgart/Weimar 2010, Sp. 1108–1130.

Christopher J. Mackie, The Characterisation of Aeneas. Edinburgh 1988.

Ulrich Schmitzer, Das Abendland braucht keinen Vater mehr: Vergils Aeneis auf dem Weg in die Vergessenheit, in: Aleida Assmann (Hrsg.), Vergessene Texte der Weltliteratur. Konstanz 2004, S. 235–263.

Werner Suerbaum, Vergils Aeneis. Epos zwischen Geschichte und Gegenwart. Stuttgart 1999.

Werner Suerbaum, Handbuch der illustrierten Vergil-Ausgaben 1502–1840. Hildesheim u. a. 2008.

Philipp Theisohn, Dido und Aineias, in: Der Neue Pauly. Supplemente Bd. 5. Stuttgart/Weimar 2008, Sp. 215–230.

Vergil, Aeneis. Lateinisch-Deutsch. Übersetzt und herausgegeben von Edith Binder/Gerhard Binder. Stuttgart 2008.

Antoine Wlosok, Der Held als Ärgernis: Vergils Aeneas, in: Würzburger Jahrbücher für die Altertumswissenschaft N.F. 8 (1982), S. 9–21; wiederabgedruckt in: Eberhard Heck/Ernst A. Schmidt (Hrsg.), Res humanae – res divinae. Heidelberg 1990, S. 403–418.

Theodore Ziolkowski, Virgil and the Moderns. Princeton 1993.

Christiane Zimmermann
Antigone

Die noch junge Verfassung der Europäischen Union legt in ihrem zweiten Teil unter den Grundrechten der Union sowohl die Unantastbarkeit der Menschenwürde als auch die Gedanken-, Gewissens- und Religionsfreiheit fest (Art. II-61, II-70). Damit erhebt sie zwei Grundrechte zum allgemeinen Konsens, die auch in Europa über lange Zeit nicht selbstverständlich waren und deren Durchsetzung im Laufe der europäischen Geschichte viele Opfer gekostet hat. Eines der ersten unter ihnen war – wenn auch nur in der Erzähltradition eines Mythos – die griechische Heldin Antigone: Gegen das Verbot des Herrschers bestattete Antigone ihren im Kampf gefallenen Bruder und wurde daraufhin lebendig in ein Felsengrab eingeschlossen. Sie bezahlte den Einsatz für diese verbotene Bestattung und für die Verteidigung des Vorrangs religiöser Gebote und familiärer Verpflichtungen gegenüber willkürlichen politischen Normen mit ihrem Leben.

Antigone ist damit ein Symbol für den überzeugenden Widerstand gegen unmenschlich agierende Institutionen, für den Sieg des Rechts über die Macht geworden, das vor allem während der politischen Umwälzungen des 20. Jahrhunderts eine große Aussagekraft entfalten konnte. Mit Antigone erinnert sich Europa an elementare menschliche Belange, an die Bedeutung von Recht und religiöser Überzeugung sowie deren Überordnung über die politische Willkür.

Sophokles, der „Erfinder" Antigones

Ein Mythos lebt davon, dass er lebendig ist, dass er weiter erzählt und neu erzählt wird. Die meisten der modernen Rezeptionen des Antigone-Mythos (beispielsweise die „Antigone" Jean Anouilhs) thematisieren Antigone als junge, vom Herrscher unterdrückte Frau, die sich mit einem Gesetzesübertritt schuldig macht und daher zum Tode verurteilt wird. Damit lehnen sie sich direkt an die erste für uns heute noch greifbare Fassung des Mythos im Drama des athenischen Dichters Sophokles an. Der neben Aischylos und Euripides berühmteste Tragödiendichter der Antike schrieb im 5. Jahrhundert v. Chr., also vor zweieinhalbtausend Jahren, seine berühmte Tragödie „Antigone" und ließ sie im Dionysos-Theater in Athen im Rahmen des kultischen Theaterfestes der Großen Dionysien zur Aufführung bringen.

Die Tragödie spielt unmittelbar nach dem Krieg um Theben, den die Brüder der Antigone, Polyneikes und Eteokles, gegeneinander austrugen. Die Herrschaft über ihre Vaterstadt Theben war ihnen von ihrem Vater Oedipus, der sie in der inzestuösen Verbindung mit seiner eigenen Mutter Iokaste gezeugt hatte, übergeben worden. Sie sollten sich nach dem Wunsch ihres Vaters jährlich in der Regentschaft ablösen, also gewissermaßen eine Regierungsrotation durchführen. Da Eteokles nach einem Jahr nicht bereit war, die Macht an seinen Bruder Polyneikes abzugeben, ging dieser ins Exil und griff schließlich nach längerem Aufenthalt in Argos mit Hilfe der Argiver die Stadt Theben an. Die Brüder fielen im Zweikampf. Ihr Onkel Kreon übernahm die Macht.

Hier nun setzt die eigentliche Tragödienhandlung bei Sophokles ein: Kreon lässt zwar Eteokles bestatten, verbietet aber aus Hass die Bestattung des Polyneikes, der die Stadt angegriffen hatte, unter Androhung der Todesstrafe. Antigone ist entsetzt über diese jeglicher religiösen Konvention widersprechende Exponierung des brüderlichen Leichnams und bestattet diesen heimlich, indem sie ihn symbolisch mit Sand bestreut. Dabei wird sie von eigens zur Bewachung des Leichnams aufgestellten Wächtern ergriffen und Kreon vorgeführt. Im nun folgenden Streitgespräch mit dem Herrscher vertritt Antigone explizit die Priorität religiöser und familiärer Konvention vor jedem menschlichen Gesetz, das heißt die Unumgänglichkeit der Bestattung, wohingegen Kreon auf der Überordnung der durch ihn erfolgten politischen Satzung, also dem Bestattungsverbot, beharrt. Er verurteilt Antigone zum Tode durch Einmauerung bei lebendigem Leib. Die Tragik dieser Strafe wird noch dadurch gesteigert, dass Antigone mit Kreons Sohn Haimon verlobt ist. Als Kreon sich auf die Intervention des Sehers Teiresias hin doch noch umstimmen lässt, ist es bereits zu spät: Antigone hat sich in der Grabkammer mit ihrem Gürtel erhängt. Im Anschluss an diesen grausamen Tod nehmen sich sowohl Kreons Sohn Haimon als auch seine Frau Eurydike das Leben. Begleitet wird dieses Geschehen auf der Bühne durch den Gesang des Chores, der das Geschehen reflektiert und unter anderem mit dem berühmten 1. Standlied „Viel Ungeheures ist, doch nichts so Ungeheures wie der Mensch" (Antigone V. 332ff.) interpretiert.

Wenn man die Frage nach der Resonanz dieses Stückes im 5. Jahrhundert v. Chr. stellt, so ist von Bedeutung, dass sowohl Kreon als auch Antigone gegen damals geltende Normvorstellungen verstoßen: Kreon, indem er die Bestattung des Polyneikes verbietet, obwohl die Bestattung eines Toten für die Familienangehörigen heilige Pflicht war. Selbst wenn der Tote ein Landesverräter war, musste er – außerhalb der heimischen Erde – bestattet werden. Antigone übertritt dagegen in mehrfacher Hinsicht weibliche Handlungsnormen: Sowohl der Verstoß gegen das Verbot als auch die Durchführung der Bestattung und die heftige argumentative Auseinandersetzung mit dem Herrscher widersprechen den aktuellen weiblichen Verhaltensmaßstäben. Im Griechenland der damaligen Zeit begleiteten die Frauen Bestattungen durch Klagen und Bitten an die Götter, beteiligten sich jedoch nicht aktiv an der Bestattungshandlung als solcher. Vor allem aber genossen die Anordnungen des Herrschers höchste Priorität, Verbote waren zu respektieren. Und wenn ein solches Verbot übertreten wurde, war das höchstens von einem Mann zu erwarten. Da all diese Handlungen Antigones jedoch dem einen allgemein anerkannten Ziel dienen, nämlich den toten Bruder zu bestatten, und Antigone dies alleine, ohne Unterstützung anderer erreicht, wird sie mittels des Konventionsbruchs und ihrer Einsamkeit zur Heldin, zur mythischen Heroine mit Vorbildcharakter.

Bestimmte Elemente des Antigone-Mythos waren bereits vor Sophokles bekannt. Er hat die Geschichte der Antigone also nicht wirklich „erfunden", es gab bereits vor ihm Erzählungen über Antigone im Kontext der Mythen um Oedipus und seine fluchbeladene Familie. Sophokles stellte jedoch als erster Antigone ins Zentrum einer Tragödie, und es gelang ihm eine Darstellung des durch den Brudermord entstehenden Konflikts, die bereits zeitgenössisch auf große Zustimmung stieß – angeblich belohnte man Sophokles für seine Tragödie mit dem wichtigen politischen Amt eines Strategen – und die bis heute nachwirkt. Im Unterschied zu vielen anderen weiblichen Heldinnen des griechischen Mythos hat er eine Figur geschaffen, die nicht destruktiv handelt (wie zum Beispiel die Kindermörderin Medea oder Klytaimnestra, die ihren Gatten Agamemnon tötet), sondern, ohne anderen zu schaden, ein religiöses und menschliches Recht vertritt – und eben dafür sterben muss. Es ist diese besondere tragische Gestalt, die Sophokles dem Antigone-Mythos verliehen hat, auf die sich die moderne Rezeption konzentriert. Daher wird Sophokles dann doch zu Recht als „Erfinder" Antigones betrachtet, und seiner Gestaltung des Stoffes verdankt die antike und moderne Theatergeschichte eine ihrer faszinierendsten Heldinnen. Der große Altphilologe und Mythenforscher Karl Kerényi hat die „Antigone" des Sophokles daher eine „dichterische Tat mit der Kraft eines visionären Ereignisses" genannt und damit die einzigartige Attraktivität beschrieben, die dieser Mythenstoff für das Abendland seit dem Mittelalter hat.

Europa und Antigone – eine Liebesbeziehung

Die antiken Rezipienten, die sich des von Sophokles ins Blickfeld gerückten Mythos gerne bedienten, hat jedoch zunächst nicht so sehr die widerständige Antigone interessiert, sondern ein anderer, ebenfalls essentieller Aspekt des Mythos. Die Antigone des Sophokles ist ja nicht nur die gegen das Bestattungsverbot des Kreon rebellierende junge Frau, sondern sie begründet ihren Widerstand sowohl mit der religiösen Konvention, die die Bestattung eines jeden Menschen gebietet – die Götter der Unterwelt haben ein Anrecht auf den Verstorbenen –, als auch mit der Zuneigung zu Polyneikes. „Nicht mithassen, mitlieben muss ich" (Antigone V. 523), hält sie dem wütenden Kreon als Motivation für die Verbotsübertretung entgegen. Besonders pikant erscheint in diesem Zusammenhang jedoch auch ihre Aussage, dass sie dergleichen nicht für jedes Familienmitglied getan hätte, sondern nur für den Bruder, den ihr niemand mehr ersetzen könne (Antigone V. 905ff.) – eine Aussage, die oft im Kontext der inzestuösen Verhältnisse in ihrer Familie gelesen wurde und die Goethe später als „Flecken" der Tragödie bezeichnete. Zudem beklagt Antigone angesichts ihres Todes den Verlust der eigenen ehelichen Beziehung mit Haimon, Kreons Sohn.

Es ist zunächst vor allem dieser Aspekt der liebenden Tochter, Schwester und auch Ehefrau, den andere antike Dichter in ihren Bearbeitungen des Mythos besonders betonen: So ist Antigone die treue Tochter, die ihren Vater Oedipus begleitet, als er nach der Entdeckung des inzestuösen Verhältnisses mit seiner Mutter die Vaterstadt verlassen muss, oder sie entgeht nach der Bestattung des Polyneikes der Todesstrafe, heiratet Haimon, gebiert einen Sohn, Maion, und gründet so eine eigene Familie. Es war also zunächst nicht so sehr der Aspekt der widerständigen, „anarchischen" Antigone, der die Menschen der Antike besonders faszinierte, sondern vielmehr ihre liebende Hingabe für die Familie, mit der sie den Konventionen und weiblichen Normvorstellungen vorbildlich genügte. Während in der sophokleischen „Antigone" ein wichtiger tragischer Aspekt der aus ihrer Tat folgende Verlust der eigenen Ehe mit Haimon ist, wird ihr genau diese in weiteren antiken Varianten des Mythos zugestanden: Die Hochzeit mit dem Geliebten entkräftet die Tragik des Schicksals Antigones in entscheidender Weise. Auch eine der wenigen greifbaren mittelalterlichen Rezeptionen des Mythos, der altfranzösische Versroman „Roman de Thèbes" (12. Jahrhundert), übernimmt dieses Bild Antigones als liebende junge Frau; hier ist sie eine schöne Königstochter, in die sich der König von Arkadien verliebt. Nach dem Brudermord hilft er ihr bei der Bestattung der Leichen beider Brüder. Prosafassungen dieses Liebesromans fanden durch Übersetzungen weite Verbreitung auch über Frankreich hinaus.

Als mit dem 16. Jahrhundert durch die ersten Drucke die „Antigone"-Tragödie des Sophokles und weitere Stücke, die sich um das Schicksal der Oedipus-Familie drehen, auch im Abendland bekannt werden, beginnt die einzigartige Erfolgsgeschichte dieses antiken Mythos in Europa. Auch jetzt steht zunächst noch nicht die „revolutionäre", sondern die treusorgende, familiäre Antigone im Zentrum des Interesses. Zudem deutet man den antiken polytheistischen Rahmen des Mythos nun in christlicher Weise um: Der Franzose Robert Garnier veröffentlicht unter den Eindrücken der religiösen Umwälzungen, die das 16. Jahrhundert durch Reformation und Gegenreformation hervorgebracht hatte, sein Stück „Antigone ou la piété" (1580). Antigone wird hier vor allem als liebende Tochter und Schwester dargestellt, die nicht mehr den griechischen Göttern huldigt, sondern mit der Epiklese „großer Gott, der Himmel und Erde gemacht hat" den jüdisch-christlichen Schöpfergott anruft, dem sie ihre Handlungsweise schuldet. Ohne große Probleme lässt sich das Drama durch den auch zum christlichen Gottesbild passenden Anspruch des angemessenen Umgangs mit den Toten an den christlichen Monotheismus adaptieren. Ebenso wie bei Garnier ist auch später bei Jean Racine („La Thébaide ou les frères ennemies", 1664) Antigone vor allem diejenige, die schon im Vorfeld der Katastrophe versucht, ihre Familienangehörigen davon abzuhalten, sich selbst oder sich gegenseitig umzubringen. Auch zahlreiche Opern, die im 18. Jahrhundert entstehen, thematisieren eine Antigone, die ihre Familie und ihren Gemahl Haimon liebt, und lassen den Konventionen der Zeit entsprechend das Stück ein glückliches Ende nehmen.

Im Vorfeld und unter dem Einfluss der Französischen Revolution jedoch gewinnt Antigone auch hinsichtlich ihrer Konformität mit den Idealen der Freiheit, Gleichheit und Brüderlichkeit eine neue, jetzt politische Aktualität. Nicht mehr die treue, liebevolle und familiäre Seite Antigones wird betont, sondern nun ist es gerade die Auseinandersetzung mit dem Herrscher, also der widerständige, „revolutionäre" Aspekt, der an Antigone fasziniert. Kreon wird zum Tyrannen par excellence, dem sich Antigone mutig entgegenstellt (so zum Beispiel in Maria Joseph Chéniers „Oedipe à Colone", häufig aufgeführt zu Beginn der Revolution, dann verboten und erst postum 1820 veröffentlicht).

Diese Wahrnehmung des antiken Stoffes wird in Deutschland vor allem durch die Interpretation von Georg Wilhelm Friedrich Hegel als auch durch die eigenwillige Übersetzung der „Antigone" durch Friedrich Hölderlin weitergeführt. Für Hegel war die sophokleische „Antigone" das „vortrefflichste, befriedigendste Kunstwerk" der Antike (und der Moderne), und er begründete diese Sichtweise mit der tragischen „Collision" zweier gleichberechtigter Sphären, nämlich der des Staates (Kreon) und der der Familie (Antigone), die hier in unversöhnlicher Weise konfrontiert würden. Wenngleich diese Interpretation Hegels der Intention des antiken Stückes nicht gerecht wird, in dem die durch Kreon dargestellte Seite des „Staates" zweifellos negativ konnotiert, weil durch Willkür bestimmt ist, so erhebt Hegel jedoch zwei grundsätzliche Determinanten des Stücks, die für die moderne Rezeption des Antigone-Mythos grundlegend werden sollten.

Ausgehend von dieser die neuzeitliche Tragödien-Ästhetik bestimmenden Charakteristik Hegels und motiviert durch die großen politischen Umwälzungen, entdeckt vor allem das 20. Jahrhundert die eminent politische Aussagekraft der „Antigone". Diese stand zwar in der antiken Rezeption des Mythos nicht im Vordergrund, doch war sie in der „Antigone" des Sophokles bereits angelegt. Sophokles war ein auch politisch aktiver Dichter, integriert in die Zeit der Entstehung der griechischen Demokratie, und forderte mit seinen Dramen die Bürger zur Reflexion über das politische Leben auf. Dabei ging es Sophokles mit seiner „Antigone" aber sicherlich nicht um eine radikale Kritik an der bestehenden politischen Situation, sondern vielmehr um eine Sensibilisierung des Publikums für die Gefahren, die von einer isolierten Übersteigerung der Belange des Staates ausgehen können.

Unter dem Eindruck der beiden Weltkriege des 20. Jahrhunderts liest man die „Antigone" nun gerade unter diesem politischen Aspekt, wobei die Rolle Antigones in zunehmender Weise radikalisiert wird. Besonders in Frankreich und Deutschland erscheinen jetzt Bearbeitungen des Antigone-Mythos, die Antigone zum Symbol von Pazifismus, politischem Widerstand bis hin zur Anarchie werden lassen. Während des Ersten Weltkriegs wird Antigone bei Walter Hasenclever zu einer pazifistischen, christlichen Märtyrerin und Kreon zu einem Zerrbild Wilhelms II., der nach der öffentlichen und privaten Katastrophe des Krieges abdankt („Antigone", 1919). In der Bearbeitung des französischen Literaturnobelpreisträgers Romain Rolland werden Antigone ebenfalls pazifistische Züge verliehen („À l'Antigone éternelle", 1916). Jean Anouilh macht Antigone dagegen am Ende des Zweiten Weltkriegs in seiner „Antigone" (1942) zur Vertreterin der französischen Résistance gegenüber der durch Kreon repräsentierten *Collaboration* mit den deutschen Kriegstreibern. Auch Bertolt Brecht überträgt den Mythos auf die Situation des Dritten Reichs und politisiert das Stück zusätzlich durch eine völlige Enttheologisierung. Im Vorwort zu seinem „Antigone-Modell" (1948) kommen zwei Schwestern während des Zweiten Weltkrieges aus dem Luftschutzkeller zurück und finden ihren desertierten Bruder von einem SS-Mann erhängt. Brecht geht es in seiner Antigone-Interpretation nur um „die Rolle der Gewaltanwendung bei dem Zerfall der Staatsspitze". Damit reduziert er den ursprünglichen Aussagegehalt des Mythos auf den ihm allein relevant erscheinenden gesellschaftlich-politischen Kern. Auch Rolf Hochhuth appliziert in seiner „Berliner Antigone" (1963) den Mythos auf die Zeit des Dritten Reichs. Die Schwester eines hingerichteten Stalingradkämpfers entführt hier die Leiche ihres Bruders aus der Anatomie und bestattet sie auf dem Invalidenfriedhof. Sie wird denunziert und verhaftet. Der Vater ihres Verlobten, der Generalrichter, versucht vergeblich, sie vor den Nazi-Schergen zu schützen, die sie schließlich hinrichten.

Mit dieser Konzentration auf die politische Aussagekraft wird die Inanspruchnahme Antigones als Symbolfigur anarchischer Gruppen schlechthin eingeleitet, wie sie etwa in der auf Heinrich Bölls Drehbuch zurückgehenden Episode des Films „Deutschland im Herbst" (1977) sichtbar wird: Hier wird durch einen Rat von Fernsehverantwortlichen vor dem Hintergrund der terroristischen Anschläge der RAF diskutiert, ob man die „Antigone" des Sophokles in das Programm aufnehmen könne, da diese als Aufruf zu Gewalt und Terrorismus verstanden werden könne. Auch „Meine Schwester Antigone" von Grete Weil (1980) verwendet den Antigone-Mythos als Folie für die Verfolgung der RAF-Mitglieder.

Doch noch ein weiterer Aspekt des Mythos gewinnt nun in der Rezeption des beginnenden 21. Jahrhunderts an Bedeutung, wobei hier bereits interkontinentale Grenzen überschritten werden: Die amerikanische Philosophin Judith Butler wendet sich im Anschluss an Theorien des französischen Psychoanalytikers Jacques Lacan dem Inzest-Phänomen des Antigone-Mythos zu und akzentuiert dieses – in Absehung von der ursprünglichen, antiken Intention des Mythos – als entscheidenden Verstehenshorizont für die Gegenwart („Politics and Kinship. Antigone for the Present", 2001). Antigone ist als Tochter des Oedipus, der unwissentlich seine Mutter Iokaste geehelicht hat, ein Resultat dieser inzestuösen Verbindung. Und ihre eigenen Worte in der Tragödie des Sophokles, die betonen, dass sie die Bestattungshandlung nicht für jedes Familienmitglied durchgeführt hätte (Antigone V. 905ff.), wurden – wie bereits erwähnt – immer wieder als möglicher Hinweis auf ein inzestuöses Verlangen Antigones nach dem Bruder interpretiert. Während in den neuzeitlichen Rezeptionen die inzestuöse Herkunft Antigones wiederholt als Begleitthema erscheint (so etwa bei Thomas May, „The Tragedy of Antigone, The Theban Princess", 1631, und bei Vittorio Alfieri, „Polynices", 1775), ist für Judith Butler der Inzest sogar das zentrale Thema des Stückes. Der Inzest sei das „unlebbare Begehren" Antigones, „der aus ihrem Leben einen Tod im Leben macht". Für Butler hat Antigone keine politischen Absichten, sondern sie bringt eine „vorpolitische Opposition" zum Ausdruck, die sich in einer besonderen, erst durch den Sprechakt konstituierten Form von Verwandtschaft äußert.

Als Summe dieses kurzen Überblicks über die intensive Rezeptionsgeschichte dieses antiken Mythos ergibt sich der Schluss, dass das Bild, das im Laufe der Jahrhunderte von Antigone geprägt wurde, vor allem durch die Rezeption der „Antigone"-Tragödie des Sophokles bestimmt ist. Dabei war die politische Interpretation des Mythos seit der Französischen Revolution ein wichtiger Identifikationspunkt für die Entstehung des demokratischen Bewusstseins in Europa, das durch die bis heute andauernde Vielfalt an Rezeptionen immer wieder aufs Neue reflektiert wird. Die unterschiedlichen Gewichtungen des Aspekts der treu liebenden Antigone oder der sich der politischen Instanz widersetzenden Antigone sind jedoch durch das jeweilige Interesse der Zeit bestimmt und geben das in der „Antigone" verborgene Potential nur einseitig wieder. Der Literaturwissenschaftler George Steiner hat über diese beiden Aspekte hinausgehend fünf große Determinanten von „Kollision" in der „Antigone" bestimmt, die letztlich unüberbrückbar, aber gerade deswegen jeweils immer wieder interessant und neu aktualisierbar sind. Es handelt sich um die Kollision „zwischen Mann und Frau, zwischen Alt und Jung, zwischen Gesellschaft und Individuum, zwischen den Lebenden und den Toten, zwischen Göttern und Sterblichen". Wenn man sich diese großen, nicht nur die europäische Menschheitsgeschichte bestimmenden Themen vor Augen führt, gibt es also genügend Gründe, sich an Antigone immer wieder zu erinnern.

„Antigone" – gesehen, gehört, gelesen, getanzt

Während in der Antike vor allem die Wiederaufführungen der klassischen Dramen, aber auch ihre erste Verschriftlichung einen wichtigen Beitrag zur Erinnerungskultur leisteten, war für die Rezeption des Antigone-Mythos im Europa der Neuzeit das Erscheinen der ersten gedruckten Ausgaben der Sophokles-Tragödien und deren Übersetzungen von besonderer Bedeutung. Allein in der zweiten Hälfte des 19. Jahrhunderts erschienen 50 neue Übersetzungen aus dem Griechischen ins Deutsche, daneben übertrugen natürlich auch zahlreiche andere europäische Autoren die „Antigone" in ihre jeweilige Sprache. Jede Übersetzung eröffnete dabei neue Interpretationsspielräume, die den Übergang zu zahllosen Bearbeitungen und Aktualisierungen des Stoffes bildeten. Zu dieser literarischen Rezeption hinzu kamen erste Vertonungen, zahlreiche „Antigone"-Opern und Bühnenmusiken, etwa von Felix Mendelssohn Bartholdy (1841), Arthur Honegger (1922) und Carl Orff (1949), aber auch Choreographien, wie etwa die von John Cranko mit der Musik von Mikis Theodorakis (1959). Im 20. Jahrhundert griff auch der Film auf „Antigone" zurück (so etwa der Stummfilm „Antigone" unter der Regie von Mario Caserini, 1911, oder „Deutschland im Herbst" nach dem Drehbuch von Heinrich Böll, 1979). Doch bleibt der eigentliche Vermittler der Antigone-Geschichte die Bühne: Hier können durch inhaltliche Bearbeitungen, durch die Anpassung des Mythos an die Gegenwart und durch die dramaturgische Umsetzung Fassungen des antiken Stoffes erreicht werden, die immer wieder aufs Neue ansprechen. Dabei ist die „Antigone" des Sophokles die am häufigsten aufgeführte antike Tragödie auf den Bühnen der Neuzeit. Insofern sind die eigentlichen Rezipienten und Erinnerungsträger des Antigone-Mythos diejenigen, die Zugang zu Literatur und zum Theater haben. Der Kreis derer, die mit irgendeiner Form mit Antigone konfrontiert werden, ist daher im Laufe der Zeit genauso gewachsen wie die Fülle der Darbietungen des Stückes als solche, durch immer mehr Übersetzungen, aber auch durch die Aufnahme diverser „Antigones" in den gymnasialen Lektürekanon und die vielfältigen Bearbeitungen, die den antiken Kern oft gar nicht mehr erkennen lassen.

Antigone – eine Heldin für Europa und die Welt

Die antiken griechischen Tragödien führen menschliche und gesellschaftliche Konflikte vor, die letztlich ungelöst sind und damit ein permanentes Reflexionspotential in sich bergen. Diese Konflikte sind allgemeiner Natur und damit auch auf andere Kulturen übertragbar.

Während es bereits seit dem 16. Jahrhundert eine breite Rezeption des Antigone-Mythos in Europa gab, die mittels der politischen Akzentuierung seit der Französischen Revolution den Demokratisierungsprozess in vielen europäischen Ländern begleitete, lässt sich heute von einer weltweiten Wirkung der Geschichte dieser antiken Heldin sprechen. Als Beispiele für das kritische Potential dieses Stoffes in Ländern und Kulturen anderer Kontinente seien nur verschiedene Antigone-Rezeptionen afro-amerikanischer Dichter bereits im letzten

Jahrhundert oder die Aufführung der „Antigone" im zerstörten Kabul durch die afghanische, in Deutschland arbeitende Regisseurin Julia Afifi (2003) genannt.

Die Erinnerung an Antigone ist in den letzten zweieinhalb Jahrtausenden nicht verblasst. Im Gegenteil: Antigone begleitete als Metapher der eigenverantwortlichen Dimension menschlicher Existenz die Entwicklung des politischen Bewusstseins in Europa, und wo immer Menschen heute noch politischer Repression ausgesetzt sind, werden Tag für Tag „neue Antigones geträumt, geschrieben, in Musik umgesetzt und eine Kurzschrift menschlichen Greuels und der Rebellion sein" (Steiner).

Literaturhinweise

Hellmut FLASHAR, Sophokles. Dichter im demokratischen Athen. München 2000.

Hellmut FLASHAR, Inszenierung der Antike. Das griechische Drama auf der Bühne. München ²2009.

SOPHOKLES, Antigone. Übertragen und herausgegeben von Wolfgang SCHADEWALDT. Frankfurt a.M. 1974.

George STEINER, Die Antigonen. Geschichte und Gegenwart eines Mythos. München 1988.

Lutz WALTHER/Martina HAYO (Hrsg.), Mythos Antigone: Texte von Sophokles bis Hochhuth. Leipzig 2004.

Christiane ZIMMERMANN, Der Antigone-Mythos in der antiken Literatur und Kunst. München 1993.

Peter Funke und Michael Jung
Marathon

Der griechische Historiker Theopomp hatte im vierten Jahrhundert v. Chr. eine klare Meinung darüber, was von der Schlacht bei Marathon (490 v. Chr.) zu halten sei: Die Schlacht habe sich nicht so ereignet, wie sie in den Lobreden der Athener beschrieben werde. Wörtlich erklärte er: „Aber auch in Bezug darauf bläst sich die Stadt der Athener auf und täuscht die Hellenen". Und an anderer Stelle heißt es, dass die Schlacht von Marathon nur ein „unbedeutendes kurzes Scharmützel am Strand" gewesen sei. Auf eine ganz andere Weise kritisierten – laut Herodot – die Spartaner die Schlacht von Marathon: Der Einfall der Perser nach Griechenland unter Xerxes zehn Jahre später, so die Kritik, sei von den Athenern verschuldet worden. Hätte es die Schlacht von Marathon nicht gegeben, müsste sich ganz Griechenland jetzt nicht der persischen Invasion erwehren. Athen sei der Kriegstreiber gewesen.

Diese Beispiele mögen veranschaulichen, dass die Schlacht von Marathon weder für die griechischen Zeitgenossen noch für spätere Generationen ein Ereignis war, das man uneingeschränkt positiv bewertete. Marathon hatte provokative Kraft, und das sollte bis in die Moderne so bleiben.

Doch was war 490 v. Chr. geschehen? Als die Perser an der attischen Küste und damit erstmals mit einem Heer im griechischen Mutterland landeten, war dies nicht der erste militärische Konflikt zwischen dem Großreich und griechischen *Poleis*. Bereits im Zuge der Expansion des Perserreichs waren die ionischen Städte an der kleinasiatischen Küste 547/6 v. Chr. unter persische Herrschaft geraten. Später zettelte ein lokaler Machthaber, Aristagoras von Milet, einen Aufstand gegen die bis dahin recht lockere Oberhoheit der Perser an, dem sich die ionischen Städte anschlossen und für die er Unterstützung im Mutterland suchte. Von den griechischen Staaten sagten allerdings nur Eretria und Athen Hilfe zu. Nach dem raschen Scheitern des Aufstands waren aus persischer Sicht auch die Verbündeten der Aufständischen außerhalb der Reichsgrenzen zu bestrafen. Daher wurde der persische Feldherr Datis mit einer Strafaktion beauftragt. Nach der Zerstörung Eretrias landete er im Spätsommer 490 v. Chr. in der Bucht von Marathon. Mehrere Tage lagen sich die Athener, die durch die benachbarten Plataier unterstützt wurden, und das persische Heer gegenüber. Schließlich kam es wohl in der ersten Septemberhälfte zur Schlacht, in der die Athener siegten; in den Kämpfen fielen 192 athenische Vollbürger und eine unbekannte, aber größere Anzahl von Persern.

Als Xerxes, der Sohn des verstorbenen Großkönigs Dareios, zehn Jahre nach Marathon mit einem Invasionsheer in Nordgriechenland einmarschierte und auch eine Flotte in Marsch setzte, ging es nicht mehr um Bestrafung, sondern um Eroberung. Unter der Führung Athens und Spartas schloss sich eine Gruppe griechischer Staaten im „Hellenenbund" gegen die Perser und diejenigen griechischen Staaten, die den Persern freundlich gegenüberstanden, zusammen. Nach schweren Niederlagen an den Thermopylen und vor Kap Artemision errang der „Hellenenbund" 480 v. Chr. in der Seeschlacht bei Salamis und 479 v. Chr. in der Landschlacht bei Plataiai entscheidende Siege. Der Versuch des Perserreichs, in Griechenland zu expandieren, war gescheitert. Der Stolz über diese Siege währte bei den Mitgliedern des „Hellenenbundes" allerdings nur kurz, denn schon bald stritten Athen und Sparta nicht nur machtpolitisch um die Hegemonie in Griechenland, sondern auch vergangenheitspolitisch darum, wer von beiden den Hauptanteil am gemeinsamen Erfolg besitze.

Unter Verweis auf ihre Führungsrolle in der Schlacht bei Plataiai beanspruchten die Spartaner eine Vormachtstellung in Griechenland; den gleichen Anspruch erhoben aber auch die

Athener, die ihren ausschlaggebenden Anteil am Seesieg bei Salamis unterstrichen. Von der Schlacht bei Marathon war in diesen Kontexten allerdings nicht die Rede. In Athen selbst jedoch erinnerte man in dieser Zeit durchaus an Marathon, aber das geschah nur in Bezug auf die eigene Bürgergemeinschaft: Man sah in Marathon die Selbstbehauptung der kurz zuvor von Grund auf neu geordneten Verfassung und feierte die Schlacht als einen Erfolg bürgerlicher Gleichheit.

Alljährlich bestatteten die Athener rituell ihre Gefallenen, und dabei wurden Reden gehalten, die die jeweiligen Kriegsereignisse in der athenischen Geschichte verorteten. In diesen Reden wurden die Gefallenen von Marathon zu herausragenden Vorbildern stilisiert und zu einem festen Bestandteil der athenischen Erinnerungstradition. Ihre geringe Zahl stand einer immer gewaltiger ausgestalteten Zahl von toten Persern gegenüber: Während bei Herodot in der zweiten Hälfte des fünften Jahrhunderts v. Chr. ihre Zahl mit 6 400 angegeben wird, sind es nur wenig später „Zehntausende". Vor allem aber nahmen die Athener für sich in Anspruch, dass sie in der Schlacht von Marathon allein auf sich gestellt und voller Mut und Entschlossenheit gekämpft hatten.

Mit diesen Eigenschaften verkörperten die Marathonkämpfer den vorbildhaften Polisbürger, dessen Tugend den Sieg erst möglich machte. Dieses Motiv wird in der rhetorisch entfalteten Formel der Wenigen gegen die Vielen deutlich: Qualität besiegt in Marathon Quantität, und schon bei Lysias wird dies Anfang des vierten Jahrhunderts v. Chr. erstmals in eine geografische Metapher gefasst, die für die Folgezeit wirkungsmächtig werden sollte: Es war nicht nur ein Sieg der Wenigen über die Vielen, der Freiheit über die Despotie, es war auch ein Sieg Europas über Asien, wobei Europa mit Griechenland und insbesondere mit Athen gleichgesetzt wurde. Diese Vorstellungen sollten in der späteren Rezeption überaus wirkungsmächtig werden.

In den Quellen des fünften Jahrhunderts v. Chr. ist Marathon noch kein Teil des großen Konflikts mit den Persern unter Xerxes zehn Jahre später. Besonders deutlich wird dies im herodoteischen Geschichtswerk: Die Schlacht von Marathon bildet den Schlusspunkt der in sechs Büchern breit angelegten Vorgeschichte der Perserkriege, an die sich dann in den letzten drei Büchern die Darstellung der eigentlichen Auseinandersetzungen anschließt. Klar wird aus dieser Disposition, dass Marathon für Herodot zwar zur Vorgeschichte der „Perserkriege" gehörte, aber nicht schon Teil davon war. Herodot stand seinerzeit mit einer solchen Wertung nicht allein; auch in der Tragödie „Perser" des Atheners Aischylos ist Marathon nur Vorgeschichte, die eher beiläufig erwähnt wird.

Zu Beginn des vierten Jahrhunderts v. Chr. ist die Schlacht von Marathon in der Gefallenenrede des Lysias der alleinige Auslöser des Xerxeszugs, und wenig später wird in Platons „Menexenos" die Einbeziehung Marathons in die „Perserkriege" bereits vorausgesetzt, da die Schlachten bei Salamis und Marathon in ihrer Bedeutung für Griechenland miteinander verglichen werden. In der athenischen Rhetorik und Geschichtsschreibung des vierten Jahrhunderts v. Chr. ist Marathon dann stets Auftakt und fester Bestandteil der „Perserkriege". So sieht etwa der Redner Isokrates alle Schlachten in einem agonalen Verhältnis zueinander: Herausgefordert durch den von Athen in Marathon errungenen Ruhm, habe Sparta in den anderen Schlachten nicht zurückstehen wollen. Demosthenes spricht später von zwei Zügen der Perser, die beide auf die Eroberung ganz Griechenlands zielten; und auch bei dem Historiker Xenophon ist Marathon ganz selbstverständlich Teil der „Perserkriege". Es lag fraglos in athenischem Interesse, dass Marathon zu einem integralen Element der „Perserkriege" wurde, um auf diese Weise die eigenen hegemonialen Interessen innerhalb der griechischen Staatenwelt zu legitimieren.

Das athenische Geschichtsbild konnte im Lauf der Zeit normative und kanonische Kraft auch über die eigenen Polisgrenzen hinaus entfalten. Dieser Prozess vollzog sich vor allem in der Zeit des späten Hellenismus und im römisch beherrschten Griechenland. Für die provinzialen Eliten im *Imperium Romanum* galten das fünfte und vierte Jahrhundert v. Chr. als die verbindliche Referenzepoche. Dabei kam es vor allem auf Ereignisse an, in denen sich exemplarisch die positiven Eigenschaften und Führungsqualitäten großer Männer verwirklicht hatten. In den führenden Männern jener Zeit erkannte man Vorbilder, die ihrem konkreten zeitgeschichtlichen Bezug weitgehend entzogen und monumentalisiert wurden. Marathon wurde so zum heroischen Auftakt einer Epoche, in der sich griechische Kultur und Lebensart exemplarisch gegen „barbarische" Bedrohungen behauptete. Marathon war integraler Bestandteil der Perserabwehr, in der sich die Qualität weniger Männer gegen die Masse durchsetzte. Dies war nicht nur für die soziale Ordnung in den *Poleis* der Kaiserzeit von Nutzen, sondern auch anschlussfähig an die römische Reichspolitik der Imperatoren. Denn diese bemühten die Marathon-Schlacht und die Perserkriege insgesamt, wenn es um die Legitimation von Kriegszügen gegen das Partherreich im Osten ging.

Am Ende der Antike stand so ein kohärentes Geschichtsbild bereit: Marathon war heroischer Auftakt der „Perserkriege" und deren integraler Bestandteil geworden. In Marathon hatte sich exemplarisch Qualität gegen Quantität behauptet. Damals war Griechenland, ja Europa gerettet worden gegen die Massen und die „barbarische" Sklaverei Asiens. So stand ein Deutungskonzept bereit, das auch in späteren Jahrhunderten transferfähig war.

Die Rezeption der antiken Literatur und Geschichtsschreibung im Mittelalter und in der Neuzeit ließ diese Vorstellung von den Perserkriegen zu einem festen Bestandteil des byzantinischen und des abendländisch-europäischen Bildungsguts werden. Die Verfügbarkeit eines solchen Wissens bedeutet aber nicht zugleich auch schon seine ideologische Instrumentalisierung. Die Schlacht bei Marathon hatte mit dem Ende der Antike zunächst für lange Zeit als Bezugspunkt einer lebendigen Erinnerung ausgedient. Erst spät erfolgte eine zeitbedingte politische Rückbesinnung auf die Perserkriege. Die Reaktivierung der bereits in der antiken Überlieferung angelegten Deutung dieser Ereignisse stand also keineswegs in einer seit der Antike ungebrochenen und fortwährenden Tradition.

Die Byzantiner sahen sich vornehmlich in der unmittelbaren Nachfolge der Römer und fühlten sich nicht als *Hellenes*, sondern als *Rhomaioi*. Gleichwohl war die antike griechische Geschichte in ihrer ganzen Fülle im gelehrten Denken präsent. Aber obgleich das antike Griechenland in den wissenschaftlichen Diskursen verhandelt wurde, fand es so gut wie keinen Eingang in die politischen Diskussionen. Auch für die Zeit des dramatischen Zerfalls der byzantinischen Macht seit dem ausgehenden 11. Jahrhundert finden sich kaum Ansätze zu einer politischen Instrumentalisierung der antiken griechischen Geschichte. Selbst die verzweifelten Abwehrkämpfe gegen die Angriffe der Osmanen waren kein Grund, die Perserkriege zu einem historischen Vergleich heranzuziehen. Was heute so nahe liegend zu sein scheint, blieb dem politischen Denken der Byzantiner fremd. Die Geschichte des antiken Griechenland und mit ihr auch die Perserkriege blieben historische Reminiszenzen, die zwar lebendig und allgegenwärtig waren, die aber allenfalls ansatzweise als ein historisches Argument in den Auseinandersetzungen mit den politischen Problemen der jeweiligen Zeit genutzt wurden; dies geschah dann auch nur wenig kämpferisch, sondern weitgehend resignativ. Hier findet sich noch nicht das Offensive und Aggressive wie in der Verwendung des Perserkriegsmotivs im Philhellenismus des 19. Jahrhunderts.

Exemplarisch wird dies in den Schriften des Michael Choniates deutlich. Um die Mitte des 12. Jahrhunderts hatte er in Konstantinopel eine wissenschaftliche Ausbildung bei seinem Lehrer Eustathios durchlaufen, der in ihm eine große Begeisterung für die griechische Antike weckte. Als Choniates 1182 das Amt des Metropoliten von Athen antrat, waren seine Erwartungen entsprechend hoch. Mit großem Enthusiasmus berichtete er in seiner Antrittsrede, dass viele ihn darum beneidet hätten, dass er Metropolit im vielgerühmten und goldenen

Athen geworden sei. Sehr schnell musste er allerdings erkennen, dass vom alten Glanz des klassischen Athen nichts mehr übrig geblieben war. In zahlreichen Reden führte er dann in den folgenden 20 Jahren bittere Klagen über den Verfall der Stadt. Diese sei nur noch ein großer Trümmerhaufen, der vom alten Ruhm nichts mehr erahnen lasse. Die Zeit sei gegen die guten Dinge der Stadt barbarischer ins Feld gezogen als die Perser. In einer 1183 gehaltenen Ansprache an den byzantinischen Verwalter von Hellas und der Peloponnes lässt Choniates die Stadt Athen selbst sprechen und um Hilfe bitten: „Da bin ich, ich Arme, einst die Mutter jeglicher Weisheit und Führerin aller Tugend, ich, die ich oft zu Lande und zu Wasser die Perser überwunden habe, nun aber werde ich von Piraten traktiert und all dessen, was am Meer liegt, beraubt. [...] Gib mir, die ich am Boden liege, die Hand, hilf mir, die ich so in Gefahr bin, belebe mich, die ich schon tot bin, damit ich dich unter Themistokles, Miltiades und den gerechten Aristeides einreihen kann".

In einer anderen Rede führt Michael Choniates aus, dass Dareios, Xerxes und Mardonios die Stadt nicht hätten besiegen können. Die zu Wasser und zu Lande kämpfenden Soldaten aus Athen hätten den Persern zwar nicht den Weg nach Europa verschließen können, es sei ihnen aber gelungen, die Perser nach Asien und zu ihren Stämmen zurückzudrängen. Doch dieses Athen von früher existiere nicht mehr. Gut hundert Jahre später muss auch Demetrios Pepagmenos ganz ähnliche Empfindungen gehegt haben, als er an der Wende vom 14. zum 15. Jahrhundert nach Athen kam und dort in seinen Erwartungen in der gleichen Weise enttäuscht wurde wie Choniates. Der Gelehrte Johannes Chortasmenos versuchte seinen Freund in einem Brief zu trösten: „Schon vor Deinem Brief wusste ich, dass Du das heilige Athen in keinem besseren Zustand antreffen wirst als damals, als es Xerxes im Krieg eroberte und durch Feuer zerstörte. [...] Die Stadt Athen ist überhaupt nur noch durch Aristeides und seine Panathenäen-Rede den Menschen in Erinnerung. So sehr hat die Zeit auch mit ihr Spott getrieben, dass sie jetzt ein erbarmenswertes Schauspiel bietet für den, der bei ihrem Anblick an Miltiades, Themistokles und die übrigen führenden Männer denkt". Chortasmenos fährt fort, dass Konstantinopel aber von Athen ein Erbe erhalten habe. Man brauche daher nicht an Athen zu verzweifeln. Athen stehe an der Seite von Byzanz, wenn Byzanz die führenden Männer Athens zu Lehrern nehme. Chortasmenos appelliert daher an seinen Freund: „Verlass also auch Du das nur noch in seinen Grundfesten sichtbare Athen [...] und komm schnell in das zweite Athen".

In diesen Worten spiegelt sich eine Wende wider. Ganz bewusst wurde die „Rückbesinnung auf Athen als geistige Heimat [gesucht]. [...] Die Anknüpfung an die hellenische Tradition wird zum Anliegen der letzten Byzantiner, während vor ihren Augen die letzten Reste des römischen Reiches zerfallen" (Pfeiffer). Ein wachsendes Volks- und Nationalbewusstsein bei den Griechen ließ Konstantinopel vom zweiten Rom zum zweiten Athen werden.

Vor diesem Hintergrund ist es umso erstaunlicher, dass der endgültige Fall Konstantinopels 1453 keinen Vergleich zu den antiken Perserkriegen provozierte. Im Gegenteil: Der byzantinische Historiker Kritobulos von Imbros widmete sein Geschichtswerk dem Eroberer Konstantinopels, Mehmet II., und würdigte ihn ausdrücklich als einen „Philhellenen", der sich durch sein großes Interesse am antiken griechischen Erbe ausgezeichnet habe. Diese Sichtweise verwundert auf den ersten Blick. Sie entsprach aber einer heute völlig fremden Vorstellung, derzufolge die Türken als unmittelbare Nachfahren der Trojaner betrachtet wurden: Die *Turci* wurden mit den *Teucri* Vergils gleichgesetzt. So erschien die Eroberung Konstantinopels als eine späte und vor allem gerechte Rache für die Zerstörung Trojas, mit dem das Abendland sich auf vielfältige Weise eng verbunden fühlte. Diese Vorstellung war tief im Denken der damaligen Zeit verwurzelt. Wenig Erfolg hatte daher der Humanist Enea Silvio Piccolomini, der spätere Papst Pius II., mit seinen Bemühungen, zu einem neuen Kreuzzug gegen die Türken aufzurufen. Mit großem Nachdruck bekämpfte er das Bild der Türken als der Nachfahren der Trojaner. Er stilisierte die Türken stattdessen als Abkömmlinge der Skythen und versah sie mit allen nur denkbaren Charakterzügen von Barbaren. Dabei griff Piccolomini auch Reminiszenzen an die Perserkriege auf, allerdings nur um darzulegen, dass die Türken noch weitaus schlimmer als die Perser seien. Alle bisherigen Eroberer Griechenlands seien nicht Feinde, sondern vielmehr Bewunderer der Literatur gewesen. Die Türken aber würden alle Bücher verbrennen und damit das antike Erbe des Abendlands vernichten.

Weder im Kontext der Eroberung von Konstantinopel noch in der darauf folgenden Zeit der Türkenkriege im Europa des 16. und 17. Jahrhunderts ist eine nennenswerte politische Instrumentalisierung der Perserkriege zu beobachten. Im Verlauf des 17. Jahrhunderts beginnt sich dies aber allmählich zu verändern. Die historischen Exempel der griechischen Antike und insbesondere auch der Perserkriege wurden zunehmend zum Argument im zeitgenössischen politischen Diskurs und blieben nicht mehr nur gelehrte Reminiszenzen. Ein frühes, aber wenig bekanntes Beispiel ist Johannes Wülfers 1669 in altgriechischer Sprache verfasstes Gedicht mit dem Titel „Das heutige Griechenland, das eine Mitleid erweckende Rede hält wegen seiner Verwüstung und von den Fremdlingen, insbesondere den deutschen, Hilfe erbittet". Hier werden zunächst über weite Passagen hin die Leistungen des antiken Griechenland gewürdigt, von denen die ganze Welt in Form von Sprache, Philosophie, Gesetzgebung, Medizin und Naturwissenschaften profitiert habe. Dies alles entspricht noch vergleichbaren älteren Dichtungen und ist ganz dem tradierten Bildungskanon verpflichtet. Neu aber ist die abschließende Wende in eine konkrete politische Forderung an die „Könige des Westens", Hellas im Kampf um die Wiedererlangung der Freiheit aktiv zu unterstützen. Dabei wird noch einmal auf die Antike zurückgegriffen: Die Griechen seien immer bereit zum Kampf wie schon in den Zeiten des Miltiades und Themistokles, des Kimon und des Konon.

Johannes Wülfers Dichtung fand wenig Nachhall. Er war allerdings mit seinen Forderungen ein früher Vertreter eines im 17. Jahrhundert beginnenden Philhellenismus, der in der Folgezeit zur Triebfeder für eine auch politische Rückbesinnung auf die griechische Antike und vor allem die Perserkriege wurde. Ein entscheidender Wegbereiter für diese Kehrtwende ins Politische war die europäische Aufklärung, die die Propagierung eines neuen Freiheitsideals mit einem starken Rückbezug auf die griechische Antike untermauerte. Die Philosophie der Aufklärung nahm die schon in der Antike entwickelte dichotomische Vorstellung von den Perserkriegen als einem Kampf zwischen Freiheit und Despotie wieder auf und spitzte sie weiter zu. In seiner „Philosophie der Geschichte" brachte Hegel dieses Gedankengut auf den Punkt. Während der Perserkriege habe „das Interesse der Weltgeschichte [...] auf der Waagschale gelegen. Es standen gegeneinander der orientalische Despotismus, also eine unter einem Herrn vereinigte Welt, und auf der anderen Seite geteilte und an Umfang und Mitteln geringe Staaten, welche aber von freier Individualität belebt waren". Daher seien die griechischen Siege „welthistorische Siege: sie haben die Bildung und die geistige Macht gerettet und dem asiatischen Prinzip alle Kraft entzogen".

Aus dem Denken der Aufklärung heraus griff man dann auch in der Französischen Revolution begierig auf antike Vorbilder zurück und bemühte gerade die Perserkriege als historisches Exempel. Ein Beispiel aus der überreichen Fülle mag hier genügen: Als sich im Jahre 1793 in Frankreich eine Dechristianisierungsbewegung ausbreitete, stellten die Bürger der Stadt Saint-Maximin den Antrag, den Namen ihrer Stadt in „Marathon" umzuändern. Ihren Antrag begründeten sie wie folgt: „Dieser heilige Name erinnert uns an die attische Ebene, die das Grab von hunderttausend Speerträgern wurde. Aber er bringt uns mit viel größerer Klarheit die Erinnerung an den Freund des [französischen] Volkes. Marat war Opfer [...] der Verschwörer. Es wäre ein Glück, wenn der Name, den wir gewählt haben, helfen würde, dass seine Tugend und Vaterlandsliebe die Jahrhunderte überdauerte". „Der einem politischen Mord zum Opfer gefallene Marat sollte so zu einem neuen Miltiades stilisiert werden und der neue Ortsname an seine Verdienste erinnern" (Goette). Marathon und die Perserkriege waren zum Erinnerungsort einer neuen europäischen Freiheitsbewegung geworden.

Mit dieser ganz in der antiken Tradition stehenden Verklärung der Perserkriege als historischem Exempel für einen neu zu führenden Freiheitskampf wurden die wesentlichen Voraussetzungen dafür geschaffen, dass zu Beginn des 19. Jahrhunderts eine europaweit agierende philhellenische Bewegung die Perserkriege derart instrumentalisieren konnte, dass sie zum entscheidenden historischen Bezugspunkt für den griechischen Befreiungskrieg wurden und Marathon weit über die Grenzen Griechenlands hinaus zu einem Erinnerungsort werden ließen. An der Wende vom 18. zum 19. Jahrhundert setzte eine Flut von Schriften und Büchern ein, die von dem immer gleichen philhellenischen Tenor geprägt waren und sich gegenseitig mit ihren Vergleichen zu den Perserkriegen zu übertrumpfen suchten. So verfasste schon 1801 Johann Gottfried Heynig eine Schrift unter dem Titel „Europa's Pflicht, die Türken wieder nach Asien zu treiben und Griechenland mit unserer christlichen Welt zu vereinigen". In dieser Schrift, die bezeichnenderweise 1821 eine Neuauflage erfuhr, wurde nicht nur der Gegensatz von Christentum und Islam, Freiheit und Despotie thematisiert, sondern zugleich auch auf die Perserkriege und das antike Griechenland verwiesen, um der Forderung Nachdruck zu verleihen, dass „Griechenland als Wiege der europäischen Kultur nicht an die Türken verloren gehen" dürfe.

Das gleiche Deutungsmuster findet sich auch in zahlreichen literarischen Texten des frühen 19. Jahrhunderts: Friedrich Hölderlin bezeichnete die Griechen seiner Zeit als die „Nachfolger der Sieger von Salamis"; Percy B. Shelley sah im griechischen Freiheitskampf eine Nachahmung der „Perser" des Aischylos, und Lord Byrons Dichtungen sind übervoll von Reminiszenzen an die Schlacht von Marathon und die Perserkriege. Der politische Philhellenismus hatte der modernen Adaption des antiken Konstrukts der Perserkriege zum Durchbruch verholfen.

Die politischen Konnotationen, die vor allem im ausgehenden 18. und beginnenden 19. Jahrhundert mit der Schlacht von Marathon verbunden wurden, prägen noch bis heute das landläufige Geschichtsbild. Das starre dichotomische Bild, das bereits in der antiken Überlieferung angelegt war, versperrt aber den Blick auf die eigentliche historische Bedeutung der Perserkriege und vor allem der Schlacht bei Marathon. Diese Schlacht war zwar nicht der „Geburtsschrei Europas", wie es John F. C. Fuller in seiner „Military History of the Western World" ausgedrückt hat, sie war aber auch nicht bloß ein „unbedeutendes kurzes Scharmützel am Strand" von Marathon, wie es Theopomp im 4. Jahrhundert v. Chr. glauben machen wollte. Erst vor wenigen Jahren wurde eine der Grabstelen wiederaufgefunden, auf denen die Namen der bei Marathon gefallenen Athener verzeichnet waren. Diese Stele ziert ein Epigramm, das die Schlacht als einen Sieg „der Wenigen über die Vielen" feiert. In diesem zeitgenössischen Text ist die eigentliche Bedeutung dieser Schlacht zu greifen. Für die Athener bedeutete dieser unerwartete Sieg „der Wenigen über die Vielen" eine ganz wesentliche Stärkung ihres bürgerlichen Selbstbewusstseins, nachdem erst kurz zuvor mit den Reformen des Kleisthenes der athenische Bürgerstaat auf neue Grundlagen gestellt worden war, die die Ausgestaltung einer demokratischen Verfassung erst ermöglichten. Damit war die Schlacht von Marathon zugleich auch ein weiterer entscheidender Schritt für die Entstehung des Politischen (eben nicht nur) bei den Griechen. So besehen markiert die Schlacht von Marathon vielleicht doch auch eine der Wurzeln des heutigen Europa.

Literaturhinweise

Emma Bridges u. a. (Hrsg.), Cultural Responses to the Persian Wars. Antiquity to the Third Millenium. Oxford 2007.

Martin Flashar, Die Sieger von Marathon. Zwischen Mythisierung und Vorbildlichkeit, in: ders. u. a. (Hrsg.), Retrospektive. Konzepte von Vergangenheit in der griechisch-römischen Antike. München 1996, S. 63–85.

Hans-Joachim Gehrke, Marathon (490 v. Chr.) als Mythos: Von Helden und Barbaren, in: Gerd Krumeich/Susanne Brandt (Hrsg.), Schlachtenmythen. Ereignis – Erzählung – Erinnerung. Köln u. a. 2003, S. 19–32.

Hans Rupprecht Goette/Thomas Maria Weber, Marathon. Siedlungskammer und Schlachtfeld, Sommerfrische und olympische Wettkampfstätte. Mainz 2004.

Karl-Joachim Hölkeskamp, Marathon – vom Monument zum Mythos, in: Dietrich Papenfuss/Volker Michael Strocka (Hrsg.), Gab es das griechische Wunder? Griechenland zwischen dem Ende des 6. und der Mitte des 5. Jahrhunderts v. Chr. Mainz 2001, S. 329–353.

Michael Jung, Marathon und Plataiai. Zwei Perserschlachten als „lieux de mémoire" im antiken Griechenland. Göttingen 2006.

Friedgar Löbker, Antike Topoi in der deutschen Philhellenenliteratur. Untersuchungen zur Antikenrezeption in der Zeit des griechischen Unabhängigkeitskrieges (1821–1829). München 2000.

Gerhard Pfeiffer, Studien zur Frühphase des europäischen Philhellenismus (1453-1750). Erlangen-Nürnberg 1969.

Andreas Rhoby, Reminiszenzen an antike Stätten in der mittel- und spätbyzantinischen Literatur. Eine Untersuchung zur Antikenrezeption in Byzanz. Göttingen 2003.

Rainer Gries und Silke Satjukow

Helden der Arbeit

Die Überreste arbeiterlichen Heroentums

199 , drei Jahre nach der Implosion der sozialistischen Staaten in Europa, erinnerte der deutsch Schriftsteller und Rocksänger Heinz Rudolf Kunze mit Ironie und Sarkasmus an den A iter; genauer: an die „Helden der Arbeit": „Arbeiter! / Gibt's Dich / auch noch?! / Held d Arbeit / Schattenboxer / Saubermann, was nun? / Alle Fahnen eingerollt / und nichts bt mehr zu tun".

Gab es sie überhaupt noch, die vierschrötigen Heroen der Werkbank, die sich den Herausderungen ihrer schweren Arbeit stellten? Wo waren sie geblieben, die klassenbewussten impfer für eine bessere Welt? Waren sie womöglich zu bloßen „Schattenboxern" verkommen, die ihre roten Fahnen längst an den Nagel gehängt hatten?

Der Rockliterat Kunze hat Recht: Anfang des 21. Jahrhunderts scheint von den Arbeiterhelden nirgendwo etwas übrig geblieben zu sein. 2004 stellte eine einstmals ostdeutsche Zigarettenmarke namens „Club" die im real existierenden Sozialismus ehrenvollen Bezeichnungen „Aktivist" und „Held der Arbeit" zu Werbezwecken in ihren Dienst: Ein smarter junger Mann und eine ebenso junge, extravagante Frau setzten mit diesen beiden Slogans nichts als blauen Dunst in Szene. Aus dem verdienten Werktätigen waren zwar unangepasste, aber doch unpolitische Allerweltsfiguren geworden. Der Ehrentitel „Held der Arbeit" war zu einem Werbemotto herabgesunken. Das zeigen auch andere zeitgenössische Quellen: „Held der Arbeit" wird heute gerne mit dem Symbol sozialistischer Einheit schlechthin, den verschlungenen und vereinten Händen, kombiniert – als Aufdruck ostalgischer Ramsch-Produkte wie T-Shirts, Feuerzeuge, Kaffeetassen. Selbst eine Wodkamarke nennt sich „Held der Arbeit".

Doch wo lebt heute noch die Substanz dieser politischen Benennung weiter? Sicher bei den wenigen Menschen, denen einst offiziell der Orden eines „Helden der Arbeit" verliehen wurde – wie zum Beispiel bei Margot Honecker, der ehemaligen First Lady der DDR.

Doch gibt es bis auf den heutigen Tag einen Mann, dem der Ehrentitel „Arbeiterheld" ohne Unterlass und ohne Arg immer wieder zugeschrieben wird. Gemeint ist der ehemalige polnische Werftarbeiter Lech Wałęsa: Wann immer er auftritt, wann immer er sich zu Wort meldet, charakterisieren ihn Medien überall in Europa als „Arbeiterhelden". Der Elektriker der Danziger Lenin-Werft steht für das mutige und erfolgreiche Aufbegehren von Arbeitern gegen die Diktatur der Polnischen Vereinigten Arbeiterpartei. Sein Ehrentitel bezieht sich nicht auf hervorragende Leistungen als Werktätiger, sondern er bezieht seine Dignität aus seinem unbeugsamen und unbeirrbaren Kampf für die Rechte der Menschen in den sogenannten Arbeiter- und Bauernstaaten: Er war bereits 1970 Mitglied eines illegalen Streikkomitees, er organisierte 1978 erstmals eine ebenso illegale Untergrundgewerkschaft, und Mitte August 1980 erkletterte er die Werftmauer und wurde so von den Danziger Arbeiterscharen zum Streikführer akklamiert. Die kommunistische Regierung erkannte notgedrungen noch im selben Jahr die unabhängige Gewerkschaft Solidarność an, und der charismatische Arbeiterführer Lech Wałęsa wurde zu ihrem ersten Vorsitzenden gewählt. Mehrfach war er zu Haftstrafen verurteilt worden, doch der Held der polnischen Arbeiterschaft ließ sich nicht unterkriegen. Die Figur des Lech Wałęsa steht damit seit über drei Jahrzehnten für einen europäischen Helden, der maßgeblich und eigensinnig an der Umwälzung des ganzen Kontinents 1989/90 beteiligt war.

Die Heldenfigur Wałęsa gibt aber auch Anlass, die Geschichte arbeiterlicher Heldenmythen in Europa in ihren Grundzügen zu überdenken.

Die frühen Helden der Arbeiterbewegung

Es bedurfte einer gewissen Inkubationszeit, bis die Arbeit und ihre Akteure in der modernen Industriegesellschaft heroisiert wurden. Erst während des letzten Drittels des 19. Jahrhunderts verdichteten sich Erzählungen vom industriellen Arbeiten zu regelrechten Mythen, die einzelne Individuen als Vorbilder hervorhoben. Diese frühen Heldennarrative, die sich um die Arbeit in Fabriken rankten, wurden keineswegs von der Arbeiterschaft und ihren Vertretern allein reklamiert. Im Gegenteil: auch zahlreiche Unternehmer dieser Zeit stilisierten sich als Helden der neuen Arbeitswelt. Die wirtschaftlichen und gesellschaftlichen Antagonismen des Industrialisierungsprozesses spiegelten sich also auch in der frühen zweigeteilten Heldenkultur wider.

Die aufreibende und vielfach gefährliche Arbeit in den Fabriken wurde überhöht, geradezu zu einer heiligen Handlung verbrämt: „Der Zweck der Arbeit soll das Gemeinwohl sein, dann bringt Arbeit Segen, dann ist Arbeit Gebet". So das Credo von Alfred Krupp anlässlich des 25. Jahrestags der Firmenübernahme 1873. Aus einem solchen Verständnis des Arbeitens konnten sowohl Fabrikanten wie Arbeiter fortan kulturelles Kapital ziehen, auf beiden Seiten wurden mehr und mehr Heldenlegenden präsentiert. Mit dem Tod dieser ersten Gründergeneration kam es zu einer regelrechten Blüte von unternehmerischen Heldenfiguren: nicht selten wurden ihnen nicht nur publizistische, sondern steinerne Denkmale gesetzt.

Die ersten Helden der Arbeit aus proletarischer Perspektive waren denn auch eher Helden der Arbeiterbewegung: „Auch in der Arbeiterbewegung entstanden heldengleiche Verehrungsmuster letztlich aus einem tief empfundenen Verlustgefühl heraus. So entwickelte sich um den Arbeiterführer Ferdinand Lassalle nach seinem Tod eine fast kultische Verehrung. Die Todesumstände – Lassalle starb infolge eines Duells wegen einer adeligen Frau – schienen zunächst kaum das Potenzial zur Schaffung eines konsensfähigen Märtyrerbildes für die Arbeiterbewegung zu bieten. Doch schon die Überführung des Leichnams entwickelte sich zu einem Triumphzug" (Parent/Schmidt-Rutsch). Kein geringerer als Karl Marx verglich den Tod dieses Arbeiterführers mit dem Tod eines antiken, nahezu unbesiegbaren Heros: „Er ist jung gestorben, im Triumph, als Achilles". In der Folgezeit entwickelte sich ein lebhafter Kult um den toten Lassalle. Doch er blieb nicht die einzige ‚Lichtgestalt' im frühen arbeiterlichen Heldenhimmel. Auch lebenden Arbeiterführern wurde zunehmend öffentlich gehuldigt. August Bebel, der Führer der Sozialdemokratie, wurde gar als „Arbeiterkaiser" verehrt. Während des Ersten Weltkriegs stand sein Andenken nicht nur für die Einheit der Sozialdemokratie, sondern auch für die Einheit der Arbeiterschaft mit der Nation.

Doch bei der Verehrung von Einzelhelden blieb es nicht. Das Gemälde von Heinrich Kley „Die Krupp'schen Teufel" (um 1912/13; Abb. 1) zeigt zahlreiche Arbeiter in der Gussstahlfabrik der Firma Krupp. Sie werden als Heroen vorgeführt, die mit ihrer Hände Arbeit und mit ihren Werkzeugen die Dämonen des Industriezeitalters bezwingen. Sie kontrollieren mit herkulischem Gestus die gewaltigen Kräfte der Stahlproduktion.

Die sozialistische Arbeiterbewegung sprach zur gleichen Zeit allen Arbeitern potenziell den Status von Helden zu – nicht nur aufgrund des heldenhaften Arbeitskampfes in den Fabrikhallen, sondern auch aufgrund des heldenhaften Klassenkampfes auf öffentlichen Stra-

66

Abbildung 1: Heinrich Kley, „Die Krupp'schen Teufel", um 1912/13, Öl auf Leinwand, LWL-Industriemuseum, Westfälisches Landesmuseum für Industriekultur, Dortmund; Foto/Copyright: LWL-Industriemuseum, Dortmund

ßen und Plätzen. Die in die Millionen zählenden Partei- und Gewerkschaftsmitglieder galten bereits Mitte der 1920er Jahre alle als „Kämpfer gegen Enterbung und Knechtschaft". „Heldisch war die Mutter, die sich für ihre Kinder aufopferte; heldisch war der Vater, der sich von der täglichen Mühsal nicht unterkriegen ließ, sondern Aufrichtigkeit und Humanität bewahrte" (Frevert).

Ebenfalls Mitte der 1920er verwies der sowjetische Schriftsteller Maxim Gorki in seinem Aufsatz „Über den Helden und die Menge" auf dieses bedeutsame, einzigartige Wesensmerkmal des Arbeiterhelden hin: „Für mich ist jede Menge eine Ansammlung von Heldenkandidaten. [...] Der Held ist so etwas wie ein irrlichterndes Flämmchen über dem zähen Sumpf des Alltäglichen, er ist ein Magnet, der eine Anziehungskraft auf alle und jeden ausübt, der nicht nur ein passiver Zuschauer der Ereignisse sein will, auf alle, in denen eine wenn auch noch so schwache Hoffnung auf die Möglichkeit eines anderen Lebens brennt oder glimmt. Daher ist jeder Held ein soziales Phänomen, dessen pädagogische Bedeutung äußerst wichtig ist. Ein Held sein zu wollen heißt mehr Mensch sein zu wollen, als man ist".

Der „traditionelle" Held hatte als außergewöhnlicher Mensch aus der Menge der Vielen hervorgeragt, er war als ein Einzelheld bewundert und gefeiert worden. Die Gruppe hatte ihn stellvertretend für jeden Einzelnen innerhalb der Gemeinschaft auserkoren. Gorki behauptete für die in der jungen Sowjetrepublik geborenen „Arbeitshelden" etwas ganz Neuartiges: „Wir alle sind als Helden geboren und leben als solche. Und wenn die Mehrheit das verstanden hat, wird das Leben durch und durch heroisch werden".

Ein „Held der Arbeit" konnte nun jedermann werden. Noch exakter formuliert: Die Menschen des Sozialismus würden in naher Zukunft alle zu Helden reifen, so das neue Heldenmodell. Bis sie freilich diese Botschaft der Ideologen und Propagandisten verstanden haben würden, bräuchte es weiterhin einzelne, nachahmenswerte Vorbilder.

Was leisteten diese frühen personifizierten Heldenlegenden? Sie vermochten den Wertekanon und die Ideologie des eigenen Lagers überzeugend darzustellen; sie eröffneten den eigenen Gefolgsleuten leichte, rasche und eindringliche Möglichkeiten der Identifikation; solche Figuren vermittelten Orientierung und Sicherheit. So, wie die frühen Arbeiterhelden inszeniert wurden, bildete sich um sie herum überhaupt erst die neue Arbeiterklasse. Helden waren und sind damit menschliche Medien der Gemeinschaftsbildung.

Das Heldentum der Arbeit im Faschismus und im Nationalsozialismus

Die Idee des Jedermann-Helden war nicht zuletzt auch durch die millionenfachen Erfahrungen des Ersten Weltkriegs, des ersten „Totalen Kriegs", verstärkt worden: Dieser Krieg gehorchte erstmals den Paradigmen der modernen Industriegesellschaft – Menschen und Technik wurden zu gewaltigen Kampfmaschinen verdichtet. Der ehemalige Frontsoldat wurde nach der Demobilisierung nicht wieder zum einfachen Zivilisten, sondern er blieb in seinem Selbstverständnis Kämpfer und potenzieller Held – als Bürger und als Arbeiter. Nach diesem Krieg konnten die großen, muskulösen Einzelheroen weiterhin ihren Platz behaupten – sie finden sich fortan als Propagandafiguren des rechten wie linken politischen Flügels.

Der Arbeiter-Held „diente der Verkörperung der revolutionären Macht des Proletariats, wie dies in offenkundiger Abwandlung früherer Herrscherikonographie nun in der Gestalt des ‚Riesen' Proletariat geschah" (Thamer).

Doch sowohl der italienische Faschismus als auch der deutsche Nationalsozialismus deuteten die Idee vom Jedermann-Helden auf ihre eigene Art aus. Beide Bewegungen verknüpften Elemente des proletarischen Heldentums mit Vorstellungen vom soldatischen Heldentum: Sie präsentierten in ihrer Propaganda keine übermächtigen Einzelfiguren, sondern anonyme heroische Arbeitersoldaten.

Die Propaganda des italienischen Faschismus präsentierte den Duce Benito Mussolini als omnipräsenten und omnipotenten Helden: muskulös, entschlossen, herrisch – jedoch selten in der Pose des Arbeiters oder gar eines Arbeitshelden. Die Arbeitspropaganda des Faschismus thematisierte nicht die Arbeit und ihre Akteure in der Fabrik, denn hier rechnete sich die Partei wenig Mobilisierungschancen aus. Sie konzentrierte sich vielmehr auf die bäuerliche Arbeit: auf die 1925 ausgerufene *battaglia del grano*, die „Kornschlacht", und auf die Trockenlegung der Pontinischen Sümpfe, die als „Sieg über die Natur" gefeiert wurde. In beiden Kampagnen wurden Helden der Arbeit propagiert, die Urbarmachung des Agro Pontino zum Beispiel wurde als militärisches Manöver mit dem Ziel einer „Eroberung des Bodens" in Szene gesetzt. In einschlägigen Illustrationen werden immer wieder entschlossene und kraftvolle männliche Figuren gezeigt, ikonographische Gemengelagen aus Bauern, Arbeitern und Soldaten, die diesen Kampf vor Ort mit Bravour bestehen und gewinnen. Doch diese Bildnisse bleiben anonym, sie verfügen nicht über eine eigene Geschichte oder Heldenlegende, sie firmieren zwar unzweifelhaft als Helden jenes Kampfes – doch sie werden nur als Namenlose in einem Heer von Bauernsoldaten gezeigt. Der einzige namhafte Arbeiter- und Bauernheld war Mussolini selbst, der zuweilen bei bäuerlichen Verrichtungen, durchaus auch mit nacktem Oberkörper, vorgeführt wurde.

Adolf Hitler wurde niemals in der Pose eines Arbeitshelden gezeigt; er stellte nach der Machtübernahme ausschließlich den „Führer und Reichskanzler" dar. Gleichwohl verfocht die nationalsozialistische Propaganda das Ideal eines „bodenständigen deutschen Industriearbeiters", der durchaus mit heroischen Charakteristika publizistisch und künstlerisch umgesetzt wurde. Ein Beispiel: Die Zeitschrift „Volk und Welt" dokumentierte 1937 den Bau der „Straße des Führers", der Reichsautobahn. Hier finden wir den für die nationalsozialistische Propaganda typischen Arbeitshelden: einen „pommerschen Erdarbeiter", aufgenommen im Dreiviertelprofil. „Seine Hände liegen vor seiner bloßen Brust auf dem Griff eines Spatens, die Arme sind muskulös und die Unterarme sonnengebräunt. Der Hintergrund ist einförmig dunkel, so dass die gesamte Konzentration auf der dargestellten Person liegt. Das Gesicht des Mannes ist markant. Er wirkt ruhig, kräftig und entschlossen" (Peters-Klaphake). Auch im Nationalsozialismus finden wir Archetypen von Arbeitshelden, doch auch sie bleiben wie die Arbeitshelden im italienischen Faschismus ohne individuelle Geschichte, ohne Erzählung: Sie sind bloß Bilder, Vor-Bilder – ein Heldentum ohne echte Helden und damit auch ohne Bezug zum Publikum.

Das war bei den zur gleichen Zeit im Kommunismus erschaffenen „Helden der Arbeit" anders. Diese Heroen waren Helden zum Anfassen, sie verfügten über Namen und Biografien.

Die „Helden der Arbeit" im real existierenden Sozialismus

Im April 1936 verliehen die Staatsoberen der Sowjetunion erstmalig offiziell den Titel „Held der Arbeit"; sie wählten für ihre Ehrenbezeugung den Donezker Bergmann Alexej Stachanow. Der aus einfachen bäuerlichen Verhältnissen stammende Hauer hatte in der Nacht zum 31. August 1935 einen außergewöhnlichen Rekord aufgestellt: er übertraf in jener Schicht die übliche Tagesleistung um das 14-fache. In kurzer Zeit stieg der Grubenarbeiter zum Arbeitshelden einer ganzen Epoche auf, zu einer lebenden Legende und zum Vorbild der Bewegung des sozialistischen Wettbewerbs. Die nun begründete „Stachanow-Bewegung" stand für die Erhöhung der Arbeitsproduktivität durch die Verwendung moderner Technik und für die Steigerung des kulturell-technischen Niveaus der Werktätigen, sie wurde für die rasant betriebene Industrialisierung der bisher rückständigen Sowjetunion in Dienst genommen.

Theoretisch fundiert wurde diese neue Aktivistenbewegung durch Schriften von Friedrich Nietzsche, Karl Marx und Anatoli Lunatscharski. Diesen „neuen Menschen", so die Philosophen und der Ideologe, solle es zukünftig obliegen, eine ganz und gar neue Gesellschaft anzuführen, zu gestalten und zu vollenden. Die Ideologie des Jedermann-Helden, alltäglich vorgelebt von ersten „neuen Menschen" wie Stachanow, fand dank der Hegemoniebestrebungen der Sowjetunion nach 1945 sehr schnell Niederschlag in den Heldenerzählungen der anderen osteuropäischen Staaten und der DDR. Überall wurden nun solche ‚neuartigen' Helden geboren: Imre Muszka in Ungarn und Mateusz Birkut in Polen – und Adolf Hennecke in der DDR.

Die Vorbereitungen für die historische Hennecke-Schicht begannen im Sommer 1948. Die Ablehnung der Hilfen des amerikanischen Marshall-Planes seitens der Moskauer Führung hatte die Bevölkerung verärgert. Zu Recht glaubte sie, dass sich ihre katastrophale Lage nur mit internationaler Hilfe verbessern ließ. Auf die anhaltende Forderung vor allem der hart arbeitenden Bergarbeiter: „Erst mehr Essen, dann mehr arbeiten" erwiderte die Partei: „Erst mehr produzieren und dann besser leben". Namhafte Funktionäre der Deutschen Wirtschaftskommission, der provisorischen „Regierung" der Ostzone, wurden nun in die

Gruben geschickt, um die Verantwortlichen vor Ort zur Rede zu stellen. Dabei war auch den Parteistrategen klar, dass nur materielle Anreize dem wirtschaftlichen Missstand dauerhaft entgegenwirken konnten. Sie wollten einen anerkannten Fachmann finden, der wie der Aktivist Stachanow zum Vorbild für alle Kumpel werden konnte – und einigten sich auf den erfahrenen Vorarbeiter Adolf Hennecke.

Am Mittwoch, dem 13. Oktober 1948 fuhr Hennecke eine Stunde früher als gewöhnlich in den Schacht ein. An diesem historischen Tag wollte der Kohlehauer eine große Tat vollbringen. Die Abbaustelle war schon vorbereitet worden, man hatte die Werkzeuge auf Hochglanz poliert und zusätzliche Hilfskräfte angefordert. Als Hennecke um die Mittagszeit aus dem Stollen ausfuhr, hatte er sein übliches Tagessoll mit 287 Prozent übertroffen – eine bis dahin einmalige Leistung.

Drei Tage nach der historischen Tat veröffentlichte die von den sowjetischen Besatzern herausgegebene „Tägliche Rundschau" erstmals Bilder der Geschehnisse. Kaum eine Zeitung im Vierzonendeutschland erschien nunmehr ohne eine Schlagzeile, die Hennecke entweder rühmte oder aber verdammte, je nachdem, in welchem Teil Nachkriegsdeutschlands der Text verfasst wurde. Der Rundfunk schaltete sich ein, Hennecke verkündete seine Botschaft auf allen Wellen. Im Osten füllten Texte mit Überschriften wie: „Henneckes Beispiel reißt uns alle mit", „Die Henneckes – Vorbilder für alle", „Wir brauchen viele Henneckes" die Zeitungen. Die Westmedien überschütteten den Helden der Arbeit hingegen mit Spott: „Hennecke treibt Sabotage", „Hennecke wird ‚versollt'", „Stachanow auf deutsch".

Tatsächlich versuchte bald eine Handvoll Kumpel, es diesem Aktivisten der ersten Stunde nachzumachen. Sie taten es nicht allein wegen des Geldes oder der Sachprämien. Viele Arbeiter, besonders aus den Reihen der Stammbelegschaften, identifizierten sich in erheblichem Maß mit „ihrem Betrieb" wie auch mit den neu zu schaffenden, scheinbar gerechten gesellschaftlichen Verhältnissen. Für sie war der Niedergang des eigenen Arbeitsumfelds in den Jahren nach dem Krieg eine schlimme Erfahrung. Eigene Ideen, Vorschläge und Aktionen zur Verbesserung von Arbeitsbedingungen und Arbeitsmethoden standen für diese Fachleute nicht nur für einen neuen Aufschwung, sie schufen darüber hinaus etwas ganz Neues: Sie veränderten ihren Status – weg vom bloßen Befehlsempfänger hin zum Mitgestalter. Daneben spielten freilich auch persönliche Aufstiegserwartungen eine große Rolle. Die Bekanntheit, zu der Hennecke in nur wenigen Tagen gelangte, schien auch für sie durchaus erstrebenswert. Höchstleistungen zu erbringen, versprach zudem einen beruflichen und sozialen Aufstieg. Hennecke-Aktivisten wurden nach der Demonstration ihrer überragenden Fähigkeiten nicht selten in den betrieblichen Leitungs- und Aufsichtsapparat berufen.

Der Bergmann Hennecke steht exemplarisch für die in allen sozialistischen Ländern zum Leben erweckten Arbeitshelden. Ganz im Sinn der in den 1920er Jahren von Maxim Gorki formulierten Idee und ganz nach dem Willen der politischen Führungen standen sie als Vorreiter für die Vielen. Nach gewaltigen Kriegsverlusten und nach dem nur schleppenden Wiederaufbau galt es in den 1950er Jahren in allen sozialistischen Bruderländern, die Arbeitsproduktivität zu steigern. Die Produktionspropaganda versuchte damals den Werktätigen einzubläuen, dass Partei und Staat das höhere Arbeitstempo gleichsam als „Geschenk" von ihnen erwarteten – und erwarten durften. Im Gegenzug versprachen sie den vom Kriegs- und Nachkriegsalltag Gebeutelten eine goldene Zukunft im Kommunismus.

Diese Tempo- und Zeitpropaganda verdichtete sich in dem vermeintlichen Wort der Weberin Frida Hockauf vom Herbst 1953: „So wie wir heute arbeiten, wird morgen unser Leben sein!". Damit war die zentrale Botschaft der „Helden der Arbeit" formuliert. Dieser Satz der Weberin aus dem Erzgebirge umschrieb zugleich den gesellschaftspolitischen Hauptsatz des Sozialismus: Wer nur heute fleißig arbeitete, werde morgen belohnt werden. Alexej Stachanow, Adolf Hennecke und ihre Nachfolger standen somit für eine der zentralen Kommunikationsstrategien der Regime nach dem Ende des Zweiten Weltkriegs. Sie warben für einen bewussten Konsumverzicht in der Gegenwart – zugunsten einer kommenden sozialistischen beziehungsweise kommunistischen Gesellschaft. Die Arbeitshelden sollten durch ihr Vorbild nicht nur Initiativen beflügeln und Aktivisten aufhelfen, sondern auch für die Einhaltung des Plans werben – und glaubhaft Zeugnis dafür ablegen, dass sich in einer absehbaren Zukunft die Früchte der Arbeit aller zum Wohlstand für alle verwandeln werde.

Von Menschen und Übermenschen

Versuchen wir eine Bilanz arbeiterlichen Heroentums. Der Archetypus des arbeiterlichen Helden gebar sich aus den Industriekulturen des 19. Jahrhunderts. Von dort aus wanderte er durch die Geschichte Europas, und bis heute finden wir ihn in unterschiedlichen Gestalten wieder. Mehr als einhundert Jahre lang sahen Menschen zu ihren Arbeiterhelden, Arbeitshelden und „Helden der Arbeit" auf. Die Arbeiterbewegung hatte ihre Lichtfiguren bereits früh demokratisiert. Ihre Imaginationen des Jedermann-Helden erfuhren durch die „Urkatastrophe des 20. Jahrhunderts" allseits Auftrieb. Die Propagandisten der europäischen Diktaturen verschmolzen in der ersten Hälfte des vergangenen Jahrhunderts Arbeiterhelden mit Soldatenhelden. In der zweiten Hälfte des 20. Jahrhunderts verschwindet der Arbeiterheros hinter den Eisernen Vorhang – als „Held der Arbeit" wird er zu einer Symbolfigur der sozialistischen Gesellschaften. Mit deren Implosion erweisen sich einige wenige Arbeiterführer als Arbeiterhelden, deren moralischer Nimbus bis zur Gegenwart den gesamten Kontinent zu überstrahlen scheint.

Welchen Gewinn konnten die Menschen aus all diesen Inkarnationen arbeiterlichen Heldentums ziehen? Die Antwort verweist auf ein über die historischen Zeiten unveränderliches Phänomen: Die Helden und Übermenschen konnten die gewöhnlichen Menschen von einer sehr grundlegenden, existenziellen Angst befreien: von der Angst, am Ende ihres Lebens nichts bzw. ohne Bedeutung gewesen zu sein.

Heroischen Figuren kommt bei der Bildung von Gemeinschaften und Gesellschaften eine wichtige emotionale Aufgabe zu. Heroismus stellt eine Form dar, Angst zu kompensieren. Eine Grundangst des Menschen liegt darin, dass er sich seiner Endlichkeit bewusst ist. Er weiß um seinen Anfang und Ursprung, seine Geburt, und er weiß um sein Ende, seinen Tod. Niemand kann diese Grenzen als Einzelner überschreiten. Die Vorstellung von einer Gemeinschaft kann diese Grundspannung menschlichen Lebens mildern, vielleicht sogar aufheben. Die Gemeinschaft und ihre Erzählungen von den Helden bieten eine denkbare Möglichkeit, ein Über-Leben über den Tod hinaus zu gewährleisten.

Allerdings geht es bei diesem Über-Leben nicht allein um ein bloßes Weiterleben, darum also, dass die Gesellschaft oder Gemeinschaft den Toten durch Erinnerung ein Weiterleben sichert. Es geht vor allem um ein Über-Leben in einem zweiten Sinn. Gemeint ist die persönliche Teilhabe an einem überindividuellen Leben: die Sehnsucht nach einem Leben, das über dem eigenen, kleinen und individuellen Leben steht. Dieses überindividuelle Leben vermag das eigene Leben mit Sinn zu füllen. Es integriert das persönliche Leben in ein Großes Ganzes.

Es geht also nicht nur um die Angst des Menschen, nach dem eigenen irdischen Tod nicht mehr zu sein, sondern es geht vor allem um die Angst, niemals von Bedeutung gewesen zu sein. Aus dieser emotionalen Bedrängnis heraus lässt sich der Wunsch nach dem Außergewöhnlichen, der Wunsch, etwas Besonderes zu sein, ableiten. Dieses Bedürfnis stillten nicht zuletzt die Arbeitshelden.

Anders allerdings, als es Philosophen und Ideologen mit ihrem Postulat des Jedermann-Helden Anfang des Jahrhunderts vorausgesagt hatten, erwies es sich für die Gemeinschaft als unmöglich, dass jeder Einzelne zu einem mit der Aura des Außergewöhnlichen behafteten Helden avanciert. Dann wäre das Außergewöhnliche zum Normalen geworden – das „Außergewöhnliche" wäre nicht mehr ungewöhnlich gewesen. Die Idee des Jedermann-Helden war damit von Anfang an zum Scheitern verurteilt. Den meisten Menschen genügte es nämlich, wenn dieses Besondere nur bei einigen wenigen Individuen zum Ausdruck kam. Diese waren und sind die Helden. Mit diesen real erfahrbaren Personen bekam das Überindividuell-Außergewöhnliche menschliches Profil und Antlitz, wurde sehbar, hörbar, spürbar, greifbar und damit be-greifbar.

Helden wie der polnische Werftarbeiter Lech Wałęsa fungierten und fungieren also gleichzeitig als Stellvertreter des Einzelnen wie als Repräsentanz des Außergewöhnlichen. Sie waren und bleiben Vermittler zwischen dem kleinen eigenen Leben und Streben und dem Großen Ganzen.

Literaturhinweise

Kunst und Propaganda im Streit der Nationen 1930–1945, hrsg. v. Deutschen Historischen Museum Berlin. Dresden 2007.

Margrit GRABAS, Individuum und industrielle Arbeit, in: Richard van DÜLMEN (Hrsg.), Entdeckung des Ich. Die Geschichte der Individualisierung vom Mittelalter bis zur Gegenwart. Köln/Weimar/Wien 2001, S. 331–359.

Helden. Von der Sehnsucht nach dem Besonderen. Katalog zur Ausstellung im LWL-Industriemuseum Henrichshütte Hattingen, Essen 2010.

Glaube, Hoffnung – Anpassung. Sowjetische Bilder 1928–1945, hrsg. v. Museum Folkwang. Essen 1996.

Wolfgang RUPPERT (Hrsg.), Die Arbeiter. München 1986.

Silke SATJUKOW/Rainer GRIES (Hrsg.), Sozialistische Helden. Eine Kulturgeschichte von Propagandafiguren in Osteuropa und der DDR. Berlin 2002.

Silke SATJUKOW, Der Aktivist Adolf Hennecke. Prototyp des „neuen Menschen", in: Bilder im Kopf. Ikonen der Zeitgeschichte, hrsg. v. Stiftung Haus der Geschichte der Bundesrepublik Deutschland. Bonn 2009, S. 78–85.

Eckhard SCHINKEL u. a. (Hrsg.), Die Helden-Maschine. Zur Aktualität und Tradition von Heldenbildern, darin u. a. Jürgen SCHMIDT, Helden der Freiheit – Helden der Arbeit? Heldenbilder in Arbeiterbiographien um 1900, S. 93–103.

Gerd STEIN (Hrsg.), Lumpenproletarier-Bronze-Held der Arbeit: Verrat und Solidarität. Frankfurt/Main 1985.

Klaus VAŠIK/Nina BABURINA, Real‚nost' utopii: iskusstvo russkogo plakata XX veka. Moskva 2004.

Anne Cornelia Kenneweg
Antemurale Christianitatis

Als Papst Johannes Paul II. im Jahr 1994 Kroatien besuchte, wurde er am Flughafen von Zagreb vom damaligen kroatischen Präsidenten Franjo Tudjman mit einer Rede empfangen, die Kroatiens Rolle als *antemurale christianitatis*, also als Vormauer des Christentums hervorhob. In dieser Rede beschreibt Tudjman die kroatische Geschichte als einen „schweren und mühseligen Existenzkampf", den die Kroaten wegen der geopolitischen Lage ihres Landes an der Grenze zwischen verschiedenen Zivilisationen und imperialen Anspruchsgebieten hätten führen müssen. Tudjman führt aus, dass die Beziehungen zum Heiligen Stuhl bei diesem Kampf von großer Bedeutung gewesen seien, und zieht dann eine Verbindungslinie zwischen der Krönung der mittelalterlichen Könige Tomislav (†928) und Zvonimir (†1098) bis zur Anerkennung Kroatiens durch den Vatikan im Januar 1992. Dabei zitiert er auch die Botschaft Papst Leos X., der 1519 die Kroaten einen „festen Schild und Vormauer der Christenheit", also *antemurale christianitatis*, genannt habe.

Papstbesuch und Rede sind vor dem Hintergrund der jugoslawischen Zerfallskriege zu deuten, die von einigen Akteuren und Beobachtern als religiöse Konflikte und als *clash of civilizations* (Samuel Huntington) interpretiert wurden. Die Rede Tudjmans ist Teil einer diplomatischen Verständigung über die Rolle des jungen kroatischen Staates in Europa, sie trägt zur Erinnerung an Kriege und Schlachten seit dem Mittelalter bei, zeugt vom komplexen Verhältnis nationaler und europäischer Identitäten und behauptet eine kulturelle und implizit auch politische Grenzziehung im Südosten des europäischen Kontinents.

Die Rede weist damit eine Reihe von Merkmalen auf, die für den *antemurale*-Topos als Erinnerungsort charakteristisch sind: die Begegnung von Vertretern der – in diesem Fall katholischen – Kirche und einer Staatsmacht im Rahmen diplomatischer Beziehungen und vor dem Hintergrund einer Kriegssituation, die Verhandlung von Zugehörigkeit zu einem – wie auch immer gearteten – christlichen Europa sowie die Behauptung einer langdauernden historischen Kontinuität der Vormauerfunktion, die bis auf das Mittelalter zurückgeht.

Antemurale christianitatis als Erinnerungsort, Topos, Denkfigur oder Mythos

Tudjmans Rede steht exemplarisch für die schwer zu fassende Vielschichtigkeit von *antemurale christianitatis* als Erinnerungsort. Der Vorstellung, Vormauer des Christentums zu sein, liegt ein Bild zugrunde, das aus der Architektur, genauer aus dem Festungsbau, stammt. Dieses Bild strukturiert einen gedachten Raum in ein zu verteidigendes Innen, ein feindliches Außen und die Mauer selbst. Aus der Struktur dieses gedachten Raums ergibt sich allerdings ein Dilemma, denn mit dem *antemurale*-Topos kann sowohl Zugehörigkeit ausgedrückt werden als auch ein „Dazwischen sein", ein Mangel an Zugehörigkeit. Die Eigenschaft, Vormauer zu sein, kann je nach Kontext und Intention einem Ort, einer Personengruppe oder einer ganzen Nation zugesprochen werden, deren Verhältnis zu einem größeren Ganzen (Christentum, Europa, Westen usw.) einerseits und zu einem als bedrohlich empfundenen Anderen (Islam, Osten, Barbaren usw.) mit diesem Bild zum Ausdruck gebracht wird.

Der Terminus *antemurale christianitatis* und seine Varianten werden im öffentlichen Diskurs verwendet, um historische Inhalte mit aktuellen politischen Situationen zu verknüpfen.

Der Rückgriff auf mittelalterliche und frühneuzeitliche Ereignisse und Figuren geht dabei immer mit einer Dekontextualisierung und einer Rekontextualisierung kultureller Erinnerung einher: Ereignisse und Figuren werden auf eine Weise (um-)gedeutet, die den kulturellen beziehungsweise politischen Bedingungen und/oder Bedürfnissen der jeweiligen Gegenwart entspricht. Die Rede von *antemurale christianitatis* ist also eine Art Kommentar, der die Erinnerung an eine historische Situation, an ein Ereignis – beispielsweise eine Schlacht – oder an eine Person auf eine bestimmte Weise interpretiert.

Um die Verbreitung und den Wandel dieser Idee zu verstehen, ist nicht nur zu fragen, welche Inhalte damit verbunden waren. Vielmehr gilt es auch aufzuzeigen, wer, das heißt welche Trägergruppen diese Vorstellung verbreiteten und immer wieder neu deuteten und welche Auswirkungen die verschiedenen Deutungen auf Europavorstellungen hatten. Zudem sind die Medien der Verbreitung zu berücksichtigen: ein Papstbrief aus dem Hochmittelalter unterscheidet sich als Quelle von humanistischen Traktaten aus dem 15. Jahrhundert; polnische Dichtung des 17. Jahrhunderts ist etwas anderes als kroatische Historienmalerei aus dem 19. Jahrhundert oder ungarische Geschichtsschreibung der 1930er Jahre oder gar ein Beitrag in einem Internetforum zu Beginn des 21. Jahrhunderts.

Antemurale christianitatis lässt sich kaum als klar abgegrenzter Erinnerungsort greifen, denn mit der langen Dauer und großen Verbreitung geht auch ein beträchtlicher Variantenreichtum einher. Betrachtet man Entwicklung, Wandel und Verwendungsweisen des *antemurale*-Topos, ist zwischen Begriff und Idee sowie zwischen konkreten und metaphorischen Verwendungsweisen zu unterscheiden. Gerade in der Moderne kann man wegen des Bedeutungswandels eher von einer flexibel verwendbaren Denkfigur als von einem festgefügten Topos sprechen. Der Begriff der Denkfigur soll in diesem Fall den des Erinnerungsorts ergänzen; denn bei *antemurale christianitatis* handelt es sich weniger um ein eindeutig zu benennendes Ereignis oder einen klar abgrenzbaren Gegenstand als vielmehr – je nach Kontext – um eine Ansammlung von Merkmalen oder Eigenschaften, die bestimmten Orten, Personen oder ganzen Nationen zugesprochen werden, ein wandelbares Selbstverständnis, eine Auszeichnung durch andere oder eine spezifische Vorstellung von geopolitischen Räumen. Charakteristisch für die Verwendung dieser Denkfigur ist ferner, dass der Sprachgebrauch häufig zwischen einer metaphorischen und einer konkreten Ebene wechselt. In der Forschung wird *antemurale christianitatis* einmal als Topos, einmal als Mythos, einmal als Ideologie betrachtet, je nachdem, ob die Aufmerksamkeit eher auf die Verwendung als rhetorisches Instrument, auf die Integration in nationale Geschichtsbilder oder auf epochen- und nationenübergreifende historische Erzählungen gerichtet ist.

Diplomaten und Helden: Die Bandbreite der Verwendungskontexte

Die Vorstellung, Vormauer des Christentums zu sein, wurde im Spätmittelalter und in der Frühen Neuzeit in der politischen Auseinandersetzung zur Denkfigur geformt. Sie erlebte im Lauf der Jahrhunderte mehrere Konjunkturen und erfuhr dabei einen weitreichenden Bedeutungswandel. Wie groß die Bandbreite der Verwendungsweisen und Erscheinungsformen ist, lässt sich zeigen, indem man den Verwendungskontext der Diplomatie im weiteren Sinn und der Heldenverehrung und Erinnerung an Schlachten gegenüberstellt.

Der Verwendungskontext ‚Diplomatie' ist ein Elitendiskurs, in dem geschichtspolitische und diskursive Rückgriffe auf *antemurale* als Denkfigur mit dem Ziel eingesetzt werden, Machtansprüche zu formulieren, Ressourcen zu erlangen oder Bündnispartner zur Zusammenarbeit zu bewegen. Seit dem Mittelalter nutzten Vertreter der Kirche und weltliche Herrscher *antemurale christianitatis* als rhetorischen Topos, wenn sie über die wechselseitige Unterstützung gegen äußere Bedrohungen verhandelten. Der Begriff *antemurale* und verwandte Termini wie *murus, propugnaculum* oder *scutum* tauchen in Quellen wie etwa Gesandtschaftsberichten und Reichstagsreden auf. Eines der bekanntesten Beispiele ist die Rede von Enea Silvio de Piccolomini (der spätere Papst Pius II.) auf dem Frankfurter Reichstag, in der dieser die Lage nach der Eroberung Konstantinopels durch die Osmanen analysiert und Ungarn als „Schild unseres Glaubens und Schutzmauer unserer Religion" charakterisiert. Seine Einschätzung ist in ein diskursives Wechselspiel aus Selbst- und Fremdzuschreibungen eingebunden, mit denen politische Mächte sich oder anderen mit dem Ehrentitel *antemurale* eine bestimmte Rolle zuweisen. Diese rhetorische Funktion erfüllt die Denkfigur bis heute. So folgt etwa die eingangs erwähnte Rede Franjo Tudjmans anlässlich des Papstbesuches 1994 diesem Muster, indem über die Vormauervorstellung das kroatische Selbstverständnis in der Beziehung zur katholischen Kirche und zu Europa formuliert wird. Die Aktualisierungen von *antemurale* als Denkfigur in Diplomatie und politischer Publizistik beruhen auf einem erinnerungskulturellen Vorstellungsreservoir, das – allen „friedlichen" Umdeutungen zum Trotz – zunächst mit militärischer Verteidigung, mit Kampf, Kriegen und Schlachten verbunden ist. Von den Einfällen der Mongolen in der Mitte des 13. Jahrhunderts über die Jahrhunderte dauernden Auseinandersetzungen der europäischen Mächte mit dem Osmanischen Reich bis hin zu modernen Kriegen wie etwa dem polnisch-sowjetischen Krieg Anfang der 1920er Jahre oder den jugoslawischen Zerfallskriegen in den 1990er Jahren reichen die Kontexte, in denen die Vormauer-Vorstellung aufgerufen wurde und die zugleich Gegenstand der Erinnerung sind.

Dabei treten einige Persönlichkeiten hervor, die als Helden verehrt und – meist seit dem 19. Jahrhundert – in den nationalen Erinnerungskulturen mit *antemurale christianitatis* in Verbindung gebracht werden. Als Verkörperung der *antemurale*-Idee fungiert beispielsweise Georg Kastriota Skanderbeg (ca. 1405-1468), der nicht nur eine herausragende Figur in der nationalen Mythologie der Albaner ist, sondern auch als christlicher Held des gesamten Balkanraums wahrgenommen wird. Skanderbegs historische Rolle ist dabei weit weniger eindeutig zu bewerten als der Mythos glauben machen will, da sein Kampf gegen die Osmanen wohl weit mehr von machtstrategischem Kalkül als dem Motiv der Verteidigung des Christentums getragen war. Weniger umstritten erscheint der polnische König Jan III. Sobieski, der als siegreicher Heerführer und Befreier Wiens in der Schlacht am Kahlenberg 1683 verehrt wird. Auch der mit dem Ehrentitel *Defensor Christianitatis* versehene ungarische König Mathias Corvinus (1453-1499) und der moldauische Wojewode Stephan der Große (1433-1504) gehören in diese Reihe.

Als modernes Beispiel ist auf das so genannte Wunder an der Weichsel zu verweisen, also den polnischen Sieg unter Marschall Józef Piłsudski über die sowjetische Armee im Jahr 1920, der dem Eingreifen der Jungfrau Maria zugeschrieben wird und nicht nur als polnischer Sieg, sondern auch als Abwehr der bolschewistischen Gefahr für Europa erinnert wird.

Doch nicht nur Siege finden Eingang in die *antemurale*-Erinnerung, auch Niederlagen wie die berühmte Schlacht auf dem Amselfeld 1389, in der ein vom serbischen Fürsten Lazar geführtes Heer den osmanischen Truppen unter Murad I. unterlag, oder die Belagerung von Szigetvár/Siget im Jahr 1566, bei der sowohl Süleyman der Prächtige, der die osmanischen Truppen führte, als auch Nikola Šubić Zrinski, der sowohl in Kroatien als auch in Ungarn als Held verehrte Verteidiger der Festung, ums Leben kamen. Solche Ereignisse werden in nationalen Geschichtserzählungen als vergebliche Versuche gedeutet, das Christentum oder Europa zu verteidigen, und begründen häufig Opfermythen.

Die genannten Ereignisse und Personen sind nur eine kleine Auswahl von unzähligen Beispielen, die seit dem späten Mittelalter das ständig erweiterte Reservoir erinnerungskultureller Assoziationen zum Erinnerungsort *antemurale christianitatis* bilden. Gerade für die Nationen im Osten Europas boten sie sich als Teil ihrer nationalen Mythologie an. Die genannten Helden und ihre Taten finden dementsprechend ihren Platz in der jeweiligen nationalen (Hoch-)Kultur, als Motiv der Historienmalerei, als Figuren in Romanen, Theaterstücken und Opern. Diese literarischen oder bildkünstlerischen Bearbeitungen von Motiven, die mit *antemurale christianitatis* verknüpft sind, tragen wesentlich zur Verbreitung der Denkfigur bei. Erst sie machen aus der Denkfigur einen Erinnerungsort, denn sie sind wichtige Bestandteile der Erinnerungskultur im engeren Sinn, die zur Begründung beziehungsweise kulturellen Formung von kollektiven Identitäten durch Legenden und Mythenbildung dienen und dafür sorgen, dass entsprechende Assoziationen in aktuellen Kontexten unmittelbar abgerufen werden können.

Antemurale christianitatis – aber was meint *christianitas*?

Der *antemurale*-Topos und seine Entwicklung hängen eng mit dem Wandel der Vorstellung von der *christianitas* im Verhältnis zu den sich ebenfalls verändernden Europa- und Nationsvorstellungen zusammen. Anders formuliert: Wenn man verstehen möchte, was *antemurale christianitatis* in einer bestimmten historischen Situation bedeutet, so sollte man danach fragen, was zu diesem Zeitpunkt unter dem verstanden wurde, was als *christianitas* zu beschützen und zu verteidigen war.

Im Mittelalter entwickelte sich eine Idee der *christianitas*, die nicht mehr nur die Gemeinschaft der Christen bezeichnete, sondern auch eine räumliche und politische Dimension umfasste und eng mit der wachsenden Bedeutung des Papsttums als legitimierender Instanz auch gegenüber den weltlichen Herrschern des christlichen Abendlands verbunden war. Gewissermaßen aufgeladen wird der Begriff *christianitas* im Hoch- und Spätmittelalter durch die Abgrenzung zur islamisch geprägten Welt auf der iberischen Halbinsel und im östlichen Mittelmeerraum. Die Schockwirkung des Falls von Konstantinopel 1453 intensivierte die Auseinandersetzung mit dem Islam. In diesem Zusammenhang beziehen sich zahlreiche Humanisten, die heute gern als Vordenker moderner Europaideen zitiert werden, auf die *antemurale*-Idee. Neben dem bereits erwähnten Enea Silvio de Piccolomini sind unter anderem Erasmus von Rotterdam und der auch als Callimachus Experientis bekannte Filoppo Buonaccorsi zu nennen, der ein Polen, Böhmen und Ungarn umfassendes *antemurale*-Konzept entwarf.

Die Einheit der westlichen *christianitas* zerbricht im Zeitalter der Glaubensspaltung, und damit erfährt der Topos *antemurale christianitatis* meist eine Einengung auf bestimmte Konfessionen, in der Regel auf die katholische. Doch nicht nur die Konfessionalisierung bewirkt einen Bedeutungswandel. Es kommt nach und nach zu einer gewissen Säkularisierung der Vormauervorstellung. Damit geht auch eine räumliche Verschiebung einher. War es bisher in erster Linie eine *christianitas* mit Rom als Mittelpunkt, die es zu verteidigen galt, scheinen nun die politischen Zentren der in Ostmitteleuropa und dem Balkanraum konkurrierenden Reiche von Habsburgern, Osmanen, Preußen und Russen die wichtigsten Bezugspunkte zu sein. An den Peripherien dieser Reiche bilden sich Grenzergesellschaften, die die *antemurale*-Idee zum Teil ihres Selbstverständnisses machten. Als Beispiel sei die Etablierung der habsburgischen Militärgrenze im 16. Jahrhundert genannt.

Mit dem Entstehen moderner Nationen und Nationalstaaten wird die Situation noch komplexer, denn in den nationalen Aneignungen der Denkfigur wird die Berufung auf das christliche Abendland einerseits oft nicht mehr primär religiös konnotiert, sondern vielmehr auf gemeinsame, europäische Werte wie Freiheit und Demokratie rekurriert. Andererseits wird gerade in den Erinnerungskulturen des späten 20. Jahrhunderts und des 21. Jahrhunderts mittels *antemurale* moderner Nationalismus mit religiösem Selbstverständnis verflochten. Dies kommt nicht nur in ethnischen und religiösen Konflikten zum Tragen, sondern findet auch Eingang in jene Debatten und Diskurse, in denen das Verhältnis der (ostmitteleuropäischen) Nationen zu „Europa" beziehungsweise zum „Westen" ausgehandelt wird. Gerade in der Moderne beziehen sich die diskursiven Rückgriffe auf *antemurale* und ähnliche Ideen dabei nicht nur auf gesamteuropäische Beziehungsgeflechte, sondern auch auf innergesellschaftliche Konflikte.

Am Beispiel Polens lässt sich besonders deutlich zeigen, wie sich die Bedeutung der Denkfigur mit der Zeit in Abhängigkeit von gesamteuropäischen kulturgeschichtlichen Prozessen und der jeweiligen Verortung Polens darin wandelt: In der mittelalterlichen Diplomatie dienten der *antemurale*-Topos und seine Vorläufer dazu, die Rolle des polnischen Königreichs als vorrangige christliche Regionalmacht an der östlichen Grenze der *christianitas* gerade in der Rivalität mit dem Deutschen Orden zu unterstreichen. Parallel zu dem Prozess, in dem das mittelalterliche *christianitas*-Konzept von neuzeitlichen und modernen Europadiskursen abgelöst wurde, entwickelten sich in Polen immer wieder neue Varianten dieser Denkfigur. So konnte in den verschiedenen historischen Konstellationen – die hier allerdings nicht im Einzelnen nachvollzogen, sondern nur mit wenigen Schlaglichtern beleuchtet werden können – Polens Rolle in beziehungsweise sein Verhältnis zu Europa, aber auch zu Russland, jeweils neu bestimmt werden. So trug die Denkfigur *antemurale* etwa in der Adelsrepublik zur Vorstellung einer Sonderrolle Polens in Europa bei, die teilweise xenophobische und megalomanische Züge annahm. Im 18. Jahrhundert beförderte die Vormauervorstellung außerdem die „gefährliche Illusion" (Janusz Tazbir), dass ein polnischer Staat für das Mächtegleichgewicht in Europa unabdingbar sei, die sich in den Teilungen von 1772, 1792 und 1795 als falsch erwies. Im Zuge der polnischen Unabhängigkeitsbestrebungen des 19. Jahrhunderts erfährt die *antemurale*-Idee in der Opposition gegen die Teilungsmächte weitere Bedeutungswandel, wird in der Romantik endgültig zu einem nationalen Mythos geformt und mit anderen religiös aufgeladenen Ideen wie der messianischen Vorstellung von Polen als Erlöser der Nationen verknüpft. *Antemurale christianitatis* als nationaler Mythos wird im 20. Jahrhundert um eine antikommunistische Dimension erweitert und in unterschiedlichen Kontexten als Teil polnischer Europadiskurse reaktiviert.

Jede *antemurale*-Konzeption ist selektiv. Die Denkfigur bietet einen Rahmen, um auf die Vergangenheit zu blicken, bestimmte Ereignisse und Entwicklungen als bedeutsam hervorzuheben, während andere zwangsläufig vernachlässigt werden. In der Auswahl von Erinnerungswürdigem konkurriert *antemurale* so mit anderen historischen Deutungen – es gibt immer auch alternative Vorschläge, sich in der christlichen Welt, in Europa oder zwischen „Westen" und „Osten" zu verorten.

Um ein Beispiel aus der ungarischen Publizistik und Historiographie zu nennen: In der Zwischenkriegszeit zielten die einflussreichen Schriften von Gyula Szekfű darauf ab, den Propugnaculum-Gedanken als ungarische Variante des *antemurale*-Denkens fest im politischen Diskurs zu verankern und gegen eine „Ostorientierung" Ungarns in Stellung zu bringen. Szekfű entwarf ein Bild von Ungarn als Teil eines kulturell dem Osten überlegenen Westens und wandte sich zum Beispiel gegen den Turanismus, der an die östlichen Wurzeln des Magyarentums erinnerte und vor allem nach dem Friedensvertrag von Trianon (1920) gegen das „undankbare Abendland" mobil machte.

Beispiele für ähnliche Argumentationen lassen sich in vielen ostmitteleuropäischen Gesellschaften in allen Epochen der Neuzeit und Moderne finden, etwa in der Ukraine in der Verbindung mit dem Kosakenmythos. Wie komplex sich solche Verortungen zwischen „Westen" und „Osten" darstellen, zeigt der Blick auf die Balkanregion. Die Vorstellung, *antemurale christianitatis* zu sein, erlebte vor und während des Zerfalls Jugoslawiens in den 1990er Jahren in Kroatien in der Formulierung des nationalen Selbstverständnisses und der geschichtspolitischen Deutung der Konflikte eine Konjunktur. Im kroatischen Nationalismus der 1990er Jahre war neben dem Ringen um internationale Anerkennung und die Zugehörigkeit zu Europa entscheidend, dass der *antemurale*-Topos anti-serbisch und anti-jugoslawisch verwendet, also gegen den südslawischen Einheitsgedanken in Stellung gebracht wurde. Mit der Betonung des katholischen Glaubens setzte man sich damit außerdem vom säkularen sozialistischen Jugoslawentum ab.

Auch über den kroatischen Fall hinaus waren exkludierende Raumvorstellungen wesentlicher Bestandteil von Auseinandersetzungen über die kulturelle und geopolitische Verortung dieser Region zwischen „Westen" und „Osten", zwischen „Europa" und „Balkan". Zu verweisen ist in diesem Zusammenhang auf Maria Todorova, die für die „europäische" Außensicht auf den Südosten analog zum Orientalismus den Begriff Balkanismus geprägt hat. Hilfreich ist auch der Begriff der *nesting orientalisms* (Milica Bakić-Hayden) zum Verständnis der innersüdosteuropäischen Dimensionen dieser Auseinandersetzungen, bei denen die jeweils eigene Nation als Außenposten der europäischen Zivilisation verstanden wird, während man sich von den als barbarisch dargestellten Nachbarn abgrenzt.

Antemurale christianitatis – ein europäischer Erinnerungsort?

Die Beispiele scheinen nahezulegen, dass wir es zumindest in der Moderne primär mit einem Element nationaler historischer Mythen und Meistererzählungen zu tun haben. Handelt es sich bei *antemurale christianitatis* also überhaupt um einen europäischen Erinnerungsort? Zwar sind die nationalen Aneignungen in der Regel mit Europadiskursen verbunden, denn *antemurale* als Denkfigur dient ja gerade dazu, das Verhältnis einzelner Nationen zum europäischen Ganzen zu bestimmen, doch ergibt sich daraus bereits ein Beitrag zu einer gemeinsamen europäischen Erinnerungskultur?

Es ist zunächst festzustellen, dass in der Vormauervorstellung Europabilder geschaffen, konserviert und vermittelt werden, die zwar im Kontext von nationalen Meistererzählungen wirksam sind, dabei aber ein gemeinsames Reservoir von potentiell auch über nationale Kontexte hinausreichenden Europavorstellungen bilden. Gemeinsam ist diesen Europabildern, dass sie eine Gleichsetzung von Europa und Christentum suggerieren und dabei als erinnerungskulturell begründete *mental maps* geographische, historische, kulturelle und politische Aspekte miteinander verbinden. Diese Europabilder enthalten oft ambivalente Wertungen. Gerade weil nicht nur das europäische Selbstverständnis in den entsprechenden Diskursen zur Disposition steht, sondern auch die Beziehung unterschiedlicher europäischer Akteure untereinander, insbesondere das Verhältnis der europäischen Peripherie zu den jeweiligen Machtzentren einer Epoche, finden im Zusammenhang mit Vormauervorstellungen auch europakritische oder europaskeptische Stimmen ihren Ausdruck.

Schon seit der frühen Neuzeit gehörten Klagen und Undankvorwürfe zu den Äußerungsformen der Vormauervorstellung, etwa im *Querela-Hungariae*-Topos des späten 16. Jahrhunderts. Ein etwas jüngeres Beispiel ist die zur Zeit der Teilungen in Polen erhobene Forderung, Europa möge sich durch die Unterstützung der polnischen Unabhängigkeit endlich dafür erkenntlich zeigen, dass man es über Jahrhunderte als Vormauer geschützt habe. In Kroatien wurden zu Beginn der 1990er Jahre ähnliche Klagen laut, als die erwartete internationale Anerkennung des kroatischen Staates und die erhoffte Unterstützung durch den Westen zunächst ausblieben. Dieser an die *christianitas*, den „Westen" oder „Europa" adressierte Vorwurf, keinen Dank dafür zu ernten, dass man sich als *antemurale* aufgeopfert hat, offenbart die Ambivalenzen des *antemurale*-Denkens. Aus dem Ehrentitel *antemurale* wird ein verbitterter Ausdruck eigener Unterlegenheit, ein Verweis auf die periphere Lage, die eben keine echte Zugehörigkeit zum verteidigten Ganzen verheißt.

Zuweilen erwächst aus der Kritik aber auch der Anspruch, Europa gleichsam vom Rande her zu erneuern, indem man das Zentrum an vermeintlich vergessene christliche Werte erinnert. Wegen dieser Ambivalenzen scheint *antemurale christianitatis* weniger ein Kristallisationspunkt geteilter Erinnerungen und damit gemeinschaftsstiftender europäischer Erinnerungsort zu sein als vielmehr ein Beitrag zu den unabgeschlossenen und möglicherweise unabschließbaren Debatten darüber, was Europa ausmacht und wie sich Zugehörigkeit zu Europa definiert. Doch nicht nur wegen der oft schwierigen Beziehungen zwischen Zentren und Peripherien ist *antemurale christianitatis* ein problematischer europäischer Erinnerungsort. Bei kritischer Betrachtung lassen sich anhand dieser Denkfigur die Mechanismen von Inklusion und Exklusion offenlegen, die explizit oder implizit die Beziehung eines christlich verstandenen Europa zu seinem „Außen" bestimmen. So beruht die Skepsis gegenüber einem EU-Beitritt der Türkei auch auf den in diesem Zusammenhang reaktualisierten historischen Erinnerungen an Konflikte der Frühen Neuzeit. Die Debatten um den möglichen Beitritt der Türkei zur Europäischen Union können dabei stellvertretend für einen von historischen Vorstellungen – und Missverständnissen! – geprägten Umgang mit der islamischen Welt stehen.

Von Mauern und Brücken: Europäische Grenzen und ihr Charakter

In europäischen Grenzdiskursen hat der *antemurale*-Topos eine raumstrukturierende Funktion. Die Vorstellung, Vormauer des Christentums zu sein, wird aufgerufen, wenn in politischen Grenzdebatten kulturelle Argumente zum Einsatz kommen, wenn das Verhältnis von Zentren und peripheren Räumen ausgehandelt wird und die Außengrenzen des europäischen Raums bestimmt werden sollen. Dabei ist es vor allem die lange Dauer kultureller Grenzen, mit der in geopolitischen Konzepten Grenzziehungen begründet werden. Um zu verstehen, wie *antemurale christianitatis* als Erinnerungsort die *mental maps* von Europa und seinem „Außen" prägt, lohnt es sich, danach zu fragen, welche Art von Grenzverständnis die Denkfigur vermittelt. In der Terminologie der Grenzforschung gesprochen, steht die *antemurale*-Vorstellung am ehesten in der Tradition imperialer „Barbarengrenzen". Dabei handelt es sich um Zonen militärischer Absicherung, „denen, unabhängig von ihrer tatsächlichen Wirksamkeit, eine hohe symbolische Bedeutung als Trennungslinie zwischen imperialer, kosmisch geordneter ‚Zivilisation' und frei schweifendem, anarchischem ‚Barbarentum' zugemessen wird" (Osterhammel).

Rückgriffe auf *antemurale christianitatis* verweisen auf diese symbolische Bedeutung von Grenzen. War die Behauptung der zivilisatorischen Überlegenheit jedoch schon in der Frühen Neuzeit in Bezug auf das Osmanische Reich in vieler Hinsicht nicht zutreffend, so wird sie spätestens bei der Übertragung auf aktuelle Kontexte in hohem Maß diskussionswürdig. Dies gilt gleichermaßen für die Debatten, welche die EU-Osterweiterung begleitet haben, wie für die Diskussionen um den möglichen EU-Beitritt der Türkei.

Antemurale-Denken wird – teils implizit und nur halb bewusst, teils ausdrücklich – auch dann wirksam, wenn von der „Festung Europa" die Rede ist. Besonders augenfällig ist dies im Zusammenhang mit dem Schengen-Abkommen, also der Öffnung der europäischen Binnengrenzen bei gleichzeitig verschärfter Kontrolle der Außengrenzen. Mit der schrittweisen Ausweitung des Schengenraums geht auch eine europäische Nachbarschaftspolitik einher, die über internationale Abkommen Aufgaben der Grenzsicherung wie die Kontrolle von Migration an auswärtige Staaten auslagert. Wenn in diesem Zusammenhang im öffentlichen Diskurs Parallelen zwischen Schengen und *antemurale* gezogen werden, wie dies beispielsweise in Bezug auf die polnisch-ukrainische Grenze oder auch den südosteuropäischen Raum häufig der Fall ist, wird die oben genannte symbolische Dimension von Grenzziehungen aufgerufen. Dabei kommen auch die Ambivalenzen zum Tragen, kann doch die Vormauerfunktion auch im Sinn eines *containment* gedeutet und mit der Befürchtung verbunden werden, dauerhaft außen vor zu bleiben. In einem zugespitzten Kommentar zum europäischen Diskurs über illegale Einwanderung aus dem Jahr 2003 sieht der slowenische Politikwissenschaftler Rastko Močnik die Situation dementsprechend kritisch: „Nobody seems to care about our having become the *antemurale Christianitatis* again, the dumping-ditch under the walls of civilisation".

Doch Grenzen können bekanntlich nicht nur als trennende Barrieren, sondern auch als verbindende Kontaktzonen wahrgenommen und konzipiert werden. Die *antemurale*-Denkfigur, die Undurchlässigkeit und ein zivilisatorisches Gefälle suggeriert, konkurriert daher mit Grenzauffassungen, in denen die europäischen Peripherie als Brückenräume und Zonen der Begegnung mit dem Anderen verstanden werden.

Insgesamt bleibt festzuhalten, dass die Denkfigur *antemurale christianitatis* ihre wiederkehrende Popularität ihrer Einfachheit und Wandelbarkeit verdankt. Zudem ermöglicht die Verbindung von beziehungsweise das Changieren zwischen religiöser, kultureller und politischer Bedeutungszuschreibung eine Reaktivierung in verschiedenen Kontexten und findet so auf vielfältige und zum Teil sehr ambivalente Weise Eingang in das Nachdenken über Europa und seine Grenzen, wie die hier freilich nur exemplarisch und dementsprechend unvollständig zusammengetragenen Verwendungsweisen zeigen.

Literaturhinweise

Milica BAKIĆ-HAYDEN, Nesting Orientalisms: The Case of Former Yugoslavia, in: Slavic Review 54 (1995), S. 917–931.

Urszula BORKOWSKA, The ideology of „antemurale" in the Sphere of Slavic culture (13th–17th centuries), in: The Common Christian Roots of the European Nations. An International Colloquium in the Vatican, Bd. 2. Florenz 1982, S. 1206–1221.

Heidi HEIN-KIRCHER, Antemurale Christianitatis – Grenzsituation als Selbstverständnis, in: Hans HECKER (Hrsg.), Grenzen. Gesellschaftliche Konstitutionen und Transfigurationen. Essen 2006, S. 129–147.

Claudia KRAFT/Katrin STEFFEN (Hrsg.), Europas Platz in Polen. Polnische Europa-Konzeptionen vom Mittelalter bis zum EU-Beitritt, Osnabrück 2007.

Jürgen OSTERHAMMEL, Kulturelle Grenzen in der Expansion Europas, in: Saeculum 46 (1995), S. 101–138.

Norbert SPANNENBERGER/Sándor ŐZE, ‚Hungaria vulgo appelatur propugnaculum Christianitatis'. Zur politischen Instrumentalisierung eines Topos in Ungarn, in: Markus KRZOSKA/

Hans-Christian Maner (Hrsg.), Beruf und Berufung. Geschichtswissenschaft und Nations-bildung in Ostmittel- und Südosteuropa im 19. und 20. Jahrhundert. Münster 2005, S. 19–39.

Janusz Tazbir, Polskie przedmurze chrześcijańskiej Europy. Mity a rzeczywistość histo-ryczna [Polen als Vormauer des christlichen Europas. Mythen und historische Realität]. Warsschau 1987.

Maria Todorova, Imagining the Balkans. New York/Oxford 1997.

Ivo Žanić, The Symbolic Identity of Croatia in the Triangle Crossroads – Bulwark – Bridge, in: Pål Kolstø (Hrsg), Myths and Boundaries in South-Eastern Europe. London 2005, S. 35–76.

Georg Paul Hefty
Der Internationale Karlspreis zu Aachen

Der Genius loci

Der Internationale Karlspreis zu Aachen ist mitsamt seiner Vorform, dem Internationalen Karlspreis der Stadt Aachen, ein Eckstein europäischer und europapolitischer Erinnerung. Er hat wie jeder Eckstein sechs Flächen, von denen aber nur fünf sichtbar sind, während er auf der sechsten ruht. Diese sechste Fläche, von der jeder weiß, dass es sie gibt, ist am wenigsten einsehbar. Im Fall des Karlspreises ist das die Bindung an den Genius loci, an die 1200 Jahre lange Geschichte und den über Jahrhunderte destillierten Geist der Stadt Kaiser Karls des Großen, ebenso an die Lage im geographischen, geistigen und mentalen Dreiländereck der Nachkriegszeit. Die vier seitlichen Flächen lassen sich je einzeln mit *Bürgertum einer Kaufmannsstadt*, den ehrwürdigen Institutionen *Dom* und *Universität*, dem aus den anerkanntesten Mächtigen der Stadt gebildetem *Direktorium* der Gesellschaft zur Verleihung des Karlspreises und der jährlich wachsenden Schar „erlauchter Preisträger" beschriften. Die obere Fläche markiert die jährliche *Kür* des neuen Preisträgers, der Preisträgerin oder der Preisträger im Plural mit all den damit verbundenen Einfällen, Rücksichten, Machtspielen und Kandidatenprüfungen bis hin zur Verkündung und Beschreibung der Leistungen des oder der Gekürten samt Benennung des Laudators oder der Laudatorin.

Wer an Sonntagen und kirchlichen Feiertagen zur heiligen Messe in den Aachener Dom geht, weiß den Thron Karls des Großen im Rücken hinter sich. Der Kaiser, der einst dort saß, ist daher leicht vorstellbar und so nah wie nirgends sonst in Deutschland. Der Gedanke an sein Erbe eines christlichen Europa mit Schwerpunkt im Westen wird so jedermann gewärtig, zumal das über die Jahrhunderte gebaute und umgebaute Rathaus in fast unmittelbarer Nachbarschaft die weltliche Dimension der Kaiserherrschaft vor Augen führt. Wer in dieser Stadt aufwächst und sich ihrer Eigenheit bewusst ist, kann sich dem Eindruck nicht entziehen, schon immer Deutscher und Europäer zu sein – und damit rundum auch den Erwartungen der Franzosen, Belgier oder Niederländer gerecht zu werden, nichts wirklich „Preußisches" an sich zu haben.

Krieg mit den Nachbarn zu führen entspricht nicht dem Bürgergeist der Aachener, mit ihnen Handel zu treiben umso mehr. In der von Kurt Pfeiffer entworfenen Karlspreis-Proklamation von 1949 wurde es so beschrieben: Aachen sei sich der „historischen Aufgabe wahren Grenzertums" stets bewusst gewesen: „Zu vermitteln und die Grenze zu überwinden".

Bürgertum

Der Zweite Weltkrieg war da ein Schreckenszeichen. In besetzte Gebiete zu liefern mag Kriegsgewinnler zufrieden stellen, nicht aber Kaufleute, die dauerhaft international vernetzt sein wollen und daraus Anerkennung und Befriedigung beziehen. Einige Aachener Kaufleute, an ihrer Spitze der promovierte und weitgereiste Tuchhändler Kurt Pfeiffer, versammelten sich zu einer Bürgerinitiative und begründeten im doppelten Sinn des Wortes den Karlspreis. Wären sie Wissenschaftler gewesen, hätten sie einen Wissenschaftspreis auf den Weg gebracht, wären sie Bildungsbürger aller Art gewesen, hätten sie Tugenden und Taten aller Art preisen wollen. Die Kaufleute aber beschränkten sich auf eine ganz bestimmte Zielsetzung: Sie wollten einen Preis im Dienst der Humanität und des Weltfriedens, insbesondere „für die abendländische Einigung und, als unerlässliche Vorstufe dazu, für wirtschaftliche Einheit" schaffen. Sie hatten es darauf abgesehen, „nicht nur auf das ungelöste Problem der europäischen Einigung immer wieder mahnend hinzuweisen, sondern zu versuchen, auch Wege zur praktischen Lösung dieser drängenden Frage aufzuzeigen". Bis sich das so herauskristallisiert hatte, schrieb man den 19. Dezember 1949; die Bundesrepublik Deutschland war ein gutes halbes Jahr alt.

Ehrwürdige Institutionen

Ursprünglich sollten zu dem Dutzend Männer – wohl keine zufällige Anspielung auf die Zwölf Apostel –, welche die Gesellschaft zur Verleihung eines Karlspreises der Stadt Aachen gründeten, neben den einflussreichsten, aber protokollarisch lediglich der Stadtbevölkerung zuzurechnenden Kaufleuten und Fabrikanten die vier wichtigsten Würdenträger der Stadt gehören: der Oberbürgermeister, der Oberstadtdirektor, der Bischof und der Rektor der Technischen Hochschule. Doch bald stellte sich ein bezeichnendes Umdenken ein. Der Bischof zog sich aus dem Gremium zurück, die Beteiligung an hochpolitischen konsensualen Entscheidungen ohne formales Dominanz- oder Vetorecht war seine Sache nicht. An die Stelle des katholischen Bischofs samt seiner über die Stadt weit hinausgreifenden Diözese als Teil der Weltkirche trat die urstädtische Institution Dom, vertreten durch den Domprobst. So gehört zu den unverrückbaren Elementen der Gottesdienst im Dom am Tag der Preisverleihung, die an einem kirchlichen Festtag – Christi Himmelfahrt – und nicht etwa an einem schon weitgehend verweltlichten Sonntag stattfindet. An der heiligen Messe hat jeder Preisträger teilzunehmen, ungeachtet dessen, ob er Katholik, Protestant, Anhänger einer anderen Religion oder Atheist ist.

Das Direktorium

Das Direktorium der Karlspreis-Gesellschaft ist nicht nur die Jury, die über die Verleihung des Preises entscheidet, sondern der eigentliche Handlungsmächtige in allen Fragen des Preises und um den Preis herum. Der Sprecher des Direktoriums wird durch die Berufung in diese Rolle zu einem der angesehensten und einflussreichsten Bürger der Stadt – wenn er es denn nicht schon vorher war. Die Erfahrung von Jahrzehnten gibt Anlass zu der Vermutung, dass der Sprecher und der Oberbürgermeister die Richtlinien bestimmen, an die sich nicht nur die Auswahl der Preisträger, sondern das fast das ganze Jahr über virulente Geschehen einschließlich der noch jungen Karlspreis-Stiftung zu halten haben. Wirklich verbindlich wissen das allein die Beteiligten, Vertraulichkeit ist das Lebenselixier dieser in ihrer Bedeutung grenzenlos gewordenen Bürgerinitiative auf kommunaler, allenfalls regionaler Basis.

Die Preisträger

Merkwürdigerweise, jedoch folgerichtig bildet den anderen Schwerpunkt in diesem Konglomerat die einprägsame Reihe der bis einschließlich des Jahres 2010 insgesamt 53 Preisträger, von denen bei weitem nicht mehr alle leben – und einer nie wirklich im menschlichen Sinn gelebt hat. In den ersten sechzig Jahren des Preises hat nämlich das Direktorium eine äußerst glückliche Hand bewiesen. Nicht alle im Sinn der Gründungsproklamation Würdigen, also jene „verdienten Persönlichkeiten, die den Gedanken der abendländischen Einigung in politischer, wirtschaftlicher und geistiger Beziehung gefördert haben", sind mit dem Karlspreis ausgezeichnet worden, aber alle Ausgezeichneten waren im Sinn der Proklamation des Preises würdig. Keiner der erwählten Männer und keine der Frauen hat sich auch im Abstand von Jahrzehnten als blamable Wahl erwiesen, auch wenn formal ein spitzfindiger Vorbehalt zu machen ist. 1986 wurde das gesamte luxemburgische Volk ausgezeichnet – und da kann es durchaus sein, dass sich seither der eine oder andere, wenn auch nicht persönlich bekannte Preisträger einen Fehltritt geleistet hat…

Die erste Wahl im Jahre 1950 fiel auf Richard Nikolaus Graf Coudenhove-Kalergi. Den Schriftsteller, Hochschullehrer und Gründer der Paneuropa-Bewegung, der aus der amerikanischen Emigration nach Europa zurückgekehrt war, kannte der Karlspreis-Gründer Pfeiffer schon aus früheren Zeiten. Die Wahl der Aachener war der bestmögliche Schachzug; Deutsche hatten sich noch nicht neues Ansehen als Richtungsgeber erworben. Wem hätten sie auch eine Richtung weisen können, da doch niemand frei genug war, unabhängig von den Besatzungsmächten zu handeln? Eine Auszeichnung von Bürgern der drei großen Siegermächte hätte wie Unterwürfigkeit oder Anbiederei der Karlspreis-Gesellschaft ausgesehen. Im Jahr darauf fiel die Wahl auf Hendrik Brugmans, einen niederländischen Politiker und Professor, der das Europa-Kolleg Brügge leitete und die Union der Europäischen Föderalisten mitbegründet hatte. Beide Auszeichnungen rufen in Erinnerung, dass europafreundliches Denken und Streben ursprünglich eine individuelle, keine staatliche Anstrengung war. Besonders in Deutschland hatte die Erkenntnis es lange schwer gehabt, dass die Nation mehr Vorteile aus dem solidarischen Miteinander mehrerer Nationen ziehen würde als aus einer eifersüchtig verteidigten Eigenständigkeit. Bevor das Karlspreis-Direktorium sich auf die Suche nach einem westdeutschen Europa-Visionär machen musste, schlug jedoch der Zeitgeist um: Politiker bemächtigten sich der Ideen.

Schon 1952 trafen die Aachener eine Entscheidung, die den Wechsel weg von der Liebhaber-Auszeichnung hin zu dem hochprofessionellen Staatspreis in Vertretung Westdeutschlands vollzog. Noch gab es keine formale Europapolitik im heutigen Sinn, aber der Schuman-Plan des französischen Außenministers hatte bereits am 18. April 1951 zum Vertrag von Paris zwischen Belgien, der Bundesrepublik Deutschland, Frankreich, Italien, Luxemburg und den Niederlanden geführt. Am 23. Juli, wenige Wochen nach dem Himmelfahrtstag des Jahres 1952, sollte mit dem Inkrafttreten des Vertrags die Europäische Gemeinschaft für Kohle und Stahl, landläufig Montanunion genannt, ins Leben gerufen werden. Damit war aus Aachener Warte die Zeit der akademischen Europa-Visionäre zu Ende und die Epoche der politischen, sogar völkerrechtlichen Entscheidungsträger angebrochen. Wer das kommende Europa aus dem Stand eines einfachen Staatsbürgers ohne politische Ämter heraus selbstbewusst und anspruchsvoll geradezu mitgestalten wollte, indem er – laut Proklamation von 1949 – nicht nur auf das ungelöste Problem der europäischen Einigung immer wieder mahnend hinwies, sondern versuchte, „auch Wege zur praktischen Lösung dieser drängenden Frage aufzuzeigen", der musste jene Staatsführer – also die höchste Ebene der „Macher" – ermuntern und loben, die Fortschritte zu erzielen bevollmächtigt waren oder die bereits Fortschritte erzielt hatten. Der Karlspreis wurde von einem Preis der Ideen zu einem Preis der Taten, die Aachener wollten in ihrer Stadt nicht mehr Köpfe, sondern Häupter empfangen.

Mit der Wahl des italienischen Ministerpräsidenten Alcide de Gasperi begann also die neue Reihe der Karlspreisträger. Der deutsche Bundeskanzler hatte zum ersten Mal nachgeholfen, einem ausländischen Regierungschef den Preis einer städtischen Bürgerinitiative und die Verleihung in der deutschen Provinz schmackhaft zu machen. Nach diesem Muster wurden in den folgenden Jahren der Präsident der Hohen Behörde der Montanunion, Jean Monnet, Bundeskanzler Konrad Adenauer, der langjährige britische Premierminister Sir Winston Churchill, dann der belgische Außenminister und ehemalige Ministerpräsident, der Benelux-Planer und kommende Nato-Generalsekretär Paul Henri Spaak, der Präsident der Europäischen Versammlung Robert Schuman, der sich nach der Erfindung der Montanunion als französischer Außenminister noch für zu bedeutend für den jungen Aachener Preis gehalten haben soll, und der ehemalige amerikanische Außenminister, Vater des nach ihm benannten Plans und Friedensnobelpreisträger George C. Marshall ausgezeichnet. Damit war die erste Staffel der wegweisenden Europapolitiker abgeschlossen. Leute dieses Kalibers standen einstweilen nicht mehr zur Verfügung.

Das Karlspreisdirektorium musste sich mit der Wirklichkeit anfreunden, dass die Europapolitik – inzwischen waren die Römischen Verträge zur Gründung der Europäischen Wirtschaftsgemeinschaft und Euratom geschlossen worden – nicht nur von Jahrhundertgestalten geprägt wird. 1960 zeichnete es den ehemaligen luxemburgischen Regierungschef und amtierenden Parlamentspräsidenten Joseph Bech, im darauffolgenden Jahr Adenauers europapolitische rechte Hand und ersten Präsidenten der Kommission der EWG, Walter Hallstein, aus, musste dann ein Jahr pausieren und erwählte schließlich den am französischen Veto gescheiterten Verhandlungsführer über einen Beitritt Großbritanniens, Edward Heath. In den folgenden 26 Jahren bis 1989 wurde der Karlspreis nur achtzehn Mal verliehen. Das Direktorium konnte sich aber nicht nur in den preislosen Jahren auf niemanden einigen, sondern auch sonst standen einige Entscheidungen auf der Kippe, insbesondere wegen des Machtkampfes zwischen dem Kaufmanns- und dem kommunalpolitischen Flügel des Gremiums. Ausgezeichnet wurden der italienische Staatspräsident Antonio Segni, der dänische Ministerpräsident Jens Otto Krag, der niederländische Außenminister Joseph Luns, die Kommission der Europäischen Gemeinschaften unter dem Belgier Jan Rey, der französische Botschafter in der Bundesrepublik Deutschland François Seydoux de Clausonne, der britische Europapolitiker Roy Jenkins, der spanische Intellektuelle Don Salvador de Madariaga, der belgische Premierminister und Autor des nach ihm benannten Plans Leo Tindemans, der deutsche Bundespräsident Walter Scheel, der griechische Ministerpräsident Konstantin Karamanlis, der Italiener und Präsident des Europäischen Parlaments Emilio Colombo, die Französin und Präsidentin des Europaparlaments Simone Veil, der spanische König Juan Carlos I., der deutsche Bundespräsident Karl Carstens, das – bereits erwähnte – luxemburgische Volk unter Großherzog Jean, der aus Fürth stammende ehemalige amerikanische Außenminister Henry A. Kissinger, der deutsche Bundeskanzler Helmut Kohl gemeinsam mit dem französischen Staatspräsidenten Francois Mitterrand und als letzter in der Epoche der Zweiteilung Europas der schweizerisch-französische Ordensgründer von Taizé, Frère Roger Schutz. Die kalendarische Nähe der Auszeichnung Kohls im Jahre 1988 zur Wiedervereinigung 1990 enthob das Karlspreis-Direktorium der spannenden Frage, ob ihr die deutsche Einheit einen Preis wert sei oder ob dieses Ereignis als eher einzelstaatlich denn europäisch eingeschätzt worden wäre.

Eine einzige Fehlentscheidung

Der Zerfall der Sowjetmacht in Europa und die Wende von 1989/90 verschafften dem Karlspreis einen gewaltigen neuen Impuls – und die Möglichkeit vieler Preisträger aus bisher unerreichten Ländern. Aus dem deutschen Preis, der in seiner Strahlkraft längst zu einem westeuropäischen geworden war, wurde so ein europäischer Preis, der auf dem Kontinent seinesgleichen sucht und so einzigartig ist, dass er den versteckten Wettbewerb mit dem Friedensnobelpreis gut bestehen kann. Ausgezeichnet wurde als erster aus der wiederentdeckten Mitte Europas der ungarische Außenminister Gyula Horn, dann der tschechoslowakische Staatspräsident Václav Havel, der Franzose und Europäische Kommissionspräsident Jacques Delors, der spanische Ministerpräsident Felipe González Márquez, die norwegische Ministerpräsidentin Gro Harlem Brundtland, der österreichische Bundeskanzler Vranitzky, die niederländische Königin Beatrix, der deutsche Bundespräsident Herzog, der polnische Außenminister Bronisław Geremek, der britische Premierminister Anthony Blair, im Jahre 2000 der amerikanische Präsident William J. Clinton, danach der ungarische Schriftsteller und Mitteleuropa-Wiederentdecker György Konrad. Und dann unterlief dem Karlspreisdirektorium eine Fehlentscheidung, als es an Stelle der verantwortlichen Politiker, etwa des damaligen deutschen Finanzministers Theo Waigel und seiner an der Entscheidung beteiligten Kollegen, den geist-, willens- und leblosen Euro selbst zum Preisträger erhob.

In den darauffolgenden Jahren kehrte das Direktorium zum Personalitätsprinzip zurück und würdigte den Franzosen Valéry Giscard d'Estaing, den irischen Präsidenten des Europaparlaments Patrick Cox, den italienischen Staatspräsidenten Carlo Azeglio Ciampi, den luxemburgischen Premierminister Jean-Claude Juncker, den Außenbeauftragten der EU Javier Solana de Madariaga, die deutsche Bundeskanzlerin Angela Merkel, den italienischen Intellektuellen Andrea Riccardi und den polnischen Ministerpräsidenten Donald Tusk. Überblickt man die Preisträger der ersten sechs Jahrzehnte, dann fällt das Fehlen eines einzigen Namens auf, mit dem sich bekanntermaßen viele Verdienste um Europa verbinden: Otto von Habsburg, der nicht nur stets für die Einheit Europas warb und schrieb und als Mitglied des Europaparlaments arbeitete, sondern auch mit dem Europapicknick an der ungarisch-österreichischen Grenze im August 1989 einen der Anstöße für die glücklichste Kettenreaktion in der europäischen Geschichte gegeben hat.

Eine andere außergewöhnliche Persönlichkeit wollte und konnte die Aachener Bürgerinitiative mit großer Verzögerung nur mit einem – dem bislang einzigen – *Außerordentlichen* Karlspreis ehren: Papst Johannes Paul II. nahm ihn 2004 im Vatikan entgegen. Der polnische katholische Priester Karol Józef Wojtyła hatte seit seiner Wahl zum Papst 1978 nicht nur dem übrig gebliebenen Abendland neues Selbstbewusstsein und neue Leidenschaft einzuhauchen versucht, sondern auch an der Wiederbelebung des Christentums als traditionellem Identifikationsmerkmal des erst infolge des Zweiten Weltkriegs gespaltenen Europa gearbeitet. Er hat in seiner polnischen Heimat und ausgerechnet mit der Arbeiterbewegung den Hebel angesetzt, mit dem das kommunistische Weltreich aus den Angeln zu heben war.

Der rote Faden

Der Aachener Karlspreis ist den Dimensionen eines Preises von Bürgern an Bürger längst entwachsen. Er ist zum Maßstab für die Preiswürdigkeit der Europolitik der verschiedenen Staatsführungen geworden. Er konnte dabei seine ursprüngliche Intention wahren, die „abendländische Einigung" voranzubringen.

Viele politische Kräfte aus dem In- und Ausland fühlen sich versucht, auf die Entscheidungsfindung des Aachener Direktoriums einzuwirken. Es selbst spielt auch mit der Versuchung, Kräfte von außen einzubinden, schon wegen der großen finanziellen Kosten, welche die Preisverleihung Jahr um Jahr verursacht, obwohl der Preis im Vergleich zu anderen geradezu undotiert ist.

Im Lauf der Jahrzehnte hat das Direktorium sein Gesicht gewandelt. Die Fraktionen des Stadtparlaments haben sich ein Vertretungsrecht erkämpft, die politischen Bürgervertreter machten den wohlhabenden Bürgern den Vorwurf der Selbstherrlichkeit und setzten so ihren Anspruch auf Mitsprache durch. Die wohlhabenden Bürger wiederum waren nicht selbstbewusst genug, das Ansinnen abzuweisen, die Reihen auch noch mit Auswärtigen aufzufüllen, die in kurioser Vornehmheit „Weltbürger" genannt werden. Zuletzt kamen noch zwei Mitglieder hinzu, die von der Stiftung Internationaler Karlspreis entsandt werden dürfen. Die einstige Vorstellung, eine Stiftung scharf getrennt vom Direktorium ins Leben zu rufen und diese mit der Sicherung der Zahlungsfähigkeit des laufenden Betriebs zu beauftragen – der Karlspreis ist in Aachen nicht nur zu einer anscheinend ewigen, sondern auch zu einer ganzjährigen Einrichtung geworden –, ließ sich natürlich nicht so puritanisch verwirklichen. Den Charakter einer städtischen Veranstaltung hat der Internationale Karlspreis zu Aachen schließlich völlig aufs Spiel gesetzt – man könnte auch sagen: aufgegeben –, als einige Herren gebeten wurden, die Schirmherrschaft über die Karlspreisstiftung zu übernehmen: der König von Spanien, der selbst Karlspreisträger ist, der König von Belgien, der Großherzog von Luxemburg sowie der österreichische und der deutsche Bundespräsident.

Nicht immer kann sich das Direktorium über Gepflogenheiten hinwegsetzen, die im Geschäftsleben, aber auch in intellektuellen Netzwerken üblich sind. So hat sich gezeigt, dass neben der Wahl des Preisträgers die Suche nach dem Lobredner prägend ist. Es gibt einige Fälle, da scheinen Kettenreaktionen in Gang gekommen zu sein – oder es gab die spürbare Erwartung von Seiten eines hochrangigen Laudators, bei nächster Gelegenheit selbst der Gelobte sein zu dürfen. Der Grundsatz, dass Geehrte und Ehrende protokollarisch auf einer Stufe stehen sollten, relativiert im Gesamteindruck die Tatsache, dass der Karlspreis ein Bürgerpreis ist. Und auch der Oberbürgermeister, der traditionell die Einführungsrede hält, scheint dank seiner Amtskette eher den versammelten Würdenträgern als der Stadtbevölkerung zuzurechnen zu sein. Der Sprecher des Karlspreis-Direktoriums, der Chef der ursprünglichen Bürgerinitiative, aber hält sich seit Jahrzehnten beim Festakt so sehr zurück, als habe er dankbar dafür zu sein, bei der Preisverleihung anwesend sein zu dürfen.

Die Kunst des Karlspreisdirektoriums bestand bisher und besteht auf weitere unabsehbare Zeit darin, ungeachtet aller punktuellen Einflüsterungen langfristig Konsequenz und Kontinuität bei der distanzierten Mitgestaltung Europa zu wahren. Seine wechselnden Mitglieder sind ihrem selbstauferlegten Auftrag dann gerecht geworden, wenn die Namen der Preisträger den roten Faden der europäischen Nachkriegsgeschichte und der Europapolitik bilden. Die in ganz Europa hochgeschätzte Glaubwürdigkeit des Aachener Karlspreises bewirkt, dass in den meisten Fällen nicht eine Tat angeführt wird, um die Zuerkennung des Preises zu rechtfertigen, sondern der Hinweis „Karlspreisträger" überall genügt, um die jeweilige Person für eine prägende Gestalt der Europapolitik und der europäischen Nachkriegs- und Nachwendegeschichte zu halten. Es liegt an der Geradlinigkeit und der grundsätzlichen wie auch überall spürbaren Vorteilhaftigkeit der europäischen Einigung, dass die Beiträge aller Ausgezeichneten in der Rückschau als nützlich, jedenfalls als anerkennenswert gelten.

Literaturhinweis

Wilhelm BONSE-GEUKING/Michael JANSEN (Hrsg.), 60 Jahre Karlspreis – Beitrag zur europäischen Vollendung. Köln 2010

Albrecht Riethmüller
Die Hymne der Europäischen Union

Es ist heute kaum vorstellbar, dass ein deutscher Parlamentarier während einer Europadebatte vehement für ein „Europa ohne Flagge und Hymne" streitet. Doch was klingt, als töne es von einem anderen Stern herüber, hat sich im Bundestag in der Frühzeit der parlamentarischen Beteiligung der Partei „Die Grünen" Mitte der 1980er Jahre in Gestalt der damaligen Abgeordneten Jutta v. Ditfurth tatsächlich abgespielt. Vor dem geschichtlichen Hintergrund eines Landes, das von einem Meer aus Hakenkreuzfahnen überschüttet und in dem das „Horst-Wessel-Lied" Teil der Nationalhymne gewesen war, mag der realitätsfremde Wunsch immerhin verständlich erscheinen. Im Medienzeitalter boomt das Geschäft mit Logos, Maskottchen und anderem zivilen Schnickschnack, derweil die modernen Gesellschaften und Staaten nur noch ein verkümmertes Angebot an verständlichen hoheitlichen Insignien im Angebot haben, deren Markt jedoch weltweit floriert wie nie. Übrig geblieben sind eigentlich nur Staatsflagge und Nationalhymne – der Staatsempfänge wegen, aber genauso als Repräsentanten bei internationalen Sportwettkämpfen.

Bei der Fußballweltmeisterschaft 2010 sah man den Bundespräsidenten in der deutschen Botschaft in Paris, wie er einem Spiel der deutschen Mannschaft in Südafrika zuschaute, wobei das Fernsehen wiederum ihm zuschaute und dem Zuschauer am Bildschirm suggerierte, dass er sich auf der Höhe der Zeit bewegte, sofern er sich wie Millionen meist junger Fans aus allen möglichen Staaten die Staatsflagge auf die Wange hatte malen lassen. Zwar wird es wohl noch ein Weilchen dauern, bis die Staats- und Regierungschefs der Europäischen Union bei ihren Treffen denselben Brauch pflegen werden und sich beispielsweise die Europaflagge auf die rechte und ihre Nationalflagge auf die linke Backe zeichnen lassen. Doch Europa hat wie alle Einzelstaaten längst seine ansprechende Flagge und Hymne – es fehlt nur noch an den Mannschaften, die für die Europäische Union bei Olympia oder anderen Gelegenheiten antreten.

Das allbekannte Unbekannte

Trotz des langen Vorlaufs war der Euro bei seiner Einführung Anfang 2002 nicht nur in aller Munde, sondern gelangte auch in alle Hände. An die Flagge haben sich die meisten Menschen allmählicher gewöhnt – schon wegen der Omnipräsenz ihres Abbilds im Alltag auf den Kraftfahrzeugkennzeichen und auf jedem Geldschein. Wer aber erinnert sich noch an das emblematische Experimentierfeld, das sich in den 1950er Jahren auftat, als die damaligen sechs Staaten der Europäischen Gemeinschaft begannen, einen in allen Mitgliedsländern gleichen und jährlich wechselnden Satz „Europa"-Briefmarken auszugeben? Kinder, deren Väter Philatelisten waren, erhielten durch diese Marken-Massenware, möglicherweise zum allerersten Mal, einen Begriff von dem erstrebten europäischen Zusammenschluss.

Mit der Hymne verhält es sich anders. Als Melodie ist Beethovens so genanntes Freudenthema ein allbekannter Megahit, aber als Hymne der Europäischen Union dem allgemeinen Bewusstsein nach wie vor weit weniger vertraut. Beim Wiener Opernball – ein Staatsakt, zu dem der Präsident der Republik persönlich einlädt – versteht es sich von selbst, dass das Orchester am Anfang die österreichische Hymne intoniert, auch wenn das Publikum schon bereit steht, sich andere musikalische Genüsse in die Beine gehen zu lassen: die Quadrille für die Debütanten, die dabei in die Gesellschaft eingeführt werden, und den Eröffnungswalzer. Bei dem jährlichen Ritual konnte man 2001 – es war am 27. Februar – am Fernsehschirm sehen, dass das Präsidentenpaar den getragenen Tönen der auf einer Melodie Mozarts fußenden Hymne der zweiten österreichischen Republik mit der gebotenen andächtigen Stille der Körper lauschte. Dann intonierte das Orchester ein weiteres Stück. Die Haltung der Menschen entspannte sich, es kam ein wenig Bewegung in ihre Leiber, die Mienen hellten sich auf. Zugleich stand auf den Gesichtern vieler etwas Ratlosigkeit darüber geschrieben, welcher Programmpunkt nun erreicht sein mochte: Es hätte schon die Quadrille sein können, aber man spürte, dass die Zeit noch nicht reif dafür war. Die Kameras rückten den Staatspräsidenten ins Bild, dessen Frau die Gelegenheit ergriff, ihm etwas zuzuflüstern. Es war wohl etwas Nettes, um seine Lippen zog sich ein leises Lächeln, zugleich gefror es wieder, denn der Moment war ihm unbequem, er neigte ihr nur unwillig sein Ohr, und sein Gesicht versteinerte in diplomatischer Undurchdringlichkeit.

Die Musik, die erklang, war die Hymne der Europäischen Union, und ihr mit einem Mangel an Respekt zu begegnen, verweist nicht nur auf eine bis heute andauernde Ignoranz, sondern musste in Wien auch deshalb besonders peinlich sein, weil die Melodie dort entstanden ist und die Stadt sich auf ihre musikalische Tradition und Expertise so viel zu gute hält. Doch das Publikum des Wiener Opernballs erweckte nicht den Anschein zu wissen, dass die Melodie einem der allerberühmtesten Musikwerke, Beethovens 9. Symphonie, entstammt, das ausgerechnet im Wiener Hoftheater zum ersten Mal öffentlich gegeben worden war. Dabei hatten die Zeremonienmeister es sich so korrekt wie nur möglich ausgedacht, um als gute Europäer zu erscheinen: Dem Komment zufolge hat die Europahymne der Landeshymne zu folgen. Psychologisch ist eine solche Doppelhymne ein entschiedener Nachteil. Denn während das Auge zwei Fahnen – National- und Europaflagge nebeneinander – mühelos zusammen bringt, reduziert das zeitliche Nacheinander zweier Hymnen die Aufmerksamkeit des Ohrs.

Die Übermacht der 9. Symphonie

Anfang Juli 1971 tagte der Ständige Ausschuss der Beratenden Versammlung des Europarats im damaligen West-Berlin. Dergleichen Sitzungen fanden in jenen Tagen des Kalten Krieges gewöhnlich unter Protest der DDR statt. Bei dieser Gelegenheit wurde ein Partikel aus dem Schlusssatz der 1824 uraufgeführten 9. Symphonie von Beethoven zur Hymne der Europäischen Union (damals noch: Gemeinschaft) erklärt. Ein entsprechender Beschluss des Straßburger Ministerrats des Europarats wurde im Januar 1972 herbeigeführt, womit die Sache besiegelt war. Die musikalische Einrichtung des Hymnen-Unterfangens übernahm der damals im Zenit seiner verzweigten internationalen Macht stehende Dirigent Herbert von Karajan; die frühere, gleich mehrfache Mitgliedschaft des als Chef der Berliner Philharmoniker in West-Berlin wirkenden österreichischen Maestro in der Nazipartei störte offenbar weder das politische noch das musikalische Europa. Karajans Version erschien mit Copyright 1972 bei Schott in Mainz, dem Verlagshaus, in dem (auch in der Pariser Filiale) schon 1826 die Erstausgabe der Partitur mit Widmung an den König von Preußen, Friedrich Wilhelm III., im Druck erschienen war.

Die Symphonie d-Moll op. 125 ist schon im 19. Jahrhundert zum Paradigma der Orchestermusik geworden, zum Gipfel und zur Erfüllung, zugleich aber auch wegen der angestellten Sänger zum Ende der Symphonie (als instrumentaler Form) erklärt worden. Programmatisch wurde mit ihr 1876 Richard Wagners Bayreuther Festspielhaus eröffnet und seither manch anderes Opernhaus; sie diente zu zahllosen Festaufführungen aus zivilen Anlässen ebenso wie aus staatlichen. Sie bediente das Ritual von jährlichen Silvesterkonzerten, mit ihr ließen sich Diktaturen und Tyrannen unterschiedlichster Couleur besingen. Es blieb die Ausnahme, dass ein Staat sie einmal mit seinem Bann belegte; die Volksrepublik China hat es zur Zeit der „Kulturrevolution" kurzfristig versucht. Sie wurde gegeben, als die Berliner Mauer gefallen war, in Osaka finden jährliche Aufführungen mit Chören aus zehntausend Sängern statt.

In einem solchen Fall erdrückender Präsenz bleibt es nicht aus, dass allerlei mäkelnde Kulturkritiker auf den Plan treten, die sich der Übermacht zu entledigen versuchen, indem sie das Meisterwerk abwerten und durch andere Produkte des späten Beethoven zu ersetzen trachten. Aber auch andere Bedenklichkeiten wurden laut. Spätestens seit Stanley Kubricks Verfilmung (1971) des Romans *A Clockwork Orange* von Antony Burgess wurde gerade die 9. Symphonie mit Gewaltsamkeit assoziiert, woraus sich bis heute geradezu ein Topos der Beethoven-Rezeption ergeben hat, dessen Wurzeln oft nicht bewusst sind: der Einsatz der 9. Symphonie zur Demonstration der generellen und speziell kulturellen Überlegenheit des Deutschtums während der Nazizeit. Umgekehrt hat die UNESCO 2003 das in der Staatsbibliothek Preußischer Kulturbesitz verwahrte Autograph der Partitur zum Weltkulturerbe erklärt. Unmittelbar danach hat der Musikverlag Schott in Mainz die bis dahin in seinem Archiv befindliche Stichvorlage mit Einzeichnungen Beethovens über ein internationales Auktionshaus versteigern lassen. Das löste über einige Wochen Proteste gegen die vermeinte Verschleuderung von Kulturgut aus, unerörtert blieb dabei aber die ungelöste, wenn nicht unlösbare Kernfrage des Problems: In welcher Form bzw. Fassung finden wir das „Original" eines der Reproduktion bedürftigen Musikwerks vor? Begegnet es tatsächlich im Autograph (wie die UNESCO nahe legt), in der Stichvorlage als dem Stadium, in dem Beethoven letzte Hand anlegen konnte, oder in einem Exemplar des Erstdrucks?

Pars pro toto: Die Ode an die Freude

Ihre singuläre Berühmtheit verdankt das dem instrumentalmusikalischen Genre zugehörige Werk paradoxerweise nicht seinen exorbitanten orchestralen, „symphonischen" Elementen, sondern der Beschäftigung von Sängern, also Chor und Solisten, im abschließenden 4. Satz, dem bekanntlich Friedrich Schillers Gedicht *An die Freude* zugrunde liegt. So ist denn auch das „Freudenthema" oder die „Freudenmelodie" nicht nur zum Merkmal bzw. Erkennungszeichen der 9. Symphonie als solcher geworden – wie das „Lächeln" zum Merkmal der Gioconda –, sondern hat sich bald auch von der Symphonie abgespalten und verselbständigt. Als Melodie wurde die *Ode an die Freude*, *Ode to Joy*, gelegentlich auch *Song of Joy* in allerlei neue musikalische Kontexte unterschiedlichster Art versetzt. Sie wurde Teil der sakralen wie säkularen *popular culture*, wie sich an einigen ganz unterschiedlichen Beispielen erhärten lässt.

1. Schon 1846 war die Melodie in den USA in Umlauf, in den Jahrzehnten danach mit wechselnden Texten in angelsächsischen Kirchengesangbüchern geläufig, am bekanntesten wurde der Text „Joyful, joyful we adore thee" (der Austausch des schillerschen weltlichen Textes gegen einen passenderen geistlichen ist das in solchen Fällen allerüblichste Verfahren).

2. Rein instrumental, also unter Wegfall der schillerschen Worte, wurde die Melodie als quasi deutsche „Nationalhymne" bei internationalen Sportveranstaltungen eingesetzt, in denen

nach der 1949 erfolgten Gründung der beiden Staaten Bundesrepublik Deutschland und Deutsche Demokratische Republik zwar gesamtdeutsche Mannschaften aufgestellt wurden, aber keiner der konkurrierenden Staaten die eigene Hymne durchsetzen konnte. Das war zum Beispiel bei den Olympischen Spielen 1956 in Melbourne und 1960 in Rom der Fall; mit dem Bau der Berliner Mauer fanden die gesamtdeutschen Riegen und damit der musikalische Brauch ihr Ende.

3. Europa erlitt einen gelinden Schock, als Rhodesien, das sich von England losgesagt hatte, 1974 in Salisbury (dem heutigen Harare) Beethovens Melodie zur Nationalhymne des Apartheid-Staates wählte – es gab für die Europäer keine rechtliche oder praktische Möglichkeit, dagegen einzuschreiten. Es beruht wohl auf nationalstaatlicher Verengung der Vorstellung, wenn angenommen würde, dass jedes Land seiner eigenen Hymnenmelodie bedürfe: Die Melodie von *God Save the King* war zuzeiten nicht nur Hymne in den Staaten des gesamten Commonwealth, sondern auch des Deutschen Kaiserreichs (bis 1918) und sogar eine der Hymnen der demokratisch verfassten Vereinigten Staaten.

Das Lied aus 24 Takten, also die beethovensche Melodie, die sich einerseits im Finale der Symphonie, andererseits außerhalb des Werks im kulturellen Haushalt der Welt so nachhaltig ramifiziert hat, ist eines der simpelsten und obendrein redundandesten Gebilde, die man sich musikalisch denken kann. Das Dilemma zwischen der Schlichtheit der Melodie und dem Anspruch der Sinfonie hat Richard Wagner auf gewohnt apodiktische Weise formuliert: „Nie hat die *höchste Kunst* etwas *künstlerisch einfacheres* hervorgebracht als diese Weise". In seiner Beethoven-Zentenarschrift von 1870 nimmt er die „Urweise reinster Unschuld" bezeichnenderweise in den Dienst religiöser Vergleiche: „Wie mit heiligen Schauern" wehe uns diese Melodie an, sie sei „der Choral der neuen Gemeinde", und in Beethovens kunstvoller musikalischer Einkleidung bzw. Bearbeitung wirke sie wie „ein endlich geoffenbartes Dogma reinster Liebe". Die Sakralisierung lässt sich, zumal im Verstand des späteren 19. Jahrhunderts, gewiss bequem vom kirchlichen auf den staatlichen Bereich übertragen. Wagner spricht hier über Beethovens Melodie mit den Worten seiner eigenen Vorstellungswelt; die meisten anderen Musikfachleute hingegen verfahren bis heute so, dass sie über die Melodie bzw. die 9. Symphonie, als sei dieses selbstverständlich, unverdrossen (und manchmal womöglich unbemerkt) so sprechen, dass sie Beethovens Musik mit Schillers Worten paraphrasieren und charakterisieren.

Fundorte

Die zweisprachige (englische und französische) Resolution 492 des Jahres 1971 der Beratenden Versammlung des Europarats hält den Text über eine europäische Hymne fest, wie er am 8. Juli von deren Ständigem Ausschuss (Standing Committee) angenommen und von der Versammlung übernommen worden war. Statuiert wird, dass es nun an der Zeit sei, für Europa neben dem „emblem" und dem „Europe Day" ein drittes „symbol" auszusuchen: „to choose an anthem for the Europe" (*de doter l'Europe en formation de son hymne*). Der gewählte Gegenstand ist dann in einer zwar für Musiker etwas gewöhnungsbedürftigen, aber unmissverständlichen Weise bezeichnet. In der Überzeugung, dass es sich um ein „musical work representative of European genius" (*génie de l'Europe*) handeln solle, sollen die Mitgliedsländer zustimmen, dass die „European anthem" aus folgendem Werk stamme: aus dem „Prelude to the Ode to Joy in the fourth movement of Beethoven's Ninth Symphony". Und empfohlen wird „its use on all European occasions, if desired in conjunction with the national anthem". In der Lizenz zum Gebrauch zweier Hymnen liegt, wie 2003 in Wien zu sehen war, ein praktischer Nachteil beschlossen.

Die für die Ortsbestimmung in Beethovens Symphonie verwendete Formulierung verweist auf etwas, das nicht leicht auszumachen ist. Das überaus vielgestaltig und komplex organisierte Finale der Symphonie beschäftigte Musiktheoretiker auf lange Jahrzehnte hinaus, ehe sie erst Anfang des 20. Jahrhunderts in der Lage waren, es als einen Variationensatz, in dem sich die Aufstellung des Themas der Variationen mit einer Einleitung des Satzes auf eigenartige Weise verschränkt, lückenlos zu erklären.

Die *Ode to Joy* ist das Thema des vierten und letzten Satzes der Symphonie, zugleich ist diese Melodie ein komplettes, aus 24 Takten bestehendes Lied (zum ersten Mal in den Takten 92–115 von den tiefen Streichern, also Violoncelli und Kontrabässen einstimmig vorgetragen). Insofern ist sie im traditionellen Formverständnis nicht mehr Teil der Einleitung, sondern die Hauptsache des Satzes. Das Beharren der europäischen Gremien darauf, dass die Europahymne dem Vorspiel des 4. Satzes entstamme, hat einen guten Grund. Zwar gibt es im gängigen musikalischen Verständnis zu einem einzelnen Symphoniesatz (im Unterschied zu einem einzelnen Opernakt) kein Vorspiel, aber der Hinweis zielt darauf ab, dass ein Vorspiel prinzipiell instrumentalmusikalischer Natur ist. Das gilt gerade auch für Musiken, in denen gesungen wird: Das Vorspiel zu einem Klavierlied oder einem Kirchenchoral besteht in aller Regel aus den Takten, ehe der Gesang anhebt, und dasselbe gilt für Opern. Wenn aber angegeben wird, dass die Hymne dem Vorspiel entsprungen sei, wird damit übervorsichtig und zugleich überdeutlich darauf verwiesen, dass es um ein Stück Instrumentalmusik zu tun ist, nicht um eine Partie, in der Schillers Ode gesungen wird.

Die Stoßrichtung ist klar erkennbar. Die Väter der Europahymne zielten auf ein textloses musikalisches Gebinde. Sie wünschten sich Beethovens Töne, die sie als europäisch empfanden, nicht Schillers deutsche Worte, die keinen Bezug zu Europa aufweisen. Vor dem Hintergrund der Geschichte der ersten Hälfte des 20. Jahrhunderts war das verständlich, vor dem Hintergrund des multilingualen europäischen Staatengebildes ist es pragmatisch und vernünftig. Hymnen ohne Text sind keineswegs krasse Außenseiter, sondern begegnen stets wieder einmal. Gerade die Deutschen werden sich daran erinnern, dass die DDR den von Johannes R. Becher stammenden Text ihrer Hymne bald nach Einführung der eigenen Hymne wieder unterdrückt hat, weil er auf die Einheit Deutschlands anspielt. Die konkurrierende Bundesrepublik Deutschland hat bei Bestellung ihrer Hymne bzw. der Übernahme des *Deutschlandliedes* von Hoffmann von Fallersleben die ersten beiden der drei Textstrophen zu unterdrücken versucht, um vor dem Hintergrund des Holocaust die Parole „Deutschland, Deutschland über alles, über alles in der Welt" nicht mehr in die Welt hinausplärren zu lassen. Textunterdrückung, Textwechsel und Melodientausch gehören zum Hymnengeschäft im Lauf der Geschichte.

Das musikalische Arrangement, das Karajan sogleich vornahm, folgt getreu den Vorgaben. Es lässt nicht den geringsten Zweifel daran aufkommen, dass Beethovens Melodie und nicht Schillers Text gemeint ist. Der Name des Textdichters für Beethoven begegnet nicht, ja, es fehlt sogar jeder Hinweis auf die *Ode to Joy*, der immerhin in Resolution 492 noch enthalten war, um die gemeinte Stelle ungefähr zu markieren. In der verbindlichsten Form des Arrangements, der Orchesterpartitur (Abb. 1), ist lapidar angegeben, dass es sich um „Music from the Ninth Symphonie by Ludwig van Beethoven" handle. Im ebenfalls von Schott in Mainz mit Copyright von 1972 unter der Verlagsnummer ED 5203 vertriebenen Klavierauszug hingegen ist sogar der Herkunftsname Beethoven unterblieben; das einzige, was der Leser noch erfährt, ist: „Musical Arrangement: Herbert von Karajan".

Es ist bemerkenswert, wie behend man sich auch noch an einem der prominentesten Werke der Musikgeschichte, an und mit Beethoven neue Urheberrechte sichern und Tan-

Abbildung 1: Erste Partiturseite der von Herbert von Karajan bearbeiteten Orchesterfassung der Europahymne. Mainz: Schott 1972 (copyright), Verlagsnummer ED 6488

tiemen einstreichen kann bei einer Hymne, die naturgemäß aus praktischem Bedürfnis so sehr nachgefragt wird. Das vorliegende Arrangement war eine Routinearbeit im Handumdrehen, zumal Beethoven nicht nur die Melodie geliefert hat, sondern auch in den einzelnen Variationen die Harmonisierung (im Finale der 9. Symphonie erstmals in den Takten 117ff.). Selbst die vier Vortakte bei Karajan – ein übliches Verfahren, um nicht direkt mit der Melodie wie mit der Tür ins Haus fallen zu müssen – konnten aus beethovenschen Überleitungstakten bezogen werden.

Und der Text?

Am 4. Juli 2004 versammelten sich die Staatsoberhäupter der Alliierten des Zweiten Weltkriegs – voran Königin Elisabeth II. und die Präsidenten Jacques Chirac und George W. Bush – in der Normandie, um in einem Festakt im Freien am Ort des Geschehens des 60. Jahrestags der Invasion zu gedenken. Weder der Präsident noch der Kanzler der Bundesrepublik Deutschland waren damals geladen, und doch stellte sich ein Deutscher eigentlich unerwartet ein: Friedrich Schiller. Der ortsansässige französische Chor sang die Europahymne auf Deutsch und trug dabei jenen Text vor, der zu Beethovens Symphonie, nicht aber zur Hymne gehört. Den Rahmen bildete zwar kein von der Europäischen Union veranlasster Akt, und doch war er vergleichbar mit jeder Zeremonie, bei der ein Mitgliedsstaat auf eigenem Boden seine Nationalhymne und dann die Europahymne hören lässt. Es bleibt abzuwarten, ob und inwieweit das Beispiel Schule macht.

a)

Est Europa nunc unita
et unita maneat;
una in diversitate
pacem mundi augeat.

Semper regant in Europa
fides et iustitia
et libertas populorum
in maiore patria.

Cives, floreat Europa,
opus magnum vocat vos.
Stellae signa sunt in caelo
aureae, quae iungant nos.

b)

Schließt den Bund der Vaterländer,
gebt Europa Ziel und Sinn!
Knüpft der Freundschaft feste Bänder
über alle Grenzen hin!
Reißt die Vorurteile nieder
die nur trüben Zeit und Geist!
Alle Menschen werden Brüder
wo sich Einigkeit erweist!

Schließt den Bund der Menschenherzen
wider die Vergangenheit!
Allen Irrtum, alle Schmerzen,
alle Wunden heilt die Zeit!
Wenn wir uns die Hände reichen
treu zu wahrem Menschentum,
werden alle Schatten weichen
zu Europas höh'rem Ruhm!

Schließt den Bund der Menschenwürde,
die man oft mit Füßen trat!
Jeder trag' des andren Bürde,
sei des andern Kamerad!
Hand in Hand lasst uns nun gehen
und uns schwören diesen Eid:
Leuchtend soll Europa stehen
als ein Hort der Menschlichkeit!

c)

Ein Europa für Nationen,
ganz einander zugewandt.
Völker, die in Frieden wohnen,
Menschen leben Hand in Hand.
Aus dem Kriegesleid entsprungen
kam der Wunsch nach Friedenszeit.
In Europa ist gelungen,
was ein Traum seit Ewigkeit.

Große Männer ihrer Zeiten
sahen sich einander an:
Man kann Zukunft nur bereiten,
wenn man auch verzeihen kann.
Alte Feinde lachen wieder,
Böses stirbt, das Gute bleibt.
Alle Menschen werden Brüder,
Kontinent in Einigkeit.

Was die Väter uns gegeben,
soll von großer Dauer sein.
Dieses Erbe muss man leben!
Nur zusammen, nicht allein.
Unsre Kinder sollen leben
Zukunft auch in Friedenszeit,
in Europa weitergeben:
Freiheit, Frieden, Einigkeit.

Abbildung 2: Initiativen zur Textierung der Europahymne in Auszügen: a) Peter Roland/Peter Diem (2003); b) Marcel Valmy (2003); c) Matthias Halbritter (2004)

Schon aus praktischen Erwägungen heraus genügen in Fußballstadien und Sportarenen, zumal bei internationalen Meisterschaften und Wettbewerben, textlose Hymnen-Versionen vollauf. Und doch werden Sportler in der Öffentlichkeit stets wieder kritisiert, wenn sie zu der längst nicht mehr live gespielten Musik nicht live singen, sondern eher verlegen bloß die Lippen ein bisschen bewegen. Zum Siegeswillen wird ihnen Sangeslust abverlangt und ihnen nicht etwa Scheu attestiert, sondern implizit unterstellt, dass sie den Text der eigenen Landeshymne nicht auswendig können. Die Sehnsucht nach den Wörtern scheint unstillbar zu sein, und daher wird immer wieder auf eine Re- und Neutextierung der Europahymne gesonnen. Ausnahmen bestätigen die Regel. Schon genau hundert Jahre vor den europäischen Gremien fand Nietzsche 1871, dass Schillers Text und Beethovens Musik gänzlich inkongruent seien; für den Hörer wiederum sei es ein Glück, dass „wir, durch die Musik [Beethovens] für Bild und Wort völlig depotenziert, bereits *gar nichts von dem* Gedichte hören".

Dem Kommissionspräsidenten der Europäischen Union Romano Prodi wurde 2004 eine gesungene Version der Hymne überreicht. Das Produkt stammte aus Österreich, der originale Text „Est Europa nunc unita" wurde auf Latein von Peter Roland und Peter Diem verfasst (Abb. 2a), aber zugleich in mehr als ein Dutzend Landessprachen übertragen. Diese Fassungen sind noch holpriger und unsanglicher als die ungelenken lateinischen Verse. Es existiert eine 2003 mit den Wiener Sängerknaben aufgenommene CD davon. Die Initiative, die doch sehr an das 19. Jahrhundert und die Verballhornungen des Lateinischen in Burschenschaftsliedern à la „Gaudeamus igitur" erinnert, blieb erfolg-, aber nicht folgenlos. Der Vizepräsident des Europäischen Parlaments und Stellvertretende Vorsitzende der bayrischen CSU Ingo Friedrich lobte einen im Juni und Juli 2004 laufenden Wettbewerb zur Gewinnung eines Textes für die Europahymne aus. Es gab siegreiche Gedichte (Abb. 2b und 2c).

Schwamm drüber. Doch wer weiß, ob in der Frage der vor 40 Jahren von der Resolution 492 klugerweise vermiedenen Texturierung der Melodie tatsächlich schon das letzte Wort gesprochen ist?

Beethovens Angebot

Nachweislich hat Beethoven die englische Hymne *God Save Great George Our King* in hohen Ehren gehalten und mehrfach in eigenen Variationszyklen bearbeitet. In Wien sah er mit eigenen Augen, wie sein vormaliger Lehrer Haydn sein der englischen Hymne nachgebildetes Geburtstagslied *Gott! Erhalte Franz, den Kaiser* auf dem Weg der Zweitverwertung höchst geschickt als Thema für einen Variationssatz in einem Streichquartett genommen hat, das daraufhin als *Kaiserquartett* zu seinem vielleicht berühmtesten geworden ist. Beethoven selbst integrierte sein Lied und die Variationen in den Schlusssatz seiner 9. Symphonie. Mit deren Widmung an Friedrich Wilhelm III. hat er vielleicht weniger die Hoffnung auf materielle Gegenleistung verknüpft (was der normale Grund solcher Widmungen war), als auf einem durch Stücke wie die Marseillaise zwar boomenden, aber schon einigermaßen besetzten Hymnenmarkt ein Angebot unterbreiten wollen. Der Monarch hat es übersehen oder übergangen, die Europäische Union hingegen hat – 150 Jahre danach – angebissen.

Literaturhinweise

Andreas EICHHORN, Beethovens Neunte Symphonie. Die Geschichte ihrer Aufführung und Rezeption. Kassel 1993.

Esteban BUCH, Beethoven's Ninth. A Political History. Chicago 2003.

Heinz VON LOESCH/ Claus RAAB (Hrsg.), Das Beethoven-Lexikon. Laaber 2008.

Albrecht RIETHMÜLLER/Carl DAHLHAUS/Alexander L. RINGER (Hrsg.), Beethoven. Interpretationen seiner Werke, 2 Bde. Laaber ³2009.

Christina M. STAHL, Was die Mode streng geteilt?! Beethovens Neunte während der deutschen Teilung. Mainz 2009.

Franz Knipping
Die Römischen Verträge von 1957: eine nachhaltige Grundlegung

In der Jubiläumskultur der Europäischen Union erfährt inzwischen kaum ein anderes Ereignis eine so hohe Aufmerksamkeit wie die Unterzeichnung der Verträge zur Gründung der Europäischen Wirtschaftsgemeinschaft und zur Gründung der Europäischen Atomgemeinschaft am 25. März 1957 auf dem Kapitolshügel in Rom. Nur die Verkündung des Schuman-Plans am 9. Mai 1950, inzwischen auch Referenzdatum für den alljährlichen „Europatag", findet vergleichbare Beachtung. Die Zehnjahrestage der Römischen Verträge wurden seit 1967 von den europäischen Institutionen und den Regierungen der Mitgliedstaaten mit zunehmendem Aufwand feierlich begangen, und seit dem 30. Jahrestag 1987 bieten sie auch besonderen Anlass, sich mit der Geschichte der europäischen Einigung aus der Sicht von Zeitzeugen und Historikern intensiver zu beschäftigen, durchaus auch in identitätsstiftender Absicht. Sowohl 1987 als auch 1997 fanden neben den offiziellen Feierlichkeiten jeweils Veranstaltungen und wissenschaftliche Tagungen statt, insbesondere bemerkenswerte Kolloquien an der Stätte der Unterzeichnung der Verträge. Der 40. Jahrestag 1997 führte 39 führende europäische Akteure, aktive und ehemalige, mit 45 Historikern der europäischen Einigung zusammen, die die Umsetzung der Gründungsverträge und die von ihnen ausgehende Entwicklungsdynamik zu bilanzieren versuchten. Dabei hielt Leo Tindemans zusammenfassend fest: „Der große Augenblick [der Europäischen Integration] waren offenkundig die Verträge von Rom, die uns auch weiter inspirieren müssen".

Zum 50. Jahrestag blickte der Europäische Rat der Staats-und Regierungschefs dann in einer „Berliner Erklärung" auf die einzigartige Erfolgsgeschichte der Union zurück: „Europa war über Jahrhunderte eine Idee, eine Hoffnung auf Frieden und Verständigung. Diese Hoffnung hat sich erfüllt. Die europäische Einigung hat uns Frieden und Wohlstand ermöglicht. Sie hat Gemeinsamkeit gestiftet und Gegensätze überwunden. Jedes Mitglied hat geholfen, Europa zu einigen und Demokratie und Rechtsstaatlichkeit zu stärken. Der Freiheitsliebe der Menschen in Mittel- und Osteuropa verdanken wir, dass heute Europas unnatürliche Teilung endgültig überwunden ist. Wir haben mit der europäischen Einigung unsere Lehren aus blutigen Auseinandersetzungen und leidvoller Geschichte gezogen. Wir leben heute miteinander, wie es nie zuvor möglich war. Wir Bürgerinnen und Bürger der Europäischen Union sind zu unserem Glück vereint". Zur gleichen Zeit fand auf dem Kapitol wieder ein internationales, diesmal eher akademisches und interdisziplinäres Kolloquium statt, das die „50 years of European Construction 1957–2007" im Licht der neueren Forschungen Revue passieren ließ.

Damals, am 25. März 1957, war den Akteuren, Gästen und Medienvertretern auf dem Kapitol völlig bewusst, dass sie einer europäischen „Sternstunde" beiwohnten und Geschichte schrieben. Die Delegationen der sechs Vertragsstaaten leiteten den historischen Akt mit der Teilnahme an einer feierlichen Messe in S. Paolo fuori le Mura zum Gedenken an den drei Jahre zuvor verstorbenen Alcide De Gasperi ein. Papst Pius XII. persönlich veranlasste offenbar, dass danach der Autokonvoi zum Kapitol vom Geläut aller Glocken Roms begleitet wurde. Um 18 Uhr begann im Konservatorenpalast, wo für die Regierungsvertreter ein zwölf Meter langer Tisch aufgebaut war, in Anwesenheit von mehreren Hundert Beteiligten die knapp einstündige Unterzeichnungszeremonie, eingeleitet von kurzen Ansprachen. Der italienische Außenminister Martino sprach vom „Beginn einer neuen Ära in der Geschichte der europäischen Völker". Bundeskanzler Adenauer beschwor den *genius loci*: „Europa hätte keinen würdigeren Rahmen für diese Konferenz finden können als diese seine ehrwürdigste Stadt". Die Unterzeichnung der Verträge bedeute einen „geschichtlichen Augenblick. Wir wollen uns sicherlich nicht Vorschusslorbeeren winden. Allzuviel an Aufgaben liegt vor uns. Aber die Freude darüber, dass es uns vergönnt ist, den großen Schritt zur Einigung Europas zu tun, der in der Unterzeichnung der Verträge liegt – dieser Freude möchte ich doch Ausdruck geben. Die Optimisten, nicht die Pessimisten haben recht behalten". Der belgische Außenminister Spaak pries den Mut der Europäer, aus freien Stücken die größte Umwälzung ihrer Geschichte in Angriff zu nehmen. „Wenn wir das begonnene Werk fortsetzen, wird der Tag des 25. März 1957 einer der bedeutendsten in der Geschichte Europas sein". Mit kaum geringerem Pathos äußerten sich der französische Außenminister Pineau und der niederländische Außenminister Luns. Der luxemburgische Staats- und Außenminister Bech schließlich beschwor den Geist Europas. Es werde lange dauern, bis das vereinte Europa vollständig errichtet sei, doch werde ständige Zusammenarbeit die Solidarität der Völker entwickeln. „Ceterum censeo Europam esse construendam". Die Unterschriften unter die Verträge wurden danach mit von der Stadt Rom gestifteten goldenen Füllfederhaltern geleistet, während die Glocken des Kapitols zu läuten begannen, darunter die über 700 Jahre alte *Patarina*. In den folgenden Stunden wurde bei einem Bankett in der Villa Madama und einem Empfang im Palazzo Venezia das historische Ereignis in Anwesenheit von mehr als tausend geladenen Gästen ausgiebig gefeiert.

Auch die Medien wussten die Geschichtlichkeit des Augenblicks zu würdigen. Fast alle Zeitungen des kontinentalen Westeuropa berichteten am 26. und 27. März in großer Aufmachung über den historischen Akt in Rom, so gut wie ausnahmslos in lebhaft zustimmender Weise. Die Berichterstattung in Großbritannien und den skandinavischen Ländern war etwas zurückhaltender, hier wurden auch konkurrierende Topmeldungen des Tages stärker herausgestellt. Unverhohlene Reserve zeigten nur die kommunistischen Blätter. Ganz überwiegend feierten aber die westeuropäischen Medien den „Beginn eines neuen Abschnitts der Geschichte Europas". Es wurde sogar, bedeutungsschwanger, nachgerechnet, dass am 25. März 1957 exakt 2000 Jahre seit der Ermordung Cäsars vergangen waren. Auch von jenseits des Atlantik kam Zustimmung. Die amerikanische Presse variierte die Verlautbarung des Washingtoner Außenministeriums, dass die Europäer eine begrüßenswerte Initiative ergriffen hätten und die Römischen Verträge einen Meilenstein auf dem Weg der Integration Europas darstellten.

Es ist allerdings einzuräumen, dass die positive Resonanz der veröffentlichten Meinung der Aufnahme in der breiten Bevölkerung vielleicht nicht in Gänze entsprach. In Italien war immerhin den Schulkindern frei gegeben worden. Doch insgesamt scheint die Aura des Tages in Rom den Alltag der Europäer nicht wirklich überstrahlt zu haben. Europäische Wirtschafts- und Atomgemeinschaft waren neue, komplexe Vorhaben, die nach dem Scheitern der Europäischen Verteidigungsgemeinschaft 1954 schlecht einzuordnen waren. Gewiss war die Grundstimmung positiv, doch manches zeitgenössische Zeugnis offenbart, dass die Menschen auf die Nachrichten aus Rom insgesamt eher gleichgültig reagierten. Eine gewisse Distanz zwischen gouvernementaler Aktion und demokratischer Partizipation im europäischen Einigungsprozess deutete sich schon hier an: die europäische Einigung zuvorderst als Projekt der politischen (und wirtschaftlichen) Führungen.

Für die sachliche Bewertung erscheint rückschauend der Befund eindeutig. Mit dem Akt auf dem Kapitol wurde eine der positivsten und konstruktivsten politischen Entwicklungen eingeleitet, die das an Gewalttätigkeiten überreiche 20. Jahrhundert hervorgebracht hat. Markierte der Schuman-Plan die „Geburtsstunde" der europäischen Integration, so wurden die Römischen Verträge zu ihrer eigentlichen Grundlegung. Die Römischen Verträge waren der eigentliche Durchbruch, sie schufen den festen Rahmen, stießen die Tür weit auf zu einer zukunftsfähigen Entwicklung, wie sie, ungeachtet immer wiederkehrender Krisen, in der gegenwärtigen Gestalt der Europäischen Union weit vorangeschritten vor uns steht.

Dabei übernahm der EWG-Vertrag eine Leitfunktion. Er mutierte zu dem roten Faden, an dem entlang sich bis heute die Dynamik des Integrationsprozesses entfaltet hat. Euratom wie Montanunion machten sich damals daran, einzelne Sektoren der Wirtschaften der Mitgliedstaaten zu vergemeinschaften, aber beide gerieten schon in den 1960er Jahren in schweres Fahrwasser. Euratom versank zwischen den nuklearindustriellen Individualinteressen der Mitgliedstaaten schon seit den 1960er Jahren in Bedeutungslosigkeit. Die Montanunion litt alsbald unter Absatzkrisen von Kohle und Stahl und ist inzwischen sogar, nach 50 Jahren des Bestehens, seit 2002 aufgelöst. Die Europäische Wirtschaftsgemeinschaft wurde dagegen zum eigentlichen Kern des Europaprojekts. Sie hatte nicht einzelne Sektoren der Wirtschaft, sondern die Vergemeinschaftung der Wirtschaften der Mitgliedstaaten insgesamt im Visier. Ihre Gründung bedeutete den Sieg der Idee einer „horizontalen" Integration, wie sie vor allem der niederländische Außenminister Johan Willem Beyen propagierte, über das Konzept der „sektoralen" Integration, das Jean Monnet bevorzugte. Das Ziel, so hatte Beyen seit 1952 argumentiert, müsse ein umfassender gemeinsamer Markt sein, sein Kern eine Zollunion mit stufenweisem Abbau der Binnenzölle und gemeinsamem Außenzoll. „Jede Teilintegration hat die Tendenz, Schwierigkeiten in einem Sektor durch Maßnahmen zu lösen, die andere Sektoren oder die Interessen der Verbraucher beeinträchtigen und zum Ausschluss der ausländischen Konkurrenz führen. Dies ist nicht der Weg zur Erhöhung der europäischen Produktivität. Außerdem trägt die sektorale Integration nicht im gleichen Maße zur Stärkung des Gefühls der Solidarität und Einheit Europas bei wie eine gesamtwirtschaftliche Integration". Diese Auffassung setzte sich durch. Der umfassende EWG-Vertrag wurde zur Basis für alles andere. Er stellte die innere Sachlogik des integrativen Fortschreitens bereit, die in mehrfacher Ergänzung des Vertragstextes über die Fusion der Exekutiven, die Schaffung eines europäischen Marktes und einer gemeinsamen Währung, die Erweiterungsrunden, die Ausweitung des Mehrheitsvotums im Ministerrat und die Zielsetzung einer gemeinsamen Innen-, Außen- und Verteidigungspolitik der Politischen Union zustrebte. Der Maastricht-Vertrag, der die Europäische Union schuf, inkorporierte den schon durch die Einheitliche Europäische Akte (1987) fortgeschriebenen EWG-Vertrag als EG-Vertrag, der Vertrag von Lissabon übernahm ihn als „Vertrag über die Arbeitsweise der Union" (AEUV).

Im Rückblick ist unübersehbar, dass der EWG-Vertrag von Rom das wesentliche Instrument, den Motor für die Schaffung eines großen europäischen Wirtschafts- und Verkehrsraums bereitstellte, wie es ihn in der europäischen Geschichte bisher noch nicht gegeben hat. Zunächst schuf er die Zollunion der sechs Gründerstaaten für gewerbliche Güter, und zwar rascher als vorgesehen. Die in Artikel 8 des EWG-Vertrags vorgesehene Übergangszeit von 12 bis 15 Jahren brauchte angesichts einer günstigen Wirtschafts- und Handelsentwicklung zwischen den sechs Gründerstaaten nicht ausgeschöpft zu werden. Schon nach zehneinhalb Jahren, am 1. Juli 1968, waren die Zölle und mengenmäßigen Beschränkungen zwischen ihnen vollständig aufgehoben und ein gemeinsamer Außentarif vereinbart. Die gleichzeitige Zollunion auch für landwirtschaftliche Güter im Rahmen der Gemeinsamen Agrarpolitik, die 1970 abgeschlossen wurde, komplettierte den „Gemeinsamen Markt", der strukturelle Optimierungen und zusätzlichen Wachstumsschub ermöglichte, auch eine Verminderung der Produktionskosten und Preisunterschiede und letztlich eine fühlbare Erhöhung der Kaufkraft der Verbraucher.

Derselbe Funktionalismus des EWG-Vertrags entfaltete seit den 1970er Jahren die Dynamik für die Fortentwicklung des Integrationsprozesses im Sinn einer stetigen Erweiterung und Vertiefung. Der große europäische Wirtschafts- und Verkehrsraum vergrößerte sich

1973 um die nördlichen Länder Großbritannien, Irland und Dänemark, dann in den 1980er Jahren um die Südländer Griechenland, Portugal und Spanien. 1995 traten Finnland, Schweden und Österreich hinzu, und die Großerweiterung der Jahre 2004 und 2007, um insgesamt zehn osteuropäische Länder und die Inselstaaten Malta und Zypern, vermehrte die Zahl der Mitgliedstaaten auf nunmehr 27. Entstanden ist über die Jahrzehnte ein imposanter Großraum von rund 4,3 Millionen Quadratkilometern mit etwa 500 Millionen Einwohnern, der vom Volumen her zweitgrößte Wirtschaftsraum der Welt (nach den USA) und zugleich die größte Handelsmacht, größter Exporteur und zweitgrößter Importeur.

Aber auch die Vertiefung verstetigte sich und bewirkte verlässliche Integrationsschübe im großen Wirtschaftsraum Europa. Die Fortentwicklung der Organstruktur der EG/EU, angeführt vom Europäischen Rat als einer „provisorischen europäischen Regierung", bot den institutionellen Rückhalt. Trotz der anhaltenden, dabei durchaus unterschiedlich ausgeprägten Bestrebungen der Mitgliedstaaten, die nationale Kernsouveränität nicht aus der Hand zu geben, ist in der Tendenz die Supranationalisierung Europas seit den Römischen Verträgen ständig weitergegangen. Der Binnenmarkt hat mit realisierten Freiheiten im Güter-, Kapital-, Dienstleistungs- und Personenverkehr, mit der Förderung von Freizügigkeit, Niederlassungsfreiheit, Mobilität, mit tendenzieller Harmonisierung der Wirtschaftspolitiken, schließlich mit der gemeinsamen Währung den ökonomischen Großraum unter liberalen Vorzeichen zunehmend strukturiert. Die Rechts- und Wertegemeinschaft gewinnt im „Raum der Freiheit, der Sicherheit und des Rechts", gefördert durch die Rechtsprechung des Europäischen Gerichtshofs, einen immer festeren Rahmen. Auch die Chance einer Annäherung der Lebensverhältnisse und sozialen Bedingungen in den verschiedenen Teilen der EU ist gegeben, und auf vielen Politikfeldern erfahren die nationalen Innenpolitiken schrittweise eine Angleichung. Die Öffnung der Perspektive einer gemeinsamen Außen- und Sicherheitspolitik nährt die Erwartung, dass das ökonomische Schwergewicht Europa zu einer Politischen Union mit globalem politischem Gewicht mutieren könnte. Die jahrzehntelange Gewohnheit des institutionalisierten Zusammenarbeitens und Zusammenlebens hat die Anwendung militärischer Gewalt zwischen EU-Staaten undenkbar werden lassen. Und die jüngste Finanzkrise könnte durchaus einen – ungeplanten – weiteren Schub in Richtung Supranationalität bringen.

Dass mit dem wirtschaftlichen Großraum auch ein großer Verkehrsraum entstanden ist, war nur folgerichtig. Die Notwendigkeit, im Raum ohne Binnengrenzen Personen und Güter reibungslos zu befördern, hat seit den 1990er Jahren eine gemeinsame Verkehrspolitik, die nach dem EWG-Vertrag schon 1970 hätte verwirklicht sein sollen, geradezu erzwungen. Ziel ist die Herstellung des „gemeinsamen Verkehrsmarkts" mit Liberalisierung und Harmonisierung des Verkehrs zu Lande (Straße, Schiene, Binnengewässer), zur See und in der Luft. Ein Programm zum Auf- und Ausbau „transeuropäischer Netze" soll der Perspektive eines sich stark ausweitenden Personen- und Güterverkehrs Rechnung tragen, insbesondere im grenzüberschreitenden Verbund nationaler Verkehrsnetze. Es soll den Ausbau der Schienennetze im Hochgeschwindigkeitsbereich und für Alpentunnel fördern sowie nicht zuletzt die Entwicklung von Telematiksystemen und Satellitennavigation (Projekt „Galileo"). Die Dynamik der Gesamtentwicklung mag eine Zahl verdeutlichen: 1958 verfügten die heutigen EU-Länder über 300 Kilometer Autobahnen, heute sind es 52 000 Kilometer.

Wir stehen heute also vor einem weitgehend verwirklichten Wirtschafts- und Verkehrsraum Europa, als Ergebnis einer tief greifenden Entwicklung, die mit den Römischen Verträgen 1957 ihren Anfang nahm. Es ist daher durchaus angemessen, den Ort ihrer Unterzeichnung als europäischen Erinnerungsort ersten Ranges einzuordnen, mehr noch als den Uhrensaal des Pariser Quai d´Orsay. Als Chiffre für das europäische Einigungsprojekt insgesamt steht er gewiss in Konkurrenz mit anderen Orten. Da ist Straßburg, seit 1950 Ort des Europäischen Parlaments und schon vorher Sitz des Europarats und des Europäischen Gerichtshofs für Menschenrechte – und die Stadt deutsch-französischer Geschichte. Auch Luxemburg hat hohe Symbolträchtigkeit, der Ort der Hohen Behörde der Montanunion und des Europäischen Gerichtshofs, dem in den 1950er Jahren die europäische Hauptstadtrolle sogar förmlich, aber vergeblich, angetragen wurde. Vor allem aber Brüssel, seit 1957 Sitz der Europäischen Kommission und ihrer Vorläufer sowie des Ministerrats, die Stadt, in der sich zunehmend alle europäischen Institutionen konzentrieren, das institutionelle Herz der Europäischen Union, die inzwischen gar nicht mehr heimliche Kapitale. Als geschichtlicher Ort aber, an dem die europäische Einigung eigentlich erst richtig begann, hat der Unterzeichnungsort der Römischen Verträge eine einzigartige Stellung und Würde, vielleicht sogar als Ort einer künftigen identitätsstiftenden Legende.

Literaturhinweise

40 ans des Traités de Rome, ou la capacité des Traités d´assurer les avancées de la construction européenne./40 years of the Treaties of Rome, or the capacity of the Treaties to advance the European integration processs./40 Jahre Römische Verträge, oder das Vermögen der Verträge, den europäischen Aufbau voranzutreiben./40 anni dei Trattati di Roma, o l'effiacia dei Trattati nell'assicurare I progressi della costruzione europea, Actes du Colloque de Rome, 26–27 mars 1997 sous la direction de la Commission européenne, Bruxelles 1999.

Berliner Erklärung anlässlich des 50. Jahrestages der Unterzeichnung der Römischen Verträge http://europa.eu/50/docs/berlin_declaration_de.pdf (15.6.2011)

Franz KNIPPING, Rom, 25 März 1957. Die Einigung Europas. München 2004.

Franz KNIPPING, 50 Jahre Römische Verträge. Der Einfluss der Nationalstaaten auf die europäische Integration, in: Andreas MARCHETTI/Martin ZIMMEK (Hrsg.), Annäherungen an Europa. Beiträge zur deutschen Ratspräsidentschaft 2007. Bonn 2007.

Wilfried LOTH (Hrsg.), Experiencing Europe. 50 Years of European Construction 1957–2007. Baden-Baden 2009.

Enrico SERRA (Hg.), Il rilancio dell'Europa e I Trattati di Roma/La relance européenne et les Traités de Rome/The Relaunching of Europe and the Treaties of Rome, Actes du Colloque de Rome 25–28 mars 1987. Bruxelles 1989.

2. Gemeinsames Erbe

Volker Reinhardt
Michelangelo

Als Michelangelo Buonarroti am 18. Februar 1564, 17 Tage vor seinem 89. Geburtstag, stirbt, meldet der Agent Herzog Cosimos de' Medici seinem Herrn nach Florenz per Eilkurier: Der größte Mensch, der jemals gelebt hat, ist tot! Höfisch korrekt war diese Botschaft mitnichten. Schließlich hat „nur" ein Künstler, wenngleich aus guter, inzwischen als adelig anerkannter Familie, das Zeitliche gesegnet. Bildhauer und Maler aber rangierten eine Generation zuvor noch unter den gehobenen Handwerkern, betrauert wurde ihr Tod allenfalls in Kollegenkreisen. So verbessert der Empfänger der Nachricht denn auch mit nachsichtigem Tadel: Nicht der größte Mensch, sondern der größte Künstler ist, wie seit langem erwartet, von uns gegangen. Unüberhörbar hieß das: Es gibt ja auch noch uns Fürsten! Und uns Fürsten hat dieser Künstler mehr Konkurrenz gemacht, als Seinesgleichen zustand.

Herzog Cosimo war selbst ein Genie der Propaganda. Wie kein anderer konnte er Image-bildung in eigener Sache erkennen und würdigen. Und im Fall Michelangelos war die Diagnose von seltener Eindeutigkeit: ein Leben als Kunstwerk! Dass dieser schon zu Lebzeiten zum Mythos wurde und heute ein Welt-Erinnerungsort ist, hängt auch damit zusammen, wie dieser Meister aller Meister nicht nur den Marmor, sondern auch das nicht minder widerspenstige Rohmaterial der eigenen Vita in eine wirkungsmächtige Form brachte.

Zu den dabei praktizierten Methoden! 1550 erscheint Michelangelos Biographie aus der Feder Giorgio Vasaris, der mit seinen Lebensbeschreibungen der großen italienischen Künstler ab Cimabue und Giotto und mit seinen Vorstellungen von der Entwicklung des Stils durch große Vorbilder und geordnete Ausbildung die Kunstgeschichte und die Kunstkritik zugleich begründete. Vasaris Vita Michelangelos ist von rückhaltloser Verehrung durchpulst, doch der solcherart Gewürdigte ist trotzdem nicht zufrieden. Seine Kritik lässt sich auf den Punkt bringen: mehr Autonomie! Vasari würdigt Lehrer und Förderer mehr, als sie es verdienen. Und so spannt der 78-jährige Michelangelo seinen Famulus Ascanio Condivi für seine Zwecke ein. Ihm liefert er die Informationen erster Hand, auf die kein anderer zurückgreifen kann. Condivi schreibt – unterwürfig, wie es sich für einen künstlerisch allenfalls mäßig begabten Adepten gehört –, was ihm der herrische Meister in die Feder diktiert: mit allem und jedem unversöhnt, voller Groll gegen den Verlierer-Vater, geizige Fürsten, undankbare Päpste und allgemein vor Hohn gegen eine verständnislose Welt voller Stümper und Dilettanten nur so überfließend. Michelangelo, der Alleskönner, gegen den Rest der Welt.

Zeitsprung über 412 Jahre! In Hollywoods Verfilmung von Irving Stones Roman „The agony and the ecstasy" („Inferno und Ekstase") lässt Michelangelo in den Apuanischen Alpen Marmor brechen – und hat eine Vision. Am Horizont erscheinen ihm in Cinemascope-Rosa die Freskenfelder aus der Sixtina-Wölbung: Gott erschafft die Welt aus dem Chaos und schließlich den Menschen! Für den staunenden Kinobesucher ist damit klar, dass Gott höchstpersönlich dem Künstler die Vorlage liefert. Doch das mindert den Ruhm des Künstlers nicht, im Gegenteil: Wer von Gott solcher Entwürfe gewürdigt wird, hat mehr Anteil am Göttlichen als jeder andere Mensch. Die Filmszene folgt ganz der selbst gestalteten Vita: Seit Fertigstellung der im Film gefeierten Bilder im Jahre 1512 ist Michelangelos Beiname „Il divino", der Göttliche, genormt. Und er bedeutet damals mehr als heute: Für die neoplatonische Kunsttheorie, die sich Michelangelo konsequent aneignet und zunutze macht, ist der große, von Gott begnadete Künstler eine Art Vize-Gott. Er haucht durch seinen Genius der unbelebten Materie des Steins oder der Farbe ein Leben ein, nach dem diese seit jeher sehnsüchtig trachtet.

Das Leben als Kunstwerk: Ein Hauptakt dieser Selbsterschaffung ist schon die Namensgebung. Michelangelo wurde 1475 mit dem Familiennamen Simoni oder de' Simoni geboren. Er hatte innerhalb der relativ breiten Oligarchie, die die florentinische Republik regiert, ursprünglich einen guten Klang, doch ist die Familie im Laufe des 15. Jahrhunderts tief abgesunken. So muss ein neuer Name her; aus dem familienüblichen Vornamen Buonaroto wird so der „Nachname" Buonarroti. Am Ende übernimmt ihn selbst der Vater, der sich damit als Kreatur des großen Sohnes ausweist. Ödipus tötet den Vater, Michelangelo macht ihn zu seinem Geschöpf.

Und schließlich die Briefe: Hunderte solcher Episteln, manchmal regelrechte Lebensabschnitts-Berichte, von Michelangelos Hand haben sich erhalten, und zwar nicht zufälligerweise: Sie wurden wie Reliquien gehütet und zirkulierten in Kopien – als der Stoff, aus dem die selbst geschaffenen Mythen sind.

Welche Mythen? Das Generalmotiv geben die ersten Kapitel der verschleierten Autobiographie aus der Feder Condivis vor. Michelangelo wird eine Inspiration zuteil, die über menschliches Maß und irdische Horizonte hinausgeht. Das zeigt sich darin, dass der Knabe vom zartesten Alter an zur Kunst drängt und alle Bedenken des Vaters gegen dieses „niedrige" Metier wegfegt. Kurz darauf ereignet sich die erste große Offenbarung, und zwar bereits außerhalb der Familie: Der 13-jährige Lehrjunge demütigt seinen Lehrherrn. Vor versammelter Werkstatt macht er vor, dass er besser zeichnen kann als dieser. Damit ist eine lang nachwirkende Legende geschaffen. Sie handelt vom Künstler als Wunderkind. Anderthalb Jahrhunderte später wird die Vita des großen Barockbildhauers Gianlorenzo Bernini nach diesem Vorbild geschrieben werden, das bis in die gängigen Lebensbeschreibungen Mozarts und anderer „Frühberufener" hineinwirkt.

Um einem Missverständnis vorzubeugen: Legende heißt nicht, dass es nicht im Einzelnen so oder zumindest ähnlich gewesen ist. Legende heißt, dass mehr oder weniger gesicherte Fakten so miteinander verkettet werden, dass sich daraus eine faktische Lebensgeschichte „plus X", mit einem stetig gesteigerten Überhöhungsfaktor, ergibt. Er besteht darin, über die Bewunderung für solche Frühreife hinaus Mysterien des Übermenschlichen, und das bedeutet in der Frühen Neuzeit: religiöse Weihen als Erklärungsfaktor dafür zu zitieren, dass die für die übrige Menschheit gültigen Gesetze der Natur in diesem einen Ausnahme-Menschen außer Kraft gesetzt sind.

Wer sich so sieht, versteht sich als Sisyphos. Der immergleiche Kampf gegen die Beschränktheit, Borniertheit, Selbstgefälligkeit und Begriffsstutzigkeit der Menschen und speziell der Mächtigen zieht sich wie ein kontrapunktisches Motiv durch das eigene Wunder-Leben. 1506 entwirft er für den Kriegerpapst Julius II. ein Grabmal, wie es die Welt noch nicht gesehen hat (und bis heute auch nicht zu sehen bekam): mit 40 überlebensgroßen Statuen und dem Papst als vom Tod unbezwungenen Heros. Dieser ist Feuer und Flamme, lässt sogar die alte Peterskirche abreißen, um Platz für das ungeheure Monument zu schaffen – und knickt doch mittendrin ein, stellt den Auftrag zurück und lässt den Bildhauer stattdessen die Fresken der Sixtina malen. Diese plötzliche Verzagtheit – so verbreitet es der Künstler – nährte sich aus abergläubischen Anwandlungen: Würde das eigene Grabmal nicht den eigenen Tod beschleunigen? In Wirklichkeit war der schnöde Mammon schuld. Michelangelo forderte und erhielt stets neue Anzahlungen und lieferte nichts. Dem ganz und gar nicht geizigen Papst reichte es im April 1506: erst Ware, dann wieder Bares. Doch das passte nicht zum Bild, das der Künstler von sich verbreitet wissen wollte. Stattdessen wird ein Titanenkampf erfunden: der machtbewusste *Pontifex maximus* gegen den unbeugsamen, seinen heiligen Prinzipien des Wahren und Schönen treuen Künstler: Hier stehe ich, ich kann nicht anders, auch wenn es der Papst anders will. Speziell für bildungsprotestantische Kunsthistoriker wird der „eingedeutschte" Michelangelo so zum Gesinnungsgenossen Luthers. Doch damit nicht genug: Selbst Geheimlehren aller Art hat man phantasievoll in sein Œuvre hineinprojiziert.

Michelangelo gegen den Rest der Welt, gegen die Ungunst der Elemente, ja, geradezu gegen die Gesetze der Physik: Volle vier Jahre lang liegt der Künstler in schwindelerregender Höhe auf einem wackeligen Gerüst unter der Decke der Sixtinischen Kapelle und malt, bis ihm, zur Erde zurückgekehrt, die Augen nicht mehr gehorchen, der Welt aber die Augen übergehen. Hier, in dieser architektonisch unauffälligen päpstlichen Hauskapelle, ist der räumliche Erinnerungsort *par excellence* im symbolischen Erinnerungsort des Lebens. Schon für die Zeitgenossen begann mit der Freskierung dieses Gewölbes eine neue Epoche der Kunst: Niemand außer Michelangelo selbst konnte diese Werke noch übertreffen. Wer die Sixtina nicht gesehen hat, hat Rom nicht gesehen, schlimmer noch: das Größte und Beste versäumt, was die Weltkunst zu bieten hat. Diese keineswegs ungeschriebene Norm lenkt die Touristenströme bis heute, ob mit oder ohne Kunstverständnis, unter Michelangelos Decke. Auch dazu trägt das selbst überlieferte Leben wesentlich bei. In seinen Briefen aus der Zeit der Ausmalung überaus lakonisch, hat Michelangelo seine Lage auf dem schwankenden Gerüst in berühmten Versen selbst geschildert: auf dem Rücken liegend, wie ein Flitzbogen gekrümmt, halbblind mit Farbe in den Augen und mit dem berühmten Schlusssatz: Ich bin eben kein Maler! Ein Maler, der keiner sein will, sondern ein Bildhauer, und der doch die berühmtesten Malereien aller Zeiten schafft – da bleibt nur ein einziger Schluss zu ziehen: Diese Eingebung kommt von Gott!

Der damit geschaffene Erinnerungsort „Sixtina" ist jedoch auch in einer säkularisierten Gegenwart nicht geschrumpft, sondern eher noch gewachsen. Ja, er ist zu einem regelrechten anthropologischen Beweisort geworden: Er führt vor Augen, was ein Mensch vermag. Hier, in der Sixtina, konnte und kann der Mensch über den Menschen staunen: Ein Einzelner, der zuvor nicht einen einzigen Quadratzentimeter Wand freskiert hatte, bringt diese Welt in Bildern hervor, mit einer Schönheit und Kühnheit, die Ihresgleichen suchen. Darauf vor allem dürfte die Ausstrahlungskraft des Erinnerungsorts „Michelangelo", des Lebens wie des Werks, beruhen: Dass sich der Mensch in einer entgotteten Welt über alle Widrigkeiten der irdischen Existenz hinwegsetzen und zum höchsten Schöpfertum aufschwingen konnte. Zudem war (und ist) dieser Erinnerungsort weitgehend ideologiebeständig. So vieles von dem, das die Europäer des 19. Jahrhunderts mit Stolz erfüllte, ist heute mit schwersten Makeln besetzt: die „Europäisierung" der Welt als zivilisatorischer Auftrag des weißen Mannes als Kolonialismus, der ganze Kontinente ausplünderte, die Nation, deren Vergottung zu bestialischen Kriegen führte. Was bleibt, stiftet der Künstler. Katholiken sehen Michelangelos Werk als Dienst am Papsttum, das den Künstler, nicht ohne Zögern zu dessen Lebzeiten, posthum sehr konsequent vereinnahmt hat. Doch kommen an diesem Ort auch dessen Gegner auf ihre Kosten. Michelangelo schrieb nicht nur Verse über seine Maler-Qualen, sondern äußerte sich auch zu den Päpsten seiner Zeit, und zwar ausschließlich negativ. Und selbst Vasari, der Schönredner, muss zugeben, dass sein Heros ein lebenslanger Anhänger jenes Girolamo Savonarola war, den Papst Alexander VI. exkommunizierte, die Regierung von Florenz als falschen Propheten hinrichten ließ und die Medici-Herrscher als subversiven Endzeitprediger und Ideengeber der Mittelstandsrepublik weit über seinen Tod hinaus fürchteten. Sehr früh färbt sich auf diese Weise der Erinnerungsort Michelangelo alternativ ein: Michelangelo, der Kritiker der Mächtigen, der das Papsttum an seinem wichtigsten Propagandaort mit seinen eigenen Waffen schlug.

Wer den Künstler als Unterwanderer sehen will, findet seine Inspirationsquelle im Fresko des Jüngsten Gerichts, das Michelangelo knapp 30 Jahre nach dem Deckengewölbe an der Stirnseite der Sixtina fertig stellte. Für die Zeitgenossen stand außer Frage, dass sich der Meister am Ort seiner ersten Selbstverewigung nochmals übertroffen hatte: ein Fresko mit fast vierhundert frei durch den Raum schwebenden, vom Strudel der Auferstehung fortgerissenen, von der Nähe des göttlichen Urteilsspruchs und damit von der Angst überwältigten Personen, das allen Vorbildern und Regeln Hohn sprach. Doch im Gegensatz zu den Deckengemälden erzeugte das neue Bild neben Bewunderung auch Unbehagen, ja Bedenken. Der Künstler als Häretiker? Scheinbare Belege für diese bestürzende These waren schnell gefunden: das Zittern und Zagen der Heiligen, die doch vom Endgericht ausgenommen sind und sich deshalb in wohl verdienter Sicherheit wiegen dürfen, dazu Engel ohne Flügel, halb oder ganz nackte Leiber, darunter solche von Heiligen, gleich zu Dutzenden und, am irritierendsten überhaupt, das Fehlen einer klaren Trennung zwischen Erwählten und Verdammten. Sollte man das Bild somit als glaubensfeindlich zerstören? Am Ende stand ein Kompromiss: Man wartete pietätvoll, bis der Meister starb, und beauftragte dann seinen Freund und Schüler Daniele da Volterra damit, die anstößigen Blößen zu überdecken und einen Heiligen, der allzu lüstern auf eine junge Heilige zu blicken schien, ganz neu zu malen.

Zwei Hauptbestandteile dieser mythisch überhöhten Vita, die zum heiß geliebten Besitz des europäischen Bildungsbürgertums wurde, sind jetzt noch nachzutragen, beide eng miteinander verbunden: Tragik und Melancholie. Sie leiten sich nahtlos aus Michelangelo, dem Sisyphos und Kämpfer gegen die Flachheit der Zeit und des Menschen im Allgemeinen, ab. Beleg dafür ist die von Michelangelo selbst sogenannte „Tragödie des Grabmals", das heißt des Julius-Monuments, das erst vier Jahrzehnte nach der ersten Auftragsvergabe in stark reduzierten Dimensionen und an einem ursprünglich nicht vorgesehenen Ort, der Kirche San Pietro in Vincoli, fertiggestellt wurde. Mit „Tragödie" meinte Michelangelo, dass ihn die Nicht-Vollendung dieses Werkes jahrzehntelang umgetrieben, belastet, ja, regelrecht gelähmt habe. Natürlich sah er die Schuld bei seinen kleingeistigen, hartherzigen Auftraggebern, die der Größe seiner Vision nicht folgen konnten und daher am Ende nur Stückwerk bekamen.

Die Kunstgeschichtsschreibung ist ihm dabei bis heute fast ausnahmslos gefolgt, obwohl alle Dokumente dagegen sprechen. Zum einen nahm Michelangelo bis an die Schwelle des Greisenalters so viele Aufträge an, dass selbst ein Dutzend Künstler seines Formats mit jeweils perfekt organisierter Werkstatt sie nie und nimmer hätten bewältigen können. Und zum anderen belegen seine Briefe, dass er schon bald nach dem Tode Julius' II. jegliches Interesse am Großprojekt von dessen Grabmal verlor, doch nicht bereit war, die hohen Vorschüsse an die Erben des Papstes aus der Familie Della Rovere zurückzuzahlen. So waren nur noch Kompromisse möglich, bei denen die Della Rovere den Kürzeren ziehen mussten. Ihre rechtlich einwandfrei begründeten Ansprüche erwiesen sich als aussichtslos, da Michelangelo alle nachfolgenden Päpste virtuos in seinem Sinn zu beeinflussen und dadurch für sich immer günstigere, den Erben des Kriegerpapstes aber abträglichere Bedingungen auszuhandeln vermochte. Die Tragik als Leitmotiv des selbst stilisierten Lebens gewinnt damit eine neue, diametral entgegen gesetzte Bedeutung: In allen Lebenskämpfen, speziell im Ringen um lukrative Aufträge, blieb der Bildhauer und Maler unumstrittener Sieger. Tragik durften die vielen anderen für sich reklamieren, die auf der Strecke blieben. Das galt vor allem für das Bauleiterteam, das 1546/47 mit einem Schlag vor dem Nichts steht, als der fast 72jährige Michelangelo zum *architetto della fabbrica di San Pietro* ernannt, zum Chef der größten und wichtigsten Baustelle der Christenheit wird und nichts Eiligeres zu tun hat, als das Projekt seines Vorgängers Antonio da Sangallo zu annullieren und dessen Personal zu entlassen.

Was die „Melancholie", gewissermaßen das charakterliche Markenzeichen des Künstlers und als solches unverzichtbarer Teil des Erinnerungsorts, betrifft, so tritt eine derartige Seelenlandschaft aus fast allen Gedichten zum Greifen verdichtet hervor. Welche Bewandtnis es auch immer mit Michelangelos Schwermut haben mag, fest steht, dass er sich nicht nur für „melancholisch" hielt, sondern sich auch so darstellte, und zwar in Texten, die alles andere als privat einzustufen sind. Diese Selbstzuschreibung war bei allen, die mit dem überaus reizbaren Künstler zu tun hatten, wohlbekannt. Und dieses Wissen wurde in eine Vorsichtsmaßregel umgemünzt, der sich jeder zu befleißigen hatte. Sie lautete: möglichst keinen Widerspruch wagen, nie über die Rückzahlung von Vorschüssen reden, Reizthemen wie die Della Rovere und Künstler-Konkurrenten meiden und so viel Beflissenheit und Gefügigkeit wie möglich an den Tag legen. Selbst Papst Clemens VII. (1523–1534), der in das Grabmalprojekt bei San Lorenz in Florenz regelrecht vernarrt war, wusste sich entsprechend zu verhalten.

Dass Michelangelo keine gesellige Frohnatur war, steht außer Frage. Gedichte als Ausdruck auktorialer Seelenlagen auszulegen, ist jedoch riskant, speziell im 16. Jahrhundert, in dem Poesie festen Mustern und Vorlagen verpflichtet ist. Weniger sorgfältig komponierte Selbstzeugnisse wie die vielen Geschäfts- und Gelegenheitsbriefe Michelangelos spiegeln nicht Schwermut, sondern Ironie, Erwerbssinn und Jähzorn wider. Für all das war Michelangelo bei denjenigen, die ihn näher kannten, berühmt beziehungsweise berüchtigt, doch in den so kunstvoll ausgestalteten Erinnerungsort seines Lebens haben sie kaum Eingang gefunden.

Wunderkind, Sisyphos, Titanenkampf, Unverständnis der Welt, Tragik und Melancholie – dieser scheinbar für immer fixierte Erinnerungsort ist in jüngerer Zeit in Bewegung geraten, nicht in einer breiteren Öffentlichkeit, doch in der Forschung, die immer mehr der alten Topoi hinterfragt und in einem neuen Licht sieht. Der Erinnerungsort Michelangelo in seiner Gesamtheit aus Leben und Werken hat mehr zu bieten als die mehr oder weniger abgenutzten Klischees, von denen die Fremdenführer und weiterhin auch viele Biographen künden zu müssen meinen.

Am dringendsten ist ein neues Bild des Künstlers in seinem Verhältnis zu den Auftraggebern zu zeichnen. Ein einziges Mal hat Michelangelo Herrscher- und Herrschaftspropaganda gemäß den Wünschen seines Auftraggebers geschaffen, und zwar im Deckengewölbe der Sixtinischen Kapelle. Dort sind Eichenzweige gemalt, zum Ruhm der Familie Della Rovere, was auf Deutsch „von der Steineiche" heißt. Diese Girlanden aus Laub und Früchten sind mehr als ein Dekorationselement. Sie sollen anzeigen, dass Julius II., der Papst, der diesen Baum im Wappen führt, nicht nur der Herr der Kirche, sondern auch der Geschichte ist. Die Eichenbüschel sind also als ein „in hoc signo vinces" zu verstehen: In diesem Zeichen wird der Papst als Nachfolger jenes Petrus, des Felsens, auf den Christus seine Kirche baute, über das Böse triumphieren, das in Form von Gewalt, Unrecht und Hass in Michelangelos Fresken omnipräsent ist. So und nicht anders wollte Julius II. sein Eichenwappen verstanden wissen. Darüber hinaus bezog sich die Verherrlichung auf seine Familie, schließlich war der kriegerische Papst selbst Neffe eines Papstes, Sixtus' IV. Wir, die Della Rovere, geleiten die Menschen guten Willens durch alle Fährnisse der Geschichte zum Heil – das ist die voll ausformulierte Botschaft der Eichengebinde.

Doch hat Michelangelo das auch gemalt? Wer zur Decke hinauf blickt, sieht als Träger des Eichenlaubs hinreißend schöne, schmachtend blickende, sehr feminin anmutende nackte Jünglinge in den verschiedensten Seelenzuständen, von gedankenverloren bis himmelhoch jauchzend extrovertiert, vor allem aber außerordentlich erotisch. Schönheit ist im Werk Michelangelos männlich besetzt. Für die Insider unter den Zeitgenossen war es kein Geheimnis, dass die erotischen Neigungen des Meisters dem eigenen Geschlecht galten, ob ausgelebt oder nicht. In den intimeren seiner Briefe macht Michelangelo selbst kein Geheimnis daraus, zum Beispiel wenn er von dem Feuer schreibt, das ihn verbrennt, und die Liebe zum schmucken Jüngling Tommaso Cavalieri meint, für den diese inneren Flammen lodern. Wer unbedingt wollte, konnte auch das rein platonisch lesen. Diejenigen, die es besser wussten, musste die Kombination aus *ignudi* und Eicheln befremdlich anmuten – war das Symbol der Della Rovere und des Papstes etwa ein Synonym für Sünde? Fragen, die unbeantwortet bleiben müssen. Sie stellen sich dessen ungeachtet umso drängender, als in derselben Sixtina-

Decke irritierende Elemente hinzukommen. So werden die Vorfahren Christi, ob männlich oder weiblich, nicht selten zu reinen Karikaturen, ja, zu Sinnbildern menschlicher Dummheit und Lasterhaftigkeit. Sollte das den dynastischen Anspruch der Della Rovere, die Kirche generationenübergreifend zu führen, verhöhnen?

Nach diesem Auftrag hat Michelangelo – absolute Ausnahme in der gesamten Frühen Neuzeit – kein Propagandakunstwerk im Auftrag der Mächtigen und auch kein Herrscherporträt mehr geschaffen. Wer bei ihm repräsentative Kunstwerke in Auftrag gab, musste im Gegenteil damit rechnen, dass der Künstler den Werken seinen eigenen Sinn gab und sich damit zum Richter über sie aufschwang. Wer wie die Medici Loyalität als Gegenleistung für Förderung und Aufträge erwartete, sah sich getäuscht, und zwar systematisch und planvoll. Michelangelo trat die Gesetze, die der Klient gegenüber seinem Patron zu befolgen hat, lebenslang mit Füßen und machte damit deutlich, dass er diese für die frühneuzeitliche Sozialordnung fundamentalen Regeln zutiefst missbilligte.

Zum „erneuerten" Erinnerungsort „Michelangelo" gehört auch das Geld. Im Gegensatz zu seinen dauernden Klagen war Michelangelo früh wohlhabend und gegen Ende seines Lebens unermesslich reich. Im Gegensatz zu Leonardo, der auch gut verdiente, sein Geld jedoch für die Genüsse des Lebens ausgab, versagte sich Michelangelo nicht nur jeden Luxus, sondern lebte bis zum Schluss wie ein armer Handwerker. So fand man nach seinem Tode unter seinem Bett eine Truhe mit fast 10 000 Golddukaten, dem Gegenwert von zwei Kardinalspalästen. Zusätzlich hatte der Künstler von seinen Traumhonoraren seit Jahrzehnten Bauernhöfe, Weideland und Häuser in Serie erworben und auf diese Weise ein ländliches Nutzungsimperium aufgebaut, das reiche Erträge abwarf. Der Künstler sah sich als Wiederhersteller der Familienehre und des Familienranges. Er war fest davon überzeugt, von den Grafen von Canossa abzustammen und damit genealogisch weit über Emporkömmlingen wie den Medici oder gar den Della Rovere zu stehen, die zwei Generationen zuvor noch auf Regionalmärkten Liguriens Gemüse verkauft hatten. Sein Finanzverhalten ist also in hohem Maße strategisch bestimmt. Alle Honorare zusammen sollen geschichtliches Unrecht wiedergutmachen, obwohl es Vater und Brüder eigentlich nicht verdient haben. Die Art und Weise, wie Michelangelo diesen Widerspruch auflöst, erweist ihn als Kind seiner Zeit: Aller Verachtung für die nächste Verwandtschaft – von der drastische Briefe Zeugnis ablegen – ungeachtet, arbeitet er unermüdlich dafür, seinem Familienverband die Reputation zurückzugeben, die pflichtvergessene Generationen und vor allem sein Vater veruntreut haben. Dieses Verhalten zeigt zugleich, was der problematische Begriff der „Individualisierung" tatsächlich bedeutet: Bei aller Ausbildung und Auslebung unverwechselbarer Eigenschaften bleibt auch der große Einzelne den kollektiven Werten und Ansprüchen der Abstammungsgemeinschaft verpflichtet. Ein Künstler, der alle überlieferten Regeln bricht, eigene Normen setzt und neue Stilformen entwickelt, kann in seinem Wirtschafts- und Sozialverhalten profitbewusst und konservativ zugleich sein.

Doch nicht nur das Leben, auch das Werk als Erinnerungsort Europas und der Welt verdient neue Akzente. In seiner Kunsttheorie bekennt sich Michelangelo zu einer Semiotik des Ungewöhnlichen. Bilder müssen die Neugierde des Betrachters, verstanden als Gier auf Neues, befriedigen, also stets aufs Neue Grenzen überschreiten. Solche Abweichungen sind in seinen Schöpfungen allgegenwärtig, man vergleiche nur die Textvorlage mit der Umsetzung im Bild. Im Fresko des Sündenfalls pflückt Eva nicht den Apfel, sondern berührt mit einer sehr zweideutigen Geste die Hand des Versuchers. Und die Blöße des trunkenen Noah deckt – anders als in der Bibel beschrieben – Sem alleine zu: Michelangelo, der einsame Retter der Familienehre?

Im Fresko des Jüngsten Gerichts schließlich fanden nicht nur die Theologen des 16. Jahrhunderts irritierende Elemente. Was hat zum Beispiel der Mönch zu bedeuten, der mitten im aufbrechenden Gräberfeld den Auferstehenden seinen Segen erteilt? An einem passenderen Ort als diesem wäre er als eine Verkörperung der kirchlichen Heilsvermittlung zu verstehen, ja, geradezu als ein „außerhalb der Kirche kein Heil". Doch hier, nach dem Ende der historischen Zeit, ist er einfach eine kühne Bilderfindung, deren Sinn offen bleibt. Dasselbe gilt für die Szene in seiner unmittelbaren Nähe. Dort versuchen Teufel aus der angrenzenden, nur durch einen Wall abgetrennten Hölle, einige der Auferstandenen in ihr loderndes Imperium zu ziehen. Doch das ist ein unerlaubter Vorgriff, denn alle von den Trompeten der Engel wiedererweckten Toten haben das Recht, vor Christus, ihrem Richter zu erscheinen und nach ihren Verdiensten oder Lastern beurteilt zu werden. Die ungeduldigen Dämonen stören also den korrekten Ablauf des Prozesses – kapriziöse Zutat oder theologisch tiefenstrukturhaltig? Dieselbe Frage gilt für das verzerrte Selbstporträt, das Michelangelo auf die abgezogene Haut des heiligen Bartholomäus malte. Im Entwurf für das römische Stadttor der Porta Pia schließlich, das Michelangelo, bereits hoch in den Achtzigern, entwarf, grinst ein Höllenhaupt von der Schauseite, und zwar gegen alle Regeln des Genres nach innen, den Römern und ihrem Herrn, dem Papst, entgegen. Ist die Ewige Stadt für Michelangelo also die Hölle auf Erden?

Keine dieser Fragen lässt sich mit wissenschaftlichen Mitteln und Methoden eindeutig beantworten. Doch sie alle und manch andere mehr stellen sich dem, der sich den Werken und dem so sorgsam inszenierten Leben ihres Schöpfers stellt. Auf diese Weise kann der Erinnerungsort „Michelangelo" über alles Abgestandene und Abgetane hinaus, das einer fremden Erinnerung notwendigerweise anhaftet, zur Quelle eigener Entdeckungen und Erfahrungen werden: ein Leben, das Normen sprengte und zugleich sehr traditionellen Regeln folgte, und ein Werk, das stets aufs Neue nach Deutungen verlangt und sich jeder endgültigen Vereinnahmung entzieht.

Literaturhinweise

Paola Barocchi/Renzo Ristori/Giovanni Poggi (Hrsg.), Il carteggio di Michelangelo, 5 Bde. Firenze 1965–1983.

Horst Bredekamp, Michelangelo - fünf Essays. Berlin 2009.

Antonio Forcellino, Michelangelo. Eine Biographie. Berlin 2006.

Rab Hatfield, The Wealth of Michelangelo. Rom 2000.

Joseph Imorde, Michelangelo Deutsch! Berlin/München 2009.

Volker Reinhardt, Der Göttliche. Das Leben des Michelangelo. München 2010.

William E. Wallace, Michelangelo. The Artist, the Man and his Times. Cambridge 2009.

Frank Zöllner

„Mona Lisa" – Das Porträt der Lisa del Giocondo

Mona Lisa wird unsichtbar

Goethe hat kein Wort über die „Mona Lisa" (Abb. 1)verloren. Und das aus gutem Grund. Bis zum Beginn des 19. Jahrhunderts fand vor allem das „Abendmahl" Leonardo da Vincis die ungeteilte Bewunderung des Kunstpublikums. Andere Gemälde des zunächst in seiner Vaterstadt Florenz, dann in Mailand, später erneut in Florenz sowie schließlich in Rom und in Frankreich tätigen Künstlers wurden deutlich weniger beachtet, darunter zunächst auch das Bildnis der Lisa del Giocondo. Erst mit der Etablierung öffentlicher Kunstmuseen und mit dem Aufkommen neuer Vervielfältigungstechniken im 19. Jahrhundert fanden auch Werke wie die „Mona Lisa" mehr Beachtung. Hier, nach seiner musealen Inszenierung im Pariser Louvre und durch seine mediale Verbreitung, beginnt die Rezeptionsgeschichte des Bildes, wie wir sie heute kennen. Dabei prägten weniger das farbige Original als vielmehr die in dunklen Tönen gehaltenen schwarz-weiß-Reproduktionen den Eindruck, ja sie erregten sogar die Phantasie postromantischer Vertreter eines morbiden Ästhetizismus, denen das Gemälde als „Hieroglyphe der Kunst" und Abbild der *femme fatale* erschien.

Im Grunde sehen wir das Porträt der Lisa del Giocondo noch heute mit den Augen des 19. Jahrhunderts. Unwiderruflich eingebrannt in das kollektive Gedächtnis haben sich die Vorstellungen jenes Ästhetizismus, dem „Mona Lisa" als Fetisch und als „Zaubertrank gegen die Entfremdung in der Welt" diente. Diese Vorstellungen wirken noch in Sigmund Freuds Deutung der Mona Lisa nach, ebenso in diversen Forschungspositionen, die beständig an Zahl zunehmen und einander zu überbieten suchen. Hierbei kreisen die Thesen häufig um den Nachweis, dass Leonardos Porträt eine illustre Persönlichkeit, besonders eine mit erotischen Ambitionen, darstelle.

Mit Beginn des 20. Jahrhunderts wurden zudem die öffentlichen Auftritte des Bildes immer spektakulärer: Seitdem das Gemälde im Jahre 1911 von einem italienischen Anstreicher aus dem Louvre in Paris geraubt, 1913 unter kuriosen Umständen in Florenz wieder entdeckt und dann in einem wahren Triumphzug nach Paris zurückgeführt worden war, gilt „Mona Lisa" als berühmtestes Bild der Welt. Die Medien überschlugen sich mit Berichten über Raub und Rückkehr des Gemäldes. Wenig später mühten sich Künstler wie Marcel Duchamp und Francis Picabia um eine Skandalisierung des Bildes und seiner kultischen Verehrung. In ihren Augen musste der im 19. Jahrhundert geschaffene Kunstfetisch unbedingt zerstört werden – was den Ruhm des Werks aber noch steigerte und es nachhaltig im kollektiven Bewusstsein der europäischen Gesamtkultur verankerte.

Auf einen weiteren Höhepunkt steuerte Lisas Popularität durch ihre Rolle im Kalten Krieg zu. Während der Kubakrise im Herbst 1962 beschloss die französische Regierung, das Bild für zwei Ausstellungen in die Vereinigten Staaten zu schicken. Sein Transport über den Atlantik glich erneut einem Triumphzug, das Verhalten der Ausstellungsbesucher in Washington und New York dem von Pilgern auf einer Wallfahrt. Allerdings bestand zu religiöser Ehrfurcht eigentlich kein Anlass. Tatsächlich hatten die Verantwortlichen der Veranstaltung – unter ihnen der amerikanische Präsident John F. Kennedy – das Porträt zu einer Ikone der Freien Welt und zu einer Waffe im Kalten Krieg umfunktioniert: sie galt plötzlich als Beitrag Frankreichs in der Konfrontation mit dem Kommunismus.

Den vorläufig letzten Höhepunkt bescherte der Louvre seinem berühmtesten Exponat im Jahr 2005. Das von anderen Werken isolierte Bildnis der Lisa del Giocondo kann nun von Besuchern des Museums schneller erreicht werden als je zuvor, denn es entfallen die ermüdend langen Gänge vorbei an anderen Gemälden. Zudem wurde „Mona Lisa" über einer Art Altarmensa installiert, die keinen Zweifel mehr am kultischen Charakter der Bildpräsentation lässt. Wenn ein Gemälde zur Ikone der Kunstreligion (auch dies ein Phänomen des europäischen 19. Jahrhunderts) geworden ist, dann „Mona Lisa"!

Kaum vorstellbar, dass man angesichts dieser Vorgeschichte Leonardos Gemälde, entstanden hauptsächlich in den Jahren 1503 bis 1506 in Florenz, noch von seinen Ursprüngen her begreifen kann: als Teil einer Kultur ohne massenhafte Vervielfältigung von Bildern und ohne laute mediale Inszenierungen. Diese Medialisierung hat sich als Erinnerungsspur über das Bild gelegt wie ein trüber Film, entsprechend jenem nachgedunkelten Firnis, der dem Gemälde heute seinen warmen Galerieton verleiht und vollkommen hat vergessen lassen, warum das Bildnis der Lisa del Giocondo einmal seine Wirkung als Meilenstein der neuzeitlichen Porträtmalerei entfaltete, um dann viel später zum Gegenstand von Spektakel und Medialisierung zu werden.

Abbildung 1: Leonardo da Vinci, Porträt der Lisa del Giocondo (Mona Lisa), 1503–1506, Öl auf Holz, 77 x 53 cm, Paris, Louvre

Erinnerung an den Anfang

In seinem Gemälde stellt Leonardo eine junge, etwa 25-jährige Frau dar, die vor einer Brüstung auf einem hölzernen Möbel sitzt und sich beinahe vollständig dem Betrachter zuwendet. Den Vordergrund dominieren die aufeinander gelegten Hände, den Mittelgrund bilden Oberkörper und Gesicht der Dargestellten, den Hintergrund füllen wild zerklüftete Gebirgszüge aus, die sich in der Ferne eines grün-blauen Himmels zu verlieren scheinen. Die karge Landschaft lässt auf der linken Seite einen in dunstumwitterten Felsformationen verschwindenden Weg erkennen und auf der rechten einen ausgetrocknet anmutenden Flusslauf, dessen Beziehungen zu einer darüber gelegenen Hochebene (oder Wasserreservoir?) nicht ganz klar sind. Die einzelnen Elemente der vegetationslosen Landschaft geben keine eindeutigen Hinweise auf Zeit, Ort und Bedeutung des Arrangements. Eine das Flussbett querende Brücke bleibt rätselhaft, erinnert aber doch an einen menschlichen Eingriff in die ansonsten unberührt anmutende Natur.

Weitere Hinweise auf eine vom Menschen geschaffene Wirklichkeit lässt das Porträt selbst erkennen: Die Muskeln des Gesichts deuten durch ihre leichte Bewegtheit zweifellos ein Lächeln an; ein hauchdünner Schleier bedeckt das frei fallende Haar; das dunkle Gewand weist vor allem unterhalb des Brustausschnitts zahlreiche, nach geometrischen Mustern entworfene Stickereien und senkrechte Fältchen auf. Hingegen lassen die gröberen Falten der senffarbenen Ärmel auf einen etwas schwereren Stoff schließen. Die weich modellierten Hände ruhen auf einer hölzernen, schlicht profilierten Lehne.

Nicht zuletzt wegen der perfekten Darstellung seiner Details galt Leonardos Porträt der Lisa del Giocondo bis ins 18. Jahrhundert als vollkommenster Ausdruck malerischen Könnens und als Musterbeispiel künstlerischer Mimesis. Doch andererseits erschwerten die irreal wirkende, möglicherweise unvollendete Landschaft und das vollständige Fehlen der in Renaissanceporträts bis dahin geläufigen Symbole und Attribute eine eindeutige Interpretation.

Eindeutig ist inzwischen immerhin die Identifizierung des Porträts als das der Lisa del Giocondo. Sie geht auf Giorgio Vasari zurück, den ersten um Ausführlichkeit bemühten Künstlerbiographen der neuzeitlichen Kunstgeschichte. Vasari hat das Gemälde allerdings nie gesehen. Trotzdem beschreibt er es sehr viel ausführlicher und euphorischer als andere Werke. Aus dem Umstand, dass Vasari das Gemälde selbst gar nicht kannte, wurden seit dem Beginn des 20. Jahrhunderts gelegentlich Zweifel an seiner Identifizierung des Gemäldes abgeleitet. Anlass für solche Zweifel gab zu jener Zeit eine kurz zuvor publizierte Notiz, in der von einem anderen Bildnis die Rede war: Leonardo habe im Auftrag seines Gönners Giuliano de' Medici eine gewisse Florentiner Dame „nach dem Leben" porträtiert. Eine überzeugende Identifizierung dieser Florentinerin, die dem Künstler dann zwischen 1513 und 1516 in Rom Modell gesessen haben müsste, mit dem Bildnis im Louvre ist allerdings niemals gelungen.

Inzwischen wissen wir deutlich mehr über die frühe Geschichte des Bildes als noch zu Beginn des 20. Jahrhunderts: Ein kürzlich aufgefundenes Dokument vom Oktober 1503 identifiziert das Gemälde in der Florentiner Werkstatt Leonardos und bezeugt seinen halbfertigen Zustand. Schon das Dokument an sich ist eine kleine Sensation, denn ein Bekannter Leonardos, Agostino Vespucci, beschreibt hier gleich drei im Entstehen begriffene Gemälde des Künstlers: neben der „Mona Lisa" auch noch eine „Anna Selbdritt" und die „Anghiarischlacht". Ein zuvor, bereits 1991 publiziertes Schriftstück belegt, dass sich „Mona Lisa" 1525 im Nachlass des Leonardoschülers Salaì in Mailand befand. Von dort gelangte es in den folgenden Jahren in die Sammlung des französischen Königs, um dann mit Beginn des 19. Jahrhunderts in den neu eingerichteten öffentlichen Kunstsammlungen des Louvre ausgestellt zu werden.

Abbildung 2: Raffael, Porträt einer jungen Frau, 1504–1505, Feder und Tinte, 22,3 x 15,9 cm, Paris, Louvre

Vasaris begeisterte Beschreibung eines ihm eigentlich unbekannten Gemäldes ist mehr als ein Kuriosum. So geht man inzwischen davon aus, dass der Biograph seine riesige Vitensammlung gar nicht allein verfasst haben konnte, sondern dabei auf die Hilfe von Ko-Autoren und Zuträgern zurückgriff. Mit deren Hilfe dürfte er an zahlreiche Informationen gelangt und zu seiner außerordentlich detailreichen Schilderung gekommen sein. Und hier fügt sich eine weitere Überlegung an: War Leonardos Bildnis der Lisa del Giocondo für einen zeitgenössischen Betrachter vielleicht dermaßen beeindruckend, dass Kunde davon andere Künstler wie später Vasari erreichte? Für diese These spricht einiges.

Tatsächlich erregten die Werke des zwischen 1503 und 1506 erneut in seiner Vaterstadt weilenden Künstlers großes Aufsehen. Vasari erwähnt noch vier Jahrzehnte später den ungeheuren Andrang, den Leonardos öffentliche Ausstellung seines Annengemäldes in Florenz auslöste. Das große Interesse der Florentiner findet Bestätigung in dem signifikanten Einfluss der Werke Leonardos auf die zeitgenössischen Künstler, vor allem auf den jungen Raffael. Der 1504 aus Urbino angereiste Maler besuchte Leonardos Werkstatt und fertigte Skizzen nach der „Leda mit dem Schwan" und der „Anghiarischlacht" an. Raffaels Interesse an den neuesten Schöpfungen seines Kollegen endete nicht mit ein paar flüchtigen Werkstattskizzen. In den folgenden Jahren, ja sogar bis zu seinem frühen Tod 1520 nahm er in seinen Gemälden immer wieder die Bilderfindungen Leonardos auf, variiert zwar, aber doch zweifelsfrei erkennbar: beispielsweise in Tafelbildern mit der Heiligen Familie oder in seinem Fresko der „Galathea". Am deutlichsten aber und am folgenreichsten griff Raffael mit seinen Porträts auf Leonardo und seine „Mona Lisa" zurück.

Das wohl früheste Zeugnis für den Blick Raffaels auf das Bildnis der Lisa del Giocondo ist eine heute im Pariser Louvre verwahrte Federzeichnung (Abb. 2). Die wichtigsten Elemente der Bildauffassung sind von Leonardo übernommen: die Positionierung der Figur im Vordergrund des Bildes, die unterhalb der Brust übereinander gelegten Hände, die Wendung zum Betrachter, die das Gesicht rahmenden, leicht lockigen Haarsträhnen, die Öffnung des Hintergrundes in einen Landschaftsraum sowie die Schattierung der linken Gesichtshälfte und der entsprechenden oberen Halspartie. In den Folgemonaten übernahm Raffael diese Elemente aus der „Mona Lisa" sogar für weitere Bildnisse, so etwa in der bekannten „Dame mit dem Einhorn" (Abb. 3) sowie im Porträt der Maddalena Doni (Abb. 4).

Auch in den nächsten Jahren bleiben die leonardesken Gestaltungselemente in den Bildnissen von der Hand italienischer Künstler spürbar. Ein Beleg hierfür ist das um 1507 entstandene Porträt des Charles d'Amboise von Andrea Solario (Abb. 5). Wie kurz zuvor Raffael, orientiert sich Solario an der figürlichen Disposition der „Mona Lisa" und an deren Schattengebung. Von dort übernahm Andrea Solario auch einen für damalige Bildnisse relativ hohen Horizont. Weitere Zeugnisse für den Erfolg der „Mona Lisa" liefert dann wieder Raffael mit seinen späteren Bildnissen. Dabei findet nun eine Übertragung von Leonardos Bilderfindung auf Personen von europäischem Rang statt – wenn man beispielsweise an Raffaels Bildnis des Baldassare Castiglione, Autor des berühmten „Hofmanns", denkt. Vermittelt durch den dauerhaften, weit über Italien hinausgehenden Erfolg von Raffaels Kunst wird schließlich die mit der „Mona Lisa" geschaffene Bildformel zum Prototyp der europäischen Porträtmalerei schlechthin. Vor allem die Bildnismalerei des 19. Jahrhunderts und mit ihr das neue Medium der Fotografie knüpfen hier an.

Um den bemerkenswerten Einfluss der „Mona Lisa" bei den Künstlern des 16. Jahrhunderts zu verstehen, muss man einen Blick auf deren Frauenbildnisse richten. In Pose und Bildausschnitt gab es in der Zeit um 1500 durchaus vergleichbare Beispiele dieser Gattung. Das gilt etwa für Lorenzo di Credis „Porträt einer jungen Frau" aus der Pinakothek in Forlì (Abb. 6). Doch aufschlussreicher noch als die Übereinstimmungen sind die Unterschiede. Während Lorenzo di Credi den Kopf der jungen Frau in exakt dieselbe Richtung weisen lässt wie ihren Oberkörper, kehrt Leonardo das Antlitz der Lisa del Giocondo um eine Nuance mehr dem Betrachter zu. Zudem gestaltet er die Dargestellte monumentaler und präsenter, denn sie erhebt sich einerseits über eine tief in den Bildraum fluchtende Landschaft und sie rückt andererseits näher an die Bildgrenze heran. Hierbei korrespondiert die Tiefe des Bildraumes mit der hohen Plastizität der dargestellten jungen Frau. Eine noch intensivere Verstärkung des allgemeinen Bildeindrucks erzielt Leonardo durch die subtile Schattengebung – sowohl in der feinen Modellierung der Gewandstoffe als auch in der Gestaltung des Gesichts. Und schließlich die Landschaft selbst: Während Lorenzo di Credi und noch Raffael den Hintergrund mit stereotyp wirkenden Staffagen realistisch wirkender Natur ausstatten, macht Leonardo die Landschaft zu einem eigenständigen Thema. Das subtile Spiel von Licht und Schatten, das dem Gesicht der „Mona Lisa" seinen Ausdruck und dem leichten Lächeln seine Qualität verleiht, findet im Landschaftshintergrund eine selbständige Fortführung.

Mehr noch als der meisterhafte Umgang mit einer suggestiven Raumtiefe gilt die feine Schattengebung als eines der Markenzeichen Leonardos. Sie tritt an die Stelle von Symbo-

len, Attributen und Accessoires, die in der zeitgenössischen Bildnismalerei häufig auftraten. Genannt seien erneut Lorenzo di Credis „Porträt einer jungen Frau" sowie Raffaels „Dame mit dem Einhorn" und seine „Maddalena Doni", in deren Halsschmuck ein Einhorn als Symbol der Keuschheit dargestellt ist. Noch in Andrea Solarios „Charles d'Amboise" weisen Kopfbedeckung und Kette symbolisch gemeinte Accessoires auf. Von diesen Konventionen unterscheidet sich Leonardos Kunstauffassung grundlegend. Das zeigen bereits seine religiösen Werke – etwa wenn er in der ersten Fassung der „Felsgrottenmadonna" oder im „Abendmahl" auf die bis dahin übliche Ausstattung des Bildpersonals mit Heiligenscheinen verzichtete. An die Stelle der Attribute und Symbole traten schon dort autonome Mittel der Malerei: Im Fall der „Felsgrottenmadonna" die suggestive Atmosphäre eines felsigen Ortes in großer Höhe, im Fall des „Abendmahls" die Dramatisierung der Verratsankündigung. Mit seinen Porträts, besonders aber mit der „Mona Lisa" knüpft Leonardo an diese Bevorzugung bildeigener Ausdrucksmittel an.

Schatten der Erinnerung

Leonardos Einsatz bildeigener und autonomer Elemente resultierte aus der Einsicht, dass ein visuell überzeugender Ausdruck in der Malerei vor allem mit einer subtileren Modellierung der Licht- und Schattenwerte zu erzielen sei. Das mit Licht- und Schattenvarianten gestaltete

Porträt der Lisa del Giocondo ist ein Beispiel für diese Einsicht. Das Bildnis steht dabei in einem unmittelbaren Zusammenhang mit entsprechenden Studien, die Leonardo ab ca. 1490 entwickelt und besonders seit seiner Rückkehr nach Florenz intensiviert hatte. So beschrieb er um 1505 in seinem Malereitraktat den Effekt frontal einfallenden Lichts auf die Schattenvarianten eines Gesichts: „Die Kehle oder sonst irgendeine Senkrechte, die einen Vorsprung über sich hat, wird dunkler sein, als die senkrecht stehende Vorderseite dieses vorspringenden Teiles selbst. [...] So wird also die Brust von gleicher Helligkeit sein, wie Stirn, Nase und Kinn". Diese Beschreibung kommt der Beleuchtung von Mona Lisas Stirn, Nase und Kinn sowie den korrespondierenden Schattierungen ihres Gesichts tatsächlich recht nahe.

An anderer Stelle des Traktats schilderte er die besonderen Beleuchtungsbedingungen einer nach Westen gerichteten Straße unter den Strahlen der von Süden einfallenden Mittagssonne. Hierbei habe - so Leonardo - die Höhe der Häuserwände den direkten Einfall des Sonnenlichts auf die Wände selbst und auf das entsprechende Objekt zu verhindern, so dass sich folgender Beleuchtungseffekt ergebe: „dann wird man hier die Seitenflächen der Gesichter der Dunkelheit der ihnen gegenüber befindlichen Mauerwände teilhaftig werden sehen, und so auch die Seitenflächen der Nase. Die ganze Vorderseite des Gesichtes aber, die der Straßenmündung zugewandt ist, wird beleuchtet sein". Anschließend beschreibt Leonardo die Wirkung der indirekten, trotz der Dachtraufen und Wände eindringenden Lichtstrahlen, die von den Häusern und vom Straßenbelag abprallen und als vermindertes Licht auf das Gesicht treffen: „Hierzu wird die Anmut der Schatten kommen, die, mit angenehm allmählichem Sich-Verlieren, gänzlich aller scharfen Grenzen bar sind. Es wird dies seine Ursache in dem langen Streif des Lichtes haben [...]. Und dieser lange Streif [...] bewirkt, daß diese Schatten ganz allmählich in Helligkeit übergehen, bis sie über dem Kinn mit nicht mehr wahrnehmbarer Dunkelheit endigen".

Die Verteilung der Schatten im Gesicht der „Mona Lisa" entspricht diesen Beobachtungen aus dem Malereitraktat, wenn auch die räumliche Position der Porträtierten schwer mit der Stellung einer Person auf offener Straße vergleichbar ist. Allerdings stellt sich angesichts dieses Unterschieds zwischen den Anweisungen des Malereitraktats und der im Bild wiedergegebenen Situation die Frage, ob Leonardo im Porträt der „Mona Lisa" bestimmte Beleuchtungsbedingungen künstlich zu simulieren versuchte, die in Lisas Loggia real gar nicht geherrscht haben können. Tatsächlich entspricht die Ausleuchtung des Gesichts keineswegs der natürlichen Beleuchtung einer Loggia, denn sie bekäme ja den größten Teil ihres Lichtes von der zur Landschaft hin offenen Seite. Im Porträt wird Lisa jedoch von einer Lichtquelle links oben über dem Bildrand beschienen. Die Ausleuchtung des Antlitzes, traditionell verstanden als wichtigster Träger des seelischen Ausdrucks, erweist sich somit als ein künstliches Arrangement, das die Bedeutung einer besonders gewollten Licht- und Schattengebung im künstlerischen Denken Leonardos zeigt. Die artifiziell geschaffene Situation und die ausdruckssteigernde Gestaltung durch unzählige Schattierungen erhielten somit Vorrang vor den natürlichen Lichtbedingungen der dargestellten Wirklichkeit. Es ging also in Leonardos Malerei nicht mehr nur um die exakte Wiedergabe der Natur, sondern auch um einen malerischen, autonomen Effekt, der im Fall der „Mona Lisa" dem Ausdruckswert des Porträts diente und die Attribute und Symbole der älteren Bildnisse ersetzte.

Über den autonomen Bildausdruck hat Leonardo in seiner Kunsttheorie ausführlicher reflektiert als seine Künstlerkollegen. So dachte er bereits ab 1490 darüber nach, ob man nicht das damals verbreitete Profilporträt durch einen anderen Bildnistyp ersetzen solle, bei dem die Ausdrucksintensität durch Licht- und Schattengestaltung zu bewerkstelligen sei. Diese Gestaltung durch Licht und Schatten gehört in den Kontext der gleichzeitig entwickelten allgemeineren Ansichten Leonardos zum selben Themenkomplex. Der Kernbegriff dieser Ansichten ist *aria*: Mit diesem vieldeutigen Wort benennt Leonardo zunächst die Beleuchtungsbedingungen, die am idealen Ort des Porträtierens (etwa in einem Innenhof) die Anmut und Weichheit der Gesichter erst darstellbar machten. Darüber hinaus bezeichnet *aria* mehr als nur jene Beleuchtungsverhältnisse, sondern auch eine Qualität, die in etwa dem heutigen „Ausdruck" entspricht. Und diese mit *aria* bezeichnete, von Symbolen unabhängige und damit autonome Ausdruckqualität dürfte die Zeitgenossen Leonardos am meisten beeindruckt haben.

Erinnerung an den Auftrag

Je autonomer ein Kunstwerk im Lauf seiner Rezeptionsgeschichte geworden ist, desto schwieriger das Erinnern an seinen ursprünglichen Entstehungszusammenhang. Das gilt auch für Leonardos „Mona Lisa". Bereits Vasari verlor in seinen Künstlerbiographien den ursprünglichen Kontext der gepriesenen Kunstwerke oft aus den Augen. So war er im Fall des Porträts der Lisa del Giocondo gar nicht an möglichen Gründen für dessen Bestellung interessiert. Immerhin nennt er Francesco del Giocondo als Auftraggeber und seine Frau Lisa als die Dargestellte. Zudem schildert er den langwierigen Arbeitsprozess des Künstlers, allerdings nicht ohne ihn anekdotisch etwas auszuschmücken. Folgt man jedoch allein den faktischen Angaben Vasaris, findet man bald die biographischen Daten Lisa del Giocondos und die ihres Mannes. Lisa wurde 1479 als Tochter von Antonmaria Gherardini geboren und hatte am 5. März 1495 Francesco del Giocondo geheiratet. Sie dürfte den größeren Teil ihrer Jugend auf dem bescheidenen Landsitz ihres Vaters verbracht haben, der sich südlich von Florenz an der Straße zwischen San Donato in Poggio und Castellina in Chinati befand. In der Stadt wohnte Lisas Familie zur Miete.

Als Spross einer recht wohlhabenden Familie von Seidenhändlern besaß Francesco del Giocondo ein eigenes Wohnhaus in der Stadt, und zwar in der Via della Stufa nahe der Kirche San Lorenzo. Der 1460 geborene Francesco war etwa 19 Jahre älter als seine Frau und zuvor bereits zwei Mal verheiratet gewesen. Durch seine eheliche Verbindung mit Lisa im März 1495 erzielte er keine ökonomischen Vorteile, denn die Familie seiner Braut brachte nur eine vergleichsweise bescheidene Mitgift auf. Da die Heirat mit Lisa für Francesco auch keinen politischen Gewinn brachte, kann man annehmen, dass er sie aus wirklicher Zuneigung ehelichte. Das bestätigen im Übrigen auch seine testamentarischen Bestimmungen zugunsten seiner Frau. Lisa lächelt also aus gutem Grund: Sie hatte eine in jeder Hinsicht gute Partie gemacht.

Zum Kontext des Gemäldes gehört schließlich auch das für die Renaissance gültige Patronagesystem. Kaum ein bürgerliches Porträt des ausgehenden 15. oder beginnenden 16. Jahrhunderts wurde ohne einen bestimmten Anlass in Auftrag gegeben. Das gilt auch für die „Mona Lisa". Zudem können wir ausgehend von den reichlich vorhandenen Informationen über Francesco del Giocondo annehmen, dass er nicht nur aus einer Laune heraus ein beliebiges Kunstwerk bestellt hatte. Tatsächlich lagen bei stadtbürgerlichen Auftraggebern in der Regel bestimmte Motive für die Bestellung konkreter Kunstwerke vor. So war es auch im Fall der „Mona Lisa": Francesco del Giocondo hatte im Frühjahr 1503 ein neues Haus für seine junge Familie erworben und Lisa einige Monate zuvor ihren zweiten Sohn Andrea zur Welt gebracht – im Florenz des 15. und 16. Jahrhunderts Gründe für die Bestellung eines Porträts. Allerdings sollte das Bildnis Lisa del Giocondos nie an seinen Auftraggeber ausgeliefert werden, denn Leonardo nahm es nach seinem Weggang aus Florenz mit auf Reisen, zunächst nach Mailand, dann nach Rom. „Mona Lisa" hatte also – wie vor ihm schon Leonardos erste Fassung der „Felsgrottenmadonna" – seine eigentliche Bestimmung nie erreicht. Die Gründe hierfür kennen wir nicht. Letztlich aber war Leonardo bereits zu Lebzeiten ein prominenter Künstler. Er konnte es sich erlauben, ein Werk nicht rechtzeitig fertig zu stellen oder es gar nicht auszuliefern. Möglicherweise hatte schon Leonardo selbst erkannt, dass das Gemälde aufgrund seiner bahnbrechenden Gestaltungsmerkmale über seine ursprüngliche Bestimmung im Kontext einer familiären Kunstpatronage hinauswies. Dieses Hinausweisen über die eigentlichen Auftragsverhältnisse teilt das Bildnis der Lisa del Giocondo im Übrigen mit den anderen Spitzenstücken des kunsthistorischen Kanons. Es war damit – um mit einem Wort Friedrich Schillers zu enden – zwar Kind, nicht aber Zögling seiner Zeit.

Literaturhinweise

Leonardo DA VINCI, Das Buch von der Malerei, hrsg. v. Ludwig, Heinrich, 3 Bde. Wien 1882.

Hans BELTING, Das unsichtbare Meisterwerk. Die modernen Mythen der Kunst. München 1998.

Hans BELTING, Bild-Anthropologie, Entwürfe für eine Bildwissenschaft. München 2001.

George BOAS, The Mona Lisa in the History of Taste, in: Journal of the History of Ideas 1 (1940), S. 207–224.

Pierre Bourdieu, Die Regeln der Kunst. Struktur und Genese des literarischen Feldes. Frankfurt 2008.

Hugo Chapman/Tom Henry/Carol Plazzotta (Hrsg.), Raffael. Von Urbino nach Rom. Stuttgart 2004.

Andre Chastel, L'Illustre incomprise. Mona Lisa. Paris 1988.

Jürg Meyer zur Capellen, Raffael in Florenz. München/London 1996.

Alessandro Nova (Hrsg.), Giorgio Vasari, Das Leben des Leonardo da Vinci. Berlin 2006.

Giuseppe Pallanti, Wer war Mona Lisa? Die wahre Identität von Leonardos Modell. München 2008.

Veit Probst, Zur Entstehungsgeschichte der Mona Lisa. Leonardo da Vinci trifft Niccolò Machiavelli und Agostino Vespucci. Heidelberg 2008.

Jean Paul Richter (Hrsg.), The Literary Works of Leonardo da Vinci. 2 Bde., Oxford [3]1970.

Donald Sassoon, Leonardo and the Mona Lisa Story. The History of a Painting Told in Pictures. London 2006.

Cécile Scailliérez, Léonard de Vinci. La Joconde. Paris 2003.

Janice Shell/Grazioso Sironi, Salaì and Leonardo's Legacy, in: Burlington Magazine 133 (1991), S. 95–108.

Frank Zöllner, Bewegung und Ausdruck bei Leonardo da Vinci. Leipzig 2010.

Frank Zöllner, Leonardos Mona Lisa. Vom Porträt zur Ikone der freien Welt. Berlin 2006.

Robert W. Scheller
Rembrandts „Nachtwache"

In den sechziger Jahren des vorigen Jahrhunderts konstituierte sich ein Gremium aus führenden niederländischen Rembrandt-Experten, das Rembrandt Research Project, gefördert mit staatlichen Mitteln. Die Aufgabe dieses Projekts war es, die Werke des Meisters von denen seiner Zeitgenossen, Schüler und Nachfolger abzugrenzen. Die Ergebnisse wurden in mehreren umfangreichen Bänden publiziert.

Im dritten, 1989 erschienenen Band findet sich eine 55 Seiten lange, äußerst gewissenhafte und ausführliche Analyse jenes großen Bildes, das weltweit unter dem Titel „Die Nachtwache" bekannt ist (Abb. 1).

Jeder Quadratzentimeter der Leinwand wurde technisch untersucht, ältere Hypothesen wurden genauestens überprüft; es wurde wissenschaftliche Objektivität angestrebt. Und so kann der Leser kaum sein Erstaunen unterdrücken, wenn er inmitten des nüchternen Textes auf folgenden Satz stößt: „Die Nachtwache steht auf einsamer Höhe; es ist das nationale Gemälde schlechthin". Wie kam es zu diesem Aufstieg?

Abbildung 1: Rembrandt van Rijn, Die Nachtwache. Ölgemälde auf Leinwand. Stichting Rijksmuseum Amsterdam, Bestandsnummer SK-C-5.

125

Rembrandts Ruhm blieb zu Lebzeiten nicht unangefochten. Zwar wurde er schon früh als einer der führenden Meister seiner Generation anerkannt, gefeiert und gelobt. Es meldeten sich aber auch Kritiker zu Wort, insbesondere in seinen letzten Lebensjahren, als in den Niederlanden eine neue Mode in der Bildenden Kunst aufkam: Die neue französisch-klassizistisch-akademische Kunsttheorie mit ihrem normativen Festhalten an ausgewogenen Kompositionen, ihren hellen Farbtönen, ihrer Abneigung gegen genreartige und ihrer Vorliebe für heroische, mythologische und allegorische Themen stand Rembrandts Helldunkel, seinen stark kontrastierenden Farben und seiner oft enigmatischen Thematik distanziert gegenüber.

Auch in der Biographik wurde Rembrandt keineswegs nur positiv bewertet. Im Gegenteil, während der ersten 150 Jahre nach seinem Tod (1669) wurde sein Lebenslauf von abfälliger Anekdotik überzogen, die erst ab dem beginnenden 19. Jahrhundert allmählich in den Hintergrund trat. Trotzdem wurde Rembrandt überwiegend immer als bedeutender Künstler anerkannt, aber diese Wertschätzung versteckte sich eben oft hinter negativen Verklausulierungen. Rembrandt war der Hauptvertreter eines nicht mehr geläufigen Stils, wurde aber zugleich als wichtige Persönlichkeit innerhalb der Geschichte der Malerei gesehen. So wurde er zum Paradigma des Künstlers, dessen anti-akademisches Verhalten zwangsläufig seinen glänzenden Gaben entgegenwirkte.

Dagegen wurde Rembrandt von den Kunstliebhabern stets geschätzt. Jede prominente Sammlung wies zumindest ein Gemälde seiner Hand auf. Besonders seine zahlreichen Radierungen erfreuten sich in ganz Europa großer Beliebtheit und Bewunderung. Während dieser Zeitspanne, die ungefähr das ganze 18. Jahrhundert umfasst, spielt die „Nachtwache" kaum eine Rolle. Dafür gibt es einige Gründe. Zunächst jedoch einige Hintergrundinformationen zum Bild als solches:

Das riesige (3,63 × 4,37 m, ursprünglich ca. 4,02 × 5,10 m große) Bild stellt die Mitglieder einer Schützenkompanie dar. Im Vordergrund stehen die beiden Offiziere (Hauptmann Frans Banninck Cocq und Leutnant Willem van Ruytenburch). Dahinter bilden die einfachen Schützen Spalier. Bilder dieser Art gab es in Amsterdam in Hülle und Fülle. Die Stadt verfügte über drei Schützengruppen, nach ihrer ursprünglichen Bewaffnung – Bogen, Armbrust und Muskete – benannt. Sie sind unter dem Pluraletantum *Doelen* bekannt, ursprünglich das holländische Wort für Schießscheiben, das jedoch als Pars Pro Toto auch für den Schießstand, die Vereins- und Zeughäuser sowie die Schützen selbst verwendet wurde. Rembrandts Bild wurde für die Kloveniersgruppe bestellt, die mit Musketen und Piken bewaffnet waren.

Die *Doelen*-Bilder stellen eine für die westlichen Provinzen Hollands regional und zeitlich begrenzte Sondergattung dar. Sie wurden in den Vereinshäusern aufgehängt, entstanden somit aus dem Bedürfnis, die Porträts der Gildemitglieder der Nachwelt zu überliefern und damit die Kontinuität der Gilde (im Bild) zu gewährleisten.

Als Rembrandt sich vermutlich im Jahre 1640 an die Arbeit machte, konnte er sich an den Werken seiner Vorgänger orientieren. Die meisten Bilder zeigten eine gewisse Anzahl Schützen, in den Anfängen oft ziemlich monoton, in Doppelreihen und in Halbfigur gestaffelt, dargestellt, später wählten die Maler beweglichere, lebendigere Motive und suggerierten mit sprechenden Handgebärden Zusammenhalt und Konversation. Oft wird die Organisation der Gilde durch Festmahlzeiten und Begrüßungszeremonielle thematisiert und widergespiegelt. Es versteht sich von selbst, dass den Offizieren und dem Fähnrich eine Vorrangstellung eingeräumt wurde, da sie mehr bezahlten als die einfachen Schützen.

Was die Hervorhebung bestimmter Mitglieder der Gilde betrifft, hielt Rembrandt sich an die Tradition. Ansonsten wich seine Komposition deutlich von der gängigen Praxis ab. Als Hauptthema wählte er, wie ein zeitgenössisches Stammbuchblatt erläutert, „den Augenblick,

Abbildung 2: Virtuelle Rekonstruktion des Doelen-Saals im Jahre 1642. Aus: Jorien Doorn/Gary Schwartz, The Night Watch. Amsterdam 2008.

in dem der Hauptmann, der Herr von Purmerland und Ilpendam, dem Leutnant, Herrn von Vlaardingen, den Marschbefehl erteilt".

Eine weitere originelle Erweiterung liegt darin, dass Rembrandt entgegen jeder Tradition nicht ausschließlich Schützen abbildete. Von den 43 Figuren sind 16 keine Schützen, sondern lediglich Statisten. Und die „Nachtwache" hat noch mehr Neuerungen zu bieten: Frühere Maler hatten die Gewohnheit, die Porträtierten parallel zur Bildfläche aufzureihen. Rembrandt dagegen lässt die beiden Offiziere gewissermaßen diagonal aus dem Bild herausschreiten. Diese diagonale Ausrichtung wird durch den Burschen mit dem Pulverhorn ganz links unterstützt, der dem Brückengeländer entlang läuft. Dahinter sind mehrere Bildflächen mit Figuren ausgefüllt, wie zum Beispiel die drei mit den Musketen hantierenden Schützen, noch weiter hinten vor einer undeutlichen und assymmetrischen Raumkulisse sind die übrigen Figuren mit ihren Piken und Schildern platziert. In dieser Menge bewegen sich die beiden jungen Mädchen (das eine kaum mehr erkennbar) in grellem Sonnenschein, der auch den Koller des Leutnants Ruytenburch aufleuchten lässt, in starkem Kontrast zu dem größten, sehr dunkel gehaltenen Teil des Gemäldes.

Nichts deutet darauf hin, dass die zeitgenössischen Betrachter all diese Neuerungen als kontrovers oder als Verstoß gegen die für Schützenbilder etablierte Tradition erachteten; sie betrachteten es ja nur als ein Bild in einer Gruppe von *Doelen*-Bildern (Abb. 2).

Man kann dabei von drei ineinandergeschachtelten Kollektiven sprechen: Rembrandts Beitrag war bestimmt für den großen, 1638 errichteten Festsaal der Kloveniers. Die Offiziere mehrerer Kompanien, insbesondere die neuernannten, hatten sich – so wird allgemein angenommen – zusammengetan hatten, um die noch leeren Wände standesgemäß zu dekorieren. Sechs Maler waren an diesem Auftrag beteiligt, und in nur wenigen Jahren war der Saal mit Schützengruppen geschmückt.

Dieses Kollektiv nun war wiederum Teil eines größeren Bestandes, und zwar der älteren Schützenbilder der Kloveniers, die in Nebenräumen aufgehängt waren. Und schließlich war die „Nachtwache" nur eines der etwa 56 Gruppenbilder, die in den drei *Doelen*-Häusern der Stadt die Wände zierten. Rembrandts Bild wurde also als Teil eines viel größeren Erinnerungsensembles erfahren. Auch wenn das Bild etwas anders als üblich gestaltet war, so fügte es sich doch zwanglos in die Vereinstradition ein.

Dieser Umstand erklärt auch die geringe Zahl der überlieferten Urteile über das Gemälde. Das wichtigste stammt aus einem kunsttheoretischen Traktat des Rembrandtschülers Samuel van Hoogstraten (1678). Er steht, gemäß seinen französisch orientierten klassizistischen

Auffassungen, kritisch zu dem Helldunkel, andererseits erkennt er die außerordentliche Kraft der Komposition an, wenn er bemerkt, dass neben Rembrandts Bild die anderen Gruppenbilder sich „wie Spielkarten" ausnehmen.

Zu dieser Zeit – um 1680 – hatte die gesellschaftliche Stellung der Schützengilden stark gelitten. Sie waren mehr und mehr zu Geselligkeitsvereinen ohne militärische Pflichten abgesunken. Die Vereinssäle, Eigentum der Stadt, erhielten neue Bestimmungen als Herbergen, wo allerlei Veranstaltungen wie Hochzeiten, Festmahlzeiten oder sogar Auktionen stattfanden – mit allen für die dort aufgehängten Bilder schädlichen „Umwelteinflüssen": schlecht ventilierte, rauchende Kaminen, starke Temperaturschwankungen zwischen Sommerhitze und Winterfrost, zusätzlicher Pfeifenrauch, Küchendünste, gelegentlich kleine Krawalle. Und so beschloss der Magistrat, die Gemälde nach und nach in das Rathaus zu überführen – ein Unternehmen, das nicht etwa von der künstlerischen Wertschätzung der Bilder motiviert war, sondern von dem Willen, die Erinnerung wachzuhalten, wie es in einem diesbezüglichen Erlass heißt.

Die Bilder gelangten in ein Gebäude, das selbst inzwischen zu einem Erinnerungsort geworden war, in dem die glorreichen Zeiten der blühenden, unabhängig gewordenen Republik – mit an ihrer Spitze die Stadt Amsterdam, vom Dichter Joost van den Vondel apostrophiert als „die Königin von Europa" – dauerhaft der Nachwelt zur Schau gestellt wurden.

Die „Nachtwache" wurde 1715 in das Rathaus überführt. Da die für das Bild bestimmte Wandfläche nicht groß genug war, wurde es kurzerhand an allen Seiten beschnitten. Die stärksten Einbußen erlitt das Bild an der linken Seite, mit dem Verlust von drei Personen und einem Teil des Brückengeländers, an dem der Junge mit dem Pulverhorn entlang gelaufen war. In der Folge wurde die Diagonalstellung der Offiziere beeinträchtigt. Rechts ging zwar nur ein schmalerer Streifen verloren, aber der Trommler wurde senkrecht durchschnitten. Die ursprüngliche Komposition ist glücklicherweise dennoch erhalten: in einer um 1650 angefertigten Kopie des Amsterdamer Malers Gerrit Lundens.

Die Schützenbilder wurden in zwei Sälen aufgehängt, die für die Sitzungen des großen und des kleinen Kriegsrats bestimmt und noch nicht angemessen dekoriert waren. Zugleich stellte man in einem ersten Schritt konservatorischer Betreuung Restauratoren an, die die stark, oft bis zur Unkenntlichkeit verschmutzten Bilder reinigen und ausbesserten (die „Nachtwache" beispielsweise wies ein Loch in der Trommel auf). Einer von ihnen, der Maler Jan van Dyk, veröffentlichte 1758 einen Führer, in dem sämtliche Kunstwerke des Rathauses beschrieben wurden. Über die „Nachtwache" – „eine aufmarschierende Schützengesellschaft" – äußert er sich ziemlich ausführlich. Er ärgert sich über die Verschmutzung und beanstandet die Pfuscherei seiner Vorgänger. Nach längerer Arbeit am Bild urteilt er fachmännisch: Er bewundert die Kraft des Pinsels, das starke Sonnenlicht, den hellen Farbauftrag. Es sei verwunderlich, dass der grobe Auftrag so viel Deutlichkeit zugelassen habe. Die Bordüre auf Ruytenburchs Koller sei so pastos gemalt, dass man eine Muskatnuss darauf reiben könne, und doch sei dort die Wiedergabe des Amsterdamer Wappens mit dem Löwen als Wappenhalter so präzis, als ob es glatt gemalt wäre. Auch das Antlitz des Trommlers sei aus der Nähe gesehen wie hingeschmiert, aus einiger Entfernung aber ungemein gut getroffen. Hier spricht ein Kollege.

Übrigens waren auch im Rathaus die Voraussetzungen für den Erhalt der Bilder alles andere als optimal. Das Dach wies immer wieder größere Schäden auf, und die Kamine verbreiteten Rauch und Ausdünstungen. Die Bilder mussten das ganze Jahrhundert hindurch immer wieder behandelt werden.

Bis in das frühe 19. Jahrhundert verblieben die Schützenbilder als geschlossene Erinnerungseinheit im Amsterdamer Rathaus. Nur einmal trat Rembrandts Bild aus der Gruppe hervor: 1797, zwei Jahre nachdem die Mitglieder des Hauses Oranien vor den Truppen der

Französischen Republik nach England geflohen waren, empfing der gesetzgebende Magistrat in Den Haag ein Schreiben von dem in Amsterdam ansässigen Radierer Lambert Claessens. Er übergab dem Präsidenten und den Mitgliedern der Nationalversammlung einen in dreijähriger Arbeit entstandenen Kupferstich in Punktiermanier nach dem „Meisterstück von Rembrandt, jenem hervorragenden vaterländischen Maler", um damit dessen Werk „dem batavischen Volk und anderen kunstliebenden Nationen besser bekannt zu machen, und somit den Ruhm unseres Vaterlandes durch Förderung und Pflege der schönen Künste zu mehren".

In den Protokollen der Nationalversammlung wird das Geschenk des Bürgers Claessens dankend und lobend akzeptiert, wobei zum ersten Mal das Bild „Nachtwagt" genannt wird, ein Hinweis dafür, dass der Beiname schon damals gebräuchlich war.

Hier wird die „Nachtwache" zum ersten Mal aus dem Kollektiv der übrigen Bilder losgelöst und sozusagen individualisiert. Bemerkenswert ist in diesem Zusammenhang, dass Claessens nicht, wie man es für die junge Republik erwarten würde, die Erinnerung im Sinn des traditionellen niederländischen Bürgertums historisiert, sondern nachdrücklich das „Meisterstück" als Kunstwerk aufgefasst sehen und im In- und Ausland bekannt machen will.

Im 19. Jahrhundert erfolgte dann der wichtigste Einschnitt im Leben der „Nachtwache", es ist zugleich der Beginn ihres Aufstiegs. 1808 bezog König Ludwig Bonaparte, eingesetzt von seinem Bruder Napoleon, das Amsterdamer Rathaus. Der Stadtmagistrat räumte das Feld. Das zweite Geschoss des neuen Palastes, das die Schützenbilder beherbergte, wurde zum königlichen Museum bestimmt und so der Anschluss an die internationale Entwicklung der in ganz Westeuropa entstehenden Nationalmuseen vollzogen.

Der neuernannte Museumsdirektor Cornelis Apostool verfasste eine Denkschrift, in der er seine museologischen Grundsätze darlegte. Er unterschied zwei Hauptkategorien. Eine Abteilung sollte der Geschichte der Niederlande gewidmet werden, die zweite, ästhetische, umfasste die übrigen Kunstwerke. Die „Nachtwache" wurde der ersten Abteilung zugeordnet. Sie enthielt Porträts und Szenen aus der Geschichte der Nation (Belagerungen, Seeschlachten usw.). Zehn Jahre später, als die Sammlung nach der Befreiung der Niederlande in ein großes Herrenhaus, das Trippenhuis, übersiedelte, wurde die erste Abteilung nochmals unterteilt. Für die Porträts wurde ein Ehrensaal reserviert, die historischen Szenen wurden anderweitig aufgehängt.

Apostool war sich auch der Bedeutung des Rundganges durch das Trippenhuis bewusst. Eine Stiege führte hinauf zum Obergeschoss, an dessen Straßenseite den Besucher ein großer, reich geschmückter Saal erwartete. In dieser Porträtgalerie erblickte er zuerst die alle anderen Bilder im Format überragende „Nachtwache" – sie war also gewissermaßen die Eintrittsfanfare für die gesamte Sammlung. So hing das Bild viele Jahrzehnte zwischen flächenfüllenden Einzelporträts berühmter Niederländer, zwar ausgezeichnet durch seine Masse, jedoch anonym gewordene Personen darstellend, als Erinnerung an die glorreichen Zeiten, in denen die Amsterdamer Bürger freiwillig ihren militärischen Pflichten nachkamen. Noch immer präsentierte sich die „Nachtwache" als Ausdruck eines kollektiven Gedächtnisses, dessen Wertekanon inzwischen aber einigen Wandlungen erfahren hatte.

Hinsichtlich der musealen Präsentation wurde um die Jahrhundertmitte ein entscheidender Schritt getan, mit dem die „Nachtwache" aus ihren bisherigen historisch-ästhetischen Beziehungen herausgelöst und als absolute Größe hervorgehoben werden konnte (Abb. 3): Um den ursprünglichen einfachen schmalen Rahmen wurde ein der Saalwand vorgeblendetes Gehäuse gesetzt.

Es bestand aus einem konsolengestützten Gesims mit dekorierten Kapitellen. Auf dem Gesims prunkte der Name „Rembrandt" in gotischer Kapitalfraktur. Die ganze Konstruktion stand auf einer Stufe. Durch die leichte Erhöhung sollte der Eindruck erweckt werden, als ob

Abbildung 3: August Jernberg, Der Rembrandtsaal im Trippenhuis. Ölgemälde auf Leinwand 1880. Zeichnung von Andreas Nilsson 1881. Malmö Konstmuseum, Bestandsnummer MM 002/72.

Abbildung 4: Die Ehrengalerie im Rijksmuseum, im Hintergrund die Nachtwache. Photo von ca. 1890. Stichting Rijksmuseum Amsterdam.

130

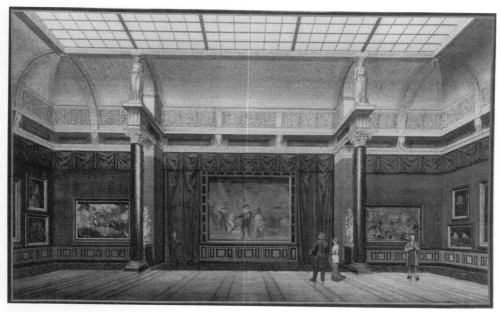

Abbildung 5: Der Rembrandtsaal im Rijksmuseum. Zeichnung von 1881. Stichting Rijksmuseum Amsterdam, Bestandsnummer rma-ssa-f-02881.

die vorwärtsstrebenden Figuren im Vordergrund im Begriff waren, den Saal zu betreten. Auf diese Weise entstand bei den Besuchern die Illusion, dass sie mit ihnen in demselben Raum verkehrten – ein den damals beliebten Panoramen verwandtes Verfahren.

Diese Hervorhebung der „Nachtwache" ist bei allen späteren musealen Erneuerungen konsequent beibehalten worden. So hatte der Architekt Pierre Cuypers für das 1885 eröffnete Amsterdamer Rijksmuseum eine große kirchenähnliche Raumflucht im Obergeschoss entworfen (Abb. 4).

Sie bestand aus einer Vorhalle, einem vierjochigen neogotischem Mittelschiff sowie Seitenkapellen. Ein kleinerer Raum am Ende dieser Anlage, als Apsis oder Chor zu verstehen, war für die „Nachtwache" reserviert, eingefasst in einem katholisch-kirchlich anmutenden Renaissance-Rahmen – zuviel des Guten für die protestantischen Auftraggeber. Der neue Rahmen wurde verworfen. Cuypers entwarf nun eigens für diesen Raum eine klassizistische Wanddekoration mit hervorspringenden Mauerzungen, Säulen mit korinthischen Kapitellen, Statuen der vier Tageszeiten (anspielend auf Rembrandts Helldunkel) und Texten biographischen Inhalts rundum an der Deckenleiste (Abb. 5).

Indem er die Wände des Saales in die Umrahmung einbezog, steigerte Cuypers die Rahmung ins Grandiose. Das Bild wurde, wie zuvor im Trippenhuis, sehr niedrig gehängt und mit einem einfachen Rahmen versehen. Die Stufe wurde anfangs beibehalten.

Kurz nach der Eröffnung des Museums entstand ein Jahrzehnte währender Streit, der in der Tages- und Wochenpresse hohe Wellen schlug. Grund der Auseinandersetzungen war die Beleuchtungsstrategie für die „Nachtwache". Cuypers hatte sich für Oberlicht entschieden. Dagegen polemisierten führende Experten, die unbedingt Seitenlicht forderten. Schließlich wurde beschlossen, dem Museum einen neuen Raum mit Seitenlicht anzugliedern – soweit bekannt das einzige Mal, dass für ein Gemälde ein eigener Anbau errichtet wurde (Abb. 6). Erstaunlicherweise wurde bei der Innendekoration auf die viel ältere Idee des

Abbildung 6: Die Nachtwache, aufgestellt im Anbau. Photo von ca. 1914. Stichting Rijksmuseum Amsterdam, Bestandsnummer rma-ssa-f-00054.

Gehäuses zurückgegriffen, das sogar mehr als früher der Saaldekoration angeglichen war, so dass Umgebung und Bild zu einem pseudohistorischen Ganzen verschmolzen.

Auch diese Lösung stieß auf großen öffentlichen Widerstand, und so wurde die „Nacht-wache" nach einiger Zeit wieder an den ursprünglichen Ort zurückbefördert. Einige Jahre später wurde in dem Fußboden des Saales ein Spalt eingeschnitten, um das Bild im Brand-fall direkt in die darunter liegende Straßendurchfahrt abseilen zu können – ein neuerlicher Beweis dafür, dass die „Nachtwache" endgültig den Rang eines Nationalsymbols erlangt hat-te.

Diese sich stetig verfestigende Stellung als Nationaldenkmal zeigte sich auch bei anderen Anlässen. Im Jahre 1898 leistete die junge Wilhelmina den königlichen Eid auf die Verfas-sung. Die Feierlichkeiten konzentrierten sich auf die Hauptstadt Amsterdam. Als kultureller Höhepunkt wurde eine Rembrandt-Ausstellung organisiert, die wohl erste Sonderausstel-lung, die ausschließlich einem einzigen (verstorbenen) Meister gewidmet war. Wieder wurde die Ausnahmestellung der „Nachtwache" betont. Sie hing allein in einem Saal (mit Seiten-licht), am Ende und als Höhepunkt des Rundgangs durch die Ausstellung.

Angeregt durch die museale Betonung der Einmaligkeit des Bildes wuchsen auch die Reaktionen der Besucher. Die „Nachtwache" geriet immer mehr in den Fokus der stetig wachsenden Medienlandschaft, sowohl Kunstwissenschaft als auch das breite Publikum zeigten starkes Interesse. Seit etwa 1830 erschienen allgemeine Übersichtswerke, kritische Gesamtverzeichnisse wurden erarbeitet, Kunstzeitschriften mehrten sich, zahllose Kunst-, Stadt- und Reiseführer erschienen. Anfangs wurde die „Nachtwache" nur spärlich erörtert, da das Bild Amsterdam nie verlassen hatte.

Dieser Tatsache wurde durch den Vertrieb von Reproduktionen abgeholfen, vorerst in graphischen Wiedergaben. Innerhalb kurzer Zeit, ungefähr ab 1850, wurden fünf Stiche publiziert. Es handelte sich um großformatige Exemplare, die nicht für Sammlermappen bestimmt waren, sondern die Wände der Herren- oder Empfangszimmer großer Villen zierten, nicht zuletzt gedacht als demonstrativer Hinweis auf das Bildungsniveau ihrer Bewohner. Nur kurze Zeit später erlangte das Bild den ihm gebührenden Platz in der Fotografie. Verschiedene Unternehmen wie z. B. der Verlag Bruckmann in München machten Rembrandts Werk auf diese Weise für jedermann sichtbar und erschwinglich.

Hatte die „Nachtwache" erst einmal weltweite Bekanntheit erlangt, wurde sie bald zu einer Ikone umgedeutet. Das fand seinen Niederschlag in den Aussagen ihrer Betrachter – Kunstwissenschaftler, Liebhaber, Feuilletonisten, Bildungsbürger, Touristen im Allgemeinen. Die Stellungnahmen der Kommentatoren zeigen, wie unterschiedlich die Umdeutungen der „Nachtwache" ausfallen konnten. Dafür sind einige Gründe anzuführen: Erstens: Ein Schwerpunkt lag in Rembrandts Gestaltungsmittel des Helldunkels, das durch kräftige Kontraste zwischen hellen und dunklen Partien dem Bild einen starken, dramatischen Ausdruck verlieh. Ein anderes Phänomen ist – zweitens – in der zusehends schwindenden Vertrautheit der Betrachter mit dem Sinngehalt der Gattung der Gruppenporträts zu sehen. Die Erinnerung an die soziale Stellung der Schützengilden war verblasst, die Bilder gerieten sozusagen in ein Erinnerungsvakuum. Der Betrachter erlitt gewissermaßen eine „Teilamnesie". Ein drittes Problem erwuchs aus der Schwierigkeit, die Komposition in ihrer Ganzheit zu erfassen. Die Figuren im Vordergrund mit ihrer diagonal nach vorne strebenden Bewegung waren schwer in Einklang zu bringen mit den im Hintergrund und entlang der Bildfläche sich unübersichtlich tummelnden Personen. Die individuellen Handlungen der Agierenden stießen oftmals auf Unverständnis. Viertens schließlich passte das Bild nicht in die übliche Klassifizierung nach Bildinhalten (religiös, allegorisch, Landschaft, Stillleben usw.). Das Gruppenporträt war eine regionalspezifische Gattung, beschränkt auf die westlichen Provinzen der Niederlande und andernorts weitgehend unbekannt.

All diese Probleme lösten Deutungsweisen aus, in denen der persönliche Eindruck auf den individuellen Betrachter eine ausschlaggebende Rolle spielte. Für ihn gab es keine Hinweise auf ein Tertium Comparationis, keinen Vergleichspunkt. Die „Nachtwache" erschien ihm ganz anders als die Werke der Zeitgenossen Rembrandts. Auch entsprach sie nicht den gewohnten Bildinhalten. Das Bild wurde sozusagen inhaltslos im Sinn des geläufigen thematischen Kanons. Und so war der Betrachter auf sich selbst zurückgeworfen. Er konnte den eigenen Gedanken freien Lauf lassen, seinen persönlichen Assoziationen und Erinnerungen nachgehen. Seine Eindrücke und Gefühle wurden in psychologischem Sinn der Projektion auf das Bild übertragen. „Träumerisch", „rätselhaft", „mysteriös", „unfassbar", „magisch", „bizarr", „bezaubernd", „überwältigend", „wunderlich" – mit diesen und noch vielen weiteren Prädikaten wurde die „Nachtwache" von ihren Betrachtern ausgezeichnet.

Neben ihrem Schöpfer Rembrandt war die „Nachtwache" selbst mittlerweile nicht nur zum Kultsymbol des Nationalstolzes als Pars Pro Toto für die Erinnerung an die Größe der niederländischen Republik im 17. Jahrhundert geworden, sondern hatte auch auf internationaler Ebene eine Stellung erreicht, in der das Bild verabsolutiert wurde. Es gesellte sich zu den berühmtesten Kunstwerken, die sich in den höchsten Sphären der Kunst bewegen, zur „Mona Lisa" und dem „Abendmahl" Leonardo da Vincis, zur „Sixtinischen Madonna" Raphaels oder zu Michelangelos Deckenmalerei in der Sixtinischen Kapelle in Rom.

Zugleich wurde die „Nachtwache" vom Wirbel der Medien erfasst. Sie gab den Stoff für Spiel- und Dokumentarfilme, Opern, Romane und Gedichte ab, ebenso für Briefmarken, Banknoten, Karikaturen, Comics, Festaufzüge, *Tableaux vivants* und unzählige Werbebotschaften. In der Rumpelkammer des touristischen Trödelkrams ist sie reichlich vertreten.

Auch in anderen, heutzutage so beliebten Wertekanons tritt die „Nachtwache" prominent in Erscheinung. Vor einigen Jahren legte ein Ausschuss niederländischer Historiker in Auftrag des Unterrichtsministeriums ein Computerprogramm für den Grundschulunterricht vor. Darin wurde die nationale Geschichte durch die visuelle Metapher des Fensters untergliedert. Als eines der *icons* dienen die beiden Offiziere der „Nachtwache". Bei Öffnung des Fensters erscheint dann das ganze Gemälde. Der zugehörige Text leitet von dem Bild zu Rembrandt über. Die „Nachtwache" ist also ein „Muss", darüber hinaus aber bleibt es dem Lehrer überlassen, ob (und wie) er seinen Schülern das ganze Feld der niederländischen Bildenden Kunst des 17. Jahrhunderts vermittelt.

Die „Nachtwache" bewirkt bei dem individuellen Betrachter, wie dargelegt, anscheinend zwanglos und spontan entstandene persönliche Empfindungen. Zugleich sind sie in einem gemeinschaftlichen Erinnerungsgefüge abgespeichert, dass wiederum dem einzelnen Beschauer zugänglich ist. Aufgrund des Zusammenspiels einer außerordentlichen kompositorischen Lösung eines traditionsgebundenen Auftrags mit dem kräftigen Lichtdunkel und dem bedeutungsarmen Inhalt, in Verbindung mit einer deutlich auf Unizität hinzielenden musealen Präsentation, erweckt die „Nachtwache" bei dem Betrachter das Gefühl, Mitglied eines Erinnerungskollektivs zu sein. Dieses Zugehörigkeitserlebnis erzeugt bei ihm den wohligen Zustand, in dem jegliche Kritik oder Abneigung verstummt, ja überflüssig, sogar unstatthaft ist. Solches Vergehen würde er als eine Verstoßung aus der Erinnerungsgemeinschaft empfinden. Zugleich wirkt das Bild auf ihn ein: dessen faktische Präsenz in ein und denselben Raum steigert seine mit Anderen geteilte Bewunderung oder gar Verwunderung gegenüber der außerordentlichen Kraft, die der „Nachtwache" seit Jahrhunderten innewohnt.

Für ihre Hilfe bei der Ausarbeitung dieses Essays danke ich Ellinoor Bergvelt, Jeroen Boomgaard, Eddy de Jongh, Christian Klamt, Jan Piet Filedt Kok, Norbert Middelkoop, Gary Schwartz, Marja Stijkel, Pieter van Thiel und Ernst van de Wetering.

Literaturhinweise

Jeroen BOOMGAARD, Hangt mij op een sterk licht. Rembrandts licht en de plaatsing van de Nachtwacht in het Rijksmuseum, in: Nederlands Kunsthistorisch Jaarboek 35 (1984), S. 327–350.

Jeroen BOOMGAARD/Robert SCHELLER, Empfindliches Gleichgewicht: Die Würdigung Rembrandts im Überblick, in: Christopher BROWN u. a. (Hrsg.), Rembrandt: Der Meister und seine Werkstatt. Berlin u. a. 1991, S. 106–123.

Astrid ERLL, Kollektives Gedächtnis und Erinnerungskulturen: eine Einführung. Stuttgart 2005.

Egbert HAVERKAMP BEGEMANN, The Nightwatch. Princeton 1982.

Norbert MIDDELKOOP, Schuttersstukken kijken met Jan van Dyk. Een reconstructie van de plaatsing in het Stadhuis op de Dam, in: Maandblad Amstelodamum 96 (2009), S. 65–78.

Robert SCHELLER, Rembrandt als Kultursymbol, in: Otto VON SIMSON/Jan KELCH (Hrsg.), Neue Beiträge zur Rembrandt-Forschung. Berlin 1973, S. 221–234.

Gary SCHWARTZ, Die Nachtwache. Zwolle 2002.

Seymour SLIVE, Rembrandt and his Critics 1630–1730. Den Haag 1953.

Pieter VAN THIEL, Het Trippenhuis als Rijksmuseum, in: Het Trippenhuis te Amsterdam. Amsterdam 1983, S. 213–277.

Hubertus Günther
Die Gotik als *der* europäische Baustil

„Sie alle kennen die gotische Kathedrale". Mit dieser Feststellung leitete Volkwin Marg am 21. April 2010 seinen Vortrag zur Eröffnung der Ausstellung „Von Kapstadt bis Brasília" im Münchner Architekturmuseum ein. Aus Anlass der Fußballweltmeisterschaft in Südafrika wurden die spektakulären Sportstadien der Architekten von Gerkan Marg und Partner präsentiert, einem der größten Planungsbüros der Welt, zu dessen Gründern Marg gehört. Marg bezog sich auf die Gotik, um im Vergleich mit ihr zu erklären, nach welchen Richtlinien die Arenen konzipiert wurden: Wie bei der gotischen Kathedrale sollte die Konstruktion frei von modischer Effekthascherei ganz auf die Funktion ausgerichtet sein, auf praktische Bedürfnisse und technische Bedingungen; das höchste Ziel sei, zeitgemäße Symbolik zum Ausdruck zu bringen. Im weiteren Sinn, ergänzte Marg im persönlichen Gespräch, habe die gotische Kathedrale das gleiche wie die Sportstadien vor Augen geführt: allgemeine „Bereitschaft zur Begeisterung".

Vergleiche, wie sie in dem Vortrag gezogen wurden, sind weit verbreitet. Zur gleichen Zeit las man in einem „Zugbegleiter" der Deutschen Bahn über eines der Fußballstadien für die Weltmeisterschaft in Südafrika: „Was im Mittelalter, was in der Gotik die steinerne Konstruktion der Kathedralen war, stellen heute die stählernen Konstruktionen der weitspannenden Dächer dar". Auch die Lichtführung in der neuen Lagerhalle des Vitra-Museums in Weil am Rhein (Architekturbüro Sanaa, Tokio), die „fraktale Geometrie" der Halle des Flughafens Stuttgart (Ing.Büro Frei-Otto, Stuttgart), die Industriebauten des Ruhrgebiets haben jüngst Assoziationen an die Gotik geweckt. Die „Süddeutsche Zeitung" apostrophierte die 2003-05 von Herzog/de Meuron gebaute Allianz Arena einmal enthusiastisch als „Fußballkathedrale".

Seitdem „Funktionalismus" als Leitlinie gilt, seit Peter Behrens, dem Bauhaus und Le Corbusier, werden immer wieder Parallelen zwischen moderner Architektur und der gotischen Kathedrale gezogen. Sie setzen bei den neuen Bautechniken an mit ihrer Konzentration von Lasten oder Zugkräften auf kleine Elemente und reichen bis hin zu den gesellschaftlichen Verhältnissen, die in den Bauten zum Ausdruck kommen. Oswald Spengler schrieb in seinem einst populären Buch vom „Untergang des Abendlandes" (1923) sogar, die Seele des Abendlandes habe ihr Weltgefühl durch die „Räume gotischer Dome" ebenso wie durch die „Formeln der Funktionstheorie" ausgedrückt.

Was die gotische Kathedrale auszeichnet, ist oft im Vergleich mit dem klassischen griechischen Tempel beschrieben worden. Beide wirken wie Solitäre, sie scheinen fast aus der historischen Entwicklung herauszufallen. Vor dem griechischen Tempel sind Steinbauten, die von Säulen umgeben sind, nicht bekannt. Die Gotik bildet den einzigen Stil vor dem Bauhaus, der alle Bezüge zur Antike aufgegeben hat. Antike Formen lebten unmittelbar bis in die Romanik fort, seit der Renaissance wurde die Antike absichtlich wiederbelebt. Auch sonst fällt bei einem bündigen Überblick mehr auf, wie die gotische Kathedrale aus der Tradition herausfällt, als wo einzelne Elemente ansatzweise in der Romanik vorgebildet sind oder lokale Formen sich fortsetzen.

Griechischer Tempel und gotische Kathedrale haben die erhebende Wirkung gemein. Sie erscheinen dem Alltäglichen entrückt. Die äußere Form überwiegt offensichtlich den praktischen Nutzen. Disposition und Gliederung sind mit höchster Stringenz nach ihrer eigenen formalen Gesetzmäßigkeit durchgeführt. Beide erinnern geradezu an Architekturphantasien, der griechische Tempel durch seine Marmorkolonnaden, die nur dazu dienen, Eindruck zu machen, die gotische Kathedrale, weil ihre Wände so weit aufgelöst sind, dass sie, wie man oft gesagt hat, geradezu wie ein gläserner Schrein erscheint, dessen Bildfenster wie Edelsteine glänzen. Aber der griechische Tempel wirkt klar und übersichtlich in Disposition und Tektonik, gravitätisch in sich ruhend durch die ausgewogenen Proportionen und natürlich-menschlich durch das einfache Verhältnis von Tragen und Lasten, durch das Anspielen auf das Handwerk mit Elementen des Holzbaus und durch den Bezug der Säulen auf Menschenmaß. Die gotische Kathedrale wirkt dagegen unwirklich, wunderbar, übernatürlich durch die komplexe Disposition, die verwirrende Vielfalt der Glieder am Außenbau, die unüberschaubare Fülle von Statuen und Dekor an den Fassaden, im Innern durch die Dominanz der leuchtenden Glasfenster mit ihren zahllosen, vielfach vom weiten kaum erkennbaren Bildern und durch die filigrane Architektur, die übermäßig labil erscheint, weil verborgen ist, was sie zusammenhält. Sie wirkt dynamisch durch ihre Tiefenflucht auf den Chor zu, der als Zentrum hervortritt, und mehr noch durch ihr Streben in die Höhe, das einzelne Elemente wie besonders Spitzbogen und Fiale prägt und über Pfeiler und Wände hinaus sogar die Gewölbe mit ihren steil aufsteigenden Kappen ergreift, so dass der Kontrast zwischen tragenden Stützen und lastender Decke aufgelöst ist. Bei der Gotik treten keine Bezüge auf den Menschen in Erscheinung, alles ist maßlos in dem Sinn, dass keine auf den Menschen bezogenen Maßverhältnisse zur Anschauung kommen. Die Gliederung dient allein dazu, die Elemente des Raums zu rahmen und seine Dynamik zu unterstreichen. Im Innern herrscht eine abgezirkelte Ordnung, die so strikt abstrakten Richtlinien folgt, dass man sie oft als Stein gewordene Scholastik anspricht. Sie ist aber so komplex, dass ein normaler Betrachter sie kaum durchschauen kann. Die übernatürliche Wirkung, die allumfassende Ordnung und die Präsenz des Heiligen lassen die Kathedrale als ideale Glaubenssphäre, gewissermaßen als Himmel auf Erden erscheinen. Der gläserne Schrein weckt Assoziationen an das Himmlische Jerusalem, so wie es in der Bibel beschrieben ist.

Ein derartiger Abriss setzt ohne weiteres voraus, dass es über einzelne Beispiele hinaus eine allgemeine Vorstellung davon gibt, was der gotische oder klassisch griechische Bau ist, dass uns das Ideal an sich vor Augen steht. So etwas nimmt man bei anderen Stilen nicht an: Die Renaissance oder die Romanik kennen keinen Bautyp, der sie so selbstverständlich repräsentieren würde wie „die Kathedrale" die Gotik. Die Begriffe „Gotik" und „Kathedrale" werden oft sogar synonym gebraucht.

Bei einem kursorischen Überblick über den Zeitraum vom frühen 12. bis zum späten 15. Jahrhundert zeichnet sich freilich keineswegs ein einheitlicher gotischer Bautyp ab. Wie bei anderen Stilen herrscht je nach Zeit, Region und Funktion eine breite Vielfalt. Von Anfang an gab es zwei unterschiedliche Strömungen. Die eine ging von Paris und der nahe gelegenen Abtei St-Denis, der königlichen Grablege, aus. Sie erfasste städtische, fürstliche und bischöfliche Kirchen. Sie zeichnet sich durch großen Aufwand sowohl der Struktur als auch der festen Ausstattung und durch die komplexe Gestaltung aus. Abt Suger von St-Denis hat von der Schwindel erregenden Tektonik seiner neuen Kirche und der Pracht ihrer bunten Fenster geschwärmt. Die andere Richtung war bescheidener. Sie ging von Clairvaux in der Champagne aus und wurde durch die Zisterzienser im ganzen Abendland verbreitet. Die Bettelorden, Franziskaner und Dominikaner, die sich im 13. Jahrhundert verbreiteten, forderten noch mehr Einfachheit. Realiter sind freilich nicht einmal diese beiden Strömungen strikt voneinander getrennt. In Italien gleichen die Hauptkirchen der Bettelorden in der Disposition oft den Metropolitankirchen, und der so genannte Altenberger Dom im Bergischen Land (ab 1255) übernimmt weitgehend die Gestalt einer hochgotischen Kathedrale nach französischem Vorbild, obwohl ihn Zisterzienser als Klosterkirche bauten.

Die Entwicklung der gotischen Architektur setzte um 1140 ein. Einzelne Elemente wie besonders Spitzbogen und Rippengewölbe kamen schon etwas früher auf. Während des folgenden Jahrhunderts entstand eine große Anzahl von höchst aufwendigen Kirchen im fran-

138

zösischen Kronland; dort wurden alle Bischofskirchen erneuert. Trotz vieler individueller Lösungen strebte der Stil der neuen Kathedralen kontinuierlich in eine Richtung: zu immer filigraneren Strukturen, zur Öffnung der Wände in Fenster, zu schlankeren Proportionen und zu konsequenterer Ordnung. Die Mönchsorden blieben gewöhnlich bei einfacheren Strukturen. Von Frankreich strahlte die Gotik nach Europa aus, zuerst nach England, dann nach Spanien, schließlich in die deutschen Lande und nach Italien.

Trotz des nachhaltigen französischen Einflusses gingen die Länder aber ihre eigenen Wege. Lokale Traditionen lebten fort, und originäre Formen kamen auf. In England blieben Elemente der normannischen Kirchen im Innenraum gewahrt; für die Fassaden wurden höchst unterschiedliche Gestaltungen eingeführt; der Aufwand der Disposition wurde durch ein doppeltes Querhaus und einen mächtigen Vierungsturm gesteigert, während der komplexe Umgangschor, der für den Eindruck der französischen Kathedralen wesentlich ist, gewöhnlich nicht aufgenommen wurde. Die einheitliche Wirkung der französischen Kathedralen trat hier gegenüber der Vielfalt der Disposition und des Dekors zurück.

Als die umfassenden Bauaktivitäten im französischen Kronland zum Abschluss gekommen waren, rückten die individuellen Formen der verschiedenen europäischen Regionen in den Vordergrund. Die Vielfalt, die sich im Lauf der Spätgotik entwickelte, ist viel zu groß, als dass sie hier anschaulich wiedergegeben werden könnte. Beim Vergleich der Nachfolge des typisch französischen Stils, des *decorated* und *perpendicular style* in England, den überreich dekorierten Prachtbauten der iberischen Halbinsel oder der schlichten Backsteingotik in Norddeutschland und Skandinavien ergeben sich wohl mehr Unterschiede als Gemeinsamkeiten. Beim Dom von Florenz (ab 1296) beispielsweise sind Bauformen von Bettelorden in gewaltige Dimensionen übersetzt, aber die Marmorinkrustation am Außenbau knüpft an die toskanische Protorenaissance an, eine noch stark von der Antike geprägte Richtung der Romanik. Ostpartie und Vierung haben der Renaissance mehr gegeben, als sie von der Gotik genommen haben. Die Kuppel, die in der Mitte des 14. Jahrhunderts geplant wurde, unterscheidet sich durch ihre typisch gotischen Elemente – hohe Steilung und Rippen – von den romanischen Vorgängern, aber sie bildet ein Unikum in der Gotik. Andererseits wurde sie zum Prototyp all der Kuppeln, die ein typisches Merkmal barocker Architektur bilden.

In dem breiten Spektrum der Sonderformen fällt eine ins Auge, die besonders in den deutschen Landen und vielfach auch auf der Iberischen Halbinsel seit Beginn der Gotik verbreitet war: die Hallenkirche (das bedeutendste von den seltenen Beispielen der Hochgotik: die Elisabethkirche in Marburg, ab 1235; eines von den zahllosen prachtvollen Beispielen der Spätgotik: die Annenkirche in Annaberg, Sachsen, ab 1499). Die Hallenkirchen wirken völlig anders als die hochgotischen Kathedralen: sie sind klar, hell und maßvoll. Im Unterschied zur Basilika sind hier alle Schiffe gleich hoch; statt vom Obergaden kommt das Licht aus den Fenstern der Seitenschiffe. In der Zeit, als sich die Hallenkirchen ausbreiteten, waren ihre Glasscheiben viel heller als in der Hochgotik. Gewöhnlich stehen die Pfeiler in so weiten Abständen, dass der gesamte Raum überschaubar ist. Die tektonischen Verhältnisse treten in Erscheinung, weil die Wände nicht so weit reduziert sind wie in der Hochgotik. Die Gewölbe sind nicht mehr in hochstrebende Kappen aufgelöst, sondern bilden eine einheitlich bauchige oder gewellte Decke. Dekor und Gliederung konzentrieren sich auf die Gewölbe, im Übrigen sind sie weitgehend eliminiert. Die Pfeiler sind rund oder polygonal, ohne Dienste, oft sogar ohne Kapitelle.

Die große Gruppe der majestätischen Kathedralen, die um die Wende vom 12. zum 13. Jahrhundert im französischen Kronland und in den angrenzenden Regionen entstanden, ist weitgehend repräsentativ für unsere Vorstellungen von der Gotik. Am nächsten kommt dem Ideal wohl der Kölner Dom. Dort wurde die neueste Form von Gotik aufgenommen, sogar noch weiter im Sinn der französischen Entwicklung ausgebildet und schließlich mit der einzigartigen Fassade verbunden, an der sich alles zum machtvollen Streben in die Höhe vereint. Schon im Verlauf der Gotik galten die Kathedralen des französischen Kronlandes als vorbildlich. Es ist mehrfach belegt, dass Architekten zur Planung von Neubauten zu ihnen geschickt wurden. Noch im 15. Jahrhundert ahmte der Innenraum der Pfarrkirche von L'Epine ganz auffällig die Kathedrale ihrer Diözese Reims nach. Bis hin nach Skandinavien richteten sich königliche oder fürstliche Kirchen nach dem Vorbild des französischen Kronlandes. Die schwedische Krönungskathedrale von Uppsala oder Westminster Abbey, die Grablege der englischen Könige, bilden bekannte Beispiele dafür. Auch der Altenberger Dom als Grablege der Herzöge von Berg gehört in diesen Bereich.

Die Prominenz der Gotik vor allen anderen Stilen als europäischer „Erinnerungsort" passt eigentlich nicht recht zu unserem geistesgeschichtlichen Rückblick. Es besteht ein *consensus omnium* darüber, dass die Neuzeit nach dem Mittelalter mit der Renaissance begann. Seit den ersten Anfängen der Renaissance behaupteten die Avantgardisten vehement, dass vom Untergang des Römischen Reichs bis zu ihrer Zeit Ignoranz, Unwissenheit, blinder Gaube und Scharlatanerie geherrscht habe. Sie riefen dazu auf, aus dieser Dunkelheit herauszutreten und wieder zum Licht der Vernunft zu streben. Mit erheblicher Energie verwirklichten sie diese Maxime. Die moderne Wissenschaft und die ganze Art des Denkens, die mit ihr verbunden ist, entstanden in der Renaissance. Wir nehmen ohne weiteres an, dass bei allen Differenzen eine direkte Linie von den bahnbrechenden Humanisten bis zur Gegenwart führt. Inzwischen wird die Vorstellung vom dunklen Mittelalter in Fachkreisen zwar relativiert. Trotzdem ist sie noch ebenso lebendig wie die Bewunderung für die Gotik. Davon zeugt etwa die Verfilmung von Umberto Ecos Roman „Der Name der Rose". Victor Hugo lieferte 1831 in seinem Roman „Notre-Dame de Paris" vielleicht ein Argument dafür, dass die Gotik heute als Inbegriff abendländischer Architektur erscheinen kann, obwohl uns die Innovationen, die zu Beginn der Neuzeit ihr Ende herbeiführten, näher stehen: Bis zur Erfindung des Buchdrucks durch Gutenberg, „der Mutter aller Revolutionen", schreibt er, habe die Baukunst dem menschlichen Geist Dauer verliehen, dann habe der Buchdruck diese Aufgabe übernommen: „Das Buch tötete den Bau".

Der geistige Umbruch vom Mittelalter zur Neuzeit prägte vier Jahrhunderte lang den Blick auf die Gotik oder beeinflusste ihn zumindest markant. Das generelle Verdikt über das Mittelalter galt weithin auch für sie bzw. für die gesamte mittelalterliche Architektur vom Untergang des Weströmischen Reichs bis zum Beginn der Renaissance. Lange wurde die mittelalterliche Architektur als eine Einheit hingestellt, ohne nachvollziehbar zwischen Stilepochen oder Entwicklungsstufen zu differenzieren. Die Avantgardisten warfen ihr vor allem vor, dass sie nicht der Antike folgte, weil diese als Lehrmeister beim Aufbruch in die Neuzeit galt. Daher nannte man die mittelalterliche Architektur, auch nachdem sie längst durch die Renaissance zurückgedrängt war, „modern". „Moderne" Architektur bedeutete in der Renaissance gewöhnlich veraltete, überholte, primitive Architektur. Man stellte sich vor, die „moderne" Bauweise sei während der Völkerwanderung von den „barbarischen" Stämmen, speziell den Goten, ins Abendland eingeschleppt worden. Trotzdem nannte man sie damals noch nicht „gotisch". Die Deutschen standen im Ruf, sie zu ihrer typischen Art entwickelt und im Lauf des Mittelalters etwas verbessert, wenn nicht sogar erfunden zu haben. Daher bezeichneten die italienischen Avantgardisten seit dem Beginn der Renaissance die mittelalterliche Bauweise auch als „deutsche Manier" (*maniera tedesca*). Im Hochmittelalter wurde die gotische Bauweise meist als *opus francigenum*, also als französisch oder fränkisch angesprochen.

Die Orientierung an den großen geistigen Leistungen des Altertums hatte ihren guten Sinn und erwies sich als sehr effizient, aber die Festlegung der antiken Architektur als Norm war letztlich willkürlich. Die Avantgardisten kommentierten die mittelalterliche Architektur aus dieser Warte voreingenommen und polemisch, unlogisch und widersprüchlich. Hässlich und geistlos sei sie, hieß es, ihr fehle jedes vernünftige Maß, ihre Glieder seien beängstigend schmächtig, sie ertrinke in wirrem Flitter. Nur vage geben die Schmähungen zu erkennen, welche Art von Bauten gemeint war und welche Züge konkret abgelehnt wurden: Die Merkmale, die sich abzeichnen, sind für die Gotik typisch. Aber sie wurden pauschal auch auf die romanischen Bauten übertragen.

Zudem brachten die Reformatoren Kritik an der Gotik auf. Martin Luther nannte so aufwendige Kirchen wie den Kölner Dom oder das Ulmer Münster „unpraktisch" (1538). Kirchen sollten seiner Meinung nach hauptsächlich für Predigten dienen. Sie sollten übersichtlich sein und den Gläubigen ermöglichen, Gottes Wort akustisch gut zu verstehen. Seitenschiffe, übertriebene Dimensionen und große Höhe erschienen ihm daher eher hinderlich.

Die an der Antike orientierte Polemik gegen die gotische Architektur kam in Mittelitalien auf und breitete sich von dort, wie so viele neue Ideen der Renaissance, während des 16. Jahrhunderts in ganz Europa aus. Sie wurde allenthalben verbindlich für die Avantgardisten, aber es gab Einschränkungen. Selbst Fundamentalisten konzedierten, wenn auch abschätzig, gotische Bauten könnten, so kunstlos sie seien, auf Ungebildete immerhin gefällig wirken. Schon in Norditalien wurde die Polemik nicht so apodiktisch und pauschal wie in Florenz vorgetragen. Während die Gotik in Italien als Fremdimport erschien, blieb in anderen Ländern stets in Erinnerung, dass sie zum eigenen Erbe gehörte. Sie trat zu dominant in Erscheinung, um das vergessen zu lassen. Als die Renaissance begann, waren besonders in Deutschland und Spanien viele gotische Kirchen im Bau oder noch nicht vollendet. In Frankreich war man noch viel später bemüht, die Gotik nachzuahmen, um die schweren Schäden an den alten Kirchen zu restaurieren, die durch die Hugenottenkriege (ab 1562) entstanden waren.

In die lokale Literatur zu einzelnen gotischen Bauten ging das Verdikt über die Gotik meist nicht ein. Der Stolz auf das eigene Wahrzeichen überwog die theoretische Distanzierung. Das gilt sogar für Florenz. Albrecht Dürer stellt in einer Abhandlung über Architektur fest, die Maßregeln der Antike seien zwar wichtig, aber auch sie seien nur von Menschen ausgegeben worden, und deshalb könne man jetzt ebenso wie damals Neues erfinden. Die Illustrationen zu dem Text verbinden antike und gotische Formen miteinander. Der französische Architekt Philibert de l'Orme übernimmt in seinem Architekturtraktat (1567) die neuen antikischen Normen, aber er stellt ihnen die eigenständigen Leistungen der französischen Gotik gegenüber, besonders die Konstruktion von Gewölben und den Steinschnitt. Nicht selten wurde, ziemlich unabhängig davon, wie stimmig das ist, einfach behauptet, die antiken Regeln passten auf gotische Kathedralen – so hieß es in Chartres, Mailand, Köln oder Straßburg.

Am leichtesten ließen sich die gotischen Bauten gegen den Vorwurf verteidigen, sie wären nicht systematisch proportioniert. Soweit der Vorwurf nur darauf abzielte, dass die Maßverhältnisse nicht so ausgewogen wie bei antiken Bauten seien, trifft er ja wenigstens für die hochgotischen Kathedralen zu. In seiner üblichen pauschalen Form ging er aber an der Sache vorbei. Die gotischen Kirchen waren nicht weniger konsequent nach präzisen Proportionen geplant wie die Bauten der Antike und der Renaissance. Dafür gibt es viele Zeugnisse; für die Spätgotik das schlagkräftigste ist wohl die systematische Beschreibung des oberrheinischen Architekten Lorenz Lechler, wie eine Kirche gestaltet werden soll. Einfache und klare Proportionen bilden da die Leitlinie. Am berühmtesten wurde die Idee des Gabriele Stornalocco aus Piacenza, den Aufriss des Mailänder Doms nach einem gleichseitigen Dreieck zu bemessen (1391). Sie wurde 1521 in einem Kommentar zu dem einzigen erhaltenen Architekturtraktat aus der Antike aufwendig publiziert und noch weiter ausgesponnen; die deutsche und französische Architekturtheorie behandelte Stornaloccos Idee bis ins späte 17. Jahrhundert hinein als mustergültig. 1589 entfachten die Bürger in Bologna einen wahren Sturm, damit die gotische Kirche von San Petronio wie der Mailänder Dom nach den Maßen eines gleichseitigen Dreiecks vollendet werde, weil sie angeblich so begonnen wurde. Die wissenschaftliche Kunstbetrachtung des 20. Jahrhunderts verallgemeinerte Stornaloccos Idee. Generell sollen demnach die Pläne der Gotik auf geometrischen Figuren basieren, während diejenigen der Renaissance arithmetisch ausgerichtet seien. So ergibt sich eine perfekte Übereinstimmung mit den üblichen Vorstellungen von den Epochen: Die Renaissance hielt sich an rationale, die Gotik an irrationale Maßverhältnisse. Bewiesen ist die These nicht, wirklich plausibel auch nicht, aber weit verbreitet.

Auch unabhängig von der Theorie lebte die Gotik lange weiter, weit über eine Übergangszeit oder über zurückgebliebene Regionen hinaus. Bei den Arbeiten an unvollendeten oder beschädigten gotischen Bauten wurde oft die „moderne Manier" imitiert, um die Einheit des Stils zu wahren. So wurde etwa bei der Wiederherstellung der Kathedrale von Orléans nach der Zerstörung durch die Hugenotten auch gleich das romanische Querhaus, das noch erhalten war, dem Rest des Baus angepasst. Vielfach kam Traditionsbewusstsein durch das Festhalten am gotischen Stil zum Ausdruck, die Universitätsbauten von Oxford und Cambridge liefern Beispiele dafür. Den Anschluss an die einheimische katholische Tradition sollte offenbar die Jesuitenkirche St. Mariae Himmelfahrt in Köln demonstrieren, die 1618–1678 in rein gotischen Formen mit Türmen im romanischen Stil errichtet wurde. Anscheinend war die Gotik von der Aura des Sakralen umgeben. Das wirkte sich in Frankreich im 16. Jahrhundert so aus, dass an vielen Schlössern die Kapelle gotisch blieb, während das Haus sonst den neuen Stil der Renaissance aufnahm.

Vor allem bestand die Gotik nördlich der Alpen in der Art fort, dass Neubauten ihre Disposition und besondere Art von Tektonik bewahrten und nur oberflächlich mit Dekor der Renaissance ummantelt wurden. Die filigrane Konstruktion lebte in neuem Kleid weiter. Die Pfarrkirche von St-Eustache in Paris, die auf Initiative König Franz' I. erneuert wurde (ab 1532), bildet das markanteste Beispiel für die Verbindung von Historismus und neuer Mode. Der gotische Dekor ist ersetzt durch Elemente aus dem Repertoire der Renaissance. Aber dieser neumodische Überzug ist nicht im Stil der Renaissance versetzt. An Stelle der Dienste etwa stehen lauter Säulchen oder Pilaster übereinander. Alles ist innen wie außen gotisch disponiert, mit steilen, hochstrebenden Räumen, Auflösung der Wände, außen mit Streben und hohem Dach. Schon 1479–1483 ließ der französische Kardinal Guillaume d'Estouteville in Rom eine Kirche mit ähnlichen Merkmalen errichten, S. Agostino, offensichtlich in der Absicht, vor aller Welt zu demonstrieren, wie die gute Architektur auf französische Weise aussieht. Die deutsche Nationalkirche in der Ewigen Stadt, S. Maria dell'Anima, wurde ausdrücklich „auf deutsche Manier", wie es 1499 in den Bauakten heißt, errichtet, mit der Disposition einer gotischen Hallenkirche und der Gotik angepasstem Renaissance-Dekor. Ein typisches Beispiel für dasselbe Phänomen bildet der erste große Neubau einer lutherischen Kirche: die Marienkirche in Wolfenbüttel (ab 1608).

Als Frankreich unter dem Sonnenkönig gegen Ende des 17. Jahrhunderts die kulturelle Führung in Europa übernommen hatte, wandelte sich allmählich der Rückblick auf die Gotik. In Frankreich wuchs der Stolz auf die eigenen majestätischen Monumente. Die Ste-Chapelle spiegelte für Viele den Glanz Ludwigs des Heiligen. Die zentralistische Bündelung der geistigen Kräfte in der 1671 gegründeten Académie Royale d'Architecture trug wesentlich dazu bei, den stilistischen Charakterzügen und dem Geschichtsbild der Gotik endlich deutlichere Konturen zu verleihen. Dem Architekturtheoretiker Jean-François Félibien gelang es 1687, mehrere Stufen in der mittelalterlichen Architektur zu unterscheiden; er setzte die Gotik als eigenständigen Stil gegen die Romanik ab. Der Begriff „Romanik" wurde allerdings erst zu Beginn des 19. Jahrhunderts eingeführt. 1699 zeigte Félibien auch eine Entwicklung innerhalb der Gotik auf, von der glanzvollen Epoche der Hochgotik, die er in der Zeit Ludwigs des Heiligen ansetzte, zur flamboyanten Spätgotik, die er als Niedergang wertete, als Absturz in eine konfuse Massierung von überbordendem Ornament und in übermäßige Finesse.

1774 unterschied Louis Avril erstmals nationale Eigenheiten in der Gotik: in Frankreich und England sei sie klar in den Grundformen, in Italien bleibe sie der Antike näher, in den deutschen Landen und im Norden sei sie reich an Ornament, in Spanien habe sie auf Grund des maurischen Einflusses exzessive Finesse angenommen. Jetzt erhob sich auch die Frage, wie die mittelalterliche Bauweise wirklich aufgekommen sei. Franzosen und Engländer hatten die Bezeichnung „deutsche Manier" nie verwendet. Sie führten unter Bezug auf die Goten den Begriff „gotisch" dafür ein. Allerdings wurde zunehmend klar, dass die Goten ebensowenig wie Deutsche oder Germanen als Erfinder in Frage kamen, weil sie zu primitiv waren. Im 18. Jahrhundert verbreitete sich die Ansicht, Araber, Sarazenen oder Mauren hätten die mittelalterliche Bauweise ins Abendland eingeschleppt, als sie, wie es der englische Literat John Evelyn 1707 formulierte, die „zivilisierte Welt" vom Süden her überrannten, kurz nachdem die wilden Stämme von Goten und Vandalen vom Norden her eingedrungen seien. Im späteren 18. Jahrhundert wurde der Begriff „gotisch" im heutigen Sinn auf die spätere mittelalterliche Architektur eingeschränkt. Gleichzeitig wurde die sarazenische Erfindung des Stils auf sie übertragen mit der Variante, die Kreuzfahrer hätten die Gotik aus dem vorderen Orient mitgebracht.

Die vom Vorbild der Antike abgeleiteten Normen, die den Blick auf die Gotik bisher in der Theorie verstellt hatten, verloren in Frankreich allmählich an Gewicht. Von dem konventionellen Verdikt über die Gotik blieb zunächst noch erhalten, dass ihr Dekor weiterhin in Bausch und Bogen abgelehnt wurde. Zum Dekor zählten im weiteren Sinn auch die bunten Fensterscheiben; sie wurden oft durch farbloses Glas ersetzt. Das Bild von der reinen Gotik in strahlendem Licht, dem sich die hellen Fenster so weit wie irgend möglich öffnen, hat seit dem französischen Klassizismus Bestand. Zudem setzte damals die Entwicklung ein, alte Kirchen freizulegen, von ihren ursprünglichen Anbauten zu „befreien", so dass sie möglichst wenig eingeschränkt allseits gut sichtbar sind.

Der Geltungsbereich der antikischen Normen wurde seitdem offen eingeschränkt: Nur noch für den Dekor sollten sie verbindlich sein. Die substantielle Struktur der gotischen Bauten, ihre aus italienischer Warte so oft kritisierte filigrane Konstruktion, die *légèreté* und *hardiesse* (Leichtigkeit und Kühnheit), wie man in Frankreich sagte, und die Wirkung, die sie hervorbrachte, fanden zunehmend Bewunderung. Um 1740 hieß es in Frankreich, die Wiedergeburt der guten Architektur, die mit dem Römischen Reich untergegangen sei, habe trotz aller Unterschiede zur Antike eigentlich mit der Gotik eingesetzt. Weil sie die wahren tektonischen Verhältnisse zum Ausdruck gebracht habe, wurde die Gotik, obwohl sie Kritik hervorrief, jetzt oft der neuen Architektur in der Nachfolge der Renaissance vorgezogen.

Die theoretische Neubewertung der Gotik setzte an einer Schwachstelle der klassischen Architekturtheorie an. Der Vorrang der Säulen wurde konventionell mit den klaren Verhältnissen von Tragen und Lasten begründet, die an antiken Portiken mit freistehenden Säulen herrschen. Aber realiter stellte man inzwischen Säulen gewöhnlich nur als Blendgliederung an Wände, die sich in Arkaden öffnen und Gewölbe tragen. Die französischen Theoretiker setzten nun die typisch gotische Struktur wegen ihrer *légèreté* in Parallele zu der des griechischen Tempels. Die Pfeiler, die als allein tragende Elemente der aufgelösten Wände übrig bleiben, wurden den Säulen gleichgestellt. Diese Idee wurde sogar auf gotische Türme übertragen, wenn sie so luftig sind wie derjenige des Straßburger Münsters und keine geschlossenen Wände aufweisen. Die ideale Architektur sollte griechische Form, also Säulen und Gebälk, mit dem Tragen von Gewölben verbinden, und das wurde in Parallele zur gotischen Tektonik gesetzt. Die Theorie mag etwas trocken klingen, aber sie wurde wesentlich für die französische Architektur. Ihr Stil wird „graeco-gotisch" genannt. Wieder einmal erscheint aus dieser Warte die Gotik in neuem Gewand.

Wie eng der französische Klassizismus, der unter dem Sonnenkönig einsetzte und von ihm gefördert wurde, mit der Rückbesinnung auf die Gotik verbunden war, zeigt am deutlichsten die Schlosskapelle von Versailles (ab 1699). Die Formen sind klassisch, ein Säulenportikus beherrscht die Erscheinung im Innern, und trotzdem sieht man, dass sich die Planung an der Ste-Chapelle orientierte, der unter Ludwig dem Heiligen errichteten Kapelle des königlichen Amtschlosses in Paris (Palais de la Cité). Seinen Höhepunkt erreichte der „graeco-gotische" Stil in dem grandiosen Raum des Pariser Pantheons (ab 1755) mit seinen hohen komplexen Gewölben und seiner Flut von Licht. Wenn hier, außer dem theoretischen Konstrukt von der wahren Tektonik und dem Ideal der Lichtfülle, etwas an die Gotik erinnert, dann ist es die erhebende Wirkung.

Auch in England nahm das Interesse an der Gotik im 18. Jahrhundert deutlich zu. Aber der Zugang zu ihr war viel unbefangener als bei den französischen Akademikern. „One must have taste to be sensible of the beauties of Grecian architecture, one only wants passions to feel Gothic", urteilte der Schriftsteller Horace Walpole. Hinter dem Interesse am Mittelalter stand hier weniger eine normative Ästhetik als ein gewisser Sinn für Skurrilität, den die Engländer damals auch in anderen Bereichen weidlich auslebten. Man goutierte die pittoresken Reize der Gotik, obwohl sie keineswegs kunstvoll erschien, sondern wie damals üblich kritisiert wurde.

Neuerdings wurde die Gotik im privaten Bereich imitiert. Horace Walpole machte diese Mode populär mit seinem Wohnhaus, Strawberry Hill, das er ab 1753 bei London baute. Alte Burgen wurden nun im „ancient saxon-gothic style" restauriert. Künstliche Ruinen im gotischen Stil und sogar verfallene gotische Kirchen wurden in Landschaftsgärten integriert. Mit einiger Verzögerung wurde die von England ausgehende Neugotik auf dem Kontinent rezipiert, speziell in Deutschland. Ein frühes Beispiel dafür bildet das sog. Gotische Haus in Wörlitz (ab 1773).

Die englische Neugotik lebte von der Lust am „dunklen Mittelalter". Für Walpole bildete der „phantastische Bau" seines Hauses, wie er selbst kommentierte, die Szene, die den Autor des „Castle of Otranto" inspirieren sollte. Der Roman erzählt eine düstere, geheimnisumwitterte Geistergeschichte, die im Mittelalter spielt. Walpole leitete mit ihm das literarische Genre des Schauerromans ein, das ungeheuer populär wurde. Die Kommentare zum Gotischen Haus in Wörlitz fielen dementsprechend aus. Auch wenn der Bau als gelungen gerühmt wurde, galt sein Stil allgemein als „geschmacklos". Gefallen erregte, dass hier die Vorstellung von der „barbarischen" Zeit des Mittelalters evoziert wurde. Das Gotische Haus, fand ein Besucher, trage „ganz das Gepräge jener Jahrhunderte des Aberglaubens, der Zwietracht und der Galanterie". Auch schauerliche Geschichten aus dem Mittelalter, wie sie etwa das Nibelungenlied oder Shakespeare in seinen Königsdramen wiedergeben, übten damals große Attraktion aus.

Die gotischen Bauten selbst erschienen in einem solchen geistigen Umfeld als Zeugnisse des dunklen Mittelalters. Als der dänische Schriftsteller Jens Baggesen 1791 ins Straßburger Münster kam, wurde er von wahrem Ekel vor dem Aberglauben erfasst: „Zitternd betet man darin an. Die ganze Physiognomie ist die des Catholizism: Aberglaube zeigt sich in jeder Verzierung. Das Papsttum mit allen Emblemen der Mönchsherrschaft ist auf seinen Mauern abgedruckt. Aus diesem Gesichtspunkte betrachtet, ist es eine Hierarchie von Stein und Eisen, die das Auge mit tausend phantastischen Spielwerken blendet". In der Zeit der Französischen Revolution wüteten die radikalen Vertreter der Aufklärung gegen die „Embleme der Mönchsherrschaft" und Denkmäler des „Fanatismus". Viele mittelalterliche Kirchen wurden zerstört, geschändet und entweiht. Die Denkmäler des „Fanatismus" wurden zu „Tempeln der Vernunft" umgewandelt. Victor Hugo schrieb dazu: „Dann haben die religiösen und politischen Aufstände die Menschen blind und rasend gemacht, und die also verblendeten haben sich über die Bauten gestürzt, haben [...] die Statuen abgeschlagen, das eine Mal, weil sie einen Bischofshut, ein anderes Mal, weil sie eine Königskrone trugen".

Die Verbindung von allen dunklen Seiten des Mittelalters mit der Gotik lebt bis heute in dem englischen Epitheton *gothic* fort, das unter anderem die populären Schauerromane bezeichnet und inzwischen auch in die populäre neudeutsche Sprache eingegangen ist. *Gothic* bezieht sich in diesem Sinn nicht allein auf einen historischen Stil, sondern bedeutet allgemein skurril, schrill, grob, primitiv und schauerlich.

Allmählich bahnte sich im 18. Jahrhundert allerdings rückhaltlose Bewunderung für die Gotik an. Die Grundlage für den Wandel bildete die generell neue Bewertung des Primitiven, der Jean-Jacques Rousseau in seinem berühmten „Diskurs über die Ungleichheit" (1754) nachhaltig Ausdruck verliehen hat. Hier erscheint das Primitive, weil es der menschlichen Natur nahe steht, weit erstrebenswerter als die künstliche Perfektion der modernen Zivilisation, weil sie gegen den ursprünglichen Drang nach Freiheit unter Gesetze gezwungen ist. Diese Sicht bezog sich auf alle Seiten der Gesellschaft; auch bildende Kunst und Literatur waren davon betroffen. Um Freiheitsdrang kreisen die typischen Werke des „Sturm und Drang", die oft im mittelalterlichen Milieu spielen.

Ausgehend von England, sprengte die Kunsttheorie die Fesseln der normativen Ästhetik. Individuelle Einbildungskraft und Affekte ersetzten das Korsett akademischer Regeln. „Regeln sind wie Krücken, eine nothwendige Hülfe für den Lahmen, aber ein Hindernis für den Gesunden", urteilt Lessing in der „Hamburgischen Dramaturgie". Mit Regeln schaffe man nur Gewöhnliches, das wahre Genie steige zum Erhabenen auf, indem es seine natürliche gestalterische Kraft auslebt. Shakespeare, der in seinen Dramen sämtliche klassischen Regeln verletzt hat und trotzdem der bühnenwirksamste Autor ist, bildete ein Paradigma für das Genie. Kunstwerke sollten nicht mehr in erster Linie mit der Vernunft betrachtet werden, wie es die klassische Architekturtheorie seit der Renaissance forderte. Bisher hieß es, das Unüberschaubare, Verwirrende, Erstaunliche gehöre nicht zu den Kriterien der wahren Kunst. Nur das gemeine Volk lasse sich von seinen Sinnen verführen. Jetzt fand die Wirkung auf die Sinne Bewunderung. Das Erhabene wurde gesucht, der Effekt, der so grandios, so überraschend und unfasslich ist, dass er den Verstand überwältigt und die Gefühle aufwühlt.

Die neue Haltung beeinflusste sogar die französischen Akademiker, auch wenn sie den Normen treu blieben und daher den gotischen Dekor ablehnten. Etienne-Louis Boullée schreibt, obwohl die Goten noch nicht gewusst hätten, wie gute Architektur sein soll, hätten sie vermocht, ihren Kirchen „une grande charactère" zu verleihen. Sie hätten „die Magie in die Kunst eingeführt", denn da sie die Tektonik verborgen hätten, wirkten ihre himmelstürmenden Kirchen wie von überirdischen Mächten zusammengehalten. Die Räume erschienen weit größer, als sie sind, schrieb der Architekturtheoretiker Jacques-François Blondel um 1760, sie hätten einen religiösen Charakter und evozierten Frömmigkeit. Boullée begründete das Phänomen, dass die Goten solche Werke schaffen konnten, ohne die richtigen Regeln zu kennen, mit ihrer Primitivität, damit, dass sie „den Eingebungen ihres Genies folgten, denn der Mensch ist immer etwas, wenn er nur die ihm von der Natur gegebenen Möglichkeiten ausnützt, während der Mensch, der nur nachäfft, verdirbt und überhaupt nichts ist".

Der junge Goethe wagte 1773 in einem Essay über das Straßburger Münster und seinen Baumeister Erwin von Steinbach den einschneidenden Schritt, alle Vorbehalte gegen die Gotik auszuräumen. Die Schrift nimmt Rücksicht auf die klassische französische Architekturtheorie, aber sie ist mitreißend – und hinter ihr steht die Haltung Rousseaus. Im Sinn der neuen Begeisterung für das Primitive ist die Reserve gegen die Gotik geradezu in ihr Gegenteil verkehrt. Goethe stimmt einen flammenden Hymnus auf die erhebende Erscheinung des Baus und das Genie seines Schöpfers an. Er ruft die Deutschen dazu auf, die Gotik als ihr eigentliches künstlerisches Erbe zu begreifen. Dieser Anspruch war an sich nicht überraschend. Die Wortführer der Renaissance verbanden die Gotik ja seit jeher mit den Deutschen, und auch in Frankreich oder England wuchs mit zunehmendem Verständnis für die Gotik die Neigung, sie als nationales Erzeugnis anzusehen. Das Besondere besteht darin, dass der Hymnus von der Anziehungskraft des Primitiven geprägt ist. Die Deutschen erschienen in der Romania gewöhnlich als unkultiviert, als „Barbaren", wie man sie oft abschätzig nannte, nicht viel besser als ihre germanischen Vorfahren, die für den Untergang der antiken Kultur verantwortlich gemacht wurden. Die Verbindung der Gotik mit den Deutschen erwächst bei Goethe aus der Parallele zwischen dem Volk, „das alle Welt barbarisch nennt", und der Bauweise, die aus der Warte der Klassik ebenso abgeurteilt wurde: „tretet hin, und erkennt das tiefste Gefühl von Wahrheit und Schönheit der Verhältnisse, wirkend aus starker, rauher, deutscher Seele, auf dem eingeschränkten düstern Pfaffenschauplatz des medii aevi".

Goethes Essay traf den Nerv der Zeit. In der deutschen Romantik erwachte eine wahre Begeisterung für die Gotik. Sie fand ihren Ausdruck in zahllosen Schriften und in Bildern, im Sammeln gotischer Werke und in Forschungen, in neuen Bauten im gotischen Stil und, für die Nachwelt am deutlichsten, darin, dass viele Kirchen, die unvollendet geblieben waren, nach Jahrhunderten nun fertig gestellt wurden. Die Erscheinung der deutschen Gotik ist wesentlich durch diese Baumaßnahmen geprägt. Viele der typischen hohen filigranen Türme, wie derjenige des Ulmer Münsters, entstanden erst im 19. Jahrhundert. Der Kölner Dom, das Musterbeispiel für unsere Vorstellungen von der Gotik, wurde zum großen Teil erst damals ausgeführt. Sulpiz Boisserée, der eine bedeutende Sammlung gotischer Bildwerke zusammentrug, hatte schon 1810 vorgeschlagen, ihn zu vollenden. Die Idee erhielt weitere Nahrung, als der Plan für die Westfassade gefunden wurde, 1842–1880 wurde der Vorschlag ausgeführt – unter dem Patronat eines Protestanten, des preußischen Königs Friedrich Wilhelm IV. Die Anziehungskraft der Gotik überwand bei derartigen Unternehmungen mehrfach die konfessionellen Grenzen.

Die Neubauten der deutschen Romantik im gotischen Stil waren von einem ganz anderen Geist getragen als die Neugotik, die von England ausgegangen war. Der gotische Stil wurde als besonders naturnah betrachtet und schien daher angemessen für die Deutschen, deren Einschätzung immer noch von der „Germania" des Tacitus beeinflusst war: „mit der Ursprünglichkeit und Freiheit ihrer Natur" ein „wahres Urvolk" (Schinkel). Seit langem wurden die gotischen Elemente von den primitiven Behausungen der Germanen oder Gallier in den Wäldern abgeleitet. Diese historische Entwicklungstheorie wurde nun umgeformt zu stimmungsvollen Beschreibungen eines Eindrucks. So schreibt Friedrich Hegel, beim Betreten eines gotischen Doms sei man „an die Wölbungen eines Waldes erinnert, dessen Baumreihen ihre Zweige zueinander neigen und zusammen schließen". Friedrich Schlegel bewunderte darüber hinaus das „organisch Wachstumshafte" an der Gotik, das einem „unermesslichen Gebilde der kristallisierten Natur" gleiche (1804/5). Er spürte darin die „innere Geometrie der Natur", auch wenn sie „nicht mehr im einzelnen sichtbar hervortritt, sondern alles frei im unendlichen Leben blüht und seine Schönheit entfaltet". Damit berührte er eine Metapher, die schon im Mittelalter verbreitet war, und die Theorie von der Proportionierung nach Stornaloccos gleichseitigem Dreieck.

Die deutschen Romantiker bewunderten wie zuvor die französischen Theoretiker die „Entmaterialisierung" der Steinmassen und das Emporstreben in die Höhe. Aber sie haben diese Verhältnisse stimmungsvoll artikuliert und überdies einen höheren Sinn darauf gesetzt: „Jetzt ward der Geist völlig Sieger über die Masse oder Materie" (Schinkel). Heinrich Heine bewunderte die Kraft einer Epoche, „die selbst den Stein so zu bewältigen wusste, dass er fast gespenstisch durchgeistigt erscheint, dass sogar diese härteste Materie den christlichen Spiritualismus ausspricht" (1836). Caspar David Friedrich hat die romantische Vision von der Gotik als Inbegriff christlicher Frömmigkeit mehrfach in Bildern wiedergegeben.

„Die Tempel blieben dem Auge heilig, als die Götter längst zum Gelächter dienten […] Die Menschheit hat ihre Würde verloren, aber die Kunst hat sie gerettet und aufbewahrt in bedeutenden Steinen; die Wahrheit lebt in der Täuschung fort, und aus dem Nachbild wird das Urbild wieder hergestellt", schrieb Friedrich Schiller in seinen Briefen „Über die ästhetische Erziehung des Menschen" (1795). Ähnliches galt nun für die gotische Kathedrale. Sie entsprach dem damaligen Ideal des Kunstwerks, das den praktischen Nutzen hinter sich lässt, um wiederzugeben, was die Menschheit im Grunde bewegt: das Streben nach Gott oder der Natur oder nach Wahrheit und Selbsterkenntnis. Dadurch ragt das Kunstwerk aus dem alltäglichen Betrieb heraus und überdauert die Zeiten. An die Stelle der normativen Ästhetik trat die geistige Tiefe als Norm. Mit dieser Haltung verband sich, letztlich ähnlich wie bei Rousseau, ein kulturkritischer Aspekt. Im Mittelalter wie bei den alten Griechen sah man Kunst und Leben zu einer Einheit verbunden. Im modernen Leben dagegen schien die Kunst durch flüchtige Moden verdrängt. Caspar David Friedrich und Karl Blechem haben viele Bilder von Ruinen gotischer Kirchen gemalt, umgeben von eisigen Wäldern, abgestorbenen Bäumen, Friedhöfen und einsamen Denkern, die mit ihrer elegischen Stimmung Gedanken daran wecken, dass die wahre Kunst verfallen ist, weil das gesellschaftliche Leben seinen höheren Sinn verloren hat.

Die „Renaissance" der Gotik wirkt seit der Romantik bis in unsere Zeit kontinuierlich fort, wenn auch beträchtlich gewandelt. Immer mehr Kirchen ahmten im Verlauf des 19. Jahrhunderts den gotischen Stil in Architektur und Ausstattung täuschend ähnlich nach. Daneben wurden auch alte gotische Kirchen restauriert und so hergerichtet, wie es der Vorstellung von Gotik entsprach. Ein bezeichnendes Element für entsprechende Annäherungen an das Ideal bildet die Ergänzung von Strebebögen, wenn sie fehlten, wie etwa an den Domen von Mailand, Salisbury und Regensburg. Die angefügten Strebebögen haben keine tektonische Funktion; sie sind eher Embleme für Gotik. Die Neugotik ebbte im frühen 20. Jahrhundert ab. Manchmal lebte sie dann noch für kurze Zeit in abstrakteren Formen fort, wie in Bruno Tauts Vorstellungen von einem „Kristallpalast". Immerhin sind heute noch zwei spektakuläre neugotische Dome im Bau: in Amerika die Kathedrale von New York, St. John the Divine (ab 1892), die eine der größten Kirchen der Welt werden soll und völlig stilrein bis heute bei gotischen Formen bleibt, und in Europa der 1882 von Antoni Gaudí begonnene Tempel der Sagrada Família in Barcelona, bei dem gotische Formen zunehmend in neuem Stil umgedeutet werden, weil es hier darauf ankommt, die überwältigende Wirkung der Gotik auch noch im Zeitalter des Massenkonsums zu erreichen.

Auch den Blick auf die Gotik hat die Romantik bis weit ins 20. Jahrhundert hinein und teilweise noch bis heute beeinflusst. Vielfach galt das einst als barbarisch verschriene Mittelalter nun zusammen mit der altgriechischen Klassik als „Zeit der stärksten europäischen Kultur", wie Bruno Taut gesagt hat. Georg Biermann bezeichnete das „dunkle Mittelalter" als „herrliche Epoche des Lichts, das die Völker der Erde im Geiste und in der Kunst zusammenführte" (1918). Damals sah Oswald Spengler in den gotischen Domen den Ausdruck des abendländischen Weltgefühls. Der avantgardistische Städteplaner Ludwig Hilbersheimer teilte diese Auffassung: „Den höchsten künstlerischen Ausdruck fand Europa in der dem religiösen Bewusstsein des Mittelalters entspringenden Baukunst. Wobei unter Baukunst die Synthese von Architektur, Plastik und Malerei zu verstehen ist. Diese höchste Einheit verkörpert die Gotik in der Kathedrale: eine kristallisierte Idee von konsequenter Folgerichtigkeit. Alles irgendwie Dekorative unmöglich machend. Vehemente Entladung seelischer Spannungen. Grandioses phantastisches Sichauftürmen. Innigstes religiöses Gefühl vergöttlicht, entmaterialisiert die Materie. Lässt alle Schwere vergessen [...] Das sind Höhepunkte europäischen Kunst-schaffens. Hervorgegangen aus der Einheit des Wollens und Tuns. Verbunden durch das zugrundeliegende verbindende religiöse Gemeinschaftsgefühl, das jedem Tun, auch dem ge-ringsten, seinen Wert gab, zu einer gottesdienstlichen Handlung machte".

Ähnlich wie schon bei Goethe, war der Turm das Paradigma für die rein geistige Ausrich-tung der Gotik. Bruno Taut und Walter Gropius haben ihn 1919 so angesprochen. Gropius: „Sehen Sie sich den Turm einer gotischen Kathedrale an. Ist er nicht völlig zwecklos? Ja er trägt vielleicht eine Glocke aber um für diese Ständer zu sein braucht es nicht der abertausend Figuren und Fialen und Sternblumen aus Stein. Ein solcher Turm war eben der Ausdruck einer seelischen Bewegung, eines religiösen Sehnsuchtsgefühls im ganzen Volke". Die Ka-thedrale steigt in der Darstellung auf dem Bauhaus-Manifest geschlossen zu einem Turm auf. Joris-Karl Huysmans schreibt in dem Roman „La cathédrale" (1898) über die Kathedra-le von Chartres: Sie „reckte die beiden Türme in den Himmel wie zwei Arme und ahmte mit der Form der Glockentürme zwei gegeneinander gelegte, gefaltete Hände mit den zehn gestreckten Fingern nach, die Geste, die die Bildhauer voriger Zeiten den Heiligen und toten Kriegern auf ihren steinernen Sarkophagen verliehen haben". Auguste Rodin stellte in der Plastik „La Cathédrale" (1908) zwei Hände dar, die sich wie zu einem gotischen Spitzbogen oben zusammenschließen.

Die so oft als höherer Sinn der Kathedrale beschworene Frömmigkeit hatte schon in der Romantik ihre alte Bedeutung verloren. In der Zeit, als sich demokratische Staatsformen verbreiteten und die Sozialwissenschaften aufkamen, faszinierte an der Gotik besonders die Massenbewegung, in der sich alle Glieder der Gesellschaft zu einem einheitlichen Willen zusammenzuschließen schienen. Dieser „grenzenlose Gemeinschaftswille" (Arthur Wachs-berger, 1919) prägte das gesamte Bild von der Epoche der Pilgerreisen und Kreuzzüge. Die neuen Ergebnisse der Kunstgeschichte bestätigten ihn: Er fand seinen Ausdruck in dem ein-heitlichen „Kunstwollen" ganzer Epochen, ganzer Völker (Alois Riegl, 1901). Er überwand die Ländergrenzen, wie die Ausbreitung der Gotik oder die Wanderungen von Architekten und Steinmetzen zeigten. Er überwand alle sozialen Schranken beim Bau der Kathedrale, wie der berühmte Bericht des Abtes Haimo von St-Pierre-sur-Dives bezeugt: „Wer sah je-mals, wer hörte von vergangenen Generationen, dass Tyrannen, Fürsten, Mächtige, die in dieser Welt an Reichtümern und Ehren ganz aufgebläht sind, dass Frauen und Männer adli-ger Geburt, ihre stolzen und von Einbildung geschwollenen Häupter gebeugt und sich vor die Riemen der Karren gespannt haben und sie, beladen mit Wein, Getreide, Öl, Kalk, Steinen Holz und anderen zum Leben oder Bauen nützlichen Dingen zum Zufluchtsort Christi wie Zugvieh zogen? Das ist aber an ihnen wunderbar zu sehen, dass, obwohl ihrer tausend oder mehr, Frauen und Männer an die Karren gebunden sind [...], doch unter so großem Schwei-gen marschiert wird, dass man niemandes Stimme oder nur ein Flüstern hörte" (1145).

Der kulturkritische Tenor der Romantik lebte unter neuem Vorzeichen im frühen 20. Jahrhundert fort. Viele Architekten sahen die Gotik als Ausdruck einer Haltung an, die untergegangen war und neu belebt werden sollte. Walter Gropius gründete 1919 das Bauhaus, um die „Wiedergeburt jener Geisteseinheit, die sich zur Wundertat der gotischen Kathedrale aufschwang", zu erwirken. Deshalb ist auf dem Manifest des Bauhauses eine gotische Kathedrale dargestellt. Dazu schrieb Gropius: „Das ganze Volk baute, gestaltete, das war seine vornehmste Tätigkeit, das Handel treiben war sekundär. So war es in Deutschland in der besten Zeit der Gotik und so muss es bei uns wieder werden". Gropius wollte eine moderne Form der gotischen Bauhütte schaffen. Er rief sämtliche Künstler auf, mitzuringen um „das letzte Ziel der Kunst: die schöpferische Konzeption der Zukunftskathedrale, die wieder alles in einer Gestalt sein wird, Architektur und Plastik und Malerei". Alle Arten von Künstlern und Handwerkern sollten gemeinsam ausgebildet werden, so wie sie einst zusammengewirkt hatten, um das „Gesamtkunstwerk" der Kathedrale zu schaffen, die Plastiken und Bilder und viele andere Artefakte unter dem Dach der Architektur vereinte. Das Bauhaus projizierte in die gotische Bauhütte gesellschaftliche Ideale, die schon seit Langem verbreitet waren, sich aber nun teilweise dem Sozialismus annäherten.

Die gotische Bauhütte erschien als ein Ort besonderer Freiheit: Sie löste bürgerliche Gebote und Zunftzwänge. Architekten und Steinmetzen unterlagen nur den Regeln der Bauhütten und waren frei, sich dahin zu wenden, wo sie wollten. Sie sprengte scheinbar die Barrieren zwischen Wissenschaft und praktischer Tätigkeit, zwischen Akademikern, Künstlern und Handwerkern. Die Regeln ließen zu, dass einfache Steinmetzen zu leitenden Architekten aufsteigen konnten. Schon in der Aufklärung hatte die Bauhütte Intellektuelle angezogen. In England entstand der Bund der Freimaurer, der sich als Nachfolger der Bauhütte verstand. Ihm traten zahlreiche prominente Persönlichkeiten bei.

Gropius wollte den oft beklagten Graben, der sich zwischen Kunst und Volk aufgetan hatte, überwinden. Der Architekt sollte die „Volksstimmung" wiedergeben. Die Trennung von Kunst und Handwerk, die sich seit der Renaissance durchgesetzt hatte, sollte, wie überhaupt alle „klassentrennende Anmaßung", rückgängig gemacht werden. Der Maler Franz Marc forderte schon 1915 die Abkehr von dem Geniekult, der mit der Renaissance eingesetzt hatte, und die Rückbesinnung auf die mittelalterlichen Verhältnisse: „Die namenlosen gotischen Meister – das sind die reinsten.[...] Die Kunst ging an der vergiftenden Krankheit des Individualitätskultus zu Grunde, am Wichtignehmen des Persönlichen, an der Eitelkeit, davon muss man gänzlich loskommen". Die Vorstellung vom anonymen Künstler des Mittelalters basiert darauf, dass nördlich der Alpen wenige Namen von Künstlern überliefert und die wenigen so schlecht dokumentiert sind, dass sie schwer mit Werken verbunden werden können. Dass der gemeinschaftliche Wille stärker war als der Drang nach Selbstverwirklichung einzelner Individuen, schien sich in der langen Bauzeit der Kathedralen und in der ganzen Stilentwicklung der Hochgotik zu bestätigen, die fast so einheitlich wirkt, als hätte ein einziger Architekt immer weiter hinzugelernt. Die Vorstellung übergeht allerdings Berichte vom hohen sozialen Status der Architekten oder die Grabmäler in französischen Kathedralen, die Architekten in vornehmem Habitus zeigen. Auch die Vorstellungen vom Architekten als anonymer Hand des Volkswillens haben romantische Wurzeln.

Immer wieder wurde die gotische Kathedrale wegen ihrer kühnen Konstruktion, ihrer filigranen Struktur, ihrer kristallinen Struktur mit geometrischer Grundlage, wegen ihrer Lichtfülle und ihrer Wirkung mit der modernen Glas-Eisen-Architektur verglichen. Derartige Vergleiche setzten sogleich ein, als die Glas-Eisen-Architektur prominent in Erscheinung trat, nämlich mit dem so genannten Kristallpalast der Londoner Weltausstellung von 1851 (Joseph Paxton). Umgekehrt führte der Philosoph Adolf Trendelenburg zwei Jahre später in einer Rede auf den Kölner Dom den Kristallpalast zum Vergleich an. Allerdings erging es der Glas-Eisen-Architektur anfangs ähnlich wie früher der Gotik: Ihr wurde kategorisch der Rang von Kunst abgesprochen. Sie schien lediglich auf praktische Zwecke Rücksicht zu nehmen und den flüchtigen Ansprüchen der Mode zu folgen. Dagegen galt für die Kunst nach wie vor die Devise, dass sie aus dem Alltag durch eine höhere Bestimmung von überzeitlichem Wert herausragen sollte. Trendelenberg und der Kunsthistoriker August Reichensperger stellten den Kristallpalast und den Kölner Dom in diesem Sinn einander gegenüber. Während der Kristallpalast mit seinem „unabsehbaren Gewimmel von Formen und Farben" und seiner „Durchsichtigkeit nach allen Seiten hin" trotz seiner utilitären Sachlichkeit einen berauschenden Wirbel von äußerlichen Reizen erzeuge, führe der Dom durch seine „schweigsame, mit unbestimmtem Farbenschimmer durchleuchtete Atmosphäre" zu innerer Einkehr und erwecke „die schlummernde Ahnung des Göttlichen". Dabei wurden allerdings inzwischen bekannte Berichte übergangen, die überliefern, dass in den Domen manchmal mehr buntes Getriebe als Kontemplation herrschte. Bernhard von Clairvaux meinte, Bischöfe würden ihre Dome opulent gestalten, um „die Andacht des fleischlich gesinnten Volkes mit materiellem Schmuck anzuregen, weil sie es mit Geistigem nicht vermögen".

Während die deutschen Avantgardisten zu Beginn des 20. Jahrhunderts nur eine bessere Zukunft in der Rückbesinnung auf die Gotik erhofften, hatte der Aufbruch für Le Corbusier bereits begonnen, allerdings nicht in Europa. In einer Schrift mit dem Titel „Als die Kathedralen weiß waren" (1935/36) setzte er die Wolkenkratzer von New York in Parallele zur gotischen Kathedrale, dem „Wolkenkratzer Gottes". Die Kathedrale zeichne sich ebenfalls durch neue Techniken aus, durch die Kühnheit der Konstruktion und die Erfindung einer ganz neuartigen Formensprache, die strikt geometrischen Regeln folge. Sie sei hervorgegangen aus der freudigen Aufbruchstimmung, die die gesamte Bevölkerung einer neuen, befreiten Gesellschaft ergriffen habe. In einer ähnlichen Situation des jugendlichen Erwachens befänden sich jetzt die Vereinigten Staaten von Amerika. „Als die Kathedralen weiß waren" meint, als sie noch nicht den Staub romantischer Sehnsüchte und akademischer Theoreme angesetzt hatten. Die kulturkritischen Aspekte beim Rückblick auf die Gotik sind verflogen. Damit eröffnete sich die Möglichkeit, in der Erhebung zu Gott und im Rausch des Konsums die gleiche massenhafte „Begeisterung" wahrzunehmen. So erkannte der französische Philosoph Roland Barthes schon 1957 im Auto „das genaue Äquivalent der großen gotischen Kathedralen, eine Schöpfung der Epoche, die mit Leidenschaft von unbekannten Künstlern erdacht wurde und [...] von einem ganzen Volk benutzt wird, das sich in ihr ein magisches Objekt zurüstet und aneignet".

Literaturhinweise

Magdalena Bushart, Der Geist der Gotik und die expressionistische Kunst. München 1990.

Paul Frankl, The Gothic. Literary Sources and Interpretations through Eight Centuries. Princeton 1960.

Michael Hesse, Von der Nachgotik zur Neugotik. Die Auseinandersetzung mit der Gotik in der französischen Sakralarchitektur des 16., 17. und 18. Jahrhunderts. Frankfurt/M./Bern/New York 1984.

Hermann Hipp, Studien zur „Nachgotik" des 16. und 17. Jahrhunderts in Deutschland, Böhmen, Österreich und der Schweiz. Diss. Tübingen 1979.

Dieter Kimpel/Robert Suckale, Die gotische Architektur in Frankreich 1130–1270. München 1985.

Klaus Niehr, Gotikbilder - Gotiktheorien. Studien zur Wahrnehmung und Erforschung mittelalterlicher Architektur in Deutschland zwischen ca. 1750 und 1850. Berlin 1999.

Monika Steinhauser, Geschichte im Dienste der Baukunst. Zur historischen Architektur-Diskussion in Deutschland, in: „Geschichte allein ist zeitgemäß". Historismus in Deutschland, hrsg. von Michael Brix/Monika Steinhauser. Lahn/Gießen 1978, S. 199–327.

Hermann Sturm, Industriearchitektur als Kathedrale der Arbeit. Geschichte & Gegenwart eines Mythos, Essen 2007.

Ludger J. Sutthoff, Gotik im Barock. Zur Frage der Kontinuität des Stiles außerhalb seiner Epoche. Möglichkeiten der Motivation bei der Stilwahl. Münster 1990.

Christoph Wagner, Gotikvisionen am Bauhaus, in: Mittelalter und Mittelalterrezeption. Festschrift für Wolf Frobenius, hrsg. von Herbert Schneide. Hildesheim 2005, S. 382–406.

Adrian von Buttlar

Der Klassizismus – ein ästhetisches Markenzeichen Europas

Der Rückblick aus der Perspektive der Globalisierung öffnet uns die Augen dafür, dass die klassische Formensprache weltweit wie kein anderes ästhetisches Phänomen für Europa stand und steht. Die an der Antike orientierte, normative Stil-Haltung des Klassizismus gilt in der Fachwissenschaft als zyklisch wiederkehrende Tendenz der europäischen Kunst- und Architekturgeschichte. In scheinbar sich wiederholenden, aber bei näherem Hinsehen deutlich unterscheidbaren Rückgriffen auf die Leitbilder der griechischen und römischen Kultur entstand vom Mittelalter bis in die Moderne hinein ein komplexes System von Rezeptionen und Referenzen, das sowohl der Tradierung des „klassischen Erbes" Europas als auch der Legitimierung der Zeitgenossen durch eben diese Tradition diente. Die Doppelfunktion – zum einen die humanistischen Werte als Wurzeln des europäischen Selbstverständnisses anschaulich darzustellen, zum anderen elitäre und hoheitliche Zwecke zu verkörpern und den Akteuren Autorität zu verleihen – macht die gefährliche Ambivalenz des klassizistischen Gestaltungspotenzials aus: Klassizismus steht nicht nur für die geistigen Ideale der Aufklärung oder für die ästhetische Kultur der Goethezeit, sondern auch für einschüchternde Herrschaftsarchitektur in den Kolonien und im Dienst der Diktaturen des 20. Jahrhunderts.

Die griechische Klassik als Referenzebene

Während das Beiwort „klassisch" im modernen Sprachgebrauch zum Hinweis auf Bewährtes – bis hin zu Tütensuppen – banalisiert wurde, bleibt der Begriff „Klassik" noch immer auf kulturelle Hoch-Zeiten und Hoch-Leistungen bezogen, etwa auf das Weimar der Dichter und Denker oder das musikalische Wien um 1800. Mit der antiken „Klassik" ist das als höchste Blütezeit von Kunst und Kultur identifizierte späte 5. und frühe 4. vorchristliche Jahrhundert in Griechenland, genauer: in Athen gemeint. Hier stand – so unsere traditionelle Konstruktion der Geschichte – die Wiege Europas. Fragt man nach dem Zusammenhang zwischen Klassizismus und den humanistischen Grundwerten der europäischen Kultur, so muss man auf diese Urebene zurückgehen, die die Tempel der Athener Akropolis, die Skulpturen eines Phidias, Polyklet und Praxiteles, die (verlorenen) Wandmalereien eines Zeuxis und Apelles, die Dramen eines Sophokles und Euripides sowie die Philosophie eines Sokrates, Platon und Aristoteles hervorgebracht hat. Was ihre Werke von Vorläufern etwa der altorientalischen Kulturen unterscheidet, ist die Synthese von Naturbeobachtung und Idealisierung in einem neuen Menschenbild, das den Menschen als Krone der Schöpfung definierte und dementsprechend den Götterhimmel – wie der Philosoph Schelling in seinen Vorlesungen zur Mythologie (um 1808) bemerkte – zunehmend entdämonisiert und vermenschlicht hatte: „Staunliches waltet viel und doch nichts Erstaunlicheres als der Mensch" heißt es in Sophokles' Tragödie „Antigone", die die Frage nach menschlicher Verantwortung und göttlicher Lenkung stellt. Diesem Paradigmenwechsel entspricht der anthropomorphe, auf den Menschen und seine ideale Gestalt bezogene Charakter der klassischen griechischen Kunst, der sich ab der Mitte des 5. Jahrhunderts, parallel zur attischen Demokratie unter Perikles, entwickelte.

Den Zusammenhang zwischen der politischen Freiheit des Bürgers in den griechischen Stadtstaaten (*polis*) und der Kunst- und Kulturblüte der griechischen Klassik als Folge freier Entfaltung aller Kräfte bemerkte schon Johann Joachim Winckelmann – nach dem englischen Philosophen Shaftesbury eine der Schlüsselfiguren des Klassizismus – in seiner „Geschichte der Kunst des Altertums" (1764). Winckelmann etablierte damit eine im Geist der Aufklärung wirkmächtige ideologische Argumentation für den Klassizismus als bürgerliches und demokratisches Phänomen. Im späten Hellenismus beginne mit der autokratischen Herrschaft bereits der Verfall der Kunst, die jene „edle Einfalt und stille Größe" verliere, die als Moment zeitloser Harmonie den Ausdruck des „Klassischen" ausmacht und selbst noch im gebändigten Schmerz des „Laokoon" (die uns bekannte römische Marmorkopie nach einem griechischen Bronzeoriginal des 2. Jahrhunderts v. Chr.) aufscheint.

Die neue Idee des Menschen zeigt sich beispielhaft in Polyklets Statue des „Speerträgers" (Doryphoros – verlorenes Bronzeoriginal um 440 v. Chr.), in der der Künstler seine Proportionslehre umsetzte und die, hundertfach verbreitet, tatsächlich als so genannter „Kanon" die Vorstellung von männlicher Schönheit in der europäischen Kunst prägte. Winckelmann definierte den idealistischen Charakter der griechischen Kunst 1755 in seinen „Gedanken über die Nachahmung griechischer Bildwerke", wobei er das Nachahmen vom Kopieren streng unterschied: „Die Kenner und Nachahmer griechischer Werke finden in ihren Meisterstücken nicht allein die schönste Natur, sondern noch mehr als Natur, das ist, gewisse idealische Schönheiten derselben, die, wie uns ein alter Ausleger des Plato lehrt, von Bildern, bloß im Verstande entworfen, gemacht sind". Dass sich auch die griechische Architektur analog zu den Werken der Bildhauerei als „plastische Kunst" (so Schelling) definieren ließ, legitimierte ihre Wiedererweckung im 18. und frühen 19. Jahrhundert. Demnach zeigt der Vergleich der konstruktiven „Tektonik" des griechischen Tempels mit den monumentalen Massivbauten älterer Kulturen eine anschauliche Darstellung des physischen Tragens und Lastens analog zur menschlichen Physis. Dieser „Kampf zwischen Schwere und Starrheit" ist nach Arthur Schopenhauer (1819) der „alleinige Stoff der schönen Architektur" und gewinnt nach Karl Friedrich Schinkel in der Gestalt von Säule, Kapitell und Gebälk „Ruhe, Freiheit, Verhältnis" und den „Charakter der Schönheit".

Klassizismen und Renaissancen vor dem Klassizismus

Die Wiederentdeckung der griechischen Kultur im 18. Jahrhundert war aber nur eine der beiden Wurzeln des Klassizismus, der gleichermaßen auch auf dem römischen Erbe aufbaute. Seit der Eroberung Griechenlands (179 v. Chr.) und dem Aufstieg Roms zum ganz Europa überspannenden Weltreich suchten die Römer den Anschluss an das humanistische Weltbild, an griechische Philosophie, Wissenschaft, Literatur, Bildung und Kunst. Das Sammeln und Kopieren griechischer Werke und nicht zuletzt die Rezeption und Transformation griechischer und hellenistischer Architekturvorbilder bewirkten die Homogenität der römischen Kultur auf dem Boden Europas, Kleinasiens und Nordafrikas. Die Archäologen entdeckten für die Kunstepoche unter Kaiser Augustus ein erstes „klassizistisches" Phänomen, nämlich den bewussten Rückgriff auf die Klassik Griechenlands. So lehnt sich die Statue des „Augustus von Primaporta" offenkundig an Polyklets „Kanon" und den „Apoll von Belvedere" an (ursprünglich griechische Bronzen um die Mitte des 5. bzw. 4. Jahrhunderts v. Chr.), während die Skulpturenreliefs des Friedensaltars „Ara Pacis" oder der Steinschnitt des „Großen Pariser Cameo" mit dem Bild der Familie des Kaisers Tiberius nicht ohne die stilbildende Wirkung des Parthenonfrieses denkbar schienen. Vielleicht noch charakteristischer ist der aus zehn Büchern bzw. Kapiteln bestehende Architekturtraktat des Marcus Vitruvius Pollio („De Architectura Libri Decem", ca. 33–14 v. Chr.), der die Quintessenz des antiken Wissens zur Baukunst zusammenfassend darstellt und fast zwei Jahrtausende lang die europäische Architekturgeschichte beeinflussen sollte.

Der erste mittelalterliche Rückgriff auf das klassische (römische) Erbe nach der Christianisierung und dem Zusammenbruch des weströmischen Kaisertums (476 n. Chr.) wird unter dem Namen der „karolingischen Renaissance" verortet. Tatsächlich trifft das Streben nach einer „Wiedergeburt" des Reiches (*renovatio imperii*) unter Karl dem Großen mit der ganzen Komplexität seiner Reformen die vielfältigen Aspekte des Anknüpfens an antike Traditionen besser als der engere Stilbegriff des Klassizismus. Im 11. Jahrhundert fällt die erstmals von Jakob Burckhardt als solche bezeichnete Florentiner „Protorenaissance" ins Auge, zum Beispiel der „klassische" Charakter des 1059 geweihten Florentiner Baptisteriums, das der Stadtchronist Giovanni Villani nach alter Überlieferung noch für einen antiken römischen Marstempel gehalten hatte. Punktuelle Antikenrezeptionen in der Epoche des Mittelalters finden wir auch in den romanischen Kirchen Frankreichs und in den deutschen Kaiserdomen des 12. und 13. Jahrhunderts, im ornamentalen Bauschmuck und in den Skulpturen der gotischen Kathedralen Frankreichs sowie in der Malerei Giottos und den Skulpturen der Pisani um 1300.

Jahrhunderte trennen die Florentiner Protorenaissance von der „eigentlichen" Renaissance des 15. und 16. Jahrhunderts, die sich des antiken Erbes freier und selbstbewusster bemächtigte und somit selbst zu einer neuen „klassischen" Kunstepoche wurde. Vitruvs Traktat trat nach dem – legendären – Fund des vollständigen Textes im „Codex Harleianus" in der Klosterbibliothek von St. Gallen (1416) und vor allem nach der Erfindung des Buchdrucks seinen Siegeszug durch die europäische Architekturgeschichte an. Er löste – vielfach übersetzt – eine bis ins 18. Jahrhundert andauernde Flut von Architekturlehrbüchern quer durch Europa aus, die das aus der Antike geschöpfte Wissen vermittelten, interpretierten, modernisierten, in praxisorientierte Muster- und „Säulenbücher" und letztendlich in prächtige Bauwerke umsetzten. Unter der Ägide der Päpste und Kirchenfürsten der Renaissance vollzog sich, für jedermann ablesbar, der neuerliche Wiederaufstieg Roms zur christlichen Hauptstadt „der Welt" und zum Muster aller aufstrebenden Metropolen. Im nordalpinen Europa konkurrierten weltliche und kirchliche Bauherren im Rahmen der gemeinsamen, aus der Antike gespeisten Kunst- und Bildungswelt um Prestige und Anerkennung.

Immer ging es bei dieser „Wiedergeburt" um eine zeitgenössische Architektur, die das antike Erbe in neue Zusammenhänge integrierte, beispielsweise um den Schmuck der klassischen Säulenordnungen für die Palastfassade oder um die Verschmelzung von antikem Tempelmotiv und Kirchenraum, die wir zuerst in den Bauten Leon Battista Albertis finden. Andrea Palladio gilt als „Klassizist" unter den Renaissancearchitekten, nicht zuletzt durch seine „Quattro Libri dell' Architettura" (1570), in denen er Bauforschung, klassische Theorie und eigene Werkpublikation miteinander verband. Bei großer Abwechslung im Detail hat er Musterbauten geschaffen und publizistisch verbreitet, die seither immer wieder nachgeahmt oder sogar getreu kopiert wurden. Ein wesentlicher Grund für seine nachhaltige Wirkung war die methodische Fähigkeit, aus der Antike übernommene Architekturmotive mit modernen Bedürfnissen zu einem neuen zeitgemäßen Bauwerk zu verbinden. Goethe durchschaute treffend Palladios System, das Nützliche und Funktionale eines modernen agrarischen Großbetriebs mit der antikischen Fiktion klassischer Säulenarchitektur zu verblenden, als er am 19. September 1786 in Vicenza notierte: „Es ist wirklich etwas Göttliches in seinen Anlagen, völlig wie die Force des großen Dichters, der aus Wahrheit und Lüge ein Drittes bildet, dessen erborgtes Dasein uns bezaubert".

Aus der Frage, inwieweit die Antike als absolute Autorität herrschen solle oder ob die Gegenwart durch eigene Erfindungen die antiken Vorbilder übertreffen könne, entwickelte sich im Frankreich des späten 17. Jahrhunderts die zunächst auf die Literatur bezogene „Querelle des Anciens et Modernes", die der Dichter Charles Perrault für das Zeitalter Ludwigs XIV. entschied: „Die schöne Antike verdiente immer Verehrung, doch nie, glaubte ich, Anbetung. Ich sehe die Menschen der Antike, ohne die Knie zu beugen; Sie sind groß, das ist wahr, doch Menschen wie wir; Und man kann den Vergleich anstellen, ohne ungerecht zu sein, zwischen dem Zeitalter von LOUIS und dem schönen des Augustus". Im Bereich der Architektur war es sein Bruder, der Arzt und Architekt Claude Perrault, der den Streit zugunsten der Moderne entschied. Er erhielt 1667 den Bauauftrag für die Ostfassade des Louvre, nachdem er den eigens aus Rom eingeladenen Künstlerfürsten Gianlorenzo Bernini aus dem Feld geschlagen hatte. Perraults monumentale korinthische Säulenkolonnade mit dem zentralen Portikusmotiv erschien im Vergleich zu Berninis bewegter barocker Fassade zwar als „klassizistische" Lösung (die Geburtsstunde des so genannten „Barockklassizismus"), doch entbehrte die Verdoppelung der Säulen, die dem Baukörper erst seine einzigartige monumentale Kraft gibt, eines antiken Vorbildes. Am Ende der akademischen Kritik an Perraults vermeintlichem „Fehler" stand die Erkenntnis, dass die *grande nation* die Antike nicht nur eingeholt, sondern sogar übertroffen habe. Nicht zuletzt der Ausgang dieses Streits beflügelte die großen und kleinen weltlichen und kirchlichen Fürsten Europas, extensiv dem so genannten „Bauwurmb" zu frönen und mit immer neuen und erfindungsreichen Großprojekten gegeneinander zu konkurrieren.

Klassizismus als Kunstepoche (ca. 1760–1830)

Die kritische Wende gegen Barock und Rokoko und das dahinter stehende absolutistische, höfisch-feudale und klerikale Weltbild des *ancien régime* leitete im Zuge der Aufklärung noch vor der Mitte des 18. Jahrhunderts eine neuerliche Kette antikisierender Strömungen ein, die unter dem Epochenbegriff „Klassizismus" (in der angelsächsischen Welt: *neoclassicism*) subsumiert werden. Die zuerst in England geforderte Rückkehr zum strengeren klassischen Stil – zunächst der Bauten Palladios – verstand sich als moralisierender und antifranzösischer Protest gegen die theatralischen Gesten der Barockbaukunst. Gefordert wurde eine Rückkehr zu einer – idealisierten – Natur, deren Ordnung man mit den bewährten Regeln der Antike gleichsetzte: „Learn hence for ancient rules a just esteem, to copy nature is to copy them", dichtete Alexander Pope 1731 in seiner „Epistel" an Lord Burlington. Burlington gilt mit seiner Villa Chiswick House bei London (1725), in der er Vorbilder Palladios und Vincenzo Scamozzis zitierte, als einer der Väter des englischen Palladianismus (*neopalladianism*). Der schottische Architekt Colin Campbell publizierte 1717-1736 die ersten drei Bände des „Vitruvius Britannicus" und schuf 1722 mit der Villa Mereworth in Kent sogar die erste Kopie der Villa Rotonda Palladios (um 1555). Der Palladianismus schien für die Landhäuser und Villen des englischen Neuadels, der sich mit den venezianischen Grundbesitzern des 16. Jahrhunderts identifizierte, geradezu prädestiniert. Er spiegelte im Sinn einer *moral architecture* auch das Natur- und Humanitätsideal wider, das die frühliberalen Bauherren als Mitglieder der ersten Freimaurerlogen über Standes- und Landesgrenzen hinweg miteinander verband und das wesentlich zum Export des Palladianismus nach Amerika und auf den Kontinent beitrug: Man denke an den Architekten und zweiten Präsidenten der Vereinigten Staaten Thomas Jefferson mit seinem Landsitz Monticello, den aufgeklärten Prinzen von Anhalt-Dessau mit seinem Englischen Landhaus in Wörlitz, an das Kasseler Museum Fridericianum des Landgrafen Friedrich II. oder an den Freimaurer Friedrich den Großen, der parallel zur Rokoko-Dekoration mit einem Bildungsbau wie dem Berliner Opernhaus schon 1743 den Palladianismus in Preußen einführte.

Archäologie und Bauforschung spielten in der Epoche des Klassizismus eine noch viel größere Rolle als in der italienischen Renaissance. Während die Brüder James und Robert Adam insbesondere für die Innenarchitektur ihrer großen englischen Landhäuser und vornehmen Londoner Stadtpalais auf die jüngsten archäologischen Publikationen zu antiken römischen Dekorationssystemen zurückgriffen (etwa auf den von ihnen selbst erforschten Palast des Kaisers Diokletian in Split/Spalato oder auf die aktuellen Ausgrabungen in Pompeji, Herculaneum und Baalbek), entsandte die Londoner Society of Dilettanti die Architekten James Stuart und Nicholas Revett in das damals noch unter türkischer Herrschaft stehende Griechenland, um erstmals die Überreste der griechischen Monumente vor Ort aufzunehmen. Der erste Band ihrer „Antiquities of Athens" erschien 1762 nach einem dramatischen Wettlauf, den der französische Bauforscher Julien-David Le Roy mit seinem Buch „Les plus beaux monuments de la Grèce" (1758) für sich entschieden hatte. Vergeblich versuchte der bekannte Kupferstecher und Architekturhistoriker Giovanni Battista Piranesi im „griechisch-römischen Streit" dieser Jahre den Wechsel vom traditionellen römischen auf das griechische Vorbild zu verhindern. Dem *greek revival* oder *goût neogrèc* gehörte die Zukunft. Piranesi passte sich mit seiner letzten Mappe zu den Tempeln von Paestum (1778) dem neuen Trend an, und auch der Winckelmann-Verehrer Goethe revidierte auf der Rückreise aus Sizilien (1787) seine ästhetischen Vorbehalte gegen die schwerfälligen und wuchtigen Formen der dorischen Säulenreihen. Allerdings blieb die Nachahmung griechischer Vorbilder zunächst auf Staffagen in Landschaftsgärten oder auf die Rezeption einzelner Motive – wie etwa die Säulenstellung der Athener Propyläen im Brandenburger Tor in Berlin von Carl Gotthard Langhans (1788) – beschränkt, schien doch die griechische Tempelarchitektur als solche für moderne Bauaufgaben nur sehr bedingt anwendbar, beispielsweise im Zuge des aufkommenden Denkmalkults der bürgerlichen Gesellschaft und des Nationalstaats.

In den Bildenden Künsten war der Rückgriff auf die plastische Klarheit und reliefartige und konturbetonte Komposition nach antiken Vorbildern leicht von der zarten malerischen Sichtweise des Rokoko zu unterscheiden. Jacques Louis David und Dominique Ingres in Frankreich, Antonio Canova, der in Rom arbeitende Däne Berthel Thorvaldsen, William Blake und John Flaxman in England, Johann Asmus Carstens, Johann Heinrich Dannecker, Ludwig Michael Schwanthaler, Johann Gottfried Schadow und Christian Daniel Rauch in Deutschland oder auch der britische Porzellanfabrikant Josiah Wedgwood bestimmten bis weit ins 19. Jahrhundert hinein die emotional abgeklärte „akademische" Strömung der Kunst, gegen die die Romantiker mit ihrer oppositionellen Kunstauffassung um 1800 zu rebellieren begannen.

Wie aber ließen sich die von den romantischen Künstlern beschworenen Leidenschaften, Gefühle und Stimmungen in der Architektur ausdrücken? Unter dem Aspekt der Wirkungsästhetik des „Erhabenen", die der englische Philosoph Edmund Burke 1757 ausformuliert hatte, entstand im Vorfeld der Französischen Revolution (allerdings fast nur auf dem Papier) eine neue Spielart des Klassizismus: eine radikal-utopische „Revolutionsarchitektur", die mit gewaltigen geometrischen Körpern im Raum, modelliert durch dramatische Lichteffekte, jenseits allen Bildungswissens das „Volk" als neues Subjekt der Geschichte beeindrucken sollte: Étienne Louis Boullées unbaubares Newton-Denkmal-Projekt bildete als riesige Hohlkugel von fast 200 Metern Durchmesser den Fixsternhimmel ab und bezog somit den unendlich erscheinenden Raum des nächtlichen Universums auf das winzige Grabmonument seines „Entdeckers" Isaac Newton im Fußpunkt des Monuments. Die „sprechende Architektur" Boullées und seiner Mitstreiter fand im „romantischen Klassizismus" (Siegfried

Giedion) grenzüberschreitende Resonanz, beispielsweise in Christian Frederik Hansens Bauten in Dänemark und Altona oder im Projekt Friedrich Gillys für ein Denkmal Friedrichs des Großen auf dem Leipziger Platz in Berlin, für das die Preußische Akademie der Künste 1796 einen Wettbewerb ausgelobt hatte. Tod und Verklärung des Königs wollte Gilly durch einen Sarkophag in der Katakombe des großen Sockels darstellen, über dem sich in strahlendem Weiß ein dorischer Tempel erhob. In der Cella sollte der König in der Pose und idealischen Nacktheit des Göttervaters Zeus unter einer quadratischen Dachöffnung thronen, die den Blick auf das nach dem König benannte Sternbild „Friedrichs Ehre" freigibt. Durch die geschickt inszenierte Lenkung des Betrachters wäre der Aufstieg aus Finsternis und Tod zu Licht und Unsterblichkeit auch emotional erlebbar geworden.

Die antinapoleonischen Denkmalprojekte der Befreiungskriege von Friedrich Weinbrenner, Karl Friedrich Schinkel und Leo von Klenze haben nach 1813 solche Ideen aufgegriffen, letzterer in der „Ruhmeshalle der Teutschen", der Walhalla bei Donaustauf (1830-1842), die Klenze auf Befehl des bayerischen Königs Ludwig I. als Kopie des Athener Parthenon-Tempels über einem mächtigen Stufensockel errichtete. Der strenge Gräzismus des Philhellenen Ludwig und seines Hofarchitekten muss als demonstrative Abwendung von dem am römischen Kaiserkult orientierten französischen „Empire" verstanden werden, das nach Napoleons Krönung 1804 die Höfe ganz Europas erobert hatte. Zaghafte Versuche, aufgeklärte fürstliche Repräsentation auf der Basis griechischer Vorbilder zu gestalten, blieben jedoch auf wenige Architekturmotive beschränkt (etwa beim Ausbau des Weimarer Schlosses von Johann Jakob Arens und Heinrich Gentz 1804) oder scheiterten gänzlich wie Karl Friedrich Schinkels spektakuläres Projekt für ein neuhellenisches Königsschloss auf der Athener Akropolis (1833/34). Von diesem symbolischen Ort aus hätte der junge König Otto von Wittelsbach auf Beschluss der europäischen Alliierten das von den Türken befreite christliche Griechenland regieren sollen. Tatsächlich signalisierten die nachfolgenden klassizistischen Athener Kirchen- und Bildungsbauten nordeuropäischer Architekten deutlich den westlichen Sieg über die islamische Herrschaft und die Rückbesinnung auf die griechischen – mittlerweile europäischen – Wurzeln der modernen Zivilisation.

Ob im englischen Großreich oder in der jungen Demokratie der Vereinigten Staaten von Amerika, ob im fortschrittlichen Dänemark, im aufgeklärten St. Petersburg unter Zar Alexander I., im „römisch" orientierten Italien oder im befreiten Griechenland – überall finden sich in der ersten Hälfte des 19. Jahrhunderts spektakuläre Bauten eines *greek revival*, die die Idee der Nation, das klassische Bildungsideal oder demokratisch legitimierte Institutionen (wie Kriegs- und Nationaldenkmäler, Museen, Universitäten, Börsen, Bibliotheken, Theater, Parlamente) repräsentieren sollten. Da der Imitation der wenigen typisch „griechischen" Architekturmotive aber enge Grenze gesetzt waren, arbeiteten moderne Architekten wie Leo von Klenze, Karl Friedrich Schinkel oder John Nash in England an der Adaption der altgriechischen Architektur für die modernen Bedürfnisse der Gegenwart: „so wie Palladio durch sinnreiche Übertragung römischer Architektur auf seiner Zeit und seines Landes Bedürfnisse groß und unsterblich war, so möchte ich es mit der Griechen Werke versuchen; dieses ist der einzig mögliche Weg mehr als ein glatter Plagiant zu werden", bekannte Klenze 1817. Beeindruckende Zeugnisse einer freien Fortentwicklung griechisch-römischer Bauprinzipien sind Klenzes Münchner Glyptothek und Pinakothek oder Karl Friedrich Schinkels Altes Museum am Berliner Lustgarten, die Neue Wache Unter den Linden als Denkmal der Befreiungskriege, das Berliner Schauspielhaus am Gendarmenmarkt oder die malerische Komposition des Schlösschens Charlottenhof im Potsdamer Park Sanssouci für den preußischen Kronprinzen Friedrich Wilhelm. Allerdings konnte man sich selten auf die typisch griechische Konstruktionsweise „horizontaler Bedeckung" beschränken. Vielmehr mussten auch die Techniken des römischen Wölbungsbaus einbezogen werden, so dass man sich bald auf die italienische

Renaissance zurück besann. Der hohe Anspruch einer modernen „Wiedergeburt" der griechischen Architektur mündete um die Mitte des 19. Jahrhunderts in einen Historismus, der mit den bautechnischen Neuerungen der Eisen- und Stahlkonstruktionen den zur jeweiligen Bauaufgabe passenden historischen „Stil" verband.

Neoklassizismus des 20. Jahrhunderts

Erst jenseits der „Exzesse", die die – heute wieder ungemein beliebte – Epoche des Historismus in der zweiten Hälfte des 19. Jahrhunderts hervorgebracht hatte, kam es im frühen 20. Jahrhundert zu einem neuerlichen Rückgriff auf die normative Klarheit und Einfachheit des Klassischen. Joseph Hoffmann als Vertreter der Wiener Sezession (1896) und Peter Behrens als Mitbegründer des Deutschen Werkbundes (1907) suchten in Anlehnung an stilisierte griechische Formeln bzw. an die Florentiner Protorenaissance und die Architektur Friedrich Gillys (etwa in der Turbinenhalle der AEG, Berlin-Moabit 1909) verlorene Strenge und Monumentalität. In seiner Villa Wiegand in Berlin-Dahlem, in der Deutschen Botschaft in St. Petersburg und der Düsseldorfer Mannesmann-Verwaltung (beide 1912) greift Behrens den von Arthur Möller van den Bruck 1916 definierten „Preußischen Stil" eines Carl Gotthard Langhans und Friedrich Schinkel wieder auf. Und die Kunstgeschichtsschreibung selbst beförderte immer neue Rezeptionen: Paul Mebes' Buch „Um 1800" führte damals zu einer Rückbesinnung auf die noble klassische Einfachheit und handwerkliche Gediegenheit des Biedermeier. Konservative Architekten wie Heinrich Tessenow, Paul Schulze-Naumburg, Wilhelm Kreis, Paul Bonatz und Paul Schmidthenner schufen nicht nur nach dem Vorbild von Goethes Weimarer Gartenhaus den „klassischen" Typus des schlichten deutschen Einfamilienhauses mit Spitzdach, sondern im Rückgriff auf steinzeitliche Ringhallen und archaische Burgmauern auch den monumentalen „heroischen Stil" der Kriegerdenkmäler oder des Stuttgarter Hauptbahnhofs (1914).

In Frankreich führten die Experimente des Betonexperten Auguste Perret zu einer ganz andersartigen klassizistischen Moderne, die konstruktiv auf die Tektonik des modernen Stahlbetonskeletts setzte und noch den Wiederaufbau Le Havres nach 1945 prägte. Während in England die Wende von der heimatverbundenen Reformarchitektur der Arts & Crafts-Bewegung zum monumentalen Neoklassizismus mit der imperialen Selbstdarstellung Großbritanniens in den Kolonien verbunden war – zum Beispiel in Edwin Lutyens' Regierungspalast in Neu Dehli (1920) –, stellten klassizistische Großprojekte in den USA wie das Nationalmuseum oder die Memorialbauten für Thomas Jefferson und Abraham Lincoln in Washington (letzterer mit der kolossalen, an den thronenden Zeus des Phidias im Tempel von Olympia erinnernden Sitzstatue des Präsidenten) demonstrative Beschwörungen der europäischen, ja griechischen Wurzeln der amerikanischen Demokratie dar. War dieser amerikanische Neoklassizismus als Nachfolger des *colonial style* eher Ausdruck des *survivals* einer seit dem 18. Jahrhundert noch immer auf die vitruvianische Überlieferung zurückgehenden Tradition, so bedeutete die abrupte Rückkehr zum heroischen Monumentalklassizismus in den 1930er Jahren in Deutschland, Italien, Spanien und der Sowjetunion einen bewussten ideologischen Angriff der nationalsozialistischen, faschistischen und kommunistischen Diktaturen auf den „Internationalen Stil" der Bauhaus-Moderne, wie ihn die gleichnamige Ausstellung im soeben eröffneten Museum of Modern Art in New York (1932) propagiert hatte. Paul Ludwig Troost, Wilhelm Kreis und Albert Speer knüpften einerseits an die römisch-griechische Antike, die um 1930 wiederentdeckte französische Revolutionsarchitektur und den preußischen Klassizismus an. Andererseits wurde von den

Nationalsozialisten der Begriff „Klassizismus" mit seinen humanistischen Implikationen abgelehnt und durch den der „germanischen Tektonik" (Hans Kiener) ersetzt, der die prähistorischen, keltischen und nordisch-germanischen Wurzeln der NS-Ideologie einschließen sollte. Schon Leo von Klenze hatte um 1860 die Verwandtschaft der steinzeitlichen Kultstätte von Stonehenge mit dem Parthenon herausgestellt und die „Tektonik" der Griechen und Germanen ihrer gemeinsamen, allen semitischen Völkern angeblich überlegenen „arischen Rasse" zugeschrieben. Dass man in der NS-Architektur keine klassischen Kapitellformen finden würde, begründete NS-Chefideologe Alfred Rosenberg 1939 in seinem „Mythus des 20. Jahrhunderts" damit, dass das unvermittelte Aufeinandertreffen von Pfeiler und Gebälk statt der von Schinkel geforderten Harmonisierung der Kräfte in der Kapitellzone den „harten Kampf" im Geist der NS-Ideologie darstellen solle. In der Monumentalplastik wurde die „edle Einfalt und stille Größe" der klassischen Aktfigur durch muskelstarrende, entseelte Willens- und Tatmenschen ersetzt. Während sich unter Mussolini in Italien solche heroischen Gesten mit dem Rationalismus der faschistischen Moderne verbanden, wandte sich Stalins Kulturpolitik ab 1932 gegen die kommunistische Avantgardekunst der zwanziger Jahre und propagierte einen eklektisch historisierenden Klassizismus als machtbewussten Staatsstil. In der DDR führte das Postulat der Verschmelzung sozialistischer Ziele mit nationalen Traditionen Anfang der 1950er Jahre zu einer deutlichen Orientierung ehemaliger Bauhausabsolventen am Klassizismus der Goethezeit.

Unter ganz anderen Vorzeichen kehrte der Klassizismus seit den späten 1960er Jahren in die internationale Architektur der Postmoderne zurück: zum einen in Form schriller Versatzstücke oder mehr oder minder ironischer Zitate des tradierten Bildungsvokabulars, die die eigene Herkunft und Bedeutung spielerisch reflektieren und kommentieren wie in Ian Hamilton Finlays postmodernem Landschaftsgarten Little Sparta in Schottland (ab 1967), Charles Moores Piazza d´Italia in New Orleans (1979) oder James Sterlings Neuer Staatsgalerie Stuttgart (1984). Wo solche Distanz fehlt, sind eher peinlich wirkende Nachbauten klassischer Bauwerke entstanden wie beispielsweise die Villa-Rotonda-Kopie Henbury Hall in Cheshire (1986). Sie erscheint mit ihrem erschwindelten Flair des 18. Jahrhunderts in der Lebenswelt des 20. fremder und ortloser als alle plakativen Werbekulissen für das „klassische" alte Europa auf den Vergnügungsmeilen der globalen Metropolen. Zum anderen künden traditionelle klassizistische Gestaltungsprinzipien wie Tektonik, Symmetrie, Proportion und Hierarchie in der Sprache der Nachkriegs- und Spätmoderne von Ludwig Mies van der Rohes Berliner Nationalgalerie (1963) über den Rationalismus eines Aldo Rossi, Oswalt Mathias Ungers und Joseph Paul Kleihues bis zu Mario Botta und Bruno Reichlin noch immer auf subtile Weise von der Sehnsucht nach einer architektonisch objektivierbaren Ordnung der Welt – auch dies zweifelsfrei ein „Erinnerungsort" der europäischen Kultur.

Literaturhinweise

Adrian von Buttlar, „Germanische Tektonik"? Leo von Klenzes patriotische Interpretation des Klassizismus, in: Annette Dorgerloh u. a. (Hrsg.), Klassizismus – Gotik. Karl Friedrich Schinkel und die patriotische Baukunst. München/Berlin 2007, S. 279–293.

Charles Jencks, Die Postmoderne: der neue Klassizismus in Kunst und Architektur. Stuttgart ²1988.

Tilman Mellinghoff/David Watkin, Deutscher Klassizismus. Architektur 1740–1840. Stuttgart 1989.

Winfried NERDINGER u.a (Hrsg.), Revolutionsarchitektur – Ein Aspekt der europäischen Architektur um 1800. Ausstellungskatalog zur Ausstellung des Deutschen Architekturmuseums Frankfurt. München 1990.

Werner OECHSLIN, Palladianismus. Andrea Palladio – Kontinuität von Werk und Wirkung. Zürich 2008.

Bertold-Frank RAITH, Der heroische Stil. Studien zur Architektur am Ende der Weimarer Republik. Berlin 1997.

Robert A.M. STERN, Moderner Klassizismus. Entwicklung und Verbreitung der klassischen Tradition von der Renaissance bis zur Gegenwart. Stuttgart 1990.

Damie STILLMAN, English Neo-classical Architecture, 2 Bde. London 1988.

The Age of Neo-Classicism. Ausstellungskatalog zur Ausstellung des Victoria&Albert Museums in London. London 1972.

Paul ZANKER, Augustus und die Macht der Bilder, München 1987, [5]2009.

Andreas Beyer
Der Louvre

Als größtes Museum der Welt mit Sammlungen, die fast ausnahmslos Hauptwerke der europäischen Kunst enthalten, und darüber hinaus auch solche zu den alten Kulturen des Mittelmeerraums und Vorderasiens, die Europas Grundlagen geschaffen haben, darf der Louvre an sich schon allen Anspruch erheben, ein europäischer Erinnerungsort zu sein. Dass er es unzweifelhaft ist und dass er in einem modernen Europa identitätsstiftend bleibt und sich ungebrochener Anziehungskraft erfreut, hat auch mit einem Selbstverständnis zu tun, dass die europäische Identität sich nicht zuletzt in der Geschichte der bildenden Kunst und ihrer Wurzeln anschaulich abgebildet sieht. Noch die gläserne Pyramide des Architekten Ieoh Ming Pei, die seit 1993 als zentraler Zugang zum Museum dient und die den weitläufigen Hof dominiert, ist Zeichen eines solchen europäischen, ja welthaltigen Anspruchs dieses Museums.

Gleichwohl wurde der Louvre im Jahr 1793 zunächst und vor allem als ein französisches Museum eröffnet, durchaus mit transnationalem Geltungsanspruch, aber eben doch unter nationaler Ägide. Die Bestimmung des ehemaligen Schlosses der französischen Könige, das seit Ende der siebziger Jahre des 17. Jahrhunderts endgültig zugunsten von Versailles aufgegeben worden und vom Verfall bedroht war, zum „Muséum central des Arts" darf als ein

Abbildung 1: Hubert Robert, Die Einrichtung der Grande Galerie im Louvre (1796). 112 × 143 cm, Öl auf Leinwand. Musée du Louvre (Archiv des Verfassers).

Ergebnis auch der Französischen Revolution gelten, die den Bildungsanspruch der Künstler wie der allgemeinen Öffentlichkeit forcierte – das Museum war kostenfrei zugänglich, bevorzugt für Künstler, an den Wochenenden auch für das gemeine Publikum.

Und doch reicht die Idee, im Zentrum der Hauptstadt eine Kunstsammlung einzurichten, weiter zurück und ist Frucht aufklärerischer Tendenzen der Kunstpolitik im Ancien Régime. Der französische Kunstkritiker Etienne La Font de Saint-Yenne ist zwar nicht der erste, der den Bau zu solcher Nutzung empfahl; seine „Réflexions sur quelques causes de l'état présent de la peinture en France" (Den Haag 1747) aber haben besonders folgenreich gewirkt. La Font adressierte namentlich Charles-François Paul Le Normand de Tournehems, den obersten Baudirektor König Ludwigs XV., und forderte diesen auf, das Bauwerk wieder in einen „würdigen und anständigen" Zustand zu bringen und „[...] im wunderbaren Louvre-Schloss eine Galerie einzurichten, oder mehrere zusammenhängende, [...] um dort die zahllosen, unendlich wertvollen Meisterwerke der größten Maler Europas unterzubringen, die das Gemäldekabinett Seiner Majestät bilden, Werke, die zur Zeit in der Stadt Versailles dicht gedrängt und verborgen in kleinen, schlecht beleuchteten Räumen hängen, wo sie dem Fremden unbekannt oder gleichgültig sind, weil es unmöglich ist, sie zu besichtigen". La Font führt als Vorbild die Gemäldegalerie des Herzogs Philipp I. von Orléans im benachbarten Palais Royal an, die der Öffentlichkeit zu diesem Zeitpunkt schon zugänglich gemacht worden war: „Die Gemälde Seiner Majestät übertreffen diese Sammlung an Zahl und Wert [...] welch ein Verlust für die Talente unserer Nation, dass man diese Bilder hinter Schloss und Riegel hält. Wie sehr würden es die Kunstliebhaber und Fremden zu schätzen wissen, würde man diese Werke in die Freiheit entlassen, sie unterbringen, wie es diesen Werken von großenteils unschätzbarem Wert gebührt! Die soeben vorgeschlagene im Louvre einzurichtende königliche Galerie wäre ein solcher Ort, wo all die unermesslichen, vergessenen Schätze wohl geordnet und im besten Zustand erhalten werden könnten [...]".

La Font leiteten neben pädagogischen auch konservatorische Überlegungen. Vor allem aber zielte er darauf ab, die öffentliche Zurschaustellung der „Berühmtheiten aller Länder" zu einer wirkungsvollen Selbstdarstellung des französischen Königtums geraten zu lassen, das solcherart seinen europäischen Führungsanspruch untermauern könnte.

Der Louvre war hervorgegangen aus einer mittelalterlichen Burg, die unter Philipp August um 1200 angelegt worden und dazu bestimmt war, den königlichen Schatz und das Archiv zu beherbergen. Dieser Wehrturm ist infolge der Stadterweiterungen mehr und mehr seines fortifikatorischen Charakters verlustig gegangen und zu einer wohnlichen Schlossanlage ausgebaut worden. Das 16. und das 17. Jahrhundert, und zumal Ludwig XIII. und Ludwig XIV., haben mit der Errichtung von Wohntrakten, Galerien, Höfen und der großen Kolonnade versucht, das königliche Schloss an den technischen und stilistischen Avancements der Baukunst auszurichten. Als Residenz aber hat der Louvre stets nur vorübergehend gedient – und verlor diese Funktion gänzlich mit der Übersiedlung des Hofs nach Versailles. Geblieben jedoch ist er das monumentale Symbol des französischen Königtums im Herzen der Hauptstadt des Reiches.

Es ist also durchaus so zu verstehen, dass mit dem Vorstoß La Fonts und anderer die Restitution des Schlosses verfolgt wurde, die Bekräftigung seines Symbolcharakters, und das im durch und durch repräsentativen Sinn. Stellvertretend für den König, mit dessen Rückkehr an die Ufer der Seine nicht zu rechnen war, sollten nunmehr die Kunstwerke seiner Sammlung, zumal jene der vorbildhaften italienischen Schule, zum öffentlichen Manifest eines auch und vor allem in Kunstdingen Führungsanspruchs unter den europäischen Staaten geraten. Dass das Schloss freilich schon länger ein Ort der Kunst war, belegt die im Jahr 1692 von Ludwig XIV. angeordnete Unterbringung der Antiken-Sammlung im sogenannten Karyatiden-Saal; im selben Jahr bezog neben der Académie française auch die Académie royale

Abbildung 2: Die gläserne Pyramide des Louvre von Ieoh Ming Pei (1993). Photo: Gwendolin J. Schneider.

de Peinture et Sculpture dort ihre Räume. Und bereits seit 1699 war erstmals, zunächst in der Grande Galerie, später im Salon Carré, die Ausstellung der königlichen Akademie für Malerei und Skulptur im Louvre eingerichtet worden; als „Salon" sollte sie sich rasch zum jährlich bedeutendsten Kunstereignis des Landes entwickeln.

Der Beschluss der revolutionären Nationalversammlung von 1791, im Palais du Louvre sämtliche Werke der Wissenschaften und der Künste zu vereinen, war also lange vorbereitet und gleichsam folgerichtig. Das am 10. August 1793 erstmals geöffnete Museum sollte aber nicht nur die königliche Sammlung zur Schau stellen, die jetzt in den Besitz der Nation überführt war. Die beschlagnahmten Kunstschätze aus Kirchen und Klöstern füllten die Säle ebenso wie bald auch die im Zuge der Revolutionskriege erbeuteten Kunstschätze aus den Niederlanden, dem Rheinland und Italien. Hatte die Französische Revolution zwar zunächst einen massiven Bildersturm ausgelöst, so setzte sich bald die Überzeugung durch, dass Kunstwerke an sich schuldlos und zu schützen seien – der erste Konvoi etwa der von den Revolutionstruppen in den Niederlanden Mitte der neunziger Jahre „mitbefreiten" Kunstwerke wurde im „Vaterland der Künste und des Genies, der Freiheit und der Gleichheit" enthusiastisch begrüßt. Ein Redner in der Nationalversammlung wünschte, die Werke von van Eyck, Rubens, van Dyck oder Gerard David mögen „im Herzen der freien Völker [...] Ruhe finden". Und es war der Louvre, der dazu bestimmt war, zum Hort einer aus ihrer höfischen Fron entlassenen Kunst zu werden und zum Bildersaal der europäischen Befreiung insgesamt –, anschaulich an Werken der Kunst exemplifiziert.

Zumal im Zusammenhang mit dem Vertrag von Tolentino aus dem Jahr 1797, der die bewaffneten Auseinandersetzungen zwischen dem Kirchenstaat und der unter Napoleons

Oberbefehl stehenden französischen Italienarmee beendete, gelangten nun auch die kapitalen Werke der päpstlichen Antikensammlung nach Paris – der Laokoon etwa oder der Apoll vom Belvedere. Dazu kamen Skulpturen aus den kapitolinischen Museen und Florentiner Sammlungen oder auch die Pferde von San Marco in Venedig, noch später schließlich die Quadriga des Brandenburger Tors. In einem veritablen antiken Triumphzug, der über das Marsfeld zum Louvre führte, wurden die Schätze im Juli 1798 der Öffentlichkeit vorgeführt: Im November 1800 dann eröffnete Bonaparte das Antikenmuseum im Erdgeschoss des Schlosses, in den Räumen des ehemaligen Appartements der Regentin Anna von Österreich. Noch bevor er Kaiser wurde, trug das Museum den Namen Napoleons; seine Büste – der italienische Bildhauer Lorenzo Bartoloni zeigt Bonaparte als monumentale, lorbeerbekränzte antike Herme – schmückte den Eingang.

Die Leitung des Musée Napoléon wurde Dominique Vivant Denon übertragen – ein ebenso gelehrter wie rühriger Impresario, dem in den folgenden Jahren die kaum noch zu überschauende Anhäufung von Kunstwerken unterstand. Neben regulären „Erwerbungen" – so gelangten 1808 die Antiken aus der Sammlung des mit Napoleons Schwester verehelichten Prinzen Borghese in den Louvre – war es vor allem die Kriegsbeute der kaiserlichen Truppen, welche die Säle und Galerien bald zum Bersten brachte. Charles Percier und Pierre-François Fontaine wurden ab 1804 beauftragt, den Louvre zu vergrößern und im Geschmack des Empire zu verschönern.

Die Konfiskationen von Gemälden, Skulpturen, Inkunabeln oder Handschriften und anderen Kostbarkeiten, die französische Agenten im Gefolge der Truppen in den eroberten Gebieten durchführten, haben zu einem in solchem Umfang bis zu diesem Zeitpunkt unbekannten Transfer von Kunstwerken geführt. Dabei übte Napoleon mit den Kunstplünderungen zwar eine seit alters her gängige kriegerische Praxis; in der Fülle aber und in der Systematik, mit der dabei vorgegangen wurde, erreichte er gänzlich neue Dimensionen. Nicht selten standen die Konfiskationswellen, die, wie etwa jene im Rheinland 1794–96, einer elfköpfigen Equipe aus Wissenschaftlern und Künstlern oblag, noch in der aufklärerischen Tradition der wissenschaftlichen Forschungsreisen. Der später dort sondierende Regierungskommissar Jean-Baptiste Maugirard etwa war instruiert und qualifiziert genug, um aus den Bibliotheken der säkularisierten rheinländischen Klöster über 8000 Raritäten nach Paris zu verfrachten. Die Missionen Vivant Denons allerdings übertrafen in Umfang und Akribie noch die seiner Vorgänger. Allein in Deutschland requirierte er mit sicherem Kennerblick mehrere tausend Gemälde, antike Statuen und künstlerische Kuriositäten aus den fürstlichen Galerien und Schatzkammern von Potsdam, Braunschweig, Kassel, Hannover, Schwerin oder Danzig. Dem nach Paris strömenden internationalen Publikum machte Vivant Denon vom Herbst 1807 bis zum Frühjahr 1808 die Beutekunst in einer spektakulären Ausstellung bekannt.

Diese kulturelle Annexion und Konzentration war – auch darin unterscheidet sie sich von früheren und auch von späteren Raubzügen – ideologisch motiviert oder suchte zumindest doch, sich so zu legitimieren. Denn es galt weiterhin die Losung, dass die Kunst zu befreien war – „en combattant les tyrans, nous protégeons les arts" (indem wir die Tyrannen bekämpfen, beschützen wir die Künste) – und das Patrimonium aus einer nationalen Trägerschaft in eine internationale Zuständigkeit – unter französischem Kommissariat, versteht sich – zu überführen. Zwar waren die fürstlichen Sammlungen vielerorts, wie in Kassel oder in Dresden, bereits öffentlich zugänglich und zudem landete die Mehrzahl der konfiszierten Kunstwerke in Magazinen oder wurde in entlegene Museen in der Provinz entsorgt. Das änderte aber im Grundsatz nichts an dem Anspruch, mit dem Musée Napoléon einen Ort zu schaffen, der in sich nicht nur die Geschichte Europas, exemplifiziert an seinen herausragendsten Kunstwerken, bewahrte, sondern auch und vor allem dessen Zukunft.

164

Dass selbst die geplünderten Länder dieser propagandistisch verbreiteten Lesart Bewunderung zollen konnten, geht aus einer Meldung des „Morgenblatts für gebildete Stände" (2.11.1807) hervor: „Die wehmütigen Gefühle eines Deutschen beim Anblicke dieser *spolia omnia* über sein Vaterland kann nur der kosmopolitische Gedanke besänftigen, dass die Werke der Künste, wie die Entdeckungen der Gelehrten, nicht auf den engen Raum einer Nation beschränkt sind, sondern der ganzen Menschheit angehören".

Karl Friedrich Schinkel, der wie viele andere Künstler auch nun nach Paris pilgerte, hat bei seinem ersten Besuch der Stadt im Jahr 1804 als seine „Lieblingsempfindung" „den ruhigen Genuss" beschrieben, wenn man „[...] in die der Kunst geheiligten Säle des vortrefflichen Museums tritt. Obgleich das praktische Studium hier leider durchaus verbannt sein muss, da der freie Zutritt diese Säle zur Promenade und zum Rendez-vous der höhern und niedern Pariser Welt macht, so kann dies doch den Freund der Kunst nicht hindern, hier bei der Betrachtung der größten Meisterwerke aus allen Zeitaltern ein ebenso nützliches Studium des Geistes zu finden und einen großen Genuss daraus zu ziehen".

Durch die Kunstrequisitionen Napoleons in ganz Europa und zumal durch die Verlagerung der Antiken trat Paris an die Stelle der bis dahin unangefochtenen Kunststadt Rom. Gelingen konnte das allein durch die Absage an die bislang prinzipiell anerkannte Ortsgebundenheit der bildenden Kunst. Indem die Werke in den Louvre integriert wurden, musste ihnen jede weitere nationale Gebundenheit ebenso abgesprochen werden wie auch Geschichtlichkeit, aus deren physischem Kontext sie gelöst erschienen. Antoine Chrysostôme Quatremère de Quincy sollte sich in seinen „Lettres à Miranda" (1796) vehement gegen die Plünderungen (zumal Roms, das er als natürlich gewachsenes Museum apostrophierte) und gegen die ideologisierte Kulturpolitik des Direktoriums wenden, die Frankreich, als selbsternanntem Vaterland der Freiheit, den exklusiven Anspruch auf die Verwahrung aller europäischen Kunst- und Kulturschätze zuschrieb und solcherart deren Requisition legitimierte.

Gerade an der Epochenschwelle um 1800 waren ja, nicht zuletzt aus den jüngsten Erfahrungen heraus, Kulturgüter allgemein als Identifikationsträger von Nationen überhaupt erst anerkannt worden. Die sogenannte Lex Doria Pamfili (später Lex Pacca) von 1802 regelte nicht nur den Denkmalschutz, sondern auch Ausfuhrbestimmungen von Kunstwerken und den Kulturgüterschutz im weitesten Sinn – Grundlage und Vorbild für spätere Schutzbestimmungen zahlreicher anderer Staaten. Johann Wolfgang Goethe hatte erkannt, welche erheblichen Folgen diese Translationen haben würden, als er sie in der Einleitung zu den Propyläen 1798 als „eine große Veränderung" beschrieb, „welche für die Kunst, im Ganzen sowohl, als im Besondern, wichtige Folgen haben wird".

Als „Kunstkörper", prominent figuriert im Louvre/Musée Napoléon, avancierte Paris für die Zeitgenossen zur „Hauptstadt der europäischen Moderne", also zu einem Ort, an dem sich neue geschichtliche Zeit und ästhetische Innovation verbanden. Stand Rom nunmehr für einen ästhetischen Historismus, verkörperte Paris den Ort des Neuen schlechthin, einen ästhetischen Aktionismus, der die Geschichte verzeitlichte. Rahel Varnhagen schreibt: „Der Ort ist ungeheuer; unter jedem Gesichtspunkt [...]. Ebenso modern, angefüllt mit allen gewesenen Zeitaltern, die es zerbrochen und schwankend, zum allgemeinen Zergehen – wenn nicht Zerplatzen –, in sich hält". Und wenn auch das Bewusstsein vorherrschte, dass das, „was Rom zu Rom macht, sich nicht in Kisten packen und durch Büffel nach Paris schleppen lässt" (so der Kunsttheoretiker Carl Ludwig Fernow), wurde dieses welthaltige Paris für einige Jahre zum Pilgerort der Kunst- und Wissenschaftsinteressierten.

Mit dem Sturz Napoleons freilich setzten unmittelbar die Rückgabeforderungen ein und leerten sich die Säle und Galerien des Louvre dramatisch; der Bildhauer Antonio Canova überwachte die Rückführungen, Vivant Denon trat aus Protest gegen die Restitutionszusagen zurück. Zumal in Deutschland, wo die zurückerstatteten Kunstwerke mit patriotischen Feiern begrüßt wurden, sollte sich aber gerade jetzt das Bewusstsein für die allgemeine, identitätsstiftende Funktion der Kunstwerke erst wirklich schärfen und wurden die fürstlichen Sammlungen zunehmend in öffentlichen Besitz überführt. Es gehört zum Erbe des napoleonischen Kunstraubs, dass er eine öffentliche Wertschätzung der Kunst und deren gesellschaftlich integrative Funktion so richtig erst hat entstehen oder doch auf neue Grundlagen hat stellen lassen.

Für etwas mehr als zwei Jahrzehnte war der Louvre ein europäisches Versprechen. Er gründete auf der Vorstellung einer in der Kunst symbolisch befreiten Welt. Der Furor freilich, mit dem die napoleonischen Truppen nicht nur Europa überzogen und verwüsteten, sondern zugleich seiner Kunst dauerhaft verlustig gehen zu lassen drohten, hat dieses Modell von früh an konterkariert. Alle Restitutionsfragen, die noch heute die kulturelle Debatte beherrschen, nehmen auf diesen geschichtlichen Moment Bezug. Dass es dem Louvre in der Folgezeit gelingen sollte, seine Sammlungen wieder zu füllen, verdankt sich seiner in der Folge nie wieder in Frage gestellten Bestimmung als Museum. Karl X., Louis-Philippe und Napoléon III. sorgten mit Ankäufen und Zustiftungen, vor allem auch mit der Ausdehnung der Sammlungsgebiete, für dessen weiteres Wachstum. Und noch die fünfte Republik hat, namentlich unter François Mitterand, der die Erneuerung und Erweiterung des Louvre zu seinen „Grands projets" zählte, die Bedeutung dieses Ortes als dynamisches Monument kultureller Selbstvergewisserung gesteigert. Er ist nun wieder das größte Museum der Welt – ohne es ihr abgerungen zu haben.

Literaturhinweise

Yveline CANTAREL-BESSON (Hrsg.), La naissance du musée du Louvre. La politique muséologique sous la Révolution d'après les archives des musées nationaux, 2 Bde. Paris 1981.

Yveline CANTAREL-BESSON, Musée du Louvre. Procès-verbaux du Conseil d'administration du „Musée central des Arts". Paris 1992.

Jean CHATELAIN, Dominique Vivant Denon et le Louvre de Napoléon. Paris 1999.

Kristina KRATZ-KESSEMEIER u. a. (Hrsg.), Museumsgeschichte. Kommentierte Quellentexte 1750–1950. Berlin 2010.

Andrew MCCLELLAN, Inventing the Louvre. Art, Politics, and the Origins of the Modern Museum in Eighteenth-century Paris. Cambridge 1994.

Ingrid OESTERLE, Paris – das moderne Rom?, in: Conrad WIEDEMANN (Hrsg.), Rom–Paris–London. Erfahrung und Selbsterfahrung deutscher Schriftsteller und Künstler in den fremden Metropolen. Stuttgart 1988, S. 375–419.

Edouard POMMIER, Le problème du musée à la veille de la Révolution. Montargis 1989.

Edouard POMMIER, L'art de la liberté. Doctrines et débats de la Révolution française. Paris 1991.

Bénédicte SAVOY, Kunstraub. Napoleons Konfiszierungen in Deutschland und die europäischen Folgen. Wien/Köln/Weimar 2010.

Paul WESCHER, Kunstraub unter Napoleon. Berlin 1978.

Sascha Köhl
Das Rathaus

Gleich einem Barbar, schreibt Victor Hugo in seiner „Rheinreise" (1842), habe er Köln schon zwei Tage nach der Ankunft wieder verlassen. Von den vielen Sehenswürdigkeiten der Stadt konnte der Autor des „Glöckner von Notre-Dame" neben der Bauruine des Doms nur das alte Rathaus besichtigen. Von diesem zeigte sich Hugo besonders angetan. Als *édifice-arlequin* umschrieb er es, als ein altertümliches, buntscheckiges Kommunalbauensemble, wie man es vor allem in jenen Städten antreffe, die sich auf der Grundlage selbst gegebener Gesetze und Gebräuche entwickelt hätten. Weit mehr als eine bloß ästhetisch reizvolle Komposition, spiegle die über Jahrhunderte gewachsene Bautengruppe, *chargés de traditions et de souvenirs*, die Geschichte der selbständigen Kommune.

Das sahen schon frühere Kölnbesucher ganz ähnlich. Doch fielen die Beschreibungen im vorangegangenen, dem Ideal klassisch-antiker Architektur verpflichteten Zeitalter der Aufklärung und der Revolution deutlich weniger schmeichelhaft aus. Das mittelalterliche, heruntergekommene und katholisch-abergläubische Köln mit seinem verwirrenden Labyrinth enger, dunkler und schmutziger Gassen galt als „abscheulichste Stadt von Deutschland" und sein Rathaus, passend dazu, als verfallenes, verwinkeltes, „altes schmuzziges Ding" in „schlechtem gothischen Geschmack". Einzig die Rathauslaube im Stil der Renaissance fand Gnade im Urteil der Zeit.

Victor Hugos Rathaushymne ist somit, nach einer Zeit grundsätzlichen Infragestellens der Traditionen, ein Dokument der Wiederentdeckung des „alten Rathauses" als Baudenkmal und Geschichtszeugnis. In denselben Jahren widmeten sich die Architekten und Historiker erstmals der Geschichte der europäischen Rathäuser. Allerdings wurden Singularität und

Abbildung 1: Das Kölner Rathaus. Gemälde von 1842.

Originalität der einzelnen Bauwerke, die Hugo am Kölner Rathaus so schätzte, dabei meist übergangen: Die vorherrschende politische Ideologie des Liberalismus gab ein Schema vor, dem sich die Vielfalt kommunaler Identitäten, Gedächtnisse und Monumente im vormodernen Europa fügen musste.

Die vielfältigen Anfänge repräsentativer Kommunalbauten im Mittelalter

Die noch vor 1900 kanonisch fixierte Geschichte des Rathauses beginnt mit dem griechischen *Bouleuterion*, dem Sitz des Ratsgremiums der Boulé. Freilich war dieses, wie auch die *Curia* des römischen Senats, nicht das einzige politische Versammlungsgebäude in der antiken Stadt. Eine anspruchsvolle Gestalt erhielten Bouleuterien und Curien erst sehr spät und oft auf Initiative einzelner Ratsherren, Fürsten oder Diktatoren, die den öffentlichen Raum als persönliches Repräsentationsfeld vereinnahmten.

Immerhin spiegelt sich darin die bis zum frühen Mittelalter anhaltende Bedeutung der politischen Institutionen in den Städten. Bezeichnend für den folgenden epochalen Einschnitt ist die Geschichte der *Curia* in Rom. Im 7. Jahrhundert zur Kirche geweiht, stand sie zwar weiterhin politischen Versammlungen offen. Doch als sich im 12. Jahrhundert ein restituierter Senat an die Spitze der Kommune stellte, bezog er einen Bau auf dem Kapitolshügel. Topographisch wie auch architektonisch setzte sich der neue Kommunalpalast deutlich vom alten Senatssitz am Forum Romanum ab.

Die Besetzung des Kapitols durch den Senat vollzog sich, zeitgleich zur einsetzenden kommunalen Bautätigkeit in vielen Städten Ober- und Mittelitaliens, im europäischen Kontext sehr frühzeitig. Das entsprach der besonderen geopolitischen Situation Italiens mit ihrer einzigartigen Konzentration großer Kommunen, die ein mangels effektiver monarchischer Gewalt entstandenes Machtvakuum füllten. Die Sicherung von Frieden und Ordnung oblag den Kommunen, wobei es Konflikte nicht nur mit benachbarten Städten und landsässigem Adel gab, sondern auch im Innern der durch viele Adelsfamilien geprägten und in komplexe Faktions- und Parteikonstellationen zersplitterten Städte. Das galt auch für das päpstliche Rom, in dessen weitläufiger und unterbevölkerter Ruinenlandschaft sich selbstherrliche Adelsclans in wehrhaften Kleinburgen einnisteten. Um dieser Situation ständiger innerer Unruhen und einer verwahrlosten öffentlichen Ordnung beizukommen, berief man vielerorts einen für begrenzte Zeit amtierenden, stadtfremden und parteilosen Podestà. Zugleich griff man auf das rechtliche und politische Wissen der Antike zurück, auf dessen Grundlage die jungen Kommunen ihre Ordnungsmacht theoretisch zu begründen und konkret zu gestalten lernten.

Sinnbild des neuen politischen Ordnungsanspruchs waren die seit etwa 1200 initiierten urbanen Großprojekte. Ausgedehnte Platzanlagen wurden mit Kommunalpalästen für Ratsversammlungen verbunden, später folgten weitere Kollegien- und Amtsgebäude. Späte Höhepunkte dieser Entwicklung waren die Paläste in Florenz und Siena (um 1300). Als treibende Kräfte wirkten hier die vermögenden Mittelschichten, die das Ordnungskonzept ihrer Gemeinschaft gegenüber dem Führungsanspruch des Adels durchzusetzen suchten: Die Türme der Adelskastelle wurden gekappt, einheitliche Hausfassaden vorgeschrieben, die öffentlichen Wege ausgebaut und auf das neue politische Stadtzentrum zugeführt.

Bereits die unter größten Anstrengungen erfolgte Anlage der Plätze, sei es inmitten eines dicht bebauten Viertels wie in Florenz oder auf abschüssigem Gelände wie in Siena, war ein symbolischer Akt. Die Plätze, deren Nutzung und Gestaltung zunehmend reglemen-

Abbildung 2: Das Brüsseler Rathaus (erbaut 1401 bis 1455), Photo: Archiv des Verfassers.

tiert wurden, bildeten eine würdige Bühne kommunaler Zeremonien. Dominiert wurden sie von den Palastbauten, die in ihren differenzierten Raumfolgen Versammlungssäle, Sitzungsstuben und die Magistratsresidenz vereinten, während ihre alles überragenden Türme die politische Hoheit der Kommune auch der Stadtsilhouette einschrieben.

So außergewöhnlich der historische Kontext der italienischen Städtelandschaft war, so einzigartig blieben vorerst auch diese kommunalen Bauprojekte. Im restlichen Europa waren die Städte deutlich kleiner, ihre Sozialstrukturen ausgewogener, die Rezeption gelehrten Rechts und politischer Traktate blieb sporadisch. Vor allem aber waren die Kommunen fest in monarchische Herrschaftsstrukturen eingebunden.

So finden sich die herausragenden Kommunalbauten nördlich der Alpen gerade in jenen niederländischen Städten, die eine zentrale Stellung in ihren Fürstentümern besaßen, in Brügge (Flandern, 1376), Brüssel und Leuven (beide Brabant, 1401/1448). Insbesondere das Brüsseler Rathaus ist ein gewaltiges Bauwerk, dessen Größe nicht etwa vom mäßigen Raumbedarf, sondern einzig von seiner äußeren Wirkung bestimmt wird. Die reiche Architektur, gipfelnd im filigranen Turmbau, zeigt in ungekanntem Maß Formen, die bisher nur Kirchenbauten angemessen waren.

Neu ist in diesem Kontext auch der umfassende, wenngleich nicht überall vollständig ausgeführte Skulpturenschmuck der Fassaden. In Brügge stellte er vor der Zerstörung 1794 die Reihe der flandrischen Grafen seit ihrem halbmythischen Begründer, dem Eisbärenjäger Balduin, dar. Dieses Programm verdeutlicht, analog zur zeitgleichen Geschichtsschreibung, dass die westeuropäische Stadt als politisches Subjekt nur in den Kontext des Fürstentums verortet werden konnte, dass folglich Stadt- und Fürstengeschichte untrennbar verwoben waren und dass das Denken über kommunale Politik und Identität im Fürsten seinen zentralen Bezugspunkt hatte. Das städtische Gedächtnis fiel hier, zumindest in seiner von Magistrat und Kanzlei konzipierten offiziellen Variante, weitgehend mit dem dynastischen Gedächtnis zusammen. Die drei niederländischen Rathausbauten lassen sich, vor dem Hintergrund der drohenden Vereinheitlichung der Fürstentümer durch die neuen burgundischen Landesherren, als eine Monumentalisierung dieses Gedächtnisses lesen, als Behauptung der eigenständigen Identität der Fürstentümer und Demonstration der zentralen Stellung der jeweiligen Städte.

Vorbild hierfür war das Rathaus im nahen Aachen, dessen Bildprogramm auf die Funktion des Hauses als Festsaal der Krönungsfeiern und auf das Selbstverständnis als „erster Stadt des Reichs" verwies. Solch anspruchsvolle Monumente einer sich langsam aus dem christlich-heilsgeschichtlichen Rahmen lösenden, säkular-politischen Identität, zu denen auch das Kölner Rathaus zählt, blieben vorerst exzeptionelle Solitäre. Sie täuschen über die bescheidenen räumlichen Verhältnisse hinweg, in denen die Mehrzahl der Magistrate ihre Rats- und Gerichtssitzungen abhielt. Das gilt für das Reich ebenso wie für Frankreich, England, Spanien und die Niederlande, für die oberschwäbischen Reichsstädte nicht anders als für die württembergischen Landstädte. Oft genügten den Ratsherren, wenn sie nicht im Freien tagten, wechselnde Räume in Klöstern, Wirtschaftsbauten oder Wirtshäusern. Auch war das Spektrum von Formen, Funktionen und Begriffen für die Bauten, die wir rückblickend als „Rathaus" ansprechen, sehr groß und das Interesse auswärtiger Besucher an ihnen eher gering; oft brachte man diese Bauten auch gar nicht auf einen Nenner. Größte Beachtung fanden dagegen die Kirchen, die den fest in der christlichen Weltordnung verwurzelten, im religiösen Kult um die integrative Bezugsfigur des Stadtpatrons vereinten Kommunen als vorrangige Repräsentationsbauten dienten.

Rathäuser der Neuzeit als kommunale Erinnerungsorte

Dass neben Mauer und Kirche auch ein Rathaus zu einer Stadt gehöre, ist eine neuzeitliche Vorstellung. Erst seit dem ausgehenden 15. Jahrhundert wurde ein anspruchsvoll gestaltetes, alle politischen und rechtlichen Funktionen integrierendes Rathaus wesentlicher Bestandteil einer europäischen Stadt. Hinter einer einheitlich gegliederten Fassade wurden die zuvor oft dezentral über die Stadt verteilten Räume der Gerichts- und Regierungskollegien sowie der Verwaltungsbediensteten in hierarchischer Ordnung vereint.

Zwar führten Machtausbau und -zentralisierung der Ratskollegien mancherorts schon seit dem 14. Jahrhundert zum Bedeutungszuwachs ihrer Versammlungsstätten. Doch erst infolge der Verdichtungsprozesse um und nach 1500, der Objektivierung von staatlichem und städtischem Gemeinwesen, der Festigung der ratsherrlichen Obrigkeit als repräsentatives Haupt des städtischen Sozialkörpers, wurde auch das Rathaus überall zum zentralen Repräsentationsbau, der Ordnung, Würde und Reichtum der Stadtgemeinschaft lesbar macht. Das Rathaus als eine hochrangige, mit spezifischen Funktionen und Formen verbundene und europaweit verbreitete Bauaufgabe trat an die Stelle der Vielzahl lokaler Traditionen kommunalen Bauens.

So war die Epoche zwischen dem späten 15. und dem mittleren 17. Jahrhundert die erste gesamteuropäische Blütezeit des Kommunalbaus. Noch heute prägen Rathäuser dieser Zeit das Erscheinungsbild vieler Städte, besonders eindrücklich etwa im sächsischen Raum. Einzelne Rathäuser wurden zu weithin rezipierten Modellen, in Nordwesteuropa etwa das im Stil der Renaissance errichtete Antwerpener Rathaus (1561). Einen glanzvollen Schlusspunkt der Neubauwelle im deutschen Raum setzte, kurz vor Ausbruch des Dreißigjährigen Kriegs, das Augsburger Rathaus (1615).

Auf europäischer Ebene sollte das Rathaus von Amsterdam, das majestätisch aus dem städtischen Gefüge kleiner Giebelhäuser aufragt, lange Zeit als unerreichtes Hauptwerk gelten. Im Unabhängigkeitsjahr der niederländischen Republik 1648 begonnen, ist es eines der ersten nördlich der Alpen, das ein dezidiert republikanisches Bildprogramm entfaltet. Statt einem Fürsten ist es nunmehr der Stadtpersonifikation der Amstelodamia gewidmet und beansprucht für das aristokratische Regiment der Handelsmetropole einen gleichberechtigten Platz in der von Monarchien geprägten Staatenwelt.

Es wurden aber nicht nur neue Rathäuser gebaut, sondern auch alte neu inszeniert. Kommunale Altbauten wurden vermehrt als Zeugnisse der Anciennität und Legitimität der kommunalen Verfassung gedeutet. Daher bemühten sich die Amtsinhaber um den Erhalt selbst architektonisch anspruchsloser oder unzeitgemäßer Bauwerke. So in Venedig, wo man nach dem Brand des Dogenpalasts 1577 der Instandsetzung des gotischen Ratssaalgebäudes den Vorzug vor einem Renaissanceneubau nach den Entwürfen Palladios gab. Weitere Beispiele sind aus ganz Europa bekannt, es sei nur auf das Rathaus von Cambrai verwiesen, dessen gotischer Gebäudekern um 1600, einer Reliquie gleich, beiderseits durch reich gestaltete Renaissanceflügel gefasst wurde.

Die hohe Wertschätzung historischer Rathausbauten dürfte zum Teil auch die im 17. Jahrhundert abnehmende Konjunktur großer Neubauprojekte erklären. Der Aufstieg des Absolutismus scheint hierfür nur indirekt verantwortlich zu sein. Denn in den Fürstenstaaten blieb das Rathaus eine wichtige Bauaufgabe, während die Neubauwelle in den Reichsstädten und Republiken (wie der Schweiz und den Niederlanden) eher abebbte. In den vormodernen Gemeinwesen, die ihre politische Stellung im Innern wie nach außen primär auf alte Gewohnheiten und Privilegien stützten, dürfte das symbolische Kapital der Rathausaltbauten kaum zu überschätzen sein. Die Weiternutzung alter Rathäuser konnte als ein gegen staatliche Modernisierung, Vereinheitlichung und Zentralisierung gerichteter Akt gedeutet werden – und war somit weniger Zeichen von Schwäche als Ausdruck einer politischen Haltung.

Erst im 18. Jahrhundert mehrten sich jene Stimmen, die sich auch abschätzig beispielsweise über das Kölner Rathaus äußern sollten. Die regellose Formenwelt des Mittelalters widerstrebte ihnen ebenso wie die kaum weniger verworrenen und irrationalen Regierungsformen der alten Kommunen. Das Rathaus von Cambrai musste einem klassizistischen Neubau weichen, und auch in der Stadtrepublik Bern entspann sich 1788 eine Debatte um die Pläne, das gotische Rathaus durch einen zeitgemäßen Monumentalbau zu ersetzen. Es siegten letztlich, auch dank finanzieller Argumente, diejenigen, die sich für den Erhalt des „ehrwürdigen Heiligthums" des Rathauses aussprachen.

Das alte Rathaus im modernen Europa: ein bürgerlicher Erinnerungsort

Die Berner Rathausdebatte sollte einige Jahrzehnte später wieder aufflackern. Nachdem die Patrizier in den Revolutionsjahren 1830/31 endgültig Abstand von der Alleinregierung genommen hatten, planten die neu gewählten liberalen Volksvertreter sogleich einen Umbau des Rathauses, jenes Herrschaftssymbols der Jahrhunderte lang im Geheimen regierenden Aristokratenkaste. War zunächst ein vollständiger Rathausneubau geplant, so begnügte man sich schließlich damit, die große Ratsstube zum weiten, hellen und durch eine Tribüne nun öffentlich zugänglichen Parlamentssaal auszubauen.

Nach einigen Jahren gewann auch der Berner Rathausbau wieder an Ansehen, ab 1860 wurde er schließlich – freilich in sehr schöpferischer Weise – restauriert. Ein Abriss eines solchen Bauwerks war zu dieser Zeit nur noch schwer durchzusetzen. Auch als 1859, zwei Jahrzehnte nach dem Besuch Victor Hugos, die Restaurierung des Kölner Rathauses zur Diskussion stand, wogen die praktischen Bedenken nicht mehr gegen dessen symbolische Bedeutung auf.

Hinter der Wiederentdeckung der alten Rathäuser stand nicht nur die wachsende Wertschätzung mittelalterlicher Baudenkmäler, sondern auch – im Europa der Restauration – der Bedarf des liberalen Bürgertums an politischen Symbolen. Im Kampf um demokratische Partizipation und konstitutionell garantierte Freiheitsrechte traten die liberalen Wortführer nach eigener Auffassung das Erbe einer in der mittelalterlichen Stadtbürgerschaft wurzelnden freiheitlichen Bewegung an, die im Rathaus gleichsam ihre Geburtsstätte hatte. In dieser Vorstellung überlagern sich freilich der vormoderne Stadtbürgerbegriff, der einen besonders privilegierten Stand umschreibt, und das moderne Staatsbürgerkonzept, das idealiter weder soziale noch lokale Schranken kennt. So wurde das Gegenüber von bürgerlicher Gesellschaft und übergeordnetem Staatssystem auf die räumliche Organisation mittelalterlicher Städte rückprojiziert: Das bürgerliche Rathaus galt fortan als Gegenpol des fürstlichen Schlosses.

Übersehen wurde dabei, dass die vormodernen Rathäuser in der Regel nur eine vom Stadtherrn privilegierte Stellung innerhalb der monarchischen Ordnung repräsentierten. Und vergessen war auch die Pluralität der kommunalen Gedächtnisse, die alle in das Schema des einen bürgerlichen Freiheitskampfs gezwängt wurden. An die Stelle der vielen individuellen Erinnerungsorte kommunaler Bauten trat bald der eine bürgerliche Erinnerungsort des Rathauses.

Dabei ist es keineswegs selbstverständlich, dass ausgerechnet das Rathaus als Denkmal bürgerlicher Freiheit und Selbstbestimmung ausersehen wurde. So war den Bernern, zumal jenen aus dem politisch lange Zeit rechtlosen Kanton, um 1830 noch sehr präsent, dass der Sitz der Ratsherrschaft potentiell ein Sinnbild für Unterdrückung und Fremdbestimmung war. Dass das Rathaus dennoch zum integrativen Symbol der liberalen Bewegung werden konnte, hatte viele Ursachen; unabdingbare Voraussetzung war jedoch der nach den Umbrüchen der Revolutionszeit einsetzende Mechanismus des Vergessens und Verdrängens. Erst mit wachsendem zeitlichem Abstand zu den im liberalen Sinne wenig vorbildlichen Ratsregimentern des Ancien Régime konnte auch das Rathaus ideologisch besetzt und seine Geschichte neu geschrieben werden.

Es waren selbstverständlich nicht nur liberale Stimmen, die sich zum Thema „Rathaus" äußerten. Doch waren sie es, die, infolge der längerfristigen politischen Entwicklungen, den größten Nachhall finden sollten. Unter ihnen taten sich vor allem Architekten und Historiker hervor, nicht jedoch die Vertreter des noch jungen und auf den Sakralbau konzentrierten Fachs Kunstgeschichte. Vielerorts erarbeiteten Stadtarchivare erste historische Monographien, überregionale Synthesen schrieben zumeist die Architekten, im deutschsprachigen Raum Alfred Bluntschli (1887).

Die theoretischen Studien der Architekten standen in engem Zusammenhang mit der Konjunktur neuer Rathausbauten. Schließlich war das Rathaus damals nicht nur das „unter allen Umständen wichtigste Wahrzeichen einer Stadt", sondern, in den wachsenden Städten des Industriezeitalters, auch Sitz eines vervielfachten Verwaltungsapparats. Da man zunächst an der Vereinigung von Politik und Administration, von Festsälen, Regierungszimmern und

Verwaltungstrakten im gleichen Haus festhielt, entstanden gewaltige Baukomplexe auf komplizierten Grundrissen.

Wo es bereits repräsentative Rathäuser gab, begnügte man sich mit funktionalen Erweiterungen. Wichtige Neubauten entstanden oft in jungen und neureichen Großstädten, zuerst in den englischen Industriestädten, wenig später in den mitteleuropäischen Hauptstädten Berlin, München und Wien und schließlich auch in den skandinavischen Metropolen. Mit diesen historistischen Rathausbauten, deren Architektur die Gesamtanlage oder einzelne Motive berühmter Vorbilder rezipierte, schrieben sich die Stadtregierungen gleichsam in die Geschichte der kommunalen Bewegung ein. Als Vorbilder dienten die italienischen und, mehr noch, die niederländischen Rathäuser, denn diese „bringen den Typus des Rathhauses in einer Weise zum Ausdruck, wie er nirgends grossartiger und charakteristischer gefunden ist" (Bluntschli). Während das Münchner Neue Rathaus eine nahezu identische Kopie des Brüsseler Pendants ist, lässt das Kopenhagener Rathaus (1893) durch seine als landestypisch empfundene Backsteinarchitektur das Modell des Sieneser Palazzo Pubblico durchschimmern.

Im Fall Kopenhagens deutet sich bereits an, dass das anfangs stark europäisch-kommunal ausgerichtete Bezugsfeld der historistischen Rathausarchitektur gegen Ende des Jahrhunderts zunehmend von nationalen Referenzen überlagert wurde. Statt sich vom vorherrschenden staatlichen Monumentalstil mit einer rathaustypischen Formensprache abzugrenzen, wie es das bis heute aus dem Stadtbild „hervorstechende" Berliner Rote Rathaus (1860) tat, passten sich die Rathäuser vermehrt gattungsübergreifenden, oft national oder regional konnotierten Baustilen an: In Dresden und Kassel fügten sie sich gar dem Genius Loci der barocken Fürstenresidenzen.

Im gleichen Maß, wie sich die architektonischen Bezüge zwischen historischen und zeitgenössischen Rathausbauten lockerten, trennten sich auch die Bewertungsmaßstäbe, die man an alt und neu anlegte. Konnte ein Rathausneubau um 1900 noch als „Palladium städtischer Freiheit" gefeiert werden (Mai u. a.), so fiel die Einschätzung bald schon deutlich nüchterner aus und näherte sich dem heute verbreiteten Bild von anonymen Verwaltungskomplexen, die weniger die demokratische Selbstbestimmung einer Gemeinde als die bürokratischen Auswüchse des modernen Staats zu repräsentieren imstande sind.

Im Kontrast dazu blieb das „alte Rathaus" weiterhin mit dem Bild einer verklärten Frühzeit kommunaler Autonomie und mit Begriffen wie Bürgersinn, Freiheit oder Demokratie verknüpft. Laien wie Wissenschaftlern galt und gilt es als Erinnerungsort vieler positiver Errungenschaften der politischen und gesellschaftlichen Ordnung unserer Zeit („Ausdruck der freien, demokratisch regierten Stadt", Mai u. a.). Hierin zeigt sich einmal mehr die enge Verflechtung von interessengeleiteter Gedächtnisbildung und ‚objektiver' Geschichtsschreibung. Erschwert wird eine distanzierte Untersuchung dadurch, dass die Rathäuser, anders als Kirchen, Schlösser oder Adelspaläste, weiterhin mit einem anerkannten Wertekanon assoziiert werden. Hinzu kommt, dass sogar die DDR-Forschung ein positives Bild vom Rathaus zeichnete: als Keimzelle der frühbürgerlichen Revolution gegen den Feudalismus und somit als Denkmal des geschichtlichen Fortschritts. Grundlegende Studien der jüngsten Zeit haben zwar an diesen Bildern gerüttelt. Inwieweit deren Erkenntnisse jedoch Verbreitung finden, bleibt abzuwarten. Noch hat das „alte Rathaus" kaum von seinem Identifikationspotential und seiner Faszinationskraft eingebüßt.

Neue Perspektiven: Rathäuser als Foren politischer Öffentlichkeit

Das anhaltende Interesse an den Rathäusern rührt auch daher, dass der Blick auf die alten Bauten, über die individuellen politischen Ansichten hinweg, die Sichtweise auf heutige Phänomene zu schärfen verspricht. Angeregt durch aktuelle Themen und Fragen wurden deshalb in den letzten Jahren viele neue Facetten der Bauten beleuchtet, so etwa ihre Funktion als Foren politischer Öffentlichkeit.

Rechtliches und politisches Handeln hatte in den vormodernen Städten einen engen Öffentlichkeitsbezug. Um Rechtskraft zu erlangen, mussten Herrschafts- und Ämterwechsel öffentlich beschworen, neue Gesetze vor versammeltem Publikum verkündet und der Gerichtsprozess im Kreise der Rechtsgemeinde vollzogen werden. Öffentlichkeit wird hier als konkrete, an einem bestimmten Ort versammelte Gemeinschaft fassbar. Der Wandel des Öffentlichkeitsverständnisses spiegelt sich deshalb unmittelbar in der Gestaltung dieser Orte.

Davon zeugt das Aufkommen der Rathäuser in den Niederlanden um 1300. Sie lassen sich als Antwort der Ratsgremien auf Herausforderungen verstehen, die sich kurz zuvor schon den Kardinälen bei der Papstwahl stellten, nämlich diskursive Entscheidungsprozesse zu ermöglichen, ohne das Bild kollegialer Einmütigkeit zu trüben. So wie man in Rom den Wahlmodus im Konklave festlegte, so untergliederten die bisher auf Kirchhöfen und Marktplätzen tagenden niederländischen Ratsherren die Verfahren in einzelne Schritte, in ritualisierte Akte im öffentlichen Raum einerseits und freiere Debatten in verschlossenen Sitzungszimmern andererseits. Dem entsprach die Anlage der Rathäuser, die vom Platz über den öffentlichen Saal bis zu den geheimen Stuben eine Folge von Räumen abgestufter Öffentlichkeit schufen. Große Fenster und offene Lauben, aber auch die mit Mitteln der Außenarchitektur gestalteten Säle verwischten die Grenzen zwischen innen und außen.

Dieses Prinzip der Raumanordnung lag aber nicht nur den Kommunalbauten, sondern auch den Königspalästen, etwa von Paris und London, zugrunde. Mit ihren der Stadt zugewandten und frei zugänglichen Hauptsälen erscheinen sie als Gegenmodelle zu den weitläufigen und Distanz schaffenden Palastanlagen islamischer Herrscher. Dementsprechend hatten auch die Rathäuser des lateinischen Europa schon im benachbarten orthodoxen und osmanischen Europa vor dem 19. Jahrhundert keine Pendants.

So zeichnet sich in der Architektur frühzeitig jenes für die Politik im westlichen Europa charakteristische Spannungsfeld zwischen geheimer Machtausübung und öffentlicher Legitimation ab, das bis heute immer wieder neu abgesteckt wird. Angesichts der veränderten medialen und politischen Bedingungen wird man zwar nur sehr vorsichtig direkte Verbindungen zwischen mittelalterlichem und modernem Verständnis von Öffentlichkeit in der Politik ziehen. Die architektonische Semiotisierung politischer Öffentlichkeit, etwa bei Rathaus- und Parlamentsbauten, steht aber unverkennbar in der mittelalterlichen Tradition, wenn den Klausur- und Sitzungsräumen, in denen die Politik gemacht wird, eine Offenheit suggerierende Fassade vorgeblendet wird: Transparente Glaswände und begehbare Lichtkuppeln sind die Rathauslauben der Gegenwart.

Ich danke Timo Hagen (Heidelberg) für seine weiterführenden Anmerkungen.

Literaturhinweise

Stephan ALBRECHT, Mittelalterliche Rathäuser in Deutschland. Architektur und Funktion. Darmstadt 2004.

Marius BATTARD, Beffrois, halles, hôtels de ville dans le Nord de la France et la Belgique. Arras 1948.

Alfred Friedrich BLUNTSCHLI, Stadt- und Rathhäuser, in: Josef DURM u. a. (Hrsg.), Handbuch der Architektur. 4. Teil: Entwerfen, Anlage und Einrichtung von Gebäuden. 7. Halbbd.: Gebäude für Verwaltung, Rechtspflege und Gesetzgebung; Militärbauten. Darmstadt 1887.

Colin CUNNINGHAM, Victorian and Edwardian town halls. London 1981.

Martin DAMUS, Das Rathaus. Architektur- und Sozialgeschichte von der Gründerzeit zur Postmoderne. Berlin 1988.

Walter GEIS/Ulrich KRINGS (Hrsg.), Köln: Das gotische Rathaus und seine historische Umgebung. Köln 2000.

Ekkehard MAI u. a. (Hrsg.), Das Rathaus im Kaiserreich. Kunstpolitische Aspekte einer Bauaufgabe des 19. Jahrhunderts. Berlin 1982.

Matthias MÜLLER, Ihr wollet solche Gebäude fürstlichst ins Werk richten! Das Rathaus der Residenzstadt als Repräsentationsbau des Fürsten, in: Werner PARAVICINI (Hrsg.), Der Hof und die Stadt: Konfrontation, Koexistenz und Integration in Spätmittelalter und Früher Neuzeit, Ostfildern 2006, S. 281–295.

Jürgen PAUL, Die mittelalterlichen Kommunalpaläste in Italien. Freiburg 1963.

Jean-Marie PÉROUSE DE MONTCLOS, Hôtels de ville de France. De la Curie romaine à la mairie républicaine. Vingt siècles d'architecture municipale. Paris 2000.

Volker Hunecke
Reitermonumente

Das heutige Europa ist übersät mit Reiterdenkmälern, an einigen Orten recht dicht, anderswo eher spärlich; doch gibt es zwischen Polarkreis und Mittelmeer, zwischen Atlantik und
Ural kein Land, in dem sich nicht wenigstens ein Reitermonument, gewöhnlich mehrere,
nicht selten ein ganzes oder gar mehrere Dutzend erhöben. Das gilt auch für die erst jüngst
wiedererstandenen Staaten im Baltikum und auf dem Balkan, wo der Zerfallsprozess multi-
nationaler Reiche und die Entstehung um eine nationale Identität ringender Kleinstaaten zur
Aufrichtung von Denkmälern geführt hat, die eine zum Stammvater der Nation verklärte
Gestalt in martialischer Pose hoch zu Ross darstellen. So geschah es noch jüngst mit dem im
19. Jahrhundert zum Freiheitshelden der Albaner stilisierten Skanderbeg. Diesem Kämpfer
gegen die Osmanen zollte nicht nur das Regime Enver Hodschas seinen Tribut, indem es ihm
1968, zu seinem 500. Todestag, in Tirana ein Reiterdenkmal errichtete, sondern ein solches
widmeten ihm auch noch die Albaner des Kosovo 2001 in Prishtina und albanischstämmige
Makedonen 2006 in Skopje. Von Europa aus breitete sich seit der Mitte des 19. Jahrhunderts
das Reiterdenkmal über alle Kontinente aus – vorzugsweise in seiner aufwendigsten Variante,
als überlebensgroße, im Hohlgussverfahren hergestellte Bronzestatue. Mit dieser Technik,
dem Wachsausschmelzverfahren, fabrizierte Reiterstatuen hatte es im Römischen Reich zu
Hunderten gegeben; doch von ihnen hat sich nur eine einzige erhalten, die 1538 vom Lateran
auf den Kapitolhügel versetzte Statue des Kaisers Mark Aurel; sie bildet das einzige Mittelglied
zwischen den Herden eherner Reiter der Antike und denjenigen der Neuzeit.

Selbst wenn man Reiterfiguren aus anderem Material hinzunimmt, ist ihre Zahl in dem
Jahrtausend zwischen dem Untergang des Römischen Reichs und der Renaissance bemerkenswert gering geblieben und auch im Verlauf der frühen Neuzeit nur langsam gewachsen.
Im Mittelalter begegnet man ihnen am häufigsten als drachentötender heiliger Georg und
mildtätiger heiliger Martin; nur äußerst selten stellt der Reiter eine weltliche Person dar,
deren Identität – wie bei dem Magdeburger und Bamberger Reiter – oft rätselhaft und umstritten ist. Der früheste, noch an den Fingern einer Hand abzählbare Trupp weltlicher Reiter
taucht im 13./14. Jahrhundert in den Stadtrepubliken Ober- und Mittelitaliens auf, die treue
Dienste ihrer obersten zivilen und militärischen Beamten hin und wieder mit deren Darstellung zu Pferd belohnten. So findet man noch heute die früheste Darstellung dieser Art,
gewidmet dem Mailänder Podestà Oldrado da Tresseno (1233), an ihrem ursprünglichen
Ort, dem neuen Rathaus der Stadt. Die republikanischen Ursprünge der nachantiken Reiterstatue werden deswegen oft verkannt, weil man – mit Blick auf spätere Jahrhunderte –
bei der Person im Sattel fast unwillkürlich an einen fürstlichen Herrscher denkt. Für das
monarchische Europa vom 17. bis zum 19. Jahrhundert stimmt das in der Regel auch, aber
nicht für das Land, in dem die spätere Normalform des Reiterdenkmals, die freistehende,
überlebensgroße Bronzestatue, wiedererfunden wurde. Diese Großtat in der Geschichte der
nachantiken Skulptur verdanken wir Bildhauern aus der Republik Florenz, die um die Mitte
des 15. Jahrhunderts in Ferrara und Padua die Inkunabeln der neuzeitlichen ehernen Reiterstatue schufen. Auch was im damaligen Italien sonst noch an Reiterbildern entstand, ist
in den meisten Fällen der republikanischen Gegenwart bzw. Vergangenheit der zahlreichen
Stadt- und Territorialstaaten geschuldet.

Die Fürstung des zunächst republikanischen Reiterdenkmals nahm ein ganzes Jahrhundert in Anspruch und gelangte am Ende des Cinquecento in Florenz zum Abschluss,
wo auf Geheiß Großherzog Ferdinands I. die Werkstatt Giambolognas eine Reiterstatue für

dessen Vater Cosimo I. goss, die neben dem alten republikanischen Rathaus Aufstellung fand (Abb. 1). Unweit von diesem Ort, auf der Piazza SS. Annunziata, verewigte sich Ferdinand noch zu Lebzeiten mit einer ähnlichen Statue aus derselben Werkstatt, die in den folgenden Jahren, nunmehr unter Leitung von Pietro Tacca, auch die Höfe von Paris und Madrid mit ehernen Reiterstatuen belieferte. Nachdem Kardinal Richelieu seinem Herrn, Ludwig XIII., ein solches Denkmal auf der Pariser Place Royale gesetzt hatte, herrschte in Sachen dieses neuartigen Fürstenmonuments für ein halbes Jahrhundert Ruhe, bis 1685 (in Zusammenhang mit der Revokation des Edikts von Nantes) über Frankreich eine Reiterdenkmalepidemie hereinbrach. Damals wurden für Ludwig XIV. auf einen Schlag elf Reiterdenkmäler geplant und immerhin fünf davon bis kurz nach seinem Tod ausgeführt. Erst jetzt begann die eigentliche Europäisierung dieses Denkmaltypus, der zu Lebzeiten des Sonnenkönigs die Länder von Skandinavien bis Neapel und vom Rhein bis an Elbe und Spree eroberte. Auch England öffnete sich bereitwillig der neuen Mode und errichtete Ludwigs Gegenspieler Wilhelm III. sowie seinen Nachfolgern aus dem Haus Hannover zahlreiche Reiterdenkmäler. Ohne dass solches jemals explizit ausgesprochen wurde, verstand es sich seit jener Zeit wie von selbst, dass dieser Denkmaltypus allein Fürsten, lebenden und verstorbenen, vorbehalten war. Daran hielt man sich auch noch im 18. Jahrhundert, in dessen Verlauf Edme Bouchardon, Jacques Saly und Étienne-Maurice Falconet mit ihren

Reiterstatuen für Ludwig XV. in Paris, für Friedrich V. in Kopenhagen und Peter den Großen in St. Petersburg diese Kunstform zu ihrer höchsten Vollendung führten.

Mit diesen Bildhauern hatte sich das künstlerische Potential des herrscherlichen Reiterdenkmals erschöpft. Vor der Verlegenheit, sich dies eingestehen zu müssen, bewahrten das noch immer reiterdenkmalhungrige Europa die französischen Revolutionäre, die, von antimonarchischem Furor beseelt, in Frankreich alle Reiterstatuen niederrissen und einschmolzen, worin ihnen die italienischen Jakobiner folgten. Als Symbol der „Despotie" war das Reitermonument damals so kompromittiert, dass Napoleon sich die Errichtung eines solchen für sich selbst in seinem Empire strikt verbat, es aber zuließ, dass sein Bruder Joseph, damals König von Neapel, eines bei Antonio Canova in Auftrag gab. Noch bevor dieser sein Werk vollenden konnte, stürzte derjenige, für den es gedacht war, und der nach Neapel zurückgekehrte Ferdinand IV. ließ seinen Vater Karl III. auf Canovas Pferd Platz nehmen und sich selbst auf einem ähnlichen daneben in Bronze gießen. Obgleich von dem Prinzeps der damaligen europäischen Bildhauerschaft entworfen, gelten beide Reiterstatuen nicht eben als Meisterwerke, sind aber gerade wegen ihrer durchschnittlichen Qualität für die nun einsetzende Phase in der Geschichte dieser Denkmalform typisch. Beginnend mit der durch den Wiener Kongress geschaffenen Neuordnung Europas und endend mit der Zertrümmerung dieser Ordnung während und infolge des Ersten Weltkriegs, wurde der alte Kontinent von einer regelrechten Sucht nach Reiterdenkmälern befallen, von der die Neue Welt sich bereitwillig anstecken ließ.

Die überschaubare Zahl an Denkmälern der älteren Zeit hat seit Langem eine ganze Phalanx von Kunsthistorikern auf den Plan gerufen, die selbst noch den unscheinbarsten ihre Aufmerksamkeit nicht vorenthalten haben. Dagegen sind sie bis heute – mit Ausnahme von Wolfgang Vomm – davor zurückgeschreckt, die kaum überschaubaren Herden der postrevolutionären Reiter ins Visier zu nehmen. Die wenigen globalen Äußerungen über sie beschränken sich gewöhnlich darauf, ihre mäßige künstlerische Qualität hervorzuheben oder ihnen gar jeden künstlerischen Wert abzusprechen. Ihre unverkennbare Einbuße an künstlerischer Meisterschaft, die nicht zuletzt ihrer starken Vermehrung zuzuschreiben ist, kompensieren die Reitermonumente des 19. Jahrhunderts indes durch eine wohltuende Diversifizierung dieses Denkmaltypus. Nach der Revolution, die das monarchische Prinzip – was viele seiner Anhänger nicht wahrhaben wollten – bis ins Mark getroffen hatte, geriet die fürstliche Exklusivität des Reiterdenkmals ins Wanken. Zwar lebte die Tradition des herrscherlichen Reitermonuments in nicht wenigen Ländern recht ungebrochen fort; so in den meisten Staaten des Deutschen Bundes und des Reiches, in Dänemark mit seinen nicht weniger als acht Reiterstatuen für die Könige Christian IX. und Christian X. oder in der Neomonarchie der Niederlande mit ihren zahlreichen Wilhelms und der Wilhelmina zu Pferd. Eine Entfürstung des Reitermonuments verstand sich von selbst, wenn sich, wie in Amerika, Staaten von Anfang an als Republiken konstituierten, oder wie in Frankreich und der Türkei zu dieser Staatsform bekehrten. Die Sättel der Reitermonumente bestiegen nunmehr auch Feldherren wie die Napoleongegner Wellington und Erzherzog Carl oder später die Marschälle der Siegernationen im Ersten Weltkrieg. Eine weitere Neuerung bildete der Brauch, das Gedenken an herausragende Personen weit zurückliegender Zeiten durch Reiterdenkmäler wachzuhalten. Den Anfang dieser Art geschichtlicher Ehrung machten die Schweden, die ihren 1632 bei Lützen gefallenen König Gustav II. Adolf anderthalb Jahrhunderte später in seiner Hauptstadt hoch zu Ross verewigten, zu seinen Füßen den Kanzler Oxenstierna und eine Allegorie der Geschichte. In der Romantik erlebten ihre Wiederauferstehung als eherne Reiter Herzog Emanuele Filiberto in Turin, Wilhelm von Oranien in Den Haag, Gottfried von Bouillon in Brüssel, Rudolf von Erlach in Bern, Wilhelm der Eroberer in seiner Geburtsstadt Falaise, Richard Löwenherz in London nebst

Abbildung 2: Anita Garibaldi von Mario Rutelli, Rom, Gianicolo (1931). Archiv des Verfassers.

vielen anderen, zu denen sich an der Wende zum 20. Jahrhundert in Clermont-Ferrand ein Vercingetorix, im westfälischen Herford ein Herzog Wittekind, in Goslar ein Friedrich Barbarossa, in München ein Otto von Wittelsbach und manche weitere hinzugesellten.

Frauen eine Reiterstatue zu setzen, war im alten Rom so ungewöhnlich, dass Livius eine derartige Ehrung der Cloelia, die sich im Krieg gegen Porsenna durch ungewöhnliche Tapferkeit ausgezeichnet hatte, ausdrücklich als eine „neuartige Ehre" hervorhob. Das war auch noch im 19. Jahrhundert der Fall, wo allein die Reiterfigur der Jeanne d'Arc eine nationale Popularität erlangte. Darstellungen verstorbener und lebender Herrscherinnen – wie Isabellas von Kastilien, Maria Theresias und selbst der Königin Victoria – blieben weiterhin recht selten. Wohl zu einem guten Teil dem Kult um ihren Gatten Giuseppe hatte es Anita Garibaldi zu verdanken, wenn ihr mitten in faschistischer Zeit unweit von dessen Monument auf dem römischen Gianicolo eine der statisch atemberaubendsten Reiterstatuen gesetzt wurde (Abb. 2).

Weitere Merkmale ihrer Entfürstung bestehen darin, dass Reitermonumente, auch solche regierender Fürsten, immer häufiger nicht von Fürsten selbst, sondern von Bürgern und ihren Repräsentanten gestiftet wurden; auch hielt man es nicht länger für nötig, wie im Ancien Régime für jedes königliche Reiterstandbild einen königlichen Platz, eine Place Royale, zu finden oder gar eigens anzulegen. Im Zeitalter des Fortschritts von Industrie und (wie man meinte) Zivilisation schien es passend, die berittenen Fürsten vor Bahnhöfen, auf den

Pylonen von Eisenbahnbrücken, vor Museen, Universitäten, Opernhäusern und anderen nützlichen Einrichtungen aufzustellen. Der Sockel des 1851 enthüllten Reiterdenkmals für Friedrich den Großen Unter den Linden ist noch weitgehend von seinen Offizieren okkupiert. Auf Vorder- und Längsseiten werden figürlich oder inschriftlich immerhin 85 hervorgehoben; ihnen gegenüber bleiben die unter dem Schwanz des Pferdes untergebrachten zivilen Staatsbeamten und Größen des Geisteslebens deutlich in der Minderheit. An dem eine Generation später (1878) eingeweihten Denkmal Friedrich Wilhelms III. auf dem Kölner Heumarkt sind dagegen unter den diesmal bloß 16 vollplastischen Sockelfiguren die Generale der Freiheitskriege als Eckfiguren zwar hervorgehoben, aber die Militärs bleiben zahlenmäßig hinter den Staatsmännern und Gelehrten zurück (unter ihnen Stein, Hardenberg, die Brüder Humboldt und Niebuhr).

In den älteren Zeiten, als ein ehernes Reiterstandbild noch eine Seltenheit war und seine Herstellung gewöhnlich viele Jahre in Anspruch nahm, schufen die meisten Bildhauer in ihrer ganzen Karriere nur eine einzige oder höchstens zwei derartige Statuen. Eine Werkstatt wie diejenige von Giambologna und Tacca in Florenz, in der während eines halben Jahrhunderts fünf Statuen gegossen wurden, bildete eine absolute Ausnahme. Im 19. Jahrhundert, im Zeitalter ihrer technischen Reproduzierbarkeit, war es hingegen nichts Ungewöhnliches, wenn ein einzelner Bildhauer die Herstellung einer ganzen Serie eherner Reiterstatuen – inklusive diverser Repliken – übernahm. So gehören zu dem ansehnlichen Œuvre von Carlo

Marochetti außer den schon genannten Statuen für Emanuele Filiberto und Richard Löwenherz noch zwei für Herzog Ferdinand-Philipp von Orléans, für König Karl Albert von
Sardinien-Piemont, für Königin Viktoria und ihren Gemahl Albert in Glasgow, drei Statuen
für den Herzog von Wellington und einige nicht vollendete, nur als Statuetten überlieferte für Franz I. von Frankreich, George Washington und Napoleon. Nicht weniger produktiv
und vielseitig als Bildner von Reiterstatuen war Emmanuel Fremiet. Der fast stets mit Auf-
trägen überhäufte Fremiet verpflichtete sich im September 1866, seine erste Reiterstatue, einen
Napoleon I. für Grenoble, pünktlich zu dessen Geburtstag am 15. August 1867 abzuliefern.
Die nächste, einen spätmittelalterlichen Ritter, fertigte er 1869 sogar in noch kürzerer Zeit.
An diesen knappen Fristen ist zu sehen, dass die industrielle Revolution auch den Guss von
Großbronzen erfasst hatte. 1872 trat der von Kriegsniederlage und Kommune tief aufge-
wühlte Fremiet an die bereitwillig zustimmenden Behörden mit dem Vorschlag heran, für
Paris eine Jeanne d'Arc zu Pferd zu schaffen. So entstand die 1874 auf der Place des Pyrami-
des aufgestellte Reitergruppe (Abb. 3), die einen Boom ähnlicher Statuen in ganz Frankreich auslöste. Obgleich mittlerweile einer der meistbeschäftigten Bildhauer Frankreichs,
schuf Fremiet bis zu seinem Tod noch Reiterstatuen für so unterschiedliche Personen wie
den Maler Velázquez (einst im Garten vor dem Louvre aufgestellt); für den Konnetabel von
Frankreich Bertrand du Guesclin in dessen Schloss bei Dinan; für den als einen der Väter der
rumänischen Nation verehrten moldauischen Woiwoden und Kämpfer gegen Ungarn und
Osmanen Stephan den Großen in Jassy (Rumänien); für den amerikanischen Revolutionär
und Obersten der Kontinentalarmee John Eagar Howard in dessen Heimatstadt Baltimore;
und schließlich die 1900 gegossene, aber erst 1910, im Todesjahr des Künstlers, in Bogotá
aufgestellte Reiterstatue für den *libertador* Simón Bolívar, von der die Kolumbianer, nachdem man sie bereits für die südamerikanischen Städte Barranquilla und La Paz nachgegossen
hatte, der Stadt Paris 1933 eine Replik zum Geschenk machten.

Die Künstler waren offenbar bereit, alles zu liefern, was man von ihnen wünschte; die Auftraggeber indes hatten, je nachdem welcher Nation sie angehörten, recht unterschiedliche
Präferenzen, wie ein Vergleich zwischen Berlin/Deutschland und Paris/Frankreich verdeutlichen mag. In der preußisch-deutschen Hauptstadt bestand offenbar ein starker
Nachholbedarf an fürstlichen Reitermonumenten. Aus vorrevolutionärer Zeit besaß Berlin
allein Andreas Schlüters Großen Kurfürsten auf der Schlossbrücke, zu dem sich erst nach
der 1848er Revolution Rauchs Friedrich der Große Unter den Linden hinzugesellte. Doch
dann folgte ein monarchischer Reiter auf den anderen: Friedrich Wilhelm III. im Lustgarten
(1876), Friedrich Wilhelm IV. vor der Nationalgalerie (1886), eine Kopie des Schlüterschen
Denkmals im Treppenhaus des Bodemuseums (1896); das Nationaldenkmal für Kaiser
Wilhelm I. vor dem Schloss (1897), Kaiser Friedrich III. an dem einst nach ihm benannten
Museum (um 1904) und derselbe wenig später in Charlottenburg. In diese monarchische
Eintönigkeit brachten nur August Kiß' berittene Amazone und Albert Wolffs berittener
Löwenkämpfer auf den Treppenwangen des Alten Museums, des ersteren heiliger Georg
als Drachentöter und dann vor allem Louis Tuaillons Amazone (1895) an der National-
galerie samt ihrer großen Schwester im Tiergarten eine wohltuende Abwechslung. Dem
Kunstgeschmack der Berliner stellt es ein gutes Zeugnis aus, dass von den Monarchen nur
Schlüters Großer Kurfürst (samt Replik) und der königliche Stifter der Nationalgalerie
überlebt haben und Friedrich II. nach langem sozialistischen Exil an seinen ursprünglichen
Ort zurückgekehrt ist, hingegen die nichtmonarchischen Reiterskulpturen allesamt selbst
die widrigsten Zeiten überdauert haben.

Wie anders dagegen die Situation in Paris, wo die Tradition das Nachsehen hatte gegenüber den neuen Ideen von Republik, Freiheit und Weltoffenheit! Die restaurierten
Bourbonen beeilten sich zwar, die Reitermonumente ihrer Vorfahren zu erneuern, die, weil

inzwischen politisch bedeutungslos, alle kommenden Revolutionen unbeschadet überstanden; doch Marochettis politisch noch aktueller Herzog von Orléans behauptete seinen Ehrenplatz im Hof des Louvre bloß für drei Jahre bis zur Februarrevolution. Da alle Bemühungen Napoleons III., seinen Anspruch, der legitime Erbe seines großen Onkels zu sein, durch ein diesem in der Hauptstadt zu errichtendes Reitermonument zu unterstreichen, zu keinem Ergebnis führten, hinterließ das Second Empire der Stadt kein einziges Reiterdenkmal. Der 1867 begonnene Karl der Große vor Notre-Dame sollte erst ein Jahrzehnt später vollendet werden. Mit der Dritten Republik brach hingegen eine ganze Kavalkade eherner Reiter über Paris herein. Den Anfang machte Fremiets Jeanne d'Arc, der sich im Lauf der Jahre noch drei weitere Reiterdarstellungen der Heroine zugesellten. Absolut einzigartig blieb Fremiets Velázquez vor dem Louvre, den die Pariser 1933 der Spanischen Republik zum Geschenk machten und dadurch seiner Zerstörung überantworteten. Nahe dem Hôtel de Ville gedachte man 1888 des mittelalterlichen Vorkämpfers für die städtische Freiheit, Étienne Marcel, mit einer Reiterstatue und in den Jahren danach der Protagonisten der Atlantischen Revolution George Washington und La Fayette, zu denen vor und nach dem Zweiten Weltkrieg als Geschenk südamerikanischer Regierungen ein Simón Bolívar und ein José de San Martín stießen. Eine letzte Schwadron von Reitern hielt im Gefolge des Ersten Weltkriegs Einzug in die französische Hauptstadt. Den Zug eröffnete im Jahr des Kriegsausbruchs Eduard VII., Repräsentant der Entente mit England. Am Vorabend des Zweiten Weltkriegs erfolgte die Ehrung der mit Frankreich verbündeten Könige Peter von Serbien und Alexander von Jugoslawien, sodann König Alberts von Belgien, der durch seinen tapferen Widerstand gegen die Deutschen den Schlieffenplan zu Makulatur gemacht hatte, und schließlich die französischen Marschälle Joseph Joffre und Ferdinand Foch.

Im Umgang mit Reiterdenkmälern beschritt man auf nationaler Ebene in beiden Ländern seit den Ereignissen von 1870/71 völlig getrennte Wege. Um den Einiger ihres Vaterlands zu ehren, stiftete im Deutschen Reich eine Stadt und eine Provinz nach der anderen Kaiser Wilhelm I. nach dessen Tod ein Reiterdenkmal; deren Unmenge – in nur zwei Jahrzehnten über ein halbes Hundert – führte den Denkmalgedanken ad absurdum. Die nur wenig geringere Zahl der übrigen damals aufgepflanzten ehernen Reiter rekrutierte sich zur einen Hälfte aus anderen Herrschern des Hauses Hohenzollern und zur anderen aus den Dynastien der nichtpreußischen Staaten. Um von Reiterstatuen, die keinem Fürsten galten, wenigstens auf ein halbes Dutzend zu kommen, muss man schon einen Bacchus auf Esel (Dresden) und einen Amor auf dem Pegasus (Breslau) mitzählen. So viel Eintönigkeit des Motivs zog unvermeidlich viel künstlerische Mittelmäßigkeit nach sich, der man erst zu entrinnen trachtete, als das fürstliche Reiterdenkmal bereits im Begriff stand, politisch obsolet zu werden. Der Weg, „aus dem Denkmal der Person ein Denkmal der Kunst zu machen" (Peter Bloch), wurde am entschlossensten in Bremen beschritten, wo am Vorabend des Ersten Weltkriegs Adolf von Hildebrand mit seinem Bismarck, Tuaillon mit seinem Kaiser Friedrich III. und Hermann Hahn mit seinem Reiterrelief von Moltke an der Liebfrauenkirche die bei so vielen anderen Denkmälern vernachlässigten Ansprüche der Kunst wieder zur Geltung brachten.

Etwas mehr motivischen Spielraum erlaubten sich die Italiener, die ihren volkstümlichen Helden Garibaldi denkmalpolitisch nahezu gleichrangig mit dem König der Einheit Viktor Emanuel II. behandelten und dies wenigstens einmal sinnfällig in ein- und demselben Reiterdenkmal der beiden zum Ausdruck brachten (Abb. 4). Noch besser in dieser Hinsicht erging es den Franzosen, die auf Reichseiniger gar keine und auf regierende Fürsten so gut wie keine Rücksicht zu nehmen brauchten, sondern ihre denkmalpolitische Einbildungskraft vorrangig auf zwei ins Reich der Legende transponierte Gestalten ihrer Geschichte richten konnten – Napoleon I. und Jeanne d'Arc, für deren Darstellung zu Pferd die französischen Bildhau-

er an keine so einengenden Konventionen gebunden waren wie ihre deutschen Kollegen. An dem Auftrag, ein großes Reiterstandbild Napoleons in Paris zu errichten, mühten sich Marochetti unter der Julimonarchie und, unter dem Second Empire, der in jener Zeit bevorzugte Staatsbildhauer Eugène Guillaume jahrelang ab – indes ohne Ergebnis. Mehr Erfolg war den Lyonern beschieden, die mit dieser Aufgabe Émilien de Nieuwerkerke betrauten. Dessen bereits 1852 auf der Landzunge zwischen Rhône und Saône enthüllte überlebensgroße Statue sollte zwar 1870 schon wieder demoliert werden, hat aber dadurch überdauert, dass die von Napoleon in der Vendée gegründete Stadt La Roche-sur-Yon bei dem Bildhauer eine Replik in Auftrag gab, die bis heute an den Stadtgründer erinnert (Abb. 5).

Gleich mit zwei Reiterstatuen für Napoleon wurde Antoine-Louis Barye beauftragt, stellte aber nur diejenige für dessen Geburtsstadt Ajaccio fertig (1865), während die für Grenoble bestimmte Statue, wie erinnerlich, drei Jahre später von Fremiet ausgeführt wurde. Um dieselbe Zeit erhielten schließlich auch Rouen und das durch einen seiner letzten Siege denkwürdige Montereau ihre kaiserlichen Reitermonumente. Vor dem traurigen Los so vieler wilhelminischer Reiterstandbilder, durch ihre ungezügelte Vermehrung zu künstlerischer Bedeutungslosigkeit zu verkommen, wurden diejenigen Napoleons durch das abrupte Ende der Herrschaft des Neffen bewahrt, dem die Zerstörung von dessen eigenen Reitermonumenten in Bordeaux und Marseille sowie derjenigen des Onkels in Lyon und Grenoble auf dem Fuß folgte.

184

Abbildung 5: Napoleon I. von Émilien de Nieuwerkerke, La Roche-sur-Yon, Place Napoléon (1854). Archiv des Verfassers.

Die früheste Reiterstatuen für Jeanne d'Arc war, wie es scheint, diejenige, die ihr 1855 an der Stätte ihres größten Triumphes, in Orléans, errichtet wurde, und die Pariser von 1874 die zweite. Fremiets noch ohne dezidiert politische Absicht geschaffenes Werk fand deswegen so rasch und so viele Nachahmungen, weil die Heroine aus Lothringen auf ideale Weise verkörperte, was die damaligen Franzosen bewegte: nämlich die Hoffnung, dass ihr gedemütigtes Vaterland einer besseren Zukunft entgegensehen und die ihm entrissenen Provinzen zurückerhalten möge. Besonders eifrig, die Erinnerung an das als vorbildliche Patriotin gedeutete Mädchen aus dem Volk wachzuhalten, waren die Orte, mit denen sich die Hauptetappen ihres Lebens verbinden: Vaucouleurs, von wo aus sie nach Frankreich aufbrach; Chinon, wo die erste Unterredung mit Karl VII. stattfand; Orléans, das sie entsetzte; Reims, wohin sie den König zur Krönung geleitete; Paris, das sie vergeblich belagerte; Compiègne, wo sie in Gefangenschaft geriet; Rouen, wo sie ihr Martyrium erlitt. Eine vielfach größere Zahl von Orten wählte als Denkmal, um die streitbare Jungfrau zu ehren, gleichfalls ein Reiterstandbild;

und dem Vorbild der französischen Städte folgten später zahlreiche in Nordamerika und selbst in Australien.

Vom 19. Jahrhundert können wir nicht Abschied nehmen, ohne des nördlichen und südlichen Amerika zu gedenken, wohin bereits seit seiner Mitte die europäische *statuomanie* kräftig übergeschwappt war. Entsprechend der antimonarchischen Genese der amerikanischen Staaten wurde hier die Reiterstatue erneut zu einem emphatisch republikanischen Denkmal. Nachdem sich der 1822 vorgebrachte Plan zerschlagen hatte, George Washington, den Kämpfer für die Freiheit und ersten Präsidenten der Vereinigten Staaten, mit einem in Rom anzufertigenden Reiterstandbild nach dem Modell des Mark Aurel zu ehren, vergingen mehrere Jahrzehnte, bis Virginias Hauptstadt Richmond ein solches bei dem aus New York stammenden Thomas Crawford in Auftrag gab, das in München gegossen und 1858 vor dem Kapitol des Bundesstaates enthüllt wurde. Diesem Vorbild folgten binnen zehn Jahren die Hauptstadt Washington, New York und Boston, die sich alle an einheimische Künstler wandten. Eine zweite Runde von Washington-Reiterstatuen eröffnete 1881 Philadelphia, das mit dieser Aufgabe den Deutschen Rudolf Siemering betraute, wohingegen die anderen damals und später entstandenen Denkmäler dieser Art bis auf eine Ausnahme von amerikanischen Künstlern stammen – sogar die im Jahr 1900 von einer Gruppe amerikanischer Frauen der Stadt Paris zum Geschenk gemachte Reiterstatue ihres ersten Präsidenten. Die jüngeren Republiken Südamerikas waren hingegen stärker auf die Dienste europäischer Künstler angewiesen. In den Jahren um 1860 fertigte der französische Bildhauer Louis-Joseph Daumas gleich zwei für Santiago de Chile und Buenos Aires bestimmte Reiterstatuen des als *libertador* Chiles und Argentiniens gefeierten José de San Martín. Gar drei Reiterstatuen für lateinamerikanische Freiheitshelden (für Bernardo O'Higgins in Santiago, Manuel Belgrano in Buenos Aires und Antonio Guzmán Blanco in Caracas) goss in den 1870er Jahren nach den von seinen Auftraggebern empfangenen Instruktionen der gleichfalls französische Bildhauer Albert-Ernest Carrier-Belleuse. Dagegen war ein Simón Bolívar für Medellín (Kolumbien) das Werk des Italieners Eugenio Maccagnani, dem Buenos Aires einen Garibaldi zu Pferd, die Replik einer solchen Statue in Brescia, verdankt. Erst im 20. Jahrhundert begannen die Südamerikaner allmählich, obgleich längst nicht vollständig, sich von ihrer Abhängigkeit von der europäischen Bildhauerkunst zu lösen.

Dem Reiterdenkmal als Symbol der Befreiung und der Freiheit in den amerikanischen Republiken stand in den europäischen Kolonien dasselbe Monument als Symbol von Herrschaft und Unterdrückung gegenüber. Als der Eroberer Algeriens, Ferdinand-Philipp von Orléans, ältester Sohn des Bürgerkönigs, 1842 unerwartet früh infolge eines Unfalls starb, gab man bei Marochetti zwei Reiterstatuen des Kronprinzen in Auftrag: eine für den Hof des Louvre, gegossen, wie Chopin in einem Brief vom Juli 1845 an seine Familie hervorhob, aus „algerischer Bronze", und die andere für Algier. Die nach der Februarrevolution aus Paris ergangene Ordre, die Statue ebenso wie ihr Pariser Pendant zu entfernen, wurde in der Kolonie ignoriert, und so verblieb der reitende Herzog von Orléans im Herzen Algiers mit Blick auf das Meer, bis er nach dem Ende des Algerienkriegs 1962 im Tross der *pieds-noirs* ins Mutterland heimkehrte. Die abziehenden Kolonisten versäumten nicht, auch zwei kurz vor und nach dem Zweiten Weltkrieg in Oran und Algier errichtete Reiterstatuen der Jeanne d'Arc zu repatriieren. Während die Briten Earl Kitchener, einen der Architekten ihres Empire, mit Reitermonumenten in Kalkutta und Khartum ehrten, gedachte die deutsche Kolonialverwaltung 1912 in Windhoek mit einem derartigen Denkmal der Opfer des Kolonialismus – allerdings nur der weißen. Über einer vom Reichsadler bekrönten Bronzetafel „Zum ehrenden Angedenken an die [mehr als 1500] tapferen deutschen Krieger, welche für Kaiser und Reich zur Errettung und Erhaltung dieses Landes während des Herero- und Hottentottenaufstandes 1903–1907 und während der Kalahari-Expedition 1908 ihr Leben ließen…" wacht ein Reiter der Schutztruppe mit aufgepflanztem Gewehr, dem unterworfenen Land eine ständige Mahnung an deutsche Wehrbereitschaft. Dieses wohl anstößigste koloniale Reiterdenkmal hat man bis heute unangetastet gelassen und neuerdings als Zeugnis der Kolonialgeschichte in ein Unabhängigkeitsmuseum einbezogen.

In Gestalt von Sieges-, Krieger- und Gefallenendenkmälern bescherte der Erste Weltkrieg Europa noch einmal eine üppige Ernte von Reitermonumenten, wohingegen der Zweite Weltkrieg mit ihnen wie ein rabiater Sensenmann verfuhr. Ebenso wie ihre Errichtung ist die Zerstörung von Reiterdenkmälern seit ältesten Zeiten vom Auf und Ab politischer und militärischer Konjunkturen abhängig gewesen; diese musste nicht immer zu ihrer völligen Vernichtung führen, sondern konnte sich darauf beschränken, sie dem öffentlichen Anblick zu entziehen. So hatten es die 48er Revolutionäre mit dem Pariser Herzog von Orléans gehalten, so auch das DDR-Regime mit Rauchs Friedrich II. oder jüngst noch die Spanier mit den Reiterstatuen des Generalissimus Franco, die nach seinem Tod unangetastet geblieben waren.

Keine Zeit und kein Regime hat mehr Reiterdenkmäler auf dem Gewissen als der Nationalsozialismus, unter dem sie dutzendweise eingeschmolzen wurden und der Zerstörung durch Bomben ausgesetzt waren. Im besetzten Frankreich stellten es die Deutschen den Franzosen anheim, die „nationalen Ruhmesdenkmäler, deren Beseitigung die Öffentlichkeit irritieren würde", von der Metallablieferungspflicht auszunehmen, was allen Pariser Reiterstatuen das Leben gerettet hat. Auf derartige Schonung durften hingegen nicht die Denkmäler in dem besetzten Polen rechnen. Als eines der ersten wurde in Krakau das 1910, im 500. Jahr der Wiederkehr der Schlacht bei Tannenberg, eingeweihte Grundwald-Denkmal zerstört und mit ihm die es bekrönende Reiterfigur des siegreichen Königs Władysław Jagiello. Dasselbe Schicksal widerfuhr gleichzeitig der Krakauer Reiterstatue des Kämpfers für die polnische Unabhängigkeit, Tadeusz Kościuszko, und kurz vor Kriegsende zertrümmerten die deutschen Besatzer schließlich auch das Reiterdenkmal für Fürst Josef Poniatowski. Dieses Denkmal für eine weitere Symbolfigur polnischen Unabhängigkeitsstrebens war bereits Anfang der 1830er Jahre nach einem Modell Bertel Thorvaldsens in Warschau gegossen worden, konnte aber, weil die russischen Herren über die Stadt solches nicht zuließen, erst 1923 vor dem Sächsischen Palais aufgestellt werden. Ein Nachguss der Statue nach dem im Kopenhagener Thorvaldsen-Museum aufbewahrten Modell wurde 1952 als Geschenk Dänemarks der Stadt Warschau überreicht und steht seit 1965 vor dem dortigen Präsidentenpalast. Die Polen betrachteten es als eine nationale Ehrenpflicht, auch die zerstörten Krakauer Denkmäler wiederherzustellen, und wählten 1976, um das neue Grundwald-Denkmal einzuweihen, den 60. Jahrestag der Wiederbegründung des polnischen Staates während des Ersten Weltkriegs. Wie für manche Albaner, sind offenbar auch für viele Polen die in der schmerzhaften Geschichte ihrer Länder verwurzelten Reitermonumente weiterhin lebendige nationale Erinnerungsorte. Solches wird man kaum von den Deutschen zu behaupten wagen, wenn sie – wie in Köln, Koblenz oder Braunschweig geschehen – das eine und andere monarchische Reitermonument wiederauferstehen lassen. Hier wie fast überall in Europa haben die Reiterdenkmäler als geschichtliche Erinnerungsorte ausgedient und sich, im günstigsten Fall, ein antiquarisch-kunstgeschichtliches Interesse bewahrt.

Literaturhinweise

Ralf BEINES u. a. (Hrsg.), Das Reiterdenkmal für König Friedrich Wilhelm III. von Preußen auf dem Heumarkt. Köln 2004.

Geneviève Bresc-Bautier u. a. (Hrsg.), Art ou politique? Arcs, statues et colonnes de Paris. Paris 1999.

Carl Felding, Nordens Ryttarstatyer. Trelleborg 1998.

Catherine Chevillot, Emmanuel Fremiet, 1824–1910. La main et le multiple. Dijon 1988.

Volker Hunecke, Europäische Reitermonumente. Ein Ritt durch die Geschichte Europas von Dante bis Napoleon. Paderborn 2008.

Jacques Lanfranchi, Les statues des grands hommes à Paris. Cœurs de bronze, têtes de pierre. Paris 2004.

Martina Rudloff/Albrecht Seufert, Roß und Reiter in der Skulptur des XX. Jahrhunderts. Bremen 1991.

Wolfgang Vomm, Reiterdenkmäler des 19. und frühen 20. Jahrhunderts in Deutschland. Bergisch Gladbach 1979.

Frances Davis Whittemore, George Washington in Sculpture. Boston 1933.

Pim den Boer
Homer und Troja

Homer ist der früheste Erinnerungsort der Griechen. Obwohl seine Personalien nie mit Sicherheit festgestellt werden konnten, ging sein Name niemals verloren. Jahrhundertelang stand die Existenz Homers außer Zweifel. Sogar für kritische Historiker der klassischen Antike wie Herodot und Thukydides war es unstrittig, dass Homer existiert hatte, auch wenn sie nicht wussten, wann er gelebt hatte. Sie waren allerdings der Meinung, dass er kein Augenzeuge des Trojanischen Kriegs gewesen sein konnte. Herodot, ein Zeitgenosse des 5. Jahrhunderts v. Chr., war sich sicher, dass Homer nicht mehr als vierhundert Jahre früher gelebt habe.

Homers größte Leistung ist, die vielen Götter der Griechen mit all ihren unterschiedlichen Charaktereigenschaften beschrieben zu haben. Herodot zufolge stammen viele Erkenntnisse, die wir von den Göttern besitzen, von ihm. Homer wurde verehrt, erlangte aber selbst keinen göttlichen Status – seine Äußerungen waren nicht so, dass sie nicht angezweifelt werden konnten. Seine Verse waren keine heilige Offenbarung, aber die frühesten Gesänge über die vielen griechischen Götter mit all ihren menschlichen Defiziten.

Homers Texte wurden seit der Errichtung des griechischen Bildungssystems in Athen im 5. Jahrhundert v. Chr. bis zur Eroberung von Konstantinopel durch die Osmanen im 15. Jahrhundert erforscht und mit Kommentaren versehen. 2000 Jahre lang hatte Homer einen festen Platz im Unterricht, auch für die Elite des Römischen Reichs. Die Welt der griechischen Götter verschmolz mit der der Römer. Selbst die Stadtgründung von Rom führte man auf die Verwüstung Trojas zurück: Vergil knüpfte mit seinem lateinische Epos über den trojanischen Prinzen Aeneas, der aus dem brennenden Troja entkommen konnte und sich am Ende in Italien niederließ, an Homer an. Mächtige römische Familien führten ihren Stammbaum auf trojanische Helden zurück.

Nach der Einführung des Christentums und trotz aller scharfen Bekämpfung des heidnischen Polytheismus blieben Homers Texte erhalten und wurden respektiert. Nach dem Niedergang des Römischen Reichs im Westen befasste man sich in den Gelehrtenzentren im Osten weiterhin mit den Texten. Nach der Eroberung Konstantinopels mit seiner reichen griechischen Bibliothek durch die Osmanen endete diese jahrhundertealte Tradition abrupt. Ein gut informierter, aus Athen stammender Augenzeuge und Historiker verglich den Niedergang des Byzantinischen Reiches mit der Eroberung Trojas. Seiner Meinung nach konnte die osmanische Ausdehnung sogar als eine Strafe für die Verwüstung Trojas bezeichnet werden.

Die Entdeckung Homers in Westeuropa

Bis zur Renaissance war Homer im Westen nicht mehr als der Name eines berühmten Dichters. Ohne Text hatte Homer keine Stimme. Troja dagegen war schon im Mittelalter ein inspirierender *lieu de mémoire*, auch ohne jegliche Kenntnis von Homers Text. Viele Versionen des Trojanischen Kriegs und der Irrfahrten des Odysseus machten die Runde. Besonders beliebt waren die in lateinischer Sprache geschriebenen Berichte von angeblichen Augenzeugen der Besetzung Trojas aus den späteren Jahrhunderten des Römischen Reiches. Beliebt waren die Chronik eines „Gefährten von König Idomeneus von Kreta" (Dictys Cretensis) und der Bericht vom Untergang Trojas von einem „trojanischen Priester" (Dares Phrygius). Beide Texte hatten große Bedeutung für die mittelalterliche Überlieferung und waren Ausgangspunkt für die sehr beliebten poetischen Romane über Troja in den Landessprachen; einer davon entstand etwa im 12. Jahrhundert auf Französisch am Hof der Herzöge der Normandie. Man passte ihn durch modische Ergänzungen wie höfische Liebesbeziehungen an die eigene Zeit an. Es wurde außerdem üblich, eine trojanische Abstammungslegende nach römischem Vorbild zu konstruieren, um durch die Verbindung zwischen Gegenwart und Vergangenheit Eindruck zu machen. Der Stammbaum von fürstlichen Familien konnte mit dem „Nachweis" der trojanischen Abkunft verschönert und somit anspruchsvoller werden. Die trojanische Abstammung wurde mit der Entstehung der städtischen Kultur sogar so beliebt, dass Nachkommen der trojanischen Helden auch als angebliche Städtegründer angeführt wurden.

Man kann also sagen, dass Homer im Mittelalter in Europa bekannt war, aber als Dichter ohne Stimme durch Troja als Erinnerungsort in den Hintergrund gedrängt wurde. Gerade im Westen war nicht Homer, sondern Troja ein Erinnerungsort.

Erst im 14. Jahrhundert fanden die Texte „Ilias" und „Odyssee" den Weg nach Westeuropa. Unter dem Einfluss des aufblühenden Humanismus wurde in der lateinischen Christenheit die Jagd auf alte griechische Manuskripte eröffnet. Einer der Protagonisten, Petrarca, bat den Botschafter des byzantinischen Kaisers, den er am päpstlichen Hof in Avignon kennengelernt hatte, ihm griechische Manuskripte zu senden. Petrarca erhielt nach einiger Zeit tatsächlich eine Kopie von „Ilias" und „Odyssee". Hierauf schrieb Petrarca einen berühmten Brief, in dem er sich entzückt zeigte, die Texte von Homer zu besitzen, aber auch bekannte, dass er sie nicht verstand, da er das Griechische nicht beherrschte.

Petrarca vertraute sich seinem Freund und Geistesverwandten Boccaccio an. Dieser lud den Lehrer Leonzio Pilato, dessen Muttersprache Griechisch war, in sein Haus nach Florenz. Pilato hat als erster eine moderne Übersetzung von Homer vorgelegt. Auch Petrarca machte sich in seinen späten Jahren noch daran, Altgriechisch zu lernen. Man sagt, Petrarca sei gestorben, während er den Text von Homer mit Kommentaren versah.

Mitte des 15. Jahrhunderts konnten bereits mehrere Spezialisten die griechischen Texte von Homer lesen, mit oder ohne Hilfe von lateinischen Übersetzungen durch Gelehrte wie Lorenzo Valla. Papst Nikolaus V., Initiator der Sammlung griechischer Manuskripte in der Bibliothek des Vatikan, lobte am Vorabend der Einführung der Druckpresse noch einen unglaublichen Betrag für eine vollständige metrische Übersetzung von „Ilias" und „Odyssee" aus.

Eine neue Phase des Bekanntheitsgrades von Homer in Europa brach an, als „Ilias" und „Odyssee" in lateinischer Sprache und in den europäischen Landessprachen in gedruckter Form verbreitet werden konnten. Die ersten gedruckten Übersetzungen von Homer erschienen Ende des 15. Jahrhunderts: „Ilias" 1474 (übersetzt von Valla) und die „Odyssee" 1497 (übersetzt von Volaterranus). Außerdem wurden die ersten Ausgaben in griechischer Sprache ediert. Die *editio princeps* wurde 1488 in Florenz von dem aus Athen stammenden Demetrius Chalcondylas herausgegeben. In Venedig erschienen 1504 und 1517 berühmte Ausgaben von dem aus Kreta stammenden Marcus Musurus. Es folgten weitere Übersetzungen, die sehr wertvoll waren und deren Verbreitung limitiert war.

Mitte des 16. Jahrhunderts wurden die ersten Übersetzungen in den europäischen Landessprachen publiziert, zunächst die der „Ilias", danach die der „Odyssee". 1545 erschien eine französische Übersetzung der ersten zehn Bücher der „Ilias" von Hughes Salel, 1577 das ganze Epos übersetzt von Amadis Jamyn. Eine französische Übersetzung der „Odyssee" von Salomon Certon erschien 1604. In Holland wurde schon 1561 eine Übersetzung der „Odyssee" in niederländischer Sprache, von Dirck Coornhert aus dem Lateinischen übersetzt, herausgegeben. Die niederländische Übersetzung erwies sich als Erfolg: vier weitere Ausgaben der ersten 12 Bücher und zwei Ausgaben der nächsten 12 Bücher folgten. Die niederländische Übersetzung der „Ilias" ließ bis 1611 auf sich warten.

In der zweiten Hälfte des 16. Jahrhunderts führte Homer die Liste der einzigartigen Personen an. Montaigne schrieb in seinen „Essais", dass niemand bekannter sei als Homer. Wer kenne nicht Troja, Helena, Hektor und Achilles? Wir geben unseren Kindern die Namen Homers. Nicht nur Familien, auch der größte Teil der Völker suche nach einer trojanischen Abstammung in seinem Werk, so Montaigne. Er konnte natürlich nicht unerwähnt lassen, dass sogar Memed II., der Eroberer Konstantinopels, dem Papst geschrieben hatte, dass sie dieselbe brüderliche trojanische Abstammung hätten und dass er das Blut Hektors habe rächen wollen. Montaigne bezeichnete dies als eine *noble farce*, aber trotzdem als treffenden Beweis dafür, dass Homer weltberühmt war.

Im Lauf des 17. und 18. Jahrhunderts wurden Homers Texte in den europäischen Sprachen weiter verbreitet. In Frankreich erschienen gar zwischen 1600 und 1716 89 Ausgaben. Zu Beginn des 18. Jahrhunderts wurden die französischen Übersetzungen von Houdart de la Motte (1701) und Madame Dacier (1711–1716) Gegenstand heftiger literarischer Debatten. Im 17. Jahrhundert wurden englische Übersetzungen von George Chapman (1611–1615) und Thomas Hobbes (1676/77) herausgegeben. In der Übersetzung von Alexander Pope (1715–1720) kamen auch die aktuellen poetischen Vorlieben zum Ausdruck. Im 17. Jahrhundert gab es nur eine begrenzte Zahl deutscher Übersetzungen (ein Beispiel ist die „Ilias"-Übersetzung von Johann Spreng, Augsburg 1610). Ab der Mitte des 18. Jahrhunderts aber entstand eine sehr umfangreiche Reihe deutscher Übersetzungen.

Homer in der Hof- und Stadtkultur des 17. und 18. Jahrhunderts

Gemäß dem vorherrschenden literarisch-poetischen Standard schätzte man Vergil mehr als Homer, der die poetischen Regeln nicht angewendet habe. Schon Mitte des 16. Jahrhunderts behauptete Julius Caesar Scaliger, dass Homers Texte aufgrund trivialer Themen, verworrener Konstruktionen und einem Mangel an Einheit nicht gut genug seien. Alexander Pope schätzte Vergil im Jahr 1715 als den besseren Künstler ein, konzedierte allerdings, dass Homer das größere Genie gewesen sei.

Die Diskussion über die poetischen Regeln beschäftigte nur einen kleinen Kreis von Literaturtheoretikern. Die Moralität von Homers Werk dagegen weckte das Interesse eines größeren Publikums. Zu dieser Zeit begann man sich ernsthafte Sorgen um gutes Benehmen und Etikette zu machen. Man störte sich an ungehobelten Manieren, grobes Benehmen wurde als peinlich empfunden. Natürlich verurteilten christliche Moralisten schon viel früher die Wollust und Unzucht bei Homer, aber dies bezog sich zumeist auf das liederliche Verhalten der heidnischen Götter. Das wurde betont, um die Überlegenheit der einzig wahren Religion zu beweisen.

Solange die Hofkultur die Benimmregeln in den Oberschichten bestimmte, wurde vulgäres Verhalten bei Homer heftig verurteilt. Grobheiten, ein General in der Küche, Helden, die ein Lamm grillen, Prinzessinnen, die Teller und ihre eigenen Kleider waschen – das sah man als lächerlich an. Im Vergleich zu Vergil ist kein größerer Unterschied denkbar. Wenn man Vergil liest, betritt man die kultivierte Welt einer Nation mit gutem Geschmack, Künstlern, Bildhauern, Malern und Architekten, in der alle Talente zur Aufklärung gehören – so das Urteil der „Encyclopédie". In seinem „Tableau philosophique des progrès de l'esprit humain" urteilte auch ein führender Denker der Aufklärung, Turgot, dass Vergil weiser, ausgeglichener und „harmonischer" als Homer sei.

Im Lauf des 17. und 18. Jahrhunderts hörte man diese negative Beurteilung von Homer öfter als zuvor, aber ab und zu zeigte man auch Verständnis. Der französische Jesuit René Rapin meinte zum Beispiel, dass Homer die moralische Schwäche vergeben werden müsse, da er seine Werke in einer Zeit verfasste, in der es noch keine sittlichen Vorschriften gab. Zu Vergils Zeit sei das Wissen um die Moral weiter fortgeschritten gewesen. Rapin blieb aber dabei, dass er lieber die „Aeneis" geschrieben hätte als „Ilias" und „Odyssee".

Mit dem Beginn der Vorromantik wurde die herrschende Meinung mehr und mehr angezweifelt. Die homerische Einfalt der Sitten wurde nun als Argument gegen die Hofkultur verwendet. Es wurde zudem ein deutlicher Unterschied gemacht zwischen „Ilias" und „Odyssee". Der Philologe Richard Bentley war der Meinung, dass Homer die „Ilias" für Männer und die „Odyssee" für Frauen geschrieben hatte. Diese Unterscheidung des berühmten Gelehrten wurde aber nicht von jedem übernommen; im Gegenteil, bei der „Odyssee" wurde gerade, mehr als bei der „Ilias", der große sittliche Wert für Männer *und* Frauen betont. Daneben hatte die Bewertung der „Encyclopédie" großen Einfluss, dass die „Odyssee" einen besonderen Wert für das Volk habe, da das Unglück, das den Griechen in der „Ilias" zustößt, mehr den Führern des Volkes als den Untertanen anzurechnen ist. Die „Odyssee" dagegen sei sowohl für den einfachen Bürger und den armen Bauer wie auch für den Fürsten ein Vorbild. Letztendlich beweise die „Odyssee" die Schlüsselrolle des hart arbeitenden *pater familias* in allen Schichten der Bevölkerung; die Geschäfte und Familien gehen sowohl in den höchsten Kreisen als auch in den einfacheren Ständen zugrunde, wenn der Vater seine Aufgaben vernachlässigt. Die Abwesenheit von Odysseus wurde darum auch zum Hauptthema.

Es ist ganz natürlich, dass die beiden Werke unterschiedliche Identifikationsangebote machten: die trojanischen Krieger konnten Vorbilder für die adligen Kriegsherren sein, der listige Odysseus für die freien Bürger und Kaufleute. Vielleicht ist so die frühe Resonanz auf die „Odyssee" im kaufmännisch geprägten Holland zu erklären.

Die Einordnung Homers in Zeit und Raum

Ein radikaler Umbruch des Homer-Bildes konnte sich erst entwickeln, als Homer nicht mehr als ein individuelles Genie gesehen wurde, sondern als Vertreter einer primitiven Gesellschaft in der kulturhistorischen Entwicklung Europas.

Der erste wichtige Schritt bei der Neuinterpretation Homers wurde von dem neapolitanischen Gelehrten Giambattista Vico gemacht. Ohne sich um die Regeln der Poetik oder wünschenswertes Verhalten zu kümmern, beschrieb er Homer in seinem „Della discoverta del vero Omero" (1730) als Archetyp des Übergangs von einer barbarischen zu einer heroischen Gesellschaft. Zugleich behauptete Vico, der nur über begrenzte Kenntnisse des Griechischen verfügte, erstmals, dass das Werk mehrere Autoren habe, die auf eine lange voranlaufende mündliche Tradition aufbauten. Vicos neue Ideen zu Homer setzten sich zu seinen Lebzeiten allerdings nicht durch. Erst mit der Vorromantik und dem Primitivismus wuchs das kulturhistorische Verständnis und veränderten sich auch die Vorlieben und das Urteil über Homer. Im Lauf des 19. Jahrhunderts beeinträchtigten diese Entwicklungen Vergils Reputation; damals wurde Homer zum unumstrittenen Vater der europäischen Poesie.

In der zweiten Hälfte des 18. Jahrhunderts wurde zudem Homers geografischer Kontext entdeckt. Einen wichtigen Schritt machte 1767 der britische Amateur Robert Wood, für den Homer nicht nur der ursprünglichste Dichter, sondern auch ein sorgfältiger Naturbeobachter war. Als einer der ersten gründete Wood sein Urteil auf einen Besuch der Orte in Griechenland und Kleinasien, die in „Ilias" und der „Odyssee" beschrieben werden. Im Unterschied zu Vicos komplizierten Werken wurde Woods Publikation sogleich hoch geschätzt und ins Französische, Deutsche und Italienische übersetzt. So wie Vico verfügte Wood nicht über weitreichende philologische Kenntnisse und keinerlei archäologische Erfahrung. Dennoch glückte es ihm, den Horizont für viele andächtige Homer-Leser zu verbreitern. Neben anderen priesen Herder, Goethe und sogar der kritische August Wolf, der Initiator der strengen philologischen Tradition, Woods Werk in den höchsten Tönen. Bei der Wiederentdeckung von Homers geografischem Kontext markiert Woods Arbeit einen entscheidenden Moment. Er war ein ferner Vorläufer von Heinrich Schliemann, der ein Jahrhundert später den Text Homers als tatsächliche Geschichte betrachtete und so das Fundament für die Homer-Archäologie legte.

Homer als Erinnerungsort der europäischen Bourgeoisie des 19. Jahrhunderts

Im 19. Jahrhundert betrat Homer das europäische Klassenzimmer. Mit der Einführung des Altgriechischen in das Curriculum der Lateinschulen in Europa wurde Homer zur Pflichtlektüre. Deutschland und England gingen voran, andere europäische Länder folgten. Die Entwicklung der Curricula in den unterschiedlichen Ländern wurde gut erforscht, aber dem Vergleich des nationalen Unterrichtssystems schenkte man viel weniger Aufmerksamkeit. Dem allgemeinen Konsens zufolge waren die Deutschen nicht nur die ersten, die das klassische Griechenland wiederentdeckten, sondern Deutschland folgte auch einem Philhellenismus-Sonderweg in der europäischen Kulturgeschichte. Nach der Besetzung von deutschen Gebieten durch Napoleon wurde die römische Vergangenheit mit dem französischen Empire gleichgesetzt und negativ beurteilt. Der Hellenismus dagegen wurde eine wesentliche Komponente der Ideale des deutschen Bildungsbürgertums. Man betrachtete das alte Griechenland als Inkarnation von Freiheit, Ästhetik und wahrem Wissen. Das Niveau und die Intensität der wissenschaftlichen Studien der griechischen Klassiker an den deutschen Gymnasien und Universitäten waren tatsächlich unvergleichbar, aber grundsätzlich war der so genannte deutsche Sonderweg in der europäischen Kultur an diesem Punkt nicht ausgeprägt. Auch die Besetzung durch Napoleon war keine notwendige Bedingung für die tiefe Bewunderung des Hellenismus, denn überall in Europa wurden griechische Autoren in das klassische Curriculum aufgenommen.

In Großbritannien spielte Thomas Arnold eine entscheidende Rolle bei der Einführung griechischer Autoren in den Unterricht. Arnold wollte den Unterricht auf ein höheres moralisches Niveau bringen und war der Meinung, dass die Lektüre griechischer Klassiker sich hierzu am besten eigne. Zugleich implementierte er auch die jüngste Geschichte sowie Gymnastik in das Curriculum. Ein hoher moralischer Standard, Wissen, gute Ausdrucksfähigkeit und ein gesunder Körper waren Erziehungsideale, die man vor allem in der griechischen Antike anzutreffen glaubte.

Allerdings stand Plato und nicht Homer für Arnold und andere Pädagogen an erster Stelle und war auch der beliebteste Prüfungsstoff. Dennoch wurde in der klassischen Erziehung auch Homer in- und außerhalb der Klassenräume immer wichtiger, sowohl in Großbritannien als auch in deutschsprachigen Gebieten und anderen europäischen Ländern. Für eine spätere Generation von Pädagogen – zum Beispiel der Generation von Thomas' Sohn Matthew Arnold – wurde die Lektüre von Homer in jungen Jahren sogar unentbehrlich.

Weniger interessiert an Politik und stark beeinflusst durch den deutschen Idealismus, legte man größeren Wert auf Mythologie und Ästhetik, als es die ältere Generation getan hatte. Für Matthew Arnold war die griechische Poesie und Tragödie, mehr als die Philosophie, das kostbarste klassische Erbe. Für Leute wie ihn war die griechische Literatur die Lehrschule für das echte Leben und die wahre Ästhetik. Darum musste Homer in die bedeutendste Stellung vorrücken.

Goethe und andere deutsche *maîtres à penser* sorgten mit ihrem Urteil für die Verbreitung des Idealbildes des Hellenismus als grundlegenden pädagogischen Erinnerungsort; für die erste Hälfte des 19. Jahrhunderts kann man von einer europäischen Bewegung sprechen. Sowohl die ‚Mandarine‘ im noch größtenteils vorindustriellen Deutschland als auch Lehrmeister im sich industriell schnell entwickelnden England bewerteten die Einführung griechischer Autoren in die klassische Ausbildung als maßgeblich für die Bildung der Führungsschicht des Landes. Obwohl in Frankreich und anderen romanischen Ländern die Rolle des Lateinischen in der klassischen Ausbildung dominant blieb, wurde auch dort Homer als Lektüre eingeführt. Öfter erklang Kritik an der Pflicht zum Erlernen einer toten Sprache, aber das Griechische wurde im Allgemeinen bis in die die 60er/70er Jahre des 20. Jahrhunderts beibehalten.

Die soziologische Analyse des bürgerlichen Bildungssystems sieht die Funktion des Erlernens von klassischen Sprachen auf die Abgrenzung von anderen sozialen Gruppierungen beschränkt. Dies bietet aber keine genauere Erklärung dafür, dass Griechisch so lange zum bürgerlichen Bildungskanon gehörte. Die Auswahl der Texte war auch eine bewusste Entscheidung im Hinblick auf die gewünschte Identifikation der Schüler: Der deutsche Bildungsbürger und die britischen *utilitarians* waren von Plato fasziniert. In der Blütezeit der europäischen kolonialen Expansion um 1900 waren es aber nicht nur leidenschaftliche Anhänger der Klassik, sondern auch britische und deutsche Imperialisten, die für die Lektüre von Homer plädierten. Sozialdarwinisten pflegten Homer vor allem als pädagogischen *lieu de mémoire*.

In Frankreich verlief die Entwicklung anders. Auch an den französischen Lyzeen wurde zwar Griechisch eingeführt, aber das Lateinische blieb dominant. In den 1850er und 1860er Jahren, während des Zweiten Kaiserreichs, wurde die galloromanische Vergangenheit zum *lieu de mémoire*. In den Jahren 1880–1900, als die Dritte Republik sich gefestigt hatte, bevorzugten die französischen Pädagogen dagegen vor allem Texte aus der Zeit der griechischen Polis. Nicht Troja, sondern Athen war der populäre *lieu de mémoire*.

Ein Ergebnis dieser didaktischen Option war, dass die deutschen und britischen Schüler in den griechischen Versen viel besser waren als die französischen Schüler. Ein scharfer Beobachter wie Hippolyte Taine war über die Homerkenntnisse an englischen Schulen überrascht. Taine kannte das französische Lyzeum sehr genau. Ihm wurde deutlich, dass die klassische Ausbildung in England nur für eine kleine Elite zugänglich und um vieles teurer als in Frankreich war. Aber die englische Erziehung war weniger rigide, natürlicher und beschäftigte sich viel mit der körperlichen Ausbildung. Sport spielte eine große Rolle an britischen Internaten, physisches Training und Teamgeist wurden beispielsweise durch Rudern erlernt. In seinen Augen waren das freilich harte und gewalttätige Methoden. Taine konnte wohl eine Verbindung zwischen der Manie der Muskelübungen und der Schwäche der intellektuellen Leistungen beobachten. Er bemerkte, dass die englischen Schüler oft über keine historischen Kenntnisse verfügten und Verse nur aufsagen konnten, ohne sie zu begreifen. Dennoch anerkannte er, dass die englische Erziehung besser auf die Aufgaben in der heutigen Welt vorbereite.

Einige von Taines Beobachtungen hatten Einfluss auf Frankreich. Gymnastik wurde auch an französischen Lyzeen eingeführt – viel später als an den britischen und deutschen Schulen. Aber der französische Unterricht behielt seine Vorliebe für athenische Demokraten und römische Republikaner. Ein echter Demokrat ist ein Anti-Homer, hieß es.

In Deutschland wurde die Neubewertung von Homer als Zeichen einer wahren ästhetischen Revolution in Europa empfunden und als Abkehr vom lateinischen Humanismus und Klassizismus nach französischer Mode. Für den renommierten Pädagogen und Bildungshistoriker Friedrich Paulsen war Homer die Schlüsselfigur für den Unterschied zwischen ‚dem Natürlichen' versus ‚dem Volkstümlichen' oder zwischen ‚dem Gemachten und Konventionellen' versus ‚dem Gewordenen und Gewachsenen'.

Ab Mitte des 18. Jahrhunderts kam es zu einer sehr langen Liste neuer deutscher Homer-Übersetzungen. Den größten Erfolg hatte die Übersetzung der „Odyssee" (Hamburg 1781) und „Ilias" (Altona 1793) von Johann Heinrich Voss, der im deutschen Sprachraum viele mit Homer vertraut machte und für ihn begeisterte. Zur gleichen Zeit entstanden viele ausgezeichneten Originalausgaben des Homer'schen Werks.

In Holland wurde Homer relativ früh herausgegeben, mit der beeindruckenden Zahl von acht neuen Übersetzungen im 17. Jahrhundert. Nach diesem frühen Höhepunkt ging das Tempo etwas zurück; aber im 19. Jahrhundert wurden nach deutschem Vorbild ansehnliche 28 neue Übersetzungen herausgebracht.

Die deutsche neuhumanistische Herangehensweise und *embourgeoisement* von Homer wurde in Holland von Petrus von Limburg Brouwer in seinen damals populären Ansichten zur Moralität und Schönheit Homers übernommen. Brouwers Moralismus und sein pädagogischer Umgang mit alten Texten wurde durch die folgende Generation von strengen klassischen Philologen, angeführt durch C. G. Cobet, der damals gefürchtet war, aber heute ganz in Vergessenheit geraten ist, scharf abgelehnt.

Homer als liberaler Erinnerungsort

Mitte des 19. Jahrhunderts, als sich in Deutschland und den Niederlanden das Interesse an Homer stabilisierte, erreichten die Briten einen homerischen Klimax mit zwölf vollständigen Übersetzungen in einem Zeitraum von noch nicht einmal zwanzig Jahren.

Die völlige Neuübersetzung Homers wurde als äußerst sinnvolle Beschäftigung betrachtet, da Homer als Inkarnation der liberalen Lebensüberzeugung gedeutet wurde. Oftmals implizit und selten ausgesprochen, galten Homers Texte als Grundtexte der klassischen Tradition neben der Bibel. Homer wurde zu einem der Fundamente der gegenwärtigen europäischen Kultur erklärt.

Die große Anziehungskraft und unglaubliche Faszination von Homer hatte in England, wo die liberale Tradition sich am stärksten entwickelte, eine deutlich politische und weltanschauliche Dimension. Homer wurde zu einem der wichtigsten liberalen Erinnerungsorte und zur frühesten historischen Referenz für den europäischen Liberalismus des 19. Jahrhunderts. Dies ist der Hintergrund für die Affinität des einflussreichen britischen liberalen Staatsmanns William Gladstone zu Homer. Neben seinen schwierigen Regierungsaufgaben publizierte Gladstone viele Artikel und Bücher über Homer. Für ihn bedeutete Homer nicht mehr und nicht weniger als die historische Einführung in das moderne Menschsein. Dies ist auch der Hintergrund seines berühmten Zitats, dass er noch zwei Dinge erledigen müsse: „one is to carry Home Rule [for Ireland] and the other is to prove the intimate connection between the Hebrew and Olympian revelations". Gladstone wollte eigentlich das Alte Testament und Homer versöhnen. Homers Werk, so Gladstone, sei voller moralischer Entscheidungen und Pflichterfüllung; die „Ilias" habe ein hohes nationales Bewusstsein und verkörpere die griechische Idee vom Staat. So hielt Homer für Gladstone die perfekten liberalen Lebenslehren bereit und machte es für englische Liberale leicht, sich mit seinen Helden zu identifizieren: Achilles tut sich im Waffengang hervor und ist zugleich das vollkommene Beispiel eines liberalen und vollkommenen Gentleman. Die „Odyssee" richtet sich auf das Familienleben und die Wiederherstellung von Odysseus' Rechten. Odysseus ist im Besitz der hervorstechendsten Eigenschaften eines Staatsmanns und glänzt nicht nur durch Dynamik im Boxen und Ringen, sondern ist auch bereit, einen Pflug zu bedienen und wie ein Bauer den Acker zu bestellen.

Nicht nur für Männer, auch für Frauen bot die Lektüre von Homer laut Gladstone Inspiration. In Bezug auf die Position der Frau fällt der Vergleich der Frauenfiguren des Alten Testaments nach Meinung von Gladstone zugunsten von Homer aus. Sogar die schöne Helena kenne tiefe Bescheidenheit und sei fähig zur Selbstbezichtigung, die dem christlichen Schuldbewusstsein gleiche. Bei Homer findet Gladstone ein ausgeprägtes Gefühl für Tugend. Ehescheidungen sind unbekannt, Inzest wird verabscheut.

Mit einem damals üblichen europäischen Überlegenheitsgefühl steht bei Gladstone der Trojaner für das Fremde, für das asiatische Element. Die Monogamie der Griechen steht im Kontrast zur Polygamie von Priamus. Gladstone ist der Meinung, dass schon Homer einen Unterschied macht zwischen den europäischen Griechen und den asiatischen Trojanern. Er erkennt hier sogar ein europäisches Kennzeichen: ein feiner entwickeltes Gefühl und eine höhere Intelligenz, ein stärkerer und männlicher Charakter. Im Laufe der Jahrhunderte habe sich dies zum Unterschied zwischen europäisch und asiatisch entwickelt, so Gladstone.

Auch das politische Leben bei Homer ähnelt überraschend dem eines Liberalen im 19. Jahrhundert. Die Regierungsform ist keine göttliche oder despotische Königsherrschaft wie in den östlichen Herrschaften, sondern öffentliche Angelegenheiten werden in einer Versammlung verhandelt. Entscheidungen werden aufgrund von rationaler Überzeugungskraft getroffen. Für Gladstone veranschaulicht Homer den Ursprung der modernen englischen Monarchie, gezügelt durch das Parlament. Auch auf religiösem Gebiet zeige Homer das früheste Beispiel eines liberalen Staates, ohne Theokratie, ohne allmächtige Kirche oder unfehlbaren Papst. Der Mensch wendet sich bei Homer direkt an die Götter, und das nicht etwa durch Vermittlung der Priesterkaste.

Auch R. C. Jebbs „Introduction to the Ilias and the Odyssey" (1886) wurde viel gelesen und enthält eine Fülle von moralistischen Interpretationen: Homers Welt sei wie unsere Welt gewesen, nur in raueren Zeiten. Mit europäischem Überlegenheitsgefühl sah auch Jebb bei den Griechen keine Spur von orientalischer Unsittlichkeit und/oder Gräueltaten. Man stoße allerdings schon auf grobe Sitten und Umgangsformen neben nobler Ritterlichkeit und echter Ästhetik – in bestimmten Augenblicken sei Homer ein richtiger Wildling. Nicht nur, was die Organisation der Gesellschaft, die Religion und Ethik betreffe, sondern auch in Bezug auf konkrete soziale Umgangsformen gebrauche Homer die treffendsten Kontraste. Im Haus von Menelaos herrsche eine verfeinerte Gastfreiheit und im Haus von Odysseus absolute Unordnung. Jebb, der Aufseher in einem Internat war, wählt das Benehmen im Speisesaal als abschreckendes Beispiel, wo die Liebhaber mit Speisen werfen und es sogar wagen, einen Ochsenfuß nach Odysseus zu schleudern

Allgemein kann man sagen, dass in der zweiten Hälfte des 19. Jahrhunderts, vor allem in England und Deutschland, Homer als frühester und unübertroffener Erinnerungsort der europäischen klassischen Tradition galt. Die Lektüre von Homers Texten in Altgriechisch achtete man als sehr geeignet zur Bildung der bürgerlichen Mittelschicht und der zukünftigen gesellschaftlichen Elite. Homer wurde hierzu ausgelegt als der früheste Überbringer des bürgerlichen Humanismus und Liberalismus. Homers Verse dienten zugleich zur Verkündigung einer modernen europäischen Zivilisationsmission.

Homer als imperialistischer Erinnerungsort

Die liberale Idealisierung von Homer wurde durch die Ausgrabungen von Troja im osmanisch-türkischen Gebiet gestört. Die archäologischen Untersuchungen von Heinrich Schliemann und seiner Nachfolger ab Ende des 19. Jahrhunderts wurden in der Presse stark beachtet. Auf einmal wurde Homers Welt durch Fotos und Zeichnungen in namhaften Zeitschriften auch für ein breites Publikum zugänglich. Dieser Erinnerungsort schien sich definitiv außerhalb Europas zu befinden und unterschied sich erheblich von den träumerischen Vorstellungen des braven bürgerlichen Hellenismus. Homers Bild musste stark revidiert werden, denn Homer war eigentlich ein Dichter von höfischer Poesie aus einer alten, groben Gesellschaft. Das Epos war nichts für friedliebende Bürger, wohl aber für kriegerische mykenische Adlige. Die Verse trug man in den prachtvollen Palästen der herrschenden Aristokratie vor. In seinen Texten spiegelten sich wohl die primitiven Zeiten wider, aber keine uralten Volksweisheiten oder die frühesten Äußerungen des Humanismus und Liberalismus. Bei Homer wurde eine aristokratische Elite und keine bürgerliche Mittelschicht besungen.

Dieser veränderte Blickwinkel bedeutete übrigens nicht, dass man Homer als geeigneten Lesestoff verwarf – im Gegenteil. Hierbei spielte natürlich auch eine Veränderung des Klimas im europäischen Fin de Siècle eine Rolle. Gegen den Liberalismus gab es zunehmenden Widerstand aus dem rassistischen und elitären Lager. Sollte die zukünftige Elite, besonders die des britischen Weltreichs, nicht durch harte Erziehung auf eine imperialistische Weltmission vorbereitet werden? Auf den Höhepunkten der europäischen Expansion wurde die Pflicht, sich zu unterscheiden, im Unterricht wie nie zuvor eingeprägt. Hierzu eignete sich ein aristokratisch-imperialistischer mykenischer Homer besser als ein bürgerlich-liberaler hellenistischer. Der Wunsch, sich durch Verdienste und nicht nur durch intellektuelle Leistungen, sondern auch durch Sport und Spiel hervorzutun, spielte mehr denn je eine Rolle. Dies galt vor allem an britischen Internaten, aber auch an anderen Bildungsanstalten der Eliten in sonstigen Ländern während der intensivsten Phase der europäischen Expansion und des Imperialismus.

Dieser elitärere Blickwinkel in Bezug auf Bildung stärkte demzufolge die Stellung Homers in den klassischen Curricula. Trotz aller nationalen Unterschiede wurden ab dem Ende des 19. Jahrhunderts Gesellschaft und Bildung in Europa von Konkurrenzdenken geprägt. Der Sozialdarwinismus mit der Idee des *survival of the fittest* und Theorien über die notwendige Rolle der Eliten nahmen an Popularität zu, und der moralische Verhaltenskodex der „Ilias" wurde in der Devise „always excel over others" zusammengefasst.

Homers Krieger waren natürlich nicht die einzige Identifikationsquelle. Die andere große Quelle waren die mittelalterlichen Träume von Burgen, Rittern zu Pferd, Waffenschildern und Emblemen. Der Einfluss des *medievalism* in der Literatur und Kunst des 19. Jahrhunderts war ungeheuer. In den katholischen europäischen Ländern schenkte man der idealisierten christlichen Kultur des Mittelalters im Unterricht viel Aufmerksamkeit. Es ist verführerisch, die so genannte Heimkehr nach Camelot als Erinnerungsort mit der Belagerung von Troja zu vergleichen. Sowohl die Idealisierung der mittelalterlichen als auch die der homerischen Welt waren die Frucht der Fantasie und der Projektion von zeitgenössischen Sorgen, Träumen und Wünschen in die Vergangenheit. Im Gegensatz zur mittelalterlichen war die homerische Welt keine christliche, Homer bot ein weltliches Repertoire an Identifikation und Zueignung. Homers Helden waren keine Kreuzfahrer, sondern zogen wegen einer bildschönen Frau in den Krieg.

Nach der Entdeckung Homers als Ausdruck des griechischen „Volksgeistes" durch Kultur-philosophen, nach dem *embourgeoisement* von Homer durch die Bildungsbürger, zeichnete sich die Aristokratisierung Homers durch die klassisch gebildeten Imperialisten ab. Auf eine bestimmte Art und Weise eignete man sich die Helden der „Ilias" an. Schüler konnten sich mit Kriegern in gefährlichen überseeischen Abenteuern identifizieren. Homer bot ihnen eine ganze Fülle von Idealtypen im Zeitalter der europäischen Expansion.

Aber eine Expedition auszuführen ist etwas anderes als ein Imperium zu führen. Letzt-endlich besaß nicht die griechische, sondern die römische Antike das lehrreichste Paradigma für jeden modernen europäischen Imperialisten. Man sah im Römischen Reich den großen Vorgänger der europäischen Kolonialreiche. Das perfekte Beispiel dafür liefert die Rede des ersten Earl of Cromer als Vorsitzender der Classical Association im Jahr 1910. Bis zu sei-ner Entlassung war der Earl eine Schlüsselfigur in den kolonialen Angelegenheiten. Er war: britischer Kontrolleur in Ägypten, Finanzminister in Indien und Herrscher über Ägypten. In „Ancient and Modern Imperialism" gab er eine deutliche und unverblümte Analyse. Den Imperialismus, wie die Briten ihn verstünden und wie, trotz aller Unterschiede, auch die Römer ihn praktizierten, kannten die Griechen seiner Meinung nach nicht. Alexander der Große war ein Eroberer und kein Architekt eines Imperiums. Im Altgriechischen existiere noch nicht einmal ein Wort für Imperium. Der griechische Geist war nicht imperialistisch eingestellt, und auch die Vorstellung einer Konföderation war nicht-griechisch.

Rom verlieh denen, die es besiegt hatte, die Rechte eines Staatsbürgers, ganz so wie, laut Cromer, die Briten die staatsbürgerlichen Rechte an Kanada, die australische Kolonie und Südafrika gegeben hätten. Die imperialistische Identifikation mit dem Römischen Reich ist evident. Englische Gentlemen und Archäologen identifizierten sich mit den römischen Mi-litäroffizieren genau so wie Bonapartisten und Akademiker im *Second Empire*, preußische Generäle und Professoren des Zweiten Kaiserreichs oder Offiziere und Beamte der Habsbur-germonarchie.

Das Ende Homers als Pflichtlektüre

Alle Homer-Ideale schienen in den abscheulichen europäischen Kriegen von 1914–1918 un-terzugehen. Aber Homer blieb Pflichtlektüre in den 1920er und 1930er Jahren, sowohl in der klassischen Erziehung der alten wie auch der neuen europäischen Nationalstaaten. Al-lerdings verlor Homer mit dem Abbröckeln der Dominanz des Liberalismus in Europa auch seine einzigartige Position als liberaler Erinnerungsort. Der alte Homer hatte weder für das linke noch das rechte politische Spektrum die geringste Bedeutung und rief noch nicht ein-mal einen Hauch von Erinnerung hervor. Das lag nicht so sehr daran, dass die Demokraten Homer nicht mochten. Aber die klassische Tradition als solche hatte nicht mehr die domi-nante inspirierende Funktion der früheren Zeit.

Zudem wurde unter dem Einfluss der wissenschaftlichen Altertumsstudien der Abstand zwischen Gegenwart und Homers Zeit erheblich vergrößert. Die wissenschaftliche Kri-tik auf die pädagogische Identifikation und Aneignung von Homer, die schon Ende des 19. Jahrhunderts zu vernehmen gewesen war, traf in Bildungskreisen auf viel Zustimmung. Dennoch war die Homer-Übersetzung noch zwei bis drei Jahrzehnte nach dem Zweiten Weltkrieg ein Pflichtteil des Abiturs des klassischen Bildungswegs, das Zugang zu den europäischen Universitäten gewährte. Erst in den 1960er Jahren wurde dies in vielen euro-päischen Ländern abgeschafft. Altgriechisch ist jetzt ein Wahlfach, für das sich, im Vergleich zu früher, nur wenige Schüler entscheiden.

Homer und Troja als globalisierter Erinnerungsort

Die Popularität von „Ilias" und „Odyssee" ging einher mit dem Aufbau des modernen Bildungssystems in Europa. In früheren Jahrhunderten wurde Homer nur von einigen Liebhabern in griechischer Sprache studiert. Im 19. und der ersten Hälfte des 20. Jahrhunderts zählte Homer für Jungen und später auch Mädchen zur Pflichtlektüre an den europäischen Schulen. Im Laufe der zweiten Hälfte des 20. Jahrhunderts gingen Pädagogen dazu über, Homer als einen Dichter aus einer längst verflossenen Zeit zu sehen und aus einer vollkommen anderen als der modernen Gesellschaft. Man sah die Gesellschaft Homers nicht mehr als Spiegel der gegenwärtigen Welt. Wenn der historische Abstand zunimmt und jede Form von Identifikation fehlt, wird es schwierig, Homer als Pflichtlektüre zu verteidigen.

Aber die Geschichten von Homer sind natürlich nach wie vor ein fantastisches Vergnügen für das Publikum. Der Film „Troy" (2004) von Wolfgang Petersen, mit Brad Pitt in der Rolle des Achilles, war ein großer Erfolg. Von der oralen Dichtung aus der Urzeit bis zum geschriebenen Text, illustriert und dargestellt, unzählige Male gedruckt, in Film und in neuen Medien, erreicht Homer ein größeres Publikum als je zuvor – auch ohne Unterstützung des klassischen Bildungssystems.

Homer wird also weiterleben, allerdings als globalisierter und nicht mehr als nur europäischer Erinnerungsort. Neue Medien sind schneller und erreichen weltweit ein größeres Publikum. Die verschiedensten Bevölkerungsgruppen, die noch nie von Homer gehört haben, können nun das alte Epos kennenlernen. Dies führt zu neuen Formen der Identifikation. In der aktuellen postkolonialen Literatur hat sich vor allem „Odyssee" zu einer beliebten Metapher für die Entwurzelung des Menschen und die postmoderne Dekonstruktion entwickelt.

Neben der Faszination für Homer wird auch die für den Ort Troja weiter leben, der in Zukunft von mehr Menschen als je zuvor besucht werden wird. Wir wissen jetzt mit Sicherheit, dass in Troja die Schiffe auf günstigen Südwind warteten, um durch die Dardanellen zu fahren, die damals die einzige Verbindung zu den Siedlungen um das Schwarze Meer waren.

Die europäische Zueignung steht auch hier zur Diskussion. Man kann die Frage stellen, wessen Erinnerungsort Troja ist. Laut aktuellen archäologischen Forschungen war Troja eine anatolische Festung im Einflussgebiet des Reichs der Hethiter. Das ist gewöhnungsbedürftig. Trojanische Abstammung würde dann asiatische Abstammung bedeuten. In jedem Fall werden jahrhundertealte Identifikationen unsicher. Wie Homer wird Troja sich von einem europäischen in einen globalisierten Erinnerungsort wandeln.

Literaturhinweise

Robert R. BOLGAR, Classical elements in the social, political and educational thought of Thomas and Mathew Arnold, in: ders. (Hrsg.), Classical Influences on Western thought A.D. 1650–1870. Cambridge 1979.

Hermann FUNKE, Das Epos, in: Wilamowitz nach 50 Jahren, hrsg. von William M. CALDER. Darmstadt 1985, S. 113–129.

Noemi HEPP, Homère en France au XVIIᵉ siècle. Paris 1968.

Richard JENKYNS, The Victorians and ancient Greece. London 1980.

Manfred LANDFESTER, Humanismus und Gesellschaft im 19. Jahrhundert, Darmstadt 1988.

Joachim LATACZ, Homer, der erste Dichter des Abendlandes. München 1989.

Alberto MANGUEL, Homer's The Iliad and the Odyssey. A biography. New York 2007.

Arnaldo MOMIGLIANO, Vico's Scienza Nuova: Roman 'bestioni' and Roman 'eroi', in: ders. (Hrsg.), Essays in ancient and modern historiography. Middletown 1977, S. 253–276.

Kirsti SIMONSUURI, Homer's original genius. Eighteenth-century notions of early Greek epic 1688–1798. Cambridge 1979.

George STEINER, Homer in English translation, in: The Cambridge Companion to Homer. Cambridge 2004, S. 363–375.

Bernhard König
Dantes „La Divina Commedia"

„On ne lit plus le Dante dans l'Europe", Dante wird in Europa nicht mehr gelesen, oder, was tatsächlich gemeint ist: In ganz Europa findet die „Göttliche Komödie" keine Leser mehr. Das schrieb, in einem der Zusätze zu seinen „Lettres philosophiques" von 1734, 1756 Voltaire, der damit zum Ausdruck bringen wollte, wie altmodisch, verstaubt, uninteressant ein Werk sei, zu dessen Verständnis man ständig einen Kommentar brauche. Kommentare zur „Divina Commedia" (DC) gab es damals, mehr als 400 Jahre nach ihrer Niederschrift, in Italien längst in Hülle und Fülle; in Frankreich aber war bis dahin nur eine einzige vollständige DC-Übersetzung (in Versen) im Druck erschienen (1596), der auch kommentierende Erläuterungen beigegeben waren. Blickt man in den deutschen Sprachraum, so wird die erste deutsche DC-Übersetzung überhaupt (in Prosa) von Leberecht Bachenschwanz von 1767 bis 1769 in Leipzig gedruckt. Die erste vollständige englische DC-Übersetzung (in Versen) erschien 1802, wirkliche Bedeutung hatte jedoch erst die zwischen 1797 und 1812 angefertigte Blankvers-Übertragung von Henry Francis Cary, die 1814 vollständig im Druck vorlag. Damit sind wir aber bereits in der Epoche der Romantik. Bis zum Ende der Aufklärung, heißt das, ist die DC keine wirklich europäische, sondern eine vornehmlich italienische Größe. Das ändert sich, fast möchte man sagen: schlagartig, um 1800. Bis dahin ist das Werk zwar auch außerhalb Italiens nicht unbekannt, aber die Anregungen, die von seiner Lektüre ausgehen, sind begrenzt.

Wenn hier von Italien die Rede ist, so meint das natürlich nicht eine „Nation" im neuzeitlichen Sinn, die gibt es erst ab 1860; es meint vielmehr einen Kulturraum, der u. a. durch seine – nicht zuletzt auf den literarischen Schöpfungen der „tre corone", der „Gründerheroen" der italienischen Dichtung Dante, Petrarca und Boccaccio beruhende – einheitliche Literatursprache definiert ist, die wir heute das Italienische nennen. Politisch war Italien im Mittelalter bekanntlich ein Konglomerat kleinerer und größerer territorialer Herrschaftsgefüge mit unterschiedlichen Herrschaftsformen wie die Kommunen der Toskana, in deren Wirren der Florentiner Dante Alighieri seine Rolle als Bürger in Ämtern und im Parteienstreit mit hohem Einsatz spielte. Diese Herrschaftsräume ihrerseits blieben vom Streit der großen Mächte – Kirche und Reich, *sacerdotium* und *imperium*, aber auch Frankreich und bald Aragonien und Spanien – nicht unberührt.

Dantes Vision und ihre poetische Form

Dante hat die DC – er selbst nannte sie „Comedìa", das schmückende Beiwort „göttlich" hat Boccaccio ihr beigefügt, im Titel erscheint es erstmals in einem Druck von 1555 – nach der 1302 aus politischen Gründen über ihn verhängten Verbannung aus Florenz im Exil verfasst, wahrscheinlich zwischen 1306 und seinem Tod 1321 in Ravenna. Es ist, um kurz an ihren Aufbau und Inhalt zu erinnern, die poetische Darstellung einer auf den Karfreitag des Jahres 1300 als Ausgangspunkt datierten Vision, in der der Dichter sich selbst als Wanderer durch die drei Reiche des Jenseits sieht: die Hölle (*Inferno*), das Fegefeuer oder besser: den Läuterungsberg (*Purgatorio*), und das Paradies (*Paradiso*). Er wird zunächst vom römischen Dichter Vergil begleitet, zu dem später auf dem Läuterungsberg noch der von Dante als „heimlicher Christ" aufgefasste lateinische Ependichter Statius tritt, bis von oben herab Beatrice, seine vor Jahren verstorbene Geliebte aus Kindertagen und Jugendzeit, erscheint und schließlich allein Dante weiter empor und durch die Himmel des *Paradiso* geleitet. In dem Moment, in dem sie Dantes Führung übernimmt, erinnert sie ihn daran, dass er nach ihrem Tod ihr nicht mehr nachgestrebt, sie vielmehr vergessen und sein Seelenheil aufs Spiel gesetzt habe. Um ihn zu retten, habe es nur *ein* Mittel gegeben, nämlich ihn die verdammten Seelen in der Hölle schauen zu lassen. Damit lenkt sie den Blick zurück auf den Beginn der Jenseits-Wanderung Dantes (als Person in seiner Vision): die „Verirrung", in der er sich auf der Mitte des menschlichen Lebenswegs sah (d.h. im Alter von 35 Jahren), in einem finstern Wald von gefährlichen Raubtieren bedroht, die wie alles in dieser Vision allegorisch zu deuten sind. Unter der Gestalt von Pardel (oder Panther), Löwe und Wölfin sind also Wollust, Hochmut und Habsucht (oder Begierde) zu verstehen – drei der Sünden, die Dante fürchtet und bis zu einem gewissen Grad mit einer Reihe von Verdammten teilt, denen er bald auf seinem Weg begegnen wird. Beatrice selbst hat Vergil gebeten, Dantes Geleit durch die neun Kreise der trichterförmig ins Innere der Erde hinabführenden Hölle zu übernehmen, in der jede Sünde eine ihr entsprechende, ewig sich erneuernde Strafe findet, und ihn danach die sieben terrassenförmigen Ringe des Purgatoriums empor zu begleiten. Vergil, der unterweltskundige Weisheitslehrer und dank seines Wissens vollkommene Dichter, erteilt Dante die notwendigen Auskünfte und Belehrungen, stellt sich wohl auch gelegentlich schützend vor ihn, bis Beatrice selbst – als Liebende, die zugleich für mystisch-theologische Heils-Weisheit steht – ihn im Flug durch die Himmelskreise bis zur Seligkeit der Gottesschau emporhebt. Den Verdammten der Hölle und den voller Hoffnung auf Erlösung Büßenden des Läuterungsberges, deren schließliches Heil nur eine Frage der Zeit ist, entsprechen hier die geretteten Seligen, Thomas von Aquin etwa oder Bonaventura, Benedikt von Nursia und Bernhard von Clairvaux, von denen, wie von Beatrice selbst, Dante profundeste Aufklärung über die Geheimnisse des christlichen Glaubens und die Beschaffenheit des Kosmos erfährt, ehe er den Glanz Gottes und das Mysterium der Trinität schauen darf. Dantes Aufgabe als Dichter wird es sein, die ihm gewährte wunderbare Offenbarung der Menschheit – zu ihrem Heil – zu verkünden. Sein Gedicht, die DC, ist dieses Werk der poetischen Verkündigung.

Das Mysterium der Dreizahl liegt auch der von Dante geschaffenen Vers- und Aufbauform seines Gedichts zugrunde. Es ist gegliedert in die schon genannten drei Bücher (*cantiche*) mit jeweils 33 Gesängen (*canti*), zu denen als Anfang der ersten *Cantica* ein Prooemialgesang tritt, so dass das ganze Werk aus hundert Gesängen besteht, auch dies eine geheiligte Zahl wie die 3 und die 33 (dies die Zahl auch der Lebensjahre Christi). Die elfsilbigen Verse, aus denen die Gesänge bestehen, sind nach dem von Dante ersonnenen Reimschema der Terzine (*terzarima*) gegliedert und verbunden [aba.bcb.cdc.ded. usw.], also in fortlaufend miteinander verketteten Dreiergruppen; am Ende jedes Gesangs schließt ein Einzelvers (mit Reim auf den Mittelvers der vorhergehenden Terzine) die Terzinenreihe ab. Die DC insgesamt enthält 4711 Terzinen; einschließlich der 100 Schlussverse aller *Canti* sind das zusammen 14 233 Elfsilber (*Endecasillabi*). Die durchschnittliche Länge der Gesänge liegt somit bei 142 Versen, doch gibt es eine Reihe kürzerer und längerer. Die Sprache Dantes ist die – von ihm selbst erheblich mitgeprägte – toskanische Dichtungssprache seiner Zeit, hinter der bereits eine fast hundertjährige Tradition lyrischer (wie auch satirischer) Versdichtung steht. Die Ausdruckskraft Dantes sucht ihresgleichen.

Vom Kommentar zum Denkmal: lokale und nationale Erinnerungspflege

Ehe sie ins Bewusstsein Europas rückte, war die DC in Italien und für die am geistigen und künstlerischen Leben Italiens aktiv Beteiligten ein Nonplusultra an dichterischer und gedanklicher Leistung, dem Bewunderung und Verehrung entgegenschlug und das in Hunderten Abschriften vervielfältigt wurde. Unmittelbar nach Dantes Tod begann die Pflege und Propagierung seines Ruhms als des größten und gelehrtesten „italienischen" Dichters. Den Anfang machen die sehr früh einsetzenden Bemühungen um ein tieferes Verständnis der DC, in die ja tatsächlich neben dem, was ihrem Autor an Lebenserfahrung zuteil wurde, sein profundes Wissen auf vielen Gebieten eingeflossen ist, so dass man sein Werk zu Recht als Summe des Wissens des christlichen Mittelalters bezeichnen konnte. Verstehenwollen durch erläuternde Kommentierung steht also schon am Anfang des Dante-Kults. Diese Form von Erläuterung der DC setzt sich in Italien ununterbrochen fort und nimmt im Lauf der Zeit natürlich die Einflüsse der jeweils herrschenden Geistesrichtungen auf, so beispielsweise im 15. und 16. Jahrhundert den Neuplatonismus der Renaissance. Außerhalb Italiens entwickeln sich eigene Kommentierungstraditionen erst im Zeichen der romantischen Mittelalterbegeisterung und im Zuge der – damit zusammenhängenden – Herausbildung der Mittelalter-Philologie. Zu den Höhepunkten dieser Dante-Arbeit im 19. Jahrhundert gehören, um nur zwei Namen zu nennen, der deutsche Kommentar König Johanns von Sachsen, den er unter dem Pseudonym Philalethes seiner DC-Übersetzung als Erläuterungen beigegeben hat (seit 1828; endgültige Gesamtausgabe 1865/66), und der englische „Commentary on the Divine Comedy" von H. C. Barlow (seit 1845; dritte Fassung 1873/74).

Näher noch als Kommentare steht dem, was man fast schon als „inszenierte" Erinnerungspflege (im Sinn Aleida Assmanns) bezeichnen könnte, die öffentliche „Lectura Dantis" als Verlesung von Abschnitten des Gedichts und deren mündliche Erläuterung in Vortragsform. Diese Form der Vermittlung entspricht dem Text als Offenbarungstext, als den der Dichter ihn präsentiert, und der von Dante selbst nahe gelegten hermeneutischen Prozedur der Allegorese, da mehrfache allegorische Bedeutungen im und hinter dem Wortsinn verborgen seien. Ein halbes Jahrhundert nach Dantes Tod, 1373, beschloss die Stadt Florenz, aus der Dante einst verstoßen und in der er zum Tode verurteilt worden war, öffentliche Lesungen und Erklärungen der DC zu veranstalten; die Signoria beauftragte den sechzigjährigen Schriftsteller, Dante-Kenner und -Verehrer Giovanni Boccaccio mit dieser öffentlichen „Lectura Dantis". Krankheit und Tod Boccaccios im Jahr 1375 ließen das Unternehmen nur bis knapp zur Mitte des *Inferno* gedeihen. Aber es wurde fortgesetzt, und andere Städte und Einrichtungen schlossen sich Florenz an. Heute gibt es „Lecturae Dantis" in ganz Europa, als Element offizieller italienischer Kulturpolitik etwa in den Istituti Italiani di Cultura, aber auch als Bestandteil des Lehrangebots nichtitalienischer Bildungseinrichtungen, von Universitäten, Volkshochschulen, literarischen Gesellschaften. Das aber ist eine neuere, nachromantische Entwicklung. In Italien dagegen hielt fortdauernde Lektüre und Kommentierung Dantes Werk lebendig, und auch die Kritik mancher Humanisten, angefangen mit Petrarca, die für ein tiefgründiges episches Lehrgedicht den Gebrauch der italienischen Sprache für unangemessen hielten, hat dem nicht schaden können. Gerade die Bedeutung der sprachlichen Leistung Dantes (gemeinsam mit der Petrarcas und Boccaccios) hat die DC früh, schon vor der „Nationbildung" Italiens im Risorgimento des 19. Jahrhunderts, zu einem lebendigen geistigen Schatz ganz Italiens werden lassen. Nicht ohne Grund also sind die runden Dante-Geburtstage nach der vollzogenen Einigung, 1865 und 1965, wie das Gedenken an den Dichter 1921, 600 Jahre nach seinem Tod, als nationale Feiern begangen worden; nationaler Natur sind auch die Dante in diesem Kontext oder in ähnlichem Zusammenhang errichteten Denkmäler. Und schon 1865 feierte Europa mit Italien, in Deutschland gründete 1865 der bedeutende Dante-Philologe Karl Witte die Deutsche Dante-Gesellschaft unter der Schirmherrschaft von König Johann von Sachsen (alias Philalethes) als erste Vereinigung dieser Art überhaupt. Erst 1888 erfolgte die Gründung der Società Dantesca Italiana. Die DC war, vor dem nationalen, ein europäischer *lieu de mémoire* geworden. Seit Oktober 1965 steht ein Dante-Denkmal auch in Deutschland: in Krefeld, einer Stadt, die sich nach dem Zweiten Weltkrieg um die Deutsche Dante-Gesellschaft verdient gemacht hat.

Künstlerische Darstellungen auf Dantes Spuren

Der Weg zum europäischen Erinnerungsort war lang. Zwar reizt schon gegen Ende des 14. Jahrhunderts die Ugolino-Episode der DC den mit der zeitgenössischen italienischen Literatur vertrauten englischen Dichter Geoffrey Chaucer zur Bearbeitung im Rahmen der „Canterbury Tales", doch erst rund dreihundert Jahre später wird erneut ein großes Werk der englischen Literatur, Miltons 1667 publiziertes „Paradise Lost", Zeugnis von der intensiven Beschäftigung eines englischen Dichters mit Dante ablegen. Das kann hier nicht vertieft werden, darf aber auch nicht unerwähnt bleiben, weil zu den Initiatoren der neuartigen Dante-Begeisterung der europäischen Romantik der Milton-Kenner und „Paradise Lost"-Übersetzer J. J. Bodmer gehörte.

Mit der Wahl der Ugolino-Episode hat Chaucer untrügliches Gespür für die in ihr enthaltenen Möglichkeiten künstlerischer Ausdeutbarkeit bewiesen. Das Schicksal und grausige Ende des pisanischen Grafen Ugolino della Gherardesca wird fortan überall in Europa in Vers und Prosa neu dargestellt, seit dem Sturm und Drang und der Romantik vor allem auf der Bühne und in Form von Gemälden, Zeichnungen, Radierungen oder auch Skulpturen. H. W. Gerstenbergs Drama (1768) und John Flaxmans „Umrisse", J. A. Kochs Zeichnungen und noch Auguste Rodins „Porte de l'enfer" sind nur einige herausragende Beispiele für die Attraktivität des Stoffes für Künstler in ganz Europa. Kein Zweifel aber auch, dass die Neugestaltung der Episode in isolierter Form, wie sie immer wieder unternommen wurde, keine adäquate Umsetzung und aktualisierende Erneuerung von Dantes Original sein kann: Es fehlt die für Dante unverzichtbare Einbettung der Szene in das nach Verfehlungen und Strafen stringent „durchorganisierte" Kontinuum der schrecklichen Höllenräume, die Dante (als Gestalt seiner Dichtung) bis zu jenem Platz hinabsteigt, an dem Luzifer auf ewig die gerechte Strafe für seinen Abfall von Gott erleidet. Genauso verhält es sich mit der Wirkungsgeschichte anderer aus der historischen Wirklichkeit von Dante in die DC, zumal in das *Inferno*, verbannter Gestalten, insbesondere solcher, die dem Leser – wie schon dem Dichter selbst – Mitgefühl abfordern. Vor allen anderen Höllenbewohnern ist hier das ehebrecherische Liebespaar Francesca (von Rimini) und Paolo (Malatesta) zu nennen. Niemand sonst aus Dantes an eindrucksvollen Figuren so ungemein reicher Welt hat solchen Nachhall in Literatur, Kunst und Musik gefunden wie dieses Paar – und zwar in ganz Europa. Doch auch in diesem Fall bedeutet die Herauslösung der Episode aus dem kunstvoll konstruierten Zusammenhang von Dantes Gedicht oft Verfremdung, öfter noch falsche Aktualisierung.

Dem „Bauplan", der Struktur der DC als Element der Sinngebung und ebenso den Verfahren der Allegorie haben außerhalb Italiens wohl als erste diejenigen Leser des ausgehenden Mittelalters in Spanien und Frankreich nachgespürt, die sich selber mit der Abfassung lehrhafter philosophisch-theologischer Dichtungen beschäftigten. Zu ihnen gehörte Enrique de Villena; er schuf 1427/28 die erste Übersetzung der DC in kastilischer Prosa. Um die gleiche

Zeit ließ sich etwa der Marqués de Santillana von der allegorischen Visionsdichtung Dantes anregen („Infierno de los enamorados"; „Comedieta de Ponza"). Ein Jahrhundert später beschäftigte sich in Frankreich die an evangelistischem und mystizistischem Gedankengut interessierte Margarete von Navarra, die philosophisch und literarisch sehr aktive Schwester König Franz' I., eindringlich mit der DC. In ihrem neuplatonisch-christlichen epischen Gedicht „Les prisons" (1548) ist sie „als erste und einzige Dante wirklich nahe gekommen" (A. Buck). Gegenstand ihrer Dichtung ist die Befreiung der Seele aus ihren Kerkern (*prisons*): den Lastern der Sinnlichkeit (*luxuria*), des Hochmuts (*superbia*) und der Habgier (*avaritia*), die schon Dante zu Beginn seiner Jenseitsreise bedrängten, und wie bei Dante gelangt die befreite und gereinigte Seele am Ende des Weges zum unsagbaren Glück der Gottesschau.

Poesie, Kunst und Religion: Dantes europäisches Renommee in der Romantik

Einen ganz anderen Schwung gewinnt nach diesen nicht unbedeutenden, aber doch vereinzelt bleibenden Exempeln intensiverer Dante-Rezeption durch fast fünf Jahrhunderte die Verbreitung, Kenntnis und Wirkung der DC in Vorromantik und Romantik: Eine ganz Europa ergreifende Welle der Dante-Begeisterung erfasst Philosophen und Theologen, Literaturheoretiker, Dichter, Übersetzer und Leser, Künstler und Musiker in der Schweiz, Deutschland, England und Frankreich. Die überwältigend materialreiche Studie von Werner P. Friederich, „Dante's Fame Abroad. 1350-1850" (1950), ist hier grundlegend, wenn auch nicht ideal. Durch die Beobachtung auf nationaler Ebene wird hier eine europäische Gesamtperspektive eher verhüllt. Am deutlichsten wird das bei der Behandlung der Schweiz, die erst nach (und getrennt von) Frankreich und Deutschland untersucht wird. Dabei kommen mit die wichtigsten Anregungen zu einer Neubewertung Dantes gerade aus der Schweiz. Den Anfang machte der Zürcher Johann Jakob Bodmer, dessen Milton-Bewunderung (davon war oben bereits die Rede) ihn – über die Satansgestalt – zu Dante und zur Würdigung der poetischen Qualitäten der DC führten – etwa zur gleichen Zeit, als Voltaire verkündete, niemand in Europa interessiere sich mehr für Dantes christliches Epos. „Genie", „Feuer der Einbildungskraft", „Stifter einer poetischen Sprache" – mit solchen Ausrufen der Bewunderung wird nun, unter besonderem Hinweis übrigens gerade auf die Francesca- und die Ugolino-Episode des *Inferno*, Dante als Schöpfer seines Gedichts gepriesen. Damit sind die weiter ausholenden und wesentlich tiefer greifenden Würdigungen von August Wilhelm und Friedrich Schlegel, von Ludwig Tieck und F. W. J. Schelling vorbereitet, deren eindringlichste Analyse wir Horst Rüdiger (1967) verdanken. Dante erweist sich nun, so A. W. Schlegel 1801 in den Berliner Vorlesungen, als der „erste große romantische Künstler"; „der große Dante, der heilige Stifter und Vater der modernen Poesie", so wird er um die gleiche Zeit von Friedrich Schlegel apostrophiert. Die „Verbindung von Religion und Poesie" (Rüdiger), die von den Philosophen und Dichtern der Romantik als ein Ideal in den Mittelpunkt gerückt wird, sieht man in Dantes allegorisch-symbolischem Weltgedicht bereits erstmals – und zugleich auf vollkommene Weise – verwirklicht. Das Europa umspannende christliche Mittelalter, die „echt christliche" Zeit vor der wissenschaftsgläubigen Epoche des Aufklärungs-Rationalismus, dem Glauben und Liebe und frommes Gottvertrauen zum Opfer gefallen seien, wird als Vorbild für das angestrebte christliche Europa der Zukunft ausgerufen.

Als exemplarisches Gedicht strahlt Dantes DC in dieser Beleuchtung erstmals europaweit – und mit Dante werden Giotto und die anderen Künstler Italiens aus seiner Epoche zu Mustern vorbildlicher Kunstausübung. In Ludwig Tiecks Künstlerroman „Franz Sternbalds Wanderungen. Eine altdeutsche Geschichte" (1798) wird im Zusammenhang mit dem bekannten Wandbild vom „Trionfo della Morte" im Campo Santo von Pisa Dantes und seiner „allegorische(n) Weise" gedacht als eines „von Begeisterung und prophetischem Geist durchdrungen(en)" Dichters. Auf W. H. Wackenroders „Herzensergießungen eines kunstliebenden Klosterbruders" (1796) und die darin erstmals formulierte romantische Kunstauffassung braucht nur ganz knapp hingewiesen zu werden: Auch für Wackenroder gehören Kunst und Religion auf das engste zusammen, ist Kunst Offenbarung und will in Frömmigkeit erfasst werden. Goethe hatte seine Bedenken dagegen, aber eine Schar junger Künstler ließ sich gerne anstecken: Die Wiener Künstlergruppe um J. F. Overbeck, die sich nach mittelalterlichem Bruderschafts-Vorbild im Lukasbund zusammenschloss, zog 1810 nach Rom, um dort aus der Religion heraus die Kunst zu erneuern. Als „Nazarener", denen sich neben anderen P. v. Cornelius, W. Schadow, J. Schnorr v. Carolsfeld sowie die Brüder Ph. und J. Veit anschlossen, sind sie hier besonders hervorzuheben, fiel ihnen doch u. a. die Aufgabe zu, die Villa Massimo in Rom mit Fresken im alten Stil auszumalen (1819-30), und zwar nach Motiven der DC. Über die Geschichte, Probleme und Leistungen dieses Projekts hat bereits 1897 der Theologe, Kunsthistoriker und Danteforscher Franz Xaver Kraus in seinem großen Dante-Buch umfassend berichtet, das auch deswegen hier genannt werden muss, weil seine Kapitel über „Die Illustration der Commedia" und „Inspiration der bildenden Künste durch Dante" einer europäischen Perspektive verpflichtet sind und neben den italienischen und deutschen auch die englischen, französischen, holländischen und schweizerischen Dante-Illustratoren oder sonst von Dantes DC inspirierten Künstler umsichtig würdigt, von J. Flaxman und William Blake über Eugène Delacroix und Gustave Doré hin zu Ary Scheffer und Arnold Böcklin. Auch im Lauf der letzten hundert Jahre ist dieses Interesse der bildenden Kunst – und der Kunstgeschichte – an Dantes DC nicht erlahmt.

Um aber den Blick wieder auf die europäische Literatur der Wendezeit vom 18. auf das 19. Jahrhundert zurückzulenken, so muss hier unbedingt noch der Name einer Schriftstellerin genannt werden, deren Wirken als „Vermittlerin" zwischen den Literaturen Europas seinesgleichen sucht: Mme de Staël, die aus Schweizer Familie stammende französische Romanautorin und Essayistin, die den französischen Romantikern wichtige Anregungen zur Neuausrichtung der Literatur gab. Sie verkehrte nicht nur mit Schiller und Goethe, sondern seit 1804 zählte auch A. W. Schlegel zu ihren Gesprächspartnern. Drei Jahre vor ihrem bekannten, weithin gelesenen und diskutierten Werk „De l'Allemagne" richtete sie in ihrem Roman „Corinne ou l'Italie" (1807) den Blick auf Italien und auf Dante. Die Titelheldin des Romans, den Dorothea Schlegel umgehend ins Deutsche übersetzte, die Dichterin Corinne also, vertieft sich in Leben und Geschichte Italiens, die Sitten und Gewohnheiten seiner Bewohner wie auch in seine Literatur und Kunst. In einem begnadeten Moment stimmt sie auf dem römischen Kapitol ein Preislied auf Dante an, den „Homère des temps modernes", der mit den Mysterien der christlichen Religion vertraut, als „heròs de la pensée" die Hölle erforschte und seelische Abgründe durchlebte; der die politischen Wirren seiner Zeit erfuhr und als Visionär ins Paradies vorstieß; der alles Erfahrene zu Poesie werden ließ, das Paradies als „océan de lumières" feierte, die Geheimnisse der Natur und der Herzen der Menschen erlauschte und in „zauberhafte (oder: zaubermächtige) Worte" (*magiques paroles*) kleidete.

Ohne den enthusiastischen Überschwang dieses Panegyrikus, dafür aber auf der Grundlage umfassender Kenntnisse von Autor, Werk und geschichtlichem Umfeld präsentiert zur gleichen Zeit der (dem Kreis von Coppet nahe stehende) Genfer Nationalökonom und Historiker J. Ch. L. Simonde de Sismondi die auch von ihm bewunderte („grande et sublime") DC in seinem vierbändigen Werk „De la littérature du midi de l'Europe" (1813–1819), das – auch in Form von Übersetzungen – weit über den französischen Sprachraum hinaus gewirkt und den Romantikern Europas Anregungen vermittelt hat. In der Tat finden sich in ihren Dichtungen, von Lamartine bis Byron, von H. Heine über A. de Musset und P. B. Shelley bis zu Victor Hugo unendlich viele Anspielungen auf ausgewählte Episoden, Figuren und Verse der DC, oft allerdings sind es immer die gleichen „Bildungsgut"-Mosaiksteinchen: von der Inschrift des Höllentors bis hin zu Reminiszenzen an Francesca, Ugolino, den im untersten Zirkel des Höllentrichters in Eis gebannten Luzifer. Gelegentlich scheut auch ein Autor nicht das stolze Spiel mit dem Titel: Balzac nennt (ab 1841) sein gigantisches Romanwerk „La comédie humaine", der Pole Zygmunt Krasiński veröffentlicht bereits 1835 (anonym) im Exil in Paris seine „Ungöttliche Komödie" („Nieboska Komedia").

„Produktive" Erinnerung: Dante-Rezeption in der europäischen Moderne

Ungeachtet der vielen – offenkundigen oder versteckten – Bezüge der genannten Werke der *belles lettres* scheint es doch so, dass unter ihnen kaum eine Dichtung zu finden ist, die in ihrer Thematik insgesamt, in ihrer Struktur und Form so eng mit Dantes Gedicht verbunden wäre, dass man sie in ihrer Aussage und Bedeutung nicht verstehen könnte, ohne dieser Verbindung zur DC nachzugehen. Dies ändert sich grundsätzlich in der Literatur der „Moderne", und zwar – nur auf den ersten Blick paradoxerweise – in jener Periode des Umbruchs, in der die Grundlagen des christlichen Weltverständnisses und Menschenbildes, auf denen Dantes Denken und Dichten errichtet waren, ihre „Tragfähigkeit" für große Teile der europäischen Gesellschaften verloren hatten. Die Überzeugung von einer sinnvollen, fest gefügten Weltordnung, die ihre Existenz einem allliebenden Schöpfergott verdankt, der dem Menschen die Freiheit zum rechten Handeln gegeben hat und ihn bzw. seine Seele nach dem Tod sein eigentliches Leben in ewiger Seligkeit führen und genießen lassen wird, sofern nicht seine frei gewählte irdische Lebensführung und sein Glaubensverhalten ihn davon ausschlossen – diese Überzeugung hatte vor dem Hintergrund neuzeitlicher Erfahrungen so an Überzeugungskraft verloren, dass Dantes Schilderung von Hölle, Purgatorium und Paradies nur noch als historisches Zeugnis eines definitiv vergangenen Welt- und Menschenverständnisses Glaubwürdigkeit zu verdienen schien.

Gerade aber die Kraft der Phantasie Dantes, Menschen(seelen) in fingierten (und gleichwohl quasi „realistisch" vermessenen) Räumen – des Schreckens wie der Seligkeit – anschaulich darzustellen in ihrem Verhalten andern Menschen gegenüber, ihre Mängel ebenso wie ihre hohe Menschlichkeit durch die Sprache der Dichtung erlebbar zu machen in einer sorgsam gestuften Reihe von Beispielen, gerade dies hat die DC in ganz Europa und weit darüber hinaus in den letzten hundert Jahren zu einem Werk der Anregung, der Referenz, der Imitatio, gelegentlich auch prononcierter Ablehnung gemacht. Seine Integration (in durchaus unterschiedlichen Formen) in literarische Neuschöpfungen als „produktive Rezeption" hat sehr viel dazu beigetragen, moderner Literatur ihr spezifisch „modernes" Gesicht zu geben, neue Modi der Komposition, des Ausdrucks zu finden für die Darstellung neuer Formen der Sinnsuche oder des Sinnverlusts. Für die Erzählliteratur der Moderne in ihren europäischen Dimensionen ist dies kürzlich in einer großen Studie exemplarisch dargelegt worden, der Erlanger Habilitationsschrift von Peter Kuon (1993), deren umsichtig und intensiv analysierte Beispiele, um nur einige auszuwählen, von James Joyce („Ulysses", 1922) über Albert Camus („La chute", 1956), Primo Levi („Se questo è un uomo", 1946, erweitert 1958), Samuel Beckett („Le dépeupleur", 1967, erweitert 1970) und Peter Weiss („Das ‚Divina Commedia'-Projekt") bis zu Alexander Solschenizyn („Im ersten Kreis", 1982) reichen. Alle diese und eine Reihe weiterer wichtiger Erzählwerke (wie z. B. die „Hundejahre" von Günter Grass) wären ohne den Rekurs auf Dantes DC, der sich in vielfältiger und sehr unterschiedlicher Weise manifestiert, nicht so, wie sie sind – und sie wären nicht das, was sie sind: Zeugnisse der geistigen (um nicht zu sagen: der metaphysischen) Unruhe des modernen Europäers. Dantes Dichtung ist also für die Sinn-Konstitution vieler repräsentativer Texte der modernen Narrativik in vielen Sprachen Europas von zentraler Bedeutung. Für die Lyrik und Dramatik ließen sich ähnliche Reihen bilden: Genannt werden könnten und müssten Bert Brecht und Osip Mandelstam, Ezra Pound und T. S. Eliot, Charles Williams und Dorothy Sayers, P. P. Pasolini und H. M. Enzensberger, von den außereuropäischen Dichtern mit ausgeprägt europäischem Bildungshintergrund J. L. Borges, L. Marechal und der Literatur-Nobelpreisträger des Jahres 1992, Derek Walcott, dessen Heimat die Karibikinsel St. Lucia ist. Einige der Genannten sind auch durch Essays über Dante hervorgetreten (Eliot, Borges, Mandelstam), andere, wie Sayers, haben Dante übersetzt und kommentiert. Die Dante-Reflexe in ihren literarischen Werken beruhen also auf gründlicher, historisch-philologisch abgesicherter Textkenntnis. Auch die Musiker unter den die DC „produktiv rezipierenden“ Künstlern der Moderne, wie Luigi Dallapiccola, der Komponist der Oper „Ulisse“ (1968, nach Homer und Inf. XXVI), dürfen als wirkliche Dante-Spezialisten gelten – was wohl noch nicht für Franz Liszt galt, dessen „Fantasia quasi Sonata“ aus den „Années de pèlerinage“ (II) den Titel „Après une lecture du Dante“ trägt. Dass schließlich auch die Illustratoren der DC seit Botticelli über sehr genaue Textkenntnisse verfügten, bedarf keines genauen Nachweises. Das gilt, wie neuere Untersuchungen bewiesen haben, in erstaunlich hohem Maße auch für den Katalanen Salvador Dalí, ungeachtet seines herausfordernden surrealistischen Gestus.

Europäisch weit also ist der geistige Raum, in dem Dantes DC heute als Anknüpfungs- und Bezugspunkt kultureller Schöpfungen wirkt, als lebendige Erinnerung auf aktuelles Schaffen einwirkt, mehr noch: dessen Grundstrukturen bestimmt. Die Jenseitsreiche der christlichen Mythologie, wenn der Ausdruck erlaubt ist, in denen Dante Tadel und Lob, Kritik und Bewunderung verteilte, seine Vorstellungen von menschlicher Schwäche und Größe, von Bosheit und Güte in Form „mehrfältiger“ Allegorie gestaltet, mögen im 20. Jahrhundert ihre unmittelbare Glaubwürdigkeit verloren haben; aber diese Jenseitsreiche und diese Jenseitsreise gehören doch und gerade heute in der von Dante geprägten Form dichterischer Darstellung zu den europäischen Erinnerungsorten, an die zurückzukehren für Musiker, Künstler, Dramatiker, Lyriker und Romanciers unserer Tage sich als Stimulans, als anregende Herausforderung erweist. Nicht zuletzt hilft es ihnen, wie die Beispiele Levi oder Solschenizyn zeigen, beim literarischen Umgang mit den Ungeheuerlichkeiten, die im Menschen schlummern und die auf entsetzliche Weise zum Ausdruck gekommen sind, wie diese Autoren es selbst erlebt haben, in den Vernichtungslagern des Bolschewismus und des Nationalsozialismus, im Konzentrationslager und im „Archipel GULAG“. Das sind Erfahrungen, die nie zu „bewältigen“ sein werden, für deren Ausdruck aber die sprachliche und künstlerische Form der DC exemplarische Anregung bietet, geht es doch auch in ihr darum, das Unsägliche und Unsagbare Ausdruck und Gestalt werden zu lassen. „On ne lit plus le Dante dans l'Europe“? Nein, im Gegenteil: Die DC wird in Europa mehr gelesen als je zuvor. Allein in Deutschland sind in den letzten fünfundzwanzig Jahren, nach den dreißig zwischen 1900 und 1985 entstandenen, vier neue vollständige Übersetzungen erschienen; eine fünfte ist im Erscheinen.

Literaturhinweise

Dante Alighieri, Commedia, con il commento di Anna Maria Chiavacci Leonardi, 3 Bde. Milano 1991–1997.

Dante Alighieri, Die Göttliche Komödie, übersetzt von Hermann Gmelin. 6 Bde. (Übersetzung und Kommentar). Stuttgart 1949–1957.

August Buck, Die Commedia, in: Die italienische Literatur im Zeitalter Dantes und am Übergang vom Mittelalter zur Renaissance, in: Dantes Commedia und die Dante-Rezeption des 14. und 15. Jahrhunderts, hrsg. von dems. Heidelberg 1987, S. 21–165.

Enciclopedia Dantesca, 6 Bde. Rom 1970–1978; rev. Neuaufl. 1984.

Werner P. Friederich, Dante's Fame Abroad. 1350–1850. The Influence of Dante Alighieri on the Poets and Scholars of Spain, France, England, Germany, Switzerland and the United States. A Survey of the Present State of Scholarship. Rom 1950.

Franz Xaver Kraus, Dante. Sein Leben und sein Werk, sein Verhältnis zur Kunst und Politik. Berlin 1897.

Peter Kuon, lo mio maestro e'l mio autore. Die produktive Rezeption der Divina Commedia in der Erzählliteratur der Moderne. Frankfurt/M. 1993.

Lutz S. Malke (Hrsg.), Dantes Göttliche Komödie. Drucke und Illustrationen aus sechs Jahrhunderten. Leipzig 2000.

Ulrich Prill, Dante. Stuttgart 1999.

Horst Rüdiger, Dante als Erwecker geistiger Kräfte in der deutschen Literatur, in: Herbert Singer/Benno von Wiese (Hrsg.), Festschrift für Richard Alewyn. Köln/Graz 1967, S. 17–45.

Thies Schulze, Dante Alighieri als nationales Symbol Italiens (1793–1915). Tübingen 2005.

Kurt Wais, Die ,Divina Commedia' als dichterisches Vorbild im XIX. und XX. Jahrhundert, in: Arcadia III (1968), S. 27–47.

Heinz-Willi Wittschier, Dantes Divina Commedia. Einführung und Handbuch. Frankfurt/M. 2004.

Ina Schabert
Shakespeare

Shakespeare im europäischen Imaginären

Die UNESCO hat den 23. April zum Tag der Bücher und der Autorenrechte erklärt. Damit sollen vor allem zwei Dichter geehrt werden, die an diesem Tag, im Jahr 1616, verstorben sind: Miguel de Cervantes und William Shakespeare. Beide haben das europäische Gedächtnis auf ihre besondere Weise geprägt. Die schöne Übereinstimmung der Daten ist allerdings nur Schein. Im Unterschied zu Spanien hatte England zu jener Zeit noch nicht den Gregorianischen Kalender eingeführt. Shakespeares Todestag, der englische 23. April 1616, entspricht deshalb dem damaligen spanischen und unserem heutigen 3. Mai. Solch fehlende Korrespondenz zwischen Geschichte und Gedenken kennzeichnet ganz allgemein die Erinnerung an Shakespeare in Kontinentaleuropa. Des Dichters *lieux de mémoire* auf dem Kontinent sind das, was Pierre Nora als „signes à l'état pur" bezeichnet: Es sind Häuser, die niemals von den Helden seiner Stücke betreten wurden, Gräber, in denen sie nie bestattet worden sind, Theater, in denen Shakespeare nie gewirkt hat, Statuen, denen die Ähnlichkeit mit den historischen Porträts seiner Person fehlt. Es können Monumente sein, die nur noch in der Erinnerung oder vorerst nur als Plan existieren. In ihrer Selbstreferenzialität dokumentieren sie primär die Schöpferkraft einer kollektiven Phantasie. Damit unterscheiden sie sich vom englischen Shakespeare-Ort Stratford, wo das Gedenken sich in konkreten biographischen Räumen gründet.

Historische Skizze: Shakespeare in Kontinentaleuropa

Bereits zu seinen Lebzeiten war Shakespeares Werk auf dem Kontinent nicht ganz unbekannt. Schon damals und bis ins 18. Jahrhundert hinein wurden hier stark vereinfachte und veränderte Fassungen von seinen Dramen durch fahrende englische Schauspieler aufgeführt. Früh bildete sich ein spezifischer Werkkanon aus, in dessen Zentrum „Hamlet", „Romeo and Juliet", „A Midsummer Night's Dream" und die Falstaff-Komödie „The Merry Wives of Windsor" stehen. Seit dem 19. Jahrhundert vollzog sich ein reger gesamteuropäischer Austausch von Theaterstars und Theatertruppen. Damit wurden nicht nur bislang unbekannte Dramen und innovative Spielstile verbreitet. Englische und kontinentaleuropäische Schauspieler gaben auch im Ausland die Rollen in ihrer Muttersprache – sobald reisende Stars mit einheimischen Ensembles zusammen auftraten, entstand ein Sprachgemisch. Im Allgemeinen wurde dies selbstverständlich akzeptiert. Empfindlichkeiten konnten allerdings entstehen, wenn die Fremdsprache als Instrument kultureller Bevormundung gesehen wurde, wie etwa das Deutsche in Polen oder das Französische in Flandern. Heute wird der mehrsprachige Shakespeare gelegentlich im Sinn einer europäischen Tradition als Kunstmittel eingesetzt, etwa in den Aufführungen der „Pralipe Brotherhood", einer von den 1980er Jahren bis kurz nach 2000 aktiven Theatertruppe mazedonischer Romas, die ihre eigene Sprache vor allem mit serbokroatischen und deutschen Einlagen mischten und die sich als Motto ein Wort von Günter Grass über die Zigeuner zu eigen machten: „Sie sind, was wir zu sein vorgeben: geborene Europäer". In der Bearbeitung von Shakespeares Historiensequenz zu einer Parabel für den Geschichtsverlauf schlechthin, im vielstündigen Drama „Ten Orlog" (1990) des Niederländers Tom Lanoye, kennzeichnen historische, nationale und soziale Sprachvarianten die geistige Verfassung der jeweils dargestellten Epoche. Karin Beier setzt in ihrem „Sommernachtstraum" im Düsseldorfer Schauspielhaus 1996, den sie als „einen europäischen Shakespeare" betitelt, neun verschiedene Sprachen ein, um die magischen Verwirrungen der Komödie zu vergegenwärtigen. Wenn Bernard Genton in seiner Vision einer „Europe littéraire" befindet, eine genuin europäische Literatur sollte bis in die einzelnen Texte hinein plurilingual sein, so wird in solchen Inszenierungen ein Anfang dazu gemacht.

Wie das Theaterleben, so vollzog sich auch die Geschichte der Shakespeare-Übersetzung und -Deutung in intensiven transnationalen Verhandlungen. Französische Übertragungen und Bühnenbearbeitungen bestimmten die Shakespeare-Rezeption des 18. Jahrhunderts. Der Dramatiker wurde den klassizistischen Theaterregeln unterworfen und den damaligen Theater-Usancen angepasst. Dieser Disziplinierung widersetzten sich lautstark die Dichter des deutschen Sturm und Drang und der Romantik. Johann Gottfried Herder, der frühe Goethe, François René de Châteaubriand, Alexander Puškin, Iwan Turgenjew, Adam Mickiewicz und Victor Hugo erklärten Shakespeare selbst zum alleinigen Maßstab seiner Kunst und zum eigenen Vorbild. Die Dramen, so befinden sie, zeugen von einer genialen Kenntnis des Menschen, der Gesellschaft, des Geschichtsverlaufs: „Und ich rufe Natur! Natur! nichts so Natur als Schäkespears Menschen", erklärt Goethe in seiner Rede „Zum Schäkespears Tag" 1771. Shakespeare wird zum Dichter des Universalen, des Natürlichen, der Freiheit, des Volks, der tiefen Emotionen, des in sich selbst gründenden Individuums, der autonomen Imagination und damit auch der Revolte gegen äußere Verbindlichkeiten. Victor Hugo setzt seine geschichtsprägende Kraft der Französischen Revolution gleich. Ein Mit- und Gegeneinander von klassischen und romantischen Rezeptionsweisen, von rationalem und enthusiastischem Shakespeare-Verständnis, von einem staatlich gefeierten und einem als subversiv gefürchteten, zensurierten oder verbotenen Shakespeare ist sodann kennzeichnend für kontinentaleuropäische Länder.

Auch die Bemühungen um Shakespeares Texte im 19. Jahrhundert sind charakterisiert durch vielfältige Kreuzungen zwischen den französischen Übersetzungen und den deutschen, unter denen der romantischen Version von Schlegel–Tieck der Vorrang gegeben wird. Direkte Übertragungen aus dem Englischen sind die Ausnahme. Zu Beginn des 20. Jahrhunderts liegt Shakespeares Werk zumindest in Teilen in fast allen europäischen Landessprachen vor. Mit der Übersetzung möchte man die Leistungskraft der eigenen Sprache beweisen; zugleich aber wird die gleichrangige Zugehörigkeit der Nation zur europäischen Kulturgemeinschaft beansprucht. „National cosmopolitanism" nennt Donald Sassoon in seinem Buch „The Culture of the Europeans" dieses mit einem europäischen Gemeinschaftssinn verbundene Nationalbewusstsein.

Lieux de mémoire: nachbürgerliche Shakespeare-Kulte

Die Diskussion über Shakespeare entfaltet sich ebenfalls im europäischen Dialog; die Beiträge nutzen und kritisieren jeweils frühere Schriften auch von Autoren anderer Länder; ganz selbstverständlich sehen sie sich und Shakespeare in einem europäischen geistigen Gesamtraum. Victor Hugo ernennt in seinem Buch von 1880 den Dichter zum Beinahe-Europäer: „Un peu plus, Shakespeare serait européen". Die Feiern zum 300. Geburtstag Shakespeares 1864 in Stratford, Budapest, Belgrad, Prag und Weimar, zu denen man sich gegenseitig einlädt, demonstrieren die Gemeinsamkeit. Die schon geplanten Veranstaltungen zum 300. Todestag 1916 hingegen wurden nach Ausbruch des Krieges weitgehend abgesagt.

Die englische Festgabe „A Book of Homage to Shakespeare", eine prachtvoll ausgestattete Sammlung internationaler Beiträge, ächtet die deutschen Shakespeare-Gelehrten durch den Ausschluss; auf der anderen Seite wird vom Schriftsteller Ludwig Fulda ernsthaft gefordert, dass England in den Friedensverhandlungen nach dem erwarteten deutschen Sieg Shakespeare an Deutschland abtreten müsse. Nach 1945 kontrastiert liberale Shakespearepflege im Westen mit totalitärer Vereinnahmung und verschlüsselter systemkritischer Ausdeutung in Zentral- und Osteuropa. Erst gegen Ende des 20. Jahrhunderts, nach dem Fall des Eisernen Vorhangs, entwickelt sich auf Initiative von Anglisten hin wieder eine gemeinsame kontinentaleuropäische Shakespeare-Diskussion, die sich zu einer „European Shakespeare Research Association" zusammengefunden haben und den Ort eines „Shakespeare in the New Europe" erkunden wollen.

Während ein Häuflein aufrechter Professoren die Geschichte der Shakespeare-Rezeption auf dem europäischen Kontinent rekonstruiert und über die Chancen eines europäischen Shakespeare für die Gegenwart nachdenkt, stehen Shakespeares Werke kaum noch, wie es in früheren Generationen üblich war, selbstverständlich im Bücherschrank zur Lektüre bereit. Das Theater, soweit es sich überhaupt ernsthaft mit Shakespeare auseinandersetzt und ihn nicht der Spaßkultur opfert, erreicht nur wenige. Und die Schule, in der in den meisten deutschen Bundesländern wie auch anderswo in Europa Shakespeare Pflichtlektüre und Prüfungsstoff ist, vermittelt zumeist nur ein schwaches, wenn nicht gar abschreckendes Bild von seinen Dramen. Die populären Shakespeare-Filme und Shakespeare-Comics entfernen sich weit vom Shakespeare-Text und vom Shakespeare-Theater. Das lebendige, in Werkkenntnis gründende Erinnern ist verblasst, geblieben aber ist der große Shakespeare als kulturelle Ikone. Das gespürte Defizit äußert sich in der Pflege älterer und der Einrichtung neuer *lieux de mémoire*. An diesen kristallisieren sich Reste der Bedeutungen, die Shakespeare in der Vergangenheit in und für Europa bekommen hatte.

Orte dramatischer Handlung.

Auffallend viele – etwa zwei Drittel – der 37 Shakespearedramen spielen auf dem europäischen Kontinent. Dies liegt daran, dass der Dramatiker für seine Werke häufig auf kontinentaleuropäische literarische Vorlagen zurückgreift; es ist zudem der Ausdruck eines Kunstwillens, der aus der englischen Alltagswelt in ferne, fremde, phantastische Bereiche ausbricht. Die Stücke spielen in einem poetischen Illyrien, in einem pittoresken Navarra. Böhmen hat eine Meeresküste, Mailand einen Hafen. Letztlich lassen sich nur wenige reale geographische Orte ausmachen, die überhaupt zu Brennpunkten der Erinnerung werden können. Venedigs Rialto ist von einigen Schriftstellern mit Shylock in „The Merchant of Venice" assoziiert worden; ein Schloss im dänischen Helsingør (Shakespeares Elsinor) und ein stattliches Bürgerhaus in Wittenberg (wohin Hamlet laut einer Zeile bei Shakespeare aufbrechen oder zurückkehren wollte) dienen als Gedenkstätten für „Hamlet".

Der Ort, an dem sich die Memorialkultur am großzügigsten entfaltet hat, ist Verona. Zwischen der „Casa Giulietta" und der „Tomba di Giulietta" wandelt man hier schon seit dem späten 18. Jahrhundert auf den Spuren von Romeo und Julia. Dabei stört es nicht im Geringsten, dass die Geschichte der durch eine Familienfehde zerstörten großen Liebe, als sie ein gutes Jahrhundert vor Shakespeare von einem salernitanischen Autor erfunden wurde, gar nicht in Verona spielte und die Liebenden erst in einer späteren Version zu Giulietta und Romeo umbenannt wurden. Unerheblich ist auch, dass die Casa Giulietta nie von den Capelletti (Shakespeares Capulets) bewohnt wurde und dass der berühmte Balkon, der mythische Ort von Julias Liebesgeständnis und der schmerzhaften Verabschiedung des Paares nach der

Hochzeitsnacht, erst um 1930, um die Erwartung der sich mehrenden Touristen zu erfüllen, an der so genannten Casa Giulietta angebracht wurde. Und schließlich spielt es auch keine Rolle, dass nicht ein Balkon, sondern ein „window" in Shakespeares Text existiert. Der Balkon ist als Zugabe von italienischem Lokalkolorit und als Entfaltungsraum für Schauspieler im Startheater im 18. Jahrhundert in die Theatergeschichte von „Romeo and Juliet" hineingeraten. Ansichtskarten seit dem späten 19. Jahrhundert sowie ein prachtvolles Gemälde des Präraffaeliten Ford Madox Brown bürgen für den Balkon. August Lewald berichtet 1837, wie er während einer Übernachtung im „Haus der Guiletta" im Traum Romeo unter dem Schlafzimmerbalkon erscheinen sah. Auch Heinrich Heine glaubte, als er nach Verona kam, Romeo unter dem Balkon zu sehen. Und sogar Asterix bezeugt seine Existenz: In „Le grand fossé" hängt Comix-Romeo mit akrobatischem Geschick an ihm, um Fanzine-Juliet eine Rose zu überreichen. Liebende kommen zur Balkonwand und heften ihre Briefe dort an. Die populäre Imagination sah, wie den Schlagzeilen der italienischen Regenbogenpresse zu entnehmen war, das Medien-Paar Nicolas Sarkozy und Carla Bruni als „Lovers of Verona" im Honeymoon zur Casa Giulietta pilgern. Brautpaare dürfen sich seit 2009 unter dem Balkon trauen lassen (Ortsansässige für 600, Touristen für 1000 Euro). So können sie, wie es zahlreiche Bühnenbearbeitungen vor ihnen getan haben, den tragischen Ausgang der Geschichte in ein Happy End verwandeln. Der zweite Pilgerort, das Grab, ist ebenfalls ein reines Produkt der Erinnerungsphantasie, auch wenn die ungarische Prinzessin Izabella Czartoryska schon um 1800 ein Stück Stein vom Sarkophag wie eine Reliquie pietätvoll aufbewahrte. Die Attraktivität des Doppelthemas von Liebe und Tod, das die kollektive Imagination mit Shakespeares Tragödie assoziiert – „il tema dell'amore sfortunato, sia sempre attuale", wie es die Touristenwerbung umschreibt –, verlangt schlicht nach dem zweifachen Gedächtnisort von Schlafzimmerbalkon und Grab.

Die Konstellation von Liebe und Tod bietet sich in einer dunkleren Stimmungsvariante am Hamlet-Ort Helsingør dem Gedenken an. In der Nähe des dortigen Schlosses Kronborg kann man den Bach mit der Weide wiederfinden, in dem sich die liebeskranke Ophelia ertränkte, und etwas abseits, auf einem Feld, durch einen verwitterten Stein markiert, gibt es seit 1790 auch das Grab, in dem Hamlet beigesetzt wurde. In unmittelbarer Nähe des Schlosses steht ein zweiter Grabstein in modernem Stil. „A shrine without a grave is deemed utterly deficient by sightseeing man" bemerken zu dem Überangebot trocken die Amerikaner Ivor Brown und George Fearon, die, für Europäer schockierend, den Gedächtniskult unter finanziellen Gesichtspunkte als „Shakespeare Industry" betrachten (das so betitelte Buch musste für die britische Ausgabe umbenannt werden). Im Schloss selbst wird der Festsaal gezeigt, in dem das von Hamlet erdachte Theaterstück „The Mousetrap" aufgeführt wurde, und mit dem Blick auf die Schlosswälle stellt man sich vor, wie der Geist des alten Hamlet hier seinem Sohn erschienen ist. Es hausen weiterhin Geister im Schloss, berichtet die Süddeutsche Zeitung vom 30. Dezember 2005, versichert aber beschwichtigend, die meisten von ihnen seien derzeit durch eine Hellseherin vertrieben worden. Auch in diesem Fall besteht keine direkte Verbindung zwischen dem Shakespearedrama und seinem Gedächtnisort. Kronborg wurde ab 1585 erbaut und brannte 1629 fast völlig nieder; der heutige imposante Festungsbau entstand im späteren 17. Jahrhundert. Die Erzählung vom nordischen Sagenhelden Amlethus stammt hingegen aus dem 12. Jahrhundert, und Shakespeare hat, falls er überhaupt von Kronborg wusste, seinen Hamlet in einem anderen als dem heutigen Gebäude imaginiert. Eine Memorialkultur, die nur einen materiellen Ort für ihre Träume sucht, stören solche zeitlichen Diskrepanzen nicht. Historische Erinnerung hingegen kann sich den „Hamlet" von Gustav Gründgens 1938 im Schlosshof von Kronborg vorstellen und die Ironie dieser Einladung des Berliner Staatstheaters zwei Jahre vor der Besetzung Dänemarks durch Hitlerdeutschland bedenken. „Uns fesselt auch das Hamlethaus, wo nach der Sage

Prinz Hamlet von Dänemark wohnte, den Shakespeare selbst einen Studenten nennt", stellt ein neuerer Führer durch die Stadt Wittenberg fest. Ein sturer Wittenberger Hausbesitzer widersetzt sich allerdings der vollen Erschließung des Gebäudes für den Hamletkult, obgleich die protestantische Konnotation des Orts das Hamlet- und Shakespearebild sinnfällig bereichert. Fiktionale Literatur bietet sich zur Kompensation an: Gerhard Hauptmanns Drama „Hamlet in Wittenberg" (1935), in dem wir den Dänenprinzen gemeinsam mit Horatio und Rosenkranz und Güldenstern beim Studium zur Zeit der Reformation erleben können, und Karl Gutzkows dramatische Phantasie „Hamlet in Wittenberg" (1835), die Hamlet zum Vorgänger von Goethes Faust macht.

Denkmäler

Das erste aller Abbilder Shakespeares ist die Büste über seinem Grab in der Holy Trinity Church in Stratford, die kurz nach seinem Tod von Gheerart Janssen aus bemaltem Kalkstein angefertigt wurde. Sie weist vermutlich die größte Ähnlichkeit mit seiner historischen Person auf. Für den im 18. Jahrhundert einsetzenden Dichterkult war sie eher ein Hindernis, denn das bäuerlich schlichte Antlitz, die runde kahle Stirn mit braunem Lockenkranz und das bunte Wams entsprachen so gar nicht dem Idealbild eines genialen Künstlers. Spätere Statuen und Porträts versuchen sich deshalb in diskreten Korrekturen von Kopfform, Haartracht und Kleidung. 1741 wurde eine „Memorial Statue" in der Westminster Abbey aufgestellt, der nationalen Gedenkstätte für große Dichter und Denker. Hier posiert Shakespeare als ehrfurchtgebietender Dramatiker und zitiert aus seinem Werk auf Latein. Mit der Entwicklung Stratfords zum Wallfahrtsort errichtete man auch dort 1888 eine Statue oder vielmehr ein Statuen-Ensemble. In dem Werk von Lord Ronald Sutherland Gower thront Shakespeare auf hohem Podest, umgeben von Figuren aus seinen Dramen: Lady Macbeth, Prince Hal, King Henry V, Hamlet und Falstaff. Im Londoner Theaterbezirk, am Leicester Square, erinnert ebenfalls eine imposante Statue an ihn.

Auf dem Kontinent wurde von der Deutschen Shakespeare-Gesellschaft eine Statue beim Bildhauer Otto Lessing in Auftrag gegeben und am 23. April 1904 in Weimar enthüllt. Im Unterschied zum Goethe-und-Schiller-Denkmal, das vor dem Weimarer Theater seinen repräsentativen Platz gefunden hatte, wies man Shakespeare einen Winkel im Grünen zu, im Park an der Ilm, schräg gegenüber von Goethes Gartenhaus. Die Figur aus weißem Carrara-Marmor auf niedrigem Sockel zeigt ihn etwas gebeugt, in natürlicher, lockerer Haltung. In der rechten Hand hält er eine Papierrolle, in der linken eine Rose. Ihm zu Füßen liegen ein Totenschädel, eine Narrenkappe und ein Lorbeerkranz. Schriftstellertätigkeit und Nachruhm werden damit anzitiert; das Thema von Liebe und Tod klingt wieder an, zudem das eines als Narrheit getarnten Tiefsinns. Die Figur ähnelt weniger den englischen Shakespeare-Statuen als einer Verkörperung des Hamlet. Der Dramatiker wird mit seinem individualistischen, nachdenklichen, Verrücktheit vortäuschenden Helden identifiziert.

In der Zeit der DDR, im Jahr 1950, wurde die Statue aus der Natur in den Stadtbereich versetzt, um die Volksnähe des Dichters zu verdeutlichen, zu seinem 400. Geburtstag 1964 aber wieder in den Park zurückgebracht. Durch ein jährliches Ritual von Kranzniederlegung und Festansprachen am 23. April erhob man sie zum offiziellen Monument. Nach der Wende entwickelte sich sodann eine *anti-mémoire* in Form eines betont zwanglosen Morgenspaziergangs, bei dem jeder das Denkmal mit einer mitgebrachten Rose schmückt. Manchmal ist es wegen der Kälte Ende April noch durch einen Holzverschlag geschützt, dann werden die Rosen in die Astlöcher gesteckt. In anderen Jahren ist es durch Sprühfarbe entstellt. Shakespeare nach der Wende ist in Weimar postmodern tolerant: Die Statue lässt sich, für den Umschlag eines Buchs zu „Shakespeare in Bayern – und auf Bairisch", in bayrische Tracht kleiden. Sie lässt sich eine Brille aufsetzen für die Website eines deutsch-schweizerischen Dichterwettstreits über „Williamsbirnen" (eine Anspielung auf die Kopfform des Barden, von der auch das in seinem Namen verborgene Wort *pear* kündet).

Zur gleichen Zeit wie in Stratford, 1888, wurde auch in Paris, an der Kreuzung der Avenue de Messine mit dem Boulevard Haussmann, eine Shakespeare-Statue, ein Werk Paul Fourniers, aufgestellt. Auch sie trug hamlethafte Züge: „au chef mélancholiquement incliné et qui laissait traîner son manteau sur le socle", erinnert sich André Becq de Fouquières 1954 in seinen Paris–Memoiren. Während des Zweiten Weltkriegs wurde das Bronzedenkmal eingeschmolzen. Lediglich der Name einer vornehmen „Papéterie à Shakespeare", die 1919 dem Denkmal gegenüber eröffnet wurde, hält die Erinnerung bis heute wach. Nach Kriegsende wurde der Plan einer neuen Statue verworfen. Stattdessen sollte dem Dichter ein lebendiges Denkmal, ein Shakespeare-Garten, gewidmet werden. Das 1952 im Bois de Boulogne begonnene Projekt schuf eine Landschaft, die nord- und südeuropäische Vegetation, soweit sie in Shakespeares Dramen erwähnt wird, gegeneinander setzt. Damit wird eine schon zuvor beliebte Art des Gedenkens an Shakespeare auf systematischere Weise verwirklicht. Immer wieder hat es Versuche gegeben, die in den Dramen genannten Pflanzen, Ophelias Strauß von Kräutern, die Blumen der Feenkönigin Titania, die Unkräuter, mit denen sich Lear auf der Heide bekränzt, und die mit Gedichten gespickten jungen Bäume, auf die Rosalind im Forest of Arden stößt, in kleinen, kurzlebigen Gartenlandschaften zusammenzubringen. Der Pariser Jardin de Shakespeare wurde durch ein Naturtheater ergänzt, in dem seit 1953 jeweils im frühen Herbst Aufführungen stattfinden. Ein Kreis von Idealisten, „Les Amis du Jardin de Shakespeare du Pré Catalan", hält die Tradition aufrecht.

„Globes"

Die meisten der Stücke Shakespeares wurden in dem von ihm mitbegründeten Theater The Globe uraufgeführt. Es war ein Rundbau aus Holz, mit einem offenen Innenhof, in dem bei Tag gespielt wurde. Die Bühnenarchitektur ermöglichte einen engen, vielfältigen Kontakt zwischen Schauspielern und Zuschauern. Die Bühnenausstattung war karg und überließ vieles der Phantasie. Der Name The Globe bezog sich auf die runde Form des Baus und machte zugleich geltend, dass seine Bretter die Welt bedeuteten. Vor gut zwei Jahrzehnten begann man an mehreren Orten Europas, das alte Globe nachzubauen. Die relativ bescheidene Holzkonstruktion erlaubte es, solche Theater durch private Initiativen zu finanzieren; der Verzicht auf Ausstattung begünstigte Gastspiele; der Freilichtcharakter legte Festspiele während der wärmeren Jahreszeiten nahe. Die Globes entwickelten eine eigene Theaterkultur, abseits der National- und Stadttheater. In ihnen materialisiert sich – stets gefährdet aufgrund der geringen Institutionalisierung – die Erinnerung an einen volks- und naturnahen Shakespeare. Die zumeist tagsüber stattfindenden Aufführungen sind Ausflugsziel eines breitgestreuten Publikums. Sie bieten, wie der gern in Globe-Theatern spielende Norbert Kentrup beobachtet, „ein Theater ohne Schwellenangst".

Das erste der europäischen Globes wurde 1988 im westdeutschen Rheda-Wiedenbrück anlässlich einer Bundesgartenschau errichtet. Von Anfang an stand es in Verbindung mit der „bremer shakespeare company", einer kleinen Schauspieltruppe, die sich bis heute mit beachtlichem Erfolg darum bemüht, mit einfachen Mitteln einen experimentierfreudigen und volkstümlichen, doch zugleich textnahen Shakespeare für ein vornehmlich junges Publikum auf die Bühne zu bringen. Das Theater wurde später nach Neuss verkauft und 1991 dort wiedereröffnet und für jährlich stattfindende Theaterfestivals genutzt. 1998 entstand

216

im schweizerischen Liechtensteig das Bräker Globe aus Anlass der Feier des 200. Todestags des Dichters Ulrich Bräker, für den Shakespeare ein „wunderthätiger Theatergott" und das Vorbild für eigene Dramen war. Dieses Globe wurde sodann an den Europa-Park Rust verkauft, wo es als Kuriosum in der englischen Ecke der Freizeitlandschaft in 20-minütigen Theaterclips „Shakespeare light" anbietet. Das Globe in Schwäbisch-Hall hingegen ist, wie das Neusser Globe, ein Ort lebendiger Shakespeare-Vergegenwärtigung durch Theateraufführungen geblieben. Es wurde, aus naturbelassenem Holz, auf einer Insel erbaut, um – wie die Lokalpresse befand – das für Shakespeare angemessene Natur-Ambiente zu bieten. Auf seiner Außenfassade ist in Englisch und Deutsch ein Shakespearetext angebracht, der die Gleichung von Globetheater und Globus bestätigt: „All the World's a Stage".

In Rom gibt es seit 2003 im Park der Villa Borghese das Silvano Toti Globe Theater. Das Baumaterial war Eichenholz, das, wie betont wird, in den wieder aufgeforsteten Wäldern Italiens gewonnen wurde – der Dichter der Natur wird allmählich zum Schutzpatron des ökologischen Denkens. Der Park ist ein beliebter Ausflugsort für römische Familien; das populäre Theater gehört zu dieser Ereignislandschaft. Auch die Stadt Prag errichtete, zum 400. Jubiläum des elisabethanischen Globe, ein aus Holz gezimmertes Theater. Das Globe '99 war vor allem für englischsprachige Shakespeare-Aufführungen gedacht. Es blieb eine eher improvisierte Angelegenheit und wurde 2005 (wie Shakespeares Globe im Jahr 1613) durch einen Brand zerstört. In Rumänien, im transsylvanischen Sfântu Gheorghe, plante ein Privatmann auf eigenem Grund ein Globe-Theater. Dessen Grundsteinlegung war am 23. April 1994. Es sollte in einem Park stehen, in dem jedes von Shakespeares Dramen und Gedichten durch eine frisch gepflanzte Kiefer vertreten sein würde. Doch auch hier gibt es statt des Erinnerungsorts wohl nur noch die Erinnerung an diesen. Heutige Touristeninformationen über Sfântu Gheorghe erwähnen das Theater nicht.

Die wiederbelebte Erinnerung: Zentraleuropa nach der Wende

Die nach dem Zusammenbruch der Sowjetunion souverän gewordenen europäischen Staaten versuchen in der Zeit der Reorientierung, an frühere nationalbewusste und westorientierte Traditionen anzuknüpfen. Shakespeare kann dabei, wie zuvor im 19. Jahrhundert, zu einer Bezugsfigur werden, die beiden Aspekten, dem Nationalstolz und dem Streben nach europäischer Zugehörigkeit, gerecht wird. „Shakespeare ist sicherlich ein Teil des Klebstoffs, der unser zerscheppertes Familienporzellan zusammenhält", sagt die Bulgarin Boika Sokolova. Die Kroatin Janja Aglar-Zanic befindet, dass gerade zentraleuropäische Länder – die sich mit dieser Bezeichnung von Russland abgrenzen – in der Vergangenheit ein gesamteuropäisches kulturelles Bewusstsein gepflegt hätten, während Westeuropa sich eher in geographischen Kategorien verstanden habe. Gedächtnisorte – darauf deuteten schon die Projekte von Prag und Sfântu Gheorghe hin – sind in dieser Situation ein aktuelles Desiderat.

Im polnischen Gdańsk erinnert man sich an die längst verschwundene, mit Shakespeare assoziierte Fechtschule. Danzig war im frühen 17. Jahrhundert ein Zentrum der fahrenden englischen Schauspieler, die hier ein Theater im elisabethanischen Stil errichteten. Die Fechtschule war kein Rundbau nach dem Muster des Globe, sondern, wie das Londoner Fortune-Theater, ein quadratisches Gebäude. Etwa 130 Jahre später wurde sie durch einen Neubau, das Comoedienhaus, ersetzt. Bis ins frühe 19. Jahrhundert gastierten hier Truppen aus verschiedenen europäischen Ländern. Nach 1990 fasste eine Bürgerinitiative den Plan, auf dem historischen Boden, nun ein Stück Ödland, wieder einen Nachfolger des Fortune-Theaters zu errichten, ein viereckiges, schlichtes Haus, in dem ausstattungsarme Theateraufführungen, wie in Shakespeares Zeit und in den neuen Globes, die Phantasie der Zuschauer aktivieren würden. Eine Stiftung unter Federführung des Anglisten Jerzy Limon und einem Stiftungsrat aus europäischen Prominenten warb neben vielen Spenden eine großzügige EU-Finanzierung ein. Man entschied sich dafür, das Theater nach den postmodernen Plänen von Renato Rizzi zu bauen. Die Grundsteinlegung wurde im Oktober 2009 mit der Aufführung von Szenen aus Shakespeares Dramen gefeiert; die Einweihung ist für 2012 geplant.

Ein weiterer erneuerter Gedächtnisort befindet sich in Łódź. 1867 verstarb dort unerwartet der Shakespeare-Schauspieler Ira Aldridge während einer Theatertour. Aldridge, der als Afro-Amerikaner in seiner Heimat nicht und in England auf der Bühne kaum geduldet wurde, wurde in Kontinentaleuropa zu einer Kultfigur und war nicht nur als Othello, sondern auch in der Verkörperung anderer Tragödienhelden sehr erfolgreich. Die Bürger von Łódź ehrten ihn mit einem großen Begräbnisritual und pflegen sein Grab bis heute. Eine Umfrage bei Studierenden der Universität Łódź kurz nach 2000 stellte jedoch einen sehr geringen Bekanntheitsgrad von Aldridge in dieser Gruppe fest. Ein Symposium im Jahr 2007 sollte dem entgegenwirken. Die Vorträge deuten die allgemeine Anteilnahme am Schicksal von Aldridge und seiner Familie als modellhaftes Zeichen der besonderen Toleranz und Solidarität in der damaligen Industriestadt, wo Immigranten aus verschiedenen europäischen Ländern Arbeit fanden und friedlich zusammenlebten. (Die dunkle NS-Vergangenheit von Łódź als Littzmannstadt wird ausgeklammert.) In einem Theaterstück von Remigiusz Caban über Aldridge wird der Grabstein ähnlich als Denkmal einer weltoffenen Łódźer Kultur gedeutet. Das mit dem „Othello"-Zitat „Murzyn" (*może odejść*, dt. „Der Mohr [kann gehn]") betitelte Stück wurde im Januar 2010 in Rzeszów uraufgeführt.

Englisches und kontinentaleuropäisches Shakespeare-Gedenken

In England ist Shakespeare wichtiger Bezugspunkt eines nationalen Selbstverständnisses, das sich der eigenen Besonderheit bewusst ist. Stratford ist ein *lieu dominant* der Erinnerung, Pilgerstätte für die ganze zivilisierte Welt. In Kontinentaleuropa hingegen kann ihn, trotz einiger gescheiterter Versuche, kein Land allein für sich beanspruchen. Die Shakespeare-Rezeption ist hier unhierarchisch, „unser Shakespeare" ist der Dichter in dem Sinn, dass er für alle ein geschätztes und in oft gemeinsamer Bemühung angeeignetes Importgut ist. In England ist Shakespeare insbesondere der Autor des Geschichtsdramas „Henry V", das die Stärke der eigenen Nation, vor allem in Kriegszeiten, vergegenwärtigt. Auch das Londoner Globe wurde 1997 mit diesen Stück eröffnet. Der kontinentaleuropäische Shakespeare hingegen ist der Schöpfer des subversiven „Hamlet", des phantastischen „Midsummer Night's Dream", der gefühlsintensiven Liebestragödie „Romeo and Juliet". In Großbritannien erinnert man sich zuerst an die patriotischen Worte in „Richard II", die das Land nostalgisch-liebevoll als einen vom Meere eingefassten Edelstein, eine glorreich vom europäischen Festland isolierte Insel, umschreiben: „This precious stone set in the silver sea". Auf dem Kontinent aber ist Shakespeare vornehmlich der Autor von Hamlets grübelndem „To be or not to be" und seiner Klage: „The time is out of joint". Seine Vermutung, es sei etwas faul im Staate Dänemark, wird in den Medien auf jegliche Missstände nationaler und europäischer Art übertragen. Von einem Shakespeare-Denkmal in Indien berichtet ein historischer Roman über die Kolonialzeit, J. G. Farrells „The Siege of Krishnapur" (1973), dass, als eine britische Bezirksregierung von rebellierenden Einheimischen angegriffen wurde, sein kahler, runder, metallener Kopf abgespalten und als Kanonenkugel genutzt wurde. Absolut zielsicher und zerstörerisch schlug er im feindlichen Lager ein. Das lockige Haupt der Statue des romantischen Dichters Keats hingegen, so Farrells Roman, schwirrte aus der Kanone heraus erratisch über das Feld, ohne großen Schaden anzurichten. Der kontinentaleuropäische hamlethafte Shakespeare gleicht in der ballistischen Wirkung jenem John Keats. Der Nationaldichter Shakespeare, so befand schon Edward Young in seinen damals vielgelesenen „Conjectures On Original Composition" (1759), hat wesentlich dazu beigetragen, dass Großbritannien sich ruhmvoll in der Welt ausbreitete. Mit dem kontinentalen Shakespeare aber ließe sich kein Empire gründen und verteidigen. Er verbindet, als ein politisch Unangepasster und Aufbegehrender in nicht immer konfliktfreier Weise „Old Europe" in der gemeinsamen Sympathie für individuelles und nationales Freiheitsstreben, für Humanität, Toleranz, tiefe Gefühle und die Liebe zur Natur, für weise Narrheit, die vielleicht doch Methode hat.

Literaturhinweise

Péter DÁVIDHÁZY, The Romantic Cult of Shakespeare. Literary Reception in an Anthropological Perspective. London 1998.

Balz ENGLER, „Der Stein sich leise hebt". Shakespeare als Denkmal, in: Shakespeare Jahrbuch 139 (2003), S. 146–160.

European Shakespeare Research Association. Sammelbände seit 1993; http://www.um.es/shakespeare/esra (20.9.2011)

Krystyna KUJAWIŃSKA-COURTNEY/Maria ŁUKOWSKA, (Hrsg.), Ira Aldridge 1807–1867: The Great Shakespearean Tragedian on the Bicentennial Anniversary of his Birth. Frankfurt/M. 2007.

Oswald LEWINTERS, Shakespeare in Europe. An Anthology of Outstanding Writings on Shakespeare by Europeans. Cleveland 1963.

Ina SCHABERT (Hrsg.), Shakespeare Handbuch. Die Zeit – der Mensch – das Werk – die Nachwelt. Stuttgart [5]2009.

Vanessa SCHORMANN, Shakespeares Globes. Repliken, Rekonstruktionen und Bespielbarkeit. Heidelberg 2002.

Zdeněk STŘÍBRNÝ, Shakespeare and Eastern Europe. Oxford 2000.

Lea Marquart
Goethes „Faust"

Als der deutsch-französische Fernsehsender Arte 2008 darüber abstimmen ließ, wer der größte europäische Dramatiker sei, kam Johann Wolfgang von Goethe auf Rang 5 – und das, obwohl er keineswegs primär Bühnenautor ist, sondern sich gerade dadurch auszeichnet, dass er in allen Gattungen reüssierte. Die gute Platzierung in einer solchen Umfrage verdankt Goethe vor allem einem populären Drama: „Faust". Diese Tragödie wurde zum Inbegriff der deutschen Literatur, sie gehört zum Repertoire deutscher Bühnen und ist Pflichtlektüre in deutschen Klassenzimmern.

Das Erscheinen von „Faust I" im Jahr 1808 verstärkte den internationalen Ruhm, den Goethe schon früh durch „Die Leiden des jungen Werther" (1774) erworben hatte. Auch wenn der postum erschienene „Faust II" (1832) nicht an die Popularität des Ersten Teils anknüpfen konnte, ist „Faust", mit dem sich Goethe jahrzehntelang beschäftigte, zweifelsohne sein Lebenswerk. Innerhalb kurzer Zeit wurde „Faust I" in viele Sprachen übersetzt und in zahlreichen literarischen, aber auch musikalischen und bildkünstlerischen Werken ver- und bearbeitet. Jedoch hatte der Stoff, dem Goethe eine vollkommen neue Ausrichtung verlieh, 1808 schon eine lange Tradition. Goethes ist nicht die einzige Faust-Dichtung und stimmt mit der Legende nur bedingt überein. Mancher spätere „Faust" beruft sich gar nicht auf Goethe, sondern auf die Legende, kann also nur in Grenzen ein Beleg dafür sein, wie sehr Goethe auf die europäische Literatur einwirkte. Dennoch sei immer bedacht, dass dergleichen Auseinandersetzungen mit dem Stoff erst nach Goethe aufkamen, somit also doch in gewisser Weise auf ihn zurückzuführen sind.

Lediglich gestreift sei an dieser Stelle die Faust-Legende, die auf den historischen Georg Faust zurückgeht. Der Alchimist wurde um 1480 geboren und starb um 1540. Über sein Leben weiß man sehr wenig, weil keine Zeugnisse von ihm selbst erhalten sind, sondern lediglich Berichte über ihn. Schon 50 Jahre nach seinem Tod erschien die erste literarische Ausdeutung des Stoffs, nämlich die „Historia von D. Johann Fausten". Dieses Volksbuch wurde 1590 ins Englische übersetzt und animierte dort Christopher Marlowe zu „The tragicall history of the life and Death of Doctor Faustus" (1604, bearbeitet 1616). Marlowes Drama wurde in Deutschland zunächst als Puppenspiel aufgeführt; Goethe soll als Kind einer solchen Aufführung beigewohnt haben. Sein „Faust" war folglich kein genialer und originärer Einfall, sondern beruht auf einer beachtlichen Stofftradition.

Wenn sich auch „Faust II" von Beginn an einer wesentlich geringeren Popularität erfreute als „Faust I", so gibt es dennoch kaum einen Aspekt des Werks, der von der Forschung nicht beachtet wurde. Allein die Wirkung der Tragödie ließe sich in mehreren Bänden erörtern und wurde von Charles Dédéyan unter dem Titel „Le thème de Faust dans la littérature européenne" (1954–1967) untersucht.

Es ist ein Phänomen, dass die Geschichte des enttäuschten Wissenschaftlers, der einen Pakt mit dem Teufel schließt, um Erkenntnis zu erlangen, sich aber statt dessen in die erste Frau verliebt, die ihm begegnet, von der europäischen Literatur in allen Facetten verarbeitet wurde. Sobald Faust jedoch, nach dem tragischen Tod der Geliebten, eine Reise durch die Geschichte der Menschheit antritt und nicht zuletzt auf die schöne Helena trifft, also die Sphäre des Menschlichen verlässt, interessieren sich Künste und Gesellschaft weniger für den großen Helden. „Faust" als Erinnerungsort meint im Wesentlichen folglich immer „Faust I".

„Faust" in Europa

Damit überhaupt von „Faust" als gemeinsamem europäischem Erinnerungsort gesprochen werden kann, muss die Tragödie tatsächlich für das europäische Lese- und Theaterpublikum zugänglich (gewesen) sein. Im Fall von „Faust" lässt sich dieser Nachweis relativ leicht erbringen, denn kaum ein anderes literarisches Werk dürfte eine so komplexe und facettenreiche Rezeption nach sich gezogen haben. Schier unübersehbar ist schon die deutsche Wirkungsgeschichte, bestand das Problem der nationalen Adaption eines – mehr oder weniger – fremden Stoffes doch nicht. Die deutschsprachige Rezeption sei aber nur gestreift.

Der prominenteste deutschsprachige Dichter, der sich nach Goethe mit dem Faust-Stoff befasste, war Heinrich Heine. In den „Einleitenden Bemerkungen" zu seinem Tanzpoem „Der Doktor Faust" (1851) erwähnt er auch die Motivgeschichte des Stoffs, die er auf die Theophiluslegende zurückführt: „Das ist die Genesis der Faustfabel, von dem Theophilus-Gedichte bis auf Goethe, der sie zu ihrer jetzigen Popularität erhoben hat. – Abraham zeugte den Isaak, Isaak zeugte den Jakob, Jakob aber zeugte den Juda, in dessen Händen das Zepter ewig bleiben wird. In der Literatur wie im Leben hat jeder Sohn einen Vater, den er aber freilich nicht immer kennt, oder den er gar verleugnen möchte". Zwar erkennt Heine mit dieser Äußerung an, dass der Stoff seine große Popularität vor allem Goethe verdankt, zugleich stellt er aber in Frage, ob sich dieser der Tradition, auf die er sich stützt, bewusst war, behauptet sogar, Goethe wollte sein Publikum glauben machen, er stehe außerhalb dieser Tradition, verdanke seinen Erfolg nur sich und seiner Dichtung. Diese ablehnende Haltung gegenüber dem Weimarer Dichter und dessen „Faust" macht sich im Verlauf von Heines Szenario immer wieder bemerkbar, drückt sich schon in dem ironischen Grundton aus, der die Darstellung prägt.

Heine präsentiert Faust als Nekromantiker und Alchimist, der den Teufel beschwört. Der erscheint ihm schließlich als eine schöne Frau, Mephistophela. Im Lauf des Tanzpoems besuchen Faust und Mephistophela ein Fest am Hof eines Herzogs, einen Hexensabbat, und reisen später ins antike Griechenland; schließlich zieht Mephistophela Faust mit sich in die Hölle. Vor allem mit dem Ende seines Szenarios distanziert sich Heine von Goethes Vorbild: Seiner Meinung nach kann Faust nicht gerettet werden – weswegen er den Ausgang des „Faust II" als „Farce" bezeichnet. Das Beispiel Heine zeigt, dass auch deutsche Dichter nicht immer mit Goethe einverstanden waren. So sehr „Faust" immer wieder – vor allem von außen – als ‚typisch deutsch' bezeichnet wurde, so wenig wollten gerade die Deutschen diese Deutung akzeptieren.

Neben Heine haben sich auch etliche andere – weniger bekannte – Autoren mit Goethe befasst; oftmals nutzten sie die prominente Vorlage, um ihre eigenen Aussagen zu unterstützen. Und häufig diente „Faust" als Negativvorlage, von der man sich abzusetzen hatte.

Die sicherlich prominenteste Bearbeitung in deutscher Sprache entstand fast 150 Jahre nach der Publikation von Goethes Tragödie: Thomas Mann nutzte den Stoff in seinem 1947 erschienenen Roman „Doktor Faustus" zu einer politischen Aussage. Der Erzähler Serenus Zeitblom berichtet vom Leben und Schaffen des genialen Komponisten Adrian Leverkühn, der kurz vor seinem Tod seine größte Schöpfung, die symphonische Kantate „D. Fausti Weheklag" vollendet. Bei der Uraufführung seines Werks gesteht Leverkühn dem Publikum, er habe einen Pakt mit dem Teufel schließen müssen, um diese Komposition zu vollenden. Im Gegenzug habe er jeglicher menschlichen Liebe abgeschworen. Thomas Mann bezieht sich in seiner Hauptfigur zwar auf den Faust-Mythos, nicht jedoch auf Goethe. Denn weder trägt Leverkühn Züge von Goethes Faust, noch hat die verführerische Teufelin Gemeinsamkeiten mit Mephisto. Vielmehr ist die Lebensgeschichte des Künstlers ein Abbild der zeitgenössischen deutschen Geschichte. Somit endet der Roman mit dem Ausdruck der Hoffnung des Erzählers, Deutschland möge sich aus dem Bund mit dem Teufel lösen können: „Heute stürzt es [Deutschland], von Dämonen umschlungen, [...] hinab von Verzweiflung zu Verzweiflung. Wann wird es des Schlundes Grund erreichen? Wann wird aus letzter Hoffnungslosigkeit ein Wunder, das über den Glauben geht, das Licht der Hoffnung tragen? Ein einsamer Mann faltet seine Hände und spricht: Gott sei eurer armen Seele gnädig, mein Freund, mein Vaterland".

Die französische Literatur hat sich als erste und zugleich am intensivsten mit Goethes „Faust" auseinandergesetzt. Für ganz Europa war die Vermittlung, die Goethe durch Germaine de Staël erfuhr, entscheidend. Denn weit mehr als das Deutsche war das Französische die Kultursprache des 19. Jahrhunderts. Vermittelt durch de Staël, gelangte „Faust" nicht nur nach Frankreich, sondern auch nach Russland und Italien – und das, obwohl de Staël „Faust" missverstanden und das Verständnis der Tragödie eher erschwert als erleichtert hat. 1808 begann sie mit der Arbeit an „De l'Allemagne" und legte mit ihrer stark auf Mephisto ausgerichteten Interpretation den Grundstein dafür, dass die französische Literatur zunächst wenig mit „Faust" anfangen konnte.

Alle kritischen Äußerungen de Staëls konnten jedoch den durchschlagenden Erfolg von Goethes „Faust" in Frankreich nicht verhindern. Allein im 19. Jahrhundert erschienen mehr als 20 Übersetzungen, über 40 Faust-Dramen, mehr als 30 epische Faust-Dichtungen, unzählige Gedichte, 15 musikalische Bearbeitungen und mehr als 100 Rezensionen. Die literarischen Beziehungen zwischen Deutschland und Frankreich erschienen von den politischen Unruhen des Jahrhunderts ungetrübt. Möglicherweise haben die politischen Schwierigkeiten im Gegenteil sogar zu der ungeheuren Popularität Goethes und seines „Faust" in Frankreich beigetragen, weil sie nicht das militärische, sondern das andere, das geistige Deutschland repräsentieren.

Neben de Staël sind es vor allem drei Künstler, denen „Faust" seinen ungeheuren Ruhm in Frankreich verdankt: Gérard de Nerval, Eugène Delacroix und Charles Gounod. 1828 erschien mit Nervals Version bereits die dritte Übersetzung von „Faust I". Anders als seine Vorgänger konnte er sein Publikum mit seiner Übertragung so sehr fesseln, dass „Faust" innerhalb kürzester Zeit auf allen wichtigen Bühnen Frankreichs zu Hause war. Da man sich der Bedeutung und Interpretation des Originals jedoch noch immer nicht ganz bewusst war, wurde eine Vielzahl neuer Stücke geschaffen, die sich mehr oder weniger originalgetreu mit dem Stoff auseinandersetzten. Viele der Dramen sind aus heutiger Perspektive äußerst skurril, wollten vor allem ein möglichst großes Publikum ansprechen. Daher wurde nicht gespart mit literarischen Anspielungen – so trifft die Faust-Figur in einigen Stücken auf Don Juan, sie wird vermengt mit dem Ewigen Juden, mit Cagliostro oder dem Grafen von Saint-Germain; Faust wird zu König Artus, trägt manchmal gar Züge von Robin Hood. Die dramatischen Verarbeitungen reichen von melodramatischen Tragödien, die den Zuschauer zu Tränen rühren sollen, über platte Boulevardkomödien bis zu reinen Lesedramen, die den gebildeten Leser mit literarischen Anspielungen überfluten.

Das wohl bekannteste Zeugnis der französischen Faust-Begeisterung stammt jedoch aus dem 20. Jahrhundert: Paul Valérys 1945 postum publizierte Fragmente „Mon Faust" wurden ihrerseits häufig übersetzt und auch in Deutschland rezipiert. Valéry, der mit Goethe sehr frei umging, begründet dies in dem Vorwort zu seinen Fragmenten „Lust" und „Le Solitaire": „Tant de choses ont changé dans ce monde, depuis cent ans, que l'on pouvait se laisser séduire à l'idée de plonger dans notre espace, si différent de celui des premiers lustres du XIXᵉ siècle, les deux fameux protagonistes du Faust de Goethe".

Die immense „Faust"-Rezeption in Frankreich, die über außenpolitische Konflikte – bis hin zu Kriegen – vollkommen hinwegsehen konnte, zeigt, wie leicht Goethes „Faust" zum europäischen Erinnerungsort werden und wie gut die Grundidee von anderen Literaturen umgedeutet und angepasst werden konnte.

Nach Russland und Osteuropa kam die Faust-Thematik ursprünglich durch deutsche Wandertruppen, die Marlowes „Faust" in diese Region brachten. Vermittelt durch Frankreich wurde dann auch Goethes „Faust" populär. In Russland fand zunächst das „Helena"-Fragment von 1827 Beachtung, bevor man auch „Faust I" rezipierte. Immer wieder bemühte sich die russische Literatur um Übersetzungen und Bearbeitungen des Stoffes. Bis 1962 wurden allein 16 russische „Faust"-Übersetzungen gezählt – darunter eine von Boris Pasternak aus dem Jahr 1957. Einige russische Autoren hatten zudem ihren eigenen „Faust" geschrieben: Ivan Turgenev verfasste mit seiner gleichnamigen Briefnovelle eine vollkommen neue Version des Stoffs (1856), Alexander Pushkin hat eine „Szene aus Faust" (1826) hinterlassen und betonte zudem immer wieder, der männliche Protagonist der „Pique Dame", Hermann, trage deutliche Züge Mephistos in sich; Michail Bulgakows „Der Meister und Margarita" (1929–1939) verweist schon im Motto auf Goethe. Schließlich sind auch in Michail Lermontovs Erzählung „Der Dämon", deren Erstausgabe 1856 in Karlsruhe erschien, Bezüge zu Goethe erkennbar.

Die eindrücklichste russische Faust-Dichtung ist jedoch die Briefnovelle von Turgenev. Turgenev hatte von 1839 bis 1841 mit Unterbrechungen in Berlin studiert und dort Vorlesungen des Hegelianers Karl Werder gehört, in denen „Faust" immer wieder erwähnt wurde. Zudem war er mit der Goethe-Verehrerin Bettina von Arnim befreundet. Er übersetzte und zitierte Goethe, wann immer möglich, und wurde zu einem großen Kenner des Goetheschen Werks. Turgenevs Novelle erschien 1856 in der Zeitschrift „Der Zeitgenosse" – zusammen mit einer neuen „Faust"-Übersetzung. Die Novelle handelt von einem Mann namens Pavel Aleksandrovič, der seine Jugendliebe wieder trifft und sie, die noch nie mit Literatur in Berührung gekommen ist, damit vertraut macht. Um ihr Interesse zu wecken, liest er ihr und ihrem Ehemann „Faust" vor. Beide zeigen sich davon begeistert, die ehemaligen Liebenden finden über die gemeinsame Lektüre immer enger zueinander. Als er ihre Nähe endlich wieder zurückgewinnen kann, stirbt sie und wird im Tod ein Abbild Gretchens.

Indem Faust zum Sinnbild der unerfüllbaren Liebe wird, wirkt das Drama direkt auf das Leben der Protagonisten ein. Stärker als Pavel Aleksandrovič kann man sich mit einer literarischen Figur nicht identifizieren. Schließt man sich der gängigen – wenn auch stark biographischen – Deutung an, Pavel Aleksandrovič sei seinerseits wiederum ein Abbild seines Dichters Turgenev, der in seiner Figur seine schwierige Liebe und Verbindung zu Pauline Viardot und deren Ehemann habe verarbeiten wollen, dann ist Turgenev sogar ein Abbild Fausts beziehungsweise umgekehrt.

Neben Russland wurde Goethes „Faust" auch in den übrigen osteuropäischen Literaturen intensiv rezipiert. So bezieht sich der polnische Autor Juliusz Słowacki 1834 in seinem politischen Drama „Kordian" ebenso auf „Faust", wie Zygmunt Krasiński 1836 den Teufelspakt in „Irydion" nachbildet. Hinzu kommen 30 polnische „Faust"-Übersetzungen. Der lettische Nationaldichter Janis Rainis publizierte 1897 eine lettische „Faust I"-Übersetzung, der zu Ehren 1997 sogar ein Kolloquium organisiert wurde.

Ebenfalls vermittelt durch Frankreich kam „Faust" nach Italien, denn es war die französische Übersetzung von Gérard de Nerval, die Giuseppe Mazzini mit dem Stoff bekannt machte. Er verfasste schon 1829 einen Aufsatz über Goethe und „Faust", die erste italienische Übersetzung erschien jedoch erst 1835 und stammt aus der Feder von Giovita Scalvini; 1866 folgte eine Übertragung von Andrea Maffei.

Goethe geriet in Italien in einen politischen Interessenkonflikt, denn das Risorgimento lehnte ihn zugunsten Schillers und Byrons ab; sich mit ihm zu befassen, glich einer politischen Aussage. Diese Ablehnung, die Goethe und „Faust" in Italien erfuhren, ist ihrerseits ein Zeichen dafür, wie symbolisch und identifikatorisch das Drama aufgeladen war – und ein weiterer Hinweis darauf, dass „Faust" als gesamteuropäischer Erinnerungsort zu verstehen ist.

Die italienische Einstellung Goethe gegenüber änderte sich erst durch eine Goethe-Monographie von Benedetto Croce aus dem Jahr 1919. Hier lässt sich einmal mehr zeigen, wie eng die europäischen Literaturen verbunden waren, denn diese Monographie wurde schon 1920 ins Deutsche übertragen und nicht zuletzt von Hermann Bahr über die Maßen gelobt.

Allerdings machten auch die italienischen Faschisten vor „Faust" nicht Halt: Guido Manacorda publizierte 1932 eine neue Übersetzung mit Kommentar, welche die politische Nähe zwischen Italien und Deutschland auf die Literatur übertrug. „Faust" wird hier – erneut als Erinnerungsort – umgedeutet, um politische Gemeinsamkeiten zu betonen.

Erst nach dem Ende des Zweiten Weltkrieges befreite sich die italienische „Faust"-Rezeption soweit möglich von ihren Vorurteilen. In den 1990er Jahren versuchte Giorgio Strehler, die neu gewonnene Neutralität auf ein Theaterprojekt zu übertragen: Drei Jahre lang erarbeitete er am Mailänder Piccolo Teatro die seiner Meinung nach ‚korrekte' „Faust"-Aufführung.

Auch die englische Literatur, die durch Marlowe mit dem Faust-Stoff schon zuvor vertraut gewesen war, rezipierte Goethes „Faust" intensiv. Jedoch war die englische Rezeptionsgeschichte dieser deutschen Tragödie zunächst geprägt von Missverständnissen. Erst gegen Ende des 19. Jahrhunderts konnte eine „Faust"-Aufführung von Henry Irving im Londoner Lyceum Theatre die allgemeine Neugier wecken. Das wachsende Interesse an Goethe zeigt sich auch in der Gründung der ersten englischen Goethe-Gesellschaft im Jahr 1886.

1822 versuchte sich George Soane an der ersten metrischen Übersetzung des „Faust I"; allerdings beendete er seine Arbeit bereits mit Vers 576. Diese fragmentarische Übertragung wurde zusammen mit dem Originaltext publiziert. Goethe selbst zeigte sich davon so beeindruckt, dass er die „Zueignung" in Soanes Version 1823 in „Kunst und Altertum" abdruckte. Im selben Jahr übertrug Lord Francis Leveson Gower die Tragödie als Stilübung ins Englische, fertigte dabei aber eine wörtliche Übersetzung an, die sogar die ursprüngliche Wortstellung beibehielt und daher unlesbar ist. Die erste – verständliche – Prosaübersetzung erschien schließlich 1833 und stammte von Abraham Hayward.

Wie schleppend die ersten Übersetzungen angefertigt wurden, unterstreicht die Skepsis, mit welcher die Engländer zunächst „Faust" begegneten. Aber trotz der allgemeinen Ablehnung beschäftigte sich die kulturelle Elite immer mit dem Text. Die großen Schriftsteller der Zeit äußerten sich dazu – etwa Walter Scott oder Thomas Carlyle. Scott lehnte die Tragödie noch aus patriotischer Haltung ab, weil er meinte, Goethe habe sich damit ungerechtfertigter Weise über Marlowe stellen wollen. Thomas Carlyle dagegen war einer der ersten Intellektuellen, die sich für das Werk begeistern konnten. Als einer der ganz wenigen Rezipienten setzte er „Faust II" schließlich über „Faust I".

Vor allem ein englischer Autor war so begeistert von der Tragödie, dass er schon früh seine Version des Stoffs vorlegte: George Gordon Noel Lord Byron bekam im Jahr 1816 Besuch von Matthew Lewis, dem Autor des seinerzeit populären Romans „The Monk". Der übersetzte für ihn „Faust" ins Englische. Byron war so begeistert, dass er unter dem Eindruck der Lektüre in wenigen Wochen seinen „Manfred" schrieb. Goethe lobte „Manfred" später in der Zeitschrift „Kunst und Altertum". Getragen vom Gedankengut der Romantik gelang es Byron, seine „Faust"-Adaption zwar in Anlehnung an Goethe, zugleich aber doch losgelöst vom großen Vorbild zu erschaffen.

„Faust" in Musik und bildender Kunst

Nicht nur die Literatur hat sich mit dem Stoff befasst, sondern auch die Bildende Kunst und die Musik haben ihn sich zu Eigen gemacht. Neben zahlreichen Liedern und auch einigen Balletten, die sich auf „Faust" beziehen, sind es vor allem drei Opern, die sich auch heute noch weltweit auf den Spielplänen der Opernhäuser halten: „La Damnation de Faust" von Hector Berlioz (1846), „Faust" von Charles Gounod (1859) und „Mefistofele" von Arrigo Boito (1868). Allen musikalischen Bearbeitungen gemeinsam sind die Kürzungen, welche die transmediale Übertragung verlangt.

Gounod und seine Textdichter halten sich mehr als die anderen Komponisten an die Vorgaben des Dramas, deuten die Tragödie aber romantisch um und akzentuieren die Liebesgeschichte zwischen Faust und Marguerite. Ganz anders ging Hector Berlioz mit seiner Vorlage um. Schon 1828 vertonte er acht lyrische Passagen aus Nervals Übersetzung; jedoch konnte der Zyklus „Huit scènes de Faust" bis heute nicht aufgeführt werden, da die Orchesterbesetzung zu stark variiert. „La Damnation de Faust" wurde für Berlioz zunächst ein künstlerischer und finanzieller Misserfolg; erst eine Tournee durch Deutschland und Russland brachte den ersehnten Erfolg. Berlioz verwendet Goethe nur als Steinbruch für eigene Ideen und verändert die Struktur der Handlung vollkommen. Mephisto erscheint mit dem Ziel, Faust und Marguerite zu verdammen, und schließt erst ganz am Ende einen Pakt mit Faust, der ihm helfen soll, Marguerite zu retten. Sie wird erlöst, während Faust mit Mephisto in die Hölle reitet.

Arrigo Boito schließlich versuchte, „Faust I" und „Faust II" in einer Oper zu vereinen. Es gelingt ihm einerseits trotz einer erheblichen Konzentration der Handlung, Goethes Vorstellungen in groben Zügen gerecht zu werden. Der Charakter Fausts, die Motivation seines Handelns und seine Beziehung zu Mephisto werden originalgetreu wiedergegeben. Andererseits scheitert Boito zugleich an seinem Unternehmen einer kompletten „Faust"-Vertonung: Denn obwohl er die Handlungsstruktur im Wesentlichen übernimmt, konzentriert er sich so sehr auf die zentralen Handlungsmomente, dass die Figuren auf ihre Beziehung zueinander reduziert werden. Sie verlieren ihr Eigenleben und dienen nur noch dazu, die auf ihr Minimum reduzierte Handlung zu motivieren. Ein Verständnis der Oper ohne Kenntnis des Prätextes ist unmöglich, da das Libretto von einer Szene zur nächsten springt, ohne diese miteinander zu verbinden.

Eugène Delacroix' Lithographien von 1828 sind die wohl bekanntesten bildkünstlerischen Auseinandersetzungen mit „Faust". Sie wurden sogar von Goethe selbst gelobt. Die Zeichnungen deuten die Tragödie – ähnlich wie die musikalischen Bearbeitungen – romantisch und romantisierend um. Auch zahlreiche andere Künstler haben sich an den Stoff gewagt, so etwa Peter Cornelius, Hans Stubenrauch, Moritz Retzsch und Friedrich Kaskeline.

„Faust" in der Alltagskultur

Goethes „Faust" ist heute noch – als Drama oder Oper – auf den großen Bühnen Europas und der Welt zu Hause und gehört zum allgemeinen Bildungsgut. Er fand und findet jedoch auch immer wieder Einzug in die Alltagskultur.

Rudolf Steiner hat sich als Interpret intensiv mit der Tragödie beschäftigt und das Drama quasi zur Bibel der Waldorf-Schulen erklärt; noch heute wird die Tragödie alljährlich von Waldorfschülern im Dornacher Goetheanum aufgeführt.

Schon um die Jahrhundertwende entstanden zudem ganze Serien von Fotopostkarten und Scherenschnitten mit Motiven aus dem Drama. Zumeist finden sich auf den Karten Bilder von Faust und Gretchen, manchmal auch von Gretchen allein. Die Abbildungen beschränken sich einzig auf die Liebesgeschichte, lassen alle anderen Aspekte der Tragödie aus.

Noch weiter in die Niederungen des Alltäglichen steigen die sechs Sammelbilder zur Oper „La damnation de Faust" hinab, die im Jahr 1911 zur Werbung für Liebigs Fleischextrakt abgebildet waren. Sie unterstreichen, wie alltäglich Goethes „Faust" und seine Nachahmer damals waren.

Neben solchen Kuriositäten hat „Faust" im Alltag vor allem in Form von Zitaten aus der Tragödie überlebt. So variiert etwa eine deutsche Drogeriemarkt-Kette ein Diktum Fausts zu Werbezwecken: „Hier bin ich Mensch, hier kauf ich ein" – und die wenigsten Kunden werden dabei an das Original denken („Hier bin ich Mensch, hier darf ich's sein."). Auch die Gretchenfrage („Wie hast du's mit der Religion?") ist als geflügeltes Wort geblieben.

Ein weites Feld der „Faust"-Rezeption eröffnet schließlich der Film, denn auch dieses noch relativ junge Medium hat sich immer wieder mit dem Mythos beschäftigt. Schon 1926 verarbeitete Friedrich Wilhelm Murnau die Legende als expressionistischen Stummfilm. Die bekannteste „Faust"-Verfilmung, diesmal des Goethe-Stücks, präsentierte 1960 Gustaf Gründgens. Nach einer erfolgreichen Aufführung in Hamburg hielt er seine Interpretation der Tragödie im Film fest.

Neben diesen Faust-Filmen gibt es andere, die sich mehr oder weniger ausdrücklich auf die Dichtung berufen oder beziehen. 1953 drehte Vincente Minnelli das Musical „The Band Wagon". Eine Tanztruppe will hier „Faust" als Ballett aufführen, scheitert jedoch an dem schweren Stoff und entschließt sich, daraus einen Varieté-Abend zu machen. Die Geschichte eines alternden Chemikers, der sich seine Jugend mit Hilfe des Teufels zurückholt, erzählt der französische Film „La beauté du diable" von René Clair aus dem Jahr 1950. Ebenfalls auf „Faust" bezieht sich „Les visiteurs du soir" von Marcel Carné aus demselben Jahr. Die französisch-italienische Koproduktion „Les couleurs du diable" (1997) von Alain Jessua handelt von einem erfolglosen Maler, der sich seinen künstlerischen Erfolg durch einen Pakt mit dem Teufel erkauft. Und der amerikanisch-englische Film „The Prestige" aus dem Jahr 2006 bezieht sich ganz explizit auf „Faust", schildert er doch das Schicksal eines erfolglosen Magiers, der sich um des Erfolgs willen mit dem Teufel verbündet.

Ausblick

Ein Ende der „Faust"-Begeisterung ist nach wie vor nicht in Sicht: Immer wieder beschäftigt sich auch die zeitgenössische Literatur mit dem scheinbar unendlichen Stoff – 2008 etwa wurde das Stück „Faust hat hunger und verschluckt sich an einer grete" des 1978 geborenen Dramatikers Ewald Palmetshofer uraufgeführt.

Es stellt sich die Frage, weshalb Faust für die europäische Kultur eine so bedeutende Figur ist, warum sie somit auch als Erinnerungsort bezeichnet werden kann. Vielleicht liegt der Grund darin, dass uns „in der literarischen Figur des Faust [...] der Prototyp eines neuzeitlichen Abtrünnigen und Rebellen" begegnet, der „in sich den neuen Anspruch des Menschen auf Selbstbestimmung und Selbstverwirklichung" versinnbildlicht (Dahnke). Faust ist einer der ersten Individualisten und damit eine Figur, die eng mit der gesellschaftlichen Rolle des neuzeitlichen – modernen – Menschen verbunden ist.

In jedem Fall gelang es Goethes „Faust" mehr als anderen Dichtungen, alle europäischen Literaturen für den Stoff zu begeistern. Inwiefern mit dieser Auseinandersetzung auch eine gemeinsame Identifikation einhergeht, sei zumindest in Frage gestellt. Denn für viele Dichter ist die Arbeit am Faust-Stoff losgelöst von politischen Vorgängen und hängt mit dem allgemein anerkannten hohen literarischen Wert der Vorlage zusammen, bedeutet aber nicht, dass sich alle Europäer über „Faust" definieren könnten – es sei denn, man folgt in der Definition dessen, was „typisch faustisch" ist, Gustaaf von Cromphout: „I regard ‚Faustian' as almost synonymous with ‚Western', in that Faust represents what is most characteristic of the Western psyche: its boundless aspirations, its expansionism, its identification of knowledge with power, its attempt to subdue nature, its yearning for control over its own destiny. Thomas Mann's claim that Faust symbolizes the West's deepest essence receives considerable support from our obsessive concern with the Faust figure through the centuries; and no century was more Faust-conscious than the nineteenth, as a result primarily of Goethe's masterpiece".

Literaturhinweise

Gustaaf von Cromphout, „Moby Dick", The Transformation of the Faustian Ethos, in: American Literature. A Journal of Literary History, Criticism, and Bibliography 51 (1979), S. 17–32.

Hans-Dietrich Dahnke, Wandlungen der Faust-Problematik in den ersten Jahrzehnten des 19. Jahrhunderts, in: Ders. (Hrsg.), Parallelen und Kontraste. Studien zu literarischen Wechselbeziehungen in Europa zwischen 1750 und 1850. Berlin/Weimar 1983, S. 244–276.

William Frederic Hauhart, The reception of Goethe's „Faust" in England in the first half oft the nineteenth century. New York 1966.

Heinrich Heine, Erläuterungen. To Lumley, Esquire, Director of the Theatre of Her Majesty the Queen, in: Heinrich Heine. Werke in zehn Bänden, herausgegeben von Oskar Walzel. Leipzig 1915, Bd. 10, S. 57–87.

Thomas Mann, Doktor Faustus. Neu durchgesehene und limitierte Sonderausgabe. Frankfurt a.M. 1999.

Lea Marquart, Goethes „Faust" in Frankreich. Studien zur dramatischen Rezeption im 19. Jahrhundert. Heidelberg 2009.

Fred Parker, „Much in the mode of Goethe's Mephistopheles": „Faust" and Byron, in: Lorna Fitzsimmons (Hrsg.), International Faust-Studies: Adaptation, Reception, Translation. London 2008, S. 107–123.

Luigi Reitani, „Faust" in Italien, in: Sprachkunst. Beiträge zur Literaturwissenschaft 23 (1992), S. 191–211.

Paul Valéry, Mon Faust. Paris 1946.

Nikolaus Katzer

Tolstoi – „Krieg und Frieden"

Übersetzungen schreiben eine andere Literaturgeschichte als Werke in den Originalsprachen. Dies gilt insbesondere dann, wenn von Dichtung die Rede ist. Außerhalb Russlands würden nur Kenner die Sprachkunst Alexander S. Puschkins so hoch einschätzen, dass sie den Dichter, wie es seine Landsleute tun, unbestritten zum Nationaldichter erklärten. Bedeutende Prosaiker haben es dagegen leichter, als Schriftsteller von europäischem Format und Weltgeltung anerkannt zu werden. So wird auch die große russische Literatur überwiegend mit Prosa gleichgesetzt. Sie handelt von Ideen und moralischen Konflikten. Hinter dem besonderen Kolorit ihrer Figuren und dem unverwechselbaren Ambiente ihres Lebensraums werden Grundprobleme menschlicher Existenz verhandelt. Unter diesen exklusiven Autoren sticht Lew Nikolajewitsch Tolstoi auch hundert Jahre nach seinem Tod wie kein anderer hervor. Sein Name ist selbst jenen bekannt, die ihn nicht lesen. Seine wichtigsten Werke sind weit verbreitet. Sie erleben immer neue Auflagen, werden in regelmäßigen Abständen neu übersetzt und bieten somit wechselnden Generationen auch ohne Kenntnis des Russischen ein wandelbares Spracherlebnis.

Der Roman „Krieg und Frieden" nimmt in dieser Wirkungsgeschichte einen singulären Platz ein. Er hat wohl mehr als jedes Werk eines Historikers und wider alle Kritik das Bild vom russischen Sieg über Napoleon im Jahre 1812 beim russischen und europäischen Lesepublikum geprägt. In Ranglisten der vermeintlich bedeutendsten Bücher aller Zeiten ist er regelmäßig unter den ersten zehn zu finden. Zu dieser bis heute ungebrochenen Popularität und Attraktivität trägt nicht unwesentlich bei, dass die Geschichte mehrerer Familien vor dem imposanten Panorama der napoleonischen Kriege erzählt wird. Literatur wird zum Monument einer Epoche, überragt die gesamte russische Denkmalskultur und selbst die eindringlichen Gemälde Wassili W. Wereschtschagins von der bis dahin größten militärischen Tragödie der Neuzeit.

Erstmals seit der „Zeit der Wirren" Anfang des 17. Jahrhunderts, als ein Wechsel der Dynastie notwendig geworden war, stand Russland 1812 wieder vor einer vergleichbaren Bedrohung durch die Invasion fremder Heere. Der Krieg hörte auf, eine Erzählung von fernen Schlachtfeldern und Heldentaten zu sein. Er drang ins Herz des Landes vor, forderte immense Verluste, bedrohte die staatliche Ordnung und erschütterte die sozialen Strukturen. Tolstoi verfasste „Krieg und Frieden" im turbulenten Jahrzehnt der Großen Reformen unter Alexander II. nach 1861 und löste umgehend eine heftige Debatte aus. Er hatte die existentielle Krise des Zarenreichs am Jahrhundertbeginn in unorthodoxer Weise ins Gedächtnis gerufen. So unterschlug er, wie groß der Anteil Russlands am Gesamtsieg über Napoleon war. Eher beiläufig interessierte Tolstoi die paradoxe Tatsache, dass vom Hort der Autokratie die Befreiung des Kontinents ausging und Russland ins Zentrum der europäischen Geschichte vorrückte. Sein *opus magnum* setzte durch eine veränderte Optik neue Maßstäbe für das historische Erzählen. Er verknüpfte Faktum und Fiktion, Großereignis und Mikroperspektive, um epochale Themen wie das Verhältnis von Persönlichkeit und Geschichtsprozess, Individuum und Masse, Außenwelt und innerem Erleben in Zeiten des Krieges und gesellschaftlichen Umbruchs literarisch zu gestalten. All dies wurde in Moskau anders gelesen als in Berlin oder London, Paris oder Wien. Dennoch begegnen die geographisch entfernten Leser einander in einem Geschehen, das nicht auf das Erleben einer Generation beschränkt blieb. Nach zweihundert Jahren hat es nichts von seiner Dramatik eingebüßt und wird kontrovers diskutiert. Vor diesem Hintergrund ist „Krieg und Frieden" zum europäischen Geschichtsbuch geworden, das in eine Reihe mit der „Ilias" und der „Odyssee" gehört. Von ihm gingen wichtige Anstöße für die kritische Zeitgeschichtsschreibung des 19. Jahrhunderts aus.

Die Wirkung des Romans ist durch die öffentlichen und wissenschaftlichen Geschichtsdebatten anlässlich der Jubiläumsfeierlichkeiten 1912 und 1962 und den stetigen Zuwachs an Kenntnis aus den Archiven eher noch gesteigert worden. Kolossale Verfilmungen machten die Vorlage nicht vergessen. Dies lag nicht zuletzt daran, dass „Krieg und Frieden" dem russischen „Volks-Patriotismus" eine Projektionsfläche bot, zugleich aber an den Grundfesten des elitären Nationsgedankens des 18. Jahrhunderts rüttelte. Der „Vaterländische Krieg" wurde zur Wegscheide der russischen Ideengeschichte und löste die bis heute anhaltende Debatte um Russlands Platz in Europa aus. Tolstoi fragte herausfordernd, worin die innere und äußere Bindungskraft von Gesellschaften bestand, deren Armeen in beständigem Krieg miteinander lagen. Er eröffnete mit seinem Roman einen neuen Horizont kontinentaler Vorstellungskraft. Anhänger und Skeptiker einer europäischen Mission Russlands zogen aus der Ambivalenz des Stoffs durchaus unterschiedliche Schlüsse. Die einen priesen die gestärkte Gemeinschaft der Völker und Monarchen, die nach dem konzertierten Sieg über den gemeinsamen Feind 1815 einen Frieden über vier Jahrzehnte erreichten. Die anderen erinnerten daran, dass das napoleonische Heer eine Front europäischer Verbände bildete, die gegen ein isoliertes Land marschierte. Die Kontroverse zeugt von der Vitalität dieses Versuchs, Literatur und Geschichtsschreibung zu verknüpfen.

Krieg und Kommunikation

Tolstoi betrachtete das Revolutionszeitalter vor allem als kriegerische Umwälzung, die unerbittlich alle Völker Europas erfasste. Aus russischer Perspektive war dies naheliegend. Die Dämme des Imperiums gegen das revolutionäre Fieber aus Frankreich hatten zwar standgehalten, bei der von Napoleon begonnenen kriegerischen Neugestaltung des Kontinents konnte und wollte Alexander I. jedoch nicht abseits stehen. Je länger die Schlachten dauerten und je mehr Soldaten der russische Kaiser nach Mitteleuropa entsandte, desto nachhaltiger wirkte die Massenmobilisierung auf die inneren Verhältnisse des Imperiums zurück. Anstelle der Revolution wurde der Krieg zum Motor des politischen und sozialen Wandels. Offiziere und einfache Soldaten brachten Erfahrungen aus der Fremde in die Heimat, die auf das Denken über die politische Ordnung, die alltäglichen Lebensverhältnisse und Familienbeziehungen, den Zustand der Wirtschaft in Stadt und Provinz einwirkten.

Millionen von Soldaten, Kriegsgefangenen und Zivilisten zogen über Grenzen hinweg. Menschen unterschiedlicher Sprache, Religion und sozialer Herkunft trafen aufeinander – in Gefechten, auf dem Marsch, in Feldlagern oder bei der Einquartierung. Ein Völkertreffen aus Offizieren und Mannschaften, Händlern und Marketenderinnen, Handwerkern und Spielleuten, Plünderern und Marodeuren setzte althergebrachte Sitten und Gebräuche außer Kraft. Der Ruf, sich hinter der Flagge des Reiches und im Namen des Monarchen zu versammeln, weckte indessen längst nicht jene Begeisterung, von der die französischen Revolutionstruppen getragen waren und die auch Napoleons Truppen oftmals beflügelte. Erst als „das Vaterland" ins Spiel kam und auf dem Spiel stand, wendete sich das Blatt. Napoleons Feldzug nach Russland löste einen nachhaltigen Bewusstseinswandel aus. Tolstoi stieß erst im Zuge intensiver Forschungen und während er am Roman schrieb zu dieser Erkenntnis vor.

Der Autor unterscheidet im Jahr 1812 zwei Kriege. Der eine findet bis zu den Kämpfen vor Smolensk statt und zeigt zwei reguläre Armeen, die einander gegenüber stehen. Danach beginnt ein „Volkskrieg", der ohne Beispiel in der Geschichte war. Nun entschied nicht mehr die tradierte Kriegskunst oder die Lehrmeinung aus der „Wissenschaft vom Krieg" über den Verlauf der Gefechte. „Partisanen" verwirrten den Gegner, setzten ihm aus dem Hinterhalt zu, zwangen ihm einen „anderen Krieg" auf. Die Schlacht bei Borodino am 26. August (7. September nach neuem Kalender) verschob die Maßstäbe für Sieg und Niederlage. Militärisch unterlag die russische Armee, ging aber moralisch gestärkt aus dem Fiasko hervor. Schätzungsweise bis zu hunderttausend Soldaten fanden an einem Tag den Tod, darunter knapp achtzig Generäle. Der Rückzug der russischen Armee nach Moskau und das Auffüllen der Reihen, Napoleons Nachrücken ohne Reserven und der vergebliche Versuch, die Entscheidungsschlacht herbeizuführen, verlagerten den Krieg in die Fläche. Mehr und mehr wurde die Bevölkerung in das Geschehen hineingezogen. Sie lehnte nach Tolstois Überzeugung den Krieg instinktiv ab, folgte aber im Ernstfall dem „elementaren animalischen Gesetz", das die Bienen veranlasste, „einander gegen Herbst zu vernichten".

Tolstoi durchbricht die Phalanx der großen nationalrussischen Meistererzählungen und der europäischen Heldenepen vom Krieg in Historiographie und Literatur. Er setzt einen Kontrapunkt zu Musikern, Malern, Dichtern und Prosaikern, die nach 1815 mit Historikern und Publizisten um das gültige Bild vom „Vaterländischen Krieg" wetteiferten. Obwohl in seinem Panorama Napoleon und Alexander I., Generäle und Minister, Hofgesellschaft und Hochadel feste Plätze einnehmen, prägt sich vor allem das Individuelle und Alltägliche ein. Neben den Offiziersrängen übernehmen gemeine Soldaten und Freischärler, Bedienstete und Bauern bestimmende Rollen. Bevor der Krieg 1812 unmittelbar in das Leben der aristokratischen Familien der Rostows, Bolkonskis und Besuchows einbricht, sind es Einzelne wie Nikolai, Andrei und Pierre, die ihn erleben und davon brieflich oder während des Fronturlaubs von ihm berichten. Zeitweise kehren sie ihm den Rücken, wenn sie aus Enttäuschung über den Verlauf oder das schwankende Verhalten der Führung die Armee verlassen. Tolstoi benutzte in einer Teilveröffentlichung des Romans ursprünglich das russische Wort *mir* in einer alten Schreibweise und damit in der Bedeutung von „Welt" oder „Gemeinschaft". Tatsächlich meinte er aber schon hier wie in allen späteren Gesamtausgaben „Frieden", den er – in Anlehnung an Proudhon – als Idealbild und schwer abgrenzbaren Gesellschaftszustand „zwischen den Kriegen" verstand. Der spätere Pazifist zeigt sich hier noch als Skeptiker, dem der Krieg als historische Konstante erscheint. Zeugnisse für humanes Verhalten sind im allgemeinen Gemetzel selten. Stattdessen relativiert Tolstois patriotisches Temperament bei der Schilderung heldenhafter Einsätze russischer Offiziere und einfacher Soldaten, Partisanen und bäuerlicher Widerstandskämpfer in der Schlacht von Borodino die sonstige nüchterne Distanz gegenüber dem Kriegsgeschehen.

Sprachgemeinschaften und Kulturräume

Tolstoi setzt eindrucksvolle Akzente. Er beginnt sein Epos mit einer französisch geführten Konversation und konfrontiert den Leser unvermittelt mit der kosmopolitischen Lebenswelt des russischen Adels zu Beginn des 19. Jahrhunderts. Für Anna Pawlowna Scherer, eine Hofdame und Vertraute der Kaiserin, und ihre auserlesene Abendgesellschaft ist es ein Zeichen der Weltgewandtheit, in französischer Sprache zu parlieren. Doch zur Entstehungszeit des Romans in den 1860er Jahren war dieser Gleichklang zwischen frankophoner Konversation und europäischer Aufgeklärtheit längst nicht mehr selbstverständlich. Der seither erfolgte Mentalitätswandel wird ins Bewusstsein geholt. Längst gehörte das Reisen nicht mehr zum

Privileg des Adels. Ein Studium im Ausland machte junge Russen unterschiedlicher Herkunft zu Teilhabern einer ideellen europäischen Kulturgemeinde.

Nach der Revolution von 1789 erfuhr zunächst die Frankophilie einen Schub, ausgelöst durch royalistische Flüchtlinge, die als Hauslehrer oder Gouvernanten romanische Bildung und Erziehung in russischen Adelshäusern vermittelten. In den Kriegen 1805 bis 1814, die die russische Armee schließlich bis nach Paris brachten, wurde die Begegnung mit Europa zum Erweckungserlebnis einer ganzen Generation. Auf die gewandten Offiziere der Petersburger und Moskauer Adelswelt wie auf die meist analphabetischen Soldaten, die außer ihrem Heimatdorf und der Kaserne wenig von der Welt zu Gesicht bekommen hatten, übte sie eine augenblicklich überwältigende, letztlich aber sehr widersprüchliche Wirkung aus. Da dem Vormarsch keine bedingungslose Unterwerfung des Landes folgte, erfolgte die unmittelbare Begegnung mit der Lebensweise und Kultur des Feindes nicht zwangsläufig im Zeichen der Revanche oder eines Überlegenheitsgestus. Dennoch konnte der militärische Triumph über Napoleon nicht ohne Folgen für den Status der französischen Kultur in Russland bleiben. Von ihm ging ein neuartiges Gefühl der Freiheit und Selbstbestätigung aus. Neben der Bewunderung für Frankreich orientierte sich die entstehende Öffentlichkeit verstärkt an der deutschen Philosophie und Literatur. Beim Ausbau des Universitätswesens stand das Konzept Humboldts Pate. Es eröffnete mit tatkräftiger Unterstützung deutscher Gelehrter ungeahnte Bildungsmöglichkeiten. Über das von Napoleon verbotene Werk der Mme. de Stael „De l'Allemagne" (1810), von dem die europäische Romantik wesentliche Impulse erfuhr, fand auch die russische Elite einen neuen Zugang zu den Denkern und Dichtern aus den Landen der Verbündeten der Befreiungskriege. Diplomaten, Generäle, Berater des Zaren oder Protagonisten innerer Reformen stammten nicht selten aus europäischen Ländern oder der westlichen Peripherie des Imperiums. Noch endete ihre Bereitschaft zur Zusammenarbeit nicht an ethnischen oder nationalen Grenzen.

Vor diesem Hintergrund überrascht es, dass Tolstoi sein Werk ausgerechnet im Dezember 1812 enden lässt. Anders als ursprünglich vorgesehen, machte er nicht die Revolte junger adeliger Offiziere von 1825 zum Angelpunkt seiner Deutung der Epoche. Aus den Untersuchungsakten dieses Aufstands hätte sich die Umformung des europäischen Kulturraums anhand der Einzelbiographien der beteiligten jungen Offiziere oder einem Gruppenporträt dieser so genannten Dekabristen exemplarisch rekonstruieren lassen. Allerdings wäre dann die Beschränkung auf den „Vaterländischen Krieg" und der Verzicht auf die „Befreiungskriege" kaum einleuchtend begründbar gewesen. Tolstoi ging es um den Epochenschnitt, die Darstellung des Jahres 1812 als Zäsur. Das Folgende muss als Sub-Text gelesen werden. Es erschließt sich indirekt aus den Schilderungen der Salons und Freimaurerlogen, die zu Keimzellen eines ganzen Netzwerks von Geheimgesellschaften, Klubs und Zirkeln wurden. Mit diesen Ausprägungen einer Kultur der Geselligkeit brach sich zunehmend politisches Denken über die Zukunft des Reiches, seine staatliche Verfassung und seine gesellschaftliche Ordnung Bahn. Napoleons Berater hatten mit dem Gedanken gespielt, die Bauernbefreiung zum Hebel einer nicht nur militärischen Kampagne in Russland zu machen. Nun wurde Alexander I. von seinen Untertanen an die zahlreichen verworfenen eigenen Projekte einer Sozialreform erinnert. Insofern bleibt Tolstois Entscheidung plausibel, den Großen Krieg als gesamtgesellschaftliche Bewährungsprobe fassbar zu machen.

Die französische Leitkultur war also nicht gänzlich verworfen, aber entzaubert worden. Tolstoi selbst war stolz auf die gründliche Kenntnis der französischen Sprache und machte sich über jene lustig, die sie unzureichend beherrschten. Die Ereignisse der Revolution von 1848 und die erneute Gegnerschaft Russlands mit Frankreich im Krimkrieg veränderten erneut die Atmosphäre. Im Roman spiegelt sich diese Geschichte einer gewandelten Aneignung und Wertschätzung. Das erste von vier Büchern ist noch sehr stark durch die Konversation in französischer Sprache geprägt. Danach verlieren sich die markanten Spuren der frankophon-europäischen Sprachgemeinschaft. Der nationalrussische Impetus schaffte Distanz und Kritikvermögen. Frankophilie geriet bei nüchterner Betrachtung zur Gallomanie. Ein Flaneur auf dem Newskij Prospekt in Sankt Petersburg hatte plötzlich etwas Lächerliches an sich. Er wird zum Objekt der Spötter und der Karikaturisten, die sich nun in den Dienst nationaler Selbstbesinnung stellen. Die Vorliebe für französische Mode signalisiert nicht mehr selbstredend die Zugehörigkeit zur „Großen Welt". Wer sich allzu sehr von der freizügigen Pariser Lebensart faszinieren lässt, gerät leicht in die Rolle, ein komischer Imitator, ein „Stutzer" und „Geck" zu sein, der dem anglomanen Dandy nacheifert. Der slawophile Geschichtsphilosoph Alexei S. Chomiakow unterschied in seiner Polemik nicht mehr streng zwischen den vormaligen „Fanatikern Napoleons" und den verbliebenen „Fanatikern Frankreichs". In der Aneignung französischer Sitten und Moralvorstellungen sah er jetzt einen Kniefall vor dem „verfaulten Westen". Er meinte, die Verderbtheit habe nicht nur die Metropolen Petersburg und Moskau, sondern selbst entfernte Provinzen des Reiches erreicht.

Geschichte machen und Geschichte erzählen

„Krieg" ist neben „Liebe" das Hauptmotiv in Tolstois gesamtem Schaffen. Er gilt dem Schriftsteller als Schlüssel zur Geschichte. Diese wiederum erschöpfte sich nach seiner Überzeugung weder in großen Schlachten noch in großen Persönlichkeiten. Mit seinen weit ausgreifenden Landschaftsschilderungen, minutiösen Schlachtbeschreibungen und vielschichtigen Charakterisierungen der Akteure will er das gerade Gegenteil beweisen: Geschichte wird von Menschen jeden Standes und Besitzes gemacht. Sie handeln als fehlbare Individuen und mit wechselnden Gefühlen in überschaubaren Räumen. Es bleibt dem Historiker, mehr aber noch dem Epiker vorbehalten, in der Totalansicht die unterscheidbare individuelle Tat auszumachen. Denn die Vergangenheit lässt die Menschen leicht als Rädchen einer anonymen Maschinerie erscheinen. Erst der mikroskopische Blick auf das Feldlager, den nächtlichen Erkundungsgang, die Paradeaufstellung und das einzelne Gefecht bzw. auf das Dorf abseits des Heerweges, eine bäuerliche Hütte, das Landgut eines Adeligen, den städtischen Salon einer Hofdame oder den Ballsaal eines Provinzzentrums offenbart die unverwechselbaren Züge des Panoramas.

In der Anfangsphase seiner Arbeit am Roman notierte Tolstoi: „Weder Napoleon noch Alexander, weder Kutusow noch Talleyrand werden meine Helden sein. Ich werde die Geschichte von Menschen schreiben, die freier sind als die Staatsmänner". Er will sie mit ihren Gedanken, Wünschen, Sehnsüchten und Gefühlen beschreiben. Die Angehörigen des Adels verkörpern für ihn stellvertretend die individuelle Fähigkeit, entscheiden zu können, ob man abhängig oder frei lebte, zurückgezogen oder in verantwortlicher Stellung wirkte, Kinder ungebildet oder aufgeklärt aufwachsen ließ, sie zum Hass oder zur Liebe erzog. Doch sind selbst der privilegierte Adelige oder die einflussreiche Aristokratin nicht vollkommen frei in ihren Handlungen. Wie alle übrigen unterliegen sie einer höheren Macht, die das Geschick der Menschen auf geheimnisvolle Weise bestimmt. Tolstoi wählt dafür den missverständlichen und heftig kritisierten Begriff der „Vorsehung". Er meint damit aber nicht, wie ihm vorgeworfen wurde, eine vorhersehbare Zukunft oder einen unbedingten Determinismus oder historischen Nihilismus. Ebenso wenig schwebte ihm dabei eine göttliche Fügung nach der Lehre des orthodoxen Christentums vor. Ohnehin fällt auf, dass die Geistlichkeit im Roman abwesend ist und das Religiöse ephemer bleibt. Gleichwohl musste sich Tolstoi gegen das Verdikt verteidigen, mangelnden Respekt vor der vaterländischen Großtat von 1812 zu zeigen.

Die Idyllen zivilen und privaten Lebens geraten im Vaterländischen Krieg ins Wanken, verändern sich grundlegend, ohne aber vollends zu zerbrechen. Wenngleich der Zweifler Andrei Bolkonski scheitert, weil er keine Balance zwischen Gleichgültigkeit, festen Überzeugungen und Lebensüberdruss findet, sichert die Kontinuität der Generationen. So individuell die Hauptpersonen gezeichnet sind, gehören sie doch fest in einen der drei von Tolstoi geschilderten Familienverbände. Diese bilden die Grenzen und Möglichkeiten gesellschaftlicher Betätigung ab. Hier findet das öffentliche Handeln das notwendige private Fundament, sei es städtisch, großzügig und weltoffen wie bei den Rostows, ländlich abgeschieden und reglementiert wie bei den Bolkonskis oder mondän und unstet wie bei den Besuchows. Tolstoi zeigt, wie diese Welt des Adels Risse erhält, indem sie aus ihrer russischen Abgeschiedenheit in die europäischen Geschäfte verwickelt wird. Die Konventionen der Familienoberhäupter haben sich überlebt, ihre Nachkommen suchen nach neuer Orientierung. Töchter und Söhne werden mit ihren Fehlschlüssen und Verlockungen, ihrer Bodenhaftung oder Rastlosigkeit vorgeführt. Sie alle bestimmen über ihr Befinden und ihre Lage, ohne das überindividuelle Gefüge ihres engen oder weiten Lebensraums sprengen zu können.

Tolstoi hätte diese Geschichtsauffassung nicht noch einmal ausdrücklich in einem philosophischen Exkurs darlegen müssen. Sie ist in das Romangeschehen eingewoben. Es liegt für den Leser auf der Hand, dass das Individuum für seine Geschicke Verantwortung trägt, also Geschichte macht. Allerdings ist vornehmlich das Einzelleben veränderbar und gestaltbar. Was darüber hinausgeht und insbesondere das, was dem Wirken der großen historischen Persönlichkeiten zugeschrieben wird, entzieht sich weitgehend einer unmittelbaren Einflussnahme. Selbst im Privaten bedingen gesellschaftliche Notwendigkeiten das Verhalten. Napoleon, der bewunderte Stratege und Erneuerer Europas, wird zum Getriebenen der Ereignisse, verfällt in unerklärliche Apathie. Was er rational zu steuern meint, bringt ihm den Vorwurf ein, ein „Tyrann" oder sogar der „Antichrist" zu sein. Seine Vision eines geeinten Europa unter französischer Hegemonie löst nicht nur in Russland apokalyptische Ängste aus. Doch auch der mit Sympathie gezeichnete Autokrat Alexander I. ist keineswegs Herr der Lage. Als Staatsmann zögert er, schwankt als Reformer und enttäuscht insgesamt die hoch gesteckten Erwartungen. Offenkundig unterliegt er Zwängen, folgt wechselnden Beratern, lässt verhängnisvolle Ereignisse ungerührt geschehen.

Tolstoi treiben ungeachtet dessen Fragen nach der Kausalität der Geschichte um, etwa die, wer letztlich den großen Wendepunkt am Beginn des 19. Jahrhunderts herbeiführte, was die Massenarmeen zwischen 1805 und 1814 bewegte, wie der jeweilige Ausgang der zahlreichen Schlachten zu erklären war. Seine Zweifel an der entscheidenden Rolle der großen Persönlichkeiten ergaben sich aus den Erfahrungen der folgenden Jahrzehnte und einer kritischen Lektüre der Quellen und Schriften. Der Krimkrieg verschob zusätzlich den Blickwinkel auf die Vergangenheit. Warum war Russland zwischen 1812 und 1815 überlegen und siegreich, in der Mitte des Jahrhunderts aber sozialökonomisch, technologisch und infrastrukturell nicht mehr konkurrenzfähig? Tolstois Generäle profitieren vom „Kriegsglück" und verlieren es wieder. Vergeblich versuchen sie, unvorhergesehene Truppenbewegungen zu regulieren oder sich abzeichnende Katastrophen zu verhindern. Immer wieder entscheidet der „Zufall" über den Ausgang eines Gefechts: Aussichtslose Attacken wenden sich unverhofft zum Erfolg, minutiös geplante Manöver verlaufen rätselhaft und eigendynamisch.

Tolstoi hielt am Kern seines Geschichtsverständnisses in „Krieg und Frieden" bis zu seinem Tod fest. Es zählt zu den Konstanten seiner Weltanschauung. Zwar wurde es in späteren Jahren durch religiöse Theoreme, moralischen Rigorismus und gesellschaftspolitische Postulate überlagert, aber nicht aufgehoben. Die geschichtsphilosophischen Passagen des Romans verdienen deshalb eine unvoreingenommene Würdigung. Geschichte erschöpfte sich nicht in einer beliebigen Ansammlung von Ereignissen. Ebenso wenig glaubte der Schriftsteller, dass das Individuum zum passiven Vollzug vorgegebener eherner Verlaufsgesetze verdammt sei. Historische Tatsachen betrachtete er vielmehr als Folge einer unüberschaubaren Zahl einzelner Ereignisse und oftmals unergründlicher Ursachen. Nur die illusorische vollständige Analyse ihres Zusammenspiels könnte letzten Aufschluss bringen. Seinen Kritikern hielt Tolstoi entgegen: „Es darf nicht die Aufgabe des Künstlers sein, ein Problem unwiderlegbar zu lösen, sondern uns zu zwingen, das Leben in seinen unzähligen und unerschöpflichen Aspekten zu lieben". Tolstoi teilte also gerade nicht Hegels Vorstellung, es gebe auserwählte Träger des historischen Fortschritts, in denen sich eine Epoche gleichsam verkörperte. „Macht" bedeutete für ihn keineswegs, Ausdruck der „Gesamtheit aller Willensäußerungen der Massen" zu sein. Vielmehr meinte er: „In den historischen Ereignissen sind die sogenannten Großen Menschen Etiketten, die dem Ereignis einen Namen geben und, ebenso wie Etiketten, am wenigsten Verbindung mit diesem Ereignis haben". Doch auch hier gestattet sich der Schriftsteller einen Widerspruch, etwa wenn er den fehlbaren Kutusow vor Borodino unvermittelt zur Inkarnation des „Volkes" stilisiert, weil er in langen Zeiträumen dachte, „zögerte", sich „träge" verhielt, im Moment der Entscheidung die Truppen schonte, dem Kampf auswich und damit unbewusst und intuitiv der natürlichen Stimmung in der Bevölkerung entsprochen habe.

Russische Stimme im europäischen Chor

„1812" nimmt in der russischen Erinnerungskultur einen zentralen Platz ein. Als Topos für die Überwindung einer existentiellen Bedrohung für Staat und Gesellschaft verdrängt das Epochenjahr das Jahr 1612 als Höhepunkt der „Zeit der Wirren". Die Feierlichkeiten zum Jahrhundertgedenken im Jahre 1912 unterstreichen die außerordentliche Bedeutung. Weder der verheerende Erste Weltkrieg, den einige Zeitgenossen vergeblich zum „Zweiten Vaterländischen Krieg" stilisierten, noch die ausländische Intervention im russischen Bürgerkrieg reichen an den Symbolwert des Russlandfeldzugs Napoleons für das historische Gedächtnis Russlands heran. Als Stalin dann entschied, den Zweiten Weltkrieg zum „Großen Vaterländischen Krieg" zu erklären, wertete er das Vorbild zusätzlich auf. Während die Abwehr des deutschen Vernichtungsfeldzugs eher als Wiederholung und Bestätigung des sowjetischen Gründungsmythos von 1917 ausgestaltet wurde, stand „1812" weiterhin für die Kontinuität nationalrussischer Identitätsstiftung.

Indessen erschüttert Tolstois Roman solche Gewissheiten. Als russisches Nationalepos taugt er bestenfalls für den oberflächlichen russischen oder den sentimentalen westeuropäischen Leser. Unter dem Eindruck des jahrzehntelangen, zermürbenden Kaukasus-Kriegs und der desillusionierenden persönlichen Erfahrungen aus dem Krimkrieg reifte in Tolstoi der Entschluss, die Geschichte seines Vaters, der 1812 im Dienst stand, und seiner Familie, die von den Folgen geprägt war, literarisch und historiographisch zu ergründen. Darüber entsteht ein Epos über das „Volk" als Triebfeder der Geschichte. Tolstoi folgt allerdings nicht dem Pfad des romantischen europäischen Nationalismus. Ihn bewegen die zeitlosen Fragen nach dem Sinn menschlicher Existenz, nach Geburt und Tod, nach den Grenzen individueller und kollektiver Erfahrung. Autobiographischer Antrieb, literarischer Schaffensdrang und wissenschaftliches Interesse gingen eine Symbiose ein. Sie sind Voraussetzung seiner neuen Sichtweise. Angeregt durch die nahezu photographische Schilderung der Schlacht bei Waterloo aus der Sicht des Helden in Stendhals „Kartause von Parma" (1839) und die ereignisnahe internationale Bildberichterstattung vom Krimkrieg strebte er einerseits nach größtmöglicher Authentizität. Andererseits erlaubte ihm die erweiterte Quellengrundlage, überkommene Stereotype des Krieges zu überwinden. Er zweifelte die Autoritäten der Geschichtsschreibung und der Geschichte an. Wer die prinzipiell unüberschaubare Anhäufung von Episoden, die sich ohne Kontrolle und oftmals ohne erkennbaren Zusammenhang ereigneten, beschreiben wollte, musste auswählen, sich beschränken und hinzuerfinden. Sinn ergab das Konglomerat der Fakten erst in der gelungenen Komposition. Um wenigstens einen Gesamteindruck vom komplexen modernen Krieg zu erzeugen, musste er in plausible Einheiten zerlegt werden.

Tolstoi widerspricht der Vorstellung, Kriege fänden in geordneter Formation und an geregelten Fronten statt, seien geprägt von Heldentaten gemeiner Soldaten und souveräner Feldherren. Wenn epische Erzählkunst allen Vorbehalten zum Trotz nach Totalität strebt, dann aufgrund einer um „Objektivität" ringenden realistischen und exemplarischen Ästhetik. Tolstoi nimmt in Kauf, dass der geforderte multiperspektivische Blick das individuelle Erleben der Augenzeugen wie der Akteure selbst gegen eine höhere „Wahrheit" ausspielt. Dafür holt er umgekehrt Napoleon und Alexander I. gleichsam vom Feldherrenhügel in die Niederungen gewöhnlicher Zeitzeugen herunter. Tolstoi beansprucht als Schriftsteller einen legitimen Platz als „Historiker", der das Recht besitzt, die professionelle wie die offizielle Historiographie zu kritisieren und zu korrigieren. Ungeachtet mancher Fehler im Detail oder der Angreifbarkeit einzelner geschichtsphilosophischer Postulate besticht „Krieg und Frieden" bis heute durch innere Geschlossenheit. Militärischer und ziviler Alltag sind metaphorisch soweit standardisiert, dass sie über den russischen Fall hinaus Gültigkeit beanspruchen können. In den „Unsrigen" findet der Leser ein übertragbares nationales Wahrnehmungs- und Deutungsmuster für die Epoche der napoleonischen Kriege. Trotz der Eigenarten spiegelt der Patriotismus russischer Bauern und Partisanen ein vielschichtiges gesamteuropäisches Paradoxon: Von der diktatorischen und kriegerischen Herrschaft Napoleons geht ein tief greifender gesellschaftlicher und kultureller Wandel aus. Im Gegenzug wird Alexander I., dem Herrscher über ein unfreies Imperium, die „Befreiung" des Kontinents von der Tyrannei zugeschrieben.

Im Unterschied zu Fontane, der in seinem Roman „Vor dem Sturm" den Russlandfeldzug der Grande Armée aus preußischer Perspektive wie den Vorabend der Befreiungskriege betrachtet und damit erst „Tauroggen" zum Schlüsselereignis aufwertet, rückt Tolstoi ihn ins Zentrum der Epoche. Aus den Erzählungen des Vaters war ihm der „Geist von 1812" vertraut. Der Angriff auf Russland und der russische Sieg markieren den Epochenbruch. Der Triumph beflügelt den russischen Patriotismus, der zeitweise religiös-missionarische Züge annimmt, und wirkt stimulierend auf die Nationalbewegungen in Europa. Was nachfolgt, verdient bei Tolstoi nicht mehr dargestellt zu werden. Der kurze, auf die Familiengeschichten reduzierte Epilog erscheint wie eine Karikatur auf die großen Epochenpanoramen und Kaiserporträts.

Individuelles Verdienst und „Menschenwürde" sind die Kriterien des tolstojanischen Welt- und Geschichtsbildes. Insbesondere die moralische Frage nach dem Preis historischer Errungenschaften in Europa lässt den Schriftsteller weitsichtig erscheinen. Gerade weil er den Krieg noch nicht in der Radikalität des Spätwerks prinzipiell ablehnt, weckt die Darstellung des Rätselhaften und Irrationalen umso eindringlicher Zweifel an seiner Legitimität. Die Ausnahmestellung von „Krieg und Frieden" als Epos eines Zeitalters, das dem heutigen Leser noch immer vertraut erscheinen mag, beruht auf der scheinbar beiläufigen Einsicht in die abgründige Sinnlosigkeit und Entgrenzung des modernen Kriegs. Das Werk macht aber noch vor dem Unsagbaren und Traumatischen halt, für das erst die Autoren des 20. Jahrhunderts nach Ausdrucksmitteln suchten.

Literatur

Lew TOLSTOI, Krieg und Frieden, übers. von Barbara CONRAD, 2 Bde. München 2010.

Isaiah BERLIN, Der Igel und der Fuchs. Essay über Tolstojs Geschichtsverständnis. Frankfurt/M. 2009.

Nikolaus BUSCHMANN/Dieter LANGEWIESCHE (Hrsg.), Der Krieg in den Gründungsmythen europäischer Nationen und der USA. Frankfurt/M. 2003.

Janet HARTLEY, Alexander I. London 1994.

Dominic LIEVEN, Russia Against Napoleon. The Battle for Europe, 1807 to 1814. London 2009.

Jurij M. LOTMAN, Rußlands Adel. Eine Kulturgeschichte von Peter I. bis Nikolaus I. Köln 1997.

Jeff LOVE, The Overcoming of History in War and Peace. Amsterdam 2004.

Alexander M. MARTIN, Romantics, Reformers, Reactionaries. Russian Conservative Thought and Politics in the Reign of Alexander I. DeKalb 1997.

Ute PLANERT, Krieg und Umbruch in Mitteleuropa um 1800. Erfahrungsgeschichte(n) auf dem Weg in eine neue Zeit. Paderborn 2009.

Vesselina REMENKOVA, Die Darstellung der napoleonischen Kriege in „Krieg und Frieden" von Lew Tolstoj und „Vor dem Sturm" von Theodor Fontane. Frankfurt/M. 1987.

Bénédicte SAVOY (Hrsg.), Napoleon und Europa – Traum und Trauma. Katalog zur Ausstellung in der Kunst- und Ausstellungshalle der Bundesrepublik Deutschland Bonn. München u. a. 2010.

Konrad Küster
Beethovens „Neunte Sinfonie"

Ludwig van Beethoven setzte allein schon mit der Neunzahl seiner Sinfonien Maßstäbe für die Nachwelt; Anton Bruckner und Gustav Mahler scheinen dies als eine konkrete Grenze sinfonischen Schaffens empfunden zu haben. Für Beethoven selbst stellte sich dies eher umgekehrt dar: Die Neunzahl der Sinfonien verweist darauf, dass für ihn andere musikalische Gattungen im Vordergrund des Schaffens standen, etwa die Klaviersonate oder das Streichquartett, denn diese Werkgruppen erscheinen in seinem Œuvre als Traditionskonstanten. In der Zeit vor Beethoven schufen Komponisten dagegen oft eine Vielzahl von Sinfonien, wie die 104 bzw. 41 gezählten Sinfonien Haydns bzw. Mozarts zeigen. Also wuchs dem Sinfoniker Beethoven überdurchschnittliche Aufmerksamkeit zu. Dies gilt im Hinblick auf die Nachwelt nochmals besonders für die Neunte selbst. So ist gerade mit Blick auf dieses Werk sorgsam zu trennen zwischen dem, was Beethoven konzipierte bzw. verwirklichte, und dem, was die Nachwelt mit der Neunten unternahm.

Das Werk im schaffensgeschichtlichen Kontext

Zwischen den beiden Sinfonien Nr. 7 und 8, die Beethoven zwischen 1811 und 1813 schrieb, und dem konkreten Beginn der Arbeit an der Neunten (Herbst 1822) liegt eine der größten Lücken, die sich in Beethovens sinfonischem Schaffen feststellen lässt. Zwar griff er für die Komposition auf Skizzen zurück, die sich im Laufe der zurückliegenden sechs Jahre bei ihm angesammelt hatten. Doch dass er damals *die* Neunte, wie die Nachwelt sie kennt, vorbereitete, war nicht abzusehen; eine Sinfonie zu schreiben, stand für ihn anscheinend nicht auf der Tagesordnung. Dies zwingt dazu, innere und äußere Bedingungen der Werkentstehung zu überprüfen.

Unverkennbar ist zunächst, dass sich das Sinfonien-Klima in Wien ziemlich unvermittelt verschlechtert hatte. In der Restaurationsperiode im Gefolge des Wiener Kongresses rückte viel eher das privat getragene Musizieren in den Mittelpunkt des Interesses, also die Klaviermusik, das Lied, auch das nicht unbedingt öffentlich aufzuführende Streichquartett. Dieses Bild wird durch die extravaganten, für ihren Schöpfer so charakteristisch erscheinenden Beiträge Beethovens zu jenen Gattungen bestätigt.

Das rückt die Neunte weit aus jeder anderen Traditionslinie Beethovens heraus; sie knüpft nicht an die Siebte und Achte an. Ergiebiger ist es daher, Nachbarschaft anderwärts zu ergründen. Hierbei drängt sich zunächst die „Missa solemnis" op. 123 auf: Dieses Werk plante Beethoven seit Frühjahr 1819 für die Inthronisation seines Gönners Erzherzog Rudolf als Bischof von Olmütz. Die Feiern fanden im März 1820 statt; Beethovens Arbeiten an der Messe zogen sich jedoch noch drei weitere Jahre hin und verliefen teilweise zeitgleich zur Komposition der Neunten. Beide Werke teilen auch ihre frühe Aufführungsgeschichte: Die Uraufführung der Neunten fand am 7. Mai 1824 im Wiener Kärntnertortheater statt, dem Vorgängerbau der heutigen Staatsoper; in demselben Konzert erklangen auch „Kyrie", „Credo" und „Agnus Dei" der „Missa solemnis" zum ersten Mal. Dass es sich um Teile einer Messe handele, durfte nicht öffentlich gesagt werden; die Zensurbehörde verlangte, die Sätze als „Drei Hymnen" anzukündigen – ein Beispiel für die politischen Rahmenbedingungen, die diese Aufführung prägten.

Dass das Konzert in einem Theater stattfand, zeigt: Dieses Konzert war ein öffentliches Ereignis. Die Auszüge aus der Messe und die Sinfonie mit ihrem Chorfinale wurden in einen Kunstrahmen eingespannt, in dessen Licht die geistlichen Sätze säkularisiert erschienen und das Publikum nicht zwischen den „Hymnen" und den gesungenen Anteilen der Sinfonie zu unterscheiden brauchte. Beide Werke verbanden sich unter dem damals noch jungen Gedanken des Kunstreligiösen: zu Bildungsgut, das schon allein wegen dieses künstlerischen Anspruchs Wertschätzung forderte.

Tatsächlich unterstreicht Beethovens Textwahl diesen Gedanken: In Schillers Ode „An die Freude" (1785) ist von einer Gottheit die Rede, zudem von Transzendentalem, beides in einer auf Humanität ausgerichteten Ideenwelt. Dennoch resultiert Beethovens Interesse an Schillers Text in erster Linie nicht aus einer geistesgeschichtlich gewandelten Situation, in der die Auffassung von Kunst als etwas Religionsähnlichem auf die Tagesordnung rückte; das Gedicht hatte schon Jahrzehnte zuvor von ihm Besitz ergriffen.

Dass sich Beethoven sehr lange damit beschäftigte, hängt offenkundig damit zusammen, dass das Gedicht für eine Vertonung Schwierigkeiten bereitet: Sein Strophenbau ist unregelmäßig. Schiller schreibt achtzeilige Strophen, deren Verspaare abwechselnd mit unbetonter und mit betonter Silbe enden („Freude, schöner Götterfunken, | Tochter aus Elysium, | wir betreten feuertrunken, | Himmlische, dein Heiligtum…"); zwischen ihnen treten immer wieder vierzeilige Strophen ein, in denen – mit „umarmendem" Reim – die beiden auf betonter Silbe endenden Verse im Stropheninneren stehen („Seid umschlungen, Millionen! | Diesen Kuss der ganzen Welt! | Brüder, überm Sternenzelt | Muss ein lieber Vater wohnen"). Musikalisch bereitet dies größtmögliche Probleme, weil strophisches Komponieren damit ausgeschlossen wird.

Das Interesse Beethovens an dem Text ist mindestens seit Anfang 1793 dokumentiert, also noch während seiner Bonner Zeit. Damals schrieb Schillers Freund Bartholomäus Ludwig Fischenich, kurz zuvor zum Bonner Juraprofessor bestellt, Beethoven werde „auch Schillers Freude, und zwar jede Strophe bearbeiten". Schon 1790 setzte eine Folge bedeutender Werke ein, in denen Beethoven das Muster, das in der Neunten so apotheotisch wirkt, vorwegnimmt. Zunächst ist dies die Kantate auf die Erhebung Leopolds II. zum Kaiser, in dessen Schlusssatz sogar Text vertont ist, der auf das Schiller-Vorbild verweist („Stürzet nieder, Millionen, | An dem rauchenden Altar | Blicket auf zum Herrn der Thronen, | Der euch dieses Heil gebar"). Ähnlich eng sind die Beziehungen zwischen den Schlusssätzen aus „Fidelio" und Neunter; im Opernlibretto ist der Text „Wer ein holdes Weib errungen" eine unverblümte Paraphrase von Schillers zweiter Gedichtstrophe.

In musikalischer Hinsicht ist die Beziehung zum Schlussteil der „Chorfantasie" op. 80 besonders eng. Sie ist ein Werk für solistisches Klavier und Orchester, ehe die Gesangskräfte mit dem Text „Schmeichelnd hold und lieblich klingen | unsers Lebens Harmonien" hinzutreten. Diese Konstellation hat einen praktischen Hintergrund: Uraufgeführt wurde die „Chorfantasie" in einem Konzert Beethovens am 22. Dezember 1808. Es erklangen neben zwei Sinfonien (Nr. 5 und 6) auch ein Klavierkonzert (G-Dur Nr. 4) und Teile der C-Dur-Messe. Folglich bot die Besetzung und Konzeption der „Chorfantasie" die Möglichkeit, sämtliche zuvor beteiligten Kräfte in einem gemeinsamen Schluss zusammenzuführen.

Der Idee, die der Neunten zu ihrem gesungenen Finalsatz verhalf, lag also eine breite und vielfältige Grundlage im Werk Beethovens zugrunde, und auch die apotheotische Wirkung, die sich mit Kerngedanken des Schiller-Gedichts verbindet, hatte Beethoven schon deutlich früher im Blick.

Beethovens Umgang mit Gedichten war neuartig. Bis dahin war es üblich, Gedichte allein für Singstimme und Klavier zu vertonen. In eben dieses Gefüge war Bewegung gekommen, möglicherweise unter dem Eindruck neuer Vorstellungen vom Klassischen in aktueller

Kunst. Und so vertonte Beethoven 1814/15 Goethes Gedichte „Meeresstille und Glückliche Fahrt" für gemischten Chor und Orchester – Schubert dagegen hatte den ersten der Texte 1815 als traditionelles Lied für Sologesang und Klavier gefasst („Meeres Stille" D 216). Auch diese Entwicklung war Teil der aufkommenden Mode des Kunstreligiösen, und das Beispiel „Meeresstille und Glückliche Fahrt" zeigt sehr deutlich, dass sich die Verbindung von Kunst und im klassischen Sinn verstandener Religion lockerte: Die Bildungsgesellschaft des frühen 19. Jahrhunderts hatte sich ja nicht nur von dem Gedanken verabschiedet, ein vertontes Gedicht als Lied aufzufassen, sondern auch davon, dass einer Besetzung für Soli, Chor und Orchester etwas Religiöses anhafte, das in der Tradition des Oratoriums stehe. Und den Komponisten wiederum eröffneten diese Gattungsbrüche ein neues Aktionsfeld, in dem sich die Vorstellung von Klassizität entfalten konnte: als Kombination des „Bildungsgutes Dichtung" mit dem „Bildungsgut Sinfonie."

Die Neunte im Überblick

Beethovens Neunte wird weder vom Chorschluss dominiert, noch führt sie final auf diesen hin; vielmehr müssen die drei vorausgehenden Sätze künstlerisch gleichrangig neben dem Finale gesehen werden – auch wenn sich die beträchtliche Zahl der Musiker und Chorsänger auf der Bühne während einer Aufführung dem Publikum als stumme Ankündigung von etwas Nachfolgendem präsentieren.

Ebenso wie im Schlusssatz lassen sich auch in einer Fülle von Details der vorausgehenden Sätze enge Verbindungen zu Beethovens früherem Schaffen feststellen. Allen Sinfonien Beethovens ist gemeinsam, dass sie nicht „einfach nur" anfangen; vielmehr wird die Eröffnung eigens inszeniert, sei es mit einer ausgedehnten langsamen Einleitung, sei es mit minimalen Gesten wie in der Eroica oder in der Fünften, in der die charakteristische rhythmische Figur ebenfalls noch außerhalb des musikalischen Flusses steht. So auch hier: Die Neunte beginnt aus dem Nichts, mit einem statisch wirkenden pianissimo-Klangteppich, zu dem von unterschiedlichen Streichergruppen knappste Zwei-Ton-Folgen hinzugesetzt werden. Wohin das führt, ist für Hörer ebenso wenig absehbar wie in einer langsamen Einleitung – obgleich man sich von vornherein im schnellen Satz befindet. Ein Anfangsthema im herkömmlichen Sinn kann dabei nicht entstehen, sondern die Motivik kristallisiert mehrmals in unterschiedlicher Form aus – erneut ein typisches Detail Beethovenscher Sinfonik.

Im weiteren Verlauf zeigt der 1. Satz der Neunten daher eine der besonderen Stärken Beethovens. Nicht die Thematik ist das Wichtige, sondern die Architektur der Klänge: Harmonische Entwicklungen können über extrem lange Strecken hinweg ausgebreitet werden, und die Vielzahl motivischer Ereignisse ermöglicht es Beethoven, dem Publikum diese Klangkonstruktionen plausibel zu machen.

Die beiden Mittelsätze scheinen äußerlich anders konzipiert zu sein als in den älteren Sinfonien Beethovens. So wird die Erwartung eines Wechsel von Moll- und Dur-Sätzen durchbrochen. Stattdessen steigert Beethoven das Tempo im Übergang zum zweiten Satz (sehr rasches Scherzo, Moll) noch einmal, um die Stimmung dann für den dritten komplett umschlagen zu lassen (sehr langsam, Dur). Dieser ist dann tonartlich dem vierten bereits verwandt; allein die Elemente einer „Schreckensfanfare", die das Finale einleiten, verlassen dieses Fundament noch einmal.

Nach dem umfangreichen, unter dem Eindruck der „Schreckensfanfare" stehenden Finale-Start lässt Beethoven den Bass-Solisten mit einem rezitativisch anmutenden Abschnitt einsetzen – mit einem Text, der gegenüber dem Schiller-Gedicht frei hinzuerfunden ist: „O

Freunde, nicht diese Töne! Sondern lasst uns angenehmere anstimmen und freudenvollere!". Auch dieser Werkbeginn lässt sich direkt aus den Schaffenstraditionen Beethovens erklären: Es ist eines seiner Stilmittel, die Tatsache, dass ein Satz ja irgendwie anfangen müsse, nicht als etwas Unvermeidliches zu akzeptieren; Satzanfänge werden eigens inszeniert. Der Wechsel von der Moll-Grundtonart zum apotheotischen Dur-Finale wird außerdem textlich erklärt – nein, es sollen also nicht noch einmal diese Moll-Töne sein, in die das Werk (der normalen Sinfonie-Architektur zufolge) zurückgefallen ist, sondern mindestens das Dur des dritten Satzes.

Den strophischen Charakter von Schillers Text mit seiner sperrigen Metrik setzt Beethoven daraufhin als „Thema mit Variationen" um. Dafür schafft er zunächst eine wieder erkennbare Grundlage, um immer dann, wenn eine der metrisch ‚abweichenden' Strophen erreicht ist, die Bindung an das Thema zu lockern und somit Einschübe entstehen zu lassen, die nach eigenen Gesichtspunkten gestaltet sind. Zudem lässt sich der ‚schnelle' Satzcharakter am Ende weiter beschleunigen, so dass die Apotheose nochmals intensiviert erscheint.

Die Rückbindungen der Neunten an Beethovens vorausgegangenes Schaffen sind wichtig für eine Interpretation des Werkes. Es wäre unangemessen, in eine Aufführung der Neunten zu gehen und nur auf den Schlusssatz zu warten. Ebenso wenig Sinn macht es, die Neunte aus allem herausheben zu wollen, was Beethoven bis dahin geschaffen hatte: so, als habe seine gesamte vorausgegangene Sinfonik im Lichte der Neunten keinen Sinn gehabt. In maßgeblichen musikalischen Details lässt sich die Anlage und Ausarbeitung der Neunten auf Beethovens eigene sinfonische Traditionen zurückführen; die Vorstellung, er habe irgendeinen Abschnitt des Werkes als defizient empfunden, weil die Singstimmen noch nicht dabei seien, ist abwegig – das gilt für den Prozess, den das Publikum zwischen erstem und drittem Satz erlebt, ebenso wie für die Satzgrundlagen des Finales, die direkt darauf ausgerichtet sind, den Übergang in einen Dur-Schlussteil mit Gesangsbeteiligung zu inszenieren. Das Finale war keine quasi gottgegebene Eingebung, die sich nicht mit dem übrigen Werk in Verbindung bringen lassen könnte.

Die Neunte bei Mendelssohn: auf dem Weg zum Klassiker

Beethovens Neunte hat die Musikhörer von Anfang an polarisiert. Im Gegensatz zum Publikum der Wiener Uraufführung reagierte die überregionale Kritik lange abwartend oder gar ablehnend; der Komponist und Musiktheoretiker Adolph Bernhard Marx, an sich ein Beethoven-Enthusiast, sprach 1826 nach der Berliner Erstaufführung davon, der Werkeindruck habe die Beethoven-Anhänger „ihres Glaubens an die fernern Produktionen des Meisters beraubt", und schlug vor, dass „bei einer künftigen Aufführung dieses Werks der letzte Satz hinweggelassen, das Adagio vor das Scherzo gestellt, und mit letzterm geschlossen wird". Noch auf Jahre hinaus galt die Sinfonie als zu lang, zu komplex und zu unverständlich. Dass sie zu einem Schlüsselwerk abendländischer Musik werden könne, war nicht absehbar.

Zudem gab es um 1820/30 wenige Möglichkeiten, das Werk überhaupt aufzuführen. Das „bürgerliche" Konzertleben war noch kaum ausgeprägt: Für derlei Aktivitäten war teils die Gründung von Sinfonieorchestern Voraussetzung, teils der Bau von Konzertsälen – beides lag noch in der Zukunft. Aufführungschancen bestanden somit am ehesten an den Höfen. Deren Anzahl in Mitteleuropa wiederum war in der Ära Napoleons drastisch reduziert worden, was erklärt, weshalb die Höfe allein letztlich auch keine kulturtragende Rolle mehr entfalten konnten.

Vor diesem Hintergrund wird deutlich, welche Ausnahme es darstellte, dass und wie Felix Mendelssohn Bartholdy der Neunten zum Durchbruch verhalf. Schon als 17-Jähriger in Berlin, ein Vierteljahr vor der dortigen Erstaufführung 1826, kannte er das Werk; die Stettiner Premiere 1827 fiel zusammen mit der Uraufführung seiner Ouvertüre zu Shakespeares „Sommernachtstraum", und er wirkte in Beethovens Komposition als Geiger mit. Mendelssohn gehörte somit zu den Begeisterten der ersten Stunde. Nachdem er 1835 als Gewandhaus-Kapellmeister nach Leipzig berufen worden war, entfaltete er dort ein Wirken, das auch für das weitere Schicksal der Neunten richtungweisend war.

In Leipzig gab es seit der Zeit um 1700 ein kontinuierlich gewachsenes bürgerschaftliches Engagement für größer besetzte Musikwerke; mit der Gründung des Gewandhausorchesters und dessen Ausstattung mit einem geeigneten Saal war ein wichtiger Schritt getan, dieses Engagement in Nachhaltigkeit zu überführen. Mendelssohn baute das Orchester zu *der* Vorbildinstitution eines bürgerschaftlich getragenen Sinfonieorchesters aus. Hier konnte sich die Wirkung der Neunten erstmals entfalten. Mendelssohn realisierte in seine Arbeit gezielt „erzieherische" Maßnahmen gegenüber seinem Publikum, und dazu gehörte ein Einsatz für die Neunte, der in jener Zeit seinesgleichen sucht. In den Konzertsaisons 1836 und 1837 stand die Sinfonie je einmal auf dem Programm – und das, obgleich sich das Publikum mit ihr, den Rezensionen zufolge, nicht anfreunden konnte. Nach einer Wiederaufführung 1841 ist dann nur noch davon die Rede, dass man sich früher einmal mit dem Werk schwer getan habe: Die Saat war aufgegangen, und mit der spezifischen Vorbildwirkung Leipzigs konnten auswärtige positive Resultate für den Umgang mit der Neunten nicht ausbleiben.

Die Neunte bei Wagner: die Apotheose einer Sinfonie

Traditionell wird für die Neunte der Durchbruch zum internationalen Klassiker dem Einsatz Richard Wagners zugeschrieben: Als sächsischer Hofkapellmeister führte er sie 1846 in Dresden auf und begleitete dies publizistisch. In zwei umfangreichen Artikeln legte er seine Sicht des Werkes dar – möglicherweise auch, um Berührungsängsten des Publikums zuvorzukommen. Seine Argumentation ist jedoch insofern weit übertrieben, als er mit ihr den Eindruck erweckt, für sich die Wiederentdeckung eines bislang komplett missverstandenen Werkes in Anspruch nehmen zu können. Er muss gewusst haben, was er tat: In einer knappen Bemerkung verweist er darauf, die Noten „von der Leipziger Konzert-Gesellschaft" beschafft zu haben – das kann nur das Gewandhausorchester gewesen sein.

Auf die Sichtweisen, die Wagner in diesem Zusammenhang formulierte, gründet sich der weitere Zugang zur Neunten. Im Zentrum steht dabei der Schlusssatz; mit dem Hinzutreten der Singstimmen zum Orchester sei faktisch ein neues Kapitel der Musikgeschichte aufgeschlagen worden, in dem das Zeitalter der alten Sinfonie überwunden sei. Die der Schiller-Vertonung vorangestellten Worte „O Freunde, nicht diese Töne!" werden zum Fanal einer Moderne.

Wie wenig zwingend diese Sicht ist, erschließt sich aus den Berichten, die Mendelssohn seinem Vater nach der Stettiner Erstaufführung gegeben hat. Einer der Hörer habe die Begeisterung über das Werk so zusammengefasst: „Es ist die Freude durch alle Gradazionen. Im ersten Satze freuen sich die Männer und Jünglinge". Zwei andere stritten darum, ob das Scherzo Höllengeister repräsentiere oder „kindische Freude". Im „Gesangstück" stellten die Hörer teils unendlichen Jammer fest, teils Jubel und Übermut – tatsächlich lässt sich auch die erste Kategorie als zumindest streckenweise treffende Beschreibung verstehen. Hier haben wir also eine dritte Konzeption, die das Thema des Finales schon in den drei vorhergehenden Sätzen erlebt – neben der Sicht Wagners, die ersten dreieinhalb rein instrumentalen Sätze des Werks quasi nur als Mittel zur Vorbereitung des gesungenen Schlusses zu sehen, und dem diametral entgegengesetzten Vorschlag Adolph Bernhard Marx', auf den Schlusssatz lieber verzichten zu wollen.

Wagners Sicht der Neunten als ein Fanal der Moderne machte auch den Weg frei für seine Vorstellung des Musikdramas („ich schreibe keine Symphonien mehr"), in die sich neben sinfonischem Stil und Gesang der Tanz als drittes szenisches Element einfügen musste. Und ebenso wenig, wie die Leistungen Mendelssohns in seine Darstellungen eingingen, schenkte Wagner den Problemen seiner eigenen Sichtweise Beachtung: Historisch betrachtet wäre die Annahme absurd, dass Beethoven die ersten dreieinhalb Sätze des Werkes als Ausdruck des Scheiterns als Sinfoniker verstanden hätte – oder dass er in ihnen dieses Scheitern habe vorbereiten wollen. Wagners Sicht ist also rein subjektiv, nicht nur als Werkeinschätzung, sondern mehr noch als individuelles Programm, doch als solches ist sie nicht verstanden worden. Sie erwies sich als richtiger Coup zur richtigen Zeit. Das bürgerliche Musikpublikum war mittlerweile genügend etabliert, dass Wagners Beethoven-Sicht fruchten konnte, und zwar sowohl im Bereich der Sinfonik als auch im Hinblick auf eine Neukonstitution des Musiktheaters. In dieses Konzept ließ sich die Neunte als Schlüsselwerk einpassen – mitsamt ihrer Idealisierung durch Wagner.

Die europäische Neunte

Die Bedeutung, die die Neunte für die abendländische Kultur hat, ist somit historisch auf drei Musiker zurückzuführen. Der erste ist Beethoven als ihr Komponist, der in die Neunte all seine jahrelang gesammelten kompositorischen und sinfonischen Erfahrungen einbrachte; neu gegenüber den vorausgegangenen acht Sinfonien ist die Verbindung mit der Dichtung, die zunehmend in der Luft lag und deren apotheotische Schlusswirkung für Beethoven seit Längerem auf der Tagesordnung stand. Der zweite Musiker war Mendelssohn in Leipzig, dem in der Herausbildung eines sinfonischen Konzertrepertoires eine Schlüsselwirkung zukam und dem es ebenso gelang, einem buchstäblich exemplarischen Musikpublikum die Neunte schmackhaft zu machen. Darin war er auch Wegbereiter Wagners, dem das Verdienst zukommt, das Werk durch eine subjektive Deutung im Rampenlicht platziert zu haben. Die Wirkungsetappen Mendelssohns und Wagners sind auf diese Weise untrennbar in das Bild verwoben, das die ihnen folgenden Generationen von der Neunten hatten und haben.

Dies gilt vermutlich noch nicht für die erste amerikanische Aufführung der Neunten 1846 in New York, zweifellos aber für die Erstaufführung in Japan am 1. Juni 1918 im Kriegsgefangenenlager Bandō/Naruto, die für Japan – und auf längere Sicht auch darüber hinaus – ein Schlüsseldatum in der Wirkungsgeschichte der Neunten ist. Interessant ist auch die Würdigung, die das Werk in Russland erfuhr: Während sich 1936 in Sankt Petersburg die Erstaufführung in die Reihe von Erst-Erlebnissen europäischer Metropolen einreiht, steht die von Stalin vertretene Sicht, die Neunte sei eine ideale Kunst der Massen, zweifellos unter dem Eindruck des Zugangs, den Wagner zu dem Werk erschlossen hatte.

In eine einzigartige Position schließlich ist die Neunte dadurch gerückt worden, dass das Anfangsthema des Chorfinales als offizielle europäische Hymne dient. Versucht man, diese europäische Funktion der „Hymne" geistesgeschichtlich und musikalisch zu bewerten, mag zunächst zweifelhaft erscheinen, ein 24-taktiges Element (plus Coda) aus dieser Sinfonie zu isolieren. Zudem ist es keinesfalls allein die Musik Beethovens (bzw. dieser kurze Ausschnitt), die die europäischen Werte einer Einheit in Vielfalt repräsentiert; dieser Gedanke wird erst verständlich, wenn man die Musik in Verbindung mit dem Text Schillers sieht – der aber in der gegebenen Vielsprachigkeit Europas nur implizit als untrennbarer Teil der Hymne transportierbar ist. Genau diese Aspekte müssen aber von einer europäischen Hymne erfüllt werden, die neben dieser integrativen Funktion auch jenseits des Sprachlichen weitweit als „typisch europäisch" erkannt werden soll.

Dies wiederum umschreibt die Stellung ideal, die die Neunte weltweit hat. Demnach hat der Umgang mit ihr dazu geführt, sie weltweit als Symbol europäischer Musik aufzufassen; die Fokussierung auf den Schlusssatz, für die Richard Wagner einen der wichtigsten Beiträge geleistet hat, rückt auch den Text Schillers in eine Stellung, die er ohne die Vertonung durch Beethoven kaum gewonnen hätte. Eine fortschreitende Fokussierung lässt sich erkennen: vom Gesamteindruck des Werkes, der 1827 in Stettin als „Freude in allen Gradazioni" beschrieben worden ist, über Wagners Sicht des Schlusssatzes als Fanal der Moderne hin zur Isolierung einer knappen musikalischen Linie, die dann, wenn man nur die Musik hört, auch auf den Text zurückverweist, den Beethoven mit ihr verbunden hat. Das ist somit eine weitere Funktion der Neunten. Von Wagners „Fanal der Moderne" ist die jüngste, „europäische" Fokussierung – der Gedanke exemplarischer Humanität – neuerlich klar abgesetzt. Allerdings ist die Komposition Beethovens lediglich das „Ausgangsmaterial", das benutzt wurde (insofern durchaus sachgerecht), um etwas Plastisches neu zu gewinnen. Einen Zugang zum Verständnis der Sinfonie vermittelt die europäische Hymne aber nicht. Es ist kein Zweifel: Die Neunte Sinfonie als Ganze vermittelt andere Erlebnisse als die, die sich allein aus dem Chor-Anteil ihres Finales – und damit der Grundlage der europäischen Hymne – erfahren lassen.

Literaturhinweise

Nicholas Cook, Beethoven: Symphony No. 9. Cambridge 1993.

Andreas Eichhorn, Beethovens Neunte Symphonie: Die Geschichte ihrer Aufführung und Rezeption. Kassel u. a. 1993.

Konrad Küster, Die Sinfonien, in: Sven Hiemke (Hrsg.), Beethoven Handbuch. Kassel/Stuttgart/Weimar 2009, S. 58–129.

Felix Mendelssohn Bartholdy, Sämtliche Briefe, Bd. 1: 1816 Juni 1830. Kassel u. a. 2008.

Markus Engelhardt
Verdis „Aida"

Musikalische Kompositionen als memoriale Zeugnisse sind für die Musikwissenschaft kein wirklich neues Thema, zumal es etwa mit Lamento und Requiem alte, weit in frühere Jahrhunderte zurückreichende und wissenschaftlich vielfach gewürdigte Gattungen zu Musik geronnenen Gedenkens gibt. Die wegweisenden Studien Jan Assmanns zum „kulturellen Gedächtnis" sind freilich auch in der musikwissenschaftlichen Forschung nicht ohne Nachhall geblieben, neue Fragestellungen wie die der Memoria als Funktion der Bildung von musikalischen Eliten und Institutionen haben sich ergeben.

Opern auf memoriale Bezüge hin zu analysieren, mag einem fast wie das sprichwörtliche Tragen von Eulen nach Athen vorkommen, gehört es doch geradezu zur Typologie der Gattung, dass sie historische Bilder entwirft und transportiert und hierbei so authentisch zu wirken vermag, dass die Illusion, die sie erzeugt, als geradezu real empfunden wird, ja, wie das Beispiel der Brüsseler Aufführung 1830 von Aubers „großer historischer Oper" „Muette de Portici" (1828) zeigt, Geschichte in Bewegung zu setzen vermag. Zur Festigung von nationalem Selbstbewusstsein wie in Brüssel, wo die „Muette de Portici" den Aufstand gegen die niederländische Oberherrschaft auslöste, hat Oper zumal im Zeitalter der sich formierenden europäischen Nationen allenthalben beigetragen: durch die historische Perspektivierung ihrer Stoffe, durch eine entsprechende Aufbereitung in der Dichtung sowie auf der Ebene des Visuellen, wobei den Chören, als Analogon realer Gemeinschaften und des „Volkes" stets eine vorrangige Position zukam.

Welche Elemente verraten uns die memoriale Bestimmung einer Oper, wo wäre eine solche zu verorten angesichts der Komplexität dieser komplexesten aller Musikgattungen, deren ideelle Aussage oft gar nicht so ohne weiteres zu fassen ist, auch verdeckt, wenn nicht konterkariert wird von externen Einflüssen? Ist es überhaupt möglich und sinnvoll, eine Oper wie Verdis „Aida" mit dem Attribut „memorial" zu versehen? Welchen Zweck – über einen lang anhaltenden und finanziell einträglichen Erfolg hinaus – hätte ein Opernkomponist des *Ottocento* mit seiner Oper verfolgen, welchen tieferen Sinn hätte er ihr geben wollen, wenn nicht den, den Ehrgeiz der Interpretinnen und Interpreten zu befriedigen und sie zu künstlerischer Höchstleistung zu führen, die Zuhörerinnen und Zuhörer über die Stunden der Aufführung bei der Stange zu halten, sie in den Bann eines Bühnengeschehens und einer Musik zu ziehen, an Gewohnheit geschulte Erwartungen nicht zu enttäuschen, freilich immer auch etwas Neues, noch nie Dagewesenes zu bieten?

Italienische Oper im 19. Jahrhundert, das war in erster Linie ein Geschäft, ein Riesengeschäft. Verdi wollte sich zur Summe nicht äußern, für die er schließlich eine neue Oper für Kairo (1871) zugesagt hatte, doch es waren 150 000 Franken, das Fünffache der Gage für „Rigoletto" (1851). Wie ernst sind Momente des Gedenkens in einem derart materiell definierten Kontext zu nehmen, wenn sie sich denn überhaupt dingfest machen lassen? Wie hätte sich ein vom Komponisten vorgeblich intendierter memorialer Werkcharakter dem zeitgenössischen Publikum mitteilen sollen? Über musikalische Zitate vielleicht, die es, wie oben erwähnt, auch in der Oper gibt. Sie nun freilich sind Verdis Sache überhaupt nicht, wir finden solche in seinen Werken nicht. Seine „Effekte" sind anderer Art. Warum auch sollte „Aida" eine „memoriale" Oper sein, in signifikanter Weise als andere seiner Opern, in signifikanter Weise als andere Ausstattungsopern mit vergleichbarer Akzentuierung der *couleur locale*?

Nun tritt uns allerdings gerade in der Schaffensphase, zu der „Aida" gehört, ein Giuseppe Verdi gegenüber, dem das öffentliche Gedenken in Form von Musik zu einem neuen und seine Produktivität bestimmenden Anliegen wird. Der Agnostiker Verdi hatte persönliche Götter – wenn nicht Götter, dann zumindest Idole.

Als Sakrileg empfunden hätte er gewiss Zweifel an einem Camillo Cavour. Das Vorbild des ebenso zielstrebigen wie moderaten Wegbereiters der nationalen Einigung Italiens veranlasste Verdi schließlich, das Amt eines Abgeordneten im ersten italienischen Parlament zu bekleiden; als „Prometheus" und „Vater unseres Landes" apostrophierte er den ersten Ministerpräsidenten des geeinten Italien und erachtete dessen frühen Tod als nationale Tragödie. Dann ist da Gioachino Rossini, dessen Bedeutung als historische Referenz der italienischen Musik er vorbehaltlos anerkannte. Schließlich die nationale Ikone der italienischen Literatur, Alessandro Manzoni, Autor von „I promessi sposi", den Verdi bereits als Jugendlicher abgöttisch verehrte und dem er 1868 erstmals persönlich begegnen durfte, wobei sich diese Begegnung wie die mit Cavour 1859 tief in seine Erinnerung eingegraben hat.

Als Rossini 1868 bei Paris starb, war er schon seit langem ein Mythos. Bereits 1836 hatte ihn Giuseppe Mazzinis „Filosofia della musica" zum „Titano di potenza e di audacia", zum „Napoleone d'un'epoca musicale" erhoben und damit den gerade einmal Vierundvierzigjährigen zu einer (musik-)geschichtlichen Größe erklärt. Um den „Koloss" Rossini entstanden nach dessen physischem Ableben zahlreiche Aktivitäten, die Überführung des Leichnams nach Italien wurde geplant, Gedächtnisfeiern angesetzt, und auch Verdi ergriff die Initiative. Er schlug seinem Verleger Giulio Ricordi in Mailand vor, die berühmtesten Komponisten Italiens sollten, um das Andenken Rossinis zu ehren, eingeladen werden, gemeinsam ein Requiem auf ihn zu schreiben. Die unter dreizehn Komponisten, darunter Verdi selbst, aufgeteilten Sätze wurden tatsächlich alle fertig gestellt, doch es kam nicht zur geplanten Aufführung zum Jahrestag von Rossinis Tod.

Dieses gescheiterte Projekt war für Verdi der Ausgangspunkt für ein zweites memoriales Werk. Ende April 1873 nahm er sich seinen zur Rossini-Messe beigesteuerten Satz, den Schlusssatz „Libera me", erneut vor und entschloss sich zur Vertonung des gesamten Requiem-Textes. Als am 22. Mai Alessandro Manzoni starb, fand Verdi nicht die Kraft, an den öffentlichen Beisetzungsfeierlichkeiten in Mailand teilzunehmen; am 1. Juni besuchte er das Grab des von ihm als Mensch und Schriftsteller hoch verehrten Mannes. Dann, am 28. Juni, nahm er die Komposition der „Messa da Requiem" auf, die er dem Andenken Manzonis widmete und deren Uraufführung er an dessen erstem Todestag 1874 in der Basilika von San Marco zu Mailand selbst leitete.

Das Projekt der Rossini-Messe wie das Requiem für Manzoni sind Verarbeitungen eines durchaus persönlichen Verlusts, aber sie intendieren mehr. Sie wollen, so ist unsere Hypothese, musikalische Zeichen einer nationalen Trauer setzen, wenn nicht überhaupt zu einer Art Welt-, einer Menschheitstrauer aufrufen. Nachdem sein Land zu nationaler Einheit und Selbständigkeit gelangt war, scheint Verdi in vielerlei Hinsicht bestrebt gewesen zu sein, gewissermaßen eine kulturelle Summe zu ziehen, das kulturelle Vermächtnis Italiens zu sichern und dessen neuer Zukunft zu übergeben.

Wodurch ist dieses Bestreben motiviert? Mit Umbruch ist Verdi wie jedermann in diesen Jahren konfrontiert. Europa formiert sich neu als Europa der Nationen. Italien ist ein geeinter und souveräner Staat, der diese seine neue Identität zu behaupten haben wird – politisch, aber auch und vor allem kulturell. Vielleicht entspringt Verdis Bestreben zur Sicherung des kulturellen Erbes aber eher dem Gefühl, dass dieses Erbe bedroht ist und von anderen Nationen am Ende „geschluckt" werden könnte.

Zur gleichen Zeit nämlich wurde Verdi zum Zeugen einer Art musikalischer Eroberung seines Landes, und zwar auf Italiens ureigenstem Gebiet, der Oper, durch das Werk Richard Wagners. Verdi setzte sich damit auseinander, las sich über Übersetzungen, die er sich aus Paris kommen ließ, in Wagners musikdramatische Dichtungen ein, wohnte 1871 einer der überhaupt ersten Aufführungen einer Wagner-Oper in Italien bei, befasste sich mit Wagners Lösung des verdeckten, die Bühnenillusion nicht mehr störenden Orchesters. Letztlich aber dürfte das Phänomen Wagner Verdis Sorge um die Zukunft Italiens als Musiknation verstärkt haben.

„Aida" entstand 1870/71, in genau der durch Memoria geprägten Schaffensperiode Verdis zwischen dem Rossini-Requiem und seiner „Messa de Requiem" für Manzoni. Innerhalb von fünf Monaten war die Arbeit an „Aida" abgeschlossen, im Januar 1871 auch die Instrumentierung – übrigens wenige Tage vor der Ausrufung Roms zur Hauptstadt des geeinten Königreichs Italien. Gehört auch „Aida" in den hier erläuterten Kontext der Bemühungen Verdis um Sicherung des kulturellen Erbes seines Landes, der Sichtbarmachung dieses Erbes als nationale Leistung und geschichtliches Vermächtnis?

Wie „Aida", fraglos Verdis populärste Oper, entstanden ist, das ist gut dokumentiert und allgemein bekannt. Die Hintergründe des zunächst reichlich geheimnisvollen Auftrags müssen sich Verdi erst allmählich erschlossen haben, denn um ihn für Kairo zu gewinnen, bediente man sich eines seiner aktuellen Mitarbeiter, Camille du Locle, Librettist des soeben in Paris über die Bühne gegangenen „Don Carlos". Obwohl von du Locle bereits zum zweiten Mal wegen einer Oper „in einem sehr fernen Land" („paese molto lontano") angefragt und diesmal mit einer ungewöhnlich hohen Summe gereizt, blieb Verdi bei seiner ursprünglichen Absage, befasste sich dann aber doch mit einem gedruckten Szenarium für besagte Oper, als dessen Autor ihm ein einflussreicher Mann („personaggio potente") bezeichnet worden war. Für den Fall einer endgültigen Absage wären die potenten Auftraggeber im fernen Kairo übrigens gerüstet gewesen, hätten Richard Wagner oder Charles Gounod zu gewinnen versucht.

Verdi war in seiner gesamten bisherigen Karriere auf der Suche nach geeigneten Sujets, und obwohl er häufig von literarisch sehr gebildeten Freunden beraten wurde – einer unter diesen war der Schiller-Übersetzer Andrea Maffei –, bewegte er sich bei dieser Suche immer sehr selbständig, war stets nicht nur auf neue Sujets aus, sondern auf ungewöhnliche theatralische Wirkungen, wobei er auch immer wieder zu seinen literarischen Hausgöttern zurückfand, zumal zu Schiller und Shakespeare. Bei der Kairoer Offerte war der international renommierte Opernkomponist mit seiner dreißigjährigen Erfahrung an eine definierte Vorgabe gebunden, was den Charakter des auszuführenden Werks anbelangt. Ein Szenarium, das üblicherweise gemeinsam mit dem Librettisten erarbeitet wird, gab es bereits, und es entstammte nicht der Feder eines Experten für musikalische Dramaturgie, also der eines erfahrenen Librettisten, sondern ein Wissenschaftler hatte es konzipiert, der aus Boulogne-sur-Mer gebürtige Ägyptologe, Gründer und Direktor des Ägyptischen Museums in Kairo Auguste-Édouard Mariette. Auch im Fall der „Aida" freilich nahm Verdi maßgeblichen Einfluss auf die dramaturgische Konzeption, er überarbeitete den Handlungsentwurf gemeinsam mit du Locle, gab ihm durch zusätzliche Episoden und besondere szenische Konzeptionen eine wiederum ganz neue und eigene, in die Einzelheiten und Formulierungen hinein derart präzise Gestalt, dass, so sah es jedenfalls der Komponist, für den von ihm selbst empfohlenen Librettisten Antonio Ghislanzoni schließlich nichts mehr blieb, als das Ganze in Verse zu setzen.

Zu den ersten Veranlassungen, die Verdi vor der Ausarbeitung des Librettos traf, gehörte die Sicherung der für die Handlung der Oper relevanten historischen Daten. Darum bat er seinen Verleger Ricordi, der für ihn neben verschiedenen geographischen und zeitlichen Angaben auch eruieren sollte, „ob der Götterkult im antiken Ägypten ausschließlich den Männern vorbehalten war; ob in vergangenen Zeiten der Name Äthiopien dem heutigen Abessinien entspricht; welcher große König mit dem Namen Ramses zu identifizieren sei; wo man die Mysterien der Isis gefeiert habe". Von Mariette ließ er sich bestätigen, dass er im zweiten Finale – das ist das Bild mit dem berühmten Triumphzug – so viele Priesterinnen vorsehen könne, wie er wolle.

Bereits der Verdi des „Attila", der „frühe" Verdi der 1840er Jahre, sah die Erfordernis einer möglichst getreuen Wiedergabe von Geschichte, und er suchte dieser Erfordernis verantwortungsvoll und auf eine sehr persönliche Weise gerecht zu werden, obwohl er dies eigentlich den Ausstattern seiner Oper hätte überlassen können, um sich selbst allein der Musik zu widmen.. Er informierte sich über Sekundärquellen, in denen die Hauptfigur seiner Oper aufschien und denen er Verlässlichkeit zugestand. Die Illusion, die sein Kunstwerk erzeugen würde, durfte nicht, wenn sie funktionieren sollte, dem Beliebigen anheim fallen. Der Komponist war Nachschöpfer und auch Schöpfer von Geschichte, er wollte dem, was er als Geschichte begriff und kommunizierte, möglichst nahe kommen und es verantwortlich tradieren. Denselben Ehrgeiz finden wir beim Verdi der „Aida".

Bürge für historische Verlässlichkeit war ein Pariser Ägyptologe, Sachwalter des kulturellen Erbes aus dem Reich der Pharaonen, der auch in Kairo höchste wissenschaftliche Reputation genoss. Der Ehrgeiz Verdis, dem Ägyptischen möglichst nahe zu kommen, war vor allem auf die Gesänge und Riten der Priesterinnen und Priester gerichtet. Dabei zeigen jedoch Instruktionen, die der Komponist seinem Librettisten etwa für die Weiheszene des ersten Finales aufgab, dass hier schlichtweg die Erfahrungen der eigenen Kultur, zumal des kirchlichen Ritus, auf die fremde Kultur und Religion projiziert werden. So sprach Verdi etwa von einer von den Priesterinnen intonierten Litanei, die von einem „ora pro nobis" beschlossen werden sollte. Der Charakter der ganzen Szene sollte sich von den Gesängen am Ende der Introduktion und im zweiten Finale absetzen, die ein wenig an die Marseillaise erinnerten. In der Gerichtsszene des vierten Aktes wünschte er sich für den Chor hinter der Bühne einen langen Vers, den „Vers Dantes". Andererseits befürchtete er, es könne in der Romanze Aidas zu Beginn des dritten Aktes den Duft Ägyptens stören, wenn Worte wie Waisenkind und Wendungen wie „bitterer Kelch der Schicksalsschläge" gebraucht würden. Als nach der Kairoer Uraufführung und nach der auch für ihn sehr viel wichtigeren italienischen Erstaufführung in Mailand „Aida" in der piemontesischen Hauptstadt Turin bevorstand, wollte Verdi einen Chorgesang vor der Romanze der Aida am Beginn des dritten Aktes mit einem vierstimmigen Chor ersetzen. Er habe einen Chor im Stil Palestrinas geschrieben, für den ihm jede Musikhochschule eine Kontrapunktprofessur verleihen würde, schrieb er scherzend an seinen Verleger. Am Ende habe er das Stück aber wieder verworfen, denn es seien ihm Skrupel daran gekommen, Palestrina zu imitieren, Skrupel an den Harmonien, Skrupel schließlich auch, ägyptische Musik zu produzieren. „Ich werde nie ein *savant* in der Musik sein, sondern immer ein *Pfuscher*". So schließt dieser bemerkenswerte Brief vom 12. November 1871, und auch er zeigt nur allzu deutlich die Grenzen, die Verdi in seinem investigativen Bemühen um eine auch klanglich authentische Rekonstruktion des zeitlichen und kulturellen Handlungsrahmens seiner neuen Oper gesetzt waren.

Blicken wir über die Briefe in die Werkstatt des Komponisten, dann stellen wir fest, dass auch und gerade im Fall von „Aida" ganz andere Probleme im Vordergrund standen: Fragen der Bühnenwirksamkeit und der musikalischen Umsetzbarkeit bestimmter Einfälle, der richtigen Wort- und Verswahl, der richtigen Strophenform und vieles andere mehr. Nirgends wird Verdi so konkret wie gerade gegenüber dem Librettisten der „Aida", was eine der Leitideen seines gesamten musikdramatischen Schaffens anbelangt, nämlich die Idee der *parola scenica*, die Idee von einem bestimmten Wort wie *patria*, *vendetta* usw., in dem die ganze Essenz der betreffenden Szene gebannt wird und über das sie sich den Zuhörern schlaglichtartig mitteilt.

Insofern verweist uns auch eine auf mögliche memoriale Aspekte gerichtete Interpretation der „Aida" immer wieder und vor allem auf Verdi als den Musikdramatiker, dessen Grund-

Abbildung 1: Verdi dirigiert Aida an der Opéra zu Paris (3. April 1880), aus: Le monde illustré, Paris

anliegen es ist, mit seinem Werk ein Publikum zu erreichen, es zu fesseln, zu begeistern. Dass Hemmnisse dieser Wirkung entgegenstehen könnten, auf die er keinen Einfluss hatte, wusste Verdi aus langer schmerzlicher Erfahrung. Die berühmte Mailänder Scala hatte er auch und vor allem deshalb lange Jahre gemieden, und erst mit „Aida" ist er an dieses Haus zurückgekehrt. Auch und vor allem deshalb lag ihm so sehr an den von Ricordi gedruckten *disposizioni sceniche*, Pariser Vorbildern nachempfundenen, gewissermaßen offiziellen Regiebüchern. Wo immer er konnte, hat er dafür gesorgt, dass für Aufführungen seiner Werke nicht nur geeignete Interpretinnen und Interpreten, sondern auch verlässliche musikalische Leiter verpflichtet wurden. Bei „Aida" in Kairo, wo die Oper am 24. Dezember 1871 uraufgeführt wurde, war das der Kontrabassist und Komponist Giovanni Bottesini.

War Verdi um „Aida" mehr besorgt als um das Schicksal anderer seiner Opern? Von der Grundkonstellation wie vom dramatischen Aufbau und auch bezüglich der musikalischen Formen hatte er hier kein wirkliches Neuland betreten und durfte darauf vertrauen, dass alles seine Wirkung haben werde. Dennoch sehen wir ihn selbst noch nach dem triumphalen Erfolg in Kairo äußerst besorgt. Seine Sorgen betrafen vor allem die Frage, ob seine Lösungen für die Erzeugung des ungewöhnlichen Kolorits am Ende tatsächlich funktionierten und den erwarteten theatralischen Effekt hatten. Um hier sicher zu gehen, engagierte er sich in den kommenden Jahren auf eine Weise, die den langen Reisen gegenüber eher zurückhaltenden Komponisten bislang nicht gerade auszeichnete. An der Inszenierung in Mailand (8. Februar 1872) – die musikalische Leitung war hier Franco Faccio anvertraut – war er aktiv beteiligt. Selbst einstudiert und geleitet hat er die Aufführungen in Parma (20. April 1872) und Neapel (30. März 1873). In der Folge kam es zu mehreren Aufführungen unter seiner Leitung außerhalb Italiens, an der Wiener Hofoper (19. Juni 1875), am Théatre Italien in Paris (22. April 1876), an der Opéra (22. März 1880). Nicht nur „Aida" dirigierte Verdi selbst, sondern auch das „Requiem" zum Andenken an Alessandro Manzoni. Hier schließt sich der Kreis für unsere Suche nach einer memorialen Ausrichtung dieses besonderen und populärsten Werks Verdis. „Aida" steht der Verdischen „Messa da requiem" nicht nur klanglich sehr nahe, beide Werke folgen der Intention Verdis, kulturelles Erbe zusammenzufassen und einer neuen Zeit zu übergeben; sie sind Monumente einer kulturellen Identität, die Verdi den sich formierenden internationalen Kontexten gegenüber zu bewahren und diesen zu vermitteln sucht, selbst das künstlerische Resultat steuernd und mit der eigenen Person *coram publico* für die Güte des Erbes der Musiknation Italien eintretend.

„Aida" als Identifikationspunkt, als Beleg einer ungebrochenen Tradition und umfassenden Kompetenz Italiens in Sachen Oper sowie als ein für sich selbst sprechender Beweis für die Gültigkeit des Qualitätssiegels *Made in Italy*: diese vom Komponisten nachdrücklich intendierte Position hat das Werk bis heute behalten. Es ist unbestreitbar eine der populärsten Opern überhaupt, nicht zuletzt durch ihre Verbindung mit der Arena in Verona. Mit „Aida" wurde das römische Amphitheater 1913 zum 100. Geburtstag Verdis seiner neuen „Bestimmung" als größter Spielstätte für Opernaufführungen unter freiem Himmel übergeben, und seither war sie dort in 51 Spielzeiten vertreten, alle anderen Opern weit hinter sich lassend. Davor bereits gab es Freiluftaufführungen der Oper, so 1901 in Verdis Todesjahr in der Arena von Bayonne, 1912 vor den Pyramiden von Giseh, an „Originalschauplätzen" auch Ende des 20. Jahrhunderts. In faschistischer Zeit wurde *Aida* als Hauptwerk der römischen Freiluft-Sommerstagione in den Caracalla-Thermen etabliert. Es sind diese Open-air-Formate, die die Inszenierungstradition der Oper als monumentales mystisch-mythisches Ägypten-Spektakel europaweit wesentlich mit geprägt haben. „Aida" schöpft aber nicht nur aus den wohl kalkulierten Wirkungen des „ägyptischen" Kolorits und der szenischen Opulenz etwa des Triumphmarsches (auch wenn Lucy in Marcel Prawys deutscher Bearbeitung [1968] von Gian Carlos Menottis „The Telephone or L'Amour à Trois" [1947] ihrer Freundin erzählt: „Du weißt, ich war in der Oper, am Sonntag bei ‚Aida'. Sie spielt in Ägypten und hat den beliebten Marsch und sonst absolut nichts."). Und so wundert es nicht, dass die solistischen Partien mit ihren hohen Anforderungen untrennbar mit gleich mehreren herausragenden Sängerinnen und Sängern verbunden sind, angefangen bei den von Verdi so geschätzten Interpretinnen der Mailänder Erstaufführung Teresa Stolz und Maria Waldmann, auf die er auch in Parma, Neapel und Wien setzte, über Adelina Patti, Elisabeth Rethberg, Gina Cigna, Maria Callas, bis Leontyne Price und Montserrat Caballé, während Jean de Reszke, Francesco Tamagno, Enrico Caruso, Aureliano Pertile, Richard Tucker, Luciano Pavarotti und Plácido Domingo in der Rolle des Radames geglänzt haben. Nach Bottesini, Faccio, Verdi selbst, seinem einzigen Schüler Emmanuele Muzio, der das Werk in einer Tournee der Jahre 1873 bis 1875 in den Vereinigten Staaten einführte, schrieb sich Arturo Toscanini in die Liste großer „Aida"-Dirigenten ein und ist dank zahlreicher Aufführungen vor allem an der Mailänder Scala und an der Met in New York mit der Wirkungsgeschichte auch und besonders dieser Verdi-Oper aufs engste verbunden. Der geniale Musikdramatiker Verdi, das zeigen seine „Werkstattbriefe", wollte die von den individuellen Schicksalen ausgehende Dramatik und deren Vergegenwärtigung zu keinem Moment aus den Augen verlieren, für ihn bildeten, was gerade in der jüngeren Inszenierungsgeschichte der „Aida" auseinanderdividiert wird, das „ägyptische" Kolorit und die Konturierung der individuellen Schicksale zwei Seiten ein und derselben Medaille. Dennoch sahen sich spätestens seit Wieland Wagners Inszenierung 1961 an der Deutschen Oper in Berlin einige Regisseure herausgefordert, das Werk aus seiner Fixierung durch visuelle Erwartungen des Publikums zu lösen, eine Tendenz, die 1994 in Graz in Peter Konwitschnys antitraditionalistischer und ironisierender Regie gipfelt, die etwa die Triumphszene den Blicken der Zuschauerinnen und Zuschauer vollkommen entzieht. In diametralem Widerspruch zur ungebrochenen Popularität der Oper steht die Kritik an dem Bild von Geschichte und Kultur, das in „Aida" transportiert und für das auf eine militärische, imperial gefärbte Symbolik und Sprache rekurriert wird. Eine solche Kritik freilich negiert die Zeitbedingtheit eines jeden Kunstwerkes generell, hier im Speziellen diejenige der italienischen Oper des 19. Jahrhunderts.

Vieles spricht dafür, dass Verdi dieses Werk als Identifikationspunkt der italienischen Oper seiner Zeit etabliert sehen wollte, sonst hätte er sich gerade mit ihm nicht so oft und auch außerhalb Italiens präsentiert. Dem „kommunikativen Gedächtnis" hat er jedenfalls ein einzigartiges musikdramatisches Werk übergeben, das wie kein zweites das Bild vom „alten Ägypten" prägen sollte und das seine Faszination für ein breites Publikum bis heute nicht verloren hat.

Literaturhinweise

Eva BAKER, Verdi, „Aida", in: Pipers Enzyklopädie des Musiktheaters, hrsg. von Carl DAHLHAUS und dem Forschungsinstitut für Musiktheater der Universität Bayreuth unter der Leitung von Sieghart DÖHRING, Bd. 6. München 1991, S. 478–484.
Anselm GERHARD/Uwe SCHWEIKERT (Hrsg.), Verdi-Handbuch. Stuttgart/ Weimar 2001.

Ursula Mathis-Moser
Das Chanson

Es florieren die Festivals de la chanson, Bühnenjubiläen häufen sich, Internetseiten explodieren: Das Chanson ist eine „réalité bien vivante", so äußern sich die Betreiber des 1995 gegründeten Musée de la Chanson française in La Planche; es sei „un véritable patrimoine culturel", ein Teil des kollektiven Gedächtnisses, den es zu erhalten gelte, so die Proponenten des Großprojekts eines Musée de la Chanson, son histoire, ses modes et ses métiers. Dass es lebt, bezeugen zahllose Chanson-Wettbewerbe; dass es darüber hinaus Gegenstand ernster Betrachtung geworden ist, zeigen Sommeruniversitäten und beinahe 40 Jahre Forschungsgeschichte in Frankreich und in den deutschsprachigen Ländern. Das Chanson „lebt" aber nicht in Frankreich allein, ganz im Gegenteil: Das berühmte Festival von San Remo feierte 2010 seine 60. Auflage, und der Eurovision Song Contest fand 2010 zum 55. Mal statt. Eurovision Song Contest, Concours Eurovision de la Chanson, Concorso Eurovisione della Canzone usf. – *song, chanson, canzone* werden hier offensichtlich gleichgesetzt und legen Fragen nahe: Wie lässt sich das „französische" Chanson, wie ein allfälliges „europäisches" Chanson, wie ein Chanson („Lied") ganz allgemein beschreiben? Inwieweit begründen sie eine Erinnerungskultur? Wo ergeben sich Grenzen und Überlappungen zwischen dem „kulturellen Erbe" eines europäischen Landes wie Frankreich und demjenigen eines größeren „kulturellen Kommunikationsraums" (LeRider), wie ihn Europa darstellt?

Singen und Chanson als ein universelles Phänomen

Die Praxis des Singens – *chant(er)* – ist ein anthropologisches Phänomen, das sich in den unterschiedlichsten Kulturen in sehr unterschiedlichen Ausprägungen manifestiert, so wie das Sprachvermögen des Menschen in den unterschiedlichsten Sprachen Gestalt annimmt. Unabdingbare Voraussetzung für das Singen ist die lebendige Stimme des Interpreten, die einen mit einer Melodie versehenen Text oder auch nur eine mit einer Melodie unterlegte Abfolge von Sprachlauten (man denke an das Jodeln) zum Klingen bringt. Das Chanson, auch in seinem breitesten Sinn, meint dagegen nicht die Fähigkeit des Singens, sondern deren Produkt bzw. eine für den Gesang bestimmte und meist aus (gereimten) Versen bestehende Textkurzform oder orale Poesie. Für sie verwenden die europäischen Sprachen zunächst sehr unspezifisch die Begriffe Lied, *song, sång, laula/lied, pieśń/piosenka, canzone, canción, canção* usf. und vergessen dabei nicht nur deren semantische Polyvalenz, sondern auch, dass auch nichteuropäische Völker ihre „Lieder" und „Chansons" kennen. Das zwischen dem 10. und dem 7. Jahrhundert v. Chr. entstandene altchinesische „Shijin" („Buch der Lieder"), das über 300 zumeist in Sechszeilern angeordnete, mit Wiederholungsformeln durchsetzte und gereimte Volkslieder, Festlieder, Hymnen und Oden enthält, verdient hier genauso Erwähnung wie die Gesänge und Lieder der Indianer oder die Liedwettstreite der Inuit. Das Chanson als eine auf Performanz ausgerichtete Verbindung von Text, Musik und Interpretation gilt als eine der ältesten und universalsten kulturellen Manifestationen des Menschen und bedient jenseits von Zeit und Raum vergleichbare individuelle wie kollektive Bedürfnisse. Es kann daher nicht a priori als ein spezifisch *europäischer* Erinnerungsort bezeichnet werden, sondern – u. a. eben auch – als ein *transnationaler* und *transkultureller* Ort der Verdichtung *unterschiedlichster* kollektiver Erfahrungen mit unterschiedlicher identitätsstiftender

Wirkung. Pierre Noras Konzept verliert damit an Schärfe, und um die Frage nach einer Gedächtniskultur auf den kulturellen Kommunikationsraum Europa herunterzubrechen, ist es
daher nötig, der sehr allgemeinen Beschreibung des universellen Phänomens „Chanson" die
spezifischere einer oder mehrerer nationaler Erscheinungsformen an die Seite zu stellen, um
sodann – Spezifika der Form, des Inhalts, der Produktionsbedingungen und -modi und der
Verlaufsformen vergleichend – vorsichtige Aussagen zu einem „europäischen" Chanson als
europäischem Erinnerungsort tätigen zu können.

Das Chanson als ein französisches Phänomen

Vor diesem Hintergrund stellt sich die Situation des „französischen" Chansons folgendermaßen dar: Es gilt als komplexes und immer noch nicht unproblematisches Genre, dessen
konstitutive Elemente Text, Musik und Interpretation im Lauf der Jahrhunderte auf vielfältigste Weise in Interaktion getreten sind und im Idealfall in der „live"-Darbietung Gestalt annehmen. Neben dieser „Grundform" des Chansons, die sich des Primärmediums der
menschlichen Stimme bedient, sind im Zuge der technischen Entwicklungen auch andere
„mediale Aufladungen" (Klenk-Lorenz) möglich geworden: Die Schrift, der Notensatz, der
Druck, aber auch die audio-visuellen und digitalen Medien verändern nicht nur die effekti-
ve Performanz – man denke an die Rolle des Mikrophons –, sondern ermöglichen auch die
Konservierung und identische Wiedergabe des Chansons sowie seine weltweite Verbreitung:
ein nicht unwesentliches Moment, wenn von einer „europäischen" Dimension die Rede sein
soll. Schließlich hat das Chanson im breiten Sinn über die Jahrhunderte hinweg jeweils spezifisch auf sozio-historische Vorgaben und Veränderungen reagiert und dabei neue Formen
entwickelt: Um die Mitte des 19. Jahrhunderts löst das Chanson des Café-Concert jenes des
Caveau und der Goguette ab, erstmals wird der Interpret bezahlt, die Kommerzialisierung
beginnt. Erstmals ist auch von Autorenrechten die Rede, und es kündigt sich der Glitter des
Show-Business an, das seinerseits für Performanztechniken, aber auch für formal-inhaltliche
Veränderungen verantwortlich zeichnet. Aus historischer Sicht präsentiert sich dieselbe Fülle
an Sonderformen und Subgattungen – man denke an die Chansons der Troubadours, an die
Ponts neufs, Mazarinades, Romanzen und andere mehr –, wobei es generell weniger um die
klare Ablösung eines Modells durch ein anderes als vielmehr um „bewegliche" Gleichzeitig-
keiten geht. Die Gleichzeitigkeit des Ungleichzeitigen, aber auch die Tatsache, dass sich trotz
Innovation im Chanson immer auch Traditionsstränge fortschreiben, die an unerwarteter
Stelle plötzlich in neuem Gewand erscheinen, machen den Reichtum, aber auch das defi-
nitorische Dilemma deutlich: Gehört der Troubadour des Mittelalters oder gar der Rapper
des 20. und 21. Jahrhunderts in gleicher Weise zur Gattung Chanson wie etwa der Auteur-
Compositeur-Interprète (ACI)?

Obwohl vieles für eine Breitführung des Begriffs bzw. der Gattung Chanson spricht, die
impliziert, dass *le rap*, *le lied*, *le chant de travail*, ja selbst *la mélodie française* hier ein gemeinsames Dach finden könnten, wurden nicht erst in jüngster Zeit so genannte Sekundärmerk-
male der Gattung bemüht, um zum einen eine weitere Ausdifferenzierung in Subgattungen
zu erlauben, zum anderen aber auch, um jenes französische Chanson, das auch heute noch
in der Erinnerung des (europäischen) Bildungsbürgers seinen Platz hat, schärfer zu kon-
turieren. Viele dieser sekundären Merkmale sind bekannt: Strophenform, Refrain, Reim,
beschränkte Dauer, Solovortragsform, der Vortragende als musikalischer Dilettant, sich mit
seiner Rolle stimmlich expressiv identifizierend oder aber sie im trockenen Sprechgesang
unterlaufend, eine in Umfang und Intensität unaufdringliche musikalische Begleitung, die

das Wort nicht überdeckt, sondern erst richtig zur Geltung bringt, die Bedeutung von Mimik und Gestik, der überschaubare Raum, ein sich primär aus Jugendlichen, Intellektuellen und Bildungsschichten zusammensetzendes Publikum u.v.m. Ein Blick genügt: wollte man tatsächlich all diese Merkmale einfordern, um von Chanson sprechen zu können, so fiele ein großer Prozentsatz dessen, was heute (auch) als Chanson bezeichnet wird, durch den Raster. Dennoch aber ist der Versuch einer normierenden Beschreibung interessant, weil er eine Form standardisiert, die als das französische Chanson der Nachkriegszeit, kurz als „la chanson française" in die Geschichte eingegangen ist.

Dieses *französische* Chanson meint also im Wesentlichen das stark intellektuell geprägte Lied der Nachkriegszeit und 1950er Jahre, das Lied der ersten berühmten Auteurs-Compositeurs-Interprètes und großen Interpreten der École de Paris – ein Chanson, das in seinen Diskursstrategien deutliche Nähe zum eindimensionalen lyrischen Text aufweist, das sprachlich zwischen den Stilebenen der Umgangssprache, also der größtmöglichen Breitenwirksamkeit, und der elitären Bildungssprache jongliert und dessen Canteur (in Analogie zur Figur des *narrateur*) ein marginalisiertes, durchaus selbstironisches Ich verkörpert. Dieses *je lyrique* problematisiert sowohl die eigene Position als auch die Kunstform des Chansons (Metachanson), bezieht in der Art der *poètes maudits* des ausgehenden 19. Jahrhunderts Selbstwert aus der Marginalisierung, solidarisiert sich umgekehrt aber auch mit Gleichdenkenden gegen das träge Kollektiv und benutzt Dichotomien wie Authentizität – Inauthentizität, um Handlungen zu bewerten. Als Auftrittsorte dienen kleinere bis mittlere Bühnen, die der Kunst des Understatements und dem feinen Spiel von Mimik und Gestik Raum geben, Bühnenbewegung findet kaum oder – später – höchstens im Umfeld des Standmikrophons statt, die musikalische Komponente konzentriert sich bei allen Unterschieden zwischen den einzelnen Auteurs-Compositeus-Interprètes auf eine „leise" ausdeutende Rolle und einen bewusst klein gehaltenen Instrumentenpark. Dieses *französische* Chanson assoziieren der europäische Bildungsbürger und insbesondere der deutschsprachige Hörer mit so „französischen" Namen wie Georges Brassens, Jacques Brel (Belgien) und Léo Ferré, mit Barbara, Anne Sylvestre usf. Es ist grundsätzlich in französischer Sprache verfasst, was aber nicht darüber hinwegtäuschen darf, dass es sich besonders in der École de Paris vielfach das kreative Potential von KünstlerInnen zunutze macht, die keine Franzosen sind, und dies lange bevor man von den so genannten *musiques du monde* sprechen kann.

Troubadours, Trouvères und Minnesänger – die ACI von einst

Doch treten wir einen Schritt zurück. Gerade im Angesicht einer doch sehr spezifischen Form des Singens, wie sie das „französische" Chanson darstellt, und vor dem Hintergrund der nur en passant angedeuteten Vielfalt von historischen (und medial bedingten) Ausprägungen dieses Singens fällt auf, dass sich das französische Chanson der École de Paris mehr als andere der genannten Subgattungen immer wieder auf eine spezifische Vorform, das Chanson der Troubadours, bezieht. Das reicht von Selbstbezeichnungen wie „le dernier troubadour" oder „auteur compositeur interprète, poète et troubadour des temps modernes" bis hin zu Internetseiten wie El Rincón del cantautor, auf die man über „cantautores y trovadores" zugreifen kann. Aber auch in seiner berühmten „Supplique pour être enterré à la plage de Sète", wo sich Georges Brassens nicht ohne Augenzwinkern von der hochkomplexen und keinesfalls auf Performanz ausgerichteten Poesie Paul Valérys distanziert, findet sich der bezeichnende Auto-Kommentar: „Moi, l'humble troubadour, sur lui je renchéris". Welche

Bewandtnis hat es damit? Verbirgt sich in der Troubadourlyrik etwa tatsächlich ein möglicher „Erinnerungskern" des heutigen Chansons?

Der Troubadour, der sich als „chanteur" (Rieger) versteht, ist tatsächlich zugleich *auteur*, *compositeur* und *interprète*, d.h. er „(er)findet" das Sujet, die metrische Struktur und – trotz des Phänomens der Kontrafaktur – auch die Melodie. Das einstimmige Lied, das zumeist er selbst, manchmal aber auch Spielmänner interpretieren und das von Harfe, Laute, Flöte, Rebek oder Handtrommel begleitet werden kann, verweist klar auf die Performationssituation und -praxis des späteren Chansons, dessen Begleitinstrumente zunächst die Gitarre und das Klavier sind. Grundsätzlich spielt jedoch auch beim Troubadour, und zwar selbst dort, wo er sich einer populäreren Tradition nähert, der Text die zentrale Rolle. Ihn gestaltet er in Strophenform, mit ausgeklügelten Reim- und Verstechniken, dem Anspruch der Originalität und *novitas* gehorchend, ohne gegen metrische, stoffliche oder kompositorische Vorgaben zu verstoßen. Das Produkt ist ein personalisiertes und ästhetisch anspruchvolles, in das sich der Troubadour durchaus auch namentlich einschreiben kann. Zugleich aber kennt das lyrische Ich nicht die Subjektivität des modernen Canteur, sondern fungiert als (Ver-)Mittler zwischen Individuum und Kollektiv. Minne statt christlicher Tugend, aber auch politisch-moralische Streitfragen bilden die thematische Palette, die höfische Welt, die in ihrer internationalen Vernetzung zu sehen ist, den Hintergrund. Der Troubadour stammt grundsätzlich aus unterschiedlichen sozialen Schichten (Adel, Klerus, Bürgertum), doch gibt es auch Stimmen, die in ihm den Sprecher eines ganzen Standes, des Standes der kleinen verarmten Ritter sehen, die, durch gelegentliche Kriegsdienste nicht ausgelastet, nach öffentlicher Anerkennung streben.

Was die Verbreitung des Chansons der Troubadours betrifft, so bietet sich eine aus europäischer Sicht interessante Situation. In okzitanischer Sprache verfasst und in Südfrankreich beheimatet, strahlt die Troubadourlyrik mit gewissen zeitlichen Verschiebungen und inhaltlich-formalen Umorientierungen nach Norden, Osten und Süden aus. Sind es im Norden und Osten zunächst die Trouvères, die die Tradition aufgreifen, so führen die Wege dieser ersten volkssprachlichen Kunstlyrik auch nach Spanien, Galizien, Sizilien, Deutschland und England. Zwar schafft sie keine „integrative europäische Kultur" (Schneidmüller), wohl aber zumindest für einen Teil des späteren Europa ein kulturelles Substrat, das auf unterschiedliche Weise, in der Literatur wie im Chanson des ACI, nachklingen wird. Ein Teil ihres Erfolgs liegt schließlich in der Mobilität ihrer Akteure (Kreuzzüge!), so wie das mittelalterliche Europa ganz allgemein aus dem Wissen um die Dynamik der Wanderung und die „Bereitschaft zur Aufnahme fremder Völker und Überzeugungen" (Schneidmüller) lebt. Ein Blick auf Walther von der Vogelweide bestätigt dies, wenn es im Lied 126 heißt: „Von der Seine bis zur Mur hab ich mit offnen Augen die Welt geschaut, vom Po zur Trave weiß ich, wie's die Menschen treiben". Und Oswald von Wolkenstein, ein „adeliger ACI" am Übergang zur Neuzeit, rühmt sich in seinen Liedern, 16 Königreiche durchreist und dabei zehn Sprachen gebraucht zu haben; in einem seiner poetischen Länderkataloge erscheinen 29 Namen, und die Mediävisten wissen aus urkundlichen Quellen, dass diese Angaben ernst zu nehmen sind.

Das Chanson des ACI als Filter nationaler und europäischer Erinnerung

Doch wenden wir uns wieder dem Chanson des neuzeitlichen ACI zu. Auch wenn man im 19. Jahrhundert Béranger und Pierre Dupont getrost als erste ACI bezeichnen könnte, wird die Personalunion von *auteur*, *compositeur* und *interprète* tatsächlich erst im oben skizzierten „klassischen" französischen Chanson gattungskonstituierend. Dabei sind Abweichungen vom Grundmodell des ACI wie AI, CI oder AC genauso mitzudenken wie jene Fälle, wo mehrere Künstler in gleichbleibender personeller Konstellation über längere Zeit zusammenarbeiten und einen „kollektiven" ACI bilden. Grundsätzlich verdichtet sich jedoch im ACI und seinem Canteur die kollektive Erfahrung der Zeit, die die Nachkriegszeit ist, und selbst wenn allenthalben gekittet wird, was zerbrochen ist, wenn man tanzt und liebt, steht sie unter dem Zeichen der existentiellen Unruhe und Verunsicherung. Dass Frankreich letztendlich auf der Gewinnerseite landet, ändert nichts an der Maginot-Linie, der Occupation und – hierin wahrlich europäisch – dem Mitläufertum einer halben Nation. Die Werte der Republik wurden mit Füßen getreten, die staats- und gesellschaftstragenden Institutionen haben versagt. Das kulturelle Selbstverständnis, demzufolge Europa sich seit der „aufgeklärten Neuzeit" als „Ausgangspunkt und Maß aller Zivilisation" sieht (Schneidmüller) und Frankreich als Erfinder der Menschenrechte, beginnt zu wanken. Der Canteur weiß um die Unzuverlässigkeit der hehren Ideale. Er feiert den 14. Juli im Bett („La mauvaise réputation"), verweigert den Krieg („Le déserteur"), verspottet Institutionen („Le Gorille") und geht auf Distanz zur „guten" Gesellschaft, die er als „culs cousus d'or" der Lächerlichkeit preisgibt. Er pflegt sein Außenseitertum und verweigert zumeist konkretes politisches Engagement. Das Chanson der Nachkriegszeit ist somit aber sehr stark auch der Ort, an dem sich die Enttäuschung einer ganzen Generation und vieler Intellektueller über eine Gesellschaft des republikanischen Scheins artikuliert. Es filtert eine kollektive Erfahrung und artikuliert zugleich ein Lebensgefühl, das durch die philosophischen Fragestellungen des Existentialismus mitgeprägt wurde, über Frankreich hinausweist und in gewissem Sinn „europäisch" sein könnte: Denn wie sollte das sendungsbewusste Europa nach dem Holocaust und kriegerischer Zerfleischung noch an Freiheit oder gar an Gleichheit und Brüderlichkeit glauben können?

Von diesem Europa ist in den Chansons der 1940er und 1950er Jahre zwar explizit kaum die Rede, es sei denn, man denkt an Chansons wie „Les deux oncles" (Brassens) oder „Göttingen" (Barbara). Aber Europa beobachtet die Pariser Szene und zumindest die Bildungsschicht, etwa in den deutschsprachigen Ländern, „versteht". Wenn hier zum einen die Früchte der französischen Bildungsoffensive in den Besatzungszonen zum Tragen kommen, so zum anderen auch das, was Pascale Casanova im Fall von Frankreich als Denationalisierung des Nationalen bezeichnet: Die französische Sprache sei weit mehr als eine Nationalsprache, denn es artikuliere sich in ihr zwar im Zuge der modernen Staatenbildung der Wunsch nach Differenz und Partikulärem, gleichzeitig entwickle sie sich aber auch in einem transnationalen Raum und strebe nach (universeller) Hegemonie. Dabei gelingt es dem Französischen, im Aushandeln der transnationalen Positionen (etwa mit der italienischen Sprache) Prestige zu gewinnen und – an den universalistischen Anspruch des Latein anknüpfend – sich als vermeintlich neutralen Boden anzubieten. Die französische Sprache, Paris werden so zum Synonym von „liberté politique, élégance et intellectualité" (Casanova), zum entnationalisierten Ort der Literatur, zum Garanten der Freiheit der Kunst, und genau in dieser national-transnationalen Doppelfunktion liegt einer der wichtigsten Schlüssel zum Prestige dessen, was sich mit dem Adjektiv „französisch" schmückt. Dies gilt selbstverständlich auch für das Chanson.

Es mag gewagt erscheinen, das französische Chanson des ACI der 1940er und besonders der 1950er Jahre als Folie für „europäische" Überlegungen zu wählen, doch spricht auch einiges dafür. Neben dem Chanson des *auteur-compositeur-interprète* gibt es die *cantautores* und *cantautori* in Spanien und Italien, den Liedermacher der deutschsprachigen Länder, den englischen *song writer (singer)*, den polnischen oder russischen Barden usf. Selbst wenn in jedem einzelnen Fall mit diesem Phänomen besondere Vorgeschichten verbunden sein mögen und alle nationalen Erscheinungsformen in sich inhaltlich und formal unendlich diversifiziert sind, gibt es Parallelen: Den Hintergrund der nationalen Erscheinungsformen mit ihren jeweiligen ACIs bildet sehr häufig die philosophierend-reflexive Grundhaltung eines kritischen Außenseitertums, das – geht man den angesprochenen Thematiken auf den Grund – unerbittlich die Grenzen der „(französisch-)europäischen" Werte und damit der Grundrechte bespiegelt, ohne dabei konkrete Ereignisse besingen zu müssen. Sie treten in Phasen der Krise hervor – nicht von ungefähr ist in den Begriff „Song" auch die Konnotation „Protestsong" eingeschrieben, die in anderer Form bereits im Brecht-Weill'schen „Song" zu finden ist. Gemeinsam ist den nationalen Erscheinungsformen ferner die Valorisierung des Texts gegenüber der Musik und damit die Distanzierung von zeitgleichen Pop- und Tanzliedmoden, sowie – „europäisch" hier im Sinn von „Vielfalt in der Einheit" – die Bedeutung der einzelnen Sprachen, die auch vor dem Hintergrund der zunehmenden globalen Bedeutung des Englischen zu sehen ist. Der Typus des ACI ist darüber hinaus jenseits des europäischen Raums im engeren Sinn in sämtlichen durch den europäischen Kolonialismus touchierten Gebieten anzutreffen, wobei musikalische Anregungen aus den lokalen Traditionen einfließen. Zu nennen sind hier das frankophone Chanson, etwa in der Quebecker Ausprägung der Stillen Revolution (wie bei Félix Leclerc, Gilles Vigneault, Raymond Lévesque, Claude Gauthier, Pauline Julien), der nordamerikanische Protest- und Folksong eines Leonard Cohen oder Bob Dylan, die Nueva Canción der lateinamerikanische Länder (ausgehend von Violeta Parra und Víctor Jara; Mercedes Sosa, Atahualpa Yupanqui, Chico Buarque, Gilberto Gil, Caetano Velosor etc.) u. a. m.

In Europa selbst manifestiert sich das kritische Außenseitertum im „Chanson" auf vielfältige Weise. So stellt auf der iberischen Halbinsel das Francoregime die Projektionsfläche dar, vor dem die Generation der ACIs sich formiert. Die ab der Mitte der 1960er Jahre aufkommende, in katalanischer Sprache verfasste Nova Cançó steht im Zeichen eines kulturellen Selbstfindungsprozesses (Joan Manuel Serrat, Lluis Llach etc.) mit Beispielwirkung für galizische und baskische Cantautores. In kastilischer Sprache vortragende Sänger wie Luis Eduardo Aute, Pablo Guerrero, Labordeta, Ana Belén stehen deutlich in der oben beschriebenen Tradition des „französischen" Chansons; Paco Ibánez, der lange in Paris lebt, übersetzt Georges Brassens. Noch 1976 unterzeichnen die spanischen Cantautores ein Manifest zum Schutz der künstlerischen Freiheit, obwohl mit Francos Tod (1975) die regimekritische Tendenz zugunsten persönlicher Themen und des Liebäugelns mit Kommerz und Markt in den Hintergrund tritt. Auch in Italien spricht man erst ab der zweiten Hälfte der 1960er Jahren von Cantautori, als eine Reihe von Künstlern zunächst liebevoll gezeichnete poetische Alltagstexte und ab den 1970er Jahren mehr und mehr auch gesellschaftskritische Canzone zu Gehör bringen. Neben Fabrizio de André, Lucio Dalla, Francesco Guccini und Lucio Battisti sind es vor allem Francesco de Gregori, Antonello Venditti, Rino Gaetano und Angelo Branduardi, die auf vielfältige und stilistisch unterschiedliche Weise ihre Vorbehalte artikulieren. Wie in Frankreich in den 1970er und 1990er Jahren, so erhält auch in Italien und in Spanien das Lied der Cantautori/Cantautores in den 1990er Jahren schließlich einen neuen Impuls.

Das Phänomen des deutschen Liedermachers sei als weiteres Beispiel zitiert. Auch hier ergreift ein lyrisches Ich das Wort und äußert sich – neben anderen Stillagen – kritisch zu seinem Lebensumfeld. Den großen Vorbildern Franz Josef Degenhardt und Wolf Biermann, die das Klima der 68er-Bewegung bzw. die innerdeutsche Thematik einfangen, folgen Sänger wie Konstantin Wecker, Bettina Wegner und Reinhard Mey. Einen Schritt weiter gehen die Vertreter des Austropop, die ab der Mitte der 1960er Jahre nicht nur die deutsche Sprache, sondern den Dialekt zum Vehikel ihrer Botschaft machen. Auch wenn hier wie bei allen nationalen Ausprägungen des Chansons jeweils spezifische Vorformen – etwa der Einfluss des Wiener Lieds oder Johann Nestroy bzw. Ferdinand Raimund – mit hereinspielen mögen und die musikalische Gestalt den Reduktionismus des klassischen „französischen" Chansons zumeist hinter sich lässt, so kommen erneut – gerne humorvoll, ironisch oder gar schnodderig präsentiert – unliebsame Details eines Alltags zum Vorschein, in dem die genannten Grundwerte nicht immer respektiert werden. Wolfgang Ambros' „Da Hofa" (1971), aber auch Georg Danzers „Der Tschik" (1972) werden in diesem Zusammenhang immer wieder bemüht, wie auch Marianne Mendt, Rainhard Fendrich, André Heller, Ludwig Hirsch und später die Austropop-Gruppen STS und Die Erste Allgemeine Verunsicherung, Stefanie Werger oder Hubert von Goisern. Aber auch in anderen europäischen Ländern kennt man den Typus des Liedermachers und ACI. So hat beispielsweise Russland mit Bulat Okudschawa bereits Ende der 1950er Jahre seinen Liedermacher, dessen Texte Anfang der 1980er Jahre von Wolf Biermann ins Deutsche übersetzt werden. Auch Alexander Galitsch und vor allem Vladimir Vysotsky sind kritische Stimmen, die neben dem Leben in seiner thematischen Fülle problematische Punkte des sowjetischen Alltags verbalisieren und durchaus zensuriert, ja verboten werden. In Polen verbindet Marek Gretchuta das Metier des Liedermachers mit anderen Performanzkünsten und erweitert es auf diese Weise, wobei gerade Polen eine lange Tradition des engagierten Liedes – man denke an das sozialistische Arbeiterlied – kennt. Schweden wiederum hat Fred Akerström und Stefan Ringbom, der seinerseits Lieder von Vladimir Vysotzky interpretiert.

Versuch einer Bilanz

Das „europäische" Chanson, das sich in die Tradition des klassischen „französischen" Chansons einschreibt, kennt also ähnliche Themen und Verlaufsformen und lässt sich – anders als das Volks- oder Kunstlied – als das textlich meist anspruchsvolle Werk eines namentlich bekannten Auteur-Compositeur-Interprète beschreiben. In diesem und in anderen Punkten greift es auf das Lied der Troubadours zurück, die in einem ganz anders ausgerichteten, offenen und beweglichen mittelalterlichen „Europa" zwischen individuellen und kollektiven Werten zu vermitteln suchten. Das Chanson des 20. Jahrhunderts reagiert in einem „weiten" Sinn auf signifikante Momente der europäischen Geschichte wie den Zweiten Weltkrieg oder die Protestbewegungen um den Mai 1968, bleibt aber in seiner Kritik an Werten bzw. an deren Fehlen in der Regel eher allgemein. Das „kritische Außenseitertum" des Canteur erlaubt es, den Verstoß gegen republikanische Rechte, gegen die Freiheit des Individuums oder aber die Problematik kollektiver Zwänge, Institutionen etc. zu thematisieren, wobei dahin gestellt sei, ob er damit proaktiv das „schlechte Gewissen" Europas verkörpert oder sozusagen reaktiv dieses nur beruhigt. Gerade hier sind schließlich auch die nivellierenden Zwänge der Kommerzialisierung und die Verflechtung mit dem Marktgeschehen mitzudenken. Das Chanson behält die nationalen Sprachen bei, ja tut dies in bewusster Abgrenzung von globalisierenden Tendenzen, womit es zugleich der angestrebten Textqualität Rechnung trägt. Es ist nicht das lautstarke Signal der Vereinigung wie die – im übrigen „sprach(en)lose" – europäische Hymne, wie die Internationale oder Nationalhymnen ganz allgemein, sondern etwas, das in seiner Vielfalt von „instantanés" heute unterschwellig und europaweit zum Selbstverständnis vieler in Europa lebender Menschen gehört.

Literaturhinweise

Annie CANTIN, Chanson, in: Paul ARON u. a. (Hrsg.), Le dictionnaire du Littéraire. Paris 2002, S. 85–86.

Pascale CASANOVA, La République mondiale des Lettres. Paris 1999.

Renate KLENK-LORENZ, Chansondidaktik. Wege ins Hypermedium. Hamburg 2006.

Erich KÖHLER, Literatursoziologische Perspektiven. Gesammelte Aufsätze, hrsg. von Henning KRAUSS. Heidelberg 1982.

Jacques LE RIDER u. a., Transnationale Gedächtnisorte in Zentraleuropa, Vorwort von: ders., Zentraleuropa. Innsbruck 2002.

Ursula MATHIS-MOSER, Das „französische" Chanson, nationales Aushängeschild auf Europakurs?, in: Frankreich Jahrbuch 2010. Frankreichs Geschichte: Vom (politischen) Nutzen der Vergangenheit, Wiesbaden 2011, S. 189–209.

Andrea OBERHUBER, La chanson, un genre intermédial, in: Doris EIBL u. a. (Hrsg.), Cultures à la dérive – cultures entre les rives. Grenzgänge zwischen Kulturen. Medien und Gattungen. Würzburg 2010, S. 273–289.

Dietmar RIEGER, La poésie des troubadours et des trouvères comme chanson littéraire du moyen-âge, in: ders. (Hrsg.), La chanson française et son histoire. Tübingen 1988, S. 1–13.

Bernd SCHNEIDMÜLLER, Erinnerungsorte aus dem europäischen Mittelalter, in: http://www.uni-heidelberg.de/presse/ruca/ruca06-3/erin.html (14.6.2011).

Michael Matheus
Rom

Zu Beginn der neunziger Jahre des 20. Jahrhunderts fegte in Italien ein politischer Wirbelsturm in Konsequenz einer Schmiergeldaffäre über die bestehende Parteienlandschaft und veränderte die Parteienstruktur des Landes tiefgreifend. Unter den neuen Massenparteien, die seitdem das politische Geschick des Landes bestimmen, ist die vor allem in Norditalien verankerte Lega Nord unterdessen die älteste politische Kraft. Immer wieder sorgen radikale Parolen ihrer Führer für Aufsehen, welche die Ablehnung des italienischen Zentralstaates und seiner Symbole zum Ausdruck bringen. In der Hauptstadt des Landes werden demnach die Gelder des wohlhabenden Nordens verprasst. Das Schlagwort von der „Roma ladrona" wurde zum Synonym für den Kampf der Lega gegen die Diebin Rom, die den verhassten Einheitsstaat verkörpert.

Und zugleich: Ist von der Ewigen Stadt die Rede, so ist damit aufgrund antik-heidnischer und christlicher Erinnerungsbezüge stets Rom gemeint. Vergil zufolge prophezeite Jupiter persönlich die Ewigkeit der Stadt, den damit verbundenen Anspruch, die Welt zu regieren und den Frieden zu sichern. Rom galt weit über die Antike hinaus als *urbs* und *civitas*, als die Stadt schlechthin.

Wie keine andere Metropole auf der Welt dient(e) Rom unterschiedlichen sozialen Gruppen als Bezugspunkt kollektiver Erinnerung – in Identität stiftender emphatischer Zuwendung ebenso wie in leidenschaftlicher distanzierender Abgrenzung. Vermutlich sind es nicht zuletzt die damit zusammenhängenden Gegensätze und Ambivalenzen, die zur Dynamik und Erneuerungsenergie von Romerinnerung beitragen. Zudem dürfte die Vielfalt und Vielschichtigkeit ihrer historischen Bedeutungstiefe die in Anspruch und Zuschreibung oft formulierte Einzigartigkeit und Faszination dieser Metropole begünstigt haben. In Mustern der Romerinnerung – individuellen wie kollektiven – verschmelzen verschiedene Phasen und Stufen der Verarbeitung, die sich allenfalls bei günstiger Quellenlage analytisch separieren lassen: Imaginationen von der Stadt und Erwartungen an Rom vor der Reise sowie reale Erlebnisse und Erfahrungen in der Stadt und der Campagna Romana. Die Kluft zwischen dem gedachten und dem erlebten Rom war nicht selten enorm, Wahrnehmungs- und Erinnerungskonzepte in das Spannungsfeld von Dekadenz und Verfall einerseits, von Wiedergeburt und Erneuerung andererseits einbezogen.

Vor allem aus vier historischen Konstellationen schöpfte und schöpft jene sich wiederholende und zugleich stets verformende Memoria, für welche die Chiffre „Rom" steht und stand: die Stadt als Metropole des römischen Weltreichs, als Zentrum des lateinischen Westens bzw. der römischen Weltkirche, als von Künstlern, Wissenschaftlern und Bildungsreisenden bereistes und ersehntes Arkadien, als Hauptstadt des italienischen Nationalstaats und des faschistischen Imperiums. In jedem dieser Kontexte entstanden genuin römische, auf die Nachwelt zielende Formungen von Vergangenheit und Gegenwart.

Rom ist dicht bestückt mit einer Vielzahl von Plätzen kollektiver Erfahrung, mit Monumenten, die ihrerseits als Kristallisationspunkte von Erinnerungskultur dienten und dabei nicht selten für das Ganze stehen, für Rom: römische Wölfin, Reiterstatue des Mark Aurel und Gruppe des Laokoon, Kolosseum, Kapitol und Forum Romanum, Mausoleum des Augustus und Pantheon, sieben Hügel und sieben Hauptkirchen, an ihrer Spitze die Basiliken von Lateran und Sankt Peter. Zentren der Macht tragen – wie in Washington – auch außerhalb Europas den Namen Kapitol. Der Name des Pantheons – das lange die größte Kuppel der Welt aufwies – ist längst auf eine Vielzahl von Gebäuden übergegangen, in denen nach römischem Vorbild bedeutende Persönlichkeiten bestattet sind. Solche Beispiele deuten die gewaltige, über Europa hinauswirkende Strahlkraft rombezogener Erinnerungskultur bis in die Gegenwart an.

Aus der Fülle der Erinnerungsmuster können hier nur einige ausgewählt werden. Drei Blickwinkel werden skizziert: Zunächst geht es um die Erinnerung an das antike, imperiale, schließlich christlich gewordene Rom, an die damit verknüpften Selbstdeutungen, Selbstvergewisserungen und politischen Instrumentalisierungen. Sodann werden antirömische Diskurse skizziert, die sich seit der Antike bis heute konstatieren lassen. Und schließlich geraten die Träger jener Rezeptionsschübe in den Blick, die wissens- und erfahrungsbegierig aus der Kultur des antik-christlichen Imperiums geschöpft und zugleich innovative Leistungen geformt haben. Auch wenn Rom nur in eurozentrischer Perspektive als „Weltknotenpunkt" (Ferdinand Gregorovius) gelten kann, so handelt es sich doch um Vorgänge, die auf große Teile Europas und darüber hinaus ausstrahlten und zugleich um ein Spezifikum europäischer Geschichte.

Antiker Glanz und imperiale Traditionen

Im Zentrum des römischen Reiches schufen die wechselnden Machthaber Grundlagen jener Erinnerungskultur, welche den Mythos Rom auch nach dem Untergang des antiken Imperiums nährte. Die bescheidenen Anfänge deckten legendäre Ursprünge zu: die Abstammung von den Trojanern, die Aeneas an die Küsten Latiums führte; die von der Wölfin gesäugten Zwillinge und Stadtgründer Romulus und Remus. Gewalt und Mord sind in diese Gründungslegenden eingeschrieben, und dies blieb für erinnernde Erzählungen nicht ohne Folgen: Die Vestalin Rhea Silvia empfängt Romulus und Remus nach ihrer Vergewaltigung durch den Kriegsgott Mars; Romulus erschlägt den Bruder im Streit; die ersten Bewohner Roms, denen es an Frauen mangelt, rauben unverheiratete Mädchen der Nachbarvölker, die meisten von ihnen Sabinerinnen.

Dem Geschichtsschreiber Livius zufolge war schon Romulus, der nicht nur als Gründer Roms, sondern auch des römischen Staates stilisiert wurde, davon überzeugt, die Stadt sei von den Göttern zur Herrin und zum Zentrum des Weltkreises bestimmt, zum *caput orbis terrarum*. Die Stadt wurde zum Nabel der Welt (*umbilicus mundi*), von deren goldenem Meilenstein aus auf dem Forum Romanum die Fernstraßen des immer mächtiger werdenden Reiches vermessen wurden. Bereits die römische Republik schuf mit ihren Gebäuden, Institutionen und ethischen Maximen eine Basis, an die „republikanische" Erinnerungsmuster auch in der Moderne immer wieder anknüpften. Besonders folgenreich für politische Instrumentalisierungen wurden aber imperiale, kaiserliche Ambitionen. Mit allen zur Verfügung stehenden medialen Möglichkeiten wurde die Stadt als Zentrum und Spiegel des Reichs und als Herrin über die Welt stilisiert. Die Ara Pacis des Augustus propagierte den „Frieden" als zentrale Leistung der neuen Staatsform des Prinzipats, und von diesem Ziel ließen sich viele Nachfolger (über den Untergang des Römischen Reiches hinaus) inspirieren und zu Friedensfürsten stilisieren. Roms Siedlungsmuster und architektonische Standards, die politischen Institutionen und die Rechtskultur wurden auch dank der Aneignung etruskischer und griechischer Erfahrungen zum bewunderten Maßstab urbanen Lebens, sie wurden in den Provinzen bei mancher Abwandlung in den Grundzügen kopiert und adaptiert. Dort bildeten sich vielfach eigene an der lokalen antiken Vergangenheit orientierte Erinnerungskulturen aus.

264

Mit dem Bekenntnis Kaisers Konstantins zum Christentum und dessen offizieller Anerkennung entstand in Rom eine antik-christlich geprägte Tradition, die für die romorientierte Erinnerungskultur der folgenden Jahrhunderte zur Grundlage wurde. Bei den vom Kaiser in Auftrag gegebenen kirchlichen Großbauten, allen voran der Lateranbasilika, dem Sitz des Bischofs von Rom, und Sankt Peter – wie man annahm, über dem Apostelgrab errichtet –, wurde auf die profane Tradition der Basilika zurückgegriffen und ein Typus entwickelt, der ein den Bedürfnissen des neuen Kults angemessenes Baukonzept darstellte. Es wurde weit über die Spätantike hinaus zum Leitbild christlicher Sakralarchitektur im lateinischen Westen. Immer stärker wurden christliche Inhalte seit der zweiten Hälfte des 4. Jahrhunderts in antike Formensprachen gekleidet, was deren Rezeption in gebildeten paganen Kreisen förderte und zugleich ein Reservoir von Argumentationsmustern für Primats- und Führungsansprüche lieferte. Die neuen christlichen Strukturen der Stadt verschmolzen mit dem antiken Substrat zu einem einzigartigen Gewebe kultureller Überlieferung.

Die Orientierung am antiken Reich und an seinem Zentrum blieb nach dessen Untergang als Hauptstadt des Imperiums in den Bereichen Politik und Kultur wirkmächtig, und zwar auch, als sich das politische Gravitationsfeld vom Mittelmeerraum in das nordalpine Europa, ins Reich der Franken, verschob. Diese beanspruchten wie die Römer ihre Abstammung von den Trojanern, um nach der Übernahme der Herrschaft vom Alter und vom Rang her den Bewohnern der Ewigen Stadt mindestens ebenbürtig zu sein. In mittelalterlichen Weltkarten nimmt Jerusalem den Mittelpunkt der Welt ein und blieb der zentrale Ort der Heilsgeschichte, auch als die Stadt dem islamischen Herrschaftsbereich angehörte; das leichter erreichbare und konkret erfahrbare Rom trat partiell freilich das Erbe an, wurde – von Kaisern wie von Päpsten – zum neuen Jerusalem stilisiert und wie Jerusalem zur Ewigen Stadt befördert.

Seit dem Untergang des Römischen Reiches wurden Elemente aus der Geschichte des antiken Rom in Mittelalter und Renaissance besonders für vier Akteure zu elementaren Bezugspunkten. Römisch-deutsches Kaisertum, Papsttum, römischer Adel und römische Kommune griffen zur Legitimierung ihrer Ansprüche auf antike Erinnerungskultur zurück. Weil sie allesamt zumindest ideell ihre Ansprüche auf der Macht über Rom gründeten, agierten sie einerseits als Konkurrenten, die sich zeitweilig erbittert bekämpften, zugleich aber waren sie immer wieder aufeinander angewiesen und aneinander gebunden.

Kaiser Konstantin schuf mit Konstantinopel seine Residenz im Osten. Das neue Rom am Bosporus wurde Kapitale des bis 1453 bestehenden oströmischen Reiches und verstand sich als Erbin der alten Metropole am Tiber. Rom schien seine säkulare Rolle als Hauptstadt dauerhaft verloren zu haben. Seit der Kaiserkrönung Karls des Großen durch Papst Leo III. im Jahr 800 und erneut seit der Krönung Ottos I. 962 wurde die Ewige Stadt zum zentralen Bezugspunkt des neuen, westlichen Kaiserreichs, zugleich hatte der Kaiser aufgrund des Bündnisses zwischen Papsttum und Kaisertum der Beschützer und Verteidiger (*advocatus* und *defensor*) der römischen Kirche zu sein. Als um das Jahr 1000 Otto III. die kaiserliche Herrschaft in Rom kurzfristig konsolidieren und seine Kandidaten auf dem Stuhl Petri durchsetzen konnte, wurde die Stadt als das „goldene Rom", als *aurea Roma* gefeiert. Von längerer Dauer war die Präsenz kaiserlicher Autorität vor Ort nicht. Für die Grundlegung und Ausgestaltung der Kaiserwürde war freilich auch für den romfernen Kaiser der Rückgriff auf das antike Imperium unverzichtbar, das nach der Theorie der *translatio imperii* von den Römern auf die Franken übergegangen war. Seit der zweiten Hälfte des 11. Jahrhunderts vollzog sich die innovative Aneignung römischen Rechtswissens, eine für die europäische Rechtskultur grundlegende und folgenreiche Übertragungsleistung. Vor allem die staufischen Herrscher nutzten römische Rechtserfahrungen für Konzepte transpersonaler Staatlichkeit und für ihren Anspruch auf universale Herrschaft als Nachfolger der christlichen Imperatoren im nun Heiligen Römischen Reich. Für Friedrich II. lag Rom im Zentrum seiner mystisch-eschatologisch übersteigerten Kaiseridee.

Der römischen Kirche wuchsen seit dem Verlust der Hauptstadtfunktion und im entstandenen Machtvakuum nach dem Untergang des (west-)römischen Reiches neue, nicht zuletzt weltliche Aufgaben zu. Die päpstliche Autorität gründete sich vor allem auf die Apostelgräber, insbesondere auf das des Apostelfürsten Petrus. Seit dem 2. Jahrhundert wurden in Rom Vorstellungen artikuliert, die im Verlauf der Spätantike zur Begründung des Vorrangs der römischen Kirche verwendet wurden: Hier in Rom hatten demnach die Apostel Petrus und Paulus ihr Martyrium erlitten und so die Sonderstellung der römischen Kirche und deren Überordnung über alle anderen begründet. Christi Worte im Matthäusevangelium („Du bist Petrus, und auf diesen Felsen werde ich meine Kirche bauen") und seine Weisung an Petrus im Johannesevangelium („Weide meine Schafe") untermauerten die Lehrautorität und den Primat des Bischofs von Rom, den der Kirchenvater Ambrosius auf die knappe Formel brachte: „ubi Petrus, ibi Ecclesia". Die römische Kirche wurde als Mutter und Haupt aller Kirchen beschworen („Romana ecclesia, quae mater et caput omnium ecclesiarum est.") und die päpstliche Legitimität durch die Motive der Schlüsselübergabe an Petrus und der Gesetzesübergabe an Petrus und Paulus ins Bild gesetzt. Schließlich gingen die Päpste dazu über, sich vom byzantinischen Kaisertum zu emanzipieren und kaiserliches Zeremoniell nachzuahmen. Die Geschichtskonstruktion der Konstantinischen Schenkung – wohl die folgenreichste aller mittelalterlichen Fälschungen – manifestierte und begründete in ihrer Ausprägung zur päpstlichen Doktrin für Jahrhunderte auch den weltlichen Herrschaftsanspruch des Papstes.

Seit dem 10. Jahrhundert orientierten sich Bischofssitze im lateinischen Westen stärker als zuvor und über Jerusalem hinaus am Bischof von Rom und an römischer Kulttopographie. Metropolitansitze wie Reims in Frankreich, Trier, Mainz und Köln in Deutschland führten bei den Begründungen ihrer kirchenpolitischen Ambitionen derartige Bezüge ins Feld. Etliche, die in Italien, im nordalpinen Reichsgebiet, in Frankreich und England als Zweites Rom (secunda Roma) wahrgenommen werden wollten, beriefen sich auf römische bzw. apostolische Gründungsszenarien. Das päpstliche Rom konnte zwar nicht eingeholt werden, aber im Wettstreit mit Konkurrenten wurde an ihm Maß genommen. In Mainz orientierte sich Erzbischof Willigis beim Bau seines Domes an Alt Sankt Peter in Rom. In seiner Kathedrale sollte der römische König durch den Mainzer Erzbischof gekrönt werden wie der Kaiser durch den Papst in der römischen Petersbasilika. Mainz wurde als spezielle Tochter Roms und als goldene Stadt (aurea Magontina) apostrophiert, was noch heute im dialektalen Diktum vom „goldigen Meenz" nachklingt.

Päpstliche Autorität wurde in neuen Formen und in neuer Qualität seit dem 11. Jahrhundert – zunächst im Kontext des Reformpapsttums – gefestigt. Nach der Eroberung Jerusalems im Jahre 1099 und nach der vorläufigen Beendigung des erbitterten Ringens zwischen Kaisertum und Papsttum im Investiturstreit dokumentierten groß dimensionierte Neubauten wie San Crisogono, Santa Maria in Trastevere und San Clemente das neue Selbstbewusstsein von Papst und Kardinälen. Deren Architektur und Ausstattung drückt eine ausgeprägte Sensibilität für römisch-antikes Erbe aus und untermauert auf diese Weise den Anspruch der römischen Kirche, religiöses und weltliches Zentrum der Welt zu sein.

In Rom konkurrierten mit dem päpstlichen Herrschaftsanspruch die führenden römischen Adelsfamilien. Vor der Kaiserkrönung Ottos I. 962 dominierten Alberich II. und die ihm verbundenen Familien die Stadt. Mit seinen Titeln princeps und senator omnium Romanorum griff er auf antike Titulaturen zurück und verknüpfte damit Ansprüche einer selbstbewussten Aristokratie. Die Abhängigkeit des Papsttums von römischen Adelsclans wurde zwar im 11. Jahrhundert infolge kaiserlichen Eingreifens wesentlich und nachhaltig reduziert. Im 12. Jahrhundert entwickelte aber die römische Kommune mit einem besonders ausgeprägten

Rückgriff auf die antike Glanzzeit der Stadt eigene romspezifische Ambitionen. Im Zentrum der antiken Metropole, auf dem symbolträchtigen Kapitol, tagte der Senat der Kommune. Für deren Vertreter gewannen die Rezeption antiker Elemente und nicht zuletzt der gezielte Einsatz antiker Spolien zur Begründung ihrer Ansprüche ein besonderes Gewicht. Der zum Kaiser berufene römische König sollte mit dem Vorschlag gewonnen werden, in Rom, dem Haupt der Welt und Zentrum des Reichs, wie zur Zeit der antiken Kaiser aus der Hand des Senats und des römischen Volks die Kaiserkrone ohne Mitwirkung des Klerus entgegenzunehmen. Die Vertreter der kommunalen Variante romorientierter Herrschaft sahen sich als Erbe des römischen Volkes und seiner Kompetenzen und strebten nach der Emanzipation von der päpstlichen Herrschaft.

Eingespannt zwischen päpstlichen und kaiserlichen Machtansprüchen, konnte die römische Kommune keine den mächtigen Stadtgemeinden Nord- und Mittelitaliens vergleichbare Rolle spielen, von denen sich einige – wie Pisa – ihrerseits als neues Rom inszenierten und antike Traditionen reklamierten. In der Stadt am Tiber blieben die bestehenden kommunalen Handlungsspielräume beschränkt, der Versuch Cola di Rienzos im 14. Jahrhundert, der römischen Kommune im Geist der antiken Republik zu neuem Glanz zu verhelfen, wurde nach wenigen Monaten abrupt beendet. Nach der Rückkehr der Päpste aus Avignon wurden die kommunalen Kompetenzen ausgehöhlt und schließlich faktisch getilgt. 1449 wurde das letzte Schisma im lateinischen Westen, die Auseinandersetzung zwischen den Päpsten Nikolaus V. und Felix V. um den Stuhl Petri, beendet. Drei Jahre später, 1452, wurde zum letzten Mal bis zum Untergang des Heiligen Römischen Reiches Deutscher Nation 1806 mit Friedrich III. ein römischer König in Rom zum Kaiser gekrönt. Rom wurde definitiv zum Schauplatz päpstlicher Repräsentation. Nahezu gleichzeitig entstand im ausgehenden 15. und 16. Jahrhundert ein neues kaiserliches, ein „Drittes Rom" in Moskau, der Kapitale des sich konsolidierenden russischen Reiches.

Das sich von konziliaren Kirchenformen distanzierende Papsttum intensivierte im 15. Jahrhundert den Rückgriff auf imperiale Traditionen. Papst und Kardinäle bauten Rom zur Residenzstadt um, die ihren aufwendigen Repräsentationsbedürfnissen dienen sollte. Mit der Umgestaltung ging die Entwicklung früher urbanistischer Projekte einher. Hatten zuvor Kanonisten postuliert: Wo der Papst ist, da ist Rom („ubi papa, ibi Roma"), so wurde das Papsttum mit dem Bau von Neu Sankt Peter über dem Petrusgrab symbolisch und faktisch eingemauert.

Flavio Biondo feierte – wie andere Humanisten im 15. Jahrhundert – im direkten Bezug zur antiken kaiserlichen Kapitale das gegenwärtige, erneuerte Rom (*Roma instaurata*) und schuf ein inspirierendes Modell textorientierter und zugleich anschaulicher Stadtgeschichte. Umgeben von antiken Monumenten nahmen Papst und Kurie die Positionen von Kaiser und Senat ein. Der Papst wurde zum *pontifex maximus*, das Kardinalskollegium wieder einmal zum *senatus*. In neuer Qualität wurden die Ambitionen von Päpsten und Kardinälen durch den Rückgriff auf antike Traditionen geprägt. Christliche und pagane Inhalte verschmolzen in einem symbiotischen Neben- und Miteinander und ließen sowohl heidnische als auch christliche Assoziationen zu. Dank des Wettstreits der besten Gelehrten und Künstler der Zeit kam es in diesem vergleichsweise liberalen Laboratorium zu einer besonders produktiven Auseinandersetzung mit dem antiken Erbe, zu künstlerischen und intellektuellen Manifestationen von einzigartigem Rang.

Das politische und kultische Zentrum verlagerte sich sukzessive vom Lateran zum Vatikan. Schon Nikolaus V. hatte einen (Teil-)Neubau der Petersbasilika erwogen, Sixtus IV. zögerte noch, die alten Gemäuer niederreißen zu lassen. Der zweite Della Rovere-Papst, Julius II., machte dann mit dem Bau der größten Kirche der Christenheit Ernst. Die ehrwürdige Basilika Kaiser Konstantins wurde abgerissen, das gesamte 16. Jahrhundert lang bot sich den Besuchern das grandiose Schauspiel von noch stehenden Ruinen und immer wieder in Angriff genommenem, gigantischem Neubau. Die zur Finanzierung von Neu Sankt Peter gewährten Ablässe provozierten heftige Kritik. Das Gebäude, das auf einzigartige Weise den universalen Primat der Kirche Christi zum Ausdruck bringen sollte, geriet seinerseits zum Spaltpilz. Die lateinische Christenheit zerfiel in Lager, die sich immer deutlicher gegeneinander abgrenzten und sich schließlich als eigenständige Kirchen feindlich gegenüberstanden.

Ein Ereignis von traumatischer Erfahrung, das noch heute im kollektiven Gedächtnis der Römer und Italiener verankert ist, mit Bildern von den (lutherischen) Barbaren aus dem Norden verknüpft werden kann und zugleich das Bild von den bösen Spaniern beförderte, stellte die Plünderung der Stadt durch die Söldner Kaiser Karls V., der Sacco di Roma, im Jahre 1527 dar. In der Folgezeit versuchte die römische Kirche durch Reformen auf die Herausforderung der sich verfestigenden Glaubensspaltung zu reagieren und die Autorität des Heiligen Stuhls zu festigen. Päpste, Kardinäle und führende Adelsfamilien wetteiferten bei der Ausgestaltung der katholischen *Roma restaurata*. Die in Rom entstehende Barockkultur sollte kirchliche und weltliche Macht vor Augen führen. Auch wenn das Papsttum spätestens seit dem Westfälischen Frieden von 1648 seine Rolle als einflussreicher politischer Akteur auf der europäischen Bühne weitgehend eingebüßt hatte und nur mehr seine Bedeutung als geistlicher Führer akzentuiert wurde, erhoben Papst und Kurie weiterhin den Anspruch, den Erdkreis bis in seine entlegenen Winkel hinein zu dominieren. Rom wurde an markanten Plätzen mit Obelisken, die schon von den römischen Kaisern als Herrschaftssymbole verwendet worden waren, bestückt. Dank der weltweiten Missionierung durch neue Orden wuchs den Päpsten eine neue Dimension weltumspannender geistlicher Autorität zu. Mit der Jesuitenkirche Il Gesù entstand in Rom der für zwei Jahrhunderte prägende Prototyp katholischer Sakralarchitektur, der den theologisch-liturgischen Forderungen des Trienter Konzils nach sinnlich vermittelter Glaubenserfahrung entsprach. Im päpstlichen Rom verblieben zwar beachtliche Spielräume innerhalb der weiterhin europaweit ausstrahlenden Milieus von Wissenschaft und Kunst, doch der kontrollierende Zugriff der Päpste schränkte jenes breite intellektuelle und künstlerische Spektrum spürbar ein, das bis zum Sacco di Roma bestanden hatte. Um die Universalität der katholischen Kirche zu demonstrieren, kamen neben Vernunftgründen auch historischer Erinnerung in Form einer quellengestützten Kirchengeschichte sowie archäologischer Expertise ein hoher Stellenwert zu. Die zu Märtyrerreliquien erhobenen Skelette in den intensiv erforschten Katakomben sollten den Heiligenkult legitimieren und beleben sowie ferner die Ehrwürdigkeit der universalen römischen Kirche untermauern.

Während die weltliche Autorität des Papsttums durch die aufstrebenden Nationalstaaten immer stärker eingeschränkt wurde, schöpften neu entstehende Reiche aus dem Fundus antiker Formensprache. Das Britische Empire sah sich in einer nur mit der römischen vergleichbaren Weltmachtstellung; Großbritanniens Weltherrschaft wurde mit dem antiken Erbe in Verbindung gebracht. Von daher lag es nahe, durch Formzitate und Materialwahl bei Bauten auf imperiale Traditionen anzuspielen, um der eigenen Herrschaft angemessen Ausdruck zu verleihen. Auch die Gründungsväter der Vereinigten Staaten von Amerika sowie die Protagonisten der Französischen Revolution schöpften aus dem Arsenal antiker Erinnerungskultur, bevorzugten freilich dabei die Heroen der Römischen Republik. Die französischen Revolutionäre, die die Monarchie stürzten und den von Gott erwählten König unter das Fallbeil schickten, erwählten Lucius Iunius Brutus, Roms Befreier von der Königsherrschaft und ersten Konsul der Römischen Republik, zum Vorbild patriotischer Hingabe. Napoleon, ein ausgeprägter Bewunderer Caesars, nahm in anderer Weise an Rom Maß: mit den groß angelegten Raubaktionen in päpstlichen Archiven und Kunstsammlungen war – wie anlässlich der Ankunft des Raubguts in der Stadt an der Seine zu hören war – Rom nicht mehr in Rom, sondern in Paris zu finden. Pläne, die Trajanssäule nach Paris transportieren zu lassen, wurden nicht realisiert. Doch die zu Ehren des Kaisers der Franzosen auf der Place Vendôme errichtete Säule nahm das römische Monument beim Lobpreis der Taten Napoleons zum Vorbild. Seinem 1811 geborenen Thronfolger verlieh er den Titel „König von Rom" und bezog auf diese Weise die alte Kaiserstadt am Tiber in sein neues Imperium mit ein, dessen Hauptstadt freilich nun Paris war.

Nach dem Fall Napoleons wurde das päpstliche Regiment im Patrimonium Petri restauriert, erneut sollten archäologische Grabungen und die Förderung musealer Sammlungen den besonderen Stellenwert der antiken Vergangenheit im Gedächtnis des päpstlichen Roms unterstreichen und den Papst als Erben und verantwortlichen Pfleger antiken Kulturguts darstellen. Die verbliebene weltliche Macht des Papstes war weiterhin umstritten und prekär. Gleichzeitig wurde die katholische Kirche im 19. Jahrhundert grundlegend transformiert, neue hierarchische Strukturen bekräftigten den Primat des Heiligen Stuhls. Auf diese Weise konnte der Papst in neuer Weise zum Fokus katholischer Identitätsbildung werden.

Seit den 1830er Jahren erhoben Vertreter der italienischen Einigungsbewegung die Forderung nach der weltlichen Herrschaft über Rom als der natürlichen Hauptstadt der zu schaffenden Nation. Risorgimento (Wiederauferstehung) – ursprünglich der Titel einer Zeitschrift, der zum allgemein akzeptierten Begriff für die italienische Einigungsbewegung und später zum Epochenbegriff wurde – verweist explizit auf die historische Orientierung jener schmalen bürgerlich-aristokratischen Elite, die die Nationsbildung betrieb. Rom wurde zum mythischen Orientierungspunkt in einem Land, das in partikulare Einheiten aufgeteilt und nicht mehr als ein geographischer Name (Metternich) war.

Die im frühen Risorgimento formulierten kühnen Programme (wie von Vincenzo Gioberti, Giuseppe Mazzini) stimmten bei allen Unterschieden in einem überein: Rom musste der Ursprung der nationalen und sollte für einige auch der Ausgangspunkt einer europäischen Neuordnung sein. So propagierte Mazzini nach dem römischen Imperium und der römischen Kirche nun das Dritte Rom als Hauptstadt des republikanischen Volksstaats Italien; sodann sollte Rom der Ursprungsort eines neuen Europa werden, gedacht als Gemeinschaft freier, friedlich zusammenlebender Völker. Nach dem Scheitern der römischen Republik 1848/49 und der Wiederherstellung der päpstlichen Herrschaft im Kirchenstaat war für die liberalen und nationalen Kräfte in Italien die Frage Roms entschieden. Das päpstliche Rom erschien nun auch in der europäischen Publizistik als eine mit modernen Prinzipien nicht mehr vereinbare, überkommene Macht.

Mit der Gründung des italienischen Staats 1861 sowie der Eroberung Roms am 20. September 1870 ging die letzte Macht unter, die eine Kontinuität zum römischen Weltreich in seiner christlichen Ausprägung in Anspruch nahm. Rom blieb zwar das Zentrum der katholischen Kirche, wurde zugleich aber Hauptstadt eines modernen, verspätet entstandenen Nationalstaats. Wie aber sollte die Doppelfunktion der Stadt realisiert werden? Diese „Römische Frage" entfachte leidenschaftliche Diskussionen unter den italienischen Patrioten, unter Intellektuellen anderer europäischer Staaten sowie unter den damals etwa 200 Millionen Katholiken in aller Welt und mobilisierte ein ganzes Reservoir geschichtlicher Bezüge.

Kurz bevor Rom 1871 Hauptstadt Italiens wurde und der Pontifex den Kirchenstaat für immer verlor, proklamierte das Erste Vatikanische Konzil 1870 in einer umstrittenen Entscheidung die Unfehlbarkeit des Papstes bei der Ausübung seines Lehramtes. An die Stelle der eingeforderten, aber nicht mehr zu realisierenden, heilsgeschichtlich begründeten territorialen Souveränität über den Kirchenstaat trat eine folgenreiche Zuspitzung geistlicher Superiorität des Papstes.

Zugleich erzeugte die mit umfangreichen Baumaßnahmen und wilder Bauspekulation einhergehende Transformation Roms zur nationalen Kapitale ambivalente Deutungen. Wortgewaltige Zeitzeugen, insbesondere aus dem deutschsprachigen Raum – unter ihnen

Ferdinand Gregorovius – beklagten den Untergang ihres emphatisch geliebten und wissenschaftlich erforschten musealen Rom. Protagonisten des italienischen Nationalstaats wollten im Sinne Mazzinis das heidnische und das päpstliche Rom hinter sich lassen. Nach Gegnern bzw. Opfern von Papst und Kurie wurden nun Monumente und Plätze benannt: Arnold von Brescia, Cola di Rienzo, Giordano Bruno. Ein nationales, ein Drittes Rom (*Terza Roma*) sollte entstehen, mit verschwenderischen Bauten aus Travertin und Marmor, Materialien, die Assoziationen an antike Bauten wecken sollten. Diese Monumente deuten in ihren übersteigerten, maßlosen Dimensionen zugleich an, wie der junge Nationalstaat symbolisch herausgefordert wurde. Aufs Nationale war aber Rom aus der Sicht vieler Zeitgenossen nicht zu reduzieren. Der Altertumswissenschaftler Theodor Mommsen gab sich beunruhigt: „Man geht nicht nach Rom, ohne kosmopolitische Ziele zu haben". Innerhalb und außerhalb Italiens wurden Stimmen laut, die fürchteten, die mit Rom verbundenen historischen Erinnerungen könnten die junge Nation überfordern.

Zudem war mit der jahrzehntelang schwelenden Römischen Frage eine unlösbar scheinende, die europäische Publizistik wie die Weltöffentlichkeit erregende Auseinandersetzung um den Status der Stadt verknüpft. Rom blieb mit dem päpstlichen Vatikan und dem nunmehr königlichen Quirinal eine geteilte Stadt, eine doppelte Kapitale, die Päpste gerierten sich als Gefangene des verhassten italienischen Staats. Erst 1929, knapp 70 Jahre nach der Gründung Italiens, wurde mit den Lateranverträgen der Gordische Knoten der Römischen Frage gelöst und der Konflikt zwischen der Regierung Italiens unter Benito Mussolini und dem Heiligen Stuhl unter Papst Pius XI. staatsrechtlich beigelegt. Die älteste Macht des europäischen Kontinents legitimierte das faschistische System, der Diktator wurde in der Öffentlichkeit als „Mann der Vorsehung" präsentiert. Die grausamen Eroberungsfeldzüge Italiens in Nordafrika erschienen hochrangigen Vertretern der katholischen Kirche Italiens als Feldzüge für die Verbreitung einer überlegenen Zivilisation, die zugleich der Missionierung „heidnischer" Völker dienten.

Erneut war es die Erinnerung an die Glanzzeit der Antike, welche den Weg vom nationalen Prinzip zum Imperialismus ebnen half. Schon diejenigen, die eine eigene italienische Kolonialpolitik und schließlich die Beteiligung des Landes am Ersten Weltkrieg verfochten, instrumentalisierten Erinnerungen an das antike Imperium zur Legitimierung einer Vorherrschaft über das Mittelmeer. Unter der Chiffre der *romanità* verschmolzen nationalistische und imperial-interventionistische Konzepte.

Solche Vorstellungen wurden in neuer Qualität radikalisiert, als seit dem „Marsch auf Rom" 1922 die Stadt nicht nur Regierungssitz, sondern auch Zentrum der faschistischen Organisationen wurde. Der Diktator Mussolini begann, Rom zum ideellen Mittelpunkt des totalitären Regimes und zum Exemplum faschistischer Urbanistik umzugestalten. Die Stadt sollte in eine einzigartige Bühne verwandelt werden, die der Selbstinszenierung der Machthaber, insbesondere dem Kult um den *Dux Duce* als Inbegriff des Römers, als erstgeborenen Zögling der Wölfin, als Caesar und Augustus dienen und zugleich die technischen und ökonomischen Leistungen des faschistischen Staates weit über die Landesgrenzen hinaus vor Augen führen sollte. Der Freilegung zentraler antiker Monumente lagen großformatige urbanistische Konzepte zugrunde, die ohne Rücksicht auf die Bevölkerung und die historische Substanz umgesetzt wurden. Die Nation sollte im Zuge ihrer imperialen Sendung aus ihrer schmachvollen Dekadenz neu erstehen. Auf der römischen (Exerzier-)Bühne sollten Ordnung, Disziplin und Stärke, die revolutionäre Dynamik und Energie des Regimes vor Augen geführt, das Rom der Monumente und Ruinen überwunden werden. Als Gegenpol zum 1. Mai, dem Fest der Arbeiterbewegung, wurde der 21. April, das legendäre Gründungsdatum der Stadt, zum zentralen Ereignis im faschistischen Festkalender; auch sonst griff die politische Symbolsprache in vielfältiger Weise auf antike Elemente zurück. Nach der Eroberung Äthiopiens wurde 1936 „das Wiedererscheinen des Reiches auf den schicksalsschweren Hügeln Roms" proklamiert. Die vorgeblich römische Formensprache kleidete die Brutalität des Regimes in ein ästhetisches Gewand, und zudem wurden auch christliche Elemente in dieses Symbolsystem einbezogen.

Mit dem Ende des faschistischen Italien wurden politische Instrumentalisierungen des imperialen Roms obsolet. Im Kontext europäischer Einigungsprozesse sowie unter den Konstellationen des Kalten Krieges spielten Bezüge auf das Römische Reich keine Rolle mehr. Nicht mehr imperiale Konzepte, sondern die Berufung auf kulturelle Traditionen erklären, weshalb die Römischen Verträge 1957 und der Vertrag über eine Verfassung für Europa 2004 auf dem römischen Kapitol unterzeichnet wurden. Anspielungen auf antike imperiale Symbolik finden sich allenfalls noch in Science-Fiction-Filmen aus Hollywood oder in Wortspielen von Medienmachern. So war in deutschen Medien anlässlich des Gewinns der Fußballweltmeisterschaft 1990 in Rom von der zweiten „Kaiser"-Krönung des damaligen deutschen Bundestrainers Franz Beckenbauer die Rede. Schon zuvor wurde er als „Kaiser" tituliert, infolge des Titelgewinns erfolgte seine „Krönung" nunmehr gleichsam am rechten Ort.

Zumindest in Rom selbst, wo zahlreiche Monumente und Symbole des Faschismus überdauert haben, kann unter der Oberfläche gepflegte Erinnerung virulent werden. Dies zeigten besonders eindringlich die auf kommunaler und nationaler Ebene geführten Auseinandersetzungen um jenes Museum, das der amerikanische Architekt Richard Meier um die Ara Pacis des Augustus bauen ließ und damit im Bereich eines symbolträchtigen faschistischen Ensembles, mit dem sich Mussolini als neuer Augustus hatte feiern lassen. Während des kommunalen Wahlkampfs drohte der siegreiche, seit 2008 amtierende Bürgermeister Gianni Alemanno, ehemals Mitglied der unterdessen umbenannten und fusionierten neofaschistischen Partei Italiens, das Museum abreißen zu lassen bzw. an die Peripherie zu verbannen.

Dass Rom nach der weitgehenden Diskreditierung imperialer Konzepte eine einzigartige Hauptstadt mit spezifischen historischen Bezügen bleibt, hängt entscheidend damit zusammen, dass die Stadt immer noch beides ist: Hauptstadt eines demokratischen, aber noch immer um seine Identität ringenden Nationalstaats und Zentrum einer Weltkirche mit unterdessen über einer Milliarde Mitgliedern. Auch wenn der Katholizismus in Italien seit der Neufassung des Konkordats 1984 nicht mehr als Staatsreligion firmiert, so erscheinen die Sphären nur auf den ersten Blick klar geschieden. Tatsächlich wirkte und wirkt die Kurie auf die katholische Kirche Italiens und auch auf die italienische Innenpolitik immer wieder in einer Weise ein, wie dies in anderen europäischen Demokratien nicht vorstellbar wäre. Auch dabei spielt erinnerte Geschichte eine wichtige Rolle.

Während das Vertrauen in die Vertreter der politischen Klasse ständig zurückgeht, profitieren die Inhaber des Heiligen Stuhls von einer über mehrere Pontifikate hinweg gewachsenen Amtsautorität. Der nicht nur unter Katholiken populäre Konzilspapst Johannes XXIII., der eher zurückhaltende, aber diplomatisch versiert agierende Paul VI. sowie der charismatische und medienwirksame polnische Papst Johannes Paul II. mit seiner wichtigen Rolle beim Zusammenbruch der kommunistischen Systeme – jeder für sich genommen trug dazu bei, dass der Bischof von Rom eine Instanz ist, die – anders als hundert Jahre zuvor – weltweit gehört wird. Als der Leichnam Pius' IX. 1881 mitten in der Nacht heimlich in die endgültige Grablege in San Lorenzo fuori le mura überführt wurde, versuchten Gegner (vergeblich), den Sarg in den Tiber zu schleudern. Im April 2005 fanden sich fast alle Staatschefs der Welt zur Trauerfeier für Papst Johannes Paul II. auf dem Petersplatz ein. Auch Benedikt XVI. profitiert trotz mancher Turbulenzen in seiner bisherigen Amtszeit von der gewachsenen Amtsautorität des Bischofs von Rom, dem Zentrum der katholischen Weltkirche.

Rom-Beschimpfung: Raub, Verderbnis, Rückständigkeit

Über Jahrhunderte hinweg werden die Stadt Rom, ihre Machthaber und ihre Bewohner in unterschiedlichen Konstellationen und von unterschiedlichen Akteuren mit negativen Konnotationen belegt, die bei aller Divergenz eine bemerkenswerte Konstanz aufweisen: Die Stadt am Tiber gilt als Ort der Verschwendung und der Bestechlichkeit, ihre Herren und Bewohner als verbrecherische Räuber und verderbliche Ausbeuter. Aktuelle Polemiken in der italienischen Innenpolitik verfügen folglich, was vielen Akteuren kaum bewusst sein dürfte, über eine lange Vorgeschichte. Bewohner des wirtschaftlich erfolgreichen und dynamischen Oberitalien kontrastieren die dortige unternehmerische Tüchtigkeit und Leistungsfähigkeit mit einer römischen Ministerialbürokratie, die als faul, korrupt und inkompetent gebrandmarkt und zugleich zur kontrastierenden Folie der suggerierten Überlegenheit des Nordens instrumentalisiert wird.

Zwei inhaltlich immer wieder miteinander verknüpfte Argumentationsstränge sind bereits in der Antike ausgeprägt, der eine schöpft aus der römischen Mythologie, der andere aus biblischem Fundus. Beide boten über Jahrhunderte hinweg ein Reservoir romkritischer Argumentationsmuster, die lange Zeit vor allem gegen das päpstliche Regiment, dann gegen die italienische Hauptstadt mobilisiert wurden.

Schon Livius' römischer Gründungsgeschichte war zu entnehmen, Romulus habe seine entstehende Stadt mit Gesindel aus den benachbarten Völkern, mit Personen niedriger sozialer Herkunft bevölkert, und an diese Anfänge erinnerte der Kirchenlehrer Augustinus in seiner einflussreichen Schrift „De civitate Dei". Seit den ersten Bewohnern der Stadt erschien so eine unzuverlässige, verbrecherische Neigung den Römern quasi eingepflanzt. Roms Feinde sahen in der Wölfin, welche die Stadtgründer gesäugt hatte, ein negatives Symbol für die Römer selbst in ihrem Hochmut, ihrem Blutdurst und ihrer Gier nach Macht und Reichtum. Die Klage, dass in Rom alles käuflich sei, formulierte bereits Sallust. Texte des Neuen Testaments und die Offenbarung des Johannes verwenden die (Große) Hure Babylon als biblische Allegorie für die Gegner der Christen; sie konnten aber auch so gedeutet werden, dass sie sich auf Rom und zugleich auf das imperiale zerstörerische Römische Reich bezogen.

Die im 11. Jahrhundert einsetzende Kirchenreform zog eine wachsende Zentralisierung der römischen Kirche nach sich. Kritische Stimmen wurden insbesondere im nordalpinen Raum laut, Rom wurde zum Inbegriff von Habsucht und Raub, Herrschsucht und Völlerei. Auch wenn solche Kritiker meist von Rom sprachen, meinten sie Papst und Kurie. Die in der Stadt am Tiber um sich greifende Zentralisierung und die damit einhergehenden finanziellen Ansprüche ließen für manche Rom zur Wohnstätte des Simon Magus werden, jene Figur der Apostelgeschichte, die als Namensgeber der Simonie den Geldhunger der Kurie verkörperte. Der radikale Kirchenreformer Arnold von Brescia unterstützte im 12. Jahrhundert die römische Kommune und geißelte die Kurie „als ein Haus der Geschäfte und eine Höhle der Diebe". Für Verfasser humanistischer Stadtbeschreibungen war die Stadt angesichts der Parteikämpfe römischer Adelsfamilien zur Räuberhöhle verkommen.

Als sich im 13. Jahrhundert der Kampf zwischen Kaisertum und Papsttum erneut zuspitzte, wurde vor dem Hintergrund zeitgenössischer Endzeiterwartungen Friedrich II. von seinen Parteigängern als messianischer Friedenskaiser stilisiert, der Reichtum und die Verweltlichung der Kirche, Raub an Armen und Unterdrückten, Hochmut und Gier des Papstes anprangerte und Reformen der als Hure Babylon bezeichneten römischen Kirche einforderte. Auch Dante nutzte dieses Bild für seine Kritik an der päpstlichen Amtsführung. Im Verlauf des 15. Jahrhunderts wurden Reformforderungen an dem als Sumpf beschriebenen Haupt der Kirche, an Papst und Kurie, immer wieder laut. Führende Vertreter der Reformation feierten den Stauferkaiser Friedrich II. als Kämpfer für eine Reform der Kirche, beklagten ihn zugleich als Opfer der Päpste, während – wie bei Martin Luther – die römische Kirche erneut als Hure Babylon bezeichnet wurde, ein Thema, das nun auch mittels Druck und Bildgraphik popularisiert wurde. Entsprechende Geschichtsbilder blieben in protestantischen Kreisen bis ins 19. Jahrhundert hinein virulent, noch Ferdinand Gregorovius stilisierte den Stauferkaiser als „Vorläufer der Reformation".

Die meisten Protestanten aus dem Norden Europas hatten schon vor ihren Reisen ins katholische Italien ein Gefühl der Überlegenheit verinnerlicht, weil ihr Christentum von sinnlichen Elementen befreit sei und sich auf das religiös Wesentliche konzentriere. Katholische Glaubenspraxis und päpstliche Herrschaft waren in dieser Wahrnehmung Ursachen eines wirtschaftlichen und sozialen Entwicklungsrückstands des Kirchenstaates. An der Öde der römischen Campagna, einst Roms Kornkammer, könne die päpstliche Misswirtschaft und die mangelnde Kompetenz des Klerus abgelesen werden. Zugleich nahm protestantische Kritik die unter dem Vorwand religiöser Intentionen zur Schau gestellte Pracht römischer Kirchen und Klöster als unangemessene Verweltlichung ins Visier.

Anhänger der Französischen Revolution wie Théodore Desorgues beschrieben Rom als von den Päpsten korrumpierte und vom Klerus tyrannisierte Stadt; von Revolutionsanhängern wurde das ausbeuterische System des päpstlichen Nepotismus angeprangert. In seinem kritischen Rapport „Spaziergang nach Syrakus im Jahre 1802" nimmt Johann Gottfried Seume mit scharfem Blick den Staat des Papstes als ein Produkt aus „Raub" und „Sklaverei" wahr.

Gegen die im ausgehenden 18. Jahrhundert sich entfaltende klassizistische und romantische Idealisierung der Ewigen Stadt wurden schon früh Stimmen laut. Dem Weimarer Generalsuperintendenten Johann Gottfried Herder erschien Rom infolge von Raub und Unterwerfung als „Steinhaufen der Römischen Pracht". Er kleidete seine Romerfahrungen – in akzentuierter Distanzierung gegenüber seinem Freund Goethe – in eine Metaphorik des Todes, die Stadt war ihm ein „totes Meer", ein „Grabmal des Altertums", das „größte Mausoleum" Europas und der Geschichte. Wiederholt gerieten Italienreisen (damals wie heute) auch deshalb zum Fiasko, weil die durch Erzählungen, Bilder, Gedichte und Reiseliteratur geformten Erwartungen an der Realität zerschellten. So korrigierte Gustav Nicolai in seiner mit Satire gewürzten polemischen Zuspitzung seinen ersten Eindruck („Rom ist herrlich und entspricht jeder Erwartung") und beschrieb *Roma, la superba* als eine Stadt, die in ihm Ekel hervorrief. Heinrich Heine verspottete Italien- und Romschwärmer auf den Spuren des Frankfurter Dichterfürsten, Dichter wie Joseph Viktor von Scheffel und Rainer Maria Rilke empfanden die „vollgestellte" Stadt als erdrückend. In dieser Tradition entwarf im 20. Jahrhundert einen viel beachteten provokativen Kontrapunkt zu Goethes geradezu narkotisch wirkendem Arkadien Rolf Dieter Brinkmann mit seinem Werk „Rom, Blicke" (1979). Der Schriftsteller nahm in seinen Texten, Fotographien und Kollagen vor allem Verfall und Verwahrlosung wahr. Dem hasserfüllten Verweigerer erscheint die reizüberflutete Millionenstadt als eine Art „Vorhölle," das Kolosseum wird zum „Schutthaufen" und so Rom zum Spiegel von innerer Verstörung und der Halt- und Heimatlosigkeit eines sensiblen Beobachters in seinem radikalen Rückzug auf sich selbst.

Im 19. Jahrhundert waren auch in sozialistischen und linken, dem Risorgimento verpflichteten Kreisen gegen die Hauptstadt gerichtete Affekte stark ausgeprägt. Rom erschien als ein musealer Raum, der von parasitären Beamten bevölkert und zum Synonym all dessen wurde, was genauso wie das Papsttum abgeschafft werden sollte. Selbst die meisten frühen Faschisten pflegten zunächst kein positives Rombild, vielmehr war deren Wahrnehmung der Stadt als eines Parasiten und Vampirs mit negativen Ressentiments belegt. In der Nachkriegszeit hat die sich seit 1989 vollziehende Epochenwende alte Gegensätze und Brüche, nicht zuletzt jene zwischen Nord und Süd wieder fühlbarer werden lassen, die sich auch in der Chiffre von der *Roma ladrona* manifestieren.

Produzenten von Romerinnerung: Pilger, Gelehrte, Künstler und Bildungsreisende

Jene seit Mittelalter und Renaissance anschwellende Europäische Romdichtung (Walther Rehm) entstand nur in geringen Teilen in Rom selbst, zahlreiche Schlüsseltexte sind Romreisenden bzw. Wahlrömern aus dem europäischen Norden zu verdanken. Sie sind verknüpft mit Migration und damit einhergehender Kommunikation und speisen sich aus religiösen und säkularen Elementen, die lange Zeit kaum entwirrbar ineinander verwoben sind. Schon im frühen Mittelalter schwoll die Zahl der Rompilger an, keine andere Stadt hatte eine vergleichbare Zahl von Reliquien anzubieten, an ihrer Spitze die Gräber der Apostel Petrus und Paulus. Rom zählte mit Jerusalem und Santiago de Compostela zu den drei wichtigsten Fernpilgerzielen des christlichen Westens. Hier wurden Reliquien bzw. Kontaktreliquien erworben, deren Exporteure die geistig-religiöse Fixierung an die Stadt ebenso festigten wie die Stellung des Papstes. Die „Erfindung" des Heiligen Jahres im Jahre 1300 stimuliert bis in die Gegenwart den Zustrom von Besuchermassen, dank verbesserter Infrastruktur, neuer Verkehrsmittel wie Eisenbahn und Flugzeug und neuer Organisationsformen seit dem 19. Jahrhundert in quantitativ zuvor unvorstellbaren Dimensionen.

Die Kurie entwickelte mit Ablässen begehrte Heilsangebote, über welche die spätmittelalterlichen „Indulgentiae ecclesiarum urbis Romae" detailliert informierten. Seit dem 12. Jahrhundert wurden Pilgerzeichen unter die Gläubigen gebracht, die das durch die Berührung mit den Reliquien der Märtyrer erworbene und von ihnen ausgehende Heil bildlich vermittelten. Auf ihnen dominieren zunächst Petrus und Paulus; seit der zweiten Hälfte des 13. Jahrhunderts wird das vorgeblich aus dem Heiligen Land an den Tiber verbrachte und in St. Peter aufbewahrte Schweißtuch der Hl. Veronika immer populärer. Diese Christusreliquie, die das wahre Bildnis Christi zu zeigen vorgab, steigerte das in Rom zu erwerbende Heil über die Apostelreliquien hinaus. Massenhaft wurden auf diese Weise in Europa und darüber hinaus zentrale religiöse Inhalte römischer Erinnerungskultur medial verbreitet.

Daneben spielte insbesondere in gelehrten Kreisen immer auch das Bewusstsein von der einzigartigen Bedeutung der antiken Stadt eine Rolle, an welche in elegischer Ruinennostalgie erinnert wurde, während zugleich ihre verfallenen Monumente zur Chiffre für die Vergänglichkeit alles Irdischen wurden. Immer dann, wenn gezielt auf Antike zurückgegriffen wurde, rückte auch das ehemalige Zentrum des Römischen Reiches besonders in den Blick. Solche als Wiedergeburt, als Renaissance bezeichneten Prozesse von ganz unterschiedlicher Qualität und Breitenwirkung stehen zugleich für eine beeindruckende Regenerationsfähigkeit und Erneuerungsenergie.

Es waren nicht zuletzt Handreichungen für Pilger und Reisende, die im Kontext anwachsender Schriftlichkeit das päpstliche, aber auch das antike Rom vermittelten und bekannt machten. Richtete sich jenes Itinerar, das der Erzbischof Sigerich von Canterbury im 10. Jahrhundert verfassen ließ, vornehmlich an Pilger aus England, so waren andere Beschreibungen der römischen Topographie, wie zum Beispiel das „Itinerarium Einsidlense" aus dem 9. Jahrhundert, wohl vornehmlich für solche gedacht, die sich über die antiken Monumente der Ewigen Stadt informieren wollten. Der Bischof von Le Mans, Hildebert von Lavardin, beschieb vor der Folie der aufblühenden Antikenorientierung zu Beginn des 12. Jahrhunderts in besonders eindringlicher, elegischer Weise die Größe Roms in seinen grandiosen Ruinen. An der Wende vom 12. zum 13. Jahrhundert sammelte der wahrscheinlich aus England stammende Magister Gregorius mit einer geradezu antiquarischen Leidenschaft Informationen zur stadtrömischen antiken Topographie und den damit verknüpften Legenden.

Die seit dem 12. Jahrhundert niedergeschriebenen „Mirabilia urbis Romae" wurden zur Grundlage von Romreiseliteratur der folgenden Jahrhunderte und damit zum Medium erinnerter römischer Geschichte. Sie vermittelten mit wundergläubigen Legenden verwobenes Wissen um die antike Geschichte der Stadt und ihrer Monumente. Just in dem Moment, als das Papsttum sich in Avignon eingerichtet hatte, blühte das Interesse an der Antike generell und an der Geschichte Roms im Speziellen in neuer Qualität auf. Francesco Petrarca erspürte hinter den Ruinen nicht nur den versunkenen Glanz der ehemaligen Metropole, sondern plädierte wie keiner zuvor für deren kulturelle und politische Erneuerung. Obwohl Schafe und Kühe auf dem Forum Romanum weideten, boten die Ruinen der Ewigen Stadt für Generationen von Humanisten – bald auch außerhalb von Italien – imaginäre Szenarien, in die sie ihre Projektionen von versunkener Größe verpflanzen konnten. Zwar ist Rom in Italien nur ein und nicht das früheste Zentrum der entstehenden humanistisch geprägten Erinnerungskultur, doch setzte die Rückkehr von Papst und Kurie erhebliche Energien frei. Rom wurde von Gelehrten und Dichtern zur Heimstatt von Weisheit und Wissenschaft (*domicilium sapientiae*) stilisiert und entwickelte sich zu einem Studienort, den zahlreiche Bildungshungrige aus europäischen Ländern aufsuchten. Die Erforschung der antiken Topographie und der Monumente der Stadt regte innovative Leistungen im Bereich humanistischer Textkritik und Geschichtsschreibung, der Inschriften- und Münzkunde, der Architektur, Skulptur- und Bildkunst an. Die entstehenden prestigeträchtigen Antikensammlungen zogen (und ziehen) zahlreiche Besucher an. Mit der nicht nur in Rom, hier aber in besonderer Breite und Qualität sich vollziehenden Rezeption antiken Bildungsguts setzte ein von den Humanisten nun intensiver als in den Renaissancen zuvor initiierter, vom Buchdruck beförderter Lernprozess ein, der sich in den folgenden Jahrhunderten inhaltlich auffächerte. Zugleich wurde Rom seit dem 15. Jahrhundert immer mehr zu einer kosmopolitischen Stadt. Zum internationalen Milieu trugen zahlreiche „nationale" Gemeinschaften bei, die über eigene Bruderschaften und Kirchen verfügten und zum Teil bis heute wirksame Knotenpunkte der Kommunikation darstellen.

Seit dem 16. Jahrhundert wurde neben anderen europäischen Kulturzentren Rom als Wiege europäischer Zivilisation zum obligatorischen Ziel auf der als *Grand Tour* bezeichneten Bildungsreise. Den adligen Akteuren dieser Kavalierstour und ihren Mitreisenden standen nun auch Reiseführer im modernen Sinn zur Verfügung, zudem Rom-Wegkarten, die nicht nur über die wichtigen Straßen, sondern auch über die Distanzen zwischen Reiseetappen informierten. Die Stadt wurde zudem für Künstler ein wichtiger Ort der Inspiration. Auch über die sich herausbildenden Konfessionsgrenzen hinweg blieb Rom eine der wichtigsten Stätten kultureller Formierung und Wissenserwerbs, nicht zuletzt für Protestanten aus England und dem nordalpinen Reich, zudem aus Skandinavien, den Niederlanden und der Schweiz. Nun stand freilich nicht mehr die durch die Apostelgräber verkörperte Heilige Stadt im Mittelpunkt des Interesses. Im Rahmen von gleichsam säkularisierten Pilgerreisen galt Rom als die Verkörperung menschlichen Geschicks und als Ort des Studiums der Antike. Die in Italien und Rom geschulten Reisenden trugen in erheblichem Maß zur Verbreitung von Rombildern bei, für deren Ausbildung Stiche und Veduten eine wichtige Rolle spiel(t)en, die im 19. Jahrhundert von Fotos ergänzt bzw. abgelöst wurden. In Literatur und Malerei, Architektur, Musik und Theater waren Rom sowie Themen der römischen Geschichte und Mythologie allgegenwärtig und potentiell auch von politischer Brisanz. Im 18. Jahrhundert beschrieben Intellektuelle wie Baron de Montesquieu und Edward Gibbon den Untergang des Römischen

Reiches und seiner Hauptstadt nicht nur als theologisch-moralisches Problem bzw. Modell, sondern als exemplarischen Prozess historischen Wandels und zogen aus solchen Überlegungen Folgerungen für aktuelle Entwicklungen in Europa und Amerika.

Eine wichtige Rolle spielten in diesem Prozess gelehrter und künstlerischer Kommunikation römische und italienische Akademien, schließlich die im Jahre 1666 eröffnete Académie de France à Rome, der im 19. und 20. Jahrhundert zahlreiche Einrichtungen anderer Staaten folgten. Dass von Rom seit der Mitte des 18. Jahrhunderts wichtige Impulse für den in ganz Europa Einfluss gewinnenden Klassizismus und für eine neue, nicht mehr antiquarische, sondern ganzheitliche Auffassung von klassischer Kunst ausgingen, ist entscheidend Johann Joachim Winckelmann zu verdanken, der zum päpstlichen Kommissar für die Altertümer ernannt wurde und von in Rom lebenden Künstlern wie Anton Raphael Mengs und Angelica Kaufmann wichtige Impulse erhielt.

Ein noch nachhaltiger wirksames Modell schuf Johann Wolfgang von Goethe mit der Stilisierung seiner Italienreise von 1786 bis 1788, das vor allem die Rom- und Italienwahrnehmung der im 19. Jahrhundert sich formierenden bürgerlichen Bildungsreise prägte. Rom diente ihm nicht mehr nur als nützliches Bildungserlebnis eines Gelehrten und Antiquars, sondern als Folie der inneren Selbsterkundung und Selbstvergewisserung. Im Zuge dieser Persönlichkeitsfindung und -bildung fand der Dichter das schon zuvor konzipierte Arkadien, entdeckte die „Sinnlichkeit" des Südens auch in Natur und Erotik, die er als Befreiung und „Wiedergeburt" empfand, und entwickelte eine neue Kunst- *und* Lebensform, eine „Kunstreligion". Diese Subjektivierung des ästhetischen Bewusstseins wirkte lange nach und galt bis weit ins 20. Jahrhundert hinein als wichtige Lebenserfahrung schwärmerischer Italien- und Romreisenden, in die sich oft Elemente von romantischer Melancholie mischten.

Während andere europäischen Metropolen im 19. Jahrhundert von stürmischen Veränderungen geprägt wurden, regierte in Rom die Langsamkeit, wurde die Stadt zum Zufluchtsort derer aus aller Welt, die an der Moderne verzweifelten. In den Weiten der römischen Campagna und inmitten von überwucherten Ruinen konnten diese Modernitätsmüden über die Vergänglichkeit und den Sinn der Geschichte räsonieren, sentimentale Idyllen pflegen und Bruchstücke einer längst versunkenen Welt bestaunen. Die römische und italienische Gegenwart blendeten diese Reisenden (weitgehend) aus. Allerdings verblasste im Verlauf des 19. Jahrhundert die Strahlkraft der vermeintlich zeitlosen klassizistischen Kulturideale.

Süd- und Rombegeisterung blieb aber nicht auf Künstler und Bildungsreisende begrenzt. Mit der Institutionalisierung geisteswissenschaftlicher Einzeldisziplinen im 19. Jahrhundert wurden vor allem im Bereich der Archäologie, der Geschichte und Kunstgeschichte in Rom zahlreiche Forschungseinrichtungen gegründet. Hier stand nicht mehr das sinnliche Erleben im Mittelpunkt, sondern die Erforschung der Vergangenheit mittels historisch-kritischer Methoden. Den Auftakt bildete im Jahre 1829 die Gründung des Instituto di correspondenza archeologica als Forschungseinrichtung und Austauschbörse, die mittels eines internationalen Netzes von gelehrten Korrespondenten im Bereich der Altertumsforschung und vor allem der Archäologie tätig wurde. In der zweiten Hälfte des 19. Jahrhunderts wurde eine Serie weiterer geisteswissenschaftlicher Institute eröffnet, die nun aber nicht mehr als internationale, sondern als nationale Forschungsstätten etabliert wurden. Noch heute existiert in Rom eine weltweit einzigartige Dichte angesehener Forschungseinrichtungen, und diese Basis sollte künftig noch intensiver als bisher genutzt werden, um Denkschablonen nationalhistoriographischer Diskurse zu überwinden und europäische Dimensionen von Geschichte und Kultur zu vermitteln.

In unterschiedlichen Kontexten wurde Rom seit dem ausgehenden 19. Jahrhundert in Wissenschaft und Kunst in neuer Weise zu einer Chiffre, die Distanz und Ablehnung provozierte. Die Stadt, die die Bewahrung als klassisch geltender Traditionen verkörperte, hatte jenen Künstlern nichts zu bieten, welche sich den Bruch mit diesen Traditionen zum Programm machten. In Italien wuchs seit der Wende zum 20. Jahrhundert eine künstlerische Avantgarde heran, der Rom im Unterschied zu den dynamischen Zentren Turin, Mailand und Genua als stagnierende, als rückwärtsgewandte Größe erschien. In Deutschland wurde die Erforschung der Germanen zunehmend zur nationalen Aufgabe, die in der NS-Zeit unter ideologisch-politischen Vorzeichen nachhaltig gefördert wurde. Im Bereich der Archäologie etwa sollten die als germanisch geltenden Zeugnisse deutscher Geschichte die Arbeitsbereiche der klassischen Altertumswissenschaft zurückdrängen, deren Vertreter mit dem Schimpfwort „Römlinge" bedacht wurden.

Die Entwicklung nach dem Ende des Zweiten Weltkriegs ist durch eine Vielfalt und Kreativität gekennzeichnet. So wurde die Stadt punktuell schon früh zu einem Ort der Aufarbeitung faschistischer und nationalsozialistischer Vergangenheit. Bei Carlo Emilio Gaddas „Quer pasticciaccio brutto de via Merulana" (1957) – von der italienischen Literaturkritik als der Romroman schlechthin gefeiert – handelt es sich nur vordergründig um einen Kriminalroman. In ihm werden die faschistische *romanità* mit sarkastischer Parodie bedacht, faschistische Ordnungsparolen mit labyrinthischem Chaos konfrontiert, und zugleich traditionelle Elemente des römischen Gründungsmythos verfremdet und karikiert. Auch Wolfgang Koeppen wählte die „Erzstadt Rom" mit ihren vielfachen Überlagerungen und Verschränkungen aus Antike, faschistischer und nationalsozialistischer Vergangenheit sowie der Gegenwart in „Der Tod in Rom" (1954) zur Bühne, auf der Täter, Opfer und Mitläufer in labyrinthischen Netzwerken aufeinander treffen.

In besonders massenwirksamer Weise wurde Rom von Filmschaffenden ins Bild gesetzt. Im ersten Romfilm der Nachkriegszeit, in Roberto Rossellinis „Roma città aperta" (1945) geht es nicht mehr um die klassischen Sujets, sondern um die jüngste Vergangenheit, den italienischen Widerstand gegen die deutschen Besatzer in Rom, um die Deutschen, welche mit ihren sexuellen Perversionen und ihrem Sadismus das Böse verkörpern, und zudem um Flüchtlingselend und soziales Leid in der Zeit von Krieg, Besatzung und Bürgerkrieg. In besonders eindringlicher und komplexer Weise wurde der römische Erinnerungsraum in Filmen Federico Fellinis verarbeitet („La dolce vita", 1960; „Satyricon", 1969; „Roma", 1972). In diesen tiefgründigen Bildfolgen erscheinen geläufige Romklischees in ironischer Brechung, rücken Gegensätze in den Blick: das Rom der Mietkasernen und Luxusappartements, die Peripherie der Stadt und die mondäne Via Veneto in den fünfziger Jahren. Mit Bildern des Baubooms werden vertraute Metaphern von der Vergänglichkeit verwoben. Die Geschichte Roms wird zur Folie, auf der mit Analogien zwischen dekadenten Erscheinungen in Vergangenheit und Gegenwart in sehr persönlicher surrealistischer Weise gespielt wird und zugleich kreative ästhetische Potentiale aufgezeigt werden. In den römischen Studios von Cinecittà sowie in Hollywood wurden mit monumentalen Filmen wie „Quo Vadis" (1951), „Cleopatra" (1963), „The Fall of the Roman Empire" (1964) oder „Gladiator" (2000) spektakuläre, massenwirksame Imaginationen eines untergegangenen Imperiums und seiner Hauptstadt Rom produziert. Eine positive Konnotation imperialer Symbolik ist offenkundig tabu, zu Kassenschlagern werden grausame und korrupte Kaiser wie Nero und Caligula, Liebesaffären von Cleopatra und Messalina, die nicht zuletzt Bedürfnisse des Publikums bedienen. Zuletzt wurden Rom und die Vatikanstadt durch die 2009 in die Kinos gelangte Verfilmung von Dan Browns Bestseller „Angels & Demons" aus dem Jahre 2000 zur Bühne, auf der ein Geheimbund versucht, die katholische Kirche zu zerstören. In der Kunstform Film werden antikes und päpstliches Rom wohl auch weiterhin auf suggestive, fiktionale Weise mit großer Breitenwirkung verarbeitet werden.

Deutschsprachige Künstler ließen sich nach 1945 in beachtlicher Zahl in und von Rom und der Umgebung der Stadt inspirieren, insbesondere Schriftsteller wie Stefan Andres, Ingeborg Bachmann, Rolf Dieter Brinkmann, Friedrich Christian Delius, Michael Ende, Max Frisch, Durs Grünbein, Marie-Luise Kaschnitz, Navid Kermani, Wolfgang Köppen, Helmut Krausser, Hartmut Lange, Martin Mosebach, Hans Josef Ortheil, Reinhard Raffalt, Luise Rinser, Herbert Rosendorfer, Hans Joachim Schädlich, Ingo Schulze, Uwe Timm, Josef Winkler, Feridun Zaimoglu. Unter den jüngsten Publikationen können die beiden autobiographisch geprägten Romane von Friedrich Christian Delius („Bildnis der Mutter als junge Frau", 2006) und Hans Josef Ortheil („Die Erfindung des Lebens", 2009) ebenso als Liebeserklärungen an die Stadt Rom, ihre Bewohner und ihre Geschichte gelesen werden wie die humorvolle Momentaufnahme Stefan Ulrichs („Quattro Stagioni. Ein Jahr in Rom", 2008). Auch in Christoph Brechs römischen Video- und Fotoarbeiten wie dem „Diario fotografico" (2009) ist der gewachsene römische Kosmos auf sehr individuelle und sensibel erzählte Weise präsent.

Die weltweiten Migrationen haben auch Rom erreicht. Neben Rumänen und Albanern suchen zahlreiche Menschen aus Lateinamerika, Afrika und Asien hier eine neue Heimat, etwa in der sich seit den neunziger Jahren des 20. Jahrhunderts entwickelnden Chinatown auf dem Esquilin, einem der sieben legendären Hügel Roms. Ein erregender, vielleicht folgenreicher Vorgang: Migranten aus einer alten asiatischen Hochkultur schlagen (oftmals dauerhaft) an jenem Ort Wurzeln, der aus europäischer Perspektive vielen als *der* Erinnerungsort gilt. Zugleich fällt die überschaubare Zahl von Bildungsreisenden angesichts jener Touristenmassen quantitativ kaum ins Gewicht, welche aus aller Welt in anschwellenden Strömen Rom überschwemmen. Welche Rolle die kreative Vergegenwärtigung antik-christlicher Traditionen künftig spielen wird, ist vor diesem Hintergrund eine offene Frage. Trifft die Prognose des Publizisten Oliviero Beha (möglicherweise zudem über Italien hinaus) zu, die Gesellschaft verliere gegenwärtig ihre Wertschätzung für die eigene Kultur und ihre Erinnerung und lebe nur noch in der Gegenwart, dann dürfte die Wirkmacht des Erinnerungsortes Rom in seinen bisherigen Formen und Inhalten verblassen. Gleichwohl bot und bietet diese vitale Stadt, deren einzigartige historisch-topographische Vielschichtigkeit Sigmund Freud zur Metapher der menschlichen Psyche wählte, nicht zuletzt aufgrund ihrer Kontraste und Widersprüchlichkeiten einen faszinierenden Fundus von historischen Zeichen und Verweisen. So darf, dem Dichter sei Dank, gelten: Wieder werden aus Mythen neue Rätsel entstehen, wird Rom aus Rom auferstehen. „Rom ist der Knotenpunkt kollektiver Erinnerung in der Geschichte Europas und der westlichen Welt" (Durs Grünbein).

Literaturhinweise

Peter E. Bondanella, The eternal city. Roman images in the modern world. Chapel Hill u. a. 1987.

Cesare De Seta, Imago urbis romae. L'immagine di Roma in età moderna. Roma 2005.

Martin Disselkamp u. a. (Hrsg.), Das alte Rom und die neue Zeit. Varianten des Rom-Mythos zwischen Petrarca und dem Barock/La Roma antica e la prima età moderna. Varietà del culto di Roma tra Petrarca e il barocco. Tübingen 2006.

Arnold Esch, Rom als europäischer Erinnerungsort, in: Pforzheimer Reuchlinpreis 1955–2005. Die Reden der Preisträger. Heidelberg [3]2007, S. 376–390.

Elisabeth Garms/Jörg Garms, Mito e realtà di Roma nella cultura europea. Viaggio e idee, immagine e immaginazione, in: Il Paesaggio, a cura di Cesare de Seta. Torino 1982, S. 561–662.

Andrea GIARDINA/André VAUCHEZ, Il mito di Roma: da Carlo Magno a Mussolini. Roma 2000.

Walter HINDERER/Paolo CHIARINI (Hrsg.), Rom – Europa. Treffpunkt der Kulturen: 1780–1820. Würzburg 2006.

Uwe ISRAEL/Michael MATHEUS (Hrsg.), Protestanten zwischen Venedig und Rom in der frühen Neuzeit. Akten des Kongresses vom 2.–4.6.2010 im Deutschen Studienzentrum in Venedig [im Druck].

Jochen JOHRENDT/Romedio SCHMITZ-ESSER (Hrsg.), Rom – Nabel der Welt: Macht, Glaube, Kultur von der Antike bis heute. Darmstadt u. a. 2010.

Jörg LAUSTER u. a. (Hrsg.), Rombilder im deutschsprachigen Protestantismus. Begegnungen mit der Stadt im „langen 19. Jahrhundert". Akten der internationalen Tagung in Rom, 18.–21.6.2009 [im Druck].

Michael MATHEUS/Lutz KLINKHAMMER (Hrsg.), Eigenbild im Konflikt. Krisensituationen des Papsttums zwischen Gregor VII. und Benedikt XV. Darmstadt 2009.

Irene Dingel
Wittenberg und Genf

Durch die Reformationsjubiläen des begonnenen 21. Jahrhunderts haben in den letzten Jahren zwei Orte in besonderer Weise die allgemeine Aufmerksamkeit auf sich gezogen: das ehemals kursächsische Wittenberg und Genf – letzteres durch die 500. Wiederkehr des Geburtstags des Genfer Reformators Johannes Calvin im Jahr 2009, ersteres durch die intensiven Vorbereitungen des Reformationsjubiläums 2017, das sich an der Veröffentlichung der 95 Thesen durch Martin Luther 1517 orientiert. Die mit diesen Orten verbundene Erinnerung an zwei verschiedene Ausprägungen der Reformation, die jeweils europäische und auch außereuropäische Kulturen dauerhaft geprägt haben, rückt beide Städte in ein Verhältnis, wenn sie auch sonst hinsichtlich ihrer Größe, Gesellschaftsstruktur sowie kulturellen und politischen Bedeutung unterschiedlicher nicht sein könnten.

Wittenberg

Wittenberg hat es bis in die Gegenwart hinein im Grunde nicht vermocht, aus dem Schatten weitaus bedeutenderer europäischer Städte herauszutreten. Durch die Reformation, die der 1502 gegründeten landesherrlichen Universität, der „Leucorea", im 16. und 17. Jahrhundert zu großer Blüte verhalf, legte die Stadt aber immerhin zeitweilig den ihr anhaftenden negativen Ruf der Zivilisationsferne ab und wurde zu einem theologischen Zentrum mit internationaler Anziehungskraft. Studenten aus allen Himmelsrichtungen Europas – zum Beispiel aus Schweden und Finnland, aus Norwegen und Dänemark, aus Ungarn und der Slowakei, aus den Niederlanden und England – kamen zum Studium nach Wittenberg. Das dadurch beförderte Selbstbewusstsein der kurfürstlichen Stadt und ihr reformatorischer Anspruch zeigen sich deutlich in der Überschrift einer Wittenberger Stadtansicht von 1560. Hier stellt sich Wittenberg dar als „ruhmreiche Stadt Gottes, Sitz und Burg der wahren katholischen [d.h. allgemein gültigen] Lehre, Hauptstadt des sächsischen Kurfürstentums, die berühmteste der Universitäten in Europa und der bei weitem heiligste Ort des letzten Jahrtausends". Durch eine handschriftliche Bezeichnung wurden in jener Ansicht besonders jene Bauten hervorgehoben, an denen sich bis heute, freilich in unterschiedlicher Intensität, die Reformationsmemoria festmacht: das Schloss bzw. die Schlosskirche, die Pfarrkirche der Stadt, das Collegium bzw. die Universität, das Wohnhaus Melanchthons und das zum Lutherhaus umgewandelte Augustinerkloster. Aber die Stadt verlor seit dem 18. Jahrhundert sukzessive wieder an Bedeutung. Die Universität büßte durch die preußische Neugründung Halle im Jahre 1694 an Einfluss ein, wurde 1815 im Gefolge des Wiener Kongresses aufgehoben und zwei Jahre später mit der Universität Halle zusammengelegt. In dem restaurierten Wittenberger Kollegiengebäude befindet sich heute die Leucorea-Stiftung mit Tagungsräumen und Gästezimmern. Dass sich Wittenberg dennoch zu einem besonderen Erinnerungsort vornehmlich des Protestantismus entwickelte, hängt mit seiner theologisch geprägten Vergangenheit und seiner reformatorischen Ausstrahlung vor allem im 16. Jahrhundert zusammen. Wie weit die durch Martin Luther und seine Wittenberger Kollegen und Freunde getragene Reformation Anfang des 16. Jahrhunderts die Stadt geprägt hat und wie sehr man sich schon vor und schließlich nach der Wende von 1989/90 auf dieses theologische und kulturelle Erbe besann, zeigte sich prägnant in den christlich motivierten

Friedens- und Bürgerrechtsinitiativen rund um den Wittenberger Kirchentag im Jahre 1983, dem 500. Geburtsjahr Martin Luthers, die nicht wenig zur Friedlichen Revolution von 1989 beigetragen haben. Und nicht zuletzt spiegelt sich diese Rückbesinnung in der nach der Wiedervereinigung vorgenommenen Umbenennung Wittenbergs in „Lutherstadt Wittenberg", und zwar unter Rückgriff auf ein Epitheton, das bereits in der Zwischenkriegszeit aufgekommen war. 1996 erhielten die Luther-Stätten Wittenbergs zusammen mit jenen Eislebens, des Geburtsortes Luthers, den Status des Weltkulturerbes der UNESCO. Eine der großen, heute von der Stadt gezielt kultivierten Touristenattraktionen ist die jedes Jahr im Juni als mehrtägiges historisches Volksfest gefeierte Hochzeit Luthers, des ehemaligen Augustiner-Mönchs, mit der aus ihrem Orden entflohenen Nonne Katharina von Bora.

Die mit Wittenberg verbundene Reformationserinnerung ist weitgehend durch die im 19. Jahrhundert gepflegte Memorialkultur geprägt und macht sich an Denkmalen, damals renovierten beziehungsweise wieder aufgebauten und gegenwärtig historisch restaurierten „symbolischen Orten" fest. Seit 1821 (300. Jahrestag des Reichstags von Worms) befindet sich auf dem Marktplatz unter einem neugotischen Baldachin die Bronzestatue Martin Luthers von Johann Gottfried Schadow, die die Bibeltreue und Glaubensstärke des Reformators in Szene setzt. Das ihm 1865 zur Seite gestellte Standbild Philipp Melanchthons, des Kollegen und Freundes Martin Luthers, dessen Grundsteinlegung schon 1860 zum 300. Todestag des Praeceptors erfolgte, zementiert das bis heute lebendige Klischee des scheu zurückhaltenden Gelehrten, obwohl sein reformatorisches Wirken weiter und wirkmächtiger nach Europa ausstrahlte als dasjenige Luthers. Johannes Bugenhagen, der dritte große Wittenberger, erster evangelischer Stadtpfarrer, Seelsorger Luthers und einflussreicher Kirchenorganisator, trat in der Erinnerung noch weiter als Melanchthon hinter Martin Luther zurück. Seine Porträtbüste wurde 1894 – neun Jahre nach der 400. Wiederkehr seines Geburtsjahrs – auf dem Kirchplatz neben der Stadtkirche St. Marien aufgestellt, da die über Spenden eingekommenen Gelder nicht ausgereicht hatten, um ein in den Ausmaßen gleichwertiges Denkmal Bugenhagens links neben dasjenige Luthers auf dem Marktplatz zu platzieren. Man beschränkte sich auf diese drei Protagonisten der Wittenberger Reformation. Erst Ende des 20. Jahrhunderts erweiterte man noch einmal diese Reihe der städtischen Denkmale. Hinzu kam nämlich im Jahre 1998 ein Standbild Katharinas von Bora, das man aus Anlass der 500. Wiederkehr ihres Geburtstags im Innenhof des Lutherhauses platzierte. Es zielt darauf ab, der weiblichen Selbstständigkeit und unternehmerischen Energie der Reformatorenfrau Ausdruck zu verleihen und ist zugleich Indiz und Wirkung der in der Historiographie verstärkt betriebenen Frauengeschichte.

Erinnerungssymbole für weitere wirkmächtige Mitglieder der Wittenberger Reformatorengruppe oder Funktionsträger der Reformation wie Justus Jonas, Caspar Cruciger, Nikolaus von Amsdorf, Georg Spalatin u. a. fehlen im Stadtbild, finden sich aber in der Schlosskirche, die als schon von Ferne erkennbares Symbol der Reformation alle Personendenkmäler in ihrer Bedeutung für die mit Wittenberg verbundene Erinnerung überflügelt. Dazu trug die unter dem Einfluss des deutschen Kaiserhauses Ende des 19. Jahrhunderts vorgenommene Umgestaltung der Schlosskirche zu einer Reformationsgedächtniskirche entscheidend bei, deren bekrönter Turm – weithin sichtbar – die Anfangszeile des Psalm 46 aufgreifenden Reformationslieds „Ein' feste Burg ist unser Gott" trägt. Die alte Schlosskirche, die im Jahre 1503 auf Fundamenten einer mittelalterlichen Hofkapelle neu errichtet worden war, war 1760, im Siebenjährigen Krieg, ebenso wie das Schloss insgesamt, zerstört worden. Der Ende des 19. Jahrhunderts im neugotischen Stil gestaltete, mit Strebepfeilern ausgestattete Innenraum umgibt den Besucher nicht nur mit Reformatorenstandbildern, Medaillons von reformatorisch gesinnten Persönlichkeiten und Wappen jener Städte, die in der Reformation eine bedeutende Rolle spielten, sondern beherbergt vor allem die Gräber Luthers

und Melanchthons. Aber wichtiger noch für die symbolische Bedeutung der Schlosskirche war die Rolle, die sie im akademischen Leben der Leucorea gespielt hatte. Ihr Innenraum – vor der Umgestaltung ein einfacher Saal mit einer hohen umlaufenden Empore – diente ursprünglich auch als Hörsaal. Hier hielt Melanchthon 1518 seine für die reformatorische Bildungsreform ausschlaggebende Antrittsvorlesung. Die Tür der Schlosskirche diente als Schwarzes Brett, an das Luther am Vorabend von Allerheiligen, dem 31. Oktober 1517, mit großer Wahrscheinlichkeit seine 95 Thesen anschlug, mit denen er zu einer öffentlichen Disputation einlud. Die Tatsache, dass deren Inhalt, nämlich die Rückbesinnung auf die „Buße" als anthropologische Konstante im Gegensatz zu einer drohenden Materialisierung des Verhältnisses zwischen Mensch und Gott, weit über Wittenberg hinaus wirkte und Initialzündung für eine wirkmächtige reformatorische Publizistik wurde, machten die hölzernen Türflügel des Hauptportals bald zu einem besonderen Objekt der Verehrung, das allerdings während der Belagerung von 1760 den Flammen zum Opfer fiel. Sie wurden durch ein „Türdenkmal" ersetzt, das der preußische Denkmalpfleger Ferdinand von Quast Mitte des 19. Jahrhunderts im Auftrag König Friedrich Wilhelms IV. erbauen ließ. Hier waren die Thesen nun in Bronze gegossen, überhöht von einem Gemälde in Lavage-Technik, das Luther und Melanchthon kniend vor dem gekreuzigten Christus darstellte und diese Szene vor eine Stadtansicht Wittenbergs platzierte. Luther hält die Deutsche Bibel, Melanchthon die „Confessio Augustana", das Grundsatzbekenntnis des von Wittenberg beeinflussten Protestantismus, in der Hand. Das am Türsturz angebrachte preußische Wappen deutete den schon Anfang des 18. Jahrhunderts von Kursachsen auf Brandenburg-Preußen übergegangenen Führungsanspruch Preußens im Protestantismus an.

Demgegenüber nimmt die – historisch interessantere – Stadtkirche St. Marien einen bescheideneren Platz in der Erinnerungskultur ein, obwohl sie sich in ihrem Innern im Großen und Ganzen so präsentiert, wie sie Luther bei der Übernahme seiner exegetischen Professur an der Leucorea im Jahre 1512 vorfand. Hier feierte man in den frühen zwanziger Jahren des 16. Jahrhunderts erstmals Gottesdienst nicht mehr in lateinischer, sondern in deutscher Sprache und teilte das Abendmahl unter beiderlei Gestalt aus, d.h. mit Brot *und* Wein. Die Stadtkirche war die Predigtkirche Bugenhagens, und auch Luther stand hier auf der Kanzel. Von besonderer Aussagekraft ist das Altarbild Lucas Cranachs d. Ä., das Christus beim letzten Abendmahl in den Kreis der Wittenberger Reformatorengruppe stellt und außerdem Luther, Melanchthon und Bugenhagen als Prediger, Täufer und Verwalter des Schlüsselamts zeigt. Damit hebt der Altar Predigt und Sakramente als reformatorische Kristallisationspunkte hervor und unterscheidet sich durch dieses Bildprogramm erheblich von der altgläubigen Tradition. Ebenso sprechend ist das von Lucas Cranach d. J. ausgeführte Epitaph des ebenfalls zur Wittenberger Reformatorengruppe zählenden Paul Eber, „Der Weinberg des Herrn", das die Reformatoren in ihrem Einsatz für Aufbau und Pflege der wahren Christenheit und Kirche zeigt.

Mit Wittenberg als Erinnerungsort sind aber auch das Lutherhaus und das Melanchthonhaus verbunden. Zudem rücken im Zuge der Restaurierungsarbeiten des zurückliegenden Jahrzehnts immer mehr die Cranachhöfe und das Bugenhagenhaus in das Blickfeld. Sie setzen in der mit Wittenberg verbundenen Reformationsmemoria weitere Akzente. Das als Lutherhaus bekannte Augustinerkloster wurde dem Reformator und seiner Frau Katharina am 4. Februar 1532 von Kurfürst Johann von Sachsen in Anerkennung seiner Predigt- und Vorlesungstätigkeit, seines Einsatzes für die Verbreitung des Evangeliums und seiner Mitwirkung bei der Visitation in Kursachen übereignet. Mit dieser Besitzübertragung erhielt Luther im Übrigen das volle Bürgerrecht, das Recht Bier zu brauen und zu verkaufen und Vieh zu halten und kam außerdem in den Genuss der Steuerfreiheit. Das ehemalige Kloster mit seinen 40 Mönchszellen wurde zum Wohnhaus der Familie und zugleich zu einer regelrechten Burse, in der – wie damals bei Professoren üblich – Studenten gegen ein entsprechendes Entgelt beherbergt und verköstigt wurden. Die erfolgreiche Bewirtschaftung des Ganzen lag in den Händen der aktiven und geschäftstüchtigen Katharina. Die Studenten, vor allem sein letzter Famulus Johannes Aurifaber, sammelten die von Luther bei Tisch geäußerten Gedanken und Kommentare, die Aurifaber 1566, 20 Jahre nach Luthers Tod, unter dem Titel „Tischreden" drucken ließ. Das Bild eines zum Grobianismus neigenden Reformators geht zu einem nicht geringen Teil auf diese Zusammenstellung von Aussprüchen zurück. Mit dem Lutherhaus wird aber vor allem der Ort der sog. reformatorischen Entdeckung verbunden, d.h. jener am Römerbrief des Paulus, Kapitel 3, ausgerichteten Erkenntnis, dass Gott den Menschen nicht aufgrund seiner Werke, sondern allein aus Gnaden rechtfertige. Während die Forschung dafür einen längeren Entwicklungsprozess veranschlagt, sprach der Reformator in einer seiner späteren Tischreden von einem klar datier- und lokalisierbaren Erlebnis im Turm des ehemaligen Klosters, wo allerdings nicht nur die Kloake, sondern – wie neuere archäologische Funde bestätigen – auch sein beheizbarer Arbeitsraum lagen. Schon im Lutherjahr 1883 wurde im alten Augustinerkloster ein auf Luther und sein Wirken bezogenes Reformationsmuseum eröffnet, das bis zu seiner Umgestaltung und Eröffnung einer neuen Dauerausstellung im Jahre 2003 den Namen „Lutherhalle" trug. In heutiger Rückerinnerung ist diese Bezeichnung vorwiegend mit einer vom früheren DDR-Regime autorisierten, aber in ihr Gesellschaftsmodell eingeordneten Luthermemoria verbunden. Die weiterhin existierenden Hauptanziehungspunkte, die Lutherstube, die Lutherkanzel und der große Hörsaal mit Katheder überdauerten jedoch jegliche ideologische Aneignung von Person und Werk und stehen noch heute im Zentrum der Erinnerung.

Anders verhält es sich mit dem Melanchthonhaus, den Cranachhöfen und dem Bugenhagenhaus. Die im Melanchthonjahr 2009 neu eröffnete Ausstellung im Wohnhaus des Praeceptors bringt zwar das weitreichende Wirken des großen Reformators neben Luther anschaulich nahe, kann aber nicht darüber hinwegtäuschen, dass in Wittenberg nach wie vor Luther im Vordergrund steht. Ähnlich verhält es sich mit den Häusern und Höfen des wohlhabenden Wittenberger Künstlers Lucas Cranach d. Ä. Und auch das neu hergerichtete Bugenhagenhaus, das als erstes evangelisches Pfarrhaus gelten kann, vermag es kaum, der durch Luther geprägten, an Wittenberg gebundenen Reformationsmemoria einen neuen Akzent zu geben. Aber immerhin ist mit dem Erschließen weiterer reformatorischer Erinnerungsorte in Wittenberg ein Prozess in Gang gesetzt worden, der darauf zielt, einer zu einer gewissen Einseitigkeit tendierenden Erinnerung weitere Facetten hinzuzufügen.

Genf

Anders als Wittenberg war Genf schon vor der Reformation ein wichtiges geistliches Zentrum unter der Regierung eines Fürstbischofs, dessen weltliche Macht allerdings bereits im Spätmittelalter allmählich zurückging. Durch die Reformation, angestoßen durch Predigten Guillaume Farels, gelangte die Stadt zu internationaler Bedeutung, zumal die Hinwendung zur Reformation auch politische Veränderungen mit sich brachte. Der Bischof sowie die Anhänger der bischöflichen Regierung, Geistliche und Ordensangehörige sowie die Beauftragten des Herzogs von Savoyen wurden von Angehörigen des Rats vertrieben. Die Stadt wurde politisch unabhängig, suchte Anschluss an das ebenfalls evangelisch gewordene benachbarte Bern, aber blieb unter ständiger militärischer Bedrohung durch Savoyen. Größe, soziale Struktur und politische Einbindung sowie die Entwicklung zu einer schweizerischen Metropole begünstigten, dass Genf – wiederum anders als Wittenberg – zu einem Ort „konkurrierender Erinnerungen" (Götz) wurde. Während Wittenberg bis heute mit der Reformationsmemoria verbunden ist und dies auch aktiv kultiviert, überlagern sich in Genf die Subjekte der Erinnerung im Lauf der Geschichte. Die Stadt ist heute ein kosmopolitisch orientierter Ort, der im Vergleich mit anderen städtischen Zentren Europas allerdings eine gewisse Überschaubarkeit bewahrt hat.

Wer Wittenberg und Genf in Parallele setzt, hat jedoch unweigerlich den Schwerpunkt „Reformation" im Blick, zumal die aus der Wittenberger und der Genfer Reformation hervorgegangenen, chronologisch annähernd parallel laufenden Bekenntnisbildungen des späten 16. Jahrhunderts und die sich daran ausrichtenden protestantischen Konfessionen, das Luthertum und der Calvinismus, lange in unversöhnlichem Gegensatz zueinander standen und die religions- und geistesgeschichtliche Entwicklung Europas bis in das Zeitalter der Aufklärung hinein entscheidend mitbestimmt haben.

Tatsächlich gilt Genf, Wirkungsstätte des gebürtigen Franzosen Johannes Calvin, als Ausgangspunkt des inzwischen weltweit verbreiteten Calvinismus. Aufgrund ihrer internationalen Ausstrahlung und der theologischen Wirkungen der von Calvin maßgeblich beförderten Reformation qualifizierte man die Stadt auch als „Rome protestante". In Genf selbst aber macht sich die Erinnerung an den Reformator, der dort immerhin über 20 Jahre bis zu seinem Tod 1564 wirkte, kaum an zeitgenössischen Monumenten oder sonstigen Sachüberresten fest, wenn man einmal von der Predigtkirche Calvins, der schon 1535 evangelisch gewordenen mittelalterlichen Kathedrale Saint-Pierre, absieht, welche sich seit der Einführung der Reformation „Temple de Saint-Pierre" nannte. Neuere Ausgrabungen haben zu Tage gefördert, dass der aus dem Zeitalter der Romanik und Gotik stammende Bau auf noch wesentlich älteren, christlich-sakralen Bauüberresten des 4. Jahrhunderts aufruht. Die Reformations- und Calvinmemoria tritt hier deshalb in Konkurrenz zu weiteren theologischen, architektonischen und kunsthistorischen Erinnerungstopoi. Seit 1907, der Trennung von Kirche und Staat in der Schweiz, ist Saint-Pierre im Besitz der Église Protestante de Genève.

Einschlägiger für das Genf Calvins ist dagegen der neben der Kathedrale befindliche Temple de l'Auditoire aus dem 15. Jahrhundert, der sowohl Calvin als auch seinem Nachfolger, dem aus Vézelay in Burgund stammenden Theodor Beza, als Hörsaal für theologische Vorlesungen diente. Die durch Calvin 1559 gegründete Académie, Vorläufer der Université de Genève, entwickelte sich schon zu Lebzeiten des Reformators zu einem europäischen Anziehungspunkt. Von überall her strömten junge Leute, darunter nicht wenige Adlige, an die renommierte, dem pädagogischen Vorbild der Straßburger Hohen Schule Johann Sturms folgende Ausbildungsstätte, die in ihrer Ausrichtung auf die Theologie in den oberen Klassen den internationalen reformierten Pfarrernachwuchs ausbildete. Durch die Hinzufügung weiterer, insbesondere naturwissenschaftlicher Studienfächer im 18. Jahrhundert und die Ergänzung durch eine medizinische Fakultät 1873 erhielt die Ausbildungsstätte Universitätsstatus. An Calvin und sein Wirken sowie das seiner Nachfolger erinnert sie jedoch nur noch durch das Vorhandensein eines Institut d'Histoire de la Réformation. Die mit Genf verbundene Calvin- und Reformationsmemoria wird eher durch das Musée International de la Réforme gepflegt, das seit 2005 in der Maison Mallet untergebracht ist und dem Reformator, dem Leben in jener Zeit, seinem Wirken und der Nachwirkung seines Werks, 2009 eine umfangreiche Jubiläumsausstellung widmete.

So sehr sich Genf im 16. und 17. Jahrhundert zu einem pulsierenden Zentrum des Calvinismus entwickelt hatte, das Glaubensflüchtlinge in großer Zahl beherbergte und dessen Kirche sich *theologisch* an der „Institutio" Calvins und *organisatorisch* an einer auf ihn zurückgehenden, Leben und Lehre disziplinierenden Kirchenordnung orientierte, so wenige visuelle Anknüpfungspunkte der Erinnerung haben die Zeiten überdauert. Das mag damit zusammenhängen, dass man in Genf stets weniger das Andenken an den großen Reformator als vielmehr den Beginn der Reformation und das damit zusammenhängende Abstreifen des kirchlich-römischen und politisch-savoyischen Jochs (so im 17. Jahrhundert), oder die Reformation als Wegbereiter aufklärerischen Denkens (so im 18. Jahrhundert) feierte. Erst die Errichtung eines Denkmals hat die Aufmerksamkeit auf die Person Calvins zurückgelenkt, obwohl sie hier in eine reformatorische Vierergruppe eingeordnet wird. Im Jahre 1909 erfolgte aus Anlaß des 400. Geburtstags Calvins die Grundsteinlegung des aus einem Künstlerwettbewerb siegreich hervorgegangenen Reformationsdenkmals (Monument international de la Réformation) im Parc des Bastions, nahe der Universität.

Vollendet wurde es erst 1917. Es zeigt als Bestandteil einer ca. 100 Meter langen, nüchtern gehaltenen Skulpturenwand in beeindruckender Überlebensgröße die Reformatoren Guillaume Farel, den ersten Reformator Genfs, Johannes Calvin, Farels frühen Kollegen und theologische wie kirchenpolitische Führungsfigur im Genf des 16. Jahrhunderts, seinen Nachfolger Theodor Beza und den schottischen Reformator John Knox, der sich auf der Flucht vor der blutigen Glaubensverfolgung in England unter Maria Tudor 1554 in Genf aufhielt. Auch wenn das Denkmal Calvin leicht aus der Gruppe heraustreten lässt, wird doch das Bestreben deutlich, einer personenzentrierten Verehrung vorzubeugen, indem man ihn als *primus inter pares* inszeniert. Durch die auf den Seitenwänden der gegenüberliegenden Treppe eingravierten Namen „Luther" und „Zwingli" kommt die Tendenz, eine gesamtrefor-

Abbildung 2: Monument internatinal de la Réformation, Genf, Parc des Bastions, 1917. Photo:: Archiv der Verfasserin.

matorische Perspektive zu bieten, noch deutlicher zum Tragen. Dies spiegelt sich auch in den rechts und links der Reformatorengruppe angeordneten Reliefs, die wichtige Vertrags- und Friedensschlüsse aus der Geschichte des Calvinismus repräsentieren und von dazu passenden politischen Führungspersönlichkeiten, wie zum Beispiel Gaspard de Coligny, Wilhelm von Nassau-Oranien, Oliver Cromwell oder dem Großen Kurfürsten, Friedrich Wilhelm von Brandenburg, flankiert werden. Das gesamte, fein elaborierte Bildprogramm zielt darauf, Genf und das von seiner Theologie inspirierte Reformiertentum als Initiatoren und Nährboden eines neuzeitlichen Toleranzgedankens darzustellen und so in der Erinnerung präsent zu halten. Im Mittelpunkt all dessen erhebt sich über einem steinernen Sockel, in den die griechische Abkürzung des Namens Jesu eingraviert ist, die (oben beschriebene) Reformatorenmauer, die entgegen der Intention der Initiatoren des Denkmals – man hatte auf eine Privatinitiative hin eine Association du Monument de la Réformation gegründet –, seiner Architekten und Künstler in erster Linie doch das Calvin-Gedächtnis bedient. So wie die Komplexität der – historisch durchaus im Einzelnen zu hinterfragenden – Aussage des Reformationsdenkmals dazu tendiert, auf einfache Erinnerungsinhalte, nämlich auf Calvin und sein Wirken, reduziert zu werden, so wird heute nicht einmal mehr wahrgenommen, dass 1903, noch vor dem Monument international de la Réformation, ein Gedenkstein für den Antitrinitarier Servet an dem ungefähren Platz seiner Hinrichtung errichtet wurde. Auch dieses Mahnmal zielt nicht auf einfaches Gedenken, sondern hat durch seine Inschriften im Grunde eine Entschuldigung für die kompromisslose, auf Rechtgläubigkeit insistierende Haltung Calvins zum Gegenstand, obwohl es für den Reformator, angesichts herrschender rechtlicher Strukturen, historisch gesehen nie eine Option dargestellt hatte, die von Seiten des Rats verfügte Verbrennung des Häretikers zu verhindern.

Dass Genf als Erinnerungsort der Reformation Calvins nicht so recht taugen will und dass im Grunde nur wenige Anhaltpunkte für eine solche Memoria vorhanden sind, entspricht in gewisser Weise einer Grundhaltung Calvins selbst. Ihm war jeder Personenkult zuwider, was nicht bedeutet, dass Zeitgenossen und Nachfolger nicht doch versucht hätten, ihrem Respekt für das große Leitbild Ausdruck zu geben. Calvin jedenfalls verfügte, dass man ihn anonym auf dem Friedhof Plainpalais beerdigen möge, so dass damals und heute nicht einmal ein Grab vorhanden ist, auf das sich die Verehrung richten und an dem sich die Memoria entzünden könnte.

Auch dies trägt dazu bei, dass Genf zu einem Ort konkurrierender oder einander überlagernder Erinnerungen geworden ist, wobei jede Epoche das für sie Charakteristische einzutragen scheint. So ist Genf nicht denkbar ohne den Aufklärer, Philosophen und Pädagogen Jean Jacques Rousseau, Autor des Erziehungsromans „Émile" und der Abhandlung „Du Contrat social" und zugleich geistiger Wegbereiter der Französischen Revolution. Für das 19. Jahrhundert rückt Jean-Henri Dunant in den Mittelpunkt; er war der Gründer des Internationalen Komitees der Hilfsgesellschaften für die Verwundetenpflege, das man 1876 in Internationales Komitee vom Roten Kreuz (IKRK) umbenannte. Auch die 1864 beschlossene „Genfer Konvention" ist Gegenstand der sich mit der Stadt Genf verbindenden Erinnerung. Zu Dunant ergibt sich insofern ein Bezug, als die Genfer Konvention Anregungen aufnahm, die Dunant in seinem 1862 veröffentlichten Buch „Erinnerungen an Solferino", nämlich an die Nachwirkungen jener blutigen Schlacht zwischen Österreich auf der einen und Piemont-Sardinien und Frankreich auf der anderen Seite, dargelegt hatte. Dunant war es auch – damals zudem Sekretär des Christlichen Vereins junger Männer (CVJM) in Genf –, der anregte, eine Weltkonferenz dieser internationalen Jugendorganisation abzuhalten. Sie fand 1855 in Paris statt und rief ein Central International Committee ins Leben, das sich 1878 in Genf niederließ und fortan unter dem Namen „World Alliance of YMCAs" in Erscheinung trat. Heute sind auch Frauen in diese internationale und überkonfessionell ausgerichtete Jugendorganisation integriert, was in den siebziger Jahren in Deutschland zu einer Umbenennung in Christlicher Verein junger Menschen geführt hat.

Nach dem Ersten Weltkrieg wurde Genf Sitz des 1920 gegründeten Völkerbunds, der zunächst im „Saal der Reformation" in der Innenstadt, dann in dem zwischen 1929 und 1937 im Ariana-Park errichteten Palais des Nations tagte. Dieses im Art Déco-Stil errichtete Gebäude ist bis heute Sitz der 1945 gegründeten Nachfolgeorganisation, der Vereinten Nationen, deren Hauptsitz freilich in New York liegt. Genf aber wurde fortan zum Anziehungspunkt für viele weitere internationale Organisationen, zu denen unter anderem die 1948 gegründete Weltgesundheitsorganisation als Sonderorganisation der Vereinten Nationen gehört. Hinzu kommt, dass sich seit den 1930er Jahren die großen ökumenischen Organisationen in Genf niederließen. Dazu gehört in erster Linie der Ökumenische Rat der Kirchen – auch: Weltkirchenrat –, dem gegenwärtig 349 Kirchen aus aller Welt angehören. Die im Jahre 1948 in Amsterdam gegründete und unter ihrem ersten Generalsekretär Willem Adolf Visser't Hooft in Genf angesiedelte Organisation ging auf die Impulse der ökumenischen Bewegungen „Life and Work" mit den internationalen Konferenzen in Stockholm 1925 und in Oxford 1937 sowie „Faith and Order" mit internationalen Konferenzen 1927 in Lausanne und 1937 in Edinburgh zurück. Zu ihren Mitgliedern zählen die großen, aus der Reformation und ihrer Wirkung hervorgegangenen Kirchen, darunter beispielsweise auch die anglikanischen Kirchen, außerdem die altkatholischen Kirchen und die meisten orthodoxen und altorientalischen Kirchen.

Vor diesem Hintergrund wurde Genf in der Gegenwart zunehmend zu einem Synonym humanitären Engagements, internationaler Politik und weltweiter Ökumene. Sie scheinen immer mehr in die erste Linie der mit Genf verbundenen Erinnerung aufzurücken und auf diese Weise mit der reformationsgeschichtlichen Memoria zu konkurrieren. Wittenberg und Genf können daher in idealtypischer Weise für auf Homogenität zielende Erinnerungskulturen einerseits und komplexe, sich überlagernde Erinnerungsformen andererseits stehen.

Literaturhinweise

Irene DINGEL, Luther und Wittenberg, in: Albrecht BEUTEL (Hrsg.), Luther Handbuch. Tübingen 2005, ²2010, S. 168–178.

Norbert GÖTZ, Genf – ein nordischer Erinnerungsort, in: Bernd HENNINGSEN u. a. (Hrsg.), Transnationale Erinnerungsorte: Nord- und südeuropäische Perspektiven. Berlin 2009, S. 123–143.

Wolfgang HUBER, Wittenberg, in: Christoph MARKSCHIES/Hubert WOLF, Erinnerungsorte des Christentums. München 2010, S. 150–172.

Helmar JUNGHANS, Martin Luther und Wittenberg. München/Berlin 1996.

Stefan LAUBE, Die Kathedrale in Gnesen – die Schlosskirche in Wittenberg. Erinnerungsorte sakraler Nation oder nationaler Religion zwischen Napoleon und Erstem Weltkrieg, in: Robert BORN u. a., Visuelle Erinnerungskulturen und Geschichtskonstruktionen in Deutschland und Polen 1800 bis 1939. Warschau 2006, S. 185–210.

Stefan LAUBE, Der Kult um die Dinge an einem evangelischen Erinnerungsort, in: DERS./ Karl-Heinz FIX (Hrsg.), Lutherinszenierung und Reformationserinnerung. Leipzig 2002, S. 11–34.

Stefan RHEIN, Bugenhagen und Wittenberg. Eine Spurensuche, in: Irene DINGEL/DERS., Der späte Bugenhagen. Wittenberger Bürger, Kirchenpolitiker, Theologe und Stadtpfarrer. Leipzig 2011 (in Vorbereitung).

Jan ROHLS, Genf, in: Christoph MARKSCHIES/Hubert WOLF, Erinnerungsorte des Christentums. München 2010, S. 44–63.

Christoph STROHM, Calvinerinnerung am Beginn des 20. Jahrhunderts. Beobachtungen am Beispiel des Genfer Reformationsdenkmals, in: Stefan LAUBE/Karl-Heinz FIX (Hrsg.), Lutherinszenierung und Reformationserinnerung. Leipzig 2002, S. 211–225.

Christine Roll
Drittes Rom

Der Begriff „Drittes Rom" wird vor allem mit Russland in Verbindung gebracht: Moskau ist das Dritte Rom, *Moskva – Tretij Rim*. Darüber ist weltweit unendlich viel geschrieben worden, und im Russland Vladimir Putins erlebt dieses schillernde Schlagwort gerade eine bemerkenswerte Renaissance. Was aber soll eigentlich damit gesagt werden? Und für wen war, für wen ist Moskau das Dritte Rom?

Geprägt wurde die Formulierung im Großfürstentum Moskau des 16. Jahrhunderts. Danach allerdings fristete diese Vorstellung mehr als 350 Jahre eine Existenz am äußersten Rand des intellektuellen Diskurses, bis sie in der zweiten Hälfte des 19. Jahrhunderts die Aufmerksamkeit der russischen Geschichtswissenschaft erregte. Von dort verbreitete sie sich unaufhaltsam in die Welt, nach Deutschland zunächst, dann nach England, Italien und in die USA, und trieb dabei erstaunliche Blüten. Vieles ist inzwischen zwar kritisch analysiert und kenntnisreich zurückgeschnitten worden – namentlich durch John Meyendorff, Peter Nitsche, Marshall Poe und zuletzt Carsten Goehrke –, doch mit bemerkenswerter Beharrungskraft hält sich jene Vorstellung, die Bundeskanzler Helmut Kohl 1986 – immerhin im ersten Jahr von *Glasnost'* und *Perestrojka* – in einem Artikel für die „New York Times" zu Papier brachte: Der russische Drang zur Expansion und der Glaube, Mütterchen Russland werde die Welt erlösen, seien zurückzuführen auf die Idee von Moskau als dem nach Byzanz Dritten Rom.

Oströmisches Kaisertum und russischer Zar, byzantinisches Erbe und orthodoxe Kirche, Kontinuitäten imperialer Expansion und sowjetische Weltherrschaftsansprüche, Heiliges Russland und russischer Messianismus – aus diesem Stoff ist der Erinnerungsort Drittes Rom gemacht. Diese Mélange aus zutreffenden historischen Interpretamenten und klischeehaften Formeln, wie sie für Erinnerungsorte typisch ist, macht den einen Teil der Attraktivität des Dritten Rom aus und erlaubt das Funktionieren unserer Denkfigur als einer sinnstiftenden Erzählung: als eines politischen Mythos und eines historiographischen Topos. Ebenso zur Faszination des Dritten Rom trägt indessen ein weiteres Spezifikum bei, und zwar eines, das für Erinnerungsorte untypisch, womöglich sogar einzigartig ist: Mit der Erinnerung an das Dritte Rom findet und fand immer zugleich Deutung der Zukunft statt. Denn die Formulierung „Moskau ist das Dritte Rom" erklärt nicht bloß die jeweilige Gegenwart Russlands aus seiner Vergangenheit – und umgekehrt! –, sondern sie verbindet auch die Vergangenheit Russlands mit seiner Zukunft. Das kann, muss aber nicht eschatologisch gemeint sein. Losgelöst von seinem Kontext, kann das sprachliche Bild vom Dritten Rom nämlich sowohl das unentrinnbare Ende des Reichs und der Welt wie auch eine visionäre Verheißung bedeuten. So diente und dient das Dritte Rom immer wieder und immer wieder neu als Metapher für Perspektiven der historischen Entwicklung Russlands, und es kann deshalb neuerdings sogar als Mittel gegen postsowjetische Phantomschmerzen zum Einsatz kommen.

Im Folgenden soll die bemerkenswerte Karriere des Dritten Rom genauer verfolgt und seinem Funktionieren als europäischem Erinnerungsort nachgespürt werden.

Das Dritte Rom in den Briefen des Mönchs Filofej

Die Erzählung beginnt im Großfürstentum Moskau in den ersten Jahrzehnten des 16. Jahrhunderts. Nach aller Evidenz war der Mönch Filofej von Pskov der erste, der die Formulierung „Drittes Rom" verwendet und auf das Großfürstentum seiner Zeit bezogen hat. Allerdings ist keiner der drei in Betracht kommenden Briefe des Mönchs im Original erhalten – und damit beginnen die Probleme: Überliefert sind nur Abschriften, deren Wortlaut sich an entscheidenden Stellen voneinander unterscheidet; die genaue Datierung ist umstritten, und ebenso bestehen Kontroversen über die Adressaten der Briefe, also auch über ihren Anlass. Hinsichtlich zweier Briefe sind sogar Zweifel an der Autorschaft Filofejs geäußert worden. Die hoch komplexen Texte sind zudem voller Zitate aus den Propheten, den Apostelbriefen und apokryphen Evangelien, die zwar teilweise identifiziert werden konnten, deren undeutliche Zusammenhänge aber nach wie vor Rätsel aufgeben. Immerhin kann als übereinstimmende Meinung gelten, dass Filofej in einem Brief an einen Kanzleibeamten des Moskauer Großfürsten Vasilij, Misjur Munechin, Gedanken über Moskau als das Dritte Rom entwickelt hat. Eine wichtige und oft zitierte Textpassage lautet: „Denn wisse, du Christus Liebender und Gott Liebender: Alle christlichen Reiche sind vergangen und sind zusammen übergegangen in das Eine Reich unseres Herrschers, gemäß den prophetischen Büchern: das ist das Russische Reich [*rosejskoe carstvo*, Variante: *carstvo romejskoe*]. Denn zwei Rome sind gefallen, aber das dritte steht, und ein viertes wird es nicht geben".

Neue Untersuchungen haben ergeben, dass in den ältesten Überlieferungen *romejskoe*, also römisch, steht, erst in späteren Fassungen *rosejskoe*, russisch. Deshalb wird es für wahrscheinlich gehalten, dass auch Filofej „Römisches Reich" geschrieben hat. Aber was ist in diesem Zusammenhang das „Römische Reich"? In einem konkreten Sinn, so Marshall Poe, ist damit sowohl das Byzantinische Reich als auch das Moskauer Reich gemeint. In einem weiteren Sinn aber meint „Römisches Reich" jene politische Einheit, deren heilsgeschichtliche Aufgabe es ist, die universale Kirche zu schützen. Dieses „Römische Reich" ist nun „in das Reich unseres Herrschers", des Moskauer Großfürsten, übergegangen.

Bis heute stehen sich zwei einander entgegengesetzte Interpretationen gegenüber: Verfasste Filofej eine eschatologische Mahnung, sah er, der Mönch, die orthodoxe Religion gefährdet und appellierte nun an die weltliche Macht, sie in ihrem Reich zu bewahren und rein zu erhalten und sie somit vor dem endgültigen Untergang zu retten, denn „ein viertes wird es nicht geben"? Oder ist seine Vorstellung von Moskau als dem Dritten Rom eine erste feierliche Ode an den Herrscher eines neuen, universalen Reichs? Ist also sein Text ein imperiales Manifest, das den Moskauer Großfürsten als Nachfolger der byzantinischen Kaiser feiert, prophetisch die ideologische Grundlage eines aufblühenden Imperiums bildet und hier eine *translatio imperii* vornimmt?

Größere Klarheit ergibt sich durch den historischen Kontext. Ihn bilden zum ersten Endzeiterwartungen in der Orthodoxie, die auch nach dem Jahr des vorausgesagten Weltendes (1492) nicht versiegten. Zum zweiten spielt der Machtzuwachs des Moskauer Herrschers im Innern wie nach außen eine wichtige Rolle, und zum dritten änderte sich in dieser Zeit das Verhältnis der russischen Kirche zur oströmischen Kirche grundlegend. Zur Erinnerung: Die griechische orthodoxe Kirche, zu der die russische gehörte – der Patriarch von Konstantinopel setzte zum Beispiel auch den Metropoliten der russischen Kirche ein –, hatte sich mit dem Schisma von 1054 von der lateinischen getrennt. Zwar hatten die Päpste ihre Bemühungen um Rückführung der „abgewichenen" Griechen nie aufgegeben, aber erst angesichts der das Oströmische Reich existenziell bedrohenden Türkengefahr und gegen Hilfszusagen okzidentaler Herrscher hatte sich der griechische Patriarch auf dem Konzil von Ferrara/Florenz 1438/39 auf eine Union mit der römischen Kirche eingelassen. Auch der Metropolit von Moskau, Isidor, von seiner Herkunft her Grieche und – anders als die meisten russischen Hierarchen – Anhänger orthodoxer Unionspolitik, war der Union beigetreten. Als Isidor auf der Rückkehr vom Konzil 1441 mit einem lateinischen Kreuz in Moskau einzog, widerriefen die russischen Bischöfe jedoch nicht nur die Union, sondern setzten Isidor sogar ab; wenige Jahre später, 1448, wählte eine Synode der russischen Bischöfe einen der Ihren zum Nachfolger – ohne Einverständnis des Patriarchen ein krasser Rechtsbruch und die faktische Lösung vom Patriarchat.

Mit der Autokephalie also und der Eroberung Konstantinopels durch die Osmanen 1453 änderte sich die Stellung der russischen Kirche grundlegend. Die Konsequenzen werden bis heute strittig diskutiert. Von Bedeutung sind hier folgende Gesichtspunkte: Viele russische Hierarchen deuteten die Eroberung Konstantinopels durch die „Ungläubigen" als Strafe Gottes für die Unterwerfung der Griechen unter die lateinischen „Häretiker". Somit waren nicht nur die rechtlichen Beziehungen zur höchsten Instanz der Orthodoxie gestört, sondern diese verlor in der Sicht der Russen auch ihre moralische Autorität. Die Folge war ein Rückzug der russischen Kirche in die kulturelle Isolation – und jene enge Allianz mit der weltlichen Macht, die für die russische Geschichte seither prägend wurde. Gleichzeitig begannen orthodoxe Kleriker, vor allem nun unter türkischer Herrschaft lebende Griechen, an den Moskauer Großfürsten zu appellieren, er möge die Schutzfunktion des byzantinischen Kaisers übernehmen. Sie taten das freilich nicht explizit, sondern im Stil rhetorischer Schmeicheleien, nannten den Großfürsten den neuen Konstantin, titulierten ihn als Zar und Selbstherrscher (*samoderžec*, eine Interlinearübersetzung des griechischen *Autokrator*), versahen ihn also mit Epitheta der byzantinischen Kaiser. Und gleichzeitig wurde der Moskauer Großfürst politisch immer stärker: Bis zum Beginn des 16. Jahrhunderts gelangen Ivan III. wichtige militärische Siege gegen Litauen. Und den Tataren, die 250 Jahre lang über die Rus' geherrscht hatten, zahlte er keinen Tribut mehr.

Vor diesem Hintergrund wird Filofej – und werden auch die unterschiedlichen Möglichkeiten der Deutung seiner Briefe – verständlicher: Nach der Eroberung des Oströmischen Reichs durch die Osmanen 1453 ist das Römische Reich vom Neuen Rom – so der Ehrentitel der Stadt Konstantinopel seit dem Konzil von 381 – auf das Dritte Rom, „das Reich unseres Herrschers", auf das Großfürstentum Moskau also, übergegangen. Das Erste Rom nämlich, so seine Deutung an anderer Stelle, wird schon lange von den lateinischen Häretikern beherrscht, und das Zweite, Neue Rom Konstantinopel hatte auf dem Florentiner Konzil den wahren orthodoxen Glauben verraten und sich dem Papst unterworfen; als Strafe Gottes wird es nun von den Ungläubigen beherrscht. Das Reich des Moskauer Herrschers aber hat den Glauben rein erhalten und ist deshalb auserwählt, der letzte Hort der reinen orthodoxen Kirche zu sein, denn ein viertes Rom wird es nicht geben.

Worin aber bestand die Botschaft Filofejs? Wollte er den Moskauer Großfürsten an seine Pflichten als christlichen Herrscher gemahnen? Oder ging es ihm darum, seinem Herrn eine Ideologie für den Anspruch auf ein Drittes Römisches Kaiserreich zu liefern, das besser legitimiert war als das lateinische? Wollte er also die wachsende Macht des Großfürsten verherrlichen, der nach dem Ende der Tatarenherrschaft über Russland und dem Fall Konstantinopels der einzige orthodoxe, nicht unter der Oberherrschaft eines „Ungläubigen" stehende Herrscher war? Hat Filofej demnach den Großfürsten bereits zum Zaren stilisiert, zum Nachfolger des oströmischen Kaisers – und mithin der russischen Expansion eine ideologische Grundlage verliehen, die über den Systemwechsel von 1917 hinaus gültig blieb und den angeblichen sowjetischen „Griff nach der Weltmacht" ideologisch begründete, wie es namhafte westliche Wissenschaftler während des Kalten Kriegs formulierten?

Beide Interpretationen haben berühmte Fürsprecher auf ihrer Seite. Eine universale Herrschaftsideologie liest zum Beispiel der bedeutende Byzantinist Georg Ostrogorsky aus den Sendschreiben Filofejs heraus, ebenso Robert Stupperich und viele andere. Sie sehen die Heirat Großfürst Ivans III. mit Zoe Palaiolog, der Nichte des letzten byzantinischen Kaisers, 1472 als Grundlage eines „byzantinischen Erbes", wie sie es nennen. In diesem Zusammenhang deuten sie die nun einsetzende Verwendung eines doppelköpfigen Adlers im großfürstlichen Wappen als Übernahme eines byzantinischen Herrschaftsemblems. Auch sei die Krönung des Sohns Ivans, Dmitrij, nach byzantinischem Krönungsordo erfolgt. Mit der Krönung zum Zaren 1547 sei dann Ivan IV. Groznyj zum Oberhaupt eines neuen orthodoxen Weltkaisertums aufgestiegen. Filofej ist in dieser Deutung derjenige, der mit seinen Sentenzen über das Dritte Rom die neue russische Staatsideologie geschaffen hat.

Doch mehr als diese Deutung überzeugen die Einwände. Von Peter Nitsche ist summierend darauf hingewiesen worden, dass Zoe Palaiolog gar kein Erbrecht hatte, dass der Moskauer Doppeladler mit großer Wahrscheinlichkeit jenem Friedrichs III., des Habsburger Kaisers, nachempfunden ist – in Byzanz nämlich hatte der Adler keine Wappenqualität, sondern war nur Ornament –, und die Krönung Dmitrijs muss nicht zwingend nach byzantinischem Ordo erfolgt sein, denn wollte man dem zukünftigen Herrscher Moskaus eine sakrale Weihe verleihen, konnte ja schlecht ein lateinisches Vorbild gewählt, sondern musste auf ein orthodoxes zurückgegriffen werden; der orthodoxe, nicht der byzantinische Charakter der Weihe ist also zu betonen. Die Heirat Ivans mit der hohen Dame, der Doppeladler und die Krönung werden in dieser Interpretation als Ausdruck eines neu gewonnenen Selbstbewusstseins des Moskauer Großfürsten und als eine erste Öffnung zum Westen gedeutet. Die historischen Fiktionen und dynastischen Konstruktionen, die in der Zeit Ivan Groznyjs entstanden und dessen Abstammung von Kaiser Augustus beweisen sollten, wie auch seine Krönung zum Zaren erhalten den Sinn, ihn als unabhängigen, mit den gekrönten Häuptern Europas gleichrangigen Herrscher zu präsentieren.

Textkritik und historische Einordnung machen es mithin sehr wahrscheinlich, dass Filofej tatsächlich jene Mahnung impliziert hat. Um ihr angesichts des bevorstehenden Weltendes Gehör zu verschaffen, kleidete Filofej sie in die Metapher einer – heilsgeschichtlichen, nicht politischen! – *translatio imperii*, mit dem Propheten Daniel als Zeugen: Wenn im Moskauer Reich Häresien einreißen, so seine Warnung, geht nicht nur das Dritte Rom, in dem die wahre Christenheit ihre Heimat hat, zugrunde, sondern die Christenheit überhaupt. Filofej hat mithin die schmeichelnden Appelle der Griechen aufgegriffen, aber – und das dürfte sein ganz eigener Beitrag sein – sie in eine eschatologische Mahnung verwandelt.

Sollte sich allerdings herausstellen, dass die Briefe Filofejs erst in den 1540er Jahren entstanden sind, könnten sie durchaus im Umkreis des Moskauer Metropoliten Makarij, des Coronators Ivans IV., „ausgebrütet" (Goehrke) worden sein – um das Prestige dieses ersten Zaren, vor allem aber: um die Legitimation der eigenständigen russischen Kirchenorganisation zu mehren. Diese Legitimation erreichten die Nachfolger Ivans und Makarijs 1589 mit der Erhebung des Moskauer Metropoliten zum Patriarchen – übrigens ohne mit dem Dritten Rom zu argumentieren! Auch hat kein Moskauer Zar des 16. und 17. Jahrhunderts je den Anspruch erhoben, Erbe des oströmischen Kaisers noch gar der Herrscher des Dritten Rom zu sein; diese Metapher Filofejs war gewiss „too apocalyptic" (Meyendorff), um als politisches Prinzip übernommen zu werden.

Das Dritte Rom als Instrument der Moderne

Erstmals taucht das Dritte Rom im Moskauer Zarenreich des 17. Jahrhunderts als Argument auf, im Zusammenhang mit dem Streit zwischen den Anhängern der Liturgiereformen und Bücherkorrekturen des Patriarchen Nikon und dessen Gegnern in den 1660er Jahren. Nikon wollte die russische Kirche wieder am griechischen Usus orientieren, während seine Gegner, Altgläubige (eigentlich: Alt-Ritualisten) genannt, solche Reformen und Korrekturen ablehnten. Die Altgläubigen argumentierten mit dem Dritten Rom: Wenn Moskau das Dritte Rom sei, so fragten sie, warum sollten dann Reformen durchgeführt werden, die sich an den häresieverdächtigen Griechen orientierten? Im Ergebnis konnten sich die Altgläubigen zwar nicht durchsetzen, ihre Anschauungen und Texte wurden gebannt. Das Dritte Rom aber lebte in ihren Gemeinden weiter, ja, wie Marshall Poe zu Recht betont hat: Die Altgläubigen waren die ersten, denen das Dritte Rom wirklich etwas bedeutete.

Bis zur Mitte des 19. Jahrhunderts blieb die Vorstellung von Moskau als dem Dritten Rom auf die Kreise der Altgläubigen beschränkt und war auch bei ihnen, so weit man ihre Schriften kennt, nicht von zentraler Bedeutung. Die Slavophilen – denen das Dritte Rom in ihren Debatten mit den Westlern durchaus hätte nützlich sein können – scheinen mit den Gedanken Filofejs nicht einmal vertraut gewesen zu sein, und auch die Historiker Nikolaj Karamzin und Sergej Solov'ev haben Filofej wohl nicht gekannt. Das Interesse für das Dritte Rom und seinen Autor wuchs erst mit dem Tauwetter unter Zar Alexander II. und dem zunehmenden Interesse für die wissenschaftliche Erforschung historischer Quellen. Zu Beginn der 1860er Jahre erschienen die ersten kritischen Editionen der Schreiben Filofejs; diejenige von Vasilij Malinin ist handwerklich so gut, dass sie bis heute in weiten Teilen gültig ist.

1869 wurde dann zum Geburtsjahr des Dritten Rom der Moderne. In diesem Jahr publizierte der Historiker Vladimir Ikonnikov mit seiner Studie über den kulturellen Einfluss von Byzanz auf die russische Geschichte eine von Grund auf neue Interpretation der Botschaft Filofejs: eine imperiale Ideologie. Für das Bild, das man sich im Russland des 19. Jahrhunderts vom Moskauer Zarenreich des 16. Jahrhunderts machte, war dieses Buch von nachhaltiger Bedeutung. Das Dritte Rom war nicht mehr die Metapher eines einzelnen Mönchs über die eroberte und gefangene griechische Kirche, sondern Ausdruck einer weit verbreiteten Ideologie für ein universales Reich. Natürlich teilte Ikonnikov die zeitgenössischen Vorstellungen vom byzantinischen Erbe: Das byzantinische Wappen, der Gebrauch des Zarentitels, die „byzantinische Heirat" und all das, so befand er, unterstütze seine These von einer wirklichen *translatio imperii*, die um 1500 stattgefunden habe und deren Lied Filofej sang. Auch die endzeitliche Formulierung „aber ein viertes wird es nicht geben" vermochte Ikonnikov produktiv in sein Modell zu integrieren: Er sah sie nicht mehr als Prophezeiung, sondern überhöhte sie als den Beginn des russischen Messianismus; Russland habe erst durch das Dritte Rom seine Sendung als universales Reich und Retter der Welt erhalten.

Bei dieser Sicht blieb es für einige Jahrzehnte – mit jenen Folgen, an denen sich die Geschichtswissenschaft bis heute abarbeitet. Denn als nun die russische Historiographie aufblühte und die Beziehungen des Zarenreichs zum Papsttum, zu Byzanz wie zum orthodoxen Osten historisch aufgearbeitet wurden, als historische Darstellungen der politischen Ideen, der Kirche und der Literatur Russlands erschienen, geschah es mit dieser Interpretation des Dritten Rom und des „byzantinischen Erbes". Von hier führen die Wege zu Ostrogorsky, Stupperich und all den anderen, denen das Dritte Rom bis heute zur Interpretation der russischen Geschichte dient. Hinzu kam, dass 1914 die erste Geschichte des Dritten Rom erschien, eine „Skizze der historischen Entwicklung der Idee des russischen Messianismus" (so der Untertitel des Buchs von Ivan Kirillov), die jene im Petersburger Imperium des 18. Jahrhunderts verloren gegangene und nun schmerzlich vermisste Kontinuität zur Moskauer Zarenzeit wieder herstellte. Das Dritte Rom in seiner imperialen Konnotation hatte es mithin vermocht, bis an den Vorabend der Revolution den am schlimmsten empfundenen Defiziten und Brüchen des russischen Geschichtsbildes ideologisch abzuhelfen. Marshall Poe spricht zu Recht von der „creation of the 'Theory' of the Third Rome".

Angesichts dessen erstaunt es nicht, dass auch die Russische Revolution mit dem Dritten Rom gedeutet werden konnte. Der Kommunismus verlieh dem Dritten Rom sogar eine bezeichnende neue Relevanz: Die Utopien der Bolschewisten erschienen vielen als der radikalste Ausdruck des russischen Messianismus, ja, der Philosoph Nikolaj Berdjaev hielt in seiner Interpretation der Russischen Revolution von 1931 den russischen Messianismus für die eigentliche Antriebskraft hinter dem Kommunismus: „Anstelle von Filofejs Dritten Rom haben wir Lenins Dritte Internationale bekommen". Wie es scheint, setzte mit solchen Deutungen zwischen den Kriegen überhaupt erst eine breite europäische Rezeption des Dritten Rom und eine akademische Beschäftigung mit ihm ein; die Arbeit von Hildegard Schaeder gehört hierher. Nun galt das Dritte Rom als Synonym für das Moskauer Russland schlechthin. Und hier wiederum konnte die nationalkommunistische Interpretation der Sentenzen Filofejs ansetzen, die sich mit der Formulierung, die Sergej Eisenstein seinem Film-Zar Ivan Groznyj in den Mund legte, schön illustrieren lässt: „Zwei Rome sind gefallen, Moskau ist das Dritte, und es wird kein viertes geben", so lässt der Regisseur den Zaren den Mönch zunächst zitieren. Doch dann kommt die Wende: „Denn ich bin der absolute Herrscher des Dritten Rom, des Moskauer Staats" – und Filofej wird damit zum Ideologen Stalinscher Herrschaftspropaganda. Überhaupt erreichte die Identifizierung Russlands mit dem Dritten Rom im Kalten Krieg ihren Höhepunkt, in der Sowjetunion wie im Westen. In diesem politischen Klima fanden auch Arnold Toynbees Thesen Widerhall: Für den einflussreichen Kulturtheoretiker und Geschichtsphilosophen war das Dritte Rom nicht nur die russische Ideologie schlechthin, sondern sogar der Schlüssel zum Verständnis der russischen Geschichte. Mit dem Anliegen Filofejs aber hatte dieser Gebrauch der Metapher nach fast 400 Jahren nichts mehr gemein.

Das Dritte Rom im 21. Jahrhundert

Die eingangs gestellte Frage, für wen Moskau das Dritte Rom war oder ist und was damit gesagt werden soll, lässt sich, wie sich gezeigt hat, keineswegs leicht beantworten. Vielmehr erfuhr die Denkfigur von Moskau als dem Dritten Rom seit ihrer Prägung als eschatologische Mahnung zahlreiche Metamorphosen – vom Argument der Altgläubigen im späteren 17. Jahrhundert in ihrem Kampf gegen die Liturgiereformen des Patriarchen Nikon über eine imperiale Ideologie für Vergangenheit, Gegenwart und Zukunft des russischen Zarenreichs bis hin zur Verkörperung der „russischen Idee", zum Schlüssel zur russischen Geschichte und zur Chiffre des Westens für den sowjetischen Imperialismus der Stalinzeit. Sinnstiftend und zum Erinnerungsort wurde seit dem 19. Jahrhundert mithin nicht die eschatologische Bedeutung des sprachlichen Bildes, sondern seine imperiale Deutung – in einem historiographiegeschichtlich spannenden Prozess der Lösung der Denkfigur aus dem Kontext des historischen Rahmens wie der Quelle.

Ursprünglich bloß eine Metapher – und weder eine Idee noch eine Lehre oder gar eine Theorie –, geriet die Denkfigur in den Abschriften aus dem 16. Jahrhundert in die Hände der professionellen Historiker, der Verwalter historischen Sinns in den Zeiten von Idealismus und Historismus. Die Exponenten jeder politischen Strömung glaubten nun, ihre Wurzeln im Dritten Rom zu finden. Nacheinander oder auch gleichzeitig wurde es mit Reich, Staat, Idee, Volk, Nation, Ideologie und Partei in Verbindung gebracht, je nachdem, wo man gerade die Triebkräfte des historischen Prozesses vermutete. Erst seit den 1870er Jahren erhielt das Dritte Rom mithin jene Bedeutung, die man ihm für die beginnende Neuzeit zuschrieb.

Und das Dritte Rom lebt fort – zum ersten in der Institutionalisierung eines russisch-italienischen Wissenschaftlerseminars mit dem Titel „Di Roma alla Terza Roma", dessen Verdienste zumindest in der Publikation sonst kaum zugänglicher Quellen bestehen. Das Dritte Rom spielt zum zweiten für das postkommunistische Russland Putins auf der Suche nach Ideen, Werten und Zielen wie im Ringen um internationales Prestige weiterhin eine erhebliche Rolle, übrigens keineswegs bloß außerhalb der Akademien und Universitäten: Das Büchlein Andrej Sacharovs, des langjährigen Leiters des Instituts für Russische Geschichte bei der Akademie der Wissenschaften, mit dem Titel „Die Alte Rus' auf dem Weg zum ‚Dritten Rom'" etwa zeigt deutlich, wie hier Linien historischer Kontinuitäten vom Römischen über das Byzantinische Reich hin zur Moskauer Rus', dem Dritten Rom (sic!), und dann zum Russländischen Imperium des 18. und 19. Jahrhunderts gezogen werden. Das geschieht zudem mit erstaunlicher Unbefangenheit, unberührt von den kritischen Debatten der westlichen Forschung und mit für Historiker unüblicher Verunglimpfung der Quellen, des sprachlichen Ausdrucks und des intellektuellen Zuschnitts Filofejs. Gleichzeitig und zum dritten lässt die Moskauer Kirchenleitung den städtebaulichen Zustand Moskaus am Ende des 17. Jahrhunderts, vor allem den Reichtum der Stadt an Kirchen und Klöstern, in bildlichen Darstellungen und Plänen rekonstruieren und setzt mit solchen Büchern das vorpetrinische Moskau in einem antimodernistischen Affekt vom Petersburger Imperium ab. Kapitel wie „Orthodoxe Weltanschauung und die Lehre vom Dritten Rom" dienen auch hier als Legitimation.

Wirft man nun einen letzten Blick auf das Dritte Rom in der westlichen Geschichtswissenschaft der letzten Zeit, stellt man fest, dass sich bis heute – und trotz verbreiteter Skepsis der Forschung gegenüber der Bedeutung des Dritten Rom für die Geschichte des Moskauer Zartums – in vielen Darstellungen der russischen Geschichte mehr vom Denken Ikonnikovs und Toynbees verbirgt und gehalten hat, als sich die Autoren bewusst sind. Zu verlockend ist ja auch das schillernde Schlagwort von Moskau als dem Dritten Rom! Erhellend ist in diesem Zusammenhang die Bemerkung von Marshall Poe: Indem über die Bedeutung der Vorstellung von Moskau als dem Dritten Rom geschrieben wurde, erhielt es überhaupt erst eine Bedeutung! Nur als Erinnerungsort, als auch prospektiv funktionierender politischer Mythos, als Metapher für Perspektiven der historischen Entwicklung Russlands, kann das Dritte Rom wissenschaftlich angemessen erfasst werden. Dabei zeigt sich, dass es natürlich als russischer Erinnerungsort wirksam ist, weniger indessen als gemeinsamer europäischer, sind es doch genau jene Facetten, die das Dritte Rom seit dem 19. Jahrhundert in Russland attraktiv gemacht haben, die im Westen eher mit Irritation zur Kenntnis genommen werden oder gar bedrohlich erscheinen. Das Wissen um diese unterschiedlichen Wahrnehmungen freilich würde hüben und drüben viel zum gegenseitigen Verständnis beitragen.

Literaturhinweise

Carsten GOEHRKE, Russland. Eine Strukturgeschichte. Paderborn u. a. 2010.

Michail Petrovič KUDRJRAVCEV, Moskva – Tretij Rim. Istoriko-gradostroitel'noe issledovanie. Moskva 2008.

Vasilij N. Malinin, Starec Eleazarova monastyrja Filofeja i ego poslanija. Kiev 1901.

John Meyendorff, Was there ever a „Third Rome“? Remarks on the Byzantine Legacy in Russia, in: John J. Yiannias (Hrsg.), The Byzantine Tradition after the Fall of Constantinople. Charlottesville 1991, S. 45–60.

Peter Nitsche, Moskau – das Dritte Rom?, in: Geschichte in Wissenschaft und Unterricht 42 (1991), S. 341–354.

Georg Ostrogorsky, Byzanz und die Welt der Slawen. Beiträge zur Geschichte der Byzantinisch-Slawischen Beziehungen. Darmstadt 1974.

Marshall Poe, Moscow, the Third Rome. The Origins and Transformations of a „Pivotal Moment“, in: Jahrbücher für Geschichte Osteuropas N.F. 49 (2001), S. 412–429.

Andrej Nikolaevič Sacharov, Drevnjaja Rus' na putjach k „Tret'emu Rimu“. Moskva 2006.

Hildegard Schaeder, Moskau, das Dritte Rom. Studien zur Geschichte der politischen Theorien in der slawischen Welt. Darmstadt 1957.

Robert Stupperich, Die Russische Orthodoxe Kirche in Lehre und Leben. Witten 1967.

Arnold Toynbee, Civilization on Trial. London/New York 1948; deutsch Berlin 1958.

Marlene Kurz
Istanbul

Istanbul war europäische Kulturhauptstadt 2010. Dies sei doch, so schrieb zu Beginn des Jahres ein westlicher Beobachter in der türkischen Tageszeitung „Hürriyet", eine gute Gelegenheit für die Stadt, der Weltöffentlichkeit ihren europäischen Charakter zu beweisen. Historische Erinnerungen, Denkmäler und Assoziationen, die dazu dienen könnten, dieses Bild zu vermitteln, stehen reichlich zur Verfügung. Aber ist Istanbul wirklich „richtig" europäisch? Noch erschwert es die Idee vom Bosporus als „Grenze" zwischen Europa und Asien vielen Westeuropäern, in deren Köpfen dieses Konstrukt zu einem geradezu zwanghaften Denkmuster geworden ist, von Istanbul anders als bestenfalls als Brücke oder Schwelle zwischen Orient und Okzident zu denken. Die Osmanen hingegen wussten von dieser Doppelnatur ihrer „Pforte der Glückseligkeit" nichts, und auch für diejenigen Hellenen, denen sich die Ägäis als griechisches Binnenmeer präsentiert, gekrönt von der Hauptstadt Konstantinopel, dürfte diese Betrachtungsweise befremdlich gewesen sein. Die modernen Türken schließlich verstehen es, das westliche Konzept der Bosporusgrenze geschickt für sich zu nutzen: Ihre Bewerbung um die Ausrichtung der Olympischen Spiele 2000 beispielsweise untermauerten sie mit dem Slogan: „Lasst uns uns dort treffen, wo sich die Kontinente treffen".

Für West- und Osteuropäer gleichermaßen ist Istanbul bzw. Konstantinopel aber vor allem auch der Ort, der an den Glanz und Untergang zweier Imperien erinnert, an Byzanz und das Osmanische Reich. Häufig genug mischt sich daher das Denken an die Stadt mit dem Gedenken an das Schicksal eines ganzen Reiches. Dieser Essay wird sich jedoch allein mit der Erinnerung an die Stadt Istanbul befassen.

1453: der Fall Konstantinopels und die Eroberung Istanbuls

Wohl kaum ein Ereignis hat Konstantinopel so sehr zu einem gesamteuropäischen Erinnerungsort gemacht wie die osmanische Eroberung der byzantinischen Hauptstadt im Jahr 1453. Tatsächlich war es überhaupt erst dieses Ereignis, das vielen Westeuropäern die Existenz dieser Stadt wirklich bewusst gemacht hat. Für die Osmanen hingegen, die sich Anfang April 1453 vor Konstantinopel versammelten, war die Residenz der oströmischen Kaiser bereits Gegenstand einer lebhaften Erinnerungskultur: Mehrere Hadithe des Propheten Mohammed bezogen sich auf Konstantinopel, und einer davon ließ sich sogar als Verheißung deuten, dass die Stadt eines Tages von Muslimen erobert werden würde. Mehrere gescheiterte Belagerungen durch Araber und Osmanen waren Sultan Mehmeds Expedition vorausgegangen. Höhepunkt der Erinnerung an diese früheren Eroberungsversuche und spirituelles Großereignis während der Belagerung von 1453 war der Legende nach die Wiederentdeckung des Grabes des Prophetengefährten Ebu Eyyüb el-Ansaris, der bei der ersten muslimischen Belagerung Konstantinopels gefallen war. Nach der Eroberung der Stadt ließ Mehmed über dem Grab eine Moschee errichten, die bis heute ein beliebter Pilgerort ist.

So glanzvoll und wichtig die Eroberung Konstantinopels für die Osmanen und das weitere Schicksal ihres Reiches auch war, in ihrer herrscherzentrierten Geschichtsschreibung bildete dieser Erfolg lediglich eine Großtat neben vielen anderen des äußerst erfolgreichen Sultans Mehmed und wurde nicht als Einzelereignis zum Gegenstand einer besonderen Erinnerungskultur. Zeitgenössische osmanische Historiker handelten die Eroberung sogar oft nur mit wenigen Worten ab. Unter dem Einfluss der westlichen Geschichtsschreibung begannen erst gegen Ende des 19. Jahrhunderts einige Osmanen, sich mit dem Ereignis sozusagen um seiner selbst willen zu befassen.

In der muslimisch-türkischen Folklore ranken sich zahlreiche Legenden um die Belagerung und Eroberung Istanbuls, die entweder von den Wundertaten berichten, die sich in diesem Zusammenhang ereigneten, oder Ursprungslegenden für Bräuche oder Namen von Örtlichkeiten sind. So seien zum Beispiel Jalousien in Istanbul erst nach der Eroberung eingeführt worden, und zwar um die von den osmanischen Soldaten entführten griechischen Mädchen vor ihren Verwandten zu verbergen, damit diese nicht beim Kadi ihre Herausgabe erwirken konnten.

Weitaus dramatischer als bei den Osmanen gestaltete sich die Erinnerung an den Fall Konstantinopels in der christlichen Welt, vor allem in Westeuropa. Viele zeitnahe orthodoxe, aber auch so manche lateinische Historiker interpretierten den Verlust der Stadt als Strafe Gottes für die Sündhaftigkeit der christlichen Welt, und in den Legenden der Griechen und Südslawen wurde dieses Motiv weiter tradiert: Verblendet durch ihre Sünden, waren die Byzantiner nicht in der Lage, die Zeichen Gottes zu erkennen. So habe Gott dem letzten Kaiser durch einen christlichen Heiligen ein Holzschwert geschickt, mit dessen Hilfe er die Herrschaft über Konstantinopel bewahren könne. Konstantin Palaeologus jedoch wies das hölzerne Schwert voll Verachtung zurück. Erbost begab sich der Heilige daraufhin zu Mehmed. Der Sultan in seiner Großherzigkeit akzeptierte das Schwert und damit fiel die Stadt in seine Hand. Der Heilige aber, enttäuscht über die Glaubensschwäche der Christen, konvertierte zum Islam.

Nicht nur durch seine Großherzigkeit unterschied Mehmed sich in der Darstellung christlicher Legenden und Chroniken wohltuend von der Korruptheit der christlichen Granden, sondern auch durch seine Gerechtigkeit und seinen Heldenmut: Vielfach wurde der Eroberer mit Alexander dem Großen verglichen und so zu einer heroischen Figur stilisiert, die den Christen als Mahnung entgegengehalten werden konnte. Andererseits aber werden auch immer wieder die Brutalität der plündernden osmanischen Truppen und das Leiden der Besiegten in den Tagen nach der Eroberung hervorgehoben. Vor allem die unendliche Grausamkeit Mehmeds wurde oft detailreich ausgemalt. Solche Darstellungen ließen die Erinnerung an Konstantinopel zu einem Kristallisationspunkt frühneuzeitlicher westlicher Phantasien über die Türken werden: Die Faszination über ihre Erfolge und ihr militärisches Geschick mischte sich mit der Angst und dem Abscheu vor ihrer „Barbarei" und Grausamkeit.

An dieser westlichen Art der Erinnerung an den Fall von Konstantinopel ändert sich wenig bis zum Beginn der kritischen Geschichtswissenschaft im 19. Jahrhundert. Die Gräuelszenen der Eroberung von 1453 wurden durch die Neuerinnerung an die lateinische Eroberung von 1204 überboten: Sowohl protestantische Gymnasialprofessoren als auch katholische Kunsthistoriker zeigten sich schockiert über das blutrünstige Gemetzel: „War schon das Ende dieses Reiches entsetzlich, so war der Anfang des kurz dauernden lateinischen Kaiserthums noch entsetzlicher". Gleichzeitig wurde das Jahr 1453 vielfach zum „Wendepunkt in der Weltgeschichte" hochstilisiert, der die Geschicke Europas in neue Bahnen gezwungen habe: die „Grenzscheide des Mittelalters und der Neuzeit" und eine „Sternstunde der Menschheit".

In der zweiten Hälfte des 20. und zu Beginn des 21. Jahrhunderts ist die offiziell propagierte Erinnerung an 1453 – soweit sie überhaupt stattfindet – versöhnlich-gemäßigt: Byzanz hatte sich längst überlebt und war auf einige wenige Enklaven geschrumpft, als Konstantinopel in die Hände der Osmanen überging: ein geradezu „natürlicher" Prozess. Das gemeinsame Projekt Konstantinopel-Istanbul, so könnte man die Begleittexte der Ausstellung „Von Byzanz nach Istanbul: 8000 Jahre einer Hauptstadt" interpretieren, die anlässlich des Kulturhauptstadtjahres in Istanbul zu sehen war, wechselte von der griechischen in die osmanische Obhut.

Der 500. und 550. Jahrestag der Eroberung wurden von wissenschaftlichen Kongressen und Publikationen, Zeitungsartikeln und *Living History Events* kommemoriert. Staatliche Gedenkfeiern fanden nicht statt. Einzelne Veranstaltungen privater Institutionen sowie Videoclips und Internetforen lassen jedoch erkennen, dass in verschiedenen Subkulturen auch noch andere als die offiziellen und wissenschaftlichen Arten der Erinnerung gepflegt werden: So findet man z. B. Griechen, die den Schwarzen Dienstag (29. Mai 1453) und den tragischen Heldentod des letzten Kaisers betrauern und auf die Wiedergewinnung Konstantinopels hoffen, und Türken, die die Eroberung Istanbuls als Zeichen der Überlegenheit des Islams werten.

Christliche und legendäre Vergangenheit

Mit der osmanischen Eroberung wurde zwar die christliche Herrschaft über Konstantinopel beendet, antike und christliche Baudenkmäler jedoch blieben in nicht unbedeutender Zahl erhalten: Neben der Stadtmauer waren es vor allem das Hippodrom und die vielfach in Moscheen umgewandelten orthodoxen Kirchen, die für westeuropäische Besucher zu Stätten der Erinnerung an die christliche Vergangenheit, aber auch, wie viele hofften, der Aussicht auf eine „bessere" Zukunft werden sollten.

Der Gedanke an die eigentlich christliche Verfasstheit Konstantinopels wurde im Westen unter anderem durch Stadtansichten bekräftigt, die die nach 1453 neu entstandenen islamischen Bauwerke kaum oder gar nicht berücksichtigten, die Hagia Sophia ohne Minarette zeigten und andere in Moscheen umgewandelte Kirchen nicht abbildeten. Viele frühneuzeitliche westliche Gesandte und Reisende, deren Zahl ab der zweiten Hälfte des 16. Jahrhunderts erheblich zunahm, betrauerten in ihren Berichten über ihre Aufenthalte in Istanbul den Verlust der Stadt, derer nun gerne als einstmaliges Zentrum christlicher – und damit europäischer Kultur – gedacht wurde, als eines Ursprungsorts des Humanismus. Diese Besucher suchten gezielt nach den Überresten des antiken und vor allem des christlichen Konstantinopel, kauften griechische Manuskripte und kontemplierten melancholisch die byzantinischen Baudenkmäler. Die Hagia Sophia war das beliebteste Ziel dieser Reise in die vorislamische Vergangenheit der Stadt, bei deren Anblick sich Faszination über die architektonische Spitzenleistung mit Klagen über die Entweihung des heiligen Ortes durch den „Mahometischen Aberglauben" mischten. Die neueren osmanischen Bauten provozierten ambivalente Reaktionen oder sogar Verachtung. Noch für die meisten Besucher des 17. Jahrhunderts bestand kein Zweifel daran, dass Konstantinopel „rechtmäßig" eigentlich zur christlichen Welt gehörte.

Neue Nahrung erhielt die Erinnerung an das antike und christliche Konstantinopel im 19. Jahrhundert: Einerseits heizte der Nationalismus das Verlangen des neu konstituierten griechischen Staates nach territorialer Ausdehnung an: Die Große Idee (*Megali Idea*) sah vor, das Byzantinische Reich in seinem früheren Glanz wiederherzustellen, und einzig Konstantinopel konnte die wahre und natürliche Hauptstadt eines solchen Gemeinwesens sein. Nach dieser nationalistischen, aus apokalyptischen Visionen hergeleiteten Erwartung würde Gott selbst den Griechen, die sich inzwischen von ihren Sünden losgesagt hatten und gereinigt waren, die heilige christliche Stadt Konstantinopel, den Sitz des orthodoxen Patriarchats, zurückgeben. Diese Ambitionen entsprachen jedoch weder den Vorstellungen der westeuropäischen Staatsmänner, die noch nicht bereit waren, das Osmanische Reich endgültig verschwinden zu lassen, noch den Phantasien der Philhellenen, die nicht Byzanz und das orientalische Istanbul, sondern das antike Griechenland als Vorbild für das neue Griechenland und damit Athen als Hauptstadt favorisierten. Schließlich zwangen die geopolitischen Realitäten die griechische Regierung dazu, sich den Wünschen der europäischen Großmächte zu beugen.

Andererseits erlebten in der zweiten Hälfte des 19. Jahrhunderts die byzantinistischen Studien in Istanbul ein Goldenes Zeitalter. Zahlreiche Reiseberichte und wissenschaftliche Abhandlungen befassten sich mit der byzantinischen Geschichte und den Baudenkmälern des antiken und christlichen Konstantinopel. Die englische Reisende Frances Elliot, die 1892 Istanbul besuchte, beklagt in ihrem „Tagebuch einer Müßiggängerin in Konstantinopel" die barbarische Grausamkeit, die die Türken an der Stadt Byzanz verübt hätten. In ihrer Beschreibung der Geschichte des Hippodroms trauert sie den verschwundenen Palästen nach, die dieses einst säumten und die durch die „schuldhafte Besetzung" durch islamische „Parasiten" wie die Blaue Moschee ausgelöscht worden seien. Für so manchen Besucher des 19. und frühen 20. Jahrhunderts blieb also Istanbul Konstantinopel, die Hauptstadt des Byzantinischen Reiches, das mit einem Guss osmanisch-orientalischen Exotismus' überzogen worden war. Dieses Bewusstsein für die nicht-muslimische Vergangenheit Istanbuls wurde der breiten Masse der Touristen, die Istanbul seit der Einführung von Dampfschifffahrts- und Eisenbahnverbindungen aus Westeuropa überschwemmten, zudem durch eine riesige Auswahl von Postkarten mit antiken und christlichen Motiven und das gerade neu entstehende Genre der Reiseführer nahe gebracht.

Während die antiken Ruinen und (ehemaligen) Kirchen die Byzanznostalgie westlicher Besucher beflügelten, lieferten sie den einheimischen Christen und Muslimen reichlich Stoff für zahlreiche, mit biblischen und koranischen Motiven durchwebte Legenden, in denen die Vergangenheit der Stadt zu einem Manifestationsort himmlischer und übernatürlicher Kräfte wird, und so ihr besonderer Charakter betont wurde. Die auffälligen antiken Säulen zum Beispiel, die sich auf dem Hippodrom und an anderen Orten Istanbuls befinden, galten den Osmanen als Talismane aus vorislamischer Zeit, die die Stadt vor Gefahren schützten oder von Dämonen und Engeln bewohnt wurden. Dass die Hagia Sophia eines Tages zur Moschee werden würde, war ihr von Anfang an bestimmt, denn, so wird erzählt, der Bau ihrer Kuppel konnte den Christen erst gelingen, als sie Mörtel mit dem Speichel des Propheten Mohammed anrührten. Nach einer griechischen Legende wird die Hagia Sophia seit ihrem Bau, und auch noch heute, nach ihrer Umwandlung in eine Moschee, von einem Engel bewacht.

Auch die Geschichte der Stadt selbst wurde immer wieder durch göttliche und andere übermenschliche Kräfte bestimmt: Die erste Besiedlung des Ortes, an dem später Istanbul entstehen sollte, erfolgte nach osmanischer Überlieferung durch den Propheten Salomo, der von Riesen und Feen, Menschen und Geistern am Ufer des Bosporus einen Palast für seine Gattin errichten ließ. Lange nach ihm gründete ein römischer Kaiser an derselben Stelle seine Stadt, die Gott jedoch schließlich als Strafe für das heidnische Treiben des Kaisers zerstörte, eine Abfolge von Ereignissen, die sich in der Geschichte der Stadt noch öfters wiederholen sollte. Auch unter den frühneuzeitlichen Osmanen traten immer wieder Prediger auf, die, vielleicht in Erinnerung an diese früheren Schicksale, auf jeden Fall aber eingedenk der apokalyptischen Hadithe, die die Eroberung Konstantinopels als Teil des endzeitlichen Szenarios prophezeien, den sittenlosen Lebenswandel ihrer muslimischen Glaubensbrüder tadelten.

Ein orientalisches Märchen

Trotz der oft gebrandmarkten Sittenlosigkeit der Bevölkerung, der Korruptheit der Beamten, der vielen Brände und zahlreichen Pestepidemien blieb für die meisten Osmanen, die sich aus beruflichen Gründen in der Provinz aufhalten mussten oder zur Strafe dorthin verbannt worden waren, Istanbul mit seinem, so die Topoi der osmanischen Dichtung, milden Klima, seiner einzigartigen geographischen Lage, seinen paradiesgleichen Gärten und seiner von keiner Stadt der Welt übertroffenen Schönheit das Ziel ihrer Sehnsüchte. Der Dichter Yusuf Nabi (gest. 1712), der die Hauptstadt wegen einer Pestepidemie verlassen haben soll und viele Jahre im syrischen Aleppo lebte, pflegte die Erinnerung an Istanbul als die eines unübertroffenen Brennpunktes kulturellen und wissenschaftlichen Lebens. Kunst und Handwerk stünden dort in hohem Ansehen, die Elite der Osmanen sei dort versammelt, keine Frage, kein Problem bliebe dort ungelöst. Der Anblick der Silhouette der Stadt, besonders vom Bosporus aus während einer Bootsfahrt, sei durch nichts zu überbieten – ein Eindruck, der auch von nicht-osmanischen Besuchern der Stadt geteilt wurde und ein beliebtes Motiv der westlichen Reiseliteratur bildete.

Auch für Westeuropäer begann Istanbul seit Ende des 18. Jahrhunderts zunehmend zu einem Ort der Sehnsüchte zu werden, zu einem aus Lektüreerfahrungen und Phantasien geschaffenen Erinnerungsort. Reisten auch zu Beginn des 20. Jahrhunderts noch manche westeuropäische Besucher nach Istanbul, um dort die Ruinen des alten Byzanz, die Reste des „wahren" Konstantinopel beweinen zu können, so hatte sich doch spätestens seit Anfang des 19. Jahrhunderts ein weiterer Trend etablieren können: die romantische Verklärung des exotisch-orientalischen Istanbul. Aus einem Gemisch aus Einzelbeobachtungen, Vermutungen und aus Neugier, Angst und Sehnsüchten erwachsenden Zuschreibungen und Phantasien entstand Istanbul als orientalisierter Erinnerungsort – als ein Name, dessen Nennung, wie ein deutscher Gelehrter 1899 schrieb, „schon in früher Jugend durch die farbreichen Bilder orientalischer Pracht und Herrlichkeit die glühende Phantasie beschäftigte". Wohl geschult durch zahllose Reiseberichte, farbenprächtige Gemälde und vor allem die Geschichten der Märchensammlung „Tausendundeine Nacht", brachen Engländer, Franzosen, Deutsche und Italiener auf in die Hauptstadt des „sagenumwobenen Morgenlandes". Die Reise nach Istanbul wurde zum Inbegriff einer Reise in eine andere, zauberische Welt, in der man die Monotonie des Okzidents und die eigene beschwerliche Identität hinter sich lassen konnte. Wie und wo der märchenhafte Orient in Istanbul zu erleben war, gaben die tradierten Topoi der Reiseliteratur vor: der alte Topkapı-Palast samt Harem, der seit dem Umzug der Sultane in ihre modernen Residenzen besichtigt werden konnte, Basare und türkische Bäder, Moscheen, Kaffeehäuser und Friedhöfe, heulende und tanzende Derwische, verschleierte Frauen und Wasserpfeife rauchende Männer, und, wenn es sich zeitlich ergab, die festlichen Nächte des Fastenmonats Ramadan. Viele Besucher hatten die Stadt schon vor ihrer Ankunft durch ihre Lektüre so intensiv erlebt, dass es ihnen schwer fiel, die Welt der Texte zu verlassen. Gelang ihnen dieser Sprung aber doch, mussten sie mit Enttäuschungen rechnen: Seit der Mitte des 19. Jahrhunderts waren die Osmanen nämlich fleißig dabei, immer weitere Teile Istanbuls nach europäischem Vorbild umzugestalten. Statt die erhoffte orientalische Zauberwelt ihrer Phantasien zu finden, fühlten immer mehr Besucher sich an westliche Großstädte, vor allem an London erinnert. Konstantinopel, bemerkte ein desillusionierter Franzose schon 1852, habe nichts Orientalisches. Und eine englische Reisende klagte: „Die schönen Überbleibsel der maurischen Architektur, so gänzlich orientalisch in ihrem Charakter, machen europäischen Neuerungen Platz; die schweren, herabhängenden, verschachtelten Dächer der Brunnen verschwinden, die bemalten Wände der hölzernen Paläste; alles wird durch Eisen und Marmor ersetzt, die feengleiche Architektur verschwindet, der orientalische Mittsommernachtstraum macht einer allzu irdischen Landschaft Platz; Istanbul wird zu europäisch".

Vom Vergessen und Wiedererinnern

Ähnlich wie den um ihr Orienterlebnis betrogenen westlichen Reisenden erging es nach dem Ende des Osmanischen Reiches und der Gründung der türkischen Republik auch vielen echten Istanbulern. Die kemalistischen Reformer, die einen uniformen, säkularen und ganz an europäischen Vorbildern ausgerichteten modernen Staat zu schaffen hofften, erklärten 1923 Ankara zur Hauptstadt der neuen Türkei. Die ehemalige Hauptstadt Istanbul wurde zum „Vergessensort": Vergessen werden sollte alles, woran diese Stadt erinnerte: das multikulturelle Vielvölkerreich, das osmanisch-orientalische Erbe und die islamische Zivilisation. Istanbul wurde zur armen Provinzstadt degradiert. Die religiösen und kulturellen Minderheiten wanderten größtenteils aus, die Einwohnerzahl sank erheblich, Häuser, Paläste, Moscheen und Brunnen verfielen. Unter den Zurückbleibenden machte sich eine kollektives Verlustgefühl breit: Neben die Ruinen des verlorenen Byzanz traten die Ruinen des verlorenen Osmanischen Reiches. Die zerbröckelnde Stadtlandschaft weckte in den Betrachtern die melancholische Erinnerung an glanzvolle Tage. Die Schriftsteller der frühen Republikzeit porträtierten die ehemalige Residenzstadt der osmanischen Sultane als letztes Überbleibsel einer verlorenen Zivilisation. Der bekannte türkische Autor Orhan Pamuk beschrieb das Istanbul seiner Kindheit als eine Stadt, die den Verlust ihrer Farbe betrauerte. Um sich von der „Bauernkultur" der Anatolier abzugrenzen, die ab den 1950er Jahren nach Istanbul einwanderten, träumten sich viele „echte" Istanbuler zurück in das 19. Jahrhundert und die eleganten und mondänen Straßen Peras, die zu dieser Zeit nur von osmanischen Gentlemen bevölkert gewesen seien und noch nicht von den ungehobelten Neuankömmlingen aus der Provinz.

Erst ab den frühen 1980er Jahren sollte sich das Blatt wieder wenden: Es wurde begonnen, Istanbul aus einer müden Stadt, deren Ruhm in der Vergangenheit lag, in eine moderne Metropole von globaler Bedeutung zu verwandeln. Einhergehend mit dieser Transformation werden verschiedene Aspekte der städtischen Vergangenheit neu erinnert. Der kosmopolitische Charakter, der der Reichshauptstadt von Byzanz und dem Osmanenstaat von jeher eigen gewesen sei, wird ausdrücklich betont. Westeuropäische und türkische Historiker verweisen auf Istanbuls multikulturelle Vergangenheit, und der Kulturkalender 2010 der Istanbuler Stadtverwaltung hat dem Rechnung getragen: Verschiedene Veranstaltungen haben sich mit der Präsenz von Griechen und Armeniern in der Stadt befasst oder mit den Feiertagen religiöser Minderheiten wie der Assyrer und Aleviten. Soziologen verweisen auf die Wiederbelebung dieser kosmopolitischen Energie der osmanischen Vergangenheit durch neue Akteure: An die Stelle der Griechen und Armenier sind Russen, Georgier, Aserbeidschaner, Bulgaren und Rumänen getreten. Auch die Verwandlung Istanbuls in eine globale Megacity wird mit der Erinnerung an die städtische Vergangenheit verknüpft: Diese globalisierte Modernisierung sei eine Fortsetzung der europäisierenden Reformen des 19. Jahrhunderts auf höherem Niveau.

Eine Neuentdeckung der multikulturellen und gesellschaftlich komplexen Vergangenheit Istanbuls findet seit Ende des 20. Jahrhunderts auch in der westlichen Literatur statt: Zu den orientalisierenden Bildern von pittoresken Basaren und Palästen, den Sultanen und mandeläugigen Haremsmädchen treten nun die Helden moderner Kriminal- und Spionageromane. Deren Handlung ist meist im 19. und frühen 20. Jahrhundert angesiedelt und trägt somit dazu bei, auch das Istanbul dieser Epoche mit seiner Mischung aus Tradition und Moderne, Europa und Orient zu einem attraktiven Erinnerungsort für ihre Leser zu machen.

Literaturhinweise

Henry CARNOY/Jean Nicolaidès CARNOY, Folklore de Constantinople. Paris 1894.

Catharina DUFFT, Orhan Pamuks Istanbul. Wiesbaden 2009.

Reika EBERT, Re-Creating Constantinople. The Imperial Gaze of Seventeenth-Century Hapsburg Travel Writers upon the City at the Bosphorus, in: Pacific Coast Philology 38 (2003), S. 116–131.

K. E. FLEMING, Athens, Constantinople, „Islambol". Urban Paradigms and Nineteenth-Century Greek National Identity, in: New Perspectives on Turkey 22 (2000), S. 1–23.

Klaus KREISER, Istanbul. Ein historisch-literarischer Stadtführer. München 2001.

Tijen OLCAY, Istanbul face aux regards: visions, illusions, illuminations dans les arts et les récits des voyageurs français aux XIXème et XXème siècles. Théophile Gautier, Pierre Loti, Alain Robbe-Gillet. Frankfurt a.M. u. a. 2007.

Stefana STOICOVA, La Chanson de la chute de Constantinople dans le folklore bulgare, in: Balkan Studies 25/2 (1984), S. 475–483.

Martin STOKES, Beloved Istanbul, Realism and Transnational Imaginery in Turkish Popular Culture, in: Walter ARMBRUST (Hrsg.), Mass Mediations: New Approaches to Popular Culture in the Middle East and Beyond. Berkeley 2000, S. 224–242.

Martin Kintzinger
Universität

Eindrücke aus der Gegenwart: Die äußere Form

Die Universität ist zu einer Filmkulisse geworden. Bei der Inszenierung der Harry–Potter-Bände der britischen Autorin Joanne K. Rowling seit 2001 hat man sich der traditionellen Formen britischer Universitätsgebäude bedient, um Hogwarts darzustellen, Schule für Zauberei und Hexerei (School of Witchcraft and Wizardry). Dass dort angeblich geheime Künste und verborgenes Wissen gelehrt würden, passt gut ins Bild. Mittelalterliche Architektur stand Pate bei der Gestaltung des Schulgebäudes. Es entsprach jenen seit dem 12. Jahrhundert entstandenen gotischen Bauwerken, die die Colleges der britischen Universitäten bis heute so markant aussehen lassen.

Kaum ein treffenderes Beispiel lässt sich dafür anführen als die Stadt Oxford, deren gotische Türme auf die Kirchen und sonstigen Bauwerke der insgesamt 38 zwischen 1249 und 2008 gegründeten Colleges hindeuten und sich zu einer charakteristischen Silhouette verdichten. Tatsächlich wurden entscheidende Szenen der Harry-Potter-Verfilmungen im Speisesaal, der Großen Halle, des Christ Church Colleges in Oxford gedreht, andere in einem Kloster oder in Kathedralen, allesamt Schauplätze aus dem Mittelalter.

Erschöpft sich die historische Erinnerung an die europäische Universität in äußeren Formen oder in Nostalgie oder sind Universitäten heute noch Orte der Erinnerung an die lange Tradition gelehrten Wissens in Europa und an das spannungsgeladene Verhältnis von Wissenschaft und Gesellschaft seit dem Mittelalter?

In einem Essay unter dem Titel „,Universität' – ein ‚deutscher Erinnerungsort'?" hat der Berliner Wissenschaftshistoriker Rüdiger vom Bruch 2007 vier Gegenstandsfelder für die Beschreibung der Universität als Erinnerungsort definiert: materielle Überreste, Erinnerung an den Personenverband, identitätsstiftende Benennungen und die Selbstreflexion. Sie werden im Folgenden nachgezeichnet.

Universitätsgebäude als materielle Überreste verraten in jedem Fall viel über ihre Entstehungszeit, nicht nur diejenigen aus dem Mittelalter: die imperiale Architektur des ausgehenden 19. Jahrhunderts wie an den Hauptgebäuden der Wiener, der Berliner Humboldt- oder der Münchener Ludwig-Maximilians-Universität ebenso wie die schlichten, teils von Designern entworfenen Funktionsbauten nach 1945, beispielsweise der Berliner Freien Universität, oder die Glasbeton-Hochbauten der Reformuniversitäten seit den 1970er Jahren wie an den Universitäten Bochum oder Bielefeld.

Hinter dem äußeren Erscheinungsbild der Gebäude tritt in der allgemeinen Wahrnehmung gewöhnlich die Institution der Universität mit ihren Besonderheiten zurück. Dass die 1167 gegründete Universität Oxford die drittälteste Universität Europas ist, ist nicht mehr allgemein bewusst. Verborgen ist heute auch, dass die aufwendigen Bibliothekstrakte und beeindruckenden Hallenräume in englischen Universitäten Entscheidendes über das praktische Funktionieren der Universitäten verraten: Durch die Zugänglichkeit der Bücher über den Kreis von Universitätsangehörigen hinaus und durch die Anwesenheit der Familien und Freunde von Prüfungskandidaten bei feierlichen Promotionsverfahren (dem formalisierten wissenschaftlichen Streit, der Disputatio) wurden die Universitäten schon im späten Mittelalter zu einem öffentlichen Ort, und sie nutzten die Chance, Wissen und Verfahrensformen seiner Aneignung und Vermittlung nach außen zu kommunizieren.

Vieles hat sich im Lauf der Jahrhunderte geändert, vor allem die Organisation der wissenschaftlichen Disziplinen. Sie waren im Mittelalter und noch während der Frühen Neuzeit auf der Grundlage der klassischen Sieben Freien Künste – *Septem Artes Liberales* – in eine Fakultät der Artes und weitere der Medizin, der Rechte und der Theologie gefasst. Heutige Fakultäten und Fachbereiche bilden diese Disziplinen noch immer ab (die Artes-Fakultät seit dem 18. Jahrhundert als Philosophische Fakultät), sind aber notwendig weitaus differenzierter aufgebaut. Hier führt die historische Erinnerung in fremde Vergangenheiten wie in bewahrte Traditionen gleichermaßen.

Auch der mitunter leicht introvertierte Habitus von Gelehrten gehört in die allgemeine Wahrnehmung insbesondere britischer Universitäten. Ein „Oxford-man" ist nicht nur dort noch immer ein Begriff und steht für besondere Belesenheit und akademische Exklusivität ebenso wie für die soziale Geltung von Universitätsabsolventen innerhalb eines über Generationen im Wesentlichen unveränderten Verhältnisses von Universität und Gesellschaft. Die dinstinguierte Sprachform des Englischen, wie sie in der Erziehung in Großbritannien bis heute gepflegt wird, bei Repräsentanten der gesellschaftlichen Eliten zu beobachten ist und häufig als „Oxbridge" verballhornt wird, wird gern zur Bestätigung solcher Vorstellung genommen.

Eine Erinnerung ganz anderer Art bezieht sich auf eine weitere der ältesten Universitäten in Europa, diejenige von Paris. Diese Erinnerung ist mit der Bezeichnung „Sorbonne" verbunden. Als 2006 die französischen Studenten gegen Reformpläne der Regierung in Paris demonstrierten, gingen Bilder von ihren Zusammenstößen mit der Polizei auf dem Universitätsgelände um die Welt. In der internationalen Presse kommentiert wurde, dass diese Proteste nicht an irgendeiner französischen Universität stattfanden, sondern ausgerechnet an der Sorbonne. Dort hatte es in den späten sechziger und siebziger Jahren des 20. Jahrhunderts gesellschaftspolitisch motivierte Demonstrationen gegeben, und jetzt, am Beginn des dritten Jahrtausends, gingen die Studenten erneut gegen die Regierungspolitik auf die Straße. Genauso wie damals wählten sie die Sorbonne als symbolträchtigen Ort ihres Protests. Jetzt, 2006, sah man die Studenten stets vor (und nicht in) der Universität, weil sie von Ordnungskräften an deren Betreten gehindert wurden. Die Beteiligten sahen auch hierin eine Kontinuität, denn im Frühjahr 1968 hatte die Räumung eines Teils der Sorbonne nach den dortigen Demonstrationen weitreichende politische und gesellschaftliche Folgen gehabt. Die Sorbonne ist ein Element der kollektiven Erinnerung an die demokratischen Traditionen in Frankreich.

Tatsächlich kann Paris für sich in Anspruch nehmen, dass dort im 11. und 12. Jahrhundert aus den am Ort und in den Nachbarorten vorhandenen Kathedralschulen durch einen Akt der sukzessiven Selbstorganisation neue Verfahren von wissenschaftlicher Diskussion und Vermittlung entstanden, die sich schließlich gegen alle Widerstände eigene Organisationsformen erstritten. Die Universität Paris wurde nicht gegründet – wie fast alle anderen Universitäten in Europa –, sondern sie entstand aus einer Initiative von Lehrern und ihren Schülern. Einzige sonstige Ausnahme ist die Universität Bologna, die ebenfalls durch schrittweise Selbstorganisation entstand und bis heute mit Paris um den Rang der ältesten Universität Europas streitet. In ihrem Siegel führt sie selbstbewusst das Anfangsdatum 1088. Paris feierte 1998 das 800-jährige Jubiläum seiner Universität.

Lehrer und Schüler verließen die kirchlichen Schulen in Paris und fanden sich in einem wenig besiedelten Stadtgebiet als „freie Magister" zusammen. Die Topographie der Stadt bekam dadurch eine neue Aufteilung: rechts der Seine die Kaufleute, auf der Insel in der Mitte (Île de la Cité) die Residenzen von König und Bischof, links der Seine die Universität. Bis heute nennt man das Gebiet, in dem die Sorbonne liegt, das „lateinische Viertel" (Quartier latin).

Wann dieser Prozess begann, ist unklar. Bereits in den Jahren 1190 und 1200 erhielten die neu organisierten Lehrenden und Lernenden die ersten Rechtsbestätigungen, die ihren Fortbestand garantierten. Sie hatten sie gegen den Widerstand der kirchlichen Lehraufsicht, des Bischofs und des Scholasters von Notre Dame, erstritten, aber der König unterstützte sie, weil er erfasst hatte, dass in von der Kirche gelösten wissenschaftlichen Studien gelehrte Spezialisten ausgebildet werden konnten, die er für die Regierung des Landes dringend benötigte. Selbstbewusst traten die Universitätsangehörigen daher Übergriffsversuchen vor allem seitens der Stadt entgegen, so erstmals 1229 mit einem drei Jahre andauernden Vorlesungsstreik.

In den urkundlichen Rechtsbestätigungen wurden die organisierten Magister von Paris als „Universitas" angesprochen; daraus entstand der Begriff der Universität. Dass eine Universität sich nach wissenschaftlichen Disziplinen in vier Fakultäten unterschied, geht auf die Organisation der Universität Paris zurück. Auch deshalb erklärten die meisten späteren Stiftungsuniversitäten bis in die Frühe Neuzeit hinein, sie wollten sich nach dem Muster der Universität Paris organisieren. Zur Tradition der mittelalterlichen Universität gehört ihre Universalität: Schon in der Mitte des 13. Jahrhunderts legte man fest, dass die an der eigenen Universität erworbenen Examina an allen anderen Universitäten gelten und die dort erworbenen Grade den eigenen gleichgestellt sein sollten (verstanden als Erlaubnis, überall zu lehren: *Licentia ubique docendi*).

Heute befinden sich in Paris, infolge der Reformen in der zweiten Hälfte des 20. Jahrhunderts, 13 Universitäten, von denen diejenigen mit den Ordnungsziffern 1, 3 und 4 im engeren Sinn zur „Sorbonne" zählen. Angehörige der Universität selbst identifizieren sich über die Ordnungsziffern, nicht über die Namen der Universitäten.

Anders als in Großbritannien, haben die Universitäten in Frankreich mit den Strukturen, unter denen sie einst vor Jahrhunderten entstanden, heute kaum mehr etwas zu tun. Die mittelalterliche Tradition war schon mit der Schließung zu Beginn der Französischen Revolution und später der Integration in das neue napoleonische Bildungssystem 1808 beendet worden. Der Name Sorbonne stand noch längst nicht für die gesamte Universität. Robert de Sorbon, Kanzler der Universität, hatte 1257 ein Kolleg für arme Studenten der Theologie gestiftet. Erst im 17. Jahrhundert, unter den politisch mächtigen Kardinälen Richelieu und Mazarin, erhielt die Universität Paris in weiten Teilen eine neue bauliche Gestalt nach dem Geschmack der Zeit. Die imposanten Barockgebäude stehen noch heute, und zu ihnen zählt auch die 1635 gegründete Kirche der ebenfalls neu errichteten Gebäude der Stiftung Sorbons. Sie wird, wie andere Häuser für Studenten auch, seither und bis heute als Collège bezeichnet. Der zentrale Platz vor der Kirche, bis zur Gegenwart einer der Haupteingänge der Universität, wurde damals geschaffen, und erst seither wird umgangssprachlich von der Universität Paris als von der Sorbonne gesprochen.

Während Auseinandersetzungen zur Geschichte der Universität Paris gehörten und bis heute gehören, war die Entwicklung der britischen Universitäten nur in Ausnahmefällen von Konflikten betroffen. Nach einem Streit mit den Stadtbewohnern in Oxford 1209 zogen Lehrer und Studenten demonstrativ aus und ließen sich in Cambridge nieder. Obwohl ein Teil von ihnen später zurückkehrte, entstand daraus in Cambridge eine eigene Universität, und in Oxford blieb der Kampfruf „town and gown" (Stadt gegen Universität) im Volksmund bestehen, der bis heute in Auseinandersetzungen benutzt wird. Die Universitätsangehörigen sind in diesem Kampfruf über ihre Talare (*gown*, lat. *gunna*) bezeichnet, die den damaligen Gewändern der Geistlichen entsprachen. In den ersten Generationen waren die Universitätsangehörigen in ihrer Mehrheit Kleriker. Ihre Kleidung konnte durchgehend schwarz sein oder farbig unterschieden nach Fakultätszugehörigkeit, wie es im späten Mittelalter für Paris bezeugt ist.

Noch heute werden zumindest an den alten Universitäten in Großbritannien diese Talare getragen (und sind in abgewandelter Form auch in den USA üblich). Das schwarze Gewand Martin Luthers und das zugehörige Barett stellten ihrerseits die typische Kleidung der Universitätsgelehrten in der Zeit um 1500 dar. Sie haben sich bekanntlich als Amtskleidung lutherischer Pastoren bis heute gehalten. Auch Richter und Anwälte tragen vor Gericht ganz ähnliche Talare, die ebenfalls auf die alte universitäre Tradition zurückgehen. An der Universität hat sich das Tragen der Talare wie auch die Verwendung sonstiger Insignien (Szepter) infolge neuzeitlicher Reformen aber weitgehend verloren. Vereinzelt sind Talare nach der Wiedervereinigung in ostdeutschen Universitäten wieder eingeführt worden.

Einsichten aus der Geschichte: Die Namen und die Bedeutung

Neben der materiellen Überlieferung, wie sie sich unter anderem in den Gebäuden manifestiert, sind Universitäten als Erinnerungsorte durch die Personen zu beschreiben, die an ihnen lehrend und lernend tätig waren. Dabei können berühmte Gelehrte genannt werden, die durch individuelle Leistungen ihrer Universität zu bleibendem Ansehen verholfen haben. Lange Namenslisten veröffentlichen die großen europäischen Universitäten heute, auf denen die bekanntesten Gelehrten aus ihren Reihen verzeichnet sind.

Gelegentlich sind solche Vorgänger in Denkmälern alltäglich präsent. Beim Betreten des Innenhofs der Berliner Humboldt-Universität etwa wird der Besucher von überlebensgroßen, sitzenden Gestalten begrüßt, die Alexander und Wilhelm von Humboldt darstellen. Als renommierte Gelehrte standen sie schon zu ihrer Zeit in hohem Ansehen: Wilhelm war als Bildungsreformer zugleich Mitbegründer der Berliner Universität, der Naturforscher Alexander hingegen gehörte der Akademie der Wissenschaften an, nicht aber der Universität.

Die Konstruktion von Erinnerung hält für den fremden Betrachter noch weitere Überraschungen bereit. Bei ihrer Gründung 1810 hieß die Universität schlicht „Berliner Universität", und sie verstand sich als Reformgründung in Zeiten der nationalen Krise. 1828 wurde sie zu Ehren ihres Gründers, des preußischen Königs Friedrich Wilhelm III., als „Friedrich-Wilhelm-Universität" bezeichnet. Erst in der DDR erhielt die Universität ihren heutigen Namen, der auch nach der Wiedervereinigung beibehalten wurde. 1948 zogen Lehrende und Studenten in erklärter Absetzung von der ideologischen Wissenschaftspolitik der DDR aus der Universität aus, und man gründete im Westteil Berlins eine eigene Universität, die nicht nach Personen benannt wurde, sondern deren Namen ein politisches Programm für das geteilte Berlin ausdrücken sollte: „Freie Universität Berlin". Auch dieser Name und das Siegel mit der Umschrift „Wahrheit, Gerechtigkeit, Freiheit" (Veritas, Iustitia, Libertas) wurden nach der Wiedervereinigung beibehalten.

Manche Universitäten unternahmen es in der Neuzeit, sich durch den Bezug auf herausragende Persönlichkeiten ein Profil zu geben und sich in eine besondere kulturelle Tradition zu stellen. Die gewählte Person musste deshalb nicht notwendig auch mit der Universität, die ihren Namen trägt, zu tun gehabt haben.

So entschied man an der 1914 gegründeten Universität in Frankfurt am Main erstmals 1932, sich nach einem der berühmtesten Söhne der Stadt, Johann Wolfgang von Goethe, zu benennen, der selbst nicht in Frankfurt studiert hatte. Die Universität Halle-Wittenberg, aus Vorgängereinrichtungen an beiden Orten, die 1502 und 1694 gegründet worden waren, durch Fusion 1817 neu entstanden und von Beginn an protestantisch geprägt, erhielt 1933 den Namen „Martin Luther-Universität Halle-Wittenberg", auch wenn der namengebende Reformator selbst der Vorgängeruniversität in Wittenberg nicht angehört hat.

1456 wurde die Universität Greifswald eingerichtet, die einzige mittelalterliche deutsche Universität, die auf die Initiative eines Bürgermeisters (Heinrich Rubenow) hin gegründet wurde. Dieser Umstand wird in der heutigen Erinnerungskultur stärker betont, als es früher der Fall war. Dagegen ist die Namengebung „Ernst-Moritz-Arndt Universität Greifswald" gegenwärtig heftig umstritten, weil sie 1933 auf politischen Druck der NS-Landesregierung vorgenommen wurde und wegen der nationalistischen und antisemitischen Vorstellungen im Werk des Namenspatrons als problematisch angesehen wird.

In Köln, das mit seiner 1388 gegründeten Universität auf eine lange Tradition verweisen kann, empfand man in der frühen Nachkriegszeit umso deutlicher das Fehlen einer bewusst gehaltenen Tradition. 1945 entschied man daher, den neutralen Namen „Universität Köln" in die nach einer alten Sprachform klingende Bezeichnung „Universität zu Köln" zu verändern. Die Universität ist im Mittelalter nicht, wie es sonst die Regel war, von einem fürstlichen Stifter eingerichtet worden, sondern auf Betreiben des Rates der Stadt. Deshalb identifiziert sie sich bis heute in der Umschrift ihres Siegels als „Studium der Universität der Stadt Köln".

Nennungen fürstlicher Stifter als Namengeber für Universitäten sind heutzutage mitunter politisch umstritten. So findet die Namensgebung der nach ersten Anfängen im späten 18. Jahrhundert erst 1902 gegründeten und seit 1907 so benannten Westfälischen Wilhelms-Universität in Münster, die auf ihren Gründer Kaiser Wilhelm II. verweist, heute keineswegs die ungeteilte Zustimmung aller Universitätsangehörigen.

Woran erinnert sich die Universität, wenn sie ihre eigene Identität beschreibt? Spielt ihre Geschichte in der Gegenwart tatsächlich noch eine Rolle? Als Erinnerungsorte werden Universitäten nur dann wirksam sein und einen eigenen Beitrag zur Erinnerungskultur leisten können, wenn aus der Geschichte mehr als Reminiszenzen oder bloße Namensformen gewonnen werden. Erst wenn die Kenntnis der Geschichte der jeweiligen Universität als Teil der europäischen Universitätsgeschichte zu verantwortlichem Handeln in der Gegenwart beiträgt, kann von einer Universität als von einem Erinnerungsort gesprochen werden. Ein solches Verständnis als Erinnerungsort umfasst dabei notwendig die historische Selbstvergewisserung der Universität und zugleich die Zuschreibung historisch begründeter Bedeutung der Universität innerhalb der Gesellschaft.

Erkenntnisse für die Zukunft: Die innere Ordnung

Die Erinnerung an Personen erschöpft sich keineswegs in Stifternamen oder Listen berühmter Vorgänger. Viel entscheidender, vor allem weitaus folgenreicher für Gegenwart und Zukunft der Universität ist die Erinnerung daran, dass die Universität in ihren Anfängen – also zur Zeit der Einrichtung der Universitäten Paris und Bologna – aus einer Initiative der Lehrer und Studenten hervorging. Die Rechtsprivilegien, die sie danach erhielten, bestätigten, dass sie eine eigene Rechtskörperschaft geworden waren. Spätere Stiftungsuniversitäten wurden ebenfalls als Körperschaft eigenen Rechts eingerichtet, womit die Satzungshoheit, das Recht der freien Nachwahl in die Kollegien (Selbstergänzungs- oder Kooptationsrecht), die Freiheit zur selbstverantwortlichen Gestaltung wissenschaftlicher Studien und lehrender Wissensvermittlung sowie der Ausschluss eines Eingriffs von Dritten in die Rechtsbefugnisse verbunden war. Aus mobilen Gemeinschaften von Lehrern und Schülern wurden damit Institutionen. Erst sie trugen den Namen Universität, und erst damit war erkennbar geworden, dass jeder, der sich einer Universität anschloss, als Zugehöriger einer Rechtskörperschaft in eine neue soziale Existenz eintrat, indem er fortan an deren Rechten und Privilegien teilhatte. Eine völlig neue Art von europaweiter Mobilität war damit ermöglicht und vor allem ein neues Verständnis von „akademischer" Freiheit (*libertas scolastica*).

Bislang hatte lediglich die Römische Kirche als eigene Rechtskörperschaft gegolten, weil ihre Angehörigen exklusiv dem Kirchenrecht unterstanden. Ähnlich wie Kleriker sollten Universitätsangehörige künftig eigenem Recht und Gericht unterstehen und dem Zugriff der herrschaftlichen Gewalten entzogen sein. In der Realität stritt man noch lange um die praktische Umsetzung dieser Ordnung.

In der Entwicklung moderner Staaten und ihrer Gesellschaften wurde und ist es wiederum selbstverständlich, dass auch Universitätsangehörige als Staatsbürger der allgemeinen Rechts- und Gerichtsordnung unterliegen. Aber die Satzungshoheit, das Kooptationsrecht und die Freiheit von wissenschaftlicher Forschung und lehrender Wissensvermittlung sind in rechtsstaatlichen Verfassungen heute geschützt. Sie stellen ein Erbe aus den mittlerweile fast tausend Jahren Universitätsgeschichte in Europa dar, das noch heute Chancen der Entwicklung und die Verpflichtung zu selbstverantwortetem Handeln bedeuten. Es war dieses Erbe, das seit dem Übergang vom 18. zum 19. Jahrhundert zur Übernahme des europäischen Modells in den USA geführt hat. Bei der heute globalen Präsenz von Universitäten sind die Besonderheiten deren europäischer Prägung vielfach bewusst gehalten worden. Lediglich Universitäten in der arabischen Welt gehen auf eine eigenständige, noch frühere mittelalterliche Tradition zurück. Dortige Neuansätze im beginnenden 21. Jahrhundert nehmen mitunter Elemente der europäischen und amerikanischen Universitätsentwicklung mit auf.

Die Universität als Erinnerungsort hat heute wenig mit Nostalgie oder historisierender Traditionsverhaftung zu tun, wie sie sich früher in Jubiläumsfeiern und historisch argumentierenden Rektoratsreden ausdrückten. Stattdessen wächst das Bewusstsein, sich selbst als Teil der Erinnerungskultur der Gesellschaft zu verstehen und zu erkennen zu geben. Mehr als andere Institutionen können die Universitäten zu einer Selbstvergewisserung der Gesellschaft über die Geschichtlichkeit ihrer Gegenwart beitragen, über die in Generationen entwickelten Standards ihrer Wissenschaftskultur und damit über tragende Bedingungen ihrer Zukunftsfähigkeit. Dann ist die Universität keine bloße Filmkulisse.

Literaturhinweise

Rüdiger VOM BRUCH (Hrsg.), Die Berliner Universität im Kontext der deutschen Universitätslandschaft. München 2010.

Rüdiger VOM BRUCH, „Universität" – ein „deutscher Erinnerungsort"?, in: Jürgen JOHN/ Justus H. ULBRICHT (Hrsg.), Jena. Ein nationaler Erinnerungsort? Köln/Weimar/Wien 2007, S. 93–99.

Rainer Christoph SCHWINGES (Hrsg.), Examen, Titel, Promotionen. Akademisches und staatliches Qualifikationswesen vom 13. bis zum 21. Jahrhundert. Basel 2007.

Walter RÜEGG (Hrsg.), Vom Zweiten Weltkrieg bis zum Ende des 20. Jahrhunderts. München 2010.

Ulrich SIEG/Dietrich KORSCH (Hrsg.), Die Idee der Universität heute. München 2005.

Rudolf VIERHAUS, Die Brüder Humboldt, in: Etienne FRANÇOIS/Hagen SCHULZE (Hrsg.), Deutsche Erinnerungsorte, Bd. 3. München 2001, S. 9–25.

Rainer Albert MÜLLER/Rainer Christoph SCHWINGES (Hrsg.), Wissenschaftsfreiheit in Vergangenheit und Gegenwart. Basel 2008.

Małgorzata Morawiec
Das Kaffeehaus

In China gibt es keine Kaffeehäuser, dafür gibt es Starbucks – sogar an der Chinesischen Mauer. *Europäische* Cafés gibt es in London, Lissabon und Warschau und ganz besonders in der Mitte Europas, und überall dort lassen sich Schriftsteller und Publizisten finden, die über den Glanz und Verfall *europäischer* Kaffeehauskultur und -literatur sinnieren – so wie es Hermann Kesten in seinem New Yorker Exil vermisste. Er schrieb, er hätte sich zum Schreiben liebend gerne in ein Kaffeehaus zurückgezogen, „nur gibt es so wenig echte Kaffeehäuser in New York, und keines, wo die Kellner es gerne sehen, dass ein Gast sich niederlässt, um bei einer Tasse Kaffee ein ganzes Kapitel zu schreiben". Ein *echtes*, also – aus der amerikanischen Perspektive eines deutschen Literaten – *europäisches* Kaffeehaus wäre demnach eines, in dem sich einsame Gäste an kleinen Tischen der brotlosen Kunst des Schreibens widmen. Brotlos musste diese Kunst schon gewesen sein, denn mehr als eine Tasse Kaffee konnten sich ihre Schöpfer nicht leisten.

Es war in der Kaffeehauskultur ein Kommunikationsraum entstanden, in dem wie in keinem anderen *europäische* Kulturgeschichte mehrfach geboren wurde. Deshalb ist ein Kaffeehaus ein „Europäischer Erinnerungsort" – ein Starbucks dagegen (noch?) nicht.

Die Budapester Kaffeehäuser zwischen Kultur und Politik

Dirk Schümer, Autor, Journalist und Kulturkorrespondent der „Frankfurter Allgemeinen Zeitung", beklagte in einem Feuilleton in der „Frankfurter Allgemeinen Sonntagszeitung" vom 4. Juli 2010 nostalgisch den Untergang der Budapester Kaffeehauskultur. Seine Erinnerung an „die Stadt syphilitischer Genies, der pathetisch Verzweifelten und die Heimat großer Literatur" schöpft sich aus der Kenntnis der literarischen Werke „dieser letzten europäischen Metropole vor Istanbul", die in den zahlreichen, heute nicht mehr existierenden oder veränderten Kaffeehäusern, im „Pilvax", im „New York" oder im „Central", entstanden sind. Budapest konnte Ende des 19. Jahrhunderts rund 500 Kaffeehäuser aufweisen, in der Zwischenkriegszeit gab es immerhin noch etwa 350. Budapester Kaffeehäuser waren dafür bekannt, dass hier Politik gemacht und Geschichte geschrieben wurde. Die politische Explosion 1848 – der europäische Völkerfrühling – wurde in Ungarn durch einen Auftritt Sándor Petőfis im Café Pilvax ausgelöst. Hier las er seinen Freunden zum ersten Mal sein Gedicht „Auf, Magyare!" vor, von dem beflügelt die Ungarn später auf die Barrikaden zogen. Die Kaffeehausdebatten dieser revolutionären Tage konnten tatsächlich politische Erfolge verzeichnen: Die Leibeigenschaft wurde abgeschafft und eine ungarische Regierung gegründet. In der Folgezeit entsprangen europaweit einige weitere spontane politische Impulse der Kaffeehauskultur, ohne jedoch solch dramatische Folgen wie in Ungarn zu haben. Trotzdem genügten sie als Gründe für obrigkeitliches Vorgehen gegen Cafés, die man als Brutstätten öffentlichen Aufruhrs, konspirative Versammlungsorte und Treffpunkte von sonstigen politisch gefährlichen Individuen betrachtete. So spielten zum Beispiel Kaffeehäuser am Palais Royal im Paris vor der Revolution eine wichtige Rolle als Nachrichtenbörse und waren Sammelpunkt der revolutionären Intellektuellen. Dass ein Kaffeehaus in dieser Konnotation als politisches „Pulverfass" fungiert, muss selbstverständlich anders als mit der Betrachtung seiner kulturhistorischer Erfassung als „Erinnerungsort" erklärt werden – da spielen soziologische und soziotechnische Begründung eine viel wichtigere Rolle –, trotzdem ist die Verbindung mit der historisch vorhandenen *Erinnerung* an vergangene ortsbezogene Geschehnisse nicht ganz außer Acht zu lassen. Die soziale Funktion der Cafés in den Ostblockstaaten seit den 1950er Jahren könnte hier als weiterführender Hinweis dienen. Ungarische Flüchtlinge, die nach 1956 in den USA oder in Kanada einen Zufluchtsort gefunden hatten, sind bis heute bereit, die Strapazen einer Reise nach Europa auf sich zu nehmen, um wenigstens für kurze Zeit ihr altes Kaffeehaus erleben zu dürfen.

Das Caffè Florian in Venedig

Als typische Kaffeestube der europäischen Kaffeehauskultur galten spätestens seit dem 18. Jahrhundert neben der französischen *taverne à la mode* oder *maison de café*, der deutschen Coffeeschänce oder dem Coffe-Hauß – wobei die deutsche Bezeichnung nachweislich aus dem Englischen kommt – die italienischen *bottega da caffè*. „Auf italienische Art" hieß, in einem Raum, direkt im Erdgeschoss mit Eingang und Fenster hin zur Straße gelegen, ein „schwarzes Getränk" zu trinken. Ähnliche Bilder – wie wir sie aus Venedig vom ebenerdigen und auf die Straße ausgehenden Caffè Florian kennen – waren auch in Wien und Budapest Alltag. Kellerräume waren in den meisten Großstädten ohnehin für Weinstuben und Bierkneipen bestimmt. Der ungarische Schriftsteller und Theaterautor István Csurka erwähnte in einem aktuellen Zeitschriftartikel die „strengen Vorschriften", die in Ungarn die Erdgeschosslage für Kaffeehäuser vorschrieb, damit schon rein äußerlich keine Verwechslung mit Wein- und Bierkneipen entstehen konnte.

Das Caffè Florian war auch sonst ein Inbegriff aller ästhetischen und architektonischen Vorlieben des damaligen Kaffeehausbesuchers: Räume, die ineinander übergehen, kleine Tische entlang der Wände, „eine Verbindung nach draußen unter die Arkaden, an deren Wänden und unter deren Wölbungen und Säulen das Geschäft mit der Muße weiter perfektioniert wird", beschreibt es Gabriel Barylli in seinem 1989 erschienenen Roman „Butterbrot". Das „Florian" besitzt heute wie damals die gleiche Anziehungskraft. Das 1720 gegründete Café verkörpert alles Klischeehafte und Historische, was sich in Venedig tatsächlich ereignet oder über literarische Werke den Weg ins Bewusstsein der Leser gefunden hat, und vor allem die Verwandlung der Lagunenstadt in eine moderne Metropole oder den Verlust ihrer Position als europäischer Handels- und Bankiersstadt. In „Lettere scelte" (1750–1752) des Hofpoeten Pietro Chiaris ist Venedig als Kaffeehaus ein Ort unbegrenzter Kommunikation, an dem alle möglichen Informationen über das Weltgeschehen ungesichert zirkulieren. Der alten Prachtstadt sind nur provinzielle Kaffeehausgespräche geblieben. Auch Goldonis Darstellung des venezianischen Caffès lässt keine Täuschung zu. Ein Kaffeehaus ist ein Treffpunkt: ein Tummelplatz der Spitzel und Intriganten, ein Ort der Camouflage und des Betrugs („La bottega da caffè", 1736) und mehr noch: ein Ort einer allgegenwärtigen Beobachtung, die auch die voyeuristische Perspektive des Publikums mit einschließt („La bottega del caffè", 1750).

Man erinnert sich an Rousseau: Er durfte als Angestellter der französischen Botschaft in Venedig keine Kontakte zu venezianischen Familien pflegen, deswegen suchte er im Florian nach Anschluss und Zerstreuung. Bis ihm eine der dort verkehrenden Damen unmissverständlich sagte: „Hänschen [...], lass lieber die Finger von den Frauen und studiere Mathematik". So etwa erinnerte er sich in seinen „Bekenntnissen" an sein Kaffeehausleben in Venedig.

Das Caffè Florian war noch für eine weitere Besonderheit bekannt: Hier hat man das später so beliebte und verbreitete „Zeitungslesen" eingeführt. Die Idee hatte Gasparo Gozzi, Bruder des Dichters Carlo Gozzi. Die von ihm im „Florian" entworfene und seit den 1760er Jahren herausgegebene Zeitung „Gazetta Venetta" wurde nur an zwei Stellen in Venedig zum Kauf angeboten: in einem Buchladen von Paolo Colombani und eben in dem Kaffeehaus am Markusplatz.

Die namhaften Besucher des Caffè Florian reihen sich aneinander wie Perlen und Perlchen einer prunkvollen Kette: venezianischer Adel, napoleonische Offiziere, österreichische Beamte, Philosophen, Dichter der Romantik, Revolutionäre: Jedes Zeitalter hinterließ im „Florian" seine Spuren der Erinnerung. Balzac bezeichnete es als „eine Börse, ein Theaterfoyer, ein Leseraum, ein Club, ein Beichtstuhl". Im späten 19. Jahrhundert entdeckten amerikanische Schriftsteller Venedig und verlegten nach dort die Schauplätze ihrer *Erinnerung* an Old Europe. Das Sitzen im Caffè Florian, das Beobachten des bunten Treibens um sich herum schien eine Konstante in der schriftstellerischen Ausbildung dieser Zeit. Ob es William Dean Howell oder Henry James ist, sie beschwören alle die „allgemeine Nutzlosigkeit" um sich herum. Wladimir von Hartlieb brachte dieses Scheinbild an Erinnerung auf den Punkt: „Jedermann kennt die kleinen, zierlichen Räume, aus denen es besteht, diese Miniatursalons, die wie glänzende emaillierte Schachteln aussehen", in die auch „Figuren wie Goldoni und Casanova passen"; der Maler Guardin verkauft „unter den Gästen seine Bilder". „Man weiß, was für Gäste hier verkehrt haben: Ugo Foscolo, Goethe, die Madame de Staël, Lord Byron, Stendhal, Musset. Im Winter, wenn man nur unter Venezianern sitzt, stört nichts die köstlichsten Illusionen". Man weiß, dass die „köstliche Illusion" ein Trugbild ist – sind aber die Erinnerungen nicht Trugbilder, auch wenn heute kein Balzac, Proust oder d'Annuzio im „Florian" ihre Zeit vertreiben und stattdessen Loriot, Biolek oder Yoko Ono das Kulturgeschäft am Markusplatz vertreten?

Die Wiener Kaffeehausatmosphäre

Besaßen die Kaffeehäuser Venedigs mit ihrem „Mohrentrank" und ihrer Einrichtung einen undefinierbaren orientalischen Charakter, den man in anderen Ländern Europas hauptsächlich in der Form eines Kaffeezeltes, -kiosks oder -pavillons glaubte erkennen zu können, zeichneten sich zu Beginn des 19. Jahrhunderts auch andere, eher großstädtische Formen der Kaffeehauskultur ab.

Für Johann Peter Willebrand gehörten seit dem Ende des 18. Jahrhunderts Häuser mit „geräumigen Sälen und Neben-Unterredungszimmern", in denen Kaffee, Tee und andere Getränke serviert werden, zum Element einer zweckmäßigen Stadtanlage. Der Entwurf einer Stadt sollte „zur Bequemlichkeit, zum Vergnügen, zum Anwachs und zur Erhaltung ihrer Einwohner" beitragen. Ein Hauch von Luxus durchwehte das Großstadtleben. Die Kaffeehäuser im Empire- und Biedermeierstil feierten ihre Erfolge. Was wohl im Pariser Café Procope angefangen hatte, wurde erfolgreich im Silbernen Kaffeehaus in Wien fortgesetzt: Spiegel an den Wänden, Marmorplatten an den Tischen, Plüsch und Silbergeschirr sollten das vornehme Lebensgefühl des Bürgertums ansprechen. Die Kontinentalsperre war bereits aufgehoben, die Zeiten, in denen man Kaffee gegen andere Speisen und Getränke tauschte, waren vorbei; in den Wiener Cafés trafen sich wieder Künstler und Poeten. Um 1900 gab es in Wien rund 600 Kaffeehäuser. Es entstanden Literatencafés wie „Griensteidel" und „Central". Thonetstühle haben Einzug in die Räume gefunden, und langsam entwickelte sich darin die typische Atmosphäre eines Wiener Cafés: „[E]s ist ruhig im Kaffeehaus – man hört nichts als das freundliche Geklapper der Billardkugeln und der Dominosteine, das Klirren der Kaffeetassen und nur gelegentlich ein paar erregte, lautere Worte [...]. Gespräche werden nur im gedämpften Ton geführt. Und es gibt keine Frauen – auch das gehört zum Behagen des Wieners" (Otto Friedländer).

Die Institution eines Stammgasts und eines Kellners wurde erfunden, denn zum Stammgast konnte man nur vom Kellner erannt werden.

„Mit der Zeitung in der Hand und vor zwei Gläsern Wasser können Sie hier sitzen, so lange Sie wollen. Konversationslexikon, Adreßbuch, Telephon und Schreibzeug stehen ebenfalls unentgeltlich zu Ihrer Verfügung. Sie werden auch bemerken, daß hier einzelne Herren, namentlich am Vormittag, ihr Büro etablieren, ihre Korrespondenz erledigen, Geschäftsfreunde empfangen und die Kaffeehauskasse als Poste-restante-Bureau benutzen" (Ludwig Hirschfeld).

Der Wiener mochte sein Laster „Café", in der Mocca „nur der Eintrittspreis" war (Hans Veigel), und spätestens als sich darin die illustre Gesellschaft der Schriftsteller, Dichter und Publizisten einnistete, fand diese Lebensart Eingang in die Literatur. Sie verbreitete sich rasch auch in anderen Städten der k.u.k.-Monarchie, etwa in Prag und Krakau. Und auch dort hat man diesen Literaturstoff für sich entdeckt. Zbyszek Dulski verkörperte im Theaterstück „Moralność Pani Dulskiej" von Gabriela Zapolska beispielhaft einen jungen Unnutz, der seine angeblichen Geschäfte vom Café aus erledigte und das Zuhause auch nur noch als „Lokal" betrachtete. Diese Moral prangerte die Schriftstellerin mit bissigem Humor an. Als in Wien Anfang 1897 das literarische „Griensteidel" schließen musste, „demolierte" Karl Kraus in seinem Erstlingswerk in der „Wiener Rundschau" das Ansehen der Kaffeehausliteraten, was ihm mehrere Ohrfeigen und eine gehörige Anzahl lebenslanger Feindschaften eintrug.

Das Prager Café Union

Ab Mitte des 19. Jahrhunderts prägte neben dem „Wiener" Café das sog. Französische Café vor allem die Namensgebung der Kaffeehäuser in europäischen Städten. Prager Kaffeehausbesitzer wählten – wohl in einer bewussten Abgrenzung von Wien – den Pariser Kaffeehausstil: schlichter und luftiger in der Einrichtung, wobei hier eher Pariser Straßencafés zum Vorbild genommen wurden, und immer häufiger eine Kombination aus Café und Speisegaststätte.

Im Prager Kaffeehaus „wurde diskutiert, geplant, leidenschaftlich debattiert und die erotische Zeitschrift La vie parisienne ging von Hand zu Hand", erinnerte sich Jaroslav Seifert an seine Besuche in den Kaffeehäusern „Union" und „Slavia". Prager Cafés waren selbstredend auch vorwiegend Treffpunkte einer – wie František Langer einschränkte – „Intelligenz mittlerer gesellschaftlicher Stellung": Studenten, Gymnasiallehrer, Universitätsprofessoren und Journalisten. Es trafen sich aber dort auch Maler, Schriftsteller, Bildhauer, Schauspieler und Musiker. Das Café Union schrieb sich in die Annalen der Kunstgeschichte als Ort ein, an dem sich die künstlerische Avantgarde traf, die in Picasso oder Braque ihre Vorbilder entdeckte. „Ständig war [...] jemand aus dem Café Union nach Paris unterwegs", erinnerte sich Langer. „Kubín, Toman, Kubista und andere fuhren alljährlich [nach Paris], um dem Louvre ihre Aufwartung zu machen oder wenigstens französische Luft zu schnuppern". Das Café Union schrieb sich aber auch in die Annalen der Literaturgeschichte ein, denn der unmittelbare Kontakt mit der neuen Kunst fruchtete in den fortschrittlichen Ideen der jungen tschechischen Literatur. Im Café Union wurden sie aber auch mit den Bewahrern der herkömmlichen Erzähltradition wie Jaroslav Hašek konfrontiert, der „die Tschechen erst dazu [zwang], den Schwejk, von dem sie nichts hielten, in seiner Größe zu erkennen" (Jürgen Serke).

Als die „Unionka", wie man das Café liebevoll auf Tschechisch nannte, nach dem Ersten Weltkrieg unterzugehen drohte, verfasste Karel Čapek einen leidenschaftlichen Appell zur seiner Rettung: „Paris hatte seine Closerie des Lilas, sein Café La Rotonde, Berlin hatte sein Café Größenwahn, Prag hatte seine „Unionka". Aus dem Samen seiner Blüte wird kein ähnliches Lokal sprießen, es ist das einzige Denkmal seiner Art. Bewahrt es".

Ein deutschsprachiges Pendant zur „Unionka" war das Café „Arco". Auch dieses hatte seinen guten Geist, den Ober Pocta (wie die Unionka ihren legendären Patera hatte), der sich vor allem als Zeitungsverwalter einen Namen machte. Im „Arco" konnte man nämlich nicht nur alle größeren europäischen Tageszeitungen und Periodika, sondern auch Zeitschriften in verschiedenen Sprachen lesen. Ist sich das gebildete tschechisch- und deutschsprachige Publikum weder im Theater noch in der Oper begegnet, galten diese Berührungsängste für das Kaffeehaus kaum. Im „Arco" trafen die Tschechen auf ihre Kollegen vom „Prager Kreis"; Franz Werfel, Max Brod und Franz Kafka, aber auch der bereits erwähnte Hermann Kesten und Willy Haas gehörten zu seinen Besuchern. Karl Kraus spottete über die literarischen Gäste des „Arco": Dort „werfelt [es] und brodelt, es kafkat und kischt". Die Verklärung des Kaffeehauslebens des beginnenden 20. Jahrhunderts und die Erinnerung daran sind lebendig geblieben. Das Kaffeehaus ist ein Bild – wieder und wieder reproduziert. Es hält aber die Landschaft, zwischen Wien und Krakau, Prag und Budapest zusammen.

Die große Stunde der Pariser Cafés

Ein Pariser Café ist wohl einer der wenigen *Orte* in Europa, der mehr nach außen als nach innen strahlt. Und das in vieler Hinsicht. Zuerst ist das Stadtbild *Paris* ohne die vielen Caféstühle und -tische, mit denen Straßen und Plätze gesäumt sind, kaum aus der Wahrnehmung eines Stadtbesuchers wegzudenken. Und es ist eine Stadt für die Besucher. Ihren kosmopolitischen Charakter zeigt sie darin, dass sie Mythen bildend vorbildlich ihre Cafés zur Disposition der Literatur und der Schauspielkunst stellt.

Das „Procope" blieb das ganze 18. Jahrhundert ein Theatercafé, um sich nach der Revolution in einen Ort politischer Auseinandersetzung zu verwandeln, an dem sich weniger die Pariser als eher Fremde (in der Stadt) trafen.

Natürlich besaß Paris sowohl seine Kaffeehausliteratur als auch Literatencafés. Die erste besaß aber viel mehr den Charakter politischer oder sozialer Manifeste, wie sie von Pariser Dadaisten und Surrealisten entworfen wurden, durfte also mit dem Prädikat „öffentliche Literatur" beschrieben werden.

Die Hochzeit des Pariser Kaffeehauslebens lag allerdings zwischen 1890 und dem Ersten Weltkrieg. Schon damals hat sich eine gewisse Fokussierung der Vorlieben bei der Wahl eines Kaffeehauses abgezeichnet. Politisch engagierte Literaten frequentierten andere Lokale als bildende Künstler. Und die Aristokratie unter den Schriftstellern versuchte sich von einem „gewöhnlichen" Kaffeehaus fern zu halten. Man bemühte sich, die Tradition eines *jour fixe* zu pflegen, wie man es aus dem Salon kannte. Und so hielten José-Maria de Heredia, Mitglied der Académie française, oder der Dichter Stéphane Mallarmé in Cafés ihre *samedis* oder *mardis* ab. Der Nobelpreisträger André Gide gehörte ebenso zu den gewohnheitsmäßigen Kaffeehausbesuchern wie Henri de Régnier, mit dem Unterschied, dass sich die ersten von der gewöhnlichen Bohème mit ihrem fast aristokratischen Habitus zu distanzieren vermochten, die anderen aber ihre Zugehörigkeit genossen. René Georgin schrieb z. B. über Jean Moréas: „Wie ein Grieche auf der Agora lebte Moréas mit aller Selbstverständlichkeit im Café. Für ihn [...] war das Café der Ort der intellektuellen Auseinandersetzung, der öffentliche Raum schlechthin, in dem man über Literatur und Kunst diskutierte". Die nächste Generation der französischen Literaten hatte kein Problem mit dem stellvertretenden Dasein als Kaffeehausliterat. Nostalgisch blickte Apollinaire auf die großen Stunden des Café Napolitain, als dort Jean Moréas, Catulle Mendès und Ernest La Jeunesse verkehrten.

Was aber die eigentliche *Erinnerung* an Pariser Café als Literaturcafé ausmacht, ist die Anziehungskraft dieses *Ortes*, die er auf Hundertschaften von europäischen, nord- und lateinamerikanischen Literaten in den beiden Jahrzehnten zwischen den Kriegen ausübte. Dieser Sog ging hauptsächlich vom „Closerie des Lilas" am Boulevard Montparnasse aus, „wo Strindberg die heißgeliebte Welt und die heißgeliebten Frauen verwünscht hatte" (Kesten). Dort sammelten die lateinamerikanischen Autoren Miguel Angel Asturias, Alejo Carpentier, Arturo Uslar Pietri und César Vallejo ihre Pariser Erfahrungen, dort grübelten die Anglo-Amerikaner um Gertrude Stein, James Joyce, Scott Fitzgerald, Djuna Barnes, Ezra Pound, Samuel Becket oder Ernst Hemingway über den Sinn ihres Künstlerlebens. Und in den Nachkriegsjahren manifestierten Sartre und Beauvoir – berauscht von *cafés-crème* – in Cafés am Boulevard Saint-Germain die neue Unbürgerlichkeit der Literatur.

Literaturhinweise

Kurt-Jürgen HEERING (Hrsg.), Das Wiener Kaffeehaus. Frankfurt a.M. u. a. 2009.

Ulla HEISE, Kaffee und Kaffeehaus. Eine Bohne macht Kulturgeschichte. Köln 2005.

Adonis MALAMOS, Historische Cafés in Europa. Mannheim 2009.

Michael RÖSSNER (Hrsg.), Literarische Kaffeehäuser, Kaffeehausliteraten. Wien u. a. 1999.

Barbara STERNTHAL, Coffee to stay. Die schönsten Cafés in Europa. Wien 2009.

Klaus THIELE-DOHRMANN, Europäische Kaffeehauskultur. Düsseldorf u. a. 1997.

Walter VOGEL, Das Café. Vom Reichtum europäischer Kaffeehauskultur. Wien [3]2001.

Gunther Hirschfelder
Pizza und Pizzeria

Als die 37-jährige Margherita Maria Teresa Giovanna di Savoia im Sommer 1889 in Neapel weilte, stand ihr der Sinn nach Abwechslung. Da sie mit dem italienischen König Umberto I. verheiratet war, hatten ihre Köche Pizza, die Alltagskost der Armen, nicht auf dem Programm. Und so war es an Rafaelo Esposito, der im Ruf stand, bester Pizzabäcker der Stadt zu sein, den Wunsch der Königin zu erfüllen. Mit Gewöhnlichem wollte sich Rafaelo aber nicht begnügen, und so dekorierte er sein Werk in den italienischen Nationalfarben Rot, Weiß und Grün mit Tomaten, Mozzarella und Basilikum. Margherita war begeistert, und die so belegte Pizza hatte ihren Namen – so weit die Legende, die sich durchaus so zugetragen haben könnte, die aber nicht zweifelsfrei nachweisbar ist. Fest steht jedoch, dass die Pizza und vor allem die Pizza Margherita für sich in Anspruch nehmen darf, das am weitesten verbreitete Gericht nicht nur Italiens, sondern ganz Europas und wahrscheinlich weltweit zu sein. Für die europäische Esskultur ist die Pizza das kulinarische Symbol schlechthin. Diese Erfolgsgeschichte gilt es im Folgenden zu skizzieren.

Die Pizza – Grundstrukturen des Erfolgs

Als Pizza wird zunächst ein Fladenbrot aus Hefeteig bezeichnet, das vor dem Backen würzig belegt wurde. So gesehen sind die Grenzen zu jenen Fladenbroten, welche die früheste Entwicklungsstufe des Brots überhaupt darstellen, kaum trennscharf zu ziehen. Sind also die Sumerer und Ägypter, die schon im fünften vorchristlichen Jahrtausend auf diese Weise buken, die wahren Pizza-Erfinder? Oder lassen wir die Frühgeschichte der Pizza besser mit der im Alpenraum angesiedelten Cartaillod-Kultur beginnen, die im dritten vorchristlichen Jahrtausend Fladenbrote hervorbrachte? Handelt es sich bei den auch heute noch in Indien weit verbreiteten gewürzten Fladenbroten *Paratha* und *Nan*, den arabischen *Khubz*, der griechischen *Pita* oder der türkischen *Yufka* in Wirklichkeit nur um Pizzaderivate? Mitnichten. Vielmehr ist das Grundmuster der Pizza als eine Art Grundkonstante der ackerbauenden Gesellschaften anzusehen.

Was aber macht die Pizza zur Pizza? Zunächst der Name, daneben eine spezifische Zubereitungsart und vor allem auch eine symbolische Aufladung, also eine große kulturelle Wertigkeit, eine Traditionalität, die sie allenfalls bedingt aufweisen kann, schließlich eine klare Herkunft. Pizza wird heute synonym mit Italien gesetzt, mithin mit jenem Land, dessen Bewohnerinnen und Bewohnern neben den Franzosen zumindest in Europa die größte kulinarische Kompetenz zugestanden wird. Die Pizza-Zutaten, zumal die der Margherita, sind dabei erst im Lauf der Geschichte nach Italien gelangt: Die Tomate aus Südamerika, Weizenmehl aus dem Mittleren Osten, Mozzarella aus der Milch asiatischer Büffel und Basilikum aus Indien. Somit bleiben lediglich Olivenöl und Oregano als schon in vorrömischer Zeit mediterrane Zutaten.

Die Pizza und ihre Vorläufer

Die eigentliche Geschichte der Pizza beginnt mit der ersten Erwähnung ihres Namens. Diese datiert ins Jahr 997, als eine lateinische Quelle aus der nordwestlich von Neapel gelegenen Stadt Gaeta Pizza als Nahrungsmittel erwähnte. Die Etymologie des Wortes ist nicht ganz geklärt. Möglich ist eine Herleitung aus der levantischen Sammelbezeichnung Pita für gewürzte Fladenbrote, die auch in der antiken hebräischen Bezeichnung für Brot (אתים) und in der heutigen hebräischen für Pita (התים) steckt. Immer wieder genannt werden Entwicklungen aus dem langobardischen Wort *bizzo* (Fladenbrot, Bissen) oder aus dem neapolitanischen *piceà*, *pizzà* (zupfen). Wichtiger als die Wortgeschichte ist freilich der Kontext der Ernährung. Um die Wende zum zweiten Jahrtausend war auch der südeuropäische Raum auf einem guten Weg, sich von den Wirren des Frühmittelalters zu erholen. Die Grundlage der nun wachsenden Bevölkerung bildete der Ackerbau. Im Gegensatz zum europäischen Norden wurden pro Kopf der Bevölkerung unter 30 Kilogramm Fleisch jährlich verzehrt, so dass Getreideprodukte und Gemüse neben Olivenöl den Hauptbestandteil der Alltagskost bildeten. In welcher Form die Zubereitungen erfolgten, bleibt aber im Dunkeln. Da die Grundstrukturen der Pizza jedoch nicht in römischer Zeit lagen, dürfen wir davon ausgehen, dass die Vorläufer der späteren Pizzen tatsächlich im mediterranen Mittelalter und hier wahrscheinlich auf der Apenninhalbinsel liegen. Dies ist nicht zuletzt deshalb plausibel, weil die europäischen Nahrungssysteme im Frühmittelalter noch vergleichsweise homogen waren – Arm und Reich aßen häufig die selben Speisen, lediglich hinsichtlich der Quantität gab es eine erhebliche Varianz –, während sich seit dem Hochmittelalter zunehmend regionale Sonderformen herausbildeten, weil das aufblühende Städtewesen den Fernhandel expandieren ließ und neue Produkte auf den Markt brachte. Letztendlich liegen aus der mittelalterlichen Frühgeschichte der Pizza kaum Nachrichten vor. Gewürzte Fladenbrote könnten im Mittelmeerraum durchaus eine prominente Rolle gespielt haben, vor allem in der einfachen städtischen Küche. Möglicherweise wurden frühe Fladenbrote auch schon im Mittelalter mit den Vorläufern des Mozzarella belegt, denn die Büffel, aus deren Milch dieser Käse gewonnen wird, fanden bereits in der Spätantike Verbreitung im südlichen Italien. Freilich waren die Erträge lange gering, und tierische Fette waren zu kostbar, um sie in größeren Mengen auf den täglichen Tisch bzw. die tägliche Pizza der Massenbevölkerung gelangen zu lassen. Allerdings gab es auch eine größere Bandbreite an Festspeisen, die ebenfalls in diesem Kontext Erwähnung finden müssen. Zu ihnen gehört die österliche *mastunicola*, die oft mit teurem Schweineschmalz getränkt und mit Reibekäse und Basilikum belegt war.

Italiens Süden in der Frühneuzeit: die Pizza startet ihre Karriere

Während der Renaissance erfuhren die europäischen Nahrungssysteme binnen Kurzem einen tiefgreifenden Wandel: Die Gesellschaft differenzierte sich zunehmend, der Fleischverbrauch ging auf breiter Front zugunsten des Getreides zurück und die Güter der Neuen Welt erweiterten die Palette der Agrarprodukte: beste Voraussetzungen für die Pizza. In Italien gab es an heutige Pfannkuchen erinnernde Formen in einer süßen, dem Adel vorbehaltenen Variante, gesalzen dagegen für die ärmeren sozialen Schichten. Der Belag war dabei vor allem von der jeweiligen wirtschaftlichen Situation der Konsumenten abhängig: je reicher, desto fetter und süßer.

Seit etwa 1570 wurde das Wort Pizza in seiner heutigen Bedeutung gebraucht: es bezeichnete einen belegten, gebackenen Hefebrotteig. Die Pizzen wurden zunächst *bianca* zubereitet, lediglich mit Kräutern, Olivenöl und Salz, eventuell auch Käse. Dabei handelte es sich ganz eindeutig um eine Speise für die ärmeren Teile der italienischen Bevölkerung. Da die Zubereitung einen Ofen mit hohen Temperaturen erforderte, konnten sich Pizzabäcker nur in größeren Städten etablieren, zumal Brennholz kostspielig war. Die ersten Pizzerien lagen an Straßen und Gassen. Sie produzierten für den schnellen Verzehr und kaum für die gedeckte Tafel – Pizza war das erste Fast Food, und auch die ersten Lieferdienste waren im italienischen Süden angesiedelt. Die Kunden rekrutierten sich meist aus den lokalen Unter- und Mittelschichten.

Wie die frühen Pizzen aussahen oder gar schmeckten, ist nicht überliefert. Klar ist aber, dass sie den heute neben Mehl wichtigsten Bestandteil entbehrten – die Tomate war zwar bereits im frühen 16. Jahrhundert nach Europa gelangt, fristete aber in botanischen Gärten ein Schattendasein. Erst in der Mitte des 18. Jahrhunderts eroberte sie die mediterrane Landwirtschaft. Im italienischen Süden avancierten Makkaroni mit Tomatensauce und Käse bald zum beliebten Festtagsgericht; kein Wunder, denn getrocknete Tomaten wirken als natürlicher Geschmacksverstärker. Bald wurde die Tomatensauce auch als Pizzabelag verwendet; die *Pizza rosso* war entstanden. So entwickelte sich aus den zahlreichen Vorläuferformen im Neapel des 18. Jahrhunderts die eigentliche Pizza. Es war fast allein die süditalienische Metropole, welche alle notwendigen Voraussetzungen für diese Genese bot: Das fruchtbare vulkanische Umland lieferte Weizen und Tomaten in Fülle und in hervorragender Qualität, und die für damalige Verhältnisse gewaltige Siedlungsdichte verlangte nach einem Gericht, das ebenso rasch zuzubereiten wie zu verzehren war. Zudem bot die riesige Kundschaft den Pizzabäckern, die hier als Pizzaioli bald einen eigenen Berufsstand bildeten, die Möglichkeit, ihre Öfen dauernd in Betrieb zu halten – eine kostspielige Angelegenheit, denn die Steinöfen mussten mit teurem Buchenholz auf mindestens 400°C geheizt werden. Wer nicht ständig backen und verkaufen konnte, hatte keine Chance. Unter diesen Bedingungen konnte die Pizza durchaus preiswert hergestellt werden, dauerte der Backvorgang doch nur etwa eine Minute.

Das Zusammentreffen aller Faktoren in Neapel trug Verantwortung dafür, dass die Pizza in ihrer Frühzeit kaum große geografische Verbreitung finden konnte. Vor allem auf dem Land waren die Bedingungen nirgends gegeben. Zwar waren auf andere Art gebackene gewürzte Fladenbrote vor allem im Mittelmeerraum weit verbreitet, und gerade in Italien entwickelten sich diverse Sonderformen – genannt seien an dieser Stelle ligurische *sardenaira*, sizilianische *sfincione* oder umbrische *schiacciata* –, aber all das waren keine Pizzen: sie waren nicht rund, und weil sie meist dicker waren und nicht so heiß gebacken werden konnten, bogen sie sich beim Anschnitt lange nicht so grazil wie die neapolitanische Pizza, die weich und leicht knusprig sein muss, dabei hell und mit einigen Brandbläschen bedeckt. Auf diese Weise fungierte Neapel bis ins 20. Jahrhundert hinein als eine Art Pizzabiotop. Bis in die 1830er Jahre hinein wurde Pizza hier direkt aus den Backstuben, aber auch von mobilen Händlern zum direkten Verzehr verkauft – Pizza to go schon im Barock. An der zur Piazza Dante führenden Port'Alba lag im frühen 18. Jahrhundert eine der ersten Pizzastuben. Daraus entwickelte sich bis spätestens 1738 eine abgeschlossene Gaststätte, die gemeinhin als älteste Pizzeria der Welt gilt. Die große Verbreitung der mit geschälten Tomaten belegten Pizza lässt darauf schließen, dass sie vor allem auch bei der Masse der ärmeren Bevölkerung beliebt war, die sich die teuren *maccheroni* kaum leisten konnte, aber der dünnen Gemüsesuppen überdrüssig war. Das Festhalten an Ur- oder Originalrezepten war auch der frühen Pizzakultur fremd, und so darf von einem großen Variantenreichtum ausgegangen werden. Fischer, welche die Pizza als Bordproviant mitnahmen, waren etwa für die Entstehung der *marinara* verantwortlich, die neben Tomaten auch mit Oregano, Knoblauch und Olivenöl ausgestattet und durch intensiveres Salzen länger haltbar war.

Die Speisen der Armen waren im vormodernen Europa oft eintönig und fad. Dass die Oberschichten Interesse an der einfachen Kost hatten, war unwahrscheinlich. Das war bei der Pizza anders. Ihr eilte bald ein solch guter Ruf voraus, dass der damals 21-jährige Monarch, König Ferdinand von Neapel und Sizilien, im Jahr 1772 eine der billigen Pizzerien an der Salita S. Teresa erkundete und so begeistert war, dass er sich bald darauf einen eigenen Pizzaofen bauen ließ. Gemeinhin dienen Essen und Trinken als Statussymbole, gehören zu den wichtigsten sozialen Distinktionsmitteln. Die Pizza aber wurde auf diese Weise zum vorübergehend ersten schichtübergreifenden Element der Esskultur. Gleichwohl waren es vor allem die weniger Bemittelten, denen sich im immer dichter besiedelten Neapel kaum Alternativen zur einfachen Pizza boten. Um 1830 berichtete Alexandre Dumas, insbesondere im Winter seien die neapolitanischen Pizzen die vorherrschende Armenspeise. Man bestreiche sie mit Öl und Schweinefett, während Käse, Tomaten oder Sardellen den Belag bildeten. Die nächste Stufe in der Entwicklungsgeschichte der Pizza markiert die eingangs geschilderte Szene. Dadurch erfuhr das Gericht eine Popularisierung. Die nach der Königin von Savoyen benannte Pizza Margherita wurde durch die Spezifik der Farben ihres Belags zu einem der Symbole des jungen italienischen Nationalstaats. Pizza war kein Essen für Arme mehr, sondern Nationalspeise für all jene, die nach Neapel kamen. Freilich blieb die Pizza weiterhin auf den süditalienischen Raum beschränkt.

Einmal Amerika und zurück: Die erste Globalisierung der Pizza

Das 19. Jahrhundert führte mit seinen sozialen Verwerfungen zu mehreren großen Auswanderungswellen, die Millionen von Europäern in die Neue Welt schwemmten. Vor allem Bewohner der Spitze des italienischen Stiefels sowie Siziliens suchten ihr Glück nun in den USA. Zu ihrem kulturellen Gepäck zählte auch die Pizza. In den Großstädten der Ostküsten entstanden rasch riesige Ghettos wie der bald Little Italy genannte Bezirk in Manhattan. Im Grunde hätte die Community der Italo-Amerikaner nach dem gelungenen wirtschaftlichen Aufstieg auf die Armenspeise Pizza verzichten können. Nun aber wandelte sich die Bedeutung des Gerichts; es wurde zu einem bewusst konsumierten Symbol für Identität. Pizza war Chiffre für Heimat. Zudem fungierten die italienischen Lokale als Treffpunkte für ausgewanderte Italiener und dienten gleichzeitig als Erwerbsquelle. 1905 wurde mit dem „Lombardi's" in New York die erste einer langen Reihe von traditionellen Pizzerien in Amerika gegründet. Auch in San Francisco, Chicago oder Philadelphia gab es große Gemeinschaften, wo Pizza – wie daheim in Neapel – auf den Straßen der italienischen Nachbarschaften feilgeboten wurde. Von diesen Enklaven aus schaffte es die Pizza zu Beginn des 20. Jahrhunderts über Cafés und Lebensmittelgeschäfte zur italienisch-amerikanischen Kundschaft.

Dabei fallen zwei Grundmuster auf: Zum einen handelte es sich bei den amerikanischen Pizzerien – zu nennen sind etwa jene des Antonio „Totonno" Pero auf Coney-Island 1925, die 1925 von Frank Pepe eröffnete Pizzeria Napoletana in New Haven (Connecticut) oder das 1939 in Los Angeles von der Familie D'Amore gegründete Unternehmen – oft um Ausgründungen bestehender Traditionslokale; zum anderen wurden die Pizzerien den Wünschen der Kundschaft angepasst. Die dünnen neapolitanischen Varianten waren hier kaum gefragt. Vielmehr gelangte bald schon Salami auf den Teig. Der wiederum wurde, zunächst vor allem in Chicago, dicker und luftiger. Die neuen Zubereitungsarten machten auch die Verbreitung einfacher, waren doch für die dickeren Pizzen nicht mehr unbedingt Steinöfen mit extrem hohen Temperaturen erforderlich. Was noch an Italien erinnerte, waren neben dem Namen die runde Form, die Tomatenauflage und vor allem die Verzehrsituation: Pizza blieb häufig das, was sie immer gewesen war: Fast Food. Die Modifikation des Produkts verlief dabei analog zum Akkulturationsprozess ihrer Esser.

In den USA hatte die Pizza ein knappes halbes Jahrhundert in der Community der italienischen Migranten verharrt. Das änderte sich im Verlauf des Zweiten Weltkriegs, als amerikanische Soldaten vom Gefreiten bis zum Oberbefehlshaber Dwight D. Eisenhower in Italien Bekanntschaft mit der Pizza machten und so Akzeptanz und Affinität zu ihr entwickelten. Nun wuchs die Nachfrage auch in den USA. In vielen Großstädten wurden die italienisch-amerikanischen Pizzen nochmals deutlich modifiziert. Exemplarisch ist Ric Riccardo, der 1943 in Chicago die Pizzeria Uno eröffnete und mit seiner *deep-dish pizza* auch ein amerikanisches Massenpublikum begeisterte. Nun begann die eigentliche Karriere der amerikanischen Pizza, der zudem eine Vorreiterrolle bei der Verbreitung von Convenience-Produkten zukam, als 1948 in Worcester (Massachusetts) die erste Fertigmischung auf den Markt kam.

Pizza lag im Trend der Zeit und wurde bald auch zur tragenden Säule der boomenden Systemgastronomie, die gerade auch bei der Analyse der europäischen Esskultur relevant ist, denn die großen Ketten, allen voran die 1958 in Wichita (Kansas) von Frank und Dan Carney ins Leben gerufene „Pizza Hut", die heute in 87 Ländern vertreten ist, haben maßgeblich zu einer Standardisierung der globalen Esskultur beigetragen. Damit ist auch eine erneute Trendumkehr zur normierten Pizza festzustellen. Zudem wurde die Pizza auf diese Weise amerikanisiert: Sie ist längst zum integrativen Bestandteil der amerikanischen Küche geworden und wird, ähnlich wie in Europa, nicht mehr unbedingt mit dem Ursprungsland in Verbindung gebracht. Einen weiteren Katalysator zur Massenverbreitung stellten neue Zubereitungs-, Tiefkühl- und Vertriebstechniken dar: die Tiefkühlpizza wurde in den 1960er Jahren in den USA entwickelt und erlangte rasch große Popularität. Inzwischen hat sich vor allem die dickere, käse- und fettlastige Pizza des Typs *Chicago style*, *deep dish* oder *Sicilian* weitgehend von europäischen Vorbildern emanzipiert, im Gegensatz zu der eher an der Ostküste verbreiteten und mit den in Deutschland gängigen Varianten vergleichbare Pizza *Manhattan style* oder *New York style*.

Neustart: Europa und die Pizza

In Europa spielte die Pizza bis zur Mitte des 20. Jahrhunderts außerhalb Italiens praktisch keine Rolle. Noch 1948 gab es lediglich im französischen Marseille eine Pizzeria. Drei Faktoren trugen maßgebliche Verantwortung dafür, dass sich dies bald ändern sollte: die europäische Westorientierung, die neuen Migrationsbewegungen seit den 1950er Jahren und der Massentourismus.

Zunächst zur Westorientierung. Nach 1945 erlebte Europa eine tiefgreifende Identitätskrise, in deren Folge vielerorts, vor allem aber in Deutschland, ältere Traditionen als überkommen galten. In diesem kulturellen Vakuum entwickelte sich eine starke Westorientierung. Die USA fungierten bis zu den kontroversen Diskussionen um den Vietnamkrieg als politisches, gesellschaftliches und ökonomisches Vorbild. Dieser Prozess zeitigte auch massive alltagskulturelle Auswirkungen: Musik und Kleidung suchte man ebenso zu übernehmen wie Fahrzeuge und ganze Lebensstile. Dazu zählte insbesondere die Esskultur. Was aus den USA kam, galt lange als cool: Coca-Cola, Kaugummi, Filterzigaretten, löslicher Kaffee oder eben Tiefkühlprodukte.

Die amerikanischen Produkte wurden kommerziell beworben, aber auch das, was in den Kinofilmen und Fernsehproduktionen zu sehen war, weckte Begehrlichkeiten. Mit der Einführung des Privatfernsehens in den 1980er Jahren verstärkte sich dieser Trend noch. Was in den USA auf den Tisch kam, darauf hatten Viele in Europa plötzlich auch Hunger. Der Aufschwung der Pizza – ob daheim als Fertigprodukt zubereitet, als Tiefkühlprodukt erhitzt oder in der Systemgastronomie verzehrt – diffundierte medial nach Europa.

Der zweite Grund lag in der südeuropäischen Arbeitsmigration. Zunächst schloss Deutschland 1955 einen Anwerbevertrag mit Italien ab. Wie in den USA, brachten die Arbeitsmigranten – unter ihnen besonders viele Süditaliener – zunächst vor allem in die Schweiz, nach Belgien, Deutschland und Frankreich ihre Essgewohnheiten mit. Rasch wurden eigene einfache Gaststätten eröffnet, die primär als Treffpunkte der Landsleute dienten. Bald kamen aber auch erste einheimische Gäste in die Pizzerien, denn der Zukunftsoptimismus weckte auch die Neugier auf das Fremde. Die wohl erste Pizzeria Deutschlands spielt dabei eine exemplarische, aber gleichwohl untergeordnete Rolle. Nicolino di Camillo aus Chieti in den Abruzzen hatte 1945 Anstellung bei amerikanischen Besatzungssoldaten in Nürnberg gefunden, dort für sie gekocht und war bald nach Würzburg gezogen. Hier eröffnete er am 28. März 1952 das Lokal „Sabbie di Capri", das vor allem von Amerikanern italienischer Abstammung besucht wurde. Sein gewaltiger Erfolg war nicht nur seiner guten Küche zu verdanken, sondern auch seinen kommunikativen Talenten. Di Camillo machte die Pizzaherstellung zum Event, und bald verkehrte auch überregionale Prominenz wie der Musiker Helmut Zacharias oder die in Deutschland stationierten Söhne Bing Crosbys in seiner Pizzeria.

Der dritte Grund für den europäischen Erfolg von Pizza und Pizzeria liegt im Aufschwung des Tourismus. Italien hatte den Norden bereits in der Romantik fasziniert. Spätestens seit Johann Wolfgang von Goethes Bestseller „Tagebuch der Italienischen Reise für Frau von Stein" war Italien das Ziel für Bildungsreisen schlechthin. Allerdings war weniger die alltägliche Kultur als vielmehr die der Antike von Interesse. Diese Italienbegeisterung bildete einen idealen Nährboden für jene europäischen Touristen, die seit den späten 1950er Jahren durch Wirtschaftsaufschwung und Massenmotorisierung in die Lage versetzt wurden, Urlaubsreisen in den Süden zu unternehmen. Parallel wurde Italien für die Film- und die Musikindustrie zur Folie für Sonne, Strand und *dolce vita*. Die Reisewelle spülte Millionen von Touristen nach Italien, welche die Kultur aber vornehmlich am Strand und eben in Restaurant beziehungsweise Pizzeria erlebten.

In der Mitte des 20. Jahrhunderts waren die Pizzeria und die Pizza in West- und Nordeuropa angekommen. Ihre Stellung verfestigte sich durch die vorgebackene und tiefgekühlte Pizza, die inzwischen zu den meistverkauften Convenience-Produkten gehört. Aus den USA gelangte sie zunächst nach Italien. 1966 stellte der italienische Speiseeishersteller Motta auf den Messen von Frankfurt und München eine Mini-Pizza samt dazugehörigem Aufbackofen vor. Seit 1968 ist die Tiefkühlpizza in der Schweiz auf dem Markt, seit 1970 in Deutschland. Inzwischen ist die Pizza in Europa das erfolgreichste Produkt der Tiefkühlbranche überhaupt. In Deutschland wurde mit Tiefkühlpizza 2010 etwa eine Milliarde Euro umgesetzt, was einem Verbrauch von rund drei Kilogramm pro Kopf und Jahr entspricht – doppelt so viel wie noch zehn Jahre zuvor. Parallel entwickelten sich in vielen Ländern systemgastronomische Pizzavertriebe, welche standardisierte Pizzen in Schnellküchen vorbereiten und anschließend direkt an die Kunden liefern. Viele kleinere Dienste mussten häufig internationalen oder auch regionalen Ketten weichen. Mittlerweile hat sich das Angebot deutlich verschoben: während Klassiker wie die Margherita immer noch im Programm sind, haben Anbieter wie die im Rheinland ansässige „Pizza Mann" Hybride wie „Mafiosi", „Athen" oder „Kentucky" im Angebot.

Insgesamt zeigt sich in Deutschland, aber auch in den Beneluxstaaten oder in Frankreich folgende Entwicklung: Klassische Pizzerien profitieren vom Trend zur mediterranen Küche. Dabei sind sowohl Übergangszonen zu den Imbissbetrieben als auch zu hochpreisigen Restaurants erkennbar. Die Pizza wird hier als spezifisch italienisches Produkt wahrgenommen. Der Besuch der Pizzeria wird dabei meist zu zweit oder in der Gruppe vollzogen und als Bestandteil der Erlebnisküche wahrgenommen, als exponiertes Ereignis. Die Pizza kann durchaus als bewusstes Element der *cucina povera* verstanden werden, das auch seit den 1990er Jahren zu beobachtenden Ansprüchen an regionale und gesunde Kost zu entsprechen vermag. Die Pizza und die begleitenden Getränke – meist italienischer Wein – werden mit einem gewissen Anspruch auf Kennerschaft konsumiert. Auch der Konsum von Tiefkühlpizza kann durchaus in dieses Konzept passen. Es gibt aber deutliche Indizien dafür, dass diese Convenience-Produkte oft nicht als spezifisch italienisch wahrgenommen werden, sondern als Elemente einer globalen Esskultur, die eher dem Trend zur schnellen Zubereitung, zum Einpersonenhaushalt, zum Verzehr außerhalb tradierter Mahlzeitensysteme, Verzehrgewohnheiten und Rhythmen entsprechen. Somit sind sie eher Bestandteil der täglichen Versorgungsküche, werden also nicht zwingend mit einem hohen Anspruch auf Exponiertheit der Verzehrsituation verknüpft.

Dass die aufgezeigten jüngsten Entwicklungen spezifisch nord- und westeuropäisch sind, zeigt ein abschließender Blick nach Osteuropa. Hier hat weder der Italientourismus Tradition noch gibt es eine Kommunikationsbrücke via Arbeitsmigration. Dennoch hat die Pizza dort infolge von Grenzöffnungen und Globalisierung nach 1989/1990 große Popularität erlangt. Auch hier sind zunächst Pizzerien zu nennen: Sie sind auf den urbanen Raum beschränkt und gelten insbesondere in Russland als chic. Die Trennlinie zum Fast-Food-Bereich verläuft scharf, wird dieser Bereich doch durch Hamburger und vor allem durch traditionelle osteuropäische (auch gewürzte) Gebäcke abgedeckt. Daneben werden im häuslichen Bereich zwei Typen von Pizzen zubereitet: Zunächst die Tiefkühlpizza, die aber nicht als preiswertes und schnelles Essen angesehen wird, sondern als erlebnisintensives, für viele Konsumenten hochpreisiges Produkt, das die Sehnsucht nach westeuropäischen Konsumgewohnheiten und Markenidentitäten befriedigt. Die Tiefkühlpizza ist im Osten daher für Viele Bestandteil der Erlebnisküche, die einfachste Art, am westlichen Lebensstil zu partizipieren. Daneben existiert in Russland eine weitere Variante. Vor allem in Familien werden gerne Pizzen zubereitet, da weit verbreitete, in den USA produzierte Zeichentrickserien für Kinder (z. B. „Ghostbusters", 1986 bis 1988 in 65 Folgen produziert, „Teenage Mutant Ninja Turtles", 1987 bis 1997 in insgesamt 10 Staffeln) den Konsum von Pizza als besonders wertig darstellen, das Gericht aber nicht genauer beschreiben. Beim Versuch, Pizza zuzubereiten, entstehen daher hybride Formen, die osteuropäische Hefegebäcktraditionen aufgreifen. So werden die dicken Teigfladen dann gerne mit Schmand, Wurstresten, sauren Gurken oder Gemüse belegt. Je stärker aber westeuropäische Handelsstrukturen und Produkte auf den osteuropäischen Markt drängen, desto eher wird es auch hier zu einer Angleichung der Zubereitungs- und Verzehrgewohnheiten kommen.

Was bleibt als Fazit? Wenn sich im gemeinsamen Haus Europa alle an einen Tisch setzen, dann kann es nur ein Gericht geben, das alle kennen, das von allen akzeptiert wird und das allen schmeckt: Pizza. Pizza ist aber nicht nur belegter Hefeteig, sondern Bestandteil eines komplexen und symbolisch aufgeladenen Bedeutungsgewebes. Pizza kann als Chiffre für einen neuen globalen Lebensstil fungieren, für die Exklusivität der hochpreisigen und gesunden mediterranen Küche, sie kann für ein positiv geglaubtes Italienbild stehen oder auch für den vermeintlich konsum- und genussorientierten europäischen Westen. Zudem verbindet die Pizza stärker als alle anderen Segmente der schnellen Küche verschiedenste soziale Gruppen: Pizza kann hochpreisig sein oder auch vom Discounter stammen. Und schließlich zeigt die Pizza, dass die vielfältigen europäischen Kulturen in der Lage sind, sich kulturelle Phänomene anzueignen und sie dabei behutsam zu modifizieren.

Für Assistenz bei der Recherche und Abfassung danke ich Julia Pedak B.A., Bonn

Literaturhinweise

Johanna Angela GEBHARDT, Wie die Deutschen zur Pizza kamen oder „Capri, die älteste Pizzeria Deutschlands und die Blaue Grotte", in: Frankenland. Zeitschrift für fränkische Landeskunde und Kulturpflege 53 (2001), S. 397–402.

Carol HELSTOSKY, Pizza: A Global History. London 2008.

Gunther HIRSCHFELDER, Europäische Esskultur. Geschichte der Ernährung von der Steinzeit bis heute. Frankfurt/New York 2005.

Kaspar MAASE, (Hrsg.), Tü amo! Italienisches im deutschen Alltag. Eine Tübinger Lokalstudie. Tübingen 2009.

Peter PETER, Kulturgeschichte der italienischen Küche. München 2006.

Sylvie SANCHEZ, Food Frontiers and Cross-Border Foods. Pizza, Study of a Paradox. Québéc 2008.

Manuel TRUMMER, Pizza, Döner, McKropolis: Entwicklungen, Erscheinungsformen und Wertwandel internationaler Gastronomie. Münster u. a. 2009.

Paul TRUMMER, Pizza Globale – Ein Lieblingsessen erklärt die Weltwirtschaft. Berlin 2010.

3. Grundfreiheiten

Hanna Vollrath
Magna Carta

Brandon Mayfield und Adel Hassan Hamad durchlebten einen Albtraum. Amerikanischer Staatsbürger muslimischen Glaubens der eine, Sozialarbeiter aus dem Sudan der andere, wurden beide der Unterstützung terroristischer Anschläge bezichtigt und gerieten im Gefolge der Anschläge vom 11. September 2001 in die Sicherheitsmaschinerie der USA. Sie wurden verhaftet, immer wieder von Geheimdienstleuten und Militärs verhört, die sich nicht auswiesen und die sie nicht zuordnen konnten, und schließlich in das amerikanische Internierungslager an der Guantanamo Bay auf Kuba gebracht. Einem Richter wurden sie nicht vorgeführt, niemand informierte ihre Familien, der bloße Verdacht genügte, um alle Gesetze zu suspendieren. Als Rechtssubjekte hatten sie faktisch aufgehört zu existieren, ohne jemals angeklagt worden zu sein.

Aber sie hatten Glück im Unglück. Als ihr Pflichtverteidiger wurde Stephen T. Wax bestellt, ein erfahrener und erfolgreicher Anwalt, dem es nicht nur darum ging, dem Recht im Einzelfall Genüge zu tun, sondern der wusste, dass es bei jedem Einzelfall auch immer um das Recht als Grundprinzip rechtsstaatlich verfasster Gemeinwesen ging. Genau diese rechtsstaatlichen Prinzipien sah er im Fall seiner Guantanamo-Mandanten in so gravierender Weise verletzt, dass er sich nicht damit begnügte, ihre Unschuld zu beweisen (was ihm gelang), sondern dass er sich entschloss, seine Empörung in einem Buch öffentlich zu machen: die amerikanische Regierung unter George W. Bush habe ein alt überliefertes Grundrecht verletzt, das zuerst in der Magna Carta im Jahr 1215 niedergelegt und von dort als Rechtssatz in die amerikanische Verfassung aufgenommen worden sei (Art. 1, Abs. 9, Abschn. 3), und das sei der Grundsatz *habeas corpus*. Wax nannte sein Buch *Kafka comes to America*. Zusammen mit dem Verweis auf die Magna Carta markierte er damit die beiden Pole europäischer Rechtstradition: Die Magna Carta als Symbol für das Recht, Kafkas *Prozess* als ahnungsvolle Vorwegnahme totalitären Unrechts.

In der Magna Carta kommt der Ausdruck *habeas corpus* nicht direkt vor, aber ihr Artikel 39 lässt sich als Umschreibung dessen lesen, was der lateinische Ausdruck in der modernen Rechtssprache bedeutet: „Ein freier Mann soll nicht ohne rechtmäßiges Urteil seiner Standesgenossen gefangen genommen, ins Gefängnis geworfen, enteignet, für vogelfrei erklärt, verbannt oder auf andere Weise ruiniert oder irgendwie in Bedrängnis gebracht werden".

Dieser Artikel 39 ist das bekannteste und wirkmächtigste aller Versprechen, die König Johann den englischen Baronen machte und in einer „Großen Urkunde" – *magna carta* – in lateinischer Sprache schriftlich festhalten ließ. Er ist in der Tat „die stärkste Waffe der Bürger gegen Regierungswillkür" geworden, wie es eine angesehene Richterin am amerikanischen Verfassungsgericht genannt hat, und es wurde in diesem Sinn in die Verfassungen vieler moderner Staaten und überstaatlicher Institutionen aufgenommen, so etwa in den Grundrechtekatalog des deutschen Grundgesetzes (Art. 2 und die „Justizgrundrechte" der Art. 101–104 GG), im Jahr 1948 in die „Allgemeine Erklärung der Menschenrechte" durch die Generalversammlung der Vereinten Nationen und nicht zuletzt in die Europäische Menschenrechtskonvention, die 1950 formuliert wurde.

Allerdings war dadurch nicht die Magna Carta selbst im Lauf der Jahrhunderte zu einem gleichsam universalen Erinnerungsort geworden, sondern es war die Idee eigenständiger Bürgerrechte gegenüber staatlicher Willkür. Bevor diese Idee als universales Menschenrecht anerkannt wurde, war sie unter dem Namen *habeas corpus* überall dort verbreitet worden, wo Engländer ihre Kolonialreiche errichtet hatten. Darüber hinaus hatte sie Menschen außerhalb des anglo-amerikanischen Rechtsraums begeistert. Goethe war einer von Vielen, als er ausdrücklich auf die Magna Carta verwies, „jenen großen Freiheitsbrief, der durch die Zusätze nachfolgender Zeiten das wahre Fundament neuer englischer Nationalfreiheit geworden" (Farbenlehre von 1808/1810). Obwohl er im gleichen Abschnitt (II/3) wörtlich den Artikel 39 der Magna Carta zitiert, zeigt doch das Zitat, dass für ihn die Bedeutung der Magna Carta „als wahres Fundament englischer Nationalfreiheit" über das Juristische hinaus ging, und in diesem enthusiastischen Sinn findet man sie auch oft zitiert, wie z. B. in unseren Tagen von einem Leitartikler, der erklären wollte, warum der Besuch Papst Benedikts XVI. in Großbritannien solch vehemente Proteste auslöste. Er schrieb, dass „in England, jenem Gemeinwesen, in dem die Freiheit des Individuums vor achthundert Jahren eine erste Verschriftung in Gestalt der Magna Carta erfuhr, auch die Reformation, stärker als anderswo, ein Befreiungsakt von äußerer Bevormundung" war (FAZ, 20.9.2010). Das Netzwerk „Faire Kulturhauptstadt" dürfte dagegen an Freiheit im Sinn von Befreiung gedacht haben, als es eine „Magna Charta Ruhr 2010 gegen weltweite Kinderarmut" initiierte, die „einen verstärkten fairen Handel fordert, um Menschen in den Entwicklungsländern Zugang zum Gesundheitswesen, zu Bildung und zur Teilhabe am wirtschaftlichen Handeln zu ermöglichen".

Wer in dieser Form Bestätigung für ganz moderne Anliegen bei einer fast 800 Jahre alten Urkunde einholt, erinnert sie als etwas, das irgendwie für überzeitliche Werte und Zielsetzungen steht. Gilt das aber wirklich für die Magna Carta? War sie so modern, wie sie hier erscheint? Werden in ihr Werte formuliert, die unabhängig vom Ort und von der Zeit ihrer Entstehung als gemeineuropäische Errungenschaften gelten können? Für die Maxime des Artikels 39, nach der Unversehrtheit und Freiheit nur durch ein ordnungsgemäßes Gerichtsverfahren eingeschränkt werden dürfen, kann das sicher gelten. Aber wie steht es mit den 62 anderen Artikeln? Können sie in gleicher Weise als Erklärung für den „Mythos Magna Carta" herangezogen werden, von dem oft die Rede ist? Ein Blick zurück in das England des hohen Mittelalters soll helfen, diese Fragen zu beantworten.

Die Magna Carta in ihrer Zeit – Anlass und Hintergrund ihrer Entstehung

Der unmittelbare Anlass für die Abfassung der Magna Carta war ziemlich banal: König Johann Ohneland hatte große und teure Pläne für seine Besitzungen auf dem Kontinent und brauchte Geld und Truppen, um sie umzusetzen. Da er keine direkten Steuereinnahmen hatte, schöpfte er die indirekten Möglichkeiten weit rücksichtsloser aus als irgendeiner seiner Vorgänger. Als König hatte er einen sehr schlechten Ruf, er galt als misstrauisch, rücksichtslos, wankelmütig, hinterhältig und grausam, außerdem agierte er in entscheidenden Situationen vielfach glücklos. Es zeigte sich, dass er seinem Feind, dem französischen König Philipp II. August, nicht nur militärisch, sondern auch politisch und diplomatisch unterlegen war, wobei er ihm schließlich durch unglaubliche Fehlentscheidungen die Gelegenheit verschaffte, den größten Teil des Festlandsbesitzes seiner Familie zu konfiszieren.

Regionale Rebellionen von Baronen und Rittern fanden daher immer wieder neue Nahrung – besonders im Oktober 1214, als König Johann nach einer Serie von Niederlagen geschlagen aus Frankreich zurück kam. Wenig später mündete die schon länger schwelende Unzufriedenheit in eine große Verschwörung der Barone, mit denen die Stadt London bald gemeinsame Sache machte.

Dieses Mal wollten sich die Rebellen nicht wie früher mit allgemeinen Versprechungen abspeisen lassen, sondern verfassten detaillierte Forderungskataloge an den König, die dann zur Grundlage der eigentlichen Magna Carta wurden. Am 15. Juni 1215 beeidete und besiegelte König Johann die „Magna Carta Libertatum", die „Große Urkunde der Freiheiten", in Runnymede in der Nähe von Windsor. Vier Tage später schlossen die Barone förmlich Frieden mit ihrem König und tauschten mit ihm den Friedenskuss.

Die Magna Carta regelt ganz unterschiedliche Streitfragen. Schon ein zeitgenössischer Historiograph meinte, dass diese Streitfragen nicht erst unter König Johann entstanden seien, sondern dass er sie von seinem Vater Heinrich II. und seinem Bruder Richard Löwenherz geerbt habe, eine Ansicht, die moderne Geschichtsforscher im Wesentlichen teilen. Die Magna Carta war also letztlich eine Generalabrechnung mit der ganzen Sippe der Anjou-Plantagenêts, wobei die Grundlagen des Königtums der Anjous auf Wilhelm den Eroberer zurückgingen.

Herzog Wilhelm hatte den Kriegsmannschaften aus der Normandie und den angrenzenden Regionen, die ihm 1066 nach England gefolgt waren, Beute und Ruhm versprochen: Beute war vor allem Land, Ruhm bedeutete, durch diesen Landbesitz zur gesellschaftlichen Elite des eroberten Königreichs zu gehören. Den obersten Rang unter den Adeligen nahmen die Barone ein, hohe geistliche und weltliche Adelige, die in ihren Baronien wie Vizekönige herrschten.

Allerdings hatte der neue König die Rechtsvorstellung durchsetzen können, dass das gesamte Land dem König gehörte und dass er es an seine Getreuen nur auslieh, zur Leihe gab. Mit der Landleihe wurden sie seine Vasallen, schlossen gleichsam je einzeln einen Pakt mit ihm als ihrem Lehnsherrn ab: der König gab ihnen das Land und verpflichtete sich, sie in ihren Rechten zu schützen, so wie sie ihm umgekehrt „Rat und Hilfe" versprachen, nämlich an seinen Hof zu kommen und mit ihm all das zu beraten, was das Königreich betraf und dieses dann gemeinsam mit ihm umzusetzen. In diesem System beraubte sich ein König, der gegen größere Gruppen seiner Barone zu agieren versuchte, seiner Handlungsmöglichkeiten.

Mit Heinrich II. änderte sich der Gesamtverband des englischen Festlandsbesitzes, denn als Enkel des englischen Königs Heinrich I. und Sohn des Grafen Gottfried Plantagenêt von Anjou verfügte er als König von England nicht nur über die kontinentalen Besitzungen seiner Eltern, sondern auch über das Erbe seiner Frau Eleonore, der Erbin von Poitou-Aquitanien. Heinrich II. und seine Söhne konnten den ganzen Westen des Königreichs Frankreich als ihren Herrschaftsbereich ansehen, waren allerdings auch kontinuierlich mit regionalen Adelsaufständen auf dem Kontinent beschäftigt, so dass sie immer wieder Heereszüge in Gegenden unternahmen, an denen die allermeisten ihrer anglo-normannischen Barone und Ritter kein eigenes Interesse hatten. Zwar brauchten die Adeligen keineswegs alle Kriegszüge ihres Königs mitzumachen, denn ihre Heerfolgepflichten waren „bemessen". Aber der Ausweg, den die Könige mit der Anwerbung von Söldnern fanden, hatte seine eigenen Tücken, denn er kostete viel Geld, weit mehr, als die Könige auf ihren eigenen Domänen erwirtschaften konnten. Insbesondere Richard Löwenherz und Johann Ohneland betrieben im Dienste ihrer Festlandsbesitzungen eine bis dahin unbekannte Fiskalisierung der personalen Beziehungsgeflechte, und das mit zunehmender Effizienz, denn sie konnten sich des Exchequers bedienen, einer Behörde, die vor allem ihr Vater Heinrich II. ausgebaut hatte. Die *sheriffs*, die Amtleute des Königs in den Grafschaften, mussten zwei Mal jährlich zu festen Terminen im Exchequer erscheinen und abrechnen, wobei Einnahmen und Ausgaben, Soll und Haben in den *Pipe Rolls* schriftlich festgehalten wurden. Das erlaubte Vergleiche, erschwerte Schlamperei und Korruption und war ein wirksames Kontrollinstrument der Verhältnisse vor Ort. Seit 1154 liegen die *Pipe Rolls* Jahr für Jahr vor. Unter König Johann wurden sie nach unterschiedlichen Betreffen in verschiedene Abteilungen untergliedert. Sie vor allem geben

Auskunft über die soziale Praxis im Land und damit über die Zusammenhänge, innerhalb derer sich die Bedeutung vieler Artikel der Magna Carta erschließt.

Für den Ausbau königlicher Verwaltungsinstitutionen zogen die Könige zunehmend Verwaltungspersonal nicht-adeliger Herkunft heran, meist Kleriker mit niederen Weihen, die sie „aus dem Staub empor erhoben", wie ein zeitgenössischer Historiograph schon zu Beginn des 11. Jahrhunderts abfällig bemerkte – sie konnten zwar lesen und schreiben, wiesen aber keine adelige Herkunft auf. Natürlich wurden die Barone und Ritter von den Verwaltungsklerikern nicht verdrängt, die hohen Adeligen blieben die unverzichtbaren Mitglieder der königlichen Hofgesellschaft. Aber die Verwaltungsleute wurden doch als Konkurrenz gesehen: sie waren dem König nahe, konnten ihn beeinflussen und standen damit immer im Verdacht, das adlige Beratungsmonopol auszuhöhlen.

Auch im Gerichtswesen führten angevinische Neuerungen zu Zentralisierung und Kontrolle durch den Königshof. Von alters her gab es verschiedene Gerichte mit unterschiedlichen Zuständigkeiten, in denen juristische Laien, die jeweiligen Standesgenossen, als Schöffen die Urteile fällten. Neben dieser Laiengerichtsbarkeit gab es kirchliche Gerichte für die Rechtsfälle, die dem Kirchenrecht unterstanden, und es gab das Gericht des Königs, das theoretisch jeder freie Mann anrufen konnte, das aber faktisch für die Allermeisten unerreichbar war. Königliche Reiserichter, die einigermaßen regelmäßig die Grafschaften als eine Art mobiles Berufungsgericht bereisten, sollten dagegen Abhilfe schaffen. Außerdem entwarfen unter Heinrich II. professionelle Königsrichter am Hof Verfahrensregeln für die Beilegung besonders häufiger Streitfälle, die der König dann als Gesetze (Assisen) für allgemeinverbindlich erklärte. Sie wurden die Grundlage des *common law*.

Die Magna Carta als historische Quelle

Die Magna Carta lässt sich wie alles, was aus der Vergangenheit überliefert ist, in verschiedener Hinsicht analysieren. Hier geht es um die Magna Carta als Erinnerungsort. Erinnerung bildet Gewesenes nicht originalgetreu ab, weder eine Begebenheit noch, wie in diesem Fall, einen verschrifteten Text. Vielmehr formt sie Vorliegendes nach den Fragen und Bedürfnissen der Gegenwart der Erinnernden um, scheidet aus der Erinnerung aus, was obsolet und für die Nachgeborenen bedeutungslos geworden ist, und schafft neue Schwerpunkte, die sich im Original nur bedingt finden lassen. Um aber erkennen zu können, was umgeformt, was ausgeschieden oder im Erinnern mit neuer Bedeutung angereichert wurde, muss zunächst der Text in seiner ursprünglichen Bedeutung und in seinem zeithistorischen Kontext vorgestellt werden.

Es ist schwer, Inhalt und Struktur der Magna Carta knapp zusammenzufassen, denn sie enthält Vieles und Vielerlei und das in einer Weise, die eine nachvollziehbare innere Ordnung nicht immer erkennen lässt, zumal die heute übliche Gliederung in 63 Artikel erst im 18. Jahrhundert vorgenommen wurde. Die Magna Carta ist das Ergebnis von Verhandlungen zwischen König Johann und den aufständischen Baronen. Entsprechend nennt die Urkunde als Adressaten „alle Erzbischöfe, Bischöfe, Äbte, Grafen, Barone, Justizbeamte, Forstbeamte, Sheriffs, Domänenverwalter, königliche Dienstleute und alle Amtleute und Getreue" – das waren die Hochadeligen und die königlichen Amtleute. An die mit Abstand größten Gruppen der Ritter oder gar der Bauern wandte sich der König nicht.

Im ersten Artikel bestätigt König Johann der Kirche ihre Freiheit und alle ihre Rechte. Das war konventionell und zeigt, woran man sich orientierte, nämlich an dem Eid, den jeder König bei seiner Krönung schwor: ein neu gewählter König versprach feierlich, die Rechte der Kirche und ihrer geweihten Diener und aller getreuen Laien zu wahren und nichts gegen sie in unrechtmäßiger Weise zu unternehmen. Gemeinhin blieb es bei diesen allgemeinen Bekenntnissen zu Friede und Gerechtigkeit, und das ist auch verständlich, denn bei einer Krönung war ja genau so wenig wie bei einem heutigen Amtseid abzusehen, wie der neu Gewählte sein Amt ausüben würde. Bei der Magna Carta war das anders, König Johann hatte im Jahr 1215 schon sechzehn Jahre lang als König regiert. Viele hatten in dieser Zeit schlimme Erfahrungen mit ihm gemacht und sich schließlich gegen ihn verbündet, weil sie aus sehr unterschiedlichen Gründen zu der Ansicht gelangt waren, dass ihre Rechte in ganz konkreten Fällen von diesem König nicht geschützt, sondern verletzt würden. Federführend waren dabei die Barone, die auch den Aufstand gegen Johann angeführt hatten. Die Magna Carta zählt im Einzelnen das auf, was der König in Zukunft zu tun bzw. zu unterlassen sich verpflichtete, und nennt als eine Art zweiter Amtseid die Bedingungen, unter denen die aufständischen Barone bereit waren, Johann wieder als ihren König anzuerkennen. Aber ihr tiefes Misstrauen verlangte mehr als einen Eid, und sei er auch noch so detailliert. Ein Ausschuss von 25 Baronen, so heißt es zum Schluss, sollte darüber wachen, dass der König die beschworenen Versprechen einhielt. König Johann war fortan unter Kuratel gestellt.

Die führende Rolle der Barone hatte zur Folge, dass die Magna Carta in großer Ausführlichkeit deren Belange thematisiert, dazu kamen einige Forderungen ihrer Bundesgenossen, vor allem der Ritter und der Stadt London. Außerdem wird in einer Reihe von Artikeln „jeder freie Mann" als Inhaber bestimmter Rechte genannt, und schließlich wird auch erwähnt, was schon lange große Aufmerksamkeit erregt hat: die *communa totius regni*, die Vereinigung aller Bürger des Königreichs.

Bei den Baronen ging es vor allem um ihre Beziehung zum König als ihrem Lehnsherrn, von dem sie, so die Rechtsfiktion, ihr Land ausgeliehen hatten. Als Gegenleistung für die Überlassung des Landes erhob er bei bestimmten Anlässen Gebühren, darunter das *relevium*, eine Art Erbschaftssteuer, für die es allerdings keine feststehenden Tarife gab und die König Johann oft willkürlich in bislang unbekannte Höhen trieb.

Andere Einkünfte wurden aus der Pflicht eines jeden Lehnsherrn generiert, die Rechte seiner Vasallen und ihrer Familien zu schützen. Das wurde besonders für Frauen und minderjährige Kinder relevant, wenn der Ehemann und Vater starb. Sie galten als nicht rechtsfähig und fielen damit automatisch unter die Vormundschaft des Lehnsherrn, bei Baronen unter die des Königs. Ihr gesamtes Vermögen unterstand der königlichen Verwaltung, die alle laufenden Erträge abschöpfte. Vor allem aber war der Vormund befugt, folgenschwere Entscheidungen für seine Mündel zu fällen. Besondere Bedeutung kam dabei der Frage einer Wiederverheiratung der Witwen und der Verheiratung der Kinder zu. Wie einschlägige Kapitel der Magna Carta zeigen, hat Johann keine Rücksicht auf die Betroffenen genommen und damit alt überlieferte Gewohnheiten und darauf gegründete Erwartungen verletzt. Wie schon sein Bruder, hat er seine Mündel faktisch an Meistbietende auf dem lebhaften Heiratsmarkt verhökert und Witwen für das Recht, unverheiratet bleiben zu dürfen, teuer bezahlen lassen. Seine Geldforderungen bei solchen Geschäften stiegen ins Unermessliche. Nach den *Rolls* des Exchequer lässt sich errechnen, dass die Einkünfte, die Johann aus solchen Heiratsvermittlungen bezog, um 1000 % höher lagen als bei seinem Vater. Dass er größere Teilsummen zunehmend stundete, war nur auf den ersten Blick ein Entgegenkommen: über den Schuldnern schwebte fortan das Damoklesschwert einer plötzlichen Einforderung der Restsummen, und die *Rolls* zeigen, dass Johann dieses Mittel durchaus zur Disziplinierung einsetzte und Unbotmäßige erbarmungslos in den Ruin trieb. Es war vor allem die Umdeutung alter Rechte in existenzbedrohende Ausbeutung, nicht die Ausübung der Rechte an sich, die die Barone empörte und die sie abgestellt sehen wollten.

Die Magna Carta ist im Grundtenor konservativ, denn sie forderte vor allem die Einhaltung überlieferter Grundsätze von Recht und Gerechtigkeit. Die Vielzahl und die Verschiedenheit der Artikel ist aus der Tatsache zu erklären, dass viele verschiedene Interessen und Lebensbereiche berücksichtigt wurden. Da gibt es die Festlegung, dass Geldstrafen gegen Ritter und Kaufleute verhältnismäßig sein und das Schonvermögen unberührt lassen sollen (Art. 20), aber auch die, dass alle Fischreusen auf den Flüssen Themse und Medway entfernt werden müssen (Art. 33); das hatte die Stadt London im Interesse ihrer Kaufleute durchgesetzt, die an der ungehinderten Durchfahrt ihrer Schiffe interessiert waren. Maßstab sollte in allem „das Recht des Landes" sein (Art. 55), die Gewohnheiten und Freiheiten, so wie sie einzeln aufgeführt wurden (Art. 60). Dabei verfielen nicht alle angevinischen Neuerungen dem Verdikt, ungerecht zu sein. Die Professionalisierung der Gerichtsbarkeit, die Heinrich II. mit den regelmäßigen Rundreisen königlicher Reiserichter und der sorgfältigen Formulierung seiner Assisen erreicht hatte, empfand man durchaus als segensreiche Neuerung, die man zu erhalten und sogar auszudehnen wünschte (Art. 18 und 19). Das Zusammenwirken örtlicher Honoratioren mit den Reiserichtern im Grafschaftsgericht wurde als gelungenes Beispiel für Rat-Geben und für Mitsprache bei Wahrung der königlichen Autorität angesehen und mit der Formel „Selbstverwaltung auf Befehl des Königs" (*self-government by the king's command*) oft als englische Besonderheit gerühmt.

Für die Einhaltung der Versprechen Johanns in der Magna Carta sollten die schon genannten 25 Barone sorgen, die für den Fall, dass der König gegen seine Versprechen verstieß, die „Gesamtheit der Leute des Landes" (*communa totius terre*, Kap. 61) aufbieten sollten.

Dieses Konstrukt hat nicht funktioniert. Als erkennbar war, dass Johann gar nicht daran dachte, sich an die Absprachen zu halten, gingen die Barone nicht etwa zusammen mit ihren Landsleuten gegen ihn vor, sondern riefen Ludwig (VIII.), den Sohn von Johanns ärgstem Feind Philipp II. August, des Königs von Frankreich, ins Land.

Ludwigs Feldzug kam an sein Ende, als Johann am 19. Oktober 1216 im Alter von 48 Jahren plötzlich starb. Da die Rebellen öffentliche Unterstützung nicht hätten erwarten können, wenn sie versucht hätten, dem damals neunjährigen Thronerben Heinrich III. die Herrschaft zu entreißen, beendeten auch sie zunächst die Kämpfe. Der angesehene, stets königstreue William Marshal, Earl von Pembroke übernahm die Vormundschaftsregierung. Als eine seiner ersten Amtshandlungen bestätigte er die Magna Carta.

Die Magna Carta als Erinnerungsort

Ein Schrifttext und ein Erinnerungsort repräsentieren Gegensätzliches: ein Text steht für Gleichbleibendes in der Dauer, ein Erinnerungsort für Anverwandlung an je Gegenwärtiges; ein Text vermag komplexe Sachverhalte zu vermitteln, ein Erinnerungsort verdichtet vieles Einzelne zu einer Sinnaussage; ein Text kann Zeiten des Unbeachtet-Seins, der Traditionslücken überdauern, ein Erinnerungsort bedarf der fortlaufenden lebendigen Kommunikation der Erinnernden; zum Text gehört das Lesen, bei dem je Einzelne ihn für sich entdecken oder sich seines Wortlauts vergewissern, ein Erinnerungsort bedarf der Vielen, die sich, indem sie sich um ihn versammeln, als Traditionsgemeinschaft empfinden und darstellen.

Die Magna Carta spielt bis heute im Königreich Großbritannien, vor allem aber in England sowohl als Text wie als Erinnerungsort eine ungeheuer wichtige Rolle. Da sie als Text ein Spiegelbild der gesellschaftlichen und politischen Situation Englands zu Beginn des 13. Jahrhunderts war, blieb sie in Abschriften, in politischen Diskursen und in den Gerichten so lange präsent, wie diese gesellschaftlichen Strukturen fortdauerten. Zugleich aber wies sie von Anfang an über die Zeit ihrer Entstehung hinaus, denn nicht nur in Artikel 39, dem Gerichtsparagraphen, sondern auch in einigen anderen Artikeln wird „jeder freie Mann" als Träger grundlegender Rechte genannt. Das waren zu dieser Zeit keineswegs alle Bewohner Englands, sondern es waren die Angehörigen der feudalen Oberschicht bis hinunter zu den Herren, deren Grundbesitz ausreichte, um ihnen ein Leben ohne körperliche Arbeit zu ermöglichen. Körperliche Arbeit galt als verachtenswerter Knechtsdienst und bildete die Barriere zwischen den freien Männern und der großen Masse der Bevölkerung, den Bauern, von den besitzlosen Armen ganz zu schweigen.

Aber mit den Zeiten änderten sich die gesellschaftlichen Zustände und mit ihnen die Bedeutung der Standesbezeichnungen, die allmählich ihren feudalen Herkünften entwuchsen. Den Grundsatz, dass jeder freie Mann Träger unveräußerlicher Rechte ist, die ihm die Krone garantiert, würde man heute etwas umformulieren und nicht von „Mann", sondern von „Mensch" sprechen und das „frei" streichen, weil es sich glücklicherweise von selbst versteht. Dann aber lässt sich das vielgestaltige und komplexe Dokument von 1215 überall dort als „Freiheitsurkunde" zitieren, wo die Freiheit selbstbestimmten Lebens und Handelns als Ideal gilt, auch wenn in der Magna Carta dieses moderne Verständnis von Freiheit gar nicht gemeint war.

Literaturhinweise

Dieter BERG, Die Anjou-Plantagenêts. Die englischen Könige im Europa des Mittelalters (1100–1400). Stuttgart 2003.

Danny DANZINGER/John GILLINGHAM, 1215: The Year of Magna Carta. London 2003.

John GILLINGHAM, The Angevin Empire. London 2. Aufl. 2001.

James Clarke HOLT, Magna Carta. Cambridge 2. Aufl. 1995.

Susan REYNOLDS, Kingdoms and Communities in Western Europe 900–1300. Oxford 2. Aufl. 1997.

Ralph V. TURNER, Magna Carta. Through the Ages. Harlow 2002.

Steven T. WAX, Kafka comes to America. Fighting for Justice in the War on Terror. New York 2008.

Benjamin Kaplan
Toleranz

Das Beispiel Amsterdam

Jeden Tag spuckt der Amsterdamer Hauptbahnhof, ein riesiges, neugotisches Gebäude, Tausende von Touristen aus. Noch desorientiert, laufen viele von ihnen einfach geradeaus, den breiten Damrak zum Dam hinauf, den Hauptplatz von Amsterdam. Auf dem Weg passieren sie zu ihrer Rechten den so genannten Venustempel, eine Einrichtung, die damit prahlt, „das erste und älteste Sexmuseum der Welt" zu sein. Jedes Jahr hält ungefähr eine halbe Million Touristen an und stattet dem Haus einen Besuch ab. Für viele ist das das Amsterdam, das sie sehen wollten – eine Stadt, die für ihre tolerante Einstellung gegenüber Sex, Drogen und alternativen Lebensstilen weltweit bekannt ist.

Hinter dem Damrak erstreckt sich Amsterdams berühmtes Rotlichtviertel, durch das fast alle Touristen irgendwann während ihres Besuchs einmal schlendern (Paare und Familien ziehen generell einen Besuch während des Tages vor, würden in den meisten anderen Städten ein solches Viertel aber gar nicht aufsuchen). Die Prostituierten, die normalerweise in rotes Licht eingetaucht hinter einem Panoramafenster in einer Kabine sitzen, stellen unbestritten den Hauptausstellungsgegenstand dar. Darüber hinaus bietet das Rotlichtviertel aber auch noch ein Erotikmuseum, das die Geschichte des Viertels und die des Sex dokumentiert, sowie ein Haschischmuseum, das über den Anbau und Konsum von Haschisch, Marihuana und Hanf informiert.

Das Anne-Frank-Haus, das ebenfalls von fast allen Touristen besucht wird, bietet der Welt ein differenzierteres Geschichtsbild, das das Bild des Holländers als Vorbild für Toleranz und Verfechter individueller Freiheiten zumindest teilweise in Frage stellt. Aber dies ändert nichts daran, dass für Millionen von Menschen Amsterdam heute der Inbegriff, ja sogar die Ikone für das ist, was man im Allgemeinen mit der niederländischen Gesellschaft verbindet: Toleranz.

Für die Stadt ist diese Rolle nichts Neues. Bereits im 17. Jahrhundert kamen zahlreiche Ausländer nach Amsterdam, um zu bewundern – und oft auch davon zu profitieren –, wie diese Stadt der Vielfalt der Menschheit Platz bot. Natürlich waren Verhaltensregeln damals noch enger und rigider als heute, und so verwundert es nicht, dass sich die Toleranz der Richter zu jener Zeit noch nicht bis zur Duldung von Homosexualität, Atheismus, Ordnungswidrigkeit, Obdachlosigkeit und was immer sonst als Gefahr für „Friede und Ordnung" erachtet wurde, erstreckte. Genauso hatten die Bürger ein gut entwickeltes Empfinden für das, was „anstößig" oder „skandalös" war, und grenzten mit diesen Schlüsselworten die Welt des Anstands von der des Abgrunds ab. Als das bedeutendste Handelszentrum Europas und Knotenpunkt des Welthandels wurde Amsterdam aber von Menschen, Ideen und Gütern überlaufen. Ob Händler, Seefahrer, Arme auf der Suche nach Arbeit oder Flüchtlinge, sie alle wurden von den holländischen Städten, insbesondere Amsterdam, angezogen. 1615 bemerkte Jean-Francois Le Petit, ein Einwanderer aus Artois: „In dieser Stadt werden alle Nationalitäten aufgenommen und willkommen geheißen und dürfen hier ohne Frage nach ihrer Religion wohnen, egal ob sie Franzosen, Engländer, Italiener, Spanier, Portugiesen, Schotten, Dänen, Schweden, Norweger, Zimbern, Polen, Livländer, Litauer, Balten, Moskowiter, Russen, Tartaren oder Skythen sind: ja, auch Türken und Juden".

Einige dieser Gruppen waren in der Stadt in nur verschwindend kleinen Zahlen vertreten: Anzunehmen ist, dass Le Petit seine Liste so weit wie möglich ausdehnte, um seinem Argument Nachdruck zu verleihen. Gleichartige Übertreibungen finden sich aber auch in den Berichten anderer Ausländer, was unterstreicht, welchen Ruf die holländische Gesellschaft, insbesondere Amsterdam, bereits damals als europäisches Symbol für Offenheit und Toleranz genoss.

Worauf Le Petits Bemerkung zudem hindeutet, ist, dass Europäer der Frühen Neuzeit nicht so sehr die Vielfalt der Menschen als solche, sondern die Vielfalt der mit ihnen verbundenen Religionen als Problem sahen. Wenn man aber bedenkt, dass die holländische Gesellschaft die seinerzeit religiös vielfältigste in Europa war, so war die Toleranz, die die Holländer den Ausländern entgegen brachten, nichts anderes als eine Ausdehnung der Toleranz, die sie sich untereinander zeigten. Diese Charaktereigenschaft hatte sich bereits am Ende des 16. Jahrhunderts herausgebildet, als sich die holländische Gesellschaft im Sog der Reformation und insbesondere des Aufstands gegen die Spanier religiös immer weiter ausdifferenzierte. Dieser Kampf, der damit endete, dass die nördlichen Provinzen der Niederlande unabhängig wurden, resultierte in einer einzigartigen Staatsorganisation und Gesellschaftsstruktur. Offiziell herrschte in der neuen Republik der Sieben Vereinigten Provinzen, auch bekannt als die Vereinigten Niederlande, der Calvinismus vor, was bedeutete, dass nur Calvinisten Mitglieder der Regierung sein konnten. Ihre Kirche, die Niederländisch-Reformierte Kirche, genoss einzigartige Rechte und Privilegien, war im Gegensatz zu entsprechenden Kirchen anderswo aber keine Staatskirche: Die Gesetzgebung forderte somit weder Mitgliedschaft in noch Teilnahme an Gottesdiensten dieser Kirche. Aufgrund der Utrechter Union von 1579 genossen alle Bewohner der Vereinigten Niederlande „Freiheit des Gewissens": Sie konnten glauben, woran sie wollten, und durften hinsichtlich ihres Glaubens weder überprüft noch bestraft werden. Dieser Grundsatz, kombiniert mit der fehlenden Übereinstimmung, was überhaupt die Wahrheit in religiösen Fragen war, hatte zur Folge, dass die Gesellschaft zu einem unvergleichlichen und für einige Beobachter unverständlichen Grad in religiöse Gruppen zersplittert war. Nirgends war diese Vielfalt größer als in Amsterdam, wo zur Glanzzeit der Stadt die verschiedensten Konfessionsgruppen neben- und miteinander lebten: Katholiken, Lutheraner, Mennoniten, Remonstranten (auch Arminianer genannt), Sozinianer, Kollegianten, Puritaner, Anglikaner, Armenier, Angehörige der orthodoxen Kirchen, Juden (Sephardim sowie Aschkenasim), Pietisten, Spiritualisten und andere, die, ohne Atheisten im modernen Sinn zu sein, ihre Distanz von allen institutionalisierten Religionsgemeinschaften wahrten. Die letzte Gruppe ist besonders beachtenswert, da sie daran erinnert, dass die Republik der Vereinigten Provinzen der erste Staat in Europa war, der es den Menschen erlaubte, selbst mit gar keiner religiösen Gemeinschaft in Verbindung zu stehen oder ihr anzugehören.

Andersgläubige Christen genossen in den Vereinigten Niederlanden „Freiheit des Gewissens", hatten jedoch nicht das Recht, Kirchen zu bauen oder als Gemeinde Gottesdienste zu feiern. Der öffentliche Raum war der offiziellen Niederländisch-Reformierten Kirche vorbehalten: Nur diese durfte Gotteshäuser nutzen, die von außen wie Kirchen aussahen, und Glocken läuten, um ihre Mitglieder zum Gottesdienst zu rufen. Prozessionen, die ein wichtiges Merkmal katholischer Frömmigkeit in dieser Epoche waren, waren streng verboten. „Freiheit des Gewissens" begrenzte sich folglich auf den privaten Raum: Zu Hause aber, im Kreis ihrer Familien, konnten Andersgläubige sagen und tun, was sie wollten. Dies war sicherlich ein größerer Grad an Freiheit, als Andersgläubige in den meisten Teilen Europas genossen, kam einem voll ausgelebten religiösen Leben aber noch nicht gleich. Um ein solches zu erleben, nutzten die Andersgläubigen die ihnen garantierte „Freiheit des Gewissens" auf raffinierte Art und Weise aus: Sie verwandelten ihre Privathäuser in Gotteshäuser.

Anfangs geschah dies nur hin und wieder, ad hoc und weitgehend ohne Planung, was bedeutete, dass zum Beispiel im Bedarfsfall ein leeres Zimmer mit einem kleinen, tragbaren Altar ausgestattet wurde. In der Mitte des 17. Jahrhunderts aber war es dann schon üblich, dass Privathäuser im Inneren so umgebaut wurden, dass sie Gemeinden von mehreren hundert Seelen aufnehmen konnten, das Äußere der Gebäude aber unangetastet blieb. Das gleiche passierte mit Lagerhäusern und, auf dem Land, mit Scheunen. Das Ergebnis war das Entstehen von geheimen Kirchen, die von den Holländern heute als *schuilkerken* bezeichnet werden. In der Realität konnten diese Kirchen aber nicht ganz geheim gewesen sein: Wie etwa konnten Nachbarn und Richter es nicht bemerken, dass Hunderte von Menschen zu einem Gottesdienst in einem Gebäude verschwanden und dann alle zur gleichen Zeit wieder heraus kamen? Aber die Andersgläubigen bemühten sich immerhin, den Schein zu wahren. Das Ausüben ihrer Religion war ihnen so erlaubt, aber nur hinter verschlossenen Türen, wo sie nicht gesehen werden konnten. Solange die Andersgläubigen dies respektierten, waren die Calvinisten im Großen und Ganzen bereit wegzusehen. Schweigsame Toleranz war hier also der Schlüssel zu einer soliden Koexistenz.

Auf dieser Basis konnte religiöse Andersgläubigkeit in den Vereinigten Niederlanden dann auch bunt aufblühen – nirgendwo mehr als in Amsterdam, wo die Katholiken von 1700 an über zwanzig und die Mennoniten sechs *schuilkerken* unterhielten. Hinzu kamen dann noch mindestens vier andere Gruppen, die jeweils eine *schuilkerk* unterhielten. Heute kann man noch eine dieser ursprünglich geheimen Kirchen besuchen, die von dem Museum Amstelkring als Denkmal der Toleranz in einer vergangenen Zeit erhalten wird. Liebevoll „Unser Lieber Herr auf dem Dachboden" (*Ons' Lieve Heer op Solder*) genannt, wurde dieses katholische Gotteshaus in den 1660er Jahren von einem frommen Strumpfhändler gebaut. Wie Besucher heute noch sehen können, wurden das Erdgeschoss und die erste Etage weiterhin als Arbeitsplatz und Wohnraum genutzt. Zugleich waren sie Tarnung für das, was darüber lag: Drei Etagen, die in eine Halle mit zwei Galerien umgebaut worden waren. Das Resultat kann mit einer aufwendig ausgestatteten Barockkirche nicht verglichen werden, ist mit dem Altar an dem einen Ende der Halle und der Orgel auf der ersten Galerie aber nichtsdestoweniger ein eindrucksvoller Gottesraum.

Amsterdam hat aber noch ein anderes, viel berühmteres Denkmal der Toleranz: die so genannte Esnoga, die portugiesische Synagoge. Architektonisch ganz anders gestaltet als die geheime Kirche Unser Lieber Herr auf dem Dachboden, ragt sie gut sichtbar hoch über das ehemalige Judenviertel hinaus und steht damit für eine ganz andere Form der Toleranz. Während die meisten andersgläubigen Christen sich mit „Freiheit des Gewissens" und *schuilkerken* zufrieden geben mussten, hatten Juden formal das Recht, ihre Religion auszuüben und Synagogen zu bauen, die wie Synagogen aussahen. Unter den christlichen Andersgläubigen war es nur den Lutheranern erlaubt, ähnlich öffentliche Gotteshäuser zu unterhalten, und dies wahrscheinlich aus dem gleichen Grund: Wie die Juden waren sie keine Holländer, sondern Ausländer. Die Juden waren von der Iberischen Halbinsel und aus Zentraleuropa in die Vereinigten Niederlande gekommen, die Lutheraner zumeist aus Norddeutschland und Skandinavien. Beide Gruppen sprachen fremde Sprachen und unterschieden sich in wichtigen Punkten sowohl kulturell als auch religiös von den Holländern. Der entscheidende Punkt war, dass beide Gruppen *Teil*, aber nicht *Kern* der holländischen Gesellschaft waren – die Juden noch mehr als die Lutheraner. Paradoxerweise stellte hierbei die Kluft zwischen Judentum und Christentum eine gewisse Sicherheit dar, da es als unwahrscheinlich galt, dass Juden Christen dazu bewegen würden, ihre Glaubenszugehörigkeit aufzugeben und sich dem Judentum zuzuwenden. „Wir haben [schon]", schrieb der Jurist Hugo Grotius, „viele [Religionen] hier; die geringste Gefahr aber geht von denen aus, die am unterschiedlichsten sind: *acerrima fratrum odia, et facilis ex proximo lapsus*" (am bittersten ist der Hass zwischen Brüdern, am einfachsten die Niederlage unter Gleichen).

Im Jahre 1675, als die Esnoga eingeweiht wurde, zählte die jüdische Gemeinde Amsterdams ungefähr 7500 Mitglieder, was knapp vier Prozent der Bevölkerung ausmachte. Wie in anderen Städten waren die Juden damals von den meisten Berufen und Gilden ausgeschlossen und anderen Einschränkungen ausgesetzt. Im Gegensatz zu den Juden in Italien aber mussten die Juden in den Vereinigten Niederlanden nicht in einem von Mauern umgebenen Ghetto leben, dessen Tore jeden Abend geschlossen wurden. In Amsterdam konnten sie kommen und gehen, wie sie wollten, und sie wohnten zwar in einem bestimmten Viertel der Stadt, aber dort lebten auch Christen – zeitweilig z. B. Rembrandt. Des Weiteren brauchten sie keine besondere Kleidung oder differenzierende Abzeichen zu tragen. Von 1639 an waren ihre Synagogen zudem ansehnliche Bauten, deren Funktion keinem Passanten verschlossen bleiben konnte, was bei andersgläubigen Christen immer wieder Neid auslöste. Dass die Esnoga keineswegs ein geheimer Ort war, wurde bereits bei deren Einweihung deutlich, der auch schaulustige Christen beiwohnten. Der Kupferstecher Romeyn de Hooghe hielt die Zeremonie überdies in einer Gedenkradierung fest. Auf dieser sind in der Mitte oben allegorische Figuren zu sehen, die die Stadt Amsterdam und die Vereinigten Niederlande darstellen und dem Hohepriester Juda „Freiheit des Gewissens" gewähren. An den Füßen der Figur, die Amsterdam darstellt, ist eine Inschrift zu lesen: *„libertas conscientiae incrementum reipublicae"* (mit der Freiheit des Gewissens ist die Republik gewachsen). In der Tat war Amsterdam stolz auf seine neue Synagoge, die noch mehr als ihre Vorgänger neugierige Besucher aus dem Ausland anzog. Genauso wie in Reiseführern heute, stand die Esnoga auch in der Frühen Neuzeit auf der Liste der Sehenswürdigkeiten, die Touristen unbedingt sehen sollten. Für einige von ihnen war Amsterdam der Ort, an dem sie zum ersten Mal einen Juden sahen, und nicht wenige von ihnen nutzen die Gelegenheit, mehr über diese Menschen und ihre Religion zu erfahren.

Die Entwicklung von religiöser Toleranz in Europa

Auf wichtige Art und Weise war religiöse Toleranz die erste Form der Toleranz in der europäischen Geschichte: Sie war Keim für das, was wir heute unter dieser Idee verstehen. Die Frage, ob man friedvoll neben andersgläubigen Menschen leben kann, war aber auch in der Frühen Neuzeit keine neue Frage mehr: Bereits im Mittelalter waren Christen in Italien, Spanien, der Provence, Deutschland und Polen großen jüdischen Gemeinden begegnet. In Spanien hatten sie daneben Muslime nicht nur als Feinde, sondern auch als Freunde kennen gelernt. Und in Osteuropa hatte ein Schisma die römisch-katholischen von den orthodoxen Christen getrennt. Eine noch tiefgreifendere Spaltung sollte Europa im 16. Jahrhundert erfahren: Die Reformation trennte Protestanten von Katholiken und zerstörte die Einheit der westlichen Kirche ein für alle Mal. Die Protestanten – oder „Evangelen", wie sie ursprünglich genannt wurden – zerstritten sich dazu noch untereinander, so dass sich neben dem Katholizismus eine große Anzahl von protestantischen Kirchen und Sekten herausbildete. Bürger, Freunde, ja sogar Familien wurden jetzt das erste Mal durch den Glauben voneinander getrennt. Vor dem Hintergrund, dass jede dieser Kirchen und Sekten für sich behauptete, die Verkörperung des wahren Christentums zu sein und alle Andersdenkende als Ketzer, im schlimmsten Fall sogar als Anhänger des Teufels abqualifizierte, waren harte Auseinandersetzungen vorprogrammiert. Ob man andersgläubige Menschen tolerieren kann, entwickelte sich zu einer äußerst wichtigen Frage, von der das friedvolle Miteinander, ja sogar das Überleben einzelner Personen, Gemeinschaften und ganzer Länder abhing.

Die historische Erfahrung der verschiedenen europäischen Länder klafft weit auseinander. Am Ende des 16. Jahrhunderts hatte der Katholizismus in Spanien, Portugal und Italien triumphiert und den Protestantismus fast ganz unterdrückt. Im lutherisch orientierten Skandinavien hingegen war das Gegenteil der Fall. An den meisten anderen Orten aber, von Irland bis nach Litauen, war die Geschichte im Verlauf und im Resultat differenzierter. Durch so genannte Konfessionalisierung erreichten einige der deutschen Fürstentümer und einige der Schweizer Kantone religiöse Einheit. Doch weder dem Heiligen Römischen Reich Deutscher Nation, der Schweizer Eidgenossenschaft noch anderen Königreichen in Europa gelang es, religiöse Einheit im ganzen Territorium zu verwirklichen. Blutige Bürgerkriege, die weitgehend (aber nicht ausschließlich) auf religiöse Feindschaften zurückzuführen waren, waren das Resultat im Reich, in der Schweiz, in Frankreich, Polen und auf den britischen Inseln, wenn man den Englischen Bürgerkrieg von 1642–1649 mitzählt. Es überrascht folglich nicht, dass die Zeit von 1555 bis 1648 oder sogar 1715 im Allgemeinen als Epoche der ausgeprägten Intoleranz beziehungsweise als das „Zeitalter der Religionskriege" bezeichnet wird.

Diese Darstellung spiegelt die realen Gegebenheiten aber nicht genau wider. Kaum hatte die Reformation Europa auf tragische Art und Weise zerrissen, da wurde nämlich in Tausenden von Dörfern und Städten eine noch nie da gewesene Toleranz sichtbar. Sie hatte aber mit unserem modernen Verständnis der Toleranz noch nicht viel gemeinsam: Sie wurde weder mit der Trennung von Staat und Kirche, der Gleichheit vor dem Gesetz, noch der uneingeschränkten Freiheit für alle, in aller Öffentlichkeit an Gottesdiensten teilnehmen zu können, zu predigen und zu missionieren, in Verbindung gebracht. Vielmehr wurden Andersgläubigen manchmal offiziell gar keine Rechte oder nur sehr eingeschränkte Rechte, wie etwa „Freiheit des Gewissens", gewährt, in der Praxis dann aber viel weiter reichende Entfaltungsmöglichkeiten gegeben – so wie den Andersgläubigen in Amsterdam, die ihren Glauben im Privaten ausleben durften. Dies war *de facto*, im Gegensatz zu *de jure*, Toleranz, beziehungsweise Duldung, was dazu führte, dass die Worte „Toleranz" und „Duldung" manchmal auch als Synonym benutzt wurden. Bis heute tolerieren die Holländer einige Dinge durch Duldung, wie zum Beispiel den Gebrauch von weichen Drogen, die zwar in so genannten *coffee shops* und gleichartigen Etablissements weit verbreitet sind, streng genommen aber illegal sind. Ganz anders sieht es da mit der Prostitution aus, die legal ist, reguliert und sogar besteuert wird. Solche *de-jure*-Toleranz kann mit der Toleranz verglichen werden, die in der Frühen Neuzeit den Juden in Amsterdam gezeigt wurde: Ihre Gegenwart in der Stadt war offiziell anerkannt und ihre Leben unterlag städtischen Verordnungen.

De facto oder *de jure*: Grundsätzlich waren dies die beiden Formen der Toleranz, die in der Frühen Neuzeit gegenüber religiöser Andersartigkeit gezeigt wurden, wobei sowohl *de-facto*-Toleranz als auch *de-jure*-Toleranz an den verschiedensten Orten Europas anzutreffen waren. In England zum Beispiel wurden katholische Gottesdienste bis 1791 nur *de facto* toleriert, was bedeutete, dass englische Katholiken Kirchen nutzten, die den holländischen *schuilkerken* glichen. Viele von ihnen waren in den Landhäusern des katholischen Adels untergebracht. Genauso benutzten Juden in Frankreich in der Frühen Neuzeit quasi-geheime Synagogen. Aber inoffizielle Gottesdienste zu billigen, die unter dem Schleier der Heimlichkeit stattfanden, war nur eine Variante, in der sich Toleranz in der Form von Duldung ausdrückte. Eine andere war, insbesondere in Gemeinschaften, die Andersgläubigen das Feiern von Gottesdiensten ganz untersagten, diese stillschweigend an offiziellen Gottesdiensten teilnehmen zu lassen. In der deutschen Sprache setzte sich für dieses Phänomen sogar ein spezieller Ausdruck durch: „Auslaufen", was bedeutete, dass ein Andersgläubiger sich sonntags oder an einem Feiertag zu Fuß, zu Pferd, in einer Kutsche oder in einem Boot über eine Grenze dorthin begab, wo es für ihn legal war oder es zumindest toleriert wurde, an einem Gottesdienst teilzunehmen. Aus dem lutherisch orientierten Hamburg zum Beispiel begaben sich damals Calvinisten, Katholiken, Mennoniten und Juden in das nahe gelegene Altona, welches ursprünglich den Grafen von Schaumburg gehörte und später unter der Herrschaft der dänischen Könige stand. Mit dem Westfälischen Frieden von 1648 wurde Andersgläubigen (in diesem Fall Katholiken, Lutheranern und Calvinisten) das Recht auf „Auslauf" zumindest im Reich sogar garantiert.

Wie der letzte Punkt zeigt, konnte *de-jure*-Toleranz sich auf verschiedene Art und Weise darstellen. Diese Form der Toleranz konnte von einer Gemeinschaft zudem noch auf andere christliche und nicht-christliche Glaubensgruppen ausgedehnt werden. Des Weiteren konnte sie dazu genutzt werden, eine Gemeinschaft zu strukturieren: Zwei oder noch mehr christliche Gruppen konnten so, zum Beispiel, alle bürgerlichen Rechte genießen, gemeinsam eine Regierung stellen und sich den Besitz der Gemeinschaft einschließlich seiner Kirchen teilen. Historiker nennen eine solche Ordnung „Bi-" oder „Multikonfessionalismus", je nachdem, wie viele Glaubensgruppen an der Interessenteilung beteiligt waren. In religiös gemischten Teilen der Schweiz, wie dem Kanton Thurgau, hatten Calvinisten und Katholiken ein solches Abkommen. Im Reich bildeten sich vier Städte heraus, die wichtigste Augsburg, wo Katholiken und Lutheraner gleichgestellt in „Parität" miteinander lebten: Jede der beiden Glaubensgruppen erhielt genau die Hälfte von allem. Solch ein Vertrag stand aber keineswegs für die Trennung von Staat und Kirche, vielmehr unterhielt der Staat zwei offizielle Religionen, deren einer oder anderer anzugehören jeder Bürger verpflichtet war.

Ob *de-facto*-Toleranz oder *de-jure*-Toleranz, religiöse Toleranz litt im 16. und 17. Jahrhundert unter einer fundamentalen Unrechtmäßigkeit. Dies lag daran, dass alle konfessionellen Kirchen die Meinung vertraten, dass Toleranz gegenüber Ketzerei einer stillschweigenden Duldung dieser und damit einer Mitschuld an deren Existenz gleichkam; Toleranz und aufrichtige Frömmigkeit wurden deshalb als unvereinbar betrachtet. Erlösung, so wurde es gelehrt, konnte nur von denen erlangt werden, die einer legitimen Kirche angehörten und deren Lehre befolgten. Toleranz gegenüber Ketzern kam daher dem Einwilligen in deren Verdammung gleich, was wiederum einen Mangel an christlicher Barmherzigkeit und Nächstenliebe zum Ausdruck brachte. Toleranz bedrohte daneben Staat und Gesellschaft, da eine gemeinsame Religion als wichtiges Bindeglied zwischen Herrschern und Untertanen sowie Bürgern untereinander gesehen wurde. Selbst die, die sich tolerant zeigten, akzeptierten religiöse Unterschiede deshalb nicht vorbehaltlos und sahen sie noch viel weniger als etwas Positives an. Im Gegenteil, Toleranz bedeutete vielmehr die widerwillige Akzeptanz einer Realität, die man eigentlich bedauerlich fand. In diesem Sinn war Toleranz dann auch nichts anderes als der pragmatische Umgang mit einer unvermeidbaren Sachlage, zugleich aber auch das Bekenntnis, dass man an dieser nichts ändern konnte. Der Sieg des wahren Christentums, schrieben einige Autoren, konnte daher auch nur durch göttliche Intervention eintreten: Man sollte Gottes Umsetzung seines Plans abwarten. Eine noch weiter verbreitete Meinung war, da man Glaube nicht unterdrücken konnte, dass nur friedvolle Mittel – Bildungsarbeit, Überzeugungskraft, eine Neuordnung der Institutionen – das erwünschte Ziel erreichen konnten. Aber selbst wenn jemand sich gegen den Einsatz von Gewalt stellte, scheute er nicht unbedingt, alle friedvollen Mittel – Gesetzgebung, Gerichtsverfahren, Strafen, sozialen Druck – zum Einsatz zu bringen, um Andersgläubige zur Konversion zu bringen. In Anlehnung an den Kirchenvater Augustin glaubten einige, dass diese relativ milden Mittel einen heilsamen Effekt auf Andersgläubige haben könnten und ihnen einen Anreiz gäben, ihre Gesinnung noch einmal zu überdenken. Andere Strategen wiederum rieten zu taktischer Geduld, einer Atempause, die es den Kräften der Wahrheit erlaubte, sich zu sammeln und dann gemeinsam durchzusetzen. In all diesen Fällen wurde Toleranz als eine unvermeidbare Schwäche, jedoch das kleinere von zwei Übeln verstanden.

Erst mit der Aufklärung im 18. Jahrhundert setzte sich eine fundamental andere Einstellung zur Toleranz in der Breite der europäischen Bevölkerung durch. Die Aufklärung verbreitete eine ganze Reihe von neuen, starken Ideen, zu denen, untere anderem, auch Gleichheit, Meinungsfreiheit und Religionsfreiheit gehörten. Diese wurden als „unveräußerliche Rechte" – das heißt Rechte, mit denen jeder Mensch geboren wird und die keinem genommen werden können – juristisch verankert. Diese Entwicklung wiederum gab der Toleranzidee ein neues Gesicht: Toleranz wurde jetzt nicht mehr als bedauerliche Notwendigkeit, sondern als eine positive Tugend gesehen, die für die Anerkennung und den Respekt der „unveräußerlichen Rechte" Aller stand. Schon bald war Toleranz das Zeichen vornehmer Herkunft, ihr Ausdruck *de rigeur* unter all denen, die für sich den Anspruch erhoben, aufgeklärt und zivilisiert zu sein. Zugleich sollte aber nicht der Eindruck hinterlassen werden, dass diese Ideale von allen angenommen wurden: In erster Linie waren sie Glaubensbekenntnis der gebildeten Ober- und Mittelschicht, insbesondere in den Städten Europas. Zudem sollte man nicht vergessen, dass Voltaire und die anderen Philosophen der Aufklärung ihre großen Kampagnen für mehr Toleranz nicht vor den 1760er Jahren starteten und dass nur wenige Gesetze hinsichtlich Andersgläubigkeit vor den 1780er Jahren abgeändert wurden. Erst mit den Ereignissen der Französischen Revolution wurde religiöse Toleranz als eine der „Grundfreiheiten" in europäischem Recht und europäischer Politik verankert. Noch weiter gefasst wurde Toleranz – auf Nationen, Völker und religiöse Gruppen bezogen – 1948 als Grundrecht in die Allgemeine Erklärung der Menschenrechte aufgenommen.

Wie andere Ideen der Aufklärung aber wurde auch das moderne Ideal der Toleranz nie zu hundert Prozent umgesetzt. Vielmehr ist unsere Akzeptanz von Toleranz manchmal viel weniger ausgeprägt, als wir es wahrnehmen möchten, aufgebaut auf der Prämisse, dass die, die wir tolerieren, unsere Grundnormen nicht verletzen. Die Unterschiede zwischen verschiedenen Zweigen des Christentums oder Christentum und Judentum, um nur zwei Beispiele zu nennen, sind für uns im heutigen Europa leicht zu akzeptieren. Stellt man sich aber eine Religion vor, die für das steht, was wir als die Inkarnation des Bösen betrachten; stellt man sich eine Gruppe vor, die nur davon träumt, uns zu unterdrücken! Könnten oder sollten wir sie tolerieren? Vor dieser Art von Fragen entstand die Idee der Toleranz an erster Stelle an Europas großem Vorbild der Toleranz: Amsterdam.

Übersetzung: Uta Protz

Literaturhinweise

Jean BÉRENGER, Tolérance ou paix de religion en Europe centrale. 1415-1792. Paris 2000.

C. Scott DIXON u. a. (Hrsg.), Living with Religious Diversity in Early Modern Europe. Farnham 2009.

Ole Peter GRELL/Bob SCRIBNER (Hrsg.), Tolerance and Intolerance in the European Reformation. Cambridge 1996.

Ole Peter GRELL/Roy PORTER (Hrsg.), Toleration in Enlightenment Europe. Cambridge 2000.

Benjamin J. KAPLAN, Divided by Faith. Religious Conflict and the Practice of Toleration in Early Modern Europe. Cambridge, Mass. 2007.

Thomas Max SAFLEY (Hrsg.), A Companion to Multiconfessionalism in the Early Modern World. Leiden 2011.

Thierry WANEGFFELEN, L'édit de Nantes. Une histoire européenne de la tolérance du XVIe au XXe siècle. Paris 1998.

Frank van Vree
Anne Frank

Es gibt kein Opfer der NS-Verbrechen, dessen Name weltweit ein derartiges Ansehen erreichte wie der von Anne Frank. Das Tagebuch dieses jungen Mädchens, das in den Jahren 1942 bis 1944 im Versteck vor den nationalsozialistischen Verfolgern zurzeit der deutschen Besatzung der Niederlande entstand und auf Niederländisch geschrieben ist, ist in nahezu siebzig Sprachen übersetzt worden. Mit einer Auflage von über dreißig Millionen Exemplaren zählt es zu den meistverkauften Büchern weltweit. Bereits in den 1950er Jahren entstanden aus dem „Tagebuch" erfolgreiche Theaterstücke und Filme, mit denen man sich, speziell in den USA, in Japan und in Deutschland, immer wieder im Schulunterricht befasste. Darüber hinaus erfuhr Anne Frank auch durch die Stimmen der internationalen Politik wiederkehrend Gehör: Ob John F. Kennedy oder Ronald Reagan, Jassir Arafat oder Nelson Mandela, sie zitierten unbefangen aus dem Werk dieser aufstrebenden Schriftstellerin. Am Vorabend der Jahrhundertwende führte die amerikanische Wochenzeitung „Time" Anne Frank unter den „Helden & Ikonen" des 20. Jahrhunderts auf. Tatsächlich hat ihre Anziehungskraft bis zum heutigen Tage in keiner Weise nachgelassen. So wanderte die internationale Ausstellung „Anne Frank – eine Geschichte für heute", die im Wesentlichen für junge Menschen zwischen elf und achtzehn Jahren konzipiert war, durch mehr als einhundert Länder, allein 2010 in vierzig Fassungen von Schweden bis nach Argentinien und von Japan bis nach Südafrika. Und jedes Jahr kommt nahezu eine Million Besucher zum Achterhuis in Amsterdam, dem Ort, an dem sie, bis zu dem Tag an dem sie verhaftet und abtransportiert wurde, ihr Tagebuch schrieb und reflektiert überarbeitete. Ihr anschließender Leidensweg führte sie zunächst zum KZ Westerbork, von dort nach Auschwitz und Bergen-Belsen, wo sie, kurz bevor das Lager von britischen Truppen befreit wurde, starb.

In der Erinnerungskultur der zweiten Hälfte des 20. Jahrhunderts hat sich die Person Anne Frank schrittweise zu einer herausragenden Ikone des dunkelsten Kapitels der modernen Geschichte entwickelt. Sie ist, mit der möglichen Ausnahme von Adolf Hitler selbst, die Person, durch die die NS-Zeit für viele Menschen überhaupt bekannt wurde. Das ist in vielerlei Hinsicht bemerkenswert, weil ihr „Tagebuch", das der Inbegriff dessen ist, was man als eine „wahre Hingabe an ihre Erinnerung" bezeichnen kann, sich im Gegensatz zu den Veröffentlichungen von Primo Levi, Gerhard Durlacher oder Imre Kertész nicht mit dem Vorgang der Verfolgung, den Konzentrationslagern oder der Tötungsmaschinerie auseinander setzt, sondern das Leben und die Gedanken eines begabten, heranwachsenden Mädchens beschreibt – ein Kind, das sich zusammen mit seiner Familie und einigen anderen gefährdeten Juden vor einer kaum vorstellbaren und meist unsichtbaren Gefahr versteckt hält. Ihre Aufzeichnungen weisen auf das verheerende Unheil hin, für das sie ein Symbol wurde, sie sprechen es aber nicht direkt an.

Ein zerbrochenes Leben

Anne Frank war gerade dreizehn Jahre alt geworden, als ihre Eltern, Otto und Edith Frank-Holländer, beschlossen, sich zu verstecken. Am frühen Morgen des 6. Juli 1942 zog die Familie in das lange vorbereitete, gut verborgene Versteck. Es befand sich in den oberen Etagen des Hinterhofhauses (*achterhuis*, wörtlich: „Hinterhaus") von Otto Franks Firmensitz an der

Prinsengracht, einem Kanalhaus mitten im Zentrum des alten Amsterdam. Neun Jahre zuvor war er mit seiner Familie unter dem Vorwand, eine Filiale einer deutschen Firma zu gründen, von Frankfurt am Main in die Niederlande umgezogen. In Wirklichkeit floh er vor den zunehmenden Repressalien der gegen die jüdische Bevölkerung gerichteten Rassenpolitik des Naziregimes. Als moderne, liberal denkende Juden, mit einem wachen Blick für die Geschehnisse auf der Welt, ging es den Franks relativ gut; in einem ruhigen Bezirk im Süden Amsterdams hatten sie sich neben anderen deutschen Flüchtlingen ein neues Leben aufgebaut. So war es bis zum 10. Mai 1940, als Deutschland die Niederlande überfiel.

Otto Frank versuchte sofort, sich und seine Familie nach England abzusetzen, aber es gelang ihm nicht. Um seine Familie durch die drohenden Schwierigkeiten zu bringen, begann er Anfang 1942 andere Pläne zu entwickeln, wie zum Beispiel das Hinterhofhaus an der Prinsengracht zum Versteck auszubauen. Schließlich fiel die Entscheidung, sich dort hin zu begeben über Nacht, und zwar nachdem Annes sechzehn Jahre alte Schwester Margot einen Einschreibebrief mit der Aufforderung erhalten hatte, sich am kommenden Tag für „Arbeit im Osten" registrieren zu lassen. Otto Frank verstand das als letztes Warnsignal. Seit Ende 1940 hatten sich die Lebensbedingungen für die jüdische Bevölkerung in den Niederlanden schrittweise verschlechtert: Zunächst waren sie von der übrigen Gesellschaft ausgeschlossen, dann registriert und im Mai 1942 angewiesen worden, einen gelben Stern zu tragen.

Obwohl sich zu verstecken eine in den besetzten Gebieten Westeuropas weit verbreitete Überlebensstrategie war, stellte das Versteck im Achterhuis, besonders im Fall der Niederlande, eine Ausnahme dar. Ein sicheres Haus zu schaffen war nur möglich, weil Otto Frank über beide Gebäude – den Firmensitz und das Hinterhofhaus – verfügte. Nicht zu vergessen ist, dass es in den ersten Kriegsjahren für jeden schwierig war, ein Versteck zu finden, mehr noch für eine jüdische Person, geschweige denn eine ganze jüdische Familie. Das änderte sich erst in der zweiten Hälfte der deutschen Besatzung der Niederlande, als hunderttausend Holländer zur Zwangsarbeit eingezogen wurden und die Widerstandsbewegung stärker wurde – zu spät für die meisten jüdischen Mitbürger, die zu diesem Zeitpunkt bereits deportiert worden waren.

Eine Woche, nachdem die Franks in das Achterhuis gezogen waren, stießen Otto Franks Geschäftspartner Herrmann van Pels, seine Frau Auguste und ihr Sohn Peter dazu, ebenfalls Juden, die aus Deutschland geflohen waren. Später kam außerdem der Zahnarzt Fritz Pfeiffer dazu, wie die anderen ebenfalls ein Flüchtling jüdischen Glaubens aus Deutschland. Eingesperrt auf engstem Raum, mussten sie mehr als zwei Jahre zusammenleben; unterstützt wurden sie hierbei von einigen Helfern, unter ihnen auch nicht-jüdische Angestellte Otto Franks, die sich um ihre Sicherheit und Versorgung kümmerten. Doch am 4. August 1944 drangen grün uniformierte Polizisten des Sicherheitsdienstes, unter ihnen holländische Offiziere, angeführt von SS-Oberscharführer Karl Silberbauer, in das Achterhuis ein und nahmen die acht versteckten Juden und zwei ihrer Helfer fest; ein offensichtlicher Fall von Verrat, der allerdings nie aufgeklärt wurde. Am nächsten Tag wurden die zwei Familien zusammen mit Pfeiffer ins Gefängnis gebracht, zwei Tage später nach Westerbork, der letzten Etappe vor dem Weg in den Osten.

Am 3. September 1944 war die Gruppe Teil des letzten Transports von Westerbork nach Auschwitz, der weitere 1011 Menschen in den Tod schickte. Unmittelbar nach der Ankunft wurde die Hälfte der Verschleppten in die Gaskammern geführt; die Franks, die van Pels und Pfeiffer, obwohl voneinander getrennt, überlebten diese erste Auswahl. Anne, die gerade fünfzehn Jahre alt geworden war, wurde einem Arbeitstrupp zugeordnet. Obwohl sich ihr Gesundheitszustand schnell verschlechterte, wurde sie und ihre Schwester Margot einige Monate später nach Bergen-Belsen verlegt. Im März 1945 jedoch, während einer Typhusepidemie, der etwa 17 000 Gefangene zum Opfer fielen, starben die beiden Mädchen. Als der

Krieg vorbei war, scheint von den acht nur Otto Frank die Haft in Auschwitz überlebt zu haben. Er wurde am 27. Januar 1945 durch die Rote Armee befreit und kehrte über Odessa und Marseille nach Amsterdam zurück.

Das Tagebuch

Vier Stunden nachdem das Achterhuis geräumt worden war, fand Miep Gies, eine der Helferinnen, ein in Schottenstoff eingeschlagenes Buch mit kleinem Schloss sowie Heftleisten und losen Blättern – alles Teile von Anne Franks Tagebuch – auf dem Boden liegen. Sie waren aus der Aktentasche des Vaters gefallen, als die „Grünen Polizisten" ihre Opfer nach Geld und anderen Wertsachen durchsucht hatten.

Der letzte Eintrag stammte vom 1. August 1944, war von Anne also nur drei Tage vor ihrer Verhaftung niedergeschrieben worden; der erste Eintrag datiert vom 12. Juni 1942, ihrem 13. Geburtstag, an dem sie das rot-grün karierte Poesiealbum von ihrem Vater geschenkt bekommen hatte. Mit dem allererersten Eintrag machte sie das erste ihrer Bekenntnisse: „Ich werde hoffe ich dir alles anvertrauen können, wie ich es noch an niemand gekonnt habe, und ich hoffe, daß du eine große Stütze für mich sein wirst".

In den folgenden Jahren schrieb sie nicht nur Tagebuchnotizen, sondern auch „Geschichten und Ereignisse aus dem Hinterhaus". Anfang März 1944 begann sie ihre Eintragungen gewissenhaft zu überarbeiten. Angeregt worden war sie hierzu von dem niederländischen Minister für Erziehung, der in einer Radioansprache aus dem Londoner Exil seine Hörer dazu aufgerufen hatte, Briefe, Tagebücher und andere Dokumente zu bewahren und nach dem Krieg einzuschicken, damit man sich ein möglichst vollständiges Bild von der deutschen Besatzung machen könnte. Die Rede wurde von dem in London stehenden Sender „Radio Oranje" ausgestrahlt und illegal in den Niederlanden empfangen. Schon bald träumte sie davon, ihr Tagebuch zu veröffentlichen: „Natürlich stürmten sie alle auf mein Tagebuch los [...] Stell dir mal vor, wie interessant es sein würde, wenn ich einen Roman vom Hinterhaus herausgeben würde, nach dem Titel allein würden die Leute denken, daß es ein Detektiv-Roman wäre". Sie machte sich mit Leidenschaft an die Arbeit und war überzeugt davon, dass sie etwas mitzuteilen hatte. Einige Wochen später schrieb sie an Kitty – eine Fantasiefigur, die ihr in einem Roman begegnet war: „Nach dem Krieg will ich auf jeden Fall ein Buch betitelt ‚das Hinterhaus' herausgeben, ob das gelingt bleibt noch die Frage, aber mein Tagebuch wird dafür nützen können". So sollte es tatsächlich geschehen, nur sollte sie es nicht mehr erleben.

Anne war noch mitten in der Überarbeitung ihrer Texte, als sie festgenommen wurde. Ihr Vater trug die verschiedenen Eintragungen und Briefe später zusammen und redigierte sie. Nachdem Otto Frank der Tod seiner Töchter vom Roten Kreuz bestätigt worden war, hatte Miep Gies ihm Annes Tagebuch und die losen Aufzeichnungen übergeben; in der bangen Hoffnung auf die Rückkehr des jungen Mädchens hatte sie sie sicher aufbewahrt, aber nie gelesen. Vater Frank übertrug die Aufzeichnungen sogleich auf einer Schreibmaschine, wobei sie anfangs nur für Verwandte und Freunde gedacht waren. Hierbei wählte er Passagen aus, die aus seiner Sicht „das Wesentliche" der Schreibkunst seiner Tochter zum Ausdruck brachten, ließ aber auch Passagen weg, die ihm weniger interessant erschienen; das waren insbesondere Textstellen, die Menschen betrafen, die noch am Leben waren, in denen Anne ihre Mutter in manchmal harten Worten kritisierte und in denen sie auf ihre gerade erwachende Sexualität einging. Von der einzigartigen Qualität des Tagebuchs überzeugt und von Freunden ermutigt, begab er sich bald auf die Suche nach einem Verleger. Zunächst ohne

Erfolg, verhalf schließlich im Jahr 1946 Jan Romein, ein bekannter, marxistischer Historiker, dem Werk in der ehemaligen Untergrundzeitung „Het Parool" zum Durchbruch. In einem unter dem Titel „Kinderstem" erschienen Artikel würdigte er die Aussagekraft des Tagebuchs: „Für mich ist allerdings in diesem scheinbar unbedeutenden Tagebuch eines Kindes, in diesem Stammeln einer Kinderstimme, ‚de profundis' alle Abscheulichkeit des Faschismus verkörpert, mehr als in allen Akten der Nürnberger Prozesse zusammen. Für mich ist im Schicksal dieses jüdischen Mädchens das größte Verbrechen zusammengefasst, das der auf ewig verabscheuenswerte Geist beging. [...] Dieses Mädchen wäre, wenn nicht alle Anzeichen trügen, eine begabte Schriftstellerin geworden, wäre es am Leben geblieben. [...] Dass dieses Mädchen geraubt und getötet werden konnten, ist für mich der Beweis, dass wir den Kampf gegen das Tier im Menschen verloren haben".

Dieser *cri de cœur* öffnete Türen, die bislang verschlossen waren. In den folgenden Monaten wurde der auf der Schreibmaschine geschriebene Text für die Drucklegung vorbereitet, zugleich aber weitere Passagen, in denen Anne auf ihr sexuelles Erwachen einging und an denen die Öffentlichkeit möglicherweise „Anstoß" nehmen konnte, gestrichen. Die erste Ausgabe erschien im Sommer 1947 unter dem Titel „Het Achterhuis", den Anne selbst für ihre Veröffentlichung im Sinn gehabt hatte. Das Buch wurde positiv besprochen und musste innerhalb von drei Jahren fünfmal neu aufgelegt werden. Eine deutsche Übersetzung – ohne Annes deutlich antideutsche Bemerkungen – und eine französische Ausgabe erschienen im Jahr 1950; es folgte eine englisch-amerikanische Übersetzung 1952.

Besonders die amerikanische Ausgabe, die mit einem Vorwort der ehemaligen Präsidentengattin Eleanor Roosevelt unter dem Titel „The Diary of a Young Girl" erschien, erwies sich ausschlaggebend für die Entwicklung von Anne Frank zu einer Schlüsselfigur der öffentlichen Erinnerung in der Nachkriegszeit. Entscheidend bei diesem Vorgang war die Rolle von Meyer Levin, einem damals bekannten amerikanisch-jüdischen Romanschriftsteller, der als Kriegskorrespondent Augenzeuge der Befreiung von Bergen-Belsen gewesen war. Levin hatte die französische Übersetzung zufällig während eines Aufenthalts in Paris gelesen und sofort Kontakt mit Otto Frank aufgenommen, um das Werk in den USA zu veröffentlichen. Wieder wurde das Buch von sechzehn teils bekannten Verlagen abgelehnt, bevor es schließlich von Simon & Schuster in New York verlegt wurde.

Die erste Druckauflage betrug 5000 Exemplare, die sich bei weitem als zu klein erwies, als es Levin gelang, eine Rezension, voll des Lobes, auf der Frontseite des „New York Times Book Review" zu platzieren. Das machte das „Tagebuch" über Nacht zur Sensation: Innerhalb weniger Wochen wurden 60 000 Exemplare verkauft. Es dauerte nur kurze Zeit, bis andere ausländische Verleger Interesse an dem Werk zeigten.

Broadway, Hollywood, Amsterdam

Der Erfolg des Buchs in den USA war aber nur Auftakt für eine viel dramatischere Entwicklung, die sich nicht nur in der Wertschätzung des „Tagebuchs", sondern auch in der Darstellung Anne Franks als eine (nicht) historische Person widerspiegelte: Schon bald wurde sie zu einer weltweit bekannten Ikone und einem populären Idol. Ein entscheidendes Moment war bei dieser Entwicklung die Aufführung des mit viel Beifall bedachten Theaterstücks „The Diary of Anne Frank" am Broadway in New York im November 1955; es gewann sofort alle bedeutenden Theaterpreise. Die für die Theaterfassung verantwortlichen Dramatiker, die Hollywood-Drehbuchautoren Frances Goodrich und Albert Hackett, die auch an Frank Capras Film „It's a Wonderful Life" mitgewirkt hatten, hatten hierzu den Ausgangstext absichtlich verallgemeinert: Auf einen ausdrücklichen Hinweis auf die jüdische Herkunft der Hauptfiguren hatten sie beispielsweise, um eine Identifikation mit den Protagonisten zu erleichtern, verzichtet, die Handlung hingegen um sentimentale, ja sogar romantische Elemente und einen erlösenden Schluss erweitert. Zudem ließen Goodrich und Hackett das Theaterstück mit einer optimistischen Botschaft enden: „In spite of everything, I still believe that people are really good at heart" – ein Satz, der aus dem „Tagebuch" stammte, hier aber aus seinem Zusammenhang gerissen worden war.

Das Theaterstück löste nicht nur Enthusiasmus, sondern auch scharfe Kritik aus. Levin, der die Bearbeitung für das Theater angeregt und den ersten Entwurf selbst geschrieben hatte, wandte sich jetzt erbittert gegen das Melodrama und alle, die damit zu tun hatten. Obwohl er selbst die allgemeine Anziehungskraft des „Tagebuchs" in seiner Rezension im „New York Times Book Review" betont hatte, war er jetzt vielmehr der Ansicht, dass es sich bei dem Text hauptsächlich um ein jüdisches Dokument handele – eine Lesart, die seiner eigenen Bearbeitung zugrunde lag, von Otto Frank aber abgelehnt wurde. Levin betrachtete das als einen Affront, nicht nur gegen sich selbst – er war Zionist und als Sohn osteuropäischer *Stetl*-Juden in Chicago geboren worden –, sondern auch gegen die Erinnerung an Anne Frank, die nun „bereinigt" und „entfärbt" worden war, um aus ihr eine jedes Publikum ansprechende universelle Heldin zu machen. Dies war der Beginn von sich lang hinziehenden Rechtsstreitigkeiten mit Otto Frank und anderen, eine Besessenheit, die sein Leben ruinieren sollte.

Levin war aber nicht der einzige Kritiker des Theaterstücks und des auf ihm beruhenden, im Jahr 1959 gedrehten Films. Dieser zeigte Anne, gespielt von dem Model Millie Perkins, als einen fröhlich-amerikanischen Teenager, eine Darstellung, die Annes Aufstieg zum Objekt der Vergötterung nur noch weiter förderte. Nach Auffassung des holländischen Literaturkritikers Hans A. Gomperts wurden die Hauptfiguren alle verflacht und glorifiziert dargestellt, war das „Tagebuch" aufgrund hinzugefügter Passagen zu ordinärem Kitsch reduziert worden. Noch härter war das Urteil des Psychoanalytikers Bruno Bettelheim, der Dachau und Buchenwald überlebt hatte. Seiner Meinung nach war die berüchtigte letzte Zeile des Theaterstücks und des Films ausschlaggebend, um deren Erfolg zu verstehen, zugleich empfand er es aber auch als äußerst pervers, diese Zeile einem jungen Mädchen zuzuschreiben, das sich noch nicht bewusst war, dass es und seine Schwester dem Hungertod ausgeliefert werden sollten und dass ihre Mutter, wie tausende anderer Erwachsenen und Kindern, bereits umgebracht worden war. Dem Verständnis Bettelheims nach diente die Geschichte von Anne Frank dem Ausdruck des tief empfundenen Wunsches, alles über die Gaskammern zu vergessen und Zuflucht in einer vertrauten, verständnisvollen Welt zu finden. Vor dem Hintergrund dieser Interpretation können das Theaterstück und der Film als irreführend und kontraproduktiv angesehen werden, wenn es um einen aktiven Widerstand gegen Rassismus und Tyrannei geht.

Amerikanische Akademiker wie Lawrence Langer (1995) und Alvin Rosenfeld (1991) haben ähnliche Auffassungen geäußert. Nach Rosenfelds Ansicht haben die verantwortlichen Dramatiker und Direktoren kein Geschichtsbewusstsein bewiesen, als sie Anne Franks „Tagebuch" für das Theater und den Film adaptierten und Passagen, die sich direkt auf Verschleppung und Vergasung bezogen, im Interesse von Passagen, die Hoffnung, Liebe und Selbstaufopferung zum Ausdruck brachten, strichen. Im Gegenteil, „sie haben die Empfindungen auf ein nahezu pubertäres Niveau reduziert, um sie über die Geschichte triumphieren zu lassen" (Rosenfeld).

Stimmen der Kritik waren jedoch bis mindestens in die 1980er Jahre hinein klar in der Minderheit. Seit Beginn der 1950er Jahre hatte sich als Triumph über die Vergangenheit ein Mantel der Unantastbarkeit über Anne Frank und der mit ihr verbundenen Werke gelegt:

Überall auf der Welt entstanden Kinderbücher, Fernsehprogramme, Dokumentarfilme, Ausstellungen und Unterrichtsmaterialien. In Deutschland allein wurde das Theaterstück mehr als 2000 Mal vor insgesamt etwa zwei Millionen Zuschauern aufgeführt; in Japan erreichte das „Tagebuch" in kaum mehr als zehn Jahren 100 Auflagen, was einem Druckvolumen von insgesamt etwa 800 000 Exemplaren entspricht.

Schließlich waren die Niederlande selbst von den Erfolgen des „Tagebuchs" und seinen Bearbeitungen im In- und Ausland beeindruckt. Dies bot die Grundlage, politische und finanzielle Unterstützung zu gewinnen und das Haus an der Prinsengracht vor dem drohenden Abriss zu bewahren. Es ging gerade noch gut: Am 3. Mai 1960 konnte das restaurierte Gebäude als das „Anne Frank Huis" eingeweiht werden. Während die Zahl der Besucher von damals etwa 10 000 im Jahr auf heute mehr als eine Million – davon 85 % aus dem Ausland – Besucher im Jahr anwuchs, entwickelte sich das Haus zu einem echten Museum. War das „Anne Frank Huis" ursprünglich um die fast leeren Räume des Achterhuis, die man unverändert im ausgeplünderten Zustand von 1944 erhielt, entstanden, so ergänzen heute Sonderausstellungen, Sammlungen, professionelles Museumspersonal und ein äußerst aktives, international angelegtes Lehr- und Veranstaltungsprogramm das Angebot des Museums.

Die vielen Gesichter von Anne Frank

Gleichzeitig mit der ständig zunehmenden Popularität Anne Franks vervielfachten sich die unterschiedlichen Interpretationen des „Tagebuchs". Einige von ihnen waren bereits bei der Erstveröffentlichung 1947 in Worte gefasst worden. Hinzu kam die in den späten 1950er Jahren von Neo-Nazis in Schweden und Deutschland aufgestellte und über viele Jahre hinweg wiederholte Behauptung, dass es sich bei dem Werk gar nicht um einen originalen Text, sondern um eine Fälschung handele. Diese Behauptung basierte auf den Unterschieden zwischen Anne Franks eigenen Aufzeichnungen und den verschiedenen Ausgaben, wurde von den Gerichten verschiedener Länder jedoch konsequent abgewiesen. Um dieser Debatte ein Ende zu setzen, entschied sich das „Niederländische Institut für Kriegsdokumentation" im Jahr 1986, eine vollständige, kommentierte Fassung aller Manuskripte, einschließlich einer gerichtlichen Bestätigung über deren Echtheit, zu veröffentlichen.

Vorherrschend entstand im Laufe der Jahre ein universelles Bild von Anne Frank, das symbolisch für das Leben und die Hoffnung gegen die Unterdrückung stand. Dieses Bild, das ihr Vater in den 1950er Jahren mit schuf und dann durch die amerikanische Populärkultur verbreitet wurde, machte aus ihr ein makelloses Objekt der Vergötterung, das alles um sie herum unantastbar machte und das Achterhuis in einen modernen Heiligenschrein verwandelte. Zugleich wurde die Erinnerung an Anne Frank eingesetzt, um soziale und politische Ziele durchzusetzen, wie etwa das Üben von Toleranz, Gleichberechtigung und Respekt unter Kindern und Schülern. In den 1970er und 1980er Jahren nahm die Anne Frank Stiftung, gefolgt von anderen Organisationen, eine radikalere Haltung ein: Sie entwickelte die Erinnerung an das junge Mädchen zu einem Ausgangspunkt für Kampagnen gegen Krieg, Diktaturen, Apartheid und sogar die Politik Israels gegenüber den Palästinensern.

Für andere verkörperte das „Tagebuch" völlig andere Wertvorstellungen, die sich nicht nur aus den unterschiedlichen Lesarten des Textes ergaben, wie der Historiker David Wertheim argumentierte, sondern auch aus den Gedanken und Gefühlen, die man in ihn hineinlegte. Demnach wird das „Tagebuch" gerne als das Vermächtnis eines jüdischen Autors verstanden und Anne Frank in eine überlieferte, messianische Tradition gestellt: Als moderne Deborah möchte sie Zuversicht verbreiten beziehungsweise „die positiven Kräfte über das Leid siegen lassen" (Van Praag).

Im allgemeinen religiös-metaphysischen Sinn ist diese Interpretation fest in der heutigen Erinnerungskultur verankert. Mehr als irgendein anderes Vermächtnis wird das „Tagebuch", wie es der holländische Soziologe Abram de Swaan ausgedrückt hat, als eine moderne Passionsgeschichte verstanden, die die Welt darüber aufklären soll, dass die Juden nicht vergeblich in Treblinka und Auschwitz gestorben sind. Für diese metaphysische Interpretation ist der Tagebucheintrag vom 11. April 1944 entscheidend: „Wenn wir all dieses Leiden ertragen und wenn es dann noch Juden gibt, wenn es alles vorbei ist, dann werden die Juden, anstelle dem Untergang geweiht zu sein, als Vorbilder dastehen. Wer weiß, es mag sogar unser Glaube sein, von dem alle Nationen der Welt das Gute lernen, und aus diesem Grund und allein aus diesem Grund müssen wir jetzt leiden".

In dieser Betrachtung, die heute fester Bestandteil des „zivilen Glaubens" der modernen Gesellschaft ist, dient die Geschichte der Verfolgung und der Vernichtung dazu, die Welt zu erleuchten und die Werte von Toleranz, Respekt und Demokratie zu vermitteln.

Die verschiedenen Ausgaben und Interpretationen des „Tagebuchs" haben aber auch Zurückhaltung und Zynismus hervorgerufen. So seufzte etwa im Jahr 1997 die amerikanische Romanschriftstellerin und Essayistin Cynthia Ozick, tief enttäuscht über das, was sie als schamlose Ausbeutung von Anne Frank bezeichnete, dass es letztlich besser gewesen wäre, wenn das Tagebuch verbrannt, verschwunden oder verloren gegangen wäre. Innerhalb von fünfzig Jahren, schrieb sie im „New Yorker", „wurde das Tagebuch bereinigt, verdreht, entstellt, umgewandelt, gekürzt; es wurde auf ein kindliches Niveau reduziert, amerikanisiert, sentimentalisiert, verfälscht, verkitscht, kurz, auf ganz arrogante und offensichtliche Weise geleugnet. Unter den Fälschern waren Dramaturgen und Direktoren, Übersetzer und Anwälte, Anne Franks eigener Vater, ja sogar – oder vielmehr – das Publikum weltweit, Leser wie Theater- und Filmbesucher. Das zutiefst ehrliche Werk ist in eines der Halbwahrheit, der Ersatzwahrheit oder sogar der Gegenwahrheit entstellt worden. Das Reine wurde, manchmal unter gegensätzlichem Vorwand, verunreinigt. Beinahe jeder, der sich in wohlgemeinter Absicht daran versuchte, das Tagebuch zu publizieren, hat seinen Beitrag zur Zerstörung der Geschichte geleistet".

Ozick traf den Nagel auf den Kopf, als sie die vielen im Zusammenhang mit der Erinnerung an Anne Frank bestehenden Mehrdeutigkeiten als ein Phänomen populärer und quasireligiöser Vergötterung sowie als Streben – einschließlich das ihrer selbst – nach Reinheit und Wahrheit entlarvte.

Diese Mehrdeutigkeiten können als unauflösbarer Teil der Erinnerung an Anne Frank, als eine nicht versiegende Quelle der Inspiration verstanden werden, was dadurch untermauert wird, dass immer wieder neue Publikationen zu Anne Frank erscheinen, dass Tag für Tag Tausende von Touristen zur Prinsengracht strömen, dass das „Tagebuch" und seine Autorin immer wieder jüngere Generationen zu fesseln vermögen. Die Geschichte Anne Franks macht den schwierigen historischen Vorgang von Barbarei und Vernichtung zugänglich und vorstellbar, lässt zugleich aber auch Raum, sich damit zu identifizieren. Dies ist, wie es auch Primo Levi zum Ausdruck brachte, sinnvoll, da wir das Leiden all der ermordeten Juden gar nicht ertragen könnten. Simon Wiesenthal kam so auch zu dem Schluss, dass das „Tagebuch" „möglicherweise weit mehr Aufmerksamkeit auf den Holocaust gelenkt hat, als die Nürnberger Prozesse".

Zu keinem Zeitpunkt sollte man jedoch die Qualität von Anne Franks Werk selbst vergessen, das auf entscheidende Weise zu ihrem Vermächtnis beigetragen hat. Das Tagebuch ist gut geschrieben und zeugt von einer ausgeprägten Persönlichkeit und intellektueller Unabhängigkeit. Unsere Kenntnis aber, dass dieses junge Mädchen, das leben wollte, um Schriftstellerin zu werden, ermordet wurde, vergrößert die Kraft ihres Werkes: Vor diesem Hintergrund ist das „Tagebuch", wie der holländische Romanschriftsteller Harry Mulisch es formulierte, ein „vom Leben selbst geschaffenes Kunstwerk".

Übersetzung: Uta Protz

Literaturhinweise

Die Tagebücher der Anne Frank. Kritische Ausgabe, Einführung von Harry PAAPE, Gerrold VAN DER STROOM und David BARNOUW. Frankfurt 1998.

Bruno BETTELHEIM, The Ignored Lesson of Anne Frank, in: Surviving and Other Essays. New York 1979, S. 246–257.

Matthias HEYL, Anne Frank. Reinbek 2002.

Lawrence LANGER, The Uses – and Misuses – of a Young Girl's Diary, nachgedruckt in: Hyman Aaron ENZER/Sandra SOLOTAROFF-ENZER (Hrsg.), Anne Frank. Reflections on Her Life and Legacy. Urbana u. a. 2000.

Jos VAN DER LANS/Herman VUIJSJE, Het Anne Frank Huis. Een Biografie. Amsterdam 2010.

Cynthia OZICK, Who owns Anne Frank?, in: The New Yorker, 6. Oktober 1997.

Henri VAN PRAAG, Weerklank van Anne Frank, in: Anna G. STEENMEIJER (Hrsg.), Weerklank van Anne Frank. Amsterdam 1970.

Jan ROMEIN, Kinderstem, Het Parool, 3. April 1946, nachgedruckt in: Gerald VAN DER STROOM (Hrsg.), De vele gezichten van Anne Frank, Visies op een fenomeen. Amsterdam u. a. 2003.

Alvin H. ROSENFELD, Popularization and Memory. The Case of Anne Frank, in: Peter HAYES (Hrsg.), Lessons and Legacies. The Meaning of the Holocaust in a Changing World. Evanston 1991, S. 243–278.

Gerald VAN DER STROOM, De vele gezichten van Anne Frank. Visies op een fenomeen. Amsterdam u. a. 2003.

Natali Stegmann
Frauenemanzipation: Marie Curie

Vor hundert Jahren bekam Marie Curie den Nobelpreis für Chemie zuerkannt. Im selben Jahr wurde ihr Gesuch um Aufnahme in die französische Akademie der Wissenschaften abgewiesen. Die Fraktion, die den Antrag unterstützt hatte, unterlag mit einer Stimme. Die Gegner führten zur Begründung ihres Standpunkts an, eine Frau könne nicht Mitglied einer so hohen akademischen Institution sein. Im Jahr 2011, wenn sich beide Ereignisse zum hundertsten Mal jähren, wird das internationale Jahr der Chemie begangen. Das polnische Ankündigungsplakat dazu stellt Marie Curie in den Mittelpunkt (Abb. 1). Ihr Porträt ist auf dem Plakat von Elektronenlaufbahnen umrahmt, deren Spitzen Stationen ihres Lebens und Wirkens zeigen.

Die Ereignisse des Jahres 1911 – die Ehrung und die verwehrte Mitgliedschaft – verweisen auf den Kern der Erinnerung an Marie Curie. Darin sind die von ihr entdeckten radioaktiven Elemente Polonium und Radium ebenso zentral wie ihre Weiblichkeit. Der Nobelpreis von 1911 war bereits der zweite, der Marie Curie zuerkannt wurde. Denn schon 1903 hatte sie – damals erst 35 Jahre alt – zusammen mit ihrem Mann Pierre Curie und mit Henri Bequerel den Nobelpreis für Physik erhalten. Die Wissenschaftlerin wurde auch darüber hinaus vielfach geehrt, weil sie große Entdeckungen gemacht hatte, und das, obwohl sie eine Frau

Abbildung 1: Polnisches Plakat zum Internationalen Jahr der Chemie 2011.

war. Man könnte argumentieren, dass die Radioaktivität, die Marie Curie erforscht und als erste so benannt hatte, nicht anders beschaffen wäre, wäre sie durch die Arbeit eines Mannes erklärt worden. Und in der Tat hat wohl noch niemand versucht, die Entdeckung des Poloniums und des Radiums als eine Leistung zu erklären, die nur von einer Frau erbracht werden konnte. Umgekehrt wurde auch der Sachverhalt selbst nicht in Zweifel gezogen, weil der Beweis dafür von einer Frau geführt wurde. Und dennoch ist die Wahrnehmung der Gelehrten untrennbar an deren Weiblichkeit geknüpft.

Die Entdeckungen Curies waren ebenso bahnbrechend wie die Tatsache, dass eine Frau höchste wissenschaftliche Ehrungen erhielt. Denn die Verleihung der Nobelpreise erfolgte zu einer Zeit, zu der an zahlreichen europäischen Universitäten noch um die Zulassung von Frauen zum Studium gestritten wurde; zu einer Zeit, in der Frauen immer nachdrücklicher um die politische Partizipation des weiblichen Geschlechts kämpften, andere sich jedoch in Antistimmrechtsvereinen zusammen fanden. Um es vorwegzunehmen: Marie Curie galt der Frauenbewegung zwar als Vorkämpferin; sie hat sich aber sichtlich nicht dafür interessiert. In ihrer ganzen Selbstdarstellung begegnet sie uns so selbstverständlich als Wissenschaftlerin, als Ehefrau und als Mutter, als wenn sie die Diskussionen um die Emanzipation der Frauen, die ihre Zeit zutiefst prägten, gar nicht gekannt hätte. Kontakte zur Frauenbewegung hatte sie nicht.

„Die erste Frau, die …"

Die Geschichte Marie Curies wurde also im engen Sinn nicht als Emanzipationsgeschichte geschrieben. Vielmehr stand der doppelte Durchbruch im Vordergrund der Wahrnehmung: die Entdeckungen einerseits und die Tatsache, dass eine Wissenschaftlerin damals so kurios war, andererseits. Sehr treffend wird dies im „Dictionnaire des intellectuels français" zum Ausdruck gebracht: „Plus que par l'action ou l'engagement, c'est par sa position de femme dans une monde scientifique essentiellement masculin, et la célébrité de deux prix Nobel, que Marie Curie se distingue comme une figure singulière dans la monde des intellectules".

Marie Curie war die erste Frau, die den Nobelpreis erhielt. Bis heute ist sie die einzige, die ihn zweimal zugesprochen erhielt. Sie war zudem die erste Frau, die eine Professur an der Sorbonne erhielt. Es handelte sich um die Professur Pierre Curies, der 1906 bei einem Unfall ums Leben gekommen war. Das Paar hatte 1895 geheiratet; 1897 und 1904 waren die Töchter Irène und Eve geboren worden. Curie übernahm also diese Professur als junge Witwe mit zwei Kindern, eine Lage, die sicher weniger glanzvoll war, als dies die Gazetten darstellten, die das Ereignis feierten. 1995 wurden Marie Curies sterbliche Überreste zusammen mit denen ihres Mannes in das französische Pantheon überführt – dort liegt sie angeblich als einzige Frau, die auf diese Art für ihre wissenschaftlichen Verdienste geehrt wird.

„Die erste Frau, die …" zusammen mit der Variante „Die einzige Frau, die …" bilden also die Formel für den genannten doppelten Durchbruch. Wie die Ausblendung der überaus schwierigen Situation der Wissenschaftlerin zum Zeitpunkt ihrer Berufung zeigt, ging es dabei schon in der zeitnahen Reflexion weniger um die Person als vielmehr um die Figur Marie Curie. Die junge Witwe soll in ihr Tagebuch eingetragen haben, es hätten sich „Idioten" gefunden, die ihr zur Professur gratulierten. Für sie stand die Trauer um ihren Mann und Vorgänger im Vordergrund. Dies ist freilich die persönliche Seite. In der öffentlichen Wahrnehmung ging es um etwas anderes. Erst die Betonung der Besonderheit der Figur verleiht nämlich den Aussagen über Marie Curie einen übergeordneten Sinn.

Die Rede von „der ersten Frau, die …" führt zu jener von Pierre Nora beschriebenen Überdetermination, die einen Gedächtnisort ausmacht. Die Figur Marie Curie verbindet so die genannten Ereignisse mit dem Gedächtnis der europäischen Kulturgemeinschaft und der internationalen Gemeinschaft der Chemiker sowie der Atomphysiker. Die Formel funktioniert ungebrochen seit jener Zeit, als man die Entdeckungen der jungen Frau zelebrierte. Marie Curie steht seither als Beweis und als Vorbild da. Sie war der Beweis dafür, dass Frauen zu herausragenden wissenschaftlichen Leistungen fähig sind. Dies war ein starkes Argument gegen die frauenverächtlichen Ideen der Zeit; ein Argument, das dennoch nicht immer stach, wie ihre gescheiterte Bewerbung bei der französischen Akademie der Wissenschaften belegt. Otto Weiniger hatte gerade in jenem Jahr, als Marie Curie den ersten Nobelpreis erhielt, in seiner viel gelesenen Studie „Geschlecht und Charakter – eine prinzipielle Untersuchung" argumentiert, herausragende Frauen hätten zu wenig Weiblichkeit mitbekommen und trügen zum Verderben der Welt bei. Dies war nur eine besonders extreme Äußerung in der lange und hart geführten Auseinandersetzung um das Wesen der Geschlechter. Auch wenn die verhandelte Figur gewissermaßen eine Entgegnung auf solche Auswüchse des Geschlechterkampfes war, so ergriff Marie Curie selbst doch nicht das Wort in ihm. Denn es ging ihr offenbar nicht um die Anerkennung als Frau, sondern um die als Wissenschaftlerin. So verwahrte sie sich gegen den Rummel um ihre Person und beharrte umso nachdrücklicher auf ihrem Status. Das gelang – wie zu zeigen sein wird – nur zum Teil.

Aus den Niederungen des Geschlechterkampfes geht Marie Curie schließlich als die Frau hervor, die in langwierigen Experimenten die Materie neu erklärt und damit ein neues Zeitalter begründet hat. Denn das Atommodell, das auf der Basis der Entdeckung radioaktiver Elemente entwickelt wurde, prägt die moderne Idee von der Beschaffenheit der Elemente. Auf einem Kongress, der aus Anlass des hundertsten Jahrestags ihrer Geburt in Warschau begangen wurde, bezeichnete John A. Wheeler sie daher als „Copernicus of the world of the small". Die Figur Curie wird zudem, seitdem sie ihren Ruhm erlangte, als Vorbild gehandelt. Die entsprechenden Erzählungen sind unterschiedlich unterlegt, je nachdem, ob sie die Weiblichkeit der Figur oder die wissenschaftlichen Leistungen der Person betonen. So ist Marie Curie als Vorbild an Wissbegierde und Arbeitseifer, als Vorbild an Bescheidenheit und moralischer Integrität, als patriotisches Vorbild und als vorbildliche Frau beschrieben worden, wobei diese Motive häufig ineinandergreifen.

Orte der Erinnerung

In der Warschauer Neustadt befindet sich unter der Adresse ulica Freta 16 ein kleines Haus, in dem das Muzeum Marii Skłodowskiej-Curii untergebracht ist. Es wird von der Polnischen Chemischen Gesellschaft unterhalten und beansprucht in der ausliegenden Broschüre, das einzige Museum zu sein, das dem Andenken der Wissenschaftlerin gewidmet ist. In diesem Haus ist die Gelehrte 1867 als Maria Skłodowska zur Welt gekommen. Das Museum wurde dort hundert Jahre später eingerichtet. Anders als in der genannten Broschüre behauptet wird, gibt es einen weiteren zentralen Ort der Gedenkkultur. Gemeint ist das für Marie in Paris errichtete Labor, in dem 1992 das Musée Curie mit einem Archiv eröffnet wurde. Die Adresse lautet heute: 11 rue Pierre et Marie Curie. Die Erinnerung an Marie Curie manifestiert sich darüber hinaus in zahlreichen Denkmälern und Briefmarken, in diversen biographischen Romanen sowie in wissenschaftlichen und populärwissenschaftlichen Abhandlungen. Zusammen mit Pierre Curie war die Gelehrte auf dem französischen 500-Francsschein von 1998 abgebildet, und der 20 000-Złotyschein der Volksrepublik Polen zeigte sie allein. In Europa und in Übersee sind zahlreiche Straßen nach ihr benannt. Ihrer Popularität verdankte sie auch die Tatsache, dass sie 1922 in die Kommission für internationale wissenschaftliche Kooperation berufen wurde, die beim Völkerbund angesiedelt war. In diesem Zusammenhang verfasste sie ein Memorandum, welches die Unterstützung junger Menschen forderte, die Wissenschaftlerinnen und Wissenschaftler werden wollten. Vermutlich deshalb ist heute ein Mobilitätsprogramm der Europäischen Union für eben diese Gruppe nach ihr benannt (Marie Curie Actions).

Die Vorgeschichte

Man kann argumentierten, die junge Maria Skłodowska wäre nicht jene Wissenschaftlerin geworden, als die wir sie kennen, wenn sie nicht Pierre Curie getroffen hätte; wenn Alfred Nobel sein Vermögen nicht einer Stiftung vermacht hätte; wenn man ihr nicht 60 Tonnen Pechblende aus dem böhmischen Jáchimov (Joachimstal) geschickt hätte, aus denen sie gemeinsam mit Pierre so lange Radium trennte, bis sie ein Gramm zusammen hatten. Denn erst wenn ein Gramm des Reinstoffes vorliegt, spricht man in der Chemie von der Entdeckung eines neuen Elements. In einer allgemein als schwierig beschriebenen Situation ergaben sich so auch Möglichkeiten. Auf einer ähnlichen Konstellation an Voraussetzungen gründet auch die Tatsache, dass die junge Maria Skłodowska 1891 einen Zug bestieg, um von Warschau nach Paris zu fahren, wo sie Mathematik und Physik studierte. Bis zu diesem Zeitpunkt hatte sie ihre Bildungskarriere mit zahlreichen anderen polnischen Frauen aus den Familien des verarmten Adels und der degradierten Intelligenz geteilt. Da der eigentliche Wendepunkt im Leben der Nobelpreisträgerin ihre Entdeckungen waren, wird die Kindheit und Jugend Curies in der Regel verkürzt und verzerrt dargestellt. Dies trifft sogar für die Selbstzeugnisse zu. Denn in der ex-post-Perspektive lief alles auf den einen Wendepunkt zu. Eine Betrachtung der Bildungskarriere Maria Skłodowskas verweist demgegenüber darauf, dass das Phänomen Marie Curie nicht so singulär war, wie es scheinen mag, dass die junge Frau vielmehr an einer spezifisch polnischen Frauenbildungsbewegung teilhatte, deren Geschichte kaum einer ihrer Biographen und Laudatoren kannte. Singulär war allein ihr Erfolg.

Zur polnischen Vorgeschichte der Gelehrten gehört ihr patriotisches Elternhaus. Sowohl ihr Vater als auch ihre Mutter waren Lehrer. Bildung hatte im damaligen Polen eine besondere Bedeutung. Das Territorium des polnischen Staates war nämlich seit 1795 bis zum Ende des Ersten Weltkriegs unter den russischen, preußischen und österreichischen Nachbarn aufgeteilt. In den 1870er und 1880er Jahren betrieb die russische Administration in ihrem Teilungsgebiet – dem Königreich Polen, zu dem auch Warschau gehörte – eine Politik der nationalen Dominierung, die sich besonders im Bildungsbereich auswirkte. Der Gebrauch der polnischen Sprache wurde in Schulen und Ämtern immer mehr eingeschränkt. An den staatlichen Schulen und Hochschulen unterrichteten vor allem Russen. Davon waren auch Maries Eltern betroffen. Während der Vater einen guten Posten an einem staatlichen Gymnasium verlor, leitete die Mutter eines der zahlreichen privaten Mädchenpensionate. Unter dem Eindruck der so genannten Russifizierungspolitik gewann privat erteilter Unterricht immer mehr an Bedeutung. Während polnische Jungen aus bildungsnahen Milieus größtenteils die staatlichen Gymnasien besuchten, gingen ihre Schwestern auf die privaten Pensionate, in denen sie neben dem offiziellen häufig nach einem geheimen Lehrplan zusätzlich in polnischer Sprache, Literatur und Geschichte unterrichtet wurden. Zum Bildungsprogramm der Mädchen gehörte damit ein gehöriges Maß an Renitenz. Wie eine Verlängerung der in den Mädchenpensionaten eingeübten Widersetzlichkeit erscheint ein weiteres Phänomen: Aus verschiedenen Frauenselbstbildungszirkeln entstand in den späten 1880er Jahren eine „fliegende Universität". Frauen beschäftigten darin Angehörige der polnischen Intelligenz, die an der staatlichen Universität häufig nicht mehr lehren durften, und ließen sich von ihnen an verschiedenen geheim gehaltenen Orten in Warschau unterrichten, was der Einrichtung ihren Namen gab. An dieser geheimen Frauenuniversität hat auch die junge Maria Skłodowska eine kurze Zeit Vorlesungen gehört und bekam durch ihren Dozenten das erste Mal Zugang zu einem Labor. Das Streben nach Bildung gegen äußere Widerstände bildete also einen Grundstein in den Lebenserfahrungen einer ganzen Generation von Frauen aus dem Milieu der polnischen Intelligenz. Wollten Polinnen aber ein „richtiges" Studium mit einem offiziell anerkannten Abschluss absolvieren, so hatten sie viel höhere Hürden zu überwinden. Sie brauchten häufig einen Gymnasialabschluss, um sich an den wenigen europäischen Universitäten, die Frauen als Studentinnen zuließen, immatrikulieren zu können. Das Studium im Ausland war teuer und meistens entbehrungsreich. Trotzdem sind zahlreiche Polinnen wie Marie Curie diesen Weg gegangen. Auch sie hatte sich das Geld für das Studium mühsam zusammen sparen müssen; auch sie lebte die ersten Jahre in Paris unter sehr schlechten Bedingungen. Unter ähnlich großem Einsatz brachen vermutlich einige hundert junge Polinnen zu den Universitäten insbesondere in der Schweiz auf, die Studentinnen zuließen und deren Aufnahmebedingungen nicht so streng waren wie die französischen. Marie Curie konnte in Paris studieren, weil sie nach dem Mädchenpensionat einen Gymnasialabschluss gemacht hatte. Nur sehr wenige der Auslandstudentinnen konnten mit den erlangten Studienabschlüssen eine Berufskarriere beginnen, denn die Erwerbsbeschränkungen für Frauen waren immer noch immens. Zahlreiche hoch gebildete Polinnen waren als Lehrerinnen oder Publizistinnen tätig, obwohl sie einen natur- oder gesellschaftswissenschaftlichen Studienabschluss hatten. Eine ähnliche Karriere wie Marie Curie machte keine von ihnen. Dennoch basiert deren Werdegang wesentlich auf der polnischen Vorgeschichte. Dazu gehört neben einem großen Bildungsenthusiasmus auch die besondere Begeisterung für Naturwissenschaften. Denn der ungeheure Fortschrittglaube der Zeit gründete wesentlich auf den neuen Entdeckungen. Die naturwissenschaftlichen Erkenntnisse führten demnach die Menschheit in die Zukunft. Diesem Glauben hing besonders die polnische Intelligenz an, da er über die nationale Misere hinauswies. Das Streben nach Erkenntnis wurde hier nicht als Schlüssel zu einer beruflichen Karriere aufgefasst, sondern als eine Mission. Zugleich standen die naturwissenschaftlichen Erkenntnisse einer vermeintlich überkommenen religiösen Weltsicht entgegen. So gesehen ging es hier auch um eine Glaubensfrage.

Wenn Marie Curies polnische Herkunft betont wird, so geht es nicht darum, ob sie eine Polin oder eine Französin war. Das Polonium nannte sie nach ihrem Heimatland. Im Ersten Weltkrieg fuhr und betrieb sie mit der älteren Tochter Irène einen Röntgenwagen – hinter der französischen Front. Den entsprechenden Patriotismus mochte sie in Polen gelernt haben – den Einsatz erbrachte sie für die französischen Soldaten. Vor dem geschilderten Hintergrund ist der Ton der polnischen Referenzen meist pathetischer, wenn es um den Charakter und die Leistungen Curies geht. Sie fügten sich jedoch zugleich in das allgemeine Bild ein.

Quellen und Muster der Erinnerung

Zwischen dem polnischen Geburtshaus Curies und dem französischen Pantheon entfaltet sich die Geschichte einer Frau, die vor allem als besonders beschrieben wurde. „Die erste Frau, die ..." musste demnach eine außergewöhnliche Frau mit einer ebensolchen

Biographie sein. Diesem Erzählmuster ordnet sich alles andere unter. Die Erinnerung an die Vorgeschichte hätte der Figur etwas von ihrer Kuriosität genommen. Der europäischen Öffentlichkeit blieben indes die genannten Zusammenhänge weitgehend verborgen. Offenbar interessiert man sich dafür kaum. Und dies hängt unmittelbar mit den geschilderten Wahrnehmungsmustern zusammen. Würde nämlich Marie Curie als eine gewöhnliche Frau gelten, die nur mehr Erfolg hatte als andere, so müsste erstens die Betonung auf deren Einzigartigkeit aufgeben werden. Zweitens würde dies unweigerlich die Frage nach dem Schicksal der weniger erfolgreichen Frauen aufwerfen. Das aber lag den Laudatoren und Biographen fern, denn damit hätten sie die Figur unweigerlich abgewertet.

Wesentliche Elemente der Erinnerung an Marie Curie sind von ihr selbst und von ihrer Tochter festgeschrieben worden, die dabei natürlich aus dem Fundus der vorhandenen Bilder schöpften. Marie Curie hat zwei Selbstzeugnisse hinterlassen – erstens eine kurze „Selbstbiographie". Diese schrieb sie 1922 angeblich auf Drängen amerikanischer Freunde. Eine polnische Ausgabe erschien 1959 in Warschau, eine deutschsprachige 1962 in Leipzig. Zweitens publizierte Marie 1923 eine ebenfalls kurze Biographie Pierre Curies, die auch an das amerikanische Publikum gerichtet war. Beide Texte sind vom Muzeum Marii Skłodowskiej-Curie 2004 auf Polnisch sowie 2006 auf Englisch und auf Französisch ediert worden. Marie Curie war 1921 (wie auch 1929) in die USA gereist und hatte dort jeweils den Gegenwert eines Gramms Radium in Empfang genommen, für den amerikanische Frauen gesammelt hatten. Dieses Geld brauchte sie dringend für die Forschungen an den Radium-Instituten in Paris und in Warschau. Die genannten Publikationen erscheinen vor diesem Hintergrund auch als Positionierung vor dem Publikum der „Neuen Welt".

1937, drei Jahre nach Maries Tod, erschien eine Biographie aus der Feder der jüngeren Tochter Eve Curie. Diese ist in verschiedenen Sprachen vielfach aufgelegt worden. Es handelt sich dabei um einen einfühlsamen faktenreichen Text, den die Autorin in der Absicht schrieb, eine angemessene Biographie ihrer Mutter auf den Markt zu bringen, um damit Verzerrungen in der Wahrnehmung vorzubeugen. Hintergrund hierfür mag u. a. gewesen sein, dass die Liebesbeziehung Marie Curies zu ihrem Kollegen Paul Langevin 1911, also zeitgleich mit der Verleihung des zweiten Nobelpreises – aber bereits nach der Ablehnung durch die Akademie der Wissenschaften –, für einen Skandal gesorgt hatte. Langevin war (unglücklich) verheiratet, und seine Ehefrau hatte Marie Curies Briefe an die Presse weitergeleitet. Der Skandal hätte das Ansehen der Wissenschaftlerin leicht beschädigen können. Sie lebte seinerzeit unter einer unbekannten Adresse und war längere Zeit krank. Dem Ansinnen des Nobelpreiskomitees, wegen der Pressekampagnen nicht persönlich nach Stockholm zu reisen, widersetzte sie sich jedoch. Sie beharrte darauf, dass Privatleben und wissenschaftliche Leistungen auseinander zu halten seien. In ihrer Stockholmer Rede betonte sie sodann den Anteil Pierre Curies an ihrem Werk. Die genannten Zeugnisse sparen ebenso wie ältere Darstellungen den Skandal einfach aus. Erst die sehr gründliche Biographie Susan Quinns von 1995 hat die damaligen Umstände ausgeleuchtet.

Es ist sicher nicht allein auf die Langevin-Affäre zurückzuführen, dass die Lebens- und Arbeitsgemeinschaft mit Pierre ein wesentliches Element in den genannten Selbstzeugnissen Marie Curies darstellt. Am Beispiel der Affäre werden vielmehr die Funktionsweisen dieses Motivs besonders deutlich. Die Darstellung des Wissenschaftlerpaares unterstreicht nämlich die Tugendhaftigkeit der Wissenschaftlerin. Und diese drückt sich in der Überbetonung selbstloser Arbeit aus. Zentral ist hierbei die Darstellung des Heiratsantrags Pierre Curies und der ersten Jahre der gemeinsamen Arbeit. Pierre Curie habe ihr, nachdem sie einige Zeit zusammen gearbeitet hatten, „von seinen ganz mit Arbeit ausgefüllten Tagen und seinem Traum von einem Leben [erzählt], das völlig der Wissenschaft gewidmet wäre". Kurz darauf habe er sie gebeten „sein Schicksal zu teilen". Nachdem sie nicht ohne Zögern eingewilligt hatte, begann die gemeinsame Arbeit, die schließlich zu den Entdeckungen führte. Diese stellt Marie Curie als einen stillen Kampf dar, der für die Wissenschaft geführt wurde. So schrieb sie in ihrer „Selbstbiographie": „Wenn die früheren Jahre meines Universitätsstudiums von meinem Schwager als der ‚heldenhafte Zeitraum meines Lebens' bezeichnet wurde, so kann ich ohne Übertreibung sagen, daß diese Jahre für mich und meinen Mann der heldenhafteste Zeitraum unseres gemeinsamen Lebens waren".

Sie hatten selbstlos geforscht, hatten zäh an ihrer Idee festgehalten, und sie hatten gewonnen. Dieser Erzählweise bedienen sich zahlreiche Idealisierungen der verhandelten Figur. Sie verweist zugleich auf ihren überzeitlichen Vorbildcharakter. Besonders über das Motiv der Lebens- und Arbeitsgemeinschaft mit Pierre wurde Marie Curie vor der Verächtlichmachung als Frau und vom Voyeurismus der Öffentlichkeit geschützt. Dabei erlangte die Figur ihre Signifikanz im Kontext einer schnell vorwärtsschreitenden und zugleich zutiefst konservativen Zeit. Die Wissenschaftlerin geriet so immer wieder in die Fänge des Geschlechterkampfes. Gerade dies macht Marie Curie zu einer durch und durch europäischen Figur. Denn es waren die Traditionen der europäischen Geschlechterordnung und das Erbe der europäischen Universitäten, gegen die ihr Vorbild stand. Zugleich wurde der Werdegang Marie Curies genau durch diesen europäischen Rahmen ermöglicht – in den meisten Staaten der USA, in Australien und in Neuseeland hatte man das Frauenstimmrecht bereits eingeführt, als Marie Curie ihre Entdeckungen machte.

Literaturhinweise

Bernadette Bensaude-Vincent, Curie (Marie), in: Dictionnaire des intellectuels français. Paris 1996, S. 324–325.

Gisela Bock, Frauen in der europäischen Geschichte. Vom Mittelalter bis zur Gegenwart. München 2000.

Eve Curie, Madame Curie. Eine Biographie. 26. Aufl. Frankfurt a.M. 2003.

Marie Curie, Die Entdeckung des Radiums. Rede gehalten am 11. Dezember 1911 in Stockholm beim Empfang des Nobelpreises für Chemie. Frankfurt a.M. 1999.

Marie Curie, Pierre Curie. New York 1923.

Marie Curie [Marie Sklodowska-Curie], Selbstbiographie. Leipzig 1962.

Tadeusz Estreicher, Curie Maria, in: Polski Słownik biograficznny, Bd. 4. Krakau 1938, S. 111–114.

Pierre Nora, Zwischen Geschichte und Gedächtnis. Frankfurt a.M. 1998.

Jan Piskurewicz, Między nauką i polityką. Maria Skłodowska-Curie w laboratorium i w Lidze Narodów. Lublin 2007.

Susan Quinn, Marie Curie. Eine Biographie. Frankfurt a.M./Leipzig 1999.

Michael Salewski, Revolution der Frauen. Konstrukt, Sex, Wirklichkeit. Stuttgart 2009.

Natali Stegmann, Marie Curie. Eine Naturwissenschaftlerin im Dickicht historischer Möglichkeiten, in: Bärbel Völkel/Bea Lundt (Hrsg.), Outfit und Coming-Out. Geschlechterwelten zwischen Mode, Labor und Strich. Münster 2007, S. 37–73.

Natali Stegmann, Die Töchter der geschlagenen Helden. „Frauenfrage", Feminismus und Frauenbewegung in Polen, 1863–1919. Wiesbaden 2000.

St. Le Tourneur, Curie (Marie), in: Dictionnaire de biographie française, Bd. 9. Paris 1961, S. 1400–1403.

Cecylia Walewska, W walce o równe prawa. Nasze bojownice. Warschau 1930.

John A. Wheeler, Maria Skłodowska-Curie as Copernicus of the World of the Small, in: Maria Skłodowska-Curie. Centenary Lectures. Wien 1968, S. 25–32.

Homepage des Curie-Museums in Paris:
http://www.curie.fr/fondation/musee/musee.cfm/lang/_gb.htm (15.7.2011).

Homepage zum internationalen Jahr der Chemie:
http://www.chemistry2011.org/ (15.7.2011).

Homepage des Skłodowska-Curie-Museums in Warschau (Plakat):
http://muzeum.if.pw.edu.pl//index.php?option=com_content&task=blogcategory&id=21&Itemid=21
(15.7.2011).

Homepage der Europäischen Kommission, Marie Curie Actions:
http://ec.europa.eu/research/fp6/mariecurie-actions/action/fellow_en.html (15.7.2011).

Claudia Opitz-Belakhal
Frauenbewegung: Simone de Beauvoir

Der 100. Geburtstag der französischen Philosophin und Feministin Simone de Beauvoir im Januar 2008 brachte eine Person in die europäische Medienlandschaft zurück, deren Leben an der Seite des prominenten französischen Intellektuellen Jean-Paul Sartre von Skandalen und erheblicher öffentlicher Aufmerksamkeit geprägt war. Insbesondere ihr 1949 erstmals publiziertes Werk „Das andere Geschlecht", in dem sich Beauvoir nicht nur mit der Geschichte und der mythischen Überhöhung des weiblichen Geschlechts auseinandersetzte, sondern vor allem auch die Zwänge weiblicher Lebensführung und sexueller Erfahrung von Frauen schonungslos offen legte, löste eine Flut von Kritik aus, ja, das Buch wurde zum Skandaltitel der frühen 1950er- Jahre schlechthin. Auch als Preisträgerin des angesehenen Prix Goncourt, mit dem 1954 ihr Schlüssel-Roman „Die Mandarins von Paris" ausgezeichnet wurde, machte Beauvoir Schlagzeilen, ebenso wie mit ihren autobiographischen Schriften und vor allem ihren politischen Aktionen gegen den Algerien- und den Vietnam-Krieg an der Seite Sartres.

Keine der großen überregionalen Tageszeitungen in Großbritannien, Frankreich und Deutschland verzichtete im Januar 2008 auf einen Hinweis auf den 100. Geburtstag Simone de Beauvoirs, wobei jeweils auch der Hinweis auf ihren kritischen Essay „Das andere Geschlecht" nicht fehlte. Denn in Erinnerung geblieben ist nicht nur die Lebensgefährtin Sartres, sondern vor allem die klarsichtige und scharfzüngige Kritikerin des europäisch-westlichen Weiblichkeitsentwurfs und der Beschränkung weiblicher Existenz, die Feministin Simone de Beauvoir und ihre scharfsinnige Analyse der Lage des „anderen Geschlechts". In England und Deutschland wurden Neuauflagen oder gar Neuübersetzungen ihres Hauptwerkes „Le deuxième sexe" herausgebracht; Buch und Verfasserin rückten so für einige Wochen wieder in die Feuilletons der großen Zeitungen ein.

„Frauen, ihr verdankt ihr alles!", soll die prominente französische Philosophin und Feministin Elisabeth Badinter bei der Beerdigung de Beauvoirs im Frühjahr 1986 ausgerufen haben. Sie brachte damit eine Welle der Beauvoir-Erinnerung ins Rollen, die bis heute nicht abgeebbt ist: die Verehrung de Beauvoirs als Vordenkerin der „Neuen Frauenbewegung" und damit als eine „Gründungsmutter" der Frauenbefreiung in Europa und darüber hinaus. So wurde anlässlich ihres 100. Geburtstags ein Simone de Beauvoir-Preis für die Freiheit der Frauen („pour la liberté des femmes") ins Leben gerufen, der, unter Vorsitz der Adoptivtochter und Nachlassverwalterin, Sylvie Le Bon de Beauvoir, und der berühmten Philosophin Julia Kristeva sowie einer internationalen zwölfköpfigen Jury von Prominenten aus Medien, Politik und Gesellschaft alljährlich an Individuen und Gruppen verliehen wird, die sich für Freiheit der Frauen, Geschlechtergleichheit und die Verteidigung der Menschenrechte einsetzen. Preisträgerinnen waren bisher u. a. die ebenso bekannte wie umstrittene Islam-Kritikerin Ayaan Hirsi Ali und die Frauenrechtlerin Taslima Nasreen aus Bangladesch (2008).

Eine vorbildliche Intellektuelle

Simone de Beauvoir, geboren am 9. Januar 1908 in Paris, stammte aus adligem katholischen Elternhaus und besuchte vorwiegend katholische Bildungsreinrichtungen, wandte sich als Jugendliche aber vehement vom Katholizismus ab und studierte schließlich an der Sorbonne Philosophie, wo sie zusammen mit Jean-Paul Sartre 1929 als Beste ihres Jahrgangs abschloss.

Aus dieser Zeit datiert auch die lebenslange Beziehung zu Sartre sowie de Beauvoirs Leidenschaft für philosophische Debatten und eine kritische Infragestellung der herrschenden moralischen Vorstellungen und materiellen Lebensbedingungen.

Bis 1943 arbeitete Simone de Beauvoir als Philosophielehrerin, u. a. in Marseille und Rouen, aber vor allem in Paris. Sie lernte dort junge Querdenker und bereits etablierte Künstler und Literaten wie Albert Camus, Jean Genet, Alberto Giacometti und Pablo Picasso kennen; mit einigen von ihnen unterhielt sie enge Kontakte und ließ sich von ihnen inspirieren, so etwa von dem Kulturanthropologen Claude Lévy-Strauss, dem Soziologen Raymond Aron und von Paul Nizan, mit denen sie sich regelmäßig in ihrem Stammcafé, dem Café Flore am Boulevard St. Germain-des-Prés, traf. Nach Sartres Rückkehr aus der Kriegsgefangenschaft nahm auch er an den Treffen teil und gründete mit ihnen die Widerstandsgruppe „Socialisme et Liberté", die nach Beendigung des Kriegs jedoch rasch zerfiel. Zur gleichen Zeit veröffentlichte de Beauvoir erste Romane und philosophische Essays, u. a. „L'Invitée" („Sie kam und blieb"), „Le Sang des autres" („Das Blut der anderen") oder „Tous les Hommes sont mortels". Ab 1945 schrieb sie philosophische Aufsätze für die von Sartre gegründete Zeitschrift „Les Temps Modernes", die 1948 dann auch separat unter dem Titel „L'Existentialisme et la sagesse des nations" publiziert wurden.

1949 schließlich erschien ihre Abhandlung „Le Deuxiéme Sexe" und löste einen Skandal aus. François Mauriac bezeichnete es als „Brechmittel", das „die Grenze der Verkommenheit erreicht". Als „männermordende" verworfene Person und „bacchantische Priesterin", als Suffragette und Amazone, „die eine Hälfte der Menschheit gegen die andere aufzubringen versucht", wurde de Beauvoir in der französischen Presse tituliert. Vom Vatikan wurde das Buch sogar wegen der „unmoralischen Doktrinen, die die guten Sitten und die Heiligkeit der Familie mit Füßen treten" („L'Osservatore Romano"), auf den Index der verbotenen Bücher gesetzt.

1948 und 1950 reiste de Beauvoir in die USA, wo sie den Schriftsteller Nelson Algren kennen und lieben lernte, von dem sie sich jedoch 1952 trennte, als sie eine Liaison mit dem 17 Jahre jüngeren Claude Lanzmann begann, dem späteren Filmemacher und Herausgeber der „Temps Modernes". Ihr Roman über die Linksintellektuellen um Jean-Paul Sartre, „Les Mandarins" („Die Mandarins von Paris"), ein literarisches Denkmal des Existentialismus, wurde 1954 mit dem Prix Goncourt ausgezeichnet. Noch im selben Jahr opponierte de Beauvoir gemeinsam mit anderen Intellektuellen gegen den Algerien-Krieg und setzte sich gegen Anti-Kommunismus und die ideologischen Verhärtungen des „Kalten Krieges" ein. In den 1950er Jahren unternahm sie mit Sartre ausgedehnte Reisen nach Spanien, Italien, Griechenland und Marokko, nach Russland und China. Im 1957 erschienenen Essay „La longue Marche" („China – das weitgestreckte Ziel") gibt sie ihre Eindrücke der China-Reise wieder. 1960 bereiste sie mit Sartre Brasilien und Kuba, in den Folgejahren erneut Russland, Japan sowie den Nahen Osten. In Kopenhagen trat sie gemeinsam mit Sartre als Mitglied des Russell-Tribunals gegen die amerikanischen Kriegsverbrechen in Vietnam auf. Spätestens zu diesem Zeitpunkt verkörperte sie in idealer Weise den Typus der Intellektuellen, die sich nicht nur in ihren Schriften, sondern auch in ihrem Handeln der Kritik und dem öffentlichen Wohl – hier: insbesondere den Menschenrechten – verpflichtet fühlen.

Schon früh war sich de Beauvoir ihrerseits auch ihrer öffentlichen Rolle und Bedeutung bewusst – bereits 1958 begann sie an ihren Memoiren zu arbeiten; zwischen 1958 und 1972 publiziert sie sie nach und nach in vier Bänden. Allerdings wurde sie lange nur als „die Frau an der Seite Sartres" wahrgenommen, dessen existentialistische Philosophie sie nicht nur teilte, sondern gleichsam in ihren Romanen popularisierte. Auch ihr Leben als „öffentliches Paar", das sich tage- und nächtelang im Café de Flores aufhielt, um dort Bücher zu schreiben und am intellektuellen Leben der Metropole Paris teilzunehmen, wurde rasch Teil ihres Images als weibliche Intellektuelle und Rollenverweigerin, ebenso wie die kleineren und größeren Skandale, die sich um ihr bewegtes Liebesleben an der Seite des „Schürzenjägers" Sartre rankten und dessen Details erst posthum durch die Veröffentlichung ihrer Briefwechsel erhellt wurden.

1971 setzte sich Simone de Beauvoir erstmals aktiv für die Frauenbewegung ein, indem sie sich zusammen mit 343 prominenten Französinnen in der Zeitschrift „Nouvel Observateur" zur Abtreibung bekannte. Die Frauenbefreiung wurde von da an ihr wichtigstes Anliegen – ein Anliegen, dem sie sich 1949 im „Anderen Geschlecht" eher zufällig und noch nicht als öffentliche Vorkämpferin zugewandt hatte, mit dem man sie aber von diesem Zeitpunkt an immer öfter in Verbindung brachte. 1974 wurde die prominente Linksintellektuelle zur Präsidentin der Liga für Frauenrechte in Frankreich gewählt. Dieses Engagement brachte ihr schließlich auch wichtige internationale Anerkennung ein: 1975 erhielt sie den Preis von Jerusalem, der an SchriftstellerInnen vergeben wird, die sich für die Freiheit des Individuums einsetzen, 1978 wurde sie für ihr Werk mit dem Großen Österreichischen Staatspreis für europäische Literatur ausgezeichnet, und 1983 erhielt sie den dänischen Sonning-Preis für die Verteidigung der Freiheit des Individuums.

Nach kurzer Krankheit starb Simone de Beauvoir am 14. April 1986 im Alter von 78 Jahren in Paris und wurde neben Jean-Paul Sartre, über dessen Sterben sie ein ebenfalls aufsehenerregendes (Tage-)Buch veröffentlicht hatte („La cérémonie des adieux", 1981), auf dem Friedhof Montparnasse beigesetzt.

„Ein Buch, hinter das niemand mehr zurückkann".

„Man kommt nicht als Frau zur Welt: man wird es". Dieser Satz gehört zu den unerschütterlichen Gewissheiten der Neuen Frauenbewegung. Auch seine Autorin hat mittlerweile den Status einer Ikone erhalten.

„Der Name Simone de Beauvoir", schrieb neulich eine Literaturkritikerin, „ist zur Chiffre geworden für die intellektuelle, sexuelle, soziale und rechtliche Befreiung der Frau, für die umfassende Analyse und Kritik des Patriarchats, kurz: für die Grundlegungen des modernen Feminismus. Das Buch, in dem dieser Satz 1949 zum ersten Mal schwarz auf weiß zu lesen war, ist zur Bibel der Frauenbewegung geworden. Es wurde in viele Sprachen übersetzt und in unzähligen Auflagen gedruckt. Doch mythische Gestalten haben es an sich, zwar gut sichtbar und leuchtend zu sein, aber gleichzeitig in weite Ferne zu rücken; und die Bibel steht in jedem Bücherschrank, aber gelesen wird sie selten" (Steinbrügge).

Mit ihrem umfangreichen Essay „Le Deuxième Sexe" legte Simone de Beauvoir den Grundstein für einen modernen Feminismus. Mit dieser Studie versuchte sie, die „Situation" der Frau zu beschreiben, die als das „andere" Geschlecht in der Gesellschaft gegenüber dem männlichen Geschlecht eine unterlegene Position zugewiesen bekomme. Das 700 Seiten starke Werk, das in praktisch alle europäischen Sprachen übersetzt wurde und auch außerhalb Europas weite Verbreitung fand (so etwa in der Türkei, in Japan und in den Ländern Nord- und Südamerikas), erschien zunächst in zwei Bänden, wovon der erste den „Fakten und Mythen" über die biologischen und historischen Grundlagen von weiblicher Identität und Geschlechterbeziehungen gewidmet ist, während der zweite von der „gelebten Erfahrung" von Frauen in der Gegenwart berichtet. Es war insbesondere dieser zweite Teil, in dem de Beauvoir auch ausführlich über weibliche Sexualität, inklusive lesbischer Beziehungen, sowie über die Belastungen und Schwierigkeiten der Ehe, der Mutterschaft und des Alterns reflektierte, der über die Grenzen Frankreichs hinaus Anlass zu Skandal und

Kritik gab. De Beauvoir war in ihrem Schreiben stark von der Psychoanalyse beeinflusst, die nach der Nazi-Herrschaft in Europa eben erst begann, ihren wissenschaftlichen Siegeszug anzutreten. Eine weitere wichtige Quelle der Reflexion und der theoretischen Orientierung waren der Marxismus und der historische Materialismus, auch wenn sich de Beauvoir mit beiden im ersten Teil ihrer Abhandlung kritisch auseinandersetzte und die dort niedergelegten Vorannahmen über die weibliche Existenz zurückwies. Es ging Beauvoir weniger darum, das Frausein zu erklären oder Frauen gute Ratschläge zu geben, sondern vielmehr darum, deutlich zu machen, wie Weiblichkeit konzipiert und mit welchen „Mythen" und wissenschaftlichen Strategien „das Weibliche" und damit die Unterordnung von Frauen unter Männer als etwas scheinbar Essenzielles verewigt wurde.

Bis heute ist die Rezeption von Beauvoirs Werk widersprüchlich geblieben. Das liegt zum Teil an der Ambivalenz ihrer Aussagen. So zeigt sie zum einen die Struktur einer patriarchalen Gesellschaft auf, die Frauen marginalisiert und diskriminiert, zum anderen aber entlarvt sie die mehr oder weniger aktive Beteiligung von Frauen an ihrer inferioren Lage. Die Kritik an der Komplizenschaft, ohne die Herrschaft nicht möglich sei, verband de Beauvoir mit der Überzeugung, dass zur Emanzipation und Freiheit mehr gehört als nur die Erkenntnis von Unfreiheit: nämlich der Mut und der Wille zur Freiheit, zur „Transzendenz", sowie die Bereitschaft zur radikalen Individualisierung – eine Forderung, der sie zumindest teilweise selbst in ihrer radikalen Ablehnung von Familienleben, Ehe und Mutterschaft folgte. Des weiteren stellte sie die formalrechtliche Gleichstellung von Mann und Frau als Ziel feministischer Aktionen in Frage und wies auf die auch nach der Einführung der aktiven Staatsbürgerschaft für Frauen in Frankreich und der politischen Gleichberechtigung der Frauen in den meisten Ländern Europas noch längst nicht erreichte Geschlechtergleichheit hin.

Das hat insbesondere solchen Aktivistinnen, die auf die Verwirklichung der Menschenrechte und auf die weibliche Gleichberechtigung setzten, eher abgeschreckt; de Beauvoirs turbulente und komplizierte Beziehung zu Sartre wiederum erschien vielen von ihnen als Anbiederung an männliche Dominanz und Phallokratie. Andererseits fungierte de Beauvoir als Vorbild für das öffentliche Auftreten und die aktive Positionierung einer Frau in den männlich codierten Feldern des Denkens und der Kulturkritik. „Das andere Geschlecht" wurde darüber hinaus zu einem wichtigen Meilenstein der Selbstdefinition und der Inspiration moderner Feministinnen. So hat es nicht zuletzt einer jungen Generation von Vordenkerinnen der „Postmoderne" wichtige Impulse gegeben, deren Effekte bis heute jedenfalls im wissenschaftlichen Feminismus nachwirken – der *linguistic turn*, die radikale Infragestellung überkommener Essentialismen im Denken der Geschlechter, wie sie etwa die amerikanische Philosophin und Mit-Begründerin der *gender studies* Judith Butler in den 1990er Jahren formulierte, hat im „Anderen Geschlecht" einen fulminanten Anfang genommen. Beauvoir war somit auch Wegbereiterin des Theorems von der sozialen Konstruktion von Geschlecht – eine Theorie, die die Geschlechterdebatten heute nicht nur in intellektuellen Kreisen bestimmt und die auch sehr gut vereinbar erscheint mit anderen „postmodernen" Denkströmungen, wie etwa der postkolonialen Theorie. Im Jahre 1999 z. B. fand in Paris zum 50. Jahrestag des Erscheinens von „Le Deuxième Sexe" eine internationale Konferenz statt. Diese Tagung mit Teilnehmerinnen und Teilnehmern aus 26 Ländern zeigte, dass Simone de Beauvoirs bekanntestes Werk weit über Europa hinaus gelesen wurde und wird. Außerdem wurde deutlich, dass nicht mehr so sehr das Paar Beauvoir/Sartre und das Verhältnis zwischen ihren und seinen philosophischen Ideen im Mittelpunkt der Debatten stehen. Vielmehr wird de Beauvoir zunehmend als eigenständige Denkerin wahrgenommen und als Vordenkerin postmoderner Theorien gelesen: Die Stichworte heißen Kritik an Mythen, Delegitimation der „großen Erzählung" von der Befreiung des Menschen und der weiblichen Emanzipation, Ablehnung des dualistischen Denkens der Geschlechtlichkeit und der Sexualität, Kritik an zu abstrakten Menschenrechten, Ethik der Gerechtigkeit sowie wechselseitige Anerkennung der Geschlechter jenseits der dichotomischen Geschlechterordnung.

Ein „Erinnerungsort" der Frauen(bewegung) in Europa

Dass das Werk von seiner Schöpferin ebenso wenig zu trennen ist wie diese von ihrer Schrift, ist in diesem Fall besonders zu betonen: Wäre es nicht die Lebensgefährtin des prominenten Vordenkers des Existenzialismus gewesen, die „Das andere Geschlecht" veröffentlichte – wer weiß, ob sich das französische und europäische Feuilleton überhaupt dafür interessiert hätte. Denn in der Tat – es war nicht die erste feministische Streitschrift auf europäischem Boden, und es sollte auch nicht die letzte bleiben. Schon 1792 hatte z. B. die englische Journalistin Mary Wollstonecraft in ihrer „Verteidigung der Rechte der Frauen" die Abqualifizierung von Frauen als zweitrangige Wesen mit minderer Bildung und Rechtsstellung harsch kritisiert, und Virginia Woolf hatte dem 1929 in „Ein Zimmer für sich allein" eine Weltgeschichte aus weiblicher Sicht folgen lassen, in der sie insbesondere offen legte, welche Hindernisse Frauen schon seit Jahrhunderten auf dem Weg zum unabhängigen Denken und Forschen in den Weg gelegt wurden. Bereits Mitte des 17. Jahrhundert hatte sich der Descartes-Schüler François Poullain de la Barre, ausgehend von der Überzeugung, dass der Geist kein Geschlecht habe, also in beiden Geschlechtern gleichermaßen vorhanden sei und entwickelt werden könne, für die „Gleichheit der Geschlechter" eingesetzt, und noch eine Generation früher hatte eine junge Adlige, Marie de Gournay, die Gleichheit von Männern und Frauen unterstrichen und entsprechende Anerkennung ihrer geistigen Fähigkeiten gefordert. Schon seit dem Ende des Mittelalters tobte in Europa also bereits der „Streit um die Frauen" (*querelle des femmes*), und er war auch im 20. Jahrhundert noch nicht an sein Ende gekommen. Das war auch de Beauvoir bewusst, die im „Anderen Geschlecht" einleitend schreibt: „Ich habe lange gezögert, ein Buch über die Frau zu schreiben. Das Thema ist ärgerlich, besonders für die Frauen; außerdem ist es nicht neu. Im Streit um den Feminismus ist schon viel Tinte geflossen, zur Zeit ist er fast beendet: reden wir nicht mehr davon. Man redet aber doch davon".

Doch keines dieser zahlreichen Werke über die „Frauenfrage" hatte solch breite Resonanz wie „Das andere Geschlecht". Tatsächlich wurde sie erst ein knappes Jahrhundert nach dem Beginn der „Ersten Frauenbewegung", die sich die Verbesserung der Frauenbildung und das Frauenwahlrecht zur Aufgabe gemacht hatte, und erst eine Generation nach der Einführung des Frauenwahlrechts und des Frauenstudiums seit der Wende vom 19. zum 20. Jahrhundert (und in manchen europäischen Ländern wie Frankreich und der Schweiz erst in der Mitte des 20. Jahrhunderts) wieder richtig aktuell: Erst im Kontext der „Neuen Frauenbewegung" mit ihrer kritischen Infragestellung überkommener Weiblichkeitsideale und Geschlechterordnungen in den 1960er und 19070er Jahren konnte „Das andere Geschlecht" die Bedeutung gewinnen, die es erlaubt, das Buch und seine Verfasserin zu einem europäischen Gedächtnisort zu küren.

Wenn ein „Erinnerungsort" sich insbesondere dadurch auszeichnet, dass sich Medien, vor allem auch geschichtlich interessierte Medien wie historische Handbücher und Nachschlagewerke dieses Themas annehmen, dann gehört Simone de Beauvoir ohne Zweifel dazu, denn sie ist in der Erinnerung der Frauen Europas einer der wichtigsten weiblichen Akteure überhaupt. Nehmen wir als Beispiel die fünfbändige „Geschichte der Frauen", die zu Beginn der 1990er Jahre auf Initiative eines italienischen Verlags von einem internationalen HistorikerInnenteam erarbeitet wurde und die eigentlich die Geschichte der Frauen in

Europa von der Antike bis heute zum Gegenstand hat. Hier begegnet Simone de Beauvoir als Referenz und Autorität praktisch in jedem Band (zusammen mit der englischen Schriftstellerin und Feministin Virgina Woolf übrigens). Im 5. Band, der den Frauen im Europa des 20. Jahrhunderts gewidmet ist, übertrifft Simone de Beauvoir schließlich alle anderen möglichen Kandidatinnen für den Rang als wichtigste Frau Europas mit etwa 15 Nennungen gegenüber Virginia Woolf mit 8 Nennungen oder Hélène Cixous, Marguerite Duras oder Colette mit je 6 Nennungen – und sie übertrifft damit gleich auch noch maßgebliche Europäer des 20. Jahrhunderts wie Benito Mussolini (12 Nennungen), Adolf Hitler (8 Nennungen) oder Karl Marx und Sigmund Freud (5 bzw. 6 Nennungen).

Ein ähnliches Bild zeichnet sich in Darstellungen der europäischen Frauenbewegungen und des Feminismus ab: In einem Band mit dem Titel „Le siècle des féminismes" (der im Übrigen auch feministische Bewegungen außerhalb Europas in den Blick nimmt) rangiert de Beauvoir mit 39 Nennungen weit vor Virginia Woolf, Clara Zetkin, Madeleine Pelletier oder Gertrud Bäumer. Lediglich in Gisela Bocks „Frauen in der Europäischen Geschichte" muss sich de Beauvoir anderen wichtigen Frauengestalten geschlagen geben, so etwa der zur Vordenkerin moderner Frauenrechtsbewegungen erhobenen Olympe de Gouges mit ihrer „Erklärung der Rechte der Frau und Bürgerin" von 1791 oder der Mitbegründerin der „Ersten Frauenbewegung" in Deutschland, Helene Lange.

Mittlerweile wird Simone de Beauvoir in den verschiedenen nationalsprachlichen Wikipedia-Einträgen grundsätzlich als Mitbegründerin des modernen europäischen Feminismus, wird „Das andere Geschlecht" als sein wichtigstes Grundlagenwerk erwähnt. Im britischen Feuilleton wurde das Buch gar in einem Atemzug mit Charles Darwins epochemachender Schrift über die Entstehung der Arten genannt und als ein Werk charakterisiert, hinter das man nicht mehr zurückkann. Eine weitere Publikation, die auf die Jubiläumstagung der Erstpublikation des „Anderen Geschlechts" zurückgeht, bezeichnet es schlechterdings als „livre fondateur du féminisme", die wichtigste de Beauvoir-Biographin Toril Moi nennt es den „founding text for materialist feminism in the twentieth century".

In der breiteren Öffentlichkeit und dem nationalen wie vor allem auch im europäischen Gedächtnis hat Simone de Beauvoir indes bislang nur wenig posthume Resonanz gefunden. Dies liegt zum einen sicherlich daran, dass sich die allgemeine Erinnerungskultur sowohl mit Frauen wie aber vor allem auch mit der Geschichte des Feminismus immer noch schwer tun – aber vielleicht auch damit, dass die Geschichte des Feminismus, etwa im Unterschied zum Zweiten Weltkrieg, noch längst nicht abgeschlossen ist. Immerhin: Ein kleiner Platz vor der Kirche Saint-Germain-des-Prés ist 1996 Simone de Beauvoir und Jean-Paul-Sartre gewidmet worden; eine Fußgängerbrücke, die über die Seine zur neuen Bibliothèque Nationale hinüberführt, die „Passerelle Simone de Beauvoir", gehört aber dann doch der Vordenkerin des modernen Feminismus alleine.

Literatur

Simone de Beauvoir, Le Deuxième Sexe. Paris 1949. (Deutsch: Das andere Geschlecht. Sitte und Sexus der Frau. Reinbek 1951).

Gisela BOCK, Frauen in der europäischen Geschichte. München 2000.

Judith BUTLER, Das Unbehagen der Geschlechter (Gender trouble). Frankfurt/M. 1991.

Georges DUBY/Michelle PERROT (Hrsg.), Geschichte der Frauen, 5 Bde. Frankfurt/M. 1993–1995.

Ingrid GALSTER (Hrsg.), Simone de Beauvoir : Le Deuxième Sexe. Le livre fondateur du féminisme moderne. Paris 2004.

Ingrid GALSTER, Beauvoir dans tous ses états. Paris 2007.

Eliane GUBIN u. a. (Hrsg.), Le siècle des féminismes. Paris 2004.

Toril MOI, Simone de Beauvoir. Die Psychographie einer Intellektuellen. Frankfurt/M. 1997.

Yvanka RAYNOVA/Susanne MOSER (Hrsg.), Simone de Beauvoir. 50 Jahre nach dem Anderen Geschlecht. Frankfurt/M. 2004.

Alice SCHWARZER, Simone de Beauvoir heute. Reinbek bei Hamburg 1983.

4. Raum Europa

Wolfgang Schmale
Kartographische Personifizierungen von Europa

Geographische Karten als Erinnerungsort

Europakarten gehören zu den Erinnerungsorten im engeren Wortsinn. Seit der Antike sind geographische und kulturgeographische Karten gang und gäbe, sie erfüllten von Anfang an verschiedene Funktionen. Ab wann Karten die Funktion von Erinnerungsorten einnahmen, ohne natürlich ausschließlich auf eine solche Funktion allein beschränkt zu werden, ist schwer zu sagen. Sicher ist aber, dass mindestens die Weltkarten des Mittelalters, von denen über 1000 entstanden, Erinnerungsorte darstellten. Genauer gesagt: Erinnerungsorte der Heilsgeschichte. *Wesentliche* Erzählungen des Alten und Neuen Testaments, wesentliche „Figuren" und Orte wie das Paradies und Jerusalem, Rom, der Landeplatz der Arche Noah am Berg Ararat, Klöster und vieles mehr wurden eingetragen. Da die drei Söhne Noahs im Rückgriff auf das Buch Genesis als Stammväter Asiens (Sem), Afrikas (Ham) und Europas (Japhet) angesehen wurden, wurde Europa in manchen solcher Karten wie in der Weltkarte von Hans Rüst, Augsburg 1490, als „Europa Japhet Land" bezeichnet.

Im letzteren Fall wird Europa als Kontinent zum Erinnerungsort der Teilhabe an der Heilsgeschichte. Die Handlungsorte des Alten und Neuen Testaments befinden sich nicht in Europa; Europa tritt erst später in die Heilsgeschichte ein. Mit Japhet als Stammvater der europäischen Christen wird die Verbindung in eine sehr frühe Zeit zurückverlegt, Europa erscheint als ein von Gott bevorzugter Kontinent.

Die Möglichkeiten, Europa zu visualisieren – ob als Erinnerungsort oder nicht –, waren bis in die jüngere Zeit begrenzt. Nie verschüttet seit der Antike war die Personifikation Europas in der Figur der mythischen Europa, selbst wenn für einige Jahrhunderte zwischen Spätantike und Hochmittelalter die Beispiele rar sind. Vorrangig aber wurde die kartographische Darstellung genutzt, bis im 16. Jahrhundert die Erdteilallegorie hinzutrat. Davon gab es zwei Grundtypen: Der eine, im Lauf der Frühen Neuzeit seltener werdende Typ bestand in der Identifizierung der geographischen Umrisse des Kontinents Europa mit den Konturen einer Frau, der andere beruht auf der im engeren Wortsinn Personifikation des Kontinents, die ohne Hinweise auf die Geographie auskommt. Während der erste Typ eigentlich ausschließlich für Europa (in Europa) entwickelt wurde, traten im Fall des zweiten Typs in der Regel immer vier Erdteilallegorien auf (Europa, Asia, Africa, America). Fast immer handelt es sich um weibliche Allegorien, jedoch waren auch männliche Erdteilallegorien gebräuchlich. In äußerst seltenen Fällen wurden die Geschlechter gemischt.

Der erste Typ von Erdteilallegorie geriet im Lauf der Frühen Neuzeit aus dem aktiven Gebrauch, ohne in Vergessenheit zu geraten, der zweite hielt sich bei allerlei Modifikationen deutlich länger, bis in die Zeit um 1900. Nach 1900 dürfte die Nutzung der Mythos-Figur, selbst wenn keine Statistik vorliegt, zumindest dem Augenschein des Weitgereisten und kunsthistorisch Gebildeten nach überwogen haben. An die Stelle des ersten Typs trat in der Epoche des deutsch-französischen Kriegs von 1870/71 etwas, was schon die Zeitgenossen „Humoristische Karte" Europas nannten: Als Grundlage diente eine groblinige geographische Karte Europas, in der die nationalen Staatsgrenzen eingezeichnet waren. Die Flächen der Staaten wurden mit verschiedenen menschlichen (manchmal tierischen) Figuren, die die Nationen nach bestimmten Stereotypen repräsentierten, ausgefüllt. Diese „humoristische

Karte" kann als letzte Neuerfindung auf dem Gebiet der kartographischen Personifikationen Europas gelten; nachfolgende, von denen noch zu sprechen sein wird, können als Varianten gelten.

Ob personifiziert oder nicht, Karten dienen bis in die unmittelbare Gegenwart der Visualisierung Europas – zwar nicht immer im Sinn eines Erinnerungsorts, aber doch häufig. Es kommt dabei auf die Visualisierungskategorie „Kartographie" an, die als solche ein Erinnerungsort ist. Will man Europa visualisieren, so greift auch der Durchschnittseuropäer zur Karte. Die österreichische Tageszeitung „Der Standard" publizierte in der Wochenendausgabe vom 28./29. August 2010 ein schönes Foto: Es zeigt einen jungen männlichen Fan des Wiener Fußballclubs Rapid, er hält im Stadion anlässlich eines Spiels der Europa-League ein handgemachtes (?) Transparent hoch; in den zwei oberen Dritteln findet sich eine Europakarte, die Rapid-Fahne und anderes in der Art militärischer Feldzeichen, unten steht „Rapid erobert Europa". Sieht man von den – offenbar humorvoll, jedenfalls nicht ernst gemeinten – militärischen Anspielungen auf eine glorreiche Vergangenheit des Fußballclubs ab, zeigt das Transparent, wie naheliegend die Visualisierung des Namens oder Begriffs „Europa" durch eine Karte sein kann.

Europa erhält in der kartographischen Darstellung Bedeutung, und das seit Jahrhunderten. Ein großer Teil der mittelalterlichen Weltkarten folgt dem T/O-Schema, das linke untere Viertel ist als Europa oder gegebenenfalls als Japhet-Land ausgewiesen. Die frühneuzeitlichen Karten, die zunehmend auf genaueren Daten fußen, die mit Hilfe neuer Landvermessungstechniken gewonnen worden waren, geben diesen Schematismus auf, „stellen" aber die Frage vor allem nach der Ostgrenze des Kontinents. Bis zum 18. Jahrhundert wurden Wassergrenzen (Flüsse und Meere) als Ostgrenze Europas angesehen, die Bandbreite der Möglichkeiten war groß: teils wurde die Ostgrenze des Kontinents weit westlich des Urals, teils weit östlich des Urals angenommen. Erst mit dem Vorschlag Strahlenbergs im frühen 18. Jahrhundert gewann die Uralgrenze immer mehr Anhänger; Strahlenberg argumentierte nicht zuletzt mit einer stark veränderten Flora und Fauna östlich des Urals. Es geht somit nie um „pure" Geographie, sondern um bestimmte Vorannahmen, was natürliche Grenzen sind, an denen der Körper des Kontinents endet bzw. beginnt. In der Tat wurden in der Frühen Neuzeit Kontinente wie Körper betrachtet, die folglich klar abgegrenzt sein müssen.

Die geographisch-kartographische Darstellung Europas beruht immer schon auf allerlei bedeutungsgeladenen Vorannahmen, die im Lauf der Jahrhunderte verändert werden und die sich in der Visualisierung niederschlagen. Insoweit ist eine kartographische Darstellung nolens volens eine Art Erinnerungsort für diese vorab feststehenden Bedeutungen, die „festgehalten" werden.

Die Visualisierungen früher von EG-Europa, heute von EU-Europa durch Europakarten, die gegebenenfalls nur die Mitgliedsländer zeigen, sind Legion. Das hält bis heute an, zumal Karten dankbare Objekte für beinahe jede Art von Zuschneidung oder Verfremdung sind. Die Euromünzen zeigen auf der einen Seite außer dem Geldwert eine Europakarte, während die andere Seite der nationalen Gestaltung überlassen wurde. Die Europakarte der Euro-Münzen hat so ihre Eigenheiten – aber das ist ein anderes Thema. In Kopenhagen steht an einem der zentralen Plätze, dem Kongens Nytorv, die Niederlassung der Europäischen Umweltagentur. Im August 2010 war die Fassade des Gebäudes mit einer aus Blumen gestalteten Europakarte („Europe in Bloom") geschmückt worden (Abb. 1). In der mit technischen Zeichnungen aufgefetteten Erläuterung hieß es: „5000 plants drawing a map of European plant diversity. – The Living Façade is one of the main EEA contributions to the UN International Year of Biodiversity activities. – The façade illustrates the potential for vertical gardens to provide urban green areas".

Abbildung 1: Kopenhagen August 2010, Kongens Nytorv, Niederlassung der Europäischen Umweltagentur, Foto: Wolfgang Schmale.

Die Karte wird zum Erinnerungsort von Pflanzenvielfalt in Europa, von Bio-Diversität. Es geht hier tatsächlich um einen Erinnerungsort, da Diversität im allgemeinen und im botanischen Speziellen in Europa längst ein historisches Thema ist, insoweit Diversität zum wesentlichen Element europäischer Identität gezählt wird. Das Motto der Europäischen Union „In Vielfalt geeint" drückt dies geradezu offiziell aus.

Karten müssen alles aufnehmen, was in sie hineingezeichnet oder, wie in Kopenhagen, hineinmontiert wird: Staatsgrenzen, konfessionelle oder allgemeine religiöse Verbreitungsgebiete, ethnologische und ethnische Angaben, kulturgeographische Einträge aller Art, demographische, ökonomische, geologische oder andere Daten. Farbgebungen, Schraffierungen und Symbole suggerieren so allerlei. Propaganda-Karten wie die der Nationalsozialisten zur Rechtfertigung des Krieges als Kampf gegen den Bolschewismus werden zu lautstarken Phänomenen, die den Betrachter geradezu anblaffen. Die meisten solcher Karten, ohne die propagandistischen ohne weiteres mit anderen Karten auf wissenschaftlicher Grundlage in einen Topf zu werfen, haben auch etwas von einem Erinnerungsort an sich. Sie appellieren an ein historisches Gedächtnis, sie verzeichnen womöglich Erinnerungsorte – z. B. Bismarck-Denkmäler – und erheben sich zum Meta-Erinnerungsort.

Die Eignung der Kategorie Karte zum Erinnerungsort ist sichtlich unbestritten. Kartographischen Personifizierungen kommt in diesem Zusammenhang historisch, aber auch gegenwärtig im Zuge einer kleinen Renaissance besondere Bedeutung zu.

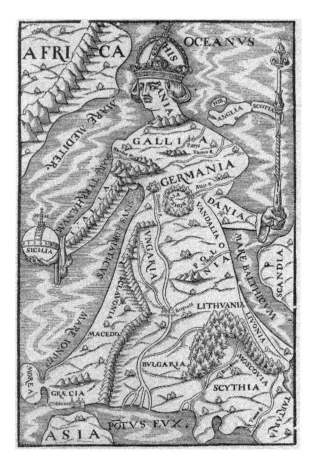

Abbildung 2: Europa-Karte aus Sebastian Münster, Universalkosmographie, Ausgabe Basel 1628, Privatbesitz; der Holzschnitt ist identisch mit dem in früheren Ausgaben, etwa der oft genannten von 1588.

Intermezzo: Eine Abbildung in der Neuen Züricher Zeitung

Die „Neue Züricher Zeitung" druckte in der Ausgabe vom 25./26. Oktober 2008 – wohl nicht zufällig in einer Wochenendausgabe – einen als „Europa Regina" bekannten Holzschnitt aus dem 16. Jahrhundert ab (Abb. 2). Die Art und Weise der Darstellung Europas kann als Inbegriff der „kartographischen Personifikation" gelten. Die Umrisse des Kontinents werden weiblichen Konturen angepasst, das Gewand der Allegorie wird von (damals) als wesentlich erachteten topographischen Elementen ,gemustert'. Die „Karte" ist gewestet, sodass der iberischen Halbinsel die Krone aufgesetzt werden kann. Der Holzschnitt ist der Universalkosmographie von Sebastian Münster entnommen, einem Bestseller des 16. Jahrhunderts, der zuerst (1544) auf Deutsch erschien, von Münster selber ins Lateinische übertragen und später auszugsweise oder vollständig in verschiedene Sprachen übersetzt wurde. Die Allegorie taucht erst in späteren Ausgaben auf, der Erstdruck von 1544 (Basel) kennt sie nicht.

Mit der Veröffentlichung in einer angesehenen und keineswegs nur in deutschsprachigen Ländern verbreiteten Tageszeitung im 21. Jahrhundert hat diese kartographische Personifikation Europas womöglich eine neue „Popularitätsstufe" erreicht, die zudem in den Kontext einer neuen Beliebtheit ebendieser Personifikation in unserer Zeit gehört. Dahinter verbirgt sich die Geschichte eines europäischen Erinnerungsorts, der im Folgenden nachgegangen

374

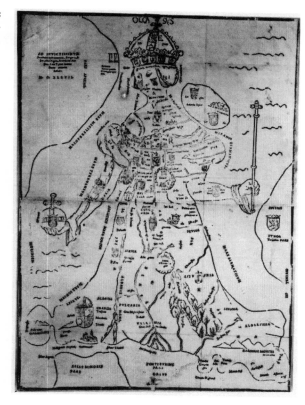

Abbildung 3: Europa-Karte des Johannes Putsch, 1537, Tiroler Landesmuseum Ferdinandeum.

werden soll. Zunächst geht es um ein – nein: das – Modell der kartographischen Personifikation Europas, sodann um die Verbreitung des Modells, schließlich um den Erinnerungsort.

Das Modell

Das Modell für die in der Münsterschen Kosmographie abgedruckte Europa schuf ein wenig bekannter Humanist namens Johannes Putsch 1537. Er starb bereits 1542 auf dem Schlachtfeld. Putsch gehörte in den engeren Umkreis Ferdinands I., des Bruders Kaiser Karls V. Die Karte trägt die Widmung Putschs an Ferdinand und gibt das Jahr an. Diese von Putsch geschaffene Urversion weist deutlich mehr Eintragungen auf als die späteren Versionen, aber sie gibt die „Grundregeln" für diese Art der Personifikation vor: Die geographischen Umrisse Europas werden den Konturen einer weiblichen Figur angepasst, die Karte wird gewestet, damit die Iberische Halbinsel als gekrönter Kopf unmittelbar ersichtlich wird. Die linke Hand hält das Szepter, die rechte den Reichsapfel.

Die Verwendung der Reichsinsignien weist auf eine politisch-propagandistische Bedeutungsebene der Karte hin, die jedoch nur eine von mehreren Bedeutungsebenen ausmacht. Dieselben Insignien haben der Karte – zu einem nicht mehr feststellbaren, jedoch offenbar nicht frühneuzeitlichen Zeitpunkt – die Betitelung „Europa Regina" eingetragen. Historisch belegt ist ein anderer Titel: „Europa prima terrae pars in forma virginis", was viel treffender

375

ist, denn in einer der Bedeutungsebenen geht es in der Tat um die Metaphorik der Jungfrau Maria.

Diese kartographische Personifikation Europas muss als eine Erdteilallegorie im direktesten Wortsinn gelten. Von der Putschschen „Karte" hat nur ein einziges Exemplar überlebt, es befindet sich im Tiroler Landesmuseum in Innsbruck. Die Karte war in Paris gedruckt worden; Putsch war natürlich Katholik, der Drucker in Paris Calvinist. Da haben wir gleich in der Entstehungsgeschichte einen interessanten europäischen Aspekt. Über die Entstehungshintergründe und eventuelle Vorbilder ist nichts bekannt. Putschs Idee – wenn es denn seine eigene gewesen ist – kann im Grundsatz als naheliegend charakterisiert werden. Weibliche Personifikationen wurden seit der Antike benutzt, in der Renaissance wurden viele antike Beispiele wieder an die Oberfläche geholt und bekannt gemacht. Das grammatikalische Geschlecht des Kontinents „Europa" passte dazu. Und man muss wohl zugeben: wenn sich die geographischen Umrisse eines Kontinents den Konturen einer Frauenfigur anpassen lassen, ohne sie bis zur Unkenntlichkeit zu verfremden, dann diejenigen Europas. Nachdem im späteren Mittelalter bereits eine christliche Anverwandlung des Europamythos stattgefunden hatte, war die Ineinssetzung der Figuren der Europa und der Muttergottes nicht unüblich; auch dies dürfte zu den Inspirationen gezählt haben.

Konkrete Vorläufermodelle sind nicht anzunehmen. Heutzutage bekannt ist ein Kartenwerk eines Klerikers namens Opicinus de Canistris, das sehr wahrscheinlich 1335 entstanden ist. Eine der Karten zeichnet die europäische Mittelmeerküste in den Konturen einer Frau, Spanien ist der Kopf; die afrikanische Mittelmeerküste wird ebenfalls anthropomorph gestaltet, wohl als Mann, aber diese Interpretation ist nicht unbestritten. Die insgesamt 52 Karten sind nur einmal in der Bibliothek des Vatikans vollständig überliefert. Hatte Johannes Putsch vielleicht Kenntnis von dem Werk? Wir wissen es nicht; der mittlerweile häufige Abdruck der Karte wie nicht zuletzt im Ausstellungskatalog „Idee Europa" suggeriert (ungewollt) einen historischen Bekanntheitsgrad des Werks von Opicinus, speziell seiner Karten, der nicht gegeben gewesen war. Bezeichnend ist, dass gegenwärtig das öffentliche Interesse an diesen spätmittelalterlichen und frühneuzeitlichen kartographischen Personifikationen Europas sehr groß ist. Für dieses öffentliche Interesse spielen eventuelle Kausalitätsverknüpfungen oder Rezeptionsketten in Spätmittelalter und Früher Neuzeit oder deren Fehlen im Grunde keine Rolle – was die Sache für die Frage nach kartographischen Personifikationen als Erinnerungsorten heute umso spannender macht!

1537 taucht also ein humanistisches Modell für eine höchst charakteristische Erdteilallegorie Europas auf. Einerseits handelt es sich offenkundig um ein Propagandablatt, das die Bestrebungen des Hauses Österreich zur Errichtung einer europäischen Universalmonarchie widerspiegelt. Dahinter steht die seit dem ausgehenden Mittelalter an Attraktivität gewinnende Bezeichnung Europas als Christliche Republik, als deren Haupt – in guter und langer Tradition – sich der Kaiser verstehen möchte. Republik bedeutet in der politischen Sprache des Spätmittelalters und der Frühen Neuzeit soviel wie Staat und unterscheidet sich dadurch vom heutigen Sprachgebrauch. Auch wenn es sich beim Kaiser um ein Wahlamt handelte, die Habsburger sahen zwischen der Kaiserkrone und ihrem Haus eine äußerst enge Verbindung. Mit Blick auf die Verbindung zwischen Kaiser Karl V. und Spanien war es aus sich heraus verständlich, wenn Spanien die Krone der Christlichen Republik aufgesetzt bekam.

Die Idee der Christlichen Republik greift die im Mittelalter zunächst von der Kirche, dann auch von den Monarchien benutzte Vorstellung vom mystischen Körper der Kirche bzw. des mystischen politischen Körpers der Monarchie auf. Die Grundbedeutung der kartographischen Personifizierung erweist sich als religiös. Die Donau schlängelt sich wie der Paradiesfluss durch den Kontinent, um sich dann vor der Mündung ins Schwarze Meer in mehrere Arme aufzuteilen. Die Analogie mit Paradies und Paradiesfluss ist im Putschschen

Modell noch verhalten, in späteren Versionen offensichtlich. Vergleiche Europas mit dem Paradies waren nicht unüblich, viele Beschreibungen sehen Europa als einen von Gott bevorzugten Kontinent, in dem wörtlich und metaphorisch gesprochen Milch und Honig fließen. Dies knüpft an die oben angesprochene Auszeichnung Europas als „Japhet Land" an.

Die Vorstellung von Europa als paradiesgleicher Christlicher Republik steht zugleich im Kontext des neuen Weltbildes seit der Entdeckung Amerikas: Die Zusammenfügung der nunmehr vier Kontinente im Weltbild erfolgte mittels einer sehr klaren Hierarchisierung, die Europa den ersten Platz, den Platz der Weltenherrscherin einräumte. Als sich ab den 1560er, 1570er Jahren der Topos der vier gemeinsam auftretenden Erdteilallegorien zu verbreiten und zu etablieren begann, wurde Europa vielfach mit der Krone als Herrscherin über die anderen Kontinente dargestellt, die ihr – in manchen Versionen – in ergebener Haltung huldigen.

Die Gleichzeitigkeit dreier Vorgänge schuf ein neues Verständnis von Europa als gedachter Einheit, deren Ausdruck die Idee der Christlichen Republik wurde, die wiederum in der uns vorliegenden kartographischen Personifizierung nicht besser hätte ins Bild gesetzt werden können: Die Expansion des Osmanischen Reiches, die sich 1529 in der Belagerung Wiens äußerst „eindrucksvoll" ins Szene gesetzt hatte, um dem christlichen Europa das auf sich selbst Zurückgeworfensein klar zu machen; die Entdeckung eines unbekannten Kontinents, die zur Schärfung der Profile von Kontinenten als Einheiten geführt hatte; schließlich die breite Anwendung empirischer Methoden im Zuge des Humanismus, die nicht zuletzt zu einer immer genaueren Kenntnis Europas selbst führten. Die Kernaussage der kartographischen Personifizierungen Europas im Modell von Putsch lautet: „Europa ist eine Einheit". Das war alles andere als selbstverständlich, sondern das Resultat eines sehr langen Weges.

Chronologie der kartographischen Personifikation Europas

Der genaue Weg der Verbreitung des Modells von Putsch liegt im Dunkeln. Gesichert ist, dass das Modell nach 1580 mehrfach aufgegriffen und variiert wurde, ohne die Grundaussagen zu verändern. Da sich zu dieser Zeit die gemeinsame Darstellung der vier Erdteilpersonifikationen durchzusetzen begann, dürfte ein zeitlicher Zusammenhang bestehen. Wie die Überlieferung zwischen 1537 und 1587, dem Jahr, in dem Jan Bußemaker einen als „Europae Descriptio" betitelten Kupferstich des berühmten Matthias Quad auf den Markt brachte, der sich an dem Putschschen Modell orientierte, vonstatten ging, liegt im Dunkeln; es gibt nur Hinweise auf ein Zwischenglied in den 1550er Jahren. Ab 1588 tritt die Universalkosmographie Sebastian Münsters, der 1552 gestorben war, regelmäßig in einer Ausstattung mit der kartographischen Personifikation Europas auf. Die Version der Kosmographie von 1588 ist jene, die auch die Neue Züricher Zeitung abdruckte und die seit der zweiten Hälfte des 20. Jahrhunderts unter dem Titel „Europa regina" oder „Queen of Europe" häufig abgebildet wird.

Obwohl nicht jede Ausgabe und Auflage der Universalkosmographie von Sebastian Münster ab 1588 mit der Europakarte ausgestattet wurde, erfuhr diese jedoch über diesen Bestseller eine europaweite Verbreitung; bis 1650 wurden über 100 000 Exemplare in 27 deutschen Auflagen sowie in Latein, Italienisch, Englisch, Französisch oder Tschechisch gedruckt. Die Russische Staatsbibliothek besitzt elf Ausgaben, darunter zwei Mal jene von 1588. Während eine 1589 von Jonas Silber in Nürnberg nach dem bekannten Modell in Silber getriebene Europa– es handelt sich um die sogenannte Weltallschale, die im Kunstgewerbemuseum von Berlin zu sehen ist – für Kaiser Rudolf II. bestimmt war und kaum ein Massenpublikum erreichte, verhielt es sich mit Heinrich Büntings „Itinerarium Sacrae Scripturae" ähnlich wie mit der Münsterschen Kosmographie. Die Ausgabe von 1589 dieses Werks eines protestantischen Pastors wurde mit unserer Europa in einer neuen Variation ausgestattet. Das Werk war weit über das Reich hinaus verbreitet, so in Schweden, Dänemark, England, es wurde auch noch im 17. Jahrhundert gedruckt. Die Konfession spielte für die Nutzung und Verbreitung der kartographischen Personifikation Europas keine hindernde Rolle. Bei Bünting wurde die Europa als „Europa prima terrae pars in forma virginis" betitelt.

Von den einst über 100 000 Exemplaren der Kosmographie finden sich heute in öffentlichen Bibliotheken weniger als 300 Stück. Wie viele sich in privaten Bibliotheken befinden, ist unbekannt. Nicht wenige werden dem Schicksal der Zerlegung unterworfen gewesen sein, der große Rest hat auf die eine oder andere Weise das Zeitliche gesegnet.

Was sich ein frühneuzeitlicher Betrachter der Europaallegorie dabei dachte, ist schwer zu beurteilen. Die Begleittexte in der Kosmographie und dem Itinerarium zum Heiligen Land unterstreichen die oben herausgearbeitete Bedeutung von Einheit. Der Begriff „Einheit" oder „unitas" fällt natürlich nicht wörtlich.

In vielen Texten des 17. Jahrhunderts finden sich Beschreibungen Europas, die so abgefasst sind, dass der Autor die Europakarte gekannt haben dürfte. Beschreibungen der Karte finden sich bis ins 19. Jahrhundert, so etwa bei dem Dichter Clemens von Brentano. Ein aktiver Gebrauch der Karte kann für Prag 1932–1938 nachgewiesen werden. Für die 1950er Jahre liegen mehrere Verwendungsnachweise vor, ab den 1960er Jahren häufen sich die Reprints von Sebastian Münsters Kosmographie, nachgedruckte, ausgewählte und kommentierte Ausgaben erscheinen weiterhin auch in diesem ersten Jahrzehnt des 21. Jahrhunderts. Als Cover-Illustration wird die Allegorie für wissenschaftliche Werke immer beliebter.

Das 20./21. Jahrhundert

Der originellste Gebrauch der Europakarte ereignete sich im Prag der Zwischenkriegszeit. 1932 entwarf Adolf Hoffmeister eine Europakarte, der er die kartographische Personifikation à la Putsch, Münster und Bünting zugrunde legte. Hoffmeister war eine bekannte Persönlichkeit: Professor für Filmgrafik an der Kunstgewerblichen Fachhochschule von Prag und als Karikaturist, Illustrator und Publizist tätig. Er nannte seine „Karte", offenbar in Anlehnung an die erwähnten „humoristischen" Europakarten, „Carte drôlatique d'Europe pour 1932". Er scheint somit beide historischen Vorlagen gekannt zu haben. Wenn Anlass zu Humor bestand, dann nur zu schwarzem angesichts der faschistischen und nationalsozialistischen Gewaltrhetoriken. 1936 fertigte Hoffmeister eine leicht variierte zweite Version seiner Europakarte für das bekannte Kabarett Osvobozené divadlo, das Jiří Voskovec und Jan Werich in den 1920er Jahren gegründet hatten. In einem ihrer Stücke befassten sie sich mit der aktuellen politischen Situation, für die die Karte als Kulisse diente. Sie zeigte Europa als Frau, in Prag setzte eine Sicherheitsnadel an, die das Gewand der Europa zusammenhielt. Die Kabarettisten waren so optimistisch zu sagen, dass die Sicherheitsnadel am Nabel Europas – das ist seit Jahrhunderten ein topischer Ort für Prag – den Kontinent schon zusammenhalten werde. Die Szene wurde gefilmt und in den Dokumentarfilm „Crisis", den der Amerikaner Herbert Kline 1938 drehte, aufgenommen. Die Premiere des Films fand am 13. März 1939 in einem Kino in Manhattan statt, zu der einige Prominenz erschien. Präsident Roosevelt erhielt eine Sondervorführung im Weißen Haus. Das tschechische Fernsehen strahlte den Film erstmals nach 1990 aus. Die Botschaft der „Karte" ist „Europas Einheit", der Erhalt der Einheit und sie wird im Kabarett in einem gespielten Dialog vor der Karte verlebendigt.

1957 wählte Denis Hay, Professor für mittelalterliche Geschichte an der Universität Edinburgh, die kartographische Personifikation Europas aus Münsters Kosmographie (Ausgabe 1588) als Frontispiz seines Buches „Europe, the Emergence of an Idea" aus. Dieses Buch erreichte zügig einen hohen Bekanntheitsgrad. Möglicherweise ist es diesem Umstand zu verdanken, dass das gleiche Bild das Programm des 9. Kongresses der Europäischen Föderalisten in Lyon (9.-11. Februar 1962) schmückte. Es wird dort irrtümlich dem 15. Jahrhundert zugewiesen, aber die Botschaft „Europäische Einheit", die aus dem Bild herausgelesen wird, passt dazu. Die Legende trägt den Zusatz „Europe d'hier", was vermutlich bedeuten soll, dass Europa schon einmal einig gewesen sei und es um die Wiederherstellung eines historischen Zustandes gehe. Die Idee der europäischen Einheit hatte in den 1950er und 1960er Jahren Hochkonjunktur; sie wurde nicht nur in Büchern verbreitet, sondern trug zentral die Bewegung der Europäischen Föderalisten. Umso bemerkenswerter ist es natürlich, dass die Europaallegorie des 16. Jahrhunderts in diesem Kontext eine konstruktive Funktion übernahm. Denis Hay verweist in seinem bereits zitierten Buch zudem auf eine Ausgabe der britischen katholischen Wochenzeitung „The Tablet" vom März 1955, in der die bei Münster befindliche Europa abgedruckt, jedoch völlig fehlinterpretiert worden sei. In der Tat umranken allerlei Irrtümer den Gebrauch der Abbildung im 20. Jahrhundert, und sei es, dass sie schon der Erstausgabe der Kosmographie von 1544 zugeschrieben wird. Diese typische quellen(un)kritische Nachlässigkeit betont den Umstand, dass man sich offenkundig auf die zentrale Botschaft des Bildes konzentrierte, neben der alles andere unwichtig erschien.

Die Beispiele aus den 1950er und 1960er Jahren betrafen Verwendungen der kartographischen Personifikation vor einem und für ein breiteres Publikum. Die Föderalistenkongresse brachten das ein oder andere Tausend an Besucherinnen und Besuchern zusammen, „The Tablet" erreichte kein Riesenpublikum, aber doch einige Tausend, Denis Hays Buch steht dem kaum nach, seine Leserschaft nicht nur im Wissenschaftsbereich dürfte im Lauf der Jahre sehr umfangreich geworden sein.

In vergleichbaren Dimensionen bewegen wir uns, wenn wir auf die Vielzahl von Titeln schauen, die aus den Kulturwissenschaften (zumeist Literatur- und Geschichtswissenschaften) heraus entstanden sind und die die Europaallegorie, sei es aus der Kosmographie, sei es aus dem Itinerarium, als Buchcover verwenden – nicht zu reden von Verwendungen als Illustration oder Bildquellendokumentation innerhalb von Abhandlungen. Mehrere europäische Länder sind auf diese Weise vertreten und dokumentieren ein in der Tat europäisches Interesse an dieser kartographischen Repräsentation Europas in unserer Gegenwart.

Die Ursprungsversion von Johannes Putsch hat auch heute Seltenheitswert; vom Autor dieses Beitrages wurde sie im hinteren Buchinnendeckel seiner „Geschichte Europas" vollständig abgedruckt, während im Vorsatz eine andere kartographische Europapersonifizierung eingedruckt wurde, die weniger bekannt als jene bisher besprochene ist: Es handelt sich um Michael Eytzingers "De Europae virginis tauro insidentis topographica et historica descriptione liber …" (Köln 1588). Die Tafel zeigt Europa auf dem Stier, die Europakarte umhüllt luftig flatternd wie ein Kleid die Europa. Spanien (mit Portugal) trägt wieder die Bügelkrone, die rechte Hand hält ein Szepter, darunter ist wie eine Inschrift auf einer Marmortafel der Europamythos in sechs Zeilen zusammengefasst eingetragen. Eytzingers Europa scheint der einzige Fall zu sein, in dem die beiden wesentlichen Personifikationen Europas – durch die Europafigur des Mythos, einerseits, durch die Erdteilallegorie, andererseits – vereinigt und zudem gemeinsam auf den wie ein Reitpferd dahin galoppierenden Stier oder Jupiter gesetzt werden.

Der Erinnerungsort

Der Gang durch die Jahrhunderte erweist eine bemerkenswerte Langlebigkeit der Europaallegorie des frühen 16. Jahrhunderts. Das hat damit zu tun, dass sie von Anfang für die Idee der europäischen Einheit stand. Der Zuschnitt dieser Idee hat sich immer wieder gewandelt. Im Zeitalter Kaiser Karls V. dachte man bei europäischer Einheit vor allem an die europäische Universalmonarchie des Kaisers, die im Übrigen über Europa in die Welt hinausgriff. Sie konnte sehr gut in Gestalt der Christlichen Republik vermittelt werden. Bis ins 18. Jahrhundert diente der Begriff der Christlichen Republik in der Sprache der Diplomaten und der Völkerrechtsjuristen dazu, Europa als politisch-rechtliches System zu denken, das dem Ganzen Einheit verlieh. Im 19. Jahrhundert schwächte sich das Interesse an der Allegorie deutlich ab; dies nimmt nicht wunder im Jahrhundert der Nationalstaatsbildung und der Nationsbildungskriege. In der Zwischenkriegszeit haben wir zumindest ein sehr schönes Beispiel aus Prag, das direkt auf die Tradition der Europa-Karte in der Frühen Neuzeit zurückgriff. In den 1950er und 1960 Jahren mehren sich die Verwendungen, da die Personifikation wie kein anderes Bild eindringlich die Idee der Einheit Europas veranschaulicht. Ähnlich geht es seit den 1990er Jahren, also seit Begründung der Europäischen Union durch den Vertrag von Maastricht in Folge der Umwälzungen 1989 in der DDR, in Ostmittel- und Südosteuropa.

In der historischen Perspektive ist dieser ursprüngliche Holzschnitt der Erinnerungsort der Idee europäischer Einheit, da er immer wieder im Kontext entscheidender Etappen europäischer Einheit auftritt. Er ist anschaulicher und konkreter als die abstrakte Europaflagge, die für Einheit steht oder stehen soll; er spricht eventuell sogar Gefühle an. Er abstrahiert von den Nationalstaaten (während die so genannten „Familienfotos" von den EU-Gipfeln zwar Einheit signalisieren sollen, aber ja gerade die Vertreter/innen der Nationalstaaten zeigen …). Wenn man es sich recht überlegt: welche Erinnerungsorte europäischer Einheit hätten wir noch, die so eindeutig wären?

Literaturhinweise

Xavier GALMICHE, L'Europe a-t-elle un corps? Quelques réponses, in: Colette ASTIER/Claude DE GRÈVE (Hrsg.), L'Europe reflets littéraires Paris 1990.

Marie-Louise VON PLESSEN (Hrsg.), Idee Europa. Entwürfe zum „Ewigen Frieden". Ordnungen und Utopien für die Gestaltung Europas von der pax romana zur Europäischen Union. Berlin 2003.

Wolfgang SCHMALE, Europa – die weibliche Form, in: L'Homme. Zeitschrift für Feministische Geschichtswissenschaft 11,2 (2000), S. 211–233.

Wolfgang SCHMALE, „Europa in Forma Virginis" – A 16th-Century Woodcut and how it became a European Lieu de Mémoire in the 20th Century, in: Benjamin DRECHSEL/Claus LEGGEWIE (Hrsg.), United in Visual Diversity. Images and Counter-Images of Europe. Innsbruck u. a. 2010, S. 71–81.

Wolfgang SCHMALE (Dir.), Datenbank Europabegriffe und Europavorstellungen im 17. Jahrhundert: http://www.univie.ac.at/igl.geschichte/europaquellen/. (25.7.2011)

Hans-Walter STORK, „Opicinus de Canistris", in: Biographisch-bibliographisches Kirchenlexikon, Band VI (1993), Spalte 1220–1221, unter: http://www.bautz.de/bbkl/o/opicinus_d_c.shtml (25.7.2011).

Michael WINTLE, The Image of Europe. Visualizing Europe in Cartography and Iconography through the Ages. Cambridge 2009.

Georg Kreis

Die Alpen – ein europäischer Erinnerungsort?

Als einem Kollegen im hohen Norden die Frage gestellt wurde, was Schweden von der Schweiz unterscheide, lautete seine spontane Antwort: „Wir haben keine Alpen". Sind die Alpen schweizerisch und darum auch ein Ort der Erinnerung an die Schweiz? Dass von den Alpen eine gewisse Attraktion ausgeht, zeigte das bemerkenswerte Phänomen, dass sich nach der Wende von 1989 viele Männer aus Mittel- und Osteuropa endlich einen Wunsch erfüllten, eine Sehnsucht umsetzten, und direkt in die Alpen reisten und dort, schlecht ausgerüstet (zum Teil in Halbschuhen!), die Dreitausender bestiegen.

Als zu Beginn der 1970er Jahre in einer internationalen Fernsehreihe unter dem Thema „Europäisches Erbe" acht Beiträge produziert wurden, bestand der schweizerische Beitrag – natürlich, würde man sagen – aus einem Film über die Alpen. Das Thema wurde aber nicht zugewiesen, sondern selbst vorgeschlagen und von den Partnern gerne so akzeptiert. Die Österreicher, die ebenfalls Alpen haben, schlugen etwas vor, das in einem gewissen Sinn nur sie haben: Mozart. Die Briten hatten die industrielle Revolution. Damit sind wir aber noch nicht bei Erinnerungsorten, sondern nur bei Stereotypen und nationalen Repräsentationen. Wo liegt der Unterschied? In einem Aufsatz über die Alpen als Erinnerungsort sollte weniger und zugleich mehr stehen als in einem gewöhnlichen Lexikoneintrag zum entsprechenden Stichwort. Es sollte die Erinnerungsqualität und die europäische Dimension dieses Referenzpunktes herauspräpariert und verifiziert werden.

Europa? An sich fällt es nicht schwer, auch aus früheren Zeiten schnell bekannte Europäer aufzubieten, die sich beeindruckt über die Alpen geäußert haben, von Goethe bis Mendelssohn Bartholdy. Zudem gibt es Alpenbücher, welche dass Europäische dieser Berge im Titel hervorheben: „Wo Europa den Himmel berührt" (1989) oder „Ausblicke vom Dach Europas" (1991). Eine zusätzliche Europäisierung erfuhren die Alpen nach 1945 als Modellfall für grenzüberschreitende Regionalisierung. Auch die geografische und die historische Forschung haben sich in internationalen Kooperationen vermehrt des Alpenthemas angenommen.

Die Schweiz? Obwohl die Alpen nur zu 15 Prozent in der Schweiz liegen, wurden sie fast ausschließlich diesem Land zugeschrieben. Die schweizerischen Alpenmenschen brachten die Fremden als halbwegs Ortskundige und Träger (helvetische Sherpas) da hin, wo die Fremden hinwollten, und entdeckten dabei ihre eigenen Berge. Sie nahmen die vormals wenig beachtete Sonderheit in sich auf und begannen, sich – folkloristisch – in der Folge an etwas Eigenes zu erinnern.

Erinnern? Die Alpen gab es wie im Fall der außereuropäischen Welt, bevor sie entdeckt wurden. Entdeckt wurden sie von wahrnehmenden Menschen, die aus ihnen ein bestimmtes Land bzw. eine Landschaft machten. Die Entdeckung ging von nichtschweizerischen, weniger deutschen und italienischen als englischen und französischen Enthusiasten aus. Und wie Entdecker es so an sich haben, sie berichten, was sie gesehen haben und woran sie sich *erinnern*. Das dürfte das Fundament dieses Erinnerungsortes sein.

Damit ein Punkt ein Erinnerungsgegenstand werden kann, muss er einen Namen haben. Dieser entstand offenbar aus der breit angelegten keltischen Sachbezeichnung für Weidplätze auf einem Berg und wurde zum Eigennamen – und pseudoethymologisch erklärt als Ableitung von *albus* für weiß. Die Alpen wurden mit der Zeit so sehr Eigenname, dass andere Gebirge ebenfalls als Alpen bezeichnet wurden, wenn diese an der europäischen Alpen erinnerten: So kam es zu australischen oder neuseeländischen Alpen. Und das Adjektiv *alpin* wird inzwischen derart allgemein verwendet, dass es – wie auch das Substantiv Alpinismus – allgemein Hochgebirgsverhältnisse bezeichnet.

Einen Namen haben: Mögen die Alpen etwas Besonderes sein (separierbar vom europäischen Flachland), das Besondere bekommt eine Steigerung durch weitere Individualisierung und die Herausbildung von Bergpersönlichkeiten mit Eigennamen: Mont Blanc, Matterhorn, Eiger, Mönch und Jungfrau, Großglockner. Das breite Band der Alpen beansprucht, auf das flache Umfeld bezogen, eine gewisse Zentralität. In der Regel haben aber größere Zentren nochmals innere Zentren. Wenn das Eigentliche jeweils in der Mitte liegt, dann liegt es im Fall der Alpen in den Zentralalpen. Aus schweizerischer Sicht ist das Zentrum des Zentrums der St. Gotthard. Dieser ist insofern ein spezieller Erinnerungsort, als man davon ausgeht, dass um diesen Ankerberg, an ihn angelehnt, die schweizerische Republik entstanden ist und dass um diesen Berg viel, viel später in den beiden Weltkriegen die Verteidigung des bedrohten Vaterlands organisiert worden ist. Schon Napoleon sagte 1802 von den Schweizern, sie seien schwer zu unterwerfen, jeder separate Teil würde sich auf seine je eigenen Kompetenzen berufen und dabei den äußeren Mächten höhnisch zurufen: „kommt esset unsere Berge".

Phasen der Alpenerinnerung

In der Geschichte dieses Erinnerungsorts ist, wie in den meisten anderen Orten, zwischen der Inszenierungsphase und der Selbstläuferphase zu unterscheiden. Ihnen geht eine moderate erste Erschließungsphase voraus, in der einzelne Menschen es wagten, die Berge durch Besteigung zu enttabuisieren. Die Humanisten des 16. Jahrhunderts wandten sich mit schriftlichen Zugriffen der Alpenwelt zu: etwa der Universalgelehrte Heinrich Loriti, genannt Glarean, der 1514 die Alpen immerhin als „caput Europae" bezeichnete, oder der Theologe und Historiker Josias Simler, der 1574 mit seinem „De Alpibus Commentarius" eine Ehrenrettung der als unwirtlich geltenden Gebirgsnatur unternahm. Jon Mathieu relativiert die Meinung, dass die Alpen im Mittelalter nur als *locus horribilis* wahrgenommen worden seien; dies sei ein von der Alpenbegeisterung der Aufklärung verzeichnetes Bild. Auf die langsame mentale Erschließungsphase folgte etwa in der Zeit von 1750 bis 1830 die reale Entdeckungsphase, die zugleich die Inszenierungsphase war. Die Agenten der *mise en scène* waren zum einen wissenschaftliche Einzelgänger und zum anderen und wirkungsmächtiger schwärmende Belletristen, die ein Massenpublikum erreichten. Denn dies braucht es: Ohne Massen und Massenmedien keine Erinnerungsorte.

Einer der ersten mit wissenschaftlichem Interesse dürfte der Zürcher Arzt und Naturforscher Johann Jakob Scheuchzer mit seiner „Beschreibung der Natur-Geschichte des Schweizerlands" (1706) gewesen sein. Bemerkenswert ist, dass dieser in Deutschland ausgebildete Schweizer 1694, angeregt durch den Mediziner und Botaniker August Quirinus Rivinus, Rektor der Leipziger Universität, seine erste Forschungsreise in die Alpen unternahm. Scheuchzer interessierte sich nicht nur für Fossilien und Flora, sondern auch für die Bevölkerung (eine Flora eigener Art) und ging davon aus, dass das Alpenklima das Wesen der Alpenmenschen, die „Leibs- und Gemüthsbeschaffenheit" determiniere: Zwischen Äquator und Pol liege das Schweizerland auf dem „mächtigsten" Breitengrad, und in der gebirgigen Höhe genieße der Schweizer die reinste und subtilste Luft unter allen europäischen Völkern. Dieser Umstand bewirke eine ausgeglichene Bewegung des Blutes, Stärke und Größe und „kluge, heitere, zu allerhand Hirnarbeit geschickte Gedanken".

Auf Scheuchzer folgte der in Tübingen und Leiden ausgebildete Berner Albrecht von Haller, der, als 20-Jähriger in die Schweiz zurückgekehrt, 1728 mit dem gleichaltrigen Zürcher Naturforscher Johannes Gessner eine Alpenreise unternahm und im folgenden Jahr sein berühmt gewordenes Alpengedicht verfasste. Damit betreten wir die Ära und Aura des Schöngeistigen. Und hier setzt ein, was der Literaturwissenschaftler Claude Reichelt überzeugend dargelegt hat, nämlich die Etablierung des zweiten Blicks. Die ersten, von Teilen der europäischen Eliten im Zeitraum von 1770 bis 1830 entwickelten Blicke suchten eine bestimmte Art von Weltaneignung über einen Wahrnehmungsmix, der sich einer ungewohnten Natur aussetzen, dabei aber auch bestimmte, erhabene Gefühlsregungen möglich machen wollte. Was danach kam, war dann nur noch ein So-Sehen-Wollen, wie es von anderen bereits gesehen und beschrieben und festgeschrieben worden war. Einmal fällt bei Reichelt das Wort *lieu de mémoire*, aber nur als Zitat mit dem Hinweis, dass die Alpen als schweizerischer Erinnerungsort aufgefasst würden, um dem entgegenzuhalten, dass das aufkommende wissenschaftliche und ästhetische Interesse an den Alpen ein „bestimmter Moment der europäischen Kulturgeschichte" sei.

Dieser Moment ist von der Schweiz übernommen – eingeschweizert – worden. Die Website der Tourismus-Homepage „Your Gateway to Switzerland" stellte treffend fest, dass die Poetisierung der Alpen „den Grundstein für die heutige Beziehung zu den Bergen und damit auch für den Tourismus" gelegt habe. Wie neueste Studien bestätigen, war im 19. Jahrhundert auch beim ganz großen Publikum die Identität von Alpen und Schweiz als wechselseitige Assoziations- und Erinnerungsstützen etabliert. Es überraschte nicht und war vielmehr ein treffender Titel, als eine Massenedition einer Schweizer Enzyklopädie von 1975 mit dem Titel versehen wurde: „Die Schweiz vom Bau der Alpen bis zur Frage nach der Zukunft".

Zur Meistererzählung der Alpensaga gehören große Namen, welche etwas zur literarischen Popularisierung beigetragen haben. Das war nach Haller vor allem Jean-Jacques Rousseau. Er kam über 30 Jahre nach Haller – und er kommt uns als Promoter der Alpenromantik wegen seines 1761 erschienenen Briefromans „Julie ou la Nouvelle Héloïse" vielleicht zuerst in den Sinn. Dessen ursprünglicher Titel sagt mehr aus über das, was uns interessiert: „Briefe zweier Liebender aus einer kleinen Stadt am Fuße der Alpen". Der Roman wurde ein Bestseller mit außergewöhnlichem Massenerfolg. Buchhändler gingen, weil die Neuauflagen nicht nachkamen, offenbar dazu über, das Buch tage-, ja, sogar stundenweise auszuleihen. Der vor allem der französischen Aufklärung zugeschriebenen Naturbegeisterung ging die britische Vorromantik voraus, die in den Alpen das Wilde schätzte, in den Worten des bekannten Joseph Addison die „unregelmäßigsten und missgestaltesten Szenen der Welt", welche eine „angenehme Art von Schauder" erzeugten.

Weniger bekannt ist, und mit diesem Hinweis sei die zwangsläufig eng begrenzte Aufzählung abgeschlossen, der 1815/16 publizierte Roman „Mimili" von Heinrich Clauren. Er erschien zunächst in der Zeitschrift „Der Freimüthige – oder Unterhaltungsblatt für gebildete, unbefangene Leser" und erlebte zahlreiche Nachauflagen. Es handelt sich um eine Liebesgeschichte zwischen einem preußischen Offizier und einer schweizerischen Bergbauerntochter. Der Offizier, gerade mit dem Eisernen Kreuz ausgezeichnet, sucht im Berner Oberland die Ruhe, die er im „lärmenden Paris, der sogenannten Hauptstadt der Welt", nicht findet. Von Héloise zu Mimili – diese Spanne drückt wohl auch die Ausweitung von einer Eliten-Leserschaft zu einem Massenpublikum aus.

Erinnerungen an Alpenbezwingungen

Die reale Eroberung der Alpen ging mit leichter zeitlicher Verschiebung neben der literarischen Thematisierung einher. Der höchste Alpenberg, der Mont Blanc, wurde im Jahre

1786 von einem Einheimischen aus Chamonix, dem 32-jährigen Jacques Balmat, bezwungen. Einen prominenteren Platz in der Geschichte bzw. in der kollektiven Erinnerung erhielt jedoch der Genfer Professor der Naturwissenschaft, Horace Benedikt de Saussure, der im folgenden Jahr, 1787, als 47-Jähriger in Begleitung eines Bedienten und 18 Führern die erste wissenschaftliche Besteigung dieses Berges unternahm und darum 1981 auch Sujet der schweizerischen 20-Franken-Note wurde – ein Erinnerungsmedium eigener Art. In Ausführungen zu Erinnerungsorten wird oft der Ikonencharakter solcher Orte zu wenig beachtet und nicht explizit gefragt, welchen Anteil das Bildliche hat. Zur Mont Blanc-Besteigung gibt aus der Zeit selbst zahlreiche Abbildungen dieser Expedition.

Eine weitere wichtige Stationen in dieser Aufzählung ist die Geburtsstunde der schweizerischen Alpenfolklore: das erste Unspunnenfest von 1805 in Interlaken im Berner Oberland, eine Älperolympiade, bei welcher der Jodelgesang offizialisiert, das Alphorn eingeführt, Bergschafe um die Wette geschoren und verschiedene Sportarten wie Schwingen und Steinestoßen zum Brauchtum gemacht wurden. Die Initiatoren waren Exponenten der Berner Oberschicht und die Gäste auch Adlige der internationalen Gesellschaft. Etwa 600 eigens angereiste Gäste mussten mangels Gasthöfen privat untergebracht werden. – Zum Unspunnenfest, das 200 Jahre danach hätte stattfinden sollen, aus Rücksicht auf Überschwemmungen in der Nachbarschaft dann aber auf 2006 verschoben wurde, konnte man im Pressetext an „Erinnerungswertem" lesen: „Die Unspunnenfeste markieren den Beginn des Tourismus im Berner Oberland und begründeten den Weltruf des Fremdenverkehrsortes Interlaken. Viele berühmte Gäste wie Madame Vigée-Lebrun und Madame Germaine de Staël vergnügten sich an den urchigen Festen. Dichter fanden lobende Worte, Maler hielten das Geschehen mit Stift und Pinsel fest. Sie wurden so zu Botschaftern für das ländliche Brauchtum und zeigten die landschaftlichen Schönheiten der Alpenwelt in den Kulturzentren Europas". – Ein klassischer *lieu de mémoire*, der zugleich illustriert, was Eric Hobsbawm lange vor Pierre Nora als „invention of tradition" gemeint hat. August Quirinus Rivinus, Haller, Rousseau, Mme. de Staël, Clauren – diese Namen zeigen, dass die Nutzung der Alpen als memoriable Bezugspunkt nicht eine schweizerische, sondern eine europäische Sache war.

Erinnerungsorte als Medienprodukte

Erinnerungsorte sind Medienprodukte und leben von medialer Reproduktion. Die Alpen bilden einen multimedialen Erinnerungsort. Bisher ist die schriftliche Form (Roman, Gedicht) stark berücksichtigt worden. Uns müssen aber auch die Video-, Audio- und Multimediavarianten und ihre Produzenten interessieren: die Bilder, die Vorträge, die Ausstellungen, die Museen und die Souvenirs.

Aus den *visualisierten* Erinnerungsvarianten wären hier die europaweit berühmten Veduten und Supraporten von Caspar Wolf nach 1750 in Erinnerung zu rufen. An *Audiovarianten* des Erinnerns gibt es Textlieder oder textlose Melodien (Jodeln). Von den Alpenmelodien heißt es, dass sie von Soldaten in fremden Diensten nicht angestimmt und auch nicht gepfiffenen werden durften, weil sie die Söldner an die Heimat *erinnerten* und Heimweh auslösten, von dem man sagt, es sei eine *maladie des Suisses* gewesen, so dass die Krieger scharenweise ihre Truppe verließen und nach Hause eilten. In diesem Fall waren die Alpen auch für die Einheimischen ein Sehnsuchtsort.

Vorträge über seine Besteigung des Mont Blanc im Jahr 1851 hielt Albert Smith in einem Zeitraum von sechs Jahren in der Egyptian Hall am Picadilly. Auch Königin Victoria soll zu den Zuhörerinnen gehört haben. Den Hintergrund bildeten eindrückliche Abbildungen. Die Bühne war zu einem Schweizer Chalet ausgebaut, vorgelagert war ein alpiner Teich mit Granitblöcken, schweizerische Kantonswappen und echte Ausrüstungsgegenstände schmückten die Wände. Ägypten – Schweiz – das ist vielleicht kein zufälliges Zusammenfallen. Wahrscheinlich war es ein und dasselbe, ob man nun die Spitze von Pyramiden erklomm oder Schweizer Berge eroberte oder bis zu den Quellen des Nils vorstieß. Die vielleicht erste Expedition in die Schweizer Alpen wurde in der ersten Hälfte des 18. Jahrhunderts von dem britischen Ägypten-Expeditionär Richard Pokocke angeführt.

1857 entstand in London der erste Alpenclub. Andere nationale Alpenclubs folgten: 1862 in Österreich, 1863 in der Schweiz und in Italien, 1869 in Deutschland. 1900 gab es erste Vorstellungen, dass man so etwas wie einen Weltalpenclub schaffen sollte; verwirklicht wurde diese Idee aber erst 1932. 2007 wurde man an das 150-jährige Bestehen des „Alpine Club" erinnert. Der britische Club unterhielt von Anfang an eine Alpenbibliothek und war auch Herausgeber von Alpenbüchern. Für unseren thematischen Zugang ist die primäre Zweckbestimmung des Clubs von Bedeutung: Es ging darum, dass diejenigen, welche in den Alpen waren, sich treffen wollten, um Erlebnisse auszutauschen und gemeinsame Erinnerungen zu pflegen – und natürlich weitere Alpenbesteigungen zu planen. Eine wichtige Eigenschaft der Alpen bestand darin, dass man sie bezwingen und damals noch Erstbesteigungen veranstalten konnte. Man zählte damals in den Schweizer Alpen 31 Gipfel, die noch unbezwungen waren. Solche Erstbesteigungen bildeten Erinnerungsmarken wie die historischen Daten geschlagener Schlachten. 1990 wurde das 125-jährige Jubiläum der Matterhorn-Erstbesteigung groß begangen.

Die Bergsteigerliteratur war mehrheitlich Erinnerungsliteratur. Vielleicht das bekannteste, 1871 erstmals und dann in zahlreichen Auflagen und Übersetzungen erschienene Buch war „The Playground of Europe" von Leslie Stephen. „Der Spielplatz Europas" – der Titel bestätigt, dass wir es mit einem europäischen Erinnerungsort zu tun haben. Stephen, der *mountaineer* und *climber* aus Cambridge, Theologieprofessor und Zeitungskolumnist, Redakteur des „Alpine Journal", 1865–1868 Präsident des Alpine Club, hatte in den 1850er und 60er Jahren zahlreiche Erstbesteigungen unternommen und sie in diesem Buch beschrieben. Zuvor hatte er (1862) bereits in dem vom Alpine Club herausgegebenen Buch „Peaks, Passes and Glaciers" einen Beitrag verfasst. Erst 1880 erschien dann das ebenfalls bekannte „Scrambles amongst the Alps" des Matterhornbezwingers Edward Whymper.

Im Ausstellungswesen machten die populären Alpenpanoramen, die „Kinos" des 19. Jahrhunderts, die wir vor allem von den historischen Themen her kennen, den Anfang. Eine auf dieses Geschäft spezialisierte Genfer Unternehmerfamilie gab nach dem Erfolg mit dem Bourbaki-Panorama für die Weltausstellung von Chicago 1893 ein von einem Dutzend Malern hergestelltes großes Alpenpanorama in Auftrag (12 Meter hoch, 120 Meter lang und in einer Rotunde von 360 Grad aufgestellt). Allein die Leinwand wog 7 Tonnen, hinzu kam ein einfach montier- und demontierbares Eingangsgebäude im Chaletstil. In einer Vorwegnutzung wurde das Werk vor der Verschiffung nach Amerika im August 1892 am Herstellungsort Paris ausgestellt und im Sinn einer Nachnutzung an der Weltausstellung von Antwerpen als Attraktion im praterähnlichen Vergnügungsteil der Waren- und Industrieausstellung nochmals gezeigt. Um die Attraktion noch attraktiver zu machen, wurde der Maler Ferdinand Hodler beauftragt, für einen Annexbau über das Naturspektakel ein sinnlich wahrnehmbares Menschenspektakel unter dem Motto „Aufstieg und Absturz" zu inszenieren.

Manche Panoramen hatten mit dem sog. *faux terrain* eine plastische Vordergrundszenerie. Daraus erwuchsen im Sinn einer Steigerung selbständige plastische Alpenausstellungen aus Drahtgeflecht, Gips und Papiermaché, zunächst 1896 an der Genfer Landesausstellung und 1900 an der Pariser Weltausstellung. Besonders echt waren die Kühe und Sennen, die man vor die und in die Kulissen stellte und echten Gruyère-Käse herstellen ließ, dies in Kombination mit einem ebenfalls echten Wasserfall, der jeden Tag 4 Mio. Liter Wasser in die Tiefe stürzen ließ – und dies parallel zu den echten „Neger"-Dörfern, die man damals ebenfalls zeigte. In beiden Fällen waren dies kommerzielle Privatunternehmen, in Paris organisiert als Société Anonyme mit Anteilscheinen, die allerdings keinen Gewinn einbringen sollten.

Was war das Spezifische dieser kommerziellen Erlebnisparks? Anders als manche Panoramasujets, welche an historische Ereignisse erinnerten, insbesondere an Schlachten der ferneren Tage, erinnerten gewisse Länderschauen an fernab liegende Kulturen. Die Alpen standen für beides: für geografische wie für historische Ferne. Eine dieser Papiermaché-Ausstellungen wurde zwar 1896 in Genf, also in Alpennähe gezeigt, sogar in Blickdistanz zum Mont Blanc. Von der Nachfolgeausstellung von 1900 in der Großstadt Paris sagte der Einführungstext, es handle sich um „ein wirkliches Stück freier und ruhiger Natur", kaum betrete man die Ausstellung, habe man den Eindruck „Hunderte von Meilen von Paris entfernt zu sein".

In diesem Kommentar offenbart sich das Wesentliche der ganzen Erinnerungskultur. Es geht darum, das zeitliche oder geographische Hier und Dort entweder zu fusionieren oder, noch besser, dicht nebeneinander zu stellen. Beides, das Hier und Dort, und als Drittes, das Zusammen, wären nichts, wenn nicht Hier und Dort, der Erinnernde und das Erinnerte, separat blieben.

Im Fall der Ausstellungen um die Jahrhundertwende dürfte es offensichtlich sein, dass diese Verzauberungsangebote eine kompensatorische Funktion für Entzauberungserfahrungen hatten. Claude Reichler deutete bereits das aufkommende Interesse der Aufklärung an den Alpen und die Meinung, hier das verloren gegangene Goldene Zeitalter wiedergefunden zu haben, als Reaktion auf damalige Modernisierung. Dies führt zur Frage, ob die *lieux de mémoire* nicht generell Nostalgieprodukte sind. Die Darlegungen Pierre Noras, des Vaters dieses Erinnerungskonzepts, erwecken jedenfalls diesen Eindruck. Er trauert aber einem doppelten Verlust nach: Verlust der Erinnerung, welche ihrerseits verlorene Zeiten festmachen wollten. An die Alpen erinnerte man sich nicht wie an Trafalgar oder Waterloo. Die Alpen sind zwar ebenfalls Zeugen der Vergangenheit, aber sie sind weiterhin da, wenn man sich ihrer erinnert und als wichtigen Teil der Welt vergegenwärtigt.

Der Liste der Erinnerungsmedien würde etwas fehlen, würde man nicht darauf hinweisen, dass es neben den bekannten Postkarten auch andere Souvenirs gab, reale Miniaturen, zum Beispiel in Form von Briefbeschwerern, die an die Alpen erinnerten. Kunstberge für die Stube: das Matterhorn in Bronze, die Jungfrau versilbert, beide auf fein polierten Sockeln, im einen Fall einem Serpentin, im anderen aus Marmor. Diese Stücke stammen von Xaver Imfeld, Ingenieur und Topograph aus der Innerschweiz (Sarnen), in der Literatur als „Bildhauer der Berge" vorgestellt.

Am Wirken Imfelds kann man noch etwas anderes aufzeigen, was für *lieux de mémoire* charakteristisch sein kann: Die einzelnen Emanationen sind Teil eines Gesamtsystems: Neben den seriellen Kleinprodukten produzierte Imfeld zwei große Unikate, das Matterhorn im Format 96 x 140 cm und die Jungfraugruppe in 450 x 550 cm, beide waren auf Ausstellungen zu bewundern (1896 in Genf und 1900 in Paris) und gingen anschließend auf Tournee, schließlich landeten sie in Museen, das Matterhorn in Bern, die Jungfraugruppe in München. Letzteres wurde im Zweiten Weltkrieg bei einem Bombenangriff zerstört.

Die gigantischen Expo-Konstruktionen hatten ihren ernsthafteren Vorläufer in den halb wissenschaftlichen, halb doch auch auf unterhaltsame Erlebnisse ausgerichteten Reliefs. Ein bekanntes Alpenrelief entstand Ende des 18. Jahrhunderts in Luzern im Angesicht der realen Zentralalpen, es war 6 x 4 Meter groß und wurde schon früh von Tausenden von Schaulustigen aus ganz Europa besucht. Dieses Erinnern war vielmehr ein Sehenkönnen, treffend ist von einem „Rausch des Auges" die Rede und davon, dass solche Modelle noch vor der Ära der Ballonflüge die Säkularisierung und Demokratisierung des Blicks vorangetrieben hätten. Zuvor war „Überblick" ein Privileg von Herrschern. Darum waren auch Alpenreliefs geeignete Souvenirgaben für Herrschernaturen: 1803 wurde für Napoleon ein großes, von Joachim Eugen Müller geschaffenes Alpenrelief erworben. Und als Kaiser Wilhelm II. 1912 die Schweiz besuchte, überreichte man ihm zur Erinnerung ebenfalls ein solches Alpenrelief.

Der britische Club betrieb neben dem Dokumentationszentrum auch ein Museum. In dieser Zeitkapsel waren Objekte der Vergangenheit konserviert: der Kompass von de Saussure, die Zeltkiste von Whymper, der Eispickel von Stephen. 1874 entstand in Turin – in Alpennähe! – das erste Alpenmuseum Europas. Die Schweizer Alpen erhielten 1905 ein solches Museum in der Bundeshauptstadt Bern (wiederum in Sichtweite der Alpen). Die Schweizer waren mit ihrem Alpenkult, der in Zeiten rasanter Modernisierung aus Natur und Kultur eine wichtige Heimatdimension schuf, jedoch nicht alleine: 1907 gründeten der Deutsche und der Österreichische Alpenverein ein Alpines Museum und siedelten es im Zentrum der Großstadt München, auf der Praterinsel, an. Ausstellungen zeigten Flora, Fauna und Volkskunde des Alpengebiets. Es stand und steht aber auch im Dienst historischen Erinnerns, erinnerte an große Leistungen bedeutender Bergsteiger und an den späteren Gebirgskrieg in den Dolomiten.

Das erwähnte Relief ist heute im Luzerner Gletschergarten ausgestellt, und Gletschergärten sind ein verbreiteter Typus von musealen Einrichtungen, die auf ihre Weise an die Alpen erinnern. Vom Luzerner Gletschergarten heißt es, dass er (beim Bau eines Weinkellers) 1872 entdeckt worden sei. Was Gletschergärten von Museen unterschied: Sie waren, wenn auch später angereichert mit anderem, echte Orte, weil sie sich wie in der Stadt Luzern an Plätzen befanden, wo die Natur echte Welt wie Gletschermühlen, Findlinge und Versteinerungen als Naturdenkmäler hinterlassen hat.

Erinnerungen haben etwas Besitzergreifendes, sie verfügen aber nicht materiell über ihren Erinnerungsgegenstand. Erinnerungsorte müssten eigentlich feste Bezugspunkte sich wandelnder Reflexion sein. Das Reflektieren oder Anschauen kann jedoch in ein Zu- und Eingreifen kippen. So kommt es, dass das „Ungeheuer" Mensch (Sophokles) in den Schweizer Alpen das Kleine Matterhorn vergrößern will, damit er in die Kategorie der Viertausender fällt. Und so kommt es weiter, dass in den Bayerischen Alpen über Garmisch-Partenkirchen die Doppelrampe „Alpspix" in den freien Raum gebaut wurde, um „neue Ausblicke" zu ermöglichen. Auch in diesem Fall protestierten Umweltschützer (etwa der Deutsche Alpenverein) gegen die Degradierung der Alpen zu einer Kulisse für „Fast-food"-Erlebnisse – mit oder ohne Erinnerung.

Literatur

Ulrich Im Hof, Mythos Schweiz. Identität–Nation–Geschichte, 1291–1991. Zürich 1991.

Georg Kreis, Schweizerische Erinnerungsorte. Zürich 2010.

Jon Mathieu/Simona Boscani Leoni (Hrsg.), Die Alpen! Zur europäischen Wahrnehmungsgeschichte seit der Renaissance. Bern 2005.

Roy Oppenheim, Die Entdeckung der Alpen. Frauenfeld 1974.

Claude Reichler, Entdeckung einer Landschaft. Reisende, Schriftsteller, Künstler und ihre Alpen. Zürich 2005.

Dominik SCHNETZER, Bergbild und geistige Landesverteidigung. Die visuelle Inszenierung der Alpen im massenmedialen Ensemble der modernen Schweiz. Zürich 2009.

Gabriele SEITZ, Wo Europa den Himmel berührt. Die Entdeckung der Alpen. Zürich 1989.

François WALTER, Les figures paysagères de la nation. Territoire et paysage en Europe (16e–20e siècle). Paris 2004.

François WALTER, La montagne alpine. Un dispositif esthétique et idéologique à l'échelle de l'Europe. In: Revue d'histoire moderne et contemporaine 52 (2005), S. 64–87.

5. Kriegserfahrung und Friedenssehnsucht

Bernd Schneidmüller

Katastrophenerinnerung: Große Pest und Judenpogrome 1348 bis 1352

Wenn Krankheiten von Tieren übertragen werden, geht die Angst um. Vogelgrippe oder SARS wurden zu Medienereignissen des 21. Jahrhunderts. Seit für SARS ein bis dahin nicht bekanntes Coronavirus verantwortlich gemacht wurde, verbreitete sich angesichts zunehmender Globalisierung die Sorge vor weltweiten Seuchen. Selbst der sperrige Name H5N1 des für Geflügelpest oder Vogelgrippe verantwortlichen Influenzavirus erreichte den allgemeinen Sprachgebrauch. Die Risiken, dass Krankheitserreger die Tier-Mensch-Schwelle überwinden, scheinen unkalkulierbar.

Der Begriff Zoonose wurde unter Fachleuten seit dem 19. Jahrhundert als Bezeichnung für Infektionskrankheiten gebräuchlich, die von Tieren auf Menschen oder von Menschen auf Tiere übertragen werden. Inzwischen kennen auch viele Laien das Fremdwort. Massenphobien entstehen vor allem bei viral verursachten Seuchen. Zu ihrer Bekämpfung müssen Impfungen erst entwickelt werden, und manchmal stehen Medikamente nicht in ausreichender Zahl zur Verfügung.

Weshalb übertreffen die Ängste vor mikrobiologischen Herausforderungen die Sorgen vor anderen Daseinsrisiken der Menschheit? Rasch wird als Antwort die furchtbare Erfahrung der Pestkatastrophe 1348–1352 oder der Spanischen Grippe 1918–1920 genannt. Sie forderten in kurzer Zeit mehrere Millionen Todesopfer. Selbst wenn keine direkten Erinnerungsstränge bestehen und konkretes Wissen vage bleibt, ruft das bloße Wort „Pest" diffuse Sinnschichten von unausweichlichem Tod hervor. Es gab viele Pestseuchen in der Geschichte. Doch zumeist meint das Wort jene Epidemie des mittleren 14. Jahrhunderts, der in rasantem Tempo zwischen 20 und 40 % der europäischen Bevölkerung zum Opfer fielen. Über die Zahlen wird kontrovers diskutiert. Unstrittig bleibt die ganz überdurchschnittliche Mortalitätsrate.

Als „Große Pest", als „Schwarzer Tod" oder als „Großes Sterben" grub sich das Geschehen tief ins Gedächtnis der Menschen ein. Solche Katastrophenerlebnisse zählen zu den großen Erinnerungsorten der Menschheit. Sie lassen sich nicht auf Europa beschränken, auch wenn sie in Europa wirkten. Weil die Epidemie über die Kommunikationswege der damals bekannten Kontinente Asien, Europa und Afrika verbreitet wurde, sprach man sie als erste mikrobiologische Vereinigung Europas mit der Welt an. Auch die moderne Weiterentwicklung des Pestmythos orientierte sich nicht an einzelnen Nationen oder am Kontinent Europa. Er griff vielmehr ganz fundamentale Erfahrungen physischer oder mentaler Zerstörung auf.

Was war die Pest?

Über die historischen Verlaufsformen und über die menschlichen Bewältigungsstrategien der Pest sind wir weitaus besser unterrichtet als über ihre Ursachen. Weil uns die Möglichkeiten klinischer Diagnostik fehlen und die historischen Quellen eigenen Beschreibungs- und Deutungsmustern folgten, gelangt die moderne Forschung über plausible Hypothesen kaum hinaus. Das eröffnet Möglichkeiten für anhaltende Kontroversen über die Gründe, die Einheitlichkeit oder die zerstörerischen Potenziale der Pestkatastrophe. Hier können Einwände gegen den mehrheitlich akzeptierten Forschungsstand nur angedeutet und nicht gewürdigt werden. Vielmehr sollen als Grundlagen historischer Erinnerung die zeitgenössischen Wahrnehmungs- und Bewältigungsstrategien hervortreten.

Das lateinische Wort *pestis* bezeichnet eine ansteckende Krankheit oder eine Seuche mit häufiger Todesfolge. Die vielen in der europäischen Geschichte von der Antike bis in die Neuzeit als „Pest" etikettierten Seuchen gingen freilich auf verschiedene Ursachen zurück und unterschieden sich in ihren Verlaufsformen. Auch für die Große Pest von 1348–1352 bleibt umstritten, ob die in nahezu allen Teilen Europas ausgebrochene Krankheit überall auf das gleiche Bakterium zurückging und gleich verlief.

Es gab viele Vorläufer, die im 14. Jahrhundert allerdings nicht mehr präzise erinnert wurden. Schon 541 ging eine Pest von Ägypten aus, erreichte 542 Konstantinopel und breitete sich über das Mittelmeer bis nach Westeuropa aus. Typisch war im 6. wie auch im 14. Jahrhundert die schubweise Wiederkehr der Epidemien in einem etwa zwölfjährigen Rhythmus. Bis 750 begleitete er die islamische Expansion im Nahen und Mittleren Osten. Wegen der breiteren Überlieferung aus dem Spätmittelalter wissen wir über die Ereignisse des 14. Jahrhunderts besser Bescheid.

Erst die moderne Medizin differenzierte unterschiedliche Ursachen, Erreger oder Typen jener Epidemien, die früher unter der Sammelbezeichnung Pest liefen. Das Pestbakterium wurde 1894 vom Schweizer Bakteriologen Alexandre Yersin isoliert und nach ihm als „Yersinia pestis" bezeichnet. Erst die Entwicklung der Antibiotika machte eine wirkungsvolle Bekämpfung möglich. Freilich meldet die Weltgesundheitsorganisation noch im 21. Jahrhundert Pesterkrankungen mit Todesfolgen. Die in militärischen Labors gelagerten Pesterreger gehören zu den gefährlichsten biologischen Kampfstoffen.

Heute wird kontrovers diskutiert, ob alle als Pest bezeichneten mittelalterlichen Seuchen auf Yersinien zurückgingen. Zu ungenau blieben die Diagnosen der Zeitgenossen, zu heterogen die Krankheitsverläufe, zu umstritten die infektiöse Kraft der Bakterien in kühleren Klimazonen. Als Wirtstiere des Erregers benannte man früher zumeist Ratten oder ihre Flöhe. Heute kennt man eine weitaus größere Vielfalt, darunter auch Hunde und Katzen, deren Flöhe die Krankheit auf den Menschen übertragen. Eine direkte Infektion von Mensch zu Mensch durch Tröpfchen erfolgte in der Regel erst im fortgeschrittenen Stadium der Lungenpest. Dann hatten die Erreger schon die Lymphknotenschranke im Organismus durchbrochen.

Bereits die mittelalterlichen Ärzte beschrieben die Verlaufsformen, ohne ihre Ursachen zu erkennen. Sie diagnostizierten die Beulenpest an schmerzhaften eitrigen Anschwellungen der Lymphknoten an Hals, Achseln oder Leisten. Dunkle Hautflecken entstanden durch Blutungen im Gewebe. Später gab diese Farbe der Krankheit den Namen „Schwarzer Tod". Während Pestmale eine sicherere Diagnose zuließen, galt dies für andere Symptome wie Fieber, Kopf- und Gliederschmerzen oder Bewusstseinstrübungen nicht. Waren die Bakterien über die Lymphschwelle in die Blutbahn gelangt, verlief die Pestsepsis mit hohem Fieber, Schüttelfrost und großflächigen Hautblutungen tödlich.

Krisenzeiten

Der Großen Pest von 1348–1352 gingen andere Krisen voraus. Im beginnenden 14. Jahrhundert endete das klimatische Wärmeoptimum, das Europa von 900 bis kurz nach 1300 günstige Voraussetzungen für gute Ernteerträge beschert hatte. Die erzählenden Quellen fingen den Wechsel durchaus ein, zumal mittelalterliche Annalen und Chroniken gerne vom Wetter berichteten. In einer Welt, in der 80 bis 90 % der Bevölkerung in der landwirtschaftlichen

Produktion tätig waren, blieb die erlebte Abhängigkeit von Klima und Umwelt sehr präsent. Bis 1311 gab es noch warme Sommer, die Weinbau bis ins mittlere England erlaubten. Seit 1313/14 machte sich die Klimaverschlechterung mit niedrigeren Durchschnittstemperaturen deutlich bemerkbar.

Dauerregen, Überschwemmungen, Tierseuchen waren Vorboten. Zwischen 1342 und 1347 wurden sehr kalte und nasse Sommer zur Regel. In den Alpen und an der Nord- oder Ostseeküste wirkten sich Klimaveränderungen deutlicher aus. Gletscher drangen damals bis in die Alpentäler vor; Transitwege von Nord nach Süd blieben über Monate unpassierbar. Einschneidender als dieser langsame Wandel wirkten die Sturmfluten an der Nordseeküste, die vom 14. bis zum 16. Jahrhundert schätzungsweise 100 000 Opfer forderten. Die Flut am Marcellustag (16. Januar) 1362 trennte Sylt und Föhr vom Festland. Englische Häfen wie Ravensburgh oder Dunwich gingen unter. 1348 und 1356 verwüsteten Erdbeben weite Teile Italiens, der Alpenländer und Süddeutschlands.

Exemplarisch hielt ein Chronist aus dem steirischen Neuburg in kargen Notizen die Abfolge der Katastrophen fest („Continuatio Novimontensis"): Das Jahrzehnt des Schreckens begann 1338 mit angeblichen Hostienschändungen durch die Juden und Heuschreckenschwärmen, welche die Ernten auffraßen. 1339 kamen eine Sonnenfinsternis und ein harter Winter, 1340 ein sommerlicher Kälteeinbruch und Überschwemmungen, 1341 Frost im Mai, dann Hagelschlag! 1342 gerieten die vier Elemente Feuer, Wasser, Erde und Luft in Aufruhr: Feuersbrünste, Überschwemmungen, Erdbeben und Stürme wechselten sich ab. Einer Teuerung der Lebensmittel folgte die Erhöhung von Abgaben. Nach einer kleinen Atempause musste 1347 eine strenge Kälte und die Ernte von saurem Wein hingenommen werden. 1348 kam dann alles Furchtbare zusammen. Erdbeben forderten zahllose Opfer. Im Orient fiel Feuer vom Himmel. Dieser tödliche Qualm rief in der Interpretation des Chronisten die Pest hervor, die von Kaufleuten nach Italien und Österreich eingeschleppt wurde. Die verzweifelten Menschen suchten die Ursache für das Massensterben in der eigenen Sündhaftigkeit. Deshalb geißelten sie ihre Körper mit Schlägen, bis das Blut spritzte. Selbst das Folgejahr ohne Naturkatastrophen brachte keine Entspannung. Die gute Weinernte führte zu Trunksucht und Prügeleien. Statt sich am Überleben zu erfreuen, zankten sich die Menschen um das Erbe der vielen Toten.

Man geht heute davon aus, dass die Erreger in Zentralasien von Nagern auf Menschen übertragen wurden und sich über die Handelswege der Seidenstraße nach Osten und Westen ausbreiteten. Bald nach 1340 gelangte die Krankheit ins mongolische Khanat der Goldenen Horde am Unterlauf der Wolga und dann nach Konstantinopel, Kairo und Messina. Von hier aus erfolgte die Weitergabe von Hafen zu Hafen ins ganze westliche Mittelmeergebiet und an die Küsten des Atlantik, der Nord- und der Ostsee. 1348 waren Pisa, Genua, Venedig, Marseille, Barcelona an der Reihe, dann Bordeaux und Bayonne. 1349 folgten die Hafenstädte in England, Schottland und dem östlichen Irland. Über die hansischen Handelswege breitete sich die Pest weiter nach Norden und Osten aus, von Calais nach Bergen, Oslo, Kopenhagen, Hamburg, Lübeck und Novgorod. Von den Hafenstädten gelangten die Erreger ins Binnenland. Als die Seuche 1352 Moskau verwüstete und nach Süden zog, hatte sich der bakterielle Ring um Europa geschlossen.

Das Unfassbare erzählen

Mit klagenden und mahnenden Worten berichteten Menschen des 14. Jahrhunderts von furchtbaren Erfahrungen. Solche Texte berühren und verwundern heutige Leser. Die Dramatik soll in ausgewählten Stimmen des 14. Jahrhunderts deutlich werden, die zugleich ganz andere Erklärungsmuster als die moderne Medizin erkennen lassen.

Präzis erfasste Gabriele de Mussis die Anfänge des Seuchenzugs im Schwarzmeergebiet. Von 1344 bis 1346 hatte er auf der Krim gelebt. 1348 kam die Pest in seine Heimatstadt Piacenza. Die globalen Dimensionen der Seuche traten im Bericht des Autors klar hervor: Im Jahr des Herrn 1346 starben in den Gebieten des Ostens viele Stämme der Tartaren und Sarazenen an einer unerklärlichen Krankheit. Ausgedehnte Landstriche, große Provinzen, herrliche Königreiche wurden von der Seuche erfasst und furchtbar dezimiert. „Im Osten aber, in China, wo der Anfang der Welt liegt, erschienen schreckliche Vorzeichen: Schlangen und Kröten, die in Begleitung unaufhörlicher Regenfälle über die Erde kamen, schreckten die Bewohner. Unzählige schlugen sie mit giftigen Wunden und zermalmten diejenigen mit ihren Zähnen, welche dabei umkamen. Im Süden, bei den Indern, zerwühlten Erdbeben das Land und verschlangen die Städte und zerstörten sie, wobei brennende Fackeln vom Himmel fielen. Man kam in dem unermesslichen Rauch des Feuers um, und an gewissen Orten regnete es Unmassen von Blut, und Steine fielen [vom Himmel]".

Auf Gabriele de Mussis geht die berühmte Geschichte von der mikrobiologischen Kriegführung mit Pesttoten zurück. Von der mongolischen Belagerung der genuesischen Handelsniederlassung Caffa im Südosten der Krim (heute Feodossija, Ukraine) wird erzählt: „Als die Tartaren, von Kampf und Pestseuche geschwächt, bestürzt und in jeder Hinsicht verblüfft zur Kenntnis nehmen mussten, dass ihre Zahl immer kleiner wurde, und erkannten, dass sie ohne Hoffnung auf Rettung sterben müssten, banden sie die Leichen auf Wurfmaschinen und ließen sie in die Stadt Caffa hineinkatapultieren, damit [dort] alle an dem unerträglichen Gestank zugrundegehen sollten. Man sah, wie sich die Leichen, die so hineingeworfen waren, zu Bergen türmten. Die Christen konnten sie weder beiseiteschaffen noch vor ihnen fliehen und sich nur dadurch vor den herabstürzenden [Leichnamen] retten, dass sie diese, soweit es möglich war, in den Fluten des Meeres versenkten. Bald war die ganze Luft verseucht und [ebenso] das Wasser durch üble Fäulnis vergiftet. Es breitete sich ein solcher Gestank aus, dass von Tausend gerade einer das Heer verlassen und die Flucht wagen konnte. Auch er war verpestet und trug das Gift überallhin zu anderen Menschen, wobei er, allein wenn er gesehen wurde, Orte und Personen mit der Krankheit ansteckte. Keiner wusste eine Rettung oder konnte einen Weg zu ihr nennen. Und so war es im ganzen Osten und in der südlichen Region und bei denen, die im Norden lebten. Die Menschen wurden [gleichsam] von einem Pfeil getroffen, der schreckliches Unglück brachte und ihrem Leben ein Ende setzte. Überwältigt von der Pestseuche starben fast alle und gingen in kürzester Zeit zugrunde".

Die wirklichen Ursachen kannte der zeitgenössische Berichterstatter nicht, wohl aber die immense Ansteckungsgefahr: „Und der Tod kam auf diese Weise sogar durch die Fenster. Städte und Burgen wurden entvölkert, und man weinte um ganze Ortschaften wie um seine Verwandten". Die Menschen reagierten unterschiedlich – erschüttert, panisch, ergeben, besonnen. Giovanni Boccaccio erzählte in seiner Novellensammlung „Il Decamerone" von gesellschaftlich-erotischen Bewältigungsstrategien. In einem Landhaus bei Florenz waren sieben junge Frauen und drei junge Männern auf der Flucht vor der Pest zusammenkommen. Schon die antike Medizin hatte bei verheerenden Seuchen als einzigen Ausweg die Flucht empfohlen: Schnell und weit weg, erst spät wiederkommen!

Matteo Villani bemerkte die Ratlosigkeit der Ärzte wie der Astrologen, beklagte den Sittenverfall, erzählte von menschlicher Hilfsbereitschaft inmitten des Grauens. Niemals seit der Sintflut des Alten Testaments seien so viele Menschen gestorben wie an der Großen Pest. Villani deutete sie als Folge einer Planetenkonjunktion im Zeichen des Wassermanns. Von China und Indien aus hätte sie 1348 Europa erreicht. Jeweils fünf Monate wütete die Seuche in den einzelnen Ländern, die – folgt man Villani – durch Blickkontakte und durch Berührung weitergegeben wurde. 60 % und mehr der Florentiner Bevölkerung seien gestorben, eher die Unter- als die Mittel- und Oberschichten, weil die ärztliche Versorgung der einfachen Leute schlechter war. Als alles vorbei war, gingen Bestandsaufnahmen des Schreckens und neue Lust am Leben Hand in Hand. „Da die Leute nur noch wenige waren und deshalb im Überfluss Grund und Boden erbten, vergaßen sie die Vergangenheit, als ob sie nie vorhanden gewesen wäre. Sie benahmen sich schamlos und führten ein zügelloses Leben, wie sie es vor der Seuche nie getan hatten. [...]. Ohne Halt glitt unsere ganze Stadt in ein Lotterleben ab und ebenso oder noch schlimmer andere Städte und Länder auf der Welt".

Auch in Nord- oder in Mitteleuropa wütete die Seuche, wenn auch nicht flächendeckend. Statistische Angaben über Opferzahlen sind schwierig. Erschütternden Schilderungen steht das Schweigen der Quellen aus anderen Landschaften gegenüber. Mittelalterliche Chroniken nannten hohe Zahlen. Bei nüchterner Betrachtung wird man solche Angaben aber nach unten korrigieren müssen. In Lübeck wären angeblich 40 000, in Erfurt 12 000, in Münster 11 000, in Mainz 6000 Menschen an der Pest verstorben. Immerhin hat die Lübecker Stadtarchäologie bei der Untersuchung eines Massengrabs in zwei Gruben allein 800 Tote in fünf bis sechs Schichten übereinander gezählt.

Analysen von seltenen Steuerbüchern und Pfarreiregistern legen ebenfalls einen beträchtlichen Bevölkerungsrückgang nahe. In Stadt und Umland von San Gimignano lebten 1332 etwa 13 000 Menschen, 1427 nur noch 3138. Auf einem Gut im englischen Norfolk ging die Bevölkerung bis in die 1360er Jahre um etwa 80 % zurück, in der östlichen Normandie zwischen 1314 und 1380 um 53 %.

Die Schätzungen zu den europäischen Bevölkerungsverlusten sorgen aber weiterhin für Kontroversen. Zumeist wurde vermutet, Europa habe damals ein Drittel seiner Bewohner verloren, wobei für einzelne Länder wie Italien, Norwegen oder Katalonien höhere Verlustraten gelten könnten (55–70/80 %). Doch aus den ländlichen Siedlungsgebieten, wo die große Mehrheit der mittelalterlichen Menschen lebte, stammen nur wenige Zeugnisse. Erlitt die verstreut lebende Bevölkerung ähnlich hohe Verluste wie die Stadtbewohner? Vorsichtige Stimmen korrigieren die Opferraten nach unten. Doch auch bei Bevölkerungsverlusten von 15 oder 20 % bleiben das Ausmaß des Grauens für die Sterbenden und seine mentalen Auswirkungen auf die Überlebenden dramatisch.

Was sagten die Mediziner?

Die zeitgenössische Ursachenforschung entwickelte ihre Deutungsmuster: von der Strafe Gottes über die Benennung der Juden als Verursacher der Pestkatastrophe bis zu gelehrten Modellen aus Medizin und Naturkunde. All das lässt im Angesicht des Massensterbens Hysterie oder Hilflosigkeit erkennen. Beide Stränge sollen verfolgt werden, die Worte der professionellen Deuter ebenso wie die Gewalt gegen den eigenen Körper oder gegen die Juden als Fremde im Glauben.

Die Kirche bot den Gläubigen neue Heilige als Schutzschilde an; der heilige Sebastian oder der heilige Rochus sollten die Pfeile des Todes auf sich ziehen. Doch zusätzlich versicherte man sich gerne der Kunst der Ärzte. Diese verbargen ihre Ratlosigkeit in Zitaten antiker Autoritäten wie Hippokrates oder Galen. Die wortreichen Pestconsilien gelehrter Fakultäten halfen wie so viele ausführliche Gutachten nicht wirklich weiter.

Die damals gängige Lehre der Humoralpathologie führte die Pest auf Fehlmischungen der Körpersäfte Blut, Schleim, gelbe und schwarze Galle zurück. Aus einem Überschuss feuchtwarmen Bluts sei eine Fäulnis der inneren Organe entstanden. Der umbrische Arzt Gentile da

Foligno, selbst 1348 an der Pest verstorben, machte in seinem Pestconsilium eine ungünstige Planetenkonstellation von 1345 verantwortlich. Ausdünstungen von Meer und Land seien nach oben gestiegen und als verdorbene Luft auf die Erde gefallen. Die Angst vor diesem Pesthauch führte zu Vermummungen, um so die giftige Fäulnis zu bekämpfen, Luft zu reinigen sowie Herz und Organe zu stärken.

Ein vom französischen König bestelltes Gutachten der Pariser Universität warnte vor hoher Ansteckungsgefahr, empfahl die rasche Flucht aus verpesteten Gebieten oder verstärkte Lüftung vor allem mit Nordwind. Anstrengungen würden schaden, Diät oder starke Riechmittel nützen. Ein Paduaner Arzt riet zur Prophylaxe je nach Zeit und Ort sowie zur Fröhlichkeit, warnte aber vor Beischlaf: „Was seelische Belastungen angeht, sei man immer heiter und fröhlich, und weil Geschlechtsverkehr auf die Seele einwirkt, soll man sich davor wie vor einem Feind hüten". Aus manchen Ratschlägen resultierten vernünftige Maßnahmen städtischer Obrigkeiten. Nützlich waren vor allem die Isolierung der Kranken, die schnelle Massenbestattung der Toten und eine Meldepflicht, später noch ergänzt durch Quarantänemaßnahmen für Ankömmlinge in Mailand, Dubrovnik oder Marseille.

Gewalt gegen Körper – Gewalt gegen Juden

Die Pesterfahrung führte zu grausamen Gewaltexzessen. Die Erschütterungen saßen so tief, dass die Scheu vor der Verletzung des eigenen Körpers und die Hemmung vor Mord an jüdischen Nachbarn wichen.

Der Limburger Chronist Tilemann Elhen von Wolfhagen erzählte von ekstatischer Bußfertigkeit als Reaktion aufs Massensterben. Mit Kreuzen, Fahnen, Kerzen und Fackeln zogen Geißler von Stadt zu Stadt, peinigten ihre Körper mit Ruten, bis das Blut in Strömen floss, und sangen: „Nun schlaget euch sehr/Zu Christi Ehr!/Durch Gott lasst die Hoffart fahren,/So will sich Gott über uns erbarmen". Weder die Amtskirche noch die weltlichen Obrigkeiten konnten solche Emotionen kanalisieren. Doch die Menschen richteten ihre Aggressionen nicht nur gegen ihre eigenen Körper. Jetzt wurden die Juden, die sich ihre Identität bewahrt und durch Geldzahlungen den Schutz des Kaisers erkauft hatten, zu Opfern ihrer christlichen Nachbarn. Die Pogrome der Pestzeit stellten an Brutalität und Intensität alle früheren Verfolgungen in den Schatten und wurden erst vom nationalsozialistischen Genozid des 20. Jahrhunderts übertroffen.

Im so genannten Judenbrennen ging in der Mitte des 14. Jahrhunderts ein großer Teil der Judengemeinden unter. Verfolgung, Vertreibung, Raub oder Mord waren freilich keineswegs Folge der Pesterlebnisse, denn nicht selten gingen die Pogrome der Seuche voraus. In der Krisenangst schlug ein lange friedliches Nebeneinander plötzlich in tödliche Vernichtung um, häufig genug von der Obrigkeit angestachelt oder kanalisiert.

Statt wirtschaftlicher Motive wurden für die Judenverfolgungen vom 12. zum 14. Jahrhundert drei Begründungslinien offen vorgetragen: 1. der Verdacht, dass Juden christliche Kinder ermordeten, um ihr Blut rituell zu verwenden, 2. der Vorwurf, Juden würden Hostien als den wahrhaftigen Leib Jesu Christi schänden und den Heiland damit erneut ermorden, und 3. die Unterstellung, Juden hätten in den Brunnen das Trinkwasser vergiftet und damit die Pest hervorgerufen. Alle drei Unterstellungen ließen die christlichen Mordaktionen als Notwehrmaßnahmen erscheinen.

Im Seuchengeschehen gewann die Fabel von der jüdischen Brunnenvergiftung als Ursache der Pest besondere Brisanz. Da sich die massenhafte Ansteckung mit den Vorstellungen des 14. Jahrhunderts nicht erklären ließ, wurden zuerst Aussätzige, dann Juden verdächtigt, das Trinkwasser in den Brunnen vergiftet zu haben. In der von Angst und Sterben aufgeheizten Stimmung führte das an vielen Orten zum Massenmord an der jüdischen Bevölkerung. Es gab aber auch kritische Stimmen, zumal die Juden ebenfalls an der Pest starben. Die Straßburger Chronisten Fritsche Closener und Jakob Twinger von Königshofen benannten deshalb den wahren Grund: „Das Geld war die Sache, weswegen die Juden getötet wurden. Denn wären sie arm gewesen, und wären ihnen die Landesherren nichts schuldig gewesen, so wären sie auch nicht verbrannt worden". Und Konrad von Megenberg schrieb in seiner Naturlehre: „Die dritten sprachen, dass die Juden alle Brunnen vergiftet hätten und die Christenheit töten [wollten]; und man fand in vielen Brunnen Säckchen mit Gift, und [deshalb] tötete man unzählige von ihnen am Rhein, in Franken und in allen deutschen Landen. Wahrhaftig, ob einige Juden das taten, das weiß ich nicht. [...] Jedoch weiß ich sehr wohl, dass es in Wien so viele Juden gab wie in keiner anderen Stadt, die ich in deutschen Landen kenne, und dass sie dort so zahlreich starben, dass sie ihren Friedhof stark erweitern und zwei Häuser dazu kaufen mussten. Hätten sie sich selbst vergiftet, wäre das eine Dummheit gewesen".

Im Frühjahr 1348 begann die Judenverfolgung in Südfrankreich. Die Pogromstimmung verbreitete sich wie ein Lauffeuer nach Norden. Das Morden begann im April 1348 in Toulon und Hyères, im Mai 1348 in Manosque und La Baume. Im Juli kam es zu Verfolgungen in Paris, Reims, Apt und in der Dauphiné, im Oktober in Besançon und Miribel. Über die Westschweiz gelangte die Pogromwelle ins römisch-deutsche Reichsgebiet, zuerst nach Solothurn. Im November 1348 wurden die Juden in Bern, Burgau, Kaufbeuren, Landsberg am Lech, Memmingen, Stuttgart, Zofingen, Augsburg und Nördlingen verfolgt, im Dezember dann in Lindau, Reutlingen und Esslingen. Der Schrecken erfasste 1349 das ganze südliche und mittlere Reichsgebiet und strahlte 1350 in den Norden und Westen aus.

Die Kartierung der Verfolgungswellen fördert zwei nachdenklich stimmende Einsichten hervor: 1. Trotz aller kommunaler Vielfalt zwischen Toulon und Lüneburg hatten die jüdischen Gemeinden kaum eine Chance, dem flächendeckenden Morden ihrer christlichen Nachbarn zu entkommen. Und 2.: Die aus diffusen Stimmungen erwachsenen Pogrome gingen häufig den Seuchenerlebnissen voraus.

Zeitgenössische Chronisten stellten im Zusammenhang mit der Judenvernichtung den römischen König und späteren Kaiser Karl IV. in fatales Licht. Wegen der immensen Zahlungen jüdischer Gemeinden an die königliche Kasse hätte er eigentlich den Schutz seiner jüdischen Kammerknechte garantieren müssen. Stattdessen opferte er sie kurzfristigen fiskalischen Gewinninteressen. Zwei königliche Urkunden von 1349 offenbaren den Zynismus des Herrschers gegenüber blühenden Judengemeinden in königlichen Städten.

Am 25. Juni 1349 verpfändete Karl IV. wegen klammer Kassen das Schicksal und den Besitz aller seiner Juden der Stadt Frankfurt gegen klingende Münze von 15 200 Pfund Hellern. Was als notwendiges Geschäft zwischen Herrscher und Stadt daherkam, verwandelte sich in einen Freibrief zum Töten und zur vorausschauenden Zusicherung von Straffreiheit für den anschließenden Judenmord: „Sollte es geschehen, was Gott verhüten möge, dass die Juden zu Tode kommen und vertrieben oder erschlagen werden oder auswandern, aus welchen Gründen auch immer, so wollen weder wir noch unsere Nachfolger im Reich noch irgend jemand, der in unserem Auftrag handelt, gegenüber unseren und des Reiches Bürgern und der Stadt zu Frankfurt oder ihren Nachkommen, samt und sonders, jemals irgendeinen Anspruch erheben noch sie deshalb verdächtigen oder eine Forderung an sie stellen. Vielmehr sollen unsere und des Reiches Bürger in Frankfurt oder ihre Nachkommen den Besitz der genannten Juden an sich nehmen, ihr Eigentum, ihr Erbe, liegende, fahrende oder schwimmende Güter, wo immer sie sich auch finden, benutzt oder unbenutzt, und sie sollen den Besitz veräußern, verkaufen oder versetzen, wie sie es können oder wollen, so weit und so viel, bis sie ihr Geld, nämlich 15 200 Pfund Heller an guter Währung, für die wir ihnen die

Juden und ihren Besitz verpfändet und versetzt haben, eingefordert und eingenommen haben". Trotz des Auftrags an die städtische Obrigkeit, die Juden künftig zu schützen, gingen beide Geschäftsparteien offenbar von dem aus, „was Gott verhüten möge", nämlich von der Vernichtung der Frankfurter Judengemeinde und der städtischen Nutzung ihres Besitzes.

Ein vergleichbares Geschäft schloss Karl IV. am 2. Oktober 1349 mit der Stadt Nürnberg ab. Dort wuchsen die beiden Siedlungskerne nördlich wie südlich der Pegnitz zusammen und erfassten auch die früher sumpfigen Gebiete im neuen Stadtzentrum am Fluss. In dieser einstigen Randlage hatte die jüdische Gemeinschaft gesiedelt. Jetzt musste sie dem neuen Stadtzentrum weichen. Die Ermordung und Vertreibung der Juden ermöglichte die Errichtung des Nürnberger Hauptmarkts mit dem Schönen Brunnen. An die Stelle der Synagoge trat die Marienkapelle des Rats mit den Wappen von König, Reich, Kurfürsten und Stadt. Rechtzeitig vor dem Pogrom sicherte Karl IV. seinen Nürnbergern zu: „Da die Juden, unsere Kammerknechte, sich jetzt in Nürnberg zu mancherlei Nachteil des gemeinen Volks aufhalten und auch die Bürger in der Stadt ihres Lebens und ihres Besitzes, weil die Juden in der Stadt sind, nicht sicher sind, bestimmen wir für den Fall, dass den Juden etwas zustößt, so dass sie gegen den Willen der Ratsbürger Schaden erleiden, dass weder wir noch unsere Nachfolger sie [den Rat] dies in irgendeiner Weise entgelten lassen wollen".

Mit Gerüchten über angebliche jüdische Brunnenvergiftungen, mit der Anheizung von Judenstereotypen oder mit Geständnissen unter der Folter hetzten geschickte Strategen den städtischen Mob, aber auch viele angesehene Bürger zum „Judenschlagen" auf. Die Verfolgten nahmen die geforderte christliche Zwangstaufe vielfach nicht an und erlitten den Tod „zur Heiligung des göttlichen Namens". Sogar Selbstverbrennungen als eigen-bestimmter Opfergang sind bezeugt, um der Entehrung der Leichname durch christliche Schlächter zu entgehen. Jüdische Memorbücher hielten das Gedächtnis an die grauenvollen Ereignisse von 1348 bis 1350 und die Namen der Ermordeten fest. In Erfurt starben 976, in Nürnberg 562 Juden.

Die jüdische Geschichte im mittelalterlichen Europa soll nicht auf eine permanente Verfolgungsgeschichte reduziert werden. Das würde lange Phasen des Nebeneinanders von Christen und Juden oder manche fruchtbaren Austauschbeziehungen überdecken. Aber die so genannten Pestpogrome zwischen 1348 und 1351 bildeten eine Zäsur. Neu waren damals nicht die Morde an Juden oder die Vernichtung von Judengemeinden, sondern neu waren die weiträumige Verbreitung sowie das Ausmaß der Gewalt. Die Auslöschung blühender Judengemeinden führte zum tiefen Einschnitt im Nebeneinander von Christen und Juden. Trotz oder gerade wegen ihrer Bedeutung im Wirtschaftsleben und im Geldgeschäft erfuhren die Juden damals die lebensbedrohliche Fragilität ihrer Existenz. Tod und Vertreibung führten zu einer allmählichen Verlagerung jüdischer Siedlungen nach Osten, auch wenn es durchaus zu Neuansätzen jüdischen Lebens in Europas Mitte kam.

Die Pestseuche ergriff also nicht nur die Körper, sondern auch die Köpfe der Menschen. Brisant wurde das Zusammentreffen von Massensterben und Judenmord. Menschen, von Mikroorganismen im eigenen Körper tödlich bedroht, suchten ihr Heil in der Tilgung des scheinbar Fremden aus ihrem Lebensraum. Beides drang tief ins kollektive Gedächtnis der Menschen ein: Todesängste in Zeiten der Seuche schlugen in brutales Hinschlachten jüdischer Nachbarn um.

Weiterleben

Bald nach dem großen Sterben wuchs eine überschäumende Lebenslust. Die Limburger Chronik beschrieb sie so: „Danach über ein Jahr, als dies Sterben, diese Geißlerfahrt, Romfahrt und die Judenschlacht, wie oben geschrieben steht, ein Ende hatten, da hub die Welt wieder an, zu leben und fröhlich zu sein. Und die Männer machten eine neue Kleidung: Die Röcke waren unten ohne Geren [Verzierung]; sie waren auch nicht abgeschnitten um die Lenden und waren so eng, dass ein Mann nicht darin schreiten konnte; sie reichten nahezu eine Handspanne über die Knie. Darauf machten sie die Röcke so kurz, eine Spanne über den Gürtel. Auch trugen sie Mäntel, die ringsherum rund und aus einem Stück waren; die nannte man Glocken; die waren weit und lang und auch kurz. Damals fingen auch die langen Schnäbel an den Schuhen an, und die Frauen trugen weite Hauptfenster, so dass man ihre Brüste beinahe halb sah".

Doch der Prunk der Überlebenden löschte die Ahnung von der Fragilität alles Irdischen nicht aus. Albert Camus ließ in seinem Roman „Die Pest" (1947) den Erfahrungsbericht des Arztes Bernard Rieux nach einer überstandenen Pestepidemie der 1940er Jahre im algerischen Oran so enden: „Während Rieux den Freudenschreien lauschte, die aus der Stadt empordrangen, erinnerte er sich nämlich daran, dass diese Fröhlichkeit ständig bedroht war. Denn er wusste, was dieser frohen Menge unbekannt war und was in den Büchern zu lesen steht: dass der Pestbazillus niemals ausstirbt oder verschwindet, sondern jahrzehntelang in den Möbeln und der Wäsche schlummern kann, dass er in den Zimmern, den Kellern, den Koffern, den Taschentüchern und den Bündeln alter Papiere geduldig wartet, und dass vielleicht der Tag kommen wird, an dem die Pest zum Unglück und zur Belehrung der Menschen ihre Ratten wecken und erneut aussenden wird, damit sie in einer glücklichen Stadt sterben".

Literaturhinweise

Die Pest 1348 in Italien. Fünfzig zeitgenössische Quellen, hrsg. von Klaus BERGDOLT. Heidelberg 1989.

Juden in Europa. Ihre Geschichte in Quellen, Bd. 1: Von den Anfängen bis zum späten Mittelalter, hrsg. von Julius H. SCHOEPS/Hiltrud WALLENBOR., Darmstadt 2001.

Klaus BERGDOLT, Der schwarze Tod in Europa. Die Große Pest und das Ende des Mittelalters. 5. Aufl. München 2003.

Ulf DIRLMEIER/Gerhard FOUQUET/Bernd FUHRMANN, Europa im Spätmittelalter 1215–1378. München 2003.

František GRAUS, Pest – Geissler – Judenmorde. Das 14. Jahrhundert als Krisenzeit. 2. Aufl. Göttingen 1988.

Simone HAEBERLI, Christliche Skepsis gegenüber angeblichen jüdischen Schandtaten. Mittelalterliche Chronisten bezweifeln die jüdische Urheberschaft von Ritualmorden, Hostienfreveln und Brunnenvergiftungen, in: Judaica. Beiträge zum Verstehen des Judentums 65 (2009), S. 210–238.

Pest. Die Geschichte eines Menschheitstraumas, hrsg. von Mischa MEIER. Stuttgart 2005.

Bernd SCHNEIDMÜLLER, Grenzerfahrung und monarchische Ordnung. Europa 1200–1500. München 2011.

Michael TOCH, Die Juden im mittelalterlichen Reich. 2. Aufl. München 2003.

Manfred VASOLD, Die Pest. Ende eines Mythos. Stuttgart 2003.

Philip Benedict und Barbara Diefendorf
Religionskriege: Die Bartholomäusnacht

Die französischen Religionskriege zwischen der katholischen Mehrheitsbevölkerung und den ein bis zwei Millionen Angehörigen der reformierten Kirchen flackerten in den Jahren zwischen 1562 und 1598 immer wieder auf.

Eine Reihe von weiteren kleineren Auseinandersetzungen folgte zwischen 1621 und 1629. Im Verlauf der ersten und blutigsten Serie dieser Kriege wurde ein König ermordet, zwei Prinzen von Geblüt fielen auf dem Schlachtfeld. Historiker unterscheiden acht Bürgerkriege, in deren Verlauf große und kleine Städte, darunter Paris, anhaltend belagert wurden; sofern die Verteidiger standhielten, geschah dies um den Preis bitterer Hungersnöte, während eroberte Städte brutal geplündert wurden. Selbst in offiziellen Friedenszeiten, insbesondere zwischen 1560 und 1572, schlug der Zorn katholischer Massen über die Anwesenheit von Häretikern in ihrer Mitte oft in Gewaltausbrüche um, die schlimmstenfalls zu Massakern führten, bei denen Dutzende oder gar Hunderte von Hugenotten, wie die Protestanten genannt wurden, getötet wurden. Zugleich attackierten und töteten hugenottische Menschenmengen oder Armeeeinheiten katholische Geistliche, rissen die Gemälde und Altartafeln aus katholischen Kirchen und schändeten Gräber von Königen und Adligen.

Inmitten von so viel Tod, Zerstörung und Gewalt hat sich ein Ereignis tiefer als alle anderen in das Bewusstsein der französischen und europäischen Geschichte eingegraben, die so genannte Bartholomäusnacht. Was in der Nacht des 24. August 1572 mit der Ermordung von Admiral Gaspard de Coligny und anderen führenden hugenottischen Adligen begonnen hatte, verwandelte sich rasch in eine Verfolgung einfacher Pariser Protestanten, die vier Tage andauerte und sich auf mehr als ein Dutzend Provinzstädte ausweitete. Wie kam es, dass gerade diese Episode der Religionskriege in den folgenden Jahrhunderten die Fantasie großer Schriftsteller, Dramatiker, Historiker und politischer Philosophen beflügelte?

Eine Vielzahl von Gründen lässt sich anführen: So war es ein zentrales Ereignis in der politischen Nationalgeschichte und das blutigste Beispiel für religiös motivierte Massenausschreitungen. In der unmittelbaren Folge schien es, als könnte dieses Massaker zu einer vollständigen Beseitigung der reformierten Konfession in Frankreich führen, was die Protestanten in ihrem lange gehegten Verdacht bestätigte, dass die katholische Kirche ihre völlige Vernichtung anstrebte. Dazu kam, dass die Gewalt ausbrach, während der gesamte Hochadel des Königreichs bei Hof versammelt war, um eine Hochzeit zu feiern, durch die der König und die Königinmutter ihren zweijährigen Einsatz für die Vermittlung einer dauerhaften Versöhnung zwischen den beiden Religionsparteien abzuschließen hofften – ein Unterfangen, das nunmehr wie eine wohl durchdachte Farce erscheinen mochte, durch die die Protestanten in eine tödliche Falle gelockt worden waren. Als die Gewalttaten begonnen hatten, erteilte die Krone widersprüchliche Befehle und bot uneinheitliche Erklärungen für die Vorfälle. Auch die ausländischen Botschafter, deren Aufgabe es war, politische Angelegenheiten zu verstehen und ihren Dienstherren zu berichten, waren uneins darüber, wer das Massaker zu welchem Zeitpunkt und aus welchen Beweggründen veranlasst hatte. Somit enthielt das Ereignis Motive eines geheimnisvollen königlichen Mordfalls ebenso wie ein hohes Maß an Tragik, Drama und Pathos. Schließlich ließ sich das Massaker, je nach Standpunkt des Betrachters, als Vorbote vielfältiger Entwicklungen deuten. Für Antiklerikale und Freidenker war es der endgültige Beleg für die Gefahr religiösen Fanatismus; Voltaire behauptete, dass er an jedem Bartholomäustag unter Fieber litt. Für militante Protestanten bewies es katholische Niedertracht und die Absicht der Kirche in Rom, das Licht der Wahrheit zu vernichten, welche Mittel auch immer dafür anzuwenden wären. Für bourbonentreue Chronisten ließ sich die Rolle Karls IX. bei diesem Vorfall als Ausdruck der Schwäche und des Niedergangs der letzten Generation der Valois deuten, denen glücklicherweise das Haus Bourbon nachfolgte. Republikaner sahen dieselben Ereignisse als Beleg für die Gefahr jeder Erbmonarchie. Staatsräson-Theoretiker nutzten sie zu Überlegungen darüber, ob Herrscher unter bestimmten Umständen außergewöhnliche Maßnahmen gegen übermächtige Parteien ergreifen durften und wie ein solcher *coup de majesté* erfolgreich durchzuführen sei. Ganz grundsätzlich führten die Zahl der Getöteten und die hohe gesellschaftliche Stellung der Opfer dazu, dass die Bartholomäusnacht in der politischen Vorstellung Frankreichs zum Inbegriff für Vernichtungsgewalt wurde, die erst von der Erfahrung der *terreur* in der Französischen Revolution und später von der Shoah in den Schatten gestellt wurde.

Die Ereignisse

Bevor wir auf die Erinnerungen und Konstruktionen des Massakers durch spätere Generationen eingehen können, ist eine kurze Darstellung der Ereignisse angebracht. Als sich am 22. August die führenden Adligen beider Konfessionen in Paris für die königliche Hochzeit versammelt hatten, schoss ein Attentäter auf Admiral Coligny, der auf dem Weg zu seinem Quartier war. Der Admiral wurde getroffen, die Verletzung war jedoch nicht tödlich. Es wird allgemein angenommen, dass der Mordversuch von einer hochgestellten Persönlichkeit in Auftrag gegeben worden war, deren Identität aber nie endgültig festgestellt werden konnte. Die Führer der protestantischen Adligen waren erzürnt und verlangten unverzügliche Ermittlungen, um Gerechtigkeit wiederherzustellen. Der König sagte dies zu, aber Drohungen und Warnungen seitens der Hugenotten lösten unter führenden Mitgliedern des Hofes die Befürchtung aus, dass die Protestanten die Angelegenheit in die eigenen Hände nehmen könnten, um dadurch die Kontrolle über den König zu gewinnen, was sie bereits zweimal zuvor erfolglos versucht hatten.

Spät in der Nacht des 23. August wurde im Louvre eine Versammlung abgehalten, an der neben dem König auch sein Bruder, der Herzog von Anjou (und spätere Heinrich III.), die Königinmutter Katharina von Medici und mehrere vornehme Adlige teilnahmen. Es gibt keine eindeutige Überlieferung bezüglich ihrer Beschlüsse und darüber, wie groß die Rolle der einzelnen Beteiligten daran war, die Gruppe zu Aktionen gegen die Hugenotten zu bewegen. Klar ist, dass in den frühen Morgenstunden des 24. August Bewaffnete unter Anführung des Herzogs von Guise in Colignys Quartier eindrangen. Sie töteten den Admiral und eine Anzahl führender hugenottischer Adliger. In der Hauptstadt verbreitete sich das Gerücht, dass der König diese Morde angeordnet habe. Daraufhin verfolgten und töteten militante Katholiken überall in der Stadt Protestanten.

Der König reagierte auf diese ausufernde Gewalt mit einem Befehl, die Verfolgungen einzustellen. Dabei gab er seinen Offizieren unterschiedliche Erklärungen darüber, was die anfängliche Gewalt ausgelöst hatte. In einem ersten Brief beschuldigte er den Herzog von Guise, seinen Erzfeind Coligny ermordet zu haben. Ein zweiter Brief führte aus, dass Karl IX. selbst die Liquidierung der protestantischen Anführer befohlen habe, in einem Akt vorwegnehmender königlicher Justiz zur „Verhinderung der Ausführung einer unseligen und verabscheuungswürdigen Verschwörung des Admirals […] und seiner Anhänger". Als sich die Nachricht von den Pariser Gewaltausbrüchen in den Provinzen verbreitete, folgten örtliche Behörden oder erzkatholische Angehörige der Bevölkerung in einer Reihe von Städten dem Beispiel der Hauptstadt, zumeist unmittelbar nach Eintreffen der Kunde von den Massakern in Paris, in einigen wenigen Fällen allerdings volle sechs Wochen nach dem auslösenden Vorfall. Zugleich verbot der König protestantische Gottesdienste, obgleich er weiterhin betonte, dass die Toleranz-Bestimmungen des Friedensabkommens von Saint-Germain aus dem Jahre 1570 in Kraft bleiben sollten.

Die zuverlässigsten Schätzungen gehen heute davon aus, dass der Gewalt zwischen fünf- und zehntausend Menschen zum Opfer fielen. Eine wesentlich größere Zahl von Hugenotten schwor dem Glauben ab oder floh aus dem Land. Sämtliche reformierten Kirchen in Frankreich mussten ihre Tätigkeiten einstellen.

Erste Reaktionen

Anhand der ersten Berichte war es schwierig, eine nachvollziehbare Darstellung der chaotischen Gewaltszenen zu erlangen. Der Brief eines katholischen Informanten in Lyon, verfasst wenige Tage nach den Vorfällen, wurde in Venedig als Flugblatt veröffentlicht. Darin wurde behauptet, dass Karl IX. die Verantwortung für die Ermordung Colignys übernommen habe, verbunden mit dem ausdrücklichen Befehl, keinen einzigen Hugenotten am Leben zu lassen. Ein Bürger aus Straßburg, der sich zu der entsprechenden Zeit in Paris aufgehalten hatte, machte am 7. September in Heidelberg eine amtliche Aussage, in der er eine Reihe von Ereignissen beschrieb, die er mit eigenen Augen beobachtet habe. Er schilderte, wie Colignys Leiche aus der Seine geborgen und zerstückelt wurde. Einer wunderschönen, hochschwangeren Frau wurden die Kleider vom Leib gerissen, so dass man die Bewegungen ihres ungeborenen Kindes im Bauch sehen konnte, als sie in den Fluss geworfen wurde, wo sie ertrank. Auch in diesem Bericht wurde erwähnt, dass der König die Verantwortung für das Töten übernahm und hinzugefügt habe, dass er dies schon vier Jahre früher hatte tun wollen. Einen Monat nach den Vorfällen wurde in Rom die Flugschrift eines päpstlichen Höflings, Camillo Capilupi, veröffentlicht, der behauptete, das Massaker sei bereits zwei Jahre zuvor geplant worden. Alle folgenden Maßnahmen Karls IX. hätten nur darauf gezielt, die führenden protestantischen Adligen nach Paris in die Falle zu locken. Dies war der Ausgangspunkt für die langlebige These von einem geplanten Massaker.

Militante Katholiken in Frankreich und im Ausland begrüßten die Nachricht. In den folgenden Wochen und Monaten wurden in Paris Flugschriften gedruckt, in denen verlautete, dass endlich Recht geschehen sei. In Rom und Madrid wurden feierliche Messen gelesen. Der Senat von Venedig pries die Tat. Die französische Krone und der Papst prägten Medaillen, eine Form des Gedenkens, die in späteren Jahrhunderten als peinlich empfunden wurde, da die Verurteilung des Massakers zur vorherrschenden Auffassung wurde, während gleichzeitig Historiker weiterhin Abbildungen dieser Medaillen publizierten. In der Sala Regia im Vatikan, wo ausländische Würdenträger empfangen und die wichtigsten Konklaven abgehalten wurden, malte Giorgio Vasari fünfzehn Fresken, auf denen er die großen Erfolge der Kirche darstellte, von denen drei dem Massaker gewidmet waren.

Die Protestanten in Deutschland und England reagierten mit Entsetzen und Wut. Französische Botschafter an protestantischen Höfen wurden brüskiert oder beleidigt. In Polen versuchten französische Gesandte gerade, die Wahl des Herzogs von Anjou zum polnischen König durchzusetzen. Dort erregten die Nachrichten von dem Massaker eine derartige Abscheu, „dass innerhalb weniger Stunden die meisten Menschen den Namen Frankreichs verdammten". Selbst Kaiser Maximilian II., ein friedfertiger Katholik (und Rivale um den polnischen Thron), verurteilte das Massaker als „schändliches Blutbad".

Die Krone trat diesen ablehnenden Reaktionen entgegen, indem man zu beweisen suchte, dass die Ermordung der führenden hugenottischen Adligen notwendig gewesen sei zum Schutz der Sicherheit des Königs. So wurde Coligny postum vor dem höchsten Gericht des Landes, dem *parlement* von Paris, der Prozess gemacht. Er wurde der *lèse majesté* und Verschwörung schuldig befunden und zu einer außergewöhnlichen *damnatio memoriae* verurteilt: Er wurde *in effigie* gehenkt, sein Wappen sollte zerstört und von allen öffentlichen Orten entfernt werden; seine Güter fielen an die Krone, seine Nachfahren verloren ihren Adelstitel, sein Hauptsitz wurde geschleift und die umstehenden Bäume über dem Boden abgeschlagen, und mit einer jährlichen Gedenkprozession am Bartholomäustag sollte Gott für die erfolgreiche Abwehr der Verschwörung gedankt werden. Ferner verbreitete man von der Krone in Auftrag gegebene offizielle Berichte über die Vorfälle, während Bedienstete, die unabhängige Chroniken verfasst hatten, angewiesen wurden, diese nicht zu veröffentlichen, sofern sie von den amtlichen Darstellungen abwichen.

Allen Anstrengungen zum Trotz gelang es der Krone nicht, die Deutungshoheit über die Vorfälle zu wahren, zumal führende protestantische Geistliche und Gelehrte in Genf und anderswo dafür Sorge trugen, dass umfangreiche, auf Augenzeugenberichten basierende Darstellungen zusammengetragen und verbreitet wurden, oft im Zusammenhang mit der Veröffentlichung von zeitgenössischen Dokumenten, mit denen die Widersprüchlichkeit der offiziellen Verlautbarungen der Krone belegt wurde. Ein entscheidendes Werk war „De furoribus gallicis" von François Hotman, das mindestens acht Auflagen in vier Sprachen erlebte (Latein, Französisch, Deutsch und Englisch). Darin wurde das Massaker detailliert in einer Reihe plastischer Skizzen beschrieben und Katharina von Medici als die Hauptverantwortliche herausgestellt. Hotman verteidigte auch Admiral Colignys Ansehen in einer Biographie, die ihn als Muster an Frömmigkeit und fähigen Kommandanten und Ratgeber darstellte, der König und Land treu ergeben gewesen war. Ein weiteres Schlüsselwerk war das anonyme Buch „Réveille-matin des François et de leurs voisins", das 1573 ebenfalls in mehreren Auflagen erschien. Darin wurde die vornehmliche Verantwortung dem König selbst zugeschrieben, der sogar persönlich auf fliehende Protestanten geschossen haben soll, ein Motiv, das sich noch lange hielt. Dieser Vorwurf der persönlichen Verantwortung des Königs war ein wichtiger Schritt bei der Radikalisierung hugenottischer Theorien zum Widerstandsrecht.

Zwischen 1576 und 1789

Innerhalb weniger Jahre wurden Verherrlichung und Lobpreisung der Ereignisse durch französische Katholiken erheblich gedämpft. Dies lag wesentlich daran, dass der bewaffnete Widerstand der Protestanten, der in einigen Städten wie La Rochelle unmittelbar nach der Bartholomäusnacht begonnen hatte, so erfolgreich war, dass schon 1576 die reformierte Konfession in vielen Landesteilen wiederbelebt wurde und die Krone erneut Toleranz gewähren musste. Wie sich herausstellte, war das Massaker nicht das Ende des Protestantismus in Frankreich, wie viele Katholiken anfangs gehofft hatten. Darüber hinaus wurde Colignys Andenken durch Klauseln in den Friedensedikten von 1576 und 1577 rehabilitiert, und Gedenkprozessionen zur Erinnerung des Massakers waren fortan verboten. Selbst die protestantenfeindlichsten katholischen Chroniken, die während der folgenden Generationen des Ancien Régime erschienen, gingen zumeist möglichst rasch über das Massaker hinweg. Einige wenige allerdings priesen es weiterhin als ein Beispiel für die gerechte Bestrafung der Bösen, und der Staatsräson-Theoretiker Gabriel Naudé lobte das Töten, das er für sorgfältig geplant hielt. In seinem "Science des Princes, ou considérations politiques sur les coups d'état" (1636) pries er das Vorgehen als herausragendes Beispiel für eine notwendige Täuschung. Im Gefolge von Jacques-Auguste de Thou bedauerten jedoch viele katholische Historiker in Frankreich inzwischen das Massaker. Dabei waren sie uneins über die Frage des Vorsatzes und gaben die Hauptschuld entweder der bösen italienischen Königinmutter, dem übermäßigen Ehrgeiz des Hauses Guise, dem König, der seine Gewaltneigung nicht unter Kontrolle hatte, oder dem vielköpfigen Ungeheuer des Pariser Mobs.

Protestanten inner- und außerhalb Frankreichs machten die beharrliche Erinnerung an die „Bluthochzeit", wie die Deutschen sagten, zu einem wesentlichen Bestandteil der hugenottischen Identität und des europäischen Antikatholizismus insgesamt. Eine detaillierte Beschreibung der Massaker wurde ab 1582 in alle Auflagen des „Book of Martyrs" aufgenommen. Die Notizen eines hugenottischen Pfarrers aus dem späten 17. Jahrhundert belegen, dass er diesen Seiten des Buches besondere Aufmerksamkeit widmete. Er hielt die Angabe von 30 000 umgekommenen Gläubigen fest und fügte am Rand die Bemerkung „oder 100 Tausend" hinzu, eine Schätzung, die ursprünglich auf den „Réveille-matin des François" zurückging, später aber auch von einigen katholischen Historikern übernommen wurde. Das Erscheinen von Dramen und Flugschriften über das Massaker fiel im frühneuzeitlichen England stets mit einem Aufflammen der Furcht vor dem Katholizismus zusammen. So wurde Christopher Marlowes „The Massacre at Paris", die früheste bekannte Dramatisierung der Ereignisse, um die Jahre 1593/1594 uraufgeführt, auf dem Höhepunkt der Kriege der Heiligen Liga in Frankreich. Nathaniel Lee schrieb 1681 ein fast gleichnamiges Stück, „The Massacre of Paris", inmitten einer innenpolitischen Krise um den Versuch, den katholischen Thronanwärter Jakob von der Erbfolge auszuschließen. Aufgeführt wurde es zuerst 1689 nach der *Glorious Revolution*. Flugschriften über das schreckliche französische Massaker „aus der Werkstatt des Bischofs von Rom" erschienen sowohl 1618, als der Dreißigjährige Krieg ausbrach, als auch 1680, wiederum während der Ausschließungskrise. In einigen militant protestantischen Teilen der englischsprachigen Welt erschienen noch im späten 20. Jahrhundert Berichte über das Massaker zur Warnung vor katholischer Niedertracht. So verfasste der klerikale Sprecher der nordirischen militanten Unionisten, Ian Paisley, zum 400. Jahrestag der Ereignisse 1972 ein entsprechendes Werk.

Wenn Schriftsteller der Aufklärung das Massaker erwähnten, dann nicht so sehr, um eine Konfession über die andere zu stellen, sondern als Kritik an jeglichem „Fanatismus" und „Pfaffentum". Voltaires episches Gedicht „Henriade" (1723) hob das „unmenschliche Eifertum" von Geistlichen hervor, die die Bevölkerung dazu aufriefen, sich zum Mord zu wappnen. Erzählt aus der Perspektive Heinrichs IV., verurteilte es Falschheit und Wahn in Genf ebenso wie in Rom. Das Gedicht drückte auch Bedauern darüber aus, dass der Staat die Vergeltung nicht dem Himmel überließ, sondern stattdessen die Verteidigung einer Religion gegen eine andere auf sich nahm. In seinem Gedicht, aber auch in Prosatexten wie dem „Essai sur l'histoire générale" (1756), teilte Voltaire die Verantwortung für die Anstiftung zum Massaker zwischen Katharina und Karl auf, wobei er Erstere als boshaft und Letzteren als irregeleitet darstellte. Seine Schilderung, wie Katharina das Massaker zwei Jahre im Voraus plante und Karl von einem Fenster des Louvre auf die Menge feuerte, trug zur weiteren Verbreitung von Motiven bei, die sich bereits früher in parteiischen Beschreibungen der Ereignisse finden ließen. Im weiteren Verlauf des 18. Jahrhunderts gewann das Bild vom König, der auf seine Untertanen schießt, als *lieu de mémoire* zunehmend an Popularität. In gedruckten Beschreibungen von Paris wurde auf die Stelle hingewiesen, wo sich das Fenster befand – oder befunden haben sollte; man war sich nicht generell einig, um welches Fenster genau es sich handelte.

In dem Maß, wie die Verurteilung des Massakers eine herausragende Stellung in der Aufklärungs-Literatur einnahm, vermehrte sich auch die Verherrlichung derjenigen, die es abgelehnt hatten, daran teilzunehmen. Schon Ende des 17. Jahrhunderts zitierten katholische Historiker einige adlige Gouverneure, die sich geweigert hatten, den angeblich erhaltenen Befehl zur Tötung sämtlicher Hugenotten auszuführen. Montesquieu gibt in seinem „De l'Esprit des lois" (1748) ein Beispiel für aristokratische Tugend in Gestalt des Vicomte d'Orte, Befehlshaber von Bayonne, der sich dem Gebot des Königs widersetzt habe. Jean Hennuyer, Bischof von Lisieux, soll sogar die spontane Bekehrung aller Protestanten der Stadt erreicht haben, indem er sich der königlichen Anweisung verweigerte. Louis-Sébastien Mercier schrieb ein Stück über Hennuyer, das in Lausanne zum 200. Jahrestag des Massakers aufgeführt wurde. Solche Werke stärkten die Vorstellung, dass es moralische Grenzen für die Macht des Königs geben müsse.

Von der Französischen Revolution zur Gegenwart

Zur Zeit der Französischen Revolution war die Mitschuld Karls IX. am Blutvergießen der Bartholomäusnacht so weit anerkannt, dass sie als nützliche Waffe gegen das Ancien Régime eingesetzt werden konnte. Als am 12. Juli 1789 die Nachricht von Neckers Absetzung Paris erreichte, rief Camille Desmoulins im Palais Royal aus: „Nach einem solchen Akt werden sie alles wagen, und womöglich sind sie schon dabei, für die heutige Nacht ein Bartholomäus-Massaker an den Patrioten zu planen und vorzubereiten". Jahre später, in der radikalsten Phase der Revolution, rechtfertigte der Journalist Jean-Paul Marat die allgegenwärtige Gewalt in Paris mit der Frage: „Was sind die wenigen Blutstropfen, die das Volk in der gegenwärtigen Revolution vergossen hat, im Vergleich zu den Strömen […], die durch den mystischen Wahn von Karl IX. geflossen sind?" Das Motiv von Karl IX., der auf seine Untertanen schießt, wurde zum Sinnbild für die Heimtücke der Könige. Der große Redner Mirabeau deutete während seiner Ansprache zur Gewissensfreiheit in der Nationalversammlung auf das Fenster des benachbarten Louvre, wo „ein französischer König, von verabscheuungswürdigen Parteien gegen seine eigenen Untertanen bewaffnet, […] die Arkebuse feuerte, die das Signal zur Bartholomäusnacht gab". Mirabeau mag dieses Bild von Voltaire, Mercier oder zahlreichen anderen Werken zur Geschichte Frankreichs übernommen haben. Letztlich war es Marie-Joseph Chéniers Drama "Charles IX", einer der größten Bühnenerfolge der Revolution, durch das es ins Bewusstsein des breiten Publikums gelangte, wo es den wachsenden Zorn auf den König anfachte. Für Danton war "Charles IX" ein „Todesstreich für das Königtum"; Camille Desmoulins sagte über das Stück: „Es hat unsere Sache ebenso sehr gefördert wie die Oktobertage".

Eine noch größere Rolle spielte das Massaker für Historiker, Bühnen- und Romanschriftsteller und Maler während der Zeit der Restauration und der Juli-Monarchie, als ein Beobachter 1830 ausrief, „dass St. Bartholomäus […] in unseren Tagen mehr Bücher hervorgebracht hat als im 16. Jahrhundert". Für die wichtigsten Dramen und Geschichtsbücher, meist Werke von Liberalen und Protestanten, symbolisierten die Ereignisse vor allem die Verbrechen der monarchischen Machtausübung und des religiösen Fanatismus. Eine nicht unbedeutende Minderheit eher konservativer Autoren stellte das Massaker dagegen entweder als die rein politische Tat einer ausländischen Königin dar oder als notwendigen Akt der Selbstverteidigung von Thron und Altar gegen Protestanten, die von Neuerung und Freiheitsgeist trunken waren. In den historischen Romanen, die zu dieser Zeit in Mode kamen, war die Ära der letzten Valois-Könige auch ein beliebter Rahmen für Geschichten, in denen königlicher Verrat und Bürgerkrieg einen bunten Hintergrund für fiktive Romanzen und Intrigen abgaben. So ließ der deutsche Komponist Giacomo Meyerbeer seine 1835

408

uraufgeführte Oper über unglückliche Liebe, "Die Hugenotten", in der Nacht des Massakers spielen. Der berühmteste historische Roman über dieses Thema war zweifelsohne Alexandre Dumas' „La reine Margot", in dem die inzwischen zum Standardrepertoire gehörende Balkonszene eine neue Wendung erfuhr, indem Heinrich von Navarra darin auftrat. In Dumas' Version der Geschichte ist Karl aufgebracht, weil Heinrich die Wahl zwischen „Tod, Messe oder Bastille" abgelehnt hat. Voll Zorn ergreift er eine Arkebuse und beginnt, auf einen Mann zu schießen, der am Kai entlang läuft: „Von einer erschreckenden Leidenschaftlichkeit beherrscht, lud Karl seine Büchse immer wieder und schoss sie auf die Fliehenden ab. Bei jedem Treffer schrie er vor Freude auf". Dieses Bild war von beständiger Dauer. Edmond und Jules de Goncourt hörten angeblich einen Mann im Kabarett die Geschichte von Karl IX. in der Fassung der „Königin Margot" erzählen; Alexandre Dumas war zum „Geschichtslehrer der Massen" geworden.

Während Verfasser historischer Romane die dramatische Darstellung des Massakers weiter ausschmückten, legten Historiker im 19. Jahrhundert zunehmend Wert auf verlässliche urkundliche Belege, was den pikantesten Aspekten der Geschichte den Boden entzog. Von der Zeit des Erscheinens von Ludwig Wachlers „Die Pariser Bluthochzeit" (1826) bis zur Veröffentlichung von Wilhelm Gottlieb Soldans „Geschichte des Protestantismus in Frankreich bis zum Tode Karl's IX" (1855) zeigte eine Reihe internationaler Gelehrter, dass die diplomatischen Unterlagen der europäischen Mächte keinen Grund für die Annahme lieferten, dass das Massaker Jahre im Voraus geplant worden war, im Gegensatz zu dem, was die Mehrzahl der Dramen und Geschichtsbücher nahe legte. Zwar wurde die These eines geplanten Aktes in England 1869 von dem liberalen katholischen Historiker Lord Acton und in Frankreich 1879 von dem protestantischen Historiker Henri Bordier neu belebt, aber bis zum Ende des 19. Jahrhunderts war sie für ernsthafte Geschichtswissenschaftler praktisch erledigt. Kritische Forschung belegte auch, dass es für die Szene des auf Hugenotten schießenden Karl IX. keine plausible Grundlage gab; genauso wenig fanden sich schriftliche Befehle, im Gefolge der Pariser Ausschreitungen alle Hugenotten zu eliminieren.

Konfessionelle Spannungen hatten sich in der zweiten Hälfte des 19. Jahrhunderts allerdings keineswegs erledigt, ebenso wenig wie die Auseinandersetzung zwischen Monarchisten und Republikanern. So wurde in der Literatur und in politischen Debatten weiter regelmäßig auf das Massaker Bezug genommen. Emile Zola gab in seinem Roman „L'assommoir" (1877) der Geschichte eine demokratische Note, indem er den Balkon erwähnte, von dem Karl IX. „auf das Volk schoss". Im Zuge der französischen Debatten über die Trennung von Kirche und Staat beklagte ein militanter Anti-Protestant 1905: „Sobald man etwas gegen die Politik der Hugenotten vorbringt, kommen [sie] mit der Bartholomäusnacht hier und den Dragonaden da, und innerhalb von fünf Minuten steht man als Inquisitor da".

Seit Hotmans „Leben des Coligny" beinhaltete das Lob für den Admiral zumindest implizit einen Vorwurf wegen des Massakers. Schließlich brachte im Jahr 1878 der Pfarrer und Historiker Eugène Bersier, Vizepräsident der Société de l'Histoire du Protestantisme Français, die Idee in Umlauf, ein Standbild zu dessen Ehren zu errichten. Zum Bedauern mancher Unterstützer wurde entschieden, dies nicht am Ort des ersten Anschlags auf Coligny aufzustellen, da dies als ein Akt der Wiedergutmachung aufgefasst werden konnte. Stattdessen platzierte man es außen an der Apsiswand des protestantischen Temple de l'Oratoire in der rue de Rivoli. Die französische Regierung steuerte etwa ein Fünftel der Mittel bei, der Rest wurde durch Spenden von der Öffentlichkeit aufgebracht. Ein beträchtlicher Beitrag kam von dem katholischen Thronprätendenten, dem *comte de Paris*, der stolz auf seine familiären Verbindungen mit Coligny verwies. Das Denkmal wurde 1889 enthüllt. Es bestand aus einer Statue des Admirals flankiert von Figuren, die die Religion und das Vaterland darstellten. Eine Inschrift auf dem Sockel betonte den Großmut des Admirals bei der Vergebung vergangenen Unrechts ebenso wie seine Frömmigkeit und Vaterlandsliebe: „Ich will gern alles vergessen, Unrecht und Schaden, die nur meiner Person zugefügt wurden [...] auf dass die Belange der Ehre Gottes und des öffentlichen Friedens gewahrt werden". Diese Stimmung hinderte einen Leser des Zeitungsberichts von Bersiers Einweihungsrede nicht daran, neben dessen Bezeichnung von Coligny als „großem Franzosen" die Bemerkung „Verräter" zu schreiben. Ein weiteres Standbild für Coligny wurde 1905 von Kaiser Wilhelm II., ebenfalls einem Nachfahren, im Lustgarten des Berliner Stadtschlosses errichtet. Dort erinnerte eine Tafel daran, dass der Admiral in der Bartholomäusnacht „für seinen Glauben gefallen" war. Ein drittes, kleineres Coligny-Denkmal sollte 1937 aus niederländischen Spenden an der Stelle seines Familiensitzes Châtillon-sur-Loing errichtet werden, das 1896 in Châtillon-Coligny umbenannt worden war. Das niederländische Königshaus Oranien stammt ebenfalls von dem Admiral ab, über die Ehe seiner Tochter Luise mit Wilhelm dem Schweiger.

Im 20. Jahrhundert trat die Bartholomäusnacht als Topos stark in den Hintergrund; konfessionelle Streitigkeiten innerhalb des Christentums nahmen an Heftigkeit ab, neue ideologische Gegensätze ließen die Debatte zwischen Republikanern und Monarchisten anachronistisch erscheinen, und erheblich schrecklichere Massenmorde führten dazu, dass dieses Ereignis nicht mehr als Musterbeispiel extremer Grausamkeit herausragte. In Europa war diese Auseinandersetzung für die politische Debatte praktisch bedeutungslos, ausgenommen Nordirland. Auch in der literarischen Imagination trat das Motiv zurück, wenngleich der Filmemacher Patrice Chéreau 1994 mit seiner Leinwandadaption von „La reine Margot" die Bartholomäusnacht noch einmal zum Anlass für Ausschweifung und Gewaltexzesse nahm. Die Debatte über das Massaker beschränkte sich inzwischen im Wesentlichen auf Fachhistoriker in England, Frankreich und Deutschland, die weiter über die Verantwortung für die Taten und die Rolle der Volksmassen dabei diskutierten. Dennoch kam es noch in den letzten Jahren des 20. Jahrhunderts zu einem Vorfall, der belegte, dass das Massaker für die protestantische Kirche in Frankreich ein heikles Thema blieb: Als Papst Johannes Paul II. zum Abschluss der Weltjugendtage am 24. August 1997 in der französischen Hauptstadt eine Messe unter freiem Himmel abhielt, wiesen protestantische Sprecher auf die Bedeutung dieses Tages hin und riefen den Papst auf, diesen Anlass für einen interreligiösen Dialog über Konflikte auf Grund von religiöser oder ethnischer Intoleranz zu nutzen. Daraufhin organisierte der Erzbischof von Paris eine Mahnwache an der Kirche von Saint-Germain-l'Auxerrois, deren Glocken der Überlieferung nach als erste das Massaker eingeläutet haben sollen. Der Papst beschrieb in seiner sorgfältig formulierten Ansprache an die Versammlung die Geschehnisse von vor 425 Jahren als „ein Ereignis mit sehr dunklen Hintergründen in der politischen und religiösen Geschichte Frankreichs, [bei dem] Christen Dingen getan haben, die das Evangelium verurteilt". So behinderte die Unklarheit bezüglich der historischen Umstände des Massakers weiterhin das Gedenken, in dem begrenzten Raum, den dieses noch in der politischen und historischen Vorstellungskraft Europas einnimmt.

Literaturhinweise

Jacques BAILBÉ, La Saint-Barthélemy dans la littérature française, in: Revue d'histoire littéraire de la France 73 (1973), S. 771–777.

Herbert BUTTERFIELD, Lord Acton and the Massacre of St Bartholomew, in: Man on his Past. The Study of the History of Historical Scholarship. Cambridge 1955, S. 171–201.

Henri Dubief, L'historiographie de la Saint-Barthélemy, in: Actes du colloque l'amiral de Coligny et son temps. Paris 1974, S. 351–366.

Janine Estèbe/Philippe Joutard/Elisabeth Labrousse/Jean Lecuir, La Saint-Barthélemy, Ou les résonances d'un massacre. Neuchâtel 1976.

Robert M. Kingdon, Myths about the St. Bartholomew's Day Massacres, 1572–1576. Cambridge/Mass. u. a. 1988.

Alfred Soman (Hrsg.), The Massacres of St. Bartholomew. Reappraisals and Documents. Den Haag 1974.

Ernst Petritsch
Die Schlacht am Kahlenberg 1683

Es scheint heutzutage verpönt zu sein, Schülerinnen und Schüler höherer Schulen im Geschichtsunterricht mit Jahreszahlen zu „quälen". Unsere Eltern und Vorfahren mussten freilich noch scheinbar sinnlose Daten büffeln, waren damit aber auch in der Lage, historische Ereignisse quasi in ein Raster einzuordnen. Heute werden nur mehr wenige Jahreszahlen gelehrt, doch wenigstens zwei Daten kann (fast) jedes österreichische Kind nennen: Die der ersten und der zweiten Wiener Türkenbelagerung, 1529 bzw. 1683.

Vor allem die zweite Belagerung Wiens 1683 ist heute noch so sehr im österreichischen Bewusstsein verankert, dass sich dieses Thema sogar im Wahlkampf missbrauchen lässt, wenn es darum geht, gegen die vermeintliche Unterwanderung durch Immigranten aus der Türkei zu polemisieren. So hat der Obmann einer rechtspopulistischen („blauen") Partei im Wahlkampf zur Wiener Gemeinderatswahl im Oktober 2010 ein Heft mit „Sagen aus Wien" unters Volk bringen lassen. Recht detailliert wird darin unter anderem die Türkenbelagerung Wiens im Jahr 1683 erzählt, illustriert von Comics, in denen ein türkischer Feldherr unter anderem „ÜX-Large Münarette müt Hülbmünd" für den Wiener Stephansdom plant. Da greift der Parteiobmann, dessen Äußeres frappant an den Comic-Superman des 20. Jahrhunderts erinnert, ein: Er fordert einen kleinen Jungen auf, „dem Mustafa" mit der Steinschleuder „eine aufzubrennen". Als der Junge einen Erfolg vermelden kann, spendiert ihm der „blaue" Superman eine „Käsewurst mit süßem Senf" (so wörtlich übersetzt aus der Wiener Mundart des Propaganda-Machwerks). Nach heftigen Protesten anderer Parteien wurde in einer Verlautbarung erklärt, „Mustafa" stehe nicht allgemein für Türken, sondern beziehe sich auf „Kara Mustafa, der Heerführer der Türken vor Wien war".

Belagerung und Entsatz von Wien im Jahr 1683

Großwesir Kara Mustafa Pascha war im Frühjahr 1683 von Sultan Mehmed IV. mit dem Oberbefehl über die osmanische Armee betraut worden, die – einschließlich eines gewaltigen Trosses – schließlich 200.000 Mann umfasst haben dürfte. Das eigentliche Ziel des Feldzugs blieb den habsburgischen Strategen freilich bis zuletzt verborgen. Die kaiserlichen Truppen waren nicht in der Lage, den raschen Vormarsch der osmanischen Armee zu verzögern oder gar aufzuhalten; auf dem Rückzug wurde ihr Tross nicht weit vor Wien sogar von der tatarischen Vorhut angegriffen. Dies löste in der kaiserlichen Haupt- und Residenzstadt Panik aus, denn offenbar hatte niemand damit gerechnet, dass der osmanische Angriff gegen Wien gerichtet sein könnte. Kaiser Leopold I. selbst nahm noch an einer Jagd teil, als die tatarischen Reiter schon durch den Wienerwald streiften. In größter Hast flüchtete er daraufhin, kurz bevor Wien am 14. Juli von den Belagerungstruppen eingeschlossen wurde, mit seinem Hofstaat entlang der Donau über Linz nach Passau.

Hatte Sultan Süleyman „der Prächtige" 1529 noch eine Stadt mit mittelalterlichen Stadtmauern angetroffen, deren Belagerung er wegen eines frühen Kälteeinbruchs allerdings schon nach zwei bis drei Wochen abbrechen musste, so belagerte die osmanische Armee 1683 eine Festung, die von italienischen Baumeistern in vierzehn Jahrzehnten sukzessive zu einem Festungswerk mit Basteien und Ravelins ausgebaut worden war, das den damals modernen strategischen Standards entsprach und erst wenige Jahre zuvor fertig gestellt worden war. Der osmanische Angriff erfolgte hauptsächlich von Südwesten her, aus jener Richtung, die von der Artillerie von Anhöhen aus am besten zu beschießen war, doch gerade hier waren die Basteien aus demselben Grund besonders massiv befestigt worden. Zwei Monate lang legten die osmanischen Spezialeinheiten mit Hilfe von Kriegsgefangenen Belagerungsgräben an. Durch Minensprengungen und dank des Artilleriebeschusses waren die Befestigungswerke so schwer beschädigt, dass die Festung Wien Anfang September sturmreif geschossen war. Die Einnahme stand kurz bevor, als am 12. September 1683 die vereinten Entsatztruppen die Belagerer, die sich auf den letzten Sturm konzentriert hatten, überrumpelten, niedermetzelten und die Überlebenden, darunter Kara Mustafa Pascha, in die Flucht trieben.

Der kaiserlichen Diplomatie war es zuvor gelungen, Hilfskontingente aus dem Heiligen Römischen Reich anzuwerben und ein Defensiv- und Offensivbündnis mit dem Königreich Polen abzuschließen. Am 31. Mai 1683 hatte König Jan III. Sobieski das Bündnis mit Leopold I. unterfertigt, vertragsgemäß kam er Wien mit seinen Truppen zu Hilfe, am 31. August traf er nördlich der Stadt mit dem kaiserlichen Befehlshaber, Herzog Karl V. von Lothringen, zusammen. Entsprechend der Rangordnung übergab der Herzog dem polnischen König den Oberbefehl über die Entsatztruppen, die sich am 7. September im Tullnerfeld vereinigten, am 11. September die Höhen des Wienerwaldes – Leopolds- und Kahlenberg – erreichten und tags darauf in langwierigen Kämpfen die belagerte Festung Wien befreiten. Am Morgen dieses 12. September 1683 hatte der päpstliche Legat Marco d'Aviano auf dem so genannten „Kahlenberg" im Beisein der Heerführer noch eine heilige Messe gelesen. Kaiser Leopold I. traf am 14. September in Wien ein; nach einem Umritt um die Befestigungsanlagen nahm er an einem feierlichen Dankgottesdienst zu St. Stephan teil. Am folgenden Tag trafen Kaiser Leopold und König Jan Sobieski östlich von Wien erstmals zusammen. Beobachter berichteten von einer nach strengem Protokoll ablaufenden, äußerst kühlen Begegnung, von keinerlei Jubelstimmung oder gar Siegestaumel. So „feierten" gekrönte Häupter anno 1683 den militärischen Erfolg – wesentlich emotionsloser als in den künftigen Gedenkjahren und Jubiläumsfeiern.

Die Belagerung Wiens aus osmanischer Sicht

Kara („der Schwarze") Mustafa Pascha war 1676 im Alter von ca. 42 Jahren als Nachfolger von Ahmed Köprülü Großwesir geworden. Bereits im Jahr 1682 dürfte der Krieg gegen das Habsburgerreich beschlossene Sache gewesen sein. Ein Krieg gegen die Habsburger schien damals kein allzu großes Risiko für die Osmanen darzustellen, galten die kaiserlichen Truppen doch als schwach – sie waren offensichtlich nicht einmal fähig, mit dem seit Jahren andauernden antihabsburgischen Aufstand in Ungarn fertig zu werden. Es galt also eine große Chance zu nutzen. Warum aber wollte Kara Mustafa Pascha Wien einnehmen?

Wien galt als fernes, für osmanische Eroberungsgelüste unerreichbares Traumziel; in türkischen Sagen und Legenden wurde Wien (so wie auch Rom) als „Goldener Apfel" bezeichnet. Nicht einmal dem größten osmanischen Herrscher, Sultan Süleyman „dem Prächtigen", war 1529 die Einnahme Wiens gelungen. Mit der Eroberung von Wien hätte der ehrgeizige Großwesir sogar Süleyman übertrumpfen können. Doch Traumziele bleiben, wie der Name bereits andeutet, oft nur ein Traum. Und so wussten es im Nachhinein alle besser: Den abgehobenen Eliten des Osmanenreichs war der Emporkömmling aus Merzifon in Anatolien ohnedies suspekt gewesen: Was war denn von einem Türken schon zu erwarten? In den Augen der multi-ethnischen osmanischen Eliten war ein anatolischer Türke ein Tölpel, nicht mehr als ein einfacher Bauer. Die osmanischen Geschichtsschreiber schoben dem Großwesir ebenfalls alle Schuld an dem Desaster in die Schuhe: Aus reiner Geldgier habe er die Kapitulation der Festung angestrebt und kein Interesse an einer Eroberung durch seine Truppen gehabt. Er soll in Wien unglaublich reiche Schätze vermutet haben, auf die er nach osmanischer Tradition nur im Fall der Kapitulation Anspruch gehabt hätte, wogegen die Soldaten eine Stadt, die sie erobert hatten, auch plündern hätten dürfen. Um die Bevölkerung allmählich zu zermürben und um dadurch die Kapitulation und ordnungsgemäße Übergabe der belagerten Stadt zu erreichen, habe er bewusst zu wenige Belagerungsgeschütze mitgeführt beziehungsweise eingesetzt (obwohl die Artillerie tatsächlich ganze Arbeit geleistet hatte). Nicht zuletzt wurde noch ein Konflikt mit dem Chan der Tataren ins Feld geführt: Murad Giray Chan habe sich durch Kara Mustafa desavouiert gefühlt und deshalb gekränkt zurückgezogen. Aus diesem Grund habe er den Anmarsch der Entsatztruppen dem Großwesir gegenüber verheimlicht und auch nicht verhindert. Dass seine wendige, allerdings nur mit Pfeil und Bogen ausgerüstete leichte Reiterei dazu aber niemals in der Lage gewesen wäre, spielte in dieser Argumentation keine Rolle; sogar in den 1980er Jahren war in Arbeiten türkischer Militärhistoriker noch vom „Verrat der Tataren" die Rede.

Die Schuld an dem militärischen Debakel musste Kara Mustafa Pascha schließlich persönlich tragen: Auf Befehl von Sultan Mehmed IV. wurde er am 25. Dezember 1683 in Belgrad erdrosselt. Das Schicksal seines vom Rumpf getrennten Schädels gibt der Nachwelt bis zum heutigen Tag Rätsel auf: Angeblich gelangte er in die Hände der Jesuiten, die ihn dem Wiener Kardinal Leopold Graf Kollonitsch zuleiteten. Kollonitsch übergab den Schädel dem Bürgerlichen Zeughaus, von wo er in das Historische Museum der Stadt Wien gelangte, wo er noch bis zum Jahr 1975 ausgestellt wurde; im Jahr 2006 wurde er aus Pietätsgründen beigesetzt. Nach türkischer Überlieferung sei der Kopf hingegen nach Edirne gebracht und dort bestattet worden. Bezüglich des Rumpfs des hingerichteten Großwesirs dürften hingegen keine Zweifel bestehen: Er wurde nach Istanbul überführt und in der Kara Mustafa Pascha Medrese beigesetzt.

Die Erinnerung an die türkische Belagerung

Die Erinnerung an die Belagerung und den Entsatz Wiens wurde in zahllosen Druckschriften wach gehalten und somit der Nachwelt überliefert. Eine Bibliographie aus dem Jahr 1955 enthält zum Thema 1683 mehr als 2500 zeitgenössische Schriften sowie die bis zu diesem Zeitpunkt erschienene neuere Literatur. Dabei fällt auf, dass seit dem 16. Jahrhundert immer wiederkehrende, topisch anmutende Klischeebilder bis zu den Jubiläumsjahren 1883 und sogar 1933 auch in wissenschaftlichen Untersuchungen weiter tradiert werden. Die weltgeschichtliche Bedeutung des Jahres 1683 wird in der „Rettung des Abendlandes" vor den „türkischen Horden", wie die osmanischen Truppen meist bezeichnet wurden, gesehen. Diese Tendenz findet sich natürlich noch verstärkt in Predigten, die in großer Zahl zu den „Türkenjubiläen" gehalten und gedruckt wurden. Sogar noch in den ersten Jahren des 21. Jahrhunderts plakatierte die eingangs bereits erwähnte rechtspopulistische Partei den kämpferischen Slogan „Abendland in Christenhand".

In Arbeiten österreichischer Historiker war bis 1918 außerdem die loyale Haltung gegenüber der Dynastie auffallend: So wurde versucht, die Flucht Kaiser Leopolds aus Wien und die Verlegung seines Hofs nach Passau zu rechtfertigen. Es war zwar nicht gut möglich, den Kaiser zum Helden umzustilisieren, doch konnte Herzog Karl V. von Lothringen, der ja einer der Stammväter des Hauses Habsburg-Lothringen war, als maßgeblich beteiligter Heerführer entsprechend hervorgehoben werden. Dagegen wurde in der deutschsprachigen Literatur zum Jahr 1683 die Rolle des polnischen Königs Jan Sobieski so bescheiden wie möglich darzustellen versucht, zudem wurden ihm von den Autoren besonders gern Eitelkeit, Eifersucht gegenüber dem Herzog von Lothringen und vor allem Beutegier vorgeworfen. Diesen Tendenzen folgten natürlich weitgehend auch die Schulbücher bis weit in das 20. Jahrhundert hinein.

Dankprozessionen und Gedenkfeiern

Zum Gedenken an den Entsatz der Reichshaupt- und Residenzstadt Wien ließ der kaiserliche Hof seit dem Jahr 1684 alljährlich um den 12. September Dankprozessionen abhalten, die im Beisein der kaiserlichen Familie, des Hofs samt zahlreichem Gefolge, im Beisein des päpstlichen Nuntius sowie der hohen Geistlichkeit von der Hof-Pfarrkirche St. Augustin zum Stephansdom führten und dort mit einem feierlichen Te Deum endeten. Zu den Säkularfeiern wurden die Prozessionen besonders festlich gestaltet; 1733 weilte Kaiser Karl VI. gerade in Linz, weshalb er die Dankprozession dort abhalten ließ. 1754 erließ Maria Theresia die Anordnung, die Prozessionen auch bei Abwesenheit des Hofs abzuhalten. Die Jubiläumsfeierlichkeiten des Jahres 1783, im vierten Jahr der Alleinregierung Kaiser Josefs II., waren von josephinisch-rationalistischen, zum Teil sogar aristokratiefeindlichen Motiven geleitet; damals – und seither – wurde die Rolle des Bürgertums besonders hervorgehoben.

Das Jubiläumsprogramm für das Jahr 1883 war schon jahrelang geplant und vorbereitet worden. In seinem Rahmen fand die Schlusssteinlegung des neuen Rathauses am 12. September 1883 statt; im Rathaus wurde „aus Anlass der zweiten Säkularfeier der Befreiung Wiens von den Türken" eine Ausstellung gezeigt, außerdem wurde die Errichtung eines Denkmals für Bürgermeister Andreas Liebenberg an der Ringstraße, die an der Stelle der alten Befestigungswerke neu angelegt wurde, angeregt. Hatte man 1883 noch besonders auf die Rolle des Bürgertums bei der Verteidigung Wiens gegen die Osmanen hingewiesen, so wurde das 250-jährige Jubiläum der Türkenbelagerung mit dem Allgemeinen deutschen Katholikentag in Wien verknüpft und die „Befreiung der Christenheit" akzentuiert.

Erinnerungs- und Gedenkstätten zum Jahr 1683

Die barocke Pestsäule auf dem Wiener Graben, deren Errichtung Kaiser Leopold nach dem Ende der Pestepidemie von 1679 gelobt hatte, die infolge mehrerer Planänderungen aber erst 1693 geweiht wurde, ist das älteste Denkmal, das unter anderem auch auf die Türkenbelagerung von 1683 Bezug nimmt: Das ikonographische Programm der Pestsäule sagt nämlich aus, dass sowohl die Pestepidemie als auch die Türkenbelagerung, die beide als Strafe Gottes für sündhaftes Leben gedeutet wurden, dank der frommen Gebete des Kaisers abgewendet werden konnten.

1711 wurde die größte Glocke des Wiener Stephansdoms, die „Pummerin", aus dem Erz eingeschmolzener türkischer Kanonen gegossen, die 1683 erbeutet worden und im Wiener Zeughaus gelagert waren. Die berühmteste und größte Glocke Österreichs, die somit ebenfalls an das Jahr 1683 erinnert, ist beim Brand des Doms am 12. April 1945 in die Tiefe gestürzt und zerborsten. Eine neue „Pummerin" wurde 1951 – teilweise aus dem alten Material – gegossen, doch erst 1957 wieder aufgezogen. Im Gedenken an das Jahr 1683 zeigt ein Relief eine Szene der Türkenbelagerung, eins den Brand von 1945 und das dritte die Muttergottes. Die Inschrift zum Türkenrelief lautet: „Gegossen bin ich aus der Beute der Türken, als die ausgeblutete Stadt nach tapferer Überwindung der feindlichen Macht jubilierte". Etwas makaber mutet allerdings die mit sechs Türkenköpfen versehene Krone an. Die 21 Tonnen schwere Glocke ertönt heute nur zu den höchsten kirchlichen Feiertagen und läutet pünktlich den Jahreswechsel ein.

Die Turmspitze von St. Stephan war übrigens bis zum Jahr 1686 von Sonne und (Halb-)Mond bekrönt, den mittelalterlichen Symbolen für die kirchliche und weltliche Macht: Wie der Mond sein Licht von der darüber stehenden Sonne erhält, so erhält der Kaiser als weltlicher Schirmherr der Christenheit seine Legitimation erst durch den Papst als dem geistlichen Oberhaupt der römischen Kirche. Diese Symbole wurden freilich ab dem 16. Jahrhundert schon nicht mehr verstanden und als Halbmond und Stern gedeutet: Laut türkischen Sagen wäre dieses Zeichen als Vorbedingung Sultan Süleymans für den Abzug seines Heeres im Jahr 1529 angebracht worden, andererseits hätte es den Stephansdom im Fall einer Eroberung der Stadt vor der Zerstörung bewahren sollen.

Anlässlich des zweihundertsten Jahrestags des Entsatzes von Wien wurde 1883 auf Initiative eines privaten Komitees im Innern des Stephansdoms ein „Türkenbefreiungsdenkmal" geplant, das freilich erst im Jahr 1894 fertig gestellt werden konnte. Dieses 15 Meter hohe Monument wurde ebenfalls beim Brand des Doms 1945 zerstört. Heute sind nur noch Reste zu sehen; es ist aber ein Modell im Dom- und Diözesanmuseum zu besichtigen. Außerdem wurde 1883 noch ein weiteres Denkmal geplant, das ebenfalls erst Jahre später fertig gestellt wurde: Die Stadt Wien setzte in jener Zeit liberalen Bürgerstolzes ihrem Bürgermeister des Jahres 1683, Andreas von Liebenberg, ein Denkmal. Es wurde gegenüber der Universität errichtet und am 12. September 1890 enthüllt. Ein Obelisk aus rotem Granit wird von einer vergoldeten Victoria bekrönt, zu seinen Füßen ruht ein Löwe; am Denkmal sind das Bildnis und das Wappen Liebenbergs, umrahmt von einem Lorbeerkranz, zu sehen.

Auf dem Platz zwischen dem Rathaus und dem Burgtheater sind unter anderem die Statuen von Ernst Rüdiger Graf Starhemberg, dem Wiener Stadtkommandanten von 1683, und von Kardinal Leopold Karl von Kollonitsch, der sich 1683 vor allem der Waisenkinder angenommen hat, aufgestellt. Schließlich wurde in jenem Jahr 1883 an der Kirche St. Josef auf dem Kahlenberg eine Gedenktafel angebracht.

1933 ist die Person des Kapuzinerpaters Marco d'Aviano in den Mittelpunkt des Interesses gerückt, der den Verteidigern Wiens seelsorgerisch beigestanden war. Auf Anregung von Bundeskanzler Engelbert Dollfuss wurde 1935 vor der Kapuzinerkirche, unmittelbar neben dem Eingang zur Kapuzinergruft, eine Bronzefigur des berühmten Paters aufgestellt: Er ist in einer Kutte, mit Bart und in Sandalen dargestellt, in der erhobenen rechten Hand hält er ein Kruzifix. An der linken Seitenwand ist der Entsatz vom Kahlenberg dargestellt, an der rechten Seite sieht man eine Darstellung der alten Stadt Wien; im Ziergitter vor der Statue sind Türkenfiguren angebracht.

Weitere Gedenkstätten an die Belagerung Wiens 1683 sind über die ganze Stadt verstreut. Im 7. Wiener Gemeindebezirk (Neubau) ist etwa an jener Stelle, an der sich 1683 die Zeltburg des Großwesirs befunden haben soll (Neustiftgasse 43), ein farbenprächtiges Relief aus dem Jahr 1955 zu sehen, worauf die türkische Zeltstadt abgebildet ist. Im 18. Bezirk (Währing) erinnert der so genannte Türkenschanzpark daran, dass 1683 an diesem Ort türkische Schanzen und Artilleriegeschütze positioniert waren. In dem heute als Naherholungsgebiet genutzten Park befindet sich ein 1991 von der Republik Türkei als Zeichen der Freundschaft gestifteter türkischer Brunnen, benannt nach dem türkischen Dichter Yunus Emre, der an der Wende des 13./14. Jahrhunderts in Westanatolien gelebt hat. Im 19. Bezirk (Döbling) sind vor dem Haus Sieveringer Straße 99, dem so genannten Dreikugel-Schachinger-Haus, als Hauszeichen drei steinerne Kugeln, die größten „Türkenkugeln" Wiens, sicherheitshalber in die Hausmauer eingemauert, zu bestaunen.

Zum Bezirk Döbling gehört auch die Kirche St. Josef auf dem Kahlenberg: Sie war 1683 zerstört worden, und es dauerte bis 1734, bis sie wieder aufgebaut war; im Lauf der Jahrzehnte verfiel sie aber zusehends. Erst nachdem die polnischen Resurrektionisten die Kirche 1906 übernommen hatten, wurde sie restauriert. Zum Gedenken an König Jan Sobieski wurde die Sakristei 1929/30 zum Museum (Sobieski-Gedächtniskapelle) ausgestaltet. Auch der Vorraum ist ganz dem historischen Ereignis von 1683 gewidmet, zahlreiche Zeichnungen und Bilder gedenken der historischen Schlacht. Gegenüber der Kirche ist 1960 ein farbig glasiertes Relief mit dem Titel „Entsatzheer 1683" angebracht worden. Heute kommen polnische Wallfahrer häufig in die St. Josefskirche, sogar Papst Johannes Paul II. hat ihr im September 1983 einen Besuch abgestattet.

Wie wir heute aber wissen, fand die von Marco d'Aviano am 12. September 1683 gehaltene Messe eigentlich auf dem nahe gelegenen Leopoldsberg statt. Dieser steil zur Donau abfallende unbewaldete Berg wurde bis zum Jahr 1693 als „Kahler Berg" oder „Kahlenberg" bezeichnet. Kaiser Leopold I. hatte hier nach dem Ende der Pest im Jahre 1679 gemäß einem Gelübde eine Kapelle erbauen lassen, die noch vor der Fertigstellung von den Türken 1683 zerstört wurde. Nach dem Entsatz von Wien ließ Leopold die Kirche wieder errichten und 1693 dem Heiligen Leopold weihen, woraufhin der Berg den Namen Leopoldsberg erhielt. Der Name „Kahlenberg" ging damals auf den benachbarten Berg über, der wegen der zahlreichen Wildschweine, die in den Eichenwäldern lebten, ursprünglich „Sauberg" oder „Schweinsberg" genannt worden war.

Das 300-jährige Jubiläum der Türkenbelagerung

Auch noch 1983 sind eine Unzahl neuer Bücher auf den Markt gebracht worden, wobei kritisch anzumerken ist, dass sich viele Neuerscheinungen mit der militärischen Situation Wiens beschäftigten, also mehr oder weniger bekannte Tatsachen neuerlich auftischten. Von den als Standardwerken angekündigten neuen Werken drangen nur wenige zu neuen Fragestellungen vor, und etliche Jugendbücher haben alte Klischees und Vorurteile unkritisch weiter tradiert. Daneben gab es aber auch eine Reihe historischer Sammelbände sowie etliche Kongresse, Symposien und Vorträge mit durchweg hohen wissenschaftlichen Ansprüchen, die bemüht waren, jahrhundertelang tradierte Klischees und Topoi kritisch zu hinterfragen. Auffallend in diesem Zusammenhang war eine mehrfache enge Zusammenarbeit zwischen österreichischen, polnischen und türkischen Fachleuten. Größere und kleinere historische Ausstellungen, vor allem in und um Wien, waren ebenfalls darum bemüht, neue didaktische Wege zu beschreiten. Ausstellungen und Kongresse fanden auch in Deutschland, Polen und der Türkei statt. Daneben standen internationale Kulturkontakte im Mittelpunkt von Ausstellungen und zahlreichen Veranstaltungen. Polnische und türkische Orchester veranstalteten in Wien Konzerte, und nicht zuletzt wurde an der Wiener Augustinerkirche eine Gedenktafel für König Jan III. Sobieski enthüllt.

Betrachtet man abschließend die Schlacht am Kahlenberg 1683 im Rahmen des Gesamtkonzepts „Europäischer Erinnerungsorte", so haben bereits die Zeitgenossen die Entsatzschlacht als ein Ereignis von europäischer Dimension empfunden. Wegen des Zusammenwirkens mehrerer europäischer Mächte, der deutschen Fürsten, des römischen Papstes und nicht zuletzt des polnischen Königreichs war diese Sichtweise auch nicht ganz unberechtigt. Wien stellte nicht mehr als ein Symbol für das so genannte „christliche Abendland" dar. Auch in den Vorstellungen der osmanischen Türken galt Wien als – freilich unerreichbares – Traumziel ihrer Expansionswünsche. Stand in der Rezeption dieses europäischen Ereignisses zunächst die Glorifizierung des Herrscherhauses – Habsburg und

Lothringen – im Vordergrund, so trat im 19. Jahrhundert nationalistisches Gedankengut in den Vordergrund, das sich etwa in anti-polnischen Tendenzen äußerte. Die „Türkenkriegs"-Jubiläen zwischen 1883 und 1983 stellten besondere Höhepunkte der Erinnerungstradition dar. In Zeiten selbstbewussten Bürgertums wurde 1883 der Anteil der Wiener Bevölkerung in übertriebener Weise hervorgehoben. Nachdem als Folge des Ersten Weltkriegs sowohl Österreich-Ungarn als auch das Osmanische Reich auseinander gebrochen waren, hat der ultrakonservative katholische Ständestaat in dankbarer Erinnerung an die „Waffenbrüderschaft" im Weltkrieg die christliche Dimension in den Vordergrund gerückt. 1983 schien zumindest die Wissenschaft – noch vor Beginn des Zusammenwachsens der europäischen Völker – nationalistische Vorurteile überwunden zu haben. Doch in Zeiten anti-islamischer Ressentiments ist die Schlacht am Kahlenberg heute wieder für populistische Stimmungsmache zu missbrauchen.

Literaturhinweise

Isabella ACKERL, Von Türken belagert – von Christen entsetzt. Wien 1983.

Thomas M. BARKER, Doppeladler und Halbmond. Entscheidungsjahr 1683. Graz u. a. 1982.

Peter BROUCEK u. a. (Hrsg.), Der Sieg bei Wien. Wien 1983.

Peter BROUCEK u. a., Historischer Atlas zur zweiten Türkenbelagerung Wien 1683. Wien 1983.

Die Türken vor Wien. Europa und die Entscheidung an der Donau 1683. Katalog zur Sonderausstellung des Historischen Museums der Stadt Wien. Wien 1983.

Harald LACOM, Niederösterreich brennt! Tatarisch-Osmanische Kampfeinheiten 1683. Wien 2009.

Österreich und die Osmanen. Katalog zur gemeinsamen Ausstellung der Österreichischen Nationalbibliothek und des Österreichischen Staatsarchivs 1983. Wien 1983.

Walter STURMINGER, Bibliographie und Ikonographie der Türkenbelagerungen Wiens 1529 und 1683. Graz/Köln 1955.

Karl TEPLY (Hrsg.), Kara Mustafa vor Wien. 1683 aus der Sicht türkischer Quellen, übersetzt und erläutert von Richard F. KREUTEL. Graz u. a. 1982.

Karl TEPLY, Türkische Sagen und Legenden um die Kaiserstadt Wien. Wien u. a. 1980.

Kerstin TOMENENDAL, Das türkische Gesicht Wiens. Auf den Spuren der Türken in Wien. Wien u. a. 2000.

Karl VOCELKA, 1683 : 1983. Ein Jubiläum? Fortschritt oder Stagnation der historiographischen Aufbereitung der zweiten Wiener Türkenbelagerung, in: Mitteilungen des Instituts für österreichische Geschichtsforschung 92 (1984), S. 165–194.

Robert WAISSENBERGER (Hrsg.), Die Türken vor Wien 1683. Europa und die Entscheidung an der Donau. Salzburg/Wien 1982.

Katrin Keller
Die Völkerschlacht bei Leipzig

Vom 16. bis 19. Oktober 1813 tobte in der direkten Umgebung von Leipzig eine Schlacht, in der die Verbündeten Österreich, Preußen, Russland und Schweden sich Napoleon stellten. Sie bildete den vorläufigen Endpunkt einer ganzen Reihe von Schlachten und Gefechten, die seit dem katastrophalen Ausgang des russischen Feldzugs der Grande Armée 1812 den festen Willen der Bewohner Mitteleuropas dokumentierten, sich der napoleonischen Herrschaft nicht länger zu beugen. Beteiligt waren an den zahllosen Einzelgefechten, aus denen sich die tagelange Schlacht zusammensetzte, über 500 000 Soldaten, von denen über 80 000 in der Schlacht fielen oder später ihren Verwundungen erlagen. Als Hilfstruppen und Verbündete kämpften hier aber auch Sachsen, Letten, Polen, Tschechen, Slowaken, Slowenen und andere – zahlreiche Völker Europas waren also direkt in die Schlacht involviert. Außer den reinen Zahlen und der Anzahl der betroffenen Nationalitäten macht aber auch der seltene Umstand, dass während der Schlacht vier Monarchen – Kaiser Napoleon, Kaiser Franz I. von Österreich, Zar Alexander I. von Russland und König Friedrich Wilhelm III. von Preußen – anwesend waren, die Schlacht außergewöhnlich.

Nach langem Ringen fiel am 18. Oktober 1813 die Entscheidung; Napoleon zog sich nach Westen zurück und die Verbündeten nahmen am folgenden Tag die Stadt ein. Der Sieg bei Leipzig brachte zwar noch keine endgültige militärische Entscheidung des Ringens der Verbündeten mit Napoleon, aber er bedeutete das Ende der Herrschaft Napoleons in den deutschen Staaten; schnell zerfiel in den nächsten Wochen der Rheinbund, der die französische Macht auf dem Gebiet des ehemaligen Heiligen Römischen Reiches gestützt hatte. Trotzdem gilt die Schlacht als entscheidendes militärisches Ereignis zwischen Napoleons desaströsem Russlandfeldzug 1812 und der endgültigen Niederlage bei Waterloo 1815. Militärgeschichtlich gesehen deutete sich hier erstmals die künftige neue Dimension militärischer Auseinandersetzungen an: Die Völkerschlacht gilt als erste Massenschlacht der Neuzeit und größte Schlacht des 19. Jahrhunderts.

Die Dimension des Kämpfens und Sterbens auf den Feldern um Leipzig sowie die politische Tragweite des Sieges der Verbündeten für Mitteleuropa waren so außerordentlich, dass schon am letzten Tag der Schlacht das Wort von der „Völkerschlacht" geprägt wurde. Der preußische Offizier Karl Friedrich von Müffling benutzte es in seiner Berichterstattung, wobei die Bezeichnung „Völker" sich noch traditionell auf die Kriegsvölker bezog und (noch) nicht im Sinn nationaler Abgrenzungen benutzt wurde.

Unumstritten war sogleich, dass die Leipziger Völkerschlacht ins Gedächtnis der Völker eingehen würde. Dies zeigte sich fast unmittelbar an der reichhaltigen Publizistik zur Schlacht, in der die Beschreibung der Ereignisse und die Niederschrift von Erinnerungen einen großen Stellenwert hatten. Die Niederlage Napoleons wurde aber auch über Ereignisbilder, die einzelne Abschnitte der Schlacht ebenso wie das namenlose Elend danach darstellten, sowie über Karikaturen verbreitet. Deren bekannteste ist wahrscheinlich die Darstellung des Kaisers der Franzosen als Nussknacker, der sich an der mit „Leipzig" beschrifteten Nuss die Zähne ausbeißt. Auch in Liedern und Gedichten wurde der Ereignisse gedacht, und dass auch in Schottland ein Lied mit dem Titel „Buonapartes Gallop from Leipsic" binnen kurzer Zeit in Miltärmusik-Sammlungen Eingang fand, obwohl britische Truppen nur in Form einer einzigen Raketenbatterie in Leipzig präsent waren, zeigt, dass die Schlacht von Leipzig zweifellos europäisches Aufsehen erregte.

Anhand der fast direkt nach der Völkerschlacht aufkommenden Debatte um die Materialisierung der Erinnerung in Form eines Denkmals lässt sich der Konflikt um die Deutung des Sieges, um seine Konsequenzen und damit auch um die Art der Erinnerung an die Schlacht gut nachvollziehen. Im deutschsprachigen Raum war es Ernst Moritz Arndt, der mit seiner 1814 publizierten Schrift „Ein Wort über die Leipziger Schlacht" den Sieg über Napoleon als Chance der politischen Einigung Deutschlands darstellte und zugleich den Gedanken eines monumentalen Völkerschlachtgedächtnisses propagierte – ein 200 Fuß hoher, von einem kolossalen Kreuz gekrönter Erdhügel, ein „ächt germanisches und ächt christliches Denkmal" sollte es sein, das in seiner Größe dem Kölner Dom ebenbürtig sein und kommende Generationen zur Erinnerung an die Teilnehmer des Freiheitskrieges gegen Napoleon mahnen würde.

Schnell schlossen sich andere Publizisten an, Künstler griffen in die Debatte ein, und in der Folge wurden der Öffentlichkeit zahllose Denkmalkonzepte präsentiert. Dabei kreisten Texte, Entwürfe und Reden auch und gerade um die Frage: Sollen Fürsten und Feldherren oder die Kämpfer selbst im Zentrum des Gedenkens stehen? Soll ein deutsches oder ein Denkmal der Verbündeten entstehen, also ein in letzter Konsequenz europäisches Monument? Damit verbunden war das Problem der Formensprache – sollte sie „germanisch" sein, wie Ernst Moritz Arndt anregte, gotisch (als Sinnbild „deutscher" Blütezeit im Mittelalter), oder klassizistisch als Bezug auf gemeinsame europäische Wurzeln? Für letzteres plädierte etwa der Architekt Friedrich Weinbrenner, während andere eine gotische Gedächtniskirche vorschlugen. Für die klassizistische Variante trat auch sein Kollege Leo von Klenze mit seinem Entwurf eines „Denkmals auf den Weltfrieden" (1814) ein, der mit Formen eines antiken Tempels auf die gemeinsame Grundlage europäischer Kultur rekurrierte und damit die anderen Nationen in die Memorialfunktion des Denkmals einschloss: „Das Denkmal, durch das geeinte Europa erstellt, wird auch sein gemeinsamer Besitz sein. Errichtet in der Mitte des Kontinents, soll es zur Feier paneuropäischer Feste dienen [...]. Die Nationen werden hier den symbolischen Ort ihrer Vereinigung finden".

Keiner der Entwürfe wurde freilich realisiert. Der Grund hierfür lag nicht etwa im den jahrelangen Kriegen geschuldeten Geldmangel; viel bedeutsamer für das Scheitern war der unterschwellige Kampf um die Deutungsmacht der Völkerschlacht, der sich schon in den Denkmalsplänen abzeichnete: Vor allem der 18. Oktober als entscheidender Tag der Völkerschlacht wurde zum Fest der im Kontext der Kriege gegen Napoleon im deutschen Sprachraum erstarkten nationalen Bewegung, die Schlacht zur „Rettungsschlacht", zur „zweiten Hermannsschlacht" stilisiert. So wurde der 18. Oktober 1814 als „Nationalfest der Teutschen" mit zahllosen Gottesdiensten, Umzügen, Festreden und Versammlungen gefeiert. Insbesondere im nichtpreußischen Deutschland entzündete man bei Einbruch der Dunkelheit hunderte von Höhenfeuern, die als Freudenzeichen den Sieg feiern und über die Grenzen der deutschen Einzelstaaten hinweg anzeigen sollten, dass in Deutschland nur noch ein Gefühl und ein Gedanke herrschte: der Gedanke deutscher Brüderlichkeit und Einheit. Noch hoffte man in den deutschen Staaten, dass die Verhandlungen in Wien zur nationalen Einigung dieser Länder führen würden. Und noch nachdem der Wiener Kongress für die deutsche Nationalbewegung mit einer Enttäuschung zu Ende gegangen war, wurde die Erinnerung an die Leipziger Schlacht als Sinnbild nationalen Aufbruchs verstanden, wie ihn die Freiwilligenverbände des Jahres 1813 symbolisierten. Bestes Beispiel dafür war das Wartburgfest der deutschen Burschenschaften 1817, bei dem allerdings und charakteristischerweise auch antifranzösische Haltungen mit der Verbrennung des Code Napoléon deutlich inszeniert wurden.

Ebenso wie die deutsche Nationalbewegung reklamierten freilich die deutschen Fürsten, allen voran Friedrich Wilhelm III. von Preußen, und die anderen europäischen Monarchen den Sieg für sich. Zu den Ergebnissen des Wiener Kongresses zählte zwar die Heilige Allianz zwischen Russland, Österreich und Preußen, aber keineswegs ein gemeinsames Gedenken. Vielmehr ließen die siegreichen Monarchen jeweils eigene Denkmäler als Erinnerungsorte (im engeren Sinn) für den Sieg über Napoleon und Frankreich aufrichten: In Berlin entstand zwischen 1818 und 1821 das gotisierende Kreuzbergdenkmal als königliches Dankmonument, an dem die Völkerschlacht zitiert und durch eine Figur symbolisiert wird, das aber als Erinnerungszeichen für den gesamten Krieg 1813 bis 1815 gedacht war und insgesamt zwölf Schlachten und Gefechte darstellt. Die „Berlinischen Nachrichten" bezeichneten das Monument nach seiner Einweihung im März 1821 als „das Mutter-Denkmal aller der einzelnen" Denkmäler auf den Schlachtfeldern von 1813 bis 1815. In München wurde 1833 am Jahrestag der Leipziger Schlacht auf Initiative König Ludwigs I. ein Obelisk als Denkmal für die 30 000 Bayern eingeweiht, die 1812 mit der Grande Armée Napoleons in Russland untergegangen waren. Am 50. Jahrestag der Völkerschlacht 1863, der auch an anderen Orten Deutschlands feierlich begangen wurde, weihte man in Bayern die klassizistische Befreiungshalle bei Kehlheim, die der König den Befreiungskämpfern von 1813 bis 1815 widmete. In der Habsburgermonarchie ließ Kaiser Franz I. in Wien das Äußere Burgtor in klassizistischer Formensprache errichten, das am 18. Oktober 1824 in Erinnerung an die Völkerschlacht bei Leipzig eröffnet wurde. Das Tor trägt den Wahlspruch des Kaisers: „Iustitia regnorum fundamentum". Und zum Jahrestag der Schlacht 1863 legte man, wiederum in Wien, den Grundstein für das vier Jahre später enthüllte Denkmal zu Ehren des Fürsten Karl von Schwarzenberg, des Oberbefehlshabers der verbündeten Armeen vor Leipzig.

In Russland dagegen spielte der Sieg bei Leipzig in der Erinnerung eine allenfalls untergeordnete Rolle gegenüber der Schlacht bei Borodino, in der russische Truppen unter Kommandeur Kutusow 1812 Napoleon am Weitermarsch auf Moskau hindern wollten. Obwohl ihnen dies nicht gelang und beide Seiten schwere Verluste erlitten, läutete die Schlacht den Anfang vom Ende des Feldzugs der Grande Armée ein. Dieses Ereignis, das russische Literaten von Puschkin über Lermontow bis zu Lew Tolstoi verewigten, dem Peter Tschaikowski eine dramatische Ouvertüre und zahlreiche Maler großformatige Bilder widmeten, wurde seit 1839 durch eine Zarenresidenz mit musealem Charakter auf dem Schlachtfeld memoriert. Auch die Errichtung der Moskauer Christ-Erlöser-Kathedrale (Grundsteinlegung 1817, Einweihung 1883) war dem Andenken des Kampfes gegen Napoleon gewidmet, erinnerte aber in erster Linie an den Vaterländischen Krieg von 1812 und insbesondere an die Schlacht von Borodino.

In Großbritannien wurde im 19. Jahrhundert die Erinnerung an die Siege über Napoleon ebenfalls gepflegt, allerdings, und das ist wenig verwunderlich angesichts der Schauplätze englischer Kriegsbeteiligung, spielt Leipzig dabei keine Rolle. Vielmehr waren es hier Trafalgar (Trafalgar Square mit Denkmal zu Ehren Admiral Nelsons, entstanden in den 1820er Jahren) und Waterloo – man denke an die 1816 in Waterloo Bridge umbenannte Straße in London, aber auch an die 1832 eingeweihte Waterloo-Säule in Hannover - die in der englischen Erinnerungskultur ihren Platz einnahmen. Großbritannien und sein Königshaus memorierten also die „eigenen" siegreichen Schlachten. Dazu gehört übrigens auch, dass sich im Empire der Stadtname „Waterloo" im 19. Jahrhundert einer so großen Popularität erfreute, dass es heute hunderte von Waterloos in der ganzen Welt gibt, in den USA, Australien, Kanada, Neuseeland, Trinidad und Surinam ebenso wie in Guyana und Sierra Leone.

Das Gedenken an die Völkerschlacht gestaltete sich in Frankreich naturgemäß noch einmal anders, war es doch eine Niederlage, die man zu erinnern hatte. Am Pariser Arc de Triomphe ist der Name „Leipzig" nicht zu finden. Schon für Napoleon selbst waren es die Schlachten von Borodino/Moskau 1812 und Waterloo 1815, die für seine endgültige Niederlage entscheidend waren, nicht Leipzig 1813. In etlichen französischen Napoleon-Biographien wird die Völkerschlacht deshalb auch eher beiläufig abgehandelt und spielt insgesamt in der ausufernden Literatur zur Napoleon-Zeit kaum eine Rolle. Nahmen sich bedeutende zeitgenössische Schriftsteller wie Stendhal und Victor Hugo der Schilderung der Schlacht von Waterloo an, so waren es für Leipzig um die Mitte des 19. Jahrhunderts die zwar beliebten, aber wesentlich weniger bedeutenden Émile Erckmann und Alexandre Chatrian. Aus ihren Federn stammt aber eine nichtsdestoweniger eindrucksvolle Schilderung des teilweise verzweifelten Kampfs französischer Truppen vor Leipzig und eine wohl nicht ganz zufällige Einschätzung der Schlacht durch den Protagonisten des Romans: „Gott bewahre mich, über die Deutschen Schlechtes zu sagen. Sie verteidigten die Unabhängigkeit ihres Vaterlandes, aber ich finde es unrecht, dass sie den Tag der Schlacht von Leipzig alljährlich festlich begehen. Wenn drei gegen einen stehen, hat man keinen Grund, sich zu rühmen".

Die europäische Dimension des Erinnerns, die im direkten Anschluss an die Schlacht und das Kriegsende eine mögliche Option gewesen war, verschwand also innerhalb weniger Jahre hinter den nationalen Weihestätten, genauso schnell, wie vor allem in den deutschen Staaten der Sieg von Leipzig von den beteiligten Fürsten vereinnahmt und in der Absicht, ihren Ruhm zu mehren, in Denkmälern festgeschrieben wurde. Die seit 1819 vehement betriebene Kriminalisierung der patriotischen Bewegung innerhalb des Deutschen Bundes trug ein Übriges dazu bei, dass dem demokratischen und nationalen Impetus des Völkerschlachtgedenkens in den deutschen Staaten die Spitze genommen wurde. Dem Stellenwert der Schlacht im Bewusstsein der Zeitgenossen und als Bezugspunkt der patriotischen Bewegung tat dies allerdings wenig Abbruch. Mit weniger deutlicher politischer Aussage, aber offensichtlich weiter dem Streben nach nationaler Einheit verpflichtet, blieb das Gedenken an die Schlacht einer breiten Öffentlichkeit auch in den folgenden Jahrzehnten präsent. Dies zeigte sich beispielsweise im Umgang mit den „Helden der Völkerschlacht" in allen deutschen Ländern; ein weiterer Indikator ist die Veröffentlichung zahlreicher Memoiren und Erinnerungen von Teilnehmern und Zeugen der Kämpfe um Leipzig, die anlässlich des Jubiläums von 1863 einen neuen Höhepunkt erlebte. Gesangs-, Turn-, Krieger- und Schützenvereine stellten sich mehr oder weniger offen in die Tradition der Völkerschlacht und damit der Befreiungskriege – nicht zufällig wurde „Lützows wilde verwegene Jagd" zum Volkslied, trieb der Kult um den so jung gefallenen Dichter Theodor Körner Blüten und stieg die Zahl der Genre- und Historiengemälde zur Schlacht gewaltig an.

Prominentster Ausdruck und in gewissem Sinn zugleich Abschluss dieses anhaltenden Erinnerns im Kontext des Strebens nach nationaler Einheit in den Ländern des Deutschen Bundes waren die Feiern aus Anlass des 50. Jahrestags der Völkerschlacht. Nachdem in Leipzig im Sommer 1863 das dritte deutsche Turnfest stattgefunden hatte, kam es in der Stadt im Oktober zum ersten Mal seit Jahrzehnten zu einer Feier, getragen von 210 Kommunen des Deutschen Bundes, an der Vertreter aus zahlreichen verschiedenen deutschen Staaten teilnahmen und auf der Forderungen nach Demokratisierung und nationaler Einheit aufgestellt wurden. Höhepunkt der von Tausenden besuchten Festlichkeiten war die Grundsteinlegung für ein nationales Denkmal der Völkerschlacht am 18. Oktober.

Dabei war in und um Leipzig in den fünf Jahrzehnten seit dem Sieg über Napoleon bereits eine durchaus differenzierte Denkmallandschaft entstanden. Das erste Denkmal im heutigen Leipziger Stadtgebiet hatten Bürger bereits zum ersten Jahrestag 1814 in Probstheida errichtet. Es handelte sich um ein großes Holzkreuz an der Stelle, an der die während der Schlacht abgebrannte Kirche des heftig umkämpften Ortes gestanden hatte, und es ist insofern beispielhaft, als das materialisierte Erinnern in Form von Denkmälern nach 1813 weitgehend in der Hand von Privatpersonen sowie von Vereinen, die in Leipzig selbst tätig waren, lag. So hatte sich bereits 1814 in Leipzig ein „Verein zur Feier des 19. Oktober" gegründet, der das jährliche Gedenken an den „Sturm auf Leipzig" pflegen wollte. Nach seiner Neugründung im

Jahr 1827 widmete sich der Verein vor allem der Sammlung von Erinnerungen von Überlebenden sowie der Errichtung von Gedenksteinen an den wichtigsten Stellen des Schlachtfelds – sieben Denkmale entstanden so zwischen 1847 und 1863, wobei seit 1857 auch ein Napoleonstein an dessen Hauptquartier erinnerte. 1861 entstand außerdem auf Initiative des Leipziger Juristen und Lokalhistorikers Theodor Apel ein ganzes System von Steinen, die an die wichtigsten Gefechte und Stellungen sowohl der Verbündeten als auch der Franzosen erinnern und diese Erinnerung in der mehr und mehr urbanisierten Landschaft bewahren sollten. Zusätzlich zu diesen privaten Initiativen hatte die Stadt Leipzig 1863 für Carl Friccius, einen namhaften Führer der Landwehrtruppen von 1813, ein Denkmal gestiftet.

Während also einerseits die Traditionen bürgerlich-nationalen Gedenkens an die Völkerschlacht gepflegt wurden, die in den Leipziger Denkmalsinitiativen ebenso wie in der Grundsteinlegung eines Nationaldenkmals zutage traten, wurde andererseits auch das obrigkeitlich-fürstliche Erinnern wachgehalten, das das Berliner Kreuzbergdenkmal auf die Formel gebracht hatte: „Der König rief, und alle, alle kamen" – eine Redewendung, die noch im 20. Jahrhundert zum Repertoire gebildeter deutscher Redenschreiber gehören sollte. Neuen Aufschwung erfuhr jene Traditionslinie der Erinnerung an die Völkerschlacht in den 50er Jahren des 19. Jahrhunderts, als der Traum von der nationalen Einigung unter preußischer Ägide die Völkerschlacht und die Befreiungskriege zu einem beliebten Forschungsgegenstand kleindeutscher Historiker wie Johann Gustav Droysen, Heinrich von Sybel und Gustav Freytag machte. Und 1871, als das Deutsche Reich preußischer Prägung dann schließlich gegründet wurde, waren die Befreiungskriege und die Völkerschlacht ein wichtiger historischer Bezugspunkt, obwohl das Deutsche Kaiserreich natürlich um einiges anders aussah, als sich das die Verfechter der nationalen Einheit von 1813 vorgestellt haben dürften. Zugleich aber liefen die Schlachten dieses erneuten Krieges gegen Frankreich der Völkerschlacht den Rang ab – Sedan 1870 ersetzte Leipzig 1813, und die Erhebung des Sedan-Tages zum nationalen Feiertag symbolisierte dies auch offiziell.

Erst um die Jahrhundertwende gewannen die Befreiungskriege und mit ihnen die Völkerschlacht in ihrer Funktion als nationale Erinnerungsorte der Deutschen noch einmal an Bedeutung. Die bildende Kunst entdeckte jene Zeit als Gegenstand wieder, nicht zuletzt im Zusammenhang mit den anstehenden hundertjährigen Jubiläen. Ein plastisches Beispiel ist Ferdinand Hodlers monumentales Bild in der Aula der Jenenser Universität von 1907, das den „Aufbruch der Freiwilligen" von 1813 darstellt. Jetzt erst, lange nach der Reichseinigung, fanden sich Wille und Geld, das 1863 begonnene, aber immer wieder verschobene und verhinderte Projekt eines nationalen Völkerschlachtdenkmals doch noch zu realisieren.

Die Initiative dazu ging allerdings erneut von Leipziger Bürgern aus, die sich 1894 zum „Patriotenbund" zusammenschlossen. Dieser Verein Leipziger Honoratioren rechnete sich zur immer entschiedener auftretenden sogenannten nationalen Opposition und wollte mit der Realisierung des Denkmals und der damit neu belebten Erinnerung an die Schlacht das verkümmert geglaubte Nationalgefühl im Reich fördern. Eine einigende Aufgabe wie die Schaffung eines gigantischen Völkerschlachtdenkmals sollte die von der nationalen Opposition bemängelte politische Zerrissenheit des Kaiserreichs überwölben. In einem organisatorischen Kraftakt entstand nun, finanziert aus Spenden tausender Deutscher, zwischen 1898 und 1913 das größte Denkmal Europas. Zugleich wurde mit der Einweihung Dutzender, vielleicht Hunderter von Jahrhundertsteinen auf die Schlacht rekurriert. Denkmal und Findlingsdenkmäler verstanden sich auch in ihrer Formensprache und plastischen Ausgestaltung als „germanisch", und ihre Einweihungen wurden als Zeichen vaterländischer Gesinnung verstanden und gefeiert. In England und Frankreich dagegen sah man mit Unverständnis und Misstrauen, was da architektonisch geboten wurde, und vor allem, wie Gedenken an den Sieg und Vorbereitung auf einen neuen Krieg ineinander gingen.

Interessant ist außerdem, dass Leipzig, im 19. Jahrhundert doch weitgehend ein deutscher Erinnerungsort, jetzt, an der Wende zum 20. Jahrhundert, auch in das Erinnern anderer Nationen einbezogen wurde. Dabei handelte es sich zum einen um die Österreicher, die zumindest seit 1866 aus einer deutschen Erinnerung an die Völkerschlacht ausgeschlossen waren. Noch bei der Grundsteinlegung für das nationale Völkerschlachtdenkmal 1863 anwesend, wurde Österreich bei den Sammlungen des Patriotenbundes zur Finanzierung des Baus nicht mehr berücksichtigt. Zum 100. Jahrestag entschloss man sich deshalb, in Leipzig an verschiedenen Stellen, an denen österreichische Truppen gekämpft hatten, fünf nahezu identische Denkmale zu errichten, die in Wien gefertigt worden waren. Auf russische Initiative hin wurde außerdem in den Jahren 1912/13 in Sichtweite des entstehenden Völkerschlachtdenkmals eine Gedächtniskirche als typisch russische Form des Erinnerungsmals erbaut, die an die russischen Einheiten erinnert und in der auch die sterblichen Überreste mehrerer russischer Offiziere ruhen. Von französischer Seite gab es (im Gegensatz zu anderen bedeutenden Erinnerungsorten) jedoch offenbar keine Initiative, das Gedenken an die Gefallenen der Schlacht zu materialisieren.

Die Erweiterung der Denkmallandschaft am Ende des 19. Jahrhunderts unter anderem im Zusammenhang mit der ersten Zentenarfeier der Schlacht ist im Übrigen eine Gemeinsamkeit, die die Völkerschlacht mit den beiden anderen großen Erinnerungsorten an die Niederlage Napoleons verbindet: Um Borodino entstanden in den Jahren 1911 und 1912 34 Regimentsmonumente, die das bereits vorhandene Ensemble aus dem Museum und dem Haus Kutusows ergänzten. Das Museum wurde modernisiert und um ein großes gemaltes Schlachtenpanorama erweitert. Im Jahr nach der Feier wurde außerdem ein Denkmal für die bei Borodino gefallenen Franzosen errichtet. Und in Waterloo, wo 1818 der preußische König und zwischen 1823 und 1825 der König der Vereinigten Niederlande mit dem Löwenhügel bereits Denkmäler hatten errichten lassen, entstand im Kontext der Hundertjahrfeiern ebenfalls ein großes Schlachtenpanorama, außerdem ein Napoleon-Museum in Le Caillou und ein Obelisk für Victor Hugo, der das Schlachtfeld besucht und literarisch verewigt hatte. Auch Leipzig hatte nun sein großes nationales Denkmal – im Unterschied zu Borodino und Waterloo wesentlich jünger und nicht auf Initiative eines Fürsten zustande gekommen –, umgeben von einer Vielzahl von Tafeln, Gedenksteinen und Grabstätten. Die Erinnerung wurde mehr und mehr institutionalisiert – ein europäisches Phänomen, das in seiner Umsetzung allerdings ganz den jeweils nationalen Traditionen verhaftet blieb. Eine weitere Gemeinsamkeit bestand darin, dass die Jahrhundertfeier der Ereignisse genutzt wurde, um die nationale Einheit zu beschwören und Kampfbereitschaft für kommende Kriege zu mobilisieren; ein Aspekt, der in Leipzig am offensichtlichsten gewesen sein dürfte. Die Napoleonischen Kriege waren in den jeweiligen nationalen Erinnerungen präsent, ohne dass sich daraus Verbindendes ergeben hätte, ganz im Gegenteil dienten sie – gerade am Vorabend des Ersten Weltkriegs und insbesondere angesichts der vielbeschworenen „Erbfeindschaft" zwischen Deutschland und Frankreich – zur Modellierung von Feindbildern.

Nach 1918 ist dann eine deutliche Veränderung in der Relevanz der Befreiungskriege und der Völkerschlacht als Erinnerungsort zu erkennen. Was schon für die Jahre nach dem deutsch-französischen Krieg von 1870/71 galt, galt für die Zeit nach dem Ersten Weltkrieg umso mehr. Neue Schlachten, neue Superlative liefen der Leipziger Schlacht in der deutschen Erinnerungslandschaft den Rang ab: Langemarck, Tannenberg, Verdun wurden nun zu Erinnerungsorten kriegerischen Opfermuts – oder sinnlosen Schlachtens, je nach Blickwinkel des Betrachters. Dieser Bedeutungsverlust lässt sich auch an der Nutzung des so schwer errungenen nationalen Denkmals für die Völkerschlacht ablesen. Es wurde zwar zum Ort des Kriegergedenkens und für Inszenierungen militärischer Traditionsverbände genutzt, aber mehr im Sinn einer gewaltigen Kulisse mit historischer Reminiszenz denn als wirkliche historische Referenz.

Auch für die Nationalsozialisten spielte die Völkerschlacht keine besondere Rolle als Erinnerungsort, obwohl die Identifizierung mit der Nation und dem Volk ja ein wesentliches Element nationalsozialistischer Ideologie war, der die Deutung der Völkerschlacht als Höhepunkt nationalen Abwehrkampfes durchaus hätte entgegen kommen können. Natürlich wurden die Befreiungskriege in diesem Sinn genutzt, man denke nur an Propagandafilme wie „Kolberg", aber eine besondere Rolle der Leipziger Schlacht lässt sich ebenso wenig feststellen wie eine besondere Rolle ihres Denkmals.

Nach dem Ende des Zweiten Weltkrieges erlebte die Völkerschlacht dagegen in der DDR zunächst eine Renaissance – Anfang der 50er Jahre, im Kontext von Bestrebungen zur Wiedervereinigung unter sowjetischer Führung, wurden die Befreiungskriege zur historischen Parallele stilisiert. Eine nationale Bewegung sollte von Ost nach West in ganz Deutschland entstehen, um die nationale Einheit herzustellen. In diesem Zusammenhang wurde auch der 140. Jahrestag der Völkerschlacht 1953 mit gewaltigem Aufwand begangen; vor dem Leipziger Denkmal fand eine der größten Massenveranstaltungen der 50er Jahre in der DDR statt, in deren Fokus die Wiedervereinigung Deutschlands stand. Infolge der Veränderung sowjetischer Deutschlandpolitik nach Stalins Tod verlor diese inhaltliche Instrumentalisierung der Völkerschlacht freilich in der offiziellen Propaganda bald wieder an Bedeutung und eine andere Deutung der Ereignisse um Leipzig im Herbst 1813, die vorher allenfalls unterschwellig vorhanden gewesen war, trat in den Vordergrund. Die große Kundgebung zum Schlachtjubiläum 1963 stilisierte die Ereignisse nunmehr zum Ursprung einer deutsch-russischen Waffenbrüderschaft und damit auch einer freundschaftlichen Beziehung zwischen beiden Völkern, die nun, in der DDR, ihr Ziel erreicht habe. Zugleich nutzte die politische Führung die Kundgebung, die Befreiungskriege mit ihren nationalen Utopien, deren „progressive Tradition", für die DDR zu beanspruchen.

Diese beiden Deutungselemente gingen in der DDR nie ganz verloren, obwohl sich eine Abschwächung der Erinnerung und ihrer Instrumentalisierung abzeichnete. Lässt sich beispielsweise in den 50er und dann wieder in den 70er Jahren noch eine Präsenz der Befreiungskriege in der bildenden Kunst erkennen, so war es doch vor allem Leipzig selbst, wo man sich diesem Thema widmete. Die Jahrestage der Schlacht wurden zwar regelmäßig begangen, aber die Feiern nahmen immer mehr einen regionalen bzw. lokalen Charakter an, wurden seit Ende der 70er Jahre über Leipzig hinaus kaum noch zur Kenntnis genommen. Das war freilich immerhin noch mehr als in der Bundesrepublik, wo die Befreiungskriege allgemein und die Völkerschlacht im Besonderen kaum eine Rolle in der öffentlichen Erinnerung spielten.

Auf lokaler Ebene in und um Leipzig ist die Erinnerung an 1813 dagegen bis heute präsent geblieben. Das zeigt sich unter anderem an der Erweiterung der bereits vorhandenen Denkmallandschaft. 1988 wurde ein russisch-preußisches Denkmal eingeweiht, bei dessen Durchsetzung örtliche Vereine das offizielle Geschichtsbild der DDR ausnutzten. Vor allem in den 80er Jahren konstituierten sich unter dem Dach des Kulturbundes mehrere Interessengruppen, die sich die Pflege der Erinnerung an die Schlacht und ihrer Gedenkstätten in verschiedenster Weise auf ihre Fahnen geschrieben hatten. Nach der Wende konnten sich diese Gruppen als Vereine konstituieren; die Sicherung alter und die Errichtung neuer Apel-Steine, der Denkstein für ein Massengrab in Möckern (1997) und andere Aktivitäten zeigen das bis heute wache Interesse an der Leipziger Denkmallandschaft zur Völkerschlacht. Insbesondere das Engagement für die Restaurierung des Völkerschlachtdenkmals mit Blick auf das Jubiläum 2013 unterstreicht die Bedeutung, die sowohl Stadt und Region Leipzig wie auch viele Leipziger Bürger und Bürgerinnen dem Denkmal und damit auch der Erinnerung an die Schlacht selbst beimessen.

Dieser Befund für Leipzig verbindet die Völkerschlacht als Erinnerungsort ein weiteres Mal mit Borodino und Waterloo: Zwar verliefen die Konjunkturen der Erinnerung und deren politische Instrumentalisierung durchaus verschieden. In Borodino wird seit dem Zweiten Weltkrieg auch der Kampf um Moskau zwischen Roter Armee und deutscher Wehrmacht memoriert, und die Verknüpfung zwischen Vaterländischem Krieg 1812 und Großem Vaterländischen Krieg 1941 bis 1945 legt schon die Begrifflichkeit nahe. In Waterloo dagegen waren die 50er Jahre wohl ein Tiefpunkt der Erinnerungskultur, was sich unter anderem am zeitweise geplanten Verkauf des Wellington-Museums der Stadt in die USA dokumentiert. Aber gemeinsam ist allen drei Erinnerungsorten, dass auf lokaler Ebene und in bestimmten Kreisen der Öffentlichkeit das Gedenken nie abgebrochen ist und auch in seiner materialisierten Form des Denkmals bzw. der Gedenktafel bis heute erweitert wird.

Alle drei Orte sind mittlerweile keine nationalen Weihestätten mehr, aber wohl mehr denn je touristische Attraktionen: Die vorhandenen Denkmäler und Museen werben für einen Besuch, es werden Rundgänge und Rundfahrten auf den Schlachtfeldern angeboten, ja ganze Reisearrangements, die Schlachterfahrungen nachvollziehbar machen sollen. Als Publikum, das sich mit den Örtlichkeiten auch die Erinnerung an die Ereignisse erschließen soll, sind dabei nicht allein oder sogar nicht einmal in erster Linie Durchschnittsbürger und Touristen allgemein im Visier. Es gibt vielmehr national wie international unterschiedliche Gruppen, die mit je unterschiedlichen Angeboten angesprochen werden sollen.

Dabei ist etwa an *Reenactment*-Gruppen zu denken, die sich für und in jährlichen Events anlässlich der Jahrestage der Schlachten engagieren. In Leipzig gab es erste Ansätze zum Nachstellen historischer Schlachtszenen schon Ende der 80er Jahre; seitdem wachsen die Zahl der Akteure und die Internationalität der Teilnehmer. Unter Zinnfigurensammlern gehören alle drei Orte zu den populären Sujets; man kann von entsprechender Literatur über die Ausrüstung und Ausstattung der kämpfenden Truppen bis zu fertigen Dioramen ein fast unüberschaubares Angebot wahrnehmen und sich auf diese Weise mit dem Ereignis beschäftigen. Dies ebenso wie die Präsenz von umfangreichen Einträgen zu allen drei Schlachten in „Wikipedia" – zur Völkerschlacht beispielsweise in 34 Sprachen, von denen acht ausführliche Informationen bieten – zeigen ein durchaus vorhandenes Interesse an den Ereignissen. Dabei dominieren freilich militärgeschichtliche Perspektiven; die Völkerschlacht ist im Web vorrangig als militärgeschichtlicher Superlativ präsent: ihre Dauer, die notwendigerweise komplexen Strategien, die Zahl und Größe der involvierten Heere und die immense Opferzahl sind Elemente, die sowohl ein im engeren Sinn militärgeschichtliches wie ein am Superlativ orientiertes allgemeines Interesse begründen. Auch die offenbar ungebrochene Faszination, die von der historischen Gestalt Napoleon für eine breitere Öffentlichkeit ausgeht, trägt zur Erinnerung an die großen Schlachten seiner Zeit bei. Dass für die Völkerschlacht wie für Waterloo und Borodino Video- und PC-Spiele entwickelt wurden, sei nur noch am Rande angemerkt.

Die Erinnerung an die Völkerschlacht ist also keineswegs verloren oder nur auf einen kleinen Raum um Leipzig begrenzt. Aber von der historischen Sinnstiftung auf nationaler Ebene, für die die Schlacht im 19. Jahrhundert von so großer Bedeutung war, sind Ort und Ereignis mittlerweile weit entfernt. Die Völkerschlacht, das zeigen schon die wenigen Ausblicke auf die Erinnerungsorte Borodino und Waterloo, kann als europäischer Erinnerungsort eigentlich nur pars pro toto angesehen werden: Mit den Befreiungskriegen erinnern viele europäische Nationen seit 200 Jahren vor allem eine in verschiedenen Ausprägungen erkennbare Zäsur in der Herausbildung nationalen Selbstverständnisses. Sie ist untrennbar mit den

Kämpfen des Napoleonischen Zeitalters verbunden, die als einheitsstiftendes und zugleich national abgrenzendes Großereignis gelten müssen.

Die Leipziger Völkerschlacht wie die Schlacht von Borodino und Waterloo standen im 19. Jahrhundert für die Mehrzahl der sich allmählich herausbildenden Nationen für einen Akt der Befreiung von einer als nicht legitim empfundenen Fremdherrschaft, für die Abwehr eines massiven Angriffs von außen und schließlich für das Ende einer politischen und militärischen Ära. Freilich wurde gerade der Aspekt der Befreiung schnell durch fürstlich-staatliche Autoritäten kanalisiert, indem man versuchte, Erinnerung durch Denkmale, Texte und Bilder zu besetzen und den Sieg als Sieg des Fürsten zu deuten und zu nutzen. Die Erinnerung an die Leipziger Völkerschlacht wurde im 19. Jahrhundert auf nationaler Ebene instrumentalisiert zur Schaffung und Wahrung nationaler Feindbilder. Die Befreiungskriege als Geburt eines „Volkes in Waffen", das wurde nicht zuletzt bei der Weihe des Völkerschlachtdenkmals 1913 noch einmal deutlich, trugen zur Legitimierung fast aller Kriege des 19. Jahrhunderts bei. Nach dem Ersten Weltkrieg verlor die Erinnerung an die Völkerschlacht im deutschsprachigen Raum sichtlich an Relevanz, und ein Aspekt rückte mehr ins Zentrum, der früher eher am Rande thematisiert worden war:

Neben Kriegserfahrung und Heldenkult trat in der Erinnerung die mit dem Sieg verbundene Friedenssehnsucht deutlicher hervor. Lange Zeit dominierte die Erinnerung an die Helden und Sieger über Napoleon, obwohl schon früh auch das Element der Mahnung zum Frieden angesichts der Schrecken des Krieges zitiert wurde. Man denke an Klenzes Denkmalentwurf von 1814; Theodor Apel wollte mit seinen Steinen in Leipzig „Kunde geben von Kampf und Krieg, das heißt vom entsetzlichsten Unheil, zu welchem Menschen die ihnen gegebenen Kräfte gemißbraucht". Reichspräsident Friedrich Ebert nahm wohl implizit Bezug auf die Rolle, die die Völkerschlachterinnerung gerade im unmittelbaren Vorfeld des Ersten Weltkriegs noch einmal für die mentale Kriegsvorbereitung einer ganzen Nation gespielt hatte, als er 1921 das Völkerschlachtdenkmal zum Friedensdenkmal erklärte, eine Deutung freilich, die sich nicht durchsetzen konnte. Auch in der direkten Nachkriegszeit bis hin zum 1952 gedruckten Denkmalprospekt „Völkerschlachtdenkmal Leipzig – Mahnmal für den Völkerfrieden" und wieder in den achtziger Jahren spielte in der Erinnerung an die Völkerschlacht die Verbindung mit einem Bekenntnis zum Frieden eine Rolle. Und heute haben sich Vereine, die sich dem Nachstellen der Schlacht oder der Unterstützung des Denkmals widmen, ebenfalls Frieden und Völkerverständigung auf die Fahnen geschrieben.

Ähnliche Tendenzen zur Neudeutung der Erinnerung zeichnen sich auch in Waterloo ab, das perspektivisch in einen vom Leipziger Museum propagierten Verbund europäischer Friedensdenkmale einbezogen werden soll, dem gerade auch Gedenkstätten für große Schlachten der europäischen Geschichte angehören sollen. Ausgangspunkt ist, dass der Schrecken der hier erinnerten Schlachten ihre Denkmäler dazu prädestiniert, als europäische Friedensmale, als Mahnung zu Frieden, Freiheit, Völkerverständigung und europäischer Einigung zu fungieren.

Die Völkerschlacht bei Leipzig als Erinnerungsort wird von dieser „Umerinnerung" weniger betroffen sein, nicht zuletzt deshalb, weil sie ja schon als Erinnerungsort auf nationaler Ebene ihre Bedeutung fast vollständig verloren hat. Im europäischen Kontext ist Waterloo der bedeutsamere Erinnerungsort für die Napoleonische Ära und ihre Kriege; unter anderem spielt der anhaltende Napoleon-Kult eine große Rolle für die Popularität gerade dieses Erinnerungsortes. Im regionalen Rahmen Leipzigs und Sachsens jedoch hat die Völkerschlacht noch immer einen kaum zu überschätzenden Stellenwert für die Konstruktion historischer Identität.

Literaturhinweise

Mark ADKIN, The Waterloo companion. London 2001.

Dieter DÜDING, Das deutsche Nationalfest von 1814. Matrix der deutschen Nationalfeste im 19. Jahrhundert, in: DERS. u. a. (Hrsg.), Öffentliche Festkultur. Politische Feste in Deutschland von der Aufklärung bis zum Ersten Weltkrieg, Reinbek 1988, S. 67–88.

Émile ERCKMANN/Alexandre CHATRIAN, Ein Soldat von 1813. Berlin/Weimar 1985 (frz. Originalausgabe Paris 1864).

Peter HUTTER, „Die feinste Barbarei". Das Völkerschlachtdenkmal bei Leipzig. Mainz 1990.

Katrin KELLER/Hans-Dieter SCHMID (Hrsg.), Vom Kult zur Kulisse. Das Völkerschlachtdenkmal als Gegenstand der Geschichtskultur. Leipzig 1995.

Jan N. LORENZEN, 1813 – Die Völkerschlacht bei Leipzig, in: DERS., Die großen Schlachten. Mythen, Menschen, Schicksale. Frankfurt a.M. 2006, S. 101–140.

Steffen POSER, Denkmale zur Völkerschlacht. Leipzig 2009.

Steffen POSER, „Soll es gesehen werden, so muß es groß und herrlich seyn …". Völkerschlacht-Erinnerung und Ideen für ein Völkerschlachtdenkmal, in: Volker RODEKAMP (Hrsg.), Völkerschlachtdenkmal. Altenburg [2]2004, S. 44–63.

Kristin Anne SCHÄFER, Die Völkerschlacht, in: Etienne FRANÇOIS/Hagen SCHULZE (Hrsg.), Deutsche Erinnerungsorte, Bd. 2. München 2001, S. 187–201.

Marianne VOGEL, Völkerschlacht und kollektives Gedächtnis – vom Ende des Deutschen Kaiserreiches bis heute, in: Waltraud WENDE/Lars KOCH (Hrsg.), Krieg und Gedächtnis. Ein Ausnahmezustand im Spannungsfeld kultureller Sinnkonstruktionen. Würzburg 2005, S. 26–41.

Die Zeit der Befreiungskriege und die Leipziger Völkerschlacht in Malerei, Graphik und Plastik. Ausstellung anlässlich des 175. Jahrestages der Völkerschlacht bei Leipzig. Leipzig 1988.

Maria Efthymiou
Messolongi

Als Pierre Larousse im Jahre 1865 sein berühmtes Lexikon „Grand Dictionnaire Universel du XIXe siècle" in Paris veröffentlichte, spiegelte er mit dem Eintrag „Missolonghi/ Missolonghi (siéges de)" die Sympathie wider, die die Europäer für die kleine Hafenstadt an der Westküste Griechenlands und ihre Rolle im griechischen Unabhängigkeitskrieg empfanden. Vierzig Jahre nach dem tragischen Fall der Stadt hielt Larousse es für angebracht, Messolongi einen langen, detaillierten und gefühlvollen Text zu widmen, in dem voller Enthusiasmus der Belagerten und deren dramatischen Durchbruchs durch die Reihen der Belagerer (1826) gedacht wurde.

Ein Jahrhundert später sah dies bereits anders aus. Die im Jahre 1971 erschienene Auflage der „Brockhaus Enzyklopädie" beinhaltete lediglich einen kurzen, auf Fakten reduzierten Text: „Mesolongion [...] war im griech. Freiheitskampf [...] eines der Hauptbollwerke, gegen das die Türken von Nov. 1822 bis Jan. 1823 und seit April 1825 vergeblich anrannten. Im April 1826 gelang einem Teil der Belagerten ein Durchbruchsversuch, die übrigen sprengten die Feste in die Luft. 1829 wurde M. von den Türken übergeben [...]". Ähnlich verhält es sich mit der im Jahre 1989 erschienenen Auflage der „New Encyclopaedia Britannica": „Die Stadt steht in enger Verbindung mit zwei Heldentaten im griechischen Unabhängigkeitskrieg (1821-1829) und mit dem englischen Dichter Lord Byron, der dort im Jahre 1824 an Fieber starb [...]".

Obwohl die Gefühle, die heute für Messolongi gehegt werden, sicher eine andere Intensität haben als früher, bleibt die Stadt ein die Europäer vereinender Erinnerungsort. So hat auch heute noch die Aussage von Gilbert Hess (2005) seine Richtigkeit, der das Messolongi des 19. Jahrhunderts als einen Topos beschrieb, der für die klassischen und romantischen, politischen und religiösen sowie antikisierenden und utopischen Werte der westlichen Welt steht.

In der Tat erwies sich entgegen allem Anschein der Moment, an dem es zur Griechischen Revolution kam, als der bestgeeignete Zeitpunkt, um die Europäer wieder für Griechenland zu interessieren. Sechs Jahre nach dem Ende der napoleonischen Kriege hatte sich die politische, ideologische und diplomatische Landschaft in Europa stabilisiert, war aber im Begriff, sich erneut einschneidend zu wandeln. Russland war entschlossener denn je, seine Vorherrschaft im östlichen Mittelmeerraum auszubauen, in einer Region also, in der der Großteil der Bevölkerung ebenfalls der orthodoxen Kirche angehörte. Großbritannien, stärker denn je, verfolgte jedoch genauso unbeirrt sein Ziel, Russland keinen weiteren Einfluss im östlichen Mittelmeerraum oder gar die Kontrolle über Gebiete zu gewähren, die zum zusammenbrechenden Osmanischen Reich gehörten. Frankreich, gedemütigt durch seine Niederlagen in den napoleonischen Kriegen, bemühte sich um neue Interessenssphären. Die Entwicklungen im östlichen Mittelmeerraum waren also auch für Frankreich ein geeignetes Feld sowohl für diplomatische Präsenz als auch für Aktivitäten.

Folglich war die Orientalische Frage zu Anfang der 1820er Jahre wieder sehr aktuell. Mit dem Ausbruch des griechischen Unabhängigkeitskriegs gewann sie weiter an Bedeutung, zumal die dramatischen Entwicklungen sowohl weniger robusten als auch lang bewährten Strukturen ein abruptes Ende zu setzen drohten, wodurch die Orientalische Frage zu einer Angelegenheit von internationaler Bedeutung wurde.

Während dies sicher darauf zurückzuführen ist, dass sich der griechische Unabhängigkeitskrieg in einem kritischen Moment der Orientalischen Frage entzündete, dürften kulturelle, ideologische und politische Gründe dieses Interesse noch weiter gestärkt haben: Nicht zu vergessen ist, dass es kein unbekanntes Volk war, das sich gegen die Osmanen erhob. Es waren Griechen, ein Volk, das immer noch auf der griechischen Halbinsel, auf den Inseln, in Kleinasien und am Schwarzen Meer lebte, also denselben Orten, an denen seine ruhmvollen Vorfahren vor Tausenden von Jahren gelebt hatten. Auch sprachen sie immer noch dieselbe griechische Sprache, eine unmittelbare Entwicklung aus dem Altgriechischen, das einen gewaltigen Einfluss auf die europäischen Sprachen und das europäische intellektuelle Leben hatte. Hinzu kam, dass es christliche Griechen waren, die gegen muslimische Osmanen „für Freiheit" und „gegen Tyrannei" kämpften – ein Ziel, das jedem angesichts der Erfahrung mit den Revolutionen in Nordamerika und Frankreich viel bedeutete.

De facto spiegelten sich die ideologischen Werte der damaligen westlichen Welt – der Kampf von Freiheit gegen Tyrannei, von Zivilisation gegen Barbarei, vom Christentum gegen den Islam, von Gerechtigkeit gegen Ungerechtigkeit – eins zu eins im griechischen Unabhängigkeitskrieg wider. Vor diesem Hintergrund verwundert es nicht, insbesondere wenn man noch den damals stark ausgeprägten Wunsch nach klassischer Vollkommenheit beziehungsweise romantischem Ausdruck berücksichtigt, dass viele Europäer und Amerikaner sich dem griechischen Unabhängigkeitskrieg verbunden fühlten. Manchen erinnerte er sogar an die Schlachten von Marathon und Salamis gegen die Perser.

Nach so vielen Jahren schien die Stunde der Griechen geschlagen zu haben. Wie in dem Gedicht „The Isles of Greece" des englischen Dichters Lord Byron zum Ausdruck kommt, erwarteten sowohl die Natur als auch die Geschichte, dass das moderne Griechenland seine Interessen durchzusetzen und wieder frei unter den Nationen der Welt zu stehen wusste: „The mountains look on Marathon – / And Marathon looks on the sea; / And musing there an hour alone, / I dream'd that Greece might still be free; / For standing on the Persians' grave, / I could not deem myself a slave".

Die Unterstützung, ja Identifikation der Europäer und Amerikaner mit den Griechen kann auf zwei Gründe zurückgeführt werden: Erstens auf die Verinnerlichung der ideologischen und sentimentalen Werte der damaligen Zeit, und zweitens auf den Eindruck, den die jüngsten historischen Erfahrungen hinterlassen hatten. Schon im ersten Jahr des griechischen Unabhängigkeitskriegs brachte der englische Schriftsteller Percy Bysshe Shelley dies klar auf den Punkt: „Wir sind alle Griechen. Unsere Gesetze, Literatur, Religion, Künste haben alle ihren Ursprung in Griechenland". Im gleichen Jahr schrieb der deutsche Theologe Karl Ilgen: „Wir Deutschen sehen in den Griechen uns selbst. Sie erinnern uns an die Zeit, als wir dem Joch der Franzosen entflohen". Für den deutschen Lyriker Friedrich Hölderlin hingegen wurde Griechenland nicht so sehr wieder belebt, sondern war vielmehr ein Deutschland in griechischer Kleidung.

Die Unterstützung der Griechen war jedoch nicht nur kulturell, sondern auch politisch motiviert: Für Südamerikaner, die in Unabhängigkeitskriege gegen die Spanier verstrickt waren, bedeutete die Unterstützung der Griechen das Ausleben ihrer eigenen Träume; den bereits unabhängigen Nordamerikanern erlaubte der griechische Unabhängigkeitskrieg, sich auf dem diplomatischen Parkett Südamerikas zu profilieren; liberalen Europäern schließlich ermöglichte der Konflikt, an der postnapoleonischen Neuordnung Europas indirekt Kritik zu üben. Für viele Franzosen würde eine Hilfestellung im griechischen Unabhängigkeitskrieg laut William St. Clair (1972) einen „möglichen Impuls für die Vereinigung der politischen Kräfte der Royalisten, Bonapartisten, Orleanisten, Liberalen mit den anderen Interessengruppen bedeuten, was ihnen das Nationalgefühl zurückgeben würde, das während des Krieges so stark und tröstend war".

Außenpolitische Ambitionen, historische Erfahrungen sowie die ideologische und religiöse Identifikation mit Griechenland bildeten in den 1820er Jahren eine ideale Basis, um eine philhellenische Bewegung aufleben zu lassen. In der Tat ist es, wie Gilbert Hess (2005) es in Bezug auf den griechischen Unabhängigkeitskrieg formulierte, „geradezu unmöglich, eine andere Unabhängigkeitsbewegung im 19. Jahrhundert zu nennen, die über einen so langen Zeitraum von so vielen Menschen in Europa unterstützt wurde".

Doch als die Griechen im Jahre 1821 mit ihrem Aufstand begannen, stand ihnen keiner zur Seite, nicht einmal Russland, auf das so viele gehofft hatten. Die Revolte nahm am Schwarzen Meer und entlang der Donau ihren Anfang; bald folgten Erhebungen in Konstantinopel und Thrakien, auf Kreta, in Mazedonien, auf Zypern und entlang der Küste Kleinasiens. Überall wurden die Aufstände niedergeschlagen, lediglich im Süden der griechischen Halbinsel – auf der Peloponnes, in Zentralgriechenland und auf den kleinen Inseln der Ägäis – sollte die Revolution in den nächsten sieben Jahren präsent bleiben. Diese Erhebungen aber verloren bald an Intensität, da sich interne Konflikte zu einem Bürgerkrieg entwickelten und die Osmanen Ägypten um militärische Hilfe baten. Im Jahre 1824 landete Ibrahim, ältester Sohn von Muhammad Ali Pascha, dem osmanischen Vizekönig von Ägypten, mit seiner imposanten Armee auf der Peloponnes – eine moderne, gut ausgerüstete Armee von Arabern, die unter der Aufsicht französischer Offiziere und Ingenieure stand und allen Widerstand im Süden der Halbinsel schnell niederschlug, Bäume und Felder abbrannte, Hunderte von Dörfern und Städten plünderte und dann Richtung Norden nach Zentralgriechenland zog, um dort dasselbe zu tun. Hier galt es zwei bedeutende Bollwerke einzunehmen: Athen mit seiner Akropolis im Osten und Messolongi im Westen.

Die Verteidigung Messolongis galt von Anfang an als eine der größten militärischen Herausforderungen. Dieser kleine Hafen, am Ufer einer lang gestreckten Lagune gelegen, der den von den Engländern regierten Inseln des Ionischen Meeres direkt gegenüber lag, kontrollierte See- und Landwege von Norden nach Süden und von Westen nach Osten. In der Vergangenheit hatten die Osmanen versucht, Messolongi einzunehmen, waren aber immer gescheitert. Jetzt, im April 1825, war die türkisch-ägyptische Armee entschlossen, die Griechen ein für alle Mal zu besiegen. Die Belagerung der Stadt aber erwies sich als wesentlich schwieriger als erwartet, da sowohl die griechischen Militärkräfte als auch die Bewohner der Stadt alle feindlichen Bemühungen zunichte machten, die Stadt zu blockieren und ihre schwachen Wälle zu stürmen. Nach monatelangen harten Kämpfen drohten die Verteidiger aber schließlich doch nachzugeben, was nicht zuletzt darauf zurückzuführen war, dass sie keinerlei nennenswerte Unterstützung von ihren Landsleuten erhielten.

Trotzdem waren die Belagerten nicht bereit zu kapitulieren, nicht einmal, als kein Essen, kein Wasser, ja nicht einmal mehr eine Ratte in der Stadt aufzufinden war. Wie es George Finlay, ein Schotte, der an der Seite der Griechen kämpfte, über die Menschen von Messolongi formulierte: „Alle in dieser Stadt schienen von einer Liebe für politische Freiheit und nationale Unabhängigkeit inspiriert worden zu sein, und alle erwiesen sich als bereit, für diese Ideale zu sterben. [...] So durchdrang dann auch ein Heroismus jede Brust, wie er anderswo in Griechenland – vielleicht sogar in der Menschheitsgeschichte – nur selten anzutreffen war". Diese einzigartige Stimmung geht auch aus einem Brief hervor, den John James Meyer, ein schweizer Mitkämpfer auf griechischer Seite, wenige Tage vor dem Fall von Messolongi an einen Freund schrieb: „Unsere Anstrengungen und eine Wunde in der Schulter (als Vorbote einer größeren Verletzung, die mein Reisepass in die Unendlichkeit sein wird) haben mir bisher nicht erlaubt zu schreiben. Wir leiden schrecklich an Hunger und Durst; Erkrankungen tragen ihr weiteres zu diesem Unheil bei. Es ist ein erhebender Anblick, die Begeisterung und Hingabe in der Garnison trotz der Entbehrungen zu beobachten. [...] Aber es werden nur noch wenige Tage sein und diese Helden werden nur noch in der Erinnerung existieren. [...] Im Namen unserer tapferen Soldaten [...] wie auch in meinem eigenen Namen versichere ich, dass wir geschworen haben, Messolongi Fuß für Fuß zu verteidigen, keine Kapitulation zu akzeptieren und bereit sind, uns in den Ruinen der Stadt zu beerdigen. [...] Unsere letzte Stunde naht. Die Geschichte wird uns rechtfertigen, die Nachwelt wird weinen".

Tatsächlich nahm das Drama in den Morgenstunden des 10. (22., nach dem alten Kalender) April 1826 sein Ende, als griechische Kämpfer und Zivilisten versuchten, durch die Linien ihrer Belagerer zu brechen und Messolongi in die Hände seiner Gegner fiel.

Es war ein tragischer, schicksalsschwerer Moment im Verlauf des griechischen Unabhängigkeitskriegs. Keine Worte bringen die Gefühle der Griechen besser zum Ausdruck als die, die Kolokotronis, der alte und geehrteste aller griechischen Generäle, in seinen Memoiren verwendete, um zu beschreiben, wie er und die übrigen Teilnehmer der dritten Griechischen Nationalversammlung auf die Nachricht reagierten, dass Messolongi gefallen sei: „Wir erstarrten alle vor Trauer. Eine halbe Stunde herrschte völliges Schweigen. Keiner sprach, aber ein jeder dachte über das Ausmaß der Zerstörung nach".

Zu diesem Zeitpunkt der Trauer waren jedoch weder Kolokotronis noch seinen Landsleuten Einzelheiten über das Massaker bekannt: Dass 4000 bis 5000 Menschen beim Ausbruchversuch zu Tode gekommen waren; dass nur wenige überlebt hatten und in die umliegenden Berge hatten fliehen können; dass die türkische Armee als Beweis ihres Erfolgs 3000 Köpfe und zehn Fässer mit eingesalzenen Menschenohren nach Konstantinopel geschickt hatte; dass 3000 bis 4000 Frauen und kleine Jungen in die Sklaverei verschleppt worden waren; dass viele der Verteidiger der Stadt, als sie vom Feind umzingelt worden waren, es vorgezogen hatten, sich zusammen mit ihren Angreifern in den Tod zu sprengen.

Kolokotronis hatte Recht. Aus militärischer Sicht bedeutete der Fall von Messolongi das Zerschlagen des griechischen Unabhängigkeitskriegs. Aber gerade weil Messolongi das war, was es war, beziehungsweise fiel, wie es fiel, läutete die zerstörte Stadt, sowohl diplomatisch als auch politisch, das erfolgreiche Ende des griechischen Kampfes gegen die osmanische Vorherrschaft ein. Messolongi war eben nicht irgendeine Stadt, sondern die Stadt, die bis zu ihrem Fall im April 1826 türkischen Angriffen immer wieder erfolgreich Stand gehalten hatte. Als solche symbolisierte sie, insbesondere in philhellenischen Kreisen in Europa und Amerika, all das, wofür der griechische Unabhängigkeitskrieg stand. Die Ankunft von Lord Byron in Messolongi im Januar 1823, seine Bemühungen, die Verteidigungskraft der Stadt zu stärken, und sein dortiger Tod an Fieber im April 1824 stärkten den Symbolcharakter der Stadt und machten Messolongi schließlich zur berühmtesten Stadt des modernen Griechenland. Nicht zufällig betont auch Hess (2005) die Bedeutung dieser Stadt: „Über Nacht wurde Messolongi zur bekanntesten Stadt des modernen Griechenland, zum Zentrum des europäischen Philhellenismus, zum Symbol des griechischen Unabhängigkeitskriegs, zugleich aber auch ein Ort, auf den Dichter klassische und romantische Ideale projizieren konnten". Oder, wie Douglas Dakin (1955) es ausdrückte: „Messolongi, diese armselige und unbedeutende Stadt im Westen von Griechenland [...]. Nur weil Byron dort starb, zwei Belagerung abgewehrt wurden, und es schließlich, im April 1826, zum tragischen Fall der Stadt kam, wird sie heute, man kann es nicht anders sagen, als Schrein des griechischen Unabhängigkeitskriegs verehrt".

Aber es war genau wegen dieser letzten, schicksalsschweren Belagerung, dass das Auge der westlichen Welt auf Messolongi fiel. Monatelang berichtete die europäische und amerikanische Presse über die Blockade der Stadt; als diese sich dem Ende näherte, füllte das Thema sogar ganze Seiten. Das Mitgefühl der Leser baute sich hierbei gerade durch Zeugen- und Korrespondentenberichte immer weiter auf.

So verwundert es nicht, dass neben Königen, Königinnen, Prinzessinnen, Bankiers und anderen Reichen auch viele einfachere Menschen, etwa Bauern, Bedienstete und Handwerker, den Spendenaufrufen folgten und Geld für den griechischen Unabhängigkeitskrieg zur Verfügung stellten. Das gleiche galt für die zahlreichen unbekannten und berühmten Bildhauer und Maler, darunter Eugène Delacroix, die Hunderte von Kunstwerken mit Messolongi als Motiv schufen, um finanzielle und moralische Unterstützung für Griechenland und den Freiheitskampf zu erhalten. Genauso wurden etliche neue Theaterstücke, die sich mit dem Schicksal Messolongis befassten, auf Europas Bühnen aufgeführt; nicht selten wurde hierbei von spektakulären Feuerwerkseffekten Gebrauch gemacht, um dem Publikum einen möglichst realitätsnahen Eindruck der Belagerung zu vermitteln. Nicht zu vergessen sind natürlich auch die Hunderte von Gedichten, die unbekannte, aber auch so berühmte Dichter wie Johann Wolfgang von Goethe, Alphonse de Lamartine und Victor Hugo neben König Ludwig I. von Bayern, Politikern und Studenten zu Papier brachten. Einer der produktivsten philhellenischen Dichter war der deutsche Lyriker Wilhelm Müller, der in seinem kurzen Leben nicht weniger als fünfzig Gedichte mit Bezug auf Griechenland schrieb, hierunter allein vier zu Messolongi. In dem Gedicht „Die Veste des Himmels" setzte sich Müller mit der Belagerung der Stadt auseinander. Insbesondere thematisierte er hierbei den Kampf des Christentums gegen den Islam, wie aus dem folgenden Auszug hervorgeht: „Missolunghi, Stadt der Helden, / laß' die Kreuzesfahne wehn! / Zähle nicht die Ungezählten, / die vor deinen Mauern stehn!"

In dem Gedicht „Missolunghi's Himmelfahrt" beschrieb er dann den Fall der Stadt als deren Aufstieg in den Himmel: „Missolunghi, du gefallen? / – Nein, gefallen bist du nicht, / Bist in donnerndem Triumphe / auf der Blitze Flammenlicht / In den Himmel aufgeflogen, / Stein und Erde, Thurm und Wall, / Siegeswaffen, Heldenglieder, / alles auf in einem Knall!"

Wenn man zudem dem 1839 von Hans Ferdinand Massmann veröffentlichten anonymen Gedicht „Missolunghi und Stanbul" von 1826 glaubt, dann scheint es, dass Europa in den 1820er Jahren in Messolongi ein „neues Jerusalem", besser gesagt: ein „neues Saragossa" für sich entdeckt hatte: „Missolunghi, heil'ge Mauern, / Christlich's Saragossa neu. / Nein, ich will nicht länger trauern, / Will dich singen, immer neu / Segen nur vor deiner Treu."

Tatsächlich erlaubte diese Leidenschaft, aber insbesondere der rasende Heldenmut und die Hingabe der Verteidiger Messolongis den Philhellenen, die Schlacht der modernen Griechen mit Schlachten ihrer antiken Vorfahren zu vergleichen. Als Stadt aber, die erst am Ende des 16. Jahrhunderts gegründet worden, also eine relativ junge Stadt war, war die Verbindung zwischen Messolongi und dem Altertum nur schwer herzustellen. So konzentrierte man sich nicht so sehr auf die Geschichte der Stadt, sondern auf die Mentalität ihrer Einwohner, die aus Messolongi neue Thermopylen machten, die „alle wie König Leonidas I. von Sparta bei der Schlacht bei den Thermopylen starben" („Le Constitutionnel", 16. Mai 1826). Aus all diesen Gründen spielt die antike Vergangenheit Griechenlands in allen philhellenischen Kunstwerken und der einschlägigen Literatur in Bezug auf diese Stadt eine Hauptrolle.

Für die Türken und die Ägypter bedeutete die Einnahme von Messolongi nichts anderes als die Einnahme einer Stadt mehr. In den Feiern nach dem Sieg blieb dann auch nur ein türkischer General nachdenklich und artikulierte im Hinblick auf die Zukunft: „Jetzt bekämpfen wir nicht mehr allein die Griechen, sondern ganz Europa".

Er sollte Recht behalten. Nach dem Fall von Messolongi gewann die philhellenische Bewegung an Bedeutung und Stärke und wurde zielgerichteter als je. Schließlich wandelte sie sich, wie St. Clair es ausdrückte, „von einem intellektuellen, vornehmlich literarischen Konzept zu einem tatsächlichen Programm". Die öffentliche Meinung sowohl in Europa als auch in Amerika setzte ihre Regierung unter Druck, Griechenland mit Entschiedenheit zu unterstützen. Hintergrund hierfür war, was gemäß der Recherchen von Jean Dimakis (1976) im April 1826 in der französischen Tageszeitung „Le Constitutionnel" zu lesen war: „11 000 Christen haben ihr Leben verloren; sie stehen vor dem Tribunal Gottes, dem Richter der weltlichen Könige, der die Regierungen der Abtrünnigkeit bezichtigt".

Der Druck hatte seine Auswirkungen: Gerald David Clayton (1971) zufolge führten der griechische Unabhängigkeitskrieg und der Fall von Messolongi schon bald dazu, „dass die Orientalische Frage zum ersten Mal zu einer internationalen Herausforderung wurde und dass die Angelegenheiten des Nahen Ostens in den Vordergrund der Diplomatie der Großmächte rückte". In der Tat griffen bereits 1827 Großbritannien, Russland und Frankreich im Interesse der Griechen, die immer wieder exzessiver Gewalt ausgesetzt waren, die Osmanen in der Schlacht von Navarino an. Es war das erste Mal in der Geschichte, dass vereinigte Kräfte der Großmächte im Interesse eines anderen Staates in den Krieg zogen. Die Seeschlacht verlief für die Alliierten höchst erfolgreich und ermöglichte Griechenland, im Jahre 1830 ein unabhängiger Staat zu werden.

Fast 200 Jahre nach diesen Ereignissen bleibt Messolongi für die Griechen eine „heilige Stadt". Sie steht für einen Aspekt der modernen griechischen Geschichte, an den man sich gerne erinnert. Nicht umsonst nehmen deshalb auch immer wieder hohe Regierungsbeamte an den Feierlichkeiten teil, die an jedem Jahrestag in Messolongi stattfinden. Ausländer hingegen besuchen die Stadt eher, um Byrons Sterbeort aufzusuchen. Historiker wiederum untersuchen die Auswirkungen, die der Fall von Messolongi auf die ideologische und politische Landschaft Europas im 19. Jahrhundert hatte. Und manchen Politikern und Diplomaten ist bewusst, dass die Bedeutung der Angelegenheiten des Nahen Ostens sowie der einvernehmlichen „humanitären Interventionen" des 20. und 21. Jahrhunderts ihre Wurzeln in den Ereignissen des 10. April 1826 haben.

Übersetzung: Uta Protz / Hiltrud Hartmann

Literaturhinweise

Gerald D. CLAYTON, Britain and the Eastern Question. Missolonghi to Gallipoli. London 1971.

Douglas DAKIN, British and American Philhellenes during the War of Greek Independence, 1821–1833. Thessaloniki 1955.

Jean DIMAKIS, La presse française face à la chute de Missolonghi et à la bataille navale de Navarin. Thessaloniki 1976.

George FINLAY, History of the Greek Revolution and of the Reign of King Otho. London 1971.

Gilbert HESS, Missolonghi. Genèse, transformations multimédiales et fonctions d'un lieu identitaire du philhellénisme, in: Revue Germanique Internationale 1–2 (2005), S. 77–107.

William ST. CLAIR, That Greece might still be free. The Philhellenes in the War of Independence. London 1972.

Gerd Krumeich
Verdun

Bis heute gilt die Schlacht von Verdun, 21. Februar bis Mitte Juni 1916, als die bedeutendste Schlacht des Ersten Weltkriegs. Dabei war sie gar nicht die längste Schlacht oder die mit den meisten Toten und Verwundeten. An der Somme beispielsweise sind wohl mehr als doppelt so viele Soldaten gefallen. Die Besonderheit von Verdun war zunächst, dass sich hier fast ausschließlich deutsche und französische Truppen gegenüberstanden und dass diese sich auf engsten Raum – insgesamt mehr als 1 Million Mann auf nicht einmal 40 km^2 – regelrecht ineinander verkrallten. In dieser erbitterten Konfrontation der deutschen und der französischen Soldaten vermischten sich dabei sehr archaische Elemente des Kriegs mit damals hypermodernen. In der Verdun-Schlacht wurde die größte bis dahin je gebrauchte Anzahl an Geschützen versammelt – allein auf deutscher Seite begann die Beschießung am 21. Februar 1916 aus 1200 Geschützen aller Kaliber. Dazu kam noch der massive Einsatz modernster Kriegstechnologie: hier wurden zum ersten Mal Kampfflugzeuge in größerer Menge eingesetzt, und nicht zuletzt wurde diese Schlacht zu einem Dauer-Gaskrieg.

Wenn somit Verdun zum Experimentierfeld der modernsten Vernichtungsmittel wurde, so war die Schlacht doch in vieler Hinsicht ein archaisch anmutender Kampf. Ein Kampf Mann gegen Mann, Graben um Graben, um jede Lichtung, um jede Bodenerhebung. Den Soldaten war und blieb es untersagt, sich auch nur zeitweilig in sichere Positionen zurückzuziehen. Eine große Rolle spielten dabei auch die großen Sperrforts, insbesondere das Fort Douaumont. Hier konnten bis zu 5000 Soldaten in mehreren unterirdischen Etagen Schutz finden und unter schrecklichsten Umständen ausharren, bis ein Befehl zum Ausrücken trotz Dauerbeschusses schwerster Kaliber kam. Dazu kamen Fort Vaux, Fort Souville und eine Menge kleinerer Sperrforts bzw. „Blockhäuser", in denen sich kleine Gruppen mit ihren Maschinengewehren verschanzten, so dass dem Gegner ein Weiterkommen gar nicht oder nur mit entsetzlichsten Verlusten möglich war. Beim Kampf um die einzelnen Forts und Stellungen kam es dabei immer wieder zu regelrechten Handgemengen. Schließlich wurden sogar noch in den unterirdischen Gängen von Fort Douaumont und Fort Vaux Schießscharten und Schanzen konstruiert, um die Wellen des Angreifers zu brechen. Ein archaisches Handgemenge also, und in dem Gedränge der Kämpfenden waren das Messer oder der Klappspaten oft eine effizientere Waffe als Gewehr oder Pistole.

Diese Kämpfe Mann gegen Mann, Meter für Meter, spielten sich mit größter Hartnäckigkeit, Heftigkeit, Verbitterung ab, und das geschah unter einem ständigen „Stahlgewitter" einschlagender Granaten, deren oft messerscharfe Splitter – die „Schrapnells" – einen Körper schlicht zerschneiden oder die grässlichsten Wunden anrichten konnten. Dieses Bombardement war so „total", dass noch heute die Landschaft um Verdun zu guten Teilen den Charakter einer – inzwischen wieder von Krüppelwäldern bedeckten, aber nach wie vor landwirtschaftlich nicht nutzbaren – Mondlandschaft hat. Die Soldaten lebten in diesen Bombentrichtern in der (trügerischen) Hoffnung, dass gemäß einer alten Soldatenweisheit niemals zwei Geschosse an genau derselben Stelle einschlagen.

Die Schlacht von Verdun war also eine totale Schlacht, eine Schlacht zwischen Deutschland und Frankreich.

Welches aber waren die Absichten der deutschen Militärführung für diesen massiven Angriff gerade an einer seit dem Krieg von 1870 stark befestigten Stelle der deutsch-französischen Grenze? Tatsächlich hat die Forschung noch heute Schwierigkeiten, diese zentrale Frage eindeutig zu beantworten. Sicher ist, dass Generalstabschef Falkenhayn versuchen wollte, wie er in einem Gespräch mit dem Kaiser Anfang Dezember 1915 andeutete, an dieser Stelle anzugreifen, um die erstarrten Fronten wieder in Bewegung zu bringen. Falkenhayn war generell der Auffassung, dass an der Westfront ein „endgültiger" Durchbruch wegen der massiven Abwehrmöglichkeiten im Grunde nicht möglich sei. Deshalb wollte er mit beschränkten Mitteln hier Teilerfolge suchen, um die „Moral" der Truppen zu verbessern und die französische Armee zu schwächen, weshalb er wie erwähnt den Angriff mit einem Zermürbungsfeuer quasi „aus allen Rohren" eröffnen ließ. Diese Aktion wurde allein von der Armee des Kronprinzen Wilhelm ausgeführt, und zwar lediglich auf dem Ostufer der Maas. Falkenhayn weigerte sich, den dringenden Forderungen der Truppenführung auf Nachschub stattzugeben und auch auf dem Westufer anzugreifen. So konnten die Franzosen die dort gelegenen Höhenzüge (Morthomme; Cote 304) selber besetzen und die deutschen Angreifer von dort aus mit Dauerfeuer belegen, so dass ein Weiterkommen, insbesondere die symbolisch wichtige Erstürmung der Stadt Verdun, wegen der immensen Verluste bald nicht mehr möglich war.

Falkenhayn hat nach dem Krieg versucht, sich zu rechtfertigen und behauptet, dass er „um Weihnachten 1915" dem Kaiser eine Denkschrift übergeben habe, welche er in seinem 1919 erschienenen Werk „Die Oberste Heeresleitung in ihren wichtigsten Entscheidungen" ausführlich zitiert. Hierin heißt es tatsächlich: „Es wurde bereits betont, daß Frankreich in seinen Leistungen bis nahe an die Grenze des noch Erträglichen gelangt ist übrigens in bewundernswerter Aufopferung. Gelingt es, seinem Volk klar vor Augen zu führen, daß es militärisch nichts mehr zu hoffen hat, dann wird die Grenze überschritten [...]. Das zweifelhafte und über unsere Kraft gehende Mittel des Massendurchbruchs ist dazu nicht nötig. Auch mit beschränkten Kräften kann dem Zweck voraussichtlich Genüge getan werden. Hinter dem französischen Abschnitt an der Westfront gibt es in Reichweite Ziele, für deren Behauptung die französische Führung gezwungen ist, den letzten Mann einzusetzen. Tut sie es, so werden sich Frankreichs Kräfte verbluten, da es ein Ausweichen nicht gibt, gleichgültig, ob wir das Ziel selbst erreichen oder nicht. Tut sie es nicht und fällt das Ziel in unsere Hände, dann wird die moralische Wirkung in Frankreich ungeheuer sein".

Dieses „Dokument" ist einer der ungeheuerlichsten Texte des Ersten Weltkrieges und als solcher bis heute – vor allem in Frankreich – berühmt-berüchtigt.

Es ist allerdings trotz angestrengter Suche bereits der Archivare des Reichsarchivs in den 1920er Jahren nicht gelungen, das Original dieser „Weihnachtsdenkschrift" aufzufinden, so dass die einzige Stelle, in der sie vorliegt, die Memoiren Falkenhayns sind. Auch haben alle anderen an dem Angriff beteiligten Militärs stets abgestritten, von dieser zynischen „Blutpumpen"-Theorie zur Begründung des Angriffs auch nur gehört zu haben. *Rebus sic stantibus* ist diese „Quelle" also mit größter Wahrscheinlichkeit lediglich eine Fälschung zur nachträglichen Legitimierung eines Nicht-Erfolges gewesen.

Für die Franzosen wurde die Verteidigung gegen den Angriff der Deutschen allerdings tatsächlich zu einem Symbol des Aushaltens, des unbedingten Willens, den Gegner keinen Zentimeter weiter in ihr Land eindringen zu lassen. So wurde dieser Kampf von der militärischen und der politischen Führung Frankreichs von vornherein zur Entscheidungsschlacht stilisiert. Bereits am Tag nach dem deutschen Angriff, dem 22. Februar, ließ der Regierungschef Briand den Oberkommandierenden General Joffre zu sich kommen, um ihm klarzumachen, dass Verdun unbedingt und mit allen Kräften verteidigt werden müsse. Am 1. März 1916, als die wirklichen Dimensionen der Schlacht immer noch nicht absehbar waren, man aber wusste, dass die Deutschen hier eine Kriegsentscheidung suchten, begab sich der Staatspräsident persönlich an die Front. Poincaré verbat sich im Gespräch mit Pétain, dem Oberkommandierenden der Verdun-Truppen, jeglichen Gedanken an eine Rückzugstaktik, welche die Generale keineswegs von vornherein ausgeschlossen hatten.

Nicht weniger als sechs Mal hat Poincaré in den folgenden Monaten Verdun und die Front besucht, und nach dem endgültigem Abschluss der Kämpfe (Dekret vom 12.9.1916) erhielt die Stadt Verdun den höchsten nationalen Verdienstorden, die Légion d´Honneur – das hatte es noch nie zuvor gegeben.

Am stärksten hallt im öffentlichen Bewusstsein Frankreichs bis heute der Tagesbefehl von General Pétain vom 10. April 1916 nach: „Die wütenden Angriffe der Soldaten des Kronprinzen sind überall gebrochen worden. [...] Ehre Euch allen! Die Deutschen werden zweifellos noch weitere Angriffe versuchen. Jeder muss arbeiten und aufmerksam sein, um Erfolge wie den gestrigen zu erringen [...]. Habt Mut, wir packen Sie! [Courage, on les aura]".

Dieser vielleicht berühmteste „Ordre du jour" des Ersten Weltkriegs wird gemeinhin in der Formel „Ils ne passeront pas" („Sie werden nicht durchkommen") tradiert; ein Sprichwort, das seitdem die verschiedenartigsten Protestbewegungen animiert hat, vom *no passeran* der Republikaner im Spanischen Bürgerkrieg bis hin zu heutigen Umweltverbänden und anderen Freiheitskämpfern.

Der Ausdruck trifft den Sinn der französischen Kriegführung vor Verdun genau. Wie eine Erfüllung dieses Versprechens, für das mehr als 350 000 Franzosen ihr Leben oder ihre Gesundheit gaben, steht das berühmteste Denkmal der Verdun-Schlacht noch heute auf dem Morthomme, einer Anhöhe am linken Ufer der Maas, die im Verlauf der Kämpfe durch dauernden Beschuss nicht weniger als 6 Meter an Höhe verloren hat: Es ist das Gerippe eines Soldaten, in ein Leichentuch gehüllt, aber aufrecht stehend und die Fahne umklammernd, und auf dem Sockel darunter eingraviert sind allein die Worte: „Ils n´ont pas passé" – die Deutschen sind hier nicht durchgekommen.

Die Schlacht von Verdun war ein Ereignis, an dem in gewisser Weise alle Franzosen beteiligt waren. Pétains größter Kunstgriff war die Erfindung eines Systems von quasi rotierenden Truppen. Im Unterschied zur deutschen Heerführung, die die Soldaten der 5. Armee nur sporadisch – wenn überhaupt – ablösen ließ, so dass die Regimenter allmählich „zu Schlacke verbrannten", ließ Pétain seine Truppen spätestens alle 10 Tage in Reservestellung gehen. Das hieß, dass mittels einer Lastwagenkolonne, die 24 Stunden am Tag zwischen Bar-le-Duc und Verdun in Bewegung war, die Fronttruppen ständig ausgetauscht wurden, so dass auf Dauer nahezu jeder französische Soldat zumindest einmal vor Verdun gelegen hatte, also „Verdun-Kämpfer" war.

Die französische Bevölkerung wurde ausnehmend breit über die Ereignisse „vor Verdun" informiert. Bemerkenswert ist, wie genau die Informationen waren, die man wöchentlich durch die wichtigste illustrierte Zeitschrift, „L´Illustration", erhielt. Man konnte zwar in dieser bürgerlichen Zeitschrift nicht die Leichenhaufen nach der Erstürmung eines Grabens sehen, aber auch solche Bilder und Beschreibungen kamen im Umlauf, etwa in dem berühmtesten soldatischen Bericht „Sous Verdun" von Maurice Genevoix, der bereits 1917 veröffentlicht wurde, immer neue Auflagen erlebte und seinem Verfasser schließlich einen Platz in der Académie Française bescherte. Genevoix' überaus drastische Schilderung des Leidens und Sterbens der Soldaten wurde trotz vieler Bedenken der Zensurbehörden nicht verstümmelt, sondern schließlich als Mittel anerkannt, um allen Franzosen klarzumachen, um was es vor Verdun wirklich ging.

In Deutschland war das ganze Gegenteil der Fall. Während des Kriegs flossen die Informationen nur spärlich. Meistens beuteten deutsche Blätter die französische Presse aus. Ansonsten wurde ebenso bedenkenlos wie zuversichtlich die Auffassung verbreitet, dass die siegesgewisse deutsche Armee vor Verdun die Franzosen im Griff habe, und selbstverständlich wurden die eigenen Verlustziffern dauernd minimiert.

Diese mangelnde Empathie hat die deutschen Soldaten, die selber vor Verdun genau so „ausgeblutet" wurden wie die Franzosen, ebenso erbost wie die bereits erwähnte Tatsache, dass die deutschen Regimenter nur zögerlich – wenn überhaupt – ersetzt wurden. Es lag der Heeresführung daran, den Kriegsschauplatz Verdun solange wie irgend möglich als sekundär darzustellen – dies umso mehr, als es eine permanente Konfrontation zwischen Falkenhayn und den Führern der Ostarmee, Hindenburg und Ludendorff, bezüglich der Frage gab, ob das Hauptgewicht der Armee auf die Ost- oder die Westfront zu legen war. Auch aus diesem Grund war es Falkenhayn nicht möglich, das Engagement an der Verdun-Front entscheidend zu vergrößern. Besonders die unmittelbar nach dem Krieg bekannt gewordene „Blutpumpen"-Theorie Falkenhayns erfüllte die wirklichen Verdun-Kämpfer über Jahrzehnte hinweg mit Zorn, wie die soldatische Literatur – von Schauweckers „Im Todesrachen" (1919) bis hin zu Beumelburgs „Gruppe Bosemüller" (1932) – deutlich macht. Der deutsche Verdun-Kämpfer fühlte sich von seinen Feldherren allein gelassen, verraten, und Vorformen der Dolchstoß-Legende sind bereits in der soldatischen Verdun-Erinnerung manifest.

Die Schlacht von Verdun war aber nicht allein der symbolische Ort eines deutsch-französischen Zweikampfs, sondern – das hat die historische Forschung erst seit wenigen Jahren thematisiert – auch Gegenstand eines massiven internationalen und insbesondere europäischen Interesses. Und dies so stark, dass man wohl mit Fug und Recht Verdun als europäischen Erinnerungsort bezeichnen kann.

Schon die Tatsache, dass die Stadt Verdun nicht allein von französischer Seite ausgezeichnet wurde, sondern immer wieder auch im Fokus von Sympathiebekundungen der Alliierten und neutraler Nationen stand, weist auf diese Erweiterung hin. Bei Poincarés zweitem Besuch in der Stadt, am 22. März 1916, wurde er nicht nur vom französischen Oberkommandierenden Joffre und dem italienischen General Cadorna begleitet, sondern – wichtiger noch – von Kronprinz Aleksandar, dem Regenten Serbiens. Dieser wollte „vor Ort" erfahren, wie es die französische Armee schaffte, sich gegenüber dem massiven Angriff der Deutschen zu behaupten. Vom belgischen König wurde die Stadt bereits im Juni 1916 mit dem Leopolds-Orden ausgezeichnet, als Dank für ihren heroischen Widerstand, der eine Weiterführung auch des belgischen Freiheitskampfs ermöglichte. Von nicht weniger als 17 alliierten Nationen ist Verdun während der Kämpfe dekoriert worden, sogar der japanische Kaiser überreichte ein Samurai-Schwert als Anerkennung für die heroische Verteidigung.

Wichtiger für die europäische Dimension der Verdun-Schlacht als diese Auszeichnungen ist aber die Tatsache, dass nicht allein Deutsche und Franzosen, sondern auch andere europäische Nationen an dieser Front mitkämpften. Besonders hervorzuheben ist der polnische Fall. Zum Zeitpunkt der Verdun-Schlacht gab es das ephemere Königreich Polen (von deutschen Gnaden) noch nicht. Die Polen standen zum Teil unter russischer, zum Teil unter deutscher, zum Teil aber auch unter habsburgischer Herrschaft. Insgesamt haben, so neuere Forschungen, nahezu drei Millionen Polen als Soldaten im Weltkrieg in den jeweiligen Armeen gedient. Die Verlustzahlen von Polen sind nicht exakt zu berechnen. Man geht heute von ca. 440.0000 Verlusten aus, davon 110 000 in deutschen, 220 000 in österreichisch-ungarischen und 110 000 in russischen Diensten. In der Verdun-Schlacht gab es ein besonders starkes Engagement polnischer Soldaten. Nicht weniger als 70 000 Polen kämpften vor Verdun auf deutscher Seite und nahezu ebenso viele in den von Russland an seinen Alliierten Frankreich übergebenen russischen Korps auf französischer Seite. Leider ist bislang wenig Konkretes über das Engagement der Polen vor Verdun bekannt, die wenigen Zeugnisse aber lassen erahnen, als wie schwerwiegend dieser erbitterte Kampf – ohne emotionale Einbindung in eine kämpfende Nation – empfunden wurde. Am schlimmsten war, dass man immer wieder auf eigene Landsleute auf Seiten des Gegners stieß. Insgesamt kann man sicherlich davon sprechen, dass die Verdun-Schlacht eine traumatische Erfahrung für viele zehntausend Polen auf beiden Seiten gewesen ist. Man mag das auch daran erkennen, dass der polnische Staat bereits 1919 seinen Orden Virtuti Militari, der 1792 gestiftet worden war, wieder einführte und damit 8300 polnische Soldaten des Weltkriegs auszeichnete, gleichgültig, auf welcher Seite sie hatten kämpfen müssen. Zwei Städten wurde dieser Orden kollektiv verliehen, nämlich Lvov (wegen des erbitterten Kampfes gegen die Ukraine im Jahre 1918) und der Stadt Verdun.

Insgesamt blieb das Schlachtfeld von Verdun in den 1920er und 1930er Jahren der wichtigste und am stärksten frequentierte Ort der Erinnerung an einen Krieg, der alle Dimensionen menschlichen Verhaltens und Verstehens gesprengt hatte und deshalb sein Epithet „Der große Krieg", „La Grande Guerre", „The Great War" erhielt und behalten hat. Schon während des Kriegs gab es die ersten Michelin-Schlachtfeldführer, und ab 1919 setzte ein Strom des Schlachtfeld-Tourismus ein, den Karl Kraus in seinen berühmten „Letzten Tagen der Menschheit" auf das Bitterste kritisiert hat. Aber vielleicht ist Hans Falladas ambivalente – auch weniger bekannte – Schilderung der „Friedensfahrten" nach Verdun in seinem „Eisernen Gustav" von 1938 doch aussagekräftiger im Hinblick auf die europäische Gesamtdimension des Verdun-Gedenkens.

Harry Graf Kessler, der aufmerksamste Beobachter der europäischen Verhältnisse in den 1920er Jahren, hat einen ganz ähnlichen Bericht über eine Reise nach Verdun und Reims im Jahre 1928 verfasst und seiner Erschütterung einen literarisch ergreifenden Ausdruck gegeben, etwa über die „dichtgedrängten, kleinen weißen Kreuze in den Soldatenfriedhöfen, Tausende und aber Tausende, wirken in der großen Landschaft winzig und fast meskin; die Rache schreiende Seele der Toten lebt in dieser Landschaft, nicht in ihnen: Rache an denen, die dieses Verbrechen verschuldet haben, ewige Ermahnung zum Frieden [...]. Man sollte das ganze tragische Gebiet zwischen Verdun und Reims zu einem Heiligtum für ganz Europa machen, wo in jedem Jahr Pilgerzüge von allen Enden der Erde zur Verurteilung des Krieges und zur Heiligung des Friedens zusammenströmen könnten".

Die Verdun-Erinnerung als „Heiligtum für ganz Europa": Kesslers Formulierung trifft sehr genau den Geist jener Jahre, als der „Weltkrieg" immer stärker als Initial des künftigen europäischen Friedens thematisiert wurde. Auch wenn das „Plus jamais cela" einen leicht defätistischen Unterton haben konnte, so blieb doch in Frankreich wie in Deutschland die Überzeugung allgemein verbreitet, dass aus dem „Großen Krieg" der endgültige Frieden erwachsen müsse. Eine Weltsicht, die ja auch durch die ganz konkreten und massiven Fortschritte in der Einigung Europas und der Ächtung des Kriegs – von Locarno bis zum Briand-Kellog-Kriegsächtungspakt – gestärkt wurde. Und die Erinnerung an Verdun blieb im Kern mit dieser Einsicht und großen Hoffnung verbunden. So stark war auch in der soldatischen Erinnerung dieses Kernelement des künftigen Friedens, nämlich die Unwiederholbarkeit der Totalen Schlacht von Verdun verwurzelt, dass auch die Nationalsozialisten nicht umhin konnten, sich als Friedensfreunde zu profilieren.

Das wichtigste Gedenk-Ereignis war sicherlich das Treffen der „Verdun-Kämpfer" Frankreichs und Deutschlands auf dem Douaumont in der Nacht vom 12./13. Juni 1936, also auf den Tag genau 20 Jahre nach dem Abbruch der deutschen Angriffe auf Verdun. Das von den Vereinigungen der „Anciens Combattants" durchgeführte Treffen brachte ca. 20 000 französische Frontkämpfer mit Delegationen der deutschen und italienischen Frontkämpfer-Organisationen zusammen. Die Veranstaltung stand ganz in der Tradition der seit 1927 hier abgehaltenen jährlichen Massenversammlungen der „Anciens Combattants", diesmal allerdings signifikant erweitert durch die anderen Delegationen. Im Zentrum der Gedenkfeier, die mit dem Aufmarsch der Veteranen auf den Douaumont begonnen hatte, stand der vor dem Turm des riesigen Gebeinhauses verlesene und von allen nachgesprochene „Friedensschwur" der Soldaten: „Weil hier diejenigen, die hier und anderwärts liegen, in den Frieden der Toten eingetreten sind, nur um den Frieden der Lebenden zu begründen, und weil uns unheilig wäre, künftighin zuzulassen, was die Toten verabscheut haben, deswegen schwören wir, den Frieden, den wir ihrem Opfer verdanken, bewahren zu wollen".

In den ersten zwei Jahrzehnten nach 1945 blieb Verdun weitestgehend ein Ort rein französischer Erinnerung. Die jährlichen Zeremonien am Douaumont wurden zum hauptsächlichen Versammlungsort der „Anciens Combattants", die hier auch ihre politischen Ansprüche und Erwartungen gemeinsam formulierten und öffentlich machten. In den Jahren 1945 bis 1952 blieben die Zeremonien allerdings ganz auf die Militärs beschränkt (mit Ausnahme de Gaulles im Jahre 1948). Hauptthema war jeweils die Wiederherstellung der Ehre der französischen Armee, stets wurden die Ereignisse von 1916 mit der *Résistance* des Zweiten Weltkriegs und der *Libération* 1944 verknüpft. Ab 1952 wurden die Verdun-Feiern dann vom Staatsoberhaupt bzw. Ministerpräsidenten besucht, wobei in den Ansprachen auch aktuelle Probleme Frankreichs, etwa die Dekolonisation oder der Algerien-Krieg, eine Rolle spielten. Wie Gérard Canini gezeigt hat, wurden auf diese Weise die Verdun-Feiern ab Mitte der 1950er Jahre immer stärker zu einer „zivilen" Veranstaltung, wozu natürlich auch die Tatsache beitrug, dass sich die Zahl der anwesenden „Anciens Combattants" Jahr um Jahr verringerte: Wenn 1966 um die 10 000 ehemalige Verdun-Kämpfer anwesend waren, so waren es im Jahre 1986 nur mehr 200.

In dem Maß, wie die rein militärische Seite zurücktrat, veränderte sich die Erinnerung qualitativ: So kam es, dass 1965 der Bürgermeister von Verdun als erster die Idee äußerte, dass diese Stadt, vor der sich die größten Nationen Europas zerfleischt hätten, eine Welt-Hauptstadt des Friedens, eine *Capitale de la paix*, werden könne. Bei den Feiern von 1976 erklärte Maurice Genevoix, dessen „Sous Verdun" bis heute der literarische Bestseller zum Thema ist, in seiner Ansprache, dass die Verdun-Erinnerung nunmehr dazu führen könne, den Begriff des Feindes überhaupt aus den Köpfen verschwinden zu lassen. Die Erinnerung an die größte Schlacht der Weltgeschichte könne und müsse zu gegenseitigem Verstehen und zum Frieden unter den Menschen führen. Tatsächlich ist dann zu Beginn der 1990er Jahre im ehemaligen Bischöflichen Palais das „Centre mondial de la Paix" errichtet worden, dessen Aktivitäten allerdings begrenzt bleiben und dem es offensichtlich bis heute nicht gelingt, ein wirklich unverkennbares Profil zu entwickeln. Denn was auch immer an guten Absichten geäußert werden mag: Verdun bleibt auch für heutige Touristen in erster Linie interessant, weil man hier auf einer Fläche von nicht mehr als 40 km^2 immer noch genau nachvollziehen kann, wie eine Landschaft, in der sich die wichtigsten Kulturnationen Europas bedingungslos bekämpft hatten, 100 Jahre später aussieht.

Gleichwohl konnte sich die Idee des Friedens auf eine neue Weise produktiv mit der Verdun-Erinnerung verbinden, nämlich mit der Betonung der deutsch-französischen Freundschaft und der Einigung Europas.

Am 30. Mai 1966, zum 50. Jahrestag der Schlacht, begab sich General de Gaulle, Präsident der Republik, nach Verdun und hielt hier eine viel beachtete Ansprache, in der er einerseits das Vermächtnis Verduns für die nationale Einheit beschwor und andererseits als erster Nachkriegspolitiker die deutsch-französische Beziehung am Ort der tödlichsten Auseinandersetzung zwischen Frankreich und Deutschland in eine europäische Perspektive setzte: „In einem Europa, das sich nach fürchterlicher Selbstzerfleischung in seiner Ganzheit wieder vereint, als wichtigster Herd der Zivilisation sich neu bilden und zum wichtigsten Führer einer dem Fortschritt zugewandten Welt werden muss, sehen diese beiden großen Nachbarländer, die dazu geschaffen sind, einander zu ergänzen, jetzt vor sich die Bahn zum gemeinsamen Handeln geöffnet".

Allerdings erschien es de Gaulle zu diesem Zeitpunkt noch nicht als opportun, zu den Verdun-Feiern einen deutschen Staatsmann einzuladen: Bereits 1962 war es in Hamburg und in Reims zu Zusammentreffen des deutschen Kanzlers und des französischen Staatspräsidenten gekommen und die deutsch-französische Freundschaft mit Zehntausenden von Menschen gefeiert worden. In Verdun aber blieb das offizielle Deutschland ausgesperrt. Und dies, obwohl Ex-Kanzler Adenauer bei einem Privatbesuch in Paris de Gaulle gefragt hatte, ob nicht eine offizielle Präsenz möglich sei, als Zeichen der fundamentalen Einheit der beiden Nationen.

Erst nahezu 20 Jahre später, am 22. September 1984, wurde ein deutscher Staatsmann offiziell „vor Verdun" empfangen. Mitterrand hatte Helmut Kohl die Teilnahme an einer Gedenkzeremonie auf dem Douaumont angeboten – für jeden damaligen Beobachter eine klare Geste der Kompensation für die Verweigerung der Teilnahme von Deutschen bei den 40-Jahr-Feiern des „Débarquement" der amerikanischen Truppen in der Normandie. Schon der Besuch des französischen Staatspräsidenten auf dem deutschen Soldatenfriedhof von Consenvoye war Aufsehen erregend. Mythischen Charakter aber hat der spontane Händedruck der beiden Staatsmänner auf der Promenade des Gebeinhauses, mit dem Blick auf die Gräber von 15 000 französischen Soldaten, bekommen. Das war zweifellos eine spontane Bewegung, ein Impuls Mitterrands, dem Kohl sofort folgte, wie beide später bestätigt haben. Ulrich Wickert, 1984 Leiter des ARD-Studios in Paris und Augenzeuge, hat 25 Jahre später die Szene erinnert und seinen Bericht folgendermaßen geschlossen: „Der Handschlag von Verdun hat als politisches Symbol das gleiche Gewicht wie der Kniefall von Willy Brandt in Warschau [...]. Der Handschlag von Verdun bleibt" (FAZ 25.9.2009). Die Geste eines deutsch-französischen „Hand in Hand" auf dem Schlachtfeld von Verdun ist fester Bestandteil der Schulgeschichtsbücher geworden und in seiner Emblematik kaum zu übertreffen.

Seitdem ist mehrfach versucht worden, die Emotionalität dieses gemeinsamen Gedenkens wiederzubeleben und in Strukturen zu überführen. Erwähnenswert ist die 1996 – anlässlich der 80. Wiederkehr der Schlacht von Verdun – vom Ministère de la Défense gemeinsam mit einer Gruppe internationaler Historiker durchgeführte Ausstellung auf Schienen, dem „Train de Verdun": einen Eisenbahnzug, in dessen sieben Waggons eine große Anzahl von Erinnerungsobjekten ausgestellt waren. Dabei war vor allem versucht worden, auch die deutsche Erinnerung an Verdun, die Welt der deutschen „Verdun-Kämpfer" mit einzubeziehen. Der Zug, der von Versailles aus über Strasbourg, Colmar, Mulhouse und andere Orte nach Paris fuhr und an allen Stationen einige Tage verweilte, sollte dementsprechend auch einen „Abstecher" nach Deutschland – Freiburg! – machen. Das aber ließ sich nicht realisieren, weil das Interesse auf deutscher Seite von den Kulturverantwortlichen als zu gering eingeschätzt wurde. Ein deutliches Zeichen also, dass trotz aller emblematischen Gesten Verdun seit dem Tod der „Verdun-Kämpfer" kein authentischer deutscher Erinnerungsort mehr werden konnte und kann. Doch ebenfalls 1996, anlässlich der 80-Jahr-Feiern, wurde vom deutsch-französischen Jugendwerk und anderen Organisationen des Kulturaustauschs eine hoch emotionale Szene vor dem Gebeinhaus gestaltet: Während des Besuchs des „Ossuaire" von Staatspräsident Chirac „bevölkerten" annähernd 2000 deutsche und französische Kinder den Vorplatz und das Gräberfeld. Ein unvergesslicher Anblick für jeden, der dabei war, ein Symbol der Zukunftskraft des Friedens auf diesem tristen Gräberfeld, wo zuvor nur der Tod Sieger gewesen war.

Die vorläufig letzte bemerkenswerte Verdun-Aktion im europäischen Maßstab war die im Juni 2010 erfolgte Hissung der Europa-Fahne – gemeinsam mit der deutschen und der französischen – auf dem Fort Douaumont. Langjährige Verhandlungen zwischen den beiderseitigen Verteidigungsministerien, der Einsatz des „Volksbunds deutsche Kriegsgräberfürsorge" und die Bereitschaft der regionalen Körperschaften des Département Meuse und der Région Lorraine haben schließlich zu dieser bemerkenswerten europäischen Geste geführt. Symbolischer kann nationale Integration in ein vereintes, weil befriedetes Europa wohl kaum gefasst werden.

Aber damit sich diese Intention ganz durchsetze, müsste – so hat der Verfasser dieses Beitrages es in seiner Rede anlässlich der Flagenhissung im Juni 2010 angesprochen – noch etwas geschehen, was bislang noch nicht als realisierbar erscheint, nämlich die Anbringung einer Inschrift am Eingang des „Ossuaire" von Douaumont, wo die Gebeine von ca. 150 000 nicht identifizierten Soldaten bestattet sind und der seit 1932 die zentrale Gedenkstätte Frankreichs für seine Gefallenen darstellt: eine Inschrift, auf der zu lesen wäre, dass hier nicht allein französische, sondern mit tödlicher Sicherheit auch ungefähr 80 000 deutsche Soldaten ihre letzte Ruhestätte gefunden haben.

Literaturhinweise

Holger AFFLERBACH, Falkenhayn. München 1994.

Gérard CANINI, Combattre à Verdun. Vie et souffrance quotidiennes des soldats 1916–1917. Nancy 1988.

François COCHET (Hrsg.), 1916–2006. Verdun sous le regard du monde. Paris 2004.

Harry Graf KESSLER , Tagebücher 1918–1937. Frankfurt 1982.

Gerd KRUMEICH, Verdun. Ein Ort gemeinsamer Erinnerung?, in: Horst MÖLLER/Jacques MORIZET (Hrsg.), Franzosen und Deutsche. Orte der gemeinsamen Geschichte. München 1996, S. 162–184.

Matti MÜNCH, Verdun. Mythos und Alltag einer Schlacht. München 2006.

Antoine PROST, Verdun, in: Pierre NORA (Hrsg.), Erinnerungsorte Frankreichs. München 2005, S. 253–278.

Horst ROHDE/Robert OSTROVSKY, Militärgeschichtlicher Reiseführer Verdun. Hamburg 2008.

German WERTH, Verdun. Die Schlacht und der Mythos. Bergisch-Gladbach 1979.

German WERTH, Schlachtfeld Verdun. Europas Trauma. Berlin 1994.

Georg Kreis
„Guernica"

„Guernica" ist in geradezu idealer Weise ein europäischer Erinnerungsort und insofern wegen seiner Ausgeprägtheit wahrscheinlich ein Ausnahmefall. Er erfüllt sozusagen alle Erfordernisse eines Erinnerungsorts, verstanden als kollektiver, nationaler wie transnationaler Referenzpunkt des gesellschaftlichen Bedeutungsvorrats. Im Internet figuriert Picassos „Guernica"-Bild weit oben nicht nur auf der europäischen Hit-Liste, sondern sogar auf der Liste der Weltschätze (http://www.pbs.org/treasuresoftheworld, 29.7.2011).

„Guernica" ist *erstens* ein geografischer wie ein historischer Ort, es hat seinen Platz auf der Karte wie in der Geschichte; *zweitens* ist das Wissen von diesem kleinen Ort vergleichsweise groß (in Befragungen vermutlich bis zu stolzen 5 Prozent); *drittens* ist die Medienpräsenz dieses Orts vergleichsweise groß. Die Medien setzen in ihren Bezügen eine gewisse Bekanntheit voraus. *Viertens* ist Wissen zu diesem Erinnerungsort in reichem Maße gespeichert und leicht abrufbar.

Zu 1 und 2: Das Baskenstädtchen – darum hier Gernika geschrieben – hatte bereits zuvor eine regionale Geschichte, war vor allem als Krönungs-, Gerichts- und ständischer Versammlungsort ein starker Erinnerungspunkt und nicht zuletzt darum ein Zielpunkt des Aggressionskriegs innerhalb des spanischen Bürgerkriegs. Am 24. April 1937 wurde es von über 40 Flugzeugen der deutschen und – in einem kleinen Anteil – der italienischen Luftwaffe angegriffen, die sich an der Seite des faschistischen Generalissimo Francisco Franco am spanischen Bürgerkrieg gegen die Vertreter der Republik beteiligten. Das offizielle Ziel war eine Brücke innerhalb der Stadt, die aber tatsächlich beim Angriff von keiner einzigen Bombe getroffen wurde. Stattdessen wurde die Stadt selbst mit Brand-, Spreng- und Splitterbomben überzogen. Etwa 80 % der Gebäude wurden zerstört. Über die Zahl der Toten gibt es widerstreitende Zahlen – in der Forschung geht man inzwischen von 200 bis 300 Toten aus. Ungeachtet der Beteuerungen sowohl Francos als auch der deutschen Luftwaffen-Führung, das Bombardement sei ein Versehen gewesen, besteht heute kein Zweifel daran, dass die Zerstörung der Stadt gewollt war, um gezielt die moderne Luftkriegführung zu erproben. Das internationale Medienecho auf die Zerstörung Gernikas war groß; insbesondere in England reagierten Öffentlichkeit und Politik empört, ohne dass es aber Konsequenzen gab.

Abbildung 1: Diffusion bis in einen Basler Hinterhof; Foto: Georg Martin Beerli/ David Hoffmann.

Wie kann man in diesem Fall messen, wie allgemein Wissen von etwas und dessen Rang- und Einordnung in anderes Wissensgut ist? Die Omnipräsenz des Motivs kann mit Wandmalereien belegt werden, nicht nur im direkt betroffenen Ort, sondern sozusagen *all over the world* (z. B. in einem Hinterhof in Basel, Abb. 1). Ein wichtiger Indikator sind zahlreiche spielerisch eingesetzte Bildzitate (zwei bekanntere Beispiele stammen aus dem Jahr 1969, vgl. unten) oder Anspielungen in Karikaturen (zum Beispiel bei der Machtübergabe an König Juan Carlos 1975, Abb. 2). Dies setzt ein Vorwissen voraus und zeigt, dass der Erinnerungsort „Guernica" auf einer breiten Basis ruht.

Zu 3: Die Medienpräsenz war von den ersten Tagen an durch die Berichte über die verheerenden Auswirkungen der Bombardierung und die Kontroverse um die Täterschaft gesichert. Dann war sie in wachsendem Maß gesichert durch das von Pablo Picasso für die Pariser Weltausstellung von 1937 geschaffene Wandgemälde und dessen Odyssee. Hinzu kamen die Kontroversen um den Besitz – hatten Private der Picasso-Familie, der spanische Staat, das New Yorker Museum etwas dazu zu sagen? Und schließlich die Kontroversen um den „richtigen" Standort in Spanien mit den Varianten Madrid und Gernika, aber auch Málaga als Geburtsstadt des Künstlers und Barcelona als Stadt seines ersten Schaffens, sodann aber auch innerhalb Madrids – und schließlich sozusagen als Dreingabe dann und wann ein Bericht über den Zustand des Bildes.

Die Ankunft in Spanien war derart wichtig, dass die Erinnerungsgeschichte sogar den Tag und die Uhrzeit anzugeben weiß: 10. September 1981, 20.30 Uhr. Nach der Rückkehr fand das Gemälde, was ebenfalls intensiv diskutiert wurde, hinter Panzerglas und von schwer bewaffneten Polizisten beschützt (vgl. Abb. 3), eine isolierte Unterkunft in einem Gebäude mit dem sinnigen Namen Casón del Buen Retiro, bevor es 1992 eine weitere „letzte Reise" antrat, als es ins 800 Meter entfernte Nationalmuseum für Zeitgenössische Kunst, ein ehemaliges Spitalgebäude, transferiert wurde. Auch da berichtete die Presse ausführlich: Es war eine Reise von 15 Minuten; mit Rücksicht auf den Verkehr wurde sie jedoch bewusst auf einen Sonntagmorgen gelegt.

Die selbstverständliche Voraussetzung der allgemeinen Kenntnis von diesem Werk zeigt sich des Weiteren etwa in einem Bericht vom 25. Juli 2008, wonach das Gemälde (wie Rembrandts „Nachtwache" oder da Vincis „Mona Lisa") mit Röntgenstrahlen durchleuchtet worden sei und man 129 Mängel (Risse, Falten und Flecken) festgestellt habe. Oder in einem Bericht vom 22. November 2008 zu einer New Yorker Auktion, in dem im Sinn einer Zusatzinformation ohne zusätzliche Erklärung auf das Bild „Guernica" hingewiesen wurde. Die Medien konnten immer mehr davon ausgehen, dass „Guernica" im kollektiven Gedächt-

nis an- und abrufbar war. Ein Bericht zu einer Ausstellung in Philadelphia mit Kunst von Soldaten startete sogleich mit einer Referenz (die zugleich Reverenz war) an das berühmte Bild, indem es hieß: „Die Schrecken des Krieges haben immer wieder Künstler inspiriert und Meisterwerke wie Picassos ‚Guernica' entstehen lassen. Doch auch Soldaten haben das Erlebte künstlerisch verarbeitet". (Neue Zürcher Zeitung vom 28. Oktober 2010). Die Erinnerungspräsenz war alles in allem so hoch, dass man nicht nur bei „vollen" Jahrzehnten das Bild gleichsam heranholte, sondern sogar an gewöhnlichen Jahrestagen einen Hinweis auf die Bombardierung und das bekannten Bild gleichsam hintrug: „Heute vor 73 Jahren, am 26. April 1937 […]" (Basler Zeitung vom 26. April 2010).

Zu 4: Die leichte Zugänglichkeit lässt sich heute am ehesten mit der Präsenz auf Google und Yahoo und anderen Internet-Suchmaschinen messen. Für „Guernica" finden sich in Google je 3,9 Mio. Einträge in deutscher, englischer und französischer Sprache (Dez. 2010). Das reichlich vorhandene Wissen kann auch mit traditionellen Buchpublikationen belegt werden: etwa 1977 beim 40-Jahr-Gedenken mit einem Buch von H. R. Southworth und insbesondere 2004 mit einem Buch von Gijs van Hensbergen (2007 zum 70-Jahr-Gedenken auch in deutscher Übersetzung). Es gibt aber auch zahlreiche Romane, die in Gernika spielen, etwa der Roman „An extraordinary epic of love, family, and war set in the Basque town of Guernica […]" (2009) von Dave Boling. Der Abenteuerroman „Operation Gernika" von Faustino Gonzalez-Aller beschreibt 1979, wie ein ETA-Kommando versucht, das Bild in New York zu rauben und durch eine Kopie zu ersetzen. 1973 war „Guernica" übrigens in New York Gegenstand eines wirklichen, aber anderen Attentates geworden: Ein junger Mann schrieb mit roter Sprühfarbe auf das Gemälde „Kill Lies All". Fernsehfilme, heute wahrscheinlich einflussreicher als Bücher, leisten ebenfalls wichtige Beiträge zur Weiterführung von Erinnerung, in diesem Fall etwa eine Sendung von Klaus Figge und Gerd Kairat im Norddeutschen Rundfunk 1981; im April 2007 strahlte auch der Sender Arte eine größere Produktion aus.

Ein wandernder Ort

Das Aufsehen, das „Guernica" 1937 auf der Weltaustellung in Paris erzeugte, könnte rückwirkend möglicherweise überschätzt werden. Eine gewisse Bedeutung muss das Bild jedoch bereits in der ersten Zeit erlangt haben. Nur darum gelangte es im September 1938 zunächst nach London, später nach Manchester, wo es allerdings mit bescheidenem Erfolg zusammen mit Skizzen und mit Filmen zum Kriegsgeschehen gezeigt und für das Sammeln von Spenden für die republikanischen Kriegsopfer eingesetzt wurde. Nach einer kurzen Rückkehr nach Frankreich ging die Reise im April 1939 per Schiff nach Amerika. Das Gemälde war damit innerhalb von nur 20 Monaten neunmal vom Rahmen gelöst und reisefertig gemacht worden. Am 1. Mai 1939 traf „Guernica" in New York ein. Nach einer ersten Präsentation in der Valentine Gallery ging es auf Tournee: Im August 1939 war es in Los Angeles (Hollywood), im September 1939 in San Francisco, im Oktober 1939 in Chicago zu sehen. Diese Ausstellungen waren vorwiegend politischer Natur. Der Ertrag aus den Eintrittstickets kam, wie in England, den Opfern des Bürgerkriegs zugute. Eigentlich war dann die Rückkehr nach Europa geplant, was sich jedoch aus nahe liegenden Gründen nicht verwirklichen ließ. Das New Yorker Museum of Modern Art (MOMA) gewährte dem Werk, das zwar nicht unumstritten war, sich aber einer wachsenden Beliebtheit erfreute, Unterkunft auf unbestimmte Zeit, bis es einmal doch wieder nach Europa zurückkehren könne. Während des Krieges wurde es nochmals auf eine amerikanische Tournee geschickt. Und nach dem Krieg ging „Guernica" in den 1950er Jahren für kurze Zeit wieder nach Europa zurück, wo es in Mailand, Köln, Paris, München, Brüssel, Stockholm, Hamburg und Amsterdam ausgestellt wurde. Man darf davon ausgehen, dass an den meisten Stationen die Presse darüber berichtete. So gibt es ein Bild des bekannten Fotografen René Burri zur Präsentation im Palazzo Reale in Mailand 1953 (erneut gezeigt in der Neuen Zürcher Zeitung vom 14. Oktober 2005).

Pablo Picasso konnte – und dies hat das offizielle Spanien nicht wahrhaben wollen – nach Ablauf der Weltausstellung über das Bild als sein persönliches Eigentum verfügen. Er war durchaus berechtigt, 1969 durch seinen französischen Anwalt erklären zu lassen, dass er „Guernica" dem spanischen Volk vermachen wolle, das Bild jedoch erst nach Spanien überführt werden dürfe, wenn dort die Republik wiederhergestellt sei. Warum aber, so muss man sich fragen, hat sich Picasso veranlasst gesehen, ausgerechnet damals seinen letzten Willen bezüglich „Guernica" bekanntzugeben? Drei Wochen zuvor, am 23. Oktober 1969, hatte der Generalmuseumsdirektor Florentino Pérez-Embid in Madrid erklärt: „Dieses Meisterwerk Picassos muss den Platz einnehmen, der ihm zusteht". Er meinte damit natürlich Madrid und in Madrid das Museum für Gegenwartskunst, das zu jenem Zeitpunkt gerade gebaut wurde. Dieser in alle Welt verbreiteten Aufforderung, „Guernica" nach Madrid zu schicken, stellte Picasso Anfang November 1969 die genannte Bedingung entgegen.

Noch wenige Jahre zuvor waren „Guernica"-Reproduktionen der spanischen Zensur zum Opfer gefallen. Es folgte eine Phase der missmutigen Duldung. 1969 trat dann die plötzliche Wende ein: Das offizielle Spanien bemühte sich um die Herausgabe des Bildes. Gleichzeitig lud Generalissimo Franco den Künstler ein, nach Spanien zurückzukehren. Ricardo de la Cierva, ein Mitarbeiter des Informationsministeriums, bekannte sogar in der Falangisten-Zeitung „Arriba", das zuvor totgeschwiegene Bild sei „phänomenal", und im Februar 1970 erklärte der gleiche Mann im „Pensamiento Navarro", es könnte ein Symbol der Versöhnung und Freiheit aller Spanier werden. Im April 1970 fügte „La Cierva in Historia y Vida" die aufschlussreiche Bemerkung bei: Der Wunsch der spanischen Regierung, Don Pablo Picassos „Guernica" in Spanien zu haben, beweise, dass diesem Meisterwerk kein parteipolitischer Wert mehr eigen sei. Im Juli 1970 war im „Alcázar" nochmals Pérez-Embids Meinung zu lesen, „Guernica" sei Teil des spanischen Kulturgutes und müsse in Spanien ausgestellt werden, zum Beweis, dass die durch den Bürgerkrieg hervorgerufenen Gegensätze endgültig beseitigt seien.

Warum diese Öffnung gegenüber dem zuvor geächteten Bild? Die Heimführung „Guernicas" sollte wohl der nationalen Integration dienen und insbesondere den Charakter einer Versöhnungsgeste gegenüber den Basken haben. Diese Öffnung blieb aber Schein. Sie war nicht von der Bereitschaft begleitet, den Basken substantielle Konzessionen zu machen. Man wird den Verdacht nicht los, dass es im Gegenteil darum ging, mit dieser Offensive des

Charmes den Basken eine ihrer Identifikationsmöglichkeiten zu entziehen. „Guernica" hätte durch den Transfer in die spanische Metropole entschärft werden sollen.

1969 bemühte sich „Equipo Cronica", eine Künstlergruppe aus Valencia, vielleicht gerade weil sie die Entschärfungsabsichten des offiziellen Spanien spürte, „Guernicas" Aussage gewissermaßen zu intensivieren. Ein Bild zeigt, wie von „Guernica" (aus der Kriegerstatue) Blut auf den Boden des Ausstellungsraumes tropft. Auf einem anderen Bild der gleichen Serie verlassen Picassos Figuren „Guernica" und wenden sich gegen eine in Abendtoilette auftretende Museumsbesucherin.

1978 befasst sich der amerikanische Kongress infolge einer nationalspanischen Demarche mit der Frage der Rückführung, begnügte sich aber mit lobenden Äußerungen über die Fortschritte der spanischen Demokratie. Inzwischen waren in der Tat politische Parteien wieder zugelassen und 1977 freie Wahlen durchgeführt worden. Nachdem das Autonomiestatut für die spanischen Basken verkündet und zwischen dem Vertreter der PicassoErben und Premierminister Suarez eine Einigung zustande gekommen war, stand im Juli 1979 der Heimkehr „Guernicas" aus dem amerikanischen Exil eigentlich nichts mehr im Wege. Damals war in der Presse zu lesen, „Guernica" werde spätestens Ende 1980 und jedenfalls rechtzeitig zur Gedenkausstellung aus Anlass des 100. Geburtstags des Künstlers (1981) nach Spanien überführt werden. Ende 1980 erklärte Picassos Tochter Maja gegenüber der Zeitung „El País", Spanien sei noch nicht demokratisch genug, um das Bild zu erhalten. Ihr Vater habe eine Republik gewollt und keine Monarchie. Man könne so lange nicht von einer Demokratie in Spanien sprechen, als Polizei und Armee der alten Regierung nicht beseitigt seien. Gegeben wurde dieses Interview ziemlich genau einen Monat vor dem Aufsehen erregenden Versuch des Guardia-Civil Oberstleutnants Tejero, mit einer Schießerei das spanische Parlament aufzulösen.

Im April 1981 sprach eine Delegation der Regierung Calvo Sotelos in New York vor und forderte formell die Herausgabe des Bildes. Das MOMA befand sich in einer heiklen Situation: Verweigerte es die Auslieferung, riskierte es einen Prozess mit der spanischen Regierung; lieferte es das Bild aus, musste es mit einem Prozess mit den Erben rechnen. Am 22./23. Juni 1981 einigten sich schließlich die Museumsleitung und die Picasso-Erben in Paris auf die Überführung des Gemäldes – wie alles stets begleitet von entsprechendem Medienecho.

Das Bild hätte auch nach seiner Installation in Madrid weitere Reisen unternehmen können. Barcelona hatte das Bild anlässlich der Olympischen Spiele 1992 zeigen wollen, Hiroshima 1995 zum 50. Jahrestag des ersten Atombombenabwurfs, 1996 das Centre Pompidou in Paris zu einer Picasso-Retrospektive. Alle Anfragen wurden abschlägig beschieden.

Politisch brisant war 1992 die Anfrage des vor der Realisation stehenden Guggenheim-Museums im baskischen Bilbao gewesen, die ebenfalls abgelehnt wurde – gestützt auf eine Expertise, welche dem Bild Transportunfähigkeit attestierte. Die Provinz reagierte bitter und meinte, es sei typisch: Für die Basken die Bomben, für Madrid die Kunst. Man hielt für das Bild trotzdem einen Platz frei, der von Architekt Frank Gehry den bezeichnenden Namen „Kapelle" erhielt. 1997, wieder ein Gedenkjahr, wäre man im Baskenland auch mit einer bloß temporären Leihgabe zufrieden gewesen. Selbst der spanische Regierungschef Aznar setzte sich für eine derartige Geste ein, konnte sich aber gegenüber den Museumsgremien nicht durchsetzen. Zudem ist fraglich, ob der Ort Gernika darüber glücklich gewesen wäre, gab es doch den zu bekämpfenden Zentralismus nicht nur auf nationaler, sondern auch auf regionaler Ebene (Gernika gegen Bilbao). Gegenüber der Marke „Guggenheim" bestand zudem der verständliche Vorbehalt, der in dieser Filiale den Ausdruck einer kulturellen McDonaldisierung erblickte. Gijs van Hensbergen sah diese Problematik ebenfalls, trotzdem war er dezidiert der Meinung, es sei „eine Schande", dass Madrid nicht zu einer temporären Ausstellung die Hand geboten habe: „Hier wurde eine historische Gelegenheit zur Versöhnung versäumt".

Der Maler als Urheber

Eine wichtige und deutlich ausgeprägte Eigenschaft dieses Erinnerungsorts ist, dass er nicht einzig wegen der grauenvollen Außerordentlichkeit des Terrorangriffs auf die kleine Stadt in die Geschichte eingegangen ist, sondern wegen des von Anfang an vorhandenen Willens, richtige Erinnerung herzustellen und falsche Erinnerung nicht aufkommen zu lassen. Dies entspricht Pierre Noras ursprünglichem Anforderungsprofil für Erinnerungsorte: Sie seien im Grund „mémoire de la mémoire"; wenn der Wille zur Erinnerung fehle, dann seien die Orte nur „lieu d' histoire".

Es war Picassos individueller, aber nicht einsamer Entschluss, auf die Bombardierung mit einem Bilddenkmal zu reagieren. Der Entschluss war insofern individuell, als er sich aus eigenem Antrieb dafür entschied, den offen formulierten Auftrag, ein Wandbild für den spanischen Pavillon auf der Pariser Weltausstellung zu gestalten, für das Guernica-Motiv nutzte. Es war aber insofern kein einsamer Entschluss, als der Maler durch verschiedene Zeitungsberichte dazu motiviert wurde. Zudem haben auch andere Künstler das Thema bearbeitet, zum Beispiel der mit Picasso verbundene Paul Eluard mit dem Gedicht „La victoire de Guernica" (1938) oder Hermann Kesten mit dem Roman „Die Kinder von Gernika" (Amsterdam 1939). Es war aber Picassos Werk, auch wegen seines Formats (349 × 777 cm) und des von Anfang an öffentlichen Status und erst nachträglich wegen seiner künstlerischen Qualität, die dafür sorgten, dass Picassos persönlicher Erinnerungswille vom Weltgedächtnis übernommen wurde.

Picasso verstand sich bis zu einem gewissen Grad nur als Medium. Er erklärte: „Die Malerei ist stärker als ich, sie macht mich malen, was sie will". In einer Botschaft an den American Artists' Congress vom Dezember 1937 vertrat er die Überzeugung, dass Künstler, die mit geistigen Werten leben und arbeiten, in einem Konflikt, in dem es um die höchsten Werte der Menschheit und Zivilisation geht, nicht gleichgültig bleiben können und dürfen. „Niemand kann leugnen, dass dieser heroische Kampf des Volkes für die Demokratie die Vitalität und Kraft der spanischen Kunst beeinflussen wird. Und dies wird zu den größten Eroberungen des spanischen Volkes zählen".

Dass sich Picasso bloß als Werkzeug verstand, bringt eine mehrfach kolportierte Anekdote zum Ausdruck. Ihr zufolge soll ein deutscher Offizier den Maler um 1940 im besetzten Paris auf das Bild angesprochen und gefragt haben, ob *er*, der Künstler, dies gemacht habe. Darauf soll Picasso geantwortet haben: „Nein, Sie!". Man kann auch sagen, dass „Guernica" nicht gemacht worden, sondern unter verschiedenen Beteiligungen kontingent entstanden sei. In einer Variante ist es einfach ein deutscher Soldat, sonderbarerweise „auf Besuch" in Picassos Atelier an der Rue des Grands Augustins vor einer an der Wand hängenden Reproduktion (vgl. etwa Süddeutsche Zeitung vom 26. April 2007). In einer anderen Variante ist es sogar der deutsche Botschafter Otto Abetz. Der dänische Zeichner Kurt Westergaard, der wegen seiner Mohammed-Karikaturen den Zorn vieler Muslime auf sich gezogen hat, griff in verschiedenen Interviews auf diese Geschichte zurück und sagte, jede Verantwortung für sein fragwürdiges Tun in Abrede stellend, von sich, dass er in der gleichen Situation wie Picasso gewesen sei (Le Figaro vom 8. Juli und FAZ vom 9. September 2010).

Erwin Leiser, bekannt geworden durch seinen Dokumentarfilm „Mein Kampf", wird dem Phänomen „Guernica" nicht gerecht, wenn er sagt, dass Wochenschauaufnahmen von drei Minuten Länge vielleicht mehr über die Leiden der vom Luftangriff betroffenen Zivilbevölkerung aussagten als dieses Kunstwerk. Indessen kann doch keine Dokumentaraufnahme der Welt das bewirken, was „Guernica" bei Freund und Feind ausgelöst hat und stets neu auszulösen vermag. Kaum ein Bild (auch kein bewegtes) wird jeden Tag derart aufmerksam betrachtet wie dieses. Schon 1979 hieß es, dass „Guernica" bisher von rund 5000 Menschen täglich besucht worden sei und man damit rechne, dass es in Madrid jeden Tag 20 000 sein würden.

Es stellt sich freilich die Frage, wie „Guernica" angeschaut wird. Ein Museumsmann des Centro de Arte Reina Sofia soll nach der endgültigen Platzierung des Bildes gesagt haben: „Vielleicht sind wir die erste Generation, die ‚Guernica' einfach nur als Gemälde betrachten kann". Die Realität dürfte etwas komplizierter sein: Der größte Teil der Besucher wird das Bild wegen seiner Berühmtheit besuchen und es überhaupt nicht als gewöhnliches Gemälde betrachten können. Man wird sich, wenn überhaupt, vor allem fragen, was denn dieses Bild derart berühmt gemacht habe. Das Bild ist sicher wichtig wegen seiner immanenten künstlerischen Qualität. Aber es ist wohl noch wichtiger wegen seiner Geschichte. Diese Geschichte hat sich in der hölzernen Transportkiste materialisiert. Sie wurde für die Reise von New York über den Atlantik nach Madrid verwendet und – einem Reliquienschrein gleich – 1981 als eigener Gegenstand der Ausstellung zum 100. Geburtstag des Künstlers gezeigt. Man kann sicher auch auf diese Weise an Wesentliches erinnert werden, vorausgesetzt man „weiß", worum es bei diesem Bild geht.

Der Inhalt der Erinnerung

Bei der hohen Beachtung, die man mit Rücksicht auf methodische Fragen zu Recht den medialen Prozessen der Erinnerungsproduktion zuwendet, sollte man die so einfache wie zentrale Frage nicht vernachlässigen, welchem Inhalt die Erinnerung eigentlich galt – und gilt. Drei Schichten sind zu unterscheiden: Auf der ersten Schicht ist die oberflächlichste und gängigste, aber auch wichtigste Botschaft angesiedelte: der Protest gegen den Krieg. In der zweiten Schicht liegt die scheinbar bereits vernachlässigenswerte Botschaft, dass hier gegen Barbarei der Faschisten protestiert wird. In der dritten Schicht liegt der den wenigsten Menschen geläufige Kern der Botschaft: Hier wird mit dem Licht der Wahrheit gegen die Verdunkelung der Lüge angetreten. Dazu die sonderbare Doppelbeleuchtung in der Szene: einmal das ungenügende elektrische Licht der Glühbirne (Zeichen der indifferenten Kenntnisnahme einer informierten, aber unbeteiligten Welt und Ausdruck für Wissen ohne Gewissen), anderseits der intervenierende Arm (Allegorie der Wahrheit bzw. der Wahrheitssuche) mit einem zweiten Kunstlicht, das an die Fackel der Freiheitsstatue erinnert.

Picassos Manifest wollte dazu beitragen, dass es den Tätern nicht gelingen wird, ihre Opfer durch Falschangaben (behauptete Selbstzerstörung der Stadt durch baskische Terroristen) über den tatsächlichen Verlauf des Vorgangs zusätzlich mit Unwahrheit zu erniedrigen. Mittlerweile ist es anerkanntes Allgemeingut, dass der Zweck der Aktion darin bestand, „den totalen Bombenkrieg zu testen" (Hannes Herr, in: Die Zeit vom 19. April 2007).

Die von Picasso angestrebte Wahrheits-Botschaft ist etwas zu kompliziert für einen europäischen Erinnerungsort. Der europäischen Erinnerungskultur genügt, dass „Guernica" an eine von Europäern gegenüber Europäern begangene Barbarei erinnern, deren Wiederholung für immer ausgeschlossen werden soll. Immer wieder heißt es, dass die Aktion gegen Gernika „der erste massive Luftangriff in der Kriegsgeschichte auf die unbewaffnete Zivilbevölkerung einer Stadt" gewesen sei (DPA-Meldung 24. April 1997). Zu dieser Aussage konnte es aber nur kommen, weil man Afrika und die im Rifkrieg (1921–1926) und im Abessinienkrieg (1935/36) verübten Terrorbombardierungen gegen afrikanische Städte, die es durchaus gab, nicht mitzählte.

Zur Erinnerungsgeschichte gehören oft auch daraus hervorgegangene Entschuldigungen: Bundespräsident Roman Herzog ließ den deutschen Botschafter im Rahmen einer Gedenkstunde in Guernica zum 60. Jahrestag des Luftangriffs eine „Bitte um Versöhnung" an die Hinterbliebenen verlesen. Eine entsprechende offizielle Erklärung lehnten die Bundestagsfraktionen CDU/CSU und FDP jedoch ab. Man fürchtete, nach dem Streit um die Wehrmachtsausstellung könnte eine Debatte über deutsche Kriegsverbrechen erneut die Zerrissenheit der Union aufzeigen. 1996 hatte Bonn lediglich drei Millionen Mark für den Bau einer Sportanlage in Gernika bewilligt.

Gleichzeitig steckt in dem Bild, angesiedelt eben auf der obersten Schicht, eine generalpazifistische Botschaft jenseits von Europa. Dies zeigt sich in einer Episode aus dem Jahr 2003: Die im Vorzimmer des Weltsicherheitsrats angebrachte und von Nelson A. Rockefellers Witwe gestiftete Teppichreplik des Gemäldes wurde am 5. Februar 2003 mit blauem UNO-Stoff verhüllt, als die USA die Intervention im Irak den Medien schmackhaft machen wollten. Die Kriegstreiber wollten ihre Begründung, die mit manipulierten Schaubildern von angeblichen Produktionsstätten von Massenvernichtungsmitteln untermauert waren, nicht ausgerechnet vor dem weltbekannten Bild zu den Desastres, den Gräueln des Kriegs präsentieren, das an die zu erwartenden Folgen erinnerte. Vielleicht lag der Verhüllungsgeschichte auch ein banaleres Motiv zugrunde, nämlich für die Fernsehaufnahmen aus rein visuellen Rücksichten den unruhigen Hintergrund zu eliminieren. Man kann indessen sagen, dass die Geschichte, wenn nicht wahr, mindestens „ben trovato" gewesen sei und der Realität im übertragen Sinn entsprochen habe.

Die drohende Irak-Intervention von 2003 hatte in Bochum eine gerade entgegensetzte Wirkung: eine Reproduktion von „Guernica" wurde am 31. Januar 2003 an der Universitätsbibliothek der Ruhr-Universität offiziell eingeweiht. Es war die Rückkehr eines Bildes auf den Campus, das Medizinstudierende 1984 aus Protest gegen den NATO-Doppelbeschluss nachgemalt hatten. Der Rektor, Gerhard Wagner, erklärte am 31. Januar 2003, Picassos „Guernica" sei ein Mahnmal gegen den Krieg, es zeige das Grauen des Luftkriegs, den Kriegsterror gegen die Zivilbevölkerung am Beispiel Gernikas. „Das Bild steht aber genauso für Coventry, Berlin, Dresden oder Belgrad – und hoffentlich nicht auch bald für Bagdad".

Der „Fall UNO 2003" gehört zu dem, gemäß der typischen Eigendynamik von starken Erinnerungsorten, laufend wachsenden Erinnerungsbestand rund um „Guernica". Das zeigt auch eine ganz andere Geschichte: Im Presseraum des italienischen Ministerpräsidenten hängt offenbar eine Kopie von Tiepolos Meisterwerk „Die Zeit enthüllt die Wahrheit". Gemäß ernstzunehmenden Presseberichten – etwa von „Le Monde" vom 8. August 2008 – soll im Sommer 2008 ausgerechnet auf Veranlassung des für seine Sexaffären bekannten Premierministers Silvio Berlusconi die nackte Brust der Wahrheit mit einem Schleier übermalt worden sein, um die Fernsehzuschauer vor Ablenkungen zu schützen. Warum dieses billige Intermezzo hier erwähnen? Selbstverständlich wurde in Presseberichten zur römischen Episode auch die UNO-Episode vom Februar 2003 explizit wieder in Erinnerung gerufen und damit gleich auch der alte Erinnerungsort „Guernica".

Was ist gewonnen, wenn wir „Guernica" als europäischen Erinnerungsort erkennen? Wissen wir mehr über den Zustand der Identität Europas? „Guernica" ist wie „Auschwitz" Teil des negativen Gründungsmythos der Nachkriegsgemeinschaft. Es verweist auf einen Zustand, den man mit der neuen Ordnung überwunden hat. Wie sehr in Europa über die nationalen Identitäten hinaus eine supranationale Identität herangewachsen ist, kann man gestützt auf „Guernica" jedoch weniger inhaltlich als formal festmachen. Man muss dann aber, wie es Wolfgang Schmale in seiner Studie zur europäischen Identität tut, weniger von überrissenen Identitätserwartungen ausgehen und Europa weniger als Einheit denken, sondern vielmehr als sich verdichtendes Netzwerk, und dieses dann als Kommunikationssystem

Abbildung 4: Erinnerung mit Briefmarken transportieren, Foto: Autor.

begreifen, das Stabilität und Flexibilität zugleich ermöglicht. Und man muss auch nicht traditionelle Einheiterwartungen haben, sondern sich mit Kohärenz über Verknüpfung von andauernd Vielfältigem zufrieden geben und auf generative Herleitungen (auch aus dem spanischen Bürgerkrieg) verzichten. Kohärent ist nicht die Ausgangslage, sondern allenfalls das Ergebnis in Form einer diskursiven Auseinandersetzung mit gemeinsamen Erinnerungsorten, zum Beispiel „Guernica".

Über diese anhaltende(n) Erinnerungsgeschichte(n) bildete sich um „Guernica" ein solider Erinnerungspunkt heraus, der schließlich wie ein Selbstläufer von seiner eigenen Dynamik lebte. Man kann sagen, „Guernica" erinnert vor allem an „Guernica" – das heißt an sich selbst. Dies ist im Fall von Briefmarken mit dem Bildmotiv (vgl. Abb. 4) oder im Fall von im Museumsshop angebotenen Kühlschrankmagneten so: Sie sind zwar ein Erinnerungsmedium, aber sie stellen selbst überhaupt nicht sicher, dass man sich „richtig" erinnert.

Literatur

Walther L. Bernecker/Sören Brinkmann, Kampf der Erinnerungen. Der Spanische Bürgerkrieg in Politik und Gesellschaft 1936–2006. Nettersheim 2008.

Carlo Ginzburg, Das Schwert und die Glühbirne. Eine neue Lektüre von Picassos Guernica. Frankfurt am Main 1999.

Guernica. Picasso und der Spanische Bürgerkrieg, hrsg. v. d. Neuen Gesellschaft für Bildende Kunst. Berlin 1980.

Gijs van Hensbergen, Guernica. The Biography of a Twentieth-Century Icon. London 2004 (deutsche Übersetzung 2007).

Reinhold Hohl, Die Wahrheit über Guernica, in: Pantheon Januar–März 1978, S. 41–58.

Reinhold Hohl, Ein Weltbild der Grausamkeit. Picassos „Guernica" und Artauds „Théâtre de la cruauté", in: FAZ 280/1.12.1979.

Georg Kreis, Licht gegen Lüge. 70 Jahre Guernica, in: Ders., Vorgeschichten zur Gegenwart. Ausgewählte Aufsätze, Bd. 4. Basel 2008, S. 71–86.

Wolfgang Schmale, Geschichte und Zukunft der Europäischen Identität. Stuttgart 2008.

Stefan Schweizer/Hanna Vorholt, Der „Guernica Cover-Up" vom Februar 2003. Verhüllung und Enthüllung im Zeitgenössischen Bildgebrauch, in: Historische Anthropologie 11 (2003), S. 435–446.

Herbert Rutledge SOUTHWORTH, Guernica! Guernica! A Study of Journalism, Diplomacy, Propaganda and History. Berkeley u. a. 1977.

Adrian Smith
Coventry

Coventry zwischen Krieg und Versöhnung

Im öffentlichen Bewusstsein der heutigen britischen – oder genauer gesagt: der englischen – Gesellschaft ist die Rolle der legendären „Heimatfront" zwischen 1939 und 1945 immer noch ein einflussreicher Faktor. Dank digitaler Technologien liefern die Medien mehr Beiträge als je zuvor, in denen Berichte und Kommentare gleichermaßen den nationalen Konsens untermauern, dass die Zeit von Mai 1940 bis zur Kapitulation Japans im August 1945 die „beste Stunde" der Briten war: Selbst die Skepsis in geringen Teilen der keltischen Bevölkerung geht unter in einer populistischen großstädtischen Mehrheitsmeinung, die bestenfalls einen unaufgeregten Patriotismus nährt, im schlimmeren Fall aggressiven Nationalismus anfacht. Dieses Einvernehmen bezüglich des zivilen Arms von „Churchills Armee" steht in scharfem Gegensatz zu der nuancierteren, ausgewogeneren (und implizit kritischeren) Perspektive der meisten professionellen Historiker. Zwar würde nur der hemmungsloseste Bilderstürmer den Mut und das Durchhaltevermögen so vieler Zivilisten während des Konflikts in Abrede stellen; daher geht das Eingeständnis von Spannungen, Belastungen und Streit in der Regel einher mit klarer Anerkennung für die herausragenden Leistungen der Beteiligten. Bemerkenswerte Zeugnisse für Standhaftigkeit und Geduld überlagerten nicht selten vermeidbare Fehler, begangen aus Inkompetenz und Mangel an Effizienz, so dass Letztere im Lauf der Zeit aus der vorherrschenden Darstellung getilgt wurden. Auch wenn das bürgerliche Gedenken an den *Blitz* (wie die deutschen Bombenangriffe im Winter 1940–41 in Großbritannien allgemein genannt werden) in seltenen Fällen kontroverse Diskussionen auslöst, so ist die Erinnerung in den meisten städtischen Gemeinden doch von wirkmächtigen Bildern geprägt, auf die sich alle Generationen seit 1945 bezogen haben, wenn sie sich mit eindeutigen Belegen für einen nationalen Niedergang auseinanderzusetzen hatten – Angus Calder nennt dies in seinem gleichnamigen Buch den "Mythos des Blitz".

Coventry, das in den westlichen Midlands gelegene Zentrum der britischen Automobilindustrie vor und nach dem Zweiten Weltkrieg, stellt dabei keine Ausnahme dar, zumal sich am 14. und 15. November 2010 der schwerste Angriff der deutschen Luftwaffe auf ein britisches Ziel außerhalb Londons zum siebzigsten Mal gejährt hat. Wie kommt es, dass Coventry sich unmittelbar nach der Bombardierung so fest in der nationalen Psyche verankert hat? Warum erregte die Zerstörung des Stadtzentrums einschließlich der mittelalterlichen Kathedrale europa- und weltweite Aufmerksamkeit? Warum aber verfolgten Klerus und Stadtverwaltung, anders als in anderen ausgebombten britischen Städten, schon früh eine Versöhnungsagenda? Und schließlich, warum galt Dresden als so ausschlaggebend für Friedensprojekte und internationale Zusammenarbeit bei der Überwindung des Grabens, der sich während des Kalten Krieges immer weiter auftat? Coventry blieb seinen etablierten transatlantischen und Commonwealth-Beziehungen treu, die durch Einwanderung aus Afrika und Südasien seit den späten 1950er Jahren eine neue Dimension erhielten. Viel ungewöhnlicher war, dass die Stadt schon sehr bald nach dem Krieg Partner auf dem europäischen Festland suchte. Insbesondere fällt auf, wie sehr man sich für Mittel- und Osteuropa interessierte; sowohl die Kirche als auch der Stadtrat traten entschieden für die Weiterführung der aus Kriegszeiten stammenden Verbindungen ein, ungeachtet der einschneidenden Verschlechterung der Ost-West-Beziehungen.

Der Luftangriff von 1940: Trauma und Bürgerstolz

Jeder, der die Nacht vom 14. auf den 15. November 1940 in Coventry erlebt hat, berichtet von emotionalen Verletzungen auf Grund von Heftigkeit und Ausmaß der Bombardierung. In vielen Fällen heilten diese Wunden rasch, manchmal schneller als die physischen Schäden. Aber für viele Menschen verhielt es sich gerade umgekehrt, und bis heute werden ältere Bürger von schlimmen Erinnerungen an den *Blitz* verfolgt. Selbst die verklärteste und nostalgischste Ansicht von Coventry im Zweiten Weltkrieg ist daher nur bedingt zutreffend, wenn von der dunkelsten Stunde der Stadt die Rede ist. Nach immerhin dreiundzwanzig Luftangriffen seit Mitte August waren Bombardierungen nichts Ungewöhnliches mehr. Es waren bisher 448 Tote und Schwerverletzte zu beklagen, und die Munitionsproduktion in dem Industriezentrum war gelegentlich unterbrochen worden, wenn auch nicht nachhaltig. Aber die schiere Größenordnung des Unternehmens „Mondscheinsonate" zeugte von der festen Absicht der Luftwaffe, dieses wichtige Zentrum der Produktion von Werkzeugmaschinen, Luft- und Landfahrzeugen, Artillerie und leichten Waffen auszuschalten. Buchstäblich von Sonnenuntergang bis zum Morgengrauen warfen vierhundert Flugzeuge über fünfhundert Tonnen Sprengbomben ab, von denen einige mit Zeitzündern versehen waren, so dass sie noch Tage später Verwüstungen anrichteten. Noch verheerender waren die Tausenden von Brandbomben, die während der gesamten Nacht niedergingen und bereits bei der ersten Angriffswelle das mittelalterliche Zentrum der Stadt in ein Flammenmeer verwandelt hatten. Der Michaelsdom brannte völlig aus, während verzweifelte Löschanstrengungen die benachbarte Dreifaltigkeitskirche zu retten vermochten. Als der Morgen anbrach, war von Broadgate nicht mehr viel übrig, wo sich die Stadtentwicklungsprojekte vor dem Krieg konzentriert hatten. Auch der Rest der Stadt lag in Trümmern. Da Coventry trotz des raschen Wachstums nach dem Ersten Weltkrieg ungewöhnlich kompakt geblieben war, kam keiner der Stadtteile ohne größere Schäden davon.

Die Gebäude und ihre Bewohner drängten sich auf einem relativ begrenzten Gebiet eng zusammen, so dass die Verluste an Häusern und Menschenleben umso größer waren, was den psychischen Schock noch vertiefte – in den Worten von Tom Harrisson kam es zu einer „nie dagewesenen Entwurzelung und Verzweiflung". Harrisson hatte 1937 das Umfrageinstitut Mass Observation mitbegründet, das während des Kriegs von verschiedenen Behörden unter Churchills Koalitionsregierung mit der Erstellung von Berichten über die Stimmung im Land beauftragt wurde. Gerade einmal vierundzwanzig Stunden nach dem Angriff leitete Harrisson persönlich in Coventry die Arbeit von zwei Beobachtergruppen für Mass Observation. Über 50 000 Wohneinheiten und 500 Ladenlokale waren zerstört oder beschädigt, dazu 21 wesentliche Produktionsanlagen und eine Reihe kleinerer Fabriken zunächst außer Betrieb. Der Verlust an Menschenleben unter der Zivilbevölkerung war erheblich: 568 Personen waren getötet, weitere 863 schwer verletzt worden. Die Energieversorgung war bereits zu Beginn unterbrochen und die beiden Krankenhäuser wurden schon früh getroffen, aber vor allem die Wasserverluste und der Zusammenbruch der Telekommunikation führten zu einer massiven Behinderung der Lösch- und Bergungsanstrengungen. Die deutschen Bomber griffen gezielt die öffentliche Infrastruktur an. In der ersten Welle warfen sie die größten Sprengkörper ab, um sicherzustellen, dass die Brandbomben durch eine rasche Ausbreitung der Feuer die Rettungsdienste von vornherein überlasten würden. In dieser Hinsicht erzielte die Luftwaffe einen spektakulären Erfolg. Anfang April 1941 folgten zwei weitere schwere Angriffe, die zwar nicht das gleiche Ausmaß hatten wie der Großangriff vom November, aber doch immerhin in je etwa fünf Stunden insgesamt 451 Todesopfer und 723 Schwerverletzte forderten. Wichtige Verwaltungsgebäude und vier Fabriken wurden erheblich beschädigt, ebenso über 30 000 Häuser. Und selbst dies waren längst noch nicht die letzten Gelegenheiten, an denen die Sirenen heulten.

Nach Meinung von Beobachtern leitete der Angriff auf Coventry nicht nur einfach eine neue Phase des Bombenkriegs mit der Ausweitung auf Industriezentren außerhalb Londons ein. Bei der Attacke, die eine ganze Nacht andauerte, setzten die Deutschen alles daran, möglichst schwere Kollateralschäden zu verursachen, was in der Weltöffentlichkeit als beispiellos dargestellt wurde. Dabei war dies schon bei früheren Angriffen der Fall gewesen, etwa in Southampton, als die Luftschlacht um England noch auf dem Höhepunkt stand. Aber es war angesichts der vorangegangenen Verwüstung von Warschau und Rotterdam nicht nur eine britische Erfahrung. Was Coventrys Wahrnehmung außergewöhnlich machte, waren jedoch die Dauer und die extreme Heftigkeit der Bombardierung. Auf Hafenstädte wie Southampton, Portsmouth, Plymouth und Bristol wartete ein vergleichbares Schicksal, und Ähnliches stand anderen industriellen Ballungsräumen bevor, aber die zerstörte Dreitürmestadt behielt ihre eigene symbolische Bedeutung – zwar hatte der Londoner *Blitz* seine eigene Identität, aber Coventry blieb exemplarisch für die Erfahrungen außerhalb der Metropole. Die Ereignisse der Nacht vom 14. auf den 15. November waren so einzigartig, dass sowohl das Luftfahrtministerium als auch das Informationsministerium einen riesigen Propagandawert darin sahen, das Ausmaß der Zerstörung offen anzuerkennen. Die BBC sendete einen erstaunlich nüchternen Bericht über die Vorfälle, die landesweite Presse bot eine ungewöhnlich umfangreiche Berichterstattung und die Wochenschauen wichen vorübergehend von ihrer ansonsten konsequent optimistischen Darstellung der Briten im Krieg ab. Das Interesse im Ausland, jenseits des Atlantik wie auch im gesamten Empire, veranlasste die rasche Veröffentlichung eines Dokumentarfilms der Crown Film Unit, „Das Herz von England" – der Regisseur Humphrey Jennings war mit seinem Filmteam weniger als einen Tag nach dem Angriff in der Stadt angekommen.

Coventry wurde dem nationalen wie internationalen Publikum als Symbol für Durchhaltevermögen vorgestellt, als deutlicher Beleg dafür, dass die Notfallvorkehrungen der Bürgergemeinschaft die Prüfung durch wiederholte Bombardierungen bestanden hatten. Die Wirklichkeit sah allerdings wesentlich anders aus: Selbst wenn man die Heftigkeit des Angriffs in Betracht zieht, entsprachen die Luftschutzmaßnahmen längst nicht den Mindestanforderungen des Heimatschutzministeriums, etwa angesichts des Fehlens geeigneter Schutzräume, eines Mangels an freiwilligen Helfern und der Zurückhaltung seitens der Behörden, Eltern zur Evakuierung ihrer Kinder aus dem Umfeld voraussichtlicher Angriffsziele zu drängen. Ohnehin gab es keine staatliche Feuerwehr, und diese schwierige Situation wurde durch das Versagen von Ausrüstungsteilen, die oft nicht zueinander passten, und das Fehlen ausreichend geübter Löschteams weiter erschwert. Die Rettung der Dreifaltigkeitskirche hob nur noch mehr den Umstand hervor, dass es in den meisten wichtigen Gebäuden an Löschgeräten und geschulten Feuerlöschkommandos fehlte, um die Brandbomben rechtzeitig unschädlich zu machen.

Die Einwohner mussten sich, noch unter Schock, unmittelbar mit diesen Mängeln auseinandersetzen, als der „Midland Evening Telegraph" mit der Forderung nach besser koordinierten Einsätzen bei möglichen Folgeangriffen hervortrat. Aber die eigentlichen Selbstzweifel konzentrieren sich – bis heute – auf die Unzulänglichkeit des Kriegsnotstandskomitees, sowohl während des Angriffes als auch danach. Wie kam es, dass nicht weniger als dreizehn der fünfzehn Schutzzentren auf Grund ihrer gefährdeten Lage zerstört worden waren? Warum waren trotz eindrucksvoller Anstrengungen bei der Straßenräumung so wenig Transportmittel verfügbar? Wo blieben Materialien und Arbeitskräfte, um die leichter beschädigten Häuser wieder bewohnbar zu machen? Warum war es so schwer, an Informationen zu kommen, und warum dauerte es so lange, bis nationale und örtliche Hilfsdienste ihre Arbeit aufnahmen? Warum brauchte der Oberstadtdirektor so lange, bis er das Rathaus erreichte und seine Rolle als Notstandsverwalter aufnahm?

Die Liste von Fragen war lang und schmerzhaft, wobei Tom Harrisson und seine Berichterstatter einen allgemeinen Eindruck von Ohnmacht und Unfähigkeit erhielten. Die schleppende Reaktion des Labour-dominierten Stadtrats wurzelte in Schock und Schwerfälligkeit, aber sie spiegelte auch einen Mangel an effektiver Macht wider (so konnten etwa die zögerlichen Bus- und Straßenbahnbesatzungen nicht zur Arbeit gezwungen werden). Einer der Gründe dafür, dass der Magistrat seine Kontrolle nicht an den Regionalkommissar abgab, war die Präsenz des Innenministers in Coventry: Herbert Morrison war der wichtigste Vertreter des kommunalen Sozialismus innerhalb der Labour Party. Die Partei besaß in Coventry starke Persönlichkeiten, die sich alle im Krieg auszeichnen sollten. Ihr lokales Ansehen und vor allem die herausragende Leistung des Stadtrats beim Wiederaufbau nach 1945 führten dazu, dass im Lauf der Zeit der Umgang der Lokalbehörden mit dem *Blitz* wohlwollender betrachtet wurde. Anders ausgedrückt, profitierte der Stadtrat von einem verbreiteten Wunsch, sich auf das Beste zu konzentrieren und das Schlimmste zu vergessen. Noch während der ersten Auseinandersetzungen wurde eine Art von „Phönix-Mentalität" beschworen, und der Besuch von Georg VI. am 16. November leitete einen Prozess der Rehabilitierung ein. Dabei sahen nur wenige den König selbst; der Lokalpatriotismus erhielt seinen Auftrieb vor allem durch Berichte in Zeitungen und Wochenschauen. Churchill, der großen Anteil an Hilfsaktionen nahm, wartete zehn Monate, bevor er den Schaden inspizierte. Bei seinem Besuch fühlte der Premierminister sich in seiner Auffassung bestärkt, dass kommunistische Anti-Kriegs-Agitation in den Fabriken schon vor Juni 1941 die Produktivität ernsthaft geschwächt hatte und zu einer Verschlimmerung der offenbar schlechten Moral schon bei den ersten Angriffen beitrug. Nur eine Woche vor der Bombardierung im November hatte Churchill Berichte über die Unzuverlässigkeit von Coventry erhalten, dessen Durchgangsbevölkerung keinen „zivilen Patriotismus" an den Tag legte. Nachdem Russland in den Krieg eingetreten war und lokale Aktivisten nun maximale Produktion zur Unterstützung der Roten Armee forderten, bestand Churchill ungeachtet seiner Bedenken darauf, dass die Stadt für ihre überstandenen Leiden öffentlich ausgezeichnet werden sollte: Widerstrebend ernannte Morrison daraufhin den Bürgermeister zum Lord.

Coventrys dauerhafte Rolle als Beispiel für den „Volkskrieg" zeigt sich darin, dass ein Streit über Stadtflucht ausblieb. *Trekking* war nach Angus Calders berühmtem Ausspruch „ein Riss durch den Körper einer Provinzstadt". Londoner lebten in der Regel nicht nah an ländlichen Gegenden und suchten daher in Bunkern oder U-Bahn-Tunneln Schutz. Nach der mörderischen Zerstörung in Coventry berichtete Mass Observation dagegen von zahlreichen Menschen, die für die Nacht aus den Ruinen flohen. In anderen Städten wurde die allabendliche Flucht eher negativ dargestellt, aber Coventry kam im Wesentlichen ohne Tadel davon. Stadtweit war das „Auswärtsschlafen" schon vor dem 14./15. November verbreitete Praxis gewesen, aber die Bewegungen stiegen in den letzten Wochen des Jahres 1940 gewaltig an. In einer Untersuchung des Innenministeriums zwölf Monate später wurde geschätzt, dass zwischen 70 000 und 100 000 der 194 000 Einwohner die Stadt nach dem schlimmsten Angriff verlassen hatten, wobei die Zahlen im neuen Jahr auf 15–20 000 ständige Evakuierte sanken.

Wenn es lange dauerte, bis die Fabriken der Stadt ihre volle Produktion wieder aufnahmen, dann lag dies an einem Mangel an Energie und Wasser, nicht am Fehlen von Menschen: Schon Mitte Dezember trugen 80 % Prozent der Arbeitskräfte wieder zu den Kriegsanstrengungen bei. Nach den Angriffen im folgenden April war die Rückkehrrate vergleichbar, wobei es erwartungsgemäß am schwierigsten war, Arbeiter zur Wiederaufnahme der Nachtschicht zu bewegen. So zeigte sich in Coventry, wie in anderen Industriezentren im Winter 1940/41, dass ungeachtet der unmittelbaren Wirkung der massiven Angriffe durch die Luftwaffe die Moral der Arbeiter nicht nachhaltig gebrochen werden konnte, und die Produktion hing mehr von den Maschinen ab als von den Gebäuden, in denen sie untergebracht waren. Die wesentlich massiveren Angriffe der britischen und US-Luftwaffe auf Deutschland im weiteren Verlauf des Konflikts bestätigten das bemerkenswerte Durchhaltevermögen der städtischen Arbeiterschaft, unabhängig von ihrer Nationalität: Dasselbe Vermögen, nach Überstehen des ersten Ansturms die produktive Rolle im Kriegseinsatz wiederaufzunehmen, zeigte sich auch 1942 im Ruhrgebiet und in den folgenden drei Jahren im gesamten Deutschen Reich – ein grausamer Ausdauertest, der seinen Höhepunkt beim Brand von Dresden im Februar 1945, am Vorabend der Niederlage, finden sollte.

Versöhnungsinitiativen mit West- und Ostdeutschland

In den letzten Jahren haben Anthony Glees, Merrilyn Thomas und andere britische Historiker gezeigt, wie weit Regierungsbehörden in London und Berlin Versöhnungsinitiativen mit Schwerpunkt in der Deutschen Demokratischen Republik diskret ermutigten. So unterstützte der prominenteste Labour-Abgeordnete Coventrys, Richard Crossman, bevor er 1964 Kabinettsmitglied wurde, Initiativen von Diözese und Stadtrat zur Aufnahme von Kontakten in Ostdeutschland. Crossman, der als Kriegsveteran Erfahrung mit verdeckten Operationen besaß und Willy Brandts Ansätze einer Ostpolitik in dessen Zeit als Regierender Bürgermeister von Berlin schätzte, sorgte für stillschweigende Zustimmung des Außenministeriums in Whitehall, wo man aus Sorge über die Berlin- und Kubakrisen versuchte, Washington zur Mäßigung seiner schneidenden Rhetorik im Kalten Krieg zu bewegen. Während Großbritannien sich bemühte, Kommunikationskanäle auf niedrigem Niveau offen zu halten, suchte die DDR international Anerkennung und Ansehen, was die Stasi veranlasste, engere Ost-West-Kontakte zu tolerieren, selbst wenn dies unweigerlich Regimekritiker einschloss, deren Aktivitäten unter anderen Umständen rücksichtslos unterdrückt worden wären.

Im Mittelpunkt dieser Initiativen stand Dresden, nachdem Crossman 1963 den Propst der Kathedrale von Coventry, H. C. N. „Bill" Williams, dazu angeregt hatte, die bereits fünf Jahre zuvor initiierten Kontakte zwischen den beiden Städten, deren Namen exemplarisch für die verheerendsten und rücksichtslosesten Luftangriffe standen, weiter auszubauen. Trotz der höchst unterschiedlichen Größenordnung der Zerstörung hatten die beiden Städte gemeinsam, dass bei der Vernichtung ihrer Zentren besonders sichtbare Kultstätten bis auf die Grundmauern zerstört worden waren: Die Kuppel der Frauenkirche und der Turm des Michaels-Doms symbolisierten drastisch den ganzen Schrecken des Krieges. In den 1950er und 1960er Jahren wurde in Coventry ein kompromisslos modernes, zum Teil unverhohlen modernistisches Stadtzentrum samt Kathedrale gebaut, unter Bewahrung der noch vorhandenen mittelalterlichen Strukturen, ein potenzielles Vorbild für Dresden, das zu dieser Zeit noch deutlich sichtbare Spuren des Krieges aufwies. Ein halbes Jahrhundert später beschritt Dresden einen konservativeren, aber nichtsdestoweniger beeindruckenden Weg der Rekonstruktion, dessen Erfolg schließlich vom Ableben der DDR bestimmt werden sollte.

Die Kathedrale von Coventry entsandte zum 20. Jahrestag des Kriegsendes in Europa eine Gruppe freiwilliger Helfer (allesamt Studenten aus Cambridge) nach Dresden. Im Gegenzug beteiligte sich die deutsche „Aktion Sühnezeichen", eine aus der evangelischen Kirche hervorgegangene Bewegung, am Aufbau der Kathedrale von Coventry. Bei der Vorstellung einer Spendenaktion für Dresden im November 1964 erklärte Propst Williams, dass diese Gruppe in Großbritannien unter dem Namen Operation Reconciliation bekannt gemacht werden sollte, also „Versöhnungsaktion", womit der Sühneaspekt nicht wiedergegeben wurde, der ein zentrales Motiv bei der Gründung der Bewegung gewesen war. Während Williams selbst keine Ressentiments hegte, vermittelten seine Äußerungen weniger versöhnlichen Spendern den Eindruck, dass die deutschen Freiwilligen für Versöhnung *und* Wiedergutmachung standen, während ihre schuldfreien britischen Partner nur internationales Wohlwollen ausdrückten. Auf beiden Seiten des Atlantiks versicherte der Propst den generösen Unterstützern der Kathedrale, dass das seelsorgerische und weltliche Engagement in Dresden mit einem geringstmöglichen Kontakt zu den jeweiligen Regierungen auskam. Diese Behauptung war nicht ganz redlich, blieb aber dem unpolitischen Image treu, das fast allen Initiativen anhaftete, die nach 1945 von Coventry ausgingen, insbesondere bei förmlichen Kontakten mit kommunistischen Ländern.

Ein anfängliches Austauschprojekt mit Kiel signalisierte Coventrys in der Regel unumstrittenes Engagement mit Gemeinden in der neu gegründeten Bundesrepublik, die seit Mitte der 1950er Jahre ein NATO-Partner war: Gute Beziehungen zu Westdeutschland auf lokaler Ebene bezeugten die Nachkriegs-Versöhnung und waren jedenfalls politisch erwünscht. Aber zivile Würdenträger, die durch lange Amtszeit und nachweislichen Patriotismus ausgezeichnet waren, konnten auch hinter den Eisernen Vorhang reisen, wo es ihnen ihr Ansehen erlaubte, auf dem Höhepunkt des Kalten Krieges eine internationalistische, progressive Agenda zu verfolgen. Delegationsreisen nach Mittel- und Osteuropa wurden üblich: Aus einem ersten Besuch in der DDR 1958 entstand das „Freundschaftskomitee Dresden-Coventry", und Jürgen Seidel schuf als Gastkünstler ein Wandgemälde für den neuen Markt in der Innenstadt. Probleme traten erst auf, als eine jüngere, weniger konservative Generation von Labour-Stadträten 1962 das „Coventry-Komitee für internationale Verständigung" gründete, auf Grundlage der Kontakte mit Stalingrad und Sarajewo, die seit dem Krieg bestanden – in beiden Fällen offensichtlich verbunden durch das Kriegstrauma. Die ungewöhnlich enge Verbindung mit der Hauptstadt Jugoslawiens (widergespiegelt im Belgrad-Theater in Coventry, das heute noch diesen Namen trägt) löste kaum Kontroversen aus, dank Marschall Titos Sonderstellung als Partisanenheld und Kritiker des sowjetischen Kommunismus.

Während der späten 1940er und der 1950er Jahre bemühten sich der Labour-dominierte Stadtrat und die Diözese um eine Baugenehmigung für die neue Michaelskirche, die neben den Ruinen der alten Kathedrale errichtet werden sollte. Städtische und kirchliche Partnerschaftsinitiativen in Europa liefen gewöhnlich nebeneinander her, ohne sich zu berühren. Erst die Weihe der neuen Kathedrale im Mai 1962 stellte ein derart herausragendes Ereignis dar, dass den Labour-Politikern keine andere Wahl blieb, als mit Williams und seinem Bischof Cuthbert Bardsley Frieden zu schließen: Die Anwesenheit der Königin und ein großes Kunstfestival (bei dem auch Benjamin Brittens „War Requiem" uraufgeführt wurde) unterstrichen die Gelegenheit für Zusammenarbeit. In der Folge wurde Kooperation stärker betont als Konkurrenz, und das zunehmende Engagement der Kathedrale in Dresden wurde von Austauschprogrammen für Mitarbeiter und Ausstellungen seitens der Stadt begleitet. So konnten vertrauenswürdige Staatsbedienstete der DDR vorübergehend in einem britischen Museum mit Kunstgalerie arbeiten (dem Herbert), während ihre Entsendung an eine entsprechende westdeutsche Einrichtung zu dieser Zeit noch unvorstellbar gewesen wäre. Im Gefolge von Seidel besuchten jedes Jahr Studenten der Kunsthochschule Coventry Dresden, und ein „Vorwärts in Freundschaft"-Gedenktag für die Bombardierungen von 1940 und 1945 wurde bis zur Maueröffnung begangen.

Während die Leiter der Diözese gegenüber den Stadtvätern immer misstrauisch blieben, etablierten sie enge Beziehungen mit anderen wichtigen Gruppen der örtlichen Bevölkerung. So ließ sich Propst Williams bei seinem ersten Dresden-Besuch von dem deutschfreundlichen Direktor der bedeutendsten Schule Coventrys begleiten, der während der alliierten

Besatzung als Berater in Erziehungsfragen fungiert hatte. Die Reise dieser beiden Männer durch die DDR dokumentierte eine religiöse Sendung, die im November 1964 im Sonntagsprogramm von ITV ausgestrahlt wurde: Die Vertiefung der Beziehungen zwischen Coventry und Dresden traf zu einer Zeit auf Medieninteresse, als über die Anglikanische Kirche noch ausführlich und positiv berichtet wurde. Ein Jahr später begleiteten Journalisten aufmerksam die Geschicke von Williams erster Freiwilligengruppe, von deren Mitgliedern viele die geplanten sechs Monate ihres Aufenthalts mit Arbeiten an dem zerstörten Diakonissen-Krankenhaus verbrachten.

Zuvor, als Propst, Planer und Politiker noch tief zerstritten waren, gewann der Rat dank des internationalen Ansehens der Kathedrale als Ort von Brüderlichkeit und Vergebung dennoch an Glaubwürdigkeit als Förderer von Frieden in Europa. R. T. Howard, Williams Vorgänger als Propst, war der Spiritus rector bei der Förderung der Versöhnungsarbeit gewesen. Er hatte auf dem Altar des alten, Wind und Wetter preisgegebenen Michaelsdoms die Inschrift „Vater, vergib" angebracht und den Wunsch nach Wohlwollen für alle Menschen in seiner BBC-„Botschaft für Großbritannien und die Welt" ausgesprochen, die Weihnachten 1940 aus den Ruinen der Kathedrale gesendet wurde. Für Howard, Williams und ihre Nachfolger stand das nackte Altarkruzifix, aus verkohlten mittelalterlichen Balken und Nägeln, als Symbol für unbedingte Hoffnung und internationale Harmonie. Beide Pröpste genossen dabei die Unterstützung von Cuthbert Bardsley und seinem Vorgänger Neville Gorton, der während des Krieges Bischof war und den Grundstein für den neuen Michaelsdom gelegt hatte.

Diese vier Männer verfolgten alle eine entschlossene Politik, enge Verbindungen mit dem ehemaligen Feind aufzubauen. So sendete Propst Howard seine Weihnachtsansprache 1946 gemeinsam mit Hamburg, und im folgenden Jahr tauschte er mit seinem Kieler Amtskollegen ein kleines Nagelkreuz und einen „Vergebungsstein" aus. Letztere, ebenso wie die Vorlage für das Nagelkreuz, stammten aus der vorübergehend eingerichteten Einigkeitskapelle in der zerstörten Kathedrale. Diese Kapelle wurde ein Zufluchtsort für deutsche Besucher, die, so Howard, „immer noch gefangen in den Fesseln der Kriegsschuld, plötzlich freigelassen wurden, um mit einem neuen Gefühl der Erlösung und einer stillen Freude davonzugehen". Ein Gastpfarrer leitete die Grundsteinlegung für den neuen Michaelsdom 1956, als die Lutherische Auswanderergemeinde in der Einheitskapelle eine geistliche Heimstatt gefunden hatte. Nach der Weihe der neuen Kathedrale wurden die Gottesdienste in die heutige Kapelle verlegt. Die deutsche Gemeinde versammelt sich heute noch zweimal im Monat, aber die Bleiglasfenster der Einheitskapelle, finanziert durch eine ökumenische Spendenaktion, stellen eine ständige Präsenz dar. Der persönliche Einsatz des Bundespräsidenten und des katholischen Kanzlers Konrad Adenauer sicherte der Kathedrale großzügige Spenden. Ende der 1950er Jahre war sich die Diözese allzu gut bewusst, dass die ehrgeizigen Pläne von Basil Spence das ursprüngliche Budget für den Wiederaufbau bei Weitem sprengen würden. Ein dankbarer Howard schickte der Bundesregierung in Bonn das wohl vertraute Nagelkreuz: Adenauer nahm dieses inzwischen weltweit anerkannte Symbol der Versöhnung entgegen, indem er im Namen des deutschen Volkes anerkannte, dass dessen Schuld für die Vergehen eines skrupellosen Regimes noch abzutragen war. Als Präsident von Weizsäcker gemeinsam mit der Königinmutter an einem Gottesdienst zum 50. Jahrestag der Zerstörung der alten Kathedrale teilnahm, wurde dieses Bedürfnis der Sühne nicht mehr länger verspürt: Die Betonung lag vollständig auf der Versöhnung, während die Friedensglocke vor der Einheitskapelle an einem Moment von besonderer Tragweite für die deutsche Nachkriegsgeschichte aufgehängt wurde.

461

Ausblick

Die Schubkraft der Nagelkreuzinitiative hat sich durch das letzte Viertel des vergangenen Jahrhunderts bis in das gegenwärtige erhalten: Das Zentrum für Versöhnung der Kathedrale von Coventry setzt sich für Konfliktlösungen in der ganzen Welt ein, mit über 250 Nagelkreuz-Ablegern in mehr als sechzig Ländern. Zwar hat sich der Schwerpunkt zu Recht in die Entwicklungsländer verlagert, aber das Zeichen des Nagelkreuzes bleibt seinen Wurzeln auf dem Doppelpfad des geteilten Europa hin zu wirtschaftlichem Aufstieg und zivilem Wiederaufbau treu: In der Spätphase des Kalten Krieges setzten sich wohlmeinende Vertreter einer Annäherung zwischen einfachen Menschen über böswillige Bemühungen staatlicher Institutionen wie der DDR-Staatssicherheit hinweg, die diesen zunehmend einflussreichen transkontinentalen Dialog zu untergraben suchten. Die Wiedervereinigung führte zur Gründung eines eigenständigen Ablegers, nicht zuletzt wegen der großen Konzentration von Zentren auf beiden Seiten der Mauer. Erwartungsgemäß findet sich die größte Zahl in Dresden, mit dem Diakonissen-Krankenhaus und drei weiteren Zentren für Frieden und internationalen Austausch. Am 60. Jahrestag ihrer Zerstörung konnte die wundervoll wiederhergestellte Frauenkirche endlich ihr lang erwartetes Nagelkreuz erhalten: Kein Empfänger verdiente es mehr, keiner hatte so lange darauf warten müssen. In den zwanzig Jahren davor hatte die Aufmerksamkeit auf der Kreuzkirche geruht, deren Geistliche regelmäßig ökumenische Veranstaltungen mit ihren Kollegen in Coventry geteilt hatten. In den späten 1980er Jahren wurden Friedensgottesdienste aus der Kreuzkirche sowohl in Großbritannien als auch in der DDR übertragen. Freitagsgebete in dem Zentrum spiegelten den wachsenden Unmut der Dresdner Gemeinde wider, die in offenen Diskussionen über Menschenrechte und die Notwendigkeit eines breiteren Dialogs mit dem Westen deutlich wurde. Alle Nagelkreuz-Zentren folgen dem „Versöhnungsgebet von Coventry" – dieses Gebet ist das Herzstück einer programmatischen Bekundung der Diözese, die zum Goldenen Jubiläum der neuen Kathedrale 2012 ein umfassendes, erweitertes „Weltzentrum für Versöhnung" einzuweihen gedenkt. Die zentrale Rolle der Kathedrale von Coventry für den tatkräftigen Internationalismus der Stadt während der letzten sieben Jahrzehnte kommt auch in der Restaurierung von Museum und Kunstgalerie durch den Stadtrat zum Ausdruck. Besucher des Herbert betreten die „Friedens- und Versöhnungsgalerie", die 2008 eröffnet wurde. Eine fantasievolle, innovative und attraktive interaktive Ausstellung betont, in welchem Maß Coventry im 21. Jahrhundert das Andenken an „unsere beste Stunde" in eine positive Kraft umlenken kann, wobei die heroische Vergangenheit der älteren Generation ein Vorbild für Respekt und Toleranz in der Gegenwart abgibt, gleich ob weit von Zuhause oder innerhalb einer zunehmend diversen lokalen Gemeinschaft.

Übersetzung: Rainer Brömer.

Literaturhinweise

Angus CALDER, The Myth of the Blitz. London 1992.

Louise CAMPBELL, Coventry Cathedral Art and Architecture in Post-War Britain. Oxford 1996.

Anthony GLEES, The Stasi Files. East Germany's secret Operations against Britain. London 2003.

462

George Hodgkinson, Sent to Coventry. Oxford 1970.

Richard T. Howard, Ruined and Rebuilt. The Story of Coventry Cathedral 1939–1962. Coventry 1962.

Tony Mason, Looking Back on the Blitz, in: Bill Lancaster/Tony Mason, Life and Labour in a Twentieth Century City. The Experience of Coventry. Coventry 1986.

Kenneth Richardson, Twentieth-Century Coventry. Coventry 1972.

W.E. Rose, Sent From Coventry. A Mission of International Reconciliation. London 1980.

Adrian Smith, City of Coventry. A Twentieth Century Icon. London 2005.

Merrilyn Thomas, Communing with the Enemy. Covert Operations, Christianity and Cold War Politics in Britain and the GDR. London 2005.

Wolfgang Benz
Auschwitz

Die Verortung des Holocaust

Die Kleinstadt Oświęcim in der polnischen Wojewodschaft Kraków, am Zusammenfluss von Weichsel und Sola gelegen, hatte bis zur Wiederherstellung des polnischen Staats nach dem Ersten Weltkrieg zu Österreich-Ungarn gehört. Am 4. September 1939 marschierte die deutsche Wehrmacht ein, Ende Oktober wurde die Stadt, jetzt wieder unter dem Namen Auschwitz, Ostoberschlesien zugeschlagen, also vom Deutschen Reich annektiert. Ostoberschlesien war die Region, die 1921 vom Völkerbund Polen zugesprochen worden war. Verwaltungsmäßig gehörte Auschwitz jetzt zum preußischen Landkreis Bielitz (Bielsko).

Unter nationalsozialistischer Herrschaft wurde in Auschwitz an drei Standorten das größte Konzentrationslager, das zugleich Vernichtungslager war, errichtet. Aus einem unter der Habsburgermonarchie errichteten „Sachsengängerlager" – 22 gemauerte Häuser und 90 Holzbaracken, die einst 12 000 Wanderarbeitern Unterkunft geboten hatten – wurde im Frühjahr 1940 das „Stammlager" (Auschwitz I). Der erste Transport mit 728 polnischen Häftlingen traf am 14. Juni 1940 dort ein, dieses Datum gilt als offizieller Gründungstag.

Im September 1941 befahl der Reichsführer SS Heinrich Himmler den Bau eines zweiten Lagers. In Birkenau, einem Ort unweit Auschwitz, der evakuiert wurde, entstand „Auschwitz II", das größte Vernichtungszentrum nationalsozialistischer Rassen- und Bevölkerungspolitik, aufgebaut von 10 000 Kriegsgefangenen der Roten Armee, die größtenteils dabei zugrunde gingen. Ab März 1942 trafen in Birkenau Massentransporte von Juden ein, aber auch für „Zigeuner" war das Vernichtungslager bestimmt. Birkenau war mit fünf Gaskammern und Krematorien, dem Eisenbahnanschluss (der auf der Rampe endete, die als Ort der Selektion, der Entscheidung über sofortigen Tod oder befristetes Weiterleben diente und dadurch traumatische Bedeutung erlangte) und wegen seiner Strukturen die effektivste Mordstätte.

Das Städtchen Auschwitz war Ende 1939 ein ziemlich elendes Kommunalwesen mit gut 12 000 Bürgern, die Hälfte davon Juden, die andere Hälfte Polen, mit zusätzlich 61 Volksdeutschen. Im Rahmen des Siedlungsprogramms im annektierten Oststreifen Oberschlesiens sollte die Stadt germanisiert werden. Das Projekt „SS-Interessengebiet Auschwitz" sah die Vertreibung der polnischen Zivilbevölkerung im Umkreis von fünf Kilometern um das Lager vor. Deren Deportation war im Frühjahr 1941 abgeschlossen, das Interessengebiet umfasste nun 40 km², in dem die SS landwirtschaftliche Betriebe und Produktionsstätten der Bauwirtschaft einrichtete und einen Industriekomplex, das Buna-Werk der I. G. Farben, ansiedelte. Das Gemenge aus Germanisierungspolitik, praktiziertem Herrenmenschentum, Korruption, kulturellem Sendungsbewusstsein und Judenmord in der Region Auschwitz, die Interdependenzen der Kommunalpolitik mit der Mordmaschine waren typisch für die Interessen der SS.

Zentrale Bedeutung für die Entwicklung des kommunalen Projekts Auschwitz hatte die Gründung der Buna-Werke des I. G.-Farbenkonzerns in Auschwitz-Monowitz, das als Auschwitz III des Lagerkomplexes das Arbeitskräftereservoir bildete und die zahlreichen Außenlager in Schlesien verwaltete. Der I. G.-Farben-Standort Auschwitz war das größte Industrieprojekt des Deutschen Reiches. Damit ist Auschwitz Sinnbild für beide Elemente nationalsozialistischer Herrschaft, technische Modernisierung und Vernichtung. Der Standort Auschwitz wurde auch im Hinblick auf die Arbeitskräfteressourcen gewählt, die das Konzentrationslager der Industrie bot.

Die nationalsozialistische Mordstätte zeigte sich als komplexes Miteinander von Vernichtungsapparat, Eindeutschungspolitik und „Modernisierung" durch gigantische Industrieprojekte. Mit mehr als einer Million Opfern ist Auschwitz das größte Vernichtungslager überhaupt, zugleich das mit den meisten jüdischen Opfern. Aber nur etwa 100 000 Juden wurden als Häftlinge registriert, von ihnen überlebten knapp 30 000. Die anderen, etwa 960 000, sind namenlos, nicht einmal zur Nummer degradiert, in Auschwitz-Birkenau von der Rampe weg in den Tod gegangen. 70 000 bis 75 000 Polen, 21 000 Sinti und Roma, 15 000 sowjetische Kriegsgefangene und 10 000 bis 15 000 Häftlinge vieler Nationalitäten bilden mit den Juden die Opferbilanz.

Am 60. Jahrestag der Befreiung von Auschwitz, am 27. Januar 2005, erklärte die Generalversammlung der Vereinten Nationen den Tag der Befreiung des KZ Auschwitz zum internationalen Holocaust-Gedenktag. Die Geste drückt in Verneigung vor allen Opfern aus, was Stefan Heym in die Worte fasste: „Auschwitz wird auch noch sein ein / Menschheitsalbdruck, nachdem der letzte / verscharrt, der sich mitschuldig / gemacht hat durch sein Reden und Tun, / und durch sein Schweigen".

Die Welt brauchte Jahrzehnte, bis sie, emotional durch eine TV-Serie angerührt, Ende der 1970er Jahre den Völkermord an sechs Millionen Juden als Essential gemeinsamen Erinnerns begriff. Die Geschichte des Untergangs der jüdischen Familie Weiss, in Szene gesetzt vom US-Fernsehen und ausgestrahlt in aller Welt, machte den Begriff „Holocaust" populär und sorgte für die inflationäre Verbreitung der Vokabel „betroffen"; als sentimentale Aneignung der Geschichte des Judenmords wurde „Betroffenheit" zum Zugang zur Historie.

Mit dem Gegenstand beschäftigen sich seit Langem Juristen und Historiker. Die einen im aussichtslosen, aber gleichwohl notwendigen Bemühen um irdische Gerechtigkeit, um Bestrafung der Täter. Die anderen auf der schwierigen Suche nach der vollen Wahrheit im Einzelnen. Die vielen Gerichtsverfahren, von den Nürnberger Tribunalen, die Ende 1945 begannen, über den Eichmann-Prozess in Jerusalem 1961 bis zum großen Auschwitz-Prozess Mitte der 1960er Jahre in Frankfurt am Main und den Treblinka-Prozessen in Düsseldorf, haben die Grenzen der Justiz gezeigt, sie haben aber zur Aufhellung der Vorgänge, zum Wissen über den Holocaust unendlich viel beigetragen.

Auschwitz war unabhängig davon längst zum symbolischen Ort geworden. Der Mythos Auschwitz entstand aus dem Bedürfnis, dem Judenmord, der so viele Schauplätze in Europa hatte, einen Platz zuzuordnen. Die politische und geographische Lage hinter dem Eisernen Vorhang, die damit nicht ohne weiteres gegebene Zugänglichkeit, erleichterte die Bildung des Mythos Auschwitz: Das Grauenvolle der Existenz des Lagers war real und wurde zugleich legendär. Mythos ist natürlich im Wortsinn zu verstehen, nicht als Marginalisierung historischer Realität oder als Mystifizierung. Der Mythos ist die ins kollektive Bewusstsein eingedrungene Erzählung, die die Geschichte einer Gesellschaft bestimmt. Sie stellt im vorwissenschaftlichen Verständnis gemeinsames Erbe dar, das mit Mitteln der Ästhetik wie der Wissenschaft tradiert und gestaltet wird.

Die Opfer

Der Vollzug einer zur Staatsdoktrin erhobenen Weltanschauung, die Ausübung der daraus resultierenden Pflicht zum Töten unerwünschter Menschen wird in der Mordmaschinerie Auschwitz wie an den anderen Stätten der Vernichtung mit einer Leidenschaft geübt, die nur als exzessive Lust an der Gewalt, an damit verbundener Erniedrigung und sinnloser Qual verstanden werden kann.

Das KZ Auschwitz war Instrument der deutschen Okkupationspolitik, diente zunächst als Ort der Internierung polnischer Bürger, war die Stätte, an der polnischer Widerstand gebrochen werden sollte. Auschwitz war, als es 1940 errichtet wurde, noch nicht die Fabrik des Völkermords an den europäischen Juden. Aber es funktionierte zur Demütigung und Entmenschlichung derer, die hierher verschleppt wurden.

Władysław Bartoszewski, der im Mai 1939 sein Abitur bestanden hatte, wurde im September 1940 bei einer Razzia der SS in Warschau festgenommen. Als Angehöriger der katholischen Intelligenz war er wie 2000 andere verhaftet und ins KZ Auschwitz eingeliefert worden. Beim ersten Appell erfuhr er zusammen mit 5000 anderen, wozu dieses Auschwitz diente: Erniedrigung und Angst waren das Ziel, wenn ein Opfer öffentlich langsam totgeschlagen wurde: „wir waren Zuschauer, und niemand hat etwas gesagt, niemand hat etwas gemacht. Und ich war da, und ich habe auch nichts gemacht, und das empfinde ich noch heute als die Scham meines Lebens".

Das um den Komplex Birkenau erweiterte Auschwitz, in das die 18-jährige Anita Lasker, Tochter aus jüdisch-bürgerlichen Haus in Breslau, eingeliefert wurde, war ein Instrument des Völkermords geworden. Umso absurder, dass das junge Mädchen, weil es Cello spielen konnte und dies bei der Selektion angab, hochwillkommen im Lagerorchester war. Das Ensemble war etwas einseitig instrumentiert, nämlich nur mit Geigen, Mandolinen, Gitarren, Flöten und zwei Akkordeons, und benötigte dringend ein Instrument tieferer Tonlage. Die Funktion der Damenkapelle bestand vor allem darin, morgens und abends am Lagertor den Aus- und Einmarsch der Arbeitskommandos musikalisch zu untermalen. Dazu wurde Marschmusik arrangiert, Franz Schuberts „Marche Militaire" und Trivialeres. Sonntags wurden Konzerte mit einem Repertoire aus Schlagern, Opernarien, Operetten-Evergreens gegeben. Oder Kammermusik, auf Verlangen auch für Einzelne wie den KZ-Arzt Dr. Mengele, dem Anita die Strapazen des Dienstes mit der Träumerei von Robert Schumann linderte.

Primo Levi, in seiner Heimatstadt Turin gerade zum Doktor der Chemie promoviert, war 25 Jahre alt, als er nach Auschwitz deportiert wurde. Primo Levi hat die letzten zehn Tage des Lagers Auschwitz im Januar 1945 beschrieben, die Tage zwischen der Flucht der SS und der Ankunft der Roten Armee. Seine Chronik des Endes, der Befreiung, die heute am 27. Januar in aller Welt begangen wird, ist eine Beschreibung von Elend, Dreck, Hunger, Krankheit und Sterben. Es gibt keinen Triumph des Überlebens, kein Pathos wiedererlangter Freiheit und Würde. Nur Apathie und Armseligkeit. Die Gefangenen, die noch leben, sind der Freude, der Angst, des Schmerzes, der Erwartung müde. Sie sind nur noch erschöpft und apathisch. Die Toten bleiben dort liegen, wo sie gestorben sind, den Überlebenden fehlt die Kraft, die Leichen wegzuschleppen.

Als Intellektueller machte Jean Améry die Erfahrung des Konzentrationslagers. Er hatte Literaturwissenschaft und Philosophie studiert, war 1938 aus Österreich geflohen, war im belgischen Widerstand aktiv gewesen, ehe er 1943 nach Auschwitz deportiert wurde. Er setzt sich mit der „Konfrontation von Auschwitz und Geist" auseinander. Die Intellektuellen seien in Auschwitz nicht weiser geworden, hätten keine Erkenntnis gewonnen, die nicht auch außerhalb der KZ zu gewinnen war. Nicht besser, nicht menschlicher, nicht menschenfreundlicher oder sittlich reifer habe man den Ort des Infernos verlassen: „Man schaut nicht dem entmenschten Menschen bei seiner Tat und Untat zu, ohne dass alle Vorstellungen von eingeborener Menschenwürde in Frage gestellt würden. Wir kamen entblößt aus dem Lager, ausgeplündert, entleert, desorientiert – und es hat lange gedauert, bis wir nur wieder die Alltagssprache der Freiheit erlernten. Wir sprechen sie übrigens noch heute mit Unbehagen und ohne rechtes Vertrauen in ihre Gültigkeit".

Jean Améry war 31 Jahre alt, als er in Auschwitz eingeliefert wurde. 33 Jahre nach der Befreiung, 1978, nahm er sich das Leben. Er wurde 66 Jahre alt. Primo Levis Kraft zum Überleben war 42 Jahre nach der Befreiung erschöpft. Er tötete sich 1987.

Dass mit Auschwitz eine unvorstellbare Realität alle menschliche Phantasie überholte, war den Opfern unbewusst gegenwärtig. Ein Kind in Auschwitz, Ruth Klüger, überliefert später die Szene, in der alle Rationalität zuschanden wird: „Mitteleuropäer in Birkenau. Da war die Studienrätin, die nach ihrer Ankunft in Auschwitz und angesichts der rauchenden, flammenden Kamine mit Überzeugung dozierte, dass das Offensichtliche nicht möglich sei, denn man befinde sich im 20. Jahrhundert und in Mitteleuropa, also im Herzen der zivilisierten Welt. Ich weiß es noch wie heute: Ich fand sie lächerlich, und zwar nicht, weil sie an den Massenmord nicht glauben wollte. Das war verständlich, denn die Sache war in der Tat nicht ganz plausibel (wozu alle Juden umbringen?), und jeder Einwand kam meiner zwölfjährigen Lebenshoffnung, beziehungsweise Todesangst, entgegen. Das Lächerliche waren die Gründe, das mit der Kultur und dem Herzen Europas".

Der Judenmord

Wofür Auschwitz zur Metapher wurde, für Massengewalt gegen Unerwünschte, für den Mord an den europäischen Juden, das fand an vielen Orten statt, als Ausfluss der Ideologie des Judenhasses, des Herrenmenschentums, des Rechts des Stärkeren. In Ponary, vor den Toren Wilnas, beobachtete ein polnischer Schriftsteller als zufälliger Passant ein unvorstellbares Gemetzel nach einem Fluchtversuch nach Ankunft eines Transports Juden, die dort, wie insgesamt 70 000 bis 100 000, erschossen wurden, weil sie Juden waren. Andere Orte des Holocaust, an denen Menschenleben in solcher Dimension vernichtet wurden, waren die Wälder um Riga, wo in Bikernieki über 46 000 und in Rumbula 38 000 lettische, deutsche, österreichische und tschechische Juden ermordet wurden. Im IX. Fort bei Kaunas auf litauischem Boden wurden mehr als 50 000 Juden erschossen, in der Schlucht von Babi Jar am Stadtrand von Kiew ermordeten SS-Männer des Einsatzkommandos 4a der Einsatzgruppe C an zwei Tagen, am 29. und 30. September 1941, 33 771 Juden, wie nach Berlin rapportiert wurde. In Maly Trostinez und im Wald von Blagowschtschina bei Minsk waren es mindestens 60 000 Juden (nach sowjetischen regierungs-offiziellen Angaben erheblich mehr, nämlich bis zu 200 000); in den drei Vernichtungslagern der „Aktion Reinhardt", Bełżec, Sobibór und Treblinka waren es 1,75 Millionen. In Chełmno („Kulmhof") bei Łódź („Litzmannstadt") waren es 152 000 Insassen des Ghettos Litzmannstadt, die in der ersten Einrichtung, die ausschließlich der Tötung von Menschen – ohne Aufenthalt nach der Ankunft – diente, ermordet wurden. In der „Aktion Erntefest" schließlich wurden am 3. und 4. November 1943 42 000 bis 43 000 Juden aus Arbeitslagern in Trawniki, Majdanek und Poniatowa ermordet.

Für alle diese und viele weitere Orte und für alle Formen der Massengewalt, verübt in Erschießungsgruben oder mit Gaswagen wie in Chełmno oder in Gaskammern wie in Auschwitz und Majdanek, ebenso in Bełżec, Sobibór und Treblinka, wurde Auschwitz zum Synonym. Der Holocaust, der Genozid an sechs Millionen Juden (ebenso der Völkermord an Sinti und Roma) wurde im kollektiven Gedächtnis auf den emblematischen Ort Auschwitz verdichtet. Der Ort Auschwitz wurde zum Begriff für das Böse schlechthin und zur Metapher für eine einzigartige Situation in der Geschichte der Menschheit, dafür, dass die Realität jede Phantasie überholt hatte.

468

Die Hilflosigkeit, das Unvorstellbare, Auschwitz und den Holocaust zu beschreiben, führt viele seit langem zu literarischen Bildern, die Annäherung ermöglichen sollen. Dantes „Inferno" ist aber nur eine Fiktion, die den realen Qualen von Auschwitz nicht gerecht werden kann. Jeder Versuch, mit literarischem Vergleich Auschwitz zu beschreiben oder zu erklären, ist a priori zum Scheitern verurteilt und daher vergeblich.

Eine andere berühmte Frage lautet, ob Kunst als Ausdruck menschlicher Empfindung nach dem Ende aller Kultur, nach Auschwitz, überhaupt noch möglich sei. Theodor W. Adorno hat das vielzitierte Diktum, nach Auschwitz könne man kein Gedicht mehr schreiben, in die Welt gesetzt. Er hat sich später dazu noch einmal mit den Worten geäußert, das fortdauernde Leiden habe soviel Recht auf Ausdruck wie der Gemarterte zu brüllen: „Darum mag falsch gewesen sein, nach Auschwitz ließe kein Gedicht mehr sich schreiben. Nicht falsch ist die minder kulturelle Frage, ob nach Auschwitz noch sich leben lasse, ob vollends es dürfe, wer zufällig entrann".

Viel ist seither über Auschwitz geschrieben worden, mit literarischem, wissenschaftlichem, politischem oder moralischem Anspruch, und das ist kein Widerspruch zu Adornos Beschwörung der Sprachlosigkeit, die ihren Ursprung im Entsetzen hat und in der Scham.

Die Täter

Auschwitz als Mordstätte, als Ort des Herrenmenschentums, als moderner Komplex hypertropher Herrschaft funktionierte als Räderwerk, das bis zu 4000 SS-Angehörige (viele mit ihren Familien), Verwaltungskräfte, Experten vor Ort bedienten. Dazu gehörten die Täter an Schreibtischen in Berlin, in Krakau und andernorts. Die Spitze des Instanzenzugs bildete der „Reichsführer SS". Heinrich Himmler war vom streng katholischen und königstreuen bayerischen Elternhaus geprägt. Nach dem Studium der Landwirtschaft zeitweise Vertreter für Düngemittel und Betreiber einer Hühnerfarm in München, 1923 am Hitlerputsch beteiligt, war er seit der Ernennung zum Reichsführer SS im Januar 1929 ausschließlich politisch tätig. Als kommissarischer Polizeipräsident in München errichtete Himmler Anfang März 1933 das KZ Dachau und organisierte die politische Polizei in allen deutschen Ländern. Mit der Ausschaltung der SA rückte er 1934 ins erste Glied der Mächtigen.

Nach der Verschmelzung von SS und Polizei verfügte Himmler mit der Gestapo und den Konzentrationslagern über alle Möglichkeiten des Terrors. Als „Reichskommissar für die Festigung deutschen Volkstums" (Oktober 1939) war er zuständig für die Germanisierungspolitik in den besetzten Gebieten, seit August 1943 war er auch Reichsinnenminister und seit Juli 1944 Oberbefehlshaber des Ersatzheeres. Gegenüber Hitler vasallentreu und unterwürfig, als Befehlshaber der SS unerbittlich streng und patriarchalisch, war Himmler als Typ des engstirnigen Buchhalters wenig beliebt. Vor Lächerlichkeit schützte ihn die Macht, auch wenn er zur „Institutionalisierung seiner Narrheiten" (Joachim Fest) neigte. Der moralsüchtige Pedant, der Korruption unbarmherzig verfolgte, war bei aller Beschränktheit ein Phantast, der sich in eine Scheinwelt träumte, die mit Figuren aus germanischer Vorzeit und dem deutschen Mittelalter bevölkert war. Er vereinte in sich Charakterzüge des kleingeistigen Bürokraten mit denen eines pathologischen Massenmörders. Den Völkermord an den europäischen Juden, für den er in letzter Instanz verantwortlich war, begriff er als stolz ausgeführte schwere Pflicht.

Den planenden Intellekt des Judenmords verkörperte Reinhard Heydrich, Himmlers rechte Hand. Der in Halle an der Saale als Sohn eines Opernsängers und Komponisten geborene SS-Offizier hatte der Konferenz präsidiert, bei der am 20. Januar 1942 in Berlin am Großen Wannsee hochrangigen Funktionären des NS-Staats die längst beschlossene Vernichtung der europäischen Judenheit erläutert wurde. Heydrich, intelligent, gebildet und ohne Moral, war 1931 unehrenhaft aus der Marine ausgeschieden, machte dann an der Seite Himmlers eine steile Karriere, als Organisator des SD der SS, Chef des Geheimen Staatspolizeiamtes, ab September 1939 an der Spitze des Reichssicherheitshauptamtes, der Zentrale des nationalsozialistischen Terrorapparats, außerdem ab September 1941 als stellvertretender „Reichsprotektor von Böhmen und Mähren". Im Mai 1942 wurde er Opfer eines Bombenattentats in Prag. Heydrich war als Sechzehnjähriger nach dem Ersten Weltkrieg in einem Freikorps mit völkischer und antisemitischer Ideologie vertraut geworden. Der ebenso elegante wie skrupellose junge Offizier, der Violine spielte, beschäftigte sich, als Chefplaner im Auftrag Himmlers, seit Anfang der 1930er Jahre mit der „Judenfrage".

Die „Lösung der Judenfrage" war als Metapher im öffentlichen Diskurs durch Traktate und Pamphlete seit den 40er Jahren des 19. Jahrhunderts präsent, der Begriff wurde zunächst aber nicht nur von Antisemiten verwendet. Unter „Lösung der Judenfrage" wurden ursprünglich auch Assimilations- und Siedlungsprojekte und emanzipatorische philosemitische Bestrebungen verstanden. Im Zeichen des rassistisch argumentierenden Antisemitismus diente der Begriff der Verweigerung der Emanzipation und der Forderung nach diskriminierender Ausgrenzung der Juden wie Nichtzulassung zum öffentlichen Dienst, „Entjudung" der Presse und des öffentlichen Lebens, gesellschaftliche Ächtung von „Mischehen", Zurückdrängen des angeblich ökonomischen Einflusses der Juden.

Ab 1933 radikalisierte sich die Metapher bis zur „Endlösung der Judenfrage". Im Dezember 1940 erscheint auch der Begriff „Anfangslösung" als Umschreibung der Übernahme der Initiative durch Heydrichs Sicherheitspolizei und SD. Dem sollte als zweiter Schritt die „Endlösung", getarnt als „Umsiedlung der Juden aus dem europäischen Wirtschaftsraum des deutschen Volkes in ein noch zu bestimmendes Territorium", folgen. Die Formulierung wurde spätestens ab Frühjahr 1941 auch im amtlichen Schriftverkehr verwendet, wie im „Bestellungsschreiben" Görings an Heydrich, in dem der Chef des Reichssicherheitshauptamtes beauftragt wurde, „einen Gesamtentwurf über die organisatorischen, sachlichen und materiellen Vorausmaßnahmen zur Durchführung der angestrebten Endlösung der Judenfrage vorzulegen". Im Einladungsschreiben und als Tagesordnung der Wannsee-Konferenz ist der Begriff „Endlösung" als feststehender Terminus etabliert.

Ein Täter der mittleren Hierarchieebene ist bekannter geworden als andere: Adolf Eichmann. Er war Referent im Reichssicherheitshauptamt, ein Bürokrat und serviler Bediensteter. Mit dem Prozess 1961 in Israel bekam Eichmann nachträglich eine Bedeutung, die er tatsächlich nie gehabt hatte. Es gehörte zur Staatsräson Israels, die Gelegenheit zu nutzen, um vor aller Welt den Holocaust als Menschheitsverbrechen anzuklagen. Eichmann wurde immer mehr in der Rolle eines Hauptverantwortlichen wahrgenommen, nicht als Werkzeug und Erfüllungsgehilfe (was seine persönliche Verantwortung und Schuld nicht schmälert). Hannah Arendt hat in ihrem „Bericht von der Banalität des Bösen", in dem sie den Jerusalemer Prozess beschrieb, darauf aufmerksam gemacht und viel Anfeindung dafür erfahren: „Das beunruhigende an der Person Eichmanns war doch gerade, dass er war wie viele und dass diese vielen weder pervers noch sadistisch, sondern schrecklich und erschreckend normal waren und sind".

Der Kommandant von Auschwitz, Rudolf Höß, hat Erinnerungen hinterlassen. Er verfasste sie im Gefängnis in Krakau zwischen September 1946 und Januar 1947. Er zeigt sich darin nicht als fanatischer Sadist, sondern in geradezu idealtypischer Weise charakterisiert durch „philisterhaften Dünkel und betuliche Sentimentalität" einerseits und „kälteste Gnadenlosigkeit der Pflichterfüllung" (Martin Broszat) andererseits. Der Technokrat des Tötens, unter dessen Kommando Hunderttausende starben, war sensibel, rührselig, neigte zu kitschigen

Phrasen und liebte Tiere. Für das Monströse seiner Tätigkeit hatte er aber kein Gefühl. Obwohl er beteuerte, eingesehen zu haben, dass die Judenvernichtung ein Verbrechen gewesen war, bewies er an Dutzenden von Stellen, dass er auch hinterher kaum wirklich etwas davon begriffen hatte.

Weit unten in der Rangordnung der Täter stand der Sanitätsdienstgrad SS-Oberscharführer Josef Klehr. Er leitete das Desinfektionskommando in Auschwitz, nahm an Selektionen teil und tötete Hunderte persönlich durch Phenolspritzen ins Herz. Im Frankfurter Auschwitz-Prozess war er der erste, der zugab, Massenmorde begangen zu haben, aber auch er berief sich auf die Ohnmacht des Befehlsempfängers. Das Gericht verurteilte ihn zu lebenslänglichem Zuchthaus: „Der Angeklagte Klehr hat sich jeweils mit Eifer, unnachsichtig und ohne eine menschliche Regung an die Erfüllung der ihm übertragenen Aufgaben gemacht. Er achtete immer darauf, daß kein Häftling die Chance wahrnehmen konnte, sich mit Hilfe anderer aus dem Kreise der zum Tode Bestimmten wegzuschleichen. Ihm war es wichtiger, daß die festgestellten Zahlen stimmten, als daß ein Mensch vor dem Tode gerettet wurde. Ohne jeden Skrupel ließ sich der Angeklagte bereitwillig als Mitvollstrecker teuflischer Mordpläne einspannen und verschuldete zu seinem Teil den Tod von vielen unschuldigen Menschen".

Der Mann, der nach Zeugenaussagen den Tod von zehntausend bis dreißigtausend Menschen zu verantworten hat, der am Mord in der Gaskammer aktiv mitgewirkt hat, der aus eigener Initiative und aus Mordlust Häftlinge im Krankenrevier durch Injektionen tötete, verharrte in selbstgerechtem Unverständnis: „Als kleiner Mann in Auschwitz bin ich nicht Herr über Leben und Tod gewesen. Nur die Befehle der Ärzte und nur mit tiefem inneren Widerstreben habe ich ausgeführt [...] Ich habe tiefes Mitleid mit den unglücklichen Opfern gehabt, aber ich war ein befehlsunterworfener Soldat".

Mörder und Mordgehilfen, die das Räderwerk der Vernichtung bewegten, waren die Angehörigen des SS-Gefolges wie die im Lager Trawniki ausgebildeten, aus sowjetischen Kriegsgefangenen rekrutierten Männer, die in Bełżec, Sobibór und Treblinka wüteten. Ein neunzigjähriger Greis, John (Iwan) Demjanjuk, musste sich für seine Taten im Jahr 2010/11 vor einem Münchner Gericht verantworten, entzog sich durch Hinfälligkeit trotz bester Pflege aber der irdischen Gerechtigkeit. Männer wie er jagten in den Vernichtungslagern die unglücklichen Opfer mit Gebrüll und Schlägen in die Gaskammern. Demjanjuk ist vielleicht der letzte von ihnen, seine klägliche Existenz hat freilich große Symbolkraft. Nach der Tat sind die Mörder von Auschwitz und anderer Vernichtungsstätten armselige Kreaturen.

Sühne?

Nach der Befreiung von Auschwitz standen die insgesamt 7000 Männer und Frauen, die als Mitglieder der SS oder in ihrem Gefolge im Lagerkomplex Dienst getan hatten, unter Verdacht, an Verbrechen beteiligt gewesen zu sein. Ihre Bestrafung war, so glaubten wenigstens die Opfer und ihre Angehörigen, das Gebot der Stunde, und die Alliierten hatten bereits 1943 in der Moskauer Deklaration Gerichtsverfahren gegen alle Verantwortlichen des NS-Regimes angekündigt. Das Nürnberger Tribunal der vier alliierten Mächte gegen die Hauptkriegsverbrecher sollte das Signal für eine neue Ära des Rechts werden; der Kalte Krieg war die Ursache, dass es beim Auftakt blieb. Die Bestrafung von NS-Verbrechern gehörte nun in das nationale Interesse, in erster Linie in das des wieder entstandenen polnischen Staates. Etwa 1000 Personen, die in Auschwitz tätig gewesen waren, wurden an Polen ausgeliefert, gegen rund 700 wurde in der Nachkriegszeit Anklage erhoben.

Der Oberste Volksgerichtshof Polens verhandelte in Warschau gegen den ehemaligen Lagerkommandanten Rudolf Höß, der am 2. April 1947 zum Tod verurteilt wurde. Das Urteil wurde 14 Tage später auf dem Gelände des Stammlagers Auschwitz vollstreckt. Ebenfalls vor dem Obersten Volksgerichtshof standen 40 ehemalige Funktionäre, unter ihnen Höß' Nachfolger Arthur Liebehenschel, der auch zum Tode verurteilt und 1948 in Krakau hingerichtet wurde. Das Gericht, das diesmal in Krakau tagte, sprach gegen 23 der Angeklagten in diesem Verfahren Todesurteile aus (21 Urteile wurden vollstreckt, zwei Verurteilte wurden begnadigt). Sechs weitere wurden zu lebenslanger Haft, die übrigen zu befristeten Freiheitsstrafen verurteilt, der SS-Arzt Hans Münch wurde freigesprochen.

Zwischen 1946 und 1953 erfolgten u. a. vor Gerichten in Krakau, Wadowice, Racibórz, Gliwice, Katowice, Lublin und Toruń Prozesse gegen insgesamt 673 ehemalige Angehörige des Lagerkomplexes (Wachmannschaften, Verwaltungspersonal, Aufseherinnen usw.). Während das Strafmaß im Durchschnitt bei drei bis vier Jahren Haft lag, wurden die Taten der angeklagten Aufseherinnen aus dem SS-Gefolge strenger geahndet als die der SS-Angehörigen. Von 17 weiblichen Angeklagten wurden vier zum Tode verurteilt, die anderen zu meist hohen Freiheitsstrafen.

Vor amerikanischen, britischen und französischen Militärtribunalen fanden in den ersten Nachkriegsjahren Prozesse in den westlichen Besatzungszonen Deutschlands gegen Personen statt, die in Auschwitz Funktionen bekleidet hatten, dann aber in andere KZ versetzt worden waren. Im Dachau-Prozess verurteilte ein US-Militärgericht 1945 den Lagerführer von Monowitz, Vinzenz Schöttl, und den Chef der Krematorien in Birkenau, Otto Moll, zum Tode. Im Mauthausen-Prozess wurden die Lagerärzte Helmuth Vetter und Friedrich Entress, im Buchenwald-Prozess der Chef der Hundeführer-Staffel Merbach, im Ravensbrück-Prozess der Lagerführer des Männerlagers Birkenau Schwarzhuber zum Tode verurteilt. In Nürnberg waren 1946/47, ebenfalls unter US-Gerichtshoheit, im Ärzteprozess auch medizinische Experimente in Auschwitz Gegenstand des Verfahrens. SS-Arzt Josef Mengele musste sich nicht für seine Verbrechen verantworten: Er war nach seiner Entlassung aus amerikanischer Kriegsgefangenschaft in seiner Heimatstadt Günzburg untergetaucht, lebte dann als Knecht auf einem Bauernhof und setzte sich 1949 mit einem Rot-Kreuz-Pass nach Südamerika ab. Mengele starb 1979 in Brasilien.

Gegen 14 Manager der I. G. Farben wurde in Nürnberg 1947/48 vor einem US-Tribunal verhandelt. Die vier Angeklagten und Hauptverantwortlichen für die Verbrechen in Monowitz Walther Dürrfeld, Otto Ambros, Fritz ter Meer und Carl Krauch erhielten Haftstrafen zwischen sechs und acht Jahren, zehn Angeklagte wurden freigesprochen, die übrigen zu kurzen, teilweise durch die Untersuchungshaft abgegoltenen Freiheitsstrafen verurteilt. Norbert Wollheim, ehemaliger Häftling in Monowitz, erstritt in einem Zivilprozess vor dem Frankfurter Landgericht 1957 von der „IG Farbenindustrie in Liquidation" 30 Millionen Mark „Arbeitslohn" für mehrere tausend Häftlinge, die bei der Errichtung des Buna-Werkes in Monowitz Zwangsarbeit hatten leisten müssen.

Ein britisches Tribunal verhandelte in Bergen-Belsen 1945 u. a. gegen Josef Kramer, der Adjutant des Lagerkommandanten und ab Sommer 1944 Chef von Auschwitz II-Birkenau gewesen war, und verurteilte ihn zum Tode. Im britischen Neuengamme-Prozess mussten sich die Lagerärzte Trzebinski und Kitt verantworten. Ein französisches Gericht bestrafte im 1946 geführten Natzweiler-Prozess den SS-Sturmbannführer Friedrich Hartjenstein (Chef des Lagers Birkenau bis Sommer 1944) und SS-Hauptsturmführer Heinrich Schwarz (Kommandant von Auschwitz III-Monowitz) mit Todesurteilen. Schwarz wurde 1947 hingerichtet, Hartjenstein starb 1954 in französischer Haft.

In der Bundesrepublik Deutschland wurden, nach zögerndem Beginn in den 1950er Jahren, in denen vereinzelt Auschwitz-Funktionäre wegen dort verübter Verbrechen vor Gericht standen, ab 1958 systematische Ermittlungen von der Zentralen Stelle der Landesjustizverwaltungen in Ludwigsburg betrieben. Deren Ergebnis ermöglichte insgesamt sechs Prozesse, die – vor allem auf Initiative des hessischen Generalstaatsanwalts Fritz Bauer – zwischen 1963 und 1981 in Frankfurt am Main stattfanden. Die meiste Beachtung fand „die Strafsache gegen Mulka und andere" wegen Mord und Beihilfe zum Mord, in der sich ab 20. Dezember 1963 22 Angeklagte verantworten mussten. Der Ende 1960 festgenommene letzte Kommandant von Auschwitz, Richard Baer, war vor der Eröffnung des Prozesses in Untersuchungshaft gestorben. Nach 182 Verhandlungstagen wurde am 19. August 1965 das Urteil verkündet. Von den 20 verbliebenen Angeklagten erhielten sechs lebenslängliches Zuchthaus, drei wurden freigesprochen, die anderen erhielten Freiheitsstrafen ab dreieinhalb Jahren, die teilweise durch die Untersuchungshaft verbüßt waren. Die Beschuldigten waren vor allem SS-Funktionäre der unteren und mittleren Ebene wie Josef Klehr (Sanitäts-Dienstgrad), Wilhelm Boger (Lager-Gestapo), Dr. Franz Lucas (Lagerarzt), Victor Capesius (Lager-Apotheker), Robert Mulka (Adjutant des Lagerkommandanten), Oswald Kaduk (Rapportführer). Das Gericht hatte 359 Zeugen aus 19 Ländern gehört.

Den Angeklagten fehlte jedes Unrechtsbewusstsein, und die vergleichsweise milden Urteile wurden angesichts der begangenen Verbrechen auch weithin im Publikum nicht verstanden. Ein Meer von Blut sei im Sand versickert, schrieb die französische Zeitung „Le Monde". Unbehagen herrschte auch, dass die Beschuldigten nach ihren Untaten so lange in bürgerlicher Reputation gelebt hatten, dass nur ein so geringer Prozentsatz der Verbrechen von Auschwitz überhaupt vor Gericht kam. Die Schlacht um die gerechte Bestrafung sei verloren gegangen, resümiert der polnische Historiker Aleksander Lasik, denn nicht mehr als 15 % der Angehörigen der SS-Besatzung des KZ Auschwitz mussten sich vor Gericht verantworten, noch weniger wurden zudem zu einer Strafe verurteilt, die dann außerdem oft nicht vollständig verbüßt wurde.

Erinnerung

Paul Celans „Todesfuge" ist zur Inkunabel poetischer Annäherung an Auschwitz geworden. Der Dichter, 1920 in Czernowitz geboren, 1970 in Paris freiwillig aus dem Leben geschieden, war auch in seiner Biographie Symbol einer untergegangenen deutsch-jüdischen Kultur. Celans Metaphern für Auschwitz – „die Schwarze Milch der Frühe", „Shulamits aschenes Haar" – sind erst nicht verstanden worden. In der legendären Gruppe 47, der Keimzelle deutscher Nachkriegsliteratur, war der jüdische Poet aus der Bukowina mit der „Todesfuge" durchgefallen. Später bekam das Gedicht kultische Bedeutung. 1988 rezitiert Ida Ehre die „Todesfuge" in der denkwürdigen Feier des Bundestags, nach der Parlamentspräsident Philipp Jenninger sein Amt verlor, weil er eine gut gemeinte Rede falsch einstudiert, weil er so vieles falsch betont und so wenig verstanden hatte von dem, was er sagen sollte.

Der Judenmord war kaum Thema in der Belletristik nach 1945. Am Anfang der Nachkriegsliteratur steht eine Ausnahme, Wolfgang Borcherts „Draußen vor der Tür" (1947). Beckmann, der aus dem Krieg vielfach beschädigt Heimkehrende, wird im Stück damit konfrontiert, dass sein Vater ein böser Antisemit gewesen war, der deswegen nach dem Untergang des NS-Regimes zur Rechenschaft gezogen wurde und Selbstmord beging. Im Film Wolfgang Liebeneiners (1948) ist die gleiche Stelle schon geschönt, da war er nur noch ein „ganz scharfer Nazi". Und noch ein paar Jahre später, in der Fernsehadaption Rudolf Nöltes von 1957 hat sich der Vater einfach „verausgabt" in den zwölf Jahren, über die man damals ungern sprach. Achtbare Anstrengungen der ersten Stunden, die erfolgreich die Frage der Schuld des Einzelnen traktierten wie Wolfgang Staudes „Die Mörder sind unter uns" (1946) oder „Ehe im Schatten" von Kurt Maetzig hatten keine Nachfolge. Die Bemühungen der Amerikaner, als Besatzungsmacht mit Zwangskino („Die Todesmühlen") deutsche Bürger über deutsche Verbrechen aufzuklären, scheiterten, weil Erziehungsdiktaturen nicht funktionieren. Und in „Des Teufels General", dem Erfolgsstück Zuckmayers über Schuld und Widerstand, kam der Judenmord überhaupt nicht vor.

Nach der Sprödigkeit der 1950er und dem Generationenkonflikt der 1960er Jahre konstituierte sich der Umgang mit der Geschichte des Judenmords von Grund auf neu, ausgelöst durch den US-Fernsehvierteiler „Holocaust", mit dem über die Emotionen der Nation das Thema öffentlich installiert wurde. Die deutschen Fernsehhierarchen waren überrascht, sie hatten mit Protest und Schlimmerem gerechnet, stattdessen begann möglicherweise eine neue Ära des Mediums, sicherlich aber das Zeitalter visueller Aufklärung, mit den Mitteln Hollywoods, vorläufig gipfelnd in „Schindlers Liste". Das galt aber nicht nur für Kino und Bildschirm. Das Thema wurde endlich allgemein, war nicht mehr als Teil des Protestes der jungen Generation oder als Amnesie der Alten tabuisiert. Anne Franks und Victor Klemperers Tagebücher, die Titel der anschwellenden Erinnerungsliteratur, auch die Erregung um Daniel Goldhagens Buch und um Martin Walsers Rede in der Paulskirche bis hin zum Elaborat des „Binjamin Wilkomirski" stehen dafür. Dass beim Nachzeichnen dieser Entwicklung bis zur Eloquenz der heutigen Gedenkprofessionellen und den Auswüchsen des Betroffenheitsgeschäfts so wichtige Ereignisse der Geschichtskultur wie Claude Lanzmanns „Shoa" oder Ebbo Demants „Lagerstraße von Auschwitz" und Jurek Beckers „Jakob der Lügner" Bestand haben, ist tröstlich.

War es nur die Angst vor Pathos und emotionaler Überwältigung, die so lange von der Beschäftigung mit dem Völkermord abhielt, die Bert Brecht zum Ausruf zwang „Was für ein schrecklicher Kitsch", nachdem er sich den Film „Ehe im Schatten" hatte vorführen lassen? Wahrscheinlich nicht, denn seit mit diesen Stilmitteln Quoten zu machen sind, selbst beim Thema Auschwitz, hat sich die Szene verändert.

Das Denkmal für die ermordeten Juden in Berlin, 2005 eingeweiht, ist eine Station der mühsam in Gang gekommenen Erinnerungskultur. Damit ist wohl auch die klezmerselige Emphase überwunden, die – nach langer Verweigerung und nachfolgender Betroffenheit – optimistisch als Vorstufe eines rationalen Geschichtsverständnisses begriffen werden soll, in dem die Erinnerung an den Mord an sechs Millionen Juden ihren selbstverständlichen und nicht nur von Gefühlen gesteuerten Platz hat.

Verweigerung

Es wäre ein Wunder, wenn es nicht welche gäbe, die sich der furchtbaren Wahrheit des Holocaust entgegenstemmten. Den Ausdruck „Auschwitzlüge", mit dem unterstellt wird, die Realität des nationalsozialistischen Völkermords an den Juden existiere nicht, verdankt die Öffentlichkeit einer 1973 erstmals veröffentlichten Broschüre mit diesem Titel. Verfasser war der gerichtsnotorische deutsche Alt- und Neonazi Thies Christophersen. Er war 1944 als SS-Mann nach Auschwitz kommandiert worden, und zwar in eine Versuchsabteilung für Pflanzenzucht. Die Kompetenz des Augenzeugen in Anspruch nehmend, mischt Christophersen Selbsterlebtes (mit dem Mordprogramm hatte er nichts zu tun) mit Argumenten des Rechtsextremismus. Bewiesen werden sollte damit, dass es in Auschwitz für alle, auch für Häftlinge, eigentlich recht nett gewesen sei. Bei der Arbeit sei getanzt und gesungen worden, und es habe einige Zeit gedauert, bis sich die in unterernährtem Zustand eingelieferten Häftlinge in Auschwitz „herausgefuttert" hätten.

Der „Leuchter-Report", im Auftrag des deutsch-kanadischen Neonazis Zündel verfasst, kursiert seit 1988. Mit ihm haben die Leugner des Völkermords und Apologeten des Nationalsozialismus eine neue Taktik der Anzweiflung historischer Realität eingeführt, nämlich das Hantieren mit naturwissenschaftlichen und technischen Argumenten, mit denen bewiesen werden soll, dass die Morde in Auschwitz und Majdanek und auch in allen anderen Vernichtungsstätten aus technischen Gründen gar nicht möglich gewesen seien.

Im rechten Lager werden solche Produkte dilettantischen Eifers als „wissenschaftliche Sensation" gefeiert, und es finden sich Epigonen, die politischen Fanatismus aus apologetischen Motiven als Erkenntnisdrang im Dienst ihres Verständnisses von historischer „Wahrheit" propagieren. „Naturwissenschaftliche Sachbeweise" sollen historische Dokumente (deren Echtheit anzuzweifeln unter Auschwitz-Leugnern eine lange Tradition hat) entwerten und ersetzen, um historische Realitäten ungeschehen zu machen. Zu den Methoden gehören Spekulationen über die Wirkung des in Auschwitz verwendeten Giftgases Zyklon B ebenso wie „Berechnungen" über den Koksverbrauch und die Kapazität der Krematorien in den Vernichtungslagern oder Rechenstücke über die Brenndauer von Leichen. Ziel ist der Nachweis, dass die Massenmorde an den Juden gar nicht möglich gewesen waren. Das Urteil professioneller Naturwissenschaft über solche Fragestellungen ist vernichtend, hindert die Rechtsextremen aber nicht an ihrer Propaganda.

Die Leugner des Holocaust gewinnen mit solchen absurden Methoden im öffentlichen Diskurs Boden, weil sie auf die Unsicherheit des Publikums gegenüber den historischen und moralischen Problemen bauen können und weil sie verbreitete Vorbehalte und Stereotypen gegen Juden ansprechen und in ihre Argumentation einfügen, weil sie geschickt mit Verschwörungstheorien arbeiten und nationalistische Emotionen ansprechen. Seit 1985 ist die Leugnung des Holocaust in der Bundesrepublik strafbar, weil sie eine Beleidigung der Opfer darstellt.

Symbol des Kulturbruchs und Verpflichtung

Die existenzielle Realität des historischen Ortes Auschwitz ist nicht zu beschreiben, obwohl es unendlich viele Berichte gibt, die Erfahrungen wiederzugeben versuchen. Die Aufzeichnungen sind eindrucksvoll, man kann sie als heilige Dokumente lesen. Sie helfen etwas augenscheinlich zu machen, was man nicht begreifen kann. Auschwitz und das Überleben in Auschwitz sind jenseits aller Rationalität. Das vermitteln die Zeugnisse der Deportierten. Ruth Elias, die als Schwangere in Auschwitz eingeliefert wird, spricht vom Instinkt, der zum Überleben half: „Es war dieses Animalische, welches unsere Schritte, Entscheidungen und Taten leitete. Unsere Reaktionen waren nur instinktiv, nur darauf gerichtet, das eine zu retten, was uns geblieben war: das nackte Leben". Tadeusz Borowski, der 1943 Häftling in Auschwitz war, hat seine Erlebnisse in Erzählungen gebannt, die zum Bestand der polnischen Literatur gehören. Borowski beging 1951, erst 28 Jahre alt, Selbstmord. Mit Texten wie „Bei uns in Auschwitz" bleibt er unsterblich.

Zwanzig Jahre später kehrte ein einstiger Gefangener, Jan Maria Gisges, für ein paar Stunden nach Auschwitz-Birkenau zurück. Er bemühte sich, emotionslos zu sein. „Der Weg war leer. Weit und breit, so weit das Auge reichte, war auf dieser Ebene kein Mensch zu sehen, man hörte nicht einmal einen Vogel, einen ganz gewöhnlichen polnischen Spatzen". Die Ortlosigkeit von Auschwitz wird in vielen Berichten von Überlebenden mit Metaphern beschrieben, die das Mordfeld als Wüste, als Terrain, ohne Leben, auch ohne die sonst überall gegenwärtige Vogelwelt, erscheinen lassen, von niedrigem Himmel bedeckt, von Kälte und Nebel beherrscht. So erfährt auch der nachgeborene Besucher „fünfzig mit Schornsteinen bepflanzte Hektare" in Birkenau als trotz der Gedenkstätten-Aktivitäten einsamen Ort, als Metapher für den Judenmord, als Monument und Symbol eines Kulturbruchs, inszeniert, geplant, ausgeführt im 20. Jahrhundert, ohne Beispiel davor.

Hermann Langbein, der in Wien Schauspieler war, ehe er als gläubiger Kommunist Spanienkämpfer wurde und von 1939 bis 1945 Gefangener war, wurde zum redlichen und unbestechlichen Chronisten von Auschwitz. Er mühte sich, die widerständige Haltung von Häftlingen, Juden wie Polen und anderer Gruppen, ins Bewusstsein der Nachwelt zu bringen, er dokumentierte Verbrechen und sagte vor den Gerichten aus, schrieb Bücher und sorgte sich darum, Auschwitz den richtigen historischen Ort im kollektiven Gedächtnis zu sichern, lange bevor Betroffenheit Konjunktur hatte und Erinnern politisches Gebot wurde. Langbein, der den Bruch mit dem Kommunismus mit Enttäuschung, Isolation und dem Verlust seiner Funktion im Internationalen Auschwitz-Komitee büßte, lebte nach dem Motto „Ist nicht das Leben nach Auschwitz ein Geschenk, das verpflichtet?"

Auschwitz, an dem sich deutsche Geschichte wie nirgendwo sonst zur Chiffre der Verfehlung, des Bösen kristallisiert, lädt zum Bekenntnis, zur Klage, zur Beteuerung ein. Das von Politikern unablässig skandierte „Nie wieder" hat seither nichts bewirkt, hat keinen der nachfolgenden Völkermorde verhindert. Aber die Beschwörung von Auschwitz diente der Rechtfertigung eines Bombenkriegs gegen Serbien. Die Klage des Dichters Walser, Auschwitz zwinge uns alle auf einen Fleck, fand Beifall bei vielen, die aus Selbstmitleid das Vergessen dem Erinnern vorziehen. Ein deutscher Kanzler, Willy Brandt, nannte den Namen Auschwitz das Trauma für Generationen, er wusste, dass „die Verletzungen, die in dem dunklen Jahrzwölft der Seele der Opfer und der Täter zugefügt wurden, so rasch nicht ausheilen" würden.

Aber Auschwitz ist nicht nur der Kristallisationspunkt deutscher Schuld und Scham, belasteter deutscher Geschichte. Auschwitz ist auch der Ort polnischen Leidens und jüdischer Tragödie. Die Opfer kamen aus fast allen Nationen Europas und nicht nur deshalb ist Auschwitz ein europäischer Erinnerungsort wie kaum ein anderer. Auschwitz ist die Metapher des Genozids und das Symbol des katastrophischen Endes europäischer Gesittung und Kultur.

Literaturhinweise

Wolfgang BENZ u. a., Auschwitz, in: Der Ort des Terrors. Geschichte der nationalsozialistischen Konzentrationslager, Band 5. München 2007, S. 79–173.

Danuta CZECH, Kalendarium der Ereignisse im Konzentrationslager Auschwitz-Birkenau 1939–1945. Reinbek bei Hamburg 1989.

Wacław DŁUGOBORSKI/Franciszek PIPER (Hrsg.), Auschwitz 1940–1945, 5 Bde. Oświęcim 1999.

Kommandant in Auschwitz. Autobiographische Aufzeichnungen von Rudolf Höß, eingeleitet und kommentiert von Martin BROSZAT, Stuttgart 1958.

Hermann LANGBEIN, Der Auschwitz-Prozeß, 2 Bde. Wien 1965.

Hermann LANGBEIN, Die Stärkeren. Ein Bericht aus Auschwitz und anderen Konzentrationslagern. Köln 1982.

Franciszek PIPER, Die Zahl der Opfer von Auschwitz aufgrund der Quellen und der Erträge der Forschung 1945–1990. Oświęcim 1993.

Sybille STEINBACHER, „Musterstadt" Auschwitz. Germanisierungspolitik und Judenmord in Ostoberschlesien. München 2001.

Sybille STEINBACHER, Auschwitz. Geschichte und Nachgeschichte. München 2004.

Bernd C. WAGNER, IG Auschwitz. Zwangsarbeit und Vernichtung von Häftlingen des Lagers Monowitz 1941–1945. München 2000.

Irmtrud WOJAK (Hrsg.), Auschwitz-Prozess 4 Ks 2/63. Frankfurt/M./Köln 2004.

Cezary Wąs
Katyń

Der Tatbestand

Der Name Katyń steht seit den 1970er Jahren in Polen als Inbegriff dafür, womit die Polen ihre Vorstellungen über das nationale Schicksal und über ihre Verpflichtung der Nation gegenüber strukturieren. Nicht Auschwitz, wo 86 000 Polen ermordet wurden, fällt diese Funktion zu, sondern dem Namen eines Ortes, an dem „nur" 4421 Personen begraben wurden.

Nachdem Polen 1989 seine Freiheit wieder gewonnen hatte, verloren Orte, die mit dem früheren blutigen Widerstand gegen den Kommunismus in Zusammenhang gebracht wurden, an Bedeutung. Dies betrifft das Denkmal zu Ehren der Arbeiter, die 1956 in Posen in den Straßendemonstrationen ums Leben kamen, sowie das im Dezember 1980 in Danzig enthüllte Mahnmal für die 1970 erschossenen Werftarbeiter. Die politischen Streitigkeiten unter den Anhängern der „Solidarność" und der Zerfall dieser Strukturen haben dazu geführt, dass das Tor der Danziger Werft – ein Symbol der erfolgreichen Arbeiterstreiks vom August 1980 und der Gründung der unabhängigen Gewerkschaft „Solidarność" – kein Gefühl der Zugehörigkeit zur nationalen Gemeinschaft der Polen mehr hervorruft.

Seitdem die gemeinschaftlichen Symbole des Kampfes gegen den Kommunismus an Bedeutung eingebüßt haben, nahm die Erinnerung an die Verbrechen, die zu Beginn des Zweiten Weltkriegs begangen wurden, zu. In den zwanzig Jahren seit der Wende 1989 hat sich der Name Katyń sukzessive an die Spitze der dramatischen Ereignisse in der polnischen Geschichte des 20. Jahrhunderts verschoben. Diese Wahrnehmung wurde durch den tragischen Flugzeugunfall verstärkt, in dem Präsident Lech Kaczyński und seine Begleiter auf dem Weg zur Feier des 70. Jahrestages des Mordes in Katyń ums Leben gekommen sind.

Der Name Katyń ist ein Sammelbegriff, der drei identifizierte und einige nicht identifizierte Orte umfasst, an denen die im September 1939 in Kriegsgefangenschaft geratenen Offiziere in dem nicht erklärten Krieg der Sowjetunion gegen Polen im Frühjahr 1940 auf Befehl der sowjetischen Regierung ermordet und begraben wurden. Sie wurden in den drei Kriegsgefangenenlagern in Kozielsk, Ostaszków und Starobielsk gefangen gehalten und später in den regionalen Hauptquartieren des NKWD in Smolensk, Kalinin und Charkow erschossen. Ihre Leichen wurden nach Katyń, Miednoje und Piatichatki gebracht und dort in Massengräbern begraben. Das sind Gräber, die als Soldatengräber anerkannt wurden, obwohl man keine vollständige Exhumierung und Identifizierung der Leichen durchgeführt hat. Die Erkenntnis, dass beinahe 15 000 Offiziere in den drei Hauptlagern ermordet wurden, wurde durch historische Nachforschungen abgesichert. Weitere Untersuchungen bestätigten, dass zur selben Zeit (d. h. im Frühjahr 1940) auf den NKWD-Wachen, die 1939 nach der sowjetischen Aggression auf Polen auf den später der Ukraine und Weißrussland angeschlossenen Gebieten eingerichtet wurden, weitere 7000 Menschen ermordet wurden. Ihre unbekannten Gräber befinden sich u. a. in Cherson in der Ukraine, in Kuropaty vor Minsk sowie in der Siedlung Bykownia in der Nähe von Kiew. Insgesamt wurden im April und Mai 1940 21 857 Polen erschossen, überwiegend Offiziere der polnischen Armee.

Keine der Personen, die Entscheidungen über die Erschießungen getroffen haben, und keiner der Vollstrecker wurde jemals angeklagt. Die Ergebnisse einer russischen Untersuchung wurden 2004 von der Regierung in Moskau als geheim eingestuft. Es fällt schwer zu glauben, dass es unter ähnlichen Umständen möglich gewesen wäre, ein Verfahren gegen

Naziverbrechen zu verhindern. Dies weist auf eine enge Verknüpfung zwischen der Erinnerung an den Mord in Katyń und der aktuellen politischen Situation in jedem der darin verwickelten Staaten (Polen, UdSSR/Russland, Großbritannien, USA und Deutschland) hin.

Im heutigen Polen wird die einigende Wirkung der Erinnerung an Katyń aus innenpolitischem Kalkül abgelöst, wodurch eine noch tiefere Spaltung in der Gesellschaft entsteht. Darüber hinaus zeigt sich, dass sowohl die Regierung der Sowjetunion als auch die Regierungen der Nachfolgestaaten (Russland, Ukraine und Weißrussland) den Mord in Katyń aus der Öffentlichkeit verdrängen wollen und jegliche Verantwortung dafür abzulehnen versuchen. Die vereinzelten Gesten der Machthaber in Russland und in der Ukraine werden durch die Tatsache überschattet, dass der Mord in Katyń von der Gerichtsbarkeit insbesondere Russlands faktisch nicht anerkannt wurde.

Die Kriegsgefangenen eines nicht erklärten Krieges

Den Anfang der Ereignisse, die zur Ermordung polnischer Offiziere in Katyń, Kalinin und Charków geführt haben, machte am 23. August 1939 die Unterzeichnung des Nichtangriffspakts zwischen dem Dritten Reich und der Sowjetunion. Angeschlossen an dieses Abkommen war das geheime Protokoll, in dem – im Fall des Krieges – die Aufteilung Polens unter die zwei genannten Staaten beschlossen wurde.

Das in dem Protokoll umrissene Szenario wurde einige Wochen später verwirklicht. Am 1. September 1939 kam es zum Angriff der deutschen Truppen auf Polen. In den ersten Wochen des deutsch-polnischen Kriegs drängte der deutsche Botschafter in Moskau darauf, die sowjetische Regierung möge absprachegemäß ihre Kriegshandlungen gegen Polen beginnen. Am 17. September überschritten die sowjetischen Armeen die Grenze zu Polen auf ihrer gesamten Länge. Noch während dieser Offensive wurde am 28. September 1939 zwischen dem Dritten Reich und der Sowjetunion ein Freundschaftsabkommen unterzeichnet, das durch geheime Protokolle über die gegenseitige Unterstützung der beiden Aggressoren bei der Bekämpfung der politischen Opposition und des Widerstandes ergänzt wurde.

Infolge der Teilung 1939 gelangte ein kleinerer Teil des polnischen Territoriums unter deutsche Besatzung, ein größerer wurde an die Sowjetunion angeschlossen. In den der UdSSR einverleibten Gebieten wurden vom September bis Dezember 1939 rund 230 000 polnische Staatsbürger verhaftet. Offiziere wurden abgesondert und in den Lagern Kozielsk, Ostaszków und Starobielsk gefangen gehalten. Laut sowjetischer Berichterstattung wurden in den Kriegsgefangenenlagern mehr als 15 000 Offiziere festgehalten, darunter 55 % Reserveoffiziere, die für den Krieg mobilisiert worden waren. In dieser Gruppe befanden sich Lehrer, Wissenschaftler, Ärzte, Juristen, Geistliche – sie alle waren Vertreter der polnischen Intelligenz. Zu dieser Kategorie der Kriegsgefangenen zählten auch inhaftierte Polizisten und Staatsbeamte. Die Verhafteten besaßen allerdings keinen präzise geklärten Status: Man hatte ihnen nicht erläutert, ob sie Verhaftete, Internierte oder Kriegsgefangene seien. Gegenüber den Soldaten wurde die Genfer Konvention von 1929 nicht angewandt. Für die anderen inhaftierten Personen hätten laut Art. 13 der Haager Landkriegsordnung (1907) „betreffend die Gesetze und Gebräuche des Landkriegs" Rechte für Kriegsgefangene Anwendung finden müssen. Die Verpflichtungen, die sich aus der internationalen Rechtsordnung ergeben sollten, wurden größtenteils aber nicht eingehalten: Die Kriegsgefangenen befanden sich in der Disposition des NKWD – obwohl die internationalen Konventionen ihre Übergabe an Polizeiformationen verbieten –, sie wurden Strafprozessen unterworfen, ohne Rechtsbeistand und Beteiligung der Vertreter des ihnen Schutz gewährenden dritten

Staats. Den Höhepunkt dieser völkerrechtwidrigen Behandlung war die Entscheidung über die Erschießung aller Offiziere vom 5. März 1940. Das Dekret wurde von den höchsten Funktionsträgern der Sowjetunion unterschrieben. Im März wurden die Kommandanten des NKWD in Charkow, Smolensk und Kalinin angewiesen, die Erschießung der in Kozielsk, Ostaszkow und Starobielsk gefangen gehaltenen Offiziere durchzuführen.

Erschießungen

Die allerersten Transporte aus dem Lager in Kozielsk gingen an die NKWD-Wache und ins Gefängnis in Smolensk. Dort wurden die Gefangenen in der Nacht einzeln mit einem Genickschuss erschossen. Am frühen Morgen wurden dann die Leichen nach Katyń gebracht, wo sie in ein Massengrab geworfen wurden. Um die ganze Aktion zu optimieren, wurden die nächsten Transporte aus demselben Lager in eine NKWD-Villa nach Katyń umgeleitet, von dort hat man die Gefangenen in einen Wald geführt, wo sie in Gruppen am Rand eines der insgesamt neun Gräben hingerichtet und anschließend verscharrt wurden. In Katyń hat man insgesamt 4421 Kriegsgefangene begraben, die zwischen dem 3. und 29. April erschossen wurden.

Die Kriegsgefangenen aus Ostaszkow wurden zum Sitz des NKWD in Kalinin gebracht und dort in einem Gefängniskeller exekutiert. Die Leichen wurden nach Miednoje transportiert, wo auf dem Naherholungsgebiet für NKWD-Mitarbeiter 25 Massengräber ausgehoben waren. Dort wurden insgesamt 6311 Kriegsgefangene begraben.

Die Kriegsgefangenen aus dem Lager in Starobielsk hat man zum Sitz des NKWD in Charkow gebracht, wo sie in einer Todeszelle erschossen wurden. Ihre Leichen wurden im Wald in der Nähe der Siedlung Piechatki begraben. In Charkow fanden 3820 polnische Offiziere den Tod.

Auf Grund desselben Dekrets vom 5. März 1940 wurden in der Zeit vom April bis Mai 1940 zusätzlich 7305 polnische Staatsbürger erschossen, die auf den 1939 der Sowjetunion angeschlossenen Gebieten der sog. Westukraine und Weißrusslands verhaftet wurden. Als Kriterium für die Verhaftung galt hier lediglich die nationale Zugehörigkeit. In dem Bericht des damaligen KGB-Chefs vom März 1959 wurden insgesamt 21 857 Personen erwähnt, die „aus dem bourgeoisen Polen" stammten. Um den Mord zu verheimlichen, wurden im März 1940 alle Familienmitglieder der Ermordeten nach Kasachstan deportiert.

Von den Massengräbern zu den ersten „Nicht-Friedhöfen"

Mitte Mai 1940 wurden die Massengräber in Katyń, Miednoje und Piatichatki dem Erdboden gleichgemacht und die Gegend mit Bäumen bepflanzt. Erst nach dem deutschen Angriff auf die Sowjetunion am 15. Juli 1941, als die deutschen Truppen die Region um Smolensk besetzten, sickerten die ersten Informationen über die Massaker durch. Die Vernichtungspolitik des Dritten Reiches gegenüber Polen und seinen Bürgern hatte jedoch die Konsequenz, dass alle Berichte über das Schicksal polnischer Offiziere zunächst ignoriert wurden. Im März 1942 wurden polnische Zwangsarbeiter, die für die Organisation Todt Bahngleise in der Nähe von Katyń ausbesserten, von einem Dorfbewohner über die vergrabenen Leichen informiert. Nachdem sie eine erste Bodenschicht entfernt hatten, entdeckten sie die Leichen von zwei Offizieren. An dieser Stelle setzten sie zwei Kreuze aus Birkenholz in die Erde. Sie waren die ersten in der langen Reihe weiterer Erinnerungssymbole, die dort im Lauf der Jahrzehnte gesetzt wurden. Die Gräber wurden mehrmals ausgegraben, auf ihnen oder in ihrer Nähe verschiedene Informationstafeln mit unterschiedlichen Inhalten aufgestellt, man schüttete – angelehnt an die gewöhnliche Erdbestattung – Grabhügel auf. Nachdem die Region erneut von der Roten Armee erobert worden war, wurden im umliegenden Wald aus politischen und Propagandagründen einige Schein-Gräber aufgeschüttet.

Zunächst werteten die Deutschen ihr Wissen über den Massenmord nicht aus. Das änderte sich erst nach der Niederlage der deutschen Truppen vor Stalingrad im Februar 1943. Da die Dekrete über den gemeinsamen Kampf gegen das Dritte Reich, die 1940/1941 von der polnischen Emigrationsregierung in London und der Regierung der UdSSR unterschrieben worden waren, u. a. die Gründung einer polnischen Armee auf dem Territorium der Sowjetunion vorsahen, konnten gezielte Informationen über die Massaker an den polnischen Offizieren die polnisch-sowjetische Zusammenarbeit deutlich erschweren. Deswegen begann man in der zweiten Februarhälfte 1943 schrittweise mit der Exhumierung der Leichen in Katyń. Einen Monat später wurden unter Beteiligung des Gerichtsmediziners Gerhard Buhtz aus Breslau weitere Exhumierungen vorgenommen. Aufgrund der Befunde gab der Deutsche Rundfunk am 13. April 1943 bekannt, dass in der Nähe von Smolensk Massengräber polnischer Offiziere entdeckt wurden, die vom Geheimdienst der Sowjetunion ermordet worden seien. Am 17. April richtete die polnische Regierung an das Internationale Rote Kreuz ein Gesuch, seine Vertreter mit dem Auftrag einer eingehenden Untersuchung nach Katyń zu schicken. Der Vorstand des IKRK in der Schweiz lehnte jedoch diese Bitte mit der Begründung ab, die Sowjetunion habe kein gleichlautendes Gesuch gestellt und gleichzeitig die polnische Regierung der Zusammenarbeit mit den Deutschen bezichtigt. Die diplomatischen Beziehungen zu Polen wurden von den Sowjets abgebrochen. In dieser Situation setzten die Deutschen eine Internationale Ärztekommission ein, die aus anerkannten Gerichtsmedizinern aus zwölf Ländern bestand. Die Expertenkommission obduzierte im April neun Leichen und stellte anhand der Befunde den Todeszeitpunkt im Jahr 1940 fest. Unabhängig von dieser Expertenkommission war auch eine zwölfköpfige Technische Kommission des Polnischen Roten Kreuzes vor Ort, um Exhumierungen und eigene Untersuchungen vorzunehmen. Aus Furcht, die Ergebnisse ihrer Arbeit könnten propagandistisch genutzt werden, konzentrierten sich die Mitglieder dieser Kommission auf Tätigkeiten, die eine humane Leichenausgrabung, würdige Leichenbeschau und geregelte Leichenbestattung in neuen Gräbern gewährleisteten. Zwischen dem 15. April und dem 9. Juni 1943 wurden aus sieben von zehn Massengräbern 4243 Leichen erhoben, 2730 identifiziert und in sechs neue Grabstätten umgebettet. Auf jedes der sechs Gräber hat man ein Kreuz aus Rasenstücken gelegt und ein großes Kreuz aus Holz aufgestellt. Um den gesamten Friedhof zu kennzeichnen, stellte man zusätzlich ein größeres Kreuz auf. Am 10. Juni veröffentlichte die deutsche Regierung amtliches Material zum Massenmord von Katyń, in dem die Untersuchungen dokumentiert wurden. Ebenfalls im Juni verfasste der Generalsekretär des Polnischen Roten Kreuzes, Kazimierz Skarżyński, einen Geheimen Bericht über die Form der Beteiligung des Polnischen Roten Kreuzes an den Exhumierungen in Katyń vor Smolensk.

Dieses Dokument, das zahlreiche Belege für die Terminierung der Massaker enthielt, wurde von der Verwaltung des Polnischen Roten Kreuzes aus Sorge, es könnte von der deutschen Propaganda missbraucht werden, für geheim erklärt.

Am 26. September verdrängte die Rote Armee die deutschen Truppen aus der Gegend von Smolensk, und seitdem wurde Katyń zum Gegenstand sowjetischer Agitation. Man setzte die nächste Untersuchungskommission ein. Aber selbst polnische Kommunisten, die in Moskau unter sowjetischer Aufsicht agierten, wurden nicht hinzugezogen. Das alleinige Ziel der Kommission war, ein Dokument zu erstellen, das die These von der deutschen Urheberschaft des Mordes in Katyń belegte. Für diesen Zweck wurden fiktive Gräber vorbereitet, in denen man entsprechend präparierte Soldatenleichen begrub. Der Bericht der sowjetischen Kommission unter der Leitung von Nikolai Burdenko enthüllt in ungewollter Art und Weise die Mystifikation: So wurden die getöteten Soldaten in Winterkleidung in die Gräber gelegt, obwohl erwähnt wurde, dass die Exekutionen im August oder September stattfanden. Die Mehrzahl der Leichen wurde in einfache Soldatenuniformen gekleidet, obwohl man wusste, dass in Kozielsk lediglich fünf Infanteristen gefangen gehalten wurden. Trotz der Unzuverlässigkeit der Beweisführung hielten polnische und sowjetische Kommunisten in den nächsten Jahrzehnten an der These von der deutschen Urheberschaft der Morde fest. Wie es der verunglückte Präsident Kaczyński in seiner letzten, nicht gehaltenen Rede formulierte: „Die Katyń-Lüge war die Gründungslüge des polnischen kommunistischen Staates".

Obwohl deutsche Truppen der Massaker beschuldigt waren, hat man das Erinnern an Katyń in der Volksrepublik Polen verdrängt, und das Gebiet, auf dem polnische Offiziere begraben wurden, war bis 1988 ein isoliertes Waldterrain mit eingefallenem Grund an den Stellen der Massengräber. Anfang der siebziger Jahre errichtete man dort einen Obelisk, auf dem auf Polnisch und Russisch zu lesen war, dass hier Offiziere begraben wurden, die „im Herbst 1941 von deutschen Faschisten" ermordet wurden. 1988 hat man das Terrain in Ordnung gebracht und vor dem Eingang eine Gedenktafel aufgestellt, allerdings mit einem Inhalt, der trotz mehrfacher Veränderung immer auf die deutsche Urheberschaft der Morde hinwies. Am 2. September 1988 wurde an eben dieser Stelle ein aus Polen gebrachtes großes Kreuz aus Holz aufgestellt. Erst am 4. April 1990 wurden die Inschriften mit der sowjetischen Version der Geschehnisse entfernt.

Versuche, die Haltung Russlands zu ändern

Am 31. März 1989 wies das Politische Büro des Zentralkomitees der KPdSU eine Reihe wichtiger Staatsinstitutionen an, nach Dokumenten zu recherchieren, die Massenerschießungen polnischer Kriegsgefangener betrafen. Diese Anweisung wurde anfangs boykottiert. Allerdings gelangte in der neuen Situation eine Gruppe russischer Historiker an Dokumente, die Gefangenentransporte in die Nähe von Charkow, Smolensk und Kalinin belegten. Anhand dieser Dokumente fertigte Falentin Falin, der Leiter der Abteilung für Internationale Angelegenheiten der KPdSU, im Februar 1990 einen Bericht an Präsident Gorbatschow. Dieser Bericht bildete die Grundlage für die Änderung der bisherigen Haltung der Sowjetunion. Am 14. April 1990 verkündete die staatliche Presseagentur TASS, dass der NKWD die Schuld an den Morden in Katyń trug.

Im September 1990 begann die Militärstaatsanwaltschaft der Sowjetunion eine Untersuchung, die eine ganze Reihe von Dokumenten über die Morde ans Licht beförderte. Sie befragte auch zahlreiche Zeugen, darunter die letzten lebenden der an den Morden Beteiligten. Im Oktober 1992 veröffentlichte man Dokumente aus dem Archiv des russischen Präsidenten, die „Geschlossene Sammlung Nr. 1" genannt wurde. Darunter befand sich das oben genannte Dekret vom 5. März 1940. Bereits am 14. Oktober 1992 wurde eine Kopie dieses Dokuments auf Veranlassung von Boris Jelzin dem Präsidenten der Republik Polen, Lech Wałęsa, übergeben. Diese Übergabe erfüllte einen Teil des Abkommens vom 22. Mai 1992 über die Zusammenarbeit zwischen Polen und Russland, in dem der Wille zur Aufklärung der Verbrechen der Vergangenheit und den künftigen Aufbau der zwischenstaatlichen Beziehungen auf der Grundlage der Achtung des Völkerrechts zum Ausdruck gebracht wurde. Die Beziehungen Polens zu Russland erlitten bald nach der Präsidentschaftsübernahme

Wladimir Putins aber einen Einbruch. Während der zweiten Amtsperiode Putins erklärte der Militärstaatsanwalt der Russischen Föderation, dass die Untersuchung in Sachen Katyń mit dem 21. September 2004 eingestellt worden sei. Gleichzeitig erklärte man sowohl diesen Beschluss als auch 116 von insgesamt 183 Aktenbänden zur Geheimsache.

Die Rechtslage

In zahlreichen Fragen zur Verhaftung polnischer Offiziere, ihrer späteren Erschießung, und bezüglich der rechtlichen Qualifikation dieses Verbrechens sowie der Rehabilitierung der Opfer ist es zur Verletzung der Völkerrechtsnorm und des Staatsrechts gekommen. Im September 1939 sah die Sowjetunion davon ab, Polen einen Krieg zu erklären. Auch Polen nutzte das Recht auf Kriegserklärung nicht. Der fehlende Kriegszustand machte es Polen unmöglich, von der Sowjetunion zu verlangen, die Verhafteten als Kriegsgefangene zu behandeln. Die diplomatischen Beziehungen Polens zu Sowjetrussland wurden allerdings durch Verträge von 1921 und 1932 geregelt, die eine militärische Aggression ausschlossen. Als solche wurde in der für beide Staaten geltenden Konvention aus dem Jahr 1933 jeder militärische Angriff auf das benachbarte Staatsterritorium, auch ohne Kriegserklärung, definiert. Die sowjetischen Richtlinien über den Umgang mit verhafteten Kriegsgefangenen vom 19. und 20. September 1939 bewiesen unmissverständlich, dass die Sowjetunion die Tatsache anerkannte, dass sie sich im Krieg mit Polen befand. Im Widerspruch zur Haager Landkriegsordnung ließen diese Richtlinien Verhaftung und Gefangenhaltung der Zivilisten zu. Bereits vor dem Dekret vom 5. März 1940 wurden sie für solche Verbrechen wie „aktiver Kampf gegen die Arbeiterpartei und die revolutionäre Bewegung" vor Gericht gestellt und zum Tod durch Erschießen verurteilt, was im Widerspruch zur Genfer Konvention stand. Die im November 1939 formulierten Anordnungen wiesen die Lagervorgesetzten an, von der Genfer Konvention abzusehen und ausschließlich die NKWD-Richtlinien zu befolgen. Die Erschießung aller Kriegsgefangenen im Frühjahr 1940, ohne „die Verhafteten zu befragen, ihnen einen Verhaftungsgrund zu benennen; ohne die Untersuchung abzuschließen und eine Anklage zu erheben", war darüber hinaus ein rechtswidriger Akt im Sinne des in der Sowjetunion geltenden Rechts.

1946 lehnte der Internationale Militärgerichtshof in Nürnberg die Beweise, mit denen die sowjetische Seite deutsche Truppen der Massaker in Katyń überführen wollte, ab. Am 18. September 1951 wurde vom Repräsentantenhaus des amerikanischen Kongresses ein Sonderausschuss unter Leitung von Ray John Madden eingesetzt, der in Chicago, London, Frankfurt, Berlin und Neapel 81 Zeugen befragte sowie schriftliche Zeugenaussagen und weitere Beweisstücke zur Kenntnis nahm. Im Abschlussbericht wurden die Massaker eindeutig der Sowjetunion zugeschrieben und eine Untersuchung vor dem Internationalen Gerichtshof empfohlen.

Erst über vierzig Jahr später, im September 1990, begann sich die Militärstaatsanwaltschaft der Sowjetunion mit den Ereignissen in Katyń zu befassen. Im Juli 1994 wurde die Untersuchung mit dem Befund abgeschlossen, dass die Morde in Katyń ein Verbrechen gegen den Frieden und die Menschlichkeit seien. Man hat sie als ein Kriegsverbrechen (gemäß Art. 6 der Statuten des Internationalen Militärgerichtshofs in Nürnberg) und ein Genozid an den Bürgern des polnischen Staates eingestuft.

Der Schiedsspruch des Staatsanwalts Jablokov wurde einige Tage später von seinen Vorgesetzten und von der Generalstaatsanwaltschaft der Russischen Föderation kassiert. Die Untersuchung wurde noch zehn Jahre fortgesetzt und am 21. September 2004, ohne Tatzuordnung und ohne die Schuldigen zu benennen, abgeschlossen. Die Untersuchungsakten und sogar der Beschluss über die Einstellung des Verfahrens wurden für geheim erklärt, obwohl es in Russland ein Gesetz gibt, das Geheimhaltung der Informationen über das Antasten der Menschen- und Bürgerrechte sowie über Rechtsverstöße von Seiten der Staatsbehörde und der Beamten verbietet. Vollkommen entgegen den Tatsachen und im Widerspruch zum russischen Gesetz über die Rehabilitation der Opfer von politischen Repressalien lehnen seit 2005 die Militärstaatsanwaltschaft und das Gericht die Anerkennung der erschossenen Kriegsgefangenen als Opfer politischer Vergeltung ab. In dieser Sache richtete der russische Verein Memorial am 10. September 2009 eine Anklageschrift gegen die Russische Föderation beim Europäischen Gerichtshof für Menschenrechte ein.

Die Zeit der „Nicht-Friedhöfe"

Während der Untersuchung der russischen Militärstaatsanwaltschaft im Juli und August 1991 konnte man in Piatichatki in der Nähe von Charkow weitere bisher unbekannte Massengräber der Kriegsgefangenen aus Starobielsk lokalisieren. Es wurden 167 Leichen exhumiert. Einen ähnlichen Fund machte man im August 1991 in Miednoje.

Die Ergebnisse dieser Untersuchungen führten zur Einsicht, dass man für die Stellen, an denen Massengräber entdeckt wurden, eine Rechtslage schaffen sollte. Die beteiligten Staaten (Polen, Russland und die Ukraine) waren an die Beschlüsse über das Zusatzprotokoll Nr. 1 der Genfer Konvention aus den Jahren 1974–1977 gebunden. Sie besagen, dass sich die Staaten verpflichten, Hilfe bei der Überführung von Überresten der im Krieg oder in Kriegsgefangenschaft Verstorbenen in ihre Heimat zu leisten. Das erste Abkommen zwischen den Regierungen Polens und Russlands vom 22. Februar 1994 setzte die Zusammenarbeit im Einvernehmen mit den internationalen Normen voraus. Die russischen Behörden willigten in die Exhumierung der Leichen und in ihre würdige Beisetzung ein. Im Herbst 1994 rückten sie jedoch von der ursprünglichen Absprache ab: Sie erlaubten keine Exhumierungen (lediglich eine punktuelle Untersuchung mit dem Ziel einer Eingrenzung der Stellen, an denen sich Massengräber befinden konnten, wurde zugelassen) und keinen Transport der Leichen zwecks ihrer würdigen Beisetzung. Die gleiche Haltung nahm die Regierung der Ukraine ein, mit der Polen am 21. März 1994 ein Abkommen über den Schutz der nationalen Gedächtnisorte sowie den Schutz der Ruhestätten von Opfern des Krieges und der politischen Repressalien schloss. 1994/95 konnten polnische Experten in Katyń acht Hohlräume, in denen sich früher exekutierte Leichen befanden, lokalisieren sowie sechs Gräber, in die durch die Technische Kommission des Polnischen Roten Kreuzes Leichen umgebettet worden waren. Man stellte fest, dass die Leichen in zahlreichen Gräbern verändert worden waren, wahrscheinlich für Zwecke der „Burdenko-Kommission". Aufgrund der besagten Einschränkung konnten die Leichen nicht in Einzelgräber verlegt werden. Gebilligt durch eine polnisch-russische Vereinbarung vom März 1996 und einen Regierungsbeschluss der Russischen Föderation vom Oktober 1996 begann man in den nächsten Jahren, im Wald von Katyń einen polnischen Friedhof für im Krieg gefallene Soldaten einzurichten. Diese Gedenkstätte wurde am 28. Juli 2000 in Anwesenheit des polnischen Premierministers Buzek und des stellvertretenden russischen Premierministers Christenko eröffnet.

Ähnliches geschah in Miednoje, wo die Umbettungen im August 2000 abgeschlossen wurden. An der Eröffnung des Friedhofs am 2. September 2000 nahmen der polnische Premierminister und der russische Innenminister teil.

In Charkow willigten die ukrainischen Behörden in keine Sonderbestattung für polnische Militärs ein und verlangten eine Änderung des Namens in „Friedhof für Opfer des Totalitarismus in Charkow". Die Eröffnung dieser Gedenkstätte fand am 17. Juni 2000 unter Beteiligung der Premierminister beider Staaten statt.

Das Aussehen aller drei Friedhöfe wurde nach gleichen Prinzipien entworfen. Ihr Hauptteil bildet eine großformatige Altarwand mit einem Kreuz. Darunter befindet sich eine in die Erde versenkte Glocke. Vor der Wand steht ein Altartisch. In Katyń wurden an die umgebende Mauer 4412 eiserne Epitaphientafeln angebracht. In Miednoje und Piatichatki wurden die Epitaphientafeln entlang der Friedhofshauptwege gelegt. Die Tatsache, dass die Leichen auf allen drei Friedhöfen nach wie vor nicht einzeln begraben werden konnten, führt dazu, dass ihre Beisetzung im Sinn der vorherrschenden Tradition als nicht rechtens empfunden wird und die Gedenkstätten nicht als Friedhöfe im herkömmlichen Sinn anerkannt werden können.

Nur diejenigen polnischen Offiziere, die in den Kriegsgefangenenlagern noch vor dem Dekret vom 5. März 1940 an Krankheiten oder aus anderen unbekannten Ursachen gestorben sind oder Selbstmord begangen haben, sind rechtmäßig begraben worden. In Ostaszkow wurden sie auf dem städtischen Friedhof beigesetzt. Ihre Leichen wurden 1995 exhumiert und in Einzelgräbern auf dem gesonderten Teil des neuen städtischen Friedhofs beerdigt. Jedes der 48 Gräber wurde mit einem Kreuz aus Beton versehen. Es ist der einzige eigentliche Friedhof für polnische Offiziere, die in den sowjetischen Gefangenenlagern gestorben oder in der Haft ermordet wurden.

400 Denkmäler für Katyń

Das Erinnern an Katyń war nach dem Zweiten Weltkrieg nicht nur für Russland und polnische Kommunisten, sondern auch für die Regierungen der Vereinigten Staaten und Großbritanniens unbequem. Bereits Ende Mai 1945 wurde der Bericht eines ehemaligen amerikanischen Gefangenen, Oberstleutnant John van Vliet Jr., der 1943 zur Beteiligung an den Arbeiten der internationalen Untersuchungskommission zwangsverpflichtet worden war, für geheim erklärt und auf Befehl des damaligen stellvertretenden Spionagechefs im Generalstab der US-Armee, Clayton Bissell, vernichtet. 1952 erklärte General Bissel vor der „Madden-Kommission", dass sein Handeln im Vermeiden möglicher Konflikte mit der Sowjetunion gründete. Einen offiziellen Protest gegen die Veröffentlichung der vorhandenen Informationen über die Morde in Katyń richtete der damalige britische Außenminister 1943 an den Premier der polnischen Emigrationsregierung. Owen O'Malley, der britische Botschafter bei der polnischen Regierung in London, äußerte sich dazu folgendermaßen: „Wir haben die gesamte Autorität Englands darauf gesetzt, diese Massaker zu verheimlichen". Über mehrere Jahrzehnte hinweg wurde beinahe in allen Ländern, in denen sich polnische Emigranten aufhielten, die Verbreitung von Informationen über den Mord in Katyń als nicht erwünscht angesehen. Trotzdem entstanden weltweit fast vierhundert Formen des Gedenkens an Katyń, sei es als Epitaphientafeln in Kirchen und auf Friedhöfen, sei es als offizielle Denkmäler. Ursprünglich allen Ermordeten gewidmet, wurden sie mit der Zeit differenziert für einzelne Gruppen oder Personen eingesetzt. Gegenwärtig sind in größeren Städten der Welt einige zig Denkmäler dem Mord in Katyń gewidmet. Ungeachtet der zahlreichen Proteste der Sowjetunion in London gelang es 1976 polnischen Emigranten in Großbritannien, ein Denkmal für Katyń auf dem Friedhof von Gunnersbury zu enthüllen. Den Widerspruch der britischen Behörden erweckte die Inschrift „Katyń 1940", die durch die Datumsnennung die sowjetische Polizei als wahre Täter der Massaker identifizierte. Die weiteren Teile der Inschrift erwähnten mit keinem Wort die an diesem Mord Schuldigen. Erst am 21. April 1990 wurde die Inschrift durch Tafeln ergänzt, auf denen weitere Informationen über die Umstände der Ereignisse genannt wurden. Die Enthüllung des Denkmals prägte sich auch dadurch ins Gedächtnis der Zeitgenossen, dass der Verteidigungsminister der britischen Linksregierung, Fred Mulley, den britischen Offizieren untersagte, bei der Feier in Uniformen zu erscheinen. Eine Änderung in der britischen Haltung zeigte sich erst durch eine Geste von Margaret Thatcher, als sie zu den Feierlichkeiten, die 1979 am Katyń-Denkmal stattfanden, ein Orchester der Queen's Irish Hussars entsandte.

Eins der größeren Denkmäler für die Opfer in Katyń wurde im September 1980 in Toronto enthüllt. Es besteht aus einem einige Meter hohen rechteckigen Block, der in der Mitte, als ob durch einen gewaltigen Schlag geteilt, auseinanderfällt.

Ein in seiner Aussage erschütterndes Denkmal, das einen mit am Rücken gebundenen Händen und mit einem Bajonett erstochenen Offizier zeigte – diese Darstellung entsprach der überlieferten Beschreibung einiger Leichen in Katyń –, steht seit 1991 auf dem Exchange Place in Jersey City, vor dem Hintergrund Manhattans am anderen Ufer des Hudson River.

Das erste Katyń-Denkmal in Polen entstand im Juli 1981 unter konspirativen Bedingungen in Warschau auf dem Powązki-Friedhof. Ebenso konspirativ wurde es in der nächsten Nacht durch Funktionäre der Geheimpolizei entfernt. Um den privaten Initiativen vorzubeugen, mit denen die polnische Öffentlichkeit den Ereignissen in Katyń auf Dauer gedenken wollte, ergriff die Verwaltung der Stadt Warschau eine Initiative, ein Denkmal mit einer neutralen Inschrift „Polnischen Soldaten, die in der Erde von Katyń ruhen, gewidmet" in Auftrag zu geben. Im letzten Augenblick verlangte sie von den Bildhauern, dass sie die Inschrift um einen Zusatz „Polnischen Soldaten, Opfern des Faschismus … gewidmet" ergänzten. Die Künstler weigerten sich, diesen Zusatz anzubringen. Das Denkmal landete in den Friedhofsmagazinen. Die Behörden beauftragten daraufhin einen regimetreuen Künstler damit, ein Denkmal für die Opfer in Katyń zu entwerfen. Dieses Denkmal wurde im März 1985 enthüllt. Die Inschrift bestätigte die offizielle Version der Ereignisse. Sie wurde erst 1989 entfernt. In der Nacht vom 5. auf den 6. Juli 1989 brachte die Geheimpolizei das vor acht Jahren entwendete Denkmal, das von privater Hand finanziert worden war, auf den Friedhof zurück. Seit Juli 1995 steht neben dem offiziellen Denkmal (mit einer Inschrift, die den Fakten entspricht) auch das einst heimlich entfernte Gemeinschafts-Denkmal. Die Gründe, warum an einer Stelle zwei fast identische Mahnmale aufgestellt wurden, sind auf einer Tafel erläutert.

Nach 1989 entstanden in Polen einige große Denkmäler, die den Opfern von Katyń gewidmet sind. In Warschau wurde 1995 – nicht mehr auf einem Friedhof, sondern auf einem öffentlichen Platz – ein Denkmal in Form eines Eisenbahnwaggons mit lateinischen Kreuzen und Symbolen anderer Religionen beladen, das allen Opfern der sowjetischen Aggression im September 1939 gewidmet ist. Größere figurative Denkmäler entstanden in Breslau (2000) und Kattowitz (2001). In der veränderten politischen Situation nach 1989 bemühten sich patriotische Vereine – vor allem Verbände von Familien der getöteten Offiziere – darum, in polnischen Städten Katyń-Denkmäler zu errichten. Der Kult des Erinnerns sowohl an Offiziere als auch an andere nach 1939 auf dem Gebiet der Sowjetunion verstorbene Personen wird dadurch aufrechterhalten, dass die Russische Föderation gegenwärtig keinerlei Wiedergutmachung für die begangenen Gräueltaten vorsieht. Die offiziellen Gesten der russischen Behörden erfüllen nicht die Erwartungen, die in einer Note des polnischen Sejm 1992 ausgedrückt wurde: „Die Wahrheit muss bis zum Ende aufgeklärt werden, die Verbrechen bestraft, das Leid entschädigt".

Die Bedeutung von Katyń

Die Kriegsfriedhöfe in Katyń, Miednoje und Charkow unterscheiden sich von den vielen bekannten Friedhöfen der gefallenen Soldaten in Europa. Die großen Friedhöfe aus der Zeit des Ersten Weltkriegs – wie das Ossuarium Douaumont, wo in einem Baudenkmal die Überreste von 130 000 deutschen und französischen Soldaten, die vor Verdun gefallen sind, zusammengeführt werden; der Friedhof in Tiepval, auf dem 72 000 britische Soldaten, gefallen in der Schlacht an der Somme, begraben wurden, oder der Friedhof in Fricourt, auf dem sich 17 000 Gräber deutscher Soldaten aus derselben Zeit befinden – trugen alle dazu bei, dass sich der nationale Gedanke in Deutschland, Frankreich und England stärkte. Sowohl in den politischen als auch in den historischen Ansichten über die Schlachten vor Verdun und an der Somme überwogen die Elemente, die Mut und Unerschrockenheit der Soldaten priesen. In Vergessenheit gerieten dagegen die Momente, die an die Gräueltaten in diesen Schlachten und den Pyrrhus-Sieg erinnern. Ihren Charakter als europäische Erinnerungsorte bekamen diese Gedenkstätten erst, als in der Politik der früheren Feinde Versöhnungsmomente und Elemente der Zusammenarbeit aufkamen, und erst recht dann, als unter den Besuchern nicht mehr ehemalige Kombattanten, sondern Touristen zu dominieren begannen.

Erst 1984 war ein Treffen der Präsidenten Frankreichs und Deutschlands in Douaumont möglich. Ähnlich veränderte Denkprozesse haben auch in Bezug auf die Friedhöfe und Denkmäler für die Gefallenen im Zweiten Weltkrieg stattgefunden. Obwohl der Krieg gegen das Dritte Reich – insbesondere in der letzten Phase – im Geist der Begründung neuer Regeln internationaler Zusammenarbeit geführt wurde, waren die Grabstätten der gefallenen Soldaten nach nationalen Kriterien angelegt. Insbesondere die Friedhöfe und Denkmäler für die sowjetischen Soldaten (z. B. das Berliner Tiergartendenkmal, das zu Ehren der bei den Kämpfen um Berlin gefallenen Rotarmisten errichtet wurde) oder der amerikanische Friedhof im belgischen Neuville-en-Condoz, wo in der Schlacht in den Ardennen gefallene Amerikaner begraben wurden, waren mit monumentalen nationalen Symbolen geschmückt. Ähnlich aufgeteilt waren Soldaten der Schlacht um Monte Cassino: 4266 gefallene Engländer, Kanadier und weitere Angehörige des britischen Commonwealth wurden von den 1072 polnischen Soldaten, die bei dem Sturm auf Monte Cassino ihr Leben verloren, getrennt. Gleichzeitig wurde der polnische Friedhof in Monte Cassino entgegen dem offiziellen Internationalismus der kommunistischen Regierung Polens zum Symbol der Erinnerung an die Heldentaten der letzten Soldaten des freien und unabhängigen Polen.

Vor diesem Hintergrund sind Friedhöfe für polnische Kriegsgefangene, die nicht im Kampf ums Leben gekommen sind, eine Besonderheit. Sie sind nicht nur ein Dokument eines Kriegsverbrechens, sie sind ein Aufruf an die europäische Öffentlichkeit, sich mit der Erinnerung an die Millionen sowjetischer Bürger, die Opfer kommunistischen Terrors geworden sind, auseinanderzusetzen. Obwohl der Boden der alten Sowjetunion mit ihren Gräbern übersät ist, erinnert nichts außer den drei polnischen Friedhöfen an ihr Leid. Weder in Russland noch in der Ukraine gibt es einen einzigen Friedhof, ein einziges Denkmal für die Opfer des kommunistischen Totalitarismus. In keinem der ehemaligen Lager für Gegner des Kommunismus wurde ein Museum errichtet. Niemand von den der Massenmorde Beschuldigten wurde jemals vor Gericht gestellt. Was die Erinnerung an Katyń auf den Plan ruft, das ist die Europäizität dieses Ortes, verstanden als Summe rationaler Reaktionen auf irrationale politische Ausschweifungen. Das besondere Schicksal der 14 000 Polen macht erst in der Konfrontation mit der Normalität Sinn.

Indem die Politik in die Geschichte Katyńs so viele Staaten einband, belegte sie auch, dass das Nationale und das Internationale ebenso wenig wie das Erinnern und Vergessen einfache Gegensätze bilden. Das Nationale kann ohne das Internationale nicht sein, das Eigene gibt es ohne das Universale nicht, das Gedächtnis beinhaltet auch das Vergessen. Alle diese Gegensatzpaare gehen in ihrem Kern ineinander.

Übersetzt von Małgorzata Morawiec.

Literaturhinweise

Amtliches Material zum Massenmord von Katyń im Auftrage des Auswärtigen Amtes auf Grund urkundlichen Beweismaterials zusammengestellt, bearbeitet und herausgegeben von der Deutschen Informationsstelle. Berlin 1943.

The Katyń Forest Massacre. Hearings before the Select Commitee… Washington 1952.

Katyń. British Reactions to the Katyń Massacre, 1944–2003. London 2003.

Franz-Anton KADELL, Die Katyń Lüge. Geschichte einer Manipulation. Fakten, Dokumente, Zeugen. München 1991.

Gerd KAISER, Katyń. Das Staatsverbrechen, das Staatsgeheimis. Berlin 2002.

Victor ZASLAVSKY, Klassensäuberung. Das Massaker von Katyń. Berlin 2007.

Heinz Duchhardt
Der Westfälische Friede

Die Gegenwartsrelevanz

Die Relevanz des Westfälischen Friedens für ein europäisches Neben- und Miteinander ist spätestens im Gedenkjahr 1998 wieder in das Bewusstsein der Mitlebenden gerückt worden, als eine ganze Heerschar von europäischen Staatspräsidenten und Monarchen sich in Münster versammelte und den europäischen Geist dieses Dokuments beschwor, das als eine Art Geburtsurkunde des geregelten Staatenpluralismus in Europa interpretiert wurde. Dass die parallel dazu in Münster und Osnabrück laufende Jubiläumsausstellung unter den Auspizien des Europarats stand, also auch von dieser Seite eine europäische Nobilitierung erlebte, rundet den Gesamteindruck ab, dass europaweit die Europäizität des Westfälischen Friedens, dessen Gedenktag demzufolge auch mit Ausstellungen und Vortragszyklen in zahlreichen anderen europäischen Staaten begangen wurde (Niederlande, Frankreich, Spanien), außer Frage steht.

Auf lokaler Ebene hatte man das im Übrigen schon immer so gesehen: dass nämlich von Münster/Osnabrück eine neue Etappe des europäischen Staatenlebens zu datieren sei. In Münster, das sich mit dem Aufbau einer eigenen Erinnerungskultur freilich lange schwer tat, hatte man vor allem gegenüber ausländischen Gästen kaum eine Gelegenheit ausgelassen, um bei deren Besuch des Friedenssaals auf den – nur zum Teil hier beschworenen – europäischen Frieden hinzuweisen, und Osnabrück zeigte mit demselben Stolz die Porträtgalerie der aus ganz Europa dort zusammen gekommenen Diplomaten, um auf seine Weise an diese Wiege der formalisierten Diplomatie und des Jus Publicum Europaeum zu erinnern. Auch dass in Münster ein hoch dotierter Friedenspreis ausgelobt wurde und prominent verliehen wird, zielte in die Richtung, sich als die Stadt zu stilisieren, von der eins der wichtigsten Güter der europäischen Kultur seinen Ausgang genommen habe, der zwischenstaatliche Friede.

Europäischer Einschnitt im Bewusstsein der Zeitgenossen

Aber die Gegenwartsrelevanz – also die Würdigung eines Ereignisses, eines Prozesses oder einer Person als wegweisend für die europäische Gegenwart – ist zwar ein zentrales Moment, aber kann nicht das einzige Kriterium sein, um den Westfälischen Frieden zu den europäischen Erinnerungsorten zu zählen. Die Sicht der Akteure und deren Bewusstsein, einen Wendepunkt der europäischen Geschichte mitzugestalten, haben wenigstens den gleichen Stellenwert. Schon von der Sache her war ja das, was sich in den beiden westfälischen Nachbarstädten vollzog, etwas unerhört Neues: Dass sich Diplomaten aus so gut wie allen europäischen Gemeinwesen trafen – zugegebenermaßen mit einer deutlichen Dominanz jener aus den unmittelbar am Krieg beteiligten Staaten –, um nach einem kräftezehrenden und für manche Regionen verheerenden Krieg eine dauerhafte Friedensregelung zu finden, die in den Augen mancher Beteiligten und Vordenker geradezu die Qualität eines europäischen Sicherheitssystems hätte haben sollen; dass sich hier Diplomaten versammelten, um all die kleinen und größeren bilateralen Konflikte beizulegen, die auch zukünftig den Frieden gefährden konnten – das war für die Epoche etwas Neues und Wegweisendes, vor allem auch deswegen, weil in den vielen Vier- oder Mehraugengesprächen immer wieder der europäische

Gesamtrahmen bemüht und die Kompatibilität bilateraler Regelungen mit den gesamteuropäischen Befindlichkeiten überprüft wurde. Visuell hat man dem unmittelbar nach Ende des Doppelkongresses u. a. in dem Stich des Friedensreiters von Marx Anton Hannas Ausdruck verliehen, der die europäische Dimension des Friedens verdeutlicht, sind doch – wenigstens in verbreiteten zeitgenössischen Nachdrucken – im Hintergrund mit Wien, Paris und Stockholm die Residenzstädte der wichtigsten Beteiligten zu sehen, die zugleich auch die europäischen Dimensionen des Friedenswerks verdeutlichen.

Auch während des Kriegs war diese europäische Dimension eines Konflikts, der auch eine bisher unerreichte Dauer hatte, immer wieder thematisiert worden. Statt aller sonstigen Belege verweise ich auf eine mit Text versehene Radierung aus dem Jahr 1631 „Europa querula et vulnerata, Das ist Klage der Europen , so an ihren Gliedern und gantzem Leibe verletzet und verwundet ist […]". In einer Beschreibung Hans Martin Kaulbachs heißt es: „Barfuß, mit aufgelöstem Haar steht die ‚klagende und verwundete Europa' auf einem Felsen und wird von Soldaten beschossen. Ein Jesuit unter ihnen weist die Kriegsseite als katholisch aus. Über einer Schlacht im Hintergrund fährt aus dem Gewitterhimmel ein Blitz nieder. Europa hat die linke Hand auf ihr Herz gelegt, unter dem sie ein Pfeil getroffen hat. Eine Hand aus dem Himmel hält die Märtyrerkrone über sie. Mit bittender Geste wendet sie sich zur anderen, positiven Seite, wo Männer in friedlicher Diskussion sitzen und im Hintergrund die Sonne über Stadt und Land scheint. Die Hoffnung auf Einigkeit und Frieden im Text wird durch die Klagefigur in eine europäische Perspektive gestellt".

Mit diesem Beispiel soll zwar nicht gesagt werden, dass die gesamte Publizistik – die Bildpublizistik eingeschlossen – nur und ausschließlich die europäische Dimension des Krieges thematisiert hätte. Tatsächlich dominierte wohl eher die „nationale" Komponente, also die Leiden, die er etwa über das liebe deutsche Vaterland gebracht hatte. Aber das Bewusstsein, in einen Vorgang von kontinentaler Relevanz eingebunden zu sein, dürfen wir sogar bei nichtliteraten Gruppen der Bevölkerung unterstellen – wann hatte man es schon einmal erlebt, dass Finnen und Kosaken in der Mitte Europas auftauchten, wann, dass die Soldaten in ganz oder doch wenigstens halb Europa herumkamen, wann, dass eine Vielzahl von europäischen Staaten über die Jahrzehnte hinweg sich um die Beilegung dieser Serie von Konflikten bemühte?

Die Europäizität des Vorhabens der Friedensherstellung ist in den Dokumenten, die zum Frieden hin führten, und in den unmittelbaren Reaktionen darauf unzählige Male beschworen worden. Die Register der einzelnen Bände des großen Editionsunternehmens der „Acta Pacis Westphalicae" geben darüber zur Genüge Auskunft. Um wahllos einen Band herauszugreifen, den mit den französischen Korrespondenzen des Jahres 1646, so lassen die ein knappes Dutzend zählenden Belege des Lemmas „Europa" klar erkennen, wie sehr die Diplomaten auf die Resonanz Europas achteten, wie sehr sie auch *Europa* mit der *Christenheit* gleichsetzten, wie sehr sie vor allem aber den zukünftigen Frieden als ein Geschenk für Europa einschätzten. *Europa* war ständig präsent, und wenn es nur in dem Sinn war, dass die eigene – in diesem Fall also die französische – Vorrangstellung gegenüber allen anderen Staaten in Europa unterstrichen wurde.

Aus dem unmittelbaren Umfeld des Friedensschlusses selbst mag – neben dem oben schon genannten „Friedens-Reuter" – eine einzige Quelle angeführt werden, die die europäische Dimension des Vorgangs anspricht. Andreas Scultetus beschließt seinen „Friedens Lob- und Krieges Leidgesang" aus dem Jahr 1648 mit folgenden Zeilen: „Was ich hier kurz geklagt, / Ist Bösen gar zu viel, den Guten g'nug gesagt, / Eilt, dass ihr den Verstand zum Nutzen noch gebrauchet, / Eh dann Europa ganz, das goldne Land, verrauchet! / Ach, glaubt mir, einmal sich erretten von den Kriegen, / Ist mehr, als tausendmal unüberwindlich siegen".

Und auch in der Rückschau bestand für die weitaus meisten Kommentatoren und Historiker überhaupt kein Zweifel, dass der Westfälische Friede eine veritable europäische Zäsur

war. Der Historiker Friedrich Schiller, um auch hier nur eine einzige prominente Stimme anzuführen, hat sich mit seiner „Geschichte des Dreißigjährigen Krieges" zwar nicht bis zum
Westfälischen Frieden vorgearbeitet, hat aber seiner Grundeinschätzung sehr wohl Ausdruck
verliehen, wenn er am Ende dieses Werks zum Ausdruck brachte: „Was für ein Riesenwerk es
war, diesen unter dem Namen des Westfälischen berühmten, unverletzlichen und heiligen
Frieden zu schließen [...], was endlich der Inhalt dieses Friedens war, was durch dreißigjährige Anstrengungen und Leiden von jedem einzelnen Kämpfer gewonnen und verloren
worden ist, und welchen Vorteil oder Nachteil die europäische Gesellschaft im großen und
im ganzen dabei mag geerntet haben – muß einer anderen Feder vorbehalten bleiben".

Die Erinnerungskultur in den europäischen Staaten

Und damit wirft sich die Frage auf, welchen Platz der Westfälische Friede in der Erinnerungskultur der europäischen Staaten – zweites Kriterium, um ihm den Rang eines europäischen Erinnerungsorts zuzusprechen – hatte und hat. Von den Jubiläumsfestlichkeiten
in verschiedenen europäischen Staaten im Jahr 1998 war oben schon kurz die Rede – ein
großer Kongress in Paris und eine parallel laufende Ausstellung in der französischen Hauptstadt, ein breit dimensionierter Vortragszyklus in Madrid, der die wichtigsten europäischen
Experten berücksichtigte und in der dortigen Nationalbibliothek zu Wort kommen ließ,
Konferenzen in den Niederlanden und im polnischen Schloss Czocha, sogar mehrteilige
Konferenzen in zwei Ländern, um nur die wichtigsten hier herauszugreifen. Am leichtesten
hatte es, jedenfalls über lange Zeiträume hinweg, der Westfälische Friede in Deutschland,
den Rang eines positiv konnotierten Erinnerungsorts zu behaupten. Hier kam vieles zusammen: der Eindruck, dass der Westfälische Friede das Verfassungsrecht des Alten Reiches gut
und vernünftig geregelt habe und über eineinhalb Jahrhunderte ein Fundamentalgesetz des
Reichscorpus geblieben sei; die Erleichterung, dass er einem vorher nicht denkbar gewesenen Krieg ein Ende bereitet habe; die Vorstellung, dass das Reich seiner 1648 vereinbarten
oder bestätigten ausgeklügelten Mechanismen wegen nicht nur ein Garant für die Stabilität ganz Europas wäre, sondern eben dieser Mechanismen wegen auch ein Modell für einen
europäischen Staatenbund abgeben könne. Es war kein Zufall, dass die ersten großen Doku-
mentensammlungen aus dem frühen 18. Jahrhundert – von DuMont oder Gärtner, um nur
die wichtigsten zu nennen – vom Deutschen Reich ihren Ausgang nahmen. Eingeschränkt
wurde diese fast uneingeschränkte Hochschätzung des Friedens allenfalls im konfessionellen
Meinungsstreit, galt er doch der „öffentlichen Meinung" des Ancien Régime als ein primär
protestantisches Dokument, das dem Katholizismus einen nicht mehr wettzumachenden
Rückschlag versetzt habe. Von daher kann es im Übrigen auch nicht überraschen, dass sich
eine veritable Erinnerungskultur so gut wie ausschließlich im protestantischen Teil des Reiches entwickelte oder in solchen gemischtkonfessionellen Gemeinwesen wie Augsburg, die
durch die Zuerkennung der Parität in besonders nachhaltiger Weise vom Westfälischen Frieden profitiert hatten und in diesem Fall sogar einen offiziellen Friedenstag einführten, der
in der Vormoderne immer ganz besonders festlich begangen wurde und auch in der Kunst
seinen Niederschlag gefunden hat.

Die schlesischen Fürstentümer zählten – weil sie nicht in die Kreisverfassung des Heiligen Römischen Reiches eingebunden waren – zwar nicht direkt zum Reich, sondern standen
in einem Rechtsverhältnis zur Krone Böhmen; trotzdem sollen sie mit einem kurzen Blick
bedacht werden, weil hier neben den Friedenssälen in Münster und Osnabrück und ihrem Inventar einer der wenigen materiellen Gedächtnisorte entstand, der direkt auf den

Westfälischen Frieden zurückging. Für die schlesischen Protestanten wurde nämlich eine Sonderregelung getroffen, die ihnen für ihren Gottesdienst drei sog. „Friedenskirchen" zusprach, in Jauer, Glogau und in Schweidnitz. Die Glogauer Friedenskirche hat die Zeiten nicht überdauert, aber insbesondere die Schweidnitzer ist zu einem sprechenden Zeugnis konfessionellen Behauptungswillens geworden: mit einem reichen, kulturgeschichtlich eindrucksvollen Interieur, mit einer kaum glaublichen Kapazität, mit Statistiken der Kirchgänger des 17./18. Jahrhunderts, die ungeheuer eindrucksvoll sind. Während die Erinnerung an den Frieden sonst über die Hörsäle, die Regierungskanzleien und die folgenden Kongresse kaum hinauskam, also ein Teil einer Elitenkultur war, hat hier der sonntägliche Besuch jeden Gläubigen daran erinnert, dass am Wochenbett dieser Einrichtung „Europa" gestanden hatte und die Friedenskirchen sich europäischer Solidarität verdankten.

Dass die positive Konnotierung des Westfälischen Friedens vor dem Hintergrund des neuen Ideals des Nationalstaats und antifranzösischer Affekte dann um 1800 abbrach und sich in ihr Gegenteil – Fremdsteuerung Deutschlands, der Weg zum Nationalstaat wurde verpasst – verkehrte, seine komplette und uneingeschränkte Perhorreszierung, braucht in unserem Zusammenhang nicht weiter zu interessieren, umso weniger, als diese Sicht sich seit den 1950er Jahren wieder deutlich umkehrte, ablesbar u. a. am Erscheinen eines Klassikers der modernen Geschichtswissenschaft, Fritz Dickmanns Monographie von 1959, und dem Start des monumentalen Editionsvorhabens der „Acta Pacis Westphalicae". Die Positivierung des Bildes vom Westfälischen Frieden schlägt sich beispielsweise auch darin nieder, dass er in den gymnasialen Curricula seinen Platz hat und dass die Bundesrepublik Deutschland der einzige europäische Staat war, der aus Anlass des Jubiläums 1998 eine Gedenkbriefmarke herausgab – fünfzig Jahre zuvor, 1948, waren die Postverwaltungen der Besatzungszonen auf diesen Gedanken noch nicht verfallen und hatten sich nur zu Sonderstempeln durchringen können!

Andere europäische Staaten haben ungebrochene Kontinuitäten der Erinnerung des Westfälischen Friedens. Das gilt namentlich für die Niederlande, für die der erste Teil des Bündels von Verträgen, der „Vrede van Munster" vom 30. Januar 1648, geradezu die Funktion einer Geburtsurkunde hat, mit der die Republik endgültig in die Unabhängigkeit von Spanien entlassen wurde. Ein Wermutstropfen in dieser an sich rundum positiv konnotierten Erinnerungskultur stellte allenfalls die seitdem irreversible Spaltung des niederländischen Volkes und seine Aufteilung auf zwei Staatswesen dar – irreversibel deshalb, weil der Versuch im frühen 19. Jahrhundert, diese Entscheidung von 1648 zu korrigieren und zu revidieren, nach kurzer Zeit scheiterte. Es gab deshalb über die Jahrhunderte hinweg immer wieder groß-niederländisch orientierte Politiker und Historiker, die dem seinerzeitigen Ausgleich mit Spanien, der den Weg für den geradezu atemberaubenden kommerziellen ökonomischen und kommerziellen Aufstieg der Generalstaaten frei machte, reserviert gegenüberstanden. Aber, um das Gesagte gleich wieder zu relativieren, dies galt und gilt nicht für die große Masse der Niederländer. Der Westfälische Friede zählt für sie seit den Jubelfeiern noch im Jahr 1648 zweifellos zu den zentralen Elementen ihres kollektiven Bewusstseins, und das trifft ebenso zweifellos auch für jene Provinz zu, die sich seinerzeit der Unterschriftleistung entzogen hatte. Das kann man mit Beispielen aus der jüngsten Vergangenheit belegen, etwa mit der großen Anzahl von Ausstellungen und Gedenkveranstaltungen im Jubiläumsjahr 1998, oder auch mit den zahlreichen Aktivitäten, die 1948 in Szene gesetzt wurden, aber man kann auch Beispiele aus der Vergangenheit anführen. Obwohl in den Niederlanden im Winter 1747/48 ganz andere Probleme die Menschen beschäftigten – ein Krieg, der direkt auf die Republik übergegriffen hatte, soziale Unruhen, die ursächlich mit diesem Krieg zusammenhingen, eine verheerende Rinderpest –, kam es zu einer Fülle von Gedenkveranstaltungen, in denen immer wieder ein und dasselbe Motiv angeschlagen wurde: der „Vrede van Munster" als Ausweis der Verbundenheit Gottes mit seinem auserwählten Volk, dem „anderen Israel". Neben Gedichtbänden, die des Jubiläums gedachten und an denen sich renommierte Schriftsteller beteiligten, neben Gedenkmedaillen ist hier u. a. ein Periodikum, „De Europise staatssecretaris", zu nennen, der alle Bewohner der Republik aufrief, die Jahrhundertfeier des Friedens feierlich zu begehen. Der Unterton bei all dem war der einer Sakralisierung der nationalen Geschichte: Nach 1648 sei in Europa kein neuer Staat mehr entstanden, die Republik sei also – nach einer biblischen Metapher – der letztgeborene Sohn Gottes, der das Gemeinwesen auf wunderbare Weise errettet und bei seiner Geburt mitgeholfen habe. All das assoziiert, dass für die Niederländer des 17. und 18. ebenso wie des 20. Jahrhunderts der Westfälische Friede unterschiedslos als einer der wichtigsten Meilensteine der nationalen Geschichte galt und gilt.

Für Frankreich gibt es in der Vormoderne selbstredend tiefere Einschnitte als den Westfälischen Frieden, aber damals zu einer Garantiemacht eben dieses Friedens und damit der Reichsordnung aufgestiegen zu sein und erhebliche territoriale Zuwächse und damit unter geostrategischen Gesichtspunkten wesentliche Arrondierungen erzielt zu haben – teils direkte, teils indirekte im Sinn einer durch begriffliche Unklarheiten geförderten Option –, hat ohne Frage das Selbstbewusstsein der Krone und ihrer Diener erheblich gestärkt. Insofern konnte 1648 in Verbindung mit dem Elsass eines hohen Stellenwerts in der öffentlichen Meinung Frankreichs und bei der Konstituierung seines Geschichtsbildes sicher sein. 1948, als Frankreich sich von den Kriegseinwirkungen noch längst nicht wieder erholt hatte, wurden immerhin erhebliche Ressourcen aufgebracht, um gleich mit zwei Ausstellungen des Friedens von Münster 300 Jahre zuvor zu gedenken. Vielleicht noch sprechender als diese generelle finanzielle und organisatorische Kraftanstrengung ist, wo die eine dieser Ausstellungen platziert wurde: im gerade wieder französisch gewordenen Straßburg natürlich, im Palais de Rohan, und ihr Titel drängte sich damals geradezu auf: „L' Alsace Française 1648– 1948". Sie war demgemäß auch nur und ausschließlich der Elsass-Thematik gewidmet.

Freilich muss man diese Beobachtung über die Längerfristigkeit der hohen französischen Bewertung des Ereignisses von 1648 dann auch gleich wieder etwas relativieren: Die unmittelbare Resonanz musste angesichts der fortbestehenden äußeren Verstrickungen der Krone eher gering bleiben – der Krieg mit Spanien hatte, obwohl die Verhandlungen an sich weit gediehen waren, bekanntlich ja nicht liquidiert werden können und sollte noch elf Jahre währen – und angesichts ihrer aktuellen inneren Probleme – der Fronde-Aufstand rüttelte an den Grundfesten des Staates – war der Zeitpunkt zum ungeteilten Jubel nicht gekommen: die Dekorationen bei den Einzügen des Königs in die verschiedenen Städte in jenen Wochen und Monaten hatten immer eine doppelte Botschaft, dass dem äußeren Frieden, den Frankreich Europa geschenkt habe, nun auch bald der innere Friede folgen werde. Und auch wenn man die Historiker des 19. Jahrhunderts ins Auge fasst, hat man zwar zu registrieren, dass das gewaltige, bis heute fortgeführte Editionsunternehmen des „Recueil des instructions" mit dem Schlüsseljahr 1648 startet, sich für viele die Bedeutung des Westfälischen Friedens aber doch eher darin erschöpfte darzulegen, warum Frankreich 1648 das Elsass – quasi als Kriegsentschädigung – habe zugesprochen werden müssen, was in der Folgezeit von der Casa de Austria noch oft genug habe konterkariert werden wollen. Ganz anders als die moderne Geschichtswissenschaft, die in Frankreichs Agieren in Münster – bei allen erheblichen Differenzen, die es zwischen den Bevollmächtigten der Krone gab – eine Sternstunde der französischen Diplomatie sah, ging es den französischen Historikern des 19. und frühen 20. Jahrhunderts eher darum, zu betonen, dass die Zugehörigkeit des Elsass zu Frankreich legitim und irreversibel war – aber da das frühneuzeitliche Frankreich sich mit mehr als einer Provinz arrondierte, war 1648 dann doch eher ein Datum unter mehreren als ein ganz zentraler Erinnerungsort. Die Loslösung von der Elsass-Perspektive lässt sich, recht betrachtet, erst in der Gedenkausstellung von 1998 und dem parallel laufenden, von Lucien Bély organisierten Kongress festmachen, die Außenministerium und Nationalarchiv unter dem Patronat des damaligen Staatspräsidenten gemeinsam auf die Beine stellten und die im Übrigen deutlich bereits die ersten Vorboten der kulturalistischen Wende spiegelt. Der Elsass-Thematik ist in dem Katalogband bezeichnenderweise nur noch ein einziger Artikel gewidmet.

Bei Spanien sieht das schon wieder ganz anders aus: Spaniens Waffengang mit Frankreich war mit 1648 noch nicht beendet, und er wurde in der Phase des Westfälischen Friedens als der maßgebliche angesehen, andernfalls man ohne weiteres auf der Basis schon sehr weitgehender ausformulierter Textbausteine hätte abschließen können. Für Spanien sollten noch elf bittere Kriegsjahre folgen, die den ganzen Niedergang der einst stolzesten Monarchie Alteuropas enthüllten. Und wenn man dazu in Rechnung stellt, dass der Separatfriede mit der abtrünnigen Provinz an der Nordsee als ein schwerer Schlag ins Kontor und ein Prestigeverlust höchster Priorität eingestuft werden musste, wird man in diesem Fall von einem uneingeschränkt negativ konnotierten Erinnerungsort sprechen müssen, der dadurch noch potenziert wurde, dass es nicht gelang, die Emanzipation Portugals wieder rückgängig zu machen und es sogar nicht gelang, die Präsenz von katalanischen Repräsentanten zu verhindern. Immerhin wird man festzuhalten haben, dass Spanien 1998 eine sehr aufwendige Erinnerungskultur in Szene setzte und Experten aus ganz Europa – eingeschlossen Griechen, Iren, Polen und Tschechen – nach Madrid einlud, wo sie über die verschiedenen nationalen Sichtweisen und Akzente sprachen; die Publikation darf zu den bleibenden Denkmälern des Gedenkjahrs gezählt werden.

Schweden war einer der großen Profiteure der Friedensordnung von 1648: nicht nur, dass ihm neben Frankreich die Rolle einer Schutz- und Garantiemacht zugesprochen wurde, das nordische Königreich hat auch erhebliche territoriale Zugewinne verbuchen können, die ihm die Kontrolle über den deutschen Ostsee- und einen Teil des Nordseehandels verschafften. Trotzdem war es immer eine gemischte Erinnerung, die sich in Schweden – und vor allem auch Finnland – mit dem Westfälischen Frieden verband: Da war auf der einen Seite der Stolz, dass das bisher eher randständige Wasa-Königreich in die Spitzengruppe der europäischen Monarchien aufgestiegen war. Es setzten Bemühungen ein, durch den Rekurs auf die Geschichte und ein neues Gefühl für die Wertigkeit von Kultur ein neues kulturelles Selbstverständnis zu schaffen und alle Gedanken, dass man kulturell mit den Modellstaaten der Zeit – Spanien oder Frankreich oder den Niederlanden – nicht mithalten könne, aus den Köpfen wenigstens der Elite zu verbannen. Wenn der Dichter Georg Stiernhielm wenige Jahre nach dem Frieden ein langes Gedicht in Hexametern mit dem Titel „Herkules" veröffentlichte, dann sollte das auch dazu dienen, die jungen schwedischen Adligen auf die Werte von *virtù* und *gloire* zu verpflichten, für die Schwedens großer König, Gustav Adolf, genug Anschauungsmaterial geliefert habe. Auf der anderen Seite war nicht hinweg zu diskutieren, dass der fast zwanzigjährige Krieg auf mitteleuropäischem Boden einen erheblichen Blutzoll gefordert und gravierende demographische Auswirkungen hatte und er Schweden auch finanziell an den Rand des Kollapses gebracht hatte – das Feilschen um die Kriegsentschädigungen verdankte sich nicht nur der Laune des Siegers, sondern war schlicht eine Überlebensstrategie.

Dennoch, alles in allem, so kurzlebig der schwedische Großmachtstatus auch sein mochte: Für Schweden war 1648 ein Höhepunkt in seiner an Höhepunkten bis dahin nicht sonderlich reichen Geschichte, und auch wenn es im Gedenkjahr 1998 in Schweden nicht zu den ganz großen Kongressen und Ausstellungen kam – für Schweden ist der Westfälische Friede, der sich dort immer in eigenartiger Weise mit der Lichtgestalt Gustav Adolfs verknüpft, ein Erinnerungsort *par excellence*.

Eher an das Beispiel Spanien gemahnt demgegenüber Dänemark, das bereits in der Anfangsphase des Krieges, also unter Christian IV., empfindliche militärische Rückschläge hatte hinnehmen müssen und das dann das Schicksal ereilte, gegen den großen nordischen Rivalen schon vor 1648 klar in die Verlustzone zu geraten. Für Dänemark war 1645 – der Friede von Brömsebro – ein Tiefpunkt seiner nationalen Geschichte, „a milestone in the history of Danish foreign policy", nicht etwa 1648, nachdem man in der Anfangsphase der Verhandlungen in den beiden westfälischen Bischofsstädten aufgrund einer in höchstem Maß unklugen Politik mit dem Anspruch gescheitert war, den Frieden zu vermitteln – Dänemark wollte über das Vermittleramt eigene Vorteile realisieren, und das war weder gegenüber Schweden noch gegenüber dem Reich durchzusetzen. M. Bregnsbo, ein dänischer Historiker, hat es so formuliert, dass Dänemark zwischen zwei Stühle gefallen sei und am Ende „nobody's friend and everyone's enemy" gewesen sei. Große Rüstungsanstrengungen und viel kultureller Aufwand, um die Blicke Europas auf sich zu ziehen – etwa aus Anlass der spektakulären „Großen Hochzeit" von 1634 –, hatten nicht gefruchtet, um gegen den schwedischen Gegner zu bestehen und den Anspruch, zu den protestantischen Führungsmächten in Europa zu zählen, zu untermauern.

Polen, das in Münster mit einer Delegation vertreten war und immerhin den 350. Jahrestag des Westfälischen Friedens mit einem kleineren, deutlich an der Lausitz-Problematik orientierten Kongress erinnerte, Siebenbürgen, England mögen hier unbeachtet bleiben. Für sie verbanden sich mit dem Jahr 1648/49 noch andere – innenpolitische – Ereignisse, die das Gedächtnis an den Frieden rasch überlagerten oder es gar nicht erst zu einer Gedächtniskultur kommen ließen. Die Eidgenossenschaft mag abschließend aus dem Kreis jener Staaten, die – wie Venedig – an sich noch zu berücksichtigen wären, herausgegriffen werden, weil sich für sie mit dem Datum 1648 – ganz ähnlich wie im Fall der Niederlande – die völkerrechtliche Selbständigkeit, also die von der Staatenfamilie approbierte endgültige staatliche Souveränität, verband und verbindet, die zwar eher zufällig zustande kam, aber für die nationale Geschichte rasch einen ähnlichen Mythos-Charakter gewann wie das Jahr 1291.

Der Durchgang durch die europäische Staatenwelt mag damit abgeschlossen werden, und auch wenn die Öffnungs-Klausel des Münsterschen Friedensinstruments, die es allen europäischen Staaten freistellte, sich innerhalb einer bestimmten Frist dem Frieden anzuschließen, in keinem Fall genutzt wurde, so ist doch deutlich geworden, für wie viele europäische Gemeinwesen er zu einem Gedächtnisort geworden ist – ob positiv oder negativ konnotiert. Denn dieses Janusgesicht muss man ja wohl jedem Ereignis/jeder Person, dessen bzw. deren Nobilitierung zum europäischen Erinnerungsort ansteht, konzedieren. Freilich gilt das zwar für viele, aber nicht für alle: nicht für Russland, auch wenn es eine bestimmte, sich mit dem Namen Boris Porshnev verbindende Schule gab, die den russischen Krieg an der Seite Schwedens als einen festen Bestandteil des 30jährigen Kriegs sehen wollte, nicht für manche italienischen Republiken, nicht für Portugal oder England. Insofern – wenn man nur nach der Flächenhaftigkeit der Erinnerungskultur geht – werden Bedenken, 1648 zu einem europäischen Erinnerungsort aufzuwerten, nicht vom Tisch gewischt.

Die Relevanz des Westfälischen Friedens für das Staatenleben

Wenn man zu der je nationalen Ebene dann aber auch noch eine gesamteuropäische einzieht, dann wird die Relevanz dessen, was 1648 in Form und Worte gegossen wurde, freilich deutlicher. In Westfalen wurden, ohne auf den von Sozialwissenschaftlern diesseits und jenseits des Atlantik über alles geschätzten Begriff des „Westphalian System" erneut einzugehen, Grundlagen des staatlichen Mit- und Nebeneinanders geschaffen, die wenigstens sehr lange Bestand hatten und Bestandteil der politischen Kultur Alteuropas wurden. Ganz gleich, ob man das Motiv des Gleichgewichts der Kräfte bereits in den Verhandlungen selbst entdeckt oder annimmt, dass 1648 die Grundlagen für den Siegeszug dieses Prinzips in der politischen Praxis gelegt worden sind: 1648 und die Folgejahre zeigten, dass es mit einer nur partiellen Befriedung Europas, also einer Teillösung lediglich für eine bestimmte Region, nie genug sein kann, dass dieser kleinräumige Kontinent immer Gesamtlösungen braucht, um auf Dauer befriedet zu sein. Und hier kam dem – in anderen Teilen der Welt zunächst relativ unbekannten – Motiv des Kräftegleichgewichts eine zentrale Rolle zu. Westfalen hatte zudem erstmals das praktiziert, was dann zum Regelfall werden sollte: dass Befriedung voraussetzt, dass alle souveränen Gemeinwesen die Chance haben müssen, ihre Interessen vor dem entsprechenden Forum adäquat zu vertreten. Friedensordnungen, die nur auf dem Diktat und dem Oktroi einer oder zweier Supermächte beruhten, waren nach 1648 in Europa undenkbar geworden.

Anderes kommt hinzu, was den Westfälischen Frieden unter einer europäischen Perspektive so erinnerungswürdig macht: die Technik des Verhandelns mit dem Prinzip der strikten Schriftlichkeit, die diplomatische Etikette und manch anderes fanden jetzt eine endgültige Fixierung, nicht zuletzt auch das Prinzip der gleichberechtigten Teilnahme aller souveränen Gemeinwesen an einem solchen Kongress, ganz unabhängig von ihrer Größe und Macht, ihrer Ancennität und der Spielart ihrer Christlichkeit, ihrer Staatsform und ihrer Durchsetzungsfähigkeit. In Westfalen feierte das frühmoderne Völkerrecht seine ersten Triumphe, also das Jus Publicum Europaeum, ohne das Europa nicht das geworden wäre, was es geworden ist.

Das Europa der Gegenwart versteht sich spätestens seit der KSZE von 1975, an der eben auch Luxemburg und der Vatikan neben Russland teilnahmen, Großbritannien neben Albanien, Griechenland neben der Türkei, als eine Friedensgemeinschaft. Friede wird als eine Konstituante des europäischen Nebeneinanders verstanden, und entsprechend empfindlich – wenn auch wie im Fall Jugoslawien manchmal hilflos – reagiert die Gemeinschaft, wenn dieses Grundprinzip verletzt wird. 1648 hat zwar nicht das Modell einer europäischen Friedensordnung geliefert, aber direkt und indirekt so viele Elemente geschaffen, die sich in die politische Kultur Europas tief eingewurzelt haben, dass man unter der Perspektive der je nationalen Erinnerungskulturen zwar zögern mag, die Universalität und Verbindlichkeit eines Erinnerungsortes 1648 festzustellen und zu behaupten, aber nicht im Hinblick darauf, dass in der Kultur des Friedenschließens, die damals entwickelt wurde, ein wesentlicher Bestandteil der politischen Kultur Europas grundgelegt wurde. Mit seiner Technik des Friedensschließens, mit den *essentials,* die dazu gehörten – „Ewigkeit", also Nichtbefristung, Gefangenenaustausch, Amnestie –, setzte Europa die Standards, die es über seine Verträge mit den nichteuropäischen Anrainerstaaten dann auch in das weltweite Völkerrecht einzubringen versuchte. Der verbindliche, verlässliche Friede zwischen souveränen Gemeinwesen war ein Geschenk des alten Kontinents an die Welt, die sich erst 1919 von den Prinzipien von 1648 wieder verabschieden sollte (und in den letzten Jahrzehnten sogar Friedenszustände kennt, ohne dass es je zu einem Friedensschluss gekommen wäre). Allen Bedenken zum Trotz: auch ein Stück Pergament aus der Mitte des 17. Jahrhundert kann dann zu einem europäischen Erinnerungsort werden, wenn man all die Implikationen mit in Rechnung stellt, die ihm innewohnten.

Literaturhinweise

350 años de la Paz de Westfalia. Del antagonismo a la integración en Europa. Madrid 1999.

350 rocznica Pokoju Westfalskiego na terenach Euroregionu NYSA 1648–1998. Jelenia Góra 1999.

Ronald G. Asch u. a. (Hrsg.), Frieden und Krieg in der Frühen Neuzeit. München 2001.

Lucien Bély unter Mitw. von Isabelle Richefort (Hrsg.), L'Europe des traités de Westphalie. Paris 2000.

Klaus Bussmann/Heinz Schilling (Hrsg.), 1648 – Krieg und Frieden in Europa, 3 Bde. Münster 1998.

Heinz Duchhardt (Hrsg.), Der Westfälische Friede. Diplomatie – politische Zäsur – kulturelles Umfeld – Rezeptionsgeschichte. München 1998.

Heinz Duchhardt, Das Feiern des Friedens. Der Westfälische Friede im kollektiven Gedächtnis der Friedensstadt Münster. Münster 1997.

Simon Groenveld u. a. (Hrsg.), Tussen Munster & Aken. De Nederlandse Republiek als grote mogendheid (1648–1748). Maastricht 2005.

Herbert Langer, 1648. Der Westfälische Frieden. Pax Europaea und Neuordnung des Reiches. Berlin 1994.

Klaus Malettke (Hrsg.), Frankreich und Hessen-Kassel zur Zeit des Dreißigjährigen Krieges und des Westfälischen Friedens. Marburg 1999.

Benno Teschke, The Myth of 1648. Class, Geopolitics and the Making of Modern International Relations. London/New York 2003.

Steffen Dietzsch
Kants „Zum ewigen Frieden"

Durch das Jahrhundert der europäischen Aufklärung zieht sich – vom Abbé de Saint-Pierre bis Joseph Görres – ein Friedensdiskurs, denn es war ein Zeitalter, von dem Johann Wilhelm Gleim schreiben musste: „Mit Kriegen fingst du an, / mit Kriegen endigst du".

Es zeichnet Immanuels Kants Beitrag von 1795, am Ende dieser Diskussion, aus, dass er nicht resigniert bloß einer – nahe liegenden – moralischen oder gesinnungsethischen Hoffnung Ausdruck gibt, sondern er will *Frieden* jetzt aus Rechtsbegriffen verstehen, so dass er nicht länger bloß „eine leere Idee [bliebe], sondern eine Aufgabe, die nach und nach aufgelöst" werden können sollte.

Zum Phänomen des Krieges nicht nur in einem psychologischen Zustand von Angst und Abwehr zu stehen, sondern daran etwas zu *verstehen*, das verbindet Immanuel Kants Reflexionen im und über Kriege durchaus mit zeitgenössischen Problemlagen der europäischen Aufklärung.

Da wäre aus deutscher Perspektive exemplarisch auf den Altphilologen und Pädagogen Johann Valentin Embser zu verweisen. Mit einer einzigen Schrift greift er nachhaltig in den Krieg-Friedens-Diskurs der Aufklärung ein: „Die Abgötterei unsres philosophischen Jahrhunderts. Erster Abgott. Ewiger Friede" (1779). Diese – König Gustav III. von Schweden gewidmete – Schrift analysiert den Krieg als zeitübergreifende Kulturtechnik, die neben ihrem nihilistischen immer auch ein zivilisatorisches Element ausweist. Die zu denken gebende Pointe bei Embser lautet: „Mit wehmüthigsten Gefühle schreibe ich dieses nieder: Das Projekt des ewigen Friedens kann nicht, und, wenn es könnte, darf nicht ausgeführt werden".

Dieser Denkeinsatz Embsers wird zunächst auch von dem klassischen Denker der europäischen Aufklärung, von Immanuel Kant, geteilt, als er schon im „Mutmaßlichen Anfang der Menschengeschichte" (1786) sozusagen welthistorisch argumentiert: „Man sehe nur Sina [China] an, welches seiner Lage nach wohl etwa einmal einen unvorhergesehenen Überfall, aber keinen mächtigen Feind zu fürchten hat, und in welchem daher alle Spur von Freiheit vertilgt ist. – Auf der Stufe der Cultur also, worauf das menschliche Geschlecht noch steht, ist der Krieg ein unentbehrliches Mittel, diese noch weiter zu bringen".

Oder auch, in einer Vorarbeit zu seinem „Ewigen Frieden": „Der Krieg aber selber bedarf keines besonderen Bewegungsgrundes, sondern scheint auf die menschliche Natur gepfropft zu seyn und sogar als etwas Edles wozu der Mensch durch den Ehrtrieb ohne eigennützige Triebfedern beseelt wird so daß Kriegsmuth von amerikanischen Wilden so wohl als den europäischen (in den Ritterzeiten) nicht blos wenn Krieg ist (wie billig) sondern auch daß Krieg sey von unmittelbarem großem Werth zu seyn geurtheilt wird und er blos um jenen zu zeigen angefangen mithin in dem Kriege an sich selbst eine innere Würde gesetzt wird so gar daß Philosophen ihm auch wohl als einer gewissen Veredelung der Menschheit eine Lobrede halten".

Es gehörte also zur Reflexionskultur schon der Aufklärung, dass es parallel zur – naturwüchsigen – Friedenssehnsucht auch vernünftig ist, den Krieg zu denken, dieses geschichtlich-anthropologischen Phänomens zu verstehen zu versuchen. So geschieht es exemplarisch bei Rousseau, als er betonte, „dass ich nicht danach suche, was den Krieg für denjenigen, der ihn führt, vorteilhaft macht, sondern nach dem, was ihn rechtmäßig werden lässt".

Embser und Kant ihrerseits argumentieren entschieden gegen politische Utopien bzw. den Chialismus, namentlich gegen einen endzeitlichen, „totalitären" Naturalismus und die damit verbundene – imaginierte – endgültige Pazifizierung (nach dem „letzten Gefecht"), deren praktisch-politische Ausführung (Revolution) aber „den Menschen alle ihre Freiheit und Rechte rauben würde". Gegen die moralische Dichotomie ewiger Frieden versus ewiger Krieg argumentieren Embser wie Kant für ein – als politische und rechtliche Aufgabe – immer wieder herzustellendes Gleichgewicht von Krieg und Frieden.

Embsers Werk wird unter dem Titel „Widerlegung des Ewigen-Friedens-Projekts" 1797 von dem Mannheimer Historiker Karl Theodor von Traiteur noch einmal neu herausgegeben. Damit wurde ein starkes anti-illusionistisches Argument in die Diskussion um den im Vorjahr in zweiter Ausgabe publizierten Text „Zum ewigen Frieden" Immanuel Kants eingeführt. Wir bemerken also, dass für einen modernen Krieg-Frieden-Diskurs der (wie Nietzsche ihn nannte) „Chinese aus Königsberg" vielleicht interessanter ist als der preußische Staatsphilosoph: der Stratege „Clausewitz [...] stand Kant näher als Hegel".

Immanuel Kants Schrift erschien im September 1795 in Königsberg bei Friedrich Nicolovius (zweite, verm. Ausgabe 1796, im selben Jahr erscheinen eine dänische und eine französische sowie 1797 eine polnische Übersetzung). Sie reagiert auf den Separatfrieden von Basel (5. April 1795), der zwischen dem Königreich Preußen und der Französischen Republik vereinbart wurde und mit dem sich Preußen vom 1. Koalitionskrieg der europäischen Mächte gegen das in Bürgerkriegswirren verstrickte Frankreich verabschiedete; diese Friedensperiode hielt zehn Jahre an, bis es 1806 zum preußischen Desaster bei Jena/Auerstädt kam.

Kants Schrift ist kein Moral-Traktat, sondern in der Form eines prototypisch internationalen Vertrags verfasst.

Im ersten Teil werden sechs „Präliminararrtikel" formuliert, die einen allgemeinen Rahmen zur Verhaltensweise vernünftigen zwischenstaatlichen Zusammenlebens in gegenseitiger Sicherheit aufstellen: (1) Friedensschlüsse dürfen *nicht* den Keim künftiger Kriege in sich tragen. (2) Staaten sind *keine* Erbschaftsmasse, die sich Sieger in Friedensschlüssen teilen dürften. (3) Stehende Heere sollen – sukzessive – abgeschafft werden. (4) Kriegsvorbereitende Staatschulden sind *verboten*. (5) Zwischenstaatliches Einmischungsverbot und (6) *kriegsrechtliche* Standards – gegen „ehrlose Strategeme" –, die den Gegner als Unmenschen behandeln.

Der zweite Teil entwirft drei „Definitivartikel", die diesen zwischenstaatlichen Vertrauensrahmen dauerhaft machen sollen, nämlich: (1) bürgerliche Verfassungen sollen *republikanisch* sein, (2) das Völkerrecht muss auf einen *Föderalismus* freier Staaten gegründet sein, und (3) das Weltbürgerrecht soll auf Bedingungen *allgemeiner Hospitalität* (= Besuchsrecht) eingeschränkt bleiben.

In die zweite Auflage seines „Ewigen Friedens" hat dann Kant – „immer *ironice*" – als einen „Geheimen Artikel" seines Friedensvertrags vorgeschlagen, es sollten auch die „Maximen der Philosophen [...] zu Rate gezogen werden". Damit ist allerdings vor allem philosophisches Wissen gemeint, der Fundus zeitübergreifender analytischer Vernunft. Es wird ausdrücklich davor gewarnt, kurzschlüssig etwa die Philosophen als Personen, sozusagen als inkarnierte Vernunft, zu (Mit-)Herrschern zu machen. Denn, und Kant ist da ganz entschieden, „dass Könige philosophieren oder Philosophen Könige würden, ist nicht zu erwarten, aber auch nicht zu wünschen; weil der Besitz der Gewalt das freie Urteil der Vernunft unvermeidlich verdirbt". Diese Einsicht Kants verdankt sich nicht so sehr schlechter Beispiele aus der Geschichte solcher eingebildeten Doppelbegabung (sein preußischer König wäre sogar ein Gegenbild dazu), sondern einer anthropologischen Grunderfahrung mit den Menschen, dass sie aus so krummen Holze geschnitzt seien, dass wohl nichts ganz Gerades da herauskommen werde.

Frieden also, so wäre Kants irenischer Imperativ zu bestimmen, „ist kein *Natur*zustand, [...] muß also *gestiftet* werden". Bei Kant wird dabei aber auch der transzendentalpragmati-

502

sche Grund dafür klar, nämlich, dass *Frieden* als rechtsförmige, d.h. zwischen Gleichen vereinbarte, vernünftige, also berechenbare und auch zumutbare Verkehrsform deshalb möglich wird, weil es einen neuen anthropologischen – und nicht nur moralischen oder religiösen – Grund dafür gibt.

Das tritt als politische Erscheinung in der Form des Demokratismus bzw. Republikanismus hervor. Dafür wird Kant gelegentlich aber sogar von Gleichgesinnten kritisiert. So monierte etwa Wilhelm von Humboldt, Kants „manchmal wirklich zu grell durchblickender Demokratismus ist nun meinem Geschmack nicht recht gemäß".

Gerade diese Implikationen aus dem kantschen Ersten Definitivartikel macht einer der bedeutenden zeitgenössischen Rezensenten von Kants „Ewigen Frieden" zum friedenstheoretischen Hauptproblem – unter dem Titel: „Versuch über den Begriff des Republikanismus".

Die republikanische Herrschaft ist nach Kant bestimmt durch (a) nur *ein* Recht (nicht den juridischen Pluralismus des *ancien régime*), (b) „die *Freiheit* der Glieder einer Gesellschaft (als Menschen)" und (c) eine sie bindende Grundrechtsnorm (Verfassung). Die Menschen agieren hier also nicht mehr bloß empirisch als in traditionell unterschiedliche Gruppen-, Standes- oder Berufsrechte konkret eingebundene Gemeinschaftswesen, sondern erstmals in ihrer Freiheit als jetzt Autonome, Einzelne, die alle nur – abstrakt gebunden – unter dem einen Recht stehen. Der empirisch-sinnliche Mensch als abhängiges Gemeinschaftswesen wird mit dieser neuen Rechtsidee in eine je individuell-interindividuelle Person transformiert. Seine neue, moderne Lebensform ist der von Kant dann identifizierte „Antagonism der ungeselligen Geselligkeit". Die ehedem fraglos vorteilhafte Idee einer die Menschen behütenden (überschaubaren) äußeren Standes- oder Gruppen-Gemeinschaft wird überwunden zugunsten eines nicht mehr sinnlich erfahrbaren internen Selbstzusammenhangs des Menschen.

Kant hat damit eine wichtige Vorarbeit zur begrifflichen Unterscheidung von Gemeinschaft und Gesellschaft geleistet. Für die Gesellschaft – im Gegensatz zu Gemeinschaft als einem *natürlichen* Menschenverbund wie in Familie, Zunft oder Kaste – schien sich ein Zusammenhang von nicht mehr tribalistisch miteinander Verbundenen, also von „Fremden", lange nicht konzeptualisieren zu lassen. Gesellschaft ist nämlich gegenüber Gemeinschaft, so hatte es Tönnies in seiner maßgeblichen Untersuchung hundert Jahre nach Kants Vernunftkritik bestimmt, ein Konstrukt, ein Artefakt.

Diese von Kant im Zusammenhang als Republik begriffene freiheitliche Rechtsform, die die Gleichheit der unterschiedlichen Menschen definiert, entfaltet dann eben auch eine viel größere Affinität zum Frieden als dem Menschen vernunftgemäß zugehörige Verkehrsform. „Wenn die Menschen in der Lage sind, als autonome Staatsbürger ihre allgemeine Angelegenheiten gemeinsam zu beraten und zu beschließen, dann werden sie von jedem Krieg Abstand nehmen, denn sie werden die Kosten bedenken […] und dann werden sie sofort wissen, dass es nicht in ihrem Interesse sein kann, die Lasten eines Krieges zu tragen".

Mit Kants Friedensdiskurs wird auch ein schlechthin modernes Problem gegenwärtiger Rechtskultur aufgeworfen, das Kant die „transzendentale" Formel des öffentlichen Rechts nennt: „Alle auf das Recht anderer Menschen bezogene Handlungen, deren Maxime sich nicht mit der Publizität verträgt, ist unrecht".

Das schließt sich an das an, was Kant unter Aufklärung versteht: der Mensch ist nicht zuerst aufgeklärt, wenn er vieles weiß, sondern viel wichtiger ist es, sich selber frei zu machen von der, wie es Kant definiert, „selbstverschuldeten Unmündigkeit". Unmündigkeit aber ist das Unvermögen, sich seines eigenen Verstandes ohne Leitung eines Anderen zu bedienen. Und als aufklärerische Aufgabe bleibt dabei für die Menschen, „von ihrer eigenen Vernunft *öffentlichen* Gebrauch zu machen und ihre Gedanken über eine bessere Abfassung derselben sogar mit einer freimütigen Kritik der schon gegebenen der Welt öffentlich vorzulegen".

Dass Kants „Ewiger Frieden" nicht ein unrettbar utopisches Projekt in den Grenzen des bloßen guten Willens bleiben muss, hat vor allem Hegel immer wieder betont. In seinen Vorlesungen zur „Rechtsphilosophie" machte er deutlich: „Ewiger Friede wird häufig als ein Ideal gefordert, worauf die Menschheit zugehen müsse. *Kant* hat so einen Fürstenbund vorgeschlagen, der die Streitigkeiten der Staaten schlichten sollte, und die heilige Allianz hatte die Absicht, ungefähr ein solches Institut zu seyn".

Kants Schrift „Zum ewigen Frieden" wurde sofort von maßgeblichen Denkern rezensiert und kommentiert, in Deutschland u. a. von Johann Gottlieb Fichte, Friedrich Schlegel, Joseph Görres, Friedrich Gentz oder Friedrich Wilhelm von Schütz. In Frankreich wurde das Buch von Ludwig Ferdinand Huber besprochen und in Schweden von Benjamin H. Hoijer.

Eine Generation nach Kant, Anfang der dreißiger Jahre des 19. Jahrhunderts, verblasste langsam das öffentliche Interesse an Kants Theorie. Von seiner Friedensschrift hatte der Verleger Friedrich Nicolovius in Königsberg 1832 noch fast siebenhundert Exemplare am Lager. Erst nach dem Zweiten Weltkrieg, als das Projekt der Vereinten Nationen Gestalt annahm, rückte der Königsberger Theoretiker des Weltbürgerrechts und des Kosmopolitismus weltweit wieder ins Zentrum des Interesses.

Literaturhinweise

Immanuel KANT, Zum ewigen Frieden. Ein philosophischer Entwurf. Anhang mit Texten zur Rezeption 1796–1800, hrsg. von Steffen DIETZSCH. Leipzig 1984.

Immanuel KANT, Zum ewigen Frieden, hrsg. von Otfried HÖFFE. Berlin 1995.

Otto APELT, Betrachtungen über Kants Entwurf zum ewigen Frieden. Rede am Geburtstag des Kaisers 22. März 1873 in der Aula des Gymnasiums zu Weimar. Weimar 1873.

Reinhard BRANDT, Historisch-kritische Beobachtungen zu Kants Friedensschrift, in: Politisches Denken. Jahrbuch 1994. Stuttgart/Weimar 1994, S. 75–102.

Volker GERHARDT, Eine Theorie der Politik. Immanuel Kants Entwurf Zum ewigen Frieden. Darmstadt 1995.

Massimo MORI, Pace perpetua e Pluralitá degli stati in Kant, in: Studi Kantiani VIII. (1995), S. 113–137.

Paul NATORP, Kant über Krieg und Frieden. Erlangen 1924.

Alain RUIZ, A l'aube du kantisme en France. Sieyès, Karl Reinhard et le traité Vers la paix perpétuelle, in: Cahiers d'Ètudes Germaniques 4 (1980), S. 147–193, und 5 (1981), S. 119–153.

Manfred ZAHN, Kants Theorie des Friedens, in: Deutsche Zeitschrift für Philosophie 38 (1990), S. 508–520.

Antoine Fleury
Die Pariser Vorortverträge

An der Friedenskonferenz, die in Paris ab dem 18. Januar 1919 stattfand, nahmen alle Alliierten und ihre Verbündeten mit Ausnahme Russlands teil, das 1917 aus dem Krieg ausgeschieden war. Nicht zugelassen waren außerdem die Besiegten, Deutschland, Österreich-Ungarn, das Osmanische Reich und Bulgarien. Die Konferenz hatte vor allem zwei Ziele. Zunächst sollte nach den Vorstellungen des Präsidenten der Vereinigten Staaten Woodrow Wilson eine neue Weltordnung errichtet werden, die den Frieden wahren sollte. Gleichzeitig sollte mit den Friedensverträgen die Grundlage für eine neue europäische Ordnung geschaffen werden.

Deutschland unterschrieb seinen Vertrag am 28. Juni 1919 in Versailles, Österreich seinen am 19. September in St-Germain-en-Laye, Bulgarien in Neuilly am 27. November 1919, Ungarn in Trianon am 2. Juni und das Osmanische Reich am 10. August 1920 in Sèvres. Vorbereitet wurden diese fünf Verträge im Rahmen der Friedenskonferenz, die in Paris in mehreren Etappen stattfand, allerdings wurde nur der Versailler Vertrag von dem Rat der Vier entwickelt. Die Vereinigten Staaten von Amerika, das Vereinigte Königreich, Frankreich und Italien wurden fast während der gesamten Verhandlungen von höchsten Repräsentanten vertreten, die Vereinigten Staaten beispielsweise durch den Präsidenten.

Die in Paris geschaffenen Verträge hatten eins gemein: sie sollten künftighin Kriege im Herzen Europas verhindern, zumal jeder durch Streitigkeiten zwischen europäischen Staaten entstehende Konflikt das Risiko in sich trug, die ganze Welt in Brand zu setzen. Schließlich waren ja einige europäische Mächte mit ihren Kolonien auf allen Kontinenten vertreten. Um den Frieden zu sichern, sollte mit dem Völkerbund ein kollektives Sicherheitssystem zur gegenseitigen Absicherung der Staaten geschaffen werden. Die Bildung neuer Staaten auf dem europäischen Kontinent nach dem Nationalitätenprinzip sollte das Entstehen einer neuen Hegemonialmacht verhindern.

Noch vor Ende der Kampfhandlungen hatte der amerikanische Präsident Woodrow Wilson vorgeschlagen, eine neue Weltordnung zu errichten, in der es weder Sieger noch Besiegte geben sollte, sondern eine öffentliche Diplomatie und die rechtliche Gleichberechtigung kleiner und großer Staaten: eine „gerechte" Ordnung für jedes Volk. „Jede durch den Krieg aufgeworfene territoriale Regelung [muss] im Interesse und zugunsten der beteiligten Bevölkerungen getroffen werden [...] und nicht als Teil eines bloßen Ausgleichs oder eines Kompromisses der Ansprüche rivalisierender Staaten". Mit anderen Worten: die Völker sollten gewissermaßen an ihrem eigenen Schicksal mitwirken können und nicht nur von willkürlichen und geheimen Abkommen zwischen Herrschern oder Staaten abhängen. „Alle klar definierten nationalen Bestrebungen sollen voll erfüllt werden", so Wilson.

Aber schon zu Beginn der Pariser Konferenz musste er sich der „realistischen" Sichtweise seiner europäischen Partner anpassen, die es für ihr gutes Recht hielten, die Karte Europas und der Welt umzugestalten und beträchtliche Gebietsverkleinerungen (Deutschland, Ungarn) oder -zerstückelungen vorzunehmen (Österreich-Ungarn, Osmanisches Reich) und die Verlierer durch das Auferlegen von Reparationszahlungen zu bestrafen.

Die zähen Verhandlungen in Paris dauerten von Januar bis Juni 1919. Ihr Ergebnis war der wichtigste der Friedensverträge, der schließlich in Versailles am 28. Juni 1919 zwischen den alliierten Mächten und ihren Verbündeten und dem Deutschen Reich unterzeichnet wurde. Der Symbolgehalt des Versailler Schlosses als Unterzeichnungsort blieb der deutschen Delegation nicht verborgen. Am gleichen Ort hatte Otto von Bismarck am 18. Januar 1871 nach dem Sieg über Frankreich das Deutsche Reich proklamiert.

Der Versailler Vertrag

Die meisten Klauseln des Versailler Vertrags betreffen Deutschland, das für den Krieg und die daraus entstandenen Verluste und Zerstörungen verantwortlich gemacht wird (Art. 231). Es verliert mehrere Provinzen (ein Siebtel seines Gebiets, ein Zehntel seiner Bevölkerung) und wichtige wirtschaftliche Ressourcen (80 % seines Eisenerzes, 40 % seiner Gusseisenproduktion, 30 % seiner Stahlproduktion und 26 % seiner Kohlevorkommen). Außerdem muss Deutschland Reparationen in Naturalien oder finanzieller Art zahlen, deren Höhe in den 1920er Jahren immer wieder verhandelt wurde. Die Reparationszahlungen wirkten sich nicht nur stark auf das politische, wirtschaftliche und soziale Leben der Weimarer Republik aus, sondern auch auf die Hoffnungen, die mit dem Wiederaufbau der europäischen Wirtschaft nach den Kriegszerstörungen verbunden waren. In weiteren Klauseln werden alliierte Besatzungszonen im Rheinland festgelegt, die zwar zeitlich begrenzt werden, aber trotzdem demütigend sind für ein Land, das im November 1918 den Waffenstillstand unterzeichnet hatte, noch bevor feindliche Truppen in deutsches Gebiet eingedrungen waren. Deutschland verliert seine afrikanischen Kolonien und die Kontrolle über Gebiete in Ozeanien und China sowie sein gesamtes Auslandsvermögen. In einer Reihe von Klauseln geht es um die zwischen den Siegermächten aufgeteilten oder unter internationale Kontrolle gestellten Gebiete, wie zum Beispiel das Saarland, Danzig, Memel und Schlesien. Diese Gebiete sollten später Auslöser für Konflikte zwischen Nachbarstaaten sein. Artikel 88 verbietet jeden Zusammenschluss der österreichischen Republik mit der neuen Weimarer Republik. In den von unterschiedlichen Nationalitäten bevölkerten Grenzgebieten sieht der Vertrag zudem Volksentscheide vor, um die politischen Grenzen zu bestimmen, so zwischen Deutschland und Polen in Oberschlesien und Ostpreußen und zwischen Deutschland und Dänemark in Schleswig. Der Vertrag sieht auch Maßnahmen zugunsten der Minderheiten in den neuen Ländern vor: das Recht, die Staatszugehörigkeit zu wählen, und Maßnahmen „zum Schutze der Interessen der nationalen, sprachlichen und religiösen Minderheiten" (Art. 86). In den anderen Verträgen finden sich ähnliche Bestimmungen, die die Grundlage für den Minderheitenstatus bilden, der den neuen Ländern in Osteuropa und im Balkan auferlegt wird und dessen praktische Umsetzung ihnen sehr schwer fallen sollte. Die deutschen Minderheiten aus der k.u.k.-Monarchie stellen nun in der Tschechoslowakei, in Polen, Rumänien, Ungarn, Jugoslawien und Italien Minderheiten dar. Es gibt ungarische Minderheiten in Rumänien und der Tschechoslowakei, jüdische Minderheiten in vielen neuen Staaten sowie verschiedene Minderheiten in den baltischen Staaten, die nun nicht mehr zum russischen Reich gehören. Eine Kommission des Völkerbunds wird beauftragt, den gerechten Umgang mit den Minderheiten zu überwachen, damit die Nationalitätenfrage nicht die in Versailles und in den anderen Friedensverträgen festgelegte Ordnung gefährdet.

Der Minderheitenstatus sollte tatsächlich das Prinzip des Respekts der Nationalitäten gewährleisten, das der Entstehung der Nationalstaaten zugrunde lag. Seine Anwendung erwies sich aber als sehr komplex. In den meisten Fällen standen die Verträge selbst im Weg, hatten sie doch die Grenzen der neu- oder wiederentstandenen Staaten ohne Rücksicht auf dieses Prinzip festgelegt. Der Völkerbund bekam nie die Befugnis, Grenzveränderungen vorzuschlagen, die eventuell dazu beigetragen hätten, Spannungen oder nationale Frustrationen zu dämpfen. Hier sind tatsächlich Widersprüche erkennbar zwischen den verkündeten Prinzipien und ihrer Anwendung in den jeweiligen Verträgen und den Abkommen, die unter der Schirmherrschaft des Völkerbundes getroffen wurden.

Im europäischen Gedächtnis ist der Versailler Vertrag vor allem aufgrund der besonders strengen Behandlung Deutschlands verankert. Anfang des 20. Jahrhunderts wird Deutschland als Großmacht im Herzen des Kontinents gesehen, dessen Dynamik Nachbarn und Wirtschafts-, Wissenschafts- und Kulturpartner ebenso begeistert und ängstigt. Der Vertrag ist aber auch der Gründungsakt neuer europäischer Nationen oder ihrer Konsolidierung (Polen, Tschechoslowakei, baltische Staaten, Rumänien, Jugoslawien). Für einige ist er ein Synonym für Untergang und Demütigung (vor allem Ungarn und Bulgarien). Manche europäische Nationen sind mit dem Versailler Vertrag zufrieden und sehen ihre neue staatliche Entität bestätigt, während andere nicht nur unzufrieden sind, sondern auch durch die geopolitische Neuordnung geschwächt werden. Die so entstandenen Gefühle der Frustration und der Demütigung erklären den hartnäckigen Widerstand und Rachedurst dem Versailler Vertrag gegenüber.

Eine neue internationale Ordnung

Der Versailler Vertrag enthält außerdem wesentliche Elemente einer neuen internationalen Ordnung. Im ersten Teil findet sich der Völkerbundpakt, der auch in allen anderen 1919/20 unterzeichneten Verträgen vorkommt. Dieser aus 26 Artikeln bestehender Gründungsakt schafft die Grundlage und den Rahmen der neuen kollektiven Sicherheit. Alle Mitgliedsstaaten verpflichten sich, „die territoriale Unversehrtheit und die gegenwärtige politische Unabhängigkeit aller Bundesmitglieder zu achten und gegen jeden Angriff von außen her zu wahren" (Art. 10). Für seine Architekten ist diese Institution eine Antwort auf die Hoffnung der Völker, zukünftige Kriege zu vermeiden. Artikel 8 stipuliert, „die nationalen Rüstungen […] herabzusetzen", um dauerhaft Frieden zu schaffen. Der Rat des Völkerbunds soll die Umsetzung dieses Plans ausarbeiten und den verschiedenen Regierungen unterbreiten. Diese Forderung ist besonders wichtig in Hinblick auf den fünften Teil: Die militärischen Klauseln des Versailler Vertrags legen die deutsche Abrüstung fest, „um die Einleitung einer allgemeinen Rüstungsbeschränkung aller Nationen zu ermöglichen". Einer allgemeinen Abrüstung soll die deutsche Abrüstung (eine auf 100 000 Mann reduzierte Reichswehr ohne Marine und Luftwaffe) vorausgehen. Dies war Thema langer Verhandlungen im Völkerbund bis zur Genfer Abrüstungskonferenz 1932. Die bis 1933 andauernden Verhandlungen sahen eine beträchtliche Verringerung der britischen und französischen Streitkraft und einen entsprechenden Anstieg der deutschen Militärkraft vor. Dies diente dem neuen deutschen Kanzler Adolf Hitler dann als Vorwand, um im Oktober 1933 aus dem Völkerbund auszutreten und immer mehr Klauseln aus dem Versailler Vertrag aufzugeben, der in seinen Augen den Wiederaufstieg Deutschlands zur Großmacht behinderte. Im Jahre 1935 sollte der von der Konferenz festgelegte Plan ausgeführt werden. Hitler verstand die als eine zusätzliche Demütigung Deutschlands, weil dies dem Prinzip der Gleichheit aller Mitgliedsstaaten im Völkerbund entgegenstand.

Der Völkerbund sollte nicht nur die Sicherheit aller Mitglieder garantieren, sondern vor allem die Nationen bewegen, sich in allen Bereichen miteinander zu verständigen. Artikel 23 fordert die Staaten auf, „ sich [zu] bemühen, für Männer, Frauen und Kinder in ihren eigenen Gebieten […] angemessene und menschliche Arbeitsbedingungen herzustellen, […] der eingeborenen Bevölkerung der ihrer Verwaltung anvertrauten Gebiete eine angemessene Behandlung [zu] gewährleisten, […] die notwendigen Bestimmungen [zu] treffen, um die Freiheit des Verkehrs und der Durchfuhr sowie eine angemessene Behandlung des Handels aller Bundesmitglieder zu sichern und aufrechtzuerhalten [und] internationale Maßnahmen zur Verhütung und Bekämpfung von Krankheiten[zu] treffen". Des Weiteren werden alle Einrichtungen, die seit der zweiten Hälfte des 19. Jahrhunderts auf internationaler Ebene zusammenarbeiten (Telegrafie, Post, gewerblicher Rechtsschutz und geistiges Eigentum, Gesundheitswesen, Arbeit, Transport), neu organisiert und unter Oberaufsicht des Völkerbunds gestellt. Diese Vorschläge machen deutlich, dass die Autoren des Völkerbundpakts die Überzeugung teilten, dass durch Wohlstand für alle Völker ein friedliches Miteinander geschaffen werden könne. Ihnen war bewusst, dass ein wichtiger Schritt in Richtung einer neuen globalen Gesellschaftsordnung gemacht worden war.

Zwar ist es dem Völkerbund nicht gelungen, den Weltfrieden zu bewahren und die Unabhängigkeit der Staaten zu garantieren, aber trotz all seiner Unzulänglichkeiten war er ein Teil des Lernprozesses der Menschheit zu einer Zusammenarbeit, die im 20. Jahrhundert beträchtliche Entwicklungen durchmachen sollte (trotz des durch den Zweiten Weltkrieg hervorgerufenen Bruchs) und die sich bis ins 21. Jahrhundert fortsetzt. 1945 wurde er von den Vereinten Nationen abgelöst, die auf den Sicherheits- und Solidaritätsprinzipien aufbauten, diese erweiterten und universalisierten. Zu den Schwächen des Völkerbunds gehörten nämlich der Mangel an Universalität und die Absenz der Vereinigten Staaten, die von Anfang an die Effizienz der neuen Organisation einschränkte. Dass Deutschland bis zu seinem Beitritt 1926 im Abseits gehalten wurde, schmälerte zusätzlich seinen Einfluss auf die Pazifizierung und den Wiederaufbau Europas. Eine Rolle spielte auch das freiwillige Fehlen der UdSSR, die erst 1934 beitrat. Zu diesem Zeitpunkt glitt der Völkerbund nach dem Austritt dreier permanenter Mitglieder des Völkerbundrats (Japan, Mandschurei-Krise; Deutschland, Abrüstung; Italien, Äthiopienkonflikt) bereits in die Machtlosigkeit ab.

Der Völkerbund ist sehr unterschiedlich im Gedächtnis der Völker verhaftet. Für die einen ist er gescheitert, da es ihm nicht gelungen ist, den Ausbruch des Zweiten Weltkriegs zu verhindern. Für die anderen ist er ein wichtiger Moment des nationalen Wiederauflebens und der Teilhabe am internationalen Geschäft. Das System des Völkerbundes und der berühmte Geist von Genf mit seinem Prinzip der Gleichheit aller Völker und ihrer friedlichen Zusammenarbeit hatten aber nicht nur Freunde.

Lenin stellte dem ab 1919 die 3. Kommunistische Internationale entgegen. Sein Programm sollte die Kommunisten der ganzen Welt vereinen. Sie sahen den Völkerbund als eine bürgerliche Organisation an, als Zusammenschluss aller Kapitalisten, die die Völker ausbeuten. Erst nach dem Aufstieg des Faschismus in Europa und vor allem der Machtergreifung Hitlers im Januar 1933 begriffen Stalin und seine Genossen, dass die von dem Naziregime geplante Zerstörung der Genfer Organisation auf Dauer auch die Sicherheit der UdSSR bedrohte. Schon bevor Hitler an die Macht gelangte, hatte er kein Hehl daraus gemacht, dass er dem Versailler Vertrag und allem, was in Genf diskutiert wurde, feindselig gegenüberstand. Die Abschaffung der Versailler Ordnung war das Hauptziel seines politischen Programms und gleichzeitig Bedingung der Wiederherstellung der deutschen Machtposition. Dies gelang ihm auch, und während seiner ephemeren Herrschaft an der Spitze Großdeutschlands verbündete er sich mit allen vom Versailler Frieden enttäuschten Staaten. Dafür mussten Europa und die Welt einen hohen Preis zahlen.

Eine neue soziale Ordnung

Im Zusammenhang mit dem Versailler Vertrag muss auch der XIII. Teil (Arbeit) erwähnt werden, der deutlich verkündet, dass der Weltfrieden „nur auf dem Boden der sozialen Gerechtigkeit begründet werden kann". Die Präambel und die vierzig Artikel dieses Teils bilden die Gründungscharta der Internationalen Arbeitsorganisation. Hier wird eine neue internationale Sozialordnung mit bisher unüblichen Verpflichtungen für die Mitgliedsstaaten skizziert. Sie müssen die Arbeitsbedingungen den im Rahmen einer internationalen Arbeitskonferenz gemeinsam erarbeiteten neuen Normen anpassen. Die Konferenz tritt mindestens einmal im Jahr zusammen, um die sozialen Bedingungen in den verschiedenen Ländern zu untersuchen. Die Überprüfung der Anwendung der Normen wird dem Internationalen Büro der Arbeit mit Sitz in Genf übertragen. Die so betonte Verbindung zwischen Politischem und Sozialem ist das Schlüsselelement der neuen internationalen Ordnung.

Die soziale Charta wurde als schnelle Notlösung für die arbeitenden Klassen konzipiert. Sie hatten sehr unter dem Krieg gelitten und standen den pazifistischen und sozialen Idealen des neuen kommunistischen Regimes, das sich in Russland mehr und mehr festigte, nicht gleichgültig gegenüber.

Was die Vertretung der Interessen der Arbeitswelt betrifft, hat die allgemeine Konferenz der Internationalen Arbeitsorganisation das Modell einer dreigliedrigen sozialen Vertretung entwickelt: jede nationale Delegation zählt vier Vertreter, von denen zwei von Regierung und jeweils einer von den Arbeitgebern beziehungsweise den Arbeitern entsandt werden. Die Internationale Arbeitskonferenz könnte man als Vorläuferin eines möglichen Weltparlaments sehen, mit sehr verschiedenen Interessenvertretungen und oftmals unterschiedlichen Sichtweisen, die den oft gegensätzlichen lokalen, regionalen oder internationalen Situationen entsprechen. Ihre Ziele und Funktionsmechanismen haben die großen Erschütterungen des 20. Jahrhunderts überlebt; sie ist heute eine Sonderorganisation der Vereinten Nationen.

Die allgemeinen Grundsätze, wie sie vor allem in Artikel 427 aufgezählt werden, sind immer noch aktuell, auch wenn seitdem weitere soziale Fortschritte erreicht wurden, vor allem in den so genannten ‚fortschrittlichen‘ Ländern, so zum Beispiel:

1. Arbeit darf nicht lediglich als Ware oder Handelsgegenstand angesehen werden;
2. Recht des Zusammenschlusses;
3. Lohn, der einen angemessenen Lebensstandard ermöglicht;
4. Achtstundentag;
5. (wöchentlicher) Ruhetag;
6. Abschaffung der Kinderarbeit;
7. gleicher Lohn für gleiche Arbeit ohne Unterschiede des Geschlechts;
8. gerechte Behandlung aller Arbeiter, die sich legal im Land aufhalten.

Die Autoren waren sich bewusst, dass die so formulierten Prinzipen und Methoden weder vollständig noch definitiv waren, aber sie waren überzeugt, dass durch die „Sicherstellung ihrer praktischen Durchführung durch eine entsprechende Aufsichtsbehörde dauernde Wohltaten unter den Lohnarbeitern der Welt" verbreitet werden können (Art. 427).

Eine permanente Herausforderung seit der Gründung ist der Notfallcharakter der anfallenden Aufgaben zur Verbesserung der Arbeiterbedingungen. Der Referenzrahmen dieser neuen sozialen Institution, deren Handeln auf internationaler Ebene Anerkennung findet, geht auf den Versailler Vertrag zurück und ist so ein wichtiger Teil der neuen internationalen Weltordnung.

Der Vertrag mit Österreich

Die anderen zwischen 1919 und 1920 unterzeichneten Friedensverträge sind Zusätze und Ergänzungen des Versailler Vertrags. Der erste dieser Verträge, der am 19. September 1919 in

St-Germain-en-Laye unterzeichnet wurde, betraf Österreich, das in eine kleine deutsche Republik (Deutsch-Österreich) mit ungefähr sechs Millionen Einwohnern verwandelt wurde, also nicht alle Deutsche des alten Habsburgerreichs einschloss. Deutsche Bevölkerungsgruppen in Böhmen-Mähren oder Tirol wurden dem neuen tschechoslowakischen Staat oder Italien angeschlossen, ebenso die zum ehemaligen Königreich Ungarn gehörenden deutschen Gruppen. Der neue österreichische Staat war sehr zerbrechlich. Um eine erneute deutsche Großmachtbildung zu verhindern, legten die Hüter der neuen europäischen Ordnung dem Staat eine wichtige Bedingung auf. Jede Union oder Annäherung mit der deutschen Republik (Art. 88) war verboten, wie es auch schon im Versailler Vertrag festgelegt worden war (Art. 80). Weiter wurde der Anschluss der ungefähr drei Millionen Sudetendeutschen verboten (Art. 84). Gerade die Forderungen der Sudetendeutschen wurden 1938 zum Hebel für den von Hitler gewollten Zusammenbruch der Tschechoslowakei, den er auf der berühmten Münchener Konferenz durchsetzen konnte. Damit wurde dem europäischen Kräftegleichgewicht der Todesstoß versetzt.

Der Völkerbund hat außerdem einen internationalen Finanzplan zur wirtschaftlichen Unterstützung Deutschösterreichs ins Leben gerufen, um jeden wirtschaftlichen Anschluss an Deutschland zu verhindern. Österreich war für die internationale Gemeinschaft der Auftakt zu einer wirtschaftlichen und finanziellen Zusammenarbeit, die den wirtschaftlichen und sozialen Wohlstand als wichtigen Beitrag zum Weltfrieden fördern sollte. Ähnliche Maßnahmen wurden zugunsten anderer Donauländer unternommen, die aufgrund ihrer wirtschaftlichen Entwicklung finanzielle Mittel benötigten. Aufgrund der großen Krise 1929 konnte die internationale Gemeinschaft ihre Strategie zur Stimulierung des internationalen Handels aber nicht fortsetzen.

Der Vertrag mit Ungarn

Die Behandlung Österreich-Ungarns im Vertrag von Trianon, den Ungarn am 2. Juni 1920 unterschrieb, erwies sich als höchst problematisch für die Zukunft. Der Vertrag wurde so spät unterzeichnet, weil das besiegte Ungarn 1918 politische Wirren durchmachte, die die Alliierten sehr beunruhigten. Zur gleichen Zeit, als in Paris die Friedenskonferenz stattfand, entstand mit der Räterepublik eine Art kommunistisches Regime. Damit drohte der Bolschewismus sich auch im Herzen Europas auszubreiten.

Das von Béla Kun gelenkte Regime verbündete sich mit patriotischen und militaristischen Elementen, um mit Gewalt gegen die von den Siegermächten vorgesehenen Grenzen „Kleinungarns" vorzugehen. Diese hatten entschieden, zahlreiche ungarische Bevölkerungsgruppen Rumänien und der Tschechoslowakei anzuschließen. Es bedurfte einer gemeinsamen Intervention rumänischer und tschechoslowakischer Truppen, um die Räterepublik zu zerschlagen. Die Besetzung Budapests durch die rumänische Armee am 3. August 1919 war eine schwere Belastung für die Beziehungen zwischen den beiden Donauländern. Im Anschluss an diese Ereignisse bestraften die Siegermächte Ungarn schwer: von 283 000 km^2 Staatsgebiet vor dem Krieg wurde Ungarn auf 92 000 km^2 verkleinert, verlor mehr als die Hälfte seiner Bevölkerung und büßte 10 der 18 Millionen Einwohnern ein, die das alte Königreich ausgemacht hatten. Außer Ungarn hatten dazu Kroatien, Istrien, Ruthenien und Transsylvanien gehört, das zum größten Teil an Rumänien angegliedert wurde.

Die Ungarn wehrten sich heftig gegen den Vertrag von Trianon, der erst nach der Installierung einer stabilen Regierung in Budapest unter Admiral Horthy an der Spitze einer nationalen Armee unterzeichnet werden konnte. Trotz der Versprechungen einiger Siegermächte, darunter Frankreich, dem es um die Pazifizierung des Donauraums ging, konnte den ungarischen territorialen und nationalen Forderungen nicht stattgegeben werden; diese Situation nährte in Ungarn eine andauernde revanchistische Strömung, die das Land während der Zwischenkriegszeit von seinen Nachbarn isolierte. Trotz des zeitweiligen Wiedererstarkens Großungarns, Verbündeter des Dritten Reiches während des Zweiten Weltkriegs, machte das neue kommunistische Ungarn seit 1945 nationale Forderungen geltend, die seine Beziehungen vor allem mit Rumänien vergifteten. Gegen Ende des Kalten Krieges wurden die Stimmen mit nationalen und territorialen Forderungen wieder lauter, aber seit der Aufnahme der zentraleuropäischen Staaten in die Europäische Union sind sie ruhiger geworden. Im kollektiven Gedächtnis der Ungarn verankert ist der Vertrag von Trianon als Synonym der Schande und einer dem ungarischen Volk zugefügten tiefen Ungerechtigkeit. Ähnlich empfinden es die magyarischen Minderheiten außerhalb des ungarischen Staats. Mit Sicherheit ist Ungarn das zentraleuropäische Land, das sich am meisten vom Wilson'schen Prinzip der Völkerselbstbestimmung verraten gefühlt hat, dessen im Versailler Frieden propagiertes Prinzip dem magyarischen Volk verwehrt wurde.

Bezüglich der beiden Verträge, die Österreich-Ungarn ein Ende bereiteten, lässt sich festhalten, dass sie die Grundlage von zwei neuen unzufriedenen und strukturell zerbrechlichen Staaten bildeten, die auf den Status von mittleren Staaten reduziert wurden, während sie vor 1918 eine vorherrschende Stellung innehatten. Diese Verträge, in denen ihre eigenen Grenzen, aber auch die ihrer Nachbarn festgelegt wurden, die als unabhängige Gebilde anerkannt wurden (Tschechoslowakei, Polen, Jugoslawien), haben die Verhältnisse zwischen herrschenden und beherrschten Völkern vielfach in ihr Gegenteil verkehrt.

Der Vertrag mit Bulgarien

Im Vertrag von Neuilly vom 27. November 1919 musste Bulgarien, der kleinste Verbündete der Mittelmächte, besonders erniedrigende Bedingungen akzeptieren, namentlich in Bezug auf seine Gebietsansprüche, die es schon während der Balkankriege, 1912–1913, zu befriedigen versucht hatte. Anstelle eines Großbulgarien, von dem seit Jahrzehnten geträumt wurde, mussten sich die Bulgaren mit einem Kleinbulgarien ohne das an Griechenland fallende Ostthrakien zufrieden geben und verloren so jeden Zugang zur Ägäis. Durch seine Ansprüche auf das ehemals osmanische Gebiet in Mazedonien entstanden Konflikte mit den Nachbarn auf dem Balkan, vor allem mit Griechenland, das auch historische und ethnische Rechte auf Mazedonien geltend machte, aber auch mit Serbien, das sich in den Balkankriegen einen großen Teil aneignen konnte. Dem neu gegründeten Jugoslawien wurde Mazedonien angeschlossen, dessen Gebiet im Vergleich zum Vertrag von 1913 an Umfang gewann. Das führte dazu, dass viele Bulgaren Mazedonien verließen und nach Bulgarien flüchteten. Die blutigen Guerillakriege in dieser Gegend trugen nicht dazu bei, die Lage zu beruhigen. Durchgängig und auch nach 1945 unter dem kommunistischen Regime machte Bulgarien seinen Anspruch auf Mazedonien geltend, dessen Bewohner es als Teil der bulgarischen Nation betrachtete. Der Beitritt der Balkanstaaten zur Europäischen Union sowie die von der internationalen Gemeinschaft anerkannte Unabhängigkeit Mazedoniens hat den Gebietsansprüchen der Nachbarn jedoch die Relevanz genommen. Nichtsdestoweniger ist der Vertrag von Neuilly für die Bulgaren wie für die Ungarn ein schwarzes Blatt ihrer Geschichte, Synonym ihres vergeblich gehegten Traums von einem mächtigen Bulgarien. Das Unglück Bulgariens ist vor allem darauf zurückzuführen, dass es sich Schutzmächte ausgewählt hatte, die in den großen Konflikten des 20. Jahrhunderts selbst besiegt wurden. Bulgarien kam so *ipso facto* in das Lager des Besiegten und erlitt das entsprechende Los!

Das Schicksal des Osmanischen Reiches

Der Vertrag von Sèvres, den die osmanische Regierung am 10. August 1920 unterschrieb, musste sehr komplexe Probleme regeln. Das Schicksal des Osmanischen Reiches, genauer gesagt seine Zerstückelung, stand bei der europäischen Diplomatie schon lange vor dem Ersten Weltkrieg auf der Tagesordnung, und der Krieg hat zur Beschleunigung des Aufteilungsprozesses beigetragen.

Gleich zu Beginn der Kampfhandlungen zwischen dem Osmanischen Reich und den Entente-Mächten sprachen sich die Russen und die Briten im März 1915 über die Kontrolle des Bosporus und der Dardanellen ab, gleichzeitig äußerte Frankreich Interesse, seinen Einfluss in Syrien und im Libanon auszudehnen. Mit der Weiterverfolgung seiner kriegerischen Ziele erhoffte sich England, sein Empire auf den zwischen Ägypten und Mesopotamien gelegenen Raum auszudehnen, um den Weg nach Indien sicher zu machen. Von England wurde dafür ein Entwurf eines großen arabischen Königreichs ins Spiel gebracht. Die Lage war aber nicht einfach, denn für die arabischen und muslimischen Führer war ein Bündnis mit den christlichen Mächten gegen ihren Kalifen oder Herrscher nur schwer vertretbar. Nach langen Verhandlungen nahm Sharif Hussein, Hüter der Heiligen Stätten Mekka und Medina, das Bündnisangebot der Briten an, nachdem diese seine Hauptforderung akzeptiert hatten: die Unabhängigkeit der arabischen Gebiete von den kurdischen Regionen an der iranischen Grenze bis zum Persischen Golf, vom Indischen Ozean im Süden bis zum Roten Meer im Osten und zum Mittelmeer im Westen. Ein Großteil der syrischen Eliten war von dieser Vision ergriffen und unterstützte das Vorhaben der Haschemiten. Aber erst im November 1918 befreiten die britischen Armeen, unterstützt von arabischen Truppen, Palästina und dann Syrien. Bereits 1916 drangen sie in Mesopotamien ein, wurden dort jedoch lange von osmanischen Truppen mit Unterstützung deutscher Einheiten aufgehalten.

London hielt sich auch andere Szenarien zur Teilung des Osmanischen Reiches offen. Gleichzeitig, noch vor Ende der Kampfhandlungen, wurden zunächst Verhandlungen mit Frankreich um dieselben Gebiete aufgenommen, die für das arabische Königreich reserviert waren. Das Sykes-Picot-Abkommen von Mai 1916 fasste alle seit 1915 geführten geheimen Verhandlungen zusammen. Die beiden Mächte erkannten zwar die Gründung eines arabischen Staates an, sprachen sich aber über ihre jeweilige Vorherrschaft in den Gebieten innerhalb dieses arabischen Staates oder Bundes ab. Zudem wagte sich die britische Regierung nach langen Verhandlungen mit zionistischen Milieus so weit vor, in Palästina ein „national home" für die Juden zu versprechen (Balfour-Note vom 2. November 1917). Anders ausgedrückt, hat England Maßnahmen unternommen, um sich die Kontrolle eines großen Teils des Osmanischen Reiches zu sichern, noch bevor die osmanische Regierung am 30. Oktober 1918 den Waffenstillstand in Moudros unterzeichnet hatte. Allerdings handelt es sich bei dem Waffenstillstand eher um eine Kapitulation: die türkischen Armeen, die noch in einigen Teilen des Reiches vertreten waren, mussten sich ergeben, während die britischen Streitkräfte die wichtigsten Häfen, Festungen und Städte besetzten, darunter auch die Hauptstadt Istanbul.

Zu diesen Zwangselementen gesellten sich politische und moralische Faktoren, die die Zerstückelung des Osmanischen Reiches noch vor der Unterzeichnung eines Friedensvertrags beschleunigten. Der wichtigste Faktor war die 14-Punkte-Rede des Präsidenten der

Vereinigten Staaten. Punkt 12 postuliert ohne Umschweife die Zerstückelung des Osmanischen Reiches, schließlich empfiehlt er, dass den nicht-türkischen Nationen „die zur Zeit unter türkischer Herrschaft stehen [,...] eine zuverlässige Sicherheit des Lebens und eine völlig ungestörte Gelegenheit zur selbständigen Entwicklung gegeben werden" soll. Anders ausgedrückt bedeutet dies, dass das Prinzip der Selbstbestimmung auch auf die ehemals zum Osmanischen Reich gehörenden Völker angewendet werden könnte. Diese Botschaft ist sehr positiv von den verschiedenen ethnischen und religiösen Gruppen (Araber, Armenier, Kurden, Griechen, Chaldäer) aufgenommen worden, die hier eine Möglichkeit sahen, entsprechend dem Prinzip der Nationalitäten, das sich in Europa durchgesetzt hatte, souveräne Staaten zu bilden. In der Realität sollten die Wünsche der Bevölkerungen aber am imperialistischen Appetit der europäischen Mächte auf ihre Grenzen stoßen, die um die politische und wirtschaftliche Kontrolle dieser Gebiete konkurrierten. Schließlich konnte ein Kompromiss mit dem Wilson'schen Prinzip gefunden werden: Artikel 22 des Völkerbundpakts befürwortet die Bildung neuer Territorien unter Verwaltung der Großmächte mit Mandat des Völkerbunds. Die von England und Frankreich angeeigneten Gebiete werden so zu Staaten, deren Unabhängigkeit provisorisch anerkannt wird, bis sie in der Lage sind ‚sich selbst zu steuern'. Mesopotamien (Irak) und Palästina gehen an Großbritannien, Syrien und der Libanon geraten unter französische Kontrolle. Die Aufteilung der Zuständigkeit Englands und Frankreichs in ihren jeweiligen Zonen wurde auf der Konferenz von San Remo im April 1920 bestätigt.

Unter diesen Umständen hielt der im August 1920 unterzeichnete Vertrag von Sèvres das Prinzip eines türkischen (und nicht „osmanischen") Staates fest, unter Herrschaft eines konsentierenden Sultans, mit einem im Wesentlichen auf Anatolien bis zur persischen, mesopotamischen und syrischen Grenze begrenzten Gebiet. Andere Gebiete gingen verloren: Ostthrakien und die ägäischen Inseln fielen an Griechenland, das außerdem das Recht erhielt, Smyrna und seine Umgebung unter der nominalen Hoheit des Sultans zu verwalten. Die östlichen Provinzen wurden dem durch den Vertrag von Sèvres gegründeten Armenien angeschlossen. Ein Königreich Hedjaz (unter Führung von Sharif Hussein) und nicht das versprochene arabische Großkönigreich tauchte in der Liste der Gründerstaaten des Völkerbundes auf (von der es dann klammheimlich auf Initiative Englands gestrichen wurde).

Der Text des Vertrags von Sèvres ist grundlegend, um die Lage im ehemaligen Osmanischen Reich seit Ende des Ersten Weltkriegs zu verstehen und auch um die Vorstellungen und Wahrnehmungen der europäischen und amerikanischen Akteure nachzuvollziehen. Trotz der Bemühungen der Siegermächte bei der osmanischen Führung wurde dieser Vertrag nicht ratifiziert und ist damit eine Ausnahme unter den Verträgen, die die Alliierten und ihre Verbündeten den Besiegten aufzwangen. Das ist vor allem auf die Reaktion einer nationalen anatolischen Bewegung zurückzuführen, die sich gegen die mit dem Friedensvertrag verbundenen Demütigungen stellte. Diese von Kemal Pascha (Atatürk) angeführte Bewegung führte schließlich zur Gründung eines neuen türkischen Nationalstaats nach den Siegen über die griechischen Heere zwischen 1921 und 1922, die sich weit vorgewagt hatten, um Kleinasien in Großgriechenland aufgehen zu lassen. Die Türkei lehnte einen Teil der Klauseln des Vertrags von Sèvres ab, akzeptierte aber gleichzeitig die Abtrennung der arabischen Provinzen des Osmanischen Reichs. So nahm sie an der neuen Konferenz in Lausanne teil, die am 20. Dezember 1922 begann und schließlich zur Aufgabe des Vertrags von Sèvres und zur Unterzeichnung eines neuen Vertrags, des Vertrags von Lausanne, am 24. Juli 1923 führte. Mit diesem Dokument erkannten die Unterzeichner die Legitimität der neuen von Atatürk gebildeten Macht an, die die Rolle des Sultans auf eine rein spirituelle Funktion beschränkte. Ein neuer Grenzverlauf wurde festgelegt, die Unabhängigkeit Armeniens, dessen Grenzen im Vertrag von Sèvres noch nicht festgelegt worden waren, wurde aufgegeben.

Damit wurden die Armenier ins kaukasische Jerewan abgedrängt, dessen kommunistische Führung in einem am 3. Dezember 1920 unterzeichneten Vertrag schon einen Teil des armenischen Territoriums an Atatürk abgetreten hatte. Hierbei handelt es sich gewissermaßen um den Auftakt zu dem türkisch-sowjetischen Freundschaftsvertrag, der am 26. März 1921 unterzeichnet wurde. Die Briten bestanden nicht weiter auf den im Vertrag von Sèvres vorgesehenen Großkurdistan. Sie waren am Anschluss eines großen Teils Kurdistans an den neuen irakischen Staat interessiert, über den sie im Rahmen des Völkerbunds ein Mandat ausübten. Der Vertrag von Lausanne machte der Praxis der Kapitulationen, die mehreren ausländischen Mächten Kontrolle über Finanzen und Handel und Privilegien für das Gewerbe ihrer Landesleute eingeräumt hatten, endgültig ein Ende.

Die Türkei verpflichtete sich ihrerseits, die Rechte der Minderheiten zu wahren, gleichzeitig erklärte sie, keinerlei nationale Gebietsansprüche, sei es von armenischer oder kurdischer Seite, zu dulden. Mit Griechenland einigte man sich auf einen Bevölkerungsaustausch unter internationaler Aufsicht – den ersten großen zwischenstaatlichen Bevölkerungsaustausch des 20. Jahrhunderts!

Die Auswirkungen der Friedensverträge

Der Versailler Frieden und die nach dem Ende des Ersten Weltkriegs errichtete internationale Ordnung sollten Eintracht zwischen den Nationen schaffen und bewahren und ihr wirtschaftliches und soziales Wohlergehen sichern. Was ist davon geblieben? Die fünf Pariser Vorortverträge bauen im Wesentlichen auf den gleichen Prinzipien auf, inspiriert durch eine neue Philosophie der internationalen Beziehungen, die Frieden und Kooperation schaffen soll. Sie enthalten jedoch spezifische Bestimmungen für die besiegten Staaten (Gebiets- und Bevölkerungsverluste, Reparationszahlungen, militärische Restriktionen), aber auch Verpflichtungen für die knapp zehn neu entstandenen oder vergrößerten Staaten, vor allem den Schutz der nationalen Minderheiten auf ihrem Gebiet. Die Rechte der Minderheiten wurden später durch mehrere Verträge gestärkt. Der neue Status der nationalen Minderheiten in Europa und im ehemaligen Osmanischen Reich war sicherlich innovativ. Er sollte ihre Lage verbessern und ihre Gleichberechtigung gewährleisten. Dem Historiker muss jedoch auffallen, dass dieses System von den meisten Staaten nur widerstrebend akzeptiert wurde, die eifersüchtig über ihre nationalen Identitäten wachten. Die Lage der nationalen Minderheiten hat sich dadurch nicht signifikant verbessert, und auch der Erhalt des Friedens in Europa wurde dadurch nicht einfacher. In den Krisenjahren der 1930er Jahre diente der Minderheitenschutz den mit der Versailler Ordnung unzufriedenen Staaten als Hebel, um zunächst Änderungen vorzunehmen und diese Ordnung dann schließlich zugunsten von Hitlers neuem Europa ganz zu zerstören. Organisiert unter Führung Großdeutschlands, führte Hitlers Europa zur Teilung der Tschechoslowakei (Slowakei) und Jugoslawien (Kroatien) sowie von Polen. Nach 1945 wurden die Staaten der Versailler Ordnung wiederhergestellt: Österreich, Tschechoslowakei (geringe Gebietsverluste), Polen (Grenzverschiebungen im Westen und Osten), Rumänien, Ungarn, Bulgarien und Albanien. Die baltischen Staaten hingegen wurden der UdSSR angeschlossen. Bezüglich Deutschlands kann angemerkt werden, dass die Historiographie dazu beigetragen hat, dass die 1919 aufgezwungenen Friedensbedingungen als „Versailler Diktat" bezeichnet wurden. Als Staat verschwand Deutschland vollständig bis 1949 (Gründung BRD und DDR) und wurde zunächst von den Siegermächten verwaltet, die sich Besatzungszonen zuteilten, die bis zum Ende des Kalten Krieges in abgemilderter Form erhalten blieben.

Die intereuropäischen Beziehungen normalisierten sich nach und nach, vor allem durch das Abkommen für Sicherheit und Zusammenarbeit in Europa, das 1975 in Helsinki unterzeichnet wurde und in dem sich alle europäischen Staaten verpflichteten, die Integrität der Staaten mit ihren seit 1945 vereinbarten Grenzen zu respektieren. Kurz nach dieser Stabilisierung des Kontinents aber wurde durch das Ende des Kalten Krieges und den Zusammenbruch der kommunistischen Regime die Versailler Ordnung ein weiteres Mal in Frage gestellt. Dies spielte vor allem bei der schrittweise vorangehenden blutigen Zerstückelung der Föderativen Republik Jugoslawien und der Teilung der Tschechoslowakei eine Rolle. Die drei baltischen Staaten hingegen haben ihre auf die Verträge von 1919 zurückgehende Unabhängigkeit wiedererlangt, indem sie sich friedlich von Russland gelöst haben, obwohl sie sich in ihren jeweiligen Territorien mit großen Minderheiten auseinandersetzen müssen.

Der Status der nationalen Minderheiten, ein wichtiges Element des Versailler Systems, wurde nicht wieder in die Charta der Vereinten Nationen aufgenommen, weil keine der Großmächte das wollte. Die Minderheitenrechte tauchen jedoch implizit in den neuen Menschenrechtsabkommen auf, sei es zunächst in der Allgemeinen Erklärung der Menschenrechte (1948), sei es noch spezifischer in den europäischen Abkommen.

Von allen Friedensverträgen des Versailler Systems besitzt zweifelsohne der Vertrag von Sèvres, der durch den Vertrag von Lausanne abgelöst wurde, noch immer die größte Aktualität. Schließlich hat er keineswegs dazu beigetragen Frieden und Stabilität im Nahen und Mittleren Osten zu schaffen. Der hegemoniale Einfluss der Großmächte im ehemaligen Osmanischen Reich und ihre Rivalitäten seit 1918 nähren bis zum heutigen Tag das interne Ungleichgewicht und die regionalen Spannungen.

Im Fall des Osmanischen Reiches war das Prinzip des Respekts der Minderheiten, das ab dem 19. Jahrhundert (zugunsten der Christen) unter dem Druck der europäischen Mächte eingeführt wurde und dann vom Völkerbund und den Vereinten Nationen im Namen der Menschenrechte weiterentwickelt wurde, so konzipiert, um die Lage der betroffenen Völker bedeutend zu verbessern. Tatsache ist jedoch, dass die ethnischen und religiösen Minderheiten die Hauptopfer der Neuordnung des Mittleren Ostens unter Leitung der Großmächte seit dem Ersten Weltkrieg waren. Vor allem wurde es unterlassen, die Frage des ehemaligen Mandats in Palästina zu regeln, das 1947 von Großbritannien seinem Schicksal überlassen wurde. Seitdem wartet die Palästinafrage immer noch auf eine gerechte Lösung im Sinn der Prinzipien des Völkerbunds und der Charta der Vereinten Nationen.

Literaturhinweise

Manfred F. Boemeke u. a. (Hrsg.), The Treaty of Versailles. A Reassessment after 75 Years. Cambridge 1998.

Jacques Bariéty (Hrsg.), Aristide Briand, la Société des Nations et l'Europe 1919–1932. Strasbourg 2007.

Gabriele Clemens (Hrsg.), Nation und Europa. Studien zum internationalen Staatensystem im 19. und 20. Jahrhundert. Stuttgart 2001.

Marta Petricioli (Hrsg.), Pour la paix en Europe. Bruxelles u. a. 2007.

Yves Ternon, L'empire ottoman. Le déclin, la chute, l'effacement. Paris 2002.

Helmut Altrichter
Die Konferenz für Sicherheit und Zusammenarbeit in Europa

Die Idee einer europäischen Sicherheitskonferenz war nicht neu. Anläufe dazu hatte es schon seit den 1950er Jahren gegeben. Doch die unterschiedlichen Ziele und Interessen, die „Ost" und „West" damit verbanden, Bestätigung beziehungsweise Revision des machtpolitischen Status quo, schlossen sich gegenseitig aus. Daran hatte sich nichts Grundsätzliches geändert, als Anfang der 1970er Jahre ein neuer Versuch unternommen wurde. Entsprechend mühsam waren die Anfänge der Konferenz für Sicherheit und Zusammenarbeit in Europa (KSZE). Selbst als nach mehreren Gesprächsrunden im Sommer 1975 allgemeine „Prinzipien" für das künftige Miteinander zu Papier gebracht und von den europäischen Staats- und Regierungschefs in der finnischen Hauptstadt feierlich unterzeichnet worden waren, blieb Skepsis. Schließlich bestand die Blockkonfrontation zwischen Ost und West fort, war diese „Schlussakte von Helsinki" kein völkerrechtlicher Vertrag, sondern eine bloße Willenserklärung, und in ihr stand nichts, was nicht schon früher einmal (in der UN-Charta von 1945, in der Allgemeinen Erklärung der Menschenrechte der UN von 1948, im Internationalen Pakt der UN über Bürgerliche und Politische Rechte 1966 und anderswo) feierlich erklärt und unterschrieben worden war. Die CDU/CSU-Opposition im Deutschen Bundestag hatte die sozialliberale Bundesregierung noch im Juli 1975 aufgefordert, die Schlussdokumente nicht zu unterzeichnen, nur eine Minderheit der Bundesbürger sah in ihnen einen „entscheidenden Schritt zur Friedenssicherung", und nicht einmal jeder fünfte der in diesen Tagen Befragten wusste zu sagen, was sich hinter der Formel „KSZE" verbarg; die Spekulationen reichten von Düngemittel bis Konservierungsstoff. Die nachfolgenden Verhandlungen erwiesen sich rasch als schwierig und schienen die Skeptiker zu bestätigten.

Als sich die KSZE-Teilnehmerstaaten im Herbst 1990 zu einer zweiten Gipfelkonferenz in Paris trafen, war alles anders, die Skepsis einer euphorischen Zuversicht gewichen. Im Vorjahr war in Berlin die Mauer gefallen; friedliche Revolutionen hatten die kommunistischen Regime in Ostmitteleuropa hinweggefegt; Ost und West schickten sich an, wieder zu bloßen Himmelsrichtungen zu werden. Die in Paris versammelten Staats- und Regierungschefs waren sich sicher, das Zeitalter der Konfrontation überwunden zu haben und ein neues, „geeintes und prosperierende Europa" aufbauen zu können, auf der Grundlage jener Prinzipien, die man im Sommer 1975 gemeinsam beschworen hatte. Die nun angenommene „Charta" entwickelte „Leitsätze" für die kontinuierliche Ausweitung der Zusammenarbeit. Aufbauend auf die europäische Kultur und ihre Werte, das gemeinsame kulturelle und geistige Erbe, auf die Achtung der Grund- und Menschenrechte und mit Hilfe der Marktwirtschaft sollten künftig die Probleme gemeinsam angegangen werden: von der Bewältigung der Arbeitslosigkeit bis zu Energie- und Umweltfragen, von der Bekämpfung des Antisemitismus und der Fremdenfeindlichkeit bis zum Schutz nationaler Minderheiten und ihrer Kulturen.

Doch so wenig die Helsinki-Schlussakte ein Selbstläufer war, so wenig löste die Charta von Paris, wie sich rasch zeigte, alle Probleme. Dass Helsinki den gewünschten Erfolg hatte, hing mit Entwicklungen zusammen, die 1975 weder vorausgesehen wurden noch vorauszusehen waren. Vergleichbares galt für die Probleme, die sich mit und nach dem Fall der Grenzen und der Auflösung der Blöcke stellten. Dennoch sind beide – die Schlussakte von Helsinki und die Charta von Paris – Wegmarken zu jenem neuen Europa, in dem wir heute leben. Der KSZE-Prozess hatte daran gehörigen Anteil, selbst wenn seine verschlungene

Wirkungsgeschichte, die Foren, die er schuf, die Diskurse, die er auslöste und verstärkte, die Eigendynamik, die er gewann, die Unterstützung und Schubkraft, die ihm von anderer Seite zuwuchsen, so nicht vorausgesehen worden waren. Im Grunde genommen widersprachen sie sogar den Intentionen jener, die den Anstoß zur Konferenz einst gegeben hatten.

Die Schlussakte von Helsinki

Am 1. August 1975 unterzeichneten die Staats- und Regierungschefs von 35 europäischen Staaten sowie Kanadas und der USA in Helsinki die Schlussakte der Konferenz für Sicherheit und Zusammenarbeit in Europa. Die Bilder gingen um die Welt. Für die USA war Präsident Gerald Ford in die finnische Hauptstadt gekommen, für die Sowjetunion der Generalsekretär des Zentralkomitees der KPdSU Leonid Breschnew. Frankreich wurde durch seinen Präsidenten Valéry Giscard d'Estaing vertreten, Großbritannien durch Premier Harold Wilson; auf die Platzierung der Staatsgäste nach dem Anfangsbuchstaben der Länder war es zurückzuführen, dass Bundeskanzler Helmut Schmidt und der Erste Sekretär des ZK der SED Erich Honecker für die Bundesrepublik bzw. die DDR nebeneinander saßen. Ägypten, Argentinien, Brasilien, China, Indien, Israel, Japan, Nordkorea, Südkorea, Kuba, Mexiko, Peru und Südafrika hatten, ohne Teilnehmerstaaten zu sein, Beobachter geschickt, und als Ehrengast nahm auch UNO-Generalsekretär Kurt Waldheim am Treffen teil.

Ziel der Konferenz war es gewesen, zu „besseren und engeren Beziehungen untereinander auf allen Gebieten" zu kommen, die „aus dem Charakter ihrer früheren Beziehungen herrührende Konfrontation" zu überwinden und eingedenk der gemeinsamen Geschichte, Traditionen und Werte zur „Festigung des Friedens und der Sicherheit in der Welt und zur Förderung der Grundrechte, des wirtschaftlichen und sozialen Fortschritts und des Wohlergehens aller Völker" beizutragen. In einem langen und mühevollen Prozess hatte man die unterschiedlichen Hoffnungen und Interessen, die NATO-Staaten, Staaten des Warschauer Paktes sowie nichtblockgebundene und neutrale Staaten mit der Konferenz verbanden, zu klären und in der Schlussakte miteinander zu verknüpfen versucht.

So enthielt die Abschlusserklärung einen Katalog von Prinzipien, von denen sich die Teilnehmerstaaten in ihren Beziehungen untereinander künftig leiten lassen wollten. Dazu gehörten die Achtung der Gleichheit und Souveränität, der Verzicht auf die Androhung oder Anwendung von Gewalt als Mittel der Politik, die Achtung der Unverletzlichkeit der Grenzen und der territorialen Integrität, die friedliche Regelung von Streitfällen, die Nichteinmischung in die inneren Angelegenheiten, die Achtung der Menschenrechte und Grundfreiheiten (einschließlich der Gedanken-, Gewissens-, Religions- oder Überzeugungsfreiheit), die Achtung der Gleichberechtigung und des Selbstbestimmungsrechtes der Völker, die Zusammenarbeit der KSZE-Staaten mit allen Staaten und in allen Bereichen und die Erfüllung völkerrechtlicher Verpflichtungen nach Treu und Glauben.

Bezeichnete man die Prinzipienerklärung im internen Sprachgebrauch als „Korb I", so wurden in einem „Korb II" Willenserklärungen zur wirtschaftlichen, wissenschaftlichen, technischen und ökologischen Zusammenarbeit abgegeben. Die „zunehmende weltweite wechselseitige Abhängigkeit im Bereich der Wirtschaft" mache „in wachsendem Maße gemeinsame und wirkungsvolle Anstrengungen zur Lösung der großen Probleme der Weltwirtschaft wie der Ernährungs-, Energie-, Rohstoff-, Währungs- und Finanzprobleme" erforderlich, wozu „stabile und ausgewogene Wirtschaftsbeziehungen" sowie Kooperationsabkommen bei Umwelt, Wissenschaft und Technik beitragen sollten. Ein „Korb III" galt schließlich der Zusammenarbeit „in humanitären und anderen Bereichen", wozu die

Erleichterung von menschlichen Kontakten, Eheschließungen und Familienzusammen-führungen ebenso gehören sollten wie Reiseerleichterungen zu beruflichen, touristischen und sportlichen Zwecken, schließlich die Verbesserung der Verbreitung von und des Zu-gangs zu Informationen, was die Zulassung von ausländischen Zeitungen und sonstigen Druckerzeugnissen ebenso meinte wie ihren Bezug und ihre Zugänglichkeit in öffentlichen Bibliotheken.

Die Initiative zur Konferenz war von der Sowjetunion und ihren Satellitenstaaten ausge-gangen. Sie versprachen sich von den nun getroffenen Vereinbarungen zur „Sicherheit und Zusammenarbeit in Europa" einerseits die Anerkennung des Status quo, was sie mit der Prin-zipienerklärung zur „territorialen Integrität der Staaten" und der „Unverletzlichkeit" ihrer Grenzen ja auch erreichten (und was als Erfolg für die eigene Sache entsprechend gefeiert wurde). Andererseits konnte die in Korb II propagierte Verstärkung der Wirtschafts- und Handelsbeziehungen sowie der wissenschaftlichen und technologischen Kooperation da-zu beitragen, die eigenen Defizite bei der Versorgung der Bevölkerung mit Nahrungsmit-teln und Massengebrauchsgütern auszugleichen sowie die Rückstände bei der Versorgung der Wirtschaft mit Maschinen und Hochtechnologie zu überbrücken. In der Institutiona-lisierung der KSZE und ihrer Folgekonferenzen mochte auch die Hoffnung fortleben, die Exklusivität der EWG etwas aufgebrochen und ein Gremium geschaffen zu haben, um ge-samteuropäisch weiterhin mitzureden. Dem Westen war andererseits daran gelegen gewesen, in den Prinzipienkatalog (Punkt VII) die Achtung der Grund- und Menschenrechte hinein-zuschreiben sowie in Korb III humanitäre Erleichterungen und mehr Informationsfreiheit einzufordern. Wenn man sich im Osten auf diese Forderungen einließ, dann wohl auch mit Blick darauf, dass der Prinzipienkatalog (Punkt VI) die Einmischung in die inneren Ange-legenheiten anderer Staaten verbot – eine Rechnung, die, wie sich zeigen sollte, auf Dauer nicht aufging.

Die Teilnehmerstaaten waren sich einig gewesen, dass die Festigung der Sicherheit in Eu-ropa auch von gemeinsamen „Bemühungen zur Verminderung der militärischen Konfron-tation und zur Förderung der Abrüstung" abhing und diese Bemühungen verstärkt werden mussten. Doch die „Verhandlungen über die wechselseitige Verminderung von Streitkräften und Rüstungen und damit zusammenhängende Maßnahmen in Europa" waren gleichsam ausgegliedert worden; sie wurden (unter der Bezeichnung MBFR) seit 1973 in Wien geführt. Die KSZE-Schlussakte regte immerhin an, als Beitrag zur Vertrauensbildung größere militä-rische Bewegungen künftig vorher anzukündigen und Militärbeobachter aus anderen KSZE-Staaten dazu einzuladen; die NATO tat dies erstmals Ende August 1975 beim Militärmanöver „Große Rochade", an dem fast 70 000 Soldaten teilnahmen.

Die Charta von Paris

15 Jahre später, am 19. November 1990, trafen sich die Staats- und Regierungschefs der KSZE-Staaten zu einem zweiten Gipfeltreffen in Paris; nach der im Oktober vollzogenen Ei-nigung Deutschlands hatte sich ihre Zahl auf 34 reduziert, die DDR gab es nicht mehr. Für die Sowjetunion saß nun Michail Gorbatschow am Konferenztisch, für die USA George W. Bush, für Großbritannien Margaret Thatcher, für die erweiterte Bundesrepublik Helmut Kohl. Für die ostmitteleuropäischen Staaten waren nach dem Sturz der dortigen kommunistischen Re-gime Vertreter der neuen Regierungen nach Paris gekommen: so Tadeusz Mazowiecki, seit 1980 Berater und Publizist der unabhängigen Gewerkschaftsbewegung Solidarność und nach Verhängung des Kriegsrechts inhaftiert, nun erster nichtkommunistischer Ministerpräsident

Polens seit mehr als 40 Jahren; der Schriftsteller und Regimekritiker Václav Havel, im Februar 1989 in Prag noch wegen Rowdytums festgenommen und zu einer mehrmonatigen Haftstrafe verurteilt, seit Ende des Jahres Präsident der Tschechoslowakei; oder József Antall, der als Vertreter der Opposition im Frühjahr 1989 mit am Runden Tisch gesessen hatte, im Herbst Vorsitzender des Ungarischen Demokratischen Forums am Runden Tisch und nach den Wahlen 1990 Ministerpräsident der ersten frei gewählten ungarischen Regierung wurde. Erneut war auch die UNO durch ihren Generalsekretär (Javier Perez de Cuellar) vertreten.

Den Weg für das erneue Gipfeltreffen hatte der Vertrag über Konventionelle Streitkräfte in Europa (KVE) freigemacht, den die Vertreter der 16 NATO-Mitglieder und der 6 Staaten des Warschauer Vertrags in Wien ausgehandelt und tags zuvor paraphiert hatten. Er legte für schwere Waffen (für Kampfpanzer, gepanzerte Kampffahrzeuge, Geschütze, Kampfflugzeuge und Kampfhubschrauber) eine für beide Seiten gleiche Obergrenze fest, die innerhalb eines Zeitraums von 40 Monaten zu erreichen war; überschüssige, im Vertragsgebiet zwischen Atlantik und Ural stationierte Waffensysteme sollten zu friedlichen Zwecken umgebaut oder verschrottet werden. Dass dies auch geschah, hatten begleitende Inspektionen zu überprüfen.

Nachdem die Vertreter der NATO- und WVO-Staaten den KVE-Vertrag am 19. November 1990 im Elysée-Palast unterzeichnet hatten, in einer Festsitzung, an der auch die Staats- und Regierungschefs jener KSZE-Staaten teilnahmen, die nicht den beiden Blöcken angehörten, wurde das Gipfeltreffen im Centre Kleber vom französischen Präsidenten François Mitterrand als Gastgeber eröffnet. Zum ersten Mal in der Geschichte erlebe man „eine tiefgreifende Veränderung der europäischen Landschaft Europas", die nicht Folge eines Krieges oder einer blutigen Revolution sei. Die KSZE habe daran entscheidenden Anteil gehabt: Während der Phase des Kalten Kriegs sei die KSZE das einzige Forum gewesen, wo sich der Dialog zwischen allen Beteiligten habe entwickeln können. Aus der Schlussakte von Helsinki, anfangs als „Stück Papier" abgetan, sei eine „Standarte der Freiheit" geworden, wozu die „Ereignisse, die Mittel- und Osteuropa erschüttert und verändert haben", das Übrige beitrugen. Zweifellos kam dabei den Entwicklungen in der Sowjetunion und den Folgen, die sie auslösten, besondere Bedeutung zu: Michail Gorbatschow umriss sie mit den Schlagworten: „weg vom Totalitarismus und hin zu Freiheit und Demokratie". Sein Land habe „sich geändert" und werde „nie mehr wie früher" sein.

Obwohl schon Mitterrand in seiner Eröffnungsrede gemahnt hatte, im berechtigten Stolz auf das Erreichte die Länge der noch zu bewältigenden Wegstrecke zu unterschätzen, und Gorbatschow eindringlich und weitsichtig davor warnte, die eingeleitete Entwicklung zu überziehen, sonst könnten „militanter Nationalismus" und „rücksichtsloser Separatismus" zu einer „Balkanisierung", ja „Libanonisierung" ganzer Regionen führen – grundsätzlich begrüßten sie wie alle folgenden Redner den eingeschlagenen Weg, die Überwindung des Blockdenkens, das neue Miteinander, die Öffnung, die Freizügigkeit und die Achtung der Menschrechte als „glückliche Wende", forderten alle zusammen und jeder für sich die entschiedene Fortsetzung und Vertiefung der eingeleiteten Entwicklungsprozesse.

Gemeinsam verabschiedeten die 34 Vertreter der europäischen Staaten sowie Kanadas und der USA die „Charta von Paris". In ihr erklärten sie „das Zeitalter der Konfrontation und der Teilung Europas" für beendet. Dank des „Mut[es] von Männern und Frauen", der „Willensstärke der Völker" und der „Kraft der Ideen der Schlussakte von Helsinki" sahen sie „ein neues Zeitalter" in Europa anbrechen, ein „Zeitalter der Demokratie, des Friedens und der Einheit". Sie versprachen, sich bei der Lösung der Zukunftsaufgaben von jenen zehn Prinzipien leiten zu lassen, die man in der Schlussakte 15 Jahre zuvor beschlossen hatte, und verpflichteten sich, die Demokratie als die einzige Regierungsform ihrer Nationen aufzubauen, zu festigen und zu stärken. Die Menschenrechte und Grundfreiheiten sollten als angeboren und unveräußerlich geachtet, die ethnische, kulturelle, sprachliche und religiöse Identität nationaler Minderheiten geschützt und Rechtsstaatlichkeit gewährleisten werden. Wirtschaftliche Freiheit, soziale Gerechtigkeit und Verantwortung für die Umwelt seien als „unerlässliche Voraussetzungen des Wohlstands" zu betrachten, und „feierlich" erneuerten die Staatenvertreter das Versprechen, sich „jeder gegen die territoriale Integrität oder politische Unabhängigkeit eines Staates gerichteten Androhung oder Anwendung von Gewalt" zu enthalten. Das „nun ungeteilte und freie Europa" fordere einen Neubeginn, und die Völker wurden aufgefordert, „sich diesem großen Vorhaben anzuschließen".

Ausgehend vom „festen Bekenntnis zur uneingeschränkten Durchführung aller KSZE-Prinzipien und -Bestimmungen" wurden damals „Leitsätze für die Zukunft" verabschiedet, die „umfassend" die Zusammenarbeit weiterentwickeln und den „Bedürfnissen und Erwartungen der Völker" Rechnung tragen sollten. Sie waren von der Überzeugung getragen, dass die „gemeinsame europäische Kultur" und die „gemeinsamen Werte" einen wesentlichen Beitrag „zur Überwindung der Teilung des Kontinents" leisten würden.

Der lange Weg von Helsinki nach Paris

Selbst wenn sich die Charta von Paris in vielem wie eine bloße Fortschreibung der Schlussakte von Helsinki las, zwischen beiden nur eineinhalb Jahrzehnte lagen und man sich „im Prinzip", in den Prinzipien des Miteinander, schon damals einig gewesen war, nimmt sich der Weg von der finnischen in die französische Hauptstadt im Rückblick kürzer und geradliniger aus, als er es in Wirklichkeit war. Die „prinzipielle" Einigung in Helsinki beseitigte noch nicht die unterschiedlichen Interessen, die hinter der Einigung standen und sie in den Augen der Skeptiker als bloßen Formelkompromiss erscheinen ließen. Dass die Konfrontation unvermindert weiterging, schien sich schon wenige Monate nach Helsinki, im Spätherbst 1975, zu bestätigen, als kubanische Truppen in den angolanischen Bürgerkrieg eingriffen, um eine Niederlage der linksgerichteten Befreiungsbewegung MPLA zu verhindern. 1976 begann die Sowjetunion mit der Stationierung neuer Mittelstreckenraketen in Europa (im Westen bekannt unter der NATO-Bezeichnung SS-20). Im gleichen Jahr wurde Jimmy Carter zum 39. Präsidenten der USA gewählt. Er kündigte schon bei seiner Amtseinführung im Januar 1977 an, sich überall in der Welt für die Achtung der Menschrechte einzusetzen. Im Februar wurde ein Brief Carters an den sowjetischen Menschenrechtler Sacharow bekannt, Anfang März empfing er demonstrativ den Dissidenten Wladimir Bukowski im Weißen Haus, und Ende des Monats beantragte er im Kongress zusätzliche Mittel für „Radio Free Europe/Radio Liberty" und „Voice of America", deren für Osteuropa und die Sowjetunion bestimmte Sendungen er als „Teil unseres Engagement für den freieren Austausch von Informationen und Ideen" rechtfertigte. Die Themen für die erste KSZE-Folgekonferenz waren damit benannt. Sie trat am 4. Oktober 1977 in Belgrad zusammen und dauerte bis zum 9. März 1979. Einberufen zur Überprüfung und Vertiefung des KSZE-Prozesses, endete sie ergebnislos.

Ende des Jahres 1979 schienen alle Hoffnungen auf Entspannung endgültig verflogen: Mitte Dezember fasste die NATO jenen „Doppelbeschluss", in dem sie dem Warschauer Pakt Verhandlungen über die Begrenzung atomarer Mittelstreckenraketen anbot und für den Fall, dass die Verhandlungen abgelehnt wurden oder zu keinem Ergebnis führten, die eigene „Nachrüstung" mit einer neuen Generation von amerikanischen Raketen und Marschflugkörpern ankündigte. Ende des Monats Dezember rückten sowjetische Streitkräfte in Afghanistan ein, was nicht nur zu scharfen Protesten westlicher und islamischer Staaten führte. Im Sommer 1980 boykottierten 64 Staaten die Olympischen Spiele in Moskau: Teils schickten sie überhaupt keine Vertreter in die sowjetische Hauptstadt, teils stellten sie es ihren Verbänden und Sportlern frei, teils fuhren diese zwar hin, traten aber nicht unter ihrer Nationalflagge an. Der Prestigeverlust und die sportliche Entwertung der Spiele trafen die Veranstalter schwer. Dies alles belastete die zweite Folgekonferenz, zu der die Vertreter der KSZE-Staaten im November 1980 in Madrid zusammenkamen. „Der Geist von Helsinki ist tot", titelte der „Spiegel" eine Woche nach der Eröffnung. Die Verhandlungen zogen sich hin, wurden zusätzlich erschwert durch die Erklärung des Kriegsrechts in Polen (Dezember 1981), im März 1982 schließlich einvernehmlich auf den November vertagt, bevor sie schließlich im September 1983 (mit einer Übereinkunft zur Einberufung einer Konferenz über Sicherheits- und Vertrauensbildende Maßnahmen und Abrüstung in Europa, KVAE) abgeschlossen wurde.

Es ist hier nicht der Ort, die weitere Entwicklung der multilateralen Konferenzdiplomatie, der KSZE-Folgekonferenzen, der Außenminister- und Expertentreffen, die sie vorbereiteten und begleiteten, darzustellen. Wichtiger erscheint es, die Faktoren zu benennen, die zu jener glücklichen Wendung beitrugen, die oben skizziert wurde. Dabei ist der KSZE-Prozess als solcher nicht zu unterschätzen. Er hatte (erstens) mit den Folgekonferenzen samt ihren Vorbereitungs- und Expertengesprächen Foren geschaffen, auf denen die leidigen Fragen der Implementierung der in Helsinki eingegangenen Verpflichtungen und der Vertiefung der Beziehungen zum Dauerthema wurden. Selbst wenn beide Seiten damit unterschiedliche Erwartungen und Interessen verbanden und entsprechend unterschiedlich die Prioritäten im Prinzipienkatalog setzten, waren beide, wenn auch aus unterschiedlichen Gründen, daran interessiert, den Gesprächsfaden darüber nicht völlig abreißen zu lassen. Dabei war es nicht unerheblich, dass dieser Aushandlungsprozess auch die neutralen und nichtblockgebundenen Staaten mit einbezog, sie nötigte, Stellung zu beziehen, ihnen erlaubte, eigene Vorschläge zu entwickeln und damit zwischen den Blöcken Brücken zu schlagen. Mit Berufung auf die Schlussakte hatten sich (zweitens) überall in Ostmittel- und Osteuropa Menschenrechtsgruppen gebildet, die mitunter schon in ihrer Benennung auf „Helsinki" Bezug nahmen, die dort beschworenen Grundfreiheiten und Selbstbestimmungsrechte einforderten und auf unterschiedlichen Wegen auch auf die Konferenzdiplomatie Einfluss zu nehmen verstanden, über die Mobilisierung der Öffentlichkeit im Westen und auch direkte Kontakte (wobei sich nicht zuletzt die Carter-Administration ihre Belange zu eigen machte). Helsinki stärkte auch jenen Oppositionsbewegungen und Liberalisierungstendenzen (wie in Polen und Ungarn) den Rücken, die mit der Schlussakte eine zusätzliche zitierfähige Grundlage und einen Motivationsschub erhielten. Selbst wenn die Sowjetführung die Oppositionsbewegung im eigenen Land klein halten, marginalisieren, bis Anfang der 1980er Jahren weitgehend ausschalten konnte – die Probleme im eigenen Lager (und das war ein dritter Entwicklungsstrang) blieben, waren weder mit Ideologie und Repression zu lösen noch durch Zuwarten auszusitzen: Die Wirtschaftsmisere hielt an, der technologische Abstand zum Westen wuchs, das Anfang der 1980er Jahre verschärfte westliche Handelsembargo für Hochtechnologie behinderte ihre Einfuhr; die Zeit der Großideologien war offenkundig vorbei, alle RGW-Staaten, selbst die mangelnder Linientreue unverdächtige SED-Führung, suchten den wachsenden Konsumwünschen ihrer Bevölkerung entgegenzukommen, um den Preis einer riesigen Auslandsverschuldung; hinzu kamen die schweren, wachsenden Belastungen durch den Afghanistankrieg und die mit der Wahl Ronald Reagans und seinen SDI-Plänen drohende neue Spirale eines Wettrüstens. Letzthin entscheidend aber war (viertens), dass Gorbatschow nach seiner Wahl zum Generalsekretär der KPdSU im März 1985 die bestehenden Probleme nach- und nebeneinander anzugehenden versuchte: mit Wirtschaftsreformen, schrittweise erweiterten Freiheitsrechten, mehr Partizipation in Partei und Staat und ihrem „Umbau", der Aufnahme von Abrüstungsgesprächen mit den USA und dem Zugeständnis an die Bündnispartner, ihren eigenen Weg in die Zukunft zu gehen. Im gleichen Maß, wie sich jene Prozesse wechselseitig bedingten, verstärkten und verschränkten, bildeten sie im Zentrum wie in den Einzelrepubliken des Riesenreiches eine Eigendynamik aus, die sich jenseits der Grenzen, in den Satellitenstaaten, fortsetzte und jene Hindernisse, jene ideologischen Vorbehalte, jenes wechselseitige Misstrauen aus dem Weg räumte, die einer Einigung im KSZE-Prozess bisher im Weg gestanden hatten.

Ausblick

Bis Ende 1994 stieg die Zahl der KSZE-Teilnehmerstaaten auf über 50. Der Zuwachs war vor allem darauf zurückzuführen, dass die aus dem Zerfall der Sowjetunion, Jugoslawiens und der Tschechoslowakei hervorgegangenen Einzelstaaten ebenfalls der KSZE beitraten. Schon die Erwähnung dieses Sachverhaltes ruft in Erinnerung, dass der Fall der Mauer und die Öffnung der Grenzen keineswegs zum „Ende der Geschichte" (Fukuyama), nicht einmal zur friedlich-schiedlichen Lösung aller Probleme zwischen den Ländern und Völkern Europa geführt hatten, wie in Paris noch manche geglaubt haben mögen. Den Ausbruch blutiger Auseinandersetzungen, die den Sezessionsprozessen vorausgingen, die Bürgerkriege, die ihnen folgten, hatte die KSZE weder zu verhindern noch rasch zu beenden vermocht. Daran änderte auch der Umstand nichts, dass Ende 1994, beim dritten Gipfeltreffen der KSZE-Staaten in Budapest, beschlossen wurde, die KSZE in eine Organisation (OSZE) mit festen Gremien und Organen umzuwandeln. Im Gegenteil. Die OSZE schwand mehr und mehr aus dem öffentlichen Bewusstsein, und wenn man wieder einmal von ihr etwas hörte, wie beim letzten Gipfeltreffen in der kasachischen Hauptstadt Astana Anfang Dezember 2010, so war es der Umstand, dass die Frage einer strategischen Neuausrichtung der OSZE zwar erörtert, aber eine Einigung nicht erzielt wurde. So zehrt die OSZE vor allem von der Erinnerung an die Vergangenheit, an die Schlussakte von Helsinki, die den Weg wies und mit dazu beitrug, die Nachkriegszeit, die Teilung Europas zu überwinden, und die Charta von Paris, die im stolzen Rückblick die Erreichung dieses Ziels konstatierte und eine neues, einiges, prosperierendes Europa verhieß.

Literaturhinweise

Archiv der Gegenwart (45. Jahrgang 1975–60. Jahrgang 1990).

Sicherheit und Zusammenarbeit in Europa (KSZE). Analyse und Dokumentation, hrsg. von Hans-Adolf JACOBSEN und Wolfgang MALLMANN. 2 Bde. Köln 1973/1978.

Zwanzig Jahre KSZE, 1973–1993. Eine Dokumentation, hrsg. vom Auswärtigen Amt. Bonn 2. Aufl. 1993.

Helmut ALTRICHTER, Russland 1989. Der Untergang des sowjetischen Imperiums. München 2009.

Helmut ALTRICHTER/Hermann WENTKER (Hrsg.), Der KSZE-Prozess. Vom Kalten Krieg zu einem neuen Europa, 1975 bis 1990. München 2011.

Oliver BANGE/Gottfried NIEDHART (Hrsg.), Helsinki 1975 and the Transformation of Europe. New York/Oxford 2008.

Wilfried LOTH, Helsinki, 1. August 1975. Entspannung und Abrüstung. München 1998.

Leopoldo Nuti (Hrsg.), The Crisis of Détente in Europe. From Helsinki to Grobachev, 1975–1985. London/New York 2009.

Daniel C. Thomas, The Helsinki Effect. International Norms, Human Rights, and the Demise of Communism. Princeton/Oxford 2001.

Andreas Wenger u. a. (Hrsg.), Origins of the European Security System. The Helsinki Process Revisited, 1965–75. London/New York 2008.

6. Wirtschafts- und Verkehrsraum Europa

Roman Czaja
Die europäische Stadt

Soziologen, Städteforscher und Historiker sind sich einig: Die Stadt gehört zu den historischen Phänomenen, die den Weg zum Verständnis des Wesens europäischer Kulturgemeinschaft ebnen. Das Aufblühen der Stadt und städtischer Kultur fiel immer auf den Höhepunkt der Entwicklung europäischer Zivilisation – der Verfall und Barbarismus Europas führten unweigerlich zu Krisen, sogar zur materiellen Zerstörung der Städte. Die enge Verbindung zwischen der europäischen Geschichte und dem Städtewesen führte dazu, dass die Stadt zum festen Element im kollektiven Gedächtnis sowohl der Stadtbewohner als auch der gesamten europäischen Bevölkerung wurde. Das Phänomen der Stadt kann also aus der Perspektive eines Erinnerungsortes betrachtet werden, der als Träger von Symbolen und Vorstellungen angesehen wird: im Wechselspiel von Zeit, Ort, soziokulturellen Gegebenheiten sowie politischen Geltungen. Die Art, wie Europäer die Stadt wahrgenommen haben, wurde nicht nur durch ihre eigenen individuellen und gruppendynamischen Erfahrungen beeinflusst, die Teil ihres realen Lebens unter städtischen Bedingungen waren, sondern ebenso durch Bilder, die von intellektuellen, künstlerischen und politischen Eliten zu unterschiedlichen Zwecken unter bestimmten historischen Bedingungen kreiert wurden. Wichtig für die Analyse des kollektiven Gedächtnisses sind nicht nur die durch Bilder vermittelten Inhalte, sondern ebenfalls die Prozesse, in denen geltende Vorstellungen für zeitgenössische Zwecke konstruiert und instrumentalisiert werden.

Das letzte Problem scheint für die Betrachtung des Phänomens einer europäischen Stadt besonders aktuell zu sein, denn im Wesentlichen lässt sich diese Bezeichnung weder auf eine historisch vorhandene Stadtform noch auf eine Stadtkultur in einer bestimmten historischen Epoche beziehen. Sie ist ein theoretisches Konstrukt, das in größerem Umfang erst im 19. Jahrhundert in philosophischen, historischen und sozio-ökonomischen Betrachtungen über die Entstehung der modernen Welt aufgetreten ist. Aufgrund der Vielfalt und Entwicklung ihrer Form lassen sich die Stadt und die städtische Landschaft nur schwer auf eine Typologie bzw. ein universales Stadtmodell festlegen. Auch die Darstellung des wissenschaftlichen Diskurses über das Phänomen einer europäischen Stadt oder über ihre historische Entwicklung hätte an dieser Stelle ihren Sinn verfehlt, denn hier geht es darum, die besonderen, für die europäische Zivilisation charakteristischen Elemente der kollektiven Erinnerung an *die Stadt* aufzuzeigen. Außerhalb unseres Erkenntnisinteresses bleiben konkrete Städte, die als kollektive Erinnerungsorte der Nationen, Religions- oder lokalen Gemeinschaften verstanden werden können. Viel Platz nimmt in den hier dargestellten Ausführungen das Mittelalter ein – eine Epoche, in der sowohl die Wurzeln europäischer Stadtkultur zu suchen sind wie auch die Genese der Stadtvorstellungen, die im kollektiven Gedächtnis der Europäer in den folgenden Jahrhunderten präsent waren.

Die Entstehung der Stadtkultur als reale Grundlage für die Formierung der Idee einer europäischen Stadt ist an die in West- und Mitteleuropa im 11. bis zum 14. Jahrhundert andauernden intensiven Urbanisierungsprozesse geknüpft. In Osteuropa fanden diese Prozesse zwischen dem 14. und dem 16. Jahrhundert statt. Über die historische Dimension dieses Phänomens sagen nicht nur das Anwachsen der Bevölkerungszahl und die Fläche der älteren Stadtgründungen, die in der Nachfolge der römischen Städte entstanden sind, einiges aus, sondern vor allem die städtischen Neugründungen. Zwischen dem 12. und 14. Jahrhundert entstanden in West- und Mitteleuropa einige tausend neue Städte, die bis heute den Kern der europäischen Städtelandschaft ausmachen. Ausschlaggebend für die allmähliche Entwicklung neuer Formen des städtischen Lebens auf dem Kontinent war im 11. und 12. Jahrhundert die Entstehung städtischer Kommunen in Italien und Westeuropa, die – auf dem Schwur der Gemeinschaft aller Stadtbewohner basierend – städtische Freiheit und städtische Gemeinschaft begründeten. Im Mittel- und Spätmittelalter begann von der iberischen Halbinsel über Irland und England bis zur finnischen Bucht, Litauen und Ruthenien eine Expansion des westeuropäischen Stadtmodells, dessen wesentliche Charakteristika persönliche Freiheit der Bewohner, ökonomische Privilegierung sowie eine gewisse Selbständigkeit der kommunalen Verwaltung und der Gerichtsbarkeit waren. Eine wirkliche politische Unabhängigkeit und volle kommunale Selbstverwaltung konnten freilich nur einige große Städte erreichen, die über das ökonomische und soziale Potential verfügten und diese gegen eine schwache Territorial- oder Feudalgewalt ausspielen konnten. In der alteuropäischen Städtelandschaft dominierten allerdings kleine Städte, die nicht mehr als einige tausend oder einige hundert Einwohner zählten. Sie besaßen bescheidene Freiheiten in der Selbstverwaltung und Gerichtsbarkeit und waren der Landesobrigkeit unterstellt. Abgesehen vom unterschiedlichen Umfang der formal-rechtlichen Autonomie sowie der Vielfalt der landschaftlichen Stadtgestaltung und den Unterschieden im Aussehen der Städte, die alle auf regionale Bedingungen zurückzuführen sind, lässt sich sagen, dass die zwischen dem 11. und 16. Jahrhundert stattgefundene Urbanisierung einen globalen Charakter besaß. Sie beeinflusste sowohl die Siedlungsstruktur als auch die Wirtschaft und führte zu grundlegenden gesellschaftlichen und kulturellen Veränderungen. Es ist wichtig zu betonen, dass die im Mittelalter und in der Frühen Neuzeit entwickelte Stadtform die funktionalen, politischen, gesellschaftlichen und räumlichen Rahmenbedingungen festlegte, in denen sich die Stadt in den nächsten Jahrhunderten bis zur Industrialisierung entwickelte.

Die städtische Realität ist nicht das einzige Element, das die historische Erinnerung an *die Stadt* bestimmt. Im mittelalterlichen Europa existierten lange vor der Formierung der neuen Stadtkultur gleichzeitig andere Formen des Stadt-Gedächtnisses. Man kann die im Bewusstsein der Bewohner Europas im Mittelalter verankerten Vorstellungen über *die Stadt* nicht ohne Einbezug der biblischen, antiken oder altchristlichen Tradition verstehen. Im Mittelalter war das heilige Jerusalem, das den zentralen Platz sowohl in der mittelalterlichen Religiosität als auch in der Eschatologie einnahm, der wichtigste Erinnerungsort des europäischen Christentums und das vollkommenen Leitbild einer Stadt. Seit dem Ausgang des 10. Jahrhunderts zog die mit Leiden und Auferstehung Christi in Verbindung gebrachte Stadt zahlreiche Pilgerscharen an. Der Höhepunkt der Pilgerfahrten fiel zwar auf die Zeit der Kreuzzüge in das Heilige Land, etwa seit dem 11. bis zur Mitte des 13. Jahrhunderts; die Vertreter aller Gesellschaftsschichten – Fürsten, Bürger und Bauer – zogen jedoch auch noch im späten Mittelalter nach Jerusalem. Die Popularität dieser Form der Devotion belegt unter anderem die Tatsache, dass allein im 15. Jahrhundert rund 400 Pilgerführer erschienen sind. Das in den philosophischen Schriften, in der Literatur und der mittelalterlichen Malerei entworfene Bild einer idealen Stadt bezog sich jedoch nicht auf das real existierende Jerusalem, sondern auf die alttestamentarische Tradition, auf die Stadt Davids, die Heilige Stadt aus der Apokalypse des Johannes: das neue Jerusalem, eine Stadt umgeben von einer mächtigen Mauer, erbaut auf zwölf Fundamenten mit zwölf Toren. Diese Stadt symbolisiert in der christlichen Eschatologie das Ende der Erlösungsgeschichte und das letzte Ziel aller menschlichen Wanderungen. Entsprechend der im Mittelalter verbreiteten Prophezeiung sollte der letzte Kaiser, nachdem er alle Feinde des Christentums besiegt hatte, in Jerusalem vor Gott seine Machtinsignien niederlegen und sich mit seinem Volk vors Jüngste Gericht begeben. Die Erlösten erlangen danach den ewigen Frieden im Paradies, das als himmlisches Jerusalem dargestellt wurde.

Einen weiteren großen Einfluss übte zweifelsohne Rom auf die mittelalterliche Vorstellung einer Stadt aus, das für die Menschen im Mittelalter nicht nur eine Stadt, sondern vor allem eine Idee war, die eng an die Konzepte der universalen Macht des Papst- und Kaisertums sowie des päpstlichen Primats im Christentum anknüpfte. Diese Aspekte des mittelalterlichen Verständnisses der Ewigen Stadt würden den thematischen Rahmen dieses Essays um einiges sprengen. Aufmerksamkeit verdient allerdings die Tatsache, dass Rom weniger als reale Stadt mit ihrem Stadtalltag gedacht wurde als vielmehr als eine Idee und religiöse Vorstellung. Eine besondere Rolle fiel dabei den Einwohnern Roms (*populus Romanus*) zu, die als Erben der Antike über das geltende Recht bestimmen und den Kaiser wählen durften. Rom wurde bis zum Ende des 11. Jahrhunderts vor allem als „Heilige Stadt" dargestellt, deren Geschichte nicht nur eng an die Anfänge des Christentums, sondern auch an die biblischen Geschehnisse geknüpft war. Ein Beleg dafür war die Popularität der Legende von Noah als Begründer der Stadt. In der Mitte des 12. Jahrhunderts erfreuten sich Lehrbücher wachsender Beliebtheit, in denen Erzählungen über antike Geschichte, Beschreibungen erhaltener antiker Baudenkmäler sowie Legenden über heilige Stätten des Christentums verbreitet wurden. Bis zum Ende des Mittelalters war Rom eine der von den Pilgern am meisten besuchten Städte. Sein Platz im kollektiven Gedächtnis der Europäer beschränkt sich aber nicht nur auf christliche Inhalte. Seit der ersten Hälfte des 14. Jahrhunderts wurde die „Ewige Stadt" in immer größerem Maß als Zeugnis für die Kontinuität der antiken und der christlichen Kultur angesehen und so auch dargestellt. Francesco Petrarca beschrieb 1341 auf seinem Spaziergang durch Rom Plätze und Baudenkmäler, die Zeugnis sowohl von der antiken Vergangenheit der Stadt als auch der damit verbundenen Geschichte der Apostel und der christlichen Märtyrer ablegten. Bemerkenswert für diese Beschreibung ist das von Petrarca geäußerte Bedauern, dass die Römer so wenig von der antiken Vergangenheit ihrer Stadt wahrnähmen. Erst unter dem Einfluss der Humanisten und der Kultur der Renaissance wurde sich Rom seiner Funktion als Brücke zwischen der Antike und der damaligen europäischen Zivilisation bewusst.

Im 13. Jahrhundert zeigte sich in den philosophischen und theologischen Schriften, die unter dem Einfluss der Rezeption der Werke von Aristoteles entstanden, ein neues Bild *der Stadt*. Nicht mehr ihre Mauer, Tore und Wehranlagen standen jetzt im Mittelpunkt der Stadtbeschreibung, sondern der Alltag ihrer Einwohner. Thomas von Aquin beschrieb die Stadt als Metapher einer idealen Gemeinschaft der Christen: ähnlich einer Klostergemeinschaft mit hierarchischer sozialer Struktur; eine Gemeinschaft, in der Recht und Ordnung herrschen.

Die mittelalterliche Sicht *der Stadt* ist durch eine gewisse Ambivalenz gekennzeichnet. Seit dem 12. Jahrhundert begannen Theologen und Kirchenväter immer wieder das Bild einer anderen antiken Stadt, Babylons, zu zeichnen, die in der Apokalypse des Johannes als Große Hure, als ein Symbol des Teufels auftaucht. Zweifelsohne unter dem Eindruck des realen Stadtlebens sah man sie nun auch als Metapher der Sünde und Verderbnis. Für Bernhard von Clairvaux war Paris das sündige Babylon, eine *civitas diaboli*, von der sich der Klerus fern halten sollte. Die negative Sicht des Phänomens *Stadt* – allerdings ohne die religiöse Komponente – entwickelte sich vollends in den nächsten Jahrhunderten. Jean-Jacques Rousseau setzte dem städtischen Alltag, der durch Massen, Krankheiten und Zwang bestimmt war, das idealisierte Bild des Dorflebens entgegen. Dieser Topos gewann auch in der Romantik an Popularität.

Im Mittelalter beeinflussten religiöse Vorstellungen nicht nur das Verständnis der Stadt als Erinnerungsort, sondern auch die kollektive Erinnerung an eine reale Stadt und insbesondere an eine Domstadt. Seit dem frühen Mittelalter zeichnete man in den Legenden über das Leben der Heiligen und in den Chroniken das Bild einer Domstadt als eines Sanktuariums. Seine Vergangenheit war eng mit der Tätigkeit und dem Martyrium der Patrone sowie dem Schicksal der in den Kirchen aufbewahrten Reliquien verbunden. Nicht wenige Bischöfe, aber auch weltliche Herrscher bezeichneten ihre heiligen Städte als „Neues" oder „Zweites Rom". Als Beweis dafür galten die gestifteten Kirchen, in denen sich die sakrale Topographie

Roms widerspiegelte. Der Topos der „Heiligen Stadt" wurde darüber hinaus in den spätmittelalterlichen Gemeinden gern benutzt, um den Rang und das Prestige einer Stadt zu unterstreichen.

Den Bezug zu Rom und zur antiken Tradition nutzte man seit dem frühen Mittelalter dazu, sowohl den sakralen Charakter der Stadt als auch die Legitimierung der Herrscheransprüche und das Prestige des Stifters zu betonen. Im 799 niedergeschriebenen Epos der Karolinger bezeichnete man das von Karl dem Großen erbaute Aachen als *nova Roma* oder *ventura Roma*. Der Frankenkönig wurde darin als ein weiterer Aeneas dargestellt. Die eigentliche Bedeutung der Vergangenheitsbezüge, die im Zusammenhang mit dem Bau von Karls des Großen neuer Residenz entstanden, geht über die Symbolik der „Heiligen Stadt" hinaus. Aachen als ein Erinnerungsort an die Person Karls des Großen symbolisierte die Einheit des Königreichs der Franken. Seit der Krönung Ottos I. 936 wurde es als Krönungsort zum eigentlichen Träger der karolingischen Tradition, die eine maßgebliche Rolle für die Machtlegitimation der Könige des deutschen Reiches spielte. Das Phänomen einer zentralen Stadt taucht auch seit dem 11. Jahrhundert im Zusammenhang mit der Entstehung der überwiegenden Mehrzahl von mittelalterlichen Staaten und Nationen auf. Es muss darauf hingewiesen werden, dass es sich hier nicht um eine *Hauptstadt* handelt, verstanden als zentraler Verwaltungssitz oder feste Residenz des Königs – diese Funktion übte im 10. und 11. Jahrhundert ausschließlich Konstantinopel aus –, sondern um Städte, denen man eine besondere symbolische Bedeutung nachsagte. Die im Hochmittelalter geschriebenen historiographischen Werke, die der Geschichte einzelner Staaten und Nationen gewidmet waren, beinhalteten häufig Nachrichten über legendäre Anfänge einer Stadt, deren Gründung der Entstehung einer Dynastie oder eines Staates vorausging. Ihre Gründer wurden in der Regel als römische Helden oder Anführer anderer ruhmreicher Völker der Antike gezeichnet. Nicht selten waren die Anfänge dieser Stadt durch Prophezeiungen über ihren künftigen Ruhm angekündigt, so z. B. in der Legende über die Königin Libuse, die Gründerin von Prag. In den mittelalterlichen Chroniken erscheint die Stadt nicht nur als Residenz des Herrschers, als zentraler Sitz der Territorialgewalt, sondern auch als ein politische Gemeinschaft einigendes Symbol, um das herum sich ihr Gruppenbewusstsein herauskristallisiert. Diese Bemerkung betrifft sowohl Städte, die die Funktion des zentralen Ortes eines Reiches ausübten und somit ein Erinnerungsort für die sich im Mittelalter konstituierenden Nationen waren, wie London, Paris, Prag, Krakau, Kiew und ab dem 15. Jahrhundert Moskau, als auch Städte – meist Fürstenresidenzen –, um die herum sich das Zusammengehörigkeitsbewusstsein lokaler und regionaler Gemeinschaften ausbildete.

Einen wesentlichen Einfluss auf die sich bereits im Hochmittelalter abzeichnende zunehmende Bedeutung der Stadt als Teil des sozialen Weltgefüges hatten die Veränderungen in der Organisation des Schulwesens und der Wissenschaft. Die sich seit dem Ende des 11. Jahrhunderts in Westeuropa und Italien entwickelnde neue Schulkultur, die allmählich die Klöster in den Hintergrund drängte, begann die für die Moderne offensichtliche Verschmelzung der Stadt mit der Bildung und Wissenschaft. Im 12. Jahrhundert zählten die in der Stadt gelegenen Domschulen zu den wichtigsten Bildungs- und Forschungszentren. Ihr Einflussgebiet beschränkte sich meist auf die jeweilige Diözese oder die direkt benachbarte Region. Nur einige dieser Schulen – hauptsächlich zwischen Loire und Rhein gelegen: in Chartres, Laon, Paris, Reims, Lüttich und Köln – hatten einen besonderen Ruf gewonnen und wurden zum Pilgerziel für Studenten und Gelehrte aus ganz Europa. Die Bildungsreisen in die Städte gewannen mit der Gründung der Universitäten an Bedeutung, die sich im ausgehenden 12. Jahrhundert in Westeuropa und Italien (Paris, Bologna, Padua, Oxford) und ab der Mitte des 14. Jahrhunderts auch in Mitteleuropa (Prag, Krakau, Köln, Wien) rasch entwickelten. Die Bildungsreisen zu den europäischen Städten wurden zum festen Element der

Kultur der Renaissance und zum Erziehungsmodell junger Menschen im Zeitalter des Barock und der Aufklärung. Im Mittelalter und in der Frühen Neuzeit entwickelte sich eine für das ganze lateinische Europa gemeinsame mentale Karte, die durch eine zeitliche Dynamik und gewisse regionale Besonderheiten geprägt wurde, verband sie doch einzelne Städte als die auf Bildung und Forschung bezogenen Erinnerungsorte.

Abgesehen von den bereits erwähnten Stadtvorstellungen, die einen Teil des kollektiven Gedächtnisses aller Einwohner Europas bildeten, fungierte *die Stadt* auch als Erinnerungsort unter den Stadtbewohnern selbst. Ihre Identität bestimmte die gemeinsame Raumerfahrung. Diese wiederum entstand als Erfahrung des realen gesellschaftlichen und wirtschaftlichen Stadtalltags, gekennzeichnet durch wirtschaftliche Stärke der Stadt, ihren Reichtum, ihre politische Bedeutung, ihre architektonische Schönheit und territoriale Ausbreitung oder ihr sakrales Potential, ebenso wie bewusst kreierte Bilder und Vorstellungen über die Gegenwart und die Vergangenheit der Stadt. Man kann eine direkte Verbindung von der politischen Stellung einer Stadt und ihren machtpolitischen Ansprüchen mit der Pflege ihres historischen Gedächtnisses feststellen. Es verwundert also nicht, dass man gerade in den städtischen Gemeinden in Nord- und Mittelitalien am frühesten, nämlich bereits im 13. Jahrhundert, Bemühungen startete, die ruhmreiche Vergangenheit der eigenen Stadt in Chroniken festzuhalten. Seit dem 16. Jahrhundert entwickelte sich diese Stadthistoriographie auch in anderen Städten in West- und Mitteleuropa und besonders intensiv in den Kommunen im Deutschen Reich. Auf der Suche nach charakteristischen Merkmalen, die das kollektive Gedächtnis der Stadteinwohner bestimmten, findet man oft einen Gründungsmythos, der sogar oft inhaltlich ähnlich war: Troja als Ursprungsidee zum Nachahmen taucht nämlich nicht nur in den Beschreibungen der Anfänge Roms und anderer Städte Italiens auf, sondern auch in den Gründungslegenden von Städten nördlich der Alpen. So war laut der im 15. Jahrhundert in einer Stadtchronik niedergeschriebenen Legende Brutus, Aeneas' Enkel, der Gründer von London. Ein festes Element der bürgerlichen Vorstellung über die Vergangenheit der eigenen Stadt war die Erwähnung Julius Caesars, Oktavian Augustus', Karls des Großen und anderer königlicher Mäzene als Stadtgründer. Viele der Gründungslegenden verknüpften antike Motive mit christlichen Elementen. Die Gründungslegende Magdeburgs erwähnt Julius Caesar als ersten Stadtstifter, die weiteren waren dann aber Karl der Große und Otto I. Die sich im späten Mittelalter konstruierende Erinnerung der Bürger an die Ereignisse aus der eigenen Vergangenheit wurde oft durch aktualitätsbezogenen Pragmatismus bestimmt. Die Tatsache, dass sowohl die Gründungsgeschichte in der Vergangenheit lag als auch die Stadtgründer der Geschichte angehörten, wurde geschickt als ideelle Begründung eigener politischer Ziele und als Legitimation der städtischen Freiheitskämpfe instrumentalisiert. Die Berufung auf die berühmten Stadtgründer wie auch adlige Stiftergeschlechter diente darüber hinaus als Argument in den internen Machtkämpfen. Der Ursprungsgedanke und die Abstammungsmythen erklärten den zeitgenössischen Status der Stadt und unterstrichen ihr Prestige und ihren Ruhm. So z. B. war der Verfasser einer Stadtbeschreibung von London aus dem 15. Jahrhundert davon überzeugt, dass die Stadt an der Themse auf Grund ihrer glorreichen Vergangenheit über den anderen Metropolen des damaligen Europa – Paris, Venedig und Florenz – stehe.

Der Sachbezug des Phänomens „die Stadt als Erinnerungsort", um den herum sich das kollektive Gedächtnis und die Identität der Stadtbewohner gruppieren, überschreitet bei weitem die alleinige Berufung auf die Vergangenheit. Die urbane und die sozialökonomische Entwicklung der Stadt hatte zur Folge, dass die Städte seit dem 13. Jahrhundert immer klarer in ihrem realen Alltag verstanden wurden, der ihre Einwohner mit einem gewissen Stolz erfüllte und einen weiteren Maßstab für das Verständnis der Außenwelt bildete. Marco Polo stellte am Ende des 13. Jahrhunderts die von ihm beschriebenen chinesischen Großstädte seiner Heimatstadt Venedig und anderen europäischen Städten gleich. Auch für den in Danzig geborenen Martin Gruneweg, der an der Wende des 16. zum 17. Jahrhundert zahlreiche Reisen durch Europa unternahm, schien der Bezug Moskaus, Konstantinopels und Roms zu seiner Heimatstadt auf der Hand zu liegen. Der urbane Alltag beginnt im 13. Jahrhundert zum Hauptthema der städtischen Historiographie zu werden. Zu einer im Spätmittelalter weit verbreiteten Form der Stadtbeschreibung entwickelte sich die aus der antiken Kultur bekannte literarische Gattung *laudes urbium* – das Städtelob. Darin treten zwar auch Vergangenheitsbezüge auf, das Leitmotiv eines Städtelobs sind jedoch die vielen Eigenschaften einer gegenwärtigen Stadt: ihre geographische Lage, die Bebauung, die Kirchen, Wehranlagen, die äußere Erscheinung, die Bauten, die Einwohner und der Handel. Unter dem Einfluss antiker Muster stehend, sind diese meist von Humanisten stammenden Stadtbeschreibungen in einer kunstvollen literarischen Form verfasst, unterscheiden sich jedoch im Inhalt nur unwesentlich von ihren mittelalterlichen Vorläufern. Sie bringen nach wie vor zum Ausdruck, dass man auf Grund des machtpolitischen Rangs der Stadt, ihres Reichtums, ihrer Kultur, ihrer künstlerischen Tradition und der würdigen Erinnerung an die Vergangenheit stolz sei, hier Bürger zu sein. Im Schrifttum des Spätmittelalters und der Frühen Neuzeit zeigt sich die Stadt als Inbegriff wirtschaftlicher und zivilisatorischer Entwicklung einzelner Länder.

In der Frühen Neuzeit schränkten zwar europäische Monarchien die politische Unabhängigkeit der Städte nachhaltig ein, das im Spätmittelalter und in der Aufklärung entfaltete Modell der Stadtkultur gewann aber noch an Bedeutung. Zwischen dem 16. und 18. Jahrhundert zeichnete sich eine Ausweitung der städtischen Lebensweise und Mentalität ab. Die durch die kommunale Revolution in Norditalien eingeleitete Gegenüberstellung Stadt–Land bezog sich nicht nur auf soziale und wirtschaftliche Unterschiede, sondern vor allem auf die unterschiedlichen kulturellen Vorbilder. In der Frühen Neuzeit verstärkte sich in Europa die Auffassung, die Stadt sei ein Inbegriff höherer Kultur und Zivilisation.

Es ist in gewisser Hinsicht paradox, dass im 19. Jahrhundert, in der Epoche der Industrialisierung und Formierung der modernen Zivilgesellschaft, die Erinnerung an die mittelalterliche Stadt eine neue soziale Dimension gewann. Dieses Kollektivgedächtnis wurde nicht nur zum Fundament moderner europäischer Identität, sondern auch zum wichtigen Werkzeug im Kampf um die Teilhabe am Politischen sowie zum Argument in der Diskussion über den Charakter europäischer Zivilisation. Das Mittelalter wurde als die Blütezeit der Stadtkultur angesehen und der Frühen Neuzeit gegenübergestellt, in der die Einmischung der „absolutistischen" Staaten in die städtische Autonomie zum Niedergang der Städte geführt hätte. In historischen Schriften und politischen Pamphleten der ersten Hälfte des 19. Jahrhunderts trat die mittelalterliche Stadt im Kontext der bürgerlichen Freiheiten, der demokratischen Gesellschaft sowie der Idee einer demokratischen Staatsform auf. Das Bild einer autonomen, freien Stadt, in der sich die Bürger an der Rechtsgestaltung und der Machtausübung beteiligen, diente als Argument im Kampf gegen die alte Gesellschaftsordnung und gegen die Monarchien. Im kollektiven Gedächtnis wurde der Mythos einer mittelalterlichen Stadt zum Träger der Idee der Freiheit und der Bürgerbeteiligung am öffentlich-politischen Leben. Als Ausdruck des Kampfes um die bürgerliche Freiheit sah man vor allem die Entstehung der Kommunen im 11. und 12. Jahrhundert sowie das Bemühen der Stadtgemeinden um rechtlich-formale Autonomie. Die im 14. bis zum 16. Jahrhundert permanent andauernden Konflikte zwischen den Zünften und den Stadträten deutete man als Demokratisierung der Stadtform.

In der Mitte des 19. Jahrhunderts sind Fragestellungen von Historikern und Sozialforschern weit über die strukturpolitischen Inhalte hinausgegangen. Die mittelalterliche Stadt beobachtete man seitdem in Bezug auf die Entstehung neuer Verhältnisse in sozialen und wirtschaftlichen Bereichen. Für Friedrich Engels war die Stadt eine Schmiede des ökonomischen und kulturellen Fortschritts. So schrieb er, dass im 15. Jahrhundert die Stadtbürger viel wichtiger und unentbehrlicher für die Gesellschaft gewesen seien als der Feudaladel. Karl Marx suchte in der mittelalterlichen Stadt nach den Anfängen kapitalistischer Produktionsverhältnisse sowie nach der Bourgeoisie des 19. Jahrhunderts. Émile Durckheim verwies auf der Suche nach der Genese sozialer Arbeitsteilung in der modernen Industriegesellschaft auf die Stadt in Alteuropa. In den mittelalterlichen Zünften erblickte er ein Paradebeispiel für sozial-solidarische Organisationsstrukturen.

Einen besonders großen Einfluss auf das moderne Verständnis der mittelalterlichen Stadt und ihrer Funktion im kollektiven Gedächtnis der Europäer in unserer Zeit besaß der von Max Weber entwickelte Begriff einer okzidentalen Stadt. Eine fundamentale Bedeutung für die Entwicklung dieses Stadttypus, den Weber der asiatischen und der antiken Stadtkultur gegenüberstellte, hatte die Entstehung der städtischen Kommune aufgrund einer auf Eid basierten Verbrüderung. In der Weber'schen Konzeption der Freiheit bestimmten die Autonomie und die Selbstverwaltung das Wesen der mittelalterlichen Stadtgemeinde. In Mittel- und Ostmitteleuropa wurde es durch die Formel „Stadtluft macht frei" beschrieben. Die neue Stadtform schuf den sozialen und politischen Rahmen für die rationale und marktorientierte Wirtschaft. Die Untersuchung Max Webers führte zu der Schlussfolgerung, dass in der mittelalterlichen Stadt nach der Genese der freien Marktwirtschaft und bürgerlichen Freiheit zu suchen sei. Beide Charakteristika seien nicht nur für die moderne europäische Identität prägend, sie bildeten den Kern des neuen rationalen Geistes und hätten über die Führungsposition Europas in der Welt entschieden. Die Thesen Max Webers wurden im 20. Jahrhundert unter Soziologen und Historikern leidenschaftlich diskutiert. Die Rezeptionsgeschichte eines Modells der „okzidentalen Stadt" wurde zum Gegenstand eigener Forschung innerhalb der Geschichts- und Sozialwissenschaft. Im Kontext der europäischen Erinnerungsorte muss der Einsatz Max Webers für die Betrachtung europäischer Stadtkultur als Anfang der modernen Bürgeridentität der Europäer gewertet werden. Der Soziologe Walter Siebel erkennt heute die Präsenz der Geschichte als eine der wesentlichen Charaktereigenschaften der europäischen Stadt. In dieser treffenden Feststellung geht es weniger um die Erinnerung an das materielle Erbe der Vergangenheit als vielmehr um die Erinnerung an eine Stadt als Schmiede moderner europäischer Gesellschaft.

In dem hier vorgelegten Beitrag ist kein Platz für eine Antwort auf die Frage, ob die Globalisierung und die sich daraus ergebende Uniformierung des städtischen Lebens den Mythos einer europäischen Stadt bedrohen. Die Sorge um die Bewahrung europäischer Identität darf sich selbstverständlich nicht darauf beschränken, die historische Substanz der Städte, welche die Funktion der Erinnerungsorte für unterschiedliche soziale Gruppen erfüllt, vor dem Verfall zu retten. Im Kontext europäischer Identität wäre es aber wichtig, die historisch entfalteten Vorstellungen über die Funktionen einer Stadt zu bewahren. Aus diesem Blickwinkel kann man z. B. das seit 1985 unter der Ägide der Europäischen Union realisierte Projekt „Kulturhauptstadt Europas" betrachten. Abgesehen vom politischen Rang und Prestige dieses Projekts ist seine Bedeutung für das Aufbewahren des Mythos einer europäischen Stadt als Element europäischer Identität nicht zu unterschätzen. Als für das europäische Erbe grundlegenden Charakterzug einer Stadt bezeichnet man in diesem Projekt die Vielfalt, die über die Spezifik einer europäischen Stadt entscheidet. Andererseits bezieht sich die Idee einer Kulturhauptstadt sowohl auf das Bild einer Stadt als Ort der Kultur und Wissenschaft als auch als Orte, über den sich Regionen und Länder selbst definieren. Diese Sicht der Funktion einer Stadt ist ein historisch aufgebautes Konstrukt. Es ist ein spezifischer Erinnerungsort, aus dem heraus sich europäische Identität kristallisiert.

Literaturhinweise

Leonardo BENEVOLO, Die Stadt in der europäischen Geschichte. München 1999.

Bild und Wahrnehmung der Stadt, hrsg. von Ferdinand OPLL Linz 2004.

Das Bild und die Wahrnehmung der Stadt und der städtischen Gesellschaft im Hanseraum im Mittelalter und in der frühen Neuzeit, hrsg. von Roman CZAJA. Toruń 2004.

Moritz CSÁKY, Das Gedächtnis der Städte: kulturelle Verflechtungen – Wien und die urbanen Milieus in Zentraleuropa. Wien u. a. 2010

Marie-Luise HECKMANN, Ursprungsgedenken und Autonomie. Die Rückbesinnung auf die eigenen Anfänge in stauferzeitlich gegründeten Städten, in: Ein gefüllter Willkommen, hrsg. von Franz J. FELTEN/Stephanie IRRGANG/Kurt WESOLY. Aachen 2002, S. 173–216.

Peter JOHANEK, Mittelalterliche Stadt und bürgerliches Geschichtsbild im 19. Jahrhundert, in: Die Deutschen und ihr Mittelalter. Themen und Funktionen moderner Geschichtsbilder vom Mittelalter, hrsg. von Gerd ALTHOFF. Darmstadt 1992, S. 81–100.

Bernd SCHNEIDMÜLLER, Europäische Erinnerungsorte im Mittelalter, in: Jahrbuch für Europäische Geschichte 1 (2000), S. 39–58.

Die europäische Stadt, hrsg. von Walter SIEBEL. Frankfurt 2004.

Die europäische Stadt im 20. Jahrhundert. Wahrnehmung – Entwicklung – Erosion, hrsg. von Friedrich LENGER/Klaus TENFELDE. Köln 2006.

Die europäische Stadt. Mythos und Wirklichkeit, hrsg. von Dieter HASSENPFLUG. Münster 2002.

Max WEBER, Die Stadt, hrsg. von Wilfried NIPPEL. Tübingen 1999.

Rudolf Boch
Fabriken

1784 gründete der Kaufmann und Baumwollverleger Gottfried Brügelmann in Ratingen bei Düsseldorf eine mechanische Baumwollspinnerei „nach englischer Art", die erste auf dem europäischen Kontinent. Er gab ihr den nachgerade programmatisch anmutenden Namen „Cromford", in Anlehnung an die 1771 von dem englischen Erfinder-Unternehmer Richard Arkwright errichtete Cromford Mill in der Grafschaft Derbyshire. Diese bereits von den Zeitgenossen weithin beachtete wassergetriebene Baumwollspinnerei gilt als die erste „Fabrik" überhaupt. Und in der Tat hatten das englische Original und seine rheinische Kopie bereits alles vorzuweisen, was den Begriff „Fabrik" in seiner modernen Wortbedeutung ausmacht: Es waren Stätten zentralisierter Produktion, in denen eine größere Zahl von Arbeitskräften in einem arbeitsteiligen Produktionsprozess und unter Verwendung von – zumeist nicht durch menschliche Kraft angetriebenen – Maschinen gleichförmige Güter (Baumwollgarne) in großer Stückzahl für den Verkauf herstellte.

Fabriken als Museen und Industriedenkmale

Heute ist der ursprüngliche Gebäudekomplex in Ratingen mit seinen perfekten Nachbauten der Maschinerie des späten 18. Jahrhunderts ein viel besuchtes Industriemuseum. Die tiefe Krise der europäischen Textilindustrie war die Ursache für die endgültige Schließung der zwischenzeitlich vergrößerten Fabrikanlage im Jahr 1977. 1984 wurden Produktionsgebäude und benachbartes „Herrenhaus" des Fabrikbesitzers aus den 1780er Jahren im Gründungsboom von Industriemuseen in Nordrhein-Westfalen eine der Außenstellen des wesentlich vom Landschaftsverband Rheinland finanzierten Rheinischen Industriemuseums.

Wurden stillgelegte Fabriken in Europa bis in die 1970er Jahre hinein zumeist als architektonisch wertlose, schmutzige und den modernen Städtebau störende Abrissobjekte behandelt, wandelte sich der Blick auf das „industrielle Erbe" in den wirtschaftlichen Umbruchzeiten der folgenden Jahrzehnte – nach 1990 insbesondere auch in den neuen Bundesländern – grundlegend. Dieser Wandel ging von Großbritannien aus, das nicht nur das Pionierland der Fabrikindustrialisierung, sondern auch als Opfer einer vergleichsweise frühen und drastischen Deindustrialisierung ein Vorreiter bei der Entdeckung des „industrial heritage", des industriellen Erbes, war. Seitdem lässt sich eine Tendenz zur Umwandlung von Fabriken in „Erinnerungsorte" konstatieren, sei es durch die Gründung von Industriemuseen, sei es – und dies geschah für ein weitaus größere Zahl von Fabriken in Europa – durch eine Aufwertung zu schützenswerten Industriedenkmalen. Einige von ihnen sind heute sogar zu attraktiven Spielstätten der Hochkultur avanciert, andere werden mehr oder weniger erfolgreich als Geschäfts- und Wohnareale mit besonderem historischem Flair vermarktet. Freilich beschränkt sich diese Umwandlung von aufgelassenen Fabriken zu „Erinnerungsorten" auf einen geringen Prozentsatz der Industriebrachen in Europa. Auch lässt sich diese Umnutzung nicht für alle Länder der Europäischen Union gleichermaßen konstatieren. Ausgehend von Großbritannien erfasste diese Welle des Erinnerns an die Hochzeit der Fabrikarbeit vornehmlich den deutschsprachigen Raum sowie Belgien und Frankreich, mithin die Kernregionen der europäischen Industrie der zweiten Hälfte des 19. und des beginnenden 20. Jahrhunderts. Dennoch scheint dieser neue Umgang mit alten

Fabriken ein vornehmlich europäisches Phänomen zu sein, hat sich doch etwa in den USA keine Industriemuseumsbewegung von Bedeutung entwickelt. Auch kulturelle Umnutzungen stillgelegter Fabriken finden dort viel seltener statt, und von amerikanischen Historikern und Architekten wird ein geringes Interesse von Bevölkerung und Politik an der eigenen industriellen Vergangenheit und ihren architektonischen Hinterlassenschaften beklagt.

In den genannten Teilen Europas ist jedoch ein fortdauerndes Interesse von Bürgerinitiativen, Vereinen, städtischen Öffentlichkeiten, Gewerkschaften sowie regionalen Medien an der Umnutzung bzw. Musealisierung von Fabriken mit gewissem architektonischem oder industriegeschichtlichem Wert erkennbar, wenn auch die finanziellen Ressourcen v.a. der Kommunen entsprechenden Bestrebungen noch engere Grenzen als vor zwanzig Jahren setzen. Doch ist eine Ausweitung dieser öffentlichen Wertschätzung alter Fabrikanlagen auf einige neue Beitrittsländer der EU mit industrieller Vergangenheit, aber auch auf ältere Industriestandorte in den Mittelmeerländern nicht auszuschließen, lässt sich doch mit „Industriekultur" ein durchaus erfolgreiches Stadt- und Regionenmarketing in Europa betreiben. So wurden in den letzten Jahren klassische Fabrikstädte wie Lille, Liverpool, Glasgow und Essen, die ein neues Selbstbewusstsein gegenüber ihrer Vergangenheit entwickelt haben, zu Europäischen Kulturhauptstädten gekürt. Selbst in Katalonien kann man bereits auf einer „Route des industriellen Erbes" reisen.

Die gesellschaftlichen Ursachen und Motive, die in der eher spärlichen Literatur, die sich mit dem Phänomen der Umwandlung von alten Fabriken in „Erinnerungsorte" auseinandersetzt, genannt werden, sind nicht immer überzeugend. „Wenn die Arbeit ausgeht, dann kommt sie ins Museum", diese in den 1970er Jahren in der alten Bundesrepublik geläufige Spruchweisheit hat sich z. B. als unzutreffend erwiesen. Die Arbeit ist nicht ausgegangen, sie ist nur im aufsteigenden Dienstleistungssektor eine andere geworden. Auch findet sie weiterhin auch als industrielle Arbeit in hochmodernen Fabrikhallen, häufig auf der „grünen Wiese" statt. Den Akteuren der letzten dreißig Jahre bei ihrem Einsatz zum Erhalt von Fabriken schlicht Nostalgie zu unterstellen, dürfte ebenso unzureichend sein, wie den häufig beteiligten, zumeist sozialdemokratischen Landes- und Kommunalpolitikern allein wahltaktisches Kalkül oder das Bemühen um regionale Identitätsstiftung zu unterstellen.

Eher gehören Industriemuseen und Industriedenkmale zu den konservierenden Maßnahmen einer Gesellschaft, die nicht ganz besinnungslos in eine neue Epoche der kapitalistischen Wertschöpfung stolpern will. Die Musealisierung und Unterschutzstellung von Fabriken sind zugleich Ausdruck und integraler Bestandteil einer industriekulturalistischen Wende, v.a. in historisch älteren Industrieregionen Europas. Diese Aufwertung der kulturellen Bedeutung von Industrie für die Gesellschaft hatte dort überall ihre Vorkämpfer und Protagonisten. In der Bundesrepublik Deutschland war es Hermann Glaser, der langjährige Kulturdezernent der auch industriell geprägten Stadt Nürnberg, der vor mehr als dreißig Jahren diese Wende vorantrieb. „Industrie in ihrer ganzen Vielfalt wurde als Teil der Kultur der letzten 200 Jahre definiert und – noch wichtiger – als solche allmählich akzeptiert und in Objekten wahrnehmbar gemacht, in ‚Leitfossilien' der Industriekultur", wie es der erste Direktor des Rheinischen Industriemuseums in den 1980er und 1990er Jahren, Rainer Wirtz, unlängst in der Rückschau formulierte. Die wichtigste ‚Leitfossilie' ist zweifellos die Fabrik. Sie gilt weithin als eine Art Basisinnovation im Industrialisierungsprozess und als Symbol der Industriellen Revolution, manchen auch als deren vollendete Form. Das trifft in besonderem Maße auf frühe Fabrikanlagen und insbesondere auf die „Mutter aller Fabriken", die fabrikmäßig betriebene mechanische Baumwollspinnerei zu, wie sie etwa in Ratingen der Nachwelt erhalten blieb.

Fabriken in der frühen Industrialisierung: Mythos und Realität

Diese hohe Symbolträchtigkeit konnte auch von der neueren wirtschaftsgeschichtlichen Forschung nicht erschüttert werden, welche die Bedeutung der Textilindustrie im Allgemeinen und der Fabrik im Besonderen für den Industrialisierungsprozess bis ca. 1870 erheblich relativiert hat. Zahlreiche Forschungsarbeiten der letzten Jahrzehnte heben den anhaltend großen Stellenwert der im Verlagssystem organisierten, exportorientierten Heimweberei hervor. Sie gab in Europa Hunderttausenden von Menschen noch zur Mitte des 19. Jahrhunderts Arbeit und wuchs lange Zeit in enger Symbiose mit den Spinnfabriken als vorgeschalteter Produktionsstufe, die, aus heutiger Sicht zudem quälend langsam, sukzessive die Handspinnerei von Woll- und Leinengarnen verdrängten. Industrialisierung war zunächst ein Prozess extensiven Wachstums, das sich im gewerblichen Sektor konzentrierte. Erst in den 1830er Jahren war – 60 Jahre nach Arkwrights „Cromford Mill" – schließlich das mechanische Spinnen von Flachs technisch so ausgereift, dass es ökonomisch rentabel in großem Stil eingeführt werden konnte. Erst seit den 1850er Jahren kann man außerdem von einer flächendeckenden Mechanisierung der Weberei unter Einsatz von Dampfmaschinen als Antriebskraft, über die Produktion von einfachen Baumwoll- und Leinengeweben hinaus, sprechen. Auch deshalb herrscht in der Wirtschaftsgeschichtsschreibung heute weitgehend Einigkeit darüber, dass im kontinentalen Europa die zögerliche und überaus krisenhafte Etablierung von Baumwollspinnfabriken sowie die über viele Jahrzehnte gestreckte Mechanisierung der anderen Sparten der Textilfabrikation in Fabriken, niemals – weder vom ökonomischen Gewicht in der Gesamtwirtschaft noch von den Vor- und Rückkopplungseffekten auf andere Wirtschaftsbereiche – den Charakter eines „Leitsektors" der Industrialisierung annehmen konnte, wenn auch aus der Textilbranche bis in die 1830er Jahre die wichtigsten Impulse für den frühen Maschinenbau ausgingen.

Sogar für Großbritannien, wo zur Mitte der 1850er Jahre über 100 000 Frauen, Jugendliche und Männer in den Baumwollspinnfabriken mehr als 10 Millionen damals modernster Spindeln bedienten, zweifeln Historiker die Leitfunktion der Baumwollfabriken für den Industrialisierungsprozess heute an. Das gilt selbst für die Textilbranche als Gesamtheit, von deren 1,3 Millionen Beschäftigten – das Bekleidungsgewerbe nicht mitgerechnet – 1851 immerhin bereits 50 Prozent in zumeist dampfgetriebenen Fabriken arbeiteten; ein im Vergleich zu anderen Branchen sehr hoher Prozentsatz. Wie ohnehin für den deutschsprachigen Raum und Belgien, wird auch für Großbritannien zunehmend der Eisenbahnbau mit seinen gewaltigen Investitionssummen und mit seinen massiven Rückkopplungseffekten auf den Bergbau, die Hüttenindustrie und den kapitalintensiven Maschinenbau – nicht zuletzt auch wegen der Verbilligung der allgemeinen Transportkosten – als „Leitsektor" einer beschleunigten Industrieentwicklung ab etwa 1830 gesehen. Was den Stand der Verbreitung von Fabriken im gewerblichen Sektor des Inselreichs angeht, so dürfte es bezeichnend sein, dass selbst das an der Spitze der Entwicklung stehende Großbritannien über die Mitte des 19. Jahrhunderts hinaus landläufig als „Werkstatt der Welt" (*workshop of the world*) charakterisiert wurde.

Fabriken als „Erinnerungsorte an die Zukunft"

Trotz dieser relativierenden Ergebnisse der wirtschaftsgeschichtlichen Forschung können Historiker nicht einfach darüber hinweg gehen, dass die Fabrik als neue Organisationsform der Arbeit, wie sie sich ausgehend von der Baumwollspinnerei vor allem in der Textilbranche allmählich durchsetzte, für die Zeitgenossen vornehmlich aus dem bürgerlichen Schichten Europas einen hohen symbolischen Stellenwert besaß. War doch die Industrialisierung nicht allein ein ökonomischer und technologischer Prozess, sondern – aus kultur- und ideengeschichtlicher Perspektive betrachtet – unauflösbar verknüpft mit der Herausforderung älterer Muster der Weltdeutung und des Zukunftsentwurfs sowie neuen Sinnstiftungen ökonomischen Handelns. Die Fabrik wurde bereits für die Zeitgenossen der frühen Fabrikgründungen zu einem „Erinnerungsort": zu einem „Erinnerungsort" an die ursprünglichen Werte und Ziele des bürgerlichen Liberalismus und – so merkwürdig das klingen mag – zu einem „Erinnerungsort an die Zukunft", an erstrebenswerte oder strikt abzulehnende Varianten von Zukunft.

Die mechanische Baumwollspinnerei war daher schon kurz nach ihrer Einführung auch in den gewerblich entwickelten Teilen des kontinentalen Europa – verstärkt aber seit den 1820er Jahren – Gegenstand einer intensiven Debatte der gerade entstehenden „bürgerlichen Öffentlichkeit" mit ihren zahlreichen „Selbstverständigungsorganen", den Zeitschriften, Periodika oder Handelsblättern. Das historisch Neuartige, wenn man so will: Revolutionäre, wurde den Zeitgenossen, die nur den Erfahrungshintergrund der von Verlegerkaufleuten organisierten Großgewerbe auf der Basis von Heimarbeit hatten, sehr rasch bewusst. Die Spinnfabriken bedeuteten: die weitgehende Ersetzung und zunehmende Dequalifizierung von Handarbeit durch Arbeitsmaschinen, die Zentralisation der Produktion unter einem Dach mit einer zentralen Antriebskraft, mithin auch die Trennung von Arbeit und Wohnen, die Anlage einer größeren Summe fixen Kapitals, die den Unternehmer zu einer im Heimgewerbe unüblichen Kontinuität von Produktion und Absatz zwang, sowie schließlich das Anwachsen von auf Lohnarbeit begründeten Existenzen, die – im Gegensatz zu den nach Tausenden zählenden Heimarbeitern und Handwerkern der exportorientierten Großgewerbe – nicht einmal mehr den Schein von Selbständigkeit, dem damaligen Ideal des bürgerlichen Gesellschaftsentwurfs, aufrecht erhalten konnten.

Das dramatisch Andersartige der Baumwollfabriken und ihr hoher Stand der Mechanik beeinflusste die Phantasie der Zeitgenossen. Eine kleinere Gruppe von gebildeten Bürgern, Staatsbeamten und Unternehmern sah in der mechanischen Baumwollspinnerei rasch das Zukunftsbild der Entwicklung von Gewerbe und Industrie, spürte das Potenzial der Ersetzung von Handarbeit durch Arbeitsmaschinen als beständige Quelle bahnbrechender Veränderungen. Alles müsse über kurz oder lang zur Fabrik übergehen, das Handwerk und die Kleinbetriebe der mechanisierten Massenproduktion erliegen. Wiederum einige davon glaubten gar in der „Vervollkommnung" der automatischen Arbeitsmaschinerie verbunden mit der schier unerschöpflichen Vermehrung der Dampfkraft die Chance für die Emanzipation der Menschheit aus den Zwängen der Natur und der beengenden Mühsal der zum täglichen Leben notwendigen Arbeit entdeckt zu haben. Der ältere Fortschrittsbegriff der Aufklärung wurde über die Baumwollfabriken erstmals mit der Industrieentwicklung verknüpft, in der Hoffnung, dass durch gewaltige technisch-materielle Fortschritte kulturelle und moralische Werte gewonnen werden könnten.

Der Brite Andrew Ure bestärkte und krönte diese Denkströmung mit seinem 1835 erschienenen vielgelesenen Werk „The Philosophy of Manufactures", in welchem er die Errichtung vollautomatischer Fabriken bereits in einer nicht allzu fernen Zukunft prognostizierte. Dieses Buch wurde nicht zuletzt deshalb – aber nicht nur deshalb – zu einer einflussreichen Schrift des 19. Jahrhunderts, weil der junge Karl Marx es nachgerade mit Feuereifer verschlang und damit seine Zukunftshoffnung der Möglichkeit des Übergangs vom „Reich der Notwendigkeit" zum „Reich der Freiheit" begründete. Von diesem Zeitpunkt an war der Marx'sche Sozialismus – trotz aller plakativen Kritik der Schattenseiten der Industrialisierung und der so genannten Entfremdung der Arbeiter in den kapitalistisch geprägten Fabriken – ein Sozialismus, der *mit* der „Großen Industrie" und nicht gegen sie verwirklicht werden sollte, wie es die von Marx fortan als „utopisch" gebrandmarkten Frühsozialisten der kleinen Warenproduktion und des Handwerks in Frankreich, der Schweiz und teilweise auch in deutschen Landen erträumten.

War die Mechanisierung des Baumwollspinnens, die – wie erwähnt – in der Realität nur erstaunlich langsam etwa die Mechanisierung des Webens oder der Leinen- oder Seidenfabrikation nach sich zog, für eine Minderheitsströmung im Bürgertum des kontinentalen Europa der Anlass, ganz auf die Karte der „Großen Industrie" zu setzen, blieb sie bis zur Mitte des 19. Jahrhunderts für eine Mehrheit eher Schreckbild als Zukunftsvision. Eine auf eine wachsende Zahl von Lohnarbeitern begründete Fabrikindustrialisierung wurde etwa im deutschsprachigen Raum nicht nur als konträr zum bürgerlich-liberalen Zukunftsentwurf einer – wie es der Historiker Lothar Gall prägnant formulierte – „klassenlosen Bürgergesellschaft mittlerer, selbständiger Existenzen" begriffen. Die Spinnfabriken schienen Armut auch nachgerade zu produzieren und anzulocken, anstatt Armut und Beschäftigungslosigkeit zu bekämpfen, wie es die Spinnereibesitzer stets behaupteten, als sie nach Aufhebung der napoleonischen Kontinentalsperre immer wieder nach staatlicher Protektion, vor allem erhöhtem Zollschutz riefen. Schließlich beruhte die Baumwollspinnerei zu einem guten Teil auf Kinderarbeit und darüber hinaus auf sehr schlecht entlohnter Frauenarbeit. Sollte so die Zukunft aussehen? Aus diesem Teil des Bürgertums heraus wurde über das Thema Kinderarbeit eine bewusste, anhaltende Skandalisierung der mechanischen Baumwollspinnerei betrieben, auch aus der festen Überzeugung heraus, dass die zwölfstündige, monotone Kinderarbeit in den als „Spinnhöllen" oder „Jammerhöhlen" bezeichneten Fabriken einen völlig anderen Charakter als im Heimgewerbe und in der Landwirtschaft habe.

Es war freilich nicht nur dem Mitleid mit den Kindern geschuldet, dass die Kritik an den Fabriken bis zur Mitte des 19. Jahrhunderts nicht verstummte. Nicht wenige Kaufleute, Verleger, Pfarrer, Beamte sahen in der Kinderarbeit und dem mit ihr scheinbar verbundenen Absinken des allgemeinen Lohnniveaus ein Symbol für die destruktiven Kräfte, die eine entfesselte Industrie – im damaligen Wortgebrauch „der Industrialismus" – freisetzen konnte. Wohin dieser „Industrialismus" führen werde, glaubte man an England, seinen großstädtischen Slums und seinem „entsittlichten", „bindungslosen" Proletariat erkennen zu können. Großbritannien galt vielen Bürgern des kontinentalen Europa im Vormärz nicht als Vorbild, sondern als Irrweg einer zu weit getriebenen Industrie.

Aber auch pragmatisch denkenden, weniger pessimistischen Kaufleuten und Unternehmern im kontinentalen Europa erschienen Spinnfabriken als eine äußerst prekäre Angelegenheit – ähnlich vielleicht den heutigen Computerchipfabriken. Zwar konnte man bei entsprechenden staatlichen Rahmenbedingungen – etwa Zollschutz und hohen Spindelprämien –, bei guter Konjunktur und zumindest zeitweiligem technischem Vorsprung gegenüber der inländischen Konkurrenz für einige Jahre sehr viel Geld verdienen. Aber Großbritanniens sich immer noch vergrößernde technologische Überlegenheit, seine gewaltige Marktmacht auf dem Sektor der Rohbaumwolle und die extremen zyklischen Schwankungen der Nachfrage nach gesponnenem Garn machten ein unternehmerisches Scheitern sehr wahrscheinlich. Was blieb, war der in Deutschland oder Italien sehr gebräuchliche Ausweg einer Nischenexistenz in der Produktion grober Garne, denen man in Manchester wegen zu teurer Transportkosten und besonders hoher Zollbarrieren wenig Aufmerksamkeit schenkte. Aber bei groben Garnen lag die Verzinsung des Kapitals in den 1830er Jahren unter dem Durchschnitt der Verzinsung von Staatsanleihen der kontinentaleuropäischen Staaten, wenn man zeitgenössischen Beobachtern Glauben schenken darf. Gern hätten viele Verlegerkaufleute, die nicht selten Hunderte bis Tausende Weber und Wirker in hoch spezialisierten Branchen in Heimarbeit beschäftigten – und in diesen Bereichen der Weiterverarbeitung, die sich seit 1800 gewaltig ausgedehnt hatten, wurde bis in die 1850er Jahre im kontinentalen Europa das „wirkliche" Geld verdient –, das gesponnene Garn – Fortschritt hin, moralische Entrüstung her – einfach zum Rohstoff deklariert und ohne verteuernden Zollaufschlag aus Großbritannien eingeführt.

Fabriken als Grundlage der Epoche einer europäischen Industriegesellschaft

Die Aufgeregtheit, die Schärfe, die Symbolhaftigkeit und der futuristische Zuschnitt der Auseinandersetzung um die Fabrik in der „bürgerlichen Öffentlichkeit" der ersten Hälfte des vorvergangenen Jahrhunderts stehen in starkem Kontrast zu dieser eher pragmatischen Weltsicht – wie auch zu den Ergebnissen der historischen Forschung zum Verlauf der Industrialisierung während der ersten zwei Drittel des 19. Jahrhunderts. Dennoch kann man dieser lebhaften Debatte um die Spinnfabriken, die sie zu „Erinnerungsorten an die Zukunft" machte, ihre historische Berechtigung und Sinnhaftigkeit nicht absprechen, verkörperten doch bereits die ersten Baumwollspinnereien die allgemeine Form, das „Wesen" eines heraufziehenden Fabrikzeitalters. Sie waren der Prototyp der Produktion unter einem Dach, des zentralen Kraftantriebs und der Trennung von Arbeit und Wohnen, wie sie für die Zeit der Hochindustrialisierung nach 1880 typisch wurden. Sie waren nicht zuletzt auch Experimentierfeld neuer Formen des Managements von Kapitaleinsatz und Arbeit. Zwar waren viele Fabriken außerhalb der Textilbranche im ausgehenden 19. Jahrhundert und beginnenden 20. Jahrhundert von ihren inneren Produktionsabläufen her partiell eher noch Werkstätten, die weiterhin auf handwerklichen Arbeitsqualifikationen und Arbeitsprozessen basierten. Das war insbesondere im Maschinenbau der Fall, aber auch in der frühen Automobilfertigung. Doch verbreitete sich die standardisierte Massenproduktion, für die die Bauwollspinnerei prototypisch steht, im Lauf der folgenden Jahrzehnte beträchtlich. Sie prägte nach der elektrotechnischen Industrie bald auch die Automobilfabriken, mithin zwei „Schlüsselindustrien" des 20. Jahrhunderts. Die beiden Weltkriege und der Boom der 1950er und 1960er Jahre, der weitgehend auf der Expansion der klassischen Wachstumsindustrien des frühen 20. Jahrhunderts beruhte, verstärkten die Ausbreitung hierarchischer, rigide aufgeteilter, oft tayloristisch genannter Fabrikarbeit zur Herstellung standardisierter Massenprodukte beträchtlich.

Seit den 1880er Jahren wurde in Europa die Beschäftigung vergleichsweise sehr industrieintensiv, das heißt, in Europa arbeiteten in Fabriken weit mehr Erwerbstätige als in außereuropäischen Ländern. Nur in europäischen Gesellschaften war deshalb der Industriesektor bis in die 1970er Jahre, mithin für ein knappes Jahrhundert, größer als der Dienstleistungssektor. Diese Dominanz erreichte der Industriesektor in einer ganzen Reihe von europäischen Ländern schon vor dem Ersten Weltkrieg, etwa in Großbritannien, Deutschland, Belgien, der Schweiz, Österreich und Böhmen. Bemerkenswert ist freilich, dass sich diese Dominanz des Industriesektors in den 25 Jahren zwischen 1950 und der Mitte der 1970er Jahre auch in Europa als Ganzes durchsetzte. In diesen Jahrzehnten betrieben einige Länder der so genannten Peripherie – Spanien, Finnland, Irland, Italien für seinen Süden – eine gezielte Industrialisierungspolitik, siedelten Fabriken an und förderten sie mit Steuergeldern.

Auch im Osten Europas setzten die kommunistischen Regime ganz auf die Karte einer forcierten Industrieentwicklung, besonders nachdrücklich in früheren Agrarländern wie Polen oder Rumänien. In den RGW-Staaten wurde die Fabrik sogar vollends zum Organisationsprinzip der gesamten Gesellschaft. Sie strukturierte das Leben der Beschäftigten bis hin zum Betriebskindergarten, dem Betriebszahnarzt, dem Betriebsfriseur und dem Betriebsferienheim. Die Organisationsform der Fabrik hat die Implementierung gewerblicher Warenproduktion in einstmals dominant agrarische Regionen Europas nachhaltig erleichtert. Selbst unter Einschluss weiterer peripherer Länder wie Portugal und Griechenland, die sich wenig industrialisierten, erreichte die europäische Beschäftigung insgesamt dadurch statistisch eine außergewöhnliche Industrieintensität. „Nur in europäischen Gesellschaften", so das Urteil des Berliner Historikers Hartmut Kaelble, „lief die Geschichte der Beschäftigung streng nach unseren Lehrbüchern ab und enthielt nach der Periode der Agrargesellschaft eine wirklich Periode der Industriegesellschaft, in der die Industrie tatsächlich der größte Beschäftigungssektor war". Viel stärker als anderswo auf der Welt breitete sich in Europa der Typ der reinen Fabrikstadt aus oder gaben Fabriken der Stadtentwicklung ein spezifisches Gepräge. Nirgendwo sonst hatten Gewerkschaften und Arbeiterparteien ein höheres Mitglieder- bzw. Wählerpotenzial. Nirgendwo sonst wurde auf Grund der gewaltig wachsenden Arbeiterzahlen eine staatliche Sozialpolitik, zunächst häufig noch allein auf die gewerbliche Arbeiterschaft zielend, so dringlich wie in europäischen Staaten – nicht zuletzt zur Legitimation von Herrschaft in Industriegesellschaften. Dieser europäische Weg lässt sich in keinem außereuropäischen Land eines ähnlichen Entwicklungsstands finden, weder in den USA, Kanada, Australien noch in Japan. In keinem dieser Länder gab es eine eigentliche Periode der Industriegesellschaft, vielmehr ging die Agrargesellschaft direkt in die Dienstleistungsgesellschaft über. Zu keinem Zeitpunkt der ökonomischen Entwicklung erreichte dort der Industriesektor den größten Anteil an den insgesamt in diesen Volkswirtschaften beschäftigten Personen.

Fabriken können also mit Fug und Recht den Status eines spezifischen „europäischen Erinnerungsorts" beanspruchen. Doch sind sie nicht einfach nur Relikte einer vergangenen Epoche, deren besonders schöne oder bedeutsame Exemplare man getrost Historikern und Denkmalpflegern oder Vermarktern von „Industriekultur" überlassen kann. Sie sind auch heute fester Bestandteil des verarbeitenden Gewerbes in Europa und werden es auch in absehbarer Zukunft sein. Denn nachdem Europa seit den 1970er Jahren eine Dienstleistungsgesellschaft geworden war, d.h. der Dienstleistungssektor seither die meisten Beschäftigten aufweist, blieb eine besondere Industrieintensität – im Vergleich zu anderen „reifen" Volkswirtschaften wie den USA oder Kanada, aber auch aufsteigenden Schwellenländern wie Brasilien oder Indien – erhalten.

Problematisch ist freilich, dass sich diese Industrieintensität selbst in Kerneuropa zunehmend auf einzelne Volkswirtschaften zu konzentrieren scheint. Der Anteil der Beschäftigten in der Industrie wie auch der Anteil des verarbeitenden Gewerbes an der Wirtschaftsleistung ist in den letzten 20 Jahren etwa in Deutschland oder auch Italien deutlich geringer geschrumpft als in Großbritannien oder Frankreich. Während der Industrieanteil an der gesamtwirtschaftlichen Wertschöpfung 2008 in Frankreich nur noch bei gut 14 Prozent lag, erreichte er in Deutschland über 25 Prozent. Seit dem Jahr 1995 hat sich der Abstand der Industrieanteile beider Länder nahezu verdoppelt. Fiel der Industrieanteil an der gesamtwirtschaftlichen Wertschöpfung in Italien im gleichen Zeitraum nur von 22 auf knapp 18 Prozent, sackte er in Großbritannien dramatisch von 21 auf gut 12 Prozent ab. Hatte der fast flächendeckende Übergang zur Industriegesellschaft und zur Fabrikarbeit in dem Vierteljahrhundert zwischen 1950 und der Mitte der 1970er Jahre zweifellos einen integrativen Effekt, so dürfte die Auseinanderentwicklung der industriellen Kapazitäten von Mitgliedsstaaten der EU, trotz vorherrschender Dienstleistungsgesellschaft, desintegrative Wirkungen auf eine gemeinsame Wirtschafts- und Währungspolitik entfalten.

Literaturhinweise

Rudolf Boch, Grenzenloses Wachstum? Das rheinische Wirtschaftsbürgertum und seine Industrialisierungsdebatte 1814–1857. Göttingen 1991.

Die erste Fabrik, Ratingen-Cromford, hrsg. vom Landschaftsverband Rheinland. Köln 1996.

Karl Ditt/Sidney Pollard (Hrsg.), Von der Heimarbeit in die Fabrik. Industrialisierung und Arbeiterschaft in Leinen- und Baumwollregionen Westeuropas während des 18. und 19. Jahrhunderts. Paderborn 1992.

Jörg Feldkamp/Ralph Lindner (Hrsg.), Industriekultur in Sachsen. Neue Wege im 21. Jahrhundert. Chemnitz 2010.

Lothar Gall, Liberalismus und „bürgerliche Gesellschaft". Zu Charakter und Entwicklung der liberalen Bewegung in Deutschland, in: Historische Zeitschrift 220 (1975), S. 324–356.

Stefan Gorissen, Fabrik, in: Friedrich Jaeger (Hrsg.), Enzyklopädie der Neuzeit, Bd. 3. Stuttgart/Weimar 2006, S. 740–747.

Hartmut Kaelble, Auf dem Weg zu einer europäischen Gesellschaft. Eine Sozialgeschichte Westeuropas 1880–1980. München 1987.

Hartmut Kaelble, Sozialgeschichte Europas. 1945 bis zur Gegenwart. München 2007.

Katja Roeckner, Ausgestellte Arbeit. Industriemuseen und ihr Umgang mit dem wirtschaftlichen Strukturwandel. Stuttgart 2009.

Andrew Ure, The Philosophy of Manufactures, or: An Exposition of the Scientific, Moral, and Commercial Economy of the Factory System in Great Britain. London 1835 (Nachdruck London 1967).

Rainer Wirtz, Der Fortschritt und die Industriemuseen – oder: Ist die Geschichte von Industrie in Zukunft noch ausstellbar?, in: Wohin führt der Weg der Technik – historischen Museen? Chemnitz 2002, S. 53–63.

Barbara Schmucki
U-Bahn

„Ein schnelles und sicheres Verkehrsmittel unter den überfüllten Straßen von London war schon immer das Ideal der modernen Ingenieure. Die Öffentlichkeit, vielleicht nicht zu unrecht, hat dieses Vorhaben aber immer für eine Utopie gehalten [...] etwa so wie die Pläne für fliegende Maschinen, Kriegführung mit Ballons [und] Tunnels unter dem Ärmelkanal [...]". Wie dieses Zitat aus der „Times" im November 1861 zeigt, hielten die meisten Menschen Mitte des 19. Jahrhunderts die U-Bahn für eine futuristische Vision. Im gleichen Artikel aber berichtete die „Times", dass eine solche tatsächlich geplant war. Am 10. Januar 1863 öffnete die erste U-Bahn der Welt, die Metropolitan Railway, feierlich ihre Tore. Der Name *Metro*, der später für andere U-Bahnen gebraucht wurde, ist eine Abkürzung dieser ersten „hauptstädtischen Eisenbahn". Tausende von Menschen machten damals aus Neugier eine Probefahrt. Und noch immer haben U-Bahnen ihren Reiz, beeindrucken uns in besonderer Weise und verströmen eine Aura von Weltstadt. Die großen europäischen Städte London, Paris und Berlin und ihre U-Bahn-Systeme sind zum großen Teil für die unverändert starke Anziehungskraft dieses Verkehrsmittels verantwortlich. Europa hat sich mit der U-Bahn, wenigstens zeitweise, an die Spitze des technischen Fortschritts gesetzt. Aber nicht nur technischer Fortschritt macht U-Bahnen faszinierend. Sie sind weit mehr als nur technisch hochwertige Verkehrsmittel. U-Bahnen sind auch Aushängeschilder der Städte, machen sie zu etwas Besonderem und verhelfen ihnen zu Identität und Image. Sie sind Kunst und Design, Stadtpläne und Orientierungshilfen, für Reiche und Arme gleich, Staatspropaganda, Prestigeobjekt, Protz, Public Relations, wetterunabhängig, bieten Schutz vor Bomben, stiften Gemeinschaftssinn und binden die Stadt zusammen.

Die U-Bahn fasziniert durch Technik

Da für lange Zeit niemand an eine unterirdische Eisenbahn geglaubt hatte, ist es nicht erstaunlich, dass sie schließlich für ihre Technik bestaunt wurde. Zeitungen und Fachpresse waren voller Bewunderung für den Hauptkonstrukteur der Londoner U-Bahn, Sir John Fowler, der zum ersten Mal in der Geschichte das technische Grundprinzip des *cut and cover* (aufschneiden und abdecken) angewandt hatte. Mit dieser so genannten offenen Bauweise, einer Baustelle in der Mitte der Straße, werden bis heute U-Bahnen gebaut. Es war vor allem der Tunnel, der die Gemüter bewegte, denn bisher gab es so etwas unter den Straßen, die bereits alle möglichen Gasleitungen, Wasser- und Abwasserröhren enthielten, nicht. Und es glich einem Wunder, dass Dampflokomotiven da unten fahren konnten, ohne dass der Tunnel selber oder die Häuser über ihm wackelten, Risse bekamen oder gar einstürzten. Mit dem U-Bahn-Tunnel vermochten seine Konstrukteure das gängige Bild vom Untergrund einer Stadt als einer furchteinflößenden dampfenden Kloake ins Gegenteil umzudrehen. Bei seiner Eröffnung berichtete die „Times", dass der Tunnel weder eng, dunkel, feucht noch stinkig, stattdessen außergewöhnlich gut beleuchtet sei und eher an eine gut ausgebaute, hell erleuchtete Straße bei Nacht erinnere als an eine unterirdische Passage. Die erste unterirdische Strecke von Farrington nach Paddington hatte den Zweck, die Londoner Bahnhöfe King's Cross (Great Northern Railways), Euston (London & North Western Railways) und

Paddington (Great Western Railways) zu verbinden. 1865 verkehrten fahrplanmäßig unter der Woche täglich 352 Züge und 200 am Sonntag.

Die U-Bahn war am Anfang ein Eisenbahnprojekt, das vor allem die Zugverbindungen im Land verbessern sollte. Seit den 1830er Jahren hatten die verschiedenen Eisenbahngesellschaften mehr und mehr Fahrgäste nach London gebracht. Da die einzelnen Kopfbahnhöfe der Eisenbahngesellschaften an der Stadtgrenze gebaut worden und nicht verbunden waren, machte das die Reise von der Südküste in den industrialisierten Norden oft sehr beschwerlich und lang, da Güter und Menschen auf Pferdefuhrwerke, -busse, -kutschen oder -taxis umgeladen werden mussten. In anderen europäischen Metropolen wie Paris und Berlin war das nicht anders, allerdings erst gut dreißig Jahre später. Nach dem schnellen und durchschlagenden Erfolg der unterirdischen Metropolitan Line entstand unter der Führung von Metropolitan and Distric Railways bis 1884 im Zentrum der Millionenstadt ein geschlossener Ring, in dem Ringzüge und Vorortzüge gemeinsam verkehrten und der im Wesentlichen noch heute in Betrieb ist. Immer noch war die U-Bahn ein Teil des Eisenbahnnetzes, verwandelte sich aber langsam in ein städtisches Verkehrsmittel, das den Bewohnern von London eine schnellere Verbindung bot.

Obwohl die U-Bahn ein Erfolg zu sein schien, beklagten viele Fahrgäste, dass das Atmen in den unterirdischen Zügen schwierig und die Atmosphäre erstickend sei. Es kam sogar vor, dass Menschen wegen der schlechten Luft starben. Die U-Bahn beeindruckte die Welt nicht nur durch ihre imposante Technik, sondern auch wegen ihrer Schrecken. Das änderte sich mit der Elektrifizierung des Systems. Seit Werner von Siemens mit einer Ausstellungsbahn 1879 und einer Straßenbahn 1881 bewiesen hatte, dass Elektrizität Personen befördern konnte, gab es in den 1880er Jahren Pläne in London, Paris und Berlin, aber auch in anderen europäischen Städten, eine elektrische U-Bahn zu bauen. Zur gleichen Zeit hatte der Ingenieur James Henry Greathead die Schildbohrung, die tiefere Tunnels ermöglichte, weiterentwickelt und verbessert. Ab 1886 wurden die meisten Tunnels der Londoner U-Bahn ohne störende Straßenbaustellen unterirdisch geschrämmt. Die Röhrenform dieser Bauweise gibt dem System bis heute seinen Namen: *the tube*. 1890 konnte die erste elektrische U-Bahn der Welt, die City and South London Railway, eröffnet werden. Diese Pionierleistung fand nicht nur bei Ingenieuren und Eisenbahnfachleuten in aller Welt, sondern auch bei einem breiten Publikum großes Interesse. Viele Artikel in Zeitungen und Zeitschriften titelten noch Jahrzehnte später: „The World's Pioneer Tube Railway". Die Leser von Illustrierten bewunderten vor allem auch die neuen hydraulischen Fahrstühle zu den tief unten liegenden Bahnsteigen. Auf Bildern sahen diese wie große vornehme Wartesäle aus. Und auch die Rolltreppe, ein weiteres wichtiges Charakteristikum der Großstadt, verdankte ihre Verbreitung der U-Bahn. Auch wenn in London die erste 1898 im Kaufhaus Harrods installiert wurde, war es dann die U-Bahn, die sie seit 1911 zum Alltagsgegenstand machte.

Die Londoner U-Bahn hat alle anderen U-Bahnsysteme in Europa wesentlich beeinflusst, da ihr Prestige andere Metropolen bestärkte, ihre eigenen Pläne zielstrebig umzusetzen. Bis zum Ersten Weltkrieg imitierten und verbesserten Budapest (1896), Glasgow (1897, Kabel), Wien (1898, Dampf, mehrheitlich ohne Tunnel), Paris (1900), Berlin (1902, Hoch- und Untergrundbahn) und Hamburg (1912) das Londoner Vorbild. 1913 hatte London ein Netz von über 300 km (10 Linien), Paris 93 km (10 Linien) und Berlin 36 km vorzuweisen. Auch wenn Glasgow, Wien und Hamburg versuchten, sich am Ruhm der U-Bahn zu beteiligen, blieben ihre Systeme klein, beschränkten sich auf eine Linie und trugen kaum zum Verkehrsaufkommen in der Stadt bei.

Die U-Bahn gestaltet die Stadt

Die U-Bahn spielte als Gestalterin der Großstädte und Metropolen Europas eine wichtige Rolle. Zum einen schuf sie eine Verbindung zwischen den verschiedenen Bahnhöfen, deren Gleisnetze die Hauptstadt mit dem ganzen Land verbanden. U-Bahnen hatten also von Anfang an nicht nur eine wichtige Verkehrsfunktion, sondern auch eine symbolische, die Nation stärkende und einende. Zum anderen verbanden die U-Bahn-Systeme seit Anfang des 20. Jahrhunderts neu gebaute Vororte mit der Stadt und integrierten sie. „Metro-Land" in London ist ein gutes, wenn auch besonders pronociertes Beispiel für diese Entwicklung und steht stellvertretend für andere Städte und U-Bahn-Systeme. Die Metropolitan Railway verlängerte ihre Linie seit ihrer Eröffnung systematisch bis Mitte der 1930er Jahre (von Baker Street nach Swiss Cottage 1868, nach Harrow 1880, Rickmansworth 1887, Chesham 1889, Aylesbury 1892). 1915 lancierte James Garland vom Werbebüro der Metropolitan die mittlerweile berühmten Metro-Land-Führer, kleine Broschüren, die für die Verlängerungen der Linie werben sollten. Diese Büchlein zeigen, wie sich die U-Bahn auf die Stadt ausgewirkt hatte. Sie priesen Freizeitvergnügungen wie Ausstellungen und Fußballspiele an, beschrieben Ausflüge ins Grüne, gaben praktische Hinweise für die Geschäftsleute der neuen Mittelschichten, die nun in die City of London pendelten, und priesen das Wohnen in neuen komfortablen Einfamilienhäuser in reiner Luft und ruhiger Lage, um potentielle Käufer zu finden. U-Bahn-Systeme legten sowohl zentrifugale als auch zentripetale Kräfte frei. Sie boten nicht nur schnellere Verbindungen an die Peripherie der Städte, wo Erholung und ruhige Wohnlagen lockten, sondern sie intensivierten auch Konzentrationsprozesse von Arbeitsplätzen, Freizeitangeboten und Einkaufsmöglichkeiten im Inneren der Stadt. Das Leben in Vorstädten und Agglomerationen ist ein wichtiger Teil großstädtischen Lebens und Identität geworden. Die U-Bahnen sind eng mit dieser Entwicklung verbunden und waren schnell aus dem Alltag nicht mehr wegzudenken. Zeitgenössische Kritiker anfangs des 20. Jahrhunderts wiesen bereits auf die Veränderung der Sozialstruktur in den Städten hin, die sich mit den neuen Schnellsystemen nach dem Zweiten Weltkrieg nur noch intensivierte. Die schnellen Verbindungen boten vor allem den wohlhabenderen Schichten die Möglichkeit, die Stadt zu verlassen. Durch die oft sternförmigen Liniennetze blieben weite Teile der Stadt freilich unterversorgt und benachteiligt.

U-Bahn-Systeme veränderten die Bewegungsmuster der Menschen in großen Städten. Bereits vor dem Ersten Weltkrieg benutzten in London alle Schichten regelmäßig die Met: Nicht nur vornehme Leute fuhren zur Arbeit, zum Shopping und ins Theater, sondern auch Arbeiter konnten verbilligte Fahrkarten zur Arbeit kaufen oder leisteten sich eine Fahrt zu besonderen Anlässen wie Boots- und Pferderennen. 1913 beförderte Londons Untergrundbahn 710 Millionen Fahrgäste (inklusive Lokalbahnen), die Pariser Métropolitain 312 Millionen und Berlins Hoch- und Tiefbahnen 73 Millionen. In London und Paris machte die U-Bahn mehr als die Hälfte allen öffentlichen Verkehrs aus, in Berlin etwas weniger (ca. 44 %). In London, Paris und Berlin wurde die U-Bahn in der Zwischenkriegszeit zum Rückgrat des Verkehrs und etablierte sich als wichtiges Charakteristikum der Hauptstädte. Während die amerikanischen U-Bahnen (Chicago 1892, Boston 1901, New York 1904, Philadelphia 1907) ihre soziale Integrationskraft bereits während der 1930er Jahre, sicher aber nach dem Zweiten Weltkrieg weitgehend verloren und erst kürzlich wieder gefunden haben, blieben die europäischen Systeme für alle Schichten attraktiv.

Die U-Bahn stiftet Identität

U-Bahnen sind technisch hoch stehende, schnelle Verkehrsmittel, deren technische Überlegenheit sie zu einem wichtigen Bestandteil des politisch-kulturellen Bewusstseins der Europäer gemacht hat. U-Bahnen bedeuteten für die Zeitgenossen, die Stadtbewohner, die Reisenden, die die Metropolen besuchten, aber noch mehr. Die U-Bahn ist deswegen ein besonders interessantes Beispiel, da sie beide Charakteristika eines Erinnerungsorts – materielle und immaterielle – in sich vereint. Sie verkörpert durch die Materialität der Tunnels, Rolltreppen, Lifte und besondere Wagen weltstädtisches Flair, darüber hinaus ist aber auch ihre symbolische und ästhetische Kraft von zentraler Bedeutung für die Identität bedeutender europäischer Städte.

Die U-Bahn war Zeichen der Großstadt schlechthin. Für Musil war sie zusammen mit Straßenbahn, Automobil und Fahrstuhl *das* Vehikel des städtischen Pulses. Auch wenn die U-Bahn mehrheitlich unter der Erde verschwand, waren ihre Eingänge auf der Oberfläche das erste Zeichen ihrer Existenz. Nicht ihre Beförderungskapazität war es, die die Menschen beeindruckte, sondern das neuartige Styling, das sich mit der U-Bahn in den Städten ausbreitete und eine großstädtische Identität prägte. Die verschiedenen Stadtverwaltungen, Eisenbahnunternehmen und privaten Investoren beauftragten meistens berühmte Architekten, neue Bahnhöfe zu entwerfen. Die ersten Eingänge der Tube waren neoklassische imposante Kuppelgebäude. In Paris stimmte die Stadtregierung einer U-Bahn unter der Bedingung zu, dass sie ästhetisch anspruchsvoll gestaltet würde. Das Resultat, die von dem Avantgarde-Architekten Hector Guimard entworfenen Jugendstil-Eingänge, beeindruckten nicht nur die ganze Welt bei der Weltausstellung 1900, sondern gehören bis heute zu den Hauptsehenswürdigkeiten von Paris. In Wien hatte die Commission für Verkehrsanlagen 1898 den renommierten Architekten Otto Wagner mit der ästhetischen Gestaltung betraut. In Berlin legte man besonderen Wert darauf, dass sich die Eingänge zur U-Bahn der vornehmen Umgebung anpassten. Ein gutes Beispiel ist die 1908 eröffnete Station Kaiserhof, deren Eingang dem gleichnamigen Hotel entsprechend prunkvoll gestaltet war. Im selben Jahr sorgte die Architektur des U-Bahnhofs Spittelmarkt mit einer Galerie von Fenstern für Tageslicht und einem imposanten Blick auf die Spree für viel Aufmerksamkeit. Die Wände waren mit blauen Kacheln ausgelegt, die der unterirdischen Anlage einen sauberen und freundlichen Anstrich verliehen.

In den 1920er und 1930er Jahren verstärkte sich dieser Trend, die U-Bahn nicht nur als das leistungsfähigste Verkehrsmittel, sondern auch als Aushängeschild der Metropolen zu präsentieren, noch einmal gewaltig. In dieser Zeit konnten die Londoner beobachten, wie sich ihre Tube maßgeblich veränderte. Untergrundstationen, die zu dieser Zeit ihren Charme der Eröffnungsjahre verloren hatten, schlecht beleuchtet waren und dunkle Eingangshallen hatten, verwandelten sich in offene, mit Licht und Luft erfüllte Räume. Rolltreppen ersetzten an vielen Orten die alten Fahrstühle. Die Tunnels und Stationen, die mit ihren weiß glänzenden Backsteinen dem Empfinden der Zeit entsprechend mehr Toiletten und Empfangshallen von Kranken- und Armenhäusern glichen, wurden neu und einheitlich gestaltet und mit quadratischen, beigefarbenen Kacheln ausgelegt, die das Licht besser reflektierten und den Schmutz weniger sichtbar machten. Die U-Bahn präsentierte sich neu in ihrer für heute immer noch typischen und so berühmten Art. 1908 schlossen sich in London die verschiedenen U-Bahn-Gesellschaften aus finanziellen Gründen – die Konkurrenz des Busses war mittlerweile drückend geworden – unter dem Namen „Underground" zusammen, um durch gemeinsame Werbekampagnen mehr Fahrgäste anzulocken. Seither tauchte der Name „Underground" auf Plakaten, in Stationen und auf dem ersten U-Bahn-Plan der Welt auf. 1913 entwarf Edward Johnston für die neue Organisation das runde, rot-blaue Symbol „Underground" und 1916 ein eigenes neues Schriftbild, mit dem alles angeschrieben wurde. In den 1920er Jahren, unter der Geschäftsführung von Frank Pick, der zielgerichtet auf eine symbolhafte und ästhetische Darstellung des Unternehmens achtete, verbreitete sich das Underground-Symbol nicht nur als Schild für die Eingänge zur U-Bahn, sondern auch als Hintergrund für alle Haltestellennamen auf den Bahnsteigen. Mit dem Zusammenschluss aller öffentlichen Verkehrsmittel im London Passenger Transport Board wurde das U-Bahn-Symbol 1933 schließlich zum Zeichen für Verkehr in London schlechthin.

Pick war es auch, der namhafte Künstler beauftragte, Werbeplakate für die U-Bahn zu entwerfen. London Underground war eines der ersten Unternehmen, das solche für die Zeit neuartigen Strategien zur Festigung der Corporate Identity und Kundenwerbung verfolgte, um mehr Leute zu überzeugen, mit der U-Bahn ins Kino, Theater oder zum Einkaufen zu fahren. Solche Plakate, die überall hingen, glamouröse Menschen, schöne Ausflugsziele, gute Einkaufsgelegenheiten zeigten und die Geschwindigkeit und Preisgünstigkeit der U-Bahn priesen, machten die Underground zu etwas Besonderem, Reizvollem und Unalltäglichem. Die U-Bahn war nicht mehr nur Verkehrsmittel, sondern symbolisierte London mit all seinen Reizen schlechthin und wurde zu einem der wichtigsten Bestandteile der Londoner Identität. Hierzu trug auch die Neugestaltung des U-Bahn-Planes bei, die Pick in Auftrag gab. Harry Beck entwickelte 1931, was wir heute von den meisten U-Bahn-Plänen der Welt kennen, eine abstrakte, nur ungefähre Darstellung der Linienverläufe. Jede Linie wurde durch einen eigenen Strich repräsentiert, der nur waagerecht, senkrecht oder diagonal im 45°-Winkel verläuft. Durch den Verzicht auf topografische Genauigkeit schaffte er so einen äußerst übersichtlichen Plan. Dieser ist bis heute als eine unentbehrliche visuelle Technik eine Schnittstelle zwischen der Stadt und ihren Nutzern, da er den Menschen hilft, sich in der riesigen Stadt zurechtzufinden. Der simple Plan hatte zur Folge, dass mehr Menschen die U-Bahn nahmen, weil sie sich besser orientieren konnten und alles so nah schien. London auf dem Plan war kleiner als die Stadt in Wirklichkeit, da die außenliegenden Gegenden auf dem Plan näher ans Zentrum gerückt wurden. Noch heute steigen viele Touristen, die London besuchen, lieber für eine Station in die U-Bahn, statt sich auf einen Fußweg von vielleicht fünf Minuten zu begeben, weil die Orientierung über den U-Bahn-Plan einfacher ist als in den Straßen. Solche Muster sind auch in allen anderen U-Bahn-Städten zu beobachten. Durch den Plan und die gut sichtbaren Haltestellen-Eingänge als einheitliche Erkennungshilfen auf der Oberfläche erschuf die U-Bahn die Stadt neu, prägte die Vorstellung von Stadt, ja, ist als Orientierungshilfe die Stadt selber geworden.

Schutz und Gefahr

U-Bahnen verströmen eine ganz besondere Aura. Menschen fühlen sich dort anders als in öffentlichen Gebäuden oder oberirdischen Verkehrsmitteln. Unbekannte Gefahren schienen für manche, besonders Frauen, da unten zu lauern. Seit den 1910er Jahren nahm sich London Underground solcher Gefühle an und versuchte, sie positiv zu beeinflussen. Auf Postern zeigte das Unternehmen, wie viel sicherer die U-Bahn im Vergleich mit den Gefahren auf der Straße war, dass sie wärmenden Schutz vor unfreundlichem Londoner Wetter bot, für Frauen sehr wohl geeignet und hell erleuchtet, sauber und geputzt mehr einem Cafe oder Theater als einem Verkehrsmittel glich. Solche positive Stimmungsmache muss es in anderen Städten auch gegeben haben. Im Gegensatz zu New York, wo die U-Bahn bereits in den 1930er Jahren als Transportmittel der „dubiosen" und „gefährlichen" Unterschichten galt, präsentierten sich die europäischen Systeme entsprechend den Gewohnheiten den sicherheitsbedürftigen Mittelschichten.

Während des Zweiten Weltkrieges symbolisierte die U-Bahn für viele Menschen einfach nur Schutz, auch wenn die U-Bahnhöfe und Schächte rein technisch gesehen keine besondere Sicherheit boten, da sich Bomben bis zu 15 Meter tief einbohren konnten. Trotz aller Warnungen stürmten am 7. September 1940 Tausende von Londonern die geschlossenen U-Bahn-Eingänge. Hunderttausende suchten von da an Schutz in den unterirdischen Gängen, übernachteten auf Rolltreppen und Bahnsteigen und nahmen in den nächsten fünf Jahren die U-Bahn immer wieder, durchaus gegen den Willen der Regierung, „in Besitz". Es entwickelte sich eine richtige Schutzgemeinschaft, die eine eigene Zeitung herausgab und das Leben unter der Erde zu organisieren versuchte. Auch die Berliner suchten seit 1940 Schutz in der U-Bahn. Auf Anordnung der Reichsregierung wurden sogar in einigen U-Bahnhöfen Luftschutzräume eingerichtet. In Paris boten U-Bahnhöfe und Tunnel Tausenden von Obdachlosen Unterkunft. Trotz der Opfer, die in der U-Bahn zu beklagen waren, sind die unterirdischen Bahnsteige in der kollektiven Erinnerung doch als Orte der Sicherheit und des Zusammenhalts erhalten geblieben.

Seit den 1970er Jahren nahmen die Fahrgäste die U-Bahnen in Europa zunehmend als gefährlich wahr. Das ist zum großen Teil darauf zurückzuführen, dass der schlechte Ruf der amerikanischen Großstädte abfärbte, die massenhafte Individualmotorisierung den U-Bahnen die wohlhabenderen Fahrgäste entzog, in dieser Zeit weniger Geld in die Systeme investiert worden war und ihre Gänge alt, dunkel und schmutzig erschienen. Die Verkehrsbetriebe, so etwa in London und München, versuchten Ende der 1970er Jahre mit einer speziellen U-Bahn-Wache nach dem Vorbild der New Yorker „Guardian Angels", den neuen Gefühlen der Bevölkerung zu begegnen. In jüngster Zeit setzt man aber vor allem auf Videoüberwachung und die helle, saubere und polierte Neugestaltung von Bahnhöfen mit möglichst wenig unübersichtlichen Ecken. Schutz und Gefahr sind beides Teile des besonderen Empfindens der U-Bahn und Elemente der Großstadt. Als Kontrapunkt und positiver Marker kann die U-Bahn, da, wo die Stadt gefährlicher ist, oft sogar mehr Sicherheit bieten.

Die U-Bahn als Zeichen des Neuen

Die U-Bahn ist in der europäischen Geschichte immer wieder mit der Erneuerung der Stadt, mit Modernisierung und der Schaffung von etwas Neuem in Verbindung gebracht worden. Wie gezeigt wurde, hatten Technik und Ästhetik eine positive Wirkung, gerade weil sie neu und neuartig waren. Die symbolische Wirkung der U-Bahn entfaltete sich aber nicht nur auf unternehmens-, sondern auch auf staats- und kommunalpolitischer Ebene. Kurz nach der Machtergreifung 1933 benannte Hitler die Berliner Haltestellen Reichskanzleiplatz in Adolf-Hitler-Platz und Schönhauser Tor in Horst-Wessel-Platz um. Zudem wurde in allen Bahnhöfen die „Nationalflagge", das Hakenkreuz auf rotem Untergrund, aufgehängt. In Hitlers Plänen für eine riesige neue Reichshauptstadt Deutschlands (auch „Welthauptstadt Germania" genannt), die eine Einwohnerzahl von zehn Millionen erreichen sollte, spielte ein erheblich erweitertes U-Bahn-Netz eine zentrale Rolle. Geplant war auch eine Berliner „Circle-Line". In München, der zweitwichtigsten Stadt im Dritten Reich, sollte eine U-Bahn ebenfalls nicht fehlen. Alle diese Pläne wurden aber nie umgesetzt. Im Gegensatz dazu konnte Stalin ähnlich hochfliegende Ideen in Moskau mit Hilfe englischer Berater verwirklichen. Wie schon für Hitler und seinen Generalbauinspektor Speer, war auch für Stalin die U-Bahn

Symbol einer einflussreichen Weltstadt, die der neuen Nation zu Prestige verhelfen sollte, und London war das große Vorbild.

Stalins sozialistische Metro in Moskau, die 1935 mit der Absicht gebaut wurde, „eine hohe Schule für die Schaffung des neuen (sowjetischen) Menschen" zu sein, fand auch im Westen höchste Beachtung und Bewunderung und blieb – wie die anderen U-Bahnen – auch während des Kalten Krieges eine der wichtigsten touristischen Attraktionen. Die Metro in Moskau war Aushängeschild für die Macht, Glorie und Größe des neuen Sowjetstaats im eigenen Land. Durch die Benutzung der gigantischen Rolltreppen, durch monumentale mit Marmor ausgeschlagene Gewölbe, imposante Hallen, gold-schimmernde Fluchten, verzierte Wände und Säulen, Bogengänge, Kronleuchter, Glasmalereien, Mosaike mit Halbedelsteinen, dekorative bronzene Statuen und die Präsenz der starken Wand- und Deckenbilder, die die heldenhafte Geschichte des Baus der U-Bahn und mit ihr des neuen Staates erzählten, nahm die Bevölkerung die Werte und Ideologie von Stalins neuer Zivilisation auf und machte sie sich zu eigen.

Die U-Bahn behielt in Europa die Aura des Neuen und Modernen auch nach dem Zweiten Weltkrieg. Die Gründung von zwei deutschen Staaten hatte auch die Spaltung der Berliner Verkehrsgesellschaft, Betreiber der Berliner U-Bahn, zur Folge. West-Berlin hatte bereits seit Kriegsende, spätestens aber 1953 mit dem Beschluss, die Straßenbahn abzuschaffen, voll und ganz auf die U-Bahn als „schnittiges modernes" Verkehrsmittel gesetzt. In dieser Zeit legten die Stadt- und Verkehrsverwaltungen mehr und mehr einen gewissen missionarischen Eifer an den Tag, die jeweilige Stadthälfte als Schaufenster herzurichten, um den „anderen" zu zeigen, dass man die bessere Gesellschaftsform war. Die U-Bahn war klarer Bestandteil des vermeintlich moderneren Westens. Während in West-Berlin der U-Bahn-Bau gerade durch den S-Bahn-Boykott, der als Protest gegen den Mauerbau ins Leben gerufen wurde, boomte, gab es einen Quasi-Baustopp in Ost-Berlin, wo ein Schnell-Straßenbahnsystem propagiert wurde.

Auch in München wurde die U-Bahn der Straßenbahn vorgezogen, weil sie das „modernere" Verkehrsmittel war, als es Anfang der 1960er Jahre darum ging, ein Schnellverkehrsmittel einzuführen. Nur die U-Bahn konnte nach Meinung des Oberbürgermeisters Hans-Jochen Vogel und seiner Administration München zu einer „Metropole mit Weltstadtcharakter" machen. In diesem Sinn stiftete die U-Bahn einmal mehr einen wichtigen Teil der neuen Identität der Stadt als führender moderner Wirtschaftsmetropole.

Die U-Bahnen in London, Paris und Berlin sind vor allem verantwortlich dafür, dass so etwas wie ein Verkehrsmittel ein europäischer Erinnerungsort sein kann, da ihre Geschichte von der Größe und Glorie der Städte zeugt. U-Bahnen sind nicht wegzudenkende Adern der Weltmetropolen, sind uns seit ihrer Erfindung als positive Symbole der Fortschrittlichkeit und Moderne präsentiert worden und geben uns im täglichen Chaos des Straßenverkehrs eine beruhigende Vorstellung von geordneten europäischen Großstädten, die alle etwas ähnlich und deshalb vertraut sind.

Literaturhinweise

Elfi BENDIKAT, Öffentliche Nahverkehrspolitik in Berlin und Paris 1890–1914. Strukturbedingungen, politische Konzeptionen und Realisierungsprobleme. Berlin u. a. 1999.

Michael W. BROOKS, Subway City. Riding the Trains, Reading New York. New Brunswick 1997.

Burghard CIESLA, U-Bahn oder Straßenbahn? Die hauptstädtische Verkehrsplanung der 60er und 70er Jahre und die Realisierung des Tatra-Programms bis 1985, in: Berliner Geschichte 11 (1990), S. 10–23.

Adrian FORTY, Objects of Desire. Design and Society since 1750. London 1986.

Oliver GREEN, Underground Art. London Transport Posters, 1908 to the Present. London 1990.

John GREGG, The Shelter of the Tubes. Tube Sheltering in Wartime London. Harrow Weald 2001.

Andrew JENKS, A Metro on the Mount: The Underground as a Church of Soviet Civilization, in: Technology and Culture, 41 (2000/4), S. 697–724.

Michael ROBBINS, London Underground and Moscow Metro, in: Journal of Transport History, 18 (1997/1), S. 45–53.

Barbara SCHMUCKI, Der Traum vom Verkehrsfluss. Städtische Verkehrsplanung seit 1945 im deutsch-deutschen Vergleich. Frankfurt/M. 2001.

Janet VERTESI, Mind the Gap. The London Underground Map and Users' Representations of Urban Space, in: Social Studies of Science 38 (2008) S. 7–33.

Christian WOLMAR, The Subterranean Railway. How the London Underground was built and how it changed the City forever. London 2004.

Wilhelm Schönfelder
Der Euro

Wohl selten hat es in der langen europäischen Geschichte in so kurzer Zeit so tief greifende, friedliche Veränderungen gegeben wie zum Ende der 1980er/Anfang der 1990er Jahre. Die Staats- und Regierungschefs der KSZE-Staaten haben es in der „Charta von Paris für ein neues Europa" 1993 nicht ohne Pathos beschworen: „Das Zeitalter der Konfrontation und der Teilung ist zu Ende gegangen [...]. Europa befreit sich vom Erbe der Vergangenheit [...]. [Es] bricht ein neues Zeitalter der Demokratie, des Friedens und der Einheit an".

Einhergehend mit den politischen, sich gegenseitig verstärkend, gab es tief greifende gesellschaftliche Veränderungen und Veränderungen in der Struktur der Staatengemeinschaft, Prozesse, die immer noch andauern. Wohin sie führen werden, ist noch nicht absehbar.

Die traditionelle Produktionsgesellschaft transformierte sich schon seit den 1970er Jahren und mit zunehmender Geschwindigkeit mehr und mehr in eine Dienstleistungs- und Informationsgesellschaft. Die historische Dimension der Entwicklungen im Bereich der Informations- und Gentechnologie ist nur vergleichbar mit der der industriellen Revolution, in letzter Konsequenz vielleicht noch weitgehender.

Auf der staatlichen Ebene fand gleichzeitig – so wie von Paul Kennedy beschrieben – weltweit, aber besonders in Europa, eine Verschiebung von Autorität auf größere transnationale ebenso wie auf kleinere regionale Einheiten statt. Im Zuge dieser Entwicklung nahm und nimmt die Bedeutung des klassischen Nationalstaats allgemein ab. Er hat sich in vielen Bereichen überlebt. Bei der Lösung der globalen Probleme, bei der Bewältigung der Megatrends, die unsere Zukunft bestimmen, ist er überfordert. Überkommene einzelstaatliche Souveränitätsvorstellungen sind unvereinbar mit der Lösung der Lebensfragen, von denen die weitere Existenz abhängt – demographische Entwicklung, Urbanisierung, Klimaveränderung, Globalisierung.

Im Bereich der Wirtschaft befreiten sich die großen multinationalen Unternehmen immer mehr von den Fesseln nationaler Grenzen. Ihre Strategien und Allianzen sind weltweit angelegt. Vor allem auf den internationalen Finanzmärkten ist der „Markt ohne Staat" weitgehend verwirklicht, von nationaler Warte kaum noch zu überschauen und längst nicht mehr zu kontrollieren.

Eingebettet in diese tief greifenden Veränderungen und mit ihnen durchaus konform entwickelte sich in der gleichen Zeit die Idee einer einheitlichen europäischen Währung, eine Idee, die ansatzweise schon seit dem frühen 19. Jahrhundert fassbar ist und schon allein von daher einen Ort europäischer Vision darstellt. Der erste Versuch der Schaffung einer Wirtschafts- und Währungsunion Anfang der 1970er Jahre (der Werner-Plan, benannt nach dem damaligen Luxemburger Außenminister), nach dem bis 1980 eine WWU geschaffen werden sollte, scheiterte an den nicht zu überwindenden Gegensätzen der Wirtschafts- und Währungspolitiken der Mitgliedstaaten der damaligen EWG.

Erst als sich Ende der 1970er Jahre eine stärkere Annäherung in den wirtschaftspolitischen Konzeptionen anbahnte, wurde die Einführung fester Wechselkurse im Rahmen des Europäischen Währungssystems (EWS) möglich. Bei seiner Gründung auf Initiative von Präsident Giscard d'Estaing und Bundeskanzler Schmidt im Jahre 1979 beteiligten sich acht EG-Mitgliedstaaten (Belgien, Dänemark, Frankreich, Irland, Luxemburg, die Niederlande, Italien sowie Deutschland). Der Erfolg des EWS wurde möglich, weil sich bei den teilnehmenden Staaten eine substantielle Annäherung der Wirtschafts- und Finanzpolitiken entwickelte.

Von besonderer Bedeutung war die wirtschafts- und währungspolitische Annäherung zwischen Deutschland und Frankreich. Nach drei Abwertungen des Franc hatte sich Frankreich im Frühjahr 1983 auf Betreiben des damaligen Finanzministers Delors für eine straffe Stabilitätspolitik entschieden. Dieser Beschluss, gefasst in enger Abstimmung mit der Bundesregierung und nach dramatischen innenpolitischen Diskussionen in Frankreich, ging einerseits mit beachtlichen Erfolgen in der Inflationsbekämpfung einher, musste aber andererseits mit einer engen Anlehnung des Franc an die D-Mark „bezahlt" werden. Die D-Mark war zur unangefochtenen Leitwährung im EWS geworden. Die für die Geldpolitik im EWS wichtigen Entscheidungen wurden faktisch in der Bundesbank in Frankfurt getroffen, die geldpolitische Souveränität der EWS-Mitgliedstaaten war letztlich auf die Bundesbank übergegangen.

Nach der ersten grundlegenden Reform der Gründungsverträge durch die Einheitliche Europäische Akte im Februar 1986 und dem daraus resultierenden Binnenmarktprogramm konzentrierte sich die Diskussion auf die Frage, wie die Gemeinschaft den Anforderungen des Binnenmarkts gemäß wirtschafts- und währungspolitisch weiterentwickelt werden sollte. Dabei ging es auch um die institutionelle Weiterentwicklung. Die Befürchtungen waren groß, dass bei einer vollständigen Liberalisierung des Kapitalverkehrs die im EWS bestehenden Interventions-, Kredit- und Koordinierungsinstrumente dem Druck der Finanzmärkte nicht standhalten würden. Bundesregierung und Bundesbank lehnten eine solche institutionelle Weiterentwicklung kategorisch ab, mit der Begründung, die Vorschläge beachteten das Ziel der Geldwertstabilität nicht genug. Insbesondere Italien und Frankreich verlangten aber in dieser Zeit Korrekturen am Regelwerk des EWS, um die „asymmetrische Wirkungsweise" des Systems zu ändern.

In einem Memorandum vom 12. Februar 1987 forderte der damalige französische Finanzminister Balladur deshalb kurzfristig eine Änderung der Interventionsmodalitäten im EWS. Langfristig sah er in der Perspektive und Logik des Binnenmarkts eine einheitliche europäische Währung und eine gemeinsame, föderativ aufgebaute Europäische Zentralbank vor. Vor dem Hintergrund der internationalen Finanzkrise im Oktober 1987 schlug er eine Reform des internationalen Währungssystems vor, in dem Europa als Zone der Geldwertstabilität eine wichtige Rolle spielen sollte.

Da die kurzfristigen Vorschläge Balladurs letztlich darauf hinausliefen, dass die Bundesbank zusätzliche Verpflichtungen zur Stützung der schwächeren EWS-Währungen eingehen sollte, lehnten das Bundesministerium der Finanzen und die Bundesbank diese Vorschläge angesichts der damit verbundenen Risiken für die Steuerung der DM-Geldmenge und der Preisstabilität ab.

Auch zahlreiche andere Beiträge trugen dazu bei, dass die währungspolitische Diskussion in dieser Zeit ausgesprochen lebhaft war. Die Idee einer gemeinsamen europäischen Währung lag in der Luft, und nichts ist nach Victor Hugo „mächtiger als eine Idee, deren Zeit gekommen ist". So genügte ein für sich alleine genommen eher unbedeutender Anlass, um eine Entwicklung anzustoßen, die in einer geraden Linie hin zur Einführung des Euro führte.

In Bonn gab es die Tradition, dass der Botschafter des EG-Landes, das die Ratspräsidentschaft innehatte, einmal im Monat den anderen EG-Botschaftern ein Mittagessen gab, zu dem er jeweils einen prominenten Gastredner einlud. Zum Mittagessen des belgischen Botschafters am 24. März 1987 war der damalige Außenminister Hans-Dietrich Genscher eingeladen. Wie in einem Ministerium üblich, forderte das Ministerbüro für diesen Anlass bei der zuständigen Arbeitseinheit im Haus einen Redeentwurf an. Weil andere Referate überlastet waren, vielleicht auch keine Lust hatten, schon wieder eine Rede zu schreiben , landete die Anfrage bei dem Autor dieses Beitrags als dem damals jüngsten in der Referatsleiterrunde, zuständig für internationale Währungs- und Finanzfragen, mit der Bemerkung, der Minister wolle „mal etwas Neues" zum Thema „Die historische Dimension der Europäischen Gemeinschaft" sagen. Also wurde „etwas Neues" geschrieben.

Der Entwurf wies darauf hin, dass sich innerhalb des EWS in den 1980er Jahren die wirtschaftlichen Ergebnisse erkennbar angeglichen hätten. Angesichts dieser ermutigenden Erfolge dürfe sich die währungspolitische Diskussion in Europa nicht nur im technischen Bereich bewegen. Die seit Jahren ruhende Frage der institutionellen Weiterentwicklung des EWS müsse enttabuisiert und wiederaufgenommen werden. Die Zeit für institutionelle Fortschritte sei wegen der schon erreichten wirtschaftlichen Konvergenz der Mitgliedsstaaten, die im EWS feste Wechselkurse aufrechterhielten, gerade jetzt besonders günstig.

Diese Rede ist bei dem Mittagessen von Genscher so nicht gehalten worden. Er hat, wie für ihn bei solchen Gelegenheiten üblich, frei über die Dinge gesprochen, die gerade anlagen. Der damalige Mitarbeiter im Ministerbüro Joachim Bitterlich, später außen- und europapolitischer Berater von Helmut Kohl, schien aber die Rede interessant zu finden und ließ sie im Bulletin der Bundesregierung veröffentlichen, ein Publikationsort, der normalerweise nicht im Scheinwerferlicht der Öffentlichkeit steht.

Anscheinend aber wurde die Rede im Bundesfinanzministerium gelesen, wo man die Forderung nach der „Enttabuisierung der institutionellen Weiterentwicklung des EWS" durchaus korrekt als Forderung nach Beginn der Diskussion über die Einführung einer Europäischen Zentralbank und einer einheitlichen europäischen Währung verstand.

Dies führte dazu, dass einige Tage später ein hochrangiger Vertreter des BMF im Auswärtigen Amt formell démarchierte und dagegen protestierte, dass der Außenminister sich in dieser Weise in den ureigensten Zuständigkeitsbereich des Finanzministers Gerhard Stoltenberg einmische. Aus der deutschen Wirtschaft andererseits gab es aber von Anfang an große Zustimmung, genug, um den Instinktpolitiker und zutiefst überzeugten Europäer Genscher davon zu überzeugen, dass er auf ein interessantes Thema gestoßen war.

Es entwickelte sich ein Art Wechselspiel: Auf der einen Seite präzisierte Genscher seine Vorschläge immer mehr. Auf der anderen Seite wuchs die Unterstützung durch Banken und Industrie ständig weiter. Vor dem Hintergrund dieser immer größer werdenden Zustimmung fasste Genscher seine Vorstellungen am 20. Januar 1988 zu Beginn der deutschen Ratspräsidentschaft in der traditionellen Programmrede vor dem Europäischen Parlament zusammen: Ein voll integrierter europäischer Binnenmarkt sei nicht denkbar ohne Fortschritte bei der Verwirklichung der Wirtschafts- und Währungsunion. Das EWS sei einer der großen Erfolge des europäischen Einigungsprozesses. Auch anfängliche Skeptiker hätten sich inzwischen von seiner zentralen Bedeutung für die Erreichung einer Wirtschafts- und Währungsunion überzeugt. Zwischen den Mitgliedsstaaten habe sich ein hohes Maß an Übereinstimmung über den Vorrang der Preisstabilität ergeben. Die Spielräume für eine weitere Stärkung des EWS ohne eine institutionelle Weiterentwicklung seien jedoch nur noch gering. Deshalb müssten die nächsten Schritte über den bestehenden EWS-Rahmen hinausgehen. Eine europäische Wirtschafts- und Währungsunion liege in der Logik des Binnenmarkts, in dem eine autonome nationale Wirtschafts- und Währungspolitik nicht mehr möglich sei. Die Krise der internationalen Finanzmärkte im Oktober 1987 habe in dramatischer Weise die Notwendigkeit einer verstärkten Zusammenarbeit im Währungsbereich unterstrichen.

Etwa ein Jahr nach der Genscher-„Rede" vom März 1987 war die Diskussion damit an einem Punkt angelangt, wo sie entweder weiter konkretisiert werden musste oder die Gefahr bestand, dass sie wie ein Strohfeuer erlosch. Am 26. Februar 1988 veröffentlichte Genscher deshalb ein „Memorandum für die Schaffung eines europäischen Währungsraums und einer Europäischen Zentralbank". Die darin entwickelten Ideen gaben der weiteren Entwicklung vielleicht den entscheidenden Impuls.

Genscher legte zunächst die Voraussetzungen für die Schaffung eines einheitlichen Währungsraums dar. Vor allem betonte er die Notwendigkeit eines ordnungspolitischen Grundkonsenses zwischen den Mitgliedstaaten und, dass die Europäische Zentralbank der Preisstabilität absoluten Vorrang einräumen müsse. Zwischen Wirtschafts- und Währungsunion bestehe ein enger Zusammenhang. Fortschritte müssten in beiden Bereichen parallel verlaufen. Ziel sei die Schaffung einer einheitlichen europäischen Währung. Nächster Schritt sollte die Einsetzung eines sachverständigen Gremiums durch den Europäischen Rat sein, das innerhalb eines Jahres Prinzipien für die Schaffung eines einheitlichen Währungsraums erarbeiten, ein Statut für eine einheitliche europäische Währung entwerfen und ein Konzept für eine Übergangszeit erarbeiten sollte.

Nach anfänglichem Zögern unterstützte auch Bundeskanzler Kohl die Idee der WWU. Am 9. März 1988 erklärte er vor dem Europäischen Parlament, der Binnenmarkt werde seine Dynamik erst dann voll entfalten können, wenn die EG-Staaten ihre Wirtschafts-, Finanz – und Währungspolitik noch stärker aufeinander abstimmten. Er sei überzeugt, dass sich die Gemeinschaft dem politischen Ziel der Einigung Europas weiter nähern werde, wenn die WWU verwirklicht würde. Erst dann sei die Entwicklung zur Europäischen Union wirklich unumkehrbar.

In Deutschland entbrannte die Diskussion zwischen den „Ökonomisten" und den „Monetaristen". Die „Ökonomisten" forderten im Sinn der „Krönungstheorie", dass die wirtschaftliche Konvergenz der EG-Mitgliedstaaten mit der Ausrichtung an dem stabilsten Partnerland Vorrang vor jeglicher institutionellen Weiterentwicklung des EWS haben solle. Die Europäische Zentralbank mit einer gemeinsamen Währung sollte der krönende Abschluss des Integrationsprozesses sein. Einer der entschiedensten Vertreter dieser Denkrichtung waren Bundesfinanzminister Stoltenberg und sein damaliger Staatssekretär Tietmeyer. Quasi als Antwort auf das Genscher-Memorandum vom Februar veröffentlichte Stoltenberg deshalb am 15. März 1988 ein Gegen-Memorandum. Zusammengefasst war dieses Papier eine entschiedene Aufforderung, die Idee einer WWU auf eine sehr lange Bank zu schieben.

Die „Grundstein"-Theorie der „Monetaristen" ging davon aus, dass die institutionelle Weiterentwicklung des EWS hin zu einer WWU einen Druck auf höhere wirtschaftliche und politische Konvergenz erzeugen werde. Mit dem Warten auf vollständige Konvergenz könnten alle Chancen auf greifbare Fortschritte in der europäischen Integration auf unabsehbare Zeit verspielt werden. Einer ihrer wichtigsten Vertreter war Helmut Schmidt, der in einem Artikel in der „Zeit" am 22. April 1988 vor einer „Blockade durch die Kleinmütigen" warnte. Wer einen europäischen Binnenmarkt wolle, der müsse auch für eine europäische Währung sein.

Genscher schlug einen pragmatischen Weg vor. Die politische Vernunft gebiete, nicht zwischen zwei reinen Lehren hin- und herzupendeln. Fortschritte müssten im Wirtschafts- und im Währungsbereich Hand in Hand gehen. In den späteren Maastricht-Verhandlungen setzte sich diese Linie durch. Die Währungsintegration sollte sich nicht zu weit von der Integration in den anderen Wirtschaftsbereichen entfernen. Es sollte eine ungefähre Parallelität gewahrt bleiben. Auch die großen Bundestagsparteien unterstützten in der Folgezeit durch jeweils eigene Beschlüsse diese Linie.

Nahezu enthusiastisch war die Unterstützung aus der Wirtschaft. Schon im Februar 1988 forderte eine Gruppe europäischer Wirtschaftsführer, die auf Einladung des damaligen Ministerpräsidenten von Baden-Württemberg, Lothar Späth, und des Vorstandsprechers der Deutschen Bank, Alfred Herrhausen, zusammengekommen war, so bald wie möglich eine Europäische Zentralbank zu schaffen. Ähnliche Forderungen kamen von den Wirtschaftsverbänden und vor allem von zahlreichen großen, international agierenden Unternehmen, die sich durch eine einheitliche Währung mehr Kalkulations- und Investitionssicherheit und generell mehr Stabilität auf ihren Absatzmärkten – vor allem in Europa – erhofften.

Eine große und letztlich bedauerliche Ausnahme waren viele Vertreter der deutschen Wirtschaftswissenschaften, die das Wort „National-Ökonomie" offensichtlich zu wörtlich nahmen und die Trends der Zeit noch nicht erkannt hatten. Ihre Mehrzahl hatte sich in einen Elfenbeinturm ökonomischer Prämissen zurückgezogen und den Kontakt zur realen politischen Welt fast völlig verloren. In zahlreichen, oft eifernden Publikationen wurden die Gefahren der WWU analysiert, und es wurde detailliert versucht zu erklären, warum sie nicht oder noch nicht geschaffen werden sollte. Dabei blieben die politischen Zusammenhänge und wirtschaftlichen Erfordernisse häufig ausgeklammert. Dies gipfelte nach der Unterzeichnung des „Vertrags über die Europäische Union" (zu einem Zeitpunkt also, als alles schon längst entschieden war) in einem „Manifest gegen Maastricht", in dem 60 deutsche Ökonomen die WWU ablehnten. Mit dieser ablehnenden Grundhaltung verlor die deutsche Wirtschaftswissenschaft ihren Einfluss auf die Ausgestaltung der WWU völlig.

Für die Politik stellte sich die Aufgabe, die mit der WWU verbundenen Risiken durch solide vertragliche und institutionelle Regelungen auszuschalten. Die Vorarbeiten für die WWU-Verhandlungen sowie die Papiere für die Verhandlungen selbst wurden fast ausschließlich von der Ministerialbürokratie und der Bundesbank (die nach anfänglichem Zögern oft entscheidenden Input lieferte) gemacht. Schon sehr früh bildete sich ein Arbeitsteam aus Angehörigen des Finanz- und Wirtschaftsministeriums, des Auswärtigen Amts, des Bundeskanzleramts und der Bundesbank, („The Gang of Five", wie es in Bonn genannt wurde), das die deutschen Positionen ausarbeitete.

Genscher hatte in seinem Memorandum vom Februar 1988 die Einsetzung eines „Rates der Weisen" vorgeschlagen. Dieses Gremium sollte innerhalb eines Jahres Vorschläge für die Verwirklichung der WWU vorlegen. Es sollte eine europäische Geldordnung mit einem europäischen Zentralbanksystem definieren sowie die einzelnen Schritte während einer Übergangszeit aufzeigen. Schon bald setzte sich dann aber die Idee durch, nicht einen „Rat der Weisen", sondern die Präsidenten der EG-Zentralbanken mit dieser Aufgabe zu betrauen, auch um sie damit politisch einzubinden.

Der Europäische Rat beschloss deshalb am 27./28. Juni 1988 auf Vorschlag der deutschen Ratspräsidentschaft einen Ausschuss unter Vorsitz des Kommissionspräsidenten Jacques Delors (deshalb: Delors-Ausschuss) einzusetzen, der aus den Präsidenten der EG-Zentralbanken, einem weiteren Mitglied der EG-Kommission und drei Sachverständigen bestehen sollte. Die Ergebnisse seiner Arbeit sollten so rechtzeitig vorgelegt werden, dass sie als Grundlage für die Behandlung des Themas durch den Europäischen Rat in Madrid im Juni 1989 dienen konnten.

Die Reaktion auf das Mandat in Öffentlichkeit und Medien war durchweg positiv. In Frankreich wurde der auf deutsche Initiative zustande gekommene Beschluss als Beginn einer neuen Etappe im europäischen Einigungsprozess gewertet, in Großbritannien – bei gleichzeitiger Kritik an der zurückhaltenden Position von Premierministerin Thatcher – zustimmend gewürdigt.

Die Arbeit des Delors-Ausschusses war für die Schaffung der WWU von grundlegender Bedeutung. Sein im April 1989 vorgelegter Bericht enthielt wichtige Eckpunkte für die ordnungs- und stabilitätspolitische Ausgestaltung der WWU. Der Ausschuss schlug vor, die WWU in drei Stufen zu verwirklichen, wobei die Entscheidung zum Eintritt in die erste Stufe am 1. Juli 1990 zugleich eine Verpflichtung auf den gesamten Prozess darstellen sollte. Um dies zu gewährleisten, sollten die Vorbereitungen für Vertragsverhandlungen über die in der zweiten und dritten Stufe der WWU notwendigen institutionellen Veränderungen im Rahmen einer Regierungskonferenz unverzüglich beginnen. Damit sollte verhindert werden, dass die WWU, wie beim ersten Versuch Anfang der 1970er Jahre, auf der ersten Stufe stecken blieb und scheiterte.

Um diese Verfahrensfrage gab es heftige Diskussionen. Insbesondere die EG-Finanzminister lehnten die Einberufung einer Regierungskonferenz zu diesem frühen Zeitpunkt ab. Vor dem Beginn von Vertragsverhandlungen sollten die Erfahrungen der ersten Stufe abgewartet werden.

Basierend auf einem engen freundschaftlich-vertrauten Verhältnis zwischen den beiderseitigen Staats- und Regierungschefs und Außenministern gab es während des gesamten WWU-Prozesses eine regelmäßige deutsch-französische Abstimmung. Beide Regierungen waren Herz und Motor des Geschehens. Deshalb war es auch nahezu selbstverständlich, dass sich beide Regierungen im Vorfeld von Madrid auf eine gemeinsame Linie verständigten, die so auch die Zustimmung des Europäischen Rats fand:

Grundlage für die Schaffung der WWU sollte der Delors-Bericht sein. An dem dreistufigen Gesamtansatz sollte festgehalten werden. Die erste Stufe sollte am 1. Juli 1990 beginnen und mit einer Entscheidung für den Gesamtprozess verbunden werden. Die Regierungskonferenz sollte zusammentreten, sobald die erste Stufe begonnen hatte, und sollte durch die zuständigen Gremien (v.a. also durch den Rat der Finanzminister) gründlich vorbereitet werden.

Während sich Genscher für die Einberufung einer Konferenz durch den Europäischen Rat in Straßburg im Dezember 1989 einsetzte, gab es in anderen Ministerien in Bonn und auch in anderen europäischen Hauptstädten z. T. heftigen Widerstand gegen eine solche Terminierung. Um den Prozess in Gang zu halten, wurde deshalb auf Vorschlag von Genscher und Dumas im Sommer 1989 ein Ausschuss hochrangiger Beauftragter der Außen- und Finanzminister eingesetzt (benannt nach seiner Vorsitzenden, der französischen Europaministerin Elisabeth Guigou). Er sollte dem Europäischen Rat in Straßburg die wesentlichen noch offenen Fragen für die Regierungskonferenz benennen. Viele Mitglieder des Guigou-Ausschusses gehörten später auch den Delegationen in der Regierungskonferenz an, wie z. B. der damalige Staatssekretär im Bundesministerium der Finanzen und spätere Bundespräsident Horst Köhler.

Anfang Oktober erzielten Frankreich und Deutschland Einvernehmen, dass der Europäische Rat im Dezember die Einberufung der Regierungskonferenz zum zweiten Halbjahr 1990 beschließen sollte.

In die Zeit der Vorbereitung der Straßburger Ratssitzung fiel die Öffnung der Mauer am 9. November 1989. Die Bundesregierung musste darauf bedacht sein, dass Deutschland, in der Mitte Europas gelegen, auch weiterhin seine nationalen Interessen in die Stabilitätserfordernisse einer neuen europäischen Ordnung einfügte. Die sich abzeichnende deutsche Wiedervereinigung in einem sich einigenden Europa abzusichern und voranzubringen, war eine historische Chance.

Für die britische Premierministerin Margaret Thatcher war die deutsche Wiedervereinigung ein zusätzlicher Grund, die WWU abzulehnen. Sie befürchtete, das nun noch größere Deutschland werde die EU dominieren. Andere Mitgliedstaaten, v.a. Frankreich, sahen gerade in der Einbindung des vereinigten Deutschlands in den weitergehenden europäischen Integrationsprozess einen Weg, alte Ängste nicht wieder aufkommen zu lassen.

Einer der hartnäckigsten Mythen im Zusammenhang der Schaffung der WWU ist die von Jacques Attali, dem ehemaligen Berater von Präsident Mitterand, in die Welt gesetzte Behauptung, Deutschland habe die D-Mark als Preis für die französische Zustimmung zur deutschen Wiedervereinigung aufgegeben. Dies ist aus mehreren Gründen falsch und irreführend: Schon wegen der handelnden Personen und des zeitlichen Ablaufs der Ereignisse macht sie keinen Sinn (Genscher-Rede März 1987), es sei denn, jemand wollte ernsthaft behaupten, bereits 1987 gewusst zu haben, dass Deutschland 1990 wiedervereinigt sein würde. Weiter brauchte, außer in einem strikt formalen Sinn, Deutschland für seine Wiedervereinigung weder die Zustimmung von Frankreich noch die von Großbritannien. Realpolitisch notwendig war allein die Zustimmung der USA und der Sowjetunion. Und vielleicht am wichtigsten: Zum Zeitpunkt der Wiedervereinigung brauchte Deutschland nicht um irgendwelcher politischer Vorteile willen mehr oder weniger widerwillig einer Wirtschafts- und Währungsunion zuzustimmen, weil die Partner, z. T. mit großen Problemen, bereits einer Wirtschafts- und Währungsunion nach deutschem Vorstellungen zugestimmt hatten, unter Bedingungen, die teilweise ihren eigenen finanz- und geldpolitischen Traditionen diametral entgegenstanden.

Dies betraf vor allem die drei Grundpfeiler der WWU:

1. Unabhängigkeit der Zentralbank,
2. absolute Priorität für Preisstabilität und
3. Verbot der monetären Finanzierung von Staatsausgaben.

Man kann sich mehrere Gründe für die Zustimmung der Partner vorstellen:

1. Europapolitisch war die WWU die konsequente Weiterentwicklung des EWS. Sie war ein wichtiger Schritt zur Vollendung des Binnenmarkts und zur Schaffung einer Europäischen Politischen Union. Diese Argumente waren besonders häufig in Frankreich zu hören.
2. Wirtschaftspolitisch war von Bedeutung, dass die deutsche Wirtschaft als die erfolgreichste in Europa galt. Manche Partner mögen gehofft haben, dass sie einen ähnlichen wirtschaftlichen Erfolg haben würden, wenn sie das deutsche System akzeptierten.
3. Geld- und währungspolitisch mag wichtig gewesen sein, dass vor allem Italien und Frankreich hofften, künftig nicht mehr die Folgen der asymmetrischen Anpassungen im EWS tragen zu müssen, weil sie in den Institutionen der WWU mehr Einfluss auf das gesamte System haben würden.
4. Letztlich mögen auch einige Regierungen unterschätzt haben, welchen Verlust an geld- und währungspolitischer Kompetenz sie akzeptierten. Noch 1992 meinte Staatspräsident Mitterand in einer Fernsehdebatte, dass er überall höre, die Europäische Zentralbank (EZB) sei Herrin ihrer eigenen Beschlüsse sei. Dies sei nicht wahr. Der Europäische Rat sei für die Geldpolitik verantwortlich. Die EZB habe sie nur umzusetzen: eine bewusste oder unbewusste, auf jeden Fall nahezu grotesk falsche Interpretation der Verträge und des Statuts der EZB.

Das konsequente Festhalten der damaligen Bundesregierung an dem WWU-Projekt und der europäischen Integration hat jedoch generell stark zu Beruhigung der EU-Partner vor und nach der deutschen Wiedervereinigung beigetragen. Es gab nur eine einzige konkrete französische Bitte: In der letzten Nacht der Maastricht-Verhandlungen schlug Präsident Mitterand vor, dass der Europäische Rat ein Enddatum für die 3. Stufe der WWU beschließen sollte, damit die einheitliche Währung spätestens zum 1. Januar 1999 eingeführt werden könne. Bundeskanzler Kohl stimmte ohne Zögern zu.

Die Beratungen konzentrierten sich im ersten Halbjahr 1990 auf die inhaltliche Gestaltung der Endstufe der WWU. Großbritannien meldete gegenüber allen Regelungen, die über die erste Stufe hinausgingen, einen Generalvorbehalt an. Die anderen elf Mitgliedsstaaten waren sich grundsätzlich über das Ziel der WWU einig. Es sollte ein Europäisches Zentralbanksystem entstehen, das politisch unabhängig und vor allem anderen dem Ziel der Preisstabilität verpflichtet ist. Zur Frage jedoch, was im Einzelnen notwendig war, um in der WWU Preisstabilität zu gewährleisten, gab es unterschiedliche Auffassungen.

Für Deutschland war das Konzept einer unabhängigen Zentralbank eine nicht verhandelbare Bedingung, eine conditio sine qua non. Den meisten Mitgliedsstaaten war dieses Konzept aber fremd. Sie hatten Schwierigkeiten mit der Vorstellung, dass die Geldpolitik jeder politischen Einflussnahme und Verantwortung entzogen sein sollte. Dies äußerte sich z. B. in Forderungen nach einer allgemeinen Richtlinienkompetenz des Europäischen Rates für die Wirtschaftspolitik und teilweise auch für die Geldpolitik oder auch einer „demokratischen Verantwortung" der EZB gegenüber dem Europäischen Parlament. Die Forderung, dass die politische Unabhängigkeit der EZB auch für die nationalen Zentralbanken und nicht nur für die Zentralbankpräsidenten in ihrer Eigenschaft als Mitglieder des geldpolitischen Entscheidungsgremiums der EZB gelten sollte, war ebenfalls nicht für alle selbstverständlich.

Kontrovers blieb bis zum Ende der Regierungskonferenz auch die Aufteilung der Zuständigkeit zwischen EZB und dem Rat der Finanzminister für die äußere Währungspolitik. Da Entscheidungen über den Wechselkurs im Verhältnis zu Drittwährungen, die Devisenmarktinterventionen der Notenbank beinhalten, eine stabilitätsorientierte Geldpolitik unterlaufen können, gab es gute Gründe, der Notenbank zumindest ein starkes Mitspracherecht einzuräumen. Andererseits beanspruchten die Regierungen jedoch eine solche Entscheidung für sich, da der Wechselkurs auch eine zentrale gesamtwirtschaftliche Größe ist. Zwar zeichnete sich schon bald die Einigung ab. Über Einzelheiten wurde jedoch bis zum Schluss der Regierungskonferenz diskutiert. Schwierig zu beantworten war auch die Frage, inwieweit in der WWU eine Koordinierung der Wirtschafts- und Haushaltspolitiken notwendig sein würde. Französische Vorstellungen, der Europäischen Zentralbank, die durch ihre Unabhängigkeit eine starke Position haben würde, als Gegengewicht eine starke „Wirtschaftsregierung" („Gouvernement Economique") gegenüberzustellen, wurden nicht zuletzt auch von Deutschland entschieden abgelehnt, vordergründig, weil die politische Unabhängigkeit der Zentralbank dadurch gefährdet werden könnte, aber auch aus Angst einiger Ministerien, weitere wichtige Kompetenzen an „Brüssel" zu verlieren.

Geklärt werden musste aber gerade deshalb die Frage, durch welche anderen Regelungen die Haushaltdisziplin in der WWU gesichert werden konnte. Einigkeit bestand relativ bald über einige Grundsätze:

1. Verbot der monetären Finanzierung von Haushaltsdefiziten durch die Zentralbank als wichtiger Bestandteil der politischen Unabhängigkeit der EZB und vor allem

2. Ausschluss einer Solidarhaftung der EU oder ihrer Mitgliedstaaten für die Schulden einzelner Mitglieder (no bail out-Klausel). Gegen die Risiken, die aus dem Finanzgebaren der Mitgliedstaaten für eine stabilitätsorientierte Geldpolitik entstehen können, musste es zusätzlich Absicherungen geben. Hierfür geeignete und politisch durchführbare Verfahren zu finden, die – um wirksam zu sein – auch mit Sanktionsmöglichkeiten bewehrt sein mussten, erwies sich als außerordentlich schwierig.

Der Europäische Rat trat am 27./28. Oktober 1990 in Rom zu einer Sondersitzung zusammen, um seine reguläre Sitzung am 14. Dezember vorzubereiten, auf der die beiden Regierungskonferenzen – über die Wirtschafts- und Währungsunion und die Politische Union – eröffnet werden sollten. Für die Verhandlungen wurden der Regierungskonferenz folgende Orientierungen vorgegeben.

Für die Wirtschaftsunion: eine offene marktwirtschaftlich Ordnung, die Preisstabilität, Wachstum, Beschäftigung und Umweltschutz miteinander verbindet und die auf ausgeglichene Finanz- und Haushaltsverhältnisse sowie auf wirtschaftlichen und sozialen Zusammenhalt ausgerichtet ist.

Für die Währungsunion: die Schaffung einer „neuen Institution", bestehend aus den nationalen Zentralbanken und einem zentralen Organ, welche die ungeteilte Verantwortung für die Geldpolitik hat. Ihre vorrangige Aufgabe sollte die Sicherung der Preisstabilität sein. Unter Wahrung dieses Zieles sollte sie die allgemeine Wirtschaftspolitik der Gemeinschaft unterstützen. Die Institution und ihre Mitglieder sollten von jeder Weisung unabhängig sein.

Diese Beschlüsse bedeuteten einen Durchbruch. Zwar blieben noch viele Punkte offen. Der für die Einberufung der Regierungskonferenz notwendige Grundkonsens war jedoch erzielt. Großbritannien war in Rom völlig isoliert. Die Art und Weise, wie über die Einwendungen von Premierministerin Margaret Thatcher hinweggegangen wurde, machte deutlich, dass die anderen elf Mitgliedstaaten notfalls bereit sein würden, ohne Großbritannien weiterzugehen. Dies wäre für Großbritannien der *worst case* gewesen: Abgekoppelt und ohne Einfluss auf wichtige Geschehnisse auf dem Kontinent. Großbritannien versuchte deshalb von Anfang an, auf der einen Seite dabei zu sein und mitzureden und auf der anderen Seite die Entwicklung zu bremsen. Bereits im Guigou-Ausschuss ging es den britischen Vertretern offensichtlich nicht um die Vorbereitung der Regierungskonferenz, sondern um das Offenhalten einer Alternative. Die britische Regierung legte deshalb immer wieder Gegenkonzepte vor, die aber kaum Beachtung fanden, weil die eigentliche Zielsetzung zu deutlich war. Wann immer die Briten einen „konstruktiven" Vorschlag machten, hieß es deshalb bei den Partnern: „Red alert! UK is constructive"!

In der Regierungskonferenz selbst arbeitete die britische Delegation dann aber in bester britischer Tradition und unter Aufrechterhaltung des Generalvorbehalts pragmatisch und sehr engagiert und konstruktiv mit, fast immer im Sinn der deutschen Vorstellungen.

In Verbindung mit der Tagung des Europäischen Rats in Rom eröffnete die italienische Präsidentschaft am 15. Dezember dann wie geplant die beiden Regierungskonferenzen. Beide Konferenzen sollten parallel laufen, sie sollten rasch zum Abschluss gebracht und ihre Ergebnisse gleichzeitig ratifiziert werden. Das Ratifikationsverfahren sollte bis Ende 1992 abgeschlossen werden.

Die Regierungskonferenz trat auf Ebene der Finanzminister im Anschluss an deren monatliche Rats-Sitzungen zusammen. Zwischen diesen Terminen tagte sie zweimal monatlich auf der Ebene von persönlichen Beauftragten der Finanzminister. Die deutsche Delegation stand unter Leitung von Bundesfinanzminister Waigel. Sein persönlicher Beauftragter war Staatssekretär Horst Köhler. Köhler war in Vertretung von Minister Waigel auch dann häufig Verhandlungsführer, wenn die Konferenz auf Ministerebene tagte. Vielen Konferenzteilnehmern vermittelte er ein völlig neues „deutsches" Erlebnis. Mit einer oft entwaffnenden Mischung aus Charme, Offenheit und Durchsetzungsvermögen war er einer der dominierenden Teilnehmer der Konferenz. Ihm vor allem ist es zu verdanken, dass die deutsche Delegation alle ihre essentiellen Punkte durchsetzen konnte.

Die Konferenz wurde am 5. Dezember 1991 auf der Ebene der Staats- und Regierungschefs auf der Europäischen Ratssitzung von Maastricht in einer langen Nachtsitzung erfolgreich abgeschlossen. Nach Abstimmung zwischen Präsident Mitterrand und Bundeskanzler Kohl kamen die Staats- und Regierungschefs überein, ein festes Datum zu setzen, zu dem der Eintritt in die dritte, die Endstufe der WWU erfolgen sollte. Sollte bis Ende 1997 kein Termin für den Beginn der dritten Stufe festgelegt worden sein, würde sie am 1. Januar 1999 mit den Mitgliedstaaten beginnen, die die Konvergenzkriterien erfüllten. Ein Kein-Veto-Prinzip (kein Mitgliedstaat sollte den Beginn der WWU durch ein Veto blockieren können) wurde in einer Protokollerklärung über die Unumkehrbarkeit des WWU-Prozesses verankert. In Protokollerklärungen, die speziell auf diese beiden Länder zugeschnitten waren, wurden für Großbritannien eine „*opting out*-Klausel" und für Dänemark ein Verfassungsvorbehalt hinsichtlich ihrer Beteiligung an der dritten Stufe formuliert. Auch Schweden stimmte dem Verhandlungsergebnis in dem Verständnis zu, dass es einen Verfassungsvorbehalt eingelegt hatte – ein Verständnis, das von vielen Partnern so nicht geteilt wurde.

Der Vertrag wurde dann am 7. Februar 1992 unterzeichnet und trat am 1. November 1993 in Kraft, nachdem er von allen Mitgliedsstaaten gemäß ihren jeweiligen verfassungsrechtlichen Vorschriften ratifiziert worden war. Da der deutsche Ratifizierungsprozess erst am 12. Oktober 1993, nach dem Urteil des Bundesverfassungsgerichts, abgeschlossen werden konnte, wurde die deutsche Ratifikationsurkunde als letzte in Rom hinterlegt.

Die WWU gehörte damit zum rechtlichen Besitzstand (*aquis communautaire*) der Europäischen Union. Jeder Mitgliedsstaat und jeder beitretende Staat war und ist verpflichtet, den rechtlichen Besitzstand zu übernehmen, also auch der WWU beizutreten, soweit er die Bedingungen dafür (insbesondere die so genannten Konvergenzkriterien) erfüllt. Insofern stellt sich die Frage nicht, ob bestimmte Mitgliedsstaaten in die Eurozone hätten aufgenommen werden sollen oder nicht. Sie hatten nicht nur das Recht, sondern die Pflicht beizutreten.

In dem Maastrichter Vertrag wurde die WWU in viele weitergehende Ziele und Regelungen eingebettet. In Artikel A heißt es z. B., dass dieser Vertrag eine „neue Stufe bei der Verwirklichung einer immer engeren Union zwischen den Völkern Europas" darstellen soll, und in Artikel B setzt sich die EU folgende Ziele:

1. Die Förderung eines ausgewogenen und dauerhaften wirtschaftlichen und sozialen Fortschritts, insbesondere durch die Schaffung eines Raums ohne Binnengrenzen, durch die Stärkung des wirtschaftlichen und sozialen Zusammenhalts und durch die Einrichtung einer Wirtschafts- und Währungsunion.

2. Die Behauptung ihrer Identität auf internationaler Ebene insbesondere durch eine gemeinsame Außen- und Sicherheitspolitik, wozu auf längere Sicht auch die Festlegung einer gemeinsamen Verteidigungspolitik gehört, die zu gegebener Zeit zu einer gemeinsame Verteidigung führen könnte.

3. Die Stärkung des Schutzes der Rechte und Interessen der Angehörigen ihrer Mitgliedsstaaten durch die Einführung einer Unionsbürgerschaft.

4. Die Entwicklung einer engen Zusammenarbeit in den Bereichen Justiz und Inneres.

5. Als wichtigstes schafft der Vertrag aber die rechtlichen und institutionellen Grundlagen für die Einführung einer einheitlichen europäischen Währung.

Die Vorbereitungen für die Endstufe der WWU wurden bis zur Sitzung des Europäischen Rats von Madrid am 15./16. Dezember 1995 soweit vorangebracht, dass dort wichtige Weichen gestellt werden konnten. Die Endstufe sollte am 1. Januar 1999 mit der unwiderruflichen Festlegung der Umrechnungskurse der Währungen der teilnehmenden Staaten in ihrem Verhältnis untereinander und gegenüber dem Euro beginnen. Die Entscheidung darüber, welche Staaten in die Endstufe der WWU eintreten würden, sollte auf der Basis der Ist-Zahlen für die Konvergenzkriterien für 1997 so früh wie möglich im Jahre 1998 getroffen werden.

In Madrid wurde ebenfalls beschlossen, die einheitliche Währung „Euro" zu nennen und nicht, wie es der Maastrichter Vertrag zunächst vorsah, „ECU". Für die kleineren Münzeinheiten einigten sich die Finanzminister im April 1996 in Verona auf die Bezeichnung „Cent". Maßgeblich für die Namenswahl war, dass die Bezeichnung für die einheitliche Währung in den Sprachen aller Mitgliedsstaaten verständlich sein und ähnlich ausgesprochen werden sollte.

Der rechtliche Rahmen für die Verwendung des Euro wurde in einer Ratsverordnung festgelegt, die am 1. Januar 1999 in Kraft trat. Von diesem Tag an war der Euro eine selbständige Währung. Mit Beginn der Endstufe übernahm das Europäische System der Zentralbanken die Verantwortung für die einheitliche Geldpolitik und den Wert des Euro.

Um den Einstieg in die Währungsunion möglichst marktorientiert zu gestalten, wurde darauf verzichtet, die einheitliche Währung mit einem „Big Bang" einzuführen, d.h. zu einem einheitlich für alle Transaktionen geltenden Stichtag.

Am 1. Januar 2002 begann die Stufe 3b, die nach 6 Monaten am 1. Juli 2002 endete. In dieser Phase wurden die Euro-Banknoten und -Münzen eingeführt. Die nationalen Geldzeichen wurden aus dem Umlauf gezogen und verloren am Ende der Übergangszeit ihren Status als gesetzliche Zahlungsmittel.

Wenn man von der Veröffentlichung des Genscher-Memorandums aus rechnet, dann hat der gesamte Prozess bis zur Einführung des Euro elf Jahre gedauert. Wenn man von der Veröffentlichung des Werner-Plans 1972 aus rechnet, fast dreißig Jahre. Zum ersten Mal in der Geschichte haben freiheitliche Demokratien, frei gewählte Parlamente und Regierungen freiwillig und ohne jeglichen Zwang die neben der Verteidigung wichtigste Säule staatlicher Souveränität, das Geld, auf eine transnationale Institution übertragen, mit großem Erfolg. Notwendig dafür waren politische Weitsicht und politischer Mut Einiger, basierend auf einer Vision von einem vereinten Europa in einer globalisierten Welt. Sie gehören ohne Zweifel in eine Reihe mit den Gründungsvätern der EU.

Der Europäische Rat von Kopenhagen hat schon 1973 in einem entsprechenden Dokument den Wunsch nach der Schaffung einer europäischen Identität zum Ausdruck gebracht. Sicherlich gibt es diese europäische Identität noch immer nicht so, wie es z. B. eine deutsche, eine französische oder italienische gibt. Andererseits sollte aber die Symbolkraft eines gemeinsamen Marktes, eines gemeinsamen Raums der Sicherheit und des Rechts, einer gemeinsamen Außengrenze und insbesondere einer gemeinsamen Währung für die Schaffung einer solchen Identität nicht unterschätzt werden. Franzosen, Italiener, Deutsche und viele andere: sie gehören zusammen wie wohl noch nie in unserer gemeinsamen europäischen Geschichte – for better or worse.

Literaturhinweise

Marco Buti/Servaas Deroose/Vitor Gaspar/João Nogueira Martins (Hrsg.), The Euro. The first Decade. Cambridge 2010.

Europäische Kommission, Eine Währung für ein Europa. Der Weg zum Euro; eine Währung, viele Chancen. Luxemburg 2009.

Otmar Issing, Der Euro. Geburt, Erfolg, Zukunft. München 2008.

David Marsh, Der Euro. Die geheime Geschichte der neuen Weltwährung. Hamburg 2009.

Chris Mulhearn/Howard R. Vane, The Euro. Its Origins, Development and Prospects. Cheltenham u. a. 2008.

Wilhelm Schönfelder/Elke Thiel, Ein Markt – eine Währung. Baden-Baden 1994.

Pedro Schwartz, The Euro as Politics. London 2004.

Horst Siebert, The Euro. The Issues for the Future. Kiel 2000.

Malcolm Townsend, The Euro and Economic and Monetary Union. An Historical, Institutional and Economic Description. London 2007.

7. Metaphern, Zitate, Schlagworte

Mechthild Dreyer
Cogito ergo sum

Selbstfindung und Selbstvergewisserung des denkenden Subjekts sind wesentliche Kennzeichen des Projektes Philosophie. Philosophie als ihrem Ursprung nach spezifisch europäische Weise des Denkens ist auch eine europäische Weise der Selbstfindung und -vergewisserung. In keinem anderen Wort der Philosophiegeschichte wird diese Konstante der europäischen Kultur so prägnant eingefangen wie in dem zum Satz geronnenen Argument „Cogito ergo sum", „Ich denke, also bin ich".

Einhellig gilt der französische Philosoph und Wissenschaftler René Descartes als sein Urheber. Gleichwohl findet sich die Formulierung in genau der Gestalt, in der sie üblicherweise zitiert wird, in keiner seiner Schriften – ein Phänomen, das bei Descartes mehrfach anzutreffen ist. Vieles, was man ihm zuschreiben zu können oder zu müssen glaubt, stammt gar nicht oder doch nicht in der allseits bekannten Form von ihm, sondern von anderen, von seinen Nachfolgern oder von seinen Gegnern, die in Affirmation oder Polemik verkürzend auf (vermeintliche) Kerngedanken des cartesischen Philosophierens Bezug nehmen.

Die Geschichte des Cogito-Argumentes ist mehr als schillernd. Es gibt wohl keinen Philosophen in Europa nach Descartes, der sich nicht an diesem Satz abgearbeitet hätte. Die einen empfinden ihn als Zauber, für andere übt er eher Gewalt aus. Gleichgültig ist keiner ihm gegenüber. Karriere hat das Argument auch außerhalb der Philosophie gemacht, was vielleicht seiner auf den ersten Blick ins Auge fallenden scheinbaren Einfachheit geschuldet sein mag: „Ich denke, also bin ich". Bis hinauf in die Poesie ist diese Formel gelangt, aber auch hinab in den Alltagslimerick und in verkürzter Weise gar in ein Firmenlabel.

Das Cogito-Argument bei Descartes

Das Cogito-Argument ist für Descartes selbst nicht irgendein Satz seiner Philosophie, sondern es kommt für ihn dem Felsen in der Brandung des Skeptizismus gleich. Es ist nach seiner Überzeugung das von keinem menschlichen Zweifel mehr zerstörbare Fundament allen Denkens und aller Wissenschaft: Wenn ich in allem getäuscht werden kann, wenn ich alles für gewiss Gehaltene in Frage stellen kann oder gar muss, so ist doch eines von zweifelsfreier Gewissheit, dass ich, solange ich zweifle, denke und, solange ich denke, auch bin. Noch zweifelnd sowie in allen anderen seiner Akte ist sich das Denken seiner selbst gewiss und die selbstbewusste *res cogitans* ihrer eigenen Existenz unumstößlich sicher. Das Denken kann sich so gleichsam am eigenen Schopf aus dem Sumpf seines Zweifels ziehen und einen sicheren Ausgangspunkt für weitere Überlegungen gewinnen.

Wahres von Falschem mit Sicherheit unterscheiden, erste oder letzte Gewissheit erlangen zu können, das ist das große Anliegen Descartes'. Er hält den Menschen, genauer gesagt: die Vernunft des Menschen, für solcher Gewissheit fähig, wenn sie sich nur der Methode anvertraut, die Descartes selbst gefunden zu haben glaubt. Klare und gesicherte Erkenntnis von allem zu besitzen, sichere Orientierung in der Welt zu haben, das mag auf den ersten Blick Descartes' individueller Wunsch gewesen sein. Auf den zweiten Blick aber ist es ein Bedürfnis der gesamten Epoche, und letztlich ist es ein Grundbedürfnis des Menschen überhaupt, insofern er sich fragend mit der Welt und mit sich selbst auseinander setzen kann.

Wie Goethes Faust, so klagt auch Descartes, alles Mühen um wissenschaftliche Bildung sei nutzlos gewesen und habe, statt sicheres Wissen zu vermitteln, nur die eigene Unwissenheit gesteigert. Ähnlich sei es ihm dann auch ergangen, als er im großen Buch der Welt zu lesen versucht habe. Alle seine Reisen seien letztlich erfolglos geblieben. Überall nur Meinung als je Meiniges, nichts allgemein Verbindliches. Und so beschließt er, da Wahrheit außerhalb nicht gefunden werden könne, einzukehren ins eigene Selbst, um dort nach ihr zu suchen.

Nach unumstößlicher Gewissheit zu suchen, diese nicht in der Welt finden zu können und daher notwendig auf das eigene Ich zurückgeworfen zu sein, das ist sicherlich ein der Philosophie und ihrer langen Tradition geschuldeter Topos. Aber im Fall Descartes mögen es auch die Konsequenzen sein, die man aus den Weltläufen ziehen muss. Die Verschärfung des Religions- bzw. Konfessionsstreites, die Gräuel des Dreißigjährigen Krieges, Seuchen, Hunger, schlechte Ernten und ein allgemeiner wirtschaftlicher Rückgang machten den Menschen in vielen Teilen Europas über Jahrzehnte zu schaffen. Die Sicherheit von Leib, Leben und Besitz war ebenso fundamental in Frage gestellt wie die ehemaligen Gewissheiten des Glaubens und der Lebensführung.

Dass der einzig erfolgreiche Weg zu Gewissheit und Wahrheit in der Anwendung eines radikal durchgeführten Zweifels besteht, der vor (fast) nichts halt macht, der die Existenz der Außenwelt ebenso in Frage stellt wie die des eigenen Körpers und die Wahrheiten der Mathematik, davon ist Descartes fest überzeugt. Vom Zweifel des Skeptizismus aber unterscheidet sich dieser so genannte ‚methodische‘ Zweifel dadurch, dass es ihm um die Auffindung eines archimedischen Punktes von Wahrheit und Gewissheit geht, um auf diesem sicheren Fundament die Metaphysik und auf dieser die übrigen Wissenschaften neu aufbauen zu können. In gleich drei seiner wichtigen philosophischen Werke hat er dieses Verfahren beschrieben, an dessen Endpunkt jeweils das Cogito-Argument steht. Im „Discours de la méthode" von 1637 formuliert er es als „Je pense, donc je suis", in den 1641 publizierten „Meditationes de prima philosophia" als „numquam tamen efficiet [sc. aliquis deus] ut nihil sim, quamdiu aliquid esse cogitabo". In den „Principia philosophiae" von 1644 schließlich lautet es „ego cogito, ergo sum".

Der in der Intention der Wahrheits- und Gewissheitsfindung zweifelnde Mensch findet im Vollzug des Nachdenkens als unerschütterliche Wahrheit sich als denkendes Wesen. Was schon die griechische Philosophie als den Wesenszug des Menschen ausgemacht hatte, mit dem sie ihn von allen übrigen Lebewesen unterschied, die Vernunftbegabtheit, dies stellt sich nun bei Descartes im Selbstvollzug als das unhintergehbare Fundament der Wirklichkeit heraus. Der Mensch entdeckt sich als denkendes Wesen auf, und in der Selbstfindung vergewissert er sich zugleich seines Wesens. Anders formuliert: im zweifelnden Rückgang von den Dingen auf sich selbst entdeckt der Mensch, dass jedem Gegenstandsbewusstsein konstitutiv ein Selbstbewusstsein zugrunde liegt, dass sein Selbstbewusstsein die Möglichkeitsbedingung seines Gegenstandsbewusstseins ist. Die Vorstellungen, welche die Vernunft von etwas hat, sind stets Bewusstseinsinhalte; das ist ihre wesentliche Qualität. Descartes vollzieht in seinem Denken die Wende zum Primat des Subjekts, dessen Selbstbewusstsein zur Grundlage und Voraussetzung aller Welterkenntnis wird, womit er den Ruf erwirbt, Begründer der Bewusstseinsphilosophie zu sein.

Aus dem Primat des Subjekts, den Descartes herausgestellt hat, leitet er indes nicht die Vorstellung von der Allmacht des Subjekts ab. Im Gegenteil: im Anschluss an das Cogito-Argument folgt bei Descartes ein Gottesbeweis: Das seiner selbst bewusste Ich, dessen Selbstbewusstsein Möglichkeitsbedingung aller Gegenstandserkenntnis ist, dass die gesamte Außenwelt wie auch es selbst in seinem Sein und in seiner Wahrheit von einem allervollkommensten Wesen abhängen. Sich immer schon selbst transzendierend, findet das selbstbewusste Denken in sich die Idee eines Wesens vor, das in all seiner Vollkommenheit größer ist als das Ich, das diesen Gedanken denkt. Ausgehend von dem Grundsatz, dass die Ursache immer seinsmächtiger als ihre Wirkung sein muss, folgert Descartes, dass die Idee eines allervollkommensten Wesens nicht eine Fiktion des Ich sein kann, sondern sich einer extramentalen seinsmächtigeren Wirklichkeit verdanken muss. Gleichgültig, ob der Gottesbeweis des Descartes in sich schlüssig ist oder nicht, entscheidend ist die ihm in Einheit mit dem Cogito-Argument zugrunde liegende Denkfigur. Das sich seiner selbst im Denken Gewiss-Werden, das eigene Selbstbewusstsein als Voraussetzung aller Gegenstanderkenntnis zu erfassen, kann oder muss vielleicht sogar einhergehen mit der Einsicht in die eigene Begrenztheit. Sich seiner selbst vergewissern, sich selbst finden, kann, ja muss dann auch bedeuten, das Andere seiner selbst zu finden.

Kritik an Descartes

Die Auseinandersetzung mit der cartesischen Philosophie im Pro und Contra der Argumente ist bereits zu Descartes' Lebzeiten heftig; und sie ist es bis heute geblieben. Anstößig im doppelten Sinn der Bedeutung ist vor allem die mit dem Cogito-Argument aufs Engste verbundene Unterscheidung zwischen dem menschlichen Bewusstsein (*res cogitans*) einerseits und all dem, was nicht Bewusstsein, sondern eine auf die Eigenschaft der Ausdehnung reduzierte Sache (*res extensa*) andererseits ist. Hierunter sind neben dem menschlichen Körper alle nicht-menschlichen Lebewesen sowie die Artefakte zu subsumieren. Mit dieser Einteilung der Wirklichkeit in zwei Sachbereiche (*res*) ist die Konsequenz verbunden, dass die Grenze zwischen Innen- und Außenwelt gleichsam im Menschen selbst verläuft. Sein Bewusstsein ist sein Innen, sein Körper das von ihm jederzeit als das Andere abtrennbare Äußere. Die von Descartes gegen die aristotelisch dominierte philosophische Tradition vorgenommene „Entseelung" des menschlichen Körpers wie der Naturdinge reduziert beide Bereiche zu leblosen Mechanismen, womit das denkende Ich zwangsläufig von beiden getrennt wird und eine Position gewinnt, die es über alle anderen Weltdinge erhebt und von diesen zugleich entfremdet. Unleugbar hat die Unterscheidung der Wirklichkeit in *res cogitans* und (unbelebter) *res extensa* samt den mit ihnen gegebenen Implikationen die eminenten Forschritte der Humanmedizin wie der technischen Naturbeherrschung erst ermöglicht. Dass auch dafür der Mensch wiederum seinen Preis zu entrichten hat, dass auch diese Fortschritte nicht ohne negative Konsequenzen geblieben sind, macht deutlich, wie zwiespältig das Urteil über die Leistungen Descartes' ausfallen muss.

Wenn man den Kontext der Überlegungen betrachtet, die Descartes zum Cogito-Argument geführt haben, zeigt sich jedoch eine Leistung in seinem Werk, die durch die Jahrhunderte hindurch bis heute breite Zustimmung gefunden hat. Zur Erinnerung: Descartes beginnt sein philosophisches Nachdenken angesichts der Erfahrung, kein gewisses, sicheres Wissen vorzufinden. Alles, was sich für solches ausgibt, erweist sich für ihn bei näherer Betrachtung nur als die (unsichere) Meinung eines Einzelnen, neben der es unzählige weitere von vergleichbarer Qualität gibt. In dieser Situation der Orientierungslosigkeit vertraut er sich einzig der Leitung des eigenen Verstandes an und anerkennt nur das als gültig, was vor dem eigenen Denken Bestand hat, wenn es von diesem klar und deutlich erfasst werden kann. Das ist Descartes' über die Jahrhunderte hinweg anerkannte Leistung: aufgerufen zu haben, sich zur Orientierung in der Welt seines eigenen Verstandes zu bedienen, Zutrauen zu ihm zu haben und sich seiner Leitung anzuvertrauen.

Descartes' Vorläufer

Dass die Ordnung wissenschaftlicher Disziplinen, allen voran Metaphysik, Naturwissenschaft, Medizin, auf dem Fundament einer Selbstvergewisserung des erkennenden und denkenden Subjektes zu errichten ist, das hat Descartes in seinen Schriften entwickelt, und diesen Gedankengang nachzuvollziehen, dazu hat er seine Leserinnen und Leser eingeladen. Man wird das Verdienst Descartes' nicht schmälern, wenn man darauf verweist, dass seine mit dem Cogito-Argument verbundene Vorgehensweise nicht seine genuine Erfindung ist. Das Verfahren, ein disziplinäres Wissensganzes auf der Grundlage einer vorausgehenden Betrachtung der Leistungen und Grenzen des erkennenden Subjekts zu entwerfen, war bereits dem lateinischen Mittelalter geläufig. Die Überzeugung, dass ein erkennender Zugang zur Welt nur dem Menschen gesichert möglich ist, der zuvor auf sich selbst geblickt und die eigenen Fähigkeiten und Grenzen des Erkennens sicher ausgelotet hat, reicht in ihren Anfängen jedoch noch weiter in der Geschichte des europäischen Denkens zurück, nämlich bis in die lateinische Spätantike.

Der Theologe und Philosoph Aurelius Augustinus hat, selbst bereits neuplatonisches Gedankengut aufgreifend und kreativ weiterentwickelnd, in seinem Werk die wichtigsten Elemente für die Ausbildung der Bewusstseinsphilosophie formuliert, sie allerdings nicht zur Einheit verbunden. Gerade um deren Verbindung haben dann seine mittelalterlichen Rezipienten gerungen. Wie Descartes lebte auch Augustinus in düsteren Zeiten. Politische und kulturelle Instabilität, eine Vielfalt religiöser und philosophischer Strömungen, sich bekämpfende christliche Sekten, all das kennzeichnete sein *saeculum*. Der Ungewissheit und Unsicherheit eines äußeren Lebens setzte er in immer wieder neuen Anläufen den im Nachdenken sich vollziehenden Rückgang des Menschen in sich selbst gegenüber. Dieser allein führt zur Erkenntnis von Wahrheit und Gewissheit und somit zu Gott.

So entwickelt Augustinus in seinem Frühwerk nach der endgültigen Hinwendung zum Christentum und in der Auseinandersetzung mit der Position des Skeptizismus, der er selbst einmal angehangen hat, eine Vorform des Cogito-Arguments. Den zweiten Grundstein für eine Bewusstseinsphilosophie legt Augustinus in „De Trinitate". Die hier erfolgende philosophische Rekonstruktion des Trinitätsgedankens wendet sich bei ihm zu einem Nachdenken des Geistes über sich selbst und seine Tätigkeiten, und sie wird ihm zu der Entdeckung der dreigliedrigen (trinitarischen) Struktur des Geistes aus Erinnerung, Einsicht und Wille. Im Nachdenken über die Gegenstände des Nachdenkens, so macht er deutlich, sind die eigenen Grundlagen dieses Nachdenkens stets mit zu bedenken. Erkenntnis des trinitarischen Gottes ist nicht ohne Selbsterkenntnis des gleichfalls trinitarischen menschlichen Geistes möglich. Dass der denkende und erkennende Geist einer ist, der in seiner Intentionalität sowohl auf das Andere seiner selbst wie auch auf sich selbst bezogen ist, diesen Gedanken hatte Augustinus aus dem Studium der neuplatonischen „Libri Platonicorum" gewonnen. In seinem Werk gibt er ihm dann, und das gehört zu seinen spezifischen Leistungen, eine jüdisch-christliche Akzentsetzung. Es ist das je einzelne menschliche Individuum, dessen Geist sich in seinem Denken auf sich zurückbeugt und in sich diejenige Struktur erfasst, die es Ebenbild des trinitarischen Gottes sein lässt.

Parallel zu „De Trinitate" und der Geist-Spekulation dieses Werkes, aber inhaltlich davon völlig unabhängig, entwickelt Augustinus in anderen Schriften einen weiteren Baustein für eine Bewusstseinsphilosophie. Er vermag den letzten, letztlich religiös motivierten Grund dafür anzugeben, warum die Rückwendung des Geistes auf sich selbst und das Ausmessen der eigenen Möglichkeiten und Grenzen absolut notwendig sind.

Augustinus sieht sich bei seiner aktiven Hin- bzw. Rückwendung zum Christentum mit der christlichen Lehre von der Ursünde konfrontiert. Im Ungehorsam des ersten Menschenpaares gegenüber Gott, wie ihn die alttestamentliche Schrift „Genesis" darstellt, sei das gesamte Menschengeschlecht schuldig und auch bestraft geworden. Für Augustinus besteht die Strafe nicht nur darin, dass alle Menschen den Tod erleiden müssen, sondern dass sie darüber hinaus auch in ihren naturalen Erkenntnisfähigkeiten eingeschränkt sind und aus eigener Kraft nicht zur Erkenntnis der Wahrheit gelangen können. Wahre und gewisse Erkenntnis ist dem Menschen – so seine Überzeugung – erst dann möglich, wenn er sich als Sünder vor dem allmächtigen und gerechten Gott erkennt. Aus eigenen Kräften vermag er in diesem Leben nichts Gewisses zu erkennen. Dazu bedarf es vielmehr der Gnade eben dieses Gottes. Das Fundament, der Ausgangspunkt aller Gegenstandserkenntnis wird für Augustinus auf diese Weise die aus einer Selbst- und Gotteserkenntnis resultierende Tugend der Demut. Ohne Selbstvergewisserung, die in demütiger Anerkenntnis der eigenen Erkenntnisschwäche gründet, kann es für ihn keinen gesicherten Weltzugang geben.

Steigt man hinter Augustinus in der europäischen Philosophiegeschichte noch einen weiteren Schritt zurück in die griechische Antike, so begegnet hier zwar noch nicht der letztlich jüdisch-christlich fundierte Gedanke, jeder einzelne Mensch sei um eines gelingenden Lebens willen zur Selbst-Erkenntnis gleichsam verpflichtet. Aber die griechische Antike kennt doch die Notwendigkeit, dass der Mensch reflektierend seine Grenzen erfassen soll. Denn er wird nur in dem Maß als weise befunden, wie ihm dies auch gelingt. Prominentester Vertreter dieser Position ist Sokrates. Von ihm heißt es in der von Platon verfassten „Apologie", das Orakel von Delphi habe keinen Menschen für weiser befunden denn Sokrates. Was Sokrates als den Weisen schlechthin auszeichnet, so macht Platon deutlich, ist seine Haltung, nicht das für Wissen zu halten, von dem er eigentlich kein Wissen hat. Wähnen sich seine Zeitgenossen weise, vermeinen sie, etwas zu wissen, so entlarvt Sokrates dies mit seinen Fragen als Schein-Weisheit und als Schein-Wissen. Wahre Weisheit ist Wissen um die eigene Unwissenheit und damit Erkenntnis der eigenen Begrenztheit, ein Wissen des Nichtwissens, in dem doch bereits die schemenhafte Kenntnis der Ideen aufscheint.

Und um noch einen Schritt weiter zurück zu den Anfängen der griechischen Philosophie zu gehen: Von Heraklit, einem der ersten in der schriftlichen Überlieferung fassbaren griechischen (Natur-)Philosophen, ist ein Fragment überliefert, in dem es – einigermaßen dunkel – von ihm heißt, er habe sich selbst „erforscht". Selbsterkenntnis und das Streben nach ihr stehen mit Heraklit schon ganz am Beginn des historisch nachvollziehbaren Philosophierens. Das cartesische Cogito-Argument wiederum nimmt einen daraus erwachsenden Kerngedanken der geistigen Tradition Europas auf, spitzt ihn zu und legt damit einen der Grundsteine der weiteren denk-, kultur- und wissenschaftsgeschichtlichen Entwicklung.

Literaturhinweise

Ferdinand ALQUIÈ, Descartes. Stuttgart-Bad Cannstatt 1962.

Hartmut BRANDS, „Cogito ergo sum". Interpretationen von Kant bis Nietzsche. Freiburg/Br. u. a. 1982.

Ernst CASSIRER, Descartes. Lehre – Persönlichkeit – Wirkung. Hamburg 1995.

Angelika HORN/Friedrich NIEBEL/Herbert SCHNÄDELBACH, Descartes im Diskurs der Neuzeit. Frankfurt/M. 2000.

Andreas KEMMERLING/Hans-Peter SCHÜTT (Hrsg.), Descartes nachgedacht. Frankfurt/M. 1996.

Wolfgang RÖD, Descartes' Erste Philosophie. Versuch einer Analyse mit besonderer Berücksichtigung der cartesianischen Methodologie. Bonn 1971.

Wolfgang RÖD, René Descartes, in: Norbert HOERSTER (Hrsg.), Klassiker des philosophischen Denkens 1. München 1982, S. 156–194.

Wolfgang RÖD, Descartes. Die Genese des Cartesianischen Rationalismus. 3. Aufl. München 1995.

Rainer SPECHT, Descartes, in: Otfried HÖFFE (Hrsg.), Klassiker der Philosophie, Bd. 1: Von den Vorsokratikern bis David Hume. München 1981, S. 301–321.

Rainer SPECHT, René Descartes. 10. Aufl. Reinbek bei Hamburg 2006.

Bernhard WILLIAMS, Descartes. Das Vorhaben der reinen philosophischen Untersuchung. Königstein/Ts. 1981.

Gudrun Gersmann
Liberté, Egalité, Fraternité

Zur Aktualität eines Slogans

Die Devise „Freiheit, Gleichheit, Brüderlichkeit", deren Siegeszug mit der Französischen Revolution begann, ist im öffentlichen Leben Frankreichs auch im 21. Jahrhundert noch omnipräsent. Sie prangt über dem Eingang von Rathäusern ebenso wie auf Münzen und Briefmarken, und natürlich wird ihr auf der offiziellen Homepage des Elysée-Palasts unter dem Stichwort „Symbole der Republik" ein eigener Eintrag gewidmet. Welch nachhaltige Präge- und Identifikationskraft der revolutionäre Dreiklang im Verlauf seiner Geschichte auch jenseits des Mutterlands Frankreich entwickelt hat, wurde der mit den politischen Flächenbränden in Nordafrika konfrontierten Weltöffentlichkeit zu Beginn des Jahres 2011 mit verstörender Wucht vor Augen geführt: Mit „Liberté, Egalité, Fraternité, Tunésie" waren viele jener Blogbeiträge überschrieben, die den Verlauf der Jasminrevolution in Tunesien begleiteten und animierten. Wie stark sich die Revolutionsdevise dem kollektiven Gedächtnis eingebrannt hat, kann man über den aktuellen politischen Kontext hinaus aber auch an anderen Zeichen ablesen: Die Tatsache, dass eine bekannte Zeichentrickserie sie auch schon einmal liebevoll verballhornend kurzerhand in „Freiheit, Gleichheit, Sauerkraut" umtaufte, oder dass ein großer deutscher Automobilhersteller mit dem Slogan „Liberté, Égalité, E-Mobilité" für sich warb, mag als zusätzlicher Beleg für die Popularität der Revolutionsformel gelten.

Rückblick: Eine Revolution, eine Devise

Die einschlägige Sekundärliteratur führt die Genese der Trias „Freiheit, Gleichheit, Brüderlichkeit" in einem großen historischen Bogen auf François Fénelon zurück, der schon im 17. Jahrhundert zwischen den drei damals allerdings nur lose miteinander assoziierten Begriffen eine Verbindung herzustellen wusste. Weitere, allerdings eher zufällige Erwähnungen der dreigeteilten Devise stammen aus der Feder Voltaires, der mit dem Verweis auf Freiheit, Gleichheit und Brüderlichkeit im Jahre 1755 die helvetischen Freiheiten pries. Im 18. Jahrhundert, noch während des Ancien Régime, waren es dann nicht zuletzt die philosophischen Gesellschaften und Freimaurerlogen in Frankreich, die als treibende Kraft in jenem Prozess der Begriffverdichtung und -verfestigung fungierten, der schließlich zur Entwicklung des späteren Revolutionsdreigestirns führte. Obwohl sich zahlreiche einschlägige Belegstellen in der freimaurerischen Literatur und Symbolpraxis der Vorrevolution nachweisen lassen, bleibt der konkrete Einfluss der Logen auf die Verbreitung von „Freiheit, Gleichheit, Brüderlichkeit" in der Forschung allerdings kontrovers diskutiert. Wenn man „Dixhuitié-mistes" und Revolutionshistoriker(innen) wie Alphonse Aulard, Mona Ozouf oder Roland Desné Glauben schenken darf, dann war „Freiheit, Gleichheit, Brüderlichkeit" in der Frühphase der Französischen Revolution zunächst nur eine von vielen parallel nebeneinander verwendeten Losungen. Alphonse Aulard, einer der prominentesten Revolutionshistoriker des 19. und frühen 20. Jahrhunderts, seit den späten 1880er Jahren Inhaber des neu geschaffenen Lehrstuhls für die Erforschung der Geschichte der Französischen Revolution an der Sorbonne, hat im Hinblick auf den Siegeszug der Trias von drei unterschiedlichen Entwicklungsphasen der Einzelbegriffe gesprochen: Habe sich in der Frühphase der Revolution alle Aufmerksamkeit auf die „Freiheit" konzentriert, so sei nach dem 10. August 1792 – dem Sturm auf die Tuilerien – die „Gleichheit" in der öffentlichen Wahrnehmung in den Vordergrund gerückt. Erst danach habe die „Bruderliebe" unter den Zeitgenossen an Wert zugenommen.

Tatsächlich waren amtliche Schriften wie private Zeugnisse bis zur missglückten Flucht der königlichen Familie nach Varennes im Juni 1791 zunächst noch mit der Losung „Die Nation, das Gesetz, der König" geschmückt. Der erste sichere Beleg für die Nennung der von Ernest Renan später als „magisch" charakterisierten Formel „Freiheit, Gleichheit, Brüderlichkeit" stammt aus einer Rede Robespierres vor der Konstituante am 5. Dezember 1790. Darin artikulierte er unter anderem den Wunsch, dass die Nationalgarden die Worte „Das Französische Volk" sowie „Freiheit, Gleichheit, Brüderlichkeit" künftig weithin sichtbar auf ihrer Brust tragen sollten. Obwohl Robespierres Mitte Dezember 1790 gedruckter „Discours sur l'organisation des gardes nationales" mit Hilfe der Revolutionsgesellschaften im ganzen Land verbreitet und gerade in den Jakobinerclubs mit Eifer gelesen wurde, blieben seine Forderungen zunächst allerdings ungehört. Ähnlich erging es gleichgesinnten Revolutionspolitikern wie dem Marquis de Girardin, die im Frühjahr 1791 im Club des Cordeliers ähnliche Pläne in Hinsicht auf eine kontinuierliche öffentliche Zurschaustellung des neuen revolutionären Wertekanons schmiedeten. Zwar sollte es noch zwei Jahre dauern, bis der Dreiklang „Freiheit, Gleichheit, Brüderlichkeit" wie selbstverständlich in allen offiziellen amtlichen Dokumenten zitiert wurde, doch erlebte die neue Revolutionsdevise ab 1793 einen einzigartigen Popularitätsschub. Anlässlich der Feierlichkeiten zum ersten Jahrestag des berühmt-berüchtigten Tuileriensturms wurden die Pariser Hausbesitzer durch die Stadtverwaltung sogar aufgefordert, in großen Lettern die Inschrift „Einigkeit und Unteilbarkeit der Republik. Freiheit, Gleichheit, Brüderlichkeit oder den Tod" auf ihre Wohnhäuser zu malen. In vielen französischen Städten begann man zur gleichen Zeit, besagte Formel weithin sichtbar in die Fassaden der öffentlichen Gebäude, aber auch der Kirchen einzumeißeln. Während dieser Zeit scheinen die drei berühmten Worte auch elementarer Bestandteil einer „Geheimsprache" der Sansculotten gewesen zu sein, die sich damit ihrer gegenseitigen Linientreue versicherten. Zahlreiche Flugblätter und Kupferstiche trugen das Ihre dazu bei, die einprägsame, oft durch revolutionäre Symbole wie die rote phrygische Mütze illustrierte Dreierformel in den Köpfen der Zeitgenossen zu verankern.

Mit dem 9. Thermidor endete nicht nur die revolutionäre Schreckensherrschaft, sondern vorläufig auch der Siegeszug der neuen dreiteiligen revolutionären Devise: Ab ca. 1797 war im allgemeinen Sprachgebrauch nur noch von „Freiheit und Gleichheit" die Rede, während die „Brüderlichkeit" keine Rolle mehr spielte. Im mörderischen Kampf zwischen Revolutionären und Gegenrevolutionären hatte sie sich als Wert offenbar verbraucht.

Das revolutionäre Erbe im 19. Jahrhundert

Während des napoleonischen Kaiserreichs und der Restauration zeitweise aus dem politischen Diskurs, nicht aber aus der mündlichen Überlieferung verschwunden, erlebte die Beschwörung von Freiheit, Gleichheit, Brüderlichkeit mit der Julirevolution von 1830 eine erste Renaissance. Zum Sprachrohr einer Revitalisierung der Trias machte sich in den 1830er Jahren unter anderem der Philosoph und Sozialist Pierre Leroux, der die drei „sakramentalen Worte", die „heilige Devise", wie er sie nannte, als Vermächtnis der Französischen Revolution in die politische Kultur seiner Gegenwart zurückholen wollte: „Unsere Väter hatten

Freiheit, Gleichheit, Brüderlichkeit auf ihre Fahne geschrieben. Auf dass ihre Devise immer noch die unsrige sei". Wenn sich gerade die Vertreter der politischen Linken in der Zeit des Vormärz immer wieder auf „Freiheit, Gleichheit und Brüderlichkeit" beriefen, so adelte andererseits doch erst die Revolution von 1848 die einstige Pathosformel Robespierres. Schon unmittelbar nach dem Sturz der Julimonarchie verwendete der Pariser Erzbischof in einem Rundschreiben an die Geistlichkeit die Worte „Freiheit, Gleichheit, Bruderliebe" in seinem Briefkopf. Bereits in der ersten Proklamation der vorläufigen Regierung an das französische Volk vom 24. Februar 1848 wurde die Devise als Prinzip eines demokratischen Staates benannt, zwei Tage später folgte die Anordnung, „Republik Frankreich, Freiheit, Gleichheit, Brüderlichkeit" auf die dreifarbige Fahne Frankreichs zu schreiben. Ein Jahr später, 1849, wählten die Freimaurer die gleiche „Formel" zu ihrer offiziellen Losung. Der während des Zweiten Kaiserreichs unter Napoleon III. erneut zeitweilig in der Versenkung verschwundenen Trias „Freiheit, Gleichheit, Brüderlichkeit" war in der Dritten Republik schließlich eine triumphale Wiederkehr beschieden: Der Rekurs auf das Symbol des neuen republikanischen Frankreich *par excellence* entwickelte sich von nun an zu einem Leitmotiv, das die amtlichen Verlautbarungen ebenso durchzog wie Trinksprüche und Reden, Zeitungsartikel oder politische Pamphlete. Die Anweisung, die Giebel aller öffentlichen Gebäude im Land künftig mit der Inschrift „Freiheit, Gleichheit, Brüderlichkeit" zu zieren, verlieh dem Vermächtnis der Französischen Revolution ab dem Jahre 1880 schließlich eine markante Präsenz im Alltag der Franzosen: Man konnte ihr nicht mehr entgehen. Mehr als ein halbes Jahrhundert später unternahm das Vichy-Regime zwar einen gegen das Erbe der III. Republik gerichteten Umdeutungsversuch, indem es das republikanische Dreigestirn kurzfristig durch das Motto „Arbeit, Familie, Vaterland" ersetzte, doch rief General de Gaulle in einer im Londoner Exil am 15. November 1941 gehaltenen Rede den Franzosen explizit das revolutionäre Vorbild ins Gedächtnis: „Wir sprechen von Freiheit, Gleichheit, Brüderlichkeit," so de Gaulle, „weil es unser Wunsch ist, den demokratischen Prinzipien treu zu bleiben, die unsere Vorfahren aus dem Genie unserer Rasse gezogen haben". Während er die Trias damit einerseits tief in der Geschichte und den republikanischen Traditionen seines Landes verankerte, wies er die neue Vichy-Formel zugleich entschieden zurück. Nachdem sie schließlich sowohl in die Verfassung von 1946 wie in die von 1958 Eingang gefunden hat, wird die Trias „Freiheit, Gleichheit, Brüderlichkeit" heute als integraler Bestandteil des „Patrimoine" in Frankreich, als Ausdruck eines nationalen Wertekanons schlechthin, verstanden. Ihre Stellung und Wertschätzung ist unumstritten, wenngleich rechte Politiker wie Jean-Marie Le Pen gelegentlich wider den Stachel löcken: Statt an „Freiheit, Gleichheit, Brüderlichkeit" solle man sich doch lieber an „Ehre und Vaterland, Werte und Disziplin" halten, propagierte Le Pen beispielsweise mit Vehemenz in den späten 1990er Jahren.

Eine europäische Erfolgsgeschichte?

Wenn sich die innerfranzösische Rezeptionsgeschichte von „Freiheit, Gleichheit, Brüderlichkeit" bis in die Gegenwart hinein anhand zahlreicher Quellen und Zitate und dank der Arbeiten u. a. Mona Ozoufs oder Michel Borgettos zumindest in groben Zügen rekonstruieren lässt, so trifft dies auf die europäische Auseinandersetzung mit dem Thema nur in begrenztem Maß zu. So oft, wie auf die Revolutionsdevise Bezug genommen wird, so unpräzise bleiben in der Regel die Verweise. Einige Anmerkungen zur Rezeption seien dennoch wie folgt umrissen: Mit der Begeisterung der deutschen Jakobiner für das neue revolutionäre Leitbild war es in den späten 1790er Jahren ebenso schnell vorbei wie im Mutterland Frankreich. In sublimierter Form überlebten die „heiligen Worte" von Freiheit, Gleichheit und Brüderlichkeit allerdings in der deutschen Revolutionsromantik, wie sie sich in der Dichtung eines Hölderlin oder Novalis widerspiegelte. Wie in Frankreich geriet das revolutionäre Dreigestirn auch im deutschsprachigen Raum in den ersten Jahrzehnten des 19. Jahrhunderts und unter Napoleon zunächst in Vergessenheit, bis sich im Gefolge der politischen Entwicklungen in Frankreich ab den 1830er Jahren ein neues politisches Interesse an den Idealen von Freiheit, Gleichheit und Brüderlichkeit herauskristallisierte. Im Sog der französischen Februarrevolution von 1848 avancierten „Freiheit, Gleichheit, Brüderlichkeit" (oder „Bruderliebe") zur beliebten, oft und gerne zitierten Losung der deutschen Demokraten, die dieses Motto in Zeitungsartikeln und Pamphleten verbreiten, damit Medaillen prägen und Fahnen besticken oder sogar ganze Versammlungssäle schmücken ließen. Eine konkrete politische Programmatik verbarg sich jedoch nicht immer zwangsläufig hinter dem ausufernden Gebrauch der Revolutionsdevise, die vielmehr häufig genug – wie die Farbe Rot – als eine Art übergreifendes Symbol für all das zitiert wurde, was der „Tyrannenherrschaft" entgegen wirkte. Zu Recht hat Ulrike Ruttmann die Trias „Freiheit, Gleichheit, Brüderlichkeit" als „Verfügungsmasse" beschrieben, aus der sich im Prinzip alle politischen Gruppierungen in unterschiedlicher Manier bedient hätten. Welche Interpretationsspielräume die Aneignung des Dreigestirns bot, welche sich verändernden Adaptationsformen daraus resultierten, zeigt besonders gut das Beispiel Rumäniens: Bildete das Duo „Gerechtigkeit und Brüderlichkeit" im Jahre 1848 zunächst die eigene rumänische Version des französischen Vorbilds, besann man sich später jedoch wieder auf das französische Modell von ‚Liberté, Égalité, Fraternité' zurück, das freilich mit dem Zusatz „pour les nationalités ad usum populi" versehen wurde. Nach 1866 wandelte sich dies bei den Liberalen zu „Liberté, Nationalité, Royaume".

À la recherche d'un lieu de mémoire: ein Vorschlag

Am Ende dieses kurzen Essays drängt sich der Autorin ein ambivalentes, ja verwunderliches Fazit auf. Zweifellos handelt es sich bei der Devise „Freiheit, Gleichheit, Brüderlichkeit" um einen der wichtigsten und berühmtesten europäischen Erinnerungsorte. Wer die drei Begriffe in Kombination mit „Europa" bei Google eingibt, wird mit über 150 000 Treffern unterschiedlichster Relevanz und Qualität belohnt. Das wissenschaftsadäquatere Recherchieren in „Google scholar" erbringt immerhin noch 1300 Ergebnisse. Bei näheren Hinsehen stößt der Leser allerdings auf das gleiche Phänomen wie in der gedruckten Literatur: Die Häufigkeit, mit der „Freiheit, Gleichheit, Brüderlichkeit" in Buchtiteln oder Aufsätzen verwendet wird, steht in merkwürdigem Missverhältnis zu der Schwammigkeit und Pauschalität, mit der die Begriffe benutzt werden. Die einst zur „magischen Formel" erklärte Losung bedarf, so scheint es, keiner konkreteren Begriffsklärung mehr. Sie wird vielmehr als eine sich selbst erklärende „Dachkonstruktion" bzw. als griffige, jedoch leere „Pauschalformel" für alles gebraucht, was irgendwie unter dem Stichwort Revolutionsgeschichte subsumiert werden kann. Als europäischer Erinnerungsort ist die Devise „Freiheit, Gleichheit, Brüderlichkeit" dabei noch längst nicht erforscht, ja, nicht einmal als französischer Erinnerungsort: Die im vorliegenden Text nur kurz gestreiften Rezeptionsweisen, Adaptionsformen und vielfältigen politischen Instrumentalisierungsversuche, die den drei „magischen Worten" im Laufe der letzten zweihundert Jahre überall in Europa zuteil wurden, müssten erst einmal noch konkreter in Hinsicht auf sich wandelnde Begriffsinterpretationen untersucht werden, als dies bisher der Fall war und wie es der Altmeister der Revolutionshistoriographie, Alphonse Aulard, am Beispiel der Revolutionsquellen aus den 1790er Jahren mustergültig vorexerziert hat. Hier gibt es für die Historische Semantik noch einiges zu tun. Dabei könnte eine Auswertung der in den vergangenen Jahrzehnten retrodigitalisierten Quellencorpora neue und weiterführende Auskünfte liefern – ist doch im Rahmen der einschlägigen Bibliotheks- und Google-Initiativen ein Textarchiv von unermesslichen Dimensionen entstanden, das durchpflügt und vermessen werden will. Man muss nur anfangen.

Literatur

Gérald ANTOINE, Liberté – Égalité – Fraternité ou les fluctuations d'une devise. Paris 1981.

Alphonse AULARD, La devise „Liberté, Égalité, Fraternité", in: Études et leçons sur la Révolution française, 5e série (1907), S. 6–26.

Michel BORGETTO, La Devise. "Liberté, Égalité, Fraternité". Paris 1997.

Marin BUCUR, Liberté, Égalité, Fraternité. Sacralisation et contestation dans le discours politique roumain d'après 1848, in: Revue Roumaine d'Histoire 28, (1989), S. 15–24.

Marcel DAVID, Le Peuple, les droits de l'homme et la république démocratique. Paris 2002.

Robert DESNÉ, Histoire de la Devise "Liberté, Égalité, Fraternité", in: Hisayasu NAKAGAWA (Hrsg.), La révolution française et la littérature, colloque international du bicentenaire, 13–14 octobre 1989 à Kyoto. Kyoto 1992, S. 63–78.

Claudia FRASS, Karrieren geschichtlicher Grundbegriffe. Freiheit, Gleichheit, Brüderlichkeit, in: Sprachreport 14, 4 (1998), S. 2–10.

Hermand JOST, Liberté, égalité, fraternité: Die Postulate einer unvollendeten Revolution, in: Gerhard BOTT (Hrsg.), Freiheit, Gleichheit, Brüderlichkeit. 200 Jahre Französische Revolution in Deutschland, Germanisches Nationalmuseum, Nürnberg, 24.06.–1.10.1989. Nürnberg 1989, S. 31–58.

Mona OZOUF, Liberté, égalité, fraternité, in: Pierre NORA (Hrsg.), Lieux de Mémoire, III: Les France. De l'archive à l'emblème. Paris 1997, S. 4353–4389.

J. M. ROBERTS, Liberté, Égalité, Fraternité. Sources and Development of a Slogan, in: Klasse en ideologie in de vrijmetselarij. Tijdschrift voor de studie van de verlichting 4 (1976), S. 329–369.

Ulrike RUTTMANN, Wunschbild – Schreckbild – Trugbild. Rezeption und Instrumentalisierung Frankreichs in der deutschen Revolution von 1848/49. Stuttgart 2001, S. 296–304.

Hermann TIMM, Deutsche Revolutionsromantik. Brüderlichkeit, Gleichheit, Freiheit, in: Eitel TIMM (Hrsg.), Geist und Gesellschaft. Zur deutschen Rezeption der Französischen Revolution. München 1990, S. 13–21.

Georg Kreis
Das Europäische Haus

Das „Europäische Haus"/„Haus Europa" ist noch immer eine recht gängige Metapher und zugleich, was nicht dasselbe ist, in gewisser Hinsicht auch ein besonderer, aber wiederum schwächer werdender Erinnerungsort.

Zum „Haus" als *Metapher*: Staatswesen werden, wie man bei Alexander Demandt nachlesen kann, in der Bildsprache seit der Antike so bezeichnet – mit den dazu gehörenden Teilmetaphern wie Grundstein, Fundament, Eckpfeiler, Dach, Architektur, Einsturz, Trümmer sowie Baumeister, Baustelle, Hausordnung. Mit der Anwendung dieser Bilderwelt auch auf „Europa" wird dem Kontinent ebenfalls die Qualität eines Gebäudes oder mindestens eines gestalteten und gestaltbaren Ensembles zugeschrieben. Nicht staatliche oder parastaatliche, sondern einzig zivilisatorische Einheit wird in den um 1900 in manchen europäischen Hauptstädten aufkommenden großbürgerlichen Hotels „Europa" gesehen.

Die Metapher des „Europäischen Hauses" ist offenbar seit dem 15. Jahrhundert in zahllosen Texten gebräuchlich. Der Konzilshumanist Enea Silvio Piccolomini soll sie 1454 erstmals in einer Rede vor dem Reichstag in Frankfurt verwendet haben. Die Rezeption dieser ein Jahr nach dem Fall von Konstantinopel zur „Türkengefahr" gehaltenen Rede stellt die Europaidee ins Zentrum – die nur einmal kurz verwendete Hausmetapher ist eher unwichtig. Nicht zufällig geht es im Fall dieser Rede primär um Außenbeziehungen des „Hauses" und nicht um Innenverhältnisse, es geht um Zugehörigkeit und Nichtzugehörigkeit, um Inklusion und Exklusion und damit auch um das Bild nicht des Hauses, sondern der „Festung". Das wird im Fall von Gorbatschows Zugriff auf die Hausmetapher rund ein halbes Jahrtausend später ähnlich sein, nun jedoch im zusammenführenden Sinn.

Etwas anderes sind die auf Binnenorganisation ausgerichteten Verwendungen der Hausmetapher. Mit Hausinnerem sind die komplizierten Verhältnisse des historisch gewachsenen Gebäudes der Europäischen Gemeinschaft/Union gemeint, das bekanntlich ein Gebilde *sui generis* ist, weil es nicht der klassischen Verfassungsarchitektur entspricht. Man redet dann davon, dass es eben keine im gleichen Stil gebaute gotische Kathedrale sei, sondern eher dem Flughafen von Heathrow mit seinen ad hoc zusammengestellten Containergebäuden entspreche. Oder es heißt, dass das Gebäude noch nicht fertig oder überhaupt noch nicht gebaut sei (Abb. 1). Im Sinn einer Gegenstrategie wurde dieser Unübersichtlichkeit seit den Maastrichter Verträgen von 1992 die schulbuchmäßige Organigramm-Ikone eines dreisäuligen Tempels mit griechischem Giebeldach entgegengehalten (Abb. 2).

Zu einem *Erinnerungsort* mit klarem historischem Bezug wurde das „gemeinsame europäische Haus" in der zweiten Hälfte der 1980er Jahre durch die Politik und die Rhetorik des sowjetischen Parteigeneralsekretärs Michail Gorbatschow und insbesondere durch dessen am 10. April 1987 in Prag gehaltene Rede „Für ein gesamt-europäisches Haus" (russisch: „Za obščeevropejskij dom"). In der Folge verbreiteten sich die stehenden Wendungen „Europa, unser gemeinsames Haus" (russisch: „Evropa, naš obščij dom") bzw. „das gemeinsame europäische Haus" (russisch: „obščij evropejskij dom"). Dieses wurde durch Gorbatschows Rhetorik vorübergehend zu einem Erinnerungsort.

Neuerdings steht in Kopenhagen am Kongens Nytorv die Niederlassung der Europäischen Umweltagentur, deren Fassade aus 5000 Pflanzen eine Europakarte zeigt und auf diese Weise ein symbolisches und zugleich reales Europahaus ist.

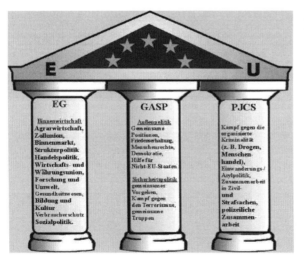

Abbildung 1: Ist das Haus nur eine Baugrube? Beck in „Die Zeit" vom August 2001.

Abbildung 2: Europa in allen Schulbüchern als klassischer Tempel

Vorläufer

Geht man dem von russischer Seite eingesetzten Symbolbild auf den Grund, stellt man nicht ohne eine gewisse Verwunderung fest, dass Gorbatschow bei weitem nicht der erste war, der das in Russland geläufige Bild verwendet hat. Die Metapher erscheint bereits am Ende der Ära Stalin (1952), dann auch unter Chruschtschow und Breschnew. Eine Karikatur zu Willy Brandts Ostpolitik zu Beginn der 1970er Jahre, in der Brandt und Genscher mit sehr unterschiedlichem Einsatz einen klassisch-griechischen Türsturz mit der Aufschrift ‚Europa' stützen, zeigt, dass es die Vorstellung vom gemeinsamen Haus oder gemeinsamen Dach damals auch schon im Westen gab.

1972 wurde das Bild wiederum von sowjetischer Seite in Vorverhandlungen zur KSZE gegenüber Frankreich eingesetzt. Leonid Breschnew brachte 1981 bei seinem Besuch in Bonn von 1981 das Bild vom gemeinsamen Haus ein, und Außenminister Andrei Gromyko sprach es wiederum in Bonn 1983 nochmals an, indem er erklärte, die Bundesrepublik Deutschland und die Sowjetunion lebten unter einem Dach.

Die nächste und für Gorbatschow erste Station in der Reihe der Auftritte mit diesem Begriff fand im Dezember 1984, also noch vor seiner Ernennung zum ersten Mann der Sowjethierarchie, bei einem Besuch des britischen Parlaments statt. In Verbindung mit der Nuklearproblematik, aber auch in allgemeiner Weise meinte er: „Whatever is dividing us, we live on the same planet and Europe is our common home".

Im Herbst 1985 benutzte Gorbatschow im Vorfeld seines Frankreichbesuchs gegenüber französischen Fernsehjournalisten ebenfalls diese Bildsprache: „Wir leben in einem Haus, obwohl die einen in dieses Haus durch den einen Zugang eintreten, die anderen durch den anderen. Wir müssen zusammenarbeiten und die Kommunikation in diesem Haus in Ordnung bringen".

Gorbatschow hat auch später, das heißt nach der großen Resonanz auf den Begriff, nie die Urheberschaft des Bildes für sich beansprucht. In seinem Buch zur Perestrojka erklärte er, er habe es unbewusst in sich getragen, dann sich plötzlich wieder daran erinnert und da und dort in seine Äußerungen eingeflochten. Der Begriff habe sich dann verselbständigt und sei in den Medien zirkuliert. Darum habe er nach einer passenden Gelegenheit gesucht, alle seine Überlegungen zum Thema auszusprechen – und das sei dann eben Prag gewesen. Dazu passt eine Schilderung, in der Willy Brandt später im Wendejahr 1989 mit beinahe unnötiger Schärfe betonte, dass Gorbatschow nicht der Vater des Bildes sei: „bei allem Respekt vor Michail Gorbatschow: Er hat das gemeinsame Europäische Haus nicht erfunden. Bei meinen Gesprächen mit den Russen hat diese Figur schon vor Gorbatschow eine Rolle gespielt. Das war in der Zeit von Breschnew. Dann kam es in einem Meinungsaustausch mit Andropow vor".

Es besteht somit kein Zweifel, dass das Bild bereits in der Breschnew-Ära Anfang der 1980er Jahre benutzt wurde. Dem Vernehmen nach hatte der außenpolitische Experte des ZK der KPdSU, Wadim Sagladin, es in eine der Breschnew-Rede platziert. Das Bild blieb zunächst jedoch folgenlos und erhielt seine Leuchtkraft erst, als Michail Gorbatschow als neuer KPdSU-Generalsekretär daraus zielstrebig ein politisches Konzept machte. Es überrascht nicht, dass ein zu einem bestimmten Zeitpunkt oder auch nur mit der Zeit populär gewordener Begriff zuvor jahrelang bereits vorhanden sein und dann in einer geeigneten Situation zu einem breit benutzten Schlüsselbegriff werden kann.

Gorbatschows Rede und die Absichten

Die Prager Rede wurde von der Presseagentur Novosti in mehreren Sprachen herausgegeben. Dem sowjetischen Generalsekretär war sowohl das Trennende von Ost und West als auch das Gemeinsame der beiden Teile bewusst. Zum Trennenden äußerte sich Gorbatschow verständlicherweise weit weniger als zum Gemeinsamen. Trennend sei der Umstand, dass beide Teile „unterschiedlichen gesellschaftlichen Systemen und einander entgegengesetzten militärischen Bündnissen" angehörten.

Zur Gemeinsamkeit unterstrich er, Europa sei ein kulturhistorisches Ganzes, vereint durch das gemeinsame Erbe der Renaissance und der Aufklärung sowie der großen philosophischen und sozialen Lehren des 19. und 20. Jahrhunderts. Und: „Europa ist in der Tat ein gemeinsames Haus, wo Geographie und Geschichte die Geschicke von Dutzenden von Ländern und Völkern eng miteinander verwoben haben".

Leicht relativierend fügt er hinzu, dass „jedes Land seine eigenen Probleme habe und seine Eigenständigkeit bewahren und seinen eigenen Traditionen folgen möchte". Und weiter: „Im kulturellen Erbe Europas liegt ein enormes Potential für eine Politik des Friedens und der gutnachbarlichen Beziehungen". Ferner: „Die europäischen Staaten haben realistischere Vorstellungen voneinander, als dies in jeder anderen Region der Fall ist. Ihre gegenseitige politische ‚Bekanntschaft' ist umfassender, dauert bereits länger und ist daher enger".

Gorbatschow war der Meinung, man sollte mit „vernünftigen Regeln der Koexistenz" das europäische Haus vor Feuersbrünsten und anderen Katastrophen schützen – „es besser und sicherer machen und es in einwandfreiem Zustand zu halten". Als Rahmen bezeichnete er die KSZE und den Helsinki-Prozess, den territorialen Raum bezeichnete er nach der Formel Charles de Gaulles „Vom Atlantik bis zum Ural". Zum „Haus" erklärte er, es sei in der Tat ein gemeinsames – „aber jede Familie hat darin ihre eigene Wohnung, und es gibt auch verschiedene Eingänge".

Die zentrale Motivation, die in dieser Rede steckte, drückte sich in der folgenden Passage aus: „Das wirtschaftliche, wissenschaftliche und technische Potential Europas ist gewaltig. Es ist zwar verzettelt, und die Kraft der Abstoßung zwischen Ost und West ist größer als die Anziehungskraft. Dennoch sind der gegenwärtige Stand der Dinge in wirtschaftlicher Hinsicht sowohl im Westen als auch im Osten sowie die realen Aussichten so, dass sie es durchaus ermöglichen, einen Weg für eine Verknüpfung von ökonomischen Prozessen in beiden Teilen Europas zum Wohle aller zu finden".

In der Literatur werden verschiedene Absichten genannt, die Gorbatschow mit dieser Rede und der damit verbundenen Haltung verfolgt haben könnte: 1. habe den Westen mit der Europa-Schalmei bezirzen wollen; 2. habe er einen Keil zwischen die USA und Europa treiben wollen; 3. könnte Gorbatschow versucht haben, mit solchen Reden die Abrüstungsverhandlungen zu erleichtern, und 4. könnte er ernsthaft der Meinung gewesen sein, dass sein Land nach Europa „zurückkehren" sollte und dass die beiden gegensätzlichen Lager zusammengelegt werden könnten – dies wahrscheinlich aus der Einsicht der eigenen Schwäche und der Hoffnung, in Verbindung mit der stärkeren Seite selbst Kraft zu gewinnen, obwohl sich solche Kombinationen meistens in entgegengesetzter Richtung auswirken. Gorbatschow hatte erkannt, dass die militärische Rüstung das Land und seine wirtschaftlichen und technologischen Kräfte überbeanspruche, dass die Raketenstationierung eine neue Konfrontation mit sich gebracht hatte und sich zugleich die innere wirtschaftliche und soziale Lage der Sowjetunion verschlechterte.

Nach Prag kam es zu weiteren ähnlichen Auftritten, 1988 vor der UNO in New York und dann insbesondere in Straßburg am 6. Juli 1989 vor der Parlamentarischen Versammlung des Europarats. Hier nahm das gemeinsame europäische Haus die Form eines vierstöckigen Gebäudes an: Das Fundament bildete die Helsinki-Ordnung. Darauf baute in einem ersten Geschoss die kollektive Sicherheit auf. In einem zweiten Geschoss sei die friedliche Streitbeilegung untergebracht und in den obersten Geschossen eine pan-europäische Wirtschafts- und Handelszusammenarbeit sowie eine wirkliche europäische kulturelle Gemeinschaft.

Erste Reaktionen

Es stellt sich die theoretische Frage, ob die Lancierung einer Idee und/oder der Auftritt mit einer Rede überhaupt ein Erinnerungsort sein kann? Churchills Zürcher Rede vom September 1946, in der er das Bild von Vereinigten Staaten von Europa entwirft, ist in der vorliegenden Essaysammlung nicht so eingestuft worden, aber Churchill hat auch keine einprägsame Metapher verwendet, die in der Folgezeit größere Bedeutung erlang hätte. Die Bedeutung der Bildhaftigkeit von Erinnerungsorten kann nicht hoch genug eingeschätzt werden (vgl. etwa Willy Brandts Kniefall in Warschau). Im Fall der Gorbatschow-Rede vom April 1987 war es wohl vor allem die Kombination von Idee und Bild und Ereignis, die die Rede zu einem wirklichen Erinnerungsort machte. Ein Musterbeispiel von Kontingenz, die etwas eintreffen ließ, was möglich, aber nicht zwingend war.

Erinnerungsorte haben ihre Geschichten: eine beinahe konkrete Wirkungsgeschichte mit den unmittelbaren Reaktionen, und die Geschichte ihres längeren Nachlebens im kollektiven Gedächtnis. Nachvollziehbar dürfte die Vorstellung im Vordergrund stehen, dass auf den stark beachteten ersten Moment ein allmähliches Verblassen folgte. Ebenso häufig könnte aber, nach anfänglich beschränkter Beachtung, eine allmähliche Verdichtung und Intensivierung der Sache hin zu einem einmal eingeführten historischen Bezugspunkt stattgefunden haben.

Wie lagen und liegen nun die Dinge im Fall von Gorbatschows Rede von 1987? Gemäß einer Äußerung des ehemaligen deutschen Außenministers Genscher im Jahr 2000 lief die Entwicklung eher nach der letzteren Variante: „Gorbatschows Rede fand damals nicht das gebührende Echo in der Welt und auch nicht in den meisten westlichen Amtsstuben. Als ich mich positiv dazu äußerte, kam ich mir vor wie ein einsamer Rufer im Walde".

Die unmittelbare Pressereaktion sei hier nur am Beispiel des schweizerischen Weltblattes erfasst: Die „Neue Zürcher Zeitung" berichtete am 10. April 1987, dass Gorbatschow in Prag ein „verhaltener Empfang" bereitet worden sei. In der folgenden Ausgabe vom Wochenende vom 11./12. April 1987 kommentierte der Osteuropakorrespondent Rudolf Stamm die Rede ausführlich. Der Titel war aber nicht auf das „Haus" ausgerichtet, sondern hob die angesprochene Abrüstung der Kurzstreckenraketen hervor. Zu der uns interessierenden Passage heißt es, der Aufenthalt in Prag, in der Nähe des Herzens Europas, habe Gorbatschow zu einigen Paraphrasen zu dem als „ein Lieblingsthema" bezeichneten „Haus Europa" inspiriert. Die Tschechoslowaken seien ihm sicher dankbar dafür, dass er sie nicht völlig für Osteuropa vereinnahmt habe. Die angebliche Zusammengehörigkeit der Länder vom Atlantik bis zum Ural habe er aber doch „etwas strapaziert".

Bei der Suche nach weiteren Belegen ist zu unterscheiden zwischen direkten Äußerungen zu Gorbatschows Verwendung des Bildes im 1987 und solchen zu Gorbatschows Politik im Allgemeinen. Wichtig wäre sodann festzustellen, wie die Rede im Westen und wie sie im Osten aufgenommen wurde. Dazu wissen wir wenig, weil uns keine systematischen Abklärungen vorliegen. Belege für Reaktionen lassen sich im Westen leichter beibringen. Ein

Abbildung 3: Kohl und Gorbatschow am Zeichentisch, „Die Zeit" vom 4. November 1988, übernommen von „Le Monde".

systematischer Überblick über die Reaktionen der führenden Politiker muss aber auch da erst noch erarbeitet werden. Recht zufällig stehen uns Äußerungen des deutschen Außenministers Hans Dietrich Genscher und des Altbundeskanzlers Willy Brandt zur Verfügung: Der Liberale Genscher wird mit dem Satz zitiert: „Wir sind bereit, den Begriff eines gemeinsamen Europäischen Hauses zu akzeptieren und mit der Sowjetunion zusammenzuarbeiten, um es tatsächlich zu einem gemeinsamen Haus zu machen". Der Sozialdemokrat Brandt dagegen reagierte zurückhaltend: „Die Sowjets wissen natürlich sehr wohl, dass damit die Frage aufgeworfen wird, inwieweit die Sowjetunion im ganzen zu einem Europäischen Haus gehört". Einen weiteren Beleg lieferte US-Präsident George Bush mit seiner Mainzer Rede vom 31. Mai 1989: „Wenn ich in diesem Sommer nach Polen und Ungarn reise, werde ich diese Botschaft übermitteln: Es kann kein gemeinsames europäisches Haus geben, wenn sich nicht all seine Bewohner von Raum zu Raum frei bewegen können".

Für die kritischen Reaktionen, die in Gorbatschows Vision vom gemeinsamen Haus nur Propaganda und wohl kalkulierte Sirenenklänge erblickten, steht ein Artikel der Historikers Hagen Schulze, verfasst im Spätherbst 1988 anlässlich von Kanzler Kohls Reise nach Moskau („Die Zeit" vom 4. November 1988; vgl. Abb. 3). Dem Verfasser wollte an dieser Metapher gar nichts gefallen: die Tatsache, dass Russland in dem Haus die größte Wohnung besitze, dass es eine von ihm diktierte Hausordnung gebe und die Bewohner anderer Wohnungen noch immer eine „sorgfältig bewachte Klientel" seien. Das Haus sei zudem kein geografischer, sondern ein gedachter und geistiger Ort, europäische Kultur sei noch immer im Umkreis des Nordatlantiks zu Hause. „Das Dach des europäischen Hauses spannt sich von der Elbe bis zum Golden Gate; wer in dieses Haus einziehen will, ist dazu eingeladen. Im Übrigen sollte man es bei guter Nachbarschaft belassen".

582

Die Idee vom „Gemeinsamen Europäischen Haus" war so etwas wie ein Stichwortgeber für eine breite Debatte. Davon zeugen einige Belege, beispielsweise beim 86. Bergedorfer Gesprächskreis am 3. und 4. Dezember 1988 in der Bad Godesberger Redoute oder bei der Konferenz europäischer Kirchen am 15.–21. Mai 1989 in Basel.

In der Phase der Zusammenführung der beiden Deutschland um 1990 strichen Karikaturisten die Diskrepanz zwischen bereits realisierter Zusammenlegung und dem bisher Utopie gebliebenen „gemeinsamen Haus". Mehrfach wurden die beiden Deutschland mit einem oder sogar *in* einem gemeinsamen Ehebett gezeigt, einmal mit dem Titel „Frühe Mieter", als junges Paar, das in ein noch nicht existierendes Europäisches Haus einziehen will und auf einer grünen Wiese haust.

Langfristige Nachwirkungen

Als 2004 das „gemeinsame Haus" mit der so genannten der Osterweiterung der EU zu einem größeren Teil realisiert war, blieb die Metapher im öffentlichen Diskurs erhalten, sie verlor aber wieder den Charakter eines konkreten historischen Erinnerungsorts, das heißt: Sie wurde in der Regel ohne expliziten Bezug zur Gorbatschows Rede vom April 1987 ausgesprochen. Das „Europäische Haus" wurde vor allem in zustimmendem Sinn zur Verstärkung des Gemeinsamkeitsglaubens eingesetzt. Kritische Nutzungen der Metapher zum Aufzeigen von Defiziten (etwa von „Rissen im gemeinsamen Haus") bildeten die Ausnahme. Etwas zufällig hier zum Schluss noch drei weitere Belege in chronologischer Abfolge.

Noch mit einem klaren historischen Bezug kam Genscher im Jahr 2000 erneut auf Gorbatschows „Gemeinsames Haus" zu sprechen: Einmal in einer Laudatio anlässlich der Verleihung eines Preises an Gorbatschow: „Der Lauf der Geschichte, den wir heute – rund zehn Jahre nach dem Ende des Kalten Krieges – besser erkennen können, hat die Vision Gorbatschows von dem gemeinsamen europäischen Haus bestätigt. [...] Die Völker Europas verdanken ihm, dass sie ihren Willen, nach ihren eigenen Überzeugungen leben zu können, friedlich verwirklichen konnten. Damit wurde Michail Gorbatschow der Mann, der als erster von dem gemeinsamen ‚Haus Europa' sprach, auch zu einem der großen Baumeister dieses Hauses".

Sodann in einer Festveranstaltung der FDP-Fraktion: „Aber wir wissen, dass das Europäische Haus noch nicht vollendet ist. Wir wissen, dass es jetzt um das größere Europa geht, so wie die Charta von Paris von 1990 es definiert hat: Um ein Europa der Freiheit, der Demokratie und der Marktwirtschaft. Eben um das gemeinsame Europäische Haus, von dem Michail Gorbatschow als Erster sprach".

Am Tag des Inkrafttretens der Osterweiterung, am 1. Mai 2004, zeigte der österreichische Massenblatt „Kurier" auf der Titelseite ein Haus mit 25 Fenstern, verteilt nach Beitrittsphasen auf ein Erdgeschoss und fünf Stockwerke. Bezeichnenderweise sind die beiden großen Gründungsmitglieder Frankreich und Deutschland gleich neben der Eingangstür platziert. In diesem Fall ging es gar nicht (mehr) darum, Gemeinsamkeiten zwischen Ost und West aufzuzeigen, sondern simpel und auf der Basis der Nationalstaaten die Vielfalt in der Einheit abzubilden.

Die deutschen Bundeskanzlerin und EU-Ratsvorsitzende Angela Merkel betonte am 17. Januar 2007 in Straßburg vor dem Europäischen Parlament (nach einer speziellen Begrüßung der neuen Mitgliedsländer Bulgarien/Rumänien): Das „europäische Haus" sei von außen betrachtet eine „historische Erfolgsgeschichte ohne Beispiel", eines der „beeindruckendsten Friedenswerke auf dem Planeten Erde". Aber auch von innen betrachtet sei die

Europäische Union ein „wunderbares Haus". Von innen erlebt sei sie sogar noch schöner als von außen. „Ich möchte aus diesem Haus nie wieder ausziehen. Es gibt – das ist meine Überzeugung – keinen besseren Platz für unser Leben in Europa als unser gemeinsames europäisches Haus".

Gorbatschows Rede hat also zu Recht einen Platz in der Geschichte und in den Geschichtsbüchern bekommen. Der Text seiner Rede wurde bereits 1994 in einen großen Quellenband zur Europäischen Geschichte aufgenommen. Der symbolische Schlüsselbegriff der Rede wurde zu einem gängigen Referenzpunkt, wenn von Gorbatschows neuem Denken die Rede war. Er wurde aber auch ohne diesen Bezug verwendet und wurde titelgebend für mancherlei Publikation. Und das „Haus Europa" erlangte, auch wenn es bereits vorher existierte, den Status eines „geflügelten Wortes", das immer öfter auch ohne jeden historischen Bezug verwendet wurde. Ohne Bezug auf Gorbatschow und die Problematik der Ost-West-Beziehungen kam etwa 1999 unter diesem Titel ein 1250 Seiten umfassender Begleitband zu einer gleichnamigen Hamburger Ausstellung heraus.

Es gibt keine unschuldige Historiographie. Indem man etwas zum Gegenstand der Recherche macht, macht man es auch zum Gegenstand an sich. Man findet, weil man sucht. Insofern sind die meisten Abklärungen zu Erinnerungsorten zugleich ein verstärkendes Mitwirken am Leben dieser Erinnerungsorte. Auch im Fall des „Gemeinsamen Europäischen Hauses".

Literaturhinweise

Otmar FRANZ, Europa und Russland – Das Europäische Haus? Göttingen 1993.

Michail GORBATSCHOW, Perestrojka. Die zweite russische Revolution. München 1987/1989.

Gotthilf Gerhard HILLER, Blicke auf das Europäische Haus. Vom Umgang mit einer politischen Metapher, in: Friedrich Jahresheft 9 (1991), S. 103–112.

Malcolm NEIL, The "Common European Home" and Soviet European Policy, in: International Affairs (Royal Institute of International Affairs) 65 (1989), S. 659–676.

Petra MAYRHOFER, in: Online-Modul Europäisches Politisches Bildgedächtnis. Ikonen und Ikonographien des 20. Jahrhunderts, 09/2009, URL: http://www.demokratiezentrum.org/themen/europa/europaeisches-bildgedaechtnis/eu-europa/abb7-das-gemeinsame-haus.html (3.8.2011)

Falk PINGEL, Macht Europa Schule? Frankfurt 1995.

Marie-Pierre REY, Europe is our Common Home. A Study of Gorbachev's diplomatic concept, in: Cold War History 4 (2004), S. 33–65.

Wadim SAGLADIN, Was denken wir in der Sowjetunion über das „gemeinsame europäische Haus", in: Volksblatt Berlin, 16. Dezember 1988.

Hagen SCHULZE/Ina Ulrike PAUL (Hrsg.), Europäische Geschichte. Quellen und Materialien. München 1994.

Martin WEBER, Europäische Integration und Russland, Diss. Universität Basel.

Barbara Breysach
Europas Mitte

Wie jede Frage nach der Gedächtnisgeschichte Europas ist auch die nach der Mitte Europas unlösbar verbunden mit den Dimensionen von Raum und Zeit. Wer bestimmen will, wo die geo-kulturelle Mitte Europas zu situieren sei, findet bei Claudio Magris unverzichtbaren Rat. Der Triestiner Schriftsteller führt in seiner geo-poetischen Donau-Biographie beredt und belesen vor, wie Mitteleuropa durch diesen Strom geradezu erzeugt wird, dessen annähernd 2900 Kilometer langer Lauf von zahlreichen Kulturlandschaften gesäumt wird: *Panta rhei –* alles fließt. Die Verwunderung, dass Heraklits Diktum, wonach es unmöglich sei, zweimal in denselben Fluss zu steigen, auch die kontinentale Mitte betreffen könnte, insofern sie sich mit dem Lauf der Donau bewegt, macht der Erleichterung Platz, der Pflicht, einen Mittelpunkt Europas zu definieren, enthoben zu sein. Verzichtet man auf die allfällige Donaureise von der Quelle bis zum Mündungsdelta und greift stattdessen zur Literatur, wird die kulturelle Vielfalt der Donau-Landschaften buchstäblich. Wer hingegen die Zeitachse wählt, zeigen will, welcher Epoche Mitteleuropa sein wahres Gesicht zeigte, gerät angesichts der faszinierenden Vielfalt von Themen in nicht geringere Schwierigkeiten. Man könnte, erstens, geneigt sein, die Anfänge eines gemeinsamen Selbstverständnisses in Europas Mitte, die Christianisierung um das Jahr 1000 beziehungsweise die Entstehung des Renaissance-Humanismus oder den Kampf gegen die osmanischen Invasion zum geistigen Archetypus der Mitte Europas zu erheben. Zweitens führt die Frage nach Mitteleuropa unweigerlich zum Habsburger-Imperium und seine Ausdehnung als unstrittig zentraleuropäisches Reich. Die Diversität dieses Raumes und seiner Völker sowie ihr je eigenes Verhältnis zum politischen und kulturellen Machtzentrum in Wien würde jedoch den Umfang eines Essays über „Europas Mitte" sprengen, will man sich nicht mit Ausführungen wie beispielsweise über die immerhin in elf Sprachen gesungene Kaiserhymne als Mythos habsburgischer Supranationalität begnügen. Anzusetzen wäre, drittens, mit dem Untergang dieser im Mittleren Europa angesiedelten Vielvölkerkultur durch den deutschen Vernichtungskrieg, der nicht zuletzt die seit Jahrhunderten hier ansässigen jüdischen Lebenswelten auslöschte. Dieser Versuch würde sich mit der Hoffnung verbinden, im Sinn Walter Benjamins im Augenblick des Abschieds und der Katastrophe der mitteleuropäischen Aura habhaft zu werden. Viertens schließlich drängen sich die Versuche einer Revitalisierung mitteleuropäischer Konzepte auf, die sich als Opposition zum sowjetischen Imperialismus an Orten wie Prag und Budapest in den 70er und 80er Jahren des 20. Jahrhundert verstanden – sowie die noch spärlichen Anstrengungen einer Renaissance mitteleuropäischer Identität nach 1989.

Ist die politische Aktualität mitteleuropäischer Konzepte im Sinn eines Kerneuropa eher begrenzt, so erscheint der kulturelle Reichtum von Europas Mitte in ein voluminöses Gedächtnisbuch eingetragen. Dieses Missverhältnis lässt den im Folgenden gewählten Ausweg als gangbar erscheinen, die Mitte Europas in der Vielfalt seiner einander verdichtenden, überkreuzenden und parallel verlaufenden literarischen Texturen zu suchen, wobei der Schwerpunkt dem 20. Jahrhundert gelten wird.

Die Triestinität ist eine signifikante Spielart mitteleuropäischer Identität an der Grenze von österreichisch-imperialer, slowenischer und italienischer Kultur. Als mittelgroße Stadt der Donaumonarchie war Triest eine der wenigen bedeutenden Hafenstädte, während das italienische Trieste unter vielen Hafenstädten eine periphere Provinzmetropole blieb. Die tragische Dimension der Triestiner Identität verbindet sich mit Scipio Slataper, italienischer Schriftsteller und österreichisch-ungarischer Staatsbürger. Sein Name bereitet der Romanistik Kopfzerbrechen und stellt die Germanistik vor eine schwierige Aufgabe, freilich dergestalt, dass die Romanistik ebenso wenig wie das „Österreichische Biographische Lexikon 1815–1950" auf den Triestiner Autor verzichtet. Der Name Slatapers ist wie die Herkunft seiner väterlichen Familie slawisch. Deren ungeachtet wandte er sich der italienischen Sprache und Kultur in ihrer in Triest verbreiteten venezianischen Ausprägung zu, was seine Biographie im Kräftefeld von Thomas Manns weltberühmter Novelle „Tod in Venedig" von 1912 situiert; ihr Held gibt sein ursprüngliches Reiseziel, das istrische Pula, zugunsten der italienischen Lagunenstadt auf. Venedig ist bei Mann ein mitteleuropäischer Schwellenraum, in realer und mythischer Hinsicht unabgegrenzt und offen für östliche Einflüsse. Scipio Slataper zog im Frühjahr 1915 als Freiwilliger für Italien in den Krieg, nachdem dieses der Donaumonarchie den Krieg erklärt hatte, und noch im Dezember des Jahres fiel der 27-Jährige in Gorizia (Görz), unweit der heutigen italienisch-slowenischen Grenze. Dass die *Italianitá* keine gültige Antwort auf die drängenden Fragen der kulturellen Selbstbestimmung geben und die hier verborgenen Sehnsüchte nicht einlösen konnte, war Slatapers offenes Geheimnis, der sich zunehmend Anliegen der slowenischen beziehungsweise allgemein der slawischen Kultur zu eigen machte. Im einzigen zu Lebzeiten veröffentlichten Buch, der lyrischen Autobiographie „Il mio carso" („Mein Karst"), thematisch dem slowenischen Karst, dem Hinterland der Triestiner Bucht gewidmet, bricht das Bewusstsein einer quälend vitalen Andersartigkeit hervor: „Ich möchte euch sagen: Im Karst bin ich geboren, in einer Stroh gedeckten Hütte, geschwärzt vom Regen und vom Rauch. […] Ich möchte euch sagen: In Kroatien bin ich geboren, im großen Eichenwald. […] Ich möchte euch sagen: Im mährischen Tiefland bin ich geboren und lief wie ein Hase über die langen Furchen […] Dann bin ich hierher gekommen und habe versucht, mich zu bezähmen, habe Italienisch gelernt und Freunde unter der gebildeten Jugend gewählt; – doch bald muss ich in die Heimat zurück, denn hier fühle ich mich ganz und gar nicht wohl. Ich möchte Euch betrügen, doch ihr würdet mir nicht glauben. Ihr seid klug und schlau. Ihr würdet sofort begreifen, dass ich ein armer Italiener bin".

In der „Konfrontation von Vitalität und Verzicht" ist Slatapers Dichtung eine Eloge „an die Poesie des slowenischen Karst" (Ara/Magris) und eine Solidaritätserklärung für die Slowenen, die auch seitens der Italiener Diskriminierung erfuhren. Zusammen mit Italo Svevo, dem selbst ernannten italienischen Schwaben (als Hector Aron [„Ettore"] Schmitz in eine jüdische, aus dem Rheinland stammende Triestiner Familie geboren), inspirierte Scipio Slataper die modernen Triestiner Literatur.

Bevor sich die Spurensuche Wien zuwendet, soll eine Exkursion ins östliche Galizien, nach Lemberg, zu Leopold Ritter von Sacher-Masoch führen, dessen Familie slowenische, spanische und böhmische Vorfahren vorzuweisen hat. Mit Sacher-Masochs Namen verbindet sich eine weitere Zerreißprobe europäischer Identität, die noch dort, wo sie als Geschlechterspannung virulent wird, einem mitteleuropäischen Kulturdiskurs angehört. Der galizische Schriftsteller lenkte die Aufmerksamkeit der österreichischen Literatur auf die Figur des „kleinen, demütigen Ruthenen", so Magris unter Bezug auf die Bezeichnung für die Ukrainer in Galizien, einer bäuerlichen Bevölkerung, die zusammen mit polnischen Adligen, Huzulen, Juden und österreichischen Beamten das Personal von Sacher-Masochs Romanen bildet. Die allmähliche Kenntnisnahme des polnisch-ukrainischen Konflikts und des erwachenden ukrainischen Nationalbewusstseins verdankt sich im deutschen Sprachraum nicht zuletzt seinem Werk. So machte er den Aufstand der Ruthenen des Jahres 1846 und seine blutige Niederschlagung zum Thema seines ersten Romans „Eine galizische Geschichte". Die Problematik des „deutsch-slawischen Konkurrenzkampfes" (Kłańska) findet sich auch bei dem jüdischen Bukowiner Schriftsteller Karl Emil Franzos, doch Sacher-Masoch gab zudem, wenn auch posthum, dem zu seiner Zeit tabuisierten Phänomen des sexuellen Masochismus den Namen. Dies resultierte aus seiner Tendenz, starke und grausame Frauen zu erfinden, für die Wanda, die Protagonistin des Romans „Venus im Pelz" von 1870, ein markantes Beispiel ist. Geübt im Peitschenschwung, weiß sie einen Mann dazu zu bringen, vor einem offenen Kamin unbekleidet seine Herrin anzubeten. Ihre offensive Weiblichkeit versinnbildlicht ein Haarmantel mit „Hermelinbesatz", der sie zur Venus im Pelz macht. Obwohl die von Sacher-Masoch beschworene extreme Geschlechterspannung, eher Strindbergs Geschlechterkampf als Schnitzlers Lustspiele vorwegnehmend, gesellschaftskritisch kontextualisiert ist, wird der Name des galizischen Schriftstellers bis heute – als Pendant zu dem des Marquis de Sade, der ebenso unfreiwillig zum Namensgeber des sexuellen Sadismus wurde – mit dem Masochismus verknüpft.

In dem Maß, wie Wien durch das Fehlen einer ausgeprägt liberalen, bürgerlichen Kultur, aber auch einer Arbeiterbewegung in eine „Welt von gestern" (Stefan Zweig) abglitt, bildete sich zugleich die Wiener Moderne und mit ihr ein Verständnis für das nur scheinbar Periphere der kulturellen Grenzräume und ihrer Heterotopien heraus. Die aus den überlebten gesellschaftlichen und politischen Verhältnissen, der Schwäche des Bürgertums, der faktischen Unterprivilegiertheit der vielen Kulturen im politischen Zentrum zugunsten eines deutsch-österreichischem Selbstverständnisses – literarische Vertreter des Austro-Slawismus wie Leopold Sacher-Masoch, Karl Emil Franzos und nicht zuletzt der aus Brody gebürtige Joseph Roth kamen aus Galizien beziehungsweise der Bukowina –, aber auch aus dem wachsenden Antisemitismus resultierende Spannung fand in der Psychoanalyse Sigmund Freuds ein Ventil. Der aus dem mährischen Freiberg stammende Freud stellte sich in seinen Wiener „Vorlesungen zur Einführung in die Psychoanalyse" von 1916/1917 explizit in die Tradition dezentrischer Welt- und Menschenbilder von Nikolaus Kopernikus bis Charles Darwin – und verlieh seiner Psychoanalyse rhetorisch geschickt ein revolutionäres Gewand. Für die intellektuelle Mitteleuropäizität im Wien der Kriegsjahre erscheint die Freudianische Formulierung eines Ichs, „das nicht einmal Herr im eigenen Haus" und durch ständige Konkurrenz- beziehungsweise Legitimationskämpfen mit dem Es und dem Über-Ich geschwächt ist, als zutreffend, geo-kulturell, aber auch auf seine innere Verfassung bezogen. Verweist diese Mitteleuropäizität doch auf das im supranationalen Imperium zwar hoch gehaltene, doch mit der Realität heftig konfligierende Ideal der Verbundenheit der nationalen Vielheiten mit der supranationalen Einheit. Zu keinem Zeitpunkt sah sich der Therapeut und Wissenschaftler außerhalb der gesellschaftlichen und politischen Realitäten der Monarchie. Als Freud 1902 eine außerordentliche Titularprofessur verliehen wurde, beschrieb er das ehrenhafte Ereignis selbstironisch so, „als sei die Rolle der Sexualität von Sr. Majestät amtlich anerkannt, die Bedeutung des Traumes vom Ministerrat bestätigt, und die Notwendigkeit einer psychoanalytischen Therapie der Hysterie mit 2/3 Mehrheit im Parlament durchgedrungen". Der Schauplatz der Psychoanalyse war nicht die Politik, was durchaus zu beanstanden wäre, sondern das Unbewusste, aber die Grundannahme, dass Träumen eine Wuscherfüllung sei und der psychischen Gesundheit diene, kann als politisches Ersatzhandeln gedeutet werden. Nicht zuletzt die Rhetorik einer Politik der Psyche rief Freuds Wiener Kritiker auf den Plan, die rhetorisch nicht minder gewitzt agierten.

Zur intellektuellen Potenz des post-habsburgischen Wien gehört die fruchtbare Wechselwirkung zwischen Literatur und Psychoanalyse. Opponenten der Psychoanalyse waren so berühmte Autoren wie Karl Kraus – mit seinem Bonmot, die Psychoanalyse sei selbst jene Geisteskrankheit, als deren Therapie sie sich aufspiele – und Robert Musil. Der erkenntnispsychologisch engagierte Autor sah „seine Disziplin" einer rationalistischen Kasuistik in Konkurrenz zur Psychoanalyse, obwohl er sie auch als „finster drohende und lockende Nachbarmacht" anerkannte. Doch polemisierte er gegen die Trieblehre, so in seinem großen Roman „Der Mann ohne Eigenschaften", und ironisierte die Libidotheorie als banalen

Zeitgeist einer Epoche, „die sich nirgends auf geistige Tiefe einlässt, mit Neugierde hört, daß sie eine Tiefenpsychologie habe", um diese allzu schnell zur „Tagesphilosophie" zu erklären und „die bürgerliche Abenteuerlosigkeit" zu unterbrechen. Musil bestritt der Psychoanalyse die Rolle des Gegenparts im politisch und gesellschaftlich erstarrten Habsburger Imperium. In der Epoche der Zwischenkriegszeit dann war sein „Mann ohne Eigenschaften" ein denkbar mitteleuropäisches Konstrukt, das Kakanien (k.u.k.) als notorische Analogie seiner selbst ironisierte. Inhaltlich geht es in Musils Roman um das Scheitern der sogenannten „Parallelaktion", mit der das 70-jährige Thronjubiläum des Kaisers Franz Joseph im Jahr 1918 als symbolisch aufgeladenes, großes Ereignis in Konkurrenz zum bevorstehenden 30. Regierungsjahr des deutschen Kaisers begangen werden soll, wozu es historisch nicht mehr kam, unter anderem, weil beide Monarchien mit dem Ende des verlorenen Ersten Weltkriegs untergingen. Musils wissenschaftstheoretisch aufgeladener Roman zeigt ein in den letzten Zügen liegendes Kakanien, das sich krampfhaft und bis ins Lächerliche seiner Würde und Legitimität zu vergewissern sucht.

Mit der 1927 im Auditorium Maximum der Münchener Universität gehaltenen Rede „Das Schrifttum als geistiger Raum der Nation" vollzog Hugo von Hofmannsthal den Gegenentwurf zu Robert Musils postmoderner Habsburg-Kritik. Er bekannte sich zu einem sich „revolutionär" gebenden Konservativismus und zum Abschied vom supranationalen Ideal zugunsten eines österreichischen Nationalverständnisses, das er geistig und literarisch bestimmte. Hofmannsthal, der wie Stefan Zweig noch in seinen Erinnerungen bewundernd festhielt, als junger Dichter ein Inbegriff der Wiener Kunstkultur und ihres zutiefst apolitischen, ästhetizistischen Charakters gewesen war, beteiligte sich nicht an der melancholischen Rekonstruktion der Donaumonarchie durch die Beschwörung von Mythen wie der Monarchie aller Völker, der unübertrefflich Stil sicheren Bühnenkultur oder dem teils naiven Glauben an das Regelwerk seiner labyrinthisch monumentalen Administration. Sein Weg führte ihn über explizit sprachkritische, auch vitalistische Ideen und über seine Arbeiten für das Musiktheater im Spätwerk zu einer neuen Idee von Österreich, jenseits der mitteleuropäischen Völker- und Kulturenvielfalt. „Darum ist das letzte Wort eines geistigen Austriazismus ein schwer auszusprechendes, scheues und um dieser Wesenart willen sehr deutsches Wort", formulierte Hofmannsthal schon 1916, um zu vermitteln, dass Österreichs Botschaft in Europa anders als die des nördlichen Nachbarn, aber eben deutsch zu sein hätte. Sein Europa war von den Realitäten und Spannungen der historisch zu kurz gekommenen Völker im mittleren Europa abgehoben und utopisch angelegt.

Wo Europas Mitte literarisch evoziert wird, ist Prag unumgänglich, das so unverwechselbar mitteleuropäisch-paradox aufgeladene Autoren wie den tschechischen Humoristen Jaroslav Hašek und den Urheber und Namensgeber des Kafkaesken, den deutsch-jüdischen Schriftsteller Franz Kafka hervorbrachte. Sowohl Hašek als auch Kafka verliehen dem real Grotesken ihrer Lebenswelt einen Ausdruck. Im Fall Kafkas ergab sich dies aus der doppelt minoritären Erfahrung der deutsch-jüdischen Prager Welt innerhalb der sich majoritär verstehenden deutschen Bevölkerung. Sie war ihrerseits innerhalb der tschechischen Mehrheit Prags – schon lange vor Ausrufung der tschechoslowakischen Republik im Jahr 1918 – nicht mehr als eine Insel deutscher Kultur gewesen. Kafka war sich der tschechischen Wurzeln seines Namens und der väterlichen Familie bewusst und deutete die deutsche Option des Prager Judentums als einen westjüdischen Assimilationskomplex und eine widersinnig anmutende, mehrfache Unmöglichkeit. Unmöglich sei den deutschsprachigen Juden „nicht zu schreiben", weil ihre Zwischenstellung zwischen den Kulturen diese Selbstreflexion erfordere; zweitens sei es eine „Unmöglichkeit, deutsch zu schreiben", da dies einer Unterordnung unter den dominierenden deutschen Kulturcode gleichkomme; drittens erachtete er es als unmöglich, „anders" zu schreiben, insofern das Deutsche im Zuge der faktisch schon vor

Kafkas Generation eingeläuteten Assimilation vorgegeben war. Da mochte die zionistische Bewegung das Hebräische propagieren, das bürgerliche Judentum war auf das Deutsche wie auf eine zweite Natur fest gelegt. Viertens und als Summe erschien es Kafka – als „westjüdischem Sohn" – überhaupt unmöglich zu schreiben, aber gerade dies tat er. Franz Kafka hielt im Januar 1912 im jüdischen Rathaus Prags eine Rede „Über die jiddische Sprache", die bezeugt, wie sehr er die ostjüdische Kultur respektierte, weil er in den jiddischsprachigen Gemeinschaften eine soziale und sprachlich wirksame Subversion der deutsch-jüdischen Assimilation erkannte. Selten ist das Wesen der Macht, sei sie kulturell-symbolisch, politisch oder physisch, so durchleuchtet worden wie in Franz Kafkas Prosa. Nicht zu vergessen, dass sein enger Freund Max Brod, der ebenfalls die deutsch-jüdische Literatur repräsentierte, der tschechischen Nationalbewegung mit Achtung entgegentrat, so dass der Prager Kreis um Brod und Kafka innerhalb der sich zuspitzenden Nationalitätenkonflikte eine liberale Nische auf dem Schauplatz mitteleuropäischer Kulturkämpfe war.

Hašeks humoristisches Talent ist eng mit seiner tschechisch-böhmischen Erfahrung im Habsburger-Imperium verbunden, das er nur um wenige Jahre überlebte. Sein Lebensweg enthält realsatirische Elemente, zu denen etwa Beiträge für die Zeitschrift „Welt der Tiere" gehören, die vermeintlich zoologisches Wissen über erfundene Tierarten enthielten, deren Überzeugungskraft auch die Fachwelt auf den Leim ging. Am Biertisch gründete er mit Freunden im Frühjahr 1911 die „Partei des maßvollen Fortschritts in der Grenzen der Gesetze" und wurde einstimmig zum Redner und Kandidaten ernannt. Seine improvisierten „Wahlreden" stellten mit Witz und Humor den politischen Betrieb und das Parteiensystem bloß. So wie „kafkaesk" zum kulturellen Archetypus avancierte, so die Erzählgattung der Schwejkiaden, jene Erzählungen – später auch ein unabgeschlossener Roman – von den „Abenteuern des braven Soldaten Schwejk" aus den Jahren 1912 bis 1923, die um die Figur des weder für Hierarchie noch Militärdienst tauglichen Schwejk kreisen. Diese Kunstfigur, die keinerlei Entwicklung durchläuft, repräsentiert eine Haltung, von der nicht auszumachen ist, ob sich ein hoffnungslos naiver Trottel oder ein durchtriebener Rollenspieler hinter ihr verbirgt. Schwejk verfolgt gewissermaßen eine Anti-Politik, es gelingt ihm sogar, den Weltkrieg zu überleben, weil er sich nicht auf die Politik einlässt, gegen die er seinen gesunden Menschenverstand hält, dessen Kostümierungen „aufrichtig", „gutherzig", „gutmütig", „unschuldig" oder auch „unerschütterlich strahlend" daher kommen. Wo bei Kafka das Individuum vom Machtapparat zermahlen wird, platziert Hašek den einzelnen Menschen als seinen unscheinbaren Gegenpart, der aus der mürbe gewordenen Mitte Europas wie Phönix aus der Asche kommend weit über die Grenzen der tschechischen Literatur hinaus verstanden wurde.

Was konnte von dieser Polyphonie der Kulturen, was vom Veto gegen die Assimilation an die Logik des Stärkeren nach dem deutschen Vernichtungskrieg und im Angesicht der Sowjetisierung Mitteleuropas bleiben? Ingeborg Bachmann, österreichische Dichterin aus Klagenfurt, und Paul Celan, vielsprachiger Dichter aus Czernowitz, widmeten ihr Werk diesem Erbe, das Bachmann nicht als Vergessenes und Celan nicht als Verlorenes Preis geben mochte. Celan, dessen Eltern der Shoah zum Opfer gefallen waren und der selbst ein rumänisches Zwangsarbeitslager überlebt hatte, erinnerte die Vielvölkerkultur der Bukowina schmerzlich als eine vernichtete Lebenswelt, in der „Menschen und Bücher" gelebt hatten. Von der Kultur der deutschsprachigen Bukowiner Juden, der er entstammte, schien allein die Sprache „unverloren" geblieben, das Deutsche, das als Sprache der Mörder in den Kriegsjahren so schlecht von sich reden gemacht hatte. Celans Gedichte befragen und beschwören die Möglichkeit eines Übersetzens, einer Rettung der vielsprachigen jüdischen Lebenswelt, die ihm Mutter- und Vaterland gewesen war, durch die Sprache und in der Erinnerung in ein poetisches Exil, so im Gedicht „La Contrescarpe" aus dem Band „Niemandsrose" von 1963:

„wie heißt es, dein Land / hinterm Berg, hinterm Jahr? / Ich weiß, wie es heißt. / Wie das Wintermärchen, so heißt es, / es heißt wie das Sommermärchen, / das Dreijahreland deiner Mutter, was war es, / das ists, / es wandert überallhin, wie die Sprache. / wirf sie weg, wirf sie weg, / dann hast du sie wieder, wie ihn, / den Kieselstein aus / der Mährischen Senke, / den dein Gedanke nach Prag trug, / aufs Grab, auf die Gräber, ins Leben".

Ingeborg Bachmann, die Celan in Wien kennen gelernt hatte, stellte das vielstimmige Gedächtnis Mitteleuropas gegen das fatale Erbe des Nationalsozialismus und die deutsch-österreichische Geschichtsvergessenheit. Ihrer Prosa wird es zur Metapher eines räumlichen und historischen Vexierspiels, zum Kunstmittel der Verfremdung und zum Topos einer provokativen Befragung der Geschichte. Wien erscheint als „Stadt ohne Gewähr" und „Strandgutstadt": „Denn Länder wurden an sie geschwemmt und Güter aus anderen Ländern: die Kreuzstichdecken der Slowaken und die pechigen Schnurrbärte der Montenegriner, die Eierkörbe der Bulgaren und ein aufsässiger Akzent aus Ungarn. Türkenmondstadt! Barrikadenstadt". Das ehemals reiche Wien, gelegen am „Schwarzwasser der Donau", wurde der Hort einer Unkultur, gegen die Bachmann den Widerstand der Literatur setzt: „Lasst mich etwas von ihrem Geist hervorkehren aus dem Staub und ihren Ungeist dem Staub überantworten". So wehrte sich die österreichische Autorin gegen die Kultur des Verschweigens von Verbrechen, die, dem Lauf der Donau nach Ungarn folgend, auch auf die „Peststadt mit dem Todesgeruch" übergegriffen hatte. Bachmann war Wien „Schweigestadt", hier hatte Mitteleuropas Kriegsgedächtnis keinen Ort: Es war ihr ein Symbol des delegitimierten deutsch-österreichischen Mitteleuropakonzepts.

Bis in die 70er Jahre des 20. Jahrhunderts war – jedenfalls im deutschsprachigen Raum – kaum vorhersehbar, dass das zum Schauplatz von Massenverbrechen gewordene Mitteleuropa noch einmal zur Parole von Prozessen historischer Selbstbestimmung werden könnte. Doch Schriftsteller wie der Ungar Görgi Dalos und der im Exil lebende Tscheche Milan Kundera reklamierten ihre mitteleuropäische Identität, machten sie zur Chiffre ihrer Opposition gegen die Unterstellung Mitteleuropas unter die sowjetische Hegemonie. Nach der politischen Wende von 1989 formierte sich erneut mitteleuropäisches Denken. War den Polen der Beitritt ihres Landes zur Europäischen Union 2004 mehrheitlich die Erfüllung eines essentiellen Wunsches, so wurde damit zugleich die politische Abtrennung des Landes von der Ukraine vollzogen und das gemeinsame, wenn auch konfliktträchtige Gedächtnis an die galizische Vergangenheit und die anti-sowjetische Opposition ausgehöhlt. Dies machen die Essays von Andrzej Stasiuk und Juri Andruchowytsch, beide Jahrgang 1960, zum Thema. Für den Westukrainer Andruchowytsch ist die Vertrautheit mit Wien und der deutsprachigen Kultur fester Bestandteil seiner Familientradition. Er sieht in der politischen Entwicklung die Gefahr, dass die zwischen der EU und dem russischen Nachbarn eingekeilte Ukraine erneut vergessenes Mitteleuropa werden könnte: „Zwischen Russen und Deutschen eingezwängt zu sein, ist die historische Bestimmung Mitteleuropas. Die mitteleuropäische Angst schwankt historisch zwischen zweierlei Sorgen hin und her: die Deutschen kommen, die Russen kommen. Der mitteleuropäische Tod, das ist der Tod im Lager oder im Gefängnis [...] Die mitteleuropäische Reise, das ist die Flucht. Aber woher, wohin? Von den Russen zu den Deutschen? Oder von den Deutschen zu den Russen?"

Der Pole Stasiuk bekennt sich zu einem Zwischen-Europa, weder Ost noch West, sondern Grenzraumkultur zwischen Polen, Ukraine, Slowakei, Tschechien und Ungarn. Keine Peripherie, sondern Mitte will es sein und nicht mehr als Schauplatz blutiger Verbrechen herhalten. Stasiuks „Kartenstudium" (ein tschechischer Atlas) zeigt Polen „wahrhaftig in der Mitte Europas, genau in seinem Herzen": „Im Zentrum zu leben bedeutet, nirgends zu leben. Wenn es überallhin gleich nahe oder gleich weit ist, wird der Mensch von einer Abneigung gegen das Reisen erfasst, weil die ganze Welt zunehmend einem einzigen Dorf gleicht".

Auch wenn sich die Bewegung nach Westen oder Osten gegenseitig aufhebt, bleibt diesem Raum europäische Geschichte eingeschrieben. Die nach allen Seiten offene mitteleuropäische Ebene erweist sich als Palimpsest, und den Topos der Mitte inszeniert Stasiuk für ein Denkspiel aus Geo-Poetik und Kartographie. Er beschreibt, wie sein Beskiden-Dorf durch ein Netz kleiner und kleinster Flüsse mit der Donau verbunden ist. Die Einrede gegen die Vorherrschaft des wirtschaftlich mächtigen Westens beruft sich auf ein subversives Kommunikationsnetz, ein Geschichtszeichen mitteleuropäischer Art: „Donau, Dunaj, Duna, Dunav, Dunarea". Auch in der Prosa Herta Müllers, der in Rumänien in der deutschen Minderheit aufgewachsenen Nobelpreisträgerin des Jahres 2009, gibt es eine Art von Donau-Code, noch einmal ganz anders, fremdartiger, erschreckender. In unaufhebbarer Differenz zu allen hoffnungsvollen Referenzen zeigt dieses literarische Gedächtnis das Rumänien der Ceauşescu-Diktatur von jedem Fluidum abgeschnitten, unfreiwillig erstarrt zum Mahnmal totalitärer Perversion.

Literaturhinweise

Jurij ANDRUCHOWITSCH/Andrzej STASIUK, Mein Europa, Zwei Essays über das sogenannte Mitteleuropa. Frankfurt a.M. 2004.

Barbara BREYSACH (Hrsg.), Europas Mitte. Mitteleuropa, europäische Identität? Geschichte, Literatur, Positionen. Berlin 2003.

Hans-Peter BURMEISTER (Hrsg.), Mitteleuropa, Traum oder Trauma? Überlegungen zum Selbstbild einer Region. Bremen 1988.

Maria KŁANSKA, Problemfeld Galizien in deutschsprachiger Prosa 1846–1914. Wien 1991.

Zoran KONSTANTINOWIĆ/Fridun RINNER (Hrsg.), Eine Literaturgeschichte Mitteleuropas. Innsbruck 2003.

Eckehart KRIPPENDORF, Politische Interpretationen: Hašek, Kafka, Kraus. Frankfurt a.M. 1991.

Claudio MAGRIS, Donau. Biographie eines Flusses. Wien 2009.

Sándor MÁRAI, Bekenntnisse eines Bürgers. Erinnerungen. Aus dem Ungarischen von Hans Skirecki. München/Zürich 2000.

Herta MÜLLER, Der Fuchs war damals schon der Jäger. Reinbek 1994.

Karl SCHLÖGEL, Im Raum lesen wir die Zeit. Über Zivilisationsgeschichte und Geo-Politik. München 2003.

Carl E. SCHORSKE, Wien. Geist und Gesellschaft im Fin de Siècle. München 1980.

Stefan ZWEIG, Die Welt von gestern. Erinnerungen eines Europäers. Frankfurt a.M. 1970.

Zaur Gasimov
Grenze Ural

Der Definition des deutschen Osteuropahistorikers Karl Schlögel zufolge stehen Erinnerungsorte dafür, „dass alle Erinnerung an Orten, an denen sich die Geschichte ereignet hat, haftet". Der Ural – das Thema dieses Beitrags – ist ein geographischer Ort und ist aufs Engste mit der europäischen Kartographie sowie mit den imaginären *mental maps* verbunden. In Bezug auf den Ural als Erinnerungsort trifft die Definition Schlögels allerdings nicht ganz zu, weil es Erinnerungsorte gibt, an denen sich Geschichte nicht unmittelbar ereignete: am Ural spielte sich z. B. keine große Schlacht ab, kein europabewegender Friedensvertrag wurde abgeschlossen. Dennoch stellt dieser Ort ein Medium dar, an welches eine bestimmte oder mehrere kulturelle Erinnerungen anknüpfen. Der Ural ist ein mehrschichtiger europäischer sowie ein eurasischer Erinnerungsort. Zum einen ist das Etymologische zu betonen: Der Begriff *Ural* entsprang dem Baschkirischen und wanderte ins Russische sowie in alle europäischen Sprachen ein. Bei der Beschreibung dieses Erinnerungsorts sind die Toponymik und die Geographie des Urals, die Erfahrung der Europäer mit dem Ural sowie die übertragene Bedeutung des Urals als einer (Grenz-)Region, einer Grenze zwischen Europa und Asien und schließlich als eines Symbolwertes für Russland, für das riesige Grenzland Europas, von besonderer Bedeutung. Der Ural ist in diesem Sinn das Gebirge und der Fluss zugleich, er ist eine Grenze, ein Vor-Sibirien und nicht zuletzt Russland selbst.

Der Ural als Ort

An keinem anderen Ort des eurasischen Kontinents ist man so orientierungslos wie im Ural, obwohl es dort einen Wegweiser *Evropa-Azija* gibt, der dem Vorbeifahrenden die Richtung nach Europa und Asien aufzeigen soll und die Grenze zwischen den beiden Kontinenten markiert. Der Ural wurde und wird als ein Ort wahrgenommen, der teilt und abgrenzt: Europa und Asien und stellvertretend Okzident und Orient sollen hier, an dieser Stelle, eigene Grenzen erhalten, über ein Hier und Dort, ein Dies- und Jenseits verfügen: „Jenseits des Urals", so hieß eine 1967 in London erschienene Abhandlung der englischen Historikerin Violet Conolly, in der die Autorin, die sich 1928 und 1934 in der Sowjetunion auf Forschungsreisen aufhielt, die ökonomischen Entwicklungen im sowjetischen Asien untersuchte. Auf einer Karte wird *Soviet Asia* gezeigt. Es umfasst neben dem sowjetischen Zentralasien Sibirien und den Fernen Osten. In dieser auf einem der Höhepunkte des Kalten Krieges erschienenen Monographie lässt sich der Ural als ein Grenzort erkennen. Die Farben unterschiedlicher Regionen auf der Karte teilen und grenzen ab, und der Ural ist mit einer schwarzen Grenzlinie entlang einer Kette von Grenzorten am östlichen Rand des europäischen Russland nachgezeichnet. Diese Perspektive war weder englisch, noch wurde sie erst vom Geist der angespannten Ost-West-Beziehungen in den 1960er Jahren erzeugt. Es waren die europäischen Diskurse, die bereits Jahrhunderte zuvor das alte Uralgebirge zu *dem* Ural stilisiert hatten.

Der Ural als Ort wurde jedoch im Lauf der Geschichte verschieden wahrgenommen. Der aus Kasan stammende Exilpublizist Ayaz Ishaki z. B. veröffentlichte 1933 in Paris eine Geschichte des Urals, die mehrere Karten der Region *Idel-Oural* enthielt. Idel' steht für die traditionelle tatarische Bezeichnung der Wolga. Diese Region wurde vom Autor auf einer französischsprachigen Karte zwischen *Russie, Don-Kouban* und *Sibérie* verortet. Ishaki zufolge habe der Ural mit dem eigentlichen Russland, das er auf Moskowien reduzierte, nichts gemeinsam. Auch die in der Zwischenkriegszeit entstandene Bewegung der Prometheisten verortete den Ural außerhalb des historischen Russland. Sie erinnerten sich an den durch die Sowjetisierung verloren gegangenen Ural. Aber auch für die Bolschewiki war der Ural ein Erinnerungsort. Dort kam 1919 der Revolutionsführer Vasilij Čapaev im Kampf gegen die Weißen um. Die Dichterin Zinaida Aleksandrova widmete Čapaevs Tod 1936 einige Gedichtzeilen, die in der Sowjetunion zum Schlager wurden: „Ural – Ural – du mächt'ger Fluß. Kein Laut und kein Abschiedsgruß". Der Ural ist hier ein Teil des bolschewistischen Martyriums.

Auch in der Dichtung Boris Pasternaks war der Ural ein wichtiges Thema. Sein Gedicht „Der Ural zum ersten Mal" stammte aus dem Jahre 1916. Einige Jahre später schrieb er die bekannten „Ural-Gedichte". Hier stehen Kohle, Steine und Nacht für den Ural. Die Rede ist sogar von einem „Zarenreich der Kohle" und einem „Zarenreich der Leichen". In seinem Roman „Lüvers Kindheit" und im Meisterwerk „Doktor Schiwago" leben auch die Hauptfiguren im Ural. Es geht um die Epoche um das russische *annus mirabilis* 1917. Der Ural ist dabei nicht nur ein Raum der Revolution und des Bergbaus, sondern auch ein Raum vieler Ethnien, ein Kommunikationsraum der Europäer, der Russen und der Asiaten. Der Ural ist ein verschlafener Ort der Idealisten, aber zugleich auch eine pulsierende Peripherie.

In der Zwischenkriegszeit weilten im Ural mehrere bekannte Europäer, von denen viele Kommunisten waren. Der Ural als Thema der europäischen Publizistik wurde vom deutschen Arbeiterdichter Max Barthel eingeleitet, als sein Buch „Der rote Ural" 1921 in Berlin erschien. Der französische Dichter Louis Aragon – seit 1927 Mitglied der Kommunistischen Partei Frankreichs – besuchte mit seiner Frau Elsa Triolet den Ural. Die Eindrücke von dieser Reise erschienen als Gedichtband „Hourra l'Oural". Aragon war begeistert von den Industriemetropolen Ekaterinburg und Orenburg. Fasziniert schrieb er von „les amants de Magnetogorsk". In Magnetogorsk, einer 1929 gegründeten Industriestadt, arbeitete in den Jahren 1930/31 der spätere SED-Politiker Erich Honecker.

In diesem Zeitraum war der Ural nicht nur ein wichtiges Industriezentrum der Sowjetunion, sondern auch ein Bestandteil des gesamtsowjetischen Lagersystems, wo viele Häftlinge zwangseingesetzt wurden, die man aus dem westlichen, europäischen Teil der Sowjetunion deportiert hatte. Der Ural war einer der Orte, wo sich der „Rote Terror" (Jörg Baberowski) abspielte. Ein Ort grenzenloser Gewalt und ein blutiger Tatort war der Ural schon früher. Der letzte russische Kaiser Nikolaus II. befand sich monatelang im Ural in Haft und wurde hier im berüchtigten Ipat'ev-Haus in Ekaterinburg im Juli 1918 zusammen mit seiner Familie von den Bolschewiki erschossen. Für den europäischen Adel, der mit der kaiserlichen Dynastie historisch eng verbunden war, ist der Ural ein Erinnerungsort an dieses Blutbad. Die an der Stelle des Ipat'ev-Hauses 2002/3 errichtete „Kathedrale auf dem Blut" entwickelte sich zu einem Pilgerort für russische Monarchisten.

Der Ural als Verbannungsort

In die europäische Erinnerung ging der Ural noch vor der Zwischenkriegszeit als ein bitterer Verbannungsort ein. Im Ersten Weltkrieg geriet der polnische Maler Eugeniusz Geppert in russische Haft. Er wurde nach Orenburg, östlich des Flusses Ural, verbannt und verarbeitete später seine Erinnerung an den Verbannungsort in seinen Bildern. Im Leben des österreichischen Schriftstellers Heimito von Doderer spielte der Ural eine ähnliche Rolle:

Zu Beginn des Ersten Weltkriegs gefangen genommen, wurde er für mehrere Jahre in den Ural und nach Sibirien verschleppt, was er im Roman „Der Grenzwald" (1967) beschrieb. Die Hauptpersonen waren Hunderte österreichischer Offiziere, darunter die Deutschsprachigen, Ungarn und Wiener, die sich in der Gefangenschaft hinter dem Ural mit der russischen Literatur und Sprache sowie mit der Multikulturalität des ausgehenden Habsburgerreiches auseinandersetzten und auf ihre Rückkehr nach Österreich hofften. 1917/18 hatten sich die österreichischen Kriegsgefangenen bereits im zerfallenden Zarenreich befunden, dessen Eisenbahnnetzwerk sich monatelang unter Kontrolle der Tschechischen Legion befand. Diese Tschechen kämpften gegen die österreichisch-ungarische Monarchie und nahmen hier am Ural an mehreren Bahnstationen mit den „vertrauten Fremden", den zurückkehrenden österreichischen Kriegsgefangenen, Kontakt auf. Der Ural ist bei Doderer ein Ort der Begegnung der Europäer, der Wiener und Prager. Als Rückkehrer hoffte man den Ural bald zu erreichen, ihn zu durchqueren, um nach Wien zu gelangen. Neben Doderer war auch der Nationalismusforscher Hans Kohn in derselben Zeit in russischer Kriegsgefangenschaft, die ihn allerdings noch weiter in die Tiefe des russischen Hinterlandes jenseits des Urals nach Mittelasien führte. Arnold Toynbee schrieb im Vorwort der Autobiographie Hans Kohns, er sei viel herumgekommen, „und zwar nicht nur westlich des Uralgebirges". Das Uralgebirge tritt hier als eine Stufe, eine Grenze zu einem Raum auf, der anders, kaum erforscht, ja ein Synonym für Schwierigkeiten und für mögliche Gefahren ist. Der Ural selbst sei eine reiche Mineralienöde, die aber doch über eine gewisse Faszinationskraft verfügte. Eine ähnliche Erinnerung an den Ural findet man in der Dichtung des Stalinkritikers Osip Mandel'štam, der 1934 zu einer dreijährigen Verbannung in den Ural verurteilt wurde.

Der Ural war nicht nur für einzelne Personen ein Verbannungsort, sondern für ganze Ethnien und Vertreter religiöser Gruppen. Die russischen Altgläubigen wurden noch im 18./19. Jahrhundert dorthin umgesiedelt. Im Ersten Weltkrieg sah dies nicht anders aus. „Die Leute zogen mit kleinen Kindern, mit ihren Habseligkeiten, sie trieben ihr Vieh vor sich her, das aus Futtermangel unterwegs einging. Sobald der Troß eine Eisenbahnstation erreichte, wurden die Leute in Waggons gepfercht und sie fuhren tage- und wochenlang hinter den Ural," so beschrieb die ukrainische Historikerin Natalija Polonska-Vasylenko in ihrer im Münchner Exil 1976 entstandenen Monographie die Zwangsauswanderung der Ukrainer im Zarenreich. An ähnliche Vorgänge konnte sich die polnisch-jüdische Intellektuelle Zofia Hertz erinnern: sie und ihr Mann Zygmunt wurden 1940 ähnlich wie viele andere Polen vom NKWD verhaftet und in den Ural verschleppt.

Der Ural als Grenze

Der Ural als Grenze wird sowohl von den österreichischen kriegsgefangenen Offizieren in Doderers „Der Grenzwald" als auch von der jungen Russin Schenja Lüvers in Pasternaks „Lüvers Kindheit" thematisiert. Dabei geht es keineswegs um ein literarisch aufgeworfenes Novum in der europäischen Literatur des 20. Jahrhunderts. Die Wurzeln der Diskussion, der Ural sei eine Grenze zwischen Europa und Asien, liegen im 18. Jahrhundert. Es war der schwedische Geograph Philip J. von Strahlenberg, der in seinem Bericht „Der nördliche und östliche Theil Europas und Asiens" (1730) das Ural-Gebirge als Grenze definierte. Die wissenschaftliche Auseinandersetzung der Europäer mit den Ostgrenzen Europas wurde auch vom russischen Geographen Vasilij Tatiščev mit einigen Abweichungen bezüglich des Grenzverlaufs im Ural aufgegriffen. Die russische Regierung ließ dort einen Grenzposten errichten – wie dies der Historiker Richard J. Evans beschreibt – „at which generations of convicts trudging their way in irons to Siberia would kneel and touch the earth, running the last crumbs of European soil through their fingers before relinquishing it for ever".

Der Ural – wenn auch zur konventionellen Grenze zwischen Europa und Asien erklärt – zog die Aufmerksamkeit nicht nur der Geographen aus Europa und Russland auf sich. Erwähnenswert ist das wissenschaftliche Engagement des deutschen Ethnologen Peter S. Pallas, der auf Einladung Katharinas II. 1767 nach Petersburg kam, wie auch Alexander von Humboldts im 19. Jahrhundert. Aus diesen Forschungsaufenthalten im Ural gingen Peter S. Pallas' dreiteiliges Werk „Reise durch verschiedene Provinzen des Russischen Reiches" und Humboldts „Im Ural und Altai" hervor. Sie stehen exemplarisch für das Interesse, welches die deutschen und russischen Gelehrten an der Erforschung Russlands hatten. Noch bis ins 18. Jahrhundert in Europa kaum bekannt, wie dies Gerard Delanty beschrieb, war der Ural im 19. Jahrhundert für europäische Intellektuelle eine exotische Ferne genau wie Russland selbst. In Europa herrschte nie Konsens in der Frage, wo seine östlichen Grenzen verliefen. Die Grenzregionen wurden mit Furcht und Faszination betrachtet: Das Interesse stand im Hintergrund dieser beiden Gefühlskomplexe: man wollte erforschen, was einen umgibt. Russland war das Andere, wovon die Europäer das Eigene abgrenzten und gleichzeitig von dieser Abgrenzung das Eigene ableiteten. Im 19. und 20. Jahrhundert im Prozess der Definierung der europäischen Identität und der (Re-)Konstruktion der europäischen Selbstbilder setzte man sich in Europa intensiv mit den Fragen der In- und Exklusion, mit den politischen und kulturellen Grenzen des Kontinents auseinander. In diesem Kontext wurde immer wieder die Frage aufgeworfen, ob Russland einen Anteil am Europäischen habe, gänzlich oder nur bis zum Ural dazu gehörte oder auch gar nicht.

Der Ural als Russland

Der Ural sei die „heutige Schulbuchgrenze Europas", schrieb die Schweizer Ethikerin Sonja Dänzer in Anlehnung an den englischen Historiker Gerard Delanty, der in seinem Werk „Inventing Europe" (1995) darauf hinwies, dass das nicht besonders hohe Ural-Gebirge nur eine formale, nicht mal eine „richtige geographische Grenze" sei. Der bulgarische Historiker Bogdan Mirtchev schreibt: „Der Ural ist die geographische Grenze des europäischen Gebiets Russlands, ob dieses Gebirge aber auch als europäische Kulturgrenze gelten kann, ist sehr zu bezweifeln". Schließlich gehe es weniger um das Ural-Gebirge, sondern hauptsächlich um Russland, das von Seiten der Europäer nie eindeutig wahrgenommen wurde. Dem Ural werden in diesem Kontext die Merkmale einer Kulturgrenze aberkannt: er trennt das Europäische nicht vom Nicht-Europäischen. Diese Überlegungen sind kein Resultat des modernen europäischen Russland-Diskurses. Noch im 19. Jahrhundert sah die westeuropäische Öffentlichkeit Russland, einer treffenden Ausführung Jürgen Osterhammels zufolge, „als eine eigentümliche Sonderzivilisation am Rande Europas". Trotzdem sollte Europa – wenn auch keine kulturelle oder politische Grenze festgelegt wurde – doch zumindest geographisch definiert werden. Der deutsche Geograph Freiherr Friedrich W. von Reden schrieb in seinem Werk „Russland's Kraft-Elemente und Einfluss-Mittel" (1854): „Wie die pyrenäische Halbinsel zu Afrika, so bildet Russland den Uebergang von Europa nach Asien. Es ist in jeder Hinsicht so innig mit beiden Ertheilen verbunden, dass eine Kulturgrenze zwischen denselben in Russland ebenso wenig zu entdecken ist, als eine Verwaltungs-Grenze; denn europäische Gesittung, Halbbildung und asiatische Barbarei sind in den östlichen Gouvernements einträchtig neben einander zu finden. Man muss daher natürliche Grenzen suchen, und diese finden sich südlich im Kaukasus, östlich im Uralflusse und im Uralgebirge".

Dass der Ural keine sich voneinander grundlegend unterscheidenden Räume trennt, behauptete auch der polnische Russlandkenner Włodzimierz Bączkowski in seinem Buch „Russia and Asia". Der Ural sei nur eine proforme geographische Grenze. Jedoch war für Bączkowski, der darauf hinwies, dass hinter dem Ural drei Viertel des russischen Territoriums liegen, Russland „das europäisierte Asien". Russland sei kein Erbe von Byzanz, und trotz der Tatsache, dass es seit Peter dem Großen unter europäischem Einfluss stand, verlief für Bączkowski, ähnlich wie für viele andere mitteleuropäische Intellektuelle, die Ostgrenze Europas nicht im Ural.

Der österreichische Feuilletonist Karl E. Franzos, der selbst auf der Zugreise von Wien nach Czernowitz 1875 unterwegs aus dem Halb-Asien berichtete, schrieb: „Die polnischen Geographen lassen im äußersten Falle den Don als Grenze gelten, und in der Klosterschule zu Barnow in Podolien habe einmal ich [...] einige Unannehmlichkeiten erduldet, weil ich der Ansicht war, daß Moskau in Europa liegt. ‚In Asien!' rief der Pater Marcellinus".

Franzos antwortete einer Dame im Abteil, die kurz nach der Abfahrt von Krakau besorgt fragte, ob man sich bereits in Asien befinde, dass es soweit erst im Ural sein werde. Gleichzeitig widerlegte er die geographische These vom Ural als Grenze, denn er war ja bereits in „Halbasien". Dabei thematisierte er diese (Nicht-)Grenze. Unterschiedlich befasst man sich in Europa bis heute mit der Frage der Raumzugehörigkeit Russlands. Auch der niederländische Journalist Geert Mak verortet die Ostgrenze Europas nicht im Ural. In seinem aktuellen Bestseller „In Europa. Eine Reise durch das 20. Jahrhundert" schreibt er: „Ich hatte Europa verlassen, als ich in Sankt Petersburg, Moskau und Wolgograd war". Die Menschen dort träumen davon, nach Europa auszuwandern: daher befinde sich dieser Ort, dessen Bewohner Europa als Woanders empfinden, nicht in Europa. Auch die Uraler, so könnte man die Logik Maks fortsetzen, würden von Europa als einem anderen Raum sprechen, wohin sie gerne reisen würden: man bewegt sich also nicht in *einem* Raum.

Europa vom Atlantik bis zum Ural

Ende der 1950er Jahre war es General de Gaulle, der ein Konzept eines *Grande Europe* vom Atlantik bis zum Ural vorschlug. Diese Idee wurde von seinen Mitstreitern auch in den 1960/70er Jahren intensiv vertreten; im Politbüro löste sie dagegen eine Welle der Empörung aus: Chruščev hatte darin einen Versuch der Zerstückelung der UdSSR gesehen. Der französische Politiker René Courtin beschrieb in seiner Schrift „L'Europe de l'Atlantique á l'Oural" das Konzept de Gaulles in außenpolitischen Kategorien. Die Idee eines machtpolitischen Gleichgewichts in Nachkriegseuropa war aus französischer Sicht mit der Zusammenarbeit Frankreichs mit der UdSSR verbunden. Dazu kam jedoch auch die kulturelle Komponente, denn im 18. Jahrhundert sei Russland eine „admiratrice de la civilization française" gewesen. Russland war der europäischen Kultureinflussnahme ausgesetzt, wenn es auch über weite, geographisch nicht europäische Gebiete verfügt hatte. Schließlich seien die Gebiete hinter dem Ural – Sibirien –, so Courtin 1963, für Russland dasselbe, was Algerien für Frankreich darstellte. Russland bis zum Ural sei somit eine europäische Macht, ein Rand und Teil des politischen Europa. Dies wurde in Frankreich in den 1970er und 1980er Jahren revidiert. Pierre Gourou schrieb noch einige Jahre vor dem Kollaps der UdSSR: „Das Gewicht der UdSSR und die immer weiter vorangetriebene Integration seiner verschiedenen Landesteile erlauben es nicht mehr, von einem Europa bis zum Ural zu sprechen. Die 22 400 000 qkm und die 270 Millionen Einwohner der Sowjetunion bilden ein Europa ‚für sich'". Was passierte nun mit der Uralgrenze? Ist sie – mit Schlögels Worten ausgedrückt – als eine Grenze gewandert?

Wenn auch das Konzept Europas „vom Atlantik zum Ural" ursprünglich ein außen- und geopolitisches Denkkonzept der Gaullisten war, wurde es in den darauf folgenden Jahrzehnten intensiv rezipiert und rückte den Ural als eine symbolische Grenze Europas erneut ins Blickfeld. Die Grenze zwischen Europa und Asien im Ural, die Moskau und Leningrad im Kalten Krieg eindeutig Europa zuordnete, wurde somit kontinuierlich seit der Mitte des 18. Jahrhunderts thematisiert. „The epicentre of 1989 was Europe between the Rhine and the Urals", schrieb der Historiker Timothy Garton Ash in einem Kommentar für „The Guardian" 2009. Die Grenze Europas ist der Ural, eine Gebirgskette inmitten Russlands: diese Idee wird auch heute von denjenigen Intellektuellen in Europa vertreten, die sich für die EU-Russland-Beziehungen stark machen. Es gebe „kein Europa ohne Russland", verkündete der Politologe Alexander Rahr in „Internationale Politik" 2009; im März 2008 veröffentlichte der Ex-Bundesaußenminister Hans-Dietrich Genscher einen Artikel „Auch Russland ist Europa" im „Tagesspiegel", in dem er von einer Werteordnung sprach, die sich „vom Atlantik bis nach Wladiwostok" erstrecke. Genscher schrieb: „Europa endet eben nicht an der polnischen Ostgrenze. Vergessen wir auch nicht, das große europäische Volk der Russen hat mit unersetzlichen Beiträgen zur europäischen Kultur, zur Identität unseres Kontinents beigetragen". Die Bedeutung des Urals als Grenze wurde durch die Symbolik Wladiwostoks quasi ersetzt. Die Ideen von Rahr und Genscher wurden auch von einer Reihe deutscher Historiker geteilt. Exemplarisch könnte man die Aufsätze von Georg von Rauch (1958), Dietrich Geyer (1993) und Leonid Luks (2008) erwähnen, die in der Frage der Zugehörigkeit Russlands zu Europa zum Schluss kamen, Russland sei in kultureller Hinsicht ein integraler Teil Europas. Dieses Konzept, demzufolge Russland zu Europa gehöre, hatte in der Bundesrepublik eine längere Tradition. So formulierte schon 1949 der Publizist Artur W. Just in seiner Schrift „Russland in Europa. Gedanken zum Ostproblem der abendländischen Welt": „Der Kreislauf der geistigen Kräfte des Abendlands hat sich durch ‚eiserne Vorhänge' nie unterbinden lassen. Europa endigt auch heute nicht am Rhein, an der Oder, nicht an der Weichsel und nicht am Ural, sondern es reicht bis Wladiwostok und Kamtschatka. Wer in Hemisphären denkt, muß sich bewußt bleiben, daß nur die Beringstraße sie trennt".

Der Ural sei eine „Grenze zwischen zwei Welten": so lautete es in den Anmerkungen des polnischen Filmautors Wojtek Krzemiński. Es sei eine „symbolische Grenze [...] – zwischen dem kommunistischen Russland und dem heutigen Russland". Russland sei eine Welt für sich, die von geografischen Aufteilungen unabhängig ist. Sie sei anders als Europa, aber auch anders als Asien, so das Urteil Krzemińskis. Wenn der besagte Wegweiser den Vorbeifahrenden nicht erklären würde, dass sie nun nicht mehr in Europa, sondern in Asien sind, würden sie das nicht merken. Krzemiński stellt die Diskussion darüber, ob der Ural eine Grenze ist, anders dar: die politischen Kulturen sind Zeitwelten, die jen- und diesseits des Urals liegen.

„In der räumlichen Vorstellung der Russen ist der Ural keine Grenze zwischen Europa und Asien: die Bewohner der Regionen um Ekaterinburg und Čel'jabinsk sehen sich in Europa und dies weitet sich bis zum Baikal-See aus", so der französische Geograph Denis Eckert. Ihm zufolge höre Europa am Ural nicht auf. Die Grenze sei ein Produkt der Geographen: Die Region des Urals sei kein in sich geschlossenes Gebiet, es sei ein Teil Russlands, das über keine lokale *conscience ouralienne* verfüge. Für die russischen Westler ist ganz Russland europäisch. Für die Slawophilen (Danilevskij, Leont'ev), für die Anhänger der Idee von „Moskau – Das Dritte Rom" und für die Eurasier (Trubeckoj) bzw. die Neu-Eurasier (Dugin), die Europa und den Westen gleichsetzten und verteufelten, ist auch das Vor-Ural-Russland kein Europa: Russland – unteilbar und einig – stelle einen eigenständigen Zivilisationsraum namens Eurasien (*evrazija*) dar. Ihnen erschien das gesamte Russland-Eurasien als ein Monolith ohne jegliche Binnengrenzen. Der deutsche Slawist Gerhard Gesemann schrieb 1933 in seinem Aufsatz „Wesen des Westens und Wesen des Ostens": „Es gibt kein Gebirge, das dieses einförmig wellige Hügelland zerschneiden könnte, auch der Ural nicht". Diese Ideenkonzepte erlebten seit der Wende eine Renaissance. Der Publizist Sergej Rybakov schrieb 2010 in seinem Artikel „Eurasischer Meridian", dass Ekaterinburg, das unmittelbar in der Nähe des bekannten sechzigsten Meridians liegt, der die Grenze zwischen Europa und Asien symbolisiert, Europa und Asien nicht trenne, es bringe sie zusammen, vereine sie in einem Eurasien.

In der russischen Erinnerungskultur ist der Ural mit dem Aufstand Emel'jan Pugačevs im 18. Jahrhundert verbunden. Der Rebell wurde vom Dichterfürsten Aleksandr Puškin im Zusammenhang mit dem Ural literarisch festgehalten. Die Bolschewiki erkannten im Pugačev'schen Aufstand kommunistische Züge und mythologisierten den Ural als ein Revolutionszentrum. Ein weiterer bedeutender Aspekt der russischen Erinnerungskultur, die mit dem Ural verbunden ist, ist zweifelsohne das Kosakentum und seine Gesangstraditionen. 1924 gründete der russische Dirigent Andrej Scholuch den Ural Kosaken Chor im Pariser Exil. Die Tänzer dieses Chores trugen ähnliche Hemden wie das, in dem sich Rainer Maria Rilke nach seinen Russlandreisen um die Jahrhundertwende fotografieren ließ. Ein russisches Hemd und Schnurrbart – eine stereotype Wahrnehmung des Ostens – gehörten zum Russenbild und zur Russophilie Rilkes. Rilke wie viele andere europäische Intellektuelle war begeistert vom Anderssein Russlands. Für sie war der Ural wie Russland ein Magnet, ein Erinnerungsort, wo das Mystische und das Urtümliche fortbesteht. Dies ist im Kontext der damaligen (west-)europäischen Ideenwelt zu sehen. Der Pessimismus Pannwitz' und Spenglers trug dazu bei, dass die Europäer im Außereuropäischen das zu suchen begannen, was ihnen im „verdorbenen" Westen fehlte. Aragons und Pasternaks Bild vom Ural spricht für ein positives Russlandbild der westeuropäischen und russischen Erinnerungskultur.

Der Ural in der polnisch-ukrainischen Ideenwelt ist ein Erinnerungsort des Leidens, weil man dorthin verschleppt wurde und Russland daher negativ wahrgenommen wurde. Der Pole Bączkowski, der Ukrainer Taras Ševčenko, der in der Verbannung im Ural die 1850er Jahre verbrachte, erkannten Russland das Europäische ab. Sie hatten ihr eigenes Russlandbild, das sich von dem Aragons, Rilkes, Genschers unterschied. Der Ural war für sie ein Vor-Sibirien, ein Tor in die Tiefe des Imperiums. Nicht die schönen Mineralien des Uralgebirges, sondern das karge Gestein prägten ihre Erinnerung. Die Überquerung des Urals und das weite Russland waren für sie kein exotisches Mysterium.

In den österreichischen, deutschen, auch in den tschechischen Berichten, die von den Intellektuellen verfasst wurden, die jenseits des Urals die Gefangenschaft erlebten, bleibt Russland dennoch oft ein anziehendes Land. Bei ihnen ist der Ural eine Kulturlandschaft Russlands, eines Landes, das – wie der spanische Schriftsteller Luis Morote anmerkte – weder Europa noch Asien ist. Morote zufolge sei Russlands Autokratie mit Asien verwandt, an Europa sei Russland jedoch ethnisch und kulturell gebunden. Aus dieser Sicht ist der Ural eine geographische Grenze, er teilt ein europäisches Kulturland in zwei Teile. In der Erinnerung der europäischen Völker, die im 18./19. Jahrhundert in das Zarenreich einverleibt wurden, ist der Ural eine Öde. Darüber schrieb z. B. Ševčenko in den 1840er Jahren aus Orenburg. Manche spanischen Beobachter waren dagegen begeistert von Russlands Grenzwesen, erkannten in der Architektur des Kreml „orientalische" Elemente und in einigen Kirchen sogar die „orientalische Gotik". Für die Polen im 19. Jahrhundert dagegen war der Bau russischer Kirchen abstoßend. Das orientalische, östliche Russland begeisterte im Baltikum, in Polen und in der Ukraine nur Wenige: der Ural als Grenze zwischen Europa und Russland begann im *mental mapping* dieser Region dort, wo das Abendland endete und die lateinischen Buchstaben an den Straßenschildern nicht mehr zu sehen waren.

Beim Ural handelt es sich um einen multidimensionalen, mehrschichtigen Erinnerungs-ort. Wenn sie an den Ural denken, befassen sich die Europäer mit den Grenzen des eigenen Kontinents und Kulturraums. Da die meisten Europäer sich doch nicht als Bewohner einer „asiatischen Halbinsel" (Danilevskij) verstehen, bleiben ihnen die gegenwärtigen russischen Eurasien-Diskurse fremd. Die Frage, die der deutsche Publizist Michael Thumann formu-lierte – „Was war das für ein Reich, das gleichzeitig in Europa und Asien lag?" –, beschäftigt seit Jahrhunderten die europäischen Intellektuellen. Der Ural ist wie Russland, so nah und doch so anders, zwar nicht ganz asiatisch, jedoch auch nicht vollkommen europäisch. Der Ural, der Europa von Asien zu trennen hat, geht in Russland auf: er ist ein Symbol für die Ostgrenze Europas und für Russland zugleich.

Literaturhinweise

Louis ARAGON, L'œuvre poétique. Paris 1989.

Włodzimierz BĄCZKOWSKI, Russia and Asia. Beirut 1951.

Violet CONOLLY, Beyond the Urals. Economic Developments in Soviet Asia. London 1967.

Gerard DELANTY, Inventing Europe. Idea, Identity, Reality. London 1995.

Heimito VON DODERER, Der Grenzwald. München 1995.

Maria Todorova
Balkan

Wie die aus Südosteuropa stammenden und heute in der englischen Sprache vorkommenden Worte *bugger* (ein schlechter Mann) und *Byzantine* (verworren bzw. unaufrichtig) hat auch der Begriff „Balkan" jeglichen Bezug zu seiner ontologischen Basis verloren. Der Begriff „Balkan" hat über die Jahre ein Eigenleben in der Welt der Ideen geführt. Das Wort *bugger* bezeichnet im schlimmsten Fall einen Homosexuellen, wird aber eher als eine beleidigende Form der Anrede benutzt. Es geht auf die *bougres*, die im Mittelalter in der Provence ansässigen von der Kirche abweichenden Sektierer zurück. Diese wiederum leiteten ihren Namen von den Bogomilen ab, die sich vom 10. bis zum 15. Jahrhundert von Bulgarien aus für einen religiösen Dualismus einsetzten. Heute ist das Wort *bugger* so weit von seinen Wurzeln entfernt, dass nur unerschrockene Forscher noch seinem geographischen Ursprung nachgehen würden. Das Wort *Byzantine*, das auf eine Wortschöpfung des 16. Jahrhunderts zurückgeht, wurde zuerst für die Bezeichnung einer spezifischen Kunstform eingesetzt und dann in Bezug auf eine historische Epoche – das Oströmische Reich – angewandt. Zur Zeit des Oströmischen Reiches war das Wort jedoch nicht bekannt. Heute ist es zum Beispiel im englischen Sprachverständnis Synonym für eine Reihe von Adjektiven mit negativer Bedeutung: durchtrieben, intrigant, heuchlerisch und verworren. Während das Wort *Byzantine* gebildete Bürger an eine historische Epoche erinnert, verweist es zugleich auf etwas, das inzwischen untergegangen ist. Der Ausdruck „Balkan" hingegen entwickelte sich zu einem spezifischen Begriff, der nicht nur am Anfang des 20. Jahrhunderts „metaphorisiert" wurde, sondern wegen der auf dem Balkan vorkommenden Ereignisse auch einen gewaltigen und manchmal sogar nachteiligen Einfluss auf sich selbst ausübt.

Der Begriff „Balkan" hat eine Anzahl von Erscheinungsformen, die in drei Kategorien unterteilt werden können. Erstens ist der Begriff „Balkan" ein Name: ursprünglich der eines Berges, dann der einer Region und schließlich der von politischen Gruppierungen in der Region. Darüber hinaus ist der Name Balkan auch als Personenname bekannt. Zweitens wird der Begriff „Balkan" als Metapher benutzt, die meistens, aber nicht immer, negativ besetzt ist. Anfang des 20. Jahrhunderts entwickelte sich der Begriff „Balkan" als metaphorisches Synonym für Aggressivität, Barbarei, Intoleranz, Wildheit, das Halbentwickelte, Halborientalische, Halbzivilisierte zum Inbegriff der Geringschätzung. Diese Häufung von festen Vorurteilen, obwohl neueren Datums, geht auf tief liegende Konflikte zwischen katholischer und orthodoxer Kirche, Europa und Asien, West und Ost, insbesondere aber Christentum und Islam zurück. Aufbauend auf der metaphorischen Verwendung des Begriffs „Balkan" entwickelte sich im 20. Jahrhundert dann ein ganz spezifisches machtpolitisches Verständnis. Sein Gebrauch in der Welt der Politik – man denke an *Balkanisierung* – beeinflusste sowohl Einstellung als auch Handeln hinsichtlich des Balkans. Drittens kann man sich dem Begriff „Balkan" durch wissenschaftliche Studien, insbesondere die kritische Auseinandersetzung mit dem die Region prägenden historischen Erbe, nähern. Wie aus diesem kurzen Überblick deutlich wird, hat der Begriff „Balkan" eine höchst komplexe Herkunft.

Der Name

Das Wort „Balkan", das im Türkischen soviel wie „Berg" oder „Gebirge" bedeutet, kam mit der Expansion der Osmanen im 14. Jahrhundert auf die südosteuropäische Halbinsel. Die erste schriftliche Überlieferung im späten 15. Jahrhundert geht auf den italienischen Humanisten, Dichter und Diplomaten Filippo Buonaccorsi Callimaco zurück, der den Bulgarien durchziehenden Gebirgszug Haemus als Balkan bezeichnete. Im Jahre 1577 griff der deutsche Prediger und Orientreisende Salomon Schweigger den Namen auf und verlieh ihm weitere Bekanntheit. Im ganzen 18. und 19. Jahrhundert wurden die Namen Haemus und Balkan austauschbar nebeneinander benutzt; sie standen aber immer für einen bestimmten Berg beziehungsweise Gebirgszug. Erst seit Beginn des 19. Jahrhunderts wurde er zur Bezeichnung für die ganze südosteuropäische Halbinsel. Etwa zur gleichen Zeit wurde auch der Begriff „Balkanhalbinsel" („Balkanhalbeiland") geprägt: Zuerst wurde er 1808 von dem deutschen Geographen Johann August Zeune in dem Lehrwerk „Gea. Versuch einer wissenschaftlichen Erdkunde" benutzt, der der südosteuropäischen Halbinsel, analog zur Pyrenäen- und Apenninenhalbinsel, einen Eigennamen zukommen lassen wollte. Hierbei wiederholte er aber einen bereits zweitausend Jahre alten geographischen Fehler, und zwar, dass der Haemus-Gebirgszug die nördliche Grenze der Halbinsel definiert. Auch wurde im 19. Jahrhundert von verschiedenen Wissenschaftlern (u. a. Johann Georg von Hahn und Theobald Fischer) kritisiert, dass die Halbinsel, die bis dahin als „hellenisch", „illyrisch", „dardanisch", „römisch", „byzantinisch", „thrakisch", „südslawisch", „griechisch", „slawo-griechisch", „europäische Türkei", „europäische Levante", „Peninsola Orientale" und vieles mehr bezeichnet worden war, jetzt fälschlicherweise Balkanhalbinsel hieß und besser den Namen Südosteuropa tragen sollte. Zu diesem Zeitpunkt aber hatte der Begriff „Balkanhalbinsel" bereits einen solchen Bekanntheitsgrad erreicht, dass er zunehmend auch im Rahmen von politischen Diskussionen benutzt wurde.

So weit verbreitet war die Bezeichnung, dass im Jahr 1918 sogar der serbische Geograph Jovan Cvijić, trotz der ihm bewussten inkorrekten Verwendung des Namens, sein grundlegendes Buch „La péninsule balkanique" betitelte. In der Zwischenkriegszeit gab es sowohl in Deutschland als auch in den Vereinigten Staaten Bestrebungen, den neutralen, nicht-politischen und nicht-ideologischen Begriff „Südosteuropa" zu benutzen. Dieses nahm aber ein Ende, als die Nationalsozialisten begannen, geopolitische Pläne für den Balkan zu schmieden. Seit der Nachkriegszeit werden die Begriffe „Balkan" und „Südosteuropa" gleichermaßen als geographische und historische Bezeichnungen benutzt. Die Ausnahme stellt eine kleine Anzahl wissenschaftlicher Texte aus der deutschsprachigen Welt dar: Diese gehen von einem strikt geographischen Ansatz aus und bezeichnen die Region südöstlich der Karpaten, die den Balkan als Unterregion mit einschließt, als Südosteuropa. Hierbei wird Ungarn und gelegentlich auch die Slowakei zu Südosteuropa, nicht aber zum Balkan gezählt. Zum Balkan hingegen gehören Albanien, Bulgarien, Griechenland, Rumänien, die Nachfolgestaaten Jugoslawiens und der europäische Teil der Türkei. Was auffällt, ist, dass die Bemühungen der Geographen und Historiker, den Begriff „Balkan" zu definieren, eng mit dem physischen Erscheinungsbild der Region oder aber deren gemeinsamer Geschichte beziehungsweise gesellschaftlicher Ordnung in Verbindung gebracht wurde. Diese Bemühungen haben wenig mit dem späteren Verständnis des Begriffs „Balkan" zu tun.

Schließlich ist anzumerken, dass der Name Balkan auch als Personenname benutzt wird: In der Türkei ist Balkan gelegentlich als Vorname anzutreffen, in Bulgarien als Familienname (z. B. Balkanski, Balkanska) sogar recht weit verbreitet. In der Umgangssprache beider Länder wird das Wort „Balkan" bis heute als Synonym für einen Berg benutzt. In allen auf dem Balkan verbreiteten Sprachen kann das Wort zudem mit neutralem oder aber negativem Nachdruck als Adjektiv eingesetzt werden. Hier gibt es nur zwei Ausnahmen: Die türkische Sprache, die das Wort „Balkan" nicht im negativen Sinn benutzt, und die bulgarische Sprache, in der das Wort etwas Negatives, Neutrales, oder aber auch Positives zum Ausdruck bringt. Wie aus diesen Beispielen hervorgeht, ist das Wort „Balkan" in der Region tief verwurzelt und hat sowohl in der Vergangenheit als auch in der Gegenwart eine große Bedeutung. Das Wort wird neben seiner metaphorischen Bedeutung völlig unabhängig für andere Bereiche verwandt.

Die Metapher

Im 19. Jahrhundert wurde der Begriff „Balkan", über seine geographische Bedeutung hinaus, zunehmend im politischen Kontext eingesetzt. Dies ist darauf zurückzuführen, dass man einen Begriff benötigte, den man zusammenfassend auf die Nachfolgestaaten des Osmanischen Reiches anwenden konnte: Griechenland, Serbien, Montenegro, Rumänien und Bulgarien. Tatsächlich zeichnete sich das 19. Jahrhundert aber durch ein Paradox aus: Während sich in dem einen Teil Europas koloniale Strukturen auflösten und Kleinstaaten entstanden, vereinten sich in anderen Teilen Europas Kleinstaaten zu großen Nationalstaaten, wie etwa dem Deutschen Reich oder dem Königreich Italien. Vor diesem Hintergrund verwundert es nicht, dass das Entstehen von Kleinstaaten schon bald kritisiert wurde: Man denke an die Wortgefechte deutscher Nationalisten, aber auch die Opposition vieler Liberaler. Ebenso kritisierten einige der ersten Sozialisten die „Völkerabfälle" auf dem Balkan nicht nur, weil sie gegen Bauern und Slawen eingestellt waren, sondern auch, weil sie die Probleme einer „Kleinstaaterei" bereits damals erkannten. Ironischerweise setzte sich ihre Kritik in der internationalen kommunistischen Bewegung im 20. Jahrhundert nicht durch.

Am Ende des 19. Jahrhunderts war der Balkan bereits mit negativen Assoziationen belastet. Diese Stigmatisierung, die sich zunächst nur langsam durchsetzte, ging auf die Auflösung des Osmanischen Reiches und das damit verbundene Entstehen von kleinen, schwachen, zurückgebliebenen und zumeist abhängigen Nationalstaaten zurück, die gleichzeitig versuchten, Anschluss an die Moderne zu finden. Eine Schlüsselrolle in diesem Spannungsfeld nahm Makedonien ein. Im Rahmen des Berliner Vertrags von 1878 war es wieder der Hohen Pforte unterstellt worden. Diese Unterordnung führte aber auch zu revolutionären Ausschreitungen gegen das Osmanische Reich und bürgerkriegsähnlichen Verhältnissen in den Anrainerstaaten. In der Tat war es die Makedonienfrage, die der Halbinsel den Ruf einer gewaltbereiten Region gab. Gewalt als *Leitmotiv* für den Balkan geht jedoch, um genauer zu sein, auf die in den Jahren 1912 und 1913 geführten Balkankriege zurück, die der Region unwiderruflich einen negativ belasteten Namen gaben. Die Grausamkeit der beiden Balkankriege, die sich in einem Europa entfalteten, das sich noch fest in der *belle époque* verankert glaubte, gaben dem Balkan den Ruf, eine besonders raue und unzivilisierte Region zu sein. Erstaunlicherweise blieb dieser negative Ruf trotz der wenige Jahre später im Ersten Weltkrieg begangenen Grausamkeiten uneingeschränkt bestehen. Ja, so beständig blieb dieser Ruf, dass trotz vieler anderer, von Wissenschaftlern bestätigter Gründe bis heute das Attentat auf Erzherzog Franz Ferdinand in Sarajevo als Hauptauslöser für den Ersten Weltkrieg angesehen wird. Dass dieser Krieg auf die kolonialen Ambitionen der Großmächte zurückgeht, wird hierbei gerne verdrängt. So überrascht es dann auch nicht, dass der damals dem Balkan zugeordnete Beiname „Pulverfass Europas" noch heute gehört werden kann. In Wahrheit versuchten die Balkanstaaten, einen Krieg zu verhindern. Auch war die Region nicht Hauptkriegsschauplatz, ihre Bevölkerungen und Volkswirtschaften aber dennoch Opfer des Konflikts.

Der Begriff „Balkanisierung" – das wahrscheinlich wichtigste Wort, das von dem Begriff „Balkan" abgeleitet wurde – geht auf die Balkankriege und den Ersten Weltkrieg zurück. Es ist symptomatisch, dass der Begriff, der den nationalistisch bedingten Zerfall größerer Staaten in kleinere, jedoch nur bedingt lebensfähige Staaten beschreibt, nicht während der hundert Jahren entstanden ist, in denen sich die Nationen des Balkans vom Osmanischen Reich loslösten. Vielmehr tauchte der Begriff am Ende des Ersten Weltkriegs auf, als nur eine Nation der Landkarte des Balkans hinzugefügt wurde: Albanien. Alle anderen dieser Region zugehörigen Nationalstaaten waren bereits im 19. Jahrhundert entstanden. Zu unterstreichen ist zudem, dass das Entstehen von Kleinstaaten nach dem Ersten Weltkrieg auf den Zerfall des Habsburgerreiches und des Romanov-Imperiums sowie auf das Streben Polens, Österreichs, Ungarns, der Tschechoslowakei, Estlands, Lettlands und Litauens, eigenständige Nationalstaaten zu werden, zurückzuführen ist. Hinzuzufügen ist, dass das Entstehen Jugoslawiens jedoch für genau das Gegenteil von Balkanisierung steht. Da der Untergang der österreichisch-ungarischen Doppelmonarchie und des russischen Zarenreichs oft mit der vorhergegangenen Auflösung des Osmanischen Reiches verglichen wurde, war der Begriff „Balkanisierung" aber bald in aller Munde und spätestens mit der Neuordnung Europas nach dem Ersten Weltkrieg fester Bestandteil des politischen Vokabulars.

Definiert wurde der Begriff „Balkanisierung" das erste Mal im Jahr 1921, als der amerikanische Journalist Paul Scott Mowrer sich näher mit dem Phänomen befasste. In seinem damals weit verbreiteten Buch „Balkanized Europe: A Study in Political Analysis and Reconstruction" (New York 1921) schrieb er: „Dies ist dann also die Bedeutung von ‚Balkanisierung': Das Entstehen, in einer von verschiedenen Rassen hoffnungslos durchmischten Region, von einem Durcheinander von Kleinstaaten, die sich dadurch auszeichnen, dass ihre Bevölkerungen mehr oder weniger rückständig sind, ihre Finanz- und Wirtschaftskraft schwach ist, und sie sich als potentielle Opfer der Großmächte, oder aber ihrer gewaltbereiten Nachbarn, sowohl ängstlich als auch intrigant zeigen".

Der Beschreibung des Balkans als „eine von verschiedenen Rassen hoffnungslos durchmischte Region" soll hier weiter nachgegangen werden. In der Zwischenkriegszeit trat nämlich eine Dimension in den Vordergrund, die auf die Entwicklung des europäischen Denkens im 19. Jahrhundert zurückzuführen ist: der Rassismus. Ein bezeichnendes Merkmal des modernen Rassismus war, dass dieser immer weniger mit wissenschaftlichen Kategorien und immer mehr mit ästhetischen Idealen in Verbindung gebracht wurde. Während zum Beispiel die Definition von Schönheit sich zunächst an klassischen Vorbildern orientiert hatte, entsprach sie bald dem Erscheinungsbild des weißen Europäers der Mittelklasse. Eng verbunden mit diesem Denken war das Gebot der Rassenreinheit. Der Balkan aber, einst integraler Teil des Römischen Reiches, enttäuschte konservative Kreise in zweierlei Hinsicht: Zum einen war die Region immer wieder Schauplatz kriegerischer Auseinandersetzungen, zum anderen war ihr klassisches Erbe nirgendwo erkennbar. Die rassistische Abqualifizierung des Balkans ging mit dieser Erkenntnis einher, wobei die vorher weitgehend unbeachtete und unbewertete Mischung der verschiedenen Rassen jedoch immer weiter in den Vordergrund gestellt wurde. Während die ethnische und religiöse Durchmischung des Balkans im 19. Jahrhundert meist mit neutralen Worten beschrieben worden war – vielleicht war einmal von „ungewöhnlichen Nationalitäten" die Rede –, wurde diese im 20. Jahrhundert zunehmend als unrein und abstoßend empfunden und dargestellt. Unter den Nationalsozialisten, die im Zweiten Weltkrieg in Griechenland und Jugoslawien die grausamsten Gräueltaten begingen, sollte dieser Rassenwahn seinen Höhepunkt erreichen. Nichtsdestoweniger, und obwohl der Rassismus auf dem Balkan eigentlich keine lange

Geschichte hat, ist die ethnisch und religiös durchmischte Region auch heute sicher kein Musterbeispiel für gedeihliches multikulturelles Zusammenleben.

Nach dem Zweiten Weltkrieg wurde der Balkan durch den Kalten Krieg geteilt. Aber auch diese Teilung war alles andere als eindeutig: Griechenland und die Türkei, beide Mitglieder der NATO, gerieten mehrmals an den Rand eines militärischen Konflikts miteinander; Titos Jugoslawien, Vorreiter der so genannten „Dritten Welt", manövrierte geschickt zwischen der „Ersten Welt" und der „Zweiten Welt"; Bulgarien, engster Verbündeter der Sowjetunion, war liberaler als Ceausescus antirussisch eingestelltes Rumänien; und Albanien distanzierte sich sogar unter dem Schutz der Chinesen vom Ostblock. Interessanterweise war von dem Begriff „Balkan" und den mit ihm verbundenen negativen Stereotypen in der Zeit des Kalten Krieges wenig zu hören. Der Begriff und die mit ihm verbundenen Stereotypen lebten erst 1989 wieder auf, und zwar in zwei verschiedenen Zusammenhängen.

Erstens – im Rahmen der Osterweiterung der EU. Sowohl die Strategie und Kosten der Erweiterung als auch der mögliche Wettbewerb zwischen den Anwärterstaaten führte dazu, dass die verschiedenen Staaten Mittel-, Ost- und Südosteuropas eine ungleiche Behandlung im Rahmen der Erweiterung erfuhren. Die mitteleuropäischen Anwärterstaaten (Polen, Slowakei, Tschechien, Ungarn) spielten dies in ihrem Interesse aus und stellten in diesem Zusammenhang den Balkan konsequent als das Gegenteil ihrer selbst dar. Nachdem ihnen dieser rhetorische Coup gelungen war, war von dieser Abgrenzung nichts mehr zu hören.

Zweitens – im Rahmen des blutigen Zerfalls Jugoslawiens. De facto war keiner der anderen Balkanstaaten in diesem Konflikt verwickelt, trotzdem bestand die Welt darauf, den Jugoslawienkrieg als „Balkankonflikt" oder sogar „Balkankrieg" zu bezeichnen. In erster Linie war dies darauf zurückzuführen, dass die westlichen Staaten es vermeiden wollten, in den Konflikt verwickelt zu werden, und darauf hinwirkten, das Problem auf Südosteuropa zu begrenzen. Rhetorisch wurde hier auf kultureller Basis argumentiert, wie zum Beispiel der Theorie, dass es sich bei dem Konflikt um einen „Kampf der Kulturen" handele. Dieser entfalte sich nicht zwischen Ideologien oder Staaten, sondern entlang kultureller, insbesondere religiöser Grenzlinien. Dieses Argument wurde insbesondere hörbar, als die Idee des *Balkanismus* auf dem Höhepunkt seiner Blüte stand. Dieser wiederum trennte den Balkan von Europa und legitimierte auf diese Weise eine Politik der Nichteinmischung beziehungsweise Isolation. Diese Politik – und damit die Idee des *Balkanismus* – nahm jedoch mit den Bombenangriffen der NATO im Jahr 1999 auf Ziele in Jugoslawien und den unbeabsichtigten Folgen ein abruptes Ende. Rhetorisch legitimiert wurden die Luftangriffe damit, dass gegen die Menschenrechtsverletzungen der jugoslawischen Sicherheitskräfte vorgegangen werden musste. Dies wiederum brachte den Balkan zurück in die Sphäre der westlichen Politik und verwickelte die Amerikaner und Europäer tief in die Probleme des Balkans. Sie verwalten dort bis heute mehrere Protektorate, die jetzt als „Westbalkan" bezeichnet werden. Der Rest der Region hingegen gehört inzwischen nicht mehr zum Balkan, sondern zu Europa. Auch sind Wortspiele mit dem Begriff „Balkan" gegenwärtig nicht zu hören: Da der Begriff derzeit keinen machtpolitischen Interessen dient, wird er leise unterdrückt, steht bei Bedarf aber sicher weiter zur Verfügung.

Zu ergänzen ist, dass der Begriff „Balkanisierung" nach dem Zweiten Weltkrieg in einem noch ganz anderen Kontext, nämlich dem der Dekolonisierung Französisch-Schwarzafrikas, angewandt wurde: In dieser Zeit fand der Begriff „balkanisation" Eingang in die Sprache der französischen Politik, wurde aber nicht auf Vorgänge in der internationalen Politik verwandt, sondern als Synonym für Lethargie, Korruption, Unzuverlässigkeit, Verantwortungslosigkeit und generelle Misswirtschaft. Aber selbst zu diesem Zeitpunkt hatte der Begriff „Balkanisierung" noch einen Bezug zum Balkan. Eine Trennung vollzog sich erst in den 1990er Jahren, als der Begriff, insbesondere in den Vereinigten Staaten, für die Beschreibung verschiedener, zumeist integrationsbedingter Probleme herangezogen wurde. Vereinfacht ausgedrückt, wurde der Begriff „Balkanisierung" zur Antithese des „Schmelztiegel-Ideals", unter dem man die Integration verschiedener Kulturen in eine nationale Kultur versteht. Hierbei stand der Begriff aber nicht mehr für die Zersplitterung eines großen Staates, beziehungsweise der kriegerischen Auseinandersetzungen zwischen seinen Nachfolgestaaten, sondern für die Spaltung der Gesellschaft entlang ethnischer, rassischer, gegebenenfalls sogar geschlechtsspezifischer und sexueller Trennlinien. In seiner neuesten Definition steht der Begriff „Balkanisierung" folglich für die Probleme, die der Multikulturalismus mit sich bringt. Manchmal wird er aber auch als eine Form der Überspezialisierung verstanden oder aber als Metapher für die Postmoderne und den Postkommunismus eingesetzt. Noch weiter gefasst, ist der Begriff inzwischen zum Synonym für die Entmenschlichung der modernen Gesellschaft, die De-Ästhetisierung des Lebens, kurz, für die Zerstörung aller Zivilisation geworden.

Neben diesen äußerst negativen Attributen, die dem Begriff „Balkan" außerhalb von Südosteuropa zugeschrieben und auf dem Balkan inzwischen weitgehend internalisiert worden sind – ein Prozess, den man auch als Selbstkolonialisierung bezeichnet –, wird der Begriff aber durchaus auch mit positiven Attributen belegt. Sie sind außerhalb des Balkans jedoch kaum bekannt. Wie bereits erwähnt, wird der Begriff „Balkan" gerade in Bulgarien gerne als positiv besetzte Metapher verstanden und mit Werten wie Freiheitsliebe, Unabhängigkeitbestreben, Mut, Widerstand und Würde verknüpft. Darüber hinaus rühmen Literatur und Volkslieder den Balkan-Gebirgszug, der für die Freiheit Bulgariens steht und als Zeichen des nationalen Selbstverständnisses in der Nationalhymne vorkommt. Zwischen metaphorischer Bezeichnung und Geographie besteht hier also noch ein sehr enger Bezug, was daran liegen mag, dass der Balkan-Gebirgszug sich in seiner gesamten Länge in Bulgarien befindet. Aber auch in den anderen Balkanstaaten kann der Begriff „Balkan", neben den im Ausland bekannten und inzwischen auf der Balkanhalbinsel verinnerlichten negativen Werten, durchaus mit so positiven Werten wie Stolz und einem gewissen *savoir vivre* in Verbindung gebracht werden.

Diese Häufung an negativen Stereotypen, die sich über mehrere Jahrhunderte hinweg entwickelten, erreichte nach dem Ersten Weltkrieg ihren Höhepunkt. In den folgenden Jahrzehnten wurden sie erweitert, im Grunde aber nicht verändert. Festzustellen ist, dass das Negative nahezu unverändert von Generation zu Generation weitergereicht wurde. Zugleich durchliefen diese Stereotypen hierbei einen Prozess, der als „diskursive Verhärtung" bezeichnet wird. In meinem Buch „Imagining the Balkans" (New York 1997) argumentiere ich, dass der als *Balkanismus* bezeichnete Diskurs sowohl Einstellung als auch Handlung gegenüber dem Balkan beeinflusst hat. Der Diskurs kann folglich als eine „kognitive Landkarte" verstanden werden, der Journalisten, Literaten und Politiker Informationen über die Region entnehmen. Kurz gefasst steht *Balkanismus* für das Phänomen, dass alle den Balkan betreffenden Erklärungen auf fest etablierten Stereotypen beruhen und in ein kognitives Schnittmuster eingebunden sind. Zu ergänzen ist, dass der *Balkanismus* sowohl als Spiegel wie auch als Kritik des Diskurses des *Orientalismus* zu verstehen ist. Er würdigt damit Edward Saids einflussreiches Buch „Orientalism" (New York 1978), versäumt aber nicht, auf die grundlegenden Unterschiede zwischen *Balkanismus* und *Orientalismus* einzugehen. Was fast alle Beschreibungen des Balkans kennzeichnet, ist seine Darstellung als eine Art Bindeglied: Während der Westen und der Orient generell als zwei unvereinbare, jedoch vollendete Gegenwelten geschildert werden, haben sich die Balkanstaaten stets als Verbindung und Vermittler zwischen diesen beiden Welten verstanden. Nicht umsonst werden sie oft mit einer Brücke verglichen, die Ost und West, Asien und Europa, aber auch verschiedene Stufen der Entwicklung verbinden. Im Ergebnis wird der Balkan immer wieder als halbentwickelt, halborientalisch und halbzivilisiert beschrieben. Im Gegensatz zum *Orientalismus*, der sich als kalkulierter Widerstand sieht, versteht sich der *Balkanismus* als eine kalkulierte Unklarheit. Aber auch in der Realität unterscheiden sich Balkan und Orient deutlich voneinander, in Fragen der Rasse, Religion und Sprache, aber auch darin, dass der Balkan weit weniger als der Orient Interessengebiet der Kolonialmächte war. Der Hauptunterschied liegt aber darin, dass der *Balkanismus* auf der geographischen und historischen Gegenständlichkeit des Balkans aufbaut, der *Orientalismus* hingegen auf Metaphern und Symbolen beruht. Für den am Balkan interessierten Historiker bedeutet dies, dass er sich sowohl mit Metaphern als auch mit Ontologie auseinandersetzen muss.

Das historische Erbe

Gerade im Fall des Balkans bietet es sich an, die sich immer wieder verändernden Grenzverläufe vor dem Hintergrund des historischen Erbes dieser Region zu analysieren. Das gleiche gilt für die differenzierte Analyse des Konflikts zwischen den „Zivilisationen", der die Region angeblich entlang starrer Trennlinien zerreißt. Dieser Ansatz hat gegenüber anderen, strukturierteren Methoden, die etwa Grenzziehungen, Räume oder Territorien untersuchen, den Vorteil, dass damit die Dynamik des historischen Wandels besser erfasst wird. Entwicklungen, die sich über lange Zeiträume erstrecken, können so, ohne die Einwirkung jetziger Strukturen, besser verstanden werden. Die analytische Kategorie des Raums geht hierbei nicht verloren. Vielmehr wird sie durch die Kategorie der Zeit ergänzt und ist damit für die historische Forschung wertvoller als zuvor. Tatsächlich kann die Geschichte einer jeden Region als das Resultat eines komplexen Aufeinanderwirkens von verschiedenen historischen Zeiträumen, Traditionen und Vermächtnissen verstanden werden. Auf der rein kognitiven Ebene unterscheide ich zwischen historischem Erbe als Kontinuität und historischem Erbe als Wahrnehmung. Unter historischem Erbe als Kontinuität verstehe ich das Überleben von Eigenschaften, die eine historische Einheit bis zum Punkt ihres Zusammenbruchs definieren. Unter historischem Erbe als Wahrnehmung hingegen verstehe ich die Darlegung, beziehungsweise wiederholte Darlegungen, wie eine historische Einheit zu verschiedenen Zeitpunkten von verschiedenen Personen oder Gruppen gesehen wurde. Hierbei sollte kein Unterschied zwischen „realen" und „irrealen" Interpretationen gemacht werden: Auch die Kontinuität ist oft nur eine imaginäre Vorstellung, die wiederum von ihrem sozialen Umfeld geprägt wird. In beiden Fällen spiegeln diese Betrachtungen soziale Gegebenheiten wider, die sich lediglich dadurch unterscheiden, dass sie in verschiedenem Maß von der Realität entfernt sind.

Wenn man sich die verschiedenen Zeiträume, Traditionen und Vermächtnisse ansieht, die Südosteuropa geprägt haben, dann fällt auf, dass sich die Entwicklungen teils nebeneinander, teils nacheinander vollzogen haben.

Geographisch gesehen geschah dies manchmal in ein und derselben Region, manchmal innerhalb größerer Gebiete. Auch konnten die Einflüsse ganz unterschiedlich auf die Gesellschaft einwirken, zum Beispiel in demographischer, kultureller, politischer oder wirtschaftlicher Sicht. Im Bereich der Religion nahmen die verschiedenen Zweige des christlichen, jüdischen und muslimischen Glaubens Einfluss auf die Region; hinsichtlich der demographischen und sozialen Entwicklung ist der Einfluss von ununterbrochener Migration, ethnischer Vielfalt, einer Form des Halbnomadentums, ausgedehnter Landwirtschaft und später Urbanisierung zu vermerken. Nichtsdestoweniger blicken die Städte des Balkans auf eine sehr alte Geschichte zurück.

Von den politischen Einflüssen, die Südosteuropa über seine lange Geschichte hin (die Zeit des antiken Griechenland, des Hellenismus, des antiken Rom etc.) geprägt haben, können zwei identifiziert werden, die bis ins 19. Jahrhundert von ausschlaggebender Bedeutung waren. Das eine ist das byzantinische Jahrtausend, das einen tief greifenden Einfluss auf die Politik, die Institutionen, das Rechtswesen, die Religion, ja, die Kultur insgesamt hatte. Das andere ist das halbe Jahrtausend der osmanischen Herrschaft, die der Halbinsel ihren Namen gab und für eine unwiederholt lange Zeit der politischen Einheit steht. In dieser Zeit wurde der Balkan aber auch mit Stereotypen, die in erster Linie mit den Osmanen in Verbindung gebracht wurden, belastet.

Das osmanische Erbe ist aber keineswegs mit dem osmanischen Staat zu verwechseln: Vielmehr entwickelte es sich, nachdem das Osmanische Reich aufgehört hatte zu existieren. Dieses Erbe ist als eine Ansammlung von Eigenschaften zu verstehen, die zumeist aus dem 18. und 19. Jahrhundert überliefert worden sind. Eine systematische Untersuchung des Einflusses des osmanischen Erbes auf Gesellschaft, Kultur, Politik und Wirtschaft zeigt, dass er sich in verschiedenen Bereichen unterschiedlich stark erhalten hat. Die unterschiedliche Entwicklung setzte mit der politischen Unabhängigkeit der einzelnen Balkanstaaten ein und war, als Ganzes gesehen, am Ende des Ersten Weltkriegs abgeschlossen. Was Demographie und Populärkultur betrifft, hatte das osmanische Erbe lange einen klar sichtbaren Einfluss, der sich zudem mit der Ausrufung der türkischen Republik 1923 in der Form eines türkischen Erbes noch weiter fortsetzte. Was man unter osmanischem Erbe versteht, ist eine Entwicklung, die nach dem Ersten Weltkrieg einsetzte. Es ist die wechselseitige Beeinflussung zwischen einer sich kontinuierlich erweiternden und sich wandelnden Vergangenheit und der Vorstellung, die sich verschieden Generationen über diese Vergangenheit machen. Dieser Prozess ist keine Rekonstruktion der Vergangenheit, sondern ihre konstruierte Vorstellung, die sich in Historiographie, Literatur, Pressetexten und alltäglichen Gesprächen vollzieht und widerspiegelt. Als eine der wichtigsten Säulen des Diskurses, der den Nationalismus auf dem Balkan definiert, wird dieser Prozess sich sicher noch einige Zeit fortsetzen. Im engeren Sinn kann man also sagen, dass der Balkan das osmanische Erbe ist.

Im weiteren Sinn aber ist der Balkan als Synonym für Südosteuropa zu verstehen, nämlich die komplex strukturierte Hinterlassenschaft einer Reihe von historischen Vermächtnissen verschiedener Großreiche. Zum Beispiel wurde die Region dauerhaft vom Römischen Reich geprägt, das sich von den Britischen Inseln bis an das Kaspische Meer und nach Mesopotamien erstreckte, Nord- und Zentraleuropa aber weitgehend ausschloss. In der Zeit des Kommunismus hingegen gehörte Südosteuropa zu einem Einflussbereich, der ganz Osteuropa einschloss und sich bis nach Zentralasien beziehungsweise bis an das Chinesische Meer erstreckte.

Vor dem Hintergrund von historischen Vermächtnissen zu argumentieren, die sich durch gleichzeitige, sich überschneidende und sich vermindernde Einflüsse darstellen, erlaubt die Komplexität und Plastizität von historischen Abläufen zu unterstreichen. Im Fall des Balkans ermöglicht dieser Ansatz, die Region von seiner manipulierten Geschichte und räumlichen Ghettoisierung zu befreien und in einen vielschichtigen Interpretationsrahmen einzubeziehen. Wendet man die gleiche Betrachtung und Vorgehensweise auf Europa an, dann erscheint dieser Kontinent als eine komplexe, geordnete Hinterlassenschaft von einst unterschiedlich entstandenen Teilstücken. Dieses Gebilde zeichnet sich sowohl durch Durchlässigkeit seiner internen Grenzen als auch eine fragwürdige Stabilität seiner externen Grenzen aus. In dieser Hinsicht besteht die Aufgabe der Balkanologen nicht so sehr darin, Europa als Ganzes zu „provinzialisieren", sondern Westeuropa zu „deprovinzialisieren". Der Grund hierfür ist, dass Westeuropa bis heute den Begriff „Europa" ausschließlich für sich vereinnahmt hat. Die moralischen und politischen Auswirkungen – die einer Enteignung nahekommen – liegen auf der Hand. Sollte das Unterfangen der Balkanologen erfolgreich sein, würde Europa „provinzialisiert" werden. Im Ergebnis würde ein derartiges Europa auf dem Erdball als eine Region stehen, die gleichbedeutend mit Abhängigkeit, Unterordnung und Konflikte wäre.

Übersetzung: Uta Protz

Literaturhinweise

Milica Bakić-Hayden, Nesting Orientalisms. The Case of Former Yugoslavia, in: Slavic Review 54 (1995), S. 917–931.

Milica Bakić-Hayden/Robert Hayden, Orientalist Variations on the Theme Balkans, in: Slavic Review, 51 (1992), S. 1–15.

Dušan Bjelić/Obrad Savić (Hrsg.), Balkan as Metaphor. Between Globalization and Fragmentation. Cambridge, Mass. 2002.

Carl Brown (Hrsg.), Imperial Legacy. The Ottoman Imprint on the Balkans and the Middle East. New York 1996.

Richard J. Crampton, The Balkans since the Second World War. London 2002.

Hans Georg Majer (Hrsg.), Die Staaten Südosteuropas und die Osmanen. München 1989.

Stevan Pavlowitch, A History of the Balkans, 1804–1945. London 1999.

Kiril Petkov, Infidels, Turks, and Women. The South Slavs in the German Mind, ca. 1400–1600. Frankfurt/M. 1997.

Traian Stoianovich, Balkan Worlds. The First and the Last Europe. New York 1994.

Maria Todorova, Imagining the Balkans. New York 1997 (Erweiterte Ausgabe 2009; deutsche Übersetzung Darmstadt 1999).

Maria Todorova (Hrsg.), Balkan Identities. Nation and Memory. New York 2003.

Maria Todorova, The Trap of Backwardness. Modernity, Temporality and the Study of Eastern European Nationalism, in: Slavic Review 64 (2005), S. 140–164.

Maria Todorova, Historische Vermächtnisse zwischen Europa und dem Nahen Osten, in: Europa im Nahen Osten – Der Nahe Osten in Europa, hrsg. von Angelika Neuwirth und Guenther Stock. Berlin 2010, S. 85–106.

Larry Wolff, Inventing Eastern Europe. The Map of Civilization on the Mind of the Enlightenment. Stanford 1994.

Arno Strohmeyer
Gleichgewicht der Kräfte

Begriffsbestimmung

„Die Völker Europas sind entschlossen, auf der Grundlage gemeinsamer Werte eine friedliche Zukunft zu teilen, indem sie sich zu einer immer engeren Union verbinden. In dem Bewusstsein ihres geistig-religiösen und sittlichen Erbes gründet sich die Union auf die unteilbaren und universellen Werte der Würde des Menschen, der Freiheit, der Gleichheit und der Solidarität. Sie beruht auf den Grundsätzen der Demokratie und der Rechtsstaatlichkeit. Sie stellt die Person in den Mittelpunkt ihres Handelns, indem sie die Unionsbürgerschaft und einen Raum der Freiheit, der Sicherheit und des Rechts begründet. Die Union trägt zur Erhaltung und zur Entwicklung dieser gemeinsamen Werte unter Achtung der Vielfalt der Kulturen und Traditionen der Völker Europas sowie der nationalen Identität der Mitgliedsstaaten und der Organisation ihrer staatlichen Gewalt auf nationaler, regionaler und lokaler Ebene bei" – diese Sätze leiten die seit 2009 in fast allen EU-Staaten gültige „Charta der Grundrechte der Europäischen Union" ein, der ein legitimatorisches Leitmotiv des gesamten Integrationsprozesses zugrunde liegt: die Herstellung und Sicherung des Friedens innerhalb des Kollektivs. Zu diesem Zweck muss sie das Verhältnis zwischen den Staaten ordnen und diese zu einer großräumigen Wertegemeinschaft verbinden. Ein Kernproblem, das dabei gelöst werden muss, ist das Verhältnis zwischen staatlichem Partikularismus und überstaatlichem Universalismus. Wie viel Einheit erfordert die Friedenssicherung? Wie viel politische Vielfalt lässt sie zu?

Diese Grundfragen sind kein Spezifikum des *modernen* Europa, denn das Spannungsverhältnis zwischen der Vielfalt an Gemeinwesen und der Unumgänglichkeit übergreifender Ordnungsprinzipien ist ein Strukturelement der Geschichte des Kontinents, das bereits im Mittelalter und in der Frühen Neuzeit bestand. Die Lösungsvorschläge sahen freilich völlig anders aus, wurden sie doch in Kontexten entwickelt, die sich vom Hier und Jetzt in vielfacher Hinsicht unterscheiden: Vor allem gab es noch keine (National-)Staaten im modernen Sinn, Europavorstellungen mussten erst aus dem Schatten der *Christianitas* treten, und der Kontinent geriet zunächst in eine Phase des Wachsens der Staatsgewalt und zunehmender Staatlichkeit – Prozesse, die innerhalb der Europäischen Union konträr verlaufen. Schließlich fehlten die traumatischen Erfahrungen zweier selbstzerstörerischer Weltkriege, die wesentliche Impulse zur Integration gaben.

Unter den Ordnungskonzepten, die vor diesem Hintergrund entwickelt wurden, ragen zwei heraus: die Universalmonarchie und das Gleichgewicht der Kräfte. Sie stehen an den beiden Enden eines breiten Spektrums zwischen politischer Vielfalt und großräumiger Vergemeinschaftung. Während der Universalmonarchie, einem auf römisch-christlichen Traditionen fußenden Modell, ein verhältnismäßig hohes Maß an Einheit zugrunde lag, beruhte das Konzept eines Kräftegleichgewichts auf ausgeprägter Vielfalt. Es basiert auf der Vorstellung, Gegensätzlichkeit und Rivalitäten zwischen Mächten durch eine ausgleichende machtpolitische Konstellation zu neutralisieren.

Für ein tieferes Verständnis ist zum einen zu berücksichtigen, dass es sich beim Gleichgewicht um eins der umfassendsten Modelle menschlichen Wahrnehmens überhaupt handelt, dessen Wurzeln anthropologischer Natur sind. Im Alten Ägypten etwa symbolisierte die Waage die Gerechtigkeit des Totengerichts, das über das Schicksal der Seele der Verstorbenen entschied. Ebenso benutzte sie Zeus in der „Ilias" des Homer, um den Ausgang des Kampfes zwischen Achilles und Hektor zu bestimmen. Zum anderen muss man sich die komplizierte Begriffsgeschichte vergegenwärtigen, die auf Bedeutungsvarianten aufmerksam macht: „Gleichgewicht" als Übersetzung von *aequilibritas* (*aequipondium*, *aequilibrium*) im Sinn von „Gleichheit des Gewichts" bzw. „Gleichstand der Waagschalen" fand im deutschsprachigen Raum erst im 17. Jahrhundert größere Verbreitung. Deutlich älter ist der im 4. Jahrhundert aus einer Verbindung von vulgärlateinisch *bilanx* (zwei Schalen habend) mit *ballare* (tanzen) hervorgegangene Substitutbegriff *balance*, der im Verlauf des Spätmittelalters Eingang ins Französische, Englische und Deutsche fand. Während das Wort jedoch im Französischen und Englischen neben *équilibre* bzw. *equilibrium* bald weite Verbreitung fand, wurde es im deutschen Sprachraum bis ungefähr 1750 von „Gleichgewicht" an den Rand gedrängt, um im Verlauf des 19. Jahrhunderts fast völlig zu verschwinden. Lange Zeit gebräuchlich war hier außerdem das Italienische *bilancia*. Daneben finden sich zahlreiche Umschreibungen, die sich häufig in den Wortfeldern von „Gewicht" (z. B. „das Gegengewicht halten") und „Waage" (z. B. „Gleichstand der Waagschalen") bewegen.

Dieses breite semantische Spektrum widerspiegelt die große Vielfalt des Gleichgewichtsdenkens. Demgemäß wurde das Modell auch auf zahlreiche Lebensbereiche übertragen, beispielsweise auf ökonomische Gegebenheiten (Handelsbilanz), die Medizin (Nahrungsaufnahme), die Astronomie (Planetenbewegungen), die Physiologie (Bewegungslehre) und die Philosophie (Leidenschaften). Einen herausragenden Stellenwert erlangte es in der Außenpolitik, wo es sich im Lauf der Frühen Neuzeit in Europa zu einem Leitkonzept der internationalen Ordnung entwickelte. „Gewogen" wurden in bunter Vielfalt Fürsten, Stadtrepubliken, Dynastien, Monarchien und Imperien. Erkenntnistheoretisch betrachtet liegt diesen Vorstellungen häufig ein mechanisches Modell mit dem Bild zweier austarierter Waagschalen zugrunde. In der modernen Forschung hingegen finden sich bevorzugt Anschauungen auf biologischer, soziologischer, kybernetischer oder systemtheoretischer Grundlage, die rückblickend auf die europäische Staatenwelt übertragen werden.

Chronologischer Überblick

Der Aufstieg zum Leitkonzept der internationalen Ordnung in der Mitte des 17. Jahrhunderts

Erste Belege für die Übertragung von Gleichgewichtsvorstellungen auf außenpolitische Gegebenheiten finden sich bereits in der griechischen Antike. So meinte der athenische Staatsmann Demosthenes, das legendäre Vorbild späterer Rednergenerationen, die griechischen Stadtstaaten hätten an einem ausgewogenen Verhältnis zwischen Theben und Athen großes Interesse, denn nur das sicherte ihre Existenz. Ähnlich riet er den Athenern, zur eigenen Sicherheit Sparta und Theben in der Balance zu halten. Im Mittelalter dienten Gleichgewichtsvorstellungen der Beschreibung des Verhältnisses zwischen Kaiser und Papst. Häufiger fanden sie jedoch erst Verwendung, nachdem sich in Italien im Anschluss an den Frieden von Lodi 1454 ein System aus fünf rivalisierenden Mächten (Florenz, Mailand, Neapel, Rom und Venedig) gebildet hatte. Der italienische Historiker Francesco Guicciardini meinte in seiner zwischen 1535 und 1540 geschriebenen „Historia d'Italia" rückblickend, Florenz habe damals unter Lorenzo I. de' Medici eine ausgleichende Politik des Gleichgewichts betrieben und Italien dadurch zu einer Zeit der Ruhe und des Friedens verholfen.

Zwar lassen sich diese italienischen Verhältnisse in gewisser Hinsicht als „Mikrokosmos" der internationalen Beziehungen in Europa im 18. Jahrhundert verstehen, europäische Dimensionen erlangten Gleichgewichtsvorstellungen jedoch erst um 1550, als venezianische Diplomaten über die Vorteile einer balancierenden Politik der *Serenissima* zwischen den beiden um die Vorherrschaft ringenden Mächten Habsburg und Valois nachdachten. Die Frage, ob sich der englische König Heinrich VIII. in seiner zwischen Frankreich und Habsburg-Spanien pendelnden Politik von Balancevorstellungen leiten ließ, ist umstritten, denn es fehlen eindeutige begriffliche Belege. Mit dem Kräftegleichgewicht zumindest eng verwandt ist die in dieser Zeit anzutreffende Rechtfertigung außenpolitischer Handlungen mit dem Hinweis, man müsse eine Universalmonarchie der Habsburger verhindern, denn im Kern ging es dabei um die Abwehr der Vorherrschaft einer einzelnen Macht. Insgesamt finden sich jedoch im 16. Jahrhundert nur wenige Quellen, die eine bewusste Übertragung von Gleichgewichtsvorstellungen auf die europäische Staatenwelt belegen.

Das änderte sich im Verlauf des 17. Jahrhunderts. So war der Begriff *aequilibrium* in den Verhandlungen zum Westfälischen Frieden, die den Dreißigjährigen Krieg beendeten, bereits Teil der politischen Verkehrssprache. Der Aufstieg zum Leitkonzept der internationalen Ordnung erfolgte in den Jahrzehnten nach 1650, als Europa im Bann der drohenden französischen Hegemonie stand. Eine wichtige Voraussetzung dafür bildete der verspätete Durchbruch der von dem italienischen Historiker und Politiker Niccolò Machiavelli geprägten Theorie der Staatsräson, verstanden als eine von christlichen und ethischen Normen gelöste Sinngebung der Staaten, was auf der Ebene der Staatengemeinschaft zu Widersprüchen führte. Einer der namhaftesten Publizisten, der mit Gleichgewichtsvorstellungen argumentierte, war der österreichische Diplomat Franz Paul von Lisola, der die Aufrechterhaltung der Machtgleichheit zwischen Österreich und Frankreich als eine Hauptaufgabe der Politik betrachtete. Dieses Gleichgewicht könne, erläuterte er, nur durch den exakten Vergleich der geopolitischen Lage und des gegenwärtigen Zustands der Staaten, der Persönlichkeit der Herrscher sowie der Grundsätze und Ziele ihrer Politik hergestellt werden. Für das späte 17. und frühe 18. Jahrhundert gibt es dann zahlreiche Belege für das Bewusstsein europäischer Monarchen und Staatsmänner, eine Politik des Erhalts oder der Herstellung eines Kräftegleichgewichts betrieben zu haben. Zu nennen sind etwa Wilhelm III. von Oranien und die britischen Politiker James Stanhope und Henry Saint-John Bolingbroke. Bis dahin wurde auch das Christentum als primärer Bezugspunkt des Kräftegleichgewichts durch „Europa" ersetzt, aber nicht völlig verdrängt. Allerdings wurden dabei nicht alle europäischen Mächte grundsätzlich berücksichtigt, denn oftmals bezog man sich nur auf die dominierenden Großmächte Frankreich, England, Spanien, die Niederlande und die Habsburgermonarchie.

Die Gleichgewichtsvorstellungen besaßen unterschiedliche Grundstrukturen, weshalb sich mehrere Typen unterscheiden lassen: Zum einen wurde darunter eine exakte Gleichheit der Macht zwischen zwei Staaten oder Staatengruppen verstanden, zum anderen eine durch die ausgleichende Politik einer dritten, regelnden Kraft, des „Zünglein an der Waage", verhinderte Hegemonie einer „Supermacht". Manche Autoren setzten das „Zünglein" mit dem „Arbiter" gleich, eine im Römischen Recht wurzelnde Vorstellung, die in der Außenpolitik den Schiedsrichter zwischen verfeindeten Parteien oder, bei religiösen Bezügen, den obersten Schiedsrichter der Christenheit bezeichnete. Diese Funktion wurde aufgrund seiner Insellage häufig Großbritannien zugedacht, aber auch Frankreich (Heinrich IV.), das Heilige Römische Reich, die Niederlande, Schweden und der Papst wurden in Betracht gezogen. Einer dritten Spielart folgend durfte ein Staat nicht mächtiger werden als alle anderen zusammen. Schließlich verstand man in Abgrenzung zum Waagemodell darunter auch ein dynamisches, durch bestimmte Verhaltensregeln stabilisiertes Verhältnis zwischen den Großmächten.

Blütezeit und Ausklang im 18. und 19. Jahrhundert

Die Blütezeit des Gleichgewichts der Kräfte begann während des Spanischen Erbfolgekriegs, als die Häuser Habsburg und Bourbon um die Herrschaft über das Spanische Imperium rangen. Ein uneingeschränkter Sieg einer der beiden Dynastien galt vor allem in Großbritannien und den Niederlanden als elementare Bedrohung der eigenen Sicherheit und generell der europäischen Staatenvielfalt. Hervorzuheben sind in diesem Zusammenhang die englische Kriegserklärung an Frankreich 1702, die mit der Sicherung des Gleichgewichts gerechtfertigt wurde, und der Frieden von Utrecht 1713, der festhielt, Frieden und Ruhe des christlichen Erdkreises seien auf einem Gleichgewicht der Mächte zu gründen, denn dieses bilde die beste und solideste Grundlage gegenseitiger Freundschaft und allgemeiner Eintracht.

In den folgenden Jahrzehnten stieg das Gleichgewicht zu einem völkerrechtlichen Grundsatz auf, der in zahlreiche internationale Abkommen Einlass fand. Die nun einsetzende umfassende mediale Verbreitung führte zur Rezeption durch breite Gesellschaftsschichten, was den französischen Publizisten Mirabeau veranlasste, von der „Lieblingsidee der Zeitungen und Kaffeehäuser" zu sprechen. Begünstigt wurde diese Entwicklung durch die Rationalität der Aufklärung, die Desakralisierung des öffentlichen Lebens, den Anstieg des Souveränitätsbewusstseins und das der Epoche eigene Denken in mechanischen Kategorien. Der Philosoph Julien Offray de Lamettrie etwa stellte den Menschen als Maschine dar. Abgesehen davon erklärt sich die Popularität des Konzepts aus seiner – freilich nur vordergründigen – intellektuellen Einfachheit und der aus seiner Unbestimmbarkeit resultierenden Instrumentalisierbarkeit.

Zu den wichtigsten in dieser Epoche als „Gleichgewichtspolitiker" apostrophierten Personen zählen der französische Kardinal André-Hercule de Fleury, Friedrich II. von Preußen, Zarin Katharina II. und der österreichische Staatskanzler Klemens Wenzel Lothar von Metternich, eine zentrale Persönlichkeit des Wiener Kongresses. Die dazu in Widerspruch stehende, in den 1990er Jahren formulierte These des amerikanischen Historikers Paul W. Schroeder, dass zu diesem Zeitpunkt die europäische Großmachtdiplomatie nicht mehr primär von dem für das Kräftegleichgewicht typischen Tarieren von Macht und Gegenmacht, sondern stärker von Bestrebungen geleitet worden sei, die Rechte aller internationalen Akteure auszugleichen, ist umstritten.

Die meisten Gleichgewichtsvorstellungen konzentrierten sich nun auf die in der Mitte des 18. Jahrhunderts von Großbritannien, Frankreich, Russland, Preußen und der Habsburgermonarchie gebildete Pentarchie. Klein- und Mittelmächte blieben hingegen des Öfteren ausgeschlossen. Daneben gab es vor allem für Krisengebiete des Kontinents Forderungen nach einer regional begrenzten Balance, etwa zwischen Großbritannien und Frankreich oder der Habsburgermonarchie und Preußen. Die Kolonien wurden erst nach 1750 häufiger einbezogen. Eine Sonderstellung nahm das Osmanische Reich ein, das aufgrund seiner bis in das 17. Jahrhundert vorherrschenden machtpolitischen Dominanz, der Wahrnehmung als Erbfeind und existentielle Bedrohung der Christenheit bzw. Europas sowie kultureller und religiöser Differenzen vorerst kaum Berücksichtigung fand. Eine 1690 erschienene anonyme Flugschrift mit dem Titel „Europäischer Staats-Rath Oder Gründlicher Bericht, wie sich die Hohen Potentaten in Europa Gegen Die Monarchische Einbildungen des Koenigs in Franckreich zu verhalten haben" ist daher nicht repräsentativ. In dieser hatte der Verfasser gemeint, der französische König strebe nach der Universalmonarchie und wolle die ganze Christenheit beherrschen. Um dieser Gefahr wirkungsvoll zu begegnen, sollten sich die anderen christlichen Herrscher zwecks Aufrechterhaltung der Balance gegen ihn und das Osmanische Reich verbünden. Im 18. Jahrhundert wurde die Frage, ob das Osmanische Reich Teil des europäischen Kräftegleichgewichts sei, kontrovers diskutiert. Auf der einen Seite gab es die Ansicht, die Türken dürften, da sie Muslime seien, nicht einbezogen werden, auf der anderen Seite argumentierten Autoren wie der Philosoph Johann Christoph Adelung, das türkische Imperium sei ein Teil Europas, zu dessen wesentlichen Merkmalen das europäische Staatensystem mit seinem Kräftegleichgewicht zählten.

Zu diesem Zeitpunkt befand sich das Osmanische Reich machtpolitisch im Niedergang. Nicht zuletzt aufgrund des Aufstiegs Russlands, dessen Expansionsdrang es auf dem Balkan und im Schwarzmeerraum kaum bremsen konnte, sank es immer mehr zum Spielball und Objekt der Begierde anderer Mächte ab. Ein Schicksal wie das Polens drohte, das mit dem Argument, dies sei zur Aufrechterhaltung des Kräftegleichgewichts in Europa unumgänglich, in drei Schritten aufgeteilt und als selbständiger Staat eliminiert worden war. 1807 erschien in der deutschen Monatszeitschrift „Minerva", einem vor allem vom Bildungsbürgertum und von Offizieren gelesenen aufgeklärt-liberalen Journal, eine Artikelserie über „Das Interesse von Europa in Beziehung auf die Türkey". Darin wurde ausgeführt, das Osmanische Reich, mit den Prinzipien des Gleichgewichts nicht vertraut, verdanke seine Existenz nur mehr den europäischen Staaten, die seine Zerstückelung als Gefährdung der Balance und damit der Sicherheit Europas betrachteten. Das sei jedoch völlig falsch, denn gerade seine Eroberung und Aufteilung seien für den Erhalt des Gleichgewichts notwendig. Diese Ansicht stand in Widerspruch zu den Ausführungen Johann August Schlettweins, eines deutschen Physiokraten, der 1791 ausgeführt hatte, die Türken seien aufgrund ihres Glaubens noch immer Feinde der gesamten Christenheit, weshalb die vom russischen Zaren an den Sultan gestellten Territorialforderungen keinesfalls mit Hinweisen auf eine dadurch verursachte Störung des Kräftegleichgewichts abgelehnt werden dürften. Im Jahr darauf meinte allerdings der britisch-amerikanische Diplomat Benjamin Vaughan, es sei unerlässlich, die Osmanen vor Russland und Österreich zu schützen, andernfalls drohe eine gefährliche Störung der Balance. Nach dem Wiener Kongress 1815 wuchs die Zahl der Autoren, die für die Integration der Türkei in das Gleichgewichtsdenken eintraten. In den Verhandlungen zum Frieden von Paris zur Beendigung des Krimkriegs, an dem Russland auf der einen, Frankreich, Großbritannien, Sardinien und das Osmanische Reich auf der anderen Seite teilnahmen, war dies bereits selbstverständlich. Zu einer vollwertigen Integration in das Gleichgewichtsdenken kam es jedoch insgesamt noch nicht, denn aktive Gestaltungsmöglichkeiten blieben den Türken in der Regel verwehrt.

Ab der Wende vom 18. zum 19. Jahrhundert verloren die europäischen Dimensionen des Kräftegleichgewichts an Bedeutung, denn der Aufstieg der USA, die napoleonischen Kriege und die Entstehung des weltumspannenden *British Empire* verstärkten die Einbindung Europas in globale Zusammenhänge, was zu einer räumlichen Ausdehnung des Konzepts führte. Bezeichnend für diese Entwicklung ist die 1813 im Umkreis des lateinamerikanischen Freiheitskämpfers Simón Bolívar entworfene Theorie, nicht die Balance in Europa sei von Bedeutung, sondern das Weltgleichgewicht. Aus diesem Grund sollten die amerikanischen Staaten, eventuell im Verbund mit weiteren Ländern, zu Europa ein Gegengewicht bilden. In der zweiten Hälfte des 19. Jahrhunderts häuften sich dann Prophezeiungen über eine künftige Dominanz Russlands und der USA und daraus resultierend die Verdrängung des europäischen Gleichgewichts durch Modelle einer globalen Balance. In der zweiten Hälfte des 20. Jahrhunderts, während des Kalten Kriegs, prägte dann das „Gleichgewicht des Schreckens", die nukleare Abschreckung zwischen Russland und den USA, das Bild.

Abbildung 1: Honoré Daumier, Équilibre européen

Gleichgewicht – Frieden – Sicherheit

Bereits die Zeitgenossen waren sich darüber uneins, ob das Gleichgewicht der Kräfte tatsächlich geeignet sei, den Frieden in Europa zu sichern. Dass es sich dabei um eine komplizierte Frage handelte, umriss der deutsche Gelehrte Christian Friedrich Stisser 1746 polemisch in einer Streitschrift, in der er sich über die zahlreichen Kriege Gedanken machte, die immer wieder auf dem Kontinent stattfanden: „Sind diese Feindseligkeiten lauter Kriege, welche dahin abzielen, daß das Gleichgewicht unter den Staaten verrückt werde? Oder sind es lauter Kriege, welche darüber entstehen, daß das Gleichgewicht bereits würklich verrückt worden, und welche folglich die Wiederherstellung des verrückten Gleichgewichts zur Absicht haben? Oder sind endlich einige dieser unter den christlichen Mächten Europens herrschenden Feindseligkeiten solche Kriege, in welche die Bemerkung des Gleichgewichts einen Einfluß hat, andere aber, und zwar die meisten, solche Kriege, die ohne Absicht auf das beschädigte oder unbeschädigte Gleichgewicht ausbrechen, und von welchen man also ganz andere, als solche Gründe, die man auf der politischen Wage oder der Balance Europens abgewogen, aufweisen muß?"

Die Antworten waren denkbar unterschiedlich. Besonders kritisch setzten sich Jean-Jacques Rousseau und Immanuel Kant mit dem Thema auseinander. Die wichtigsten Argumente fasste Johann Heinrich Gottlob von Justi, einer der führenden politischen und ökonomischen Denker des 18. Jahrhunderts, zusammen. Er veröffentlichte 1758 unter dem Titel „Die Chimäre des Gleichgewichts von Europa" eine Schmähschrift über ein „Ungeheuer, [...] welches, ungeachtet aller Chimäre, die es ist, dennoch sehr viel Unglück anrichten kann". In seinen Augen war das Kräftegleichgewicht zur Sicherung des europäischen Friedens völlig ungeeignet. Ähnlich wie viele andere Zeitgenossen verwies er dabei auf die Unmöglichkeit, Macht exakt zu quantifizieren, und auf den Widerspruch zwischen einem statischen Gleichgewichtszustand und den rasch wechselnden machtpolitischen Konjunkturen, ein Argument, das der französischen Maler Honoré Daumier im 19. Jahrhundert in einer Karikatur verdeutlichte (Abb. 1). Als weitere Kritikpunkte führte Justi die aus dem Prinzip resultierende Diktatur der Großmächte, die Verknüpfung mit den Kompensationsprinzip und Rüstungswettläufe an. Besonders verurteilte er den ideologischen Missbrauch, denn oftmals diene die Gleichgewichtsmetapher den Politikern nur als Deckmantel für die eigenen Interessen. Dieses Argument wurde im 19. und 20. Jahrhundert vor allem von der deutschen Historiographie gerne zur Diskreditierung der britischen Außenpolitik vorgebracht, die ein kontinentales Gleichgewicht verfolge, in Übersee und auf den Meeren jedoch nach der Vorherrschaft gestrebt habe.

Daneben gab es jedoch auch Befürworter des Kräftegleichgewichts wie den Schweizer Völkerrechtler Emer de Vattel, der es in seinem Hauptwerk „Le droit des gens ou principes de la loi naturelle", bald nach seiner Erstveröffentlichung 1758 ein völkerrechtliches Standardwerk, als Fundament des europäischen Staatensystems betrachtete, auf dem sich die Staaten in Freiheit und Gleichheit entwickeln könnten: „Europa stellt ein Staatensystem, ein Ganzes dar, in dem alles durch die Beziehungen und die verschiedenen Interessen der diesen Erdteil bewohnenden Nationen untereinander verbunden ist. Es ist nicht mehr wie ehemals eine wirre Anhäufung abgesonderter Teile, von denen der einzelne ein geringes Interesse am Schicksal der anderen hatte und sich selten um etwas bekümmerte, was ihn nicht unmittelbar anging. Die unablässige Aufmerksamkeit der Souveräne für alle Vorgänge, die Dauereinrichtung der Gesandtschaften, die ständige Folge von Verhandlungen machen aus dem heutigen Europa eine Art Republik, deren unabhängige, aber durch die Gemeinsamkeit der Interessen miteinander verbundenen Mitglieder zur Aufrechterhaltung von Ordnung und Freiheit zusammenwirken. Daraus ist das berühmte Prinzip des politischen Gleichgewichts oder des Gleichgewichts der Mächte entstanden. Man versteht darunter eine Ordnung der Dinge, die jede Macht verhindern soll, die absolute Vorherrschaft zu erlangen und den anderen ihren Willen aufzuzwingen".

Das wichtigste Instrument zur Aufrechterhaltung des Kräftegleichgewichts waren in Vattels Augen Konföderationen und Bündnisse, welche die Souveräne jeweils mit dem schwächeren der beiden Hauptkontrahenten Frankreich und Habsburgermonarchie abschließen sollten. Präventivkriege zur Verhinderung der Vorherrschaft einer Macht hielt er unter bestimmten Voraussetzungen für erlaubt.

Rückblickend betrachtet, war die Hauptleistung des Kräftegleichgewichts die Stabilisierung einer gewaltbereiten und aggressiven internationalen Ordnung, die Kriege in Kauf nahm. So wurde etwa der Siebenjährige Krieg in Europa als „Gleichgewichtskrieg" bezeichnet. Zwar konnte Gleichgewichtspolitik auch Kriege verhindern und staatliche Existenz sichern, einen stabilen Frieden oder ein konfliktfreies Staatensystems konnte sie jedoch nicht herbeiführen.

Literaturhinweise

Maurizio Bazzoli (Hrsg.), L'equilibrio di potenza nell'età moderna. Dal Cinquecento al Congresso di Vienna. Milano 1998.

Heinz Duchhardt, Balance of power und Pentarchie. Internationale Beziehungen 1700–1785. Paderborn u. a. 1997.

Hans FENSKE, Gleichgewicht, Balance, in: Otto BRUNNER u. a. (Hrsg.), Geschichtliche Grundbegriffe. Historisches Lexikon zur politisch-sozialen Sprache in Deutschland, Bd. 2. Stuttgart 1975, S. 959–996.

Harald KLEINSCHMIDT, Geschichte der internationalen Beziehungen. Ein systemgeschichtlicher Abriß. Stuttgart 1998.

Richard LITTLE, The Balance of Power in International Relations. Metaphors, Myths, and Models. Cambridge 2007.

Georges LIVET, L'équilibre européen de la fin du XVe siècle à la fin du XVIIIe siècle. Paris 1976.

Paul W. SCHROEDER, The Transformation of European Politics 1763–1848. Oxford 1994.

Michael SHEEHAN, The Balance of Power. History and Theory. London 1996.

Arno STROHMEYER, Theorie der Interaktion. Das europäische Gleichgewicht der Kräfte in der frühen Neuzeit. Wien u. a. 1994.

Moorhead WRIGHT (Hrsg.), Theory and Practice of the Balance of Power 1486–1914. Selected European Writings. London u. a. 1975.

Heinz Duchhardt
Konzert der Mächte

Der Begriff

Der Gedanke war verführerisch, und er entsprach ganz den Formulierungskünsten von Gelehrten und Ministern seit der Frühaufklärung: einen spannungsvollen, konfliktualen Sachverhalt in ein unverfängliches, Harmonie ausstrahlendes Bild zu kleiden und damit zugleich zu verfremden. Konzert der Mächte – das assoziierte bedingungslose Kooperation, das assoziierte bei aller Unterschiedlichkeit der „Instrumente" ein Höchstmaß an Wohl- und Gleichklang, eine Gemeinschaft von „Spielern", von denen jeder weiß, wann er einzusetzen hat, dass er falsche Töne zu vermeiden hat, dass er im Interesse der Harmonie sich unterzuordnen hat. So wie es Sinn gemacht hatte, einen harmlos scheinenden Zusammenhang aus dem Bereich der Physik und der Mechanik – das „Gleichgewicht" – auf den Bereich der internationalen Beziehungen zu übertragen und zu einer Grundmaxime des Staatenlebens zu stilisieren, so sehr drängte es sich den harmoniebedürftigen Menschen des 18. Jahrhunderts auf, für die von Rivalität und Krieg geprägte zwischenstaatliche Ebene eine Metapher zu „erfinden", die alles andere als Konkurrenz und Konflikte assoziierte, sondern vollendete Harmonie: die Metapher vom Konzert der Mächte.

Die zweite Herleitung ist nicht weniger brisant: Im um die Mitte des 18. Jahrhunderts erschienenen Zedler'schen „Universal-Lexikon" findet sich zwar nicht das Lemma „Konzert der Mächte", aber das „Concert" noch in einer zweiten Bedeutung neben der musikalischen. „Concert", so lesen wir dort, sei eine gemeinsame Abrede in Kriegszeiten, ein Zusammentreffen von Militärs, in dem sie sich vertraulich („eine geheime Berathschlagung") über das weitere Vorgehen gegen den Feind abstimmten. Ein Kriegsrat also – und in den Augen der Zeitgenossen musste auch dieser Transfer eines dem Krieg zugeordneten Bildes auf die Staatenpolitik und deren Regulierung zunächst einmal befremdlich – aber vielleicht gerade deswegen faszinierend – erscheinen, weil hier der umgekehrte Weg beschritten wurde – ein Begriff aus dem konfliktualen Raum wird auf den der Harmonie appliziert.

Das Schlagwort ist seit seinem Entstehen immer nur auf den europäischen Raum appliziert worden, ihm eignet also etwas genuin Europäisches – und insofern macht es Sinn, es unter die europäischen Schlagworte und Metaphern einzureihen, die von ihrem Selbstverständnis her „Europäizität" verkörperten. Es wurde folglich auch bald in das Bild vom „Europäischen Konzert" transferiert, das rasch gleichberechtigt neben das „Konzert der Mächte" trat. An ein globales Konzert der Mächte dachte zu dem Zeitpunkt, als das Schlagwort entstand, auch noch niemand; und wenn der Eindruck nicht täuscht, hat es auch im 19. und 20. Jahrhundert auf den anderen Kontinenten kein Bild gegeben, das ihm entsprochen hätte – die Wendung von „Amerika den Amerikanern" gehört ja in einen ganz anderen Sinnzusammenhang. Und unbeschadet von Organisationen des 20. Jahrhunderts wie etwa der Panamerika-Organisation: vom Gedanken eines die Geschicke des Kontinents bestimmenden Areopags aller Staaten eines „Systems" bzw. eines dirigierenden Kartells einer bevorrechtigten Gruppe von Mächten, die über die Einhaltung der politisch-sozialen Ordnung wachten, also einem Konstrukt, das mit dem europäischen „Konzert der Mächte" vergleichbar gewesen wäre, blieb man auch in Amerika weit entfernt.

Konzert und Pentarchie: Das 18. Jahrhundert.

Es besteht allgemeiner, aber noch präziser zu verifizierender Konsens, dass das Bild vom „Konzert der Mächte" erstmals am Beginn des 18. Jahrhunderts im Umfeld der Utrechter Friedensverhandlungen auftauchte, die den Spanischen Erbfolgekrieg beendeten; aber die Begriffsgeschichte ist noch recht dunkel, umso mehr als der Begriff in einem der großen Referenzwerke zur politischen Sprache des 18. Jahrhunderts, den „Geschichtlichen Grundbegriffen", nicht behandelt wird. Die großen Lexika des 18. Jahrhunderts, etwa das oben schon genannte von Zedler, warfen den Begriff ebenfalls noch nicht aus. Man verstand darunter von Anfang an die Methode und Praxis der europäischen Mächte, durch Konsultation und Kooperation internationalen Krisen zuvorzukommen und Kriege durch Verhandlungen zu vermeiden. Dieser Gedanke verband sich mit der Idee von einer die Geschicke Europas dirigierenden „Pentarchie" der Großmächte, also jener fünf Mächte, die für sich – ohne allseits in dieser Führungsrolle anerkannt zu werden – den Anspruch reklamierten, eine Art Oberaufsichtsorgan zu bilden: Frankreich, Großbritannien, Österreich, Russland und Preußen. Das entscheidende Kriterium, um aus Diplomatie ein „Konzert der Mächte" zu machen, war die Bereitschaft der solchergestalt hervorgehobenen Mächte, als „Kartell" ein Instrumentarium zur Kriegsprophylaxe zu entwickeln. So konnte beispielsweise Kaiser Leopold II. 1791/92 dazu aufrufen, sich zu einem „Konzert" aller Staaten zusammenzufinden, um den Frieden zu bewahren. Allerdings blieb es im Ancien Régime bei Appellen, zusammenzustehen, um dies oder jenes zu erreichen oder zu verhindern – zu einer irgendwie gearteten Struktur dieses „Konzerts", etwa in Gestalt eines festen Büros, regelmäßiger Gipfeltreffen der Monarchen oder dirigierenden Minister, Botschafterkonferenzen usw. – ist es zunächst nicht gekommen. Gleichwohl sind das keine Argumente, um das Mächtekonzert als eine „Innovation" erst mit dem Wiener Kongress anzusetzen – von der Idee her existierte es bereits wesentlich länger.

Die Praxis im 19. Jahrhundert

Aber es waren dann doch erst die Jahre am Ausklang der napoleonischen Ära und des Wiener Kongresses, denen sich die endgültige Implementierung der Metapher in der politischen Sprache Europas verdankte. Dieser Vorgang hing zusammen mit dem nachhaltigen Paradigmenwechsel in der internationalen Politik, den Paul W. Schroeder prägnant herausgearbeitet hat: dem Übergang von einem „alten" System der europäischen Politik, das durch Egoismus und die Verfolgung von Eigeninteressen gekennzeichnet war, hin zu einem Verständnis von internationalen Beziehungen, das die Verantwortung jedes einzelnen Mitglieds der Gruppe der (Groß-)Mächte für das Ganze in den Vordergrund stellte im Sinn der Systemstabilisierung einer bestimmten politisch-sozialen Ordnung. Die Verträge seit dem 2. Pariser Frieden vom November 1814 bis hin zu den Dokumenten, die die Wiener Kongressakte abrundeten, zur Quadrupelallianz und der Heiligen Allianz, und vor allem die danach ins Leben getretenen Instrumente, die großen Kongresse zur Friedenswahrung und die Botschafterkonferenzen – sie alle waren dem einen Ziel verpflichtet, eine Philosophie des Konsenses in die praktische Politik umzusetzen.

Wenn man so will, kamen diese Gipfeltreffen der Monarchen – in Aachen 1818, Troppau 1820, Laibach/Ljubljana 1821 und Verona 1822 – und die Pariser bzw. Londoner Botschafterkonferenzen der Harmonie ziemlich nahe, die der Begriff „Konzert der Mächte" assoziierte – auch wenn man im Auge behalten muss, dass auf diesen Treffen mit kräftigen Ellenbogen miteinander verkehrt wurde und längst nicht in allen Fragen, die auf der Tagesordnung standen, wirklich Einmütigkeit oder gar Einstimmigkeit erzielt wurde. Aber das, was im Bereich der Konfliktprophylaxe erreicht wurde, konnte sich trotzdem sehen lassen; ob es sich um die Nachfolge in italienischen Fürstentümern handelte, ob um die Geburt eines unabhängigen griechischen Staates, ob es um die Zukunft „Belgiens" oder um die Schuldenabwicklung zwischen Dänemark und Schweden ging – die Erfolgsbilanz war beeindruckend. Europa genoss nach 1815 eine vier Jahrzehnte dauernde Friedensperiode, die längste seiner Geschichte seit sehr langer Zeit. Und auch nach dem Krimkrieg, dem ersten größeren militärischen Konflikt seit den napoleonischen Kriegen, wurde auf das nun schon bewährte Instrument von Botschafterkonferenzen der Großmächte (mit Einschluss jetzt auch der Türkei) zurückgegriffen und die „orientalische Frage" oder die Donaufrage damit unter ständiger Kontrolle gehalten.

Auf der anderen Seite darf man die Schwachstellen dieses „Konzerts der Mächte" nicht übersehen: Es blieb bei einer relativ losen Kooperation auf den Politikfeldern, wo sich die Interessen der Großmächte berührten oder überschnitten, einer Gemeinschaft zudem, der – um im Bild zu bleiben – der Konzertmeister bzw. Dirigent fehlte, der den Takt vorgab und für die richtigen Einsätze sorgte. Es gab auch keine bindende Verpflichtung, unter allen Umständen im Orchester zu bleiben; wenn die individuellen Interessen überwogen, haben alle Beteiligten dem Konzert auch wieder den Rücken gekehrt. Der britische Außenminister Canning hatte schon in den 1820er Jahren die „Philosophie" des Konzerts kritisiert und einer Rückkehr zur traditionellen Politik „normaler" Rivalitäten der europäischen Großmächte das Wort geredet, die immer noch besser sei als das endlose Suchen nach Kompromissen, um die Zustimmung aller Beteiligten zu erreichen. Auch im Russland der Zeit nach Alexander I. regten sich stärkere Bedenken gegen das Konzert, weil es den Expansionsabsichten des Zarenreichs zu Lasten des Osmanischen Reiches entgegenstand. Napoleon III. Idee, das Konzert zu instrumentalisieren, um über einen großen Kongress seiner Mitglieder eine Revision der Friedensordnung von 1814/15 zu erreichen, zählt zu den Momenten, in denen und durch die die Idee des Konzerts konterkariert zu werden begann. Man wird ohnehin um die Gesamtbewertung nicht ganz herumkommen, dass die Zeit seit dem Krimkrieg bis zum Ausbruch des Ersten Weltkriegs doch eher als eine Epoche des Niedergangs des Konzerts der Mächte angesprochen werden muss, was sich zum Beispiel auch darin niederschlägt, dass neuere Studien die „Epoche" des Mächtekonzerts ausdrücklich auf den Zeitraum 1815–1853/60 begrenzen. Ganz abwegig ist eine solche Sicht nicht, wenn man sich vergegenwärtigt, dass die Protagonisten der Konzert-Idee ausnahmslos um 1848 von der politischen Bühne abtraten und eine bürgerliche Öffentlichkeit immer stärkeren Einfluss auch auf die Außenpolitik gewann. Außerdem schob sich mit dem Nationalismus eine neue Leitidee in den Vordergrund, die mit der Idee des Konzerts kaum kompatibel war. Bezeichnenderweise standen sich bei der italienischen Einigung, der ersten „weitgehenden Territorialveränderung seit dem Wiener Kongress" (Schulz), die zwei Konzepte „Konzert" und „Plebiszit" geradezu unversöhnlich gegenüber, um am Ende eine Lösung ohne Mitwirkung des Europäischen Konzerts zu finden. Selbst wenn man den Berliner Kongress von 1878 noch dem Gesamtkontext des Konzerts der Mächte zuordnet, begannen unter den Vorzeichen des „Imperialismus" doch die egoistischen Interessen der Großmächte zu überwiegen, so dass nicht ohne Grund formuliert worden ist, dass das Konzert der Mächte in den Londoner Botschafterkonferenzen von 1913 zur Kontrolle der Entwicklung auf dem Balkan seine Abschiedsvorstellung gegeben habe. Etliche Staatsmänner des ausgehenden 19. Jahrhunderts empfanden das Konzept des „Konzerts" eher als eine Beschränkung der Handlungsfreiheit denn als systemstabilisierendes Instrument; nicht zufällig hat Bismarck mehrmals Vorschläge, zu Konferenzen, die über bilaterale Krisen und regionale Konflikte befinden sollten, deutlich die kalte Schulter gezeigt und ihr Zustandekommen verhindert.

Vom „europäischen" Konzert zum globalen Konzept

Von der Idee und von der Praxis her erlebte das Konzert der Mächte mit dem Ersten Weltkrieg sein Ende. Es wurde danach nicht mehr reaktiviert, auch weil seitdem (mit dem Völkerbund und dem Haager Gerichtshof) andere Instrumentarien zur Regelung internationaler Streitfragen zur Verfügung standen. Gerade deswegen wurde dann gelegentlich geradezu nostalgisch auf dieses Instrument zurückgeblickt: Lloyd George etwa hat schon 1919 auf der Pariser Friedenskonferenz das Konzert der Mächte geradezu euphorisch als ein höchst erfolgreiches Mittel gepriesen, um den kollektiven Frieden und Sicherheit aufrechtzuerhalten, dem nur eins gefehlt habe: eine feste Organisation und die Möglichkeit, ggf. auch Sanktionsinstrumente einzusetzen. Und es war weder ein Zufall, dass Charles Websters zweiter Band einer im Auftrag der britischen Regierung während der Versailler Verhandlungen erstellten Studie über den Wiener Kongress und seine Nachgeschichte just 1925 im Umfeld der Beratungen, die dann zum Vertrag von Locarno führten, publiziert wurde, noch, dass anlässlich der endgültigen Unterzeichnung der Locarno-Verträge am 1. Dezember 1925 in London die unverminderte Gültigkeit des Modells „europäisches Konzert" als bevorzugte Form internationaler Politik von den Briten unterstrichen wurde.

Ein Areopag aus einem kleinen Kreis von Großmächten ist seit der vom Völkerbund verfolgten Devise „one state one vote" freilich unvorstellbar geworden. Selbst wenn in der Zwischenkriegszeit einige Großmächte einmal das Gesetz des Handelns an sich zogen, war das nie unumstritten und konnte nie mehr zu einem Dauerzustand weiterentwickelt werden. Im Zuge der britischen Appeasement-Politik tauchte z. B. in den späteren 1930er Jahren die Vorstellung auf, die Leitung der europäischen Politik einem Konsortium von vier Großmächten – Großbritannien, Frankreich, Deutschland und Italien – zu überantworten, das den Namen „Konzert der Mächte" führen würde. Aber es war schon vom Ansatz her ein verfehltes Konzept, denn mit zwei Diktatoren, die ihre ganz eigenen Europavisionen hatten, ließ sich ein solches Modell, einen Ordnungsrahmen für den Kontinent zu schaffen, nun wahrlich nicht realisieren.

Auf der anderen Seite behielt die Metapher vom „Konzert der Mächte" bzw. vom „Europäischen Konzert" ihren Platz in der politischen Sprache wenigstens Deutschlands, auch wenn sie in das lexikalische Unternehmen „Wikipedia" bisher keinen Eingang gefunden hat. Um nur auf zwei Beispiele abzuheben: Der Berliner „Tagesspiegel" machte am 13. März 2007 seinen Kommentar zu den Brüsseler Gipfelbeschlüssen zum Klimaschutz unter der Überschrift auf: „Erste Geige im Konzert der Mächte". Mit der „ersten Geige" war jetzt die in den Rang eines *global player* aufrückende EU gemeint, mit dem „Konzert der Mächte" die Gesamtheit der Staaten, für die Klimaschutz irgendetwas bedeutete. In der Politikwissenschaft der Gegenwart wird der Begriff wieder aufgegriffen, aber nun im Sinn einer Weltordnung, die keine Führungsmacht mehr duldet, sondern sich als ein Verbund aller an einer bestimmten Frage interessierten Staaten empfindet – Chinas Zugehörigkeit zu einem neuen Konzert der Mächte ist nach der letzten Münchener Sicherheitskonferenz beispielsweise häufig thematisiert worden.

Damit ist die Globalisierung eines ursprünglich für Europa geprägten Bildes unübersehbar geworden. Vor dem Hintergrund des vereinigten Europa bedarf es keines „Konzerts der Mächte" mehr, das in seiner Variante des 19. Jahrhunderts – Kartell der „Großen" – der Idee Europa zudem eher abträglich wäre. Ein Konzert der Mächte wird nur noch mit einem globalen Hintergrund verwendet, in dem „Europa" dann eben auch nur noch ein *global player* unter anderen ist.

Die Metapher vom Konzert der Mächte ist selbstredend immer nur dem Sprachgebrauch von politischen und publizistischen Führungsgruppen zugeordnet gewesen. Ohne dass ihre Frühgeschichte schon ganz geklärt wäre, stand sie für ein bestimmtes europäisches Ordnungsdenken, das in ganz besonderer Weise dem „langen" 19. Jahrhundert eignete: als eine besondere Form „produktiver Verdichtung der Mächtebeziehungen", die „als neues kollektives Gut eine ‚Friedenskultur' etablierte" (Pyta). Wie sehr sich freilich auch Begriffe und Bilder der politischen Sprache des „alten" Europa globalisieren können – dafür ist das Konzert der Mächte ein besonders anschauliches Beispiel.

Literaturhinweise

Winfried BAUMGART, Vom Europäischen Konzert zum Völkerbund. Darmstadt 1974.

Heinz DUCHHARDT, Gleichgewicht der Kräfte, Convenance, Europäisches Konzert. Darmstadt 1976.

Charles DUPUIS, Le principe d'équilibre et le concert européen de la paix de Westphalie à l'acte d'Algéciras. Paris 1909.

Carsten HOLBRAAD, The Concert of Europe. A Study in German and British International Theory 1815–1914. London 1970.

Richard LANGHORNE, The Collapse of the Concert of Europe. New York 1981.

Hans Christian LÖHR, Konferenzdiplomatie und Nationalstaatsbildung im Vorfeld des Ersten Weltkriegs unter besonderer Berücksichtigung der deutschen Außenpolitik, Diss. Bonn 1992.

William N. MEDLICOTT, Bismarck, Gladstone, and the Concert of Europe. London 1956.

Jacques-Henri PIRENNE, La Sainte Alliance. Organisation européenne de la paix mondiale. Neuchâtel 1948.

Wolfram PYTA, Konzert der Mächte und kollektives Sicherheitssystem. Neue Wege zwischenstaatlicher Friedenswahrung in Europa nach dem Wiener Kongress 1815, in: Jahrbuch des Historischen Kollegs 1996, München 1997, S. 133–173.

Wolfram PYTA (Hrsg.), Das europäische Mächtekonzert. Friedens- und Sicherheitspolitik vom Wiener Kongreß 1815 bis zum Krimkrieg 1853. Köln u. a. 2009.

Paul W. SCHROEDER, The Transformation of European Politics 1763–1848. Oxford 1994.

Matthias SCHULZ, Normen und Praxis. Das Europäische Konzert der Großmächte als Sicherheitsrat, 1815–1860. München 2009.

Charles K. WEBSTER, The Council of Europe in the Nineteenth Century, in: ders., The Art and Practice of Diplomacy. London 1961, S. 55–69.

Autorenverzeichnis

ALTRICHTER, Prof. em. Dr. Helmut, Universität Erlangen-Nürnberg, Department Geschichte

BERGER, Dr. Joachim, Institut für Europäische Geschichte Mainz

BENEDICT, Prof. Dr. Philip, Université de Genève, Institut d'Histoire de la Réformation

BENZ, Prof. em. Dr. Wolfgang, Zentrum für Antisemitismusforschung Berlin

BEYER, Prof. Dr. Andreas, Deutsches Forum für Kunstgeschichte Paris

BINDER, Prof. em. Dr. Gerhard, Universität Bochum, Seminar für Klassische Philologie

BOER, Prof. Dr. Pim den, Universiteit van Amsterdam, Capaciteitsgroep Algemene Cultuur-wetenschappen

BOCH, Prof. Dr. Rudolf, Technische Universität Chemnitz, Institut für Europäische Geschichte

BREYSACH, Prof. Dr. Barbara, Warminsko-Mazurski Uniwersytet Olsztyn, Katedra Filologii Germańskiej

BUTTLAR von, Prof. Dr. Adrian, Technische Universität Berlin, Fachgebiet Kunstgeschichte

CZAJA, Prof. Dr. Roman, Uniwersytet w Toruniu, Instytut Historii i Archiwistyki

DIEFENDORF, Prof. Dr. Barbara, Boston University, Department of History

DIETZSCH, Prof. Dr. Steffen, Humboldt-Universität Berlin, Institut für Philosophie

DINGEL, Prof. Dr. Irene, Institut für Europäische Geschichte Mainz

DREYER Prof. Dr. Mechthild, Universität Mainz, Philosophisches Seminar

DUCHHARDT, Prof. Dr. Heinz, Institut für Europäische Geschichte Mainz

EFTHYMIOU, Prof. Dr. Maria, University of Athens, Department of History and Archeology

ENGELHARDT, Dr. Markus, Deutsches Historisches Institut Rom, Abt. für Musikgeschichte

FLEURY, Prof. Dr. Antoine, Université de Genève, Institut Européen

FUNKE, Prof. Dr. Peter, Universität Münster, Seminar für Alte Geschichte

GASIMOV, Dr. Zaur, Institut für Europäische Geschichte Mainz

GERSMANN, Prof. Dr. Gudrun, Deutsches Historisches Institut Paris

GRIES, Prof. Dr. Rainer, Universität Jena, Historisches Institut

GÜNTHER, Prof. em. Dr. Hubertus, Universität Zürich, Kunsthistorisches Institut

HEFTY, Dr. Paul Georg, Frankfurter Allgemeine Zeitung

HIRSCHFELDER, Prof. Dr. Gunther, Universität Regensburg, Fakultät für Sprach-, Literatur- und Kulturwissenschaften

HUNECKE, Prof. em. Dr. Volker, Technische Universität Berlin, Fachgebiet Geschichte

JUNG, Dr. Michael, Universität Münster, Seminar für Alte Geschichte

KAPLAN, Prof. Dr. Benjamin, University College London, Department of History

KATZER, Prof. Dr. Nikolaus, Deutsches Historisches Institut Moskau

KELLER, PD Dr. Katrin, Universität Wien, Institut für Geschichte

KENNEWEG, Dr. Anne Cornelia, Universität Leipzig, Geisteswissenschaftliches Zentrum für Geschichte und Kultur Osteuropas

KINTZINGER, Prof. Dr. Martin, Universität Münster, Historisches Seminar

KNIPPING, Prof. Dr. Franz, Universität Wuppertal, Historisches Seminar

KÖHL, Dr. Sascha, Eidgenössische Technische Hochschule Zürich, Institut für Denkmalpflege und Bauforschung

KÖNIG, Prof. em. Dr. Bernhard, Universität zu Köln, Romanisches Seminar und Petrarca-Institut

KREIS, Prof. em. Dr. Georg, Universität Basel, Europa-Institut

KRUMEICH, Prof. Dr. Gerd, Universität Düsseldorf, Institut für Geschichtswissenschaft

KÜSTER, Prof. Dr. Konrad, Universität Freiburg, Musikwissenschaftliches Seminar

KURZ, Dr. Marlene, Universität Wien, Institut für Geschichte

MARQUART, Dr. Ina, Kurfürst-Friedrich-Gymnasium Heidelberg

MATHEUS, Prof. Dr. Michael, Deutsches Historisches Institut Rom

MORAWIEC, Dr. Małgorzata, Institut für Europäische Geschichte Mainz

MATHIS-MOSER, Prof. Dr. Ursula, Universität Innsbruck, Institut für Romanistik

OPITZ-BELAKHAL, Prof. Dr. Claudia, Universität Basel, Historisches Seminar

PETRITSCH, Dr. Ernst, Haus-, Hof- und Staatsarchiv Wien

REINHARDT, Prof. Dr. Volker, Université de Fribourg, Département des sciences historiques

RIETHMÜLLER, Prof. Dr. Albrecht, Freie Universität Berlin, Seminar für Musikwissenschaft

ROLL, Prof. Dr. Christine, Rheinisch-Westfälische Technische Hochschule Aachen, Historisches Institut

SATJUKOW, Prof. Dr. Silke, Universität Magdeburg, Institut für Geschichte

SCHABERT, Prof. em. Dr. Ina, Universität München, Institut für Englische Philologie

SCHELLER, Prof. em. Dr. Robert W., Universiteit van Amsterdam, Faculteit der Geesteswetenschappen

SCHMALE, Prof. Dr. Wolfgang, Universität Wien, Institut für Geschichte

SCHMUCKI, Prof. Dr. Barbara, University of York, Department of History

SCHNEIDMÜLLER, Prof. Dr. Bernd, Universität Heidelberg, Historisches Seminar

SCHÖNFELDER, Dr. Wilhelm, Botschafter a.D., 53639 Königswinter

SMITH, Dr. Adrian, University of Southampton, School of Humanities

STEGMANN, PD Dr. Natali, Universität Regensburg, Institut für Geschichte

STROHMEYER, Prof. Dr. Arno, Universität Salzburg, Fachbereich Geschichte

TODOROVA, Prof. Dr. Maria, University of Illinois, Department of History

VOLLRATH, Prof. em. Dr. Hanna, Ruhr-Universität Bochum, Historisches Institut

VREE, Prof. Dr. Frank van, Universiteit van Amsterdam, Departement Mediastudies

WĄS, Dr. Cezary, Uniwersytet Wrocławski, Instytut Historii Sztuki

WINTLE, Prof. Dr. Michael, Universiteit van Amsterdam, Capaciteitsgroep Europese studies

ZIMMERMANN, PD Dr. Christiane, Humboldt-Universität Berlin, Theologische Fakultät

ZÖLLNER, Prof. Dr. Frank, Universität Leipzig, Institut für Kunstgeschichte